"十一五"国家重点图书出版规划

教育部哲学社会科学研究重大课题攻关项目

中国传统法律文化研究

······ 总主编 曾宪义 ······

官与民：
中国传统行政法制文化研究

● 主　　编　范忠信

　撰　稿　人（以撰写章节先后为序）

　　　　　范忠信　易江波　黄东海

　　　　　陈会林　武　乾　张国安

　　　　　王祖志　叶英萍

中国人民大学出版社

·北京·

《中国传统法律文化研究》
秘书处

负责人：庞朝骥　冯　勇　蒋家棣

成　员：(按姓氏笔画排列)

马慧玥　王祎茗　吴　江　张玲玉

袁　辉　郭　萍　黄东海

中国人民大学法律文化研究中心
曾宪义法学教育与法律文化基金会　组织编写

认识传统行政法律制度的中国特色和中国精神

曾宪义　范忠信

本卷主要探究中国传统行政法律文化（含制度和观念）的基本体系和基本精神。与从前所有关于中国政治制度史、中国行政制度史、中国行政法制史的教材和论著不同的是，本书格外注重探究中国传统行政法律制度和惯例的根本理念或精神，也就是从法律文化的角度探讨传统中国的行政法律制度及其理念，探讨在传统中国政治过程中的官民关系的实质内涵。我们认为："为民父母行政"是中国传统政治和行政制度的最基本立足点或出发点，是中国传统政治和行政制度的灵魂。本卷以此为主线，梳理中国传统行政法律制度和惯例的内在体系及逻辑架构，破译中国传统行政法律文化的奥秘，阐释中国传统行政法律文化的精神和特质。

本卷分为五大部分。这五大部分构成一个按照新的思路对中国传统行政法律文化进行初步阐释的系统。

在"导论"部分，我们主要就中国传统法律文化中的行政法律文化的地位作了一些基本勾画，特别解释了古代中国行政的特定含义；然后就中国传统行政制度与行政法律规范的内在逻辑体系作了一个初步的勾画，以便我们对中国传统行政法律文化体系有一个宏观的认识。

"导论"之后是第一编，主要探讨传统中国特有的国家理念和行政理念，以便我们在讨论具体的行政法律制度之前就宏观把握中国传统行政法律制度的灵魂或精神。本编主要探究中国传统行政法制体系的观念基础、理论基础和基本性质。通过对中国传统国家理念和行政理念、礼乐政治的梳理分析，我们可以了解中国传统行政法律制度体系是在什么样的政治哲学理念基础上形成的，这一理念基础是如何决定着中国传统行政法律制度的种种特征或特质的。同时也旨在说明，这一理念基础与近代以来的国家理念及行政理念有着什么关键的区别。

在第二、三、四编，我们按照法学界通常采用的行政法三分体系——"行政主体法制"、"行政行为法制"、"行政救济法制"——来分别探究中国传统的行政法律制度的内在体系及具体特征。

关于"行政主体法制"方面的研究，我们旨在探究和阐释君主及其附属的庞大官僚体系作为传统中国的政治或行政主体的特殊性。在本编里，我们探讨了传统中国的国家公务机构体系的设置、权力及相互关系设计，国家最基本的出政体系、行政体系、督政体系的构成和运作模式，国家行政主体自身管理相关的法制或惯例等等。与从前的中国政治制度史或行政制度史著作或教材有所不同，我们特别注意探究和阐释君主及其附属的庞大官僚体系作为传统中国的政治或行政主体的特殊性，即"君为民主"、"官吏佐君为治"的政治和行政体制，这是一种片面的"君治"体制：人民不是政治的主体，只是政治的对象（受政者）。在这一体系中，君主（在相权辅佐下）"出政"和官吏"行政"是一个无法分割的整体，不存在西方历史上的"议事（决策）职能"与"行政（执行）职能"的明确划分。为此，我们力求避免过去相关教科书或著作有意无意按照西方国家机器理论和体系框架来分别列述国家政治行政体制各组成部分、只注意国家机关的静态构成（机构设置、编制、职责权限）的弊端，准备尽量从权力关系或权力行使的角度来研究和叙述。

关于"行政行为法制"方面的研究，本书弥补了政治学界、法学界过去研究的严重不足。过去的中国政治或行政制度史研究，只注意"行政主体"的研究，不注意动态的行政法制。也就是说，关于国家最高决策机关所作的"政"（决策）是如何具体"行"（推行）到民间的，过去的政治制度史研究并不注意。我们的研究，就是要开创性地分析阐释传统中国的国家政权多方面的动态的行政行为法制：一方面，特别注意对中国传统行政程序、手续、规程的研究；另一方面，特别注意对中国古代诸多行政方面的人民实体权利和义务规范的研究。也就是说，本编要研究和阐述的是两者：一是国家所作、人民所受之"政"的具体内容，二是国家机构体系"行"（推行）此"政"的方式、手续、程序等等。这两个方面是从前治行政制度史者常常比较忽略的，或者是含混不清的。

在本编里，我们特别注意到，在古代中国，虽然没有近现代意义上的"法治"、"依法行政"的理念，但是国家机关的行政活动是有着相关的法律和习惯加以指导、规范和限制的，国家行政绝对不是官吏们随心所欲、无法无天的过程，事实上的行政行为法制体系是客观存在的。因此，从这一意义上讲，我们可以透过数千年的历史事实去发掘、梳理、诠释中国古代特定意义上的行政行为法制。根据古代中国的实际情况，本编把中国古代的"行政"分为15个方面。这15个方面可以大致归结为三大类行政：经济行政、治安行政、文化行政，分别代表着国家的"富民"、"制民"、"教民"三大意旨或目标。

关于"行政救济法制"的研究，更是本书填补前人研究空白之处。从前的研究，一般不承认传统中国的臣民有"行政救济权"存在，所以至今无人真正系统地梳理阐释中国传统政治中的"行政救济法制"。我们认为：在传统中国家国一体、君父一体的政治格局下同样有臣民救济权存在。国家允许人民在认为自己权益受到官吏或官府的侵害时动用一些法定的或习惯的程序手续加以救济（抵制、请愿、诉讼以图纠正），并尽量保障这种途径的畅通。国家行政既以"为民父母行政"相标榜，那么"为民作主"就是题中应有之义。为人民提供"鸣冤叫屈"、"哭诉"、"陈情"、"请愿"的场所、途径、方式，并至少表面上要让人民能够实际使用这些途径或方式，是"为民作主"的最典型体现。这一点，即使是中央集权封建君主专制的王朝，还是不能不考虑的。关于这些救济程序、方式，除了在过去的法制史研究中已经作过一些阐述的"诉讼"法制之外，其实还有很多内容通常被我们忽略。本编就是力图恢复中国传统行政救济制度的全貌。古代中国的政治体制为人民大众提供了哪些救济渠道或途径呢？从历史上看，归根结底不过是一种渠道或途径，就是"上告"，即向上司申告，请求上司为自己作"青天"（庇护者、裁判者、救助者），请求官员"为我作主"。不管是向州县基层长官申告，还是向高级或中级地方长官申告，或是向中央各衙门申告，或者是向巡回监察的御史们申告，甚至是直接向君主本人申告（告御状），无非都是向在上位的人——上司提出控诉（指控官吏违法犯罪）或请求（请求制止不合理举措并重新作出合理举措）。这些控诉或请求，如果一定要用今天的刑事诉讼、民事诉讼、行政诉讼划分的观念来看，也许很少有具备今天行政救济（行政复议、行政诉讼）的属性，也很少有可以叫作行政救济制度的制度。但我们不能不说，通过这样的过程或途径，实际上也能实现相当于今天"行政救济"的效果，或者达到相当于今天行政救济的结果。在古代中国，人民权益的救济方式或手段大致分为个人救济和集体救济两大类情形。在个人权益救济中，士民百姓个人以一己的名义提出救济、采取一切救济举措的情形是常见的，但是也有个人借助宗族、乡党、江湖、行会、寺院等社会力量实行权益救济的情形。在集体权益救济中，亦有多种方式，主要是以宗族、乡党、行会等集体组织的方式提出"集体诉讼"，而诉讼请求又的确是集体或地方的共同利益的情形。

　　我们在本卷里所使用的"行政"概念，都是在"君治"理念下的"行政"，是"为民父母行政"的"行政"，绝对不是近代以来的权力分立与制衡理念下的行政概念。所以，对于本书后三编中的"行政主体"、"行政行为"、"行政救济"，都不能作近代以来的概念理解。之所以用这些概念，是出于梳理体系和阐述特征的方便。因为没有更好的概念体系可以用于梳理中国传统行政法律制度；纯粹用中国古代的政治概念体系，既不足以体现今人对中国传统行政法制的研究结晶亦即站在今人立场上对古代法制文明的价值判断，又无法与已经浸润于近现代法制语汇系统近百年的今日读者沟通。

目 录

第二编　传统中国的行政主体法制

导　论

中国传统法律文化是一个迥异于西方法律文化的文化体系。这一文化体系建立在与西方不同的自然环境和社会生活之上，有着不同的观念基础和构成形态。近代向西方学习以来，我们习惯于以西方法的眼光去解读中国法律传统，以西方的法律概念体系和逻辑思路去阐释中国古代法制，常常产生许多重大误解，关于中国古代行政法律制度的认识就是我们通常发生误解最多之处。中国古代的某些制度和思想，与西方的某些制度和思想，表面上相似或等同，实际上常常风马牛不相及。中国和西方，互以本民族的眼光看待对方的常见事物时，常常有井蛙语海、夏虫语冰之感。因此，我们有必要重新找到解读中国政治法律传统特别是行政法律传统的概念体系和逻辑思路，要找到一套符合中国法律文化内在特质的解读或阐释语言符号体系。

要找到这样一套阐释语言符号体系断非易事。中国政治法律传统自身的语言或符号体系，如"德"、"礼"、"政"、"刑"、"纲常"、"伦常"、"礼法"、"德法"、"刑典"、"律例"之类，是完全内在自足的意义整体。如果继续用这些语言符号去解释中国古代的制度和思想，等于同语反复，没有意义，又无法跟西方沟通。要跟现代学术沟通，就必须使用现代学术公认的语言符号系统，而这一套系统又来自欧美，来自一种异己的文化传统。用外来文化传统中的语言符号体系解读我们的法律传统，又常有隔靴搔痒、盲人摸象之感，有曲解或误读之危险。而舍弃这一套西来语言符号，又再也没有凌驾于中西之上的、为双方共同接受的第三套语言符号系统可用。这就是我们讨论中国法律传统特别是行政法律传统时遇到的最大尴尬。

这不仅仅是本书的尴尬，也是近代以来整个中国学术的共同尴尬，是我们无法回避的尴尬。我们所能做的是，在使用外来语言符号系统的同时，尽量不要有意无意掩饰了中西之间的典型差异。

本卷不避尴尬，试图用现代法律文化语言符号系统来整理、复述、解读、阐释中国传统行政法律文化。

一、中国传统的"行政"与"行政法制"

中国传统的"行政"，与西方的 administration 或 executive 大不相同。西人是从国家权力的划分及不同机关分别行使国家部分权力的角度使用"行政"概念的，中国则不然。

要理解中国历史上的所谓"行政"概念，关键要把握其三重含义。第一，"行政"就是执掌权柄；第二，行政就是把君主的旨意（政令）推行于百姓；第三，行政就是"为民父母"，护育人民。这种意义上的行政，实际上包含中国古代国家机器的全部活动，特别是以百姓为直接对象的活动。

中国传统用语中的"政"，有多重含义，因此"行政"相应也有多重含义。

"政"第一种含义是表示权力，故行政表示执掌权力。《史记·夏本纪》："于是帝尧乃求人，更得舜。舜登用，摄行天子之政。"《史记·周本纪》："周公摄行政当国"，"周公行政二年"，"召公、周公二相行政，号曰共和"。这里的"政"，就是国家最高权力或国柄，这大概就是"政"的最初含义。于是"行政"，就是行使最高权力或执掌国柄。孔子云："天下有道，则政不在大夫"①，意思是权力必须掌握在天子手里。

"政"的第二种含义是表示政令，故"行政"表示推行政令。"政"的外化形式为政令或法令，于是"政"又被视为"命令"或"法令"的同义语。孔子云："导之以政，齐之以刑，民免而无耻。"② 此处的"政"，就是政令、法令。儒家的政治理想是"礼乐征伐自天子出"③，"非天子不议礼、不制度、不考文"④。"礼乐征伐"就是政令或法令。因此，"行政"就是执行政令或法令。《管子·宙合》："夫五音不同声而能调，此言君之所出令无妄也。而无所不顺，顺而令行政成。"《管子·正》："立常行政，能服信乎？"《大戴礼记·小辨》："制礼以行政。"唐人韩愈云："君者，出令者也；臣者，行君之令而致之于民者也。"⑤ 这都展示了早期的"行政"概念。这里的"令"，也是"政"，都是讲执行政令。

"政"的第三种含义是表示"国政"或"政治"。《礼记·礼运》："政不正则君位危。"《中庸》："文武之政，布在方策。其人存，则其政举；其人亡，则其政息。人道敏政，地道敏树。夫政也者，蒲卢也。故为政在人。"这里的"政"是指国家公共事务，"行政"则是指进行国家公共事务。

"政"的第四种含义是表示"征伐"。《逸周书·作雒》："二年，又作师旅，临卫政殷，殷大震溃。"刘勰《文心雕龙·时序》："方是时也，韩魏力政，燕赵任权。"这里"政"指"征伐"或战争。

"政"的第五种含义是"征税役"。《周礼·地官·均人》："均人掌均地政。"《孟子·尽心下》："无政事，则财用不足。"《荀子·王制》："相地而衰政。"《礼记·王制》："八十者一子不从政。"这里的"政"都有"征税"或"征役"的意思。

不过，后两种意义上的"政"应该读作"征"（第一声），几乎没有见到将其与"行"字相连，曰"行政"的例子。不过，理论上讲，把"政"（征）与"行"（推行、进行）连称的可能是存在的，这种意义上的"行政"应该是中国古代"行政"的特定含义之一。

这五重含义，都是从"行政"的表面特征及事实内容而言的。

还有从政治道德或伦理意义言"行政"的。《孟子·梁惠王上》："为民父母，行政，不

---

① 《论语·季氏》。
② 《论语·为政》。
③ 《论语·季氏》。
④ 《礼记·中庸》。
⑤ （唐）韩愈：《韩昌黎文集》卷一，《原道》。

免于率兽而食人，恶在其为民父母也？"这是讲"为民父母"应该是"行政"的本质。

本书正是从上述所有意义上理解"行政"，也在这样的意义上理解中国传统的行政法制——所有有关这样的"行政"的法律制度，都是本书所说的行政法制。也就是说，我们是从中国古代特有的语义来理解中国历史上的"行政"和"行政法制"，不是从西方人的权力分立与制衡中的"行政权"的意义上理解，也不是从"宪政"之下的"依法行政"含义上理解"行政"和"行政法制"。事实上讲，西方这种意义上的"行政"和"行政法制"，在中国古代是不存在的。

这是本书开宗明义必须特别强调的一点。

本书书名之所以要标明"行政法制文化"，是因为我们在本书中要研究的不仅仅是制度，而且是以法律制度为中心的那个文化体系，故干脆叫"行政法制文化"。什么是"行政法制文化"？一切与行政法制直接相关的文化现象，都可以称为行政法制文化。

二、中国行政法制文化与中国法律传统

中国法律传统，作为一个法律文化整体，其内部应该是有各种逻辑构成部分的。西方人惯于将一个法律体系或文化传统分为宪法、民法、刑法、诉讼法、行政法等部门或分支，或者在民事法内部又划分人法、物法、诉讼法或总则、物权、债、亲属、继承等逻辑构成部分。中国古代似乎没有这样的部门或分支划分。既然如此，那么怎样才能发现中国传统法律文化内部实际上存在的逻辑结构体系或有机构成呢，也就是怎样解说中国传统法律文化的内部构成机理呢？这就变成了非常困难的事。因此，我们简单地把中国古代法制文化体系分成民事法、刑事法、诉讼法、行政法、经济法等几个分支体系也许是不很恰当的。但是，为了与世界学术沟通，为了与现代学术沟通，我们又只好大致按照这样的部门法思路来解说中国法律传统。

中国法律传统没有西方由不同部门法共同构成的逻辑体系，但是有自己的内在逻辑体系或有机构成体系。这一体系，有自己特有的灵魂，有自己特定的内在互补自足的构成体系。

中国传统的社会秩序的灵魂，就是"圣贤教化愚民"，一切法制都是本于这一精神而形成的。"天"被假定为至善至美的无上权威，"天子"是上天化民的使者，是圣贤的总代表。所有圣贤辅佐天子治国抚民，一切官吏应该是由圣贤来担任的。国家的一切政治，是"为民父母行政"。为了建构这一秩序，中国的传统法制，在上注重选官、治官，尽力保证官吏队伍道德合格、堪为百姓表率，保证其有资格教化人民；对下注重教民治民，德刑并用，恩威并济，文武兼施。一切暴力手段归根结底是为教化百姓服务的。这就是作为动词的"文化"的含义，就是为了使人民在温饱之外还获得"人之所以为人"的礼义感召和升华。此为对华夏地域内部而言。对外注重华夷之辨，注重教化施行的边界，不强行在华夏文明传统区域外"用夏变夷"，但也不允许"用夷变夏"。一切礼乐制度的最终目标是建成"温良恭俭让"的礼乐融融的和谐社会。

在这样的理念指导下形成的中国法律文化体系中，实际上包含以下几个分支体系：一是关于巩固天子权威的制度体系；二是关于选任优秀官吏的制度体系；三是关于监督官吏廉政的制度体系；四是关于国家财富资源配置的制度体系；五是关于国家公益工程建设问

题的制度体系；六是关于人民身份管理及赋役责任的制度体系；七是关于教化人民及治安控制的制度体系；八是关于处理国家与四夷关系的制度体系。

这八个分支制度体系的内容并不是各自完全独立的，而是互相有交叉的。这个体系，显然是不能用西方的部门法体系来比拟的。这样一个体系，正是一个以"明君、清官、良民和谐共处构成礼乐文明社会"为显性目标的秩序体系或法律文化体系。至于这一秩序或法律文化体系背后的隐性目标，则不外乎是不同力量（以体力、智力为主的综合能力）的社会群体（阶层）有差别地分享社会资源，且必须让这种差别合法化、正当化而已。这在哪个民族都一样。我们解读一个民族的法律文化，只能解读她的显性目标秩序或法律文化体系，即只能解读她把社会各阶层（群体）对社会资源的差别占有或分享作合法化、正当化修饰（安排）或解释的特殊思路、技巧、方法和安排而已。各民族对资源占有差别的各自特有的正当化、合法化修饰（安排）和解释体系，就是一个民族的法律文化体系。

在中国这样一个由八大部分组成的法律文化体系中，似乎没有一个相当于西方"行政法制"或叫作"行政法制"的相对独立的分支体系。但是，我们如果用中国历史上特定意义的"行政"概念来解说，或者说用中国文化中特有的"行政"观念来观察，就会发现一个中国特有意义上的"行政法制"体系。进一步，我们也大致可以总结出中国历史上特有的行政法制文化体系。

中国行政法制文化体系是一个什么样的体系呢？对于这样一个体系，显然要把西方的部门法概念和中国古代的"行政"概念结合起来，才有可能描述。光用二者之一作为标准是无法描述清楚的。

三、中国传统行政法制的内在逻辑体系

中国传统的行政法制进而行政法制文化，有着一个自在的逻辑体系，潜存于这一文化整体之中。对这一逻辑体系的描述，需要借助一些取自中国传统文化语汇并根据现代政治法律术语加以适当变通的概念体系。

（一）家天下的"君治"为中国行政法制文化逻辑体系的逻辑起点

中国传统行政法制文化的逻辑体系，有一个基本的逻辑起点，就是"君治"。"君治"不能简单地理解为西方政治学意义上的"君主政体"、"君主专制"，应该根据中国文化作特定的理解。这个特定理解，有以下几方面的含义必须注意。

第一，君主代上天为治，奉天命、天意为治。汉人董仲舒说："唯天子受命于天，天下受命于天子"[1]，"受命之君，天意之所予也"[2]，"王者亦天之子也。天以天下予尧舜，尧舜受命于天而王天下"[3]，"王者承天意以从事"[4]，都是这个意思。

第二，君主职位为人民利益而设。《慎子·威德》："古者立天子而贵之者，非以利一人也……故立天子以为天下，非立天下以为天子也。立国君以为国，非立国以为君也。"《商

---

① 《春秋繁露·为人者天》。
② 《春秋繁露·深察名号》。
③ 《春秋繁露·尧舜汤武》。篇名本为"尧舜不擅移汤武不专杀"，从史学界惯例简记作"尧舜汤武"。
④ 《汉书·董仲舒传》。

君书·修权》："故王者以义亲天下①，五霸以法正诸侯，皆非私天下利也，为天下治天下。"《春秋繁露·尧舜汤武》："且天之生民，非为王也；而天立王，以为民也。"

第三，君主为天下人民的父母，为"民主"，应爱民如子，哺育万民。《尚书·多方》："天惟时求民主……代夏作民主。"《尚书·洪范》："天子作民父母，以为天下王。"《尚书·康诰》说君主对人民应该"若保赤子"②。董仲舒说："天子父母事天，而子孙畜万民。"③所谓"民主"，就是人民的主人、人民的父母；上天把天下人民托付给了真命天子，他应像父母养育子女一样"哺乳"人民，为人民谋幸福。"爱民如赤子，敬法如师，亲贤如父"④是行王道的君主的基本要求。

第四，只有圣人才能为君主。《礼记·中庸》："惟天下至圣为能聪明睿智，足以有临也。"《荀子·正论》："天子唯其人。天子者，至重也。非至强莫之能任；至大也，非至辨莫之能分；至众也，非至明莫之能和。此三至者，非圣人莫之能尽。故非圣人莫之能王。"

第五，君主靠官吏系统治理国家。《墨子·尚同上》："天子立，以其力为未足，又选择天下之贤可者，置立以为三公"、诸侯、正长。《尚同下》："是故古者天子之立三公、诸侯、卿之宰、乡长、家君，非特富贵游佚而择之也，将使助治乱刑政也。"《慎子·民杂》："君臣之道，臣事事而君无事，君逸乐而臣任劳。臣尽智力以善其事，而君无与焉，仰成而已。"

第六，君主靠礼义法度治天下国家，礼义法度是君、臣、民共同的准则。《管子·七臣七主》说："法令者，君臣之所共立也。"《管子·任法》："君臣上下贵贱皆从法。"汉人张释之云："法者，天子所与天下共也。"⑤唐太宗说："法者，非朕一人之法，乃天下之法。"⑥

理解了中国古代"君治"的这六重意义，我们才能开始讨论中国古代行政法制文化的逻辑体系。就是说，这五者合一意义上的"君治"的落实、施行和保障，是一切行政法制文化（尤其是其中的制度）的设计起点。

这六者合起来，就是"家天下"的"君治"。这个"家天下"有正负两方面的含义。从负面讲，是"天下为家"、"天下为私"或是以天下国家为自己家族打拼出来的"产业"，以其为"汤沐邑"并在其中不断"开销"、"花息"。刘邦在他父亲面前的夸耀之语"某业孰与仲多"⑦正是其代表。从正面讲，"以天下为一家，以中国为一人"⑧，"天子为民父母"，"天子……子孙畜万民"，要天子像父母一样哺养人民、保护人民、教导人民，像父母对孩子一样尽心尽力为孩子谋幸福。这是一种何等崇高的理想。

当然，有人可以说，这六者只是在谈理想的"君治"，是关于设计正当、合理的"君

---

① 在"以义亲"之后，有些版本无"天下"二字。此处从《商子译注》，96 页，济南，齐鲁书社，1982。
② 《尚书·康诰》。
③ 《春秋繁露·郊祭》。
④ 《银雀山竹书〈守法〉、〈守令〉十三篇》，载《文物》，1985（4）。
⑤ 《汉书·张释之传》。
⑥ （唐）吴兢：《贞观政要·公平》。
⑦ 《史记·高祖本纪》。
⑧ 《礼记·礼运》。

治"体制的建议，并不一定是现实的"君治"体制。这是真的，我们不能否认。但是我们不要忘了，任何时代、任何国家的制度，都是本于一定的理想设计出来并本于一定理想推动其完善的。没有完全公开地本着赤裸裸的君主个人或家族私利来设计制度或谈制度建设的。如果说有负面"家天下"的实际结果，那也不是制度设计追求的结果，而是冠冕堂皇的制度实施变异（异化）的结果，或者至少是公开设计的制度力图加以掩饰的东西。这是在任何时代、哪个民族、哪个国家的法制背后都一样的，我们不能仅仅凭这种异化或内在实质谈古代中外的行政法制文化。如果那样谈就没有谈的必要了，因为各国各代都一样。

我们看到，从这样的"君治"的逻辑起点出发，我们会得出三个结论：其一，"君治"就是国家的公共政治，就是人民的公益所在；其二，"君治"的落实要靠一个庞大的官僚辅助系统，不然就落空了；其三，"君治"要靠一整套法制去规范和保障。法制的主要任务是落实公益和制止恶行，包括控制人民和监督官吏。

（二）"佐君父为治"为中国行政法制文化逻辑体系的基本设计目标

"佐君父为治"既是中国传统官僚体系的基本使命，也是中国传统法律体系的基本使命。官僚体系，是为了"君治"从"人手"即力量上得以落实，让文武百官作为"天子股肱"、天子耳目，使天子真的变成三头六臂、千手观音，无所不能、无所不为；法律制度，是为了从"规矩"上让"君治"得以落实，使其有章法、条理、保障，使其不至于淆乱而走向反面。

简单地说，"佐君父为治"，就是实施国家政治，靠的是两者：一是人，二是法。有人无法，政治活动无规则，政治必乱；有法无人，空有美意，不能及于人民，还是落空。

所以，中国传统的行政法制文化的设计目标就是两个方面：一方面，为了保障"君治"实现，必须设计出良好的官吏管理制度，以保障官吏贤能廉洁；另一方面，为了保障"君治"实现，必须设计出良好的其他法律制度，使良好政治及于人民，造福人民。

（三）"政"、"行"、"督"、"受"四者关系及中国行政法制逻辑体系的基本架构

关于中国传统"行政法制文化"，我们如果想勾画出一个基本逻辑结构体系的话，必须先明确中国传统行政的四个基本概念。

"政"是第一个基本概念，其含义就是前面讲到的五重含义，不过其中最重要的是"权柄"、"政治"、"政令"三者。在我们讨论中国传统行政法制及其文化体系时，我们实际上是在这三重意义合一的基础上使用"政"这个词。所谓"行政"，就是"执掌权柄"、"执行政令"、"实行政治"三个意思的合一。

"行"是第二个基本概念，其含义是"执行"、"施行"、"实行"、"推行"，既指行为动作，如"为民父母行政"，也指行为结果，如"令行政成"、"令行禁止"。但最主要的还是指动作手续过程。中国传统的行政法制文化，就是要在"行"这个动作的规范、完善（以避免坏的结果）上作文章。

"督"是第三个基本概念，其含义是"监督"、"督责"、"督察"。其含义最早光大于法家，法家的"督责术"（"循名责实"）赋予这一概念基本内涵。"督"，是相对于"行"而言的，是对"行政"的监督，是为了督促"行"，防止"乱"，实现"政"。"督"归根结底还是"行"。

"受"是第四个基本概念，其含义是"承受"、"接受"、"受惠"。这是就人民的角色地位而言的。理论上讲，人民应是国家所"行"之"政"的承受者、受益者，"政"化为人民利益，才算"行"了，才算"治"了；如果害民，就是"乱政"、"苛政"。人民在受政中要尽义务（赋役）报答国家和君王，其所尽的义务还是为了支付行政成本而已。人民在受政中如果感觉自己利益受了损害，也可以在体制内去争取一定的救济。

明白了这四个基本概念，我们就可以将中国古代的行政法制文化勾画出一个基本逻辑结构图来。

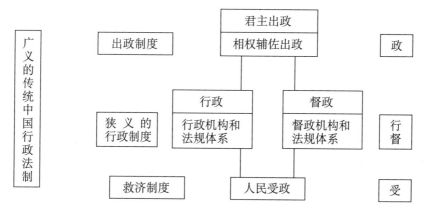

对于这一个逻辑体系，我们可以作简单的理解，不要人为地复杂化。

这个结构图所显示的，是广义上的中国传统行政法制。对这一体系，必须用中国传统的思路去理解。

纵向来看，首先是"君—臣—民"三个层次，是一个自上而下的"出政—行政/督政—受政"的系统。

从横向看，在每一个层次中，都有两个构成方面。

在"君"（包括相职）的层级，主要使命是"出政"，有君主出令、相权辅政两个方面，相当于现代社会所讲的立法和决策。理论上讲，立法和决策权最后属于君主一个人，但君主必须依赖相权的辅佐才能完成立法和决策。

在"臣"的层级（指相职以外的臣），其主要使命是"行政"，就是把君主的政令推行到人民那里。在这一层级，大致分为行政、督政两个方面。这两个方面的划分，只是大约而言，在古代并无明确的界限，"督政"的目的，还是"行政"。督政官员直接凌驾于原行政官吏执行行政事务，中央派出的督政机构逐渐演变为地方行政机构，这是古代中国的一般规律。

在"民"的层级，其"本分"只是"受政"，本无所谓"行政"可言。人民只是"行政"的对象而已，用今天行政法的术语，叫"行政相对人"。但是，我们要注意到，人民受政，不仅仅是"受"而已。作为"受益"的回报，必须"完粮纳税"；如果感到受害，还可以依法律或惯例进行救济（申诉、控告）。并且，我们还应注意到，国家还经常借助人民监督官吏（如明代的"捉拿犯官赴京"的制度），所以人民不是完全被动的接受者。

（四）中国传统行政法制的基本构成

中国传统行政法制的基本构成，可以从"出政制度"、"行政制度"和"督政制度"、

"救济制度"四个大的方面来勾画。

出政制度，就是国家立法和中央决策制度。这一制度是一个体系，包括君主制度及君主政令制度，包括相权制度及佐君出政制度。

行政制度，就是国家政令推行制度。它包括中央行政机构组成制度、地方行政机构组成制度、中央和地方政令推行制度、军事行政机构及军事行政制度。

督政制度，就是国家官吏管理和监督制度、国家公务督办和纠错制度。它包括国家监察机构组织制度及官吏监察制度、国家公职人员选拔考核监督制度。

救济制度，就是人民在遭遇国家官吏侵害或国家行政造成的损害时，以什么途径或手续进行救济以恢复或保障利益的相关制度。这一类制度，在中国古代内容不多，且都是附在其他种类的制度之中，基本没有构成什么体系。

这个构成体系，用今天的行政法学的眼光看，是不太好概括或划分的。

四、本卷的基本研究思路

按照中国古代实际存在的"出政—行政/督政—受政"制度体系的划分思路，我们在本卷里本欲按照出政、行政、督政、受政四编来写。但是，仔细思索，我们发现这样的写作思路是不妥当的：第一，"出政"不属我们今日所谓"行政"范畴，"受政"更不是"行政"范畴，通常亦无制度可言。第二，这样的写作思路，无法与现代行政法学的认识模式沟通。所以，我们必须谋求一条比较好的写作思路。

我们要对中国传统的"行政"法律制度体系及相关文化进行全面梳理，当然必须借鉴过去的关于中国政治制度史、中国行政制度史、中国行政法制史的著作的写作思路。

（一）过去有关著作的写作思路或叙述框架

过去的中国政治制度史、中国行政制度史、中国行政法制史著作，有一些基本的写作思路或编写体系值得我们借鉴。

1. 关于中国政治制度史的叙述思路

我手里拥有的几本《中国政治制度史》，对我的写作思路有一定的借鉴。第一是张晋藩先生的《中国古代政治制度》（北京师范学院出版社，1988）。该书分为奴隶制国家的政治制度、封建专制主义的政治制度两个时期，把夏、商、周三代分别视为奴隶制政治制度的初建、确立、发展时期，把战国、秦、汉、魏晋南北朝、唐、宋、明、清分别视为封建专制主义的政治制度的初步形成、建立、强化、完备、高度发展等时期。在每一个朝代或时代，大致按照中央政治体制、地方政治体制、科举与人事、军事、司法、监察等方面来阐述。这一思路，与王汉昌、林代昭主编的《中国古代政治制度史略》（人民出版社，1985）基本上是一致的。第二是韦庆远先生的《中国政治制度史》（中国人民大学出版社，1989）。该书的古代部分是按照先秦、秦汉魏晋南北朝、隋唐五代宋、辽夏金元、明清共五个时期（五章）的顺序来叙述各自政治制度的。在每一章中，大致按照皇帝制度、中央行政体制、地方行政体制、法律制度、监察制度、军事制度、职官管理制度、教育和科举制度等线索，叙述历代具体的政治制度分支。第三是白钢先生主编的《中国政治制度史》（上、下两册。天津人民出版社，2002）。该书对古代中国政治制度的叙述，大致分为夏商、西周、春秋战国、秦汉、魏晋南北朝、隋唐五代、宋、辽金西夏、元、明、清朝政治制度等几个阶段来叙述；在每一个时代中，也大致分为皇帝制度、中央决策机构及制度、中央行政体制、地方行政体制、监察制度、司法制度、军事制度、财政制度、人事制度等等方面来阐述。第四是李明晨先生的《中国古代政治制度纲要》（中国政法大学出版社，1990）。该书也是按照原始氏族社会、奴隶制国家、封建制国家、半殖民地半封建国家等几个阶段来叙述的。在每个时期，大致分为中央和地方行政机构、司法和监察制度、军事制度、学校制度、科举任官制度、考课制度、爵禄制度等等方面来叙述的。第五是杨鸿年、欧阳鑫先生的《中国政制史》（武汉大学出版社，1987）。该书将古代中国政制分为中央政治制度、地方政治制度两编。在中央政制编，分为君主制度、宫廷内外制度、宰相制度、行政制度、监察制度、司法制度、文官制度等方面。第六是韦庆远、柏桦主编的《中国政治制度史》（中国人民大学出版社，2005）。该书比前几本书的体例有了较大的变化。在古代政制制度编，该书分别从王权和皇权制度、中枢辅政制度、中央政务体制、地方行政体制、法律制度、监察制度、军事制度、财政经济制度、科技文教卫生制度、文书玺印符节制度、行政辅助人员制度、职官管理制度等十几个方面来阐述。

2. 中国行政制度史的叙述思路

关于中国行政制度史，近代以来直接通史性专题论著较少，大致有：程幸超《中国地方行政制度史略》（中华书局，1948）、严耕望《中国地方行政制度史》（台北，中研院历史语言研究所，1961）、丁文《中国行政制度史》（中国人事出版社，1991）、李孔怀《中国古代政治与行政制度》（复旦大学出版社，1993）、卢广森等《中国古代行政管理概论》（河南人民出版社，1993）、秦闻一等《中国行政制度史纲》（中州古籍出版社，1991）、周振鹤《中国地方行政制度史》（上海人民出版社，2005）等。

3. 中国行政法制史的叙述思路

关于中国行政法制史的著作，所见更少。我目前所知的有张晋藩、李铁《中国行政法史》（中国政法大学出版社，1991），王士伟《中国行政法史》（陕西人民出版社，1993）、蒲坚《中国古代行政立法》（北京大学出版社，1990）。

（二）本卷的叙述和讨论思路及基本框架

确定本卷的叙述和讨论思路，有两个方面考虑。

一方面，必须考虑到中国古代特有的"行政"及其法律文化的内在理念、机理，必须以此为基础。就是说，要以"君主—臣僚—人民"的社会层级机理以及"出政制度—行政督政制度—受政制度"的机理来考察、叙述、分析中国传统的行政法制。

另一方面，又必须考虑到现代法学所理解的行政制度、行政法制的基本所指。也就是说，要让大家知道中国古代的行政法律制度内容的主要部分各自大致相当于现代行政法学所研讨的哪一个部分，或者说至少是针对现代行政法学的哪方面问题而言。这一点如果不解决，我们的讨论就没有现代意义了。

关于现代行政法学的体系，各家各派学者的主张不同。

罗豪才、应松年的《行政法学》（中国政法大学出版社，1989）认为，行政法可以分为三大类：有关行政组织的规范，有关行政行为的规范，对行政进行监督的规范。王连昌、张树义的《行政法学》（中国政法大学出版社，1993）把行政法学的内容分成行政主体、行政行为、监督行政与行政救济三大部分。熊文钊的《行政法通论》（中国人事出版社，

1995）把行政法学的内容分为行政主体、行政行为、行政程序、行政责任四大部分。周佑勇的《行政法原论》（中国方正出版社，2002）把行政法分为行政主体、行政行为、行政救济三大部分。方世荣的《行政法与行政诉讼法》（中国政法大学出版社，2007）认为，行政法的分类可以分为行政组织法、行政活动法、行政救济法。把这几家的分类作一个归纳，我们发现，把行政法分为行政主体法、行政行为法、行政救济法三大块是大家的体系中最为共同的部分或共同倾向。

所以，我们在本卷叙述中国古代行政法制传统时，不能不考虑这一共同倾向。

我们在本书里必须考虑这一倾向并采取这样的划分，不是为了与现代行政法学附会，主要是因为这一划分最为接近中国行政法制传统的真实面目，符合前文讲的中国传统行政法制文化的内部构成机理。具体说来：

中国古代的"出政制度"，其实质主要关注的是行政主体或行政组织问题；

中国古代的"行政/督政制度"，其实质主要关注的是行政行为、行政程序问题；

中国古代的"受政制度"，其实质主要关注的是行政监督与行政救济问题。

所以，把如实阐释古代制度传统、较好地沟通现代这双重目标综合起来，我们选择了行政主体法制、行政行为法制、行政救济法制三分法来叙述和阐释中国传统行政法制。

有鉴于此，本书的结构体系，除导论外，分为以下几个部分。

第一编，传统中国的国家和行政：特质和理念。

本编主要对传统中国的国家特质和理念（第一章）、行政理念（第二章）、礼乐政治模式（第三章）作一个全面的讨论，以便我们认识在这样的国家特质和理念之下形成的特有的行政法制传统。因为不认识这一点，我们就会误解我们的传统"行政"和"行政法制"。

第二编，传统中国的行政主体法制。

本编主要讨论传统中国国家机构的组织、权责及运作机制。在这一编，我们分别要讨论三个方面的问题。

第一是出政主体和出政制度问题，这主要是本书的第四章（君主制度与最高出政制度）、第五章（中央辅政决策机构及相关制度）。

第二是行政、督政主体及行政督政制度问题。这主要是本书的第六章（中央政务执行机构、派出机构及行政制度）、第七章（地方政务机构的基本构成及行政制度）、第八章（军事行政机构及相关行政制度）、第九章（乡里组织的行政职能及其与官府的关系）、第十章（监察机构及其相关督政制度）。这相当于我们今日所讲的行政组织法。

第三是关于各类国家机关的人事、财政、公文等方面的共同办公条件、共同纪律规范的问题，也就是关于行政主体的一般办公条件、资源和纪律问题。这就是本书的第十一章、第十二章、第十三章。这些问题涉及行政主体存在和办事的基本条件以及基本纪律，所以也必须放在"行政主体法制"中加以探讨。

第三编，传统中国的行政行为法制。

本编主要讨论传统中国的行政督政活动的基本程序以及所行之政的具体内容问题。严格地说，本编应该包括古代中国的行政、督政两个方面，因为在传统中国的制度中，督政归根结底是行政。但是，由于在第二编即行政主体部分要讲督政（监察）机构体系及相关制度，在第三编即行政救济部分也要讲督政和监察制度给人民带来的救济机会或权利，所以在本编里主要讲最狭义的"行政"——仅仅是督政系统以外的"行政机构"所进行的行政行为。当然，在讲到这些行政行为制度时，也在必要时涉及督政（监察）行为。

本编本来还应该划分两个部分来探讨才更为清晰：

一是行政程序、行政手续部分，即探讨古代中国国家机关在推行君主关于各类公益事务的政令时应遵循的基本手续、主要程序。这主要是技术或形式问题，有些像我们今天所说的行政程序法。

二是各类行政法规的具体规范内容，亦即人民在各类行政事务中的具体实质性权利义务问题。过去的行政法学、行政法史研究可能更多地注意的是前者，而忽略后者。

本书主要注意后者。

但是，我们注意到，在中国古代政治和行政中，要真的把这两个部分划分清楚是很困难的。因为中国古代法制，尤其是行政方面的法制，非常不注重程序，很少有单独的程序或手续规定，人民也无法引用行政程序规定救济自己。古代的行政程序的少数零星的规定，是夹杂在关于人民的行政方面的权利、义务的实体规定之中的。所以在本书中就没有把二者区分开来。

本编本着"官与民"的关系（即现代所谓"行政主体与行政相对人"的关系）以及"行政—受政"关系的架构，对传统中国的行政行为法制加以梳理；本着"官—民"或"行政—受政"关系的架构，就是说只注意官与民发生直接关系的行政领域，只注意"官"直接把"政令"推行给"民"的事务领域，其他不发生官民直接关系的领域的行政行为，不在本编的讨论范围内。

本着这样的基本认识，我们把传统中国的行政行为分为三大类：

第一类是经济行政行为，在本书的第十四至十九章讨论，包括授田限田、劝课农桑、备荒赈灾、稽粮征赋、征徭兴役、征商管工六个方面的行政行为。

第二类是治安行政行为，在本书的第二十至二十四章讨论，包括蕃民编户、制民防奸、僧道管理、番政归化、军征武备五个方面的行政行为。

第三类是文化行政行为，在本书的第二十五至二十八章讨论，包括兴学养士、察举科举、教民正俗、惠弱济贫四个方面的行政行为。

在传统中国政治和行政中，涉及人民"受政"的"行政"行为，亦即涉及官吏直接与人民打交道的行政行为，我们目前总结的就这十五个方面。除此之外，我们还想不出别的直接涉及官民直接交往的行政行为种类。即使有，也大致能归入这十五类中的任何一类。

第四编，传统中国的行政救济法制。

一般认为中国历史上没有行政救济问题，连人民一般意义上的救济权利的概念都没有。前人在这些方面的研究十分少，所以可以借鉴的成果相当少。

古代中国的政治中，人民到底有没有权利观念和事实上的权利？回答这个问题是我们讨论救济制度的前提。如果没有事实权利和权利观念，就无所谓救济。我们认为，古代中国人民是有事实上的权利的，也是有一定的权利观念的。因此，当权益受害时，人民是需要救济的，实际上也经常使用了法律规定或惯例赋予的救济途径。

本编讲传统中国的行政救济法制，都是从人民在"受政"过程中如果认为自己权益受损或官吏贪污腐败时可以如何设法挽救的角度而言的。中国古代没有单独设立救济制度体系，但各种法律和惯例提供的救济途径是存在的。我们就根据这种存在的事实状况，以五章的篇幅讨论古代的救济制度。

在第二十九章至第三十一章中，我们先讨论传统中国政府给人民提供的权益救济途径（第二十九章），接着讨论古代中国人民权益救济的主要方式或手段（第三十章），再讨论古代中国人民权益救济与国家廉政监督目标（第三十一章）。

这三章所讨论的救济制度和惯例，与今日行政法制所言的行政救济制度，是不可简单相提并论的，其范围实际上远远超出今日行政救济法制的范围，且很多制度和惯例的设计初衷并不是为了人民的救济，而主要是为了监督官吏；只是在使用这些制度时客观上会有救济人民权益的效果。这一点是必须特别说明的。

本书的写作是一个将中国传统行政理念与现代行政理念结合起来，解读中国传统行政法律文化的尝试。

第一编
传统中国的国家和行政：特质和理念

本编主要探究中国传统行政法制体系的观念基础、理论基础、宏观特征和社会土壤。通过对中国传统国家理念、行政理念、礼乐政治的梳理分析，进一步了解中国传统行政法律制度体系是在什么样的政治哲学理念基础上形成的，是在什么样的自然环境和社会生活条件之上形成的，这些理念基础是如何决定着中国传统行政法律制度的种种特征或特质的。这一部分的探讨同时也旨在说明，这一理念基础与近代以来的国家理念、行政理念及政治秩序理念有着关键的区别。

本编共分为三章。

第一章为传统中国的国家特质和理念，旨在加深我们对于传统中国的国家属性和国家观念的特殊性的认识。

第二章为传统中国行政的特质与理念，旨在探讨中国传统"行政"的特殊属性，探讨国人关于"行政"的认识的特殊性。

第三章为礼乐政治与中国传统行政，旨在探究最能代表中国特色的"礼乐政治"理念和行政模式。

传统中国的国家特质和理念

要认识中国传统行政法制文化的特质，必须先行认识传统中国的国家和行政的特质以及相关基本理念。本章先探讨传统中国的国家特质和理念。

本章的主要任务是探讨传统中国的国家特质，以及中国传统文化中的特有国家理念。所谓国家特质，是指传统中国国家形态、国家属性、国家运作机制的特殊性；所谓国家理念，是指中国古代政治哲学关于国家问题的特有认识或理想。本章先从中国早期国家形成的事实记载、传说和观念看中国早期国家形成模式的特色以及中国早期国家的特质；进而分析传统中国政治史上历代国家政权的共同基本属性或共同特质；最后梳理中国传统政治哲学中关于国家理念的几个最基本的、支柱性的观念或认识，以便领会中国传统国家组织的灵魂或精神。

第一节
中国早期国家形成的过程及其特色

一、先秦思想家关于国家和法律起源的学说

中国历史上最早的国家政权产生于何时？基于何种紧迫需要？以何种方式形成？最初有何主要功用？这些问题，就是关于国家和法律起源的问题。先秦思想家们对此作了许多探讨或猜测。

先秦思想家们几乎一致认为，最初的国家和法律是"圣人"为了公共福祉而发起或制造的，旨在禁暴止乱。他们认为，在人类社会之初，曾有过一个没有公共权力（政权）和法律的时期。由于没有约束或权威，人们便各纵其欲，互相争夺甚至互相残害，祸乱不已。于是，人类的救世主——"圣人"、"智者"或"贤者"应运而出，设置公共权力机构，制定法律制度，惩治凶顽，拯救了人类社会。

《管子·君臣下》："古者未有君臣上下之别，未有夫妇妃匹之合，兽处群居，以力相征，于是智者诈愚，强者凌弱，老幼孤独，不得其所。故智者假众力以禁强虐，而暴人止；

为民兴利除害，正民之德，而民师之。是故道术德行出于贤人……名物处违是非之分，则赏罚行矣。"所谓"智者假众力"的机制或机构，就是最早的公共权力；"为民兴利除害"，就是国家的最初作用；"道术德行"和"分"（名分），便是最初的立法。

《商君书·开塞》："天地设而民生之，当此之时也，民知其母而不知其父，其道亲亲而爱私……当此之时，民务胜而力征，务胜则争，力征则讼（争吵），讼而无正，则莫得其性（生）也。故贤者立中正，设无私，而民说（悦）仁。当此时也，亲亲废，上（尚）贤立矣……民众而无制，久而相出（互相争胜）为道则有乱，故圣人承之，作为土地货财男女之分。分定而无制不可，故立禁；立禁而莫之司不可，故立官；官设而莫之一不可，故立君。"

在这里，商鞅对国家和法律产生以前的人类社会三个阶段作了天才的猜测：第一个阶段是真正的原始时代，没有任何规则和秩序可言，人们之间只有野兽一般的争斗。第二个阶段是靠酋长（"贤者"）的德行和威望来管理氏族的时期，公共权威或权力开始形成。第三个阶段才进入国家状态，"立官"、"立君"就是国家机构的最初建置；然后制定法律制度，建立文明社会秩序。最初的立法，其内容就是"土地货财男女之分，"也就是规定个人不同的社会地位以及相应的利益，也就是"列贵贱、制爵位、立名号，以别君臣上下之义"①，即"正名定分"。而这种君臣上下等级秩序，便是最早的国家统治秩序，是国家的目的所在。

墨子说："古者民始生，未有刑政之时，盖其语，'人异义'。是以一人则一义，二人则二义，十人则十义。其人兹众，其所谓义者亦兹众。是以人是其义，以非人之义，故交相非也。是以内者父子兄弟作怨恶，离散不能相和合，天下之百姓，皆以水火毒药相亏害，至有余力不能以相劳，腐臭余财不以相分，隐匿良道不以相教，天下之乱，若禽兽然。夫明乎天下之所以乱者，生于无政长。是故选天下之贤可者，立以为天子；天子立，以其力为未足，又选择天下之贤可者，置立之以为三公；天子三公既以立，以天下为博大，远国异土之民，是非利害之辩，不可一二而明知，故画分万国，立诸侯国君；诸侯国君既已立，以其力为未足，又选择其国之贤可者，置立之以为正长。正长既已具，天子发政于天下之百姓，言曰：'闻善而不善，皆以告其上。上之所是，必皆是之，所非必皆非之。'"②

墨子描绘了他所猜测的国家与法律产生过程：为了统一人民的思想，制止暴乱，上天选择圣贤立为天子；天子选择贤人任命为三公（辅佐官），又立诸侯国君治理遥远地方；诸侯国君再选择贤良之人当基层长官来直接治理百姓；天子发布的第一个法令就是统一思想的法令。

荀子说："古者圣人以人之性恶，以为偏险而不正，悖乱而不治，故为之立君上之势以临之，明礼义以化之，起法正（政）以治之，重刑罚以禁之，使天下皆出于治，合于善也。"③"先王恶其乱也，故制礼义以分之，使有贫富贵贱之等，足以相兼临者，是养天下之本也。"④ 荀子所说的"立君上之势"、"使有贫富贵贱之等，足以相兼临"，就是建置国家政

---

① 《商君书·君臣》。
② 《墨子·尚同上》。
③ 《荀子·性恶》。
④ 《荀子·王制》。

权，设置公共权力；国家政权的目的是"临"、"化"、"治"、"禁"，就是管治和教化人民和处理公共事务。

二、传说中的早期国家形成途径和过程

中国早期国家的形成途径和过程，没有任何正式史料可供考证，只能根据一些历史传说，最简单地了解一点情形。

一般认为，上古没有作为公共暴力的国家和法律制度。《管子》云："古者未有君臣上下之别，未有夫妇妃匹之合，兽处群居，以力相征。"① 《商君书》云："古之民朴以厚"，"黄帝之世……官无供备之民。""神农之世，男耕而食，妇织而衣。刑政不用而治，甲兵不起而王。"② 《韩非子》云："古者丈夫不耕，草木之实足食也；妇人不织，禽兽之皮足衣也。不事力而养足，人民少而财有余，故民不争。是以厚赏不行，重罚不用，而民自治。"③ 《淮南子》云："神农无制令而民从。"④ 《孝经》云："三皇设言而民不违。"⑤ 汉人王符《潜夫论》云："太古之时，烝黎初载，未有上下而自顺序。天未事焉，君未设焉。"⑥

但是，据说很早就出现了公共权威来教民导民、服务公益。

最早的公共权威可能出现于伏羲氏时代。唐人杜佑《通典》根据古代的文献记述曰："伏羲氏以龙纪，故以龙师名官；共工氏以水纪，故以水师水名；神农氏以火纪，故以火师火名；黄帝云师云名；少皞执之立也，凤鸟适至，故鸟纪，为鸟师而鸟名。"⑦

杜佑的记述应当有所依据。按照这一记述，伏羲氏、共工氏、神农氏、轩辕氏、少皞氏时代就有公共权力机构，分别以龙、水、火、云、鸟来命名治事理民的官职。据他说，少皞氏的鸟官，就有所谓"五鸠"：凤鸟氏为历正，青鸟司启，丹鸟司闭，鹛鸠司马，祝鸠司徒，而司徒乃"主教民"之官。而龙、鸟之类，大约是上古部族的图腾。

按照杜佑记载，到了颛顼氏时代，又有五行之官，曰"五官"：春官木正，曰句芒；夏官火正，曰祝融；秋官金正，曰蓐收；冬官水正，曰玄冥；中官土正，曰后土。⑧ "五官之君长能修其业者，死配食于五行之神，为王者所尊"，五官之下各有一套官员人马"为民师而食以民事"。这是最初的公共权威机构及公益服务人员的设置情形。

这大概是部落联盟时代的公共机构情形：各部落的酋长（带着各自的图腾标志），在部落联盟机构中担任一定的公职，各自分管某一方面的事务（如司马、司徒等）。联盟机构大约是一个部落酋长联席会议。这就是中国古代最早国家政权的前身。

那么正式的国家和法律何时并如何产生呢？

《尚书·舜典》的记载大概是现今留下的最早关于中国国家政权构成及活动的记载。据

---

① 《管子·君臣下》。
② 《商君书》之《开塞》、《画策》。
③ 《韩非子·五蠹》。
④ 《淮南子·泛论训》。
⑤ 《孝经·钩命决》。
⑥ 《潜夫论·班禄》。
⑦ 《通典》卷十九，《职官》一，《历代官制总序》。
⑧ 此处杜佑参考了《左传·昭公二十九年》的记载。

该书记载，唐尧时代，设官职甚多，有所谓"百工"、"百官"、"百揆"、"四岳"、"群牧"、"侯伯"等等官职系列通称。有"司空"、"司徒"、"后稷"、"虞官"、"士正"、"共工"、"乐官"、"秩宗"、"纳言"等具体官职。唐人杜佑《通典》说尧舜时代即有天、地、春、夏、秋、冬六官的设置，又说"夏后之制，亦置六卿；其官次第，犹承虞制"①。大概是根据传说作的一些猜测。

此后的夏、商、周三个国家政权的产生，其由来、形式各有特色，但也有共性。

（一）关于尧舜禹政权与夏国家政权的产生

尧舜禹政权产生于公共治水工程的需要。传说，尧帝先是任命共工氏为治水工程总指挥，治理洪水灾害；共工氏不称职而被处死。舜帝时，先任命鲧为治水官，鲧同样不称职，也被处死。后来，舜帝任命鲧的儿子禹为治水官，禹采取了疏导的办法，终于完成了治水工程，克服了水患。所以舜很放心地把王位禅让给了禹。禹因治水政绩而当然有了转任天子的资格。《诗经·商颂·长发》："洪水芒芒，禹敷下土方，外大国是疆，幅陨既长。"《左传·襄公四年》："茫茫禹迹，画为九州，经启九道。"《左传·宣公三年》："昔夏之方有德也，远方图物，贡金九牧（杜预注'使九州之牧贡金'），铸鼎象物。"这都是讲禹除了治水有功之外，还有政治建设的贡献，如就国家的治理体制或中央地方关系作了一些基本建置，四方原有的部落方国酋长以"贡金"的方式或"任土作贡"的方式履行对中央的义务。这时的部落联盟（准国家）经常采取"会盟"的方式处理联盟大事。如大禹会诸侯于涂山，所谓"执玉帛者万国"，就是诸侯方国贡献"玉帛"表示服从、归顺者甚多。会盟之时，对于抗命的诸侯有制裁，相传"禹朝诸侯之君于会稽之上。防风之君后至，而禹斩之"②，禹死时又把王位禅让给伯益，但禹的儿子启杀死伯益，夺取了政权，从此"父传子，家天下"。

（二）关于商国家政权的产生

商族是少暤的后裔，是居于今山东地区的一个古老部族。其始祖契在舜帝的政府中担任过司徒即主管民政的官。契以后十四世至成汤，其政权初具规模；经过 8 次迁都，西进至今日河南地区（"设都于禹之绩"③），与夏族的夏王朝发生冲突。经过 11 次战争，终于打败夏朝，建立商朝。

我们看《诗经》中对商朝国家政权形成情形的一些间接记载：

> 天命玄鸟，降而生商，宅殷土芒芒。古帝命武汤，正域彼四方。方命厥后，奄有九有。商之先后，受命不殆……邦畿千里，维民所止，肇域彼四海。四海来假，来假祁祁。④

这里讲商族政权来自上天授予（天命立商），成汤是真正的建国者，所谓"正域彼四方"、"肇域彼四海"、"奄有九有"，是指商王征服或感化了附近的许多部落方国。"四海来

---

① 《通典》卷十九，《职官》一，《历代官制总序》。

② 《韩非子·饰邪》。

③ 《诗经·商颂·殷武》。

④ 《诗经·商颂·玄鸟》。

假，来假祁祁"是指四方来表示臣服和进贡的部落酋长特别多。"邦畿千里，维民所止"，是讲商王特别注意以好的德行、仁政、恩惠来吸引四方人民投奔。

"玄王桓拨，受小国是达，受大国是达。率履不越，遂视既发。相土烈烈，海外有截"，"受小共大共，为下国骏厖（mang）"①，"昔有成汤，自彼氏羌，莫敢不来享，莫敢不来王"，"命于下国，封建厥福"②。

这是讲在契（玄王）时代，商就成了四周大小方国之间纠纷的仲裁人；到商王相土时代，各国纷纷正式归附；到了成汤时代，商接受大小国家的进贡，成了各部落方国的保护者（骏厖），各国不敢不来朝贡；商汤更通过承认各地酋长统治权式的"封建"，建立了对四方的政治统治体系（内服、外服）。

（三）关于周国家政权的产生

周族很早就有自己的部族政治机构，是商朝时的一个北方方国。周的始祖名弃，虞舜时当过农官，被后世尊为农神"后稷"。周族活动于西北黄土地的渭河流域，至弃的十三世孙古公亶父时，迁居岐山之下的周原，建立都邑宗庙。

周族国家政权的建立和强化过程，与四者有关。

第一是德行感化四方，使四方归附。"笃公刘，匪居匪康。乃场乃疆，乃积乃仓……食之饮之，君之宗之……爰众爰有，夹其皇涧。溯其过涧。止旅乃密，芮鞫之即。"③ 这是讲弃（后稷）之曾孙公刘时代以德行感化四方，使四方部落人民纷纷投奔其治下的故事。"古公亶父，来朝走马。率西水浒，至于岐下……乃慰乃止，乃左乃右，乃疆乃理，乃宣乃亩。自西徂东，周爰执事。"④ 这是讲文王的祖父古公亶父时代以德行感化四方部落方国，引致纷纷归附的故事。所谓"经始勿亟，庶民子来"⑤，"受天之祜，四方来贺"⑥，大概都是讲周建国前四方部落方国之民来投奔寻求庇护的故事。《史记·周本纪》说：公刘"复修后稷之业……民赖其庆。百姓怀之，多徙而保归焉。周道之兴自此始"，"古公亶父复修后稷、公刘之业，积德行义，国人皆戴之"，戎狄欲强夺周之地与民，古公不与战，"乃与私属遂去豳，度漆、沮，踰（逾）梁山，止于岐下。豳人举国扶老携弱，尽复归古公于岐下。及他旁国闻古公仁，亦多归之"。

第二是征服敌对的政权，扩大控制区域和人口。如"后稷之孙，实维大王。居岐之阳，实始剪商。至于文武，缵大王之绪，致天之届，于牧之野。无贰无虞，上帝临女。敦商之旅，克咸厥功"⑦，"桓桓武王。保有厥士，于以四方，克定厥家"⑧。这种征服，是国家政权产生即政治统治权取得和扩大的最主要途径或方式之一。

第三是调解、仲裁周围大小方国之间的纠纷，行使调解斡旋的道德权威，进而升华为

① 《诗经·商颂·长发》。
② 《诗经·商颂·殷武》。
③ 《诗经·大雅·公刘》。
④ 《诗经·大雅·绵》。
⑤ 《诗经·大雅·灵台》。
⑥ 《诗经·大雅·下武》。
⑦ 《诗经·鲁颂·閟宫》。
⑧ 《诗经·周颂·桓》。

政治统治权。《史记·周本纪》:"西伯阴行善,诸侯皆来决平。于是虞芮之人有狱不能决,乃如周。入界,耕者皆让畔,民俗皆让长。虞芮之人未见西伯,皆惭,相谓曰:'吾所争,周人所耻,何往为,祗取辱耳。'遂还,俱让而去。"周文王被四周的大小方国尊为调解仲裁者,甚至仲裁者没有直接出面,纠纷就已经被仲裁者的德行感化解决了。《诗经》:"虞芮质厥成,文王蹶厥生。予曰有疏附,予曰有先后。予曰有奔奏,予曰有御侮!"① 这是说文王出面仲裁了,还作成"质"即裁判。此后,不断有"疏附"、"奔奏"即来寻求公断仲裁的。

第四是封邦建国,"封建亲戚,以蕃屏周"②,就是以血缘宗法武装殖民的方式使原部落联盟扩张或升华为国家,或者说周族的国家政权正是在"封建"的过程中真正建立和完善起来的。周人在灭商建国的过程中实行的"分封宗法化"、"外服宗法化"③ 是商以前所没有的。所谓"立七十一国,姬姓独居五十三人"④ 正是周族新建的国家政权的最大特征。

三、早期国家形成模式和特色

中国早期国家的形成过程,与西方国家起源或形成模式不同。

恩格斯曾说:西方世界三个最出色的民族,其国家政权产生过程,是以氏族制度的瓦解为前提或特征的。"雅典是最纯粹、最典型的形式:在这里,国家是直接地和主要地从氏族社会本身内部发展起来的阶级对立中产生的。在罗马,氏族社会变成了闭关自守的贵族,贵族的四周则是人数众多的、站在这一社会之外的、没有权利只有义务的平民;平民的胜利炸毁了旧的氏族制度,并在它的废墟上面建立了国家,而氏族贵族和平民不久便完全溶化在国家中了。最后,在战胜了罗马帝国的德意志人中间,国家是作为征服外国广大领土的直接结果而产生的,氏族制度是不能提供任何手段来统治这样广阔的领土的。"⑤

中国的国家产生过程,与上述三种模式都不同。中国的早期国家形成的历史过程,不是氏族社会内部发展起来的阶级对立激化的结果,不是氏族贵族和氏族外的平民之间的斗争的结果,也不简单地是征服广大的外国领土的结果。

这样的国家政权形成过程,能总结出什么模式和特色来?我们认为有以下模式或特色:

(一) 中国早期的国家形成于部族征服和归附过程

在国家形成之前,各个原始部族分别已经形成了自己的公共机构,在自己世代生活的区域形成了所谓"部落"或"方国",其情形大约像西南少数民族地区在清代"改土归流"之前的"土司"。这些部族方国之间,互不统属,其上也没有真正的中央。"姓别自为部落,酋帅皆有地分,不相统摄"⑥ 的情形也许正是中国国家产生之前的一般情形。部族之间一般来说只有两种关系:结盟或敌对。其间经常发生兼并战争,或举行会盟。对于敌对的部族

---

① 《诗经·大雅·绵》。

② 《左传·僖公二十四年》。

③ 范忠信、陈景良主编:《中国法制史》,第三章第四节,北京,北京大学出版社,2007。

④ 《荀子·儒效》。

⑤ 〔德〕恩格斯:《家庭、私有制和国家的起源》,载《马克思恩格斯全集》,第21卷,193页,北京,人民出版社,1972。

⑥ 《北史》卷九十六,《宕昌羌传》。《周书》卷四十九《宕昌羌传》作"各立酋帅,皆有地分"。

方国，只要有力量消灭，就武力征服；对于无力征服者就争取结盟联姻；力量弱小的部族方国只有被大的方国兼并或保护的命运，于是可能经常主动或被迫归附强大的方国。这一过程，正是从炎帝黄帝到尧舜禹直到夏商周时代国家形成的一般情形。

炎黄时代，起于大西北的炎帝、黄帝二部族各自向东方征服了许多小方国，发展壮大自己；到了东方后二族发生直接冲突，于是二族大战于阪泉之野（今河北上谷），黄帝族占上风，黄帝（轩辕氏）取代炎帝（神农氏）成为部落联盟首领。从此，这两个最大的部族合并，又合力向东南进发，与东夷九黎部族首领蚩尤发生冲突，大战于涿鹿之野（今河北涿县）。黄帝执蚩尤，杀于中冀[①]，炎黄部落联盟于是统治中原，这一部落联盟向国家形态迈出了一大步。所谓"天下有不顺者，黄帝从而征之，平者去之"，"置左右大监，监于万国，万国和"，就是指黄帝征服了许多部族方国，并对征服和归附的部落方国设监督官加强监控，国家由是更加具备雏形。在黄帝曾孙帝喾（高辛氏）时代，"帝喾溉执中而徧天下，日月所照，风雨所至，莫不从服"[②]，说明归附的部族方国越来越多。有学者认为，从炎黄时代开始，中国已经不再是简单的部落联盟时代，而是进入了作为正式国家前夕的准国家——酋邦时代。[③] 这是很有道理的。

尧舜禹时代，部族方国之间的征服和扩张仍烈。据说，尧帝与共工氏作战，征服了共工氏的部落[④]；还与驩兜、苗蛮、猰貐、凿齿、九婴、大风、封豨、修蛇等部族也有过战争。[⑤] 舜时代继续了征服战争，如《孟子·万章上》说："舜流共工于幽州，放驩兜于崇山，杀三苗于三危，殛鲧于羽山，四罪而天下咸服，诛不仁也。"《竹书纪年》引《春秋》曰："尧战于丹水之浦，以服南蛮。舜却苗民，更易其俗。禹攻曹魏屈骜，以行其教。"其实都是讲尧舜禹时代的部族战争之事。《庄子》说大禹"沐甚雨，栉疾风，置万国"[⑥]，《左传》说"禹合诸侯于涂山，执玉帛者万国"[⑦]，都是说大禹通过武力征服或者通过道德感服了许多小的部族方国，使其归附为禹的酋邦大国的一部分。

即使到了一般认为国家已经形成的夏商周时代，虽然已经有了中央国家政权，但是作为诸侯方国的商族、周族的国家政权的形成，仍是一个在征服和归附中完成的历程。如商汤在夏朝末期，趁夏桀昏乱，一方面施恩于诸侯方国，广结人心，所谓"去网三面"，诸侯闻之，曰："汤德至矣，及禽兽。"另一方面趁机征服许多诸侯方国。[⑧] 周族亦然。在文王之父季历时代，"修古公遗道，笃于行义，诸侯顺之"；文王继位后，"遵后稷、公刘之业，则古公、公季之法，笃仁，敬老，慈少。礼下贤者，日中不暇食以待士，士以此多归之。伯夷、叔齐在孤竹，闻西伯善养老，盍往归之。太颠、闳夭、散宜生、鬻子、辛甲大夫之徒皆往归之"[⑨]，其实这可能都是部族方国酋长率众归附周族之事实的变相记载。到了文王末

① 参见《史记·五帝本纪》，《逸周书·尝麦解》。
② 《史记·五帝本纪》。
③ 参见谢维扬：《中国早期国家》，257～258 页，杭州，浙江人民出版社，1995。
④ 参见王震中：《共工氏主要活动地区考辨》，载《人文杂志》，1985（2）。
⑤ 参见王震中：《祭祀·战争与国家》，载《中国史研究》，1993（3）。
⑥ 《庄子·天下》。
⑦ 《左传·哀公七年》。
⑧ 参见《史记·殷本纪》。
⑨ 《史记·周本纪》。

年，许多叛商的部族方国都归附周，"三分天下有其二，以服事殷"①；因为灭商时机未成熟，所以文王仍以诸侯长的身份服从商朝；文王又征伐犬戎、密须、耆国、崇侯虎，政权进一步强大；至武王时，会盟于盟津，"诸侯不期而会盟津者八百诸侯"②，最后"革命"，推翻商朝统治。周族统治机构正是如此逐渐强大而完成向国家的过渡。

在这种以部族征服为主的国家形成过程中，赤裸裸的暴力应是其实质。但是胜利者在胜利后要美化自己的暴力征服行动，后世的人们也要美化先圣先王，于是其他部族方国被消灭或征服的过程经常被美化为它们被"感化"并"投奔"圣王的过程。如舜继承尧帝位之前，可能已经聚集了相当的与尧抗衡势力，但被美化为因为德行高尚感召人民投奔，"一年所居成聚，二年成邑，三年成都"③。孔子把类似过程美化为"上好礼，则民莫敢不敬。上好义，则民莫敢不服。上好信，则民莫敢不用情。夫如是，则四方之民，襁负其子而至矣"④，认为正当的政治统治权及国家机构的产生应肇因于人民的投奔（或以投奔的方式授权）。汉人班固所言"上圣卓然先行敬让博爱之德者，众心说（悦）而从之。从之成群，是为君矣；归而往之，是为王矣"⑤，也大致是在美化国家形成的这种动因或方式。而"西伯阴行善，诸侯皆来决平"之类，也不过是感召别的方国归附的途径或方式的一种表述，"诸侯闻之，曰西伯盖受命之君"⑥，由选择其仲裁到选择其为自己的宗主。这些说法，无非是为了说明圣王的统治是"王道"而不是"霸道"，不是强加于人的。

（二）中国早期的国家形成于公共治水工程建设的需要

中国早期的国家形成与公共治水工程的需要有特别的关系。《孟子》说"当尧之时，天下犹未平，洪水横流，泛滥于天下"⑦，《史记》说帝尧之时"鸿水滔天，浩浩怀山襄陵，下民其忧"⑧，于是尧乃政选治水之官，先选定共工氏。共工氏可能就是最古的水利专官之职务。古书中谈到共工氏几乎全与水有关。《左传·昭公十七年》："共工氏以水纪，故为水师而水名。"《国语·鲁语上》："共工氏之伯九有也，其子曰后土，能平九土，故祀以为社。"说明共工氏也是个治水世家，据说主持治水十三年之久。其治水方法，《国语·周语下》记为"壅防百川堕高堙庳"，即是把高地铲平，低地培高，在平坦地面上修筑堤防，结果是"以害天下"。于是帝尧乃"流共工于幽州"。此后，尧帝又任命鲧主持治水。鲧主持治水九年，其方法据说又是共工氏一样的方法，"鲧陻洪水，汩陈其五行"⑨，"鲧作九仞之城以障水"⑩。这一方法又是失败的。舜"行视鲧之治水无状，乃殛鲧于羽山以死"⑪。最后选择了

① 《论语·泰伯》。
② 《史记·周本纪》。
③ 《史记·五帝本纪》。
④ 《论语·子路》。
⑤ 《汉书·刑法志》。
⑥ 《史记·周本纪》。
⑦ 《孟子·滕文公上》。
⑧ 《史记·五帝本纪》。
⑨ 《尚书·洪范》。
⑩ 《史记·五帝本纪》。
⑪ 《史记·夏本纪》。

大禹主持治水。"禹乃遂与益、后稷奉帝命，命诸侯百姓兴人徒以傅土，行山表木，定高山大川……卑宫室，致费于沟淢。左准绳，右规矩，载四时，以开九州，通九道，陂九泽，度九山"①。大禹终于取得了成功。《孟子》说"禹疏九河，瀹济漯而注诸海；决汝汉，排淮泗而注之江，然后中国可得而食也"②，"昔者禹抑洪水而天下平"，"然后人得平土而居之"③。

这样的治水与国家形成及统治权的取得有特别的关系。《尚书·洪范》说，"鲧陻洪水，汩陈其五行，帝乃震怒，不畀洪范九畴，彝伦攸斁。鲧则殛死，禹乃嗣兴，天乃锡禹洪范九畴，彝伦攸叙"。尧舜选择共工、鲧、禹治水，禹选择伯益协助治水，其实质都有考察政治接班人之意。如果治水成功，就将天子之位禅让之；不成功或有罪，就诛杀或流放之。共工、鲧就是失败者，所以被诛杀、流放；禹、益是成功者，所以被禅让以大位（益的大位很快被夏启篡夺）。天也会支持会治水的人当天子，并会把上天的大法（洪范）暗自授予这样的真命天子；而对于治水不成的，则"不畀洪范九畴"。孔子也认为大禹"卑宫室而尽力乎沟洫"④ 是其取得王者权威和地位的道德理由之一。

（三）中国早期的国家形成于部族扩张亦即部族殖民的需要

前面说过，中国早期国家形成的模式，与古代西方世界的希腊、罗马、德意志三种模式相比，仅仅接近于德意志民族的国家形成模式，即"国家是直接从征服广大外国领土中产生的"模式。这种模式，就是氏族部落或酋邦向外殖民扩张的模式。⑤ 中国的夏、商、周三族政权形成模式接近于德意志模式，但又有典型的不同。这个不同就在于"氏族制度"在国家政治中的转化和利用。

早在夏商时代就有类似分封制的情形，但这与西周开始的宗法分封制是有典型区别的。夏商时代的所谓"分封制"，主要是部族方国人口增殖后自然裂变外迁立邑或战争胜利后奖励功臣的结果。夏朝时有很多同姓氏族部落，如《史记·夏本纪》所列的有扈氏、有南氏、斟寻氏、彤城氏、褒氏、费氏、杞氏、缯氏、辛氏、冥氏、斟戈氏，他们均为禹的同姓即姒姓。有学者把夏朝称为邑土制国家⑥，即指夏王朝由夏邑（夏王直接所治）与其他同姓或异姓部落方国之邑共同构成的国家形式。在夏代，同姓部落方国只占很少一部分，更多的是各地原来自然长成的异姓部落方国，它们是被征服（但未灭国灭种）的或者主动归附的。他们有时会用获得夏朝"分封"的诸侯名号，但其实质不过是对其原有统治权力即统治区域的认可而已，这主要有昆吾氏、有缗氏等。在商朝，也有同姓诸侯曰殷氏、来氏、宋氏、空桐氏、稚氏、北殷氏、目夷氏、萧氏、黎氏等等，它们都是商汤的同姓即子姓。它们大概也是商族人口增殖后自然裂变并迁出立族立邑的结果。商朝"分封主要限于商王内服的诸妇、诸子或其他同族的大臣宿将之封，分封属地内的宗族还比较多地保留着自然形成的结构，如殷民六族、殷民七族之类。殷的外服多是服属于殷的异姓方国，殷对它们的承认

---

① 《史记·夏本纪》。

② 《孟子·滕文公上》。

③ 《孟子·滕文公下》。

④ 《论语·泰伯》。

⑤ 参见谢维扬：《中国早期国家》，479～484 页，杭州，浙江人民出版社，1995。

⑥ 参见周书灿：《中国早期国家结构研究》，17 页，北京，人民出版社，2002。

并不具有'裂土分封'的性质"①。总之，夏商时代的国家形成，即与夏商部族扩张及部族殖民有关。或者说，正是在这一部族扩张或殖民过程中，国家机构和制度逐渐完善，国家统治权力和统治地域逐渐扩大，夏商两族完成了部族方国或酋邦向国家政权的转变。

到了西周时期，所谓"封建制"或"分封制"发生了巨大的变化，或者说有重大创新。周代的分封制度的创新，可以概括为"分封宗法化"、"外服宗法化"两点。

周初的诸侯国，大致有三种类型。第一种是原有的蛮夷戎狄部落或方国，它们与周王室的关系是时臣时叛，如犬戎、昆吾、徐、楚、吴、越等。第二种是褒封的诸侯国，如神农、黄帝、尧帝、舜帝、大禹等古圣王之后裔分封于焦、祝、蓟、陈、杞等，以承其祀。又封商王纣子武庚于宋以承殷祀，也属于这种情形。褒封一般是对各该族裔世代沿袭占有的领地予以承认。第三种是新封建的亲戚功臣诸侯国，周初政治体制的变革就体现在这种新封的诸侯国上。② 这批诸侯国的分封，贯彻了"亲亲"原则，"立七十一国，姬姓独居五十三人"③。这些同姓诸侯国有管、蔡、郕、霍、鲁、卫、毛、聃、郜、雍、曹、滕、毕、原、酆、郇、邗、晋、应、韩、凡、蒋、邢、茅、胙、祭等。除同姓诸侯国外，还分封了姻亲、功臣之国18个，如姜、姒、妫、任等周室姻亲亦多有受封，如姜太公的齐国。

所谓"分封宗法化"，是指周朝开始以伯叔、兄弟、子侄统率各自族人，有系统地向四周广阔的被征服地区殖民。这种殖民，与夏商不同的是，周开始将比较严密的血缘宗法系统（即宗族内部的亲疏、尊卑、贵贱体系）应用于分封制，使受封者与中央保持"以宗为法"（大宗率小宗，小宗率群弟）及藩屏拱卫的关系，亦即使宗法的关系转化为国家中央与地方的关系。"周的封建则是按照殷外服的形式，通过宗族分权、分级立宗，裂变新的国家来实现的。'封建亲戚，以藩屏周'，使主要的诸侯国宗族化。这就意味着周人已经在打破传统邦族界限的基础上使他的宗族统治遍及大部分征服地区。这些宗族化了的诸侯又仿照王室分封的原则层层分封。这就使殷以来形成的封建制度无论从广度、深度上都出现了从量到质的飞跃。"④ 这些新封的诸侯国，是在新征服的广阔土地上建国的。子弟、叔侄、甥舅、功臣们被分封到这些新征服地区，据险筑城，镇压被征服的部族，防备反叛，阻止夷狄入侵。这种分封秩序，实际上是一种宗法制的武装殖民。"封建亲戚，以蕃屏周。"⑤ 为了控制这些诸侯国，周王室还直接任命诸侯国的主要官员。

所谓"外服宗法化"，是指周代的"外服"制度与宗法分封一致了。其外服的"五服"与自尧帝到殷商时的五服（侯、甸、绥、要、荒）大为不同。周代的"五服"，根据《尚书》、《周礼》所记，为侯服、甸服、男服、采服、卫服。这"五服"也是以王畿以外每扩展大约五百里为范围，分别安置子弟、叔侄、甥舅、功臣，以与周王的亲疏远近为差等，按照"大宗率小宗，小宗率群弟"的尊卑等级秩序建构。商人的后裔和原有的部族方国等则被列为五服之外的蛮服、夷服等，几乎完全自治，只对中央保持一定的朝贡关系，中央

---

① 王冠英：《周初的王位纷争与周公制礼》，载《周公摄政称王与周初史事论集》，130页，北京，北京图书馆出版社，1998。

② 参见郝铁川：《周代国家政权研究》，142～145页，合肥，黄山书社，1990。

③ 《荀子·儒效》。

④ 王冠英：《周初的王位纷争与周公制礼》，载《周公摄政称王与周初史事论集》，130页，北京，北京图书馆出版社，1998。

⑤ 《左传·僖公二十四年》。

并不对其实际控制（只要不作乱即可）。在这一体系中格外强调嫡庶之辨，即大宗小宗之辨。大宗，就是嫡长子孙衍袭系列；小宗，就是嫡次子以下及庶子衍袭系列。就全国而言，天子及其嫡长子孙系列为大宗，天子职位世袭罔替；其子弟为小宗，被分封到全国各地为诸侯。就诸侯国而言，诸侯及其嫡长子孙系列为大宗，诸侯职位世袭罔替；其他众子弟又被分封到各地采邑为卿大夫，为小宗。在卿大夫采邑复按照此原则区分大宗、小宗；卿大夫及其嫡长子孙系列为大宗，世袭罔替，其他众子为士，为小宗。到了士的领地内，不再分大宗、小宗。但士的嫡长子孙世袭士的身份，其他众子则为庶人，以士为宗，自己无宗。这样的一个全国性中央地方政治宗法网络，是夏商时代所没有的。

周族的酋邦政权，正是在这样的宗法分封中转化为国家的。这种宗法制国家政权模式，就是宗族治理秩序与国家政治秩序一体化的模式，即：一方面，政治等级的尊卑贵贱与宗族内部的血缘尊卑贵贱一体化；另一方面，中央与地方的统属模式也与宗族内部的血缘亲疏关系一体化。这两个一体化即所谓"大宗率小宗，小宗率群弟"的"宗法礼治"宗法模式，在这一模式之下，"序成而有不至则修刑。于是乎有刑不祭，伐不祀，征不享，让不贡，告不王；于是乎有刑罚之辞，有攻伐之兵，有征讨之备，有威让之令，有文告之辞"[①]。"一不朝则贬其爵，再不朝则削其地，三不朝则六师移之"[②]，也许反映了当时对诸侯的制裁制度的基本设计。这一模式对后世中国国家政权的模式影响极大，所谓"家国一体"、"家天下"正是由宗法分封制的传统而来。

第二节
传统中国国家政权的基本属性

一、中国古代国家政权的基本结构

中国古代国家政权的基本结构，在不同的时代各不相同，很难一概而论。但是，即是在不同的时代，由于中国文化自身的特殊规定性，政权结构有一些"一以贯之"的基本特征，这是无法否认的。

关于中国古代国家政权的基本结构，我们可以从中央和地方政权组织各自的内部构成（横向）以及中央与地方的上下统属关系（纵向）两个方面来分析。

（一）关于中央和地方政权机构的各自构成

1. 关于中央政治机构的构成

中国历代国家政治机构，一般而言，是以中央政治机构的建立为契机逐渐建立和完善起来的。简单地说，一般是先有中央机构，然后才逐渐扩大、完善或恢复地方机构。地方

---

① 《国语·周语上》。
② 《孟子·告子下》。

机构都是中央机构的派出或延伸。

在炎黄时代，据说已经有了一定的中央政治机构。按照《史记·五帝本纪》的说法，炎帝、黄帝时代就有"天子"职位或"帝位"的设置。在天子之下，神农时设许多官职，皆以火命名，曰火师；轩辕时设许多官职，"官名皆以云命，为云师"，还"置左右大监，监于万国"。不过，这时的天子职位，实际上是部落联盟的领袖，或者是所谓酋邦的首领，是由联盟的部族方国酋长中推举最有实力和威望的一人担任。其下设的"中央官职"可能都是各部族方国的酋长在联盟的兼衔，没有多少实质意义。"监于万国"的"左右大监"，可能是代表中央（联盟）巡回监视、督察各部族方国的官职。

到尧舜禹时代，中央最高领袖仍曰"天子"或"帝"，其下设置的中央机构有所谓百工、百揆等，地方机构有四岳群牧等。按照《尚书》所记，在百工或百揆中，有总百揆为天官的司空，有敷五教为地官的司徒，有掌管农业的后稷，有掌管鸟兽草木即农牧业的虞官，有掌管司法、正五刑的士，有掌管手工业的共工，有掌音乐和胄子教育的乐官，有掌祭祀典礼的秩宗，还有掌"出纳帝命"的纳言。唐人杜佑《通典》说尧舜禹时均有天、地、春、夏、秋、冬"六官"或"六卿"的设置，恐非历史事实。

夏朝的中央机构同样是在"天子"或"帝"、"王"之下设置一个官职系统。首先是所谓"四辅之臣"，是辅弼谋臣。其次是所谓"六卿"（六官）或"六事之人"，具体哪六官并不清楚，史籍所见有司徒（掌教化）、太史（掌天象历法）、稷和啬夫（掌农业）、羲和（掌天地四时）、秩宗（掌卜筮）、士师或大理（掌司法）、官师（掌胄子教育）、遒人（掌传达政令）等。此外还有所谓"三正"，即牧正（掌畜牧）、车正（掌制造战车）、庖正（掌王室饮食），还有掌管水利的水正。

商代的中央机构中，最高统治者称"王"或"帝"，或称"天子"。其下设置的机构，唐人杜佑《通典》说有"六太"（太宰、太宗、太史、太祝、太士、太卜）、"五官"（司徒、司马、司空、司土、司寇）等等，但似无历史根据。按照陈梦家先生等史学家对甲骨文和其他文献的比较研究，商朝的统治机构分为"内服"和"外服"两个系统。内服即中央和王畿系统，外服即地方系统。在"内服"中，有"卿事寮"政务系统、"太史寮"神职系统两大系统。在卿事寮政务系统，有尹（即主持政务的相职）、保（或称保衡，如太师、太傅、太保等）等；其下有卿事、卿士、卿史、多尹或诸尹、御事、邦史等，还有多工、多亚、司鱼、多马等专门职事官员。在太史寮神职系统，有掌管祭祀的史官，如太史、小史、御史、车大史等；另有巫、祝，即甲骨文中的多万、多老等；还有掌占卜的贞人（卜）等。

周代的中央机构系统，其"王"或"天子"（有时称"天王"）之下的机构设置远比商朝复杂。按照《周礼》的记述，是一个"六官系统"，即天官冢宰、地官司徒、春官宗伯、夏官司马、秋官司寇、冬官司空。天官冢宰是六卿之长，相当于后世的宰相，但兼掌天子警卫、膳食、起居、女御之事。其他五官，掌管民政、祭祀、军事、司法、工程这五大类国家具体事务。周代是否真的存在这样一个严格、整齐的国家机构系统，是值得质疑的。故《周礼》之说不很可信，但也不可完全否定。据张亚初先生研究，从近代以来所出土的西周青铜器铭文中所见 213 种官职中，与《周礼》所记官职相同或相近的有 96 官。[①] 根据

---

① 参见张亚初等：《西周金文官制研究》，140 页，北京，中华书局，1986。

金文所见的官职，大致可知周代的中央国家机构承袭商代体制，还是设卿事寮、太史寮两大系统。在卿事寮系统，有师、保、傅等，有三事大夫（任人、准夫、牧），有所谓三有司（司徒、司马、司空）等。太史寮系统，虽然广义上仍然是神职系统，但其职官中的神职已经大大减少，有太史为长官，主管祭祀、占卜、礼制、时令、天文、记史、图籍、教育等。其下有大祝、小祝等祝官，具体执行祭祀事务。太史寮内另一个系统似乎是商代没有的，即内史、御史、史官系统，其职责为起草王命、机要秘书、文书档案管理、起居言行记录、临时受命监察或处理政事等。

秦汉时代的中央机构有所变化，首先是有了"皇帝"制度。在皇帝之下，秦设有丞相、太尉、御史大夫三大机构（有人称为"三公"，但当时并无三公之名），有奉常、郎中令、卫尉、太仆、廷尉、典客、典属邦、宗正、治粟内史、少府、将作少府、中尉、主爵中尉"九卿"（九卿，言其多，并非其数一定是九）；汉基本沿袭，但"九卿"的名称略有变动，如更奉常为太常，更郎中令为光禄勋，更典客为大鸿胪，更治粟内史为大司农等；到汉成帝时，正式设立了司马（太尉）、司徒（丞相）、司空（御史大夫）三公制。

隋唐时代，在皇帝之下，有三师、三公，皆虚职；有宰相（后逐渐变为集体宰相）；宰相之下是三省六部诸寺监。所谓三省，即尚书、中书、门下三省，是中央三大最高政务机构，萌芽于魏晋南北朝时期，唐时确定为中央三大平行机构。仅次于三省的有御史台。所谓六部，是尚书省下设的吏部、户部、礼部、兵部、刑部、工部；每部之下各设 4 司，共 24 司。所谓诸寺监，指六部以外的太常寺、光禄寺、宗正寺、太仆寺、大理寺、鸿胪寺、国子监、少府监、都水监等九寺五监。

宋代中央行政体制虽仿效唐朝，有三省六部之名，但它们的实际职责很少。故宋初至宋神宗元丰改制前，具体执行中央行政职权的机关是"二府三司"。所谓"二府"，是指"中书门下"与"枢密院"，号称"政府"和"枢府"。"中书门下"脱离三省成为独立的行政机构，其长官为"中书门下平章事"，行使宰相职务，一般置二三人；另设"参知政事"为之副。枢密院为中央最高军事行政机关。所谓"三司"，即三司使。宋把晚唐以来的三大中央机构——度支司、盐铁司、户部司合而为一，称为"三司"。其长官称三司使，副长官为三司副使。三司使统领三司，总管国家财政，地位略低于参知政事，故有"计相"之称。神宗改制后，三司并归户部，三省六部大致恢复法定地位、职权。

元明清时代的中央机构与前代的最大不同是三省制度逐渐取消及宰相制度的废除。这一变化，使皇帝直接统领六部，六部的地位大大提高。在清朝，六部之外，还有理藩院、都察院等，还有太常、光禄、鸿胪、大理等寺，国子、钦天等监，宗人、詹事等府。

2. 关于历代地方治理机构的构成

在炎黄时代，大概没有所谓地方组织。当时有所谓"诸侯"，但不是后世所谓"诸侯"，而是原始的自然长成的部族方国酋长。尧舜禹时代，也有所谓"诸侯"，有"四岳"、"四岳群牧"、"十二有牧"等，《尚书》记载国有大事时天子经常征询他们的意见。这些都不是后世所谓地方组织，其实都是各原始部落方国的酋长。他们经常在一起商议联盟大事，是原始军事民主制的体现。历史传说有大禹把天下划为"九州"之事，一般认为当时不可能有如此行政控制能力，大约只是划分天下 9 个不同的水土所宜、出产各异的区域，任各地的部落酋长"任土作贡"表示效忠而已。①

中国古代的地方治理机构，在夏商周时期大概已经有些萌芽。

在夏商时代，历史传说其地方组织体系完善而严格，但实际上很难采信。关于夏朝，传说在九州之下，有师、都、邑、里、朋、邻等各级地方组织②，事实上不太可能。在商朝，所谓"外服"，就是四方管理体制。外服的诸侯，分为侯、甸、男、卫、邦伯五等（有说侯、甸、男三等），除少数系殷商亲戚、功臣分封者外，更多的系对原有的部族方国的册封、认可，他们通过获得封号并进贡的方式至少形式上归附商朝。这样的小方国据说有3 000个之多，且叛附无常。它们显然不是后世意义上的地方政权。商朝还有内服基层组织曰"邑"，有官吏曰"族尹"、"里君"、"里尹"等，外服大概无所谓基层组织而言。

周代的地方组织，《周礼》说得十分严密、完善，但令人不敢置信。地方实行"乡遂制度"：内服（含王畿）曰乡，外服曰遂。分设乡大夫（遂大夫）、州长（县长）、党正（鄙正）、族师（酂师）、闾胥（里胥）、比长（邻长）等等各级官员管理乡（遂）、州（县）、党（鄙）、族（酂）、闾（里）、比（邻）等各级地方组织。所谓"五家为比，五比为闾，四闾为族，五族为党，五党为州，五州为乡"③的严格行政划分在当时是不可能的。按照出土西周金文所记，"三有司"的司徒（司土）之下，有司鄙、邑人、里君（人）、司甸、甸人、奠人之类的基层官员之名。

春秋战国时期，中国地方制度的最大变化是郡县制的出现。楚国在约公元前700年左右开始设县。这是一种新的地方体制，就是由国君直接派人治理新征服的遥远地区（县者，悬也），而不是像过去一样将其分封给功臣。此后各国纷纷设县，随后又出现了郡（郡者，君之邑也）。郡的级别起初比县低，但面积更大。后来郡逐渐高于县，并且下领数县。到战国时正式形成了郡县二级制，设郡守、县令等。但也有人认为郡在战国时尚不是地方政府层级，只是军区而已。④此外，战国时期出现了基层"什伍制"。如商鞅在秦，在地方设乡，其下五家为伍、十家为什。齐国"五十家为里，十里而为州，十州而为乡"⑤。可以说，真正的地方制度——郡县制加乡里什伍制，是战国时期才真正确立起来的。

秦汉时代的地方制度，是郡县制加乡里什伍制为主体，汉代还实行郡县和封国并行制。有人认为，郡县二级地方建制虽在战国时已经出现，但在全国正式推行是在秦统一之后。⑥秦朝划分天下为36郡，后又增至40多郡。汉朝，全国设郡80个左右，县1 500个左右。郡设守、尉、监，县设令（长）、丞、尉等。在郡县之下，设乡、里、什、伍等各级组织。汉代地方制度与秦的最大不同是在郡县之外有封国，分王国、侯国二等，王国大约等于郡（但也有一王国领数郡者），侯国大约等于县。汉初有九个王国，后来发展至二十多个王国。在王国、侯国内部也有与汉朝相当的"国家机关"如傅、相、内史、将军、御史大夫、廷尉等，其地方大概也实行郡县乡里什伍制。从汉武帝开始，把全国划分为十三州部，自此

① 参见袁刚：《中国古代政府机构设置沿革》，4页，哈尔滨，黑龙江人民出版社，2003。

② 参见《广雅·释地》。

③ 《周礼·地官·大司徒》。

④ 参见田昌五等：《周秦社会结构研究》，237页，西安，西北大学出版社，1996。

⑤ 《银雀山竹书〈守法〉、〈守令〉等十三篇》，载《文物》，1985（4）。

⑥ 参见袁刚：《中国古代政府机构设置沿革》，45、115页，哈尔滨，黑龙江人民出版社，2003。

在郡县之上开始有"州"，起初仅仅是监察区，东汉时转化为郡以上的地方行政层级。魏晋南北朝时期基本上沿袭此一州、郡、县三级地方制度。

隋唐时期地方制度发生了重大变化。隋文帝于开皇年间废郡，从此地方层级由州、郡、县三级改为州、县二级。不过，唐朝后期各镇节度使逐渐掌握行政权，地方数州之上又设有"道"作为监察区并逐渐分享行政权，地方体制似乎又变成了镇（或道）、州、县三级。在基层，隋朝实行的是保、闾、族（畿内）或保、里、党（畿外）三级体制；唐朝的基层组织，"百户为里，五里为乡，五家为保"，城中设坊，级别相当于里；乡野区域设村，大约相当于坊、里。

宋代的地方体制设路、州（府、军、监）、县三级。"路"从唐代的"道"演变而来，起初仅为监察区，后实际执掌行政，设经略安抚、转运、提点刑狱、提举常平四使司，各自分别对中央负责。其基层制度大约同于唐代。

元代的地方制度中最为典型的变化是"行省制度"的确立。在中央，元朝废三省，仅留中书省。起初在各地设行中书省，作为中书省的派出机构；到至元二十三年（1286 年）行省正式确定为地方行政最高层级。大都附近的 29 个路、8 个州，包括今山东、山西、河北全境被称为"腹里"，由中书省直辖；其他地区分别设为 11 个行省。行省设丞相、平章、右丞、左丞、参知政事等官。在行省之下，设路、州（府、军、宣慰司）、县三级，于是地方行政层级变成了四级。在基层，农村地区设乡、都，城镇地区设隅、坊，各设正、长，科差派役、催输税粮。此外还有村社制，五十家立一社，社长劝农征税、维护治安。

明清时代的地方制度与元代相比，发生了重大变化。行省作为地方最高机构，起初不设最高长官，而是设平行的布政使、按察使、都指挥使三司，分别隶属于中央，又回到宋代的"路"体制。但从明末开始，经常以巡抚、总督的名义向地方派出临时监察督政官员，总领一省或数省军民事务，到清初变成省级地方的实际最高长官。清代因以总督主管地方军务，故将都指挥使一职裁撤。地方有省、府（直隶州、厅）、县三级，也有县级的州和厅。在省之下设有"道"，有作为省布政司派出机构性质的道，如水利道、盐法道、屯田道等；还有按察司派出的监察性质的道，有时分别叫作分守道、分巡道。在基层，有治安性质的保、甲组织，有督办钱粮性质的里、甲组织，在城市则设坊、厢两级基层组织。

（二）关于历代中央和地方的基本关系结构

关于中国古代中央和地方关系的基本结构，我们应该注意三个方面。

第一是封建制还是郡县制的问题。

关于封建制和郡县制的国家结构模式，中国过去五千年历史大约可以分为四个阶段。第一阶段是远古至夏商时代。这一阶段基本上是以对于各地域原有的自然长成的政治军事集团（部落方国）在部落联盟或酋邦体制下加以册封、认可为主，以王族同姓或异姓功臣的分封为辅的时代。第二阶段是西周和春秋时代。这一阶段基本上是以宗法封建为主即按照宗法原则使地方诸侯化的时代。秦代彻底废黜除了封建制度是一个短暂的例外。第三阶段是两汉魏晋时代。这一阶段是分封制和郡县制并行、以郡县制为主体的时代。除汉初诸侯一度有真正的地方军政权力外，其他时期诸侯有一定的诸侯政权形式，但均只食租税，无行政权。第四阶段是隋唐至明清时代。这一阶段可以说是完全郡县制阶段。象征分封的封爵虽然存在，但只是名号而已，只表示租税俸禄的等级。

第二是中央派出机构与地方行政的关系问题。

中国的地方行政机构或地方政府的最高层级，经常由中央派出的临时督察或协调机构转化而来。在汉武帝时，有十三州部监察区，各设绣衣直指刺史，监督所属各郡国的文武官吏和公务。"州"这个监察区到东汉时代便成了地方最高行政机构。在唐代中后期，州县之上所设的军务督办区或监察区镇、道，已经有了地方最高行政机构的权威；到宋代则变成"路"，直接成为地方最高行政区。在元代，起初作为中央派出机构的行中书省，很快演变为地方最高政权层级，确立了行省制。在明代后期出现的派驻省级地方协调省内三司关系、督办军政大事的监察机构——巡抚、提督、总督等，也很快演变为地方最高行政层级，到清朝正式确定为省级地方行政最高长官。

第三是地方行政的层级多寡问题。

传统中国地方行政层级的变化，大约可以分为以下几个阶段。第一阶段是炎黄至尧舜禹时代。这一阶段的地方层级，就联盟或酋邦中央而言，只有一级，就是诸侯国这一级。诸侯国有大小等级之分，但均直属于酋邦中央。在诸侯国内部，应该已经有了乡邑的等级，但历史记载不清楚。第二阶段是夏商周（含春秋）时代。这一阶段的地方层级仍主要是诸侯国这一级，但在内服（畿内）则有了较为明确的地方行政层级。虽然不如《周礼》、《礼记》所记那样复杂严密，但族、邑、里等地方基层组织还是有的，似乎不见与后世的州郡县类似的层级。第三阶段是战国至秦、西汉时代。这一阶段基本上是郡县二级地方时代；即使有诸侯封国，但仍可以换算为郡县二级。第四阶段是东汉至魏晋南北朝时代。这一阶段基本上实行州、郡、县三级地方体制。第五阶段是隋、唐、宋时代。这一阶段基本实行州、县二级体制，但宋代因为设置了"路"这一财政兼监察区级，实际上又变成了路、州、县三级。第六阶段是元、明、清时代。这一阶段的地方体制，由于出现了行省，所以实际变成了四级：元朝是行省、路、府（州）、县四级；明清是省、道、府（州）、县四级，道实际上变成了省和府之间的地方行政机构。总之，传统中国的地方行政机构，从二级到四级，因时而异。三级地方体制的时间似乎最长，包括有些时候为隐蔽的三级（如宋代），有些时候实为四级但法定只有三级（如清代）。二级地方体制虽然精简，但很难持久，如西汉、中唐以前。

二、"封建"政治模式的实际长期延续

中国古代的政治体制，从战国中期开始，就以单一制中央集权制的郡县制为主体，直至清末。但是，我们也要看到，"封邦建国"的政治模式，即使在秦朝以后，一直以直接或间接的方式存在，深刻地影响着中国数千年的政治史，影响着中国政治法律传统的属性。可以说，"封建"是贯穿中国古代的政治制度。

中国的"封建"制在秦以后长期存在，是一个不可忽视的事实。这种存在，有三种模式。

（一）第一种存在模式：直接存在

"封邦建国"直接存在模式，即直接以田土、民户、岁禄等方式封赐诸侯。

不可否认，秦始皇统一中国后，的确彻底取消了分封制，以致有"今陛下有海内，而

子弟为匹夫"① 之局面。但是，汉高祖初定天下，此一局面即发生了改变，高祖"以海内初定，子弟少，激秦孤立亡藩辅，故大封同姓以填天下"②，"同姓子弟封王者九国，功臣封侯者百有余人"。这些诸侯，"大者或五六郡，连城数十"，而"汉"（中央）仅直接统辖十五郡，还有"公主列侯食邑其中"。这些诸侯，"置百官宫观，僭于天子"③，或"宫室百官，同制京师"④。至汉景帝时，实行"推恩令"，"使诸侯得推恩分（封）子弟国邑，故齐分为七，赵分为六，梁分为五，淮南分三"⑤。虽大大削弱了诸侯分裂势力，略收"强干弱枝"之效，然诸侯"封建"仍是国家统治的重要政治系统。

唐代，"高祖受禅，以天下未定，广封宗室，以威天下。皇从弟及侄，年始孩童者，数十人皆封为郡王"。高祖二十二子，先后封王，如世民为秦王，元吉为齐王，元景为赵王，元昌为鲁王，元方为周王，元晓为密王，元婴为滕王。⑥ 所封之地域大小不一，如任城王道宗，仅因一次战功"赐封六百户"；河间王孝恭，因冤狱平反补偿，"赐实封千二百户"⑦；密王元晓、滕王元婴，均"实封至千户"⑧。太宗以后亦封王侯无数，还一度搞世袭州刺史之制。

明初，"洪武三年，帝惩宋元孤立，失封建古意，于是择名城大都，豫王诸子，待其壮而遣就藩服，外卫边陲，内资夹辅"⑨。明制，"皇子封亲王，授金册金宝，岁禄万石，府置官属。护卫甲士少者三千人，多者至万九千人"⑩，亲王中最多者"岁禄五万石"⑪。如太祖长子朱樉，封秦王，建宫西安；第六子朱桢，封楚王，建宫武昌。⑫ 当时"裂土分封，盖惩宋元孤立、宗室不竞之弊，而秦晋燕齐梁楚吴蜀诸国，无不连邑数十，城郭宫室亚于天子之都"⑬。明太祖虽著令"兹土不畀藩封"⑭，但后来王侯请赐田地牧场多许之，"岁禄外量给草场牧地，多不及千顷"，但景王、福王所占田地，竟多达 4 万顷。⑮ 后又定制："郡王诸子年十五岁，人赐田四十六顷为永业。"⑯

直至太平天国，亦有封王之举。"今特褒封左辅正军师（杨秀清）为东王，管治东方各国；褒封右弼又正军师（萧朝贵）为西王，管治西方各国；褒封前道副军师（冯云山）为南王，管治南方各国；褒封后护又副军师（韦昌辉）为北王，管治北方各国；又褒封达胞

---

① 《史记·秦始皇本纪》。

② 《汉书·高五王传》。

③ 《史记·汉兴以来诸侯王年表》。

④ 《汉书·诸侯王表》。

⑤ 《史记·汉兴以来诸侯王年表》。

⑥ 参见《唐会要》卷四十六，《封建》。

⑦ 《新唐书》卷七十八，《宗室传》一。

⑧ 《新唐书》卷七十九，《宗室传》二。

⑨ 《明会要》卷四，《帝系》四，《杂录》。

⑩ 《明史》列传第四，《诸王传序》。

⑪ 《明会要》卷四十三，《职官》十五引《续通典》。

⑫ 参见《明史》列传第四，《诸王传》一。

⑬ 《明会要》卷四，《帝系》四引王圻《续通考》。

⑭ 《明史·梁储传》。

⑮ 参见《明史·潞王传》。

⑯ 《明会要》卷四，《帝系》四引王圻《续通考》。

为翼王，羽翼天朝"①。又如封洪仁玕为干王，诏曰"锡报胞以干天府王爵，子孙世袭，永远光荣，以昭福善盛典。胞靖共尔位，世世股肱天朝也。"② 太平天国封王之滥时，"由广东跟出来的都封王，本宗亲戚也都封王，捐钱粮的也都封王"③。仅1861年9月到1864年7月，在短短的3年中，总共封王二千几百人，封侯无数。④ 这些王侯大者均开府设官，除官阶高者报东王、天王任命外，中下级官员均自设，甚至"私铸印信，私给官凭"，随意封官。直到洪仁玕推动天王颁布《钦定功劳部章程》强调把黜陟升降官员的大权收归中央以后⑤，情况才稍有变化。

当然，自明以后，直接实封民户、田土者减少，更多是封以岁禄，还封赐以乐户、客户、奴仆等。

（二）第二种存在模式：间接存在

所谓"封建"的间接存在，即以官爵、职位、名号等政治身份封赠官吏，许其子孙一定程度世袭。

历代"封建"间接存在形式甚多。自汉以降，郡、州、府、县的守令，实际上与古时大小诸侯相似。以唐代为例，中唐以后，各州刺史、节度使，实为诸侯。"唐有镇帅，古诸侯之比也"⑥。最为典型的标志一是他们在地方专擅独断，为土皇帝，屡屡兴兵威胁中央。二是他们的职务有直接或间接的世袭。唐太宗时，曾一度推行"世袭刺史制"，让各州刺史子弟世袭爵土。太宗诏曰："今之刺史，古之诸侯，虽立名不同，而监统一也。故申命有司，斟酌前代，宣条委共理之寄，象贤存世及之典。司空（长孙）无忌等并册名运始，功参缔构，即令子孙世代承袭，非有大故，无或黜免。余官食邑并如故。"⑦

到明清时，各省督抚仍称"封疆大吏"，其所开府曰"藩邸"，官属实质上自设自命，朝廷动辄封田封地酬其功。高中级官员子孙世袭爵位、荫封官品、荫入国子监，皆有定制，其权力不亚于古时诸侯。如"明初因前代任子之制，文官一品至七品，皆得荫一子以世其禄……或即与职事，或送监读书"。洪武十六年（1383年），"定职官子孙荫叙：正一品子，正五品用；从一品子，从五品用；正二品子，正六品用，从二品子，从六品用"⑧。

太平天国时，洪秀全曾下诏："封从前及后一概打仗升天功臣，职同总制世袭。（封）掌打大旗升天功臣，职同将军、侍卫世袭……凡一概同打江山功勋等臣，大则封丞相、

① 洪秀全：《永安封五王诏》，载太平天国历史博物馆编：《太平天国文书汇编》，36页，北京，中华书局，1979。

② 洪秀全：《封干王诏》，载太平天国历史博物馆编：《太平天国文书汇编》，46页，北京，中华书局，1979。

③ 《黄文英自述》，载《太平天国》，第2册，852页，上海，神州国光社，1953。

④ 参见邱远猷《中国近代法律史论》，76页，合肥，安徽大学出版社，2003。

⑤ 该章程规定："嗣后……主将以下统兵官，无论其高官王位，亦不得私铸印信，私给官凭，僭越一些。倘有私与官职者，当律以大辟；私授官职者，亦正典刑。"（《洪仁玕选集》，28～29页，北京，中华书局，1978。）

⑥ 《新唐书》列传第三，《宗室》。

⑦ 《旧唐书·长孙无忌列传》；《唐会要》卷四十七，《封建杂录》下。

⑧ 《明史·职官志》六。

检点、指挥、将军、侍卫，至小亦军帅职，累代世袭，龙袍角带在天朝。"[1]

（三）第三种存在模式：精神存在

所谓"封建"的精神存在，即政治生活中充满"封邦建国"的精神。

这种精神存在，中国历代无时无之，甚至今日亦然。"父母官"观念，"县太爷"、"子民"观念，即典型体现之一。按说，"天子子畜万民"，百官皆天子臣子，官员岂可以自居为"父母官"、"太爷"？这不是把自己放到了与天子"同辈"的位置上了？按封建宗法政治伦理，正常的称谓应该是"兄长官"才是。因此，"父母官"、"县太爷"之类观念，正是有"国中之国"、"土皇帝"、"天高皇帝远"的"封建"等观念所导致的结果。这正是"裂土而封"的观念。地方长官们的"我的地盘"观念，是中国最强顽的观念。官吏们统治一地，则吃此一地，以为享乐之源。于是封邑又叫"汤沐邑"，官缺有"肥缺"、"瘦缺"之分。官吏们在各自辖区内口含天宪、作威作福，历代如此。百姓只见官怒不见王法。直至今日还有官吏狂言"上管天、下管地，中间管空气"，不与古时诸侯同德乎？至于向上级上缴利税，向上司个人敬贡金钱、方物，地方官们都把它们等同于古时诸侯"敬贡"。此外，"封建"的精神存在还在于，"天下"或由争斗获得的战利品，必须与亲戚功臣分享，不分享是违反道德的。孟子说："仁人之于弟也……亲爱之而已矣。亲之欲其贵也，爱之欲其富也。"他说，如果舜在当了天子以后不分封自己的弟弟象为诸侯，那就是错误的："身为天子，弟为匹夫，可谓亲爱之乎？"[2] 要讲亲亲，要讲仁义，就要与亲戚、功臣分享战利品，就要分肥。《春秋》传曰："贤者子孙宜有土。"[3] 也是这一观念的典型代表。始封之君，依儒家正义，皆为贤者。唐人封彝批评唐高祖时"欲敦睦九族，一切封王爵"的做法是"盖以天下为私，殊非至公驭物之道也"[4]。此亦即黄宗羲所批判的"藏天下于筐箧"、"鳃鳃然日唯筐箧之是虞"[5] 的"家天下"观念。这种观念在中国古代是贯穿始终的观念。直到今天，"封妻荫子"、"福及六亲"、"鸡犬升天"的观念仍强烈地存在于许多官员的心中。

三、天下—国—邑—家四重政治结构

传统中国的政治结构，从西周至明清，几乎一直可以概括为"天下—国—邑—家"四重结构。对这种政治结构的理解，是我们理解传统中国国家特质的关键。在中国古代正统的政治理念中，在传统中国政治的内在架构中，我们确实能看到这样一种四重结构。

（一）天下、国、邑、家的基本政治含义

1. 天下

天下是传统中国政治理念和秩序架构中最大的政治区域或层次概念。在古代中国人心目中，"天之所覆，地之所载，日月所照，霜露所队（坠）"的区域，就是"天下"。在这个

---

① 洪秀全：《谕兵将立志顶天真忠报国到底诏》，载太平天国历史博物馆编：《太平天国文书汇编》，35 页，北京，中华书局，1979。

② 《孟子·万章上》。

③ 《汉书》卷六十七，《梅福传》引《春秋传》语。《春秋公羊传·昭公三十一年》作"宜有地"。

④ 《唐会要》卷四十六，《封建》。

⑤ （清）黄宗羲：《明夷待访录·原法》。

政治区域里，有一些基本的政治秩序，是任何人无法逃避的。如首先有"尊亲"的秩序，"舟车所至，人力所通，天之所覆，地之所载，日月所照，霜露所队（坠），凡有血气者，莫不尊亲"①。"尊亲"就是天下最大的政治。还有"敬君"的秩序，所谓"君臣之义无所逃于天地之间"。二程云："父子君臣，天下之定理，无所逃于天地之间。安得天分，不有私心，则行一不义，杀一不辜，有所不为。有分毫私，便不是王者事。"② 连最反对人间政治的庄子也认为如此。《庄子·人间世》云："天下有大戒二：其一，命也；其一，义也。子之爱亲，命也，不可解于心；臣之事君，义也，无适而非君也，无所逃于天地之间。"这个政治区域的秩序，实际上是一种天、地、人合一的秩序。这个政治区域的长官是实行"王道"的"王"或"天子"，他是沟通天、地、人的桥梁。"古之造文者，三画而连其中，谓之王。三画者，天地与人也，而连其中者，通其道也。取天地与人之中以为贯而参通之，非王者庸能当是？是故王者唯天之施，施其时而成之，法其命而循之诸人，法其数而以起事，治其道而以出法，治其志而归之于仁"③。在"天下"，王者并非"一刀切"地施以高尚的德教礼乐之治，而是区分"中国"和"夷狄"，强调华夷之辨，强调"因俗而治"。在华夏即"中国"以德教礼乐治之，在夷狄地区"因俗而治"。因此，"天下"这个政区或政治实体，更多的是道德伦理意义上的政治体。

关于"天下"，必须特别强调其道德伦理含义，而不可仅仅注意其最高政权或最大政治统治区域的含义。古人特别强调区分"国"与"天下"。荀子说："故可以有夺人国，不可以有夺人天下；可以有窃国，不可以有窃天下也。可以夺之者可以有国，而不可以有天下；窃可以得国，而不可以得天下，是何也？曰：国，小具也，可以小人有也，可以小道得也，可以小力持也；天下者，大具也，不可以小人有也，不可以小道得也，不可以小力持也。国者，小人可以有之，然而未必亡也；天下者，至大也，非圣人莫之能有也。"④ 顾炎武说："有亡国，有亡天下。亡国与亡天下奚辨？曰：易姓改号，谓之亡国。仁义充塞而至于率兽食人，人将相食，谓之亡天下。"⑤ 这说明，在古代中国士人心目中，"天下"应该是符合"王道"的包括天下万国的道德共同体。

2. 国

国是中国古代政治中次一层次的政治区域和政治秩序概念。在先秦中国的政治理念中，"国"分为"中国"和"诸侯"（方国）。"中国"一般指华夏文化或礼乐政治核心区域，包括王畿和文明程度高的诸侯国如齐、鲁、晋、郑、宋等；"诸侯"（方国）一般指华夏核心文化以外的其他诸侯国，如楚、吴、越等。但秦汉大一统后，"国"的概念大到与"中国"（即天子政权直接所辖区域）同，小到仅仅指在"中国"之下分封的"王国"、"侯国"。儒家讲修身、齐家、治国、平天下，实际上是讲个人要"修身"以贡献于天下一体的政治，卿大夫要"齐家"以贡献于天下政治，诸侯要"治国"（使国政达到"治"的状态）以贡献于天下政治，天子或王要"平天下"以贡献于天下政治。因此，孟子曰说："人有恒言，皆

---

① 《礼记·中庸》。
② （宋）朱熹编：《近思录》卷二引二程语。
③ 《春秋繁露·王道通三》。
④ 《荀子·正论》。
⑤ 《日知录》卷十三，《正始》。

曰'天下国家'。天下之本在国，国之本在家，家之本在身。"① 这里显然把政治分为"天下"、"国"、"家"三个层级，"国"显然主要指诸侯国而言。因此，中国传统政治秩序中的"国"，主要指"天子"之下的二级政治组织或实体。这个政治区域或实体，包括后世没有"国"号的地方最高政区，如"郡"、"州"、"路"、"省"等，在国人心目中都是"封疆"。在这个组织或实体里，其政治远比"天下"的政治更为务实、具体。因此，"国"是实实在在的世俗政治体（不过要以"平天下"为最终目标）。无论是天子直接统治的"中国"，还是其下辖的"封疆"之国，都有非常实在的政治。

3. 邑

在先秦时代，卿大夫受封的区域的中心就是"邑"。"邑"是从人口聚居而言，本是城邑之意。作为诸侯之小宗的卿大夫的"家"就设在此城邑中。先秦时人讲"齐家"就是讲卿大夫的政治秩序良好状态。这里的"家"就是卿大夫主持的政治体或政治区域；"家"是诸侯建立的，犹如天子建诸侯国，所谓"天子建国，诸侯立家，卿置侧室，大夫有贰宗，士有隶子弟"②。所以，先秦的"家"是行政实体或区域概念，士庶人是没有政治法律意义上的"家"的（只有作为受田和赋役单位的"家"）。先秦的"邑"，除了卿大夫作为二级封君是政治主宰之外，还有"家臣"、"邑宰"、"有司"。如孔子弟子仲弓为鲁国卿季氏之"宰"，向孔子请教为政方略，孔子指导他："先有司，赦小过，举贤才。"③ "邑"中的"有司"需要"举贤才"来充任。在秦汉以后，"邑"的封域或政治体虽然法律上取消了，但观念上仍然存在。人们仍惯于把地方最高级政权以下、乡里基层组织以上的地方政权层级叫作"邑"，把府、州、县长官称为"邑宰"，如秦汉隋唐的县，宋元明清的府州县等，总之是"国"与"民"之间的过渡层级。把"天子"的仁义道德政治推行于百姓，主要靠这个"亲民"的过渡层级。这个层级的政治体或政治秩序，可以叫作"亲民"政治。

4. 家

家是中国最基层的政治体。起初，只有卿大夫以上有"家"（天子以天下为家，诸侯以国为家，卿大夫以"家"为家），士庶百姓没有作为政治体的家，只有作为赋役单位的家。汉唐以后，百姓的家也开始有了政治体的含义。特别是宋代以后，百姓开始立宗族、建族谱，这才使百姓也正式有了政治体意义上的家。这里的家，可以理解为"宗"。周代"大宗率小宗，小宗率群弟"的"宗"，只属于"小宗"即卿大夫以上；"群弟"即"士"是没有"宗"的；作为"群弟"的"众子"（庶子）的庶民，就更没有"宗"。东汉魏晋南北朝隋唐时代，是"士"获得立"宗"权，亦即立宗庙（祠堂）、建族谱、设置宗族机构的时代，故"士族"、"门阀"盛行一时。宋代以后直至明清，是庶人百姓获得立"宗"权的时代，故"宗族"文化自此兴旺，宗族祠堂、宗规族法、宗族组织、族谱家谱成为国家基层政治的一部分。这个时候的"宗"或"家"指一个姓氏或其在某地分支的族众全体而言，也可以指一个地方某个姓氏的大家族（共一个宗祠而言），最小可以仅仅指一个普通家庭。不过，作为政治体的"家"，主要指祠祀同一始祖（共一个宗祠）的同姓氏群体，或者这个共同体下

---

① 《孟子·离娄上》。
② 《左传·桓公二年》。
③ 《论语·子路》。

面的区域性支派族众团体"房头"。中国的政治,是一种"家国一体"的政治,是一种"集团主义"政治。天下是天子的"家",国和邑是诸侯、卿大夫们的"家",家是百姓的"国"。这样一种同构关系,是中国传统政治最要强调的。所以最基层政治体不能是个人,必须是"家"。个人在中国不是独立的权利义务主体,甚至也不是完全独立的责任主体。国家的很多政治法律设计,都是以"家"(包括最小的家——"户")为单位的,很少是以个人为单位的。

(二) 天下、国、邑、家四者的同构关系

无论在传统中国的实际政治秩序中,还是在中国的政治哲学理念中,"天下"、"国"、"邑"、"家"四者都有一种同构关系,或者说一种同心圆的关系。天下是最大的"家",家是最小的"国"。

"天下"是天子的家,也是全国人民的"大家"。对"天子"来说,这个"家",消极地讲,是天子的私家产业;积极地讲,是自己应该负责任地撑持起来并必须哺育子民的"家"。对百姓来讲,这是"以天下为一家、以中国为一人"的"家",亦即大家应当亲如一家人的"家";也是百姓应该顾全大局、"舍小家为大家"的"家"。在这个家里,天子是国父,是家长;后妃是国母,是内当家。所以,天子的后妃不只是他的个人配偶,而是"女官",是国家公务员。所以选拔后妃就不是天子个人的私事,而是国家大事。太子作为天子的继承人,是国家最高职务候任者,所以"立储"也是国家大事。天子大婚、皇帝或皇太后寿辰、立后立储等等,都可以构成国家的重大节庆,可以成为"大赦天下"的理由。汉人娄敬想出的"太上皇"名号,解决了皇帝刘邦作为儿子对父亲应有孝敬之礼的家庭问题①,也解决了国家政治体制的一个大难题。在"天下"这个政治体里,所有成员的关系都可以换算为家庭内部的关系:皇帝是"君父",官吏是"父母官",百姓是"子民",陌生人也"四海之内皆兄弟",坏人是"乱臣贼子"……

"国"和"邑"作为政治体,实际上也是所有直接或间接"封君"(大小诸侯和官吏)的家。唐太宗曾说"今之刺史,古之诸侯,虽立名不同,而监统一也"。一度实行"世袭刺史制":"即令子孙世代承袭,非有大故,无或黜免。余官食邑并如故。"② 官吏行政,是"为民父母行政"。数千年来,各种形式的"国"、"邑"的长官,以"老父台"、"大老爷"、"老公祖"的称谓出现在百姓的诉状中,同时也是为官者的一般心态:以家长面貌出现,训斥子民,宰割子民。当然,从好的方面讲,以"国"、"邑"为家的体制和理念也可能促使"家长"为"子民"呕心沥血、鞠躬尽瘁,"家长"的角色定位也可以唤起他们为国中、邑中百姓子民"养家糊口"的责任感。在这个"家"里,据清人汪辉祖讲,为官者最应该注意的是管束好"三爷":"谚曰'莫用三爷,废职亡家'。盖子为少爷,婿为姑爷,妻兄弟为舅爷也。之三者,未必无才可用,第内有蔽聪塞明之方,外有投鼠忌器之虑也。"③ 因为"国"、"邑"就是"府主"、"县主"们的"家",所以"三爷"(少爷、姑爷、舅爷)在这个"家"境内就成了非常特殊的人物。作为"家长"的贵戚,百姓对他们"投鼠忌器",相当

---

① 参见《汉书·高帝纪》,《汉书·娄敬传》。
② 《旧唐书·长孙无忌列传》;《唐会要》卷四十七,《封建杂录》下。
③ (清) 徐栋原编,丁日昌重辑:《牧令书辑要》,卷二引汪辉祖《用亲不如用友》。

畏惧；坏人极易诱惑利用或蒙骗他们干非法勾当。无论是好还是坏，都与地方长官以"国"、"邑"为家的体制和理念相联系。

在百姓的家（大小家族或户）里，实际上有一种政治体的感觉。在清代，宗族组织一般有"族"、"房"、"家"（户）三个层级，族设"宗子"、"族长"或"族正"、"族副"或"宗相"，还有"宗理"、"评事"、"通纠"、"司直"之类的政治组织机构。房设"房长"，家有"家长"、"户长"。族长统管全族事务、兼管宗族司法，宗子（长房长门嫡长子）主持祭祀，庄正管理族产财经，"通纠"、"司直"掌管监察，有的宗族还有家兵。有些宗族设立的非常周密的组织机构，简直与国家机构一一对应。宗族组织能处理许多事务：（1）祭祀共同祖先；（2）编修族谱；（3）管理或经营族产（学田、义田、义庄、祭田）；（4）赡济贫弱孤寡族人；（5）资助学子和科举；（6）代表族人利益对外交涉（包括对官府交涉）；（7）调处族内纠纷，惩处不肖族人（包括适用国家的刑罚）；（8）主持乡饮酒礼仪活动……这些就是宗族作为一个特殊意义上的缩小了的"国家"的政治事务。当然，在最基层的"家"即"户"里，机构没有这般复杂，只有父或母为家长，主持家政并执行家法而已。但其"政治"属性也是非常明显的：家长打孩子时，既可以说"动用家法"，也可以说"让你知道点王法"。

第三节
古代中国典型的国家理念

国家是什么？国家为什么？国家干什么？国家当如何？对这一系列问题的思考和回答，就构成了中国古代的国家观念或国家理念。我们有必要对中国古代较为典型的国家理念作一个梳理，以便我们认识中国传统行政法制文化的基本属性。关于中国古代典型的国家理念，我们大致整理出八种，以窥见中国古代政治哲学的特色。

一、"中央帝国"理念

中国古代政治理念中，"中央帝国"理念是最为典型的"中国"理念。在古代中国士人看来，"天下"有"万国"，万国的中心是"中国"，即"中央帝国"。中央帝国的君王——"天子"是"天下之王"、"万王之王"。中央帝国是天子的"王畿"或"内服"，是天下的"京师"；此外的万国都是中国的"外服"，是四方诸侯。"中国"之义，一方面在于为天下的地理中心，"地必待中，是故三代必居中国，法天奉本，执端要以统天下，朝诸侯也"[①]；另一方面为文明的渊薮，"中国者，盖聪明徇智之所居也，万物财用之所聚也，贤圣之所教也，仁义之所施也，诗书礼乐之所用也，异敏技能之所试也，远方之所观赴也，蛮夷之所义行也"[②]。

---

① 《春秋繁露·三代改质文》。
② 《史记·赵世家》。

古人强调这样的"中国"概念，一方面是要强调天子代表"中国"应负担的基本使命——"惠此中国，以绥四方"；"惠此京师，以绥四国"①。惠绥"四方"或"四国"的方式就是"因俗而治"，承认"中国"以外的蛮夷戎狄各有自己的风俗习惯，"中国戎夷五方之民，皆有性也，不可推移。东方曰夷，被发文身，有不火食者矣。南方曰蛮，雕题交趾，有不火食者矣。西方曰戎，被发衣皮。有不粒食者矣。北方曰狄，衣羽毛穴居，有不粒食者矣。中国、夷、蛮、戎、狄，皆有安居、和味、宜服、利用、备器"②。"夷狄者，与中国绝域异俗，非中和气所生，非礼义所能化，故不臣也。"③ 这是说不要把夷狄地区作为中国的正常地方来看待或要求，并非真的不以为"臣"。因此一般不要求把华夏的礼乐文明或生活方式强加于蛮夷戎狄，注重教化施行的边界，不强行在华夏文明传统区域外"用夏变夷"。据说，孔子作《春秋》，其本意就是要强调"夷狄入中国，则中国之，中国入夷狄，则夷狄之"④，就是要"入境随俗"地尊重对方的文明。当然，这里带有华夏族的文明优越感亦即对四方少数民族文明的贬低或鄙视，正如管仲所云："戎狄豺狼，不可厌也；诸夏亲昵，不可弃也。"⑤

另一方面是要强调"华夷之辨"或"夷夏之大防"。可以在必要的时候"用夏变夷"，至少对于入了"中国"的夷狄要以礼乐变之，绝不允许反过来"用夷变夏"，不允许其落后风俗冲击中国礼乐秩序。此即孔子强调的"夷狄之有君，不如诸夏之亡也"⑥，"裔不谋夏、夷不乱华"⑦；亦即孟子强调的"吾闻用夏变夷者，未闻变于夷者"⑧。《春秋》常谓"不以中国从夷狄"⑨，"不与夷狄主中国"⑩、"不与夷狄之执中国也"⑪、"不使夷狄为中国"⑫，"内诸夏而外夷狄"⑬，都是强调这个意思。这种华夷之辨的观念，在异族入主中原时士人们表现得尤为强烈。如明末清初有强烈反清倾向的三大思想家都不约而同地强调华夷之辨。顾炎武认为："君臣之分所关者在一身；华夷之防所系者在天下。"⑭ 王夫之指出："天下之大防二：中国、夷狄也，君子、小人也。"⑮ 黄宗羲也说："中国之与夷狄，内外之辨也。以

---

① 《诗经·大雅·民劳》。此处以"中国"和"京师"互称，正表明其含义相同。西汉《诗经毛传》释云："中国，京师也。四方，诸夏也。"

② 《礼记·王制》。

③ 《白虎通德论·王者不臣》。

④ 这话是否为孔子所说，难以肯定。唐人韩愈《原道》最早说"孔子之作《春秋》也，诸侯用夷礼，则夷之，进于中国，则中国之。清雍正帝《大义觉迷录》则将韩愈的话理解为"中国而夷狄也，则夷狄之；夷狄而中国也，则中国之"。

⑤ 《左传·闵公元年》。

⑥ 《论语·八佾》。

⑦ 《孔子家语·相鲁》。

⑧ 《孟子·滕文公上》。

⑨ 《春秋穀梁传·襄公十年》。

⑩ 《春秋公羊传·哀公十三年》。

⑪ 《春秋公羊传·隐公七年》。

⑫ 《春秋穀梁传·宣公十一年》。

⑬ 《春秋公羊传·成公八年》。

⑭ （清）顾炎武：《日知录》。转引自（清）黄汝成：《日知录集释》，245页，长沙，岳麓书社，1994。

⑮ （清）王夫之：《读通鉴论》卷十四，《东晋哀帝之三》，载《船山全书》（十），502页，长沙，岳麓书社，1988。

中国治中国，以夷狄治夷狄，犹人不可杂之于兽，兽不可杂之于人也。"①

黄宗羲等思想家更把"华夷之辨"与"亡国与亡天下之辨"结合起来："明亡于闯贼，乃亡国也；亡于满清，则亡天下"，"亡天下者，衣冠易改，披发左衽矣"②。很显然，他们把"夷狄"入主中原，特别是以夷狄风俗改变华夏文化视为"亡天下"，认为这比"亡国"即政权垮台更可怕。③

至于唐人韩愈作强调的"诸侯用夷礼，则夷之；进于中国，则中国之"④，以及清帝雍正所强调的"中国而夷狄也，则夷狄之；夷狄而中国也，则中国之"⑤，则将通常的"华夷之辨"更加推进了一步：除地域和种族标准外，更以"礼乐"或"道德"水准作为区分"中国"和"夷狄"的标准。此亦强调儒家道德教化的政治意义，儆醒政府和国人不要自堕落为"夷狄"。

二、"王道大一统"理念

"王道大一统"是中国传统国家理念中最重要的理念，这一理念的要害是：国家应该是以"王道"即仁义道德实现的高度政治统一而不是诸侯割据分裂的状态。何为"王道"？《尚书·洪范》云："无偏无党，王道荡荡；无党无偏，王道平平；无反无侧，王道正直。"公平、公正、稳定，没有偏党，没有反复和倾斜的政治，就是"王道"。"王道"要求"仁义"和"威力"都至高无上："彼王者不然，仁眇天下，义眇天下，威眇天下。仁眇天下，故天下莫不亲也。义眇天下，故天下莫不贵也。威眇天下，故天下莫敢敌也。以不敌之威，辅服人之道，故不战而胜，不攻而得，甲兵不劳而天下服。是知王道者也。知此三具者，欲王而王，欲霸而霸，欲强而强矣。"⑥从政治手段来讲，"王道"要求"礼乐政刑"综合为治："礼节民心，乐和民声，政以行之，刑以防之。礼乐刑政，四达而不悖，则王道备矣。"⑦"王道"的起点并不高："不违农时，谷不可胜食也；数罟不入洿池，鱼鳖不可胜食也；斧斤以时入山林，材木不可胜用也。谷与鱼鳖不可胜食，材木不可胜用，是使民养生丧死无憾也。养生丧死无憾，王道之始也。"⑧

汉人董仲舒是"王道"的最权威诠释者。他说："古之造文者，三画而连其中，谓之王；三画者，天地与人也，而连其中者，通其道也，取天地与人之中以为贯，而参通之，非王者庸能当是。是故王者唯天之施，施其时而成之，法其命而循之诸人，法其数而以起事，治其道而以出法，治其志而归之于仁。"⑨他认为，王者的角色使命就是沟通天、地、人，效法天地之道（"命"、"数"）而成"仁义"之政，就是"王道"。在董仲舒看来，"王道"也可以体现为非常具体的"仁政"："五帝三王之治天下，不敢有君民之心，什一而税，

①② （清）黄宗羲：《留书》，载《黄宗羲全集》（十一），12页，杭州，浙江古籍出版社，1993。

③ 这里的"亡国"应是指现代意义上的政权消亡，这里的"亡天下"则是指现代意义上的民族国家的沦亡。

④ （唐）韩愈：《韩昌黎文集·原道》。

⑤ （清）雍正帝编：《大义觉迷录·雍正上谕》，北京，远方出版社，2002。

⑥ 《荀子·王制》。

⑦ 《礼记·乐记》。

⑧ 《孟子·梁惠王上》。

⑨ 《春秋繁露·王道通三》。

教以爱，使以忠，敬长老，亲亲而尊尊；不夺民时，使民不过岁三日，民家给人足；无怨望忿怒之患、强弱之难，无谗贼妒疾之人；民修德而美好，被发衔哺而游，不慕富贵，耻恶不犯，父不哭子，兄不哭弟；毒虫不螫，猛兽不搏，抵虫不触，故天为之下甘露，朱草生，醴泉出，风雨时，嘉禾兴，凤凰麒麟游于郊；囹圄空虚，画衣裳而民不犯，四夷传译而朝，民情至朴而不文。"①

在这样的"王道"统率下，国家应该实现"王道大一统"。这样的"大一统"，有两重含义。第一重含义是政治的统一。孔子讲"一匡天下"②；孟子讲"天下定于一"③；荀子讲"治海内之众，若使一人"④，"一天下，财万物"，"通达之属，莫不从服"⑤，"四海之内若一家"，"齐一天下"，"天下为一"⑥；墨子讲"治天下之国若治一家，使天下之民若使一夫"⑦，都是讲国家政治的高度统一。不过，王道大一统必须包括思想的高度统一，古人很强调这一点。荀子主张的"一天下"包括"六说者立息，十二子者迁化"即消除不同思想。⑧ 墨家主张的"尚同"——"一同天下之义"亦即思想的高度统一。这样的"统一"如何实现？孟子说"不嗜杀人者能一之"⑨，认为只有实行"仁政"的统治者才能实现天下的统一；荀子认为："用国者，得百姓之力者富，得百姓之死者强，得百姓之誉者荣。三得者具而天下归之，三得者亡而天下去之。天下归之之谓王，天下去之之谓亡。"⑩ 以道德感召人民，自然就会实现国家的统一。

第二重含义是"改弦更张，政教之始"。《春秋》所主"王道大一统"，并非仅指政治统一而言。《春秋》开篇第一句话是"元年春王正月"，《公羊传》释云："何言乎王正月？大一统也。"汉人董仲舒对这句话的解释是："何以谓之'王正月'？王者必受命而后王；王者必改正朔，易服色，制礼乐，一统于天下，所以明易姓非继人，通以己受之于天也。"⑪ 汉人何休注《公羊传》曰："天王始受命改制，布政施教于天下；自公侯至于庶人，自山川至于草木昆虫，莫不一一系于正月，故云政教之始。"唐人徐彦疏云："所以书正月者，王者受命制正月以统天下，令万物无不一一皆奉以为始，故言大一统也。"今儒蒋庆先生认为，大一统的"大"不是小大之"大"，而是尊大之"大"，是"推崇"的意思；"一统"则"是自下而上的立元正始（是推崇政治社会及万事万物的形上本体），而不是自上而下的整齐划一，即'统一'"⑫。

---

① 《春秋繁露·王道》。
② 《论语·宪问》。
③ 《孟子·梁惠王上》。
④ 《荀子·不苟》。
⑤ 《荀子·非十二子》。
⑥ 《荀子·儒效》。
⑦ 《墨子·尚同下》。
⑧ 参见《荀子·非十二子》。
⑨ 《孟子·梁惠王上》。
⑩ 《荀子·王霸》。
⑪ 《春秋繁露·三代改制质文》。
⑫ 蒋庆：《公羊学引论》，352～353 页，沈阳，辽宁教育出版社，1995。

三、"天下为公"理念

"天下为公"是中国传统国家理念中最有民主性、人民性的理念。孔子描述的"大同世界"就是"天下为公":"大道之行也,天下为公,选贤与能,讲信修睦。故人不独亲其亲,不独子其子;使老有所终,壮有所用,幼有所长,矜寡、孤独、废疾者皆有所养;男有分,女有归。货恶其弃于地也,不必藏于己。力恶其不出于身也,不必为己。是故谋闭而不兴,盗窃乱贼而不作。故外户而不闭,是谓大同。"① 这个"天下为公",第一是政权为全民公有,所以要选贤能之人执掌公务;第二是情感公有,不仅仅关爱血缘亲属,还要关爱所有的人;第三是社会资源财富公有。这是古代中国所能提出的最高政治理想。

要强调"天下为公",必须区分"国"与"天下"。荀子说:"故可以有夺人国,不可以有夺人天下;可以有窃国,不可以有窃天下也。夺之者可以有国,而不可以有天下;窃可以得国,而不可以得天下,是何也?曰:国,小具也,可以小人有也,可以小道得也,可以小力持也;天下者,大具也,不可以小人有也,不可以小道得也,不可以小力持也。国者,小人可以有之,然而未必不亡也;天下者,至大也,非圣人莫之能有也。"② "天下"生来就应该是姓公不姓私的,这跟有时可以姓私的"国"不一样。

要实现"天下为公",就必须反对"天下为私",反对君主刻剥天下以奉一人或一家之享乐。《慎子·威德》:"古者立天子而贵之者,非以利一人也……故立天子以为天下,非立天下以为天子也。立君以为国,非立国以为君也。"《商君书·修权》:"故王者以义亲天下,五伯以法正诸侯,皆非私天下利也,为天下治天下。"《吕氏春秋·贵公》说:"天下非一人之天下也,天下之天下也。"《春秋繁露·尧舜汤武》:"且天之生民,非为王也;而天立王,以为民也。"唐人张蕴古上唐太宗《大宝箴》云:"故以一人治天下,不以天下奉一人。"③ 这些都是说,天子和国家政权均为人民的公益而设置,是为人民服务的,不是反过来把天下交给他享乐的。所以,最好的政治就是孟子所谓"民为贵,社稷次之,君为轻"④ 的政治,就是黄宗羲所谓"以天下为主,君为客"的政治,就是像"三代"那样的"大公"政治:"三代之法,藏天下于天下也:山泽之利不必其尽取,刑赏之权不疑其旁落,贵不在朝廷也,贱不在草莽也。"⑤ 君主应该"不以一己之利为利,而使天下受其利;不以一己之害为害,而使天下释其害","凡君之所毕世而经营者,为天下也"⑥。尽管传统中国的政治现实是"家天下",但是"公天下"的理念一直是相当多的士人信奉的基本政治理念,对中国政治的影响也是明显的,至少使帝王们不敢公然宣称"家天下",反而要不断地以"公天下"装点门面,因为这是政权合法性、正当性的最好说词。如故宫养心殿所悬清帝雍正手书的一副对联:"惟以一人治天下,岂为天下奉一人",就说明了这种影响。孙中山先生生前最喜为人手书"天下为公"四字,说明先生认为这句古语最能反映他的"三民主义"

① 《礼记·礼运》。
② 《荀子·正论》。
③ 《旧唐书》列传第一百三十九,《张蕴古传》。
④ 《孟子·尽心下》。
⑤ (清)黄宗羲:《明夷待访录·原法》。
⑥ (清)黄宗羲:《明夷待访录·原君》。

主张。

四、"家天下"理念

中国传统政治哲学中的"家天下"理念，应该作正负两重理解。

从正面讲，国家当"以天下为一家，以中国为一人"①，君主为天下人民的父母，为"民主"，应爱民如子，哺育万民。《尚书·多方》："天惟时求民主……代夏作民主。"《尚书·洪范》："天子作民父母，以为天下王。"《尚书·康诰》说君主对人民应该"若保赤子"②。董仲舒说："天子父母事天，而子孙畜万民。"③ 所谓"民主"，就是人民的主人、人民的父母；上天把天下人民托付给了真命天子，他应像父母养育子女一样"哺乳"人民，为人民谋幸福。但是，这样的正面的"天下一家"理念，历代帝王们并不真心认同，他们中多数并不当真。

从负面讲，就是"天下为家"、"天下为私"。《礼记·礼运》："今大道既隐，天下为家，各亲其亲，各子其子，货力为己；大人世及以为礼，城郭沟池以为固，礼义以为纪，以正君臣，以笃父子，以睦兄弟，以和夫妇，以设制度，以立田里，以贤勇知，以功为己。故谋用是作，而兵由此起。"讲的就是这种"天下为家"、"天下为私"的世道，包括君、臣、民都"天下为私"。特别是，对君主而言，以天下国家为自己打拼出来的"产业"，以其为"汤沐邑"，并在其中不断"开销"、"花息"。汉高祖刘邦登基后在他父亲面前夸耀说："始大人常以臣无赖，不能治产业，不如仲力。今某之业所就孰与仲多？"④ 这句话正代表了古代帝王们的共同心理。

清人黄宗羲对这种"家天下"的观念作了深刻的剖析："后之为人君者不然，以为天下利害之权皆出于我，我以天下之利尽归于己，以天下之害尽归于人，亦无不可；使天下之人不敢自私，不敢自利，以我之大私为天下之大公。始而惭焉，久而安焉，视天下为莫大之产业，传之子孙，受享无穷；汉高帝所谓'某业所就，孰与仲多'者，其逐利之情不觉溢之于辞矣。此无他，古者以天下为主，君为客，凡君之所毕世而经营者，为天下也。今也以君为主，天下为客，凡天下之无地而得安宁者，为君也。是以其未得之也，荼毒天下之肝脑，离散天下之子女，以博我一人之产业，曾不惨然！曰'我固为子孙创业也'。其既得之也，敲剥天下之骨髓，离散天下之子女，以奉我一人之淫乐，视为当然，曰'此我产业之花息也'。然则为天下之大害者，君而已矣。""既以产业视之，人之欲得产业，谁不如我？摄缄縢，固扃鐍，一人之智力不能胜天下欲得之者之众，远者数世，近者及身，其血肉之崩溃在其子孙矣。"⑤ 在这种"家天下"的理念下，国家法律不再是"天下之法"，而蜕变为"一家之法"。"后之人主，既得天下，唯恐其祚命之不长也，子孙之不能保有也，思患于未然以为之法。然则其所谓法者，一家之法，而非天下之法也……后世之法，藏天下于筐箧者也；利不欲其遗于下，福必欲其敛于上；用一人焉则疑其自私，而又用一人以制

---

① 《礼记·礼运》。

② 《尚书·康诰》。

③ 《春秋繁露·郊祭》。

④ 《史记·高祖本纪》。

⑤ （清）黄宗羲：《明夷待访录·原君》。

其私；行一事焉则虑其可欺，而又设一事以防其欺。天下之人共知其筐箧之所在，吾亦鳃鳃然日唯筐箧之是虞，故其法不得不密。法愈密而天下之乱即生于法之中，所谓非法之法也。"[1] 这样从负面理解的"家天下"理念，倒是历代绝大多数君王们"打天下"前后的真实心理，只是很少有帝王公然宣明而已。

五、"正统""正朔"理念

传统中国政治哲学中的"正统"、"正朔"理念，主要是强调政权的"圣统"或"道德合法性"。这一理念与"华夷之辨"理念有一定的关系，但不完全相同。

古代中国士人认为，国家政治权力有一个"圣统"存在。这个"圣统"圣圣相传，得其传者则为"正统"、"正朔"，不得其传者则为"伪"、为"篡"、为"贼"。这个"圣统"始自尧舜禹，或者始自黄帝。黄帝传"圣统"于尧舜，尧舜传给禹。

从黄帝起，这个"圣统"有了象征物，就是传国宝鼎。《汉书·郊祀志》载："闻昔泰帝兴神鼎一，一者一统，天地万物所系象也。黄帝作宝鼎三，象天、地、人。禹收九牧之金，铸九鼎，象九州。"《左传·宣公三年》说夏禹之时"远方图物，贡金九牧，铸鼎象物"（晋人杜预注"使九州之牧贡金"），意思是天下九州诸侯贡献金属，铸造九鼎，表示服从中央，宣示天下一统。从此，九鼎成为中央最高权力和一统天下的象征。这九鼎，据说禹传给了夏，夏传给了商，商传给了周。周天子把九鼎放到庙堂。东周时，曾经发生过"楚子问鼎之大小轻重"[2] 的事情。东周亡时，九鼎为秦所夺，据说九鼎中有一鼎沉没于泗水。秦始皇东巡时曾下令千人入泗水打捞周鼎，但无所获。[3] 九鼎作为国家最高权力正统性、合法性的象征，主要是因为来自大禹的"圣传"：得九鼎就等于得到了尧舜禹传下的"神圣衣钵"，就有了政治的正统性。所以楚国想得之以称霸中原，秦朝想得之以证明自己的权力来自尧舜禹。到汉武帝时，从汾水寻获了周鼎，并命名为汉鼎，改元元鼎。[4] 不过汉武帝时重新发现的周鼎，多半可能是伪造的，以图证明自己得"圣统"而已。汉亡以后，汉鼎亦不知所踪。此后历代多有制造国鼎并传承之事，但公认非周鼎。

从秦始皇起，国家的"正统"、"正朔"又有了另一个象征物，就是"传国玉玺"。据说此玺系以楚人卞和所献"和氏璧"为材料，始皇命宰相李斯篆书"受命于天，既寿永昌"八字。秦亡国时，秦王子婴将其献于刘邦。西汉末，玺为王莽所夺。莽亡，玺转至绿林军所扶持的更始帝，后又转到光武帝刘秀之手。东汉末，董卓作乱，此玺一度失踪，后为孙坚所部兵士发现于洛阳一古井，又辗转复归汉室。曹丕篡汉时，此玺从献帝转至曹丕手上。曹丕命人于传国玺肩部刻隶字"大魏受汉传国玺"，以证其非"篡汉"。司马氏代魏，传国玺归晋。晋末，怀帝、愍帝被掳，玺归前赵。19 年后，后赵石勒灭前赵，得玺，于右侧加刻"天命石氏" 4 字。20 年后，传国玺又辗转重归晋朝司马氏。南朝时，传国玺历经宋、齐、梁、陈四代更迭。隋统一后传国玺入隋宫。隋亡，萧后（炀帝后）携太子元德携传国玺遁入漠北突厥族地区。唐初，李靖率军讨伐突厥，萧后与元德太子背突厥而返归中原，

---

①　（清）黄宗羲：《明夷待访录·原法》。

②　《左传·宣公三年》。

③　参见《史记·周本纪》及《秦本纪》、《秦始皇本纪》、《封禅书》。

④　参见《汉书》卷六十四，《吾丘寿王传》。

传国玺归于李唐。唐末，朱全忠废唐哀帝，夺传国玺，建后梁。16 年后，李存勖灭后梁，建后唐，传国玺转归后唐。13 年后，石敬瑭引契丹军至洛阳，末帝李从珂怀抱传国玺登玄武楼自焚，传国玺就此失踪。此后历代时有"传国玉玺"现身之鼓噪，然皆附会、仿造之赝品，系历代帝王做戏聊以自慰，以证明"正统"。民国十三年（1924 年）11 月，末代皇帝溥仪被冯玉祥驱逐出故宫，从此连赝品"传国玉玺"亦失传，至今仍无下文。

传国宝鼎、传国玉玺，都是中国最高权力和国家一统的象征物。传鼎、传玺的过程，扑朔迷离，刀光剑影，血雨腥风，无非就是争夺政治正统性的象征。这一过程还伴随着无数神奇灵异的故事，如说秦掠取九鼎迁咸阳途中，突遭大风，将一鼎吹至千里外的泗水沉没；秦始皇派千人在彭城泗水打捞周鼎时，本已将鼎打捞出水，但有蛟龙自鼎中飞出，咬断绳索，使鼎复沉入水中。汉武帝时，人称汾水有"金宝气"，后于此复得"周鼎"。东汉末，传国玺失踪，后有人见洛阳城南甄宫中一井中有五彩云气，遂使人入井，找到了传国玉玺……

从这一过程中，我们可以发现几个典型的理念。

第一是国家政权传自"先圣"，受命于天。宝鼎制自黄帝或大禹，传国玺制自秦始皇。黄帝、大禹是上古圣君，代表圣统自不必说；秦始皇虽非圣君，但辗转于列国的和氏璧最后归秦，象征"六王毕，四海一"，象征天下一统的最高权力。因此，得九鼎者得"圣统"和九州一统之兆，得传国玺者得天下一统之最高权力之兆。鼎失传后，鼎之意义合于玺。鼎、玺的传承或者"仿制"，之所以如此受重视，对于新朝和新帝而言，无非是为了表明：得国于先圣暨上天之"圣授"或"神授"，而非得自被推翻或取代的王朝或君主。汉人董仲舒说："王者必受命而后王；王者必改正朔，易服色，制礼乐，一统于天下，所以明易姓非继人，通以己受之于天也。"①"改正朔"就是制定本朝的专有历法，以某月为正（正为一年之始），以某日为朔（朔为一月之始），就是为了标明国家"易姓非继人"（不是继承被推翻的王朝），而是受命于天或传国于古先圣王，标明自己的政治不是简单地延续前朝，而是改弦更张。

如果得不到九鼎或传国玺，总给人"名不正、言不顺"的感觉，总觉得缺乏正当性、合法性，要编"受命于天"或"传国于先圣"的故事总不太方便。

第二是国家即使分裂时也有正伪、汉贼之辨。在华夏区域分裂为多个国家之时，哪个国家的皇帝，不管实际辖区大小，都想得到宝鼎或传国玺，以证明自己是华夏权力正宗，是权力的合法、正当承受者，也最有理由荡平群雄、统一中国。如三国时，曹魏虽然搞"禅让"闹剧得到了汉家天下，得到了传国玺，但刘备以"皇叔"的血统关系仍被编《三国志》的陈寿视为"正统"，而以曹魏政权为"贼"；蜀汉政权也是以"汉贼不两立"、平定中原、恢复汉家天下亦即恢复统一为基本国策。在分裂割据的政权均为华夏民族政权时，士人则主张区分正与伪、汉与贼、禅或篡；在分裂割据的政权中有夷狄时，则将"华夷之辨"与"正伪之辨"合一。东晋时，费九牛二虎之力从北方夺回了传国玺，无非也是为了加强自己相对于北方少数民族政权的正统地位。

第三是华夷之辨与正伪之辨合一。如果是少数民族入主中原，那么正伪之辨又与华夷

---

① 《春秋繁露·三代改制质文》。

之辨合在一起。比如西晋亡时，北方的前赵、后赵、冉魏等少数民族政权视从汉族政权掠夺回的传国玺为至宝，无非是为了证明自己的政权是华夏正统政权，不是胡人或夷狄寇边乱华，也是想以此为理由统一南方。在元朝，蒙古族统治者虽然据说有侮辱汉族知识分子的"九儒十丐"政策（当然，有学者认为这是当时士林编出来贬低蒙元政权、煽动民族仇恨的），但武宗至大元年（1308年），加封孔子为"大成至圣文宣王"，盛赞孔子为"万世师表"；同时将孟子推崇到"亚圣"地位；推崇忠孝等儒家道德，令人以蒙文译《孝经》，并称赞《孝经》："乃孔子之微言，自王公乃至庶民，皆当由是而行。"① 其对儒学的崇尚之情溢于言表。这无非是为了证明自己是孔孟圣道的信奉、传承者，不是夷狄。最为典型的是清朝。清朝入关，以"为君父复仇"、驱逐"闯贼"为旗号，入关后立即为崇祯帝发丧，无非是想标明自己是华夏国家政权的合法继承人。在曾静策反岳钟琪案发后，雍正帝亲自撰写《大义觉迷录》，反驳曾静为代表的汉族知识分子以清朝为夷狄的理论："自古中国一统之世，幅员不能广远，其中有不向化者，则斥之为夷狄。如三代以上之有苗、荆楚、犹，即今湖南、湖北、山西之地也。在今日而目为夷狄可乎？至于汉、唐、宋全盛之时，北狄、西戎世为边患，从未能臣服而有其地，是以有此疆彼界之分。自我朝入主中土，君临天下，并蒙古极边诸部落，俱归版图，是中国之疆土开拓广远，乃中国臣民之大幸，何得尚有华夷中外之分论哉！"他说，如果一定要以我满洲人为夷狄，则你们华夏的祖先舜帝和文王也是夷狄，"不知本朝之为满洲，犹中国之有籍贯。舜为东夷之人，文王为西夷之人，曾何损于圣德乎？"② 这一反驳不能说完全没有道理，也确实道出了中国传统国家理念中"华夷"、"正伪"之辨的狭隘性。

古代中国思想家们认为，中国统治权之"正朔"、"正统"的传承，大概有三种途径。第一是禅让，如帝挚禅让给尧、尧禅让给舜、舜禅让给禹、禹禅让给益。第二是世袭，即各王朝内部的父死子继、兄终弟及。三是革命，就是像商汤王、周武王、汉高祖、明太祖起兵造反，推翻夏朝、商朝、秦朝、元朝一样。以这三种方式获得政权，都必须强调权位表面上受之于人，实际上受之于天、受之于民。孟子说，尧传舜、舜传禹，都不是私人之间的权力授受，而是"天与之，人与之，故曰，天子不能以天下与人。""天与贤，则与贤；天与子，则与子"，"唐虞禅，夏后殷周继，其义一也"③。荀子说："汤、武非取天下也，修其道，行其义，兴天下之同利，除天下之同害，而天下归之也。桀、纣非去天下也，反禹、汤之德，乱礼义之分，禽兽之行，积其凶，全其恶，而天下去之也。天下归之之谓王，天下去之之谓亡。故桀、纣无天下，而汤、武不弑君，由此效之也。"④

六、"民为邦本"理念

"民为邦本，本固邦宁"⑤，是我们中国传统国家理念中又一重要理念。这一理念，就是以人民为国家的重要因素。人民在国家中究竟重要到什么程度，就看这个"本"字如何解

①　《元史·武宗纪》。
②　（清）雍正帝编：《大义觉迷录·雍正上谕》，北京，远方出版社，2002。
③　《孟子·万章上》。
④　《荀子·正论》。
⑤　《古文尚书·五子之歌》。

读。"本"一般可以解为"根本"、"本钱"、"本体"、"本质",但在"民为邦本"一语中到底是哪个意思? 这是值得细细分析的。

孟子说:"诸侯之宝三:土地、人民、政事。宝珠玉者,殃必及身。"① 孟子的意思是:没有眼光的君主会以珠玉为宝贵财富,有眼光的则以土地、人民、政事为宝贵财富。在这里,孟子的意思是,人民是君主的宝贝或本钱。荀子也有这样的意思:"用国者,得百姓之力者富,得百姓之死者强,得百姓之誉者荣。"② 人民为什么会成为国家的最大本钱? 因为统治者需要人民的"力"、"死"、"誉"。《说苑》载管仲曾说过"君人者,以百姓为天,百姓与之则安"③。汉人贾谊说:"闻之于政也,民无不为本也。国以为本,君以为本,吏以为本。故国以民为安危,君以民为威侮,吏以民为贵贱,此之谓民无不为本也。"④ 这些说法的意思就是《春秋榖梁传》所言"民为君之本也"⑤。人民对于国家和君主的作用,说白一点,就是唐人韩愈所言:"是故君者,出令者也;臣者,行君之令而致之民者也;民者,出粟米麻丝,作器皿,通货财,以事其上者也。君不出令,则失其所以为君;臣不行君之令而致之民,则失其所以为臣;民不出粟米麻丝,作器皿,通货财,以事其上,则诛。"⑥

但是,古代贤哲并不仅仅从这种赤裸裸的功利意义上理解"民本"。《周易》干卦上九曰:"亢龙有悔。"《易传·文言》曰:"亢龙有悔何谓也? 子曰:'贵而无位,高而无民,贤人在下位而无辅,是以动而有悔也。'"孔子的意思是,人民是统治者的根基或基础;脱离人民,统治者就"亢龙有悔"。孟子说:"民为贵,社稷次之,君为轻。是故得乎丘民而为天子,得乎天子为诸侯,得乎诸侯为大夫。"⑦ "得乎"就是"讨得欢心"的意思。讨得人民的欢心就可以当天子,就像讨得天子的欢心可以当诸侯、讨得诸侯的欢心可以当大夫一样。人民的拥护是天子获得权力的前提,所以,从这意义上讲,"民贵君轻"。正是从这个意义上讲,荀子才借孔子之口说:"君者,舟也;庶人者,水也。水则载舟,水则覆舟。"⑧ 人民对于国家政权或国君的作用,相当于水把舟托起来得以航行的作用。人民的力量可以把船托起来航行,也可以把船淹没、埋葬。这也是讲人民拥护是国君权力的道德基础或道德来源的意思。汉人贾谊说:"夫民者,至贱而不可简也,至愚而不可欺也。故自古至于今,与民为雠者,有迟有速,而民必胜之。"⑨ 这从反面解释了"民为邦本"的意思。

历代思想家们在这里所强调的只是君主获得权力的道德前提,而不是法律前提或途径。人民拥护是君主权力的道德基础或伦理前提,但不是说必须经过人民的法定选举程序才能当君主。君主候选人是否"得乎丘民"? 如何判断、统计其道德和能力达到了"得民心"的程度? 这就是迈向民主的第一道门槛,在中国古代被有意无意回避了,或者是我们中国传统政治哲学的盲区。

---

① 《孟子·尽心下》。

② 《荀子·王霸》。

③ (汉)刘向:《说苑·建本》。

④ (汉)贾谊:《新书·大政上》。

⑤ 《春秋榖梁传·桓公十四年》。

⑥ (唐)韩愈:《韩昌黎文集·原道》。

⑦ 《孟子·尽心下》。

⑧ 《荀子·王制》及《哀公》。

⑨ (汉)贾谊:《新书·大政上》。

如何判断统治者得民心或失民心？荀子认为最好的检验方法就是看人民是投奔还是逃离。孟子认为统治者"其身正而天下归"①，"得道者多助，失道者寡助。寡助之至，亲戚畔之；多助之至，天下顺之"②。贵戚之卿，对于做坏事的君主，三谏而不听，则可以发动政变取而代之。③ 至于像夏桀、商纣那样残贼仁义、众叛亲离，最后成为"独夫民贼"的君主，则人人得而诛之。荀子说"天下归之之谓王，天下去之之谓亡"④。争取"天下归心"就是最好地贯彻民本主义。他们都是从这个意义上理解"民为邦本"的。

"民为邦本"还有一个意思是国家君主都是为人民利益而设置的，国君和国家的政治必须以服务人民为本职，必须有利于人民。据《史记·五帝本纪》载："尧知子丹朱之不肖，不足授天下，于是乃权授舜。授舜则天下得其利而丹朱病，授丹朱则天下病而丹朱得其利。尧曰'终不以天下之病而利一人'，而卒授舜以天下。"这就是所谓"立天子以为天下，非立天下以为天子也"⑤，"且天之生民，非为王也；而天立王，以为民也。"⑥ 所以《尚书·洪范》说："天子作民父母，以为天下王。"这亦即《尚书》所谓"作民主"。天子或统治者要像父母养育子女一样养育人民，对人民要"若保赤子"⑦，这才是君主的本职；绝对不能"以天下奉一人"。好的君主，应为人民谋福利，此即孔子所言"因民之所利而利之，因民之所恶而去之"⑧，亦即孟子所言"保民而王，莫之能御也"⑨。清人黄宗羲把"民本主义"几乎推近了"民主"的境界："古者以天下为主，君为客，凡君之所毕世而经营者，为天下也……盖天下之治乱，不在一姓之兴亡，而在万民之忧乐。"⑩

民本主义还强调尊重人民的意见、倾听人民的呼声，甚至强调人民的呼声代表上天或神的意志，敬神不如敬民。此即孟子引《尚书·泰誓》所谓"天视自我民视，天听自我民听"，亦即《尚书》皋陶谟所谓"天聪明自我民聪明，天明畏（威）自我民明威（威）"，"民之所欲，天必从之"⑪。所谓"夫民，神之主也。是以圣人先成民而后致力于神……民和而神降之福"⑫，所谓"国将兴，听于民；将亡，听于神"⑬，都是坚持"民本主义"，反对"神本主义"、"君本主义"的体现。因此，《周礼·秋官司寇》关于国君召集万民到"外朝"征询他们对国危、迁国、立君等国政大事的意见的记载，关于国家重大案件应以"讯万民"等"三刺"制度来"求民情"的记载，都不过是在以美化（乃至虚构）周朝制度的方式来表达作者自己的"民本"理念。这与《孟子》的"国人皆曰贤然后用之，国人皆曰可杀然

① 《孟子·离娄上》。
② 《孟子·公孙丑下》。
③ 参见《孟子·万章下》。
④ 《荀子·王霸》及《正论》。
⑤ 《慎子·威德》。
⑥ 《春秋繁露·尧舜汤武》。
⑦ 《尚书·康诰》。
⑧ 《论语·尧曰》。
⑨ 《孟子·梁惠王上》。
⑩ （清）黄宗羲：《明夷待访录·原君》。
⑪ 《尚书·泰誓上》。
⑫ 《左传·桓公六年》。
⑬ 《左传·庄公三十二年》。

后杀之"的主张用意一致。这种特别强调"尊重民意"的意义上的"民本",与"民主"理念也只有一步之遥了,这一步差在哪里? 就差在:如何用法定的程序化的方式集中和升华民意,让民意能够控制政府;国家权力尊重民意不仅仅靠当政者的开明豁达,而是因为制度的约束限制不得不然。

七、封建与郡县之辨

传统中国的国家理念,自秦统一中国开始,就有了"封建"和"郡县"之辨。秦始皇平定天下后,群臣曾经两次就应否分封诸侯的问题展开争论。第一次是秦始皇二十六年(前221年)丞相王绾等人建言:"诸侯初破,燕、齐、荆地远,不为置王,毋以填之。请立诸子,唯上幸许。"秦始皇命令群臣讨论此事,大家"皆以为便",唯独廷尉李斯反对:"周文武所封子弟同姓甚众,然后属疏远,相攻击如仇雠,诸侯更相诛伐,周天子弗能禁止。今海内赖陛下神灵一统,皆为郡县,诸子功臣以公赋税重赏赐之,甚足易制。天下无异意,则安宁之术也。置诸侯不便。"始皇曰:"天下共苦战斗不休,以有侯王。赖宗庙,天下初定,又复立国,是树兵也,而求其宁息,岂不难哉! 廷尉议是。"最后否决了分封诸侯之议。第二次是始皇三十三年(前214年),仆射周青臣在朝廷酒会上率先歌颂秦始皇废分封立郡县,引起群臣反感。博士淳于越乘机进言:"臣闻殷周之王千余岁,封子弟功臣,自为枝辅。今陛下有海内,而子弟为匹夫,卒有田常、六卿之臣,无辅拂,何以相救哉? 事不师古而能长久者,非所闻也。今青臣又面谀以重陛下之过,非忠臣。"秦始皇又下令群臣讨论此事,又是丞相李斯力排众议:"五帝不相复,三代不相袭,各以治,非其相反,时变异也。今陛下创大业,建万世之功,固非愚儒所知。且越言乃三代之事,何足法也? 异时诸侯并争,厚招游学。今天下已定,法令出一,百姓当家则力农工,士则学习法令辟禁。今诸生不师今而学古,以非当世,惑乱黔首。丞相臣斯昧死言:古者天下散乱,莫之能一,是以诸侯并作,语皆道古以害今,饰虚言以乱实,人善其所私学,以非上之所建立。"[①] 因此,他主张干脆禁止这类讨论,并主张实行"焚书"即烧毁诸子百家游说诸侯各行其是、闹得天下分裂割据的那些书,以杜绝这种争论的思想源头。

汉初,高祖曾分封了8个异姓诸侯王和9个同姓王,后来剪灭异姓王,加封同姓诸侯王,共封十余国。鉴于恢复分封后诸侯势力坐大威胁中央,汉人贾谊提出"欲天下之治安,莫如众建诸侯而少其力"[②],于是文帝、景帝实行"推恩"、"削藩"政策,平定吴楚七国之乱。汉景帝中五年,"令诸侯王不得复治国,天子为置吏"[③]。此后诸侯权力大大减小。此后历代,在应否封建诸侯的问题上争论不休,但"封建"制度一直或多或少直接或间接地保存了下来。"封建"是中国传统政治结构的灵魂。王者打天下,追随建功者众。既得天下,岂能独吞一切,势必与众家瓜分战利品。中国传统的政治,就是这样一种以"论功行赏"为本质的分赃政治,曰"分封制"。分封当然不仅仅是裂土而分,关键还要"守望相助",为屏藩,保障天子一宗利益无虞,保障大家共同的"战利"不致复归于消亡。所以,虽要

---

① 《史记·秦始皇本纪》。
② 《汉书·贾谊传》。
③ 《汉书·百官表》。

分封，但又不能过分把权力放给诸侯；中央必须加强对各类形形色色的诸侯的控制。于是，必须按照"郡县制"的实质来改造分封制。中国传统政治结构正是在体现"分肥"与体现"控制"两者之间亦即分封与郡县之间的艰难选择。

唐人柳宗元最早开始封建郡县公私之辨。他认为，封邦建国，置诸侯，"非公之大者也，私其力于己也，私其卫于子孙也。秦之所以革之者，其为制，公之大者也"。在他看来，秦废分封，立郡县，置守宰，"公天下之端自秦始"①。《新唐书》说："然建侯置守，如质文之递救，亦不可一概责也。救土崩之难，莫如建诸侯；削尾大之势，莫如置守宰。"②其实，今天看来，两者均非公，皆为天下大私。清人王夫之认为，"两端争胜而徒为无益之论者，辩封建郡县是也。郡县之制，垂二千年而弗能改矣，合古今上下皆安之，势之所趋，岂非理而能然哉？……郡县之法，已在秦先。秦之所灭者，六国耳，非尽灭三代之所封也。则分之为郡、分之为县，俾才可长民者皆居民上以尽其才而治民之纪，亦何为而非天下之公乎？"他认为，从客观效果上讲，"郡县者，非天子之利也，（秦汉以后）国祚所以不长也；而为天下计，则（郡县制）害不如封建之滋也多矣。呜呼！秦以私天下之心而罢侯置守，而天假其私以行其大公。存乎神者之不测，有如是夫"③。他认为秦废分封行郡县虽然出于一姓之私，但从天下共同利益的角度来看，其危害比封建制要少些，客观上符合"公天下"的要求。清人顾炎武说："自汉以下之人，莫不谓秦以孤立而亡；不知秦之亡，不封建亡，封建亦亡；而封建之废，固自周衰之日，而不自于秦也。封建之废，非一日之故也，虽圣人起，亦将变而为郡县。"他认为，封建、郡县各有利弊，"封建之失，其专在下；郡县之失，其专在上"，最好的制度是"寓封建之意于郡县之中"，就是寻找二者的折中制度。他的具体建议是："尊（郡县）令长之秩，而予之以生财治人之权；罢监司之任，设世官之奖，行辟属之法"。他认为这样一来，"二千年以来之敝可以复振"，"而天下治矣"④。

八、"臣民无私合"理念

按照中国传统的政治哲学，臣民是没有独立的权利需要自行结成社会组织来捍卫和保障的，臣民的职责、本分是效命于君主。他们在为国家和君主效劳的前提下有一些权益，但这些权益不能自行组织团体去加以保护，只能以君主为保护人。在中国古代政治中，百姓除了通过血缘形成的家族或宗族组织形式之外，除了由国家安排组成乡里、保甲、什伍、村社等等组织形式之外，除了为治安、教化或学术等目的而自发形成（后因其符合国家目的而被国家推广）的"乡约"、书院、诗社等组织形式之外，是不能有其他目的和形式的社会组织的。所有不经国家安排或认可的社会组织，都是"结党营私"，都被视为对君主和国家权力的威胁。

在古代中国的政治语言中，臣民为自己的利益自行发生任何组织联系，就叫作"结党"或"朋党"。"党"是一个贬义词，如"朋党比周"、"阿党偏私"、"阿党不平"、"结党营

① 《柳河东集·封建论》。

② 《新唐书》列传第三，《宗室》传赞。

③ （清）王夫之：《读通鉴论·秦始皇一》。

④ （清）顾炎武：《亭林文集》卷一，《郡县论》一。

私"、"党同伐异"。因此，孔子主张"君子不党"①，"君子矜而不争，群而不党"②。所谓"群而不党"，就是可以有群体生活，应该合群，但不应该有偏党之见或结党营私之举。《尚书》主张"无偏无党，王道荡荡；无党无偏，王道平平"③，就是要完全以君主和国家利益为依归。《老子》主张"民至老死不相往来"，从防止民众结团以护卫自己的利益来讲，应是诸子百家的共同主张。

古人认为，人民只应依据礼制和法律保持一种"小事大"、"贱事贵"、"少事长"、"弱事强"、"贫事富"的结合秩序就可以了。在这种体制、章法或秩序之外，人民是应该老死不相往来的。"古之王者，鸡狗之声相闻，其人民至死不得相问见也。上非禁其相问见之道也，法立令行而民毋（无）以相问见为也。凡民为礼节相朝夕问见者，外以备患祸，内以备衣食也。臣闻柏（霸）王之国，其民劳能佚之，饥能食之，寒能衣之，乱能治之。"这就是说，无论是"备患祸"即安全的需要，还是"备衣食"即生存的需要，都应该由国家来解决，不应当由人民自己通过结社互助的方式解决。既然国家能解决，人民还有什么必要自行交往或结社呢？如果国家不能履行这一种父母保养婴儿般的职能，"饥弗能食，寒弗能衣，乱弗能治，则外弗能杀，中弗能禁，内弗能使"，人民就会离散，国家就会崩溃。国家和王者应该用"食之"、"衣之"、"治之"的方式有效控制人民，"上操三者，（使）民外无□□（备患），内无感（戚）欲也"，使人民没有安全和生存忧虑；并且要做到"杀之则死，生之则生，欲使之则使"④，就是使人民绝对服从国家和君王，成为驯服工具。

古代哲人认为"朋党"祸害无穷，特别提醒国家防范和打击朋党。《管子》认为："请谒得于上，党与成于乡。如是则货财行于国，法制毁于官。"⑤ 孔子杀少正卯，其罪名之一就是"其居处足以撮徒成党"⑥，就是要打击有私自结成社会组织倾向的在野知识分子。荀子主张"朋党比周之誉，君子不听"⑦，认为秦国的官吏"出于其门，入于公门；出于公门，归于其家，无有私事也。不比周，不朋党"⑧ 是一种理想的政治状态。韩非子特别强调要打击"群臣有内树党以骄主"⑨、"内构党与、外接巷族以为誉"⑩ 的行径，他认为"公私分，则朋党散；朋党散，则无外障距内比周之患"⑪。所以，秦始皇统一中国后实行的大焚书，也与担心百姓受诸子思想影响而结党有关。《史记·李斯列传》记载的那次讨论中，李斯就是以"私学相与非法教之制……率群下以造谤。如此不禁，则主势降乎上，党与成乎下"的潜在"危机"说服秦始皇下令"焚书"的。当时国家最担心的是人民有"党与"，认为

---

① 《论语·述而》。
② 《论语·卫灵公》。
③ 《尚书·洪范》。
④ 《银雀山竹书〈守法〉、〈守令〉十三篇》，载《文物》，1985（4）。
⑤ 《管子·立政九败解》。《八观》篇作："货财行于国，则法令毁于官；请谒得于上，则党与成于下；乡官毋法制，百姓群徒不从。"
⑥ 《孔子家语·始诛》。
⑦ 《荀子·致士》。
⑧ 《荀子·强国》。
⑨ 《韩非子·说林》。
⑩ 《韩非子·说疑》。
⑪ 《韩非子·难三》。

"党与"成气候就威胁"主势"，民众如结成"党与"就等于国家力量削弱。

为了防止人民结成社会组织，儒家提出了"坊民"主张，法家提出了"弱民"、"制民"主张，道家提出了"愚民"主张，总之要使百姓"无私"。《礼记·坊记》："君子之道，辟则坊与！坊民之所不足者也。大为之坊，民犹逾之，故君子礼以坊德，刑以坊淫，命以坊欲。"就是要像建堤防限制洪水泛滥一样防范人民。《商君书·弱民》："故有道之国，务在弱民。"因为"民弱国强，国强民弱"。《商君书·画策》："能制天下者，必先制其民……故胜民之道在制民，若冶于金，陶于土也。本不坚，则民如飞鸟禽兽，其孰能制之?"《老子》说："古之善为道者，非以明民，将以愚之"，最好是"常使民无知无欲"。《尉缭子·治本》："善政执其制，使民无私。为下不敢私，则无为非者矣。"《管子·任法》说："官无私论，士无私议，民无私说，皆虚其胸以听于上，上以公正论，以法制断。"《管子·八观》的话其实可以代表先秦诸子的共同主张："明君者，闭其门，塞其途，弇其迹，使民毋由接于淫非之地，是以民之道正行善也，若性然。故罪罚寡而民以治矣。"据说，《法经》有"群相居一日以上则问，三日四日五日则诛"的"徒禁"①，这反映了一种极端恐惧人民结合成团体的心态，这是中国历代王朝的共同心态。

---

① （明）董说：《七国考》引汉人桓谭《新论》述《法经》。

第二章

传统中国行政的特质与理念

　　中国传统政治法律观念中的"行政"，与西方早自亚里士多德开始把国家的基本权能划分为"议事"、"行政"、"审判"后的"行政"大不相同。中国人没有从国家职能的分类与权力划分及行使的角度使用"行政"概念的传统，中国的"行政"是"为民父母行政"。这种行政，实际上包含国家机器的全部活动，特别是以百姓为直接对象的活动。这种行政的实质及特色，可以概括为"三作"："作之君"、"作之亲"、"作之师"。人民在这种行政中的身份及义务便是"作之臣"、"作之子"、"作之徒"。这种双向"三作"的活动，即构成了中国传统行政的全部过程。

　　中国传统政治哲学中的"行政"，其实质就是"牧民"——行君之令而致之于民。"牧"的实质含义是"管理"、"养育"。"天降下民，作之君，作之师"[①]，"天子作民父母，为天下王"[②]，"天子父母事天而子孙畜万民"[③] ……在中国传统政治观念中，君主是天下万事万物和人类的主人，他是天帝派到人间的唯一代表。他的身份是三位一体的：君临天下、治理天下的最高主宰（"君"），天下万民的共同父亲（"父"），天下万民的道德和学问的最高教师（"师"）。这种三位一体的身份观决定了中国传统政治的特色和实质。从这个意义上讲，君主也是行政者。君主所为，是在行"天"或上帝之"政"（令）；各级官吏所为是在行君主之"政"。在每一个地方，行政官员对于其辖区内的百姓而言，其身份也是三位一体的：他也是一府之君或一县之君（"府君"或"县君"），是该地方人民之父（"父母官"、"老父台"），亦是该地方人民之师。他是君主在一省一府一州一县的代表，道德和法律都要求他同时演好这三个角色。

　　中国传统行政的性质决定了其特色。其最大特色是什么？我们认为是父权主义或宗法主义，是国家政治的宗法化。"国"被中国传统政治哲学熏化为一个"家"，国家的一切政治活动都视同"家政"。君主为全国家长，统率全国"子民"；地方官为一方之家长，统率一方"子民"。从这种政治属性的"家"一层层下来，最后与真正有生物血缘意义的"家"接壤：上层是宗族（大一点且松散一

---

① 《孟子·梁惠王下》引《尚书·周书·泰誓》。

② 《尚书·洪范》。

③ 《春秋繁露·郊祭》。

点的家），下层是真正的狭义上的"家"。"宗族"处在"政治血缘"性质的"家"（政治组织层次）和生物血缘的家之间的过渡或接缘位置，兼具二者的性质：既像是血缘大家庭，又像国家基层政权组织。依照家模式、家观念、家法则来管理国家政治，绝对是中国独有的行政特色。在中国传统伦理中，家的功能作用也是三位一体的，家长的角色也是三位一体的：父亲除了应是严父或慈父之外，也是主宰（"家君"），也必须是德行和技艺的教师："子不教，父之过。"是家长与家政的这种三位一体特征影响或决定了国家政治与行政的特色？抑或是国君与国政的那种三位一体属性影响或决定了家庭的特色？抑或是两者交互影响，互相促成？这都需要更深入的研究。

中国传统行政的性质与特色，只有从"三作"式的官民关系去认识，才能比较清晰地把握其概貌。这种"作君—作臣"、"作父—作子"、"作师—作徒"式的关系，是我们认识中国传统行政的要害。对于这种三位一体关系，我们从前虽有局部认识，但很少把它们放到一起来考察。

第一节
"作君""作臣"关系与行政

"君"，就是"民主"。《尚书·多方》："天惟时求民主"，"代夏作民主"。这里的"民主"，就是"民之主"，即主宰者。臣，就是奴隶。即使贵为宰相大臣，仍不过是大奴隶。

中国传统行政首先体现的就是这样一种君臣关系或作君作臣的活动。

"君"的本义是统治、主宰："合天下而君之"[①]，"心者，形之君也"[②]。引而申之，主宰特定区域或人群者都称为"君"，从"奄有四海，为天下君"[③] 的天子，到封君、"州君"、"府君"、"县君"、"家君"、"夫君"，大小都是"君"，都是主宰者。他们决定"臣"们的义务责任、生活方式，随时下达命令并强迫执行，甚至可以从人身人格上完全支配"臣"们，包括剥夺生命。至少道德上认为君对臣的 切支配（只要不过分违背伦理）都属理所当然。中国传统的行政就主要体现为这种支配活动。

从全国的范围言，国君颁布法律命令，强迫全国臣民的执行；国君征调人民戍守边疆或进行大型工程，强征人民的钱财作为"赋税"用于"国用"；强令各地方及藩国定期贡献特产方物；颁授历书，规定人民的耕作祭祀规律；钦审、钦批案件，决定臣民的生死。他对人民的主宰和支配，几乎无所不能。

---

① 《荀子·王霸》。
② 《荀子·解蔽》。
③ 《尚书·大禹谟》。

从一省一府一州一县而言，官员为执行中央法律政令，也向下属及百姓发布指令、规则，支配百姓。他们（特别是"亲民官"）直接驱督百姓服徭役、纳税赋；直接指挥百姓从事水利或军事工程；直接率吏卒镇压民众造反；直接率警役在民间缉拿盗贼，维护治安；直接听狱断讼，决定百姓生杀予夺。坐镇一方即为一方之天，为"君"的感觉是做官的第一感受。

甚至在一宗族、一家庭之内，族长、家长或"家君"的第一角色便是支配者：管理族产家产，制定宗规、族法、家法，维护家纲、家纪，督责家庭成员劳作，安排家庭成员差事，裁判家庭成员间的争讼，惩笞犯家法的成员。家长在家内所行的支配与国家行政基本一样。

在君父、父母官、家君的主宰支配之下，臣民、子民们只是"受政"者。他们的义务责任便是服从命令和安排、完成任务或履行责任。"为子为臣，惟忠惟孝"。"为臣尽臣道"，臣道的实质就是绝对忠诚和服从（不排除略有劝谏）。违反臣道者，家有家规，国有国法，难逃制裁。中国传统法律特别注重保护君民关系、官民关系、父子关系之格局，不容许任何破坏。"十恶"或重罪十条中，除"不道"一条外，其余9条均是专用于保护君、官、父对臣、民、子的绝对支配关系，严防僭乱。侵犯君、父、官权威尊严者将受最严厉的惩罚。最为典型的是"不义"一条，自《唐律》至《清律》均特别规定：杀本属府主、刺史、县令及吏、卒杀本部五品以上官长者，为比一般杀人罪更重之罪，称为"不义"，不得赦免。

这种"作君""作臣"关系是中国传统政治行政的核心内容，也是传统家政的核心内容。

第二节
"作亲""作子"关系与行政

中国传统政治哲学并不满足于君臣关系。它认为，如果行政中只有这一种关系，那只是一种强权暴力形成的关系。为了使政治更合于天理人情，必须使行政也成为一种作亲作子的过程，使官民之间具有一种道义上的父子关系。

亲子关系的实质是养育或督促安排其生计，这与君臣关系的支配实质大不一样。"天子为民父母，以为天下王"①，"乐只君子，民之父母"②。君主是全国之父母，官长是一地之父母，则养育或督促安排全国或一地人民生计之责任就落在他们肩上。"为民父母行政"③者，当"爱民如子"、"矜恤小民"、"若保赤子"④。"爱民如赤子，敬法如师，亲贤如父"⑤是行王道的君主的基本要求。他们的行政活动，不可仅仅是支配，实质上也许更应是"哺

---

① 《尚书·洪范》。
② 《诗·小雅·南山有台》。
③ 《孟子·梁惠王上》。
④ 《尚书·康诰》。
⑤ 《银雀山竹书〈守法〉、〈守令〉十三篇》，载《文物》，1985（4）。

乳"："刺史位列公侯，县令为人父母，只合倍加乳哺，岂可自致（百姓）疮痍？"①

君主、官长应像父母一样养育百姓或督促安排其生计，所谓"天子父母事天而子孙畜万民"。君主、官长所进行的国家行政是如何表现这种父母养育、督促子女的功能的呢？首先是"制民恒产"，授田百姓，使其可资"仰事俯畜"，使其"有恒产而有恒心"。历代的"授田"、"均田"、"班田"、"限田"之行政，其动机与父祖为使子孙早日归业田畴而将室庐田地适当分划一部分给他们一样。其次是赈救灾荒、惠弱济贫，于百姓饥寒之时直接以国库官物施以救济。开仓放赈，或设"养济院"救养孤寡鳏独，或设"惠民药局"以施国家卫生、保健之惠。这些举措，就是"父母"在"哺乳"子女，"若保赤子"。

中国传统政治中的这种"为父"或"作父"行政，最为典型地体现在官方的劝勤俭、督农桑、止懒惰的活动上面。《周礼》载周代在乡村设"鄪长"、"里宰"等官，其职责是"趣（催促）其（民）耕耨，稽其女功"，即专门负责检查、督促男耕女织的工作情况。《礼记》载周时有制：乡村有父老、里正或里胥、邻长等乡官。"田作之时，春，父老及里正且开门坐塾上。晏出后时者不得出，暮不持樵者不得入。""冬，民既入，妇人同巷，相从夜绩（织）……必相从者，所以省费燎火，同巧拙而合习俗也。"② 国家的制度及行政，直接考虑到了督促百姓（个体农民）早点下地干活，傍晚收工回家时必须带柴火回家，晚上各家的妇女在一起纺织以节省灯油钱并互传技艺……这是典型的家长或父亲之职责。一般为父祖者对已别居的子孙都不会管得如此细致。《礼记·月令》载周时又有制：孟夏季节，"命野虞，出行田原，为天子劳农劝民，毋或失时；命司徒巡行县鄙，命农勉作，毋休于都"。仲秋时，官吏"乃劝（民）种麦，毋或失时"，"乃命有司，趣（催）民收敛，务畜菜，多积聚"。季冬时，"命农计耦耕事，修耒耜，具田器"。国家行政直接以催促农民及时耕作不误农时，防止农民到都市来游荡，催促农民及时收割、多备过冬菜、多积储荒粮，打好下一年度的算盘，为下年春耕修整、添置农具等等为内容，不可不谓为"作父"式行政。西汉时，龚遂为渤海太守，其行政最为人称道者是"劝民务农桑，令（每）口种一树榆、百本薤（山菜）、五十本葱、一畦韭；家二母彘、五鸡。民有带持刀剑者，使卖剑买牛，卖刀买犊"③。地方行政规令竟直接把百姓种青菜、葱、韭菜的棵数及养母猪、养鸡的头（只）数都规定清楚了，寻常父母包办子女之事尚不及如此琐细。北朝西魏时，有所谓《六条诏书》即六大改革法规。其中第三条为"尽地利"："诸州郡县，每至岁首，必戒敕部民，无问少长，但能持农器者，皆令就田，垦发以时，勿失其所。及布种既讫，嘉苗须理。麦秋在野，蚕停于室，若此之时，皆宜少长悉力，男女并功，若援溺救火、寇盗之将至……若有游于怠惰、早归晚出、好逸恶劳、不勤事业者，则止长牒名郡县，令长随事加罚，罪一劝百……单劣之户及无牛之家，劝令有无相通，使得兼济。三农之隙及阴雨之时，又当教民种桑、植果，艺其菜蔬，修其园圃，畜育鸡豚。"④ 这是我们所看到的最早的一份关于劝督农桑的行政执行法规。其干预面之广，许多严父亦不及。我们从前常以为中国古代地方官除征收赋税、征调徭役、维护治安、断狱听讼之外再无所谓"行政事务"，其实大

---

① 《五代会要》卷九，《定赃》。
② 《春秋公羊传·宣公十五年》何休注引周制。又见《汉书·食货志》。
③ 《汉书·循吏传·龚遂》。
④ 《周书·苏绰传》。

误。从这份法规里我们看到的是一位严父在持手杖督促子孙耕作。也许，只有在这种"行政"的过程中，人民方才真正体会官吏们为什么要称作"父母官"。

除这些之外，中国古代官员们还常在审理案件过程中主动超越一般法律规定的要求，履行父家长的某些职责。如主动超出当事人诉请为其确定收养、抚养、赡养之事，为其确定立嗣兼祧之事，为其决定分家析产之事等等，甚至在公堂之上为当事人订婚或主持结婚，官员们的命令，此时成为最权威的"父母之命"。此外，官员们还常为一些家族指导或帮助订立家规、族法，直接行使其家长、族长职权。

从百姓一方面讲，其接受或参与政治的方式很简单，就是"为子"、"为弟"："为子为臣，惟忠惟孝"，"其为人也孝悌，而好犯上者鲜矣"。"孝乎为孝，友于兄弟，施于有政。是亦为政，奚其为为政?"① 只要官长贤明，百姓必奉之如父母。凡事有疑者，不管与政治是否有关，都诉请父母官决定，甚至家务事亦然。百姓在给父母官的呈书状中，都忘不了特别在称谓上强调这种"政治性的父子关系"，如称官长为"老父台"、"老公祖"、"老太爷"、"老大人"等等。似乎只有这样才足以表示亲近与尊敬。还有，贤明的官长去世时，百姓如丧考妣，主动为之打幡执孝，为之守丧，主动表现得像父母官的孝子贤孙。此常传为佳话。

第三节
"作师""作徒"关系与行政

中国传统政治中的行政，除上述两者之外，还是一种"为师"行政。就是说，行政不能仅仅是主宰、支配关系，只在这层关系上加进父子关系的因素还不够。在行政中，在官民间，还应有一种道德、知识、技艺的传承关系。儒家在这方面的主张最强烈，甚至最反对贤人政治的法家，也主张"以吏为师"②。

一、道德上的师徒关系或道德教训行政

中国传统哲学认为，官员的行政应该是"刑仁讲让，示民有常"③，官吏应是民众的道德师表，其行政的内容应是传播道德。官吏应是君子，"君子之德风，小人之德草。草上之风必偃"，"上好礼，则民莫敢不敬；上好义，则民莫敢不服；上好信，则民莫敢不用情。夫如是，则四方之民襁负其子而至"④。因此，比较好的政治是"导之以德，齐之以礼，（使）民有耻且格"⑤。"导德齐礼"的责任就在官员身上。"君子笃于亲，则民兴于仁；故旧

---

① 《论语·为政》。
② 《韩非子·五蠹》。
③ 《礼记·礼运》。
④ 《论语》"颜渊"、"子路"篇。
⑤ 《论语·为政》。

不遗，则民不偷。"① 所谓政治，就是为政者的风范表率作用："政者，正也。子帅以正，孰敢不正？""子欲善而民善。"② 这样做当然不止是为了使百姓高尚，而是为了政策、法令的贯彻施行："上好礼，则民易使也"，"其身正，不令而行；其身不正，虽令不行"③。官员的服饰、仪表也必为堪为教师："长民者，衣服不贰，从容有常，以齐其民，则民德壹。"④ 官长们光有自己的模范行动还远远不够，还必须主动积极去宣传德教，督促德化。国家有时也设德教专官。如周时设"乡老"或"耆老"："命乡简不帅教者以告耆老，皆朝于庠"，由乡老或耆老在庠（学校）进行教训。设"州长"，"考其（民）德行道艺而劝之，以纠其过恶而戒之"⑤。战国秦汉时期，有"三老掌教化"之制，这种制度实际上保留到了明清时代。如明代仍设有以"导民善"为职责的"里老"。其他乡官也以教民为职。东汉时，仇览为亭长，有人告子不孝，仇览"亲到其家与其母子对饮，为陈说人伦孝行，与《孝经》一卷，使诵读之"⑥。除这种乡官之外，国家正规行政官吏也常以执行德教为职责之一。如唐人况逵为光泽县尹，"有兄弟争田，逵授以（诗经）《伐木》之章，亲为讽咏解说"⑦。唐制还规定："诸州刺史每岁一巡属县，观风俗，问百姓，谕五教。"⑧ 其"谕教"方式可能包括直接对百姓进行道德礼教之大会宣讲。明初，曾规定地方官有义务向百姓宣讲《六谕》、《大诰》。清代，亦曾专定有宣讲圣谕之制："每遇朔望两期，（州县官）务须率同教官佐贰杂职各员，亲至公所，齐集兵民，敬将《圣谕广训》逐条讲解，浅譬曲喻，使之通晓。"⑨ 这时的地方官角色，正是一个道德教师爷的角色。进行道德教训、维系风俗淳朴成为官员的直接行政职责。

二、技艺上的师徒关系或传艺行政

中国传统行政特别重视农耕、纺织、蚕桑等技术及工艺的传播普及。地方官员们常常负有这方面的职责。他们最好是精通技艺的专家，能直接充任百姓的技艺教师或辅导员。即便不能如此，他们也应以行政手段和力量组织农桑技艺的推广传播和辅导。农桑技艺，有益民生，一般不会被斥为"奇技淫巧"。重视农桑技艺者，百姓奉为良吏。《周礼》载周时曾设有专司"教民耕稼"的官员。如"遂人"、"遂大夫"、"司稼"等官均有"教民稼穑"或考察土地肥瘠干湿宜种什么作物等等公布出来"以为法而悬于邑闾，巡野观稼"⑩ 之职责。《礼记》载，每年孟春，周天子要派遣田畯（农官）下乡，"善相（测评）丘陵、阪险、原隰土地所宜，五谷所殖，以教导民"⑪。汉时，赵过为搜粟都尉，以在农村推广"代田法"

① 《论语·泰伯》。
② 《论语·颜渊》。
③ 《论语·子路》。
④ 《礼记·缁衣》。
⑤ 《周礼·地官司徒下》。
⑥ 《后汉书·循吏传·仇览传》。
⑦ 《新唐书·循吏传》。
⑧ 《唐六典》卷三十。
⑨ 《钦颁州县事宜·宣讲圣谕律条》。
⑩ 《周礼·地官司徒下》。
⑪ 《礼记·月令》。

而出名。赵过曾"教田（于）太常、三辅"，"大（司）农置工巧奴与从事，二千石遣令长、三老、力田及里父老善田者受田器，学耕种养苗状"①。大司农和各郡国守相派县令长到赵过的"蹲点"地区"现场取经"，这些县官们学成后要回去传教于本地百姓。在这里，地方长官们直接充当农技师。著名农学家氾胜之，"成帝时为议郎……使教田三辅，有好田者师之"②。这是皇帝直接派遣教授农艺的专官。东汉时，任延为九真太守，王景为卢江太守，茨充为桂阳太守，都曾致力于"教民铸作田器，教之垦"，"教（民）用犁耕"，"教民种植桑柘麻贮之属"③。他们都以出色的"教艺"行政，跻身于"循吏"光荣榜中。唐时，韦宙为永州刺史，注重"教民耕织"，曾亲自制订百姓"种植为生之宜"，颁给百姓，令其遵行。④ 这是直接为百姓制订农作技术规则。宋时，朝廷曾编有《景德农田敕》，其中包含对地方官民进行农桑技艺指导的规范。宋时还曾设置农师："两京、诸路许民共推练土地之宜，明树艺之法者一人，县补为农师"，专门进行技术指导。从元到明清，朝廷还颁发《农桑辑要》、《农桑之制》、《授时通考》等农业技术性指导规范，令民师从。此外，在中国古代行政中，地方官们还乐于撰写或主编农书，如《吕览》、《氾胜之书》、《齐民要术》、《天工开物》、《农书》、《农政全书》等等，以显示自己精通农艺，堪为百姓师。

三、知识学问上的师生关系与授业行政

中国传统政治哲学要求"举贤才"为官行政。所谓"贤才"，即要有学问，这是硬件。科举制度应此而生。这一制度的确选拔出了许多有才学的官吏。他们在其行政活动中，常常有意无意地充当着百姓的知识学问老师。首先，他们注重著书立说，传授学问，并巩固自己的学问家形象。如王安石作《周官新义》、《三经新义》，朱熹作《四书章句集注》、《周易本义》，王阳明作《传习录》等等，均为代表。即使州县小官，也喜欢于致仕前后编一本诗文集，以显学问，以附庸风雅。他们大多好为学问、文章之师，民间士人有经义争论，最后常常由他们裁决；民间士子文章诗赋优劣，最后常由他们评判。其次，地方官长直接主持府州县学考试，录取生员。因此，士子一旦入官学，便与府州县官们有了直接的师生关系，就称官长们为"恩师"、"父师"、"座师"等等。哪怕没有讲过一堂课，生员们也终身对之执弟子礼，他们也乐于接受。再次，官员们还常到地方官学中直接讲授经书，作"兼职教授"。朱熹、王阳明、王夫之、海瑞等都有过这样的经历。最后，官员们还常通过充满诗赋风格的"批答"、"判词"有意无意地作百姓的文章诗赋教师。

---

① 《汉书·食货志上》。
② 《汉书·艺文志》注引刘向《别录》。
③ 《后汉书·循吏传》任延、王景、茨充等传。
④ 参见《新唐书·循吏传·韦宙》。

第四节
"三作"的家长制本质及其肇因

中国传统行政的这种"三作"性质与特征，确实是很有中国特色的文化现象。在外国历史上，我们似未发现同样的"三位一体"现象。在外国，也曾有"贤人政治"或"哲学家治国"主张，也有过僧侣宗教师把持政治之情形，但很少见到关于国家普通行政官员应同时"为百姓师"[①]、"为民父母"的倡导及实践。这种"三位一体"实属中国传统政治与外国最典型的区别之一。这种"三位一体"的行政，当然不仅仅是执行国家具体有形政令的过程，同时也是弘扬人道、维系伦常、教传技艺、促进文化的过程。这种不与具体政令相关的行政，才是中国古代社会最主要的行政，其所行者是"大政"而非寻常"小政"。

这种"三作"行政的本质是什么？我们认为，这实际上是家长制行政。

在中国上古宗法制国家政权产生之前，相信宗法制家庭已经存在。在宗法制家制度下，层层级级的家长（族长）们，应当有而且实际上有君、亲、师"三位一体"的职能。他们除了养育子孙，督促或安排其生计这一"为亲"的基本职能之外，还必须同时充当子孙的教师，也必须充当对子孙们有绝对支配、指挥权的"君长"。

上古中国的"三位一体"家长制与当时的两大因素有关：一是内陆型农耕文明，二是恶劣的气候及地理环境。一方面，内陆型农耕文明，可能比其他任何类型的文明更强调经验技艺及勤劳美德。上一辈不积极向下一辈传授经验技艺（关于土宜、农时、节气、气候、种子、施肥、水利等方面的经验及知识技能），不积极督促下一辈勤劳去惰，这种文明就难以传续。反之，下一辈不积极向长辈学习经验技艺，不师法上辈的勤劳肯干，这种文明也难以传续。这一事实，要求父辈成为子辈的知识、技艺教师暨道德教师。另一方面，恶劣的地理、气候环境，谋生的艰难，使人们知道必须合众力以谋求生存。最早的合众力谋生团体是氏族、家族，后来是个体家庭。这种谋生方式，需要家长在对家庭成员管理上的集权、专制，他必须能支配、指挥全体成员。若不能支配，听其各自为政、自行其是，则此种农耕文明也难以维系。这两方面的要求合起来，归结为一点，那就是"孝"。所以"孝"成为中国古代的首要道德。"孝"道德所主张所追求的是什么？古人解说很多，但我们认为不外是两点：一是"顺"、"敬"，即绝对尊敬、服从，所以人称孝道为"孝敬"、"孝顺"，这是强调父辈的支配权，"父要子死子不得不死"。二是"从"、"效"，即学习、仿效。"三年无改于父之道，可谓孝矣。"这就是强调父辈的耕作经验、方式、技艺及农时安排等等，即使已经过时了，即使被实践证明是错了，也必须在父死后三年内不改变，仍然仿行。万一要改也应在父死三年以后。这是把师从父辈的经验技艺、保持其传承不辍的重要性强调到了极端。"孝"的这两大内容，正是应中国上古农耕文明及地理气候的需要而生。可以说，"孝"强调的正是父家长的"为君"、"为师"地位。

---

① 此处仅指为"道德、知识、技艺之师"，而不包括"宗教之师"。

　　家制度中的"三位一体"影响和决定了国家政治行政的"三位一体"特色的形成，这应该是没有多少疑问的。家庭中强调父亲"作君"、"作师"地位的"孝"道德，引申出国家中强调君主"作亲"、"作师"地位的"忠"道德，这也是自然而然的。"百善孝为先"，"以孝治天下"，"忠"、"孝"二字之内的含义是相通的。"三位一体"的君上、官长的地位与"三位一体"的家长地位也是相通的。中国传统政治如此重视孝道，原因即在于此。"三位一体"的政治行政，缓和或掩饰了国家权威的强权、暴力性质，有效地缓和了许多政治、社会矛盾，这可能正是中国传统政治模式或社会管理模式得以长期延续并在毁坏后屡屡得以复制的原因之一。

第三章

礼乐政治与中国传统行政

传统中国的政治，是一种礼乐型的政治，亦即"礼乐"对国家政治和法律有深刻影响的政治，亦即"礼乐"构成国家行政的形式风格及内容特质的政治。不理解这样一种特殊内涵和风格的政治和行政，实际上就不了解中国文化。

礼乐作为国家和社会的规范体系及实施辅佐系统，可能自夏商以来就有了。孔子说："殷因于夏礼，所损益可知也；周因于殷礼，所损益可知也。其或继周者，虽百世可知也。"[1] 他认为，礼乐是代代政治传承的灵魂。自西周以来，中国就有了重视礼乐、以礼乐推行国政的传统。这一传统一直延续到清末。对这一传统作一个粗略的了解，对于我们理解中国具体的政治与行政制度传统有十分重要的意义。

所谓"礼"，就是夏商周以来的宗法伦理行为规范体系（包括仪式）；所谓乐，就是辅助礼制或礼教实施的音乐、舞蹈体系。"礼"、"乐"二者合起来就是古代中国的社会控制系统中的倡导、教导或引导部分，它们与作为社会控制系统中的指令、督促、制裁部分的"政"、"刑"相配合，共同完成社会控制。

本章主要讨论礼乐社会控制模式（礼乐政治）与中国传统行政法制文化之间的关系，大致叙述中国传统行政的礼乐形式及礼义精神。

第一节
中国古代的"礼"与"乐"

中国古代社会的"礼"与"乐"，是一个综合系统，很难分开来理解。但是，为了大致说明二者各自的功能、目的，我们有必要相对区分二者。

---

[1] 《论语·为政》。

一、古代中国的"礼"

在古代中国，"礼"是一切社会控制体系的灵魂。不知"礼"，就根本不懂中国传统社会控制的要害。"礼"虽说早自夏朝、商朝就有了，但将其真正光大为国家典章制度总体并对后世产生影响深远的是周朝。周初，开国傅相周公（姬旦）主持进行了一次大规模礼制编纂运动，此即"周公制礼"。这次运动，用当时中国的政治法律语言来说，就叫作"制礼作乐"。这实际上是一次立法活动，实际上是在整理夏礼、殷礼的基础上，结合周族原有的习惯，加以修订、补充、完善，编纂出了一套适用于当时社会各个方面事务的规范体系——"周礼"。

"礼"最初是社会生活所有方面规范的混沌整体，内容无所不包。礼的起源，来自最基层社会生活的最基本需要，来自最早社会生活中的图腾、禁忌、习惯、仪式。"礼"字在周代钟鼎铭文中作，象征二玉在器之形，大约与向神灵或祖先献祭有关。《礼记·礼运》说："夫礼之初，始于饮食。其燔黍捭豚，汙尊而抔饮，蒉桴而土鼓，犹若可以致其敬于鬼神。"《说文解字》："礼，履也，所以事神致福也。"就是说，礼产生于献祭祖先与神灵（礼敬神灵祈求幸福）的行为方式，那些方式或仪式的相对固定，就是最早的礼。这些最早的礼，作为禁忌、习惯、仪式而存在，是社会生活需要中自然形成的，根本谈不上"制造"，因而没有人为的规范体系。后来，氏族部落的耆老、酋长们将其不断加工，才慢慢发展出体系来，才慢慢有了"制礼"事实。《汉书·礼乐志》说："人性有男女之情，妒忌之别，为制婚姻之礼；有交接长幼之序，为制乡饮之礼；有哀死思远之志，故为之丧祭之礼；有尊尊敬上之心，为制朝觐之礼。"就是说，"礼"是因应人性、人情、人事活动需要而产生的，是对人性、人情和人事活动的节制或调整，没有它，社会生活就乱套了。

关于"礼"的具体内容，我们可以从礼义、礼法、礼仪三个层次来理解。

（一）礼的三层次：礼义、礼法、礼仪

所谓礼义，就是精神原则层面上的"礼"。《左传·昭公二十五年》："夫礼，天之经也，地之义也，民之行也。天地之经而民实则之。"《礼记·大传》说："亲亲也，尊尊也，长长也，男女有别。"《礼记·礼运》："何谓人义：父慈子孝，兄良弟悌，夫义妇听，长惠幼顺，君仁臣忠。"《礼记·丧服四制》："夫礼，吉凶异道，不得相干，取之阴阳也；丧有四制，变而从宜，取之四时也；有恩有理，有节有权，取之人情也。"《孟子·滕文公上》："父子有亲，君臣有义，夫妇有别，长幼有序，朋友有信。"这种意义上的"礼"是人间一切规范背后的原则或精神准则，也是周公制礼的基本指南，是周礼的灵魂部分，是礼的最高层次。

所谓礼法，就是体现礼义或者贯彻礼义，有"宪法性"规范或其他法律规则性质的"礼"。这是"礼"的中间层次。比如《礼记·礼运》中的"大人世及以为礼"①，就是一条宪法性的礼法，是贯彻"亲亲"原则的权力继承法。《礼记·曲礼》中的"礼不下庶人，刑不上大夫"也是一条宪法性的礼法，是贯彻了"尊尊"原则的身份待遇法。如《周礼·夏官司马》："大司马以九伐之法正邦国：冯弱犯寡则眚之，贼贤害民则伐之，暴内凌外则坛

---

① 世，即父死子继；及，即兄终弟及。就是以子弟继承父兄为权力继承的基本准则。

之，野荒民散则削之，负固不服则侵之，贼杀其亲则正之，放弑其君则残之，犯令凌政则杜之，外内乱鸟兽行则灭之。"这是一条宪法性的礼法，是贯彻"封邦建国，以屏藩周"、"大宗率小宗"、"尊王攘夷"之礼义的"违礼诸侯制裁法"。眚（省，削也）、伐、坛（废君位而幽之）、削、侵、正、残、杜（封锁）、灭，都是中央对诸侯国的轻重不等的制裁方式。《尚书·康诰》："元恶大憝矧惟不孝不友。子弗祗服厥父事，大伤厥考心……乃速由文王作罚，刑兹无赦。"这则是一条刑法性质的礼法，是贯彻"亲亲尊尊"之礼义打击"不孝不友"之恶行的礼法。又如《左传》所记载的"两国交战，不斩来使"、"不伐丧国（不伐哀兵）"、"不伐乱国"、"师出有名（理由）"等"军礼"，就是贯彻了"仁义"之礼义的国际法（战争法）性质的礼法。依照当时军礼，讨伐战争必须"大张旗鼓"，"凡师有钟鼓曰伐；无曰侵，轻曰袭"。所以，僖公三十三年（前627年）秦军潜师袭郑国，王孙满批评说："秦师轻而无礼！"[①] 这都是礼法在当时适用的证据。

所谓礼仪，就是为了贯彻"礼义"，个人或集体行为应该遵守的具体程序、手续、方式等等。这是最低层次的礼。因为它仅仅就礼节仪式而规定，有时从严格的意义上讲竟不被视为"礼"，仅仅被视为"仪"[②]。实际生活中，大家都视之为应当遵行的具体礼仪。礼仪，广泛涉及或规范社会生活的各个方面。《礼记·昏义》："夫礼，始于冠，本于婚，重于丧祭，尊于朝聘，和于乡射，此礼之大体也。"

关于这样的具体礼仪，一般有"五礼"、"六礼"、"九礼"之说。相传系"周礼"一部分的《仪礼》一书，就是对周代"礼仪"的追记和汇编。

所谓"五礼"，即吉礼、凶礼、军礼、宾礼、嘉礼。《尚书·尧典》有"天秩有礼，自我五礼有庸哉"之说。《汉书·刑法志》有"圣人因天秩而作五礼"之说。《周礼·地官》有"大司徒以五礼防民之伪，而教之中"的说法。大概指此五类礼而言。所谓吉礼，即祭祀、燕饮之礼；所谓凶礼，即丧葬之礼；所谓军礼，即征伐、战阵之礼，有出征誓师仪式、战争法规等；所谓宾礼，即朝贡、觐见、盟会、聘享、迎宾之礼；所谓嘉礼，即冠婚、选士、封赏、乡饮酒、乡射之礼。

所谓"六礼"，一般谓冠礼、婚礼、丧礼、祭礼、乡（饮、射）礼、相见礼六种礼仪。这就把"军礼"排除在外了。当然，还有一种狭义的"六礼"，仅仅指结婚之礼。

所谓"九礼"，一般谓冠礼、婚礼、朝礼、聘礼、丧礼、祭礼、宾主礼、乡饮酒礼、军旅礼。所谓朝礼，即朝觐之礼，诸侯对天子曰朝觐；所谓聘礼，即聘享之礼，诸侯平行交往曰聘享。二者实际上相当于后世中央与地方关系及地方之间相互关系的行政规则。

这些规则，其实绝大部分实际构成了法律规范，在当时带有强制性。当然，有些诸侯国或者个人违反了这些礼，并不一定都受到了制裁（但肯定受到舆论的谴责），但我们绝不能以有人违礼未受制裁为由，反过来否定这条礼规则为法律（因为直到今天违法而未受制裁的情形还经常存在）。

---

① 《左传·僖公三十三年》。

② 《左传·昭公二十五年》："子大叔见赵简子。简子问揖让周旋之礼焉。对曰：'是仪也，非礼也。'简子曰：'敢问何谓礼？'对曰：'吉也闻诸先大夫子产曰：夫礼，天之经也，地之义也，民之行也。天地之经，而民实则之。'"《论语·阳货》载孔子云："礼乎礼乎，玉帛云乎哉？乐乎乐乎，钟鼓云乎哉？"孔子强调玉帛钟鼓只是礼乐的形式，不是本质。

当然，我们也必须注意到，在"礼仪"中也有高低层次之分。重要的、高层次的礼仪，实际上是强制性的法律；次要的、低层次的礼仪，则仅仅是伦理规则或倡导而已。这样的伦理规则性质的礼仪，《周礼》、《礼记》、《仪礼》中记载极多。如有敬亲之礼："夫为人子者，出必告，反必面，所游必有常，所习必有业，恒言不称老。""亲有疾饮药，子先尝之。医不三世，不服其药。"有敬长之礼："谋于长者，必操几杖以从之。长者问，不辞让而对，非礼也。"有敬师之礼："从于先生，不越路而与人言；遭先生于道，趋而进，正立拱手。先生与之言，则对；不与之言，则趋而退。"还有"男女授受不亲"的异性交往之礼。① 这些礼，即使违反了，一般只会受讥评，不会有什么正式制裁。所以，这些礼是不应该被视为法律的。

（二）礼的性质与作用

古人认为，礼是人与禽兽的区别之所在。《礼记·曲礼》："是故圣人作，为礼以教人，使人以有礼，知自别于禽兽。"《礼记·礼运》说："故礼义也者，人之大端也，所以讲信修睦而固人肌肤之会、筋骸之束也。所以养生送死事鬼神之大端也，所以达天道人情之大宝也。"认为"礼"就是人类生命形式。《左传·隐公十一年》："礼，所以经国家，定社稷，序民人，利后嗣者也。"《左传·昭公二十五年》："夫礼，天之经，地之义，民之行也。天地之经而民实则之。"这都是说"礼"为人类社会规定了基本的生活秩序，特别是规定了政治生活和社会交往的规则秩序。《礼记·经解》说："礼之于正国也，犹衡之于轻重也，绳墨之于曲直也，规矩之于方圆也。"这是说"礼"就是人们社会生活的各个方面的具体的法律准则（当时人们总是以权衡、规矩、绳墨来比喻法律的作用）。《礼记·曲礼上》说："夫礼者，所以定亲疏，决嫌疑，别同异，明是非也……道德仁义，非礼不成；教训正俗，非礼不备；分争辨讼，非礼不决；君臣上下父子兄弟，非礼不定；宦学事师，非礼不亲；班朝治军，莅官行法，非礼威严不行；祷祠祭祀，供给鬼神，非礼不诚不庄。"只有"礼"才能造就人类社会的良好公共秩序，没有"礼"就会罪恶横生："故婚姻之礼废，则夫妇之道苦，而淫僻之罪多矣；乡饮酒之礼废，则长幼之序失，而争斗之狱蕃矣；丧葬之礼废，则臣子之恩薄，而倍死忘生者众矣；朝聘之礼废，则君臣之位失，诸侯之行恶，而倍畔侵凌之败起矣。"②

二、古代中国的"乐"

"乐"在中国古代社会文化体系中也有特别重要的地位。要理解中国古代的"乐"，不能仅仅从音乐艺术的角度去理解，必须从传统政治和社会控制体系的构成部分的角度去理解。

关于"乐"在早期中国文化中的地位和意义，我们先从《乐经》可以看出。孔子晚年授徒讲学，所使用的教科书为"六经"——《诗》、《书》、《礼》、《乐》、《易》、《春秋》。这六部书，是孔子的生活时代所能见到的最为重要的古代文化遗典，甚至是当时所能见到的

---

① 以上均参见《礼记·曲礼》。
② 《礼记·经解》。

古代遗典的全部。当时虽传说上古有"三坟、五典、八索、九丘"①，但是人们都见不到了。"六经"都是经孔子整理、修缮并传习下来的，不然它们也会失传。这六部书，之所以被奉为"六经"，是因为代表了当时政治和文化的六大主要诉求或功能。"诗"即《诗经》，是用来观民风、民心的，所谓"诗言志"。"书"即《尚书》，是上古圣贤主政的言论和思想记录；《春秋》是上古时王朝政治事件的大事记，所谓"左史记言，右史记事，事为《春秋》，言为《尚书》"②是也。"礼"即"周礼"，但不是我们今天所见的《周礼》、《仪礼》、《礼记》，在孔子生活的时代它也许是一个完整的关于国家典章制度和礼义、礼仪的经典。"易"即《易经》，是关于观天通神之道的经典。"乐"就是《乐经》。《乐经》亡于秦火，我们已无法确知其内容。从字面上看，是关于音乐理论和音乐教育的经典。从它与观民心、纪国事、纪圣言、定礼仪、观天道五个方面的经典并列在一起就可知，它的内容一定与国家这五个方面的诉求或功能同样重要。可以说，"协和民声"是它的内容或诉求。

因此，在古代中国，"乐"不仅仅指音乐而言，而且是政教体系的一部分，是通过音乐的形式协调人民、感化人民，辅助礼教或礼治的一种社会控制系统。

要理解中国古代的"乐"，必须先明确"声"、"音"、"乐"三者的不同含义。

汉人司马迁说："凡音之起，由人心生也。人心之动，物使之然也。感于物而动，故形于声；声相应，故生变；变成方，谓之音；比音而乐之，及干戚羽旄，谓之乐也。乐者，音之所由生也，其本在人心感于物也。""凡音者，生人心者也。情动于中，故形于声，声成文谓之音。""乐者，心之动也；声者，乐之象也；文采节奏，声之饰也。"③ 三者关系如此。

在古人看来，外在事物撼动人心或人心为外物感动，这种感动由声音发表出来，就叫作"声"，这仅仅是原始粗朴的声音而已。因为外物变化万端，人的感动亦相应变化万端，故人类发出的声音也变化万端。这种变化万端的声音一旦"成方"或"成文"，也就是经过了艺术条理化或技术升华，成了文化体系，就叫作"音"。所以"音"是经过艺术升华的"声"的体系。人如果随着这样的声音而喜怒哀乐并手舞足蹈，就叫作"乐"。这里的乐不再是一般意义上的音乐："天下大定，然后正六律，和五声，弦歌诗颂，此之谓德音，德音之谓乐。"

因此，在古代中国，"乐"的含义远比现代要广，首先是指音乐（声乐、器乐）及相应的舞蹈，其次是指音乐背后的人性人情，最后是与人性人情相关的伦理和政治含义。对音乐的这些含义的领悟，是君子、小人的分野："凡音者，生于人心者也；乐者，通于伦理者也。是故知声而不知音者，禽兽是也；知音而不知乐者，众庶是也。唯君子为能知乐。""是故审声以知音，审音以知乐，审乐以知政，而治道备矣。是故不知声者不可与言音，不知音者不可与言乐。知乐则几于礼矣。"

按照古代中国的"乐"理论，要知道哪些才能叫"知乐"呢？"乐"有哪些含义呢？谨

---

① 《左传·昭公十二年》。

② 《汉书·艺文志》。不过学者多认为应该是"左史记事，右史记言"。因为左丘明为史官，作《春秋左氏传》，专记国家重大事件。"左氏"应即"左史"。

③ 《史记·乐书》。下引文字除特别注明外，均出此书。

根据《史记·乐书》和《礼记·乐记》所述音乐礼论①，总结为以下五点。

第一，古人认为声音生于人心，不同的声音能反映人的内心喜怒哀乐的不同，"是故其哀心感者，其声纵以杀；其乐心感者，其声啴以缓；其喜心感者，其声发以散；其怒心感者，其声粗以厉；其敬心感者，其声直以廉；其爱心感者，其声和以柔。六者非性也，感于物而后动，是故先王慎所以感之。"人心为外物感动而生哀、乐、喜、怒、敬、爱六种"情"时，分别会发出六种不同情感内涵的声音：纵而杀、啴而缓、发而散、粗而厉、直而廉、和而柔。

第二，音乐是为了节制人性泛滥而存在，不同性格旨趣的人应该"对症下药"地选用不同的歌乐。"夫乐者，乐也，人情之所不能免也。乐必发诸声音，形于动静，人道也。声音动静，性术之变，尽于此矣。故人不能无乐，乐不能无形。形而不为道，不能无乱。先王恶其乱，故制雅颂之声以道之，使其声足以乐而不流，使其文足以纶而不息，使其曲直繁省廉肉节奏足以感动人之善心而已矣，不使放心邪气得接焉，是先王立乐之方也。"孔子弟子子贡拜见著名音乐家师乙时问：我听说"声歌各有宜"，请问像我这样的人适宜唱什么歌？师乙回答说："宽而静、柔而正者宜歌'颂'；广大而静、疏达而信者宜歌'大雅'；恭俭而好礼者宜歌'小雅'；正直清廉而谦者宜歌'风'；肆直而慈爱者宜歌'商'；温良而能断者宜歌'齐'。夫歌者，直己而陈德；动己而天地应焉，四时和焉，星辰理焉，万物育焉。"

第三，不同的音乐对人民的品行有不同的感化熏陶，音乐能反映民风民情和社会政治优劣。"夫人有血气心知之性，而无哀乐喜怒之常；应感起物而动，然后心术形焉。是故志微焦衰之音作，而民思忧；啴缓慢易繁文简节之音作，而民康乐；粗厉猛起奋末广贲之音作，而民刚毅；廉直经正庄诚之音作，而民肃敬；宽裕肉好顺成和动之音作，而民慈爱；流辟邪散狄成涤滥之音作，而民淫乱。""是故治世之音安以乐，其正（政）和；乱世之音怨以怒，其正（政）乖；亡国之音哀以思，其民困。声音之道，与正（政）通矣。"因此，"郑音好滥淫志，宋音燕女溺志，卫音趣数烦志，齐音骜辟骄志，四者皆淫于色而害于德，是以祭祀不用也。""郑卫之音，乱世之音也，比于慢矣。桑间濮上之音，亡国之音也，其政散，其民流，诬上行私而不可止。"因此，统治者要学会通过音乐了解民心、民情、民俗，观察政治得失。

第四，"乐"之五音辅助仁义礼智信"五常"，通过音乐可以教化人民。"夫上古明王举乐者，非以娱心自乐，快意恣欲，将欲为治也。正教者皆始于音，音正而行正。故音乐者，所以动荡血脉，通流精神而和正心也。故宫动脾而和正圣，商动肺而和正义，角动肝而和正仁，徵动心而和正礼，羽动肾而和正智。故乐所以内辅正心而外异贵贱也；上以事宗庙，下以变化黎庶也。""乐者，圣人之所乐也，而可以善民心。其感人深，其风移俗易，故先王著其教焉。""然则先王之为乐也，以法治也，善则行象德矣。""故圣王使人耳闻雅颂之音，目视威仪之礼，足行恭敬之容，口言仁义之道。故君子终日言而邪辟无由入也。""故闻宫音，使人温舒而广大；闻商音，使人方正而好义；闻角音，使人恻隐而爱人；闻征音，

---

① 《史记·乐书》和《礼记·乐记》的文字绝大部分相同，不知谁先谁后，本节引文均出自此二者，不再具体注明出处。

使人乐善而好施；闻羽音，使人整齐而好礼。""是故乐在宗庙之中，君臣上下同听之，则莫不和敬；在族长乡里之中，长幼同听之，则莫不和顺；在闺门之内，父子兄弟同听之，则莫不和亲。故乐者，审一以定和，比物以饰节，节奏合以成文，所以合和父子君臣，附亲万民也，是先王立乐之方也。"不同的音乐收到不同的教化结果："雅颂之音理而民正，嘈嗷之声兴而士奋，郑卫之曲动而心淫。"用不同音乐引导人民的结果大不一样："故舜弹五弦之琴，歌南风之诗而天下治；纣为朝歌北鄙之音，身死国亡。舜之道何弘也？纣之道何隘也？夫南风之诗者生长之音也，舜乐好之，乐与天地同意，得万国之欢心，故天下治也。夫朝歌者不时也，北者败也，鄙者陋也，纣乐好之，与万国殊心，诸侯不附，百姓不亲，天下畔之，故身死国亡。"

第五，"乐"之五音谐调象征尊卑贵贱和谐的政治状态。司马迁说，音乐中的宫、商、角、徵、羽五个音素或五根弦象征着政治和自然的五种重要现象："弦大者为宫，而居中央，君也。商张右傍，其余大小相次，不失其次序，则君臣之位正矣。""宫为君，商为臣，角为民，徵为事，羽为物。五者不乱，则无怗懘之音矣。"五者不乱，即尊卑贵贱秩序不乱，政治有条理。反之，"宫乱则荒，其君骄；商乱则搋，其臣坏；角乱则忧，其民怨；徵乱则哀，其事勤；羽乱则危，其财匮。五者皆乱，叠相陵，谓之慢。如此则国之灭亡无日矣"。国家应该"使亲疏贵贱长幼男女之理皆形见于乐"，才能有益于政治。

第二节
礼、乐、政、刑四者关系

一、"礼"与"乐"的关系

关于"礼"与"乐"的关系，我们还是以《礼记·乐记》和《史记·乐书》的文字为依据①来考察古代中国士人关于礼乐关系的基本认识。

第一，礼、乐是人心与天地沟通的结果，是天地自然秩序的文化阐释：乐法天之仁，礼法地之义。"春作夏长，仁也；秋敛冬藏，义也。仁近于乐，义近于礼。乐者敦和，率神而从天，礼者辨宜，居鬼而从地。故圣人作乐以应天，作礼以配地。礼乐明备，天地官矣。""乐者，天地之和也；礼者，天地之序也。和，故百物皆化；序，故众物皆别。乐由天作，礼以地制。过制则乱，过作则暴。明于天地，然后能兴礼乐也。""大乐与天地同和，大礼与天地同节。和，故百物不失；节，故祀天祭地。明则有礼乐，幽则有鬼神，如此则四海之内合敬同爱矣。"

第二，乐强调"和"与"同"，礼强调"别"与"异"。"乐者为同，礼者为异。同则相亲，异则相敬。乐胜则流，礼胜则离。合情饰貌者，礼乐之事也。礼义立，则贵贱等矣；乐文同，则上下和矣；好恶著，则贤不肖别矣；刑禁暴，爵举贤，则政均矣。仁以爱之，

---

① 本节所引文字，除特别注明者外，均出自《史记·乐书》、《礼记·乐记》。

义以正之，如此则民治行矣。""乐统同，礼别异，礼乐之说贯乎人情矣。穷本知变，乐之情也；著诚去伪，礼之经也。""礼者，殊事合敬者也；乐者，异文合爱者也。礼乐之情同，故明王以相沿也。""礼者，天地之别也；乐者，天地之和也。"

第三，"乐"主要是规范内心向外表达，"礼"主要是约束外在行为。"乐由中出，礼自外作。乐由中出，故静；礼自外作，故文。大乐必易，大礼必简。""乐者，所以象德也；礼者，所以闭淫也。是故先王有大事，必有礼以哀之；有大福，必有礼以乐之：哀乐之分，皆以礼终。乐也者，施也；礼也者，报也。乐，乐其所自生；而礼，反其所自始。""致乐以治心者也；致礼以治躬者也。治躬则庄敬，庄敬则严威。心中斯须不和不乐，而鄙诈之心入之矣；外貌斯须不庄不敬，而慢易之心入之矣。故乐也者，动于内者也；礼也者，动于外者也。乐极和，礼极顺。""故礼主其谦，乐主其盈。礼谦而进，以进为文；乐盈而反，以反为文。""故礼有报而乐有反。礼得其报则乐，乐得其反则安。礼之报，乐之反，其义一也。"

第四，礼、乐相互配合，共同用以节制嗜欲、推行教化。"人生而静，天之性也；感于物而动，性之欲也。物至知知，然后好恶形焉。好恶无节于内，知诱于外，不能反己，天理灭矣。夫物之感人无穷，而人之好恶无节，则是物至而人化物也。人化物也者，灭天理而穷人欲者也。""是故先王制礼乐，人为之节：衰麻哭泣，所以节丧纪也；钟鼓干戚，所以和安乐也；婚姻冠笄，所以别男女也；射乡食飨，所以正交接也。""是故先王之制礼乐也，非以极口腹耳目之欲也，将以教民平好恶而反人道之正也。""礼乐顺天地之诚，达神明之德，降兴上下之神，而凝是精粗之体，领父子君臣之节。""乐也者，情之不可变者也；礼也者，理之不可易者也。""乐至则无怨，礼至则不争。揖让而治天下者，礼乐之谓也。暴民不作，诸侯宾服，兵革不试，五刑不用，百姓无患，天子不怒，如此则乐达矣。合父子之亲，明长幼之序，以敬四海之内。天子如此，则礼行矣。"

二、"礼"、"乐"、"政"、"刑"四位一体

古人特别强调礼、乐、政、刑四位一体的关系。

在古人看来，礼、乐都是因应人的本性和社会控制的需要而作："缘人情而制礼，依人性而作仪，其所由来尚矣。人道经纬万端，规矩无所不贯，诱进以仁义，束缚以刑罚，故德厚者位尊，禄重者宠荣，所以总一海内而整齐万民也。"[①] 礼、乐、政、刑不过是表达君王或国家之喜怒的工具而已："夫乐者，先王之所以饰喜也；军旅鈇钺者，先王之所以饰怒也。故先王之喜怒皆得其齐矣。喜则天下和之，怒则暴乱者畏之。先王之道，礼乐可谓盛矣。"

在国家的治理控制中，礼、乐、政、刑各自承担不同的任务，有不同的作用："故礼以导其志，乐以和其声，政以一其行，刑以防其奸。礼乐刑政，其极一也，所以同民心而出治道也。""礼节民心，乐和民声，政以行之，刑以防之。礼乐刑政四达而不悖，则王道备矣。""礼义立，则贵贱等矣；乐文同，则上下和矣；好恶著，则贤不肖别矣；刑禁暴，爵举贤，则政均矣。仁以爱之，义以正之，如此则民治行矣。"

---

① 《史记·礼书》。除本条外，其余全部引自《史记·乐书》，不再一一注明。

三、"礼"与"刑"、"法"的关系

关于礼与法、礼与刑的关系问题，在古代可能根本不成其为问题。古时的人们非常理解它们之间的关系，不会有什么疑问。我们很少看到古人就礼与法、礼与刑的关系问题有争论。这个问题，是近代社会以来才产生的问题，是西方法制和法律观念引进以后才产生的问题。这个问题的产生，是因为从西方引进了与中国古代概念迥异的"法律"和"道德"的概念，引进了西方的刑法、民法、诉讼法等部门法分类及体系的概念。用西方移植来的这些东西作为标准或尺度，去判别中国古代的社会规范整体中什么是"法律"、什么是"道德"，说什么是"刑法"、"民法"、"行政法"、"诉讼法"之类时，问题就产生了。因为中国古代并没有这一套思考模式，没有这一套规则分类模式，也没有西方式的社会秩序构成。

不过，我们目前还只能根据西方式法学概念体系来分析礼与法、礼与刑的关系，因为我们还没有找到在中国和西方之上的一套通用解说语言体系。

（一）礼与法

在古人心目中，从较高、较广的意义上讲，礼与法是同义词，礼就是法。如《礼记·礼运》："政不正则君位危，君位危则大臣倍，小臣窃。刑肃而俗敝则法无常，法无常而礼无列"，"礼行于五祀而正法则焉"，"诸侯以礼相与，大夫以法相序，士以信为考"，"故天子适诸侯，必舍其祖庙。而不以礼籍入，是谓天子坏法乱纪"。"法无常"，就等于"礼无列"；"礼行"就等于"法正"，大夫间序名分的礼也叫作"法"，天子非礼就是坏法。《礼记·曾子问》："古之礼，慈母无服。今也君为之服，是逆古礼而乱国法。"这里，"古礼"等于"国法"。《荀子·修身》："好法而行，士也……人无法则伥伥然；有法而无志其义则渠渠然；依乎法而又深其类，然后温温然。"这个君子所应该"好"的"法"到底是什么呢？就是"礼"："礼者，所以正身也；师者，所以正礼也……故非礼，是无法也；非师，是无礼也。"

正是从这个意义上讲，《淮南子·齐俗训》才说："礼义者，五帝三王之法籍也。"宋人李觏说："礼者，圣人之法制也……有仁义智信，然后有法制。法制者，礼乐刑政也。"[①] 清人蒋彤说："三千三百，无体之刑；三刺八辟，无体之礼。"[②]

所以，从一般的社会生活规范来讲，或者从社会生活的基本法则来讲，在古人心目中，"礼"就是中国传统社会生活中的"法制"的主体，或者说（较高较广意义上的）礼就是那时中国人心目中真正的法，是更高意义上的、更广意义上的法。

但是，古人有时也从较低、较狭意义上来谈礼与法的关系。从这个层次来讲，礼与法是有区别的。

较低、较狭意义上的"礼"是社会规范中强制性较弱的部分，是社会规范中的绝大部分；而较低、较狭意义上的"法"是社会规范中强制性较强的部分，是社会规范中较少的

---

① （宋）李觏：《直讲李先生文集》四，《礼论》四。

② （清）蒋彤：《刑论》，《国朝文汇》丁集卷三。转引自杨鸿烈：《中国法律思想史》，下册，83 页，北京，商书印书馆，1936."三千三百"，指《周礼》"礼仪三百，威仪三千"之类的"礼"；"三刺八辟"，指《周礼》"三刺之法"和"八辟（八议）之法"。

部分。礼是社会生活的倡导性、引导性、指导性规范，更多地具有道德规范和行政规范的性质。其中有的礼，违反了会有一定的强制制裁，但制裁手段只是行政性、民事性的，如讥讽、责让、诘难、赔偿、卑贬（包括拒朝、降礼秩、贬爵级、留止、执）、夺邑、免职、鞭笞、放逐等。① 有的礼，违反了也不一定会有行政或民事制裁，只有道德舆论谴责。所以这种意义上的"礼"，部分是道德规范，部分是法律规范——相当于今天的民事、行政性质的法律规范，是不以刑罚为后盾的法律规范。当然，作为这类礼的后盾的民事、行政制裁手段，并非就不能叫作"刑"；因为还可能有"象以典刑，流宥五刑，鞭作官刑，扑作教刑，金作赎刑"② 之类的"刑"。这种较低、较狭意义上的"法"，大致相当于我们今天所说的"刑事法律"，但绝不相等，因为夏商周时代的人所说的这种层次或意义上的"法"，仅仅是以"五刑"（肉刑、死刑）之类的狭义的刑罚为后盾的法律，不包括我们今天看到的刑法的其他制裁手段。况且，古人说到的"刑法"一词，也不包括以"鞭作官刑，扑作教刑"之类的"刑"为制裁手段的法律规范。

正是从这样"礼法有别"的意义上，《荀子·富国》才讲"由士以上必以礼乐节之，众庶百姓必以法数制之"，《大戴礼记·礼察》才讲"礼者禁于将然之前，而法者禁于已然之后。是故法之用易见，而礼之所为生难知也。若夫庆赏以劝善，刑罚以惩恶……岂顾不用哉？然如礼云礼云，贵绝恶于未萌，而起敬于微眇，使民日徙善远罪而不自知也。"从这个意义上讲，"礼"是适用于有身份的人们的行为规范，"法"是适用于庶民百姓即没有身份的人们的规范。

（二）礼与刑

礼与刑的关系，在古人那里是非常清楚的。同样，因为引进了西方的法律概念体系，此后要以西方法律的概念为尺度去理解中国古代的礼刑关系，反而有些困难了。

《礼记·乐记》："故礼以道其志，乐以和其声，政以一其行，刑以防其奸。礼乐刑政，其极一也。"这里的礼、乐、刑、政合起来就是古人广义上的"法"。在这种"法"（亦即广义的礼）之下，有礼、刑之分。《荀子·成相》说："治之经，礼与刑，君子以修百姓宁。"这里的"经"，就是"法"③。这是明确地把"礼"、"刑"二者看作是广义的"法"的两个相互依存的部分。

正是从这个意义上讲，《后汉书·陈宠传》才说："臣闻礼经三百，威仪三千，故《甫刑》大辟二百，五刑之属三千。礼之所去，刑之所取，失礼则入刑，相为表里者也。"《唐律疏议》才可以说"德礼为政教之本，刑罚为政教之用，犹昏晓阳秋相须而成也"④。如果一定要用今天的法律概念为尺度来理解的话，我们可以说：这里的"礼"、"刑"合起来相当于今天我们所讲的法的全部，包括宪法、民法、刑法、行政法、诉讼法等等；而"礼"相当于我们今天的宪法、民法、行政法、诉讼法等等，"刑"则相当于我们今天的刑法。严重违反了"礼"，则进入"刑"（刑法规范和刑罚手段）的制裁范围，就如我们今天把严重违宪

---

① 参见栗劲、王占通：《奴隶制社会的礼与法》，载《中国社会科学》，1985（4）。
② 《尚书·舜典》。
③ 《左传·昭公十五年》传注云："经，法也。"
④ 《唐律疏议·序》。

法、民法、行政法、诉讼法规定的义务达到一定程度的行为规定到刑法中作为犯罪，以刑罚制裁一样。或者，有时，在相当少的情形下，"礼"相当于今天法律规范要素中的行为模式（或假定、处理）部分，"刑"相当于今天法律规范要素中的法律后果（或制裁）部分。

第三节
传统中国行政中的礼乐

传统中国的行政与"礼乐"有密切联系，或者说，传统中国的行政体现了一种礼乐精神。说传统中国的行政体现了礼乐精神，主要指两方面的意思：一是说传统行政惯于以礼乐方式实行，就是说礼乐仪式在行政中经常被使用，似乎是传统行政的基本程序；二是说传统行政注重以礼乐教化人民这一根本任务，而不仅仅是把政令推行到民间而已。以下分别就这两个方面来说明。

一、作为行政程序的"礼乐"

礼乐在古代中国有行政程序的意义，也许我们今天难以理解。早在尧舜禹时代，据说就十分重视礼乐。据《尚书》记载，尧帝时任命契为司徒，"敬敷五教"，一般认为就是以礼乐教民。尧帝任命夔当典乐官，"教胄子"，专门教育王侯子弟，其教育的内容就有"诗言志，歌永言，声依永，律和声，八音克谐，无相夺伦，神人以和"，这就是礼乐教育，或者说是当时的行政能力技巧的教育。《尚书》说夔的音乐演奏（"击石拊石"、"搏拊琴瑟"）能达到"祖考来格，虞宾在位，群后德让"、"百兽率舞"、"凤凰来仪"、"鸟兽跄跄"[①]的效果，亦即通过音乐沟通了亡故的先祖，使先朝的后裔皈依本朝，又使四方诸侯互相礼让，还让禽兽都感动而顺从人类。这显然是把歌乐当成了政治或行政。舜帝亲自创作并在朝堂之上带头歌舞的"元首股肱关系之歌"（"敕天之命，惟时惟几……股肱喜哉，元首起哉，百工熙哉……元首明哉，股肱良哉，庶事康哉……元首丛脞哉，股肱惰哉，万事堕哉"[②]）就是一曲关于"君臣职责分工与合作"的政治歌舞，那朝堂上天子带领群臣搞大合唱、跳集体舞的行为，可以视为当时有明确政治或行政目的的例行程序之一。

此后的礼乐为政治服务，为政治或行政的手段或程序，一直是中国古代社会的典型传统。

早在周代就有所谓"朝日"、"夕月"礼。《春秋穀梁传·庄公十八年》："王者朝日。故虽为天子，必有尊也；贵为诸侯，必有长也。故天子朝日，诸侯朝朔。"《国语·鲁语》："天子大采朝日，与三公九卿祖识地德，日中考政与百官之政事；师尹维旅，牧相宣序民事。少采夕月，与太史司载纠虔天刑。"这种天子朝拜太阳、月亮的礼乐仪式，就是当时的国家行政程序之一，并且与官吏工作考绩、向百姓布置任务、检查司法用刑等具体行政任

---

① 《尚书·尧典》和《舜典》、《益稷》。

② 《尚书·益稷》。

务联系在一起。

自西周开始就有"先农"或"亲耕"之礼,这是一种典型的农业行政程序性质的礼仪。天子斋戒三日,鼓乐先导,在群臣的陪同下,来到天子的专用"样板田"——"籍田",作一种亲自耕作的仪式,宣读告民文书毕,天子扶着犁把赶牛耕地一圈。与此相随,还有后妃"亲蚕"的仪式。这一仪式一直传到了清末的宣统皇帝。这显然是每年宣布春耕生产开始,并鼓励、督促百姓不误农时的国家行政程序。

自夏商周时就有所谓朝觐之礼,即四方诸侯朝见天子并敬献方物之礼。这更是一种典型的行政程序。汉人叔孙通协助刘邦制定汉家《礼仪》(《汉仪》),实即制定行政程序法。汉初,因为废除了秦朝的"仪法",朝堂之上乱了套,"群臣饮争功,醉或妄呼,拔剑击柱,上患之",于是叔孙通主动请缨制礼乐。"汉七年,长乐宫成,诸侯群臣朝十月",首次试用朝仪。程序复杂而严肃,"引诸侯王以下至吏六百石以次奉贺,自诸侯王以下莫不震恐肃敬……御史执法举不如仪者辄引去。竟朝置酒,无敢欢哗失礼者。于是高帝曰:'吾乃今日知为皇帝之贵也!'"① 这一套程序,实为强化皇帝权威、确定行政等级秩序以利于政令贯彻的行政程序。这样的朝觐礼乐行政程序一直坚持到清朝。

从"三代"开始的尊"三老五更"之礼,更可以视为行政程序。"三老五更,昔三代之所尊也。天子父事三老,兄事五更,亲祖割牲执酱而馈,执爵而酳。三公设几,九卿正履,祝鲠在前,祝饐在后。使者安车软轮,送迎至家,天子独拜于屏。"② 最后程序是"遂发咏焉,退修之以孝养也;反登歌清庙,既歌而语以成之也,言父子君臣长幼之道"③。这一礼仪,是天子推行敬老养老之政策的示范性行政程序,可以说是国家的道德教化行政的最高示范程序之一。

"乡饮酒"之礼也可以视为行政程序。在周代作为乡学学生毕业典礼庆祝活动的乡饮酒礼,汉代以后变成了国家推行乡间道德教化、强化伦理秩序、缓和社会矛盾之行政程序。"今郡国十月行乡饮酒礼,党正每岁邦索鬼神而祭祀,则以礼属民而饮酒于序,以正齿位之礼。凡乡党饮酒,必于民聚之时,欲其见化知尚贤尊长也。"④ 在饮酒宴席上,不仅仅是论长幼尊卑而宴饮,还要对乡中不守规矩的人进行教化。这显然就是一种道德教化行政程序。明太祖朱元璋的《大诰》甚至直接规定了"乡饮酒"礼的"座次"安排:"乡饮坐次,以高年有德者居于上,高年淳笃者并之,以次序齿。而列其有曾违条犯法之人,列于外坐,同类者成席,不须干预良善之席。"⑤ 直到清代,州县官们每年正月和十月要在州县学举行"乡饮酒礼",由州县官主持酒会款待本地年高德劭者⑥,以宣扬和督促人民"敬老"、"敬贤"。政府还专门拨款作为"乡饮酒礼"的经费,这一经费直到1843年才取消。⑦

① 《汉书·叔孙通传》。
② 《通典》卷二十,《职官二·三老五更》。"三老五更",注家多谓通天地人者为三老,知五行者为五更。但明人董说《七国考》卷六《楚礼》引蔡邕《月令章句》谓"三老,国老也;五更,庶老也"。
③ 《通典》卷六十七,《礼》二十七,《养老》。
④ 《礼记·乡饮酒礼》汉人郑玄注。
⑤ (清)薛允升:《唐明律合编》卷九,"乡饮酒礼"条引《明大诰》。
⑥ 参见《清会典》卷三十,13页;《礼部则例》卷四十九,1页。
⑦ 参见清《户部则例》卷九十三,22页。

古代中国还有所谓"金鸡放赦"之礼，也可以看成是一种彰显"仁政"的司法行政程序。如宋代的"恩赦"礼仪是：

> 宰执百官立班于丽正门下，驾兴，官驾乐作，上升楼……丈竿尖直，上有盘，立金鸡，衔红幡，上书"皇帝万岁"，盘底以红彩索悬于四角，令四红巾百戏人争先沿索而上，先得者执金鸡嵩呼谢恩……御楼上，以红锦索引金凤衔赦文放下，至宣赦台前，通事舍人接赦宣读，大理寺帅漕四司等处，以见禁杖罪之囚，衣褐衣，荷花枷，以狱卒簪花跪伏门下，传旨释放……楼上帘以垂，伞扇已入，上回内，伶人乐大震，迎驾入内。①

在清代，州县地方衙门每年每月的例行礼仪，更可以看作是亲民行政程序。如州县官每个月的初一和十五要到孔庙、城隍庙、关帝庙和文昌庙进香；每年的春秋两季，即在农历二月和八月要向孔圣人、社稷、风云雷雨神和山神、河神、城隍神献祭；农历三月还要向神农献祭。② 此外，每年春秋还要分别向"名宦祠"、"乡贤祠"、"忠义祠"、"孝悌祠"和"节孝祠"献祭③，还要向"厉"④ 即无人祭祀的鬼魂献祭。⑤ 这些礼仪都是做给老百姓看的，旨在教育和诱导人民忠君爱国，敬圣贤、怀忠烈、崇孝义、敬神灵，安分守己。

还有《大明律》、《大清律》规定的"讲读律令"制度⑥，实际上是一种礼仪。"每遇朔望两期，（州县长吏）务须率同教官佐贰杂职各员，亲至公所，齐集兵民，敬将圣谕广训逐条讲解，浅譬曲喻，使之通晓。"⑦ 这实际上是一种礼仪式的行政，是一种对人民进行教化和普法的行政程序。当然，其行礼如仪的象征意义大于实质意义。

二、礼乐行政以教化人民为目的

礼乐式行政的目的在于贯彻落实"礼"的要求，亦即对人民实施教化，让人民提高道德水平，使人民成为国家的良民、顺民。教化人民，是中国古代政治哲学公认的国家最大目的之一。管子说"礼义廉耻，国之四维；四维不张，国乃灭亡"⑧，国家行政的目的就是建设礼义廉耻。汉人班固说："上圣卓然先行敬让博爱之德者，众心说而从之。从之成群，是为君矣；归而往之，是为王矣。"⑨ 圣贤靠礼义的力量凝聚人民，获得人民的支持。所以，一切礼乐，仪式本身并不重要，重要的是仪式、歌舞、音乐的背后。"乐者，非谓黄锺大吕弦歌干扬也，乐之末节也，故童者舞之；布筵席，陈樽俎，列笾豆，以升降为礼者，礼之末节也，故有司掌之。"⑩ 仪式、歌舞、音乐的背后是对人民进行道德教化。

所以，古人特别强调礼乐仪式的教化意义。如所谓天子"朝日"、"夕月"之礼仪，其

---

① （宋）吴自牧《梦梁录》，42页，杭州，浙江人民出版社，1980。
② 参见《清会典》卷三十六，1、4页；《礼部则例》卷一百三十四，1、2、6页，卷一百三十五，4、5页；《牧令书》卷二十二，35页。
③ 参见《清会典》卷三十六，14页；《礼部则例》卷一百三十五，6～7页。
④ 这种祭仪一年要举行3次，参见《礼部则例》卷一百三十四，4页。
⑤ 参见瞿同祖著，范忠信等译：《清代地方政府》，276～277页，北京，法律出版社，2003。
⑥ 参见《大明律·吏律·公式》。
⑦ （清）田文镜等辑：《钦颁州县事宜·宣讲圣谕律条》。
⑧ 《管子·牧民》。
⑨ 《汉书·刑法志》。
⑩ 《史记·乐书》。

目的是什么？《国语·周语》说："古者先王既有天下，又崇立于上帝，明神而敬事之，于是乎有朝日、夕月，以教民事君。""教民事君"，就是教导人民尊君敬上，履行对君国的义务。

又如所谓敬"三老五更"之礼。这样极隆重的"敬老养老"之礼，当然不只是要给那几位象征性的"国老"以殊荣，其真正目的无非是两者：对王室宗亲而言，"所以教诸侯之悌也"，就是要教导"诸侯"们敬重作为天下大宗代表的天子，如敬兄长；对其他臣民而言，"言父子君臣长幼之道"①，亦即向人民灌输道德礼义。

再如所谓"乡饮酒"之礼。国家以"集体喝酒"为行政方式或程序，其目的同样是教化。"饮酒之义，君子可以相接，尊让洁敬之道行焉，是贵贱明、隆杀辨，和乐而不流、弟长而无遗、安燕而不乱。此五者，足以正身安国矣。"② 这是一场政治饮酒或行政饮酒。古人认为，"乡饮酒之礼废，则长幼之序失，而争斗之狱繁矣"③。乡饮酒礼仪，是为了教导百姓敬老尊老、礼敬贤能的风尚，防止小民百姓犯上僭上，加强社会治安综合治理。如果这一礼仪废除，尊卑长幼的伦理秩序就会败坏，犯罪就会增多。

明清两代的"乡约"制度，实际上也是一种通过例行公事的礼仪实行道德教化的制度。在乡村，乡绅或生员被推举为主讲人（"约正"和"约副"），每月聚会一次，向当地绅民讲解"圣谕"④。这一"宣讲圣谕"的乡约制度，与《大明律》、《大清律》规定的"讲读律令"制度实际上合而为一。在明代，除讲读律令外，宣讲太祖朱元璋的"六条圣谕"："孝顺父母、恭敬长上、和睦乡里、教训子弟、各安生理、无作非为。"在清代，除讲读律例外，宣讲的是康熙的十六条"圣谕"："敦孝弟以重人伦，笃亲族以昭雍睦，和乡党以息争讼，明礼让以厚风俗，重农桑以足衣食，尚节俭以息财用，务本业以定民志，隆学校以端士习，黜异端以崇正学，讲法律以警顽愚，训子弟以禁非为，息诬告以全良善，戒窝逃以免株连，完钱粮以省催科，联保甲以弭盗贼，解仇怨以重身命。"⑤

理解了"礼乐政治"的这两个方面，我们才能进一步讨论中国古代的具体政治和行政制度。在本书的第二编、第三编我们就要具体讨论各种行政体制与行政制度，我们将具体地看到礼乐在政治和行政中的体现。

---

① 《通典》卷六十七，《礼》二十七，《养老》。
② 《通典》卷七十三，《礼》三十三。
③ 《礼记·经解》。
④ 《清会典事例》卷三百九十七、三百九十八；《清会典》卷三十，12、13 页；《钦颁州县事宜》，8 页；《吾学录初编》卷二十三，5 页；《锡金识小录》卷一，13 页。
⑤ 《清会典事例》卷三百九十七。

第二编
传统中国的行政主体法制

本编主要探讨中国传统的行政主体法制，探讨国家公务机构体系的设置、权力及相互关系设计，探讨国家最基本的出政体系、行政体系、督政体系的构成和运作模式，探讨国家行政主体自身管理相关的法制或惯例等等。

所谓行政主体，就是所有国家权力的行使者，包括权力机构和执行机构、监督机构，具体到中国古代的情形，就是国家的出政机构、行政机构、督政机构所共同构成的组织体系。所谓行政主体法制，就是关于国家政治的决策者、执行者的角色定位、相互关系及权力运作的全部法律制度。

关于行政主体法制方面的研究，我们与从前的中国政治制度史或行政制度史著作或教材有所不同。我们旨在探究和阐释君主及其附属的庞大官僚体系作为传统中国的政治或行政主体的特殊性。这一特殊性在于，"君为民主"、"官吏佐君为治"的政治和行政体制，是一种片面的"君治"体制。人民不是政治的主体，只是政治的对象（受政者）。在这一体系中，君主（在相权辅佐下）"出政"和官吏"行政"是一个无法分割的整体，不存在西方历史上的"议事（决策）职能"和"行政（执行）职能"的明确划分。为此，我们力求避免过去相关教科书或著作有意无意按照西方国家机器理论和体系框架来分别列述国家政治行政体制各组成部分，只注意国家机关的静态构成（机构设置、编制、职责权限）的弊端，准备尽量从权力关系或权力行使的角度来研究和叙述。

本编共分为 10 章。亦即全书的第四章至第十三章。

第四、五章，主要探讨传统中国的君主制度和相权制度，主要研究中国传统的出政机关和出政体制。所谓出政体制，就是孔子所谓"礼乐征伐自天子出"的体制。这一体制，既包括君主"口含天宪"、"言出法随"的体制部分，也包括相权"辅翼天子"的体制部分。

第六、七、八、九章，主要探讨传统中国自中央到地方的政令执行机构体系，即狭义上的行政机构体系。这一体系应该包括中央政务执行机构及其派出机构、地方政务机构、军事行政机构、乡里组织四大部分。在这里，我们把并非官府的乡里组织作为国家行政组织体系的附属部分来看待，因为它们的职能主要是宣教、施政、催税、维护治安等，自治职能是次要的。

第十章专门讨论中国传统的国家行政的监督体系和相关制度。中国古代的督政体系与行政体系之间，并无严格的界限。督政机构有时直接执行行政事务，行政系统内部也有自行督政的职官或职能。本章只是在相对的意义上探讨这一问题。

第十一、十二章主要探究国家政治资源的管理和监督体制，包括官吏管理体制和财政管理体制，亦即国家政治和行政所需的"人"和"财"两大资源的管理体制。

第十三章主要探讨行政主体的内部运作规程，亦即古代中国的国家机构自身办事规程的问题，主要是国家机关的公文制度、办事程限制度与行政效率规制等。这一章的内容，也许应该视为国家督政制度的一部分，因为有些是对国家机关公务绩效的管理规定，或是对国家机关权力加以适当监督或约束的规定。这一问题实际上是国家行政主体自身资质管理的法制问题，我们不能不附带加以探讨。

在本编里，我们把行政主体法制分为出政、行政、督政、资源管理四大部分，在每一部分里都既讲相关主体，又讲相关运作和管理法制。这种划分应该是符合中国传统行政法制内在逻辑的。

第四章

君主制度与最高出政制度

> 君主制度是中国传统政治制度的核心和灵魂。传统中国的行政本来就被定位为"行君之令而致之于民"①,因此君主的政令及政令推行过程就是传统中国的政治和行政本身。为了全面了解中国传统的行政制度,我们有必要从君主作为传统中国的最高出政主体以及其"政令"是如何作出的角度讨论中国君主制度。在本章里,我们主要探讨君主权力构成及"出政"制度,亦即仅仅从最高"作政"或"出政"者的角度探讨君主制度,而不是像过去的政治制度史教科书或专著从一般意义上探讨君主制度(君号制度、储君制度、后妃制度等就不是我们的专门讨论范围,只是在讨论别的问题时附带涉及而已)。作为唯一"出政"兼最高行政主体,君主的"出政"权力范围及其限制是本章的重点。至于君主权力的行使方式,则不得不与中央辅政制度一起分析。

第一节
君权的产生及君权转移制度

一、君主与君权的产生

(一)早期的君主称谓与君主(权)的产生基础

"后"、"帝"、"皇"、"王"、"君"之类,是先秦文献中最高统治者的称谓。政治性的称谓体现了华夏先民关于政治社会构成的自我意识。汉字是华夏文化的活化石,是华夏先民社会生活经验、生存样式的结晶,承载着中华法系典章文物的原初精神。我们从先秦的许多君主称谓之"名"中,可以看到中国传统文化对君主与君权生成的基本认识。

①　(唐)韩愈:《韩昌黎文集·原道》。

　　"后"是中国早期对君主的称谓之一，如称夏朝统治者为"夏后启"①，称夏王朝为"夏后氏"②。《说文》："后，象人之形，施令以告四方，故厂之从一口，发号者君后也。"《孟子·滕文公上》赵岐注云："后，君也。禹受禅于君，故称后。"《白虎通·杂录》："夏称后者，以揖让受于君，故称后。"最高统治者称"后"，可能来自母系氏族社会的酋长。"后"初义是生育③，其本字为"毓"，"毓"的本义是生育、养育。《广雅·释言》："毓，长也。"《尔雅·释诂》："育，长也。"生育最多且辈分最高者自然为母系时代氏族或部落的酋长，享有统治权。到了父系时代，这一称谓被延续下来，但国家正式产生后就废止了，商朝以后就不再称男性君主为"后"了，"后"于是蜕化为对君主的法定第一配偶的专有称谓。

　　"皇"亦为早期君主称谓。《尚书》中多次出现"皇"。《大禹谟》："皇天眷命"，《汤诰》"惟皇上帝"，《吕刑》"皇帝清问下民"，还有《诗经·大雅》"皇王维辟"。这些是以"皇"称上天或形容上天之大。后来，因为格外尊敬人间先古圣王，故把伏羲、女娲、神农称为"三皇"。《风俗通》："皇，天也。三皇道德元泊，有似皇天，故称曰皇。"《说文》："皇，大也。从自。自，始也。始皇者，三皇，大君也。自，读若鼻，今俗以始生子为鼻子。"《尔雅·释诂》："皇，君也。"《尔雅·释天》引毛诗传曰："尊而君之，则称皇天。"《白虎通》："皇，号也。号之为皇者，煌煌人莫违也。"

　　"帝"作为君主称谓与"皇"相类。有人说"帝"字乃女阴的象形，表示"生育"、"繁殖"。"帝"字在甲骨文中的字形，像花蒂形状，花蒂也是生育、繁殖的意象。"帝"本是先秦时期人们对至上神即天帝（有人说即太阳神）④的称呼。后来，人们崇拜古时圣王或英雄，将其称为"帝"，如是有"五帝"之称谓（"五帝"的说法甚多，司马迁《五帝本纪》以黄帝、颛顼、喾、尧、舜为五帝）。《书·尧典序》："昔在帝尧，聪明文思，光宅天下。"大约自五帝时，"帝"可能已经成为中国最高统治者的正式称号之一。《说文》："帝，谛也。王天下之号也。"《尔雅·释诂》："帝，君也。"《白虎通》："德合天者曰帝。"唐人张守节《史记正义》："德象天地曰帝。"《易纬》曰："帝者，天号也。德配天地，不私公位，称之曰帝。天子者，继天治物，改正一统，各得其宜，父天母地，以养生人，至尊之号也。大君者，君人之盛也。"

　　"王"是很早就出现的君主称谓之一。在甲骨文、金文及《尚书》、《诗经》中，商、周最高统治者皆称王。《广韵》："王，大也，君也，天下所法。"《正韵》："王，主也，天下归往谓之王。"《战国策·秦策三》："夫擅国之谓王，能专利害之谓正，制杀生之威之谓王。""王"字出现得很早，殷商甲骨卜辞里已经有过，像大人的形状。在周代，"王"指天子，"君"指诸侯。到了秦汉以后诸侯皆称王，天子伯叔兄弟分封于外在亦曰王。董仲舒宣称："古之造文者，三画而连其中，谓之王。三画者，天地与人也，而连其中者，通其道也。取天地与人之中以为贯而参通之，非王者孰能当是。"⑤这种神乎其神的解释，现在已经很少

---

① 《穆天子传》卷五："以观夏后启之所居。"

② 《孟子·滕文公上》："夏后氏五十而贡。"

③ 参见郭沫若：《中国古代社会研究》，204 页，北京，人民出版社，1964。

④ 参见白剑：《文明的地母》，205～207 页，成都，四川人民出版社，2002。

⑤ 《春秋繁露·王道通三》。

有人再相信了。①

"天子"亦是古时对最高统治者的一个正式的职务称谓。《史记·五帝本纪》："于是帝尧老，命舜摄行天子之政，以观天命。"《尚书·西伯戡黎》："西伯既戡黎，祖伊恐，奔告于王曰：'天子！天既讫我殷命……'"《尚书·洪范》："天子作民父母，以为天下王。"《尚书·胤征》："尔众士，同力王室，尚弼予，钦承天子威命。"《诗·大雅·江汉》："明明天子，令闻不已。"可见，自尧舜禹至夏商周，"天子"不只是一种文字修饰性的最高君主尊称，而是有神化意义的实际职务称谓（如日本的"天皇"）。上古以君权为天神所授，故称帝王为天子，以证明自己的血缘来自至上神，以神化自己的统治权威。

"君"亦为早期的君主称谓之一。《说文》："君，尊也，从尹，发号故从口。"《白虎通》："君者，群也。群下归心也。"《尚书·大禹谟》："皇天眷命，奄有四海，为天下君。"《仪礼·丧服》："君，至尊也。"注："天子诸侯及卿大夫有地者皆曰君。"《谥法》："庆赏刑威曰君，从之成群曰君。""君"作为称谓，本义并非专指最高统治者，如子称父母曰君，子孙称先世皆曰君。"君"常用作动词，有统率、控制之义。在先秦，"君"的使用较广泛，如诸侯为"邦君"、"国君"，卿大夫为"封君"，一里之长为"里君"。君是一种权势称谓，君往往与臣相对而称，表明上位者对下位者的支配、统治。

在古人看来，帝、皇、王、君等用语，都是对最高道德和最高权威的描述。《管子·兵法》："察道者帝，通德者王。"《吕氏春秋》："帝者天下之所适，王者天下之所往。"《白虎通》："德合天者称帝，仁义合者称王。"蔡邕《独断》："皇、帝，至尊之称也。上古天子庖牺氏、神农氏称皇，尧、舜称帝。夏、殷、周称王。秦并以为号，汉因之不改。"

从早期的这些最高统治者称谓，我们可以看到君权起源或产生的几个关键因素或理由：

第一，最初君权的产生与生育或繁殖有关，"后"、"帝"二字的形象就是代表。后世人们称君主应该"父天母地，以养生人"，"天子父母事天，而子孙畜万民"②，大约正是从这一原始生育、繁殖意义引申出来的，不过是从自然意义上的生育、养育转化为社会意义上的生育、养育而已。

第二，最初的君权来自人们对圣人或英雄的崇拜和服从。因为能力非凡、功劳卓著和德行高尚，早期的某些部落酋长或联盟领袖被视为英雄，被视为与天神一般伟大和有力，是以人们投奔、服从之，被后世思想家们美化为"德配天地"、"天下归往"。

第三，最初的君权起源于对人民进行社会控制的需要。所谓"尊而君之"，所谓"皇者，煌煌人莫违"，"为天下君"、"制杀生之威之谓王"等等，都是这个意思。

第四，最初的君权产生于沟通上天的需要。人类社会生活之初，文化落后，处处受制于天或自然，因而有了强烈的沟通上天或天帝的需要。最早的君主是兼有祭司职责的神人之间的桥梁。所谓"德合天者曰帝"，所谓"皇天眷命"，所谓"天子"名号，都是这个意思。董仲舒说"王"字一竖贯三横表示王者沟通天、地、人，从君权起源的意义上讲，也有一定的意义。

至于"皇帝"称谓，是秦朝统一中国后的制作，不是早期称谓，兹不专述。

---

① 参见侯外庐：《中国古代社会史论》，157 页，石家庄，河北教育出版社，2003。
② 《春秋繁露·郊义》。

　　先秦的这些君主称谓，后来不断扩张，衍生出很多新的称谓，新老称谓加起来，到底有多少种，简直无法完全统计。有学者认为，这些称谓大体可分为四类：宗法称谓、权势称谓、神化称谓和圣化称谓。宗法称谓如后、宗、宗子、宗主、君父等，权势称谓如王、君、万乘、正、主、御等，神化称谓如帝、天、天子、龙等，圣化称谓如圣人、圣王等；后世还有"万岁"、"官家"之类的世俗性称谓。①

　　通过这些称谓的意涵，可概括出古代中国君主与君权的生成基础，或称为君权构成的四要素，即天命天道因素、宗法血缘因素、道德人格因素、权势实力因素。在夏、商、西周时期的中国君主制度的原生形态中，这四要素即已显现。春秋战国以后，"礼崩乐坏"，社会的世俗化倾向愈加强烈，君主制度的四要素中，权势实力因素的作用愈加明显，天命天道、宗法血缘、道德人格因素的作用大大减弱。不过，这三种因素仍然在延续，因为儒家政治哲学一直推崇这三个要素。

（二）先秦诸子关于君主（权）产生基础之学说

　　关于君主（权）的起源或产生基础问题，先秦诸子有着广泛的讨论，发表了丰富多彩的看法。对于这些讨论及表达的观点、主张，有学者认为，无非是围绕着"君主制度的形而上依据"、"君主制度的社会根源"、"君主制度的历史起点"、"君主制度的创设主体"四个方面的问题来表达见解、主张的。② 也就是说，这些学说可以分为四个侧面，我们谨将其列表陈述如下。

表1　　　　　　　　　　　　　　　　　君主制度的形而上依据

观点	例证
上帝鬼神立君说	古者上帝鬼神之建国都、立正长也（《墨子·尚同中》）
天立君说	天佑下民，作之君，作之师（《尚书·泰誓》） 天生民而立之君，使司牧之，勿使失性（《左传·襄公十四年》）
道立君说	道生德，德生正，正生事（《管子·四时》） 道者，万物之奥，善人之宝，不善人所保……人之不善，何弃之有？故立天子、置三公（《老子·六十二章》）
自然立君说	有天地然后有万物，有万物然后有男女，有男女然后有夫妇，有夫妇然后有父子，有父子然后有君臣，有君臣然后有上下（《易传·序卦》）

表2　　　　　　　　　　　　　　　　　　君主制度的社会根源

观点	例证
宗法立君说	惟天地，万物父母，惟人，万物之灵，亶聪明，作元后，元后作民父母（《尚书·泰誓》）

---

　　① 参见刘泽华：《王权思想论》，208页，天津，天津人民出版社，2006。
　　② 参见张分田：《中国帝王观念：社会普遍意识中的尊君——罪君文化范式》，295～331页，北京，中国人民大学出版社，2004。

续前表

观点	例证
止争立君说	乱莫大于无天子，无天子则强者胜弱，众者暴寡，以兵相刬，不得休息（《吕氏春秋·谨听》） 胜者为长，长则犹不足治之，故立君。君又不足以治之，故立天子。天子之立也，出于君，君之立也，出于长，长之立也，出于争（《吕氏春秋·荡兵》） 何为立君者，以禁暴讨乱也（《淮南子·兵略训》）
教化立君说	为之立君上之执以临之，明礼义以化之，起法正以治之，重刑罚以禁之，使天下皆出于治，合于善也（《荀子·性恶》）
养民立君说	天之生民，非为君也，天之立君，以为民也（《荀子·大略》）
营公利立君说	古者立天子而贵之者，非以利一人也。曰：天下无一贵，则理无由通，通理以为天下也。故立天子以为天下，非立天下以为天子也，立国君以为国，非立国以为君也（《慎子·威德》） 凡主之立也，生于公（《吕氏春秋·贵公》） 古之立帝王者，非以奉养其欲也。圣人践位者，非以逸乐其身也，为天下强掩弱，众暴寡，诈欺愚，勇侵怯，怀知而不以相教，积财不以相分，故立天子以齐一之（《淮南子·修务训》）

表3　　　　　　　　　　君主制度的历史起点

观点	例证
历史进化立君说	民众而无制，久而相出为道，则有乱，故圣人承之，作为土地、货财、男女之分。分定而无制，不可，故立禁；禁立而莫之司，不可，故立官；官设而莫之一，不可，故立君（《商君书·开塞》）
君主与天地同生说	帝出乎震（《易·系辞上》）

表4　　　　　　　　　　君主制度的创设主体

观点	例证
天立君说	天佑下民，作之君，作之师（《尚书·泰誓》） 是故选择天下贤良圣智辨惠之人，立以为天子（《墨子·尚同中》）
圣人立君说	古者未有君臣上下之时，民乱而不治，是以圣人列贵贱，制爵秩，立名号，以别君臣上下之义（《商君书·君臣》） 圣人作乐以应天，制礼以配地，礼乐明备，天地官矣；天尊地卑，君臣定矣；卑高已陈，贵贱位矣（《礼记·乐记》）
众人立君说	凡君之所以立，出乎众也（《吕氏春秋·用众》）
智者强者自立为君说	古者未有君臣上下之别，未有夫妇妃匹之合，兽处群居，以力相征。于是智者诈愚，强者凌弱，老幼孤独不得其所。故智者假众力以禁强虐，而暴人止，为民兴利除害，正民之德，而民师之（《管子·君臣下》）

诸子的观点，从天命天道、宗法血缘、道德人格、权势实力四个方面论证君权的起源，其实也是在说明君主权威的四大构成要素。

大体而言，上帝鬼神立君说、天立君说、道立君说、自然立君说强调君权构成的天命天道因素；宗法立君说、君主与天地同生说强调君权构成的宗法血缘因素；教化立君说、养民立君说、营公利立君说、圣人立君说强调君权构成的道德人格因素；止争立君说、历史进化立君说、众人立君说、智者强者自立为君说强调君权构成的权势实力因素。

儒家往往侧重于阐释天命天道、宗法血缘、道德人格因素对君权起源及合法性的支撑作用、而法家则侧重于揭示权势实力因素乃君权的本质要素。这情形表明，后世的儒法合流现象阳儒阴法格局，恰是中国君权理论与实践两方面发展、成熟的产物和表现。

诸子各家的论说也反映出大体一致的趋向。其一是承认且论证君主制度的合理性、必要性、紧迫性。其二是不谈抽象的国家起源，而论具体的君主产生。有君主则有国家，国家等于君主，实为中国传统法文化中国家与君主个人混融现象在观念上的滥觞。或者说，国家与法的起源问题，在中国古代并不独立存在，它同化于或从属于君主制度的产生问题。其三是以"民"论"君"，民为君国之本，君为民利而生。

从对君主与君权制度起源的考察可知，"君为政本"即君主为一切政治的核心要害或本质，这是先秦诸子的共识。① 其相关论点如：君为国之心，君心为天心、民心之本；为政在人，上行下效；有其君必有其臣；天下大治的功劳属于君而不属于臣；无君不可以为治等等。君是政治的源头，治乱的关键："君者，民之原也，原清则流清，原浊则流浊。""道者，何也！曰：君道也。""君贤者，其国治；君不能者，其国乱。""君者，治辨之主也，文理之源泉也。"②"君仁莫不仁，君义莫不义。"③ 按"君为政本"的思路，法律从属于君权属于应有之义，即"生法者，君也"④。

关于君权的获得，后世的君主或君权的角逐者们还有更加直白的表述，如汉高祖的"马上得天下"⑤ 说，如"天子宁有种邪？兵强马壮者为之尔"⑥。在民间，有"彼可取而代也"及"皇帝轮流做"、"杀去东京，夺了鸟位"等观念流行。后来的社会世俗化进程，提升了君权构成中权势实力因素的地位，但这并不表明权势实力因素在中国传统社会中具有君权唯一生成基础和君权唯一本质的价值，东汉人班彪的《王命论》对这一问题有经典论述，以下我们可以就《王命论》对此一问题作一个申述。

西汉末，王莽篡汉败亡后，群雄并起，天下复陷入战国般的纷争之世。权臣隗嚣等人认为，"承运迭兴在于一人"，"昔秦失其鹿，刘季逐而掎之"，而今汉失其鹿，故皆有跃跃欲试之状。史学家班彪有感于如隗嚣之流"狂狡之不息"者甚众，乃著《王命论》"以救时难"。班彪认为："帝王之祚，必有明圣显懿之德，丰功厚利积累之业，然后精诚通于神明，流泽加于生民，故能为鬼神所福飨，天下所归往，未见运世无本，功德不纪，而得崛起在此位者也。世俗见高祖兴于布衣，不达其故，以为适逢暴乱，得奋其剑，游说之士至比天

① 参见张分田：《中国帝王观念：社会普遍意识中的尊君——罪君文化范式》，337 页以下，北京，中国人民大学出版社，2004。

② 《荀子·君道》及《议兵》、《礼论》。

③ 《孟子·离娄下》。

④ 《管子·任法》。

⑤ 《史记·高祖本纪》。

⑥ 《新五代史·安重荣传》。

下于逐鹿，幸捷而得之，不知神器有命，不可以智力求也。"班彪从"天道"与"人事"两方面论述了君权的生成基础之后，又具体阐释刘邦能成为君主的原因："盖有高祖，其兴也有五：一曰帝尧之苗裔，二曰体貌多奇异，三曰神武有征应，四曰宽明而仁恕，五曰知人善任使。"① 至于"刘媪任高祖而梦与神遇"，更是受命于天的表征，是真命天子的征兆。《王命论》据说是为劝说隗嚣放弃帝号、以兴复汉室为己任而作，但无疑是古代中国人关于君权获得和本质的认识的典型代表。

二、君权的转移

中国历史上君权的转移，主要表现为君位的更替，但有族内更替和族外更替两种情形。每一次君权转移之后，新获君位者都着力于说明自己具备君权构成的四要素，是受天命不得已而为，而非凭一己之意。

中国古代的君权转移的实质方式，大致可以分为禅让、革命、继位三种，其必备形式是禅让典礼、革命誓告、即位（登基）仪式等。

（一）禅让

禅让是所谓"传贤不传子"的君位转移方式，是君位向异姓转移，或者是君位的族外转移。禅让被儒家视为三代圣王为后世确立的"良法美意"之典型。《康熙字典》云："禅，代也，禅让，传与也。"《孟子》云："唐虞禅。"禅，一作嬗，又通作擅。"让"，《玉篇》载："谦也。"《类编》载："退也。"《礼记·曲礼》疏："应受而推曰让。"《左传·文公元年》载："让，德之基也。"《左传·襄公十三年》载："让，礼之主也。"

儒家一直推崇和美化禅让制度，认为这是"天下为公"、"受命于天"的表现。孟子认为，天下国家非君主个人所有之物，不可私人授受："天与贤，则与贤；天与子，则与子。昔者舜荐禹于天，十有七年，舜崩。三年之丧毕，禹避舜之子于阳城。天下之民从之，若尧崩之后，不从尧之子而从舜也。禹荐益于天，七年，禹崩。三年之丧毕，益避禹之子于箕山之阴。朝觐讼狱者不之益而之启，曰：'吾君之子也。'讴歌者不讴歌益而讴歌启，曰：'吾君之子也。'丹朱之不肖，舜之子亦不肖。舜之相尧，禹之相舜也，历年多，施泽于民久。启贤，能敬承继禹之道。益之相禹也，历年少，施泽于民未久。舜、禹、益相去久远，其子之贤不肖，皆天也，非人之所能为也。莫之为而为者，天也；莫之致而至者，命也。"②

法家则认为，儒家的美化遮蔽了禅让制度的本相，应该从趋利避害的人性出发来看待禅让。"夫古之让天子者，是去监门之养，而离臣虏之劳也，故传天子而不足多也。"③

近代的思想家梁启超认为禅让制正是以国家为私有之物的开始："禅让者，私相授受之意也。凡人必其己所自有之物，然后能举以授人。国家者，岂君主所有物乎？以国家为君主所有物，是正沉惑于专制政体之谬想耳。"④

---

① 《汉书·叙传》第七十上，《文选》第五十二。

② 《孟子·万章上》。

③ 《韩非子·五蠹》。

④ 梁启超：《尧舜为中国中央君权滥觞考》，载《饮冰室文集》，第3册，23页，北京，中华书局，1936。

自传说的尧舜禹禅让以后，有的君主真心效法禅让，有的假借"禅让"之名行篡夺之实。"禅让"俨然成为异姓间转移君权的首选方式。前者如战国时的燕国，燕王子哙主动将君位禅让给丞相子之，不过最后导致国家大乱。后者则如新莽、魏、晋立国所表演的禅让。魏晋以后，"效唐虞汉魏故事"变成了禅让的代称。禅让程序变成了夺取异姓政权合法化的最好方式。比如王莽，本来他早就掌握了汉朝的一切权力，但还是要指使走狗们去炮制"祥瑞"，炮制"天意"，要制造汉高祖刘邦"神禅"于他的证据，还要造民间舆论，说他怎么怎么有道德，天命定要转移到他的身上，等等。最后还是要履行一些程式，要让弱小的皇帝发布一个诏书，宣称：为了万民福祉，我将天下传给有德的人。直到这时，王莽还不能马上接受禅让，还要装模作样"辞让"，一共辞让了九次，最后才非常"不情愿"地接受了禅让，"即真"作了皇帝。魏文帝曹丕，晋武帝司马炎，南朝宋武帝刘裕，齐高帝萧道成，梁武帝萧衍，陈武帝陈霸先，北朝齐文宣帝高洋，北周开国皇帝宇文觉，宋太祖赵匡胤等等，都是用这种模式取得政权的。

至于禅让的具体步骤，唐虞故事难以考证，汉魏间的禅让，其模式、步骤便为后世禅让所仿行，我们可以对这一程序略作归纳。

起初是大臣们屡劝已为丞相多年且实际控制了国家一切权力的曹操称帝，曹操坚拒曰："若天命在吾，吾为周文王矣。"他的毕生努力为夺取汉家天下奠定了基础。220 年正月曹操死，其子曹丕袭爵魏王，嗣位丞相。十月，曹丕假禅让称帝。

司马氏假"禅让"之名篡夺曹魏政权，大致也是如此。早在司马懿、司马昭、司马师父子当政时，实际上已经控制了整个曹魏王朝。晋武帝司马炎不过是像曹丕一样，从法律上完成了政权转移的正式手续而已。

这一过程，一般是禅让的准备阶段。这一"基础建设"完成后，就进入了禅让的正式步骤。这些步骤大致可以分为以下几步：

步骤之一：旧君向志在窃国的权臣封王爵，封疆土，"加九锡"，给予"建天子旌旗"、"出入警跸"的"准皇帝"待遇。曹操为丞相时即开始"禅让历程"：公元 212 年获"赞拜不名、入朝不趋，剑履上殿，如萧何故事"。次年，自立为魏公，加九锡，封郡至二十，建天子旌旗，出警入跸。216 年进号魏王，位在诸侯王上。217 年，加十二旒冕（天子冕）。曹丕继承魏王爵位和丞相职位后，当然继承了"九锡"待遇。

步骤之二：旧君下诏，宣告禅位意向。如汉魏间禅让时，汉献帝屡次下诏曰："朕在位三十有二载，遭天下荡覆，幸赖祖宗之灵，危而复存，然仰瞻天文，俯察民心，炎精之数既终，行运在于曹氏，是以前王既树神武之绩，今王又光曜明德以应其期，是历数昭明，信可知矣。夫大道之行，天下为公，选贤与能，故唐尧不私于厥子，而名播于无穷。朕羡而慕焉，今其追踵尧典，禅位于魏王。"①

步骤之三：对旧君的"禅让"意向，受禅者亦须以"谦让"来回应，不可遽然接受。汉献帝下禅让诏及册书共三次，曹丕皆拜表让还玺绶。

步骤之四：众臣反复上书，劝受禅者践祚，受禅者必坚决推辞，反复多次；群臣固请，受禅者固辞。群臣的上书，无外乎表达臣民意愿，征引谶纬符命，显示天心、民心。受禅

---

① 《三国志·魏书·文帝纪》注引袁宏《汉纪》。

者的回应，也采用正式的文书，自剖誓守臣道的心迹。如曹丕以"王令"回复劝进者说："虽屡蒙祥瑞，当之战惶，五色无主……吾间作诗曰：'丧乱悠悠守纪，白骨纵横万里，哀哀下民靡恃，吾将佐时整理，复子明辟致仕。'庶欲守此辞以自终，卒不虚言也。宜宣示远近，使昭赤心。"① 群臣劝进七次，曹丕皆下令辞之，自称将终身固守"臣"分。

在这期间，戏必须接着往下演：旧君仍须反复下诏，表明禅让的决心，群臣仍须不停劝进，受禅者仍须不断反复固辞。

步骤之五：在"百般无奈"的情形下，受禅者终于"同意"接受大位，举行权力转移仪式。先是旧君向新君正式颁发逊位册命、玺书，移交君权之信物、凭证，然后是新君正式即位。"汉帝以众望在魏，乃召群公卿士，告祠高庙，使兼御史大夫张音持节奉玺绶神位"，送册书于魏王。"乃为坛于繁阳。庚午，王升坛即阼，有官陪位。事讫，降坛，视燎成礼而反。改延康为黄初，大赦。"② 新朝名称一般沿用其开国君主（或其父祖）在前朝所受的封（国）号。

传位册命常以《尚书》式的典雅古奥文体撰写。如献帝致曹丕的册命曰："咨尔魏王：昔者帝尧禅位于虞帝，舜亦以命禹，天命不于常，惟归有德。汉道陵迟，世失其序，降及朕躬，大乱兹昏，群凶肆逆，宇内颠覆。赖武王神武，拯兹难于四方，惟清区夏，以保绥我宗庙，岂予一人获义，俾九服实受其赐。今王钦承前绪，光于乃德，恢文武之大业，昭尔考之弘烈。皇灵降瑞，人神告征，诞惟亮采，师锡朕命，金日尔度克协于虞舜，用率我唐典，敬逊尔位。于戏！天之历数在尔躬，允执其中，天禄永终；君其祗顺大礼，飨兹万国，以肃承天命。"③

步骤之六：旧君主和王朝的待遇安排。"冬十月乙卯，皇帝逊位，魏王丕称天子。奉（汉献）帝为山阳公，邑一万户，位在诸侯之上，奏事不称臣，受诏不拜，以天子车服郊祀天地，宗庙、祖、腊皆如汉制，都山阳之浊鹿城。"④ 旧君可以在狭小的封国里继续享有"准天子"的礼仪，可以保留旧朝的宗庙社稷。

魏晋之间的君权转移，同样采取"禅让"的方式，故后世称"魏晋故事"。"十二月壬戌，天禄永终，历数在晋。诏群公卿士具议设坛于南郊，使使者奉皇帝玺绶册，禅位于晋嗣王，如汉魏故事。"⑤ 此后，晋禅位于宋，宋禅位于齐，齐禅位于梁，梁禅位于陈。隋唐之间也有禅让的名义。

受禅新君所立的国号，皆取自其在前朝所获得的封国号，这表明受禅者与前朝之间的一种特殊继承关系。当然，这种禅让并不一定是在异姓之间，也可能是在同姓之间，如南朝梁、齐。梁、齐虽同姓，但齐高帝萧道成与梁开国君主萧衍之间并无直接的血缘关系，故萧衍以"禅让"夺取了政权。

禅让的实行，从前面说到的君权构成四要素分析，我们可以发现这主要是权势实力因素在起作用。但是，历代操作者一定要附会天命天道与道德人格等因素。因为禅让方式是在宗法血缘之外的，新君获得君权并无宗法血缘方面的依据，故须另有解说，总的目标仍

① 《三国志·魏书·文帝纪》注引《献帝传》。
②③ 《三国志·魏书·文帝纪》。
④ 《后汉书·孝献帝纪》。
⑤ 《三国志·魏书·三少帝纪》。

然是四要素的完备。如受禅的魏文帝曹丕在正史中被描述为"帝生时，有吉气青色而如车盖当其上"①。如齐高帝萧道成"龙颡钟声，鳞文遍体"，"姓名骨体及期运历数，并远应图谶数十百条"②。这无非是说，新君虽非前朝帝王贵胄，但系"龙种"或"天之贵胄"，比前朝贵胄有更高的血缘、宗法的合法性。

禅让是历代权臣篡位的首选方式。一些权臣在已具备夺取君位的权势实力后，常拥立孱弱的皇子为帝，然后伺机导演禅让的闹剧。倘这闹剧因权臣安排欠周或那傀儡君主竟不配合，而未能如期上演，或上演的某个环节出了问题，而这权臣又急于称帝，那么废黜幼君、更立幼主，乃至弑君之类的篡位情形便会出现，如王莽的称帝过程就是如此。这也是王莽之后的通过"禅让"得国的开国君主们竭力想避免的尴尬情形。

禅让制使君权表面上实现了和平移转，但其实质仍是以权势实力为基础。"周曰逊于位，逊，顺也，能顺乎天命也。"③"逊"，《正韵》："顺也，谦恭也。"《说文》："遁也。"逊位之说，将旧君屈服于篡位权臣的威势而让位的过程表述为顺从天命，把无可奈何之事说得很高尚。逊位之君彻底交出君权后，死时可以通过新朝获得具有特别含义的谥号，如献帝、顺帝、和帝、敬帝、恭帝之类。

（二）革命

"天地革而四时成，汤武革命，顺乎天而应乎人。"④"革命"一直是儒家正统思想所肯定的政权更迭方式。"王者之兴，受命于天，故易世谓之革命。"⑤与禅让制的和平转移不同，革命是君权在异姓间的暴力转移。禅让是不彻底的"易世"，如受禅新君的国号为旧朝的封国国号，君权转移以旧君的命令完成，以这些为其合法性依据。但革命不必顾及这些。"三代以下，名为禅让，实乃篡夺，得国惟以革命为正大"，"中国自三代以后，得国最正者，惟汉与明。匹夫起事，无凭籍威柄之嫌，为民除暴，无预窥神器之意"⑥。与"禅让"相比，革命被视为较彻底的"易世"，但这"易世"仅指新旧两朝在宗法方面了无瓜葛，在君权移转过程中并无名号继受之类而已，并不涉及社会关系模式、政治制度体制、统治治理方式的根本变革，故虽名为革命，除了更换君主或王室以外，从大政治来讲不过"仍旧贯"而已。

《尚书》、《周易》反复歌颂商汤、周武王的革命。"革命"与"代天行罚"即代表上天制裁失德的君主，二者往往是同一个过程。我们可以把《尚书》关于天罚、革命之记述总结为以下五点：（1）君王失德是上天褫夺其命（委任）的原因和理由。在正式革命之前，其权力已经失去了道德的合法性。革命前一定要反复罗列其罪状。（2）天褫夺某人的天命，是假借新圣人领导民众参与的暴力斗争（革命）完成。（3）新圣人因为有德而被上天选中，授予新天命。（4）新圣人以讨伐的方式代天执法，正式剥夺失德君王的权力（相当于履行

---

① 《三国志·魏书·文帝纪》注。

② 《南齐书·高帝本纪下》。

③ 《新五代史·周本纪·恭帝纪》徐无党注。

④ 《周易·革卦》象传。

⑤ 《周易程氏传》卷四。

⑥ 孟森：《明清史讲义》，13、21页，北京，中华书局，1981。

法律手续）。（5）新王必须反复申明自己被天选为执法人，万不得已才出来代天执法。

革命的过程充满暴力，但仅仅借助权势实力因素诉诸暴力，也不能称为"革命"。在权势实力须附会天命天道和道德人格因素的论证模式上，革命与禅让是一致的。当然，二者也有重要区别：首先，"革命"者与受禅者身份上有差别：前者充其量是旧朝的小吏，后者必是旧朝的权臣。其次是手段上诉诸暴力的方式不一样：前者是直接诉诸武力，后者是武力的威胁使用，且为武力罩上了和平外衣。禅让过程中须有公诸天下的文告，革命过程中更少不了传布四海的"吊民伐罪"檄文，其内容在于论证"革命"者握有天命天道、"革命"者拥有解民倒悬、救民水火的崇高人格及"救星"的神圣使命。

"革命"者常常因为缺乏获得君位的宗法血缘依据而苦恼，于是他们必须神化自己的血缘：要么与天或神有血缘，要么与远古圣王有血缘。如普通百姓之子刘邦的出身被神化，"其先刘媪尝息大泽之陂，梦与神遇，是时雷电晦冥，太公往视，则见蛟龙于其上，已而有身，遂产高祖"[1]，无非是想证明他们是天之裔胄，受命有据。

历史上，即使通过所谓"禅让"手续夺得君位者，一般也会同时以"革命"的名义和话语美化自己的夺国行动，巩固君权。通过"禅让"手续得国的王莽，即位后下诏宣称"汉氏三七之厄，赤德气尽"，"赤世计尽，终不可强济，皇天明威，黄德当兴，隆显大命，属予以天下。今百姓咸言皇天革汉而立新，废刘而兴王"[2]。通过"禅让"获得君位的南朝开国国君们，也常在诏书中自称其君权来自"顺天应人"的"革命"。这一行为模式或许是这些受禅者心虚的表现。在改朝换代之际，在君权移转至族外之时，一些君权的获得者在"禅让"与"革命"上企图兼得其名的矛盾心态，其实不过显示他们掩饰仅仅凭权势、实力因素窃国之真相的意图特别强烈而已。"革命"与"禅让"一样，皆为早期儒家推崇的三代美好"故事"或先例，但在实际的历史进程中，它们均成为粉饰和包装暴力夺权、论证君权获得过程的合法性的最佳话语系统。

（三）继承

君主权位在同一家族内部转移或传承，是为继承。继承制度，是通过确立储君制度来实现的。储君制度即储贰制度，是事先确立世子或太子的制度，这是君位继承的关键。该制度经历了长久的发展、变迁过程。

在夏商时期，王位继承实行传子与传弟并行的规则。商汤制定了兄终弟及再传兄子的规则，但这种规则的执行常陷入混乱。帝康丁以后，初步确定传子制度，后又建立嫡子继承制。周代在文王世子制的基础上确立了嫡长子继承制度，即君主在世时预先册封太子（世子）为君位的"接班人"并见习执政。[3] 后世太子制度由此开始。

君位继承的嫡长子继承制的确立，是周代政治体制建设的重要贡献。王国维先生说："周人之制度大异于商者，一曰立子立嫡之制，由是而生宗法及丧服之制，并由是而有封建子弟之制，君天子臣诸侯之制。"在殷商时期，君权继承制度主要是"兄终弟及"制；到西周初年，方以"父死子继"为常制。以子继父的制度甫一产生，就遇到一个大难题——众

---

① 《史记·高祖本纪》。

② 《汉书·王莽传》。

③ 参见韦庆远、柏桦：《中国官制史》，91页以下，上海，东方出版中心，2001。

子均有君位继承资格而难免发生剧烈争夺。于是，政治制度建设不得不在众子之中再作资格先后之分别，确立一定的继承资格顺序："故有传子之法，而嫡庶之法亦与之俱生。"① 就是在立太子或世子（君位继承人）时，以正妻（嫡妻）所生之子（嫡子）优先。嫡子中，又以长幼为序。无嫡子时，则可立媵妾之子（庶子），又以长幼为序。所谓"有嫡立嫡，无嫡立庶"，"立嫡以长不以贤，立子以贵不以长"②。这种立子立嫡之制，上适用于天子之位的继承，中适用于诸侯之位的继承，下适用于卿大夫爵位的继承，后来甚至也适用于士的继承。

君位的嫡长子继承制在中国古代相当于一个不成文的宪法惯例，大致成为历代决定君位继承方式和顺序的基本标准。但这并不等于每个朝代每个君主都实际践行这一制度，如少数民族入主中原的王朝，在建国初期往往按其民族习俗，采取诸王推择君主的君位继承制度。以清为例，以嫡长子为太子的情形较少见。雍正为了消除残杀内讧的弊端，发明了秘密建储制度。这项制度是由在位的皇帝从诸子中选定一人为继承者，预先亲自写好册立名单的密旨两道，密储在特别制作的锦匣内，其中一道保藏在紫禁城乾清宫正中高悬的"正大光明"匾额后面，另一道随身携带，作为必要时勘对之用。在选择过程中，任何人不得参与，被选人也不分嫡、庶、长、幼，完全由在位皇帝本人决定。这份密旨要等到皇帝临去世或去世后才予公布，新皇帝随即宣布登位。③

秘密建储制度使由来久远的太子制度发生变革，这种制度有如下特点："（一）皇位继承，无关于嫡庶长幼次位之一定规则也。（二）其惯例，则皇帝选择皇子贤良，亲写其名，深藏筐底。迨病大渐，即召诸王大臣，公开会议，然后始定太子也。皇帝虽有预立太子之意，然秘之不使知，故无宣示立太子于中外之例。（三）既如前述，故立太子与太子践祚之两事，其间仅仅不出数日，而奉行焉。"④

嫡长子继承规则事实上在清朝以前即不断地被突破。君主子嗣众多时，因君主个人喜恶，或因嫡长子行为悖逆，君主常主动废黜已立的太子，如隋文帝废太子杨勇，唐太宗废太子承乾。据杨鸿年、欧阳鑫两先生统计，秦、汉两代共28个皇帝，以嫡子继承皇位的只有西汉时惠帝、元帝、成帝3位，东汉竟无一位；两宋18个皇帝，以嫡子继承的仅3位；明代16个皇帝，以嫡子继承的仅5位。⑤ 五代时，常有以养子继位的情形，如后周郭威传位于柴荣。太子的人选在实践中以非嫡长子为常态。除此之外，又常有太子先于君主而亡的情形，对此的补救办法是册封皇太孙或皇太弟，如晋惠帝因太子、太孙俱亡，立弟豫章王炽为皇太弟。明代建文帝以皇太孙身份即位也是一例。

太子制度在执行中的偏差，有以下情形。其一是君主仍然健在或行将就木之际，太子已具备足够的权势实力，出于迫不及待、"抢班夺权"的动机，爆发储贰与君主间的冲突，如南朝宋文帝刘义隆被太子刘劭杀死，隋文帝杨坚被太子杨广杀死。其二是旧君未死而新

① 王国维：《殷周制度论》，载郭伟川编：《周公摄政称王与周初史事论集》，2页，北京，北京图书馆出版社，1998。
② 《春秋公羊传·隐公元年》。
③ 参见韦庆远、柏桦：《中国官制史》，98～99页，上海，东方出版中心，2001。
④ ［日］织田万：《清国行政法》，104页，北京，中国政法大学出版社，2003。
⑤ 参见杨鸿年、欧阳鑫：《中国政制史》，26页，武汉，武汉大学出版社，2005。

君自行即位或旧君被迫让位，又称"内禅"，形成"天有二日"的局面。如玄武门之变后，唐高祖"诏传位于皇太子。尊帝为太上皇，徙居弘义宫，改名太安宫"[①]。"安史之乱"后，唐玄宗离京出逃在蜀，太子李亨在灵武被从臣拥立，是为肃宗。又如乾隆立嘉庆为帝，自称太上皇。在太上皇与新君之间，仍有君臣名分。这种情形下，君权的移转是不完全的。

就君权构成四要素而言，继位新君在天命天道方面负"延祚"的使命，故其君权的合法性与完备性须从宗法血缘、道德人格、权势实力诸方面予以构建。从历史的大致趋势看，对继位者宗法血缘要求的严格程度渐趋松动，继位者与旧君有拟制的血缘关系，在宗法上有继宗庙的资格即可，如五代时屡有养子即位、一朝数姓的现象。在道德人格方面，继位新君以其权势实力为后盾，左右舆论，为自身塑造圣明、仁德形象。继位成功与否，以继位者是否有足够的权势实力为要件。一些君主为保证自己的继位者有足够的权势实力执掌继承的君权，使君位的更替顺利进行，便诉诸培养太子能力的师傅制度、委任顾命大臣的托孤制度等等。有的君主则于移转君权之前诛灭功臣，尽量降低重臣威胁继位者的几率。在继位的君主中，许多是被外戚、宦官之类权臣所拥立，当这些被拥立的君主不具备应有的权势实力时，他们往往成为权臣的傀儡，甚至被废黜、杀死。

天命天道、宗法血缘、道德人格、权势实力四因素，大致是中国古代君权构成的基本要素。四要素的完备程度，大致决定了君权转移的成败。如果在四要素的经营方面存在一定缺陷，那么其君权即有瑕疵。在天命之道、宗法血缘、道德人格因素的经营过程中，君主主要依赖于话语、观念的力量；而在权势实力因素的经营中，君主主要依赖于暴力的力量。在禅让、革命、继位过程中似乎都是如此。因此，中国古代君权转移过程充斥着光刀剑影、血雨腥风。

第二节
君主权力及其礼法限制

一、君主权力的特征与表现

君权是中国传统国家政治中的最高权力。国家政治权力混沌、未分化，是古代中国国家统治权基本的特征，君权被理解为一种至高无上、无所不包的权力。"最高权力还没有从政治元首的身份中分离出来，而是政治元首的从属物，体现在政治元首的地位、职能、命令中。帝王的权力特征可以用一个'独'字来概括，具体说来有'五独'：天下独占、地位独尊、势位独一、权力独操、决事独断。"[②] 有的学者将君主权力的特征概括为独裁性、垄断性、暴力性、扩张性。[③] 历代典章制度虽有差异，但君主权力的这些基本特性大体上世世

---

① 《旧唐书·本纪第一·高祖下》。

② 刘泽华主编：《中国传统政治哲学与社会整合》，159 页，北京，中国社会科学出版社，2000。

③ 参见李渡：《明代皇权政治研究》，37 页以下，北京，中国社会科学出版社，2004。

代代延续着。

刘泽华先生认为，"君权'贵独'的观念，在中国古代既是贯通整个社会的普遍意识，又是一切权力机构的组织原则"①。这种观念也体现于诸子学说与典籍中。

表5

"贵独"观念	例证
天下独占	六合之内皇帝之土……人迹所至，无不臣者（《史记·始皇本纪》）
地位独尊	天无二日，土无二王，家无二主，尊无二上（《礼记·坊记》）
势位独一	人主，天下之有势者也（《管子·形势解》） 权势者，人主之所独守也（《管子·七臣七主》）
权力独操	权者，君之所独制也（《商君书·修权》） 惟器与名，不可以假人（《左传·成公二年》）
决事独断	独制于天下而无所制也（《史记·李斯列传》） 能独断者，故可以为天下王（《韩非子·外储说左上》）

生杀予夺是君主最高权力、无边权力最直观的表现。"君，利势也"②，"君之所以为君者，赏罚以为君"③。先秦法家认为，赏与罚皆是君主权势的本质要素，君主据此控制臣民："爱之，利之，益之，安之，四者道之出；帝王者用之，而天下治矣。"④"明主之所操者六：生之、杀之、富之、贫之、贵之、贱之。"⑤一切与利益给予或剥夺相关的权力，最后都归属于君主，这就是君权的权力范围。君主有权给予或剥夺的利益，包括生命、财富、地位、荣誉诸领域。财富的予取，如恤贫、赈灾、赏赐、免债、征税；地位的予取，如授官、封爵、夺爵、免官；荣誉的予取，如封赠、赐姓、旌表、配享、建祠、入史之类，形式繁多，难以穷尽。可以说，君主的权力实即对臣民的人身和财产的处分权。

"人主，天下之利势也，然而不能自安也，安之者必将道也。"⑥ 如果仅仅凭赤裸裸的权势，要在复杂的社会生活中达成对亿兆国民的控制效果是不可能的。若仅仅以君主一人之"利势"试图对全体臣民在广泛的时空范围内进行控制，实际上不可能。"民不畏死，奈何以死惧之。"以暴力为内核的权势实力的局限性，正是布尔迪厄所说的"符号暴力"、"符号权力"的存在前提。"没有一种权力会满足于仅仅作为权力而存在。也就是说，不会满足于作为没有任何正当理由的粗暴力量而存在，或者说仅仅作为专断的力量而存在。相反，权力必须为自己的存在与所采取的形式寻找理由，至少必须确保权力背后的专断性得到误识，因此而被人承认为正当的存在。"⑦"当公开的直接的暴力可能遭遇集体抵抗，施暴者也可能成为暴力抗争的牺牲品时，放弃赤裸裸的掠夺和剥削，而改用符号的——亦即柔和的、软

---

① 刘泽华主编：《中国传统政治哲学与社会整合》，164页，北京，中国社会科学出版社，2000。

② 《吕氏春秋·用民》。

③ 《管子·君臣下》。

④ 《管子·枢言》。

⑤ 《管子·任法》。

⑥ 《荀子·王霸》。

⑦ 转引自［美］布尔迪厄著，刘成富、张艳译：《科学的社会用途——写给科学场的临床社会学》，8页，南京，南京大学出版社，2005。

性的、无形的，因而也是易被误识的暴力，诸如义务、信任、忠诚、友情、道义、恩惠、尊敬之类与荣誉伦理有关的手段，就是最省力，也最经济的。"① "符号暴力"、"符号权力"揭示了特定的思想观念、象征性礼仪所具有的政治统治功能。

君主通过天命天道、宗法血缘、道德人格诸方面的因素或计谋，经营着"符号权力"层面的君权。在天命天道方面，君主垄断沟通神人的渠道，如独占祭天权、封禅权，禁止民间私习天文，独掌改元、改正朔、颁历的权力。在宗法血缘方面，君主独享立庙权，如"始皇为极庙，四海之内皆献贡职，增牺牲"，"尊始皇庙为帝者祖庙"②。在道德人格方面，君主装扮"内圣外王"角色，在尊号中用尽几乎所有德行美誉之词，还拥有至高无上的教化权。从石渠阁会议、白虎观会议及朱元璋删定《孟子》等事例来看，君主还占有学问、知识的裁断权。在日常生活领域，君主在称谓、服色、宅制、礼仪诸方面的至尊地位，也是君主"符号权力"的体现。

君权对社会生活的宰制，是全方位的、无所不在的。对于君权，臣民"无所逃于天地之间"。这些权力，归根结底是制礼作乐、立法定律的权力，类似于今天所讲的立法权。但是在没有权力分化或分割观念的历史背景下，是不能用立法、司法、行政之类权力分立的概念理解中国古代君权含义的。所谓"王言惟作命"③，"先王以作乐崇德"④，"圣人以神道设教，而天下服矣"⑤，"天下有道，礼乐征伐自天子出"⑥，并不仅仅指君主的立法权，实际上是指决定或支配国家社会一切事务之权。

二、君权的礼法限制

我们认识和了解中国古代的君权，不能仅仅认识到从理论上讲其权力无所不包、至高无上这一面，还要认识到其权力实际上受到种种限制或制约。中国古代君主权力受到的一定限制或制约，并不一定来自法律的规定，更多地来自传统或礼法。君权的礼法限制是中国传统君道的重要组成部分。

关于中国古代君权所受的限制，我们按照君权构成四要素的线索加以解析。

（一）天命天道因素与君权的限制

"天命论是中国传统政治的精神支柱，对政治权力发挥着思想制约的作用。"⑦ 中国古代对君权的限制多与天命天道有关。"作为王朝递嬗秩序的'天命'被理解为'天道'或某种'世界的秩序与法则'，由此，'天命'则进一步具有相应的'必然'的意味，对人世间具有规限义。"⑧ 君权受"天命"的规限，既是一种观念传统，有时也是事实。战国时，阴阳家

---

① 转引自［美］布尔迪厄著，刘成富、张艳译：《科学的社会用途——写给科学场的临床社会学》，9 页，南京，南京大学出版社，2005。

② 《史记·秦始皇本纪》。

③ 《尚书·说命》。

④ 《易·豫系辞》。

⑤ 《易·观·系辞》。

⑥ 《论语·季氏》。

⑦ 周桂钿：《中国传统政治哲学》，32 页，石家庄，河北人民出版社，2001。

⑧ 程宇宏：《荀悦治道思想研究》，81～82 页，广州，中山大学出版社，2005。

邹衍以阴阳消息为天道运行的法则，以五德终始为历史运行的法则，以五行言五德终始，对君权和王朝的更替进行了"五德终始"的解释，实际上是认为君权受到"历数"和"命运"的限制。君主可以修德以迎合命运或历数，但无法为所欲为、突破命运的限制。中国历史上的灾异谴告说，就是旨在以天道天命限制王权的思想体系："凡帝王之将兴也，天必先见祥乎下民。"① "灾者，天之谴也；异者，天之威也。"② "人主不德，布政不均，则天示之灾，以戒不治。"③ 徐复观先生认为，汉儒以董仲舒为中心的天人感应以及灾异谴告说，是一种价值判断，是出于对大一统的专制政治的皇帝所提出的要求，是基于政治伦理所提出的要求，具有"对专制政治之控御"的功能。④ 对于灾异谴告，君主的应对方式，通常是下"罪己诏"，反省己过，进而施行惠政，如减民赋役、大赦、录囚，同时宣布自己避正殿、减常膳、撤乐、斋戒祈祷等等，以表示接受上天的训诫并纠正过错。

这种天道天命的限制毕竟是虚拟的，没有实际操作性，没有实际强制力。为了应对灾异谴告，古代君主们也有"禳解"之法。如设专官作法术仪式取悦上天。如秦有"秘祝"一职专为此事，并将灾祸的责任归于臣下，"即有灾祥，辄移过于下"。应劭曰："秘祝之官，移过于下，国家讳之，故曰秘也。"⑤ 汉文帝曾下诏裁撤此官职。"盖闻天道，祸自怨起而福由德兴。百官之非，宜由朕躬。今秘祝之官移过于下，以彰吾不德，朕甚弗取，其除之。"⑥ 但文帝之后，这种"欺天"的做法仍然沿袭，甚至经常有杀大臣以应灾谴的举动，东汉则有以灾异撤换三公的惯例。魏文帝曹丕曾言："灾异之作，以谴元首，而归过于股肱，岂禹汤罪己之义乎？"⑦ 这倒是说到了问题的要害，也说明天命天道作为对君权的限制或制约因素，只存在于观念中，更多地体现为一种理想憧憬或愿望，没有外在强制或保障，实际上是软弱无力的。

(二) 宗法血缘因素与君权的限制

君主的权力还受到宗法血缘因素的限制。中国古代政治多强调"仁孝"，君主权力的行使部分受到"孝"的约束。"故虽天子，必有尊者"，"爱亲者不敢恶于人，敬亲者不敢慢于人。爱敬尽于事亲，而德教加于百姓，刑于四海，盖天子之孝也"⑧。除了君主与天之间有虚拟的宗法关系（故天命天道对君权的约束也可从宗法血缘因素来解释）之外，君主在俗世中也有实际的宗法血缘关系，"事亲"也是君主的伦理义务。"孝"或宗法血缘因素约束君权的表现有多种类型。其一如太上皇对君主的约束。如唐高祖与唐太宗、唐玄宗与唐肃宗、清乾隆帝与嘉庆帝，其间的约束可以看成是君权所受的宗法血缘的约束。无论程度大小，太上皇对新君的制约作用是存在的。乾隆为太上皇时，嘉庆在相当长的时期内不能单独处理朝政。当然，这种情形也可以看作是一个完整的君权被两个人共同行使而已。其二

---

① 《吕氏春秋·应同》。
② 《春秋繁露·必仁且知》。
③ 《史记·汉文帝本纪》。
④ 参见徐复观：《两汉思想史》，第2卷，383～385页，上海，华东师范大学出版社，2001。
⑤ 《资治通鉴》卷十五，胡三省注。
⑥ 《史记·汉文帝本纪》。
⑦ 《三国志·魏书·文帝纪》。
⑧ 《孝经·天子章》。

如"祖宗之法不可变"的伦理约束。儒家认为"三年无改于父之道,可谓孝矣"①,认为君主有遵祖训、守祖制的义务。这的确构成对君主权力行使的牵制。有些君主常以遗嘱为继位者及后世子孙立下不得变易的法令,如朱元璋在废宰相等重大政制上决断后,立诏规定"后世有言更祖制者,以奸臣论"②。在主持制定的《大明律》最后定型、"刊布中外"之后,朱元璋"令子孙守之。群臣有稍议更改,即坐以变乱祖制之罪"③。这类"祖宗之法不可变"的因素对君主的权力的确是一个重大的限制。

关于中国古代君主权力的这类限制,著名法律史学者陈顾远先生曾从"宪法"的角度上作了很好的阐释。他认为,中国古代虽然没有成文的宪法,但实际上有"无字天书之实质宪法"。他认为,"君主虽握行政、立法、司法大权于一身,依然在其权力之行使上有其限制,虽异族入主中国,不愿绝对有违也。此之所谓限制约有两端,一为先王成宪,一为祖宗遗命。"陈先生所言两端,实际上都是宗法血缘方面的限制。

在"先王成宪"方面,陈先生认为,王位继承,当为宪法之一部分。帝王的权力受到限制莫此为甚。"中国自周重视宗法制度开始以后,天子诸侯等之继承与士庶同,均以嫡长子继其位,不敢有违。以汉高祖之英明,安有不知预防吕后祸国之理,但仍以无能之惠帝为太子焉。以晋武帝之雄略,安有不知其子惠帝之愚蠢,但仍立其为太子焉。而唐高祖得秦王之力乃有天下,竟以长子建成为太子;明太祖明知燕王棣之兵力强大,竟以嫡次孙朱允炆为太子(允炆之父为朱元璋长子朱标,英年早逝,朱标长子朱雄英亦早逝。允炆为朱标次子,后世称为'建文帝')。皆受制于先王成宪而不得不然,遂因而发生祸乱之结果。反而言之,宋太宗之兄终弟及,本身即已仍复古例,直至高宗乃归位于太祖之后——孝宗,俾符古制。清圣祖以次子胤礽立为太子,虽非长而仍为嫡,但立而又废,废而又立,再废,终因此引起诸子之争立。故世宗即位后,对于立太子之制而有即焉。然先王成宪之遵守,苟非不得已,绝不致如此耳。"④这是关于君主选择继承人之权力的宗法限制。

陈先生认为:"祖宗遗命"也构成"君主大权一种限制,子孙不得违反之"。例如汉高祖于平定异姓诸王乱后,曾称非刘氏者不得王。诸吕为乱之受诛,即系据此为号召焉。宋太祖立训,不应妄杀士大夫,故苏轼之系狱而免于戮者,当非由于狱中之诗感动神宗而然。北宋之以沙门岛为谪流之地区,当本于此。南宋虽诛岳飞、韩侂胄,系属政治上之特有原因而然。贾似道罪亦仅及于谪,而中途被福王刺杀,亦非正明典刑也。明太祖既有"祖训"、"孝慈录"之作,而对后代子孙更有两种重要约束:一为诛胡惟庸后,废中书省,由皇帝直接管领六部,禁止后代子孙立设丞相,臣下如建言者,罪亦至死。然后代子孙好逸恶劳乃其习性,于是召翰林院学十入内协助其事,加以阁衔,遂有内相之称,而为以后"内阁"命名之所来。一为太祖订律三次,第二次且召儒臣刑官入内,为其解释律条,日进二十条,而取决之,认为此乃永久不移之法,宣示后世子孙不得擅自修改。然律之条文有限,而事之层出不绝,既因此种遗命之在,于是乃变其形式而有"问刑条例"问世,遂以"非破律也,乃辅律也"以解之。清以异族入主中国,而祖宗遗制依然不废。皇帝大婚一切

① 《论语·学而》。

② 《皇明祖训条章》。

③ 《明史·刑法志》一。

④ 范忠信等编:《中国文化与中国法系:陈顾远法律史论集》,85页,北京,中国政法大学出版社,2005。

仪式皆从满洲之俗，在婚房之宰猪、在房外之跳神依然如故，固无论矣，而其所定太监擅出都门一步者斩，太监安得海奉东太后之命南下，西太后密命山东巡抚丁宝桢中途拿获而斩之，即本于违反祖宗遗命而然也。继西太后欲废光绪帝不敢预定其继承人，此因雍正以后，皇帝不立太子已成定制，预以密诏书其继承之人，而藏之于宫内正大光明匾后，晏驾后乃开拆之。于是在废光绪帝位以前，不得不以端郡王载漪之子溥儁赐号"大阿哥"而已！"据上所述，足证祖宗遗命，依然为君主大权之限制，其与近代宪法所异者，非以立法权限制行政权是也。"① 所以，"祖宗之法"或者"礼法"对君主权力的限制，是应该当作一种宗法性质的"宪法"来看待的。在祖宗之法面前，君主的权力不是无边无际的，不是至高无上的。

（三）道德人格因素与君权的限制

对君主权力的限制或制约有时来自道德人格评价因素。依据道德人格特征品评君主一生的德行和行事，以所谓"谥法"为代表，实际上构成对君主权力的一种制约。执行"谥法"的主要是史官。史官对君主的生前言行秉笔直书，示诸世人，对君主的权力无疑有一种监督制约作用。"谥号"作为史官根据君主德行业绩对已经去世的君主的总评价，显然对在世的君主构成一种劝谏或制约。所谓"谥"，《说文》谓"行之迹也"，《尔雅·释诂》谓"静也"，疏曰："人死将葬，诔列其行而作之也。"《白虎通》载："谥之为言，引也，引列行之迹，所以进劝成德，使上务节也。"《增韵》载："诔行立号以易名也。"《穀梁传》范宁注："谥者，所以劝善而惩恶。"《诗经·大雅·文王之什》注："慎也，悉也，生存之行，终始悉录之，以为谥也。""谥"与"诔"同义。"诔"，《释名》载："累也，累列其事而称之也。"《广韵》载："垒也，垒述前人之功德也。"《周礼·春官·大祝》载："作六辞以通上下亲疏远近，一曰祠，二曰命，三曰诰，四曰会，五曰祷，六曰诔。"注："谓积累生时德行以锡之，命主为其辞也。"《礼记·乐记》载："闻其谥，知其人。"比如，"慈惠爱民曰文"，"威强敌德曰武"，"安乐抚民曰康"，"布德执义曰穆"，"治而无眚曰平"，"布义行刚曰景"，"柔质慈民曰惠"，"合善典法曰敬"，"在国遭忧曰愍"，"好祭鬼怪曰灵"，"不思忘爱曰刺"，"恭仁短折曰哀"，"壅遏不通曰幽"，"杀戮无辜曰厉"，"不悔前过曰戾"，等等，对在世的君主时常有警示作用。孟子曾警告君主们"暴其民甚，则身弑国亡；不甚则身危国削，名之曰'幽''厉'，虽孝子慈孙，百世不能改也"②，就是拿"谥法"来警告君主们，旨在限制他们滥用权力。

然而这些限制君权的传统或制度亦常常被君主们以各种方式抵制。如历代法律有"妄言"、"诽谤"、"大不敬"、"非所宜言"之类罪名，就是为了惩治批评君主者。隋文帝曾下诏："民间有撰集国史，臧否人物等，皆令禁绝。"③ 就是为了防止官民假借修史批评君主或限制君主权力。秦始皇时曾下诏废除"谥法"："朕闻太古有号毋谥，中古有号，死而以行为谥。如此，则子议父，臣议君也，甚无谓，朕弗取焉。自今已来，除谥法。"④ 秦始皇废

---

① 范忠信等编：《中国文化与中国法系：陈顾远法律史论集》，86 页，北京，中国政法大学出版社，2005。

② 《孟子·离娄上》。

③ 《隋书·文帝本纪》。

④ 《史记·秦始皇本纪》。

谥法的做法，典型地体现了对"谥法"之类道德评价限制、制约君主权力的担忧。儒家"为尊者讳、为贤者讳"的传统，也使以道德评价限制君主权力的企图常常落空。除了对亡国之君可以为"恶谥"外，历代君主从其继位者那里得来的谥号大多为溢美之词。这种惯例的形成，消解了谥号制度对君权的约束作用。"仁圣亦死，凶愚亦死。生则尧舜，死则腐骨；生则桀纣，死则腐骨；腐骨一矣，孰知其异？且趋当生，奚遑死后。"① 当君主持有类似于"我死之后，管他洪水滔天"的极端利己主义生死观时，通过道德评价因素限制君权便更加不可能了。

（四）权势实力因素与君权的限制

权势实力因素对君权的限制或制约，可以从制度设计和政治实践两个方面来理解。

制度设计的权力因素对君权的制约，在中国古代有很多方面。首先是相权对君权的制约。如唐代制度规定，皇帝的一切诏敕、制书，须经宰相政事堂会议讨论研究，然后决定其是否颁行；而且下颁的诏敕，需要宰相副署，并盖上"中书门下之印"方能生效，否则即是违制，中央和地方各部门就可以不执行。② 对于中书省所草拟的诏书或决定，门下省有权进行审查、驳正；如果认为有违失，可以批注送还中书省，曰"封驳"或"封还"③。其次，谏议制度对君主的制约也是制度设计的制约。在唐代，法令上正式规定以谏议为专门职责的官员，有门下省的"左散骑常侍"、"谏议大夫"、"左补阙"、"左拾遗"，中书省的"右补阙"、"右拾遗"。《唐六典》记载说：门下省有左散骑常侍二人，"掌侍奉规讽，备顾问应对"；谏议大夫四人，"掌侍从赞相，规谏讽谕"；左补阙二人，左拾遗二人，"常供奉讽谏，扈从乘舆。凡发令举事有不便于时、不合于道，大则廷议，小则上封"④。中书省有中书舍人六人，"掌侍奉进奏，参议表章"，"制敕既行，有误则奏而改正之"；右散骑常侍二人，"掌如左散骑常侍之职"；右补阙二人，右拾遗二人，"掌如左补阙、拾遗之职"⑤。这些谏议组织机构对皇帝权力的制约，虽然不能用"权力分立与制衡"的制约观念去认识，但其对于君主滥用权力的限制作用是无可否认的。再次，史官制度对君主的权力制约也是一种制度设计的制约。如唐太宗因恐自己的劣迹被载入历史，对于史官所记载的《起居注》经常想一窥究竟。一天突然问负责记录《起居注》的谏议大夫褚遂良："卿记起居，大抵人君得观之否？"褚遂良答："今之起居，古左右史也，善恶必记，戒人主不为非法，未闻天子自观史也。"断然拒绝唐太宗想看《起居注》的要求。唐太宗又问："朕有不善，卿亦记之耶？"褚遂良答："臣职当载笔，不敢不记。"⑥ 皇帝的无上权力在"起居注"制度面前显然是受到了一定制约的。

在宋朝，"祖宗之法"形成的体制，对皇帝的权力制约无所不在，宋人刘克庄说："惟我朝家法最善，虽一熏笼之微，必由朝廷出令。列圣相承，莫之有改。"⑦ 就是说宫廷里

---

① 《列子·杨朱》。

② 参见王超：《中国历代中央官制史》，158 页，上海，上海人民出版社，2005。

③ 范忠信、陈景良主编：《中国法制史》，309 页，北京，北京大学出版社，2007。

④ 《唐六典·门下省》卷第八，北京，中华书局，1992。

⑤ 《唐六典·中书省》卷第九，北京，中华书局，1992。

⑥ （唐）吴兢：《贞观政要·文史》。

⑦ （宋）刘克庄：《后村先生大全集》卷八六，四部丛刊本。

想添置一个熏笼，都要经过正式的政令审批过程，皇帝不可以随时擅自搞"计划外开支"。

历史上，凡开明的君主，对于这种体制安排的权力制约或限制是基本尊重的。西汉文帝时，有长安市民"犯跸"，文帝欲处以死刑，但廷尉张释之坚决抗旨，坚持依法判处罚金刑。文帝最后认可了张释之的判决。东汉初，光武帝之姊湖阳公主纵奴杀人，县令董宣依法处死了恶奴。公主向光武帝告状，要求光武帝处理董宣，为自己出气。光武帝最后宁可委屈自己的亲姐姐，也要支持董宣依法办事。湖阳公主问："文叔为白衣时，藏亡匿死，吏不敢至门。今为天子，威不能行一令乎？"光武帝笑答："天子不与布衣同。"① 他宁可让自己的无上权力受到一个依法办事的小小县令的制约。

在实际权势实力的制约方面，又存在着两类情形。一是权臣的实力对君权的限制。如《韩非子》列举了"八奸"，就是臣下形成自身实力以分割或抵制君主权力的八种手段。如"为人臣者散公财以说民人，行小惠以取百姓，使朝廷市井皆劝誉己，以塞其主而成其所欲"；如"人为臣者求诸侯之辩士，养国中之能说者，使之以语其私，为巧文之言，流行之辞，示之以利势，惧之以患害，施属虚辞以坏其主"；如"为人臣者聚带剑之客，养必死之士，以彰其威，明为己者必利，不为己者必死，以恐其群臣百姓而行其私"。所谓"民萌"、"流行"、"威强"、"同床"、"在旁"、"父兄"、"养殃"、"四方"之类"八奸"，实际上就是依附于君权的八种有害势力，就是八种"法外私权"。他们通过官僚制外的手段积聚非法影响力。这些势力对君主权威的限制或制约，往往体现为女主称制、宦官干政、外戚专权、藩镇割据或重臣导演"禅让"闹剧，等等。二是臣民的实力对君权的限制。孟子的"君视臣如手足，则臣视君如腹心；君视臣如草介，则臣视君如寇仇"的君臣"互惠"（reciprocity）论，实际上也揭示了百姓对君主权力的制约途径。在君主面前，臣民并非只能"逆来顺受"。"权力是一种互动关系，无对象的权力只是虚幻的支配欲，而不是实际的权力。譬如太平时节，民众是帝王权力的接收对象，此时的帝王支配对民众尚是可接受的，帝王对民众具有权力。但民众一旦造反，帝王权力便不被接受。"② "盗贼"、游侠、强宗大族振臂一呼应者云集，豪杰们"以武犯禁"，都是限制君权的因素。

在中国古代的政治传统中，君权的限制因素实际上一直是缺乏制度性建构的。制度性的、确定性的、和平的、一以贯之的君权限制方式始终未能出现。实际存在的君权限制方式，多为观念的、心理的、习惯的或者偶然性的，在实践中又容易被君权的强大抵消。这些制约的真正实现，最后常常离不开对暴力的依赖，有"以暴易暴"的倾向。此外，这些君权限制方式大多针对君主个人，而不是针对其权力形态，或者说，与其视为对君权的限制，不如视为对君主个人的限制。

---

① 《后汉书·董宣传》。
② 崔文华：《权力的祭坛》，8页，北京，工人出版社，1988。

第三节
君主权力的行使方式：最高出政制度

中国古代行政的本质是"行君之政令而致之于民"。君主处于国家政治体系的顶端，其使命就是作出正确的决策、发出政令，此即孔子所言"礼乐征伐自天子出"，亦即唐人韩愈所言"君者出令者也"。国家的一切政令，理论上讲都由君主制定颁行，臣民的义务仅仅是奉行而已。"政"就是国家意志，君主代表国家发出意志，臣民则奉行国家意志。作为国家意志的"政"的发出方式，就是君主行使权力的方式。

关于君主权力的行使方式，亦即国家的"出政"方式，从前很少有系统的研究。理论上讲，君主的"出政"是没有严格法定的手续或程序限制的。但实际上，"出政"要受到"礼法"或"故事"的限制。也就是说，"出政"的程序或手续是有一定规范的，并不是完全漫无章法。

在中国传统政治体制中，君主的"出政"应该有两层意义。广义上的"出政"，包括君主发出的一切政治影响；狭义上的"出政"，仅仅指君主发出并令臣民遵行的法律、政令。从广义上讲，我们可以从以下三种意义上理解君主的"出政"行为。

第一种"出政"行为，是君主以自己的模范德行为"出政"行为。君主是人民的道德表率，用自己的模范带头作用影响臣民，使臣民达到国家要求。

第二种"出政"行为，是君主通过一系列"例行公事"式的典礼仪式，宣示国家的法天、敬老、尊贤、亲亲、报功、重农、爱民、济贫、恤孤之类的宗旨，向臣民发出原则性指示。

第三种"出政"行为，是直接发出有行为规范性质的政令、法令，颁行全国，使人民遵行。

一、君主以模范德行作为"出政"行为

君主以模范德行为"出政"行为，是儒家的典型政治理想。"君子之德风，小人之德草，草上之风必偃。"[①]"政者，正也。子帅以正，孰敢不正？"[②]"其身正，不令而行；其身不正，虽令不从。"[③]"上好礼，则民莫敢不敬；上好义，则民莫敢不服；上好信，则民莫敢不用情。夫如是，则四方之民襁负其子而至。"[④]"惟仁者宜在高位。不仁而在高位，是播其恶于众也"，"君仁莫不仁，君义莫不义，君正莫不正。一正君而国定矣"[⑤]。

君主个人的道德修养或模范德行如何能够在国家政治中发挥"出政"一般的影响力？

儒家的《大学》作出了回答："所谓治国必先齐其家者，其家不可教而能教人者，无

---

① ② 《论语·颜渊》。
③ ④ 《论语·子路》。
⑤ 《孟子·离娄上》。

之，故君子不出家而成教于国。孝者，所以事君也；悌者，所以事长也；慈者，所以使众也。""一家仁，一国兴仁；一家让，一国兴让；一人贪戾，一国作乱。其机如此，此谓一言偾事，一人定国。尧、舜率天下以仁，而民从之。桀、纣率天下以暴，而民从之。故治国在齐其家。""其为父子兄弟足法，而后民法之也。此谓治国在齐其家。""所谓平天下在治其国者，上老老而民兴孝，上长长而民兴悌，上恤孤而民不倍，是以君子有絜矩之道也。"

君主们以这样的模范德行作为"出政"行为，最理想的结果是"无为而治"。"为政以德，譬如北辰，居其所而众星拱之。"① "黄帝尧舜垂衣裳而天下治"②，"无为而治天下"，"不下席而天下治"③。最理想的境界就是《淮南子·泰族训》所言："舜为天子，弹五弦之琴，歌南风之诗，而天下治。"

儒家主张以君主的德行影响达成的这种"无为而治"效果，法家其实也"殊途同归"。法家认为，只要"缘法而治"，只要"事事皆有法式"，只要"循名责实"，只要臣下"以死守法"，只要"信赏必罚"，君主就可以实现"无为而治"——"以法治国，举措而已矣"④，"明君无为于上，群臣竦惧乎下"⑤。与儒家不同的是，法家主张君主靠法制和督责实现"无为而治"，而不是靠德行感化实现"无为而治"。

二、君主以典礼仪式作为"出政"行为

君主主持典礼仪式，是更为典型的"出政"行为。这种出政行为，虽然一般不伴随具体的法律、政令，既不直接对人民发布具体行政命令，也不直接对人民发布一般行为规范，但它的的确确向人民发出了一定的"政"，这个"政"就是国家的宗旨或原则。国家希望人民按照这些典礼仪式中体现的宗旨或原则去处理自己身边的各种具体事情，就是这类"出政"的目的。"夫礼，先王以承天之道，以理人之情，失之者死，得之者生，故圣人以礼示之，天下国家可得而正也。"⑥ 国家政治典礼仪式的意义就在于此。

君主的这类"出政"活动，较为典型的有郊祀、巡狩、封禅、籍田、养老等几类。

郊祀典礼，旨在宣示"敬天"、"法天"的国家原则。"祭天曰郊，郊者言神交接也。祭地曰祀，祀者，敬祭神明也。"⑦ "国之大事，在祀与戎"⑧，对"敬天法祖"的天子而言，祭祀是不可废弃的政务。礼源于祭祀，祭祀是国家政治程序之一。在吉、凶、军、宾、嘉五礼中，都有君主的职事。君主的政务，很大部分是践行礼制。君主主持的各种祭祀活动，包括祭祀天地神祇、列祖列宗、古圣先贤，都具有"出政"的意义。"郊以明天道也，所从来尚矣。"⑨ 所谓"明天道"就是要教育人民"敬天"、"顺天"，遵从"天道"，不"逆天"，

---

① 《论语·为政》。
② 《周易·系辞下》。
③ 《孔子家语·始诛》。
④ 《韩非子·有度》。
⑤ 《韩非子·主道》。
⑥ （唐）杜佑：《通典》卷四十一。
⑦ 《文选》卷七，《郊祀》李注。
⑧ 《左传·成公十三年》。
⑨ （唐）杜佑：《通典》卷四十二。

不干犯"天怒"。历代礼制对郊祀的时间、地点、程序、规格均有细密的规定。至明代，郊天与祀地始分开进行。这一国家政事的执行人就是君主。

籍田典礼，旨在宣示国家的重农、爱民的宗旨或原则。籍田，就是天子每年春天举行亲自耕种自己的试验田"籍田"的典礼。周制，"天子孟春之月，乃择元辰，亲载耒耜，置之车右，帅公卿诸侯大夫，躬耕籍田千亩于南郊"①。典礼的目的是"劝农"。"籍，借也。诸借人力以理之。劝率天下使务农田。"② 《吕氏春秋》说："是故天子亲率诸侯耕帝籍田……以教民尊地产也；后妃率九嫔蚕于郊，桑于公田……以力妇教也。"③ 汉文帝、汉景帝是恢复籍田仪式的"圣君"，文帝即位时"始开籍田，躬耕以劝百姓"，同时下诏天下："今兹亲率群臣农（耕）以劝之"，"朕亲率天下农，十年于今"④。景帝曾诏天下："朕亲耕，后亲蚕，以奉宗庙粢盛祭服，为天下先。"⑤ 各朝籍田礼制细节有别，但大致包括君主与公卿大臣亲持耒耜，演示耕作的程序，装模作样，以示劝农、悯农之意。

巡狩典礼，亦为君主出政的典礼仪式之一。《白虎通》载："巡者，循也。狩者，牧也。为天下循行守牧民也。道德太平，恐远近不同化，幽隐有不得所者，故亲行之。""古者天子巡狩之礼，布在方策。至秦汉巡幸，或以厌望气之祥，或以希神仙之应，烦扰之役，多非旧典。"⑥ 巡狩之中，须观风俗，察民情，惠老弱，祭山川。如宋文帝元嘉四年（427年）二月，"东巡狩，至于丹徒，告觐园陵。三月，飨会父老旧勋于行宫，加赐衣赏币帛，蠲租原刑。战亡之家、单孤，并随宜隐恤。二十六年二月，东巡，幸至京城，并谒二陵，会旧京故老万余人，飨劳、赏发，赦蠲徭役"⑦。当然，巡狩也有宣示武力、威慑地方的意义。

封禅典礼，亦是君主的"出政"形式之一。当君主自认为大有政绩之时，即专程前往泰山，祭告天地。"王者易姓而起，必升封泰山何？教告之义也。始受命之时，改制应天，天下太平，功成封禅，以告太平也。所以必于泰山何？万物所交代之处也。必于其上何？因高告高，顺其类也，故升封者增高也，下禅梁甫之山基广厚也。刻石纪号者，著己之功迹也，以自效放也。天以高为尊，地以厚为德，故增泰山之高以放天，附梁甫之基以报地。"⑧

养老典礼，是君主"出政"最为典型的方式之一。据说在西周时就有敬养"三老五更"之礼仪。"三老五更，昔三代之所尊也。天子父事三老，兄事五更，亲祖割牲执酱而馈，执爵而酳。三公设几，九卿正履，祝鲠在前，祝饐在后。使者安车软轮，送迎至家，天子独拜于屏。其明日，三老诣阙谢，以其礼遇太尊故也。"⑨ 这种仪式的目的，"所以教诸侯之悌也"，所以劝诱"天下子孙孝养其亲"也，仪式的过程即君主"出政"过程。

---

① 《文献通考》卷八十七。
② 《通典》卷四十六。
③ 《吕氏春秋·上农》。
④ 《汉书·文帝纪》。
⑤ 《汉书·景帝纪》。
⑥ 《宋书·礼志》。
⑦ 《通典》卷五十四。
⑧ 《白虎通·封禅》。
⑨ 《通典》卷二十，《职官二·三老五更》。"三老五更"，注家多谓通天地人者为三老，知五行者为五更。但《七国考》卷六《楚礼》引蔡邕《月令章句》谓："三老，国老也；五更，庶老也。"

三、君主发布命令、法令的"出政"行为

君主向臣民发布命令、法令的行为，是最为典型的"出政"行为。这种"出政"行为，大致又可以分为两类。

一类是发布具体命令的行为，即就具体事务发布对臣民的具体指令的行为，如就征兵、兴役、征税、料民、选举、宣战、媾和、册封、委任、征辟、贬黜、济贫、救灾、迁民等事宜发布具体命令，犹今日所言"具体行政行为"，直接为臣民个人或群体设定在具体事宜上的一次性的权利、义务。这既可以看成是君主的"出政"行为，也可以看成是君主作为最高行政者的"行政"行为。

另一类是发布法令的行为，即就国家或社会生活的各类一般性事务发布一般行为规范性质的规定。这是更加典型的"出政"行为。这一"出政"行为，大致可以分为四种：

第一种是直接颁布诏令，为臣民设置一般性、长久性义务规则，如秦商鞅变法时的"分户令"，秦始皇颁布的"焚书令"，汉朝的皇帝颁布的"养老令"、"胎养令"、"马复令"、"卖爵令"、"缗钱令"、"任子令"、"相保令"、"推恩令"、"亲亲得相首匿令"，等等，都是这类法令，是皇帝发布的关于推行新政治举措或改革的命令。在宋代，这类"令"，就是"敕"。因为"敕"不断增加且互相抵牾，故宋代经常有"编敕"之举。这类法令由君主直接以诏令形式发出，一般是就某一类具体的事务作出一般性的指令性或命令性规定，这一规定构成臣民日后的一般行为规范。它是就某些种类的具体事情而订立、颁布，是特别或补充规定，并不是成文法典。

第二种是颁布作为正式法律形式的"令"，规范国家各类行政事务，类似于今日关于各种具体行政事务或各方面行政行为的单行行政法或刑事执行法。这类"令"有成文法典的属性。汉朝有《学令》、《功令》、《田令》、《选举令》、《金布令》、《宫卫令》、《祠令》、《祀令》、《斋令》、《狱令》、《秩禄令》、《公令》、《箠令》、《水令》、《津关令》等名，这是关于各该类政务的一般性法令。唐代的"令"，按编纂时间分，有《武德令》、《贞观令》、《开元令》等；按其内容分，有官品令、三师三公台省职员令、寺监职员令、卫府职员令、东宫王府职员令、州县镇戍岳渎关津职员令、内外命妇职员令、祠令、户令、学令、选举令、封爵令、禄令、考课令、宫卫令、军防令、衣服令、仪制令、卤簿令、乐令、公式令、田令、赋役令、仓库令、厩牧令、关市令、医疾令、捕亡令、假宁令、狱官令、营缮令、丧葬令、杂令共 33 篇。[①] 唐代所谓"令"，大多系从皇帝关于国家行政管理的单行诏令而来；凡经整理、删修、编纂而定为国家长期行政制度者，则为"令"。

要把对某事的某种处理办法确定为一般法令，其程序常曰"著为令"、"定著令"、"具为令"等。如汉文帝除肉刑，其诏书曰："制诏御史：……其除肉刑，有以易之；及令罪人各以轻重，不亡逃，有年而免。具为令。"[②] 就是先以"制诏"的形式命令御史大夫，令其草拟废除肉刑的具体方案，并命令其将这种方案草拟为单行刑罚执行法性质的"令"（如《狱令》、《箠令》），最后以皇帝的名义颁布天下，永为法式。这种"具为令"的程序，实际

---

① 参见 [日] 仁井田陞著，栗劲、霍存福等译：《唐令拾遗》，长春，长春出版社，1989。

② 《汉书·刑法志》。

上是皇帝下令拟定单行行政或刑事规范，待拟毕后报皇帝审定，最后以皇帝的"令"的名义颁布。

第三种是君主将国家律典"诏颁天下"的诏令。这种"诏令"，实际上并没有具体的行为规范性质的内容，仅仅是颁行法典的一个形式手续而已，有些像今天以国家元首令颁布法律。明太祖朱元璋颁布《大明律》的诏书就是一个典范。这一诏书后来被刊刻在律典的前面作为序言："朕有天下，仿古为治，明礼以导民，定律以绳顽，刊著为令行已久。奈何犯者相继，由是出五刑酷法以治之，欲民畏而不犯。作大诰以昭示民间，使知趋避，又有年矣。然法在有司，民不周知，特敕六部都察院官，将大诰内条目，撮其要略，附载于律；其递年一切榜文禁例，尽行革去。今后司只依律与大诰议罪，合黥刺者，除党逆家属并律该载外，其余有犯俱不黥刺；杂犯死罪并徒流迁徒笞杖等刑，悉照今定赎罪例科断。编写成书，刊布中外，使臣民知所遵守。"①

第四种是君主直接批决案件即御笔断罪的制敕，形成为后世法司可以引据的特别法规或判例法。这也是君主"出政"的主要形式之一。在汉代有所谓"科"，在唐代有所谓"格"，在宋代有"断例"、"指挥"，在明清有"条例"，等等，都是皇帝亲自断罪形成的判决要旨，并确定为此后法司必须遵行的依据者。

第四节
君主命令之形式和实质分类

"皇帝御宇，其言也神。"② 由于君主权力的至上性，其言辞就有特别的法律效力，所谓"言出法随"、"口含天宪"、"金口玉言"。在常人看来，君主的最大快乐，也许就是发出指令谁都不敢违抗："人之言曰：'予无乐乎为君，唯其言而莫予违也。'"③ 在"君为政本"的情势下，君主命令与政局好坏、治理优劣有密切联系。"如其善而莫之违也，不亦善乎？如不善而莫之违也，不几乎一言而丧邦乎？"④ 君主命令不当，而臣民又不敢违抗，就可能"一言丧邦"了。在"言出法随"之外，君主的言语成为具有法律效力的法令，在中国古代法制中有一定的程序、形式要求。君主发布命令，虽然理论上讲具有不受制度制约和监督的最高权力，但实际上又不得不遵循技术上的、形式上的一系列规则，以此保障君主命令产生和颁布的正当性、严肃性，并保障运行的效率。君主发布命令（"出政"）是君权行使的主要方式，而命令或"政"的表现多种多样。我们对君主的命令可以作出形式和实质两种分类。

一、君主命令的形式分类

《尚书》被称为"上古帝王之书"，记录了中国最早的君主命令。《尚书》所载君主命

---

① （清）薛允升：《唐明律合编》附载《御制大明律序》。
② 《文心雕龙·诏策》。
③④ 《论语·子路》。

令，有典、谟、训、诰、誓、命六种形式，主要是诰、誓、命三种："誓以训戎，诰以敷政，命喻自天，故授官锡胤。"① 誓的内容，是军事训令；诰的内容，是具体政事的训导；命则用来封建诸侯、授予官职。

春秋战国时期，周时的诰、誓、命虽为法定的命令形式，但效力已弱。盟书，即诸侯国国君之间共立的盟约，是这一时期较盛行的君主命令形式。这种命令形式，可以看作是今天的国际条约。"在昔三王，诅盟不及，时有要誓，结言而退。周衰屡盟，以及要契，始之以曹沫，终之以毛遂"，"夫盟之大体，必序危机，奖忠孝，共存亡，戮心力，祈幽灵以取鉴，指九天以为证，感激以立诚，切至以敷辞，此其所同也"②。

这种盟誓，有平等的诸侯国之间的，也有中央天子和诸侯之间、诸侯与卿大夫之间的。后一种盟誓，就是后世所谓"丹书铁券"。后世君主，在对功臣、外戚册封公侯爵位时也常常有"誓书"。这大约是先秦盟誓的变种。"若夫臧洪歃辞，气截云霓；刘琨铁誓，精贯霏霜；而无补于晋汉，反为仇雠，故知信不由衷，盟无益也。"③

秦始皇统一中国后，正式确定君主命令的分类。"命为'制'，令为'诏'。"④ "汉初定仪则，则命有四品：一曰策书，二曰制书，三曰诏书，四曰戒敕。敕戒州部，诏诰百官，制施赦命，策封王侯。策者，简也；制者，裁也；诏者，告也；敕者，正也。""远诏近命，习秦制也。"⑤ 汉代皇帝的命令形式，在秦的"制书"、"诏书"外，增加了"策书"、"敕书"两种。

从秦汉两代的情形看，四种君主命令形式各有用途。

制书是皇帝关于封授、赦免等事宜的命令。

诏书是告谕或指挥百官的命令。诏书大致有三种情形："其文曰告某官某，如故事，是为诏书；群臣有所奏请，尚书令奏之，下有司曰制，天子答之曰可，若下某官云云，亦曰诏书；群臣有所奏请，无尚书令奏制之字，则答曰已奏，如书本官下所当至，亦曰诏。"⑥ 就是说，汉代的诏书有三种：第一种是主动指令式，第二种是批复式，第三种是尚书令代复式。⑦

策书是汉代皇帝用来任命、诔谥、罢黜诸侯及三公的命令性文书。"策书……以命诸侯王三公。其诸侯王三公之薨于位者，亦以策书诔谥其行而赐之，如诸侯之策。三公以罪免，亦赐策文。"⑧

戒书又称敕、戒敕，是汉代皇帝对官吏的训导、告诫。

此外，汉代皇帝给大臣的信函，称为玺书。"孝宣玺书，责博于陈遂，亦故旧之厚也。"⑨ 荀悦《汉纪》载："杜陵陈遂，字子长。上（宣帝）微时与游戏博弈，数负遂。上即

① 《文心雕龙·诏策》。

②③ 《文心雕龙·祝盟》。

④ 《史记·秦始皇本纪》。

⑤ 《文心雕龙·诏策》。

⑥ （汉）蔡邕：《独断》。

⑦ 参见闵庚尧编：《中国古代公文简史》，39页，北京，档案出版社，1988。

⑧ （汉）蔡邕：《独断》。

⑨ 《文心雕龙·诏策》。

位，稍见进用，至太原太守。乃赐遂玺书曰：‘制诏太原太守，官尊禄重，可以偿博负矣。’”

汉代君主命令诸形式，为三国两晋南北朝所沿袭。

隋唐时期，君主命令大约有七种形式：一曰册书，用于册封皇后、太子、诸王等；二曰制书，用于赏罚、大赦等；三曰慰劳制书，用于褒勉赞许等；四曰发敕，用于废置州县、增减官吏、发兵、免官、授六品以上官爵等；五曰敕旨，用于百官奏请意见的施行等；六曰论事敕书，用于戒约臣下；七曰敕牒，随事承制，不易于旧则用之。①

宋代，君主命令有册、制、敕、诰命、诏书、御札、敕牒七种。御札即以便条形式出现的君主命令。敕牒用于晓谕军民，戒励百官。

明清时期，君主命令形式有诏、诰、制、敕、册、谕、书、符、令、檄等。清代君主命令有一些特殊形式，如“批红”。内阁收到官员奏事的题本后，将处理此事的建议写在黄纸签上，呈皇帝定夺；皇帝从诸签中选定一签，再发至内阁，内阁批本处将皇帝选用之签，分别以汉、满文字用朱红批写在题本封面上，即为“批红”。又如“朱批奏折”：从目前史料分析，奏折似乎是在康熙中叶以后开始逐渐使用，到雍正以后，奏折普遍使用，国家诸种政事、官员向皇帝请安、谢恩等，均以奏折达于皇帝。皇帝以朱红批写在奏折文末，即称“朱批奏折”，其中虽较多“知道了”之类白话短语，但也包含对所奏事宜的处理指示。

清代皇帝特发的命令称为“谕”，如称“上谕”；皇帝根据官员们的奏请所作的批示称为“旨”。上谕分为“明发”与“廷寄”两种。前者由军机处拟稿，经皇帝审定后，由内阁发出；后者亦由军机处拟稿，经皇帝审定后，由军机处交兵部驿站发出。

二、君主命令之实质分类

君主命令的诸多形式，无论名称如何变换，皆为书面记载或表达君主意志而已。在形式上，其语气上恰如君主亲笔，但实际上大多为臣属执笔；官样文章多而君主亲力亲为者甚少。君主命令所指针对的事项，遍及国家权力运作的所有领域。以唐代为例，君主命令，按照其涉及事务的内容不同，我们可以作出以下实质分类：

表 6②

所涉对象	命令所涉及的事项
皇帝	即位、改元、改名、大婚、寿诞、尊号、遗诏、遗诰、谥议、册封妃嫔、禅位、痊复、罪己
皇太子	立太子、皇太子加冠、改名、监国、纳妃、册封太子妃嫔、退让、废黜、追复、追赠、册赠
诸王	封建、除亲王官、册亲王官、加实封、逊位、封郡王、册郡王、除郡王官、封嗣王、册嗣王、除嗣王官、降黜、追复、收葬、追赠、册赠、册王妃、王妃入道、收葬王妃、睦亲族、诫砺
公主、郡县主	封号、出降、加实封、和蕃、谴黜、追封、谥议

① 参见闵庚尧编：《中国公文简史》，139 页，北京，档案出版社，1988。

② 本表整理自（宋）宋敏求编：《唐大诏令集》，北京，商务印书馆，1959。

续前表

所涉对象	命令所涉及的事项
大臣	命相、馆职、判使、罢判、领镇、出镇、罢免、休致、贬降、异姓王、异姓王妃、尊礼大臣、册三公、册国公、册群臣、册赠、陪陵、配享、实封、铁券、附属籍、录勋、录相、命将、赏功、贬责
典礼	南郊、东郊、北郊、明堂、社稷、籍田、九宫贵神、岳渎山川、杂祀、太清宫、宗庙、常荐、祧迁、亲享、省侍、服纪、陵寝、追尊祖先、加谥祖宗、国忌、巡幸、朝贺、贡献、宴集、养老、纪节、弋猎、丧制
政事	礼乐、经史、刑法、赦宥、德音、颁历、恩宥、时令、建易州县、修复故事、官制、举荐、按察、求直言、崇儒、制举、贡举、备御、营缮、禁约、诫谕、休假、田农、赋敛、平籴、财利、道释、祥瑞、医方疾病、收瘗、禁锢、杂录、慰抚、招谕、讨伐、舍雪、购募、平乱、诛戮、禳灾、罪己
蕃夷	绥抚、命官、册封、盟文、赈恤、舍雪、讨伐、平乱、告庙

从表 6 来看，在唐代，君主命令的内容，涵盖了政治生活的所有方面。宋人对唐代君主命令的实质分类，并不严格遵循形式逻辑的标准，如"政事"与"典礼"、"蕃夷"并列，似不合逻辑。实际上，"典礼"、"蕃夷"亦属政事，其所谓"政事"则仅仅是指君主命令三省六部等中央行政机构所为之事，以及中央行政机构获准以君主名义实施的治国事项。

唐人刘知几指出，古时英明君主常亲自执笔撰写诏命，后世君主往往假手于文人辞臣："古者诏命，皆人主所为。故汉光武时，第五伦为督铸钱掾，见诏书而叹曰：'此圣主也，一见决矣。'至于近古则不然，凡有诏敕皆责成群下。但使朝多文士，国富辞人，肆其笔端，何事不录。是以每发玺诰，下纶言，申恻隐之渥恩，叙忧勤之至意，其君虽有反道败德，惟顽与暴，观其政则辛癸不如，读其诏则勋华再出，此所谓假手也。"[①] 君主命令作为国家最高公文形式，作为法律规则的表达形式，有着极高的效力，其言辞丝毫不可有差池。统统要求文化程度高低不一的皇帝本人亲笔撰写，显然是困难的。假手于学士文臣，也是体制所不得不然之事。

第五节
其他与君权相关的制度

一、京师

京师是君权的象征之一。京，《正韵》载："大也。"蔡邕《独断》载："天子所居曰京师；京，大也；师，众也。"《公羊传·桓公九年》载："天子之居必以众大之辞言之。"京师又曰"都"，《广韵》载："天子所宫曰都。"君主建国称帝，首先面临京师设置问题。京

---

① 《史通·五·载文》。

师是政治中枢所在地，是首善之区，它的选择和经营与国家稳定有密切关系。

其一，京师的选择。一般说来，京师必须选择于国家的中心地带。"王者京师必择中土何？所以均教道，平往来，使善易以闻，为恶易以闻，明当惧慎，损于善恶。"① 京师的选择以便利治理，便利巩固君权为标准。具体而言，至少须从政治、军事、经济三方面考虑：第一，经济资源须充足，以维持供给不事生产的庞大官僚集团、贵族集团的生计与奢靡之需。第二，军事因素的考虑更不容忽视。以明为例，始建都南京，燕王朱棣"靖难之役"后，迁都北京，结果使明朝政治中枢长期处于异族军事压力的第一线。"昔人之治天下也，以治天下为事，不以失天下为事者也。有明都燕，不过二百年，而英宗狩于土木，武宗困于阳和。景泰初，京城受围；嘉靖二十八年受困；四十三年边人阑入。崇祯间，京城岁岁戒严，上下精神，毙于寇至，日以失天下为事，而礼乐政教，犹足观乎！江南之民命，竭于输挽；大府之金钱，糜于河道，皆都燕之为害也。"② 君臣上下终日为"不失天下"之最低目标疲于奔命时，是较难有"平天下"的从容心态与高远眼光来发展经济、文化的。由此，京师择地问题事关君权安危。

其二，京师的经营。这包括京师人力、财力、物力的增殖与京师秩序的维系。汉代京师的经营，首先是迁徙豪强充实京师。"汉兴，海内为一，开关梁，驰山泽之禁，是以富商大贾周流天下，交易之物莫不通，得其所欲，而徙豪杰诸侯强族于京师。"③ 所谓"豪杰诸侯强族"，大约主要是原各诸侯国宗族后裔、富商大贾，将其置于京师，有利于控制豪强坐大，也有利于利用其财力巩固京师防卫。此外，汉代也很注意京师防卫建设。汉惠帝三年（196 年）春，"发长安六百里内男女十四万六千人城长安"；五年（198 年）春正月，"复发长安六百里内男女十四万五千人城长安，三十日罢"④。这些措施的目的，均在于增强京师警备。汉代还注意任用酷吏治理京师。如景帝时，郅都为中尉，"行法不避贵戚，列侯宗室见都，侧目而视，号曰'苍鹰'"。"郅都死，后长安左右宗室多暴犯法，于是上召宁成为中尉，其治效郅都，其廉弗如，然宗室豪桀皆人人惴恐。"⑤ 京师的经营也是君主"强干强枝"策略的体现。一些朝代另设陪都，其用意也与巩固君权有关。

另外，京师的规划布局，也具有政治统治的意义。京师的本义，即地大、人众，规划布局亦应适应这一原则。京师的布局方位也与空间具有的政治象征意义相一致。"西汉以前都城布局坐西朝东，是继承过去维护宗法制度的礼制，以东向为尊，东汉以后都城布局改为坐北朝南，是推行推崇皇权的礼制，以南向为尊。"⑥

二、宫室

君主的宫室以宏大华美著称，与君主"贵为天子、富有四海"的身份相匹配，也是君权的标志或象征之一。秦末，农民起义发家才数月的陈胜就注意建设豪华宫室，"陈胜王凡

---

① 《白虎通·京师》。
② （明）黄宗羲：《明夷待访录·建都》。
③ 《史记·货殖列传》。
④ 《汉书·惠帝纪》。
⑤ 《史记·酷吏列传》。
⑥ 杨宽：《中国古代都城制度史研究》，195 页，上海，上海人民出版社，2003。

六月。已为王，王陈。其故人尝与庸耕者闻之，之陈，扣宫门曰：'吾欲见涉。'宫门令欲缚之。自辩数，乃置，不肯为通。陈王出，遮道而呼涉。陈王闻之，乃召见，载与俱归，入宫，见殿屋帷帐，客曰：'伙颐！涉之为王沉沉者！'"① 汉初，萧何为高祖建未央宫，高祖骂其花费甚巨，萧何辩解说："天子以四海为家，非壮丽无以重威，且无令后世有以加也。"② 萧何的理由，也是历代君主建豪华宫殿的真实想法。

宫殿建构首先表达的是君权至高无上和沟通上天的理念。班固《西都赋》云："其宫室也，体象乎天地，经纬乎阴阳。据坤灵之正位，仿太紫之圆方。"张衡《西京赋》云："惟帝王之神丽，惧尊卑之不殊。虽斯宇之既坦，心犹凭而未据。思比象于紫征，恨阿房之不可庐。"《文选注》云："天有紫微宫，王者象之……王者师在地，体天而行。"以秦汉宫室为例，"秦皇汉祖们似乎更乐意赋予自己的宫殿以一种'通天'的神圣意味。总之，他们试图把皇权的空间造型编织为一种'天人合一'的巨大建筑网络。而这种建筑网络的核心则是皇帝的无上威势"③。可见宫室即君权的象征物或称君权的器物载体。"较之于相对简单的宗教仪式或相对单调的宗教建筑，皇帝宫殿所蕴涵和展示出来的世俗政治观念似乎更为鲜明和强烈。至少在国人看来，它更为亲切和感性。一方面，皇宫对民众是防范和排斥的；另一方面，皇宫对民众又是吸引和感召的。"④

宫室制度是历代礼制的重要成分。宫室制度对君权制度的重要意义，可经由"明堂"制度而体现。自夏商时代开始，王者宫殿建筑即以所谓"明堂"为核心。明堂的属性，有"布政之宫"、"朝觐之所"、"祭天配祖之所"、"大教之宫"、"纳言之所"等说法，又常称为"辟雍"。"明堂制度的本质是维护人间与神界最为紧密的关系，其核心功能是祭天配祖，所表现的意义则是君权神授。"明堂制度经历了一个长期的历史发展过程。"宋元以后，社会上务实的风气越来越浓，对于鬼神的依赖越来越少，明堂制度最终消亡的原因，也正是恢复、加强人间与神界联系的努力的失败。"⑤

宫室制度的兴衰与君权制度的兴衰大体同步。按照君主宫室的层次，官制上相应有了禁省官或内廷官、宫中官或宫廷官、朝官或外廷官的区分。禁省官在深宫禁内办事，与君主距离最近，多为贵胄、幸臣以及一些宦者；宫廷官在宫中工作，经常值宿或出入宫中，如一些郎官；朝廷官在宫外办事，其主要长官定期朝见君主，非经特许不能入宫，宰相为朝官之首。"从官位秩序上看，朝廷官的等级高于宫廷官，宫廷官的等级高于禁省官。从职掌来看，三者各有专责，分管不同的事务。在君主专制制度下，实际的政治运作基本上是围绕着君主这根主轴。因此，离君主越近，就越接近权力中心。传统的'臣仆用事'，则导致这三类官的权力互相渗透和转换。三者之间有着复杂的政治关系，弄清这种关系，是理解和把握古代官制变化的重要环节，也是了解中枢权力实际运作的必由之路。"⑥

为维护君主安全，宫室有严格的禁卫制度。如汉时张汤作《越宫律》27篇，后世律典

---

① 《史记·陈涉世家》。

② 《史记·高祖本纪》。

③ 雷戈：《秦汉之际的政治思想与皇权主义》，500页，上海，上海古籍出版社，2006。

④ 同上书，501～502页。

⑤ 张一兵：《明堂制度研究》，491～495页，北京，中华书局，2005。

⑥ 韦庆远、柏桦：《中国官制史》，169页，上海，东方出版中心，2001。

中通常有《卫禁》篇。职官中有专司宫室禁卫者，如"汉中郎将分掌三署郎，有议郎、中郎、侍郎、郎中。凡四等，皆秦官，无员，多至千人。皆掌门户，出充车骑"[①]。

三、舆服卤簿

舆服、卤簿也是君权的重要象征之一。蔡邕《独断》载："天子所御车马衣服器械百物曰乘舆。"舆服制是历代礼制的重要组成部分。历代正史常在《礼志》中单列"舆服志"。"夫礼服之兴也，所以报功章德，尊仁尚贤。故礼尊尊贵贵，不得相逾，所以为礼也。非其人不得服其服，所以顺礼也。顺则上下有序。德薄者退，德盛者缛。故圣人处乎天子之位，服玉藻邃延，日月升龙，山车金根饰，黄屋左纛，所以副其德，章其功也。贤仁佐圣，封国受民，黼黻文绣，降龙路车，所以显其仁，光其能也。"[②] 君主所用器物皆有固定法式，僭越等级者将受制裁。

应劭《汉官仪》载："天子车驾次第谓之卤簿，兵卫以甲盾居外为前导，皆著之簿故曰卤簿。"卤簿原指君主出巡时的仪仗，出警入跸，文谓之仪，武谓之仗，兼有威严与警卫的作用。唐制，四品官以上皆给卤簿，但君主的等级为最高。君主的卤簿等级，汉时分大驾、小驾、法驾三等，在郊祀、朝令、出巡等不同场合使用，皆兴师动众，浩浩荡荡，格外排场。被今人视为民族智能象征的指南车，当时不过是用作卤簿的导引，"其制如鼓车，设木人于车上，举手指南。车虽回转，所指不移。大驾卤簿，最先启行"。又有记里车，"制如指南，其上有鼓，车行一里，木人辄击一槌。大驾卤簿，以次指南"[③]。能工巧匠的智慧，为显示君权独尊而使用方属正当，反之即为奇技淫巧。

---

① 《通典》卷二十九。
② 《后汉书》卷二九。
③ 《宋书》卷八。

第五章

中央辅政决策机构及相关制度

中国古代政治体制，是以君主"出政"、臣下"行政"为主轴的一个政治运作体系。在这一体系中，君主居于核心地位，君权是这一政治体制的原动力。君权是君主的权力，是中国古代国家最高统治权。但君权的行使，绝不仅仅是君主个人之事。在中国古代，君权的行使实际上是君主在一定的机构辅佐之下进行的。辅助君权行使的机构，在不同的时代，名称不同，结构不同，权力大小亦不尽同，但其辅佐君主行使最高权力特别是"出政"权力，对臣民发布行动指令或制定行为规范以实现国家的政治目标则是基本一致的。这一辅佐机构，我们大致可以称为"相权"机构，它是君权运作必不可少的机制。这一机构体系，不管是叫家宰、大宰、相、衡、丞、令尹、丞相、宰相，还是叫政事堂、内阁、军机处等等，只要其性质是辅佐君主"出政"即作出决策而不只是奉令行政，就是我们在本章所要讨论的中央辅政决策机构。本章要讨论的是这一辅政决策机构体系的构成、演变及其权力行使规律。本章主旨是讨论辅佐君主作出最高决策的中央辅政机构及其相关辅政制度。严格地说，我们应该把辅政机构与君主视为一个整体，独立的相权基本上是不存在的。但为了探讨君主制下辅政制度的特征，我们还是单独探讨辅政决策体制，主要是探讨相权体系是如何辅佐君主作出决策的。要理解这一辅佐体制，关键是要明确：辅政机制是"出政"或"作政"体制的一个重要部分。从秦汉到明清辅政权力逐渐弱化，说明君主单独"作政"的权威被逐渐极端化。

第一节
附属于君权（佐君为治）的辅政体系

中国传统官僚政治制度形成于春秋战国时期，延续两千多年，直至清末。这一庞大的官僚政治体系，是君主专制统治的"配套"设施，是中国古代政治制度的支柱。这一官僚政治体系，由从中央到地方种类齐全、人数众多的官吏队伍组成。在这一体系的顶点上的，就是以相权为代表的中央辅政决策机构。[①]

中央辅政决策机构的设立，三代即肇其端。秦始皇开创了垂两千年不改的中央集权和君主专制。围绕着这种最根本的政体安排，中国逐渐形成了世界文明中所仅见的具有数千年历史延续性的中央辅政决策体制，复杂而精巧，让人叹为观止。这种体制虽屡有变革，但其基本构思没有发生大的改变。虽然没有走向西人所谓权力分立与制衡，但很早就形成了一整套堪称完善、精巧的职责分工与监督制约机制，对于今天的政治运作仍有可资借鉴之处。

中国古代中央辅政决策机构体系及其规律千百年来一直是学者关注和研究的重点。但古代学者主要从总结政治得失的角度入手寻求资治之道，而近世以来的研究者似乎更加偏重于对中国传统政治文化进行反思。在本书里，我们则试图对中国传统中央辅政决策机构的发展演变过程及其规律作出一个宏观的总结分析，以大致阐述其在中国传统行政法制上乃至整个中国传统法律文化上的作用、地位和影响，试图从一个独特的角度认识中国传统法律文化的特质。

一、辅政机构，职寄甚重

在中国历代的政治体制中，中央辅政决策机构，位高权重。一般说来，辅相之职，"掌邦国之政令，弼庶务，和万邦，佐天子，执大政"[②]，职寄甚重。历代君主们都明白，设置辅相机构，无非是因为"万机之烦，不可遍览"，"日应万机，劳神太过"，必须委任代理人与之分劳。更为重要的是：君主的选任是以血缘戚属传承为原则，这固然可以保证君主世系不易紊乱、减少政治纷争，但却无法兼顾选贤任能以实现合理、高效的政治运作的目标。而以选贤任能为最根本原则的中央辅政决策机构的设置和组成，可以满足国家政治运作的基本需要。于是，选任贤能之人作辅相，成为历代君主最为重视的大事。

荀子指出：君主要天下得治，须"论一相，陈一法，明一指"[③]，即必须任命一个好的丞相，颁布一个统一的法令，明确一个基本的原则。君主只要做好这三件事，不愁国家不能治理。要选好良相，君主需要"劳于索之"[④]，"勤于察之"，方可得之。因为"相者，论列百官之长，要百事之听，以饰朝廷臣下百吏之分，度其功劳，论其庆赏，岁终奉其成功，以效其君。当则可，不当则废。"[⑤]"相"的职责是总领百官，核察百官，执行君主的政令，实现国家目标。国家政治的成败，似乎完全寄托于相。

"相"或宰辅既然要为君主分担忧劳，就不免与其分享权力。他们居中央辅政决策大任，与君权既相辅相成，又难免分割君权。没有他们辅政，君主不可能"尽晓天下事、亲

---

① 关于相权的组成及其内容，从古至今歧见纷呈，具体可参见祝总斌：《两汉魏晋南北朝宰相制度研究》，北京，中国社会科学出版社，1990。为避免分散主题，本书采取了更为宽泛的"中央辅政决策机构"的提法，一般称为"辅相"、"宰辅"，泛指一切担负君主"出政"即决策辅佐职责的官职（个人或集体），不再特别考究不同时代这一类职务的具体、细致的名称或构成，对于相权中一般应具有的行政执行权力也不作论述。

② 《宋会要辑稿·职官》一之一六。

③ 《荀子·王霸》。

④ （唐）吴兢：《贞观政要》卷一，《君道》。

⑤ 《明太祖实录》卷一三三。

决大小事"。唐太宗说:"以天下之广,四海之众,千端万绪,须合变通,皆委百司商量,宰相筹画,于事稳便,方可奏行,岂得以一日万机,独断一人之虑也。"① 然而宰辅的权力过大,也势必分割君主的权力,威胁君权。因此,自秦汉实行宰相制度之后,各朝代都在不断调整中央辅政决策机构的设置和权力配置。中央辅政决策机构由宰相的独立开府制逐渐过渡到三省制,到了明太祖朱元璋时终于废除宰相制,此后更是逐渐形成了大权尽归于皇帝,仅设学士承旨拟诏或参预机密的内阁制,中央集权走上极点,辅政决策亦走向极衰。

然而宰辅机制在国家政治中又不可一日或无。即便是有史以来最为雄猜、最为恐惧大权旁落的明太祖朱元璋,也不能不承认:"人主以一身统御天下,不可无辅臣,而辅臣必择乎正士。"在废除宰相制后,在复杂繁剧的政务压力下,朱元璋不得不变相恢复宰辅体制,先设"四辅官",后改置殿阁大学士。这正是此后明清内阁制度之滥觞。由此可以看出,无论政治风云如何变幻,中央辅政决策机构与君主专制制度始终相依而存。研究中国传统的行政法律制度,不可能绕过中央辅政决策制度。

二、为君设臣,"纪纲总于人主"

历代中央辅政决策机构的组成和人员选任,充分体现了"为君设臣"的思想。在中国传统政治中,虽然从不缺乏对君主权力应加以制约的主张,但上下数千年却没有人从根本上否认君主制度存在的合法性。即便是万世师表的大圣人孔子,也以出仕得君为目标:"孔子三月无君,则皇皇如也。"后世知识分子,似乎也一直将"作帝王师"作为其最高政治理想。所以,为君设臣的原则历百代而不替,与中央集权统治相始终。

中国历代设置辅政决策机构或职官以及任命适当人选的大权,完全统于君主之手。如北宋初年,太祖下令设置副宰相一职。乾德二年(964 年)四月,宋太祖命为宰相赵普配置副手,明确指示副手的官职称谓和待遇,要体现"下丞相一等"的特点;后确定了"参知政事"的官称,并任命薛居正、吕余庆等以本官"参知政事",其待遇是"不宣制,不押班,不知印,不升政事堂",连座位设置和签字署名都区别对待,"月俸杂给皆半之,盖上意未欲令居正等与普齐也"②。但开宝六年(973 年)六月,太祖下诏让参知政事吕余庆、薛居正升都堂,与宰相同议政事。不数日,再下诏吕、薛二人与宰相赵普轮流知印,"押班奏事,以分其权"③。其主要原因就是太祖已经厌恶赵普的专恣独断,必欲分其权而后安。

中国历代宰辅机构,不管其任职之人是否贤能,不管其权力多大,仍不过是君主权力的附庸,其升降浮沉乃至身家性命都掌握在君主手中。根据周道济先生的统计,宋代一共有 134 人先后出任宰相,其中任期累计在 120 个月以上者 9 人,仅占 6.7%,其中蔡京四起四落,赵普、吕夷简、文彦博三起三落,秦桧两起两落。④ 又如明朝,朱元璋频繁换相又大肆屠戮宰辅之后,先设四辅官,后设殿阁大学士,对宰辅制度进行了彻底的改革;但到了崇祯皇帝,虽然不敢违反"不设宰相"的祖宗家法,却在在位 17 年间把内阁大学士轮换了

---

① 《孟子·滕文公下》。
② 《续资治通鉴长编》卷五,"乾德二年四月"条。
③ 《续资治通鉴长编》卷十四,"开宝六年六月"条。
④ 转引自张邦炜:《宋代政治文化史论》,8 页,北京,人民出版社,2005。

50 人，如走马灯一般，让人目瞪口呆。这期间，被杀的大学士有两人，被谴戍的大学士也有两人。

三、辅政决策机构对君权的制约

中央辅政决策机构职在辅佐君主行使权力，当然就会对君权有一定的制约作用。首先，如王侯册封必须经宰辅同意。汉惠帝死后，吕后欲立诸吕为王，征求时任右丞相王陵的意见。王陵不同意，吕后只好把他调离，把赞同此议的陈平升任右丞相，而后方成此事。① 到了汉景帝时，窦太后想让他封王皇后之兄王信为侯，景帝要求与丞相商议，丞相周亚夫曰："高皇帝约'非刘氏不得王，非有功不得侯。不如约，天下共击之'。今信虽皇后兄，无功，侯之，非约也。"景帝默然而止。直到周亚夫死后，景帝才把王信封为盖侯。② 其次，宰辅对高官有专杀权，如汉丞相可以诛杀二千石以下官员，不必奏请皇帝。如文帝、景帝时，幸臣邓通、晁错违犯礼法，丞相申屠嘉欲依法诛杀之，虽因皇帝求情而止，但皇帝也不能不尊重丞相的权力。再次，宰辅有很大的人事任用权，皇帝也不能不尊重。北宋初，宰相赵普曾向太祖推荐任用某官员，因不合意，太祖坚决拒绝。赵普反复力请，太祖怒曰："朕故不与迁官，将奈何？"摆出一副跟宰相对抗到底的架势。赵普也据理力争："刑以惩恶，赏以酬功，古今之通道也。且刑赏者，天下之刑赏，非陛下之刑赏也，岂得以喜怒专之。"就是说，用人大事，不是你皇帝个人的私事，不能由你一个人说了算。"上弗听，起，普随之。上入宫，普立于宫门，良久不去，上卒从其请。"③ 最后迫使皇帝接受了这一人事任用建议。

上述例子虽发生在以功臣元勋为相的情况下，有一定的特殊性。如功臣赵普为相，"普独相凡十年，沈毅果断，以天下事为己任，上倚信之，故普得成其功"。如不是功臣为相，则如申屠嘉死后，西汉继任丞相者均"娖娖廉谨，为丞相备员而已，无所能发明功名有著于当世者"④。但是我们也不能不承认，那些丞相敢于忤逆皇帝的旨意，理直气壮，显然有制度的一定力量。若非制度、惯例、"故事"或"祖宗家法"为凭借，再大的功臣为宰辅也不敢如此抗拒皇帝的旨意。

隋唐三省制形成以后，以中书拟旨、门下封驳、尚书执行为代表的分权制衡机制，已经成为宰辅机构制约君主权力的代表性机制。

武后时，凤阁侍郎（武后曾改称中书为凤阁，改门下为鸾台）刘祎之私下与人非议武则天，说太后应该返政于太子以安天下之心，被人向武则天告发。后有人以他事诬告刘，武则天特令肃州刺史王本立推鞫其事。王本立审案时，先向刘祎之宣示皇帝敕书。刘祎之发现该敕书没有经过中书、门下两省审拟、封驳，乃抗议曰："不经凤阁鸾台，何名为敕？！"武则天大怒，乃诬刘祎之犯了"拒捍制使"之罪，赐死于家。⑤ 此事足以说明，皇帝敕令应该经过中书、门下的反复研拟、封驳才能作出，不能仅仅由君主直接作出，否则便

---

① 参见《史记·陈丞相世家》。
② 参见《史记·绛侯周勃世家》。
③ 《续资治通鉴长编》卷十四。
④ 《史记·申屠嘉传》。
⑤ 参见《旧唐书》卷八十七，"刘祎之传"；《唐会要》卷五十四。

没有法律效力。这一原则在当时已经被普遍认可。这显然是对皇帝权力的一种制度性制约。在本案中，武则天也无法反驳刘祎之的说法，最后只能借口刘犯了"拒捍制使"（即对皇帝的钦差傲慢无礼）之罪名而加以制裁。

南宋时，宋宁宗曾"以御笔直付朱熹"，即直接向朱熹发布诏旨。此举遭到大臣袁说友的严厉批评："盖命令之出，虽自九重，至于施行，当由中书。故唐人云：不经凤阁鸾台，何名为敕？祖宗之朝，未有以御笔直付某人者。如此是无用中书，废坏纲纪。"① 在宋代，台谏更为发达，在唐代原本仅仅负责起草制敕并无决策作用的中书舍人"封还词头"的现象多了起来，这种"封还"被认为与门下给事中的封还（封驳）具有同样的性质和意义，二者并称为"给舍封驳"。中书取得了一定程度的封驳权②，说明宰辅机构对君权的制约进一步深化。

四、辅政决策机构作用发挥与否取决于君主

历代辅政决策机构与相关制度机制的设计各有不同，有的朝代设计得十分精巧，有的稍微粗拙。但其最终发挥作用与否、发挥多大的作用，仍然取决于君主。因为根本的政制——君主专制并没有得到改变，君主仍雄踞于整个庞大的官僚体制之上，全权决定其废立兴革，恣意左右其进退运行。即使在君主幼小或痴愚、不能或不愿理政之时，君权并未丧失，它以后宫垂帘、权阉干政等变态形式支配着整个国家机器。

在辅政决策机构的构成上，历代君主们费尽心思。面对位高权重、掌握着大量行政资源的宰辅机构，君主们往往心存疑惧，必欲分其权而制之。从汉代分内朝、外朝，以大将军录尚书事，到魏晋南北朝以尚书、侍中等亲信文秘人员参预辅政，再到唐宋以宦官出任监军枢密使等等，君主们本能地倾向于任用身边亲信人员控制国家政治。等到尚书、侍中等机构正规化、外朝化和制度化后，新的"以内制外"又重新开始了。君主对权力的保护和控制，使得其不断用身边亲信更换逐渐疏远的原代理人，并不断地破坏原有的代理制度，以求实现其对权力的牢牢控制。如西汉时宰辅权重，到东汉时，光武帝即惩其弊，不再用功臣为相，便为著例。

在中央决策机制 的具体运行机制上，君主们更是经常主动破坏原有的制度，竭力打破体制对君权的约束，加大对辅政权力的控制力度。比如唐时大量出现的所谓"斜封墨敕"，即君主不经过中书、门下直接任免人事，封授爵位，就是显著的例子。皇帝借此向臣子以示"私恩"，维护自己不受牵制的君权。

在中国历史上，辅政大臣们往往被称为"待罪宰相"，经常面临着"受上赏、处尊位，祸且及身"的危险。其原因，就是离最高权力太近了，所谓"伴君如伴虎"。于是，他们只有小心翼翼地做到"以威福还主上，以政务还诸司，以用舍刑赏还公论"保全自己，或者颠顿嗫嚅终生，"多磕头、少说话"，或者干脆就称病求去。当然，也有雄心勃勃者干脆就瞅准时机，鼎革政权，黄袍加身。几千年来，最高政治的运行总是在这种循环中往复，似

---

① （明）杨士奇等编：《历代名臣奏议》，卷二七四。

② 《文献通考》卷五十一，"中书舍人"条记载："富弼为知制诰，封还刘从愿妻封遂国夫人词头。唐制，唯给事中得封还诏书。中书舍人缴词自弼始。"

乎让人看不到政治制度的进化和昌明。

第二节
从贵族辅政到内阁辅政的发展线索

一般认为，中国古代中央辅政决策体制大致经历了从贵族辅政到三公制，再到三省制和内阁制等几个阶段的变化。其中，人们关注最多的是相权体制，或称宰辅体制。宰辅体制的变化历程，就是中国古代中央辅政机制的演变历程。

在中国古代，"相"、"宰相"、"宰辅"等一般是作为宰辅机构的笼统称谓。"宰"（或"冢宰"），最初是指掌管君主家务的家臣[1]，因与君主亲近，后来渐渐参与国政，被君主授予辅佐国家政治的权力，渐渐成为辅佐官的通称。到了西周时代，"冢宰掌邦治，统百官，均四海"，为六卿之一，"宰"已经成为中央辅政决策机构了。汉相陈平微贱时，为里中父老宰猪分肉，十分公平，受人称道。陈平曾很自负地发出"宰天下当如是"之叹，仍是从"宰"字的原始含义出发理解"宰相"职务。"相"，本为"辅助、扶助"之义，后用作辅佐君主的大臣的职官称谓。《左传》襄公二十五年载"庆封为左相"，已经成为"百官之长"的代称。"宰"与"相"开始意义趋同，成了中央辅政决策机构的通称。

"宰相"一般不是正式的官职称谓。除辽代官职分南北院，设北宰相府、南宰相府，各设"左右宰相"以外，在其他时代"宰相"一般不是正式官名。一般所谓"相"、"宰相"、"相国"、"丞相"，是指历代辅佐或协助皇帝处理国家政务、行使中央最高行政职权的官员，先秦时甚至直接称为"执政"。其职权特点是统领百官、总揽政务。若以"宰辅"一语称之，则概指辅政官员集体，亦即宰相及其副手们组成的领导机构。宰相副手的官称繁多，如西汉的"御史大夫"、宋代的"参知政事"等等。有时将宰辅官员合称"执政"，所以，"宰辅"有时也可称为"宰执"。西汉的丞相和后世中枢辅政决策的尚书令、中书令、侍中、同中书门下平章事、同中书门下三品，甚至明清的内阁大学士、军机大臣等职官名称，都在习惯上被人们称为"宰相"或"相国"。研究传统中国的中央辅政决策机制，必须从历代的宰辅制度入手。为了透彻地理解中央辅政机构及其体制，我们有必要对这一机构的发展演变历史作一个简单回顾。[2]

---

[1] 最初可能仅仅是掌管君主家饮食烹饪的家臣，或厨师之长。如商汤的辅相伊尹就是厨师长："伊尹名阿衡。阿衡欲干汤而无由，乃为有莘氏媵臣，负鼎俎，以滋味说汤，致于王道。或曰，伊尹处士，汤使人聘迎之，五反然后肯往从汤，言素王及九主之事。汤举任以国政。"（《史记·殷本纪》）在《周礼》中，"以佐王均邦国，治官之属"为职责的"天官冢宰"（实即宰相），仍保留了许多"厨师长"的内容，如其属官中有"宰夫"、"庖人"、"膳夫"、"酒人"、"浆人"之类。如"膳夫"的职责就是"掌王之食饮膳羞，以养王及后世子"，"庖人"的职责是"掌共（供）六畜六兽六禽，辨其名物；凡其死生鲜薧之物，以共王之膳，与其荐羞之物，及后世子之膳羞"（《周礼·天官冢宰》）。

[2] 本节内容较多参考韦庆远、柏桦、杨鸿年、欧阳鑫、王超、诸葛忆兵诸先生的著作，未能一一列明，谨致谢忱。

一、先秦的贵族辅政制

先秦辅政体制是以贵族辅政制为特色，以师、保、傅参预辅政决策的机制最为典型。《史记·周本纪》载"召公为保，周公为师，相成王为左右"。这是以宗法分封制为基础、以"世卿世禄制"为核心的贵族政治下的辅政机制。从最高统治者到各级贵族的官爵都是由子孙世袭，世代享受各种经济特权。郭沫若主编的《中国史稿》在论述西周政治制度时说："各种各样的官吏，大都是世袭的，世代享有特殊的、神圣不可侵犯的地位。"根据史书的记载，周公旦的长子封于鲁国，"次子留相王室，代为周公"；而召公奭的长子则封在燕国，"而次子留周室，代为召公"。周公、召公就成为这两个贵族家族的世袭官职或岗位。周宣王时，又有召公、周公二相"共和"行政，他们都是周公旦、召公奭的后代，世代以师保职务辅佐周王。在各诸侯国，贵族家族世代垄断"卿"、"大夫"之类职位，世代出任诸侯的辅佐官职，如鲁国的季孙、孟孙、叔孙三家，楚国的昭、屈、景三家，晋国的韩、赵、魏三家。这就是所谓贵族辅政制。贵族辅政制在一定的历史时期对稳定统治秩序发挥过积极作用，但是伴随着宗法分封制的式微，辅政贵族与君主越来越离心，并时常觊觎或篡夺最高权力，于是各国先后发生了废除世卿世禄制、实行选贤任能的官僚制的改革，这是各国变法运动的最重要内容之一。

关于这一历史变局，有学者总结说："宗周之世，执国政者多为贵族。王室如此，侯国亦如此。子孙相承，世为卿大夫。其于王室、公室之功，固不可没，但其地逼、其族众、其势尊、其权亦重，是以陵轹王室与公室或驯至取而代之、相与分之，这实在是周以来贵族政治的最大流弊。"① 认清这一流弊并进行改革是从春秋末期开始，战国时期大盛的事业，秦国即是典型代表。秦国自任用商鞅为左庶长主持变法开始，就打破了贵族辅政的体制。商鞅变法的内容之一就是"有功者显荣，无功者虽富贵无所芬华；宗室非有军功论，不得为属籍"②，旨在废除世卿世禄制。吴起在楚国的变法亦然，其重要内容之一即是"废公族疏远者以抚养战斗之士"，"使封君子孙三世而收爵禄"③。

关于先秦的贵族辅政制，我们还应该注意，有些著名的贤相并非出身于贵族，而是出身于奴隶，或有为奴隶的经历，据说，商汤王的辅相伊尹、商王武丁的辅相傅说、秦穆公的辅相百里奚等著名贤相，都曾有为奴隶的经历，他们不可能是一般意义上目不识丁的生产奴隶，可能是因为战争被俘而沦为奴隶，或者故意"役身以求进"。如虞国大夫百里奚因为亡国被晋国俘虏，后来曾作为晋国公主的媵臣（陪嫁奴隶）送给秦国，途中逃亡到楚国，被秦穆公以五张羊皮换回，任为国相。如伊尹"欲干汤而无由，乃为有莘氏媵臣，负鼎俎，以滋味说汤，致于王道"④，大概是"曲线从政"的典型。韩非子评论说："伊尹为宰，百里奚为虏……此二人者，皆圣人也，然犹不能无役身以进，如此其污也。"⑤ 有才华的人不得不"役身求进"，正说明贵族辅政尚为主流，无世袭卿大夫爵位职务者不得实际参预一国

---

① 李俊：《中国宰相制度》，28 页，北京，商务印书馆，1947。
② 《史记·商君列传》。
③ 《韩非子·和氏》。
④ 《史记·殷本纪》。
⑤ 《韩非子·说难》。

政治，于是不能不走"为媵臣"之类的捷径，以图接近君主。但这种"媵臣"转而为辅政的情形，实际上是贵族辅政制的例外，是选贤任能制度的滥觞。

随着社会的发展和君主权力的加强，官僚政治制度出现并逐渐取代贵族辅政制在国家体制中的地位。官僚集团只服从和听命于君主，大大地促进了君主集权，贵族辅政制退出历史舞台。这一过程，大概至秦统一中国时才真正完成。"秦用客卿，二十余年间一并天下，尊王为皇帝。秦无尺土之封，不立子弟为王、功臣为诸侯，贵族执政之弊泯然。"①

二、秦汉的三公辅政制

秦汉两代的中央辅政体制，以"三公"辅政制度为主体，"三公"即丞相、太尉、御史大夫。《史记·秦本纪》载：秦武王二年（前 309 年）"初置丞相，樗里疾、甘茂为左右丞相"。秦始皇统一全国，沿袭前制，中央官职中仍设"丞相"，有左右丞相。"秦变周法，天下之事皆决丞相府……汉初因之"②。西汉前期沿用秦制，以丞相、御史大夫、太尉为中央辅政决策机构，习惯上被称为"三公"。丞相，又称相国，"掌承天子，助理万机"；太尉，为最高武官，掌全国军事，地位与丞相等同；御史大夫，"掌副丞相"，为丞相副贰，主典正法度，位仅次于丞相，居九卿之上。从史书看，自秦至汉朝中后期，似无正式的"三公"之名。直到汉成帝、哀帝时才接受何武的建言，"则天三光，备三公官"③，改太尉为大司马，改御史大夫为大司空，改丞相为大司徒，正式称为"三公"。

以丞相为中心的官僚政治制度取代贵族世袭体制，在中国历史上具有划时代的意义，它以"选贤任能"为原则，打破了以血缘世袭的贵族政治。

丞相，又名相国，秦汉时代的最高行政官员，百官之长，"掌丞天子，助理万机"，事无不统，集政权、军权、财权于一身。有时只置一员，曰丞相；有时置两员，曰左右丞相，或直接称左右相。汉文帝时罢右丞相周勃，专任左丞相陈平，此后至西汉末似乎仅置一相。

西汉时丞相权力极大，属官众多，最多时达三百六十余人，有丞相司直、丞相长史等由君主直接任命的高级属官，有丞相自己辟用的掾史等属官。相府政务中枢称为"黄阁"，其主要属官有：丞相司直、丞相长史、东曹掾、西曹掾和丞相征事、相史、丞相少史等若干人。设议曹、辞曹、奏曹、贼曹、决曹、集曹、户曹、法曹、尉曹、兵曹、金曹、仓曹、计相、主簿、侍曹等分支办事机构。到了汉成帝、哀帝年间，大司徒、大司马、大司空三公共任相职，大司徒府的组织结构与此前丞相府的情况相类似。

御史大夫，"掌副丞相"，协助丞相辅佐君主。主要职责是典正法度，监察百官。丞相独置一员时，御史大夫其实就是副相。

太尉，"掌武事"，与丞相地位相等。西汉时丞相权力极大，武事亦属其职掌范围，故往往侵夺太尉的职权，架空太尉。所以，太尉一职经常空而不设。据《汉书》统计，汉初至武帝建元二年（141 年），任太尉者只有五人，约有三分之二的时间备而不设。汉宣帝说："太尉官罢久矣，丞相兼之，所以偃武修文也。"④ 以丞相兼管太尉职掌的武事，显然与汉代

---

① 李俊：《中国宰相制度》，28 页，北京，商务印书馆，1947。
② 《唐六典》卷一，《三师三公尚书都省》。
③ 《汉书·朱博传》。
④ 《汉书·黄霸传》。

多任具有丰富政治经验的功臣为相有关。

东汉时仍继西汉后期体制，"以太尉、司徒、司空为宰相"①，但主要是司徒。光武帝据汉武帝故事，在主要承担丞相职责的司徒之下，置司徒司直，居司徒府，协助司徒督录诸州郡所举上奏，考察不法，以证虚实。此外，三公府均置长史和其他掾属，职权均极重要。汉人应劭《汉官仪》记载，太尉、司徒、司空之长史，"秩比千石，号为毗佐三台、助鼎和味"②。汉人崔寔也指出："且三公，天子之股肱，掾属则三公之喉舌。天子当恭己南面，三公亦委策掾属以答天子。"③

自光武帝开始，"三公"共同辅政的体制发生了一些实质改变。"光武皇帝愠数世之失权，忿强臣之窃命，矫枉过直，政不任下。虽置三公，事归台阁，自此以来三公之职备员而已。"④ 所谓台阁，就是尚书台。自光武帝开始特别信任尚书台；三公虽仍设置，但其作为中央辅政机构渐渐有名无实，尚书台基本上控制了辅政大权。

尚书，战国时齐、秦设置，或称掌书、主书，掌文书。汉人刘向《新序·刺奢篇》记，齐宣王为大室，春子谏阻，宣王纳谏，并召尚书（掌书）书其事以传后世。说明此时即有尚书官。秦汉时属少府，初置四人，因其在殿中主发书，故称尚书。一般认为，尚书是皇帝身边亲近的司秘书之职的官员，或者说是皇帝的私人秘书。汉武帝以后其地位渐重，武帝、昭帝时有大臣"领尚书事"（如霍光），但尚书仍是皇帝的秘书机构。汉成帝时设尚书五人，始分曹办事。

东汉时，光武帝始收"三公"之权，交与尚书，尚书正式成为协助皇帝处理政事的官员。整个东汉时代，尚书的权力不断膨胀。"及光武亲总吏职，天下事皆上尚书，与人主参决，乃下三府。"⑤ 军国大事，尚书协助皇帝"参决"后再下发"三公"府。此时，尚书在某种程度上已经起着宰相的作用，尚书令成了朝廷权臣，"众务悉归尚书，三公但受成事而已。尚书令主赞奏事，总领纪纲，无所不统，与司隶校尉、御史中丞朝会皆专席而坐，号称'三独坐'"⑥。东汉人陈忠云："今之三公，虽当其名，而无其实；选举诛赏，一由尚书。"⑦ 其时，尚书的机构和官吏设置也大大扩张，其机构正式称为"尚书台"，大约有令一人、仆射一人、尚书六人，称为"八座"，此外还有丞、侍郎、令史等部门长官。不过，整个东汉时期，尚书分曹不稳定，成员多变化，说明尚书机构还在初步完善阶段。

关于辅政机构的职掌，西汉丞相陈平认为："宰相者，上佐天子理阴阳，顺四时，下育万物之宜，外镇四夷诸侯，内亲附百姓，使卿大夫各得任其职焉。"⑧ 这种见解，汉文帝也点头称善。汉宣帝曾责备丞相黄霸越权干预内朝官的任用："夫宣明教化，通达幽隐，使狱无冤刑，邑无盗贼，君之职也。将相之官，朕之任焉。"⑨ 实际上要求对丞相的权力有所约

---

① 《通典·职官》一，《宰相》。
② （宋）孙逢吉：《职官分纪》卷五。
③ 《太平御览》卷二〇九。
④ 《后汉书·仲长统传》。
⑤ 《唐六典》卷一，《三师三公尚书都省》。
⑥ 《通典》卷二十二，《职官》四。
⑦ 《后汉书·陈忠传》。
⑧ 《史记·陈丞相世家》。
⑨ 《汉书·黄霸传》。

束。但当时的传统认识是：宰辅之寄在燮理阴阳，并非事无巨细必亲力亲为，丙吉问牛即为著例。① 一般认为，丞相有参谋辅政、谏诤、总理政务、推荐官吏、总领百官奏事、总领郡国上计和考核百官等职能，权寄较重。从制度设计上来说，体制设计旨在造成一种"君逸臣劳"的格局。

三、魏晋南北朝的辅政机制

魏晋南北朝时期，朝代更迭频仍，国家基本政制动荡变化不休。在中央辅政机制上，上承秦汉以"三公"为宰辅之绪，下启隋唐"三省"长贰作中枢之端。既有"三公"体制的继续存在，又有尚书、中书、门下三省执掌机衡的现实发展。"三公"辅政制已经开始逐渐让位于"三省"辅政制度了。

魏晋以后丞相三公制已经名存实亡，其后虽或设相国，或设丞相，省置无恒，而尚书、中书监令掌管机要，辅佐皇帝，实当宰相之任。相国、丞相之职，常常作为赠官加于功勋老臣，并无真正相权；有时根本就不设置相职。真为辅相职务者，常不必居此官；自为丞相、相国之类尊崇职位者，多为早怀不臣之心、鼎革之意者，如曹操、司马炎等，成为篡夺君位的前奏。自魏晋以来，相国、丞相多非寻常人臣之职。晋赵王司马伦、梁王司马肜、成都王司马颖、南阳王司马保曾并膺相位，其间真为辅相职责的往往是那些亲近皇帝的尚书、中书、门下长官，如梁、陈之中书令，晋、宋之侍中，北魏、北齐之尚书令。它们或"任总机衡"，或"参掌机密"，以不同的名目行使着宰相职权。这为隋代以后确立宰相三省制提供了制度上的准备。

魏晋南北朝的辅相职权，由尚书、中书、门下的长官共同执掌。尚书的沿革前文已述，下面我们回顾一下在魏晋南北朝时期作为中央辅政机构的中书和门下机构的兴起和完善历程。

"中书"之称在西汉已经出现，原来叫"中尚书"。以士人充任时称尚书，以宦官为之则称中尚书，或中书，掌管文书，通奏章，即以宦官身份在禁中工作的尚书人员。司马迁受宫刑后出任过中书令一职。当尚书台逐渐成为正式辅相机构且权力逐渐扩大时，皇帝需要制约尚书机构，中书也就逐渐从原尚书机构中独立出来，承当起原来尚书的部分职责。汉宣帝时，中书在政治上的作用加强。霍光死后，宣帝与领尚书事的大臣霍山（霍光的侄孙）的矛盾加剧，竭力使中书替代尚书，"上令吏民得奏封事，不关尚书"，"使中书令出取之"②。自此，宦官权力渐重。汉元帝在位多病，居后宫，不常见群臣，宠任中书令石显，中书权力进一步扩大，逐渐形成为中书省。

中书省的形成，还与秘书监紧密相关。东汉末年，曾设秘书监，掌图书档案。曹操受封魏王，在王府设秘书监，改用"文学通识"之士人任秘书令，增加了"典尚书奏事"的职责，负责起草机要命令，已掌管了部分秘书职责。曹丕代汉建魏，遂改秘书监为中书，

---

① 《汉书·魏相丙吉传》载，丙吉外出逢群斗死伤者，过之不问。逢牛喘吐舌，却止驻相问。据史认为丞相前后失问，丙吉的回答被广泛引用，他说："民斗相杀伤，长安令、京兆尹职所当禁备逐捕，岁竟丞相课其殿最，奏行赏罚而已。宰相不亲小事，非所当于道路问也。方春少阳用事，未可大热，恐牛近行，用暑故喘，此时气失节，恐有所伤害也。三公典调和阴阳，职当忧，是以问之。"

② 《汉书·霍光传》。

另置秘书监，仍专掌图书秘记。也就是说，此时的中书，是将皇帝机要秘书的职责独立出来。

两晋承袭曹魏中书制度，中书权力进一步扩大，时而凌驾于尚书台之上，成为实际上的宰相。最典型的例子是荀勖因功由中书监升任尚书令，"惘惘怅恨"，自认为是贬职，对来贺者说："夺我凤凰池，诸君贺我耶？"①马端临《文献通考》说：魏晋以来，"凡任中书者，皆运筹帷幄、佐命移祚之人"②。

至于"门下"，在先秦时大约是一种泛称，与"属下"含义相近，常常用来指长官的亲信。但它与皇宫相联系时，意指"宫门之下"或"禁门之下"，即与"禁中"是同义词。汉代凡入值宫殿、掌管宫内内勤事务的官吏，大都属门下的范围。随着历朝皇帝加强君权措施的贯彻实行，禁中的决策作用显得越来越重要。

门下省的形成和发展，与"侍中"一职的演变有关。侍中，在西汉只是一种加官，没有定员。这些官员往往是皇帝身边的亲近大臣，很得皇帝信任。汉人应劭说："入侍天子，故曰侍中。"③汉武帝以前，侍中的职责主要是照顾皇帝生活起居，一般不参与政治。汉武帝以后，侍中作为重大决策之参谋、顾问人员，逐渐参与政事。东汉时，侍中成为正式职官，但依然没有固定员数、职掌、机构。《通典·职官三》说："门下省，后汉谓之侍中寺。"此时的侍中寺，大约是侍中在禁中的值班室而已。东汉的侍中，已经不断参与宫廷机密事务，其主要职掌是"掌侍左右，赞导众事，顾问应对"④。至东汉末年，侍中地位大大上升，有了固定的员数、职掌、机构，成为皇帝最亲近的官员。当时设侍中六员、侍中侍郎六员，他们接管"宦官所领诸署"，照料皇帝日常起居饮食，并兼有私人秘书的部分职责。

曹魏之侍中，已获得宰相的部分职权。曹操挟天子以令诸侯时期，所荐留守大员，皆兼侍中以自重。其时，侍中的主要职责是侍从左右，起参谋、谏诤作用。西晋因其掌管门下众事，始正式名其办公机构为"门下省"，明确规定其职掌是"备切问近对，拾遗补阙"⑤。东晋大将军王敦官任侍中时，自称"备位宰辅"。此时，门下省作用进一步加强，职掌出纳王命，成为朝廷的"舌喉机要"，皇帝诏令发出前须经门下省审核，《唐六典》注称其"掌诏令机密"。此时，门下省的建制、职官、职权，也已经基本确立。

北朝职官制度，大都仿效南朝。北魏孝文帝改革时，门下省的作用得以加强，后人认为此时的门下省具有真正宰相的权责。

整个魏晋南北朝时期，中央辅政决策机制的变化轨迹大致是：三公辅政制渐趋式微，三省长贰逐渐成为主要的辅政决策机构。但"三省"之先后轻重，全以君主信任程度而定，尚未形成完善的制度化安排。"三省"之间的职能区分并不明显和固定，往往一身而二任，如晋赵王司马伦自称皇帝，以孙秀为侍中兼中书监；宋武帝曾以傅亮为中书监兼尚书令；甚至还有以"三公"兼"三省"之职者，如晋刘裕以太尉兼中书监，宋袁粲为中书监领司

---

① 《晋书·荀勖传》。
② 《文献通考》卷五十一，《职官考》五。
③ 《汉书·百官公卿表》应劭注。
④ 《后汉书·百官志》三。
⑤ 《晋书·职官志》。

徒等。大体言之，东晋及南朝时重中书，宰辅以中书令、中书监为要；北朝重尚书、门下，北魏以来往往"任总机衡，事无大小，咸归（尚书）令仆"①。北魏孝文帝曾说："尚书，枢机之任，非徒总庶务、行文书而已。朕之得失，尽在于此。"② 北朝后来也多有侍中辅政。

自魏晋以后，尚书逐渐外朝化，参与机密权渐减，君主宠寄渐疏。随着中书、门下省的相继兴起，尚书省逐渐大权旁落。曹魏时"置中书省，有监令，遂之任，而尚书之权渐减矣"③。南朝梁陈时代更是"举国机要悉在中书，献纳之任又归门下，尚书但听命受事而已"④，是故荀勖有"失凤凰池"之叹。但中书权寄过甚之后，君主又添新忧，于是又拔擢本来"持褻器虎子"的侍中辅政。在南朝，由于门阀势力的坐大，甚至还出现了君主拔擢寒微、任用散官辅政的现象。

四、隋唐的"三省"辅政制

隋唐两代建立了以三省六部制为核心的中央政府新体制。魏晋南北朝时期虽已开始以"三省"长贰辅政，但各省之间并无系统的制度化的职能区分。隋承北周，中央辅政决策机制未脱魏晋南北朝以来的影响。

隋朝中央辅政决策机构为尚书、门下、内史三省。尚书省事无不总，设尚书令和左右仆射；内史省"专典机密"，掌制令；门下省"多所驳正"，掌封驳。隋朝正式以三省长贰为宰相，并改内史省为中书省。此举正式完成了中央辅政机制从宰相独立开府的独相制向集体宰相制的转变。唐初承隋制，继续以三省首长即中书令、门下侍中、尚书令为集体宰相；后因太宗曾任尚书令故，尚书令职空置，以尚书左右仆射为尚书省长官，与中书令、门下侍中同承相职。一般说来，"三省"长官共同行使宰相权。唐初以为宰相。

唐太宗贞观年间将"三省"职权具体划定厘清，遂形成唐代政治制度的标志性制度——三省制。不过，贞观以后"三省"制度又发生了重大的变化。

第一，"三省"长贰渐渐虚位不除，或仅作为一种清闲、高贵的荣誉虚衔授予重臣，但不授予宰辅职权。作为替代，皇帝往往将一些品位、职务较低的官员临时差遣行使相权，遂成制度。唐太宗以"三省"首长"品位既崇，不欲轻以授人，故常以他官居宰相职，而假以他名"⑤。所谓"他名"，主要有"同中书门下平章事"和"同中书门下三品"等。唐太宗贞观八年（634年），尚书仆射李靖因病辞职，太宗不同意，要求他"疾小瘳，三两日一至中书门下平章事"。"平章事"本为商量处理国家大事之意，后来渐渐演化为职名："中书门下平章事"。如唐高宗永淳元年（682年），以黄门侍郎郭待举、兵部侍郎岑长倩等兼带"同中书门下平章事"衔，行宰相事。同时又有"同中书门下三品"之职名，盖因门下侍中、中书令是正三品官之故。贞观十七年（643年），太宗命萧瑀、李勣"同中书门下三品"，"同中书门下三品"之职名始于此。高宗以后，宰相必须加"同中书门下三品"之衔，否则不视为宰相；品位高于三品者亦如此，简称"同三品"（后唐时期曾改为"同中书门下二品"，因为尚书仆射是职事官从二品之故）。相职多以他官临时差遣为之，且人数众多

① 《通典》卷二十二，《职官》四。
② 《资治通鉴》卷一三九。
③④ 《通典》卷二十二，《职官》四。
⑤ 《新唐书·百官志》。

（唐行宰相职权同时最多时达 27 人），意味着"三省"首长职能的淡化和虚化。此种情形一直沿袭至宋。

第二，"三省"合并议事、办公，"三省"职能逐渐趋向混同合一。

"三省"分权，带来部门之间的权力之争，势必造成相互扯皮、效率低下等弊病。为了"三省"之间协调行动，使中央辅政权力高效行使，"三省"首长定期在门下省的"政事堂"议事，政事堂逐渐成为宰相集体议事的常设衙门。"三省"中，尚书省的职权最先被削弱。因中书、门下二省在禁中，尚书省在宫外，参预大事渐少，故其权最先被削，这也与前代"三省"演变的轨迹相合。这时三省制渐变为二省制。唐高宗弘道元年（683 年），裴炎自门下侍中迁任中书令，遂迁政事堂于中书省。自此，中书省权势凌驾于门下省之上，成为事实上的"首相"。"三省"长官集体议事和中书令首相作用的形成，使得"三省"渐渐趋同，渐渐向一省制转变。唐玄宗开元十一年（723 年），中书令张说奏改政事堂为"中书门下"，政事堂印改为"中书门下之印"，政事堂下设吏、枢机、兵、户、刑礼五房，这时实际上形成了一省即"中书门下省"辅政的机制。

五、宋代的二府辅政制

宋代中央辅政决策机制，沿袭隋唐五代而有发展。它虽然仍有三省制，但有名无实。其宰辅机构和名称也多次改变，渐渐形成了中书门下（"政府"）和枢密院（"枢府"）分掌民政和军政的"二府"辅政机制。

北宋前期沿袭唐五代制度，《宋会要》说"中书令、侍中及丞郎以上至三师同中书门下平章事，并为正宰相"①。但揆之史实，北宋前期并无以中书令承宰相之职者，中书令与尚书令一样，都是荣誉虚衔。偶有以侍中为承宰相职者，其他皆以同中书门下平章事承相职。在上述正宰相职之外，宋代增加了相当于副宰相之职的"参知政事"。除宰相之外，其余辅政官员通称"执政"，"执政"与宰相一起合称"宰执"。中书门下与枢密院二府正、副首长当时都被称为"宰辅"，宋人所编的一切宰辅年表中，二府长官的姓名都要列入。也就是说，二府长官共同构成集体宰相。

《宋会要》说："中书令国朝罕除，侍中虽常除亦罕预政事。同平章事是为宰相之职，掌邦国之政令，弼庶务，和万邦，佐天子，执大政，无常员，有二人则分日知印。以丞郎以上至三师为之。其上相为昭文馆大学士、监修国史，亦有不带昭文馆大学士而为监修国史者；其次为集贤殿大学士。或置三相，则昭文、集贤两学士并监修国史并除焉。"②

这就是说，宋代的真正宰相是"同中书门下平章事"，由"丞郎以上至三师"兼任。一般设两员，有时设三员。设三员时，首相兼昭文馆大学士，称昭文相；次相监修国史，称史馆相；末相兼集贤殿大学士，称集贤相。设两员时，首相既兼昭文馆大学士，又兼监修

---

① 《宋会要·职官》一之六十八。
② 《宋会要·职官》一之十六。

国史之职。①

宋神宗时期，实行官制改制，中央辅政制度也有了变革。早在仁宗嘉祐三年（1058 年）十二月，翰林学士韩绛言："中书门下，宰相所职，而以他官判省，名不相称，请更定其制。"②在许多大臣的要求下，神宗实行了官制改革。其意图是恢复完善的三省制度，使"三省"分权制衡，且使官职名实相符，既可以减少重叠的政府机构，提高行政效率，又可以平衡宰相之间的权力，避免独相专权局面的出现。神宗改制的具体内容是：以"三省"首长为宰相，去掉差遣名称，而以本官治本省或本部门之事。"三省"名义上的最高首长（尚书令、中书令、侍中）依然虚位，仅以尚书左右仆射为宰相；左仆射兼门下侍郎，为门下省首长；右仆射兼中书侍郎，为中书省首长，"门下、中书省执政官兼领尚书省者，先赴本省视事，退赴尚书省"③。此后的"三省"办事体制是"自今事不以大小，并中书省取旨，门下省复奏，尚书省施行"④。

尚书省左右仆射兼中书、门下二省长官，意味着尚书省并不独立行使职权，尚书省依然有虚化的倾向，只是其下属的各个机构已投入运作。中书省仍然权重一时，门下省有时也形同虚设（详说见后）。

此后，宋朝的辅政制度又反反复复发生了多次变化。如徽宗政和二年（112 年）九月，废尚书令，改侍中为左辅、中书令为右弼，皆虚其位；并改左仆射为太宰、右仆射为少宰，仍兼中书、门下两省侍郎。但靖康元年（1126 年），因金人入侵，徽宗匆匆传位于其子，又复以尚书左、右仆射为宰相，"三省"长官名称皆依元丰官制。宋高宗南渡后，试图恢复北宋前期的太平景象，在宰相制度和称谓上也恢复旧制。建炎三年（1129 年）四月，尚书左、右仆射皆加同中书门下平章事，同时合并中书与门下二省，基本上恢复到神宗改制前的状态。宋孝宗乾道八年（1172 年），朝廷认为诸种称谓皆不符合古制，尚书左、右仆射复改称左、右丞相，废侍中、中书令、尚书令虚称，遂为定制。

宋朝的宰辅体制，还有一些值得注意的变化。

第一是"平章军国事"、"公相"的设置。宋哲宗元祐元年（1086 年）五月，增设"平章军国重事"、"同平章军国重事"等职衔，用来安排德高望重的老臣，以三朝老臣文彦博首任，位居宰相之上。哲宗诏令其"一月两赴经筵，六日一入朝，因至都堂与执政商量事。如遇军国机要事，即不限时日，并令入预参决……俸赐依宰臣例"⑤。元祐三年（1088 年）

---

① 宰相兼馆职，始于唐朝。唐高祖武德四年（626 年），始设修文馆；武德九年（631 年），改称弘文馆。唐中宗神龙元年（705 年），为避唐中宗兄李弘之讳，改称昭文馆。此后，或改称修文馆，或为昭文馆，到唐玄宗开元七年（719 年）改弘文馆后不变。唐中宗景龙二年（708 年），中书令李峤领修文馆大学士，开丞相领弘文馆大学士之端。北宋为避太祖父亲赵弘殷之讳，改弘文馆大学士为昭文馆大学士。唐太宗贞观三年（629 年），设史馆，以尚书左仆射房玄龄监修国史，开宰相监修国史之端。唐玄宗开元十三年（725 年），始设集贤殿书院，简称集贤院，以中书令张说领集贤院大学士，开丞相领集贤院大学士之端。唐代后期到五代形成宰相的三个兼衔，依次为：弘文馆大学士、监修国史、集贤院大学士，首相领弘文馆大学士，次相监修国史，末相领集贤院大学士。

② 《续资治通鉴长编》卷一八八。

③ 《续资治通鉴长编》卷三二三。

④ 《续资治通鉴长编》卷三二七。

⑤ 《续资治通鉴长编》卷三七七。

四月，再以吕公著为"同平章军国重事"，"仍一月三赴经筵，二日一朝，因至都堂议事"①。事实上，文彦博并不过多参与朝廷政事参议和决策，只是偶尔提供咨询意见等，元祐时设立此职，更多的是"优待元勋重德之意"。南宋以后，权臣们往往借用"平章军国事"的名目操纵国事，成为真正凌驾于宰相之上的职务。如开禧元年（1205 年）七月，韩侂胄拜平章军国事，"一日一朝，尚书省印亦纳于其第，宰相仅比参知政事，不复知印矣"②。咸淳三年（1267 年）正月，贾似道拜平章军国重事，虽号"三日一朝"，其实在私邸决国事，独揽大权。这时的平章军国事，乃真正意义上的宰相。此外，徽宗政和年间，权臣蔡京独揽大权，"冠以公相之号，总领三省"③。"公相"相当于"平章军国事"，是宰相之上的宰相。

第二是"执政"。宋代将副宰相和枢密、院正、副长官一起通称为执政，与宰相一起组成宰辅班子，通称"宰执"。曾巩《隆平集》说："以参知政事、枢密使、副知院、同知院、签书院事，并为执政官。"《宋史·职官志》中也有类似记载。关于副宰相和枢密院长官，以及他们与宰相之间的相互关系，以后还有详细讨论，此处只是简单地提一提各自的称谓。副宰相，有参知政事、门下侍郎、中书侍郎、尚书左丞、尚书右丞等。枢密院正、副长官，有枢密使、枢密副使，知（领、判）枢密院事、同知枢密院事，签书枢密院事、同签书枢密院事，等等。

第三是"三司使"。"三司"本指盐铁、度支、户部三大财政部门。唐末、五代时以重臣一人居于"三司"之上，专判其事，为财政长官，称三司使。北宋时三官署合而为一，称三司。设三司使为长官，掌邦国财用大计，通管盐铁、度支、户部，威权颇重，四方贡赋一归三司，号为"计相"。北宋时，三司使大约有四分之一得以晋升为宰执，说明其地位已经相当重要。广义上讲，可以认为三司使是北宋中央辅政机制的一部分。

六、元代的一省辅政机制

元代宰辅机构已经明确地演化为中书省一省辅政制。元人刘敏中说："中书省，宰相之府，所以临百司、统万机、定谋画、出政令，佐天子以安天下者也。"又说："天子理万物，不能独为，责之中书。中书，所以行天子之令，而制裁天下者也，其事权不可不专。"④ 在元代，中书令依然不常设，设时亦多为荣誉虚衔。中书省实际长官为右、左丞相各一员，"统六官，率百僚，居令之次。令缺则总省事，佐天子，理万机。"依蒙古国俗，右在左上，故右丞相地位尊于左丞相，其下还有平章政事、右左丞、参知政事等。

元代曾三度设立尚书省，并一度夺中书省之权。然将三次设尚书省时间加起来还不足八年，而且很快权力重归中书省所有。所设立的尚书省，也不是为了制衡中书省，而是权相争权的结果，所以总体上仍然是一省制。元代还多次提出设立门下省的方案，却始终没有付诸实践。三省制演变至此，已经走到了它的最后阶段。

---

① 《续资治通鉴长编》卷四〇九。

② （宋）李心传：《建炎以来朝野杂记》乙集，卷十三。

③ 《宋会要·职官》一之四十三。

④ （元）刘敏中：《中庵集》卷十五，《奉使宣抚言地震九事》。

七、明清内阁军机辅政制

明清的宰相制度已由三省制转入内阁制，这是中国古代封建社会宰辅制度的最后一种形态，也是皇权进一步扩大、相权进一步萎缩的结果。

明初因袭元制，以中书省、都督府、御史台为中央三大机关。"中书总政事，都督掌军旅，御史掌纠察。"① 中书省置左右丞相，纲领百司，总率郡属。洪武十三年（1380 年）太祖借胡惟庸案废除丞相制度和三省（中书、尚书、门下）制度。朱元璋认为："自古三公论道，六卿分职，并不曾设立丞相。自秦始置丞相，不旋踵而亡。汉、唐、宋因之，虽有贤相，然其间所用者多有小人，专权乱政。"② 并敕谕群臣："国家罢丞相……以后嗣君，其毋得议置丞相。臣下有奏请设立者，论以极刑。"③

秦汉以来行之一千余年的宰相制度从此废除，封建皇权扩张到极致。原属尚书省的吏、户、礼、兵、刑、工六部成为中央最高级行政机关，由皇帝直接控制，六部的权力增大、法律地位显著上升。朱元璋此举将相权收归皇帝，散相职于六部，使帝权和相权合而为一。

废除丞相制度，将一切政务决策权集中于皇帝，但实际上皇帝不可能事必躬亲，于是从翰林院等机关挑选一些翰林学士协助皇帝草拟诏谕、批阅奏章，充当顾问。这些学士在宫殿"大内"办公，名衔上又冠以"某某殿（阁）大学士"官衔，故被简称为"内阁"。内阁的办公地点主要在"四殿二阁"（华盖殿、谨身殿、武英殿、文华殿、文渊阁、东阁），以及内阁所属的诰敕房和制敕房。初设的大学士（阁臣）并不掌握实际权力，"不得平章国事"，不置僚属，不得专制百官，甚至没有印信与衙门，其职责仅限于遵命办理文牍。随着后继皇帝的怠惰与执政能力的降低，大学士的地位日益凸显。仁宗朱高炽开始用六部尚书、侍郎兼任殿阁大学士，尚书入阁渐成制度，内阁职权渐重。宣宗时期个别大学士已经位列"三公"，地位开始超过六部尚书。嘉靖以后内阁"朝位班次，俱列六部之上"④，而首席殿阁大学士更是位高权重，人称"首辅"。明代中期的张居正任首辅十年（1572—1582 年），史称"明代第一权相"。阁臣起初官秩一般不过五品，比地方知府官阶（正四品）还低，但实际权力很大；但自尚书兼任始，阁臣品级渐高至二品、一品，与从前的丞相相比，只剩名称不同而已。所谓"避宰相之名，又名内阁"⑤。虽然有明一代内阁屡有宰相化的倾向，个别内阁辅臣俨然获得宰相般的权力（如张居正、严嵩等），但这种倾向一直得到有效抑制，内阁大学士始终没有成为真正的宰相。有学者道："内阁虽无相名，实有相职；虽有相职，实无相权；既无相权，却有相责。"⑥ 这是对明代内阁制度的精辟总结。

明代内阁一般通过两种方式行使职权：一是"献替可否"，即阁臣或就皇帝的咨询，或自己主动向皇帝发表自己的看法，供皇帝作出决定时参考；二是"票拟批答"，即内外诸司上达皇帝的奏章，经御览后发交内阁，由阁臣检阅内容，附以意见并拟具办法，用小纸条墨书贴于疏面，再进呈皇帝，供其批答时参考。明代内阁是皇帝的秘书兼决策机构，但其决策权完全是依附于皇帝的，不同于近代作为中央行政机关之内阁。

---

① 《明史·职官志》。

② 《皇明祖训·首章》。

③④⑤ 《明史·职官志》。

⑥ 谭天星：《明代内阁政治》，195 页，北京，中国社会科学出版社，1976。

清代内阁制度沿袭明代，置内阁大学士四人，满、汉各二员。阁臣往往兼六部尚书衔。其次有尚书协办大学士，满、汉各一人，作为内阁大学士之副职。而且六部尚书都入内阁，六部的职权和地位进一步提高。

除内阁外，清代又有"军机处"的设置，军机大臣握有部分相权。"军机处"全名是"办理军机事务处"，最初所掌仅限军务。雍正七年（1729 年）因西北用兵，皇帝为亲授机宜而设"军机房"，雍正十年（1732 年）改名军机处。设军机大臣，满、汉各一员，称"大军机"；由大学士、各部尚书、侍郎、总督等奉特旨应召入值，是兼差。其下有军机章京等官，称"小军机"，也是兼差。后来，军机处的权力不断扩大，乃至军国大事莫不总揽，削弱了内阁参政的权力。初称"内阁之分局"，到了清代后期，几乎取代内阁的作用，成为大政所出的宰辅机关。军机处体制特殊，职官简练，有官无吏。它的全部事务，由军机大臣主持，军机章京办理。

第三节
辅政机构"佐君出政"的辅政决策模式

关于古代中国中央辅政机构辅佐君主"出政"的辅政决策模式，我们有必要作一个全面的总结、归纳。传统中国的中央决策机制，历时久远，内容复杂。一方面涉及君权与辅政机构的权力划分问题，另一方面又涉及辅政机构内部的权力划分和牵制制衡问题。历史上，国家采取何种辅政决策模式，直接关系到国家行政效能及君国目的的实现，关乎王朝命祚及君主权力的存续，因而历代统治者非常重视。

我们根据历代中央辅政决策体制变迁的大致情况，结合不同时期辅政机构的设置、人员配备、权限大小等情况，把传统的中央辅政决策模式划分为：贵族辅政制、宰相开府辅政制、集体宰相参议辅政制、内阁听命拟旨辅政制四种情况。①

一、贵族辅政模式

贵族辅政制，作为一种主导性的辅政机制，大约只存在于春秋战国以前。但是，作为一种辅助性的、局部的辅政机制，它长期存在，直至清朝初年。夏商周三代，是贵族辅政制的主要时代。夏代的辅政人员有"六卿"、"三正"、"四辅臣"、"三老五更"等，都是与天子共享政权的贵族。商代后期出现了"三公"制，如以西伯姬昌、九侯、鄂侯为三公，理论上有权执掌国家大政。史书没有记述他们的具体官称，实即直接以贵族身份辅政。西周王朝继承了这种制度，仍设"三公"。对于"三公"的具体名称，各家解说不一，一般认为西周的"三公"是太师、太傅、太保。周公、召公及其世代袭爵位者辅佐周王，就是以贵族身份辅政的代表。西周的贵族辅政有典型的宗法制特征，即以周天子为大宗，以诸侯

---

① 此处参考了韦庆远、柏桦先生编著的《中国政治制度史》（2 版，北京，中国人民大学出版社，2005）第三章"中枢辅政制度及运行机制"中的重要观点，文中其他地方也多处借鉴其宝贵研究成果，特致感谢。

为小宗；作为小宗的诸侯以公卿身份辅佐大宗天子；在诸侯国内作为小宗的卿大夫又直接辅佐作为大宗的诸侯。战国以后，各国开始废除世卿世禄制的改革，贵族辅政制式微，但是，此后并未完全消失。秦汉以后，北方少数民族入主中原前后，都曾出现类似"三代"的贵族辅政制。南北朝时期，拓跋氏问鼎中原时，开始官分南北两部，置两部大人统领；北魏道武帝时又设置八部大人、散骑常侍、待诏等官，都是拓跋贵族直接辅政。契丹的辽王朝曾先后实行夷离堇（首领之意）制、八部制，都是典型的贵族辅政制。女真族的金朝实行过勃极烈制，亦有贵族辅政特色。党项族的西夏王朝虽仿唐宋制度实行国相制，但出任国相者皆为氏族贵族。蒙古族的元朝实行"怯薛"（宿卫）制和"札鲁忽赤"（断事官）制，都是直接以贵族参预国政、分享权力。清朝前期（尤其是关外时期）实行过"八和硕贝勒共治国政"制、"议政王大臣制度"（俗称"八王议政"制），军国大事皆取决于"八王议政"，有原始军事民主制色彩，是更为典型的贵族辅政制度。

　　贵族议政制的辅政模式，是一种什么样的具体运作模式？历史上留下的记录很少，大致说来，有以下几点值得注意。第一，贵族诸侯作为辅政责任人或留京师或王畿，入值中枢，在天子身边辅佐决定国家大政。这些同姓贵族或异姓（姻亲）贵族，作为功臣，他们得以封邦建国，但一般自己不"就国"，而由自己的儿子主政封国。如周公封于鲁国，自己辅政镐京，长子伯禽主政鲁国；召公封于燕国，自己辅政镐京，由儿子主政燕国；齐国是姜太公吕尚的封国，但据说"太公受封，留为太师，死葬于周。五世之后乃葬齐"①。另根据史书的记载，周公、召公的后裔仍辅佐王室，如历代周公长子主封国，"次子留相王室，代为周公"；历代召公长子主封国，"而次子留周室，代为召公"。第二，辅政贵族有相当大的权力，军国大事可以"自专"，为后世宰相梦想所不及。如孔子为鲁国摄相，主持"堕三都"（即摧毁国内最大的三个贵族封邑内"僭越"制度的都城）。子产为郑国相，"作封洫"、"作丘赋"、"铸刑书"，似乎都是自己拿主意，成则自居其功，败则自承其罪。晋国执政官赵鞅、荀寅铸刑鼎，似乎完全是自己作主。这种辅政决策模式，几乎是辅政贵族自己在几乎所有范围内代君主决策，君主仅事前授予全权、事后受其成而已。正是从这个意义上，孟子才说："为政不难，不得罪于巨室；巨室之所慕，一国慕之；一国之所慕，天下慕之。故沛然德教溢乎四海。"② 巨室，大概指辅政贵族，君主为政的要领是充分信任和使用他们，不与他们对抗，因为他们代表国家和百姓的政治倾向。第三，辅政贵族有权强行制止君主的错误，有对君主进行矫正的权力。这是后世辅政机制所没有的。孟子说，对于君主的错误，"异姓之卿"的权力是："君有过则谏，反复之而不听，则去。"但是，若是"贵戚之卿"即君主的同姓贵族，他们的权力就大得没有上限了："君有大过则谏，反复之而不听，则易位。"③ 就是说辅政贵族可以家国一体的政权大局或出于宗法家族政治大局的需要，直接废黜犯有严重错误而拒绝改正的君主。这大概不仅仅是孟子的设想，而应该是当时公认的"政理"。

---

① （明）朱睦㮮：《五经稽疑》卷八。
② 《孟子·离娄上》。
③ 《孟子·万章下》。

二、宰相独立开府辅政模式

宰相独立开府辅政决策模式，就是宰辅设置办事府署，自辟属官，作为相对独立政务处理机构，接受皇帝的笼统委托后决定国家大事的辅政模式。秦汉时期，除了丞相司直、丞相长史等重要高级属官由君主直接任命外，丞相可以独立辟除大批掾属，组成工作班子，号称"政府"。府内还设置各种职能机构，依照君主的大政方针，独立处理政务。此时的辅政决策机构拥有很大的权力，因而出现"君逸臣劳"的局面。韦庆远、柏桦两位先生认为宰相独立开府的辅政模式源自战国时期的执政贵族的门客制度。① 隋唐以前，中央辅政决策体制基本上是宰相开府辅政制，比如西汉的丞相、御史大夫，东汉的太尉、司徒和司空，魏晋南北朝的"二相"、"八公"等，都是自行开府辅政。

虽然开府辅政的宰相权力很大，但仍须按照君主旨意行使权力。由于宰相的任免完全控制在君主手中，故其权力归根结底受制于君主。在运行程序上，君主诏书自内廷送相府，宰相审核（也可封驳甚至谏诤）后签署并交付有关部门执行。宰相向君主奏报政务，常进见君主请求指示，军国大事和高级官员的任免必须得到君主批准。宰相还需经常主持规模、级别不同的会议，为君主的重大决策提供参考意见。

西汉丞相府规模很大，属官最多时达三百六十余人。属官中，丞相司直、丞相长史等高级属官由君主直接任命，相府政务中枢称为"黄阁"。其主要属官有：丞相司直一员，辅佐丞相，检举不法；丞相长史二员，辅佐丞相，督率诸吏，处理各种政务；东曹掾一人，领郡国事，主长吏迁除；西曹掾一人，领百官奏事，主府中吏之进退。还有丞相征事、相史、丞相少史若干人。另设议曹，主谋议事；辞曹，主评讼事；奏曹，主章奏事；贼曹，主盗贼事；决曹，主罪法事；集曹，主簿计事；户曹，主民户祠祀农桑事；法曹，主邮驿科程事；尉曹，主卒徒转运事；兵曹，主兵事；金曹，主钱币盐铁事；仓曹，主仓谷事；计相，主郡国上计事；主簿，省录众事；侍曹，主通报事等。"丞相初置吏员十五人，皆六百石，分为东西曹。东曹九人，出督州为刺史。西曹六人，其五人往来白事东厢，为侍中；一人留府，曰西曹，领百官奏事。"② 这些机构和官员，基本涵盖了国家政务的各个方面，是整个中央政府的缩小版。另外，丞相作为百官之长，总领百官奏事。一切百官奏事，均须由丞相转奏君主。丞相几乎是百官与天子间的唯一联系管道。重大事宜必须由丞相领衔奏请，否则即为不合法。丞相还主持朝政，召集朝议，对官员进行考核，课其殿最，奏行赏罚等等，权力极大。

东汉时以"三公"为宰相，太尉、司徒、司空为"三公"分别开府，下设各种职能部门——"曹"，自行辟除掾属。"三公"各自下设的诸曹大致是：西曹，主府中吏员的任用；东曹，主二千石长吏的迁除和军吏；户曹，主民户、祠祀、农桑；奏曹，主奏议；辞曹，主诉讼；法曹，主邮驿科程；尉曹，主卒徒转运；贼曹，主盗贼事；决曹，主罪法事等等。"黄阁"则秉承"三公"指示处理日常事务。"三公"府内属官，除长史由君主直接任用外，其余均由"三公"自行任命。但东汉开府的辅政决策机构无论在机构设置还是掾属员额上，

---

① 参见韦庆远、柏桦编著：《中国政治制度史》，2 版，188 页以下，北京，中国人民大学出版社，2005。

② （汉）卫宏：《汉官旧仪》卷上，文渊阁四库全书本。

都远逊西汉，更重要的是当时尚书台作为君主的机衡亲近之任已经控制了大部分政务，宰相开府辅政体制已经走向没落。

至于魏晋南北朝时期的"二相"、"八公"，虽也各自开府辅政，但因改朝换代之事频仍，这些职位和机构多非寻常人臣所居，很多情况下成为权臣篡立禅代的前奏。这些"赞拜不名，上殿不趋"、"出入警跸"、"建天子旌旗"的丞相、相国，即将揭开新王朝序幕。在这种情况下，实际已不是宰相开府辅政，而是权臣直接开府执国政了。后人惩魏晋之失，变革宰相独立开府辅政制，务求辅政机制不致威胁君主体制本身，这种制度的消亡也就在预料之中了。

三、集体宰相参议辅政制

集体宰相参议辅政制，从汉武帝区分内外朝官、重用尚书以分宰相之权始，一直到明初仍然沿袭这种辅政制度。[①] 一般认为，这是以尚书、中书、门下三省辅政为基础的辅政制度，其主要特点是："三省"均出自"天子私人亲近"，由内朝官转变而来，从历史源流上就反映了加强君主集权的要求。"三省"辅政机构虽然也受辅政重寄，但与宰相独立开府辅政制有着根本区别。从组织形式上，宰相独立开府辅政制的运作，实际上极易导致强化宰辅个人权力、权威，最容易对君主权力造成现实威胁。"三省"制则以机构来职掌辅政权力，而且"三省"长贰都是宰辅，无疑减少了个人权威集中的可能性。况且，它由三个甚至更多机构行使辅政决策权力，更便于在这些机构之间形成相对完善的权力制衡机制，有利于加强君主的集权统治。

"三省"滥觞于秦汉，作为辅政机制则始于曹魏，在以后的制度变迁中，逐渐成为中央辅政决策机制的主体。在这个过程中，"三省"不断变化，出现过交互辅政的情况。这主要是由于"三省"之先后轻重，全以君主见任专否而定，尚未形成完善的制度化安排，而且"三省"之间的职能区分并不明显和固定。

唐太宗贞观年间将"三省"职权具体划定厘清，形成后人称道的三省辅政体制，即中书掌出令、门下掌封驳、尚书掌执行。但这种明著于典章的制度，实际上却没有完全实行[②]，原因出在政事堂会议和延英殿集议制度上。按照规定，遇有重大政事，三省长贰应齐集政事堂或延英殿，进行集体讨论。"凡军国大事，则中书舍人各执所见，杂署其名，谓之五花判事。中书侍郎、中书令省审之，给事中、黄门侍郎驳正之。"[③] 这种辅政的体制使得"三省"之间既有职能分工，更有集体讨论，有效地防止了宰相个人擅权。唐代还以他官加上"参与朝政"、"参知政事"、"同中书门下二品"等名目，进入政事堂参政，不加这些名目则不能进堂议事。"三省"至此实际成为执行机构，而中央辅政体制此时已经过渡为集体宰相班子共同参议辅政的制度。宋代实际上沿袭唐代的辅政体制。关于唐宋的辅政体制即辅政决策程序，宋人朱熹曾描述："每事先经由中书省。中书做定将上，得旨再下中书，中书付门下。或有未当，则门下缴驳，又上中书。中书又将上，得旨再下中书，

---

① 参见韦庆远、柏桦编著：《中国政治制度史》，2版，199页，北京，中国人民大学出版社，2005。
② 参见韦庆远、柏桦：《中国官制史》，179页，上海，东方出版中心，2001。
③ 《资治通鉴》卷一九三。

中书又下门下。事若可行，门下即下尚书省。尚书省但主填'奉行'而已。故中书之权独重。"①

元朝初期曾设尚书省，短暂存在四年后即废，此后实行中书一省辅政制。中书省为政治之本，枢密院为军政之纲，御史台为军政事务之监察，三者互不统属，但分工明晰。中书省纲维百司，总裁庶政，不但有"综理政务"之权，而且中央和地方政府上奏君主都要先关白中书省；以君主名义发出的谕令诏旨，也要经由中书省下达。综观元代中央辅政制度，似乎是唐宋以来宰相集议辅政制的变态，这可能与其在以外族身份入主中原、以武力征服的过程中，更需要一个强力高效的辅政机制有关。

四、内阁听命拟旨辅政制

明朝肇建，仍承元制，建立中书省，设左右丞相。但以朱元璋之极强的权力欲望、执政精力和猜忌之心，他很快就发现中国历史上旧有的一切中央辅政决策制度，都不符合自己"乾纲独断"的专制理想。洪武十三年（1380年），朱元璋诛杀胡惟庸，永远撤销中书省和废除千年丞相制度，宰相参议辅政制同宰相制度一起走向灭亡。

废相罢省之后，朱元璋即设四辅官，不久又废。洪武十五年（1382年）设殿阁大学士辅弼君主并充顾问，开启了明清两代内阁制度。内阁大学士的职掌主要在于"掌献替可否，奉承规诲，点检题奏，票拟批答，以平允庶政"②，其最重要者还不是作决策，也不能指挥其他国家机关，甚至不能参与重大政事，"主票拟而身不与其事"。所谓票拟，也就是"票拟批答"，亦称"票旨"或"条旨"，是内阁学士在奏疏文件送呈君主批示前，先另用字条写明参考意见，"用小票墨书，贴各疏面以进"。但正是这种票拟权在多数明朝君主开始荒于政事的情况下，在实际运行中使得阁臣取得现实的政务处理权。

清初虽以大学士承担相职，但其职权始终没有超出票拟范围，而且这种职掌很快又为军机处所侵夺。关于清朝的内阁辅政体制，近人叶凤毛说："国朝仍前明之制，以内阁为政府，大学士为宰执，典籍为首领，中书舍人为掾。"③ 但实际上，有清一代自开国以来就从未允许内阁稍分大柄。清人赵翼说："世祖章皇帝（顺治帝）亲政之初，即日至票本房，使大学士在御前票拟。康熙中虽有南书房拟旨之例，而机事仍属内阁。雍正以来，本章归内阁，机务及用兵皆军机大臣承旨。天子无日不与大臣相见，无论宦寺不得参，即承旨诸大臣亦止供传述缮撰，而不能稍有赞画于其间也。"④ 军机大臣虽"每日召对"，亦仅"承旨遵办"而已，与从前的宰相已经不能相提并论了。

① （宋）朱熹：《朱子语类》卷一二八，"法制"。

② （清）乾隆：《钦定历代职官表》卷四。

③ （清）叶凤毛：《内阁小记》自序。转引自翦伯赞、郑天挺主编：《中国通史参考资料》（古代部分），第8册，43页，北京，中华书局，1966。叶氏为上海人，从雍正八年（1730年）起曾担任内阁中书（正七品，掌撰拟、翻译）长达十年之久。

④ （清）赵翼：《檐曝杂记》卷一，"军机处"条。赵翼曾入值军机，为章京数年。

第四节
辅政机构之间的制衡、监督

辅政制度是中央集权的君主专制政治体制的重要环节，但又与君主专制有着内在矛盾。在中国古代，君主专制制度相对稳定，君主权力呈不断集中加强之势。而辅政机制则随着君主权力的不断扩张而改易，不断为新设置的有关机构所束缚和制约，因而辅政机构的权力总体上呈逐渐被削弱、分散之势。[1]

宰辅是政府的中枢，君主一方面要借助其辅政决策和推行政令，另一方面又要时刻提防其坐大而成患，因此历代王朝在政治实践中设置了许多精巧、细密的权力制衡、监督机制。

一、辅政机构设置上的互相牵制

中华先人具有很高的政治智慧，在长期的政治实践中发展出极具中国特色的分权制衡体制。以西汉为例，西汉以御史大夫为丞相佐贰，是丞相的副职，辅佐丞相综理国政，但其最重要的职责是监察，有监督包括宰相在内的百官之责任。作为"副相"，御史大夫是中央辅政机构的一部分，却能独立开府，可以自辟一定员额的掾属。他实际上是作为制衡丞相权力的重要制度设置。御史府分曹治事，核查丞相诸曹的事务；其下设丞、中丞、侍御史、御史等官，负责保管律令图籍和开展各种监察事务。御史大夫与丞相既有平行的关系，独立开府，独立对君主负责，但作为"副相"，又与丞相有某些政务处理上的统属关系。有汉一代，御史大夫还经常继任丞相。

到了隋唐时，开始推行三省制，即通过"三省"分工、分权，使中央辅政权力之间实现制衡、牵制，并以此作为加强君主对辅政机构控制的重要手段。具体是：中书司造命，门下掌封驳，尚书负责政令的执行。其运作程序大体是：凡有大事，向君主请旨，由中书舍人各执己见，杂署其名，称为"五花判事"。随后，由中书侍郎同中书令审核后，交门下省审查，若可行则付尚书执行；若不可行则驳回更改；若争执不下，则由君主裁决。这种做法，可以使得三个中央辅政决策机构对重大决策相互检查，以利制衡，君主仍然借此牢牢掌控住权力。

在宋代，"政府"、"枢府"二府之间也形成制约关系。"国朝中书、枢密先后上所言，两不相知，以故多成疑贰"，时人认为此正好符合制衡之意："然祖宗亦赖此以闻异同之论，用分宰相之权。"[2] 历代的辅政机构之间的制衡，大约如此。

二、监察机构对辅政机构的监督

中国历代政府的监察职能，经常由许多机构共同职掌，其中最有中国特色的就是言谏

---

① 参见韦庆远、柏桦：《中国官制史》，194 页，上海，东方出版中心，2001。
② （宋）徐自明：《宋宰辅编年录》卷一，"乾德二年"。

制度。唐代最为后世称道的"贞观之治"，就是与完善的谏议制度联系在一起的。而宋人往往把台谏与君主、宰执三者并举，台谏系统在宋代君主官僚政体的中枢权力机构中具有举足轻重的地位，后人甚至认为"宋之立国，元气在台谏"①，"宋之天下，以台谏兴，亦以台谏败。宰相不肖，以台谏去之易也；不然，则如苏轼所云，以干戈取之而不足矣"②。以唐宋台谏制度为例，其对辅政机构的监督、制约主要有以下设计：

1. 台谏官设置。唐代谏官集中办公，统称为"谏院"。散骑常侍、谏议大夫、补阙、拾遗都是分别设置于门下、中书两省，给事中单独设置于门下省内，负责监督所有辅政高官的辅政行为。给事中掌驳正违失，谏议大夫掌谏谕得失，起居郎记录政言得失，补缺拾遗则司供奉讽谏。这些谏议监督者实际上是主要的宰辅系统（他们主要代君主议事决策并代君主受过）。

2. 台谏独立言事。为了让台谏官能不受宰相压制地行使监督权，唐肃宗至德元年（756年）曾颁敕，令"谏议大夫论事，自今以后，不需令宰相先知"③，让谏官更加独立于宰辅。宋代更是十分强调台谏对于宰辅的监察独立，"台谏不可承宰相风旨"④ 成为公认准则。

3. 台谏任职回避。⑤ 为了让台谏官能有效监督宰辅，唐制曾规定宰相之子不能担任谏官，理由是"若政有所失，不可使子论父"。此举旨在解决宗法伦理的孝道要求与国家政治的"忠道"之间的矛盾。唐宪宗元和年间，杜郁被任用为左补阙，这项任命却因为其父杜佑为相而马上招致批评。谏官们纷纷上书，认为宰相之子，不合为谏诤之官。朝廷于是将其降为左拾遗，可谏官们仍然不依不饶，认为补缺拾遗虽然资品不同，但还是谏官。于是第二次任命只得被迫取消，杜郁被改授秘书监。⑥ 宋代更明确规定现任宰执的子弟、亲戚不能荐充为台谏，"执政子弟皆得任内外清望官，但不为台谏、两省耳目"⑦。神宗时吴充被罢知谏院，就是因为同新任参知政事王安石有亲戚关系。现任宰执的属官或其曾经荐举过的人亦不得担任言谏官。言谏官员享有职务行为的豁免权力，可以"风闻奏事"，也允许群谏，但台谏非公事不能与宰执私相往来，台官和谏官之间也不能私相往来。

言谏官员还经常针对辅政大臣的政务缺失、私人事务甚至日常言行进行监察，效果十分显明。唐永徽元年（650年），宰辅大臣中书令褚遂良低价购得中书译语人史诃担的住宅。监察御史韦仁约劾之，大理丞张山寿判决褚遂良当罚金（征铜二十斤），大理少卿张叡册认为判决不当，宜从轻。韦仁约进而弹劾张叡册，最后褚遂良及张叡册都受到降职处理。⑧

由于制度设计理念上的人治主义特征以及对最高权力监督的阙如，君主常常有意无意虚化甚至破坏台谏监督机制的运行，权力制衡制度常不过备位而已。北宋著名的政治家司马光在元祐更化之初，就在皇帝的放任下，打破了宰执不预言谏官人选的惯例，"密荐"台

① 《宋史》卷三九〇，《列传》一四九"传论"。
② （宋）吕午：《左史谏草·左史吕公家传》。
③ 《唐会要》卷五，《诸王》。
④ （宋）谢伯采：《密斋笔记》卷一。
⑤ 参见虞云国：《宋代台谏制度研究》，45～46、64～75 页，上海，上海社会科学院出版社，2001。
⑥ 参见《唐会要》卷五十六，《起居郎起居舍人》。
⑦ （宋）佚名：《两朝纲目备要》卷六。转引自虞云国：《宋代台谏制度研究》，64 页，上海，上海科学院出版社，2001。
⑧ 参见《唐会要》卷六十一，《御史台》中。

谏人选。同为执政的章惇批评其"首开乱阶，今虽未有害，异时奸邪大臣，阴引台谏，与之结党，恐非社稷之福"①，其后的历史发展果然被章惇不幸言中，蔡京、秦桧、韩侂胄、贾似道等权相均公然私荐台谏官，阴结党羽，言路几近断绝。明代权相张居正亦如此，有人批评张居正说："今之给事中、御史皆有言责也。居正辅政，所选授多亲友，有所欲为则托之昌言，有所欲去则讽之论罢。"② 这一批评旨在维护宰执不预言台谏人选的法制惯例。

三、以内制外，牵制宰辅

自从宫廷内外朝的区别开始制度化以后，君主深居九重之中，宠信、依赖内朝官员，对外朝的辅政机构即宰辅心存戒备并逐渐疏远；逐渐以内朝机构牵制外朝宰辅机构，分割外朝宰辅权力；最后内朝机构演变为实际宰辅，而法定的宰辅机构逐渐虚化乃至臣仆化。这是过去几千年中国政治史上一种明显的趋势。

在中国政治史上，君主任用私臣，频频使内朝官参预机要事务。于是内朝官由照顾君主生活起居、"持亵器虎子"③ 之流转而执掌国政就成为常事。"魏晋以来，中书、尚书之官始真为宰相，而三公遂为具员，其故何也？盖汉之典事尚书、中书者，号为天子之私人。及叔季之世，则奸雄之谋篡夺者，亦以其私人居是官。"④ "尚书"的演变史，正展示了内朝官逐渐蚕食相职并逐渐外朝化的规律。尚书，战国时齐、秦设置，或称掌书、主书，掌文书。秦汉属少府，初置四人，因其在殿中主发书，故称。汉武帝时地位渐重。汉成帝时设尚书五人，始分曹办事。东汉时，光武帝架空"三公"实权，尚书正式成为协助皇帝处理政事的官员。魏晋以后，尚书事务益重。隋代始分尚书为六部，总隶于尚书省。唐承之。吏、户、礼、兵、刑、工六部各设尚书一人，为正三品官，此后历代相承。尚书省各部均置尚书以主部务。元时，六部尚书改隶于中书省。明太祖时罢中书省，废宰相制度，六部尚书分掌政务，直隶于皇帝，并提升为正二品。此后六部尚书之职略当于国务大臣。清沿置，各部均有满、汉尚书各一人。

尚书机构完全政务化、外朝化之后，与君主逐渐疏远，逐渐被猜忌，于是逐渐被君主以新的内朝机构取代。关于后来尚书权势渐弱，反不如其他更亲近皇帝的内朝官的情形，东汉时已现端倪："尚书职在机衡，宫禁严密，私曲之意，差不得通；偏党之恩，或无所用；选举之任，不如还机密。"⑤ 后来的情形更为明显。西晋时，"专掌机密"的中书监、侍中荀勖升任尚书令，颇不高兴，"甚惘惘怅怅"。人往贺之，荀勖说："夺我凤凰池，诸君又何贺耶？"⑥ 一语道破其中的奥秘。

宋人司马光在简单回顾两汉、魏晋、南北朝的宰相制度发展历程后说："西汉以丞相总

---

① 《续资治通鉴长编》卷三六〇，"元丰八年十月丁丑"。

② 《明神宗实录》卷一三五。

③ 亵器虎子大约指尿壶。因形作伏虎状，故名。《周礼·天官·玉府》："掌王之燕衣服，衽、席、牀、第，凡亵器。"汉人郑玄注："亵器，清器、虎子之属。"孙诒让正义："虎子，盛溺器，亦汉时俗语。"汉应劭《汉官仪》卷上："侍中……分掌乘舆服物，下至亵器虎子之属。"章炳麟《官制索隐》："汉初侍中，非奉唾壶，即执虎子。"

④ 《文献通考》卷四十九，《职官考》三。

⑤ 《后汉书·郎顗传》。

⑥ 《晋书·荀勖传》。

百官，而九卿分治天下之事。光武中兴，身亲庶务，事归台阁，尚书始重，而西汉公卿稍已失职矣。及魏佐汉，初建魏国，置秘书令，典尚书奏事。文帝受禅，改秘书为中书，有令、有监，而亦不废尚书。然中书亲近，而尚书疏外矣。东晋以后，天子以侍中常在左右，多与之议政事，不专任中书，于是又有门下，而中书权始分矣。降及南北朝，大抵皆循此制。"①《战国策·燕策》云："帝者与师处，王者与友处，霸者与臣处，亡国与役处。"这句话似乎恰恰揭示了传统中国中央集权君主专制体制中君主任用臣仆以私天下之趋势与王朝更替之间的某种历史必然关系。

---

① 《续资治通鉴长编》卷四三一。

第六章

中央政务执行机构、派出机构及行政制度

本章要讨论的是中国传统政治体制中狭义的中央行政机构及其职权问题。一般说来，在古代中国，凡在王畿或京师掌理政务的机构，除了仅仅管理京师地方事务者外，都可以称为中央行政机构，至少在没有立法、司法与行政权力区分观念的古代中国应是如此。但是，本书既然以"出政"、"行政"、"督政"为划分中央机构职能的标准之一，既然以皇帝和宰辅为"出政"机构，那么就只能从最狭隘的意义上理解中央行政机构了。因此，本章所探讨的中央行政机构，仅仅指"督政"和"军政"机构以外的全部中央行政机构。为了与通常人们所称的中央行政机构区分开来，本章将我们特别要探讨的狭义的中央行政机构称为中央政务执行机构。这一中央政务执行机构，主要指接受皇帝和宰辅机构的命令，具体执行或负责向下推行中央最高决策的中央办事机构，具体说来，包括在京师的中央政务执行机构，也包括派到各地执行政务的中央派出机构。本章的主要任务是：梳理、概述中国古代中央政务执行机构及其派出机构的大致构成及其演进规律，探讨中央政务执行机构行使权力即执行政令的具体制度机制及其特征。在本章，我们首先必须探讨中央政务执行机构与中央辅政机构的关系，亦即广义上的内朝和外朝的关系。本章要探讨自夏至清中央政务执行机构的体系和演变规律。此外还要探讨中央政务执行机构的派出机构及其与地方的关系的规律。

第一节
附属于君权的中央政务执行机构及其与中央辅政机构的关系

本节主要讨论两个问题：一是中央政务执行机构对君权的绝对从属、依附关系，这是我们必须充分认识到的问题；二是中央政务执行机构与中央辅政机构之间的关系。这两个问题讨论的要害在于弄清"作政"和"行政"的区别与联系。特别是要认识到，辅政机构与行政机构有时在设置上并无明显分界，"议政"和"行政"有时并不一定有分际。我们要

找到这样的分际，是从相对意义而言的。我们要特别注意从决策形成阶段到决策执行阶段的转变，从这一转变看"议政"（辅政）与"行政"的分际。

本章所讨论的中央政务执行机构，是指在"出政"机构（君主和中央辅政机构）之下，与军政机构、督政机构并列的中央政令执行系统。具体说来，中央政务执行机构，在夏商时代是"六卿"或"六事之人"①，有宰、卿事、多尹、御事、事等；在西周，有"卿士寮"、"太史寮"；在秦汉魏晋南北朝时代是奉常、郎中令、卫尉等九卿；在隋唐五代和两宋时代是六部、九寺、五监等；在明清时代是六部和各寺、院、司、监等。

在"君为政本"的中国古代政治体制内，中央政务执行机构并非指一两个长期固定的专门化的事务部门。在其与君权、相权的动态关系中，中央政务执行机构的充当及其构成也处在变化之中，其权力范围也经常会发生变化。它与中央辅政机构的关系，其实也是它与君权关系的体现。粗略而言，当中央辅政机构是制度化的宰辅时，中央政务执行机构由九卿、六部机构充任，对宰相负责，最后对皇帝负责，而宰相同时也可以被视为中央政务执行机构的首领；当辅政机构是非正式的结构松散的政事堂、内阁、军机处之类的咨询、秘书机构时，中央政务执行机构往往直接对君主负责，作为君主的直接下属。要理解中央政务执行机构的角色、地位，我们必须先理解君主、中央辅政机构、中央政务执行机构、中央督政机构四者的关系。理论上讲，中央辅政机构、中央政务执行机构、中央督政机构都是直接附属于皇帝、对皇帝负责的，它们都是附属于君权的机构，都是君主进行国家统治的工具。但中央辅政机构较正规化且权力较大时，中央政务执行机构与辅政机构之间有着比较强烈的附属关系，对其负责并报告工作，与君主的关系较为疏远；当中央辅政机构非正规化且权力较弱时，中央政务执行机构与辅政机构之间的关系较疏远，更多地直接对皇帝负责并报告工作。

不过，中央政务执行机构与中央辅政机构的权力虽有所划分，虽然各自有一定的相对独立性，但终归皆受君权的支配，为君权服务，因而其身份和权力并无根本固定的界限。

东汉时期尚书地位的演变，较能反映中央政务机构与辅政机构之间的动态关系。秦朝和西汉初，尚书作为九卿之一的少府的属官，其职责是为皇帝传递文书、保管文书。后来尚书的权力与机构规模逐渐扩大，东汉时，形成了上行文书、下行文书皆须通过尚书传递的局面。尚书事务纷繁，于是逐渐形成了尚书台机构并设置了众多属官，分曹办公，如吏曹、民曹、二千石曹、客曹、三公曹等，诸曹处理具体政务，有执行决策、谏诤、劾奏等权力。由此，尚书事实上侵夺了本属于丞相的权力，成为辅政职能与执行职能合一的机构，其下设的各曹逐渐侵夺了原属九卿的职权，此即东汉"虽置三公，事归台阁"的情形。简言之，即中央政务执行机构中的一支发展壮大为事实上的辅政机构，而原法定的辅政机构反而只有政令执行权力了。当君主既赋予政务执行机构以辅政权力，又使其成员官品提升至与法定辅政官员同列之时，中央政务体制在制度上的改革即已完成。执行机构与辅政机构之间的这种动态关系，是由两者均附属于君权的属性所决定的。

中央政务执行机构的权力扩大，势必导致辅政机构权力的削弱甚至取消。比如明代，宰相在正式制度上被取消，六部的地位大大提升，作为中央政务执行机构直接对皇帝负责。

---

① 《尚书·甘誓》。

皇帝揽权越多，政务执行机构权力越增大，则宰辅的权力空间越来越小。辅政机构的权力空间，在制度框架与实际运作中可能为皇帝与中央政务执行机构所分割。

第二节
中国历代中央政务执行机构体系及其变迁

中国历代中央政务执行机构，在不同朝代有不同的构成体系，并没有一以贯之的构成体系。关于这一体系，我们仅仅以历代宰辅机构、军政机构、督政机构以外的中央办事机构为范围来理解。本节拟对历代王朝的此一机构体系及其变迁规律作一个大致梳理、综述。

一、夏商周时代：六卿、六事、六官

夏商周时代的中央政务执行机构，大约是指在辅政机构"三公"、"三师"之下执行天子政令的中央办事机构。夏朝的中央政务机构有"六卿"或"六事之人"[1]，有人认为此六卿即司空、司徒、士正、虞、秩宗、纳言等。[2] 司空掌管百工和工程，司徒掌管户籍、赋税、徭役，士正大约掌司法，虞大约掌苑囿山泽，"秩宗"是"礼于神以佐尧"[3] 的官员，纳言掌管传递章奏和进谏；还有掌管天文历法的"羲和"[4] 等。商朝的中央政务机构有宰、卿事、多尹、御事、事等。"宰"后来发展为"冢宰"、"太宰"，成为百官之总。西周的中央政务机构，起初为"卿士寮"，是王室执政大臣处理军国大事的合议机构；后又出现了以史官为中心的"太史寮"。太史寮负责宗教祭祀及文书册命事务，卿士寮负责其他一般行政事务及诸侯方国事务。二者总称为"内朝"或"治朝"（相对于国人集会的"外朝"而言）。后来又形成了以"宰"或"冢宰"为首的王家事务管理系统（后来逐渐向总揽政务的相制发展）。在卿士寮内，有司土、司马、司工，号称"三右"（亦称"三事大夫"）；在太史寮内，有太史、太祝、太卜，号称"三左"。《礼记·曲礼》记载："天子建天官，曰大宰、大史、大祝、大士、大卜，典司六典。天子之五官，曰司徒、司马、司空、司士、司寇，典司五众。"西周时的实际体制不一定完全如此。"天官"是执掌宗教和祭祀的官员，属于太史寮；"五官"是治民之官，属于卿士寮。[5] "天官"与"五官"合起来，就是"六官"。这种"六官"制度，后来被《周礼》一书理想化为"天官冢宰"、"地官司徒"、"春官宗伯"、"夏官司马"、"秋官司寇"、"冬官司空"的"六官"制度。在《周礼》中，"天官冢宰"是协助天子的最高官员，是百官之长，"掌邦治，以佐王均邦国"，"地官司徒"主管土地、户

---

① 《尚书·甘誓》。

② 参见《通典》卷十九，《职官》一。此系据《尚书·舜典》舜帝即位后任命伯禹作司空、契作司徒、皋陶作士、益作虞、伯夷作秩宗、龙作纳言等记载而猜测。汉人郑玄注《尚书·皋陶谟》及《周礼》所谓帝舜命"皋陶作士"时说："士，夏曰大理，殷曰司寇。"认为"司寇"乃"六卿"之一。

③ 《国语·郑语》。

④ 《尚书·胤征》。

⑤ 参见杨宽：《西周中央政权机构剖析》，载《历史研究》，1984（1）。

婚、赋税、徭役等事务，"春官宗伯"主管祭祀和宗教事务，"夏官司马"主管军事，"秋官司寇"主管司法和外交，"冬官司空"主管工程营造。其实周代的中央机构并不一定有如此标准的"天地春夏秋冬"六官体制。

二、战国秦汉时代：以九卿制为主干

春秋战国时期各国的中央政务执行机构，官职名目及权力大致相近，但不完全一致，主要是指在"相"、"执政"、"将军"之外的司徒、司空、司寇等，这主要是继承了西周的制度，执掌基本同前。此外这一时期出现了廷尉（主司法审判，取代司寇）、尚书（或称"掌书"、"主书"，是掌管文书章奏的官职）、郎中（国君的侍从武官，统率保卫国君的军队）、仆（掌管国君的舆马和国家的马政）、太史（史官之长）、内史（掌管有关财政经济事务）、行人（掌管外交事务）等机构，逐渐向后世九卿制过渡。

秦汉时期的中央政务执行机构体系是以九卿为主体的机构体系。"九卿"是诸卿的泛称，并不一定正好是九卿。"九卿"在丞相之下承担各种具体政务，其职掌范围有了较明确的分工。秦朝的九卿，如奉常，掌管宗庙礼仪；郎中令，掌管公堂掖门出入警备；廷尉，掌管司法刑狱；治粟内史，掌管农业赋税；典客，掌朝觐和宾礼；宗正，负责皇族宗亲事务的管理；卫尉，负责宫廷禁卫；太仆，掌皇家出行的舆马；少府，掌管山海池泽之税。汉初承秦制，设同名九卿，后更奉常为太常，更郎中令为光禄勋，更典客为大鸿胪，更治粟内史为大司农等。这些职官，即通常所说的九卿。此外有掌宫室修建的将作少府，掌皇后及太子事务的詹事，负责京师戍卫的中尉，掌蛮夷降附事务的典属国等等，也在诸卿之列。诸卿的名称，在秦汉亦有差别，而且官名与机构名称合一。

从诸卿的职掌上看，皇帝家务与国家政务没有分离，如少府掌山海池泽之税以供皇家消费，将作少府为皇家修建宫殿陵墓等，詹事管理皇后和太子府第封邑的"家务事"等等。再加上奉常、宗正、卫尉、太仆，都可以说是为皇帝一人或一家服务。家国不分、家国一体的特征较明显，为皇帝私人及其亲族服务的性质较突出。诸卿中专门行使公共事务管理功能的职官在数量上相对较少，大约只剩下治粟内史、廷尉二者。

此时的中央政务执行机构的分工并不恪守严格的专门化原则。一些职官，常兼管内容相距甚远的事务。如汉代的大司农是国家财政中枢，也直接管理仓储、水利、官营手工业之类；执金吾管治安，也负责造船事务；太常管宗庙祭祀，也负责医药事务。

秦汉的丞相开府治事。丞相是最高行政长官。西汉时丞相的属官，如丞相司直、丞相长史、东曹掾、西曹掾和丞相征事、相史、丞相少史等若干人，以及其下的议曹、辞曹、奏曹、贼曹、决曹、集曹、户曹、法曹、尉曹、兵曹、金曹、仓曹、计相、主簿、侍曹等分支办事机构，都是中央政务执行机构。如东汉"三公"（司徒、司马、司空）下属的诸曹，也行使政务执行权力，其中司徒下设诸曹基本上与西汉时丞相府下设机构一致。三公各自下设的诸曹大致是：西曹，主府中吏员的任用；东曹，主二千石长吏的迁除和军吏；户曹，主民户、祠祀、农桑；奏曹，主奏议；辞曹，主诉讼；法曹，主邮驿科程；尉曹，主卒徒转运；贼曹，主盗贼事；决曹，主罪法事等等。

东汉开始，尚书台逐渐形成，其下亦开始设办事诸曹，如吏曹、民曹、二千石曹、客曹、三公曹等。这些办事机构，也可以视为中央政务执行机构的一部分。

三、魏晋南北朝：以尚书列曹制为主干

魏晋南北朝时期，尚书机构日益发展，逐渐形成了尚书台，尚书台长官逐渐成为实际上的宰辅，尚书台下属办事机构逐渐成为中央政务执行系统的核心。"魏晋以来尚书台由旧日的'文属'少府，进而正式独立称'省'，真正成为宰相机构，有权独立颁下文书，指挥政务。"[1] 这一时期，作为朝廷重臣的诸卿（九卿）亦存而不废，但政务的中心，则是尚书台。这两套政务执行系统在职权上常有重复，如度支尚书与大司农皆有掌管国家农业、财政的职能，尚书三公曹、二千石曹在侵夺原来属于廷尉的司法职能，客曹侵夺了大鸿胪寺的职能，三公曹、吏曹侵夺了丞相御史大夫的职能。内朝尚书台省的职权扩张，实际上就是把外朝中央政府的三公九卿系统整个地架空。[2]

在此一时期，尚书省机构繁密，职能扩大。

东汉时，尚书台下分五曹或六曹，每曹设尚书一人负责。吏曹，在西汉时称常侍曹，主丞相、御史事，或称主公卿事，实即掌中央人事行政；一度改名为"选署"，典选举、祭祀。二千石曹，主刺史、二千石事，即主地方人事行政，或称主郡国二千石事，又兼有案件审判功能。[3] 民曹，主庶民上书事，或说主吏民上书事，后更兼缮治、功作、盐池、苑囿、盗贼事，由民政事务向财政事务转化。客曹，即西汉时的主客曹，主外国四夷事。光武帝时分为南北主客二曹，后合并。三公曹，主断狱事。光武帝时曾分三公曹为两曹，一曹仍主断狱，另一曹主岁课州郡。此曹分为二曹时，则有六曹。

曹魏时，尚书省内部机构发生了变化。朝廷对东汉以来的尚书台机构设置进行了调整，大致将原来的六曹更定为六部曹（设尚书主之），六部曹以下再设二十多个郎曹（设郎主之），大致形成了省（尚书令主之，仆射、左右丞副之）、部曹（六尚书主之）、郎曹（设侍郎或郎主之）的三级机构体系。六部尚书大约是吏部尚书、左民尚书、客曹尚书、五兵尚书、度支尚书、祠部尚书，其下分别管辖吏部、考功、定课、比部（以上属吏部尚书），民曹、虞部、农部、驾部、水部（以上属左民尚书），殿中、南主客（以上属客曹尚书），中兵、外兵、骑兵、都兵、别兵（以上属五兵尚书），度支、库部、仓部、金部（以上属度支尚书），祠部、仪曹（以上属祠部尚书），三公曹、二千石曹、都官曹（不知所属）等共25曹，每曹设郎主之。[4]

两晋时尚书省仍设五或六部曹，其下设的郎曹最多时增加至35个曹，后来又精简为15个。南北朝时期，北朝大致承袭曹魏和西晋体制，最先设35郎曹，后来逐渐向下精简；南朝大致沿袭东晋的体制，最先设15郎曹，后来逐渐向上增加。最后都大致定编于二十几个郎曹。

尚书省诸部曹、郎曹得以取代诸卿成为政务执行的主力，缘于扩大君主专制集权及提

① 阎步克：《变态与融合——魏晋南北朝》，载吴宗国主编：《中国古代官僚政治制度研究》，111 页，北京，北京大学出版社，2004。

② 参见袁刚：《中国古代政府机构设置沿革》，161～164 页，哈尔滨，黑龙江人民出版社，2003。

③ （汉）应劭：《汉官仪》："吏曹掌选举、斋祠，二千石曹掌水火盗贼、词讼罪法，客曹掌羌胡朝会、法驾出护驾，民曹掌缮治、工作、盐池、苑囿。"

④ 参见王素：《三省制略论》，25 页，济南，齐鲁出版社，1986。

高行政办事效率的需要。较之官居一品、地位崇高的"三公"或二品三品的"九卿"，三品的尚书令仆（射）以及下属的品级更低的尚书丞郎更易于为君主所操纵。①

这一时期，作为中央政务执行机构的，除原有的诸卿、尚书省各部曹之外，还有其他诸台，如符节台，主管符节、玺印制作和保管；谒者台，主管朝会礼赞及奉诏出使；都水台，主管河工桥梁。

在这一时期还要特别注意的是，中书、门下机构也发展出部分中央政务执行机构来。比如南朝陈，在中书省之下，"有书吏三百人……分掌二十一局，各当尚书诸曹，并为上司，总国内机要，而尚书唯听受而已。"② 中书的二十一局，大约与尚书省的二十一郎曹相对应，实行对口领导。于是，中书机构成了中央政务执行机构了。

四、隋唐五代：以尚书六部及诸寺监制为主干

隋唐时期，尚书、中书、门下三省制度确立。尚书省所辖六部曹正式确定为吏、户、礼、兵、刑、工六部，六部曹下辖各郎曹正式确定为二十四司；在尚书六部之外，有太常寺、大理寺等九寺和国子监、少府监等五监。这构成了隋唐五代时期中央政务执行机构的主体。

这一体系格局的形成，与北周官制改革有关。北周的官制改革，将诸卿即寺、监官与尚书六部曹官皆按《周礼》六官的体系来安置，以尚书六部曹当《周礼》天地春夏秋冬六官，以原来的诸卿即诸寺监为上承六部的办事机构。隋初改定官制时，承北周之绪，理顺了尚书六部与原属诸卿序列的寺、监的关系。"尚书六部二十四司据令式或上承君相之制命，制为政令，下于寺监，促其施行，而为之节制；寺监则上承尚书六部之政令，亲事执行，复以成果申于六部，二者性质不同而有下承上行之关系，共同构成一个完整的行政体系。"③

尚书省六部二十四司体制在隋代初具规模。尚书省的主官为尚书令及左右仆射各一人，下设吏部、礼部、兵部、都官、度支、工部共六部曹；两仆射与六部曹尚书，合称为八座。令及仆射直辖左右丞各一人，都事八人。六部曹中，吏部掌文官选举、考课等事，吏部尚书统吏部侍郎二人、主爵侍郎一人、司勋侍郎二人、考功侍郎一人；礼部掌礼乐、学校等事，礼部尚书统礼部、祠部侍郎各一人，主客、膳部侍郎各二人；兵部掌军籍舆马，兵部尚书统兵部、职方侍郎各二人，驾部、库部侍郎各二人；都官掌刑政司法，都官尚书统都官侍郎二人，刑部、比部侍郎各一人，司门侍郎二人；度支掌财税出纳，度支尚书统户部、度支侍郎各二人，金部、仓部侍郎各一人；工部掌工程建造，工部尚书统工部、屯田侍郎各二人，虞部、水部侍郎各一人。六曹尚书之下共置三十六侍郎，官秩四品、五品不等。三十六侍郎或各领一司，或二人共领一司，管一事，总计二十四司。二十四司分工细密，几乎总括了全国各项行政。由此，尚书省形成了都堂、六部曹、二十四司三级机构。

唐代的尚书省组织更加整齐严密，由隋之六部曹正式固定为吏、户、礼、兵、刑、工

---

① 参见王素：《三省制略论》，112页，济南，齐鲁出版社，1986。
② 《隋书》卷二十六，《百官志》上。
③ 严耕望：《论唐代尚书省之职权与地位》，载《唐史研究丛稿》，39～63页，香港，香港新亚研究所，1969。

六部。六部之上有都省，为尚书省总机构，起着行政监督与总务管理的作用。这一体制在后世虽有调整，但基本框架未变，一直存续至清末。

唐代尚书省六部二十四司的职掌，大体如下表所示。

表7　　　　　　　　　　　**唐代尚书省六部二十四司职掌表①**

吏部	吏部司	掌文官阶品、朝集、禄赐、给告身、假使等事
	司材司	掌封命、朝会、赐予、承袭等事
	司勋司	掌管官吏勋级
	考功司	掌管文武百官考课事务
户部	户部司	掌户口、田土、赋役、贡献、蠲免、优复、婚姻、继嗣等事
	度支司	掌租赋、物产、岁计及水陆转运等事
	金部司	掌库藏出纳、度量衡、市易、给赐等事
	仓部司	掌仓廪、粮赐、平准物价等事
礼部	礼部司	掌礼乐、学校、仪式、赠赙等事
	祠部司	掌礼祠、天文、卜筮、医药、僧尼等事
	膳部司	掌牲宰、酒醴、膳馐等事
	主管司	掌前朝帝王后代及藩属外国朝贡等事
兵部	兵部司	掌兵卫、武选、车辇、甲械等事
	职方司	掌地图、城防、镇戍、道里等事
	驾部司	掌乘舆、车马、驿传、厩牧等事
	库部司	掌卤薄、仪仗、戎器、供帐等事
刑部	刑部司	掌律法、按核大理寺及州县奏谳之事
	都官司	掌流徒、俘虏配籍，给囚衣粮、医药及诉免等事
	比部司	掌勾稽中外帐籍出纳之数，核其损耗债务逋欠等事
	司门司	掌门关、津梁、道路之禁令，核其出入及违禁之籍
工部	工部司	掌城池营缮、采伐林物、土木等工役程式
	屯田司	掌屯田、职田、公廨田、营田等事
	虞部司	掌山泽、苑囿、场冶、狩猎等事
	水部司	掌舟津、渠堰、渔业、漕运、碾硙等事

除六部二十四司之外，还有九寺、五监也是中央政务执行机构。按《唐六典》载，尚书六部人员编制约一千二百九十二人，而九寺、五监编制人员达一万一千三百十二人。六部二十四司与诸寺、监的职能相衔接。六部上承君相之命办理政务，一部分由本部办理，另一部分转发或下达给寺、监办理，并对诸寺、监进行业务督促和制衡。诸寺、监的级别虽然不一定低于六部，但业务上形成了六部对诸寺、监的对口领导、指挥关系。

九寺及其职能大体如下：

（1）太常寺。其前身为秦汉九卿中的奉常，主要掌管朝廷的礼乐郊社、医药、卜筮等事，下设有郊社署、太庙署、诸陵署、太乐署、鼓吹署、太医署、太卜署和廪牺署共八署。

（2）光禄寺。其前身为秦代九卿中的郎中令（汉改光禄勋），主要负责郊社祭祀时的祭

---

① 参见韦庆远、柏桦：《中国官制史》，208 页，上海，东方出版中心，2001。

器、膳食的供设，以及大朝会之后皇帝赐百官廊下酒食的供设，下设太官、珍馐、良酝、掌醢四署。

（3）卫尉寺。其前身为秦汉九卿中的卫尉，负责兵式的收藏与出纳、各种场合下的帐幕供设，下设武库、武器、守官三署。

（4）宗正寺。其前身为秦汉九卿中的宗正，掌管宗族属籍及皇族、外戚事务，下设陵台、崇玄二署。

（5）太仆寺。其前身为秦汉九卿中的太仆，负责皇宫车马之需，也掌管国家马政，下设乘黄、典厩、典牧、车府四署。

（6）大理寺。其前身为秦汉诸卿中的廷尉，掌重大案件的司法审理和判决。遇重大疑难案件时，大理寺须与刑部、御史台组成"三司"，进行会审。

（7）鸿胪寺。其前身为秦代九卿中的典客、大行令，汉的大鸿胪，负责处理与外邦的往来关系，如接待使者，掌册命、赐、贡，负责与外邦有关的凶丧之仪，下设典客署、司仪署。

（8）司农寺。其前身为秦汉九卿中的治粟内史、大司农。唐时司农寺的职掌较广泛，既管理农、林、园、苑及仓储之事，又管理各地粮运仓储、司竹、温泉、盐池、屯田等，下设上林署、太仓署、钩盾署、导官署。

（9）太府寺。南朝梁始置，与少府寺相对，本为供应皇室用度之官。至唐代，太府寺不再以皇家私用为职掌，而变为国家金谷之保管、出纳机构，"掌财货、廪藏、贸易，总京都四市、左右藏、常平七署，凡四方贡赋百官俸秩，谨其出纳"①。其下属机构，一为两京诸市署，掌财货交易，度量器物，辨其真伪轻重；一为左藏署，掌钱帛杂彩，天下赋调；一为右藏署，掌金玉珠宝铁骨角齿毛彩画；一为常平署，掌平籴仓储出纳。

六部诸司与九寺基于职能分工而形成的监督制衡关系，可以太府寺的运作情形为例。如太府寺的出纳，须根据户部度支司的文书，而户部度支司核销其开支数额，必须根据太府寺的申报材料，另外还有特派御史监临，以防有弊。唐代太府寺虽以太府卿、太府少卿为正、副长官，事实上仍另派大臣充任太府出纳使。唐代中期以后，临时差遣官反握实权，太府寺的本官徒具虚名。这种情形在寺监系统逐渐成为较常见的模式，在政务执行过程中占重要地位的使职差遣制的盛行即与此相关。

九寺之外的五监，也是自秦汉诸卿发展而来。隋唐的五监的职能分工大体如下：

（1）国子监。国子监为五监之首，源自汉代太常所属的太学。周代以成均为国学，唐高宗时曾改国子监为成均监，后世往往以成均为国子监之别称。国子监既是学校教育主管机关，又是国家最高学府。设祭酒一人，司业一人，以官而兼师，总领国子学、太学、广文学、四门学、律学、书学、算学七学堂，除主簿、录事为事务官外，掌教者（教师）称博士及助教。

（2）少府监。少府监源自秦汉九卿中的少府。经长期演变，隋唐时代少府监的职掌与从前的少府相比，已大为改变，由掌管皇家山海池泽之税或皇家资产经营的机关演变为掌百工技巧之事，管理国家和宫廷手工业生产的机关。少府监下属有中尚、左尚、右尚、织

---

① 《新唐书·百官志》。

染、掌冶五署及诸冶、铸钱、互市等监。少府监已不再是专为皇家或宫廷服务的机关。

（3）将作监。管理全国宫殿、宗庙、官衙等工程的营造事务。下属有左校署、右校署、中校署、甄官署，各司营建所需的木器、泥沙、竹葛、石陶之类，另下属百工监、就谷监、库谷监、斜谷监、太阳监、伊阳监等，管理设在京城之外的林区、伐木场等。

（4）军器监。下属有甲坊、弩坊署，主管兵器、铠甲等军用装备的制造。

（5）都水监。其前身是汉代的水衡都尉。唐都水监掌管全国的川泽、津梁、渠堰、陂池等水利事务，下设河渠署、舟楫署，公私舟船运漕、沟渠开塞、鱼捕时禁诸事皆由其管理。

从上文所述六部二十四司、九寺、五监的机构设置和职能分工可见，中国传统行政所涉及的范围，与内陆型农耕文明的物质生活条件相适应，与皇帝家天下的国家基本体制相适应。从官僚制发展的角度看，六部、九寺、五监职能之间的分工制约关系，体现出一定程度的行政合理化、政务处理程式化的追求。我们还可以看到一个发展趋势，即源于秦汉诸卿的寺监机构，其作为皇家或宫廷事务管理机构的特征逐渐变淡，逐渐变为以公共事务管理职能为主的机构。此外，诸系统的政务执行机构之间在职掌上有严重交叉、重复现象，也是中国传统政务执行机构设置上的一个显著特征。这一交叉、重复，正是一切权力集中于君主，没有实质意义上的国家权力分立与制衡设计，君主不断地依赖近侍亲信官员替代原法定政务执行机构办理行政事务所致。

瞿蜕园先生认为，唐代六部分为三行，吏、兵两部是前行，户、刑两部是中行，礼、工两部是后行。各部官员的迁转是按这个次序，由后而中而前的。所以担任某部的官职并不等于熟悉这一部的职务，而只是由于资格关系。六部尚书以下的官称只代表其身份，而不一定说明所任实际职事，相应的实际职事由君主临时差遣的使职官员负责办理。这就是唐代中后期逐渐出现的使职差遣制度。这一制度在两宋时期成为主导性制度，六部寺监几近虚设，使职差遣机构几乎代替六部寺监官员的全部职权。[①]

五、两宋时代：使职差遣制与六部体制复归

唐代的使职差遣制在安史之乱后渐成体系，各种名号的使职遍布政府各个部门。以户部为例，先后有户口、租庸、盐铁、度支、盐池、转运、出纳、粮科、税钱、青苗地钱、两税、劝农等使职。使职加诸正式官制之上，侵夺了原有的六部、九寺、五监的政务执行权力。诸使本为临时差遣职务，但长期沿用之后，除有些因事毕裁撤之外，许多成为固定职位，拥有固定的属官、办公场所，成为国家正式机构。使职差遣制的发展，既与原有体制积弊丛生、亟须改革有关，又与扩张君权以挤压、抑制正式官僚体制的权能的需要有关。

从唐代中后期开始盛行的使职差遣制，在中央政务执行体制中有重要的意义。一方面，它弥补了既有职官分工体制不能有效应对新的社会形势与统治情势的缺陷；另一方面，它加强了君权对于正式官僚体制的宰制地位。使职差遣最初为临时性机构，且被差遣者官秩品级较低。然而使职官员是君主意志的直接代表，故其权威往往凌驾于正规职官体系之上。

---

① 参见瞿蜕园：《历代官制概述》，载（清）黄本骥编，中华书局上海编辑所点校：《历代职官表》，14 页，上海，上海古籍出版社，2005。

"中国自国家出现以来，诸使差遣始终与正规官制并存，有时甚至凌驾于正式国家机构和职官之上。"①

刘后滨先生认为，尽管在"安史之乱"以前，使职的差派就已经很普遍，但正是由于"安史之乱"的影响，使职得到了进一步的发展，使职体系才逐渐形成，并最终取代尚书六部而成为政务的主要执行者。在尚书六部与使职差遣系统的职权冲突和调整过程中，虽经历过一些反复，但总的趋势是：随着社会、政治、经济、形势的变化，原有行政职官体制已经不适应时代的需要，迫切需要进行调整；"安史之乱"以后使职体系的加强与尚书六部职权的调整，正是这样一个行政体制转换过程的体现。② 使职差遣形成的客观原因，是政治军事形势的变化导致新问题、新事务的出现。"制度本身具有一定的趋于稳定性，随着官僚制度的发展完善，官僚体系的机构和职掌也越来越明确和固定，而国家机构所面对的事务却总是不断变化的，所以临时性的使职派遣成为许多王朝都采取的措施。"③

宋代中央政务执行机构体系，以神宗元丰改制为界，大致可以分为前后两个阶段，有着较大差异。元丰改制前，宋王朝的官制与唐代中后期及五代官制相衔接。虽然基本实现了国家的统一，但却并没有将唐后期支离破碎的行政制度加以修整，没有完成制度的整齐划一。宋王朝虽然沿袭了隋唐以来的六部、寺、监政务执行体制，但更沿袭了唐中叶以后的使职差遣制，使政务执行机构体系更加混乱。

元丰改制前，宋王朝虽名义上沿袭了隋唐六部、九寺、五监的中央政务执行机构体系，但实际上已改变了行政管理的结构。原有的中央政务机构体系（即六部、九寺、五监系统）实际上已经虚化，变成一种虚设职务体系，用来安置官员级别待遇。"故三省、六曹、二十四司，类以他官主判；虽有正官，非别敕不治本司事；事之所寄，十亡二三……其官人受授之别，则有官、有职、有差遣。官以寓禄秩、叙位著，职以待文学之选，而别为差遣以治内外之事。"④ 但是，我们不能不承认，部寺监系统毕竟存在，其作为制度内的中央政务执行机构的实际作用还是在一定程度上存在的，不可能完全取消。

这种体制，以定制内之官待平常之人，以临时差遣待有用之才，这就是所谓官、职、差遣分离的制度。唐以来的省台寺监等职事官位及机构仍旧设置，但失去了其名称所示的职务，仅仅作为官员品秩、俸禄及阶秩迁转级别的标志，仅是官阶中不同资级的代称，如称为本官、正官或寄禄官等。真正执行具体事务的官职是"差遣"，"差遣"的名称，有"判"、"知"、"权"、"检校"、"直"、"试"、"管勾"、"提点"等许多种，最为常见的是直称为"某某使"。如某人被授吏部郎中、龙图阁学士、提点某某路刑狱，其中吏部郎中是官，龙图阁学士是职，提点某某路刑狱是差遣。

元丰改制前的主要中央政务执行机构，是中书门下（政事堂、政府）下属的各类各级机构。中书门下分五房办事，各种使职分管五房事务，五房各置官员多人。孔目房，掌受发文书、账目、遣发等事。吏房，掌除授、考核、升迁、降免、赏罚，官员废置、荐举，

---

① 韦庆远、柏桦：《中国官制史》，211 页，上海，东方出版中心，2001。

② 参见刘后滨：《唐代中书门下体制研究》，207 页，济南，齐鲁书社，2004。

③ 刘后滨：《从三省体制到中书门下体制——隋唐五代》，载吴宗国主编：《中国古代官僚政治制度研究》，158 页，北京，北京大学出版社，2004。

④ 《宋史·职官志》一。

官员请假、亡故等文书及本省杂务。户房，掌核计郡县户口增减数，以决定镇升县、县升州、州升府等，或予以降格罢废；还掌调拨边防军需、给散借贷钱物等事务。礼房，掌郊祀、拜祭、庆典、册封，递送国书、诏命等。刑房，掌赦宥文书及官员的贬降或重新录用等。

三司使下属机构也可以被视为中央政务执行机构体系的一部分。"三司使一人，以两省五品以上及知制诰杂学士、学士充……总盐铁、度支、户部之事，以经天下财赋而均其出入。"[1] 三司使下辖三司各有职掌：盐铁司"掌天下山泽之货，关市、河渠、军器之事，以资邦国之用"，度支司"掌天下财赋之数，每岁均其有无，制其出入，以计邦国之用"，户部司"掌天下户口、税赋之籍，榷酒、工作、衣储之事，以供邦国之用"。三司以下分案，盐铁司分掌七案，度支司分掌八案，户部司分掌五案。诸案事务繁杂，"总括起来即为收运钱财，保管钱财和分发钱物，其所管物资除盐铁外还有粮、茶、酒、畜、木、竹、衣、酱等。所掌除原尚书户部事务外，还兼及工部及九寺五监中的太府寺、将作监、都水监、军器监等事权，并涉及地方事权。三司二十案的规模也接近于隋唐尚书省二十四司"[2]。由于所辖事务的繁多，三司之下还陆续设置了诸多"子司"，如三部勾院、都磨勘司、都主辖支收司、拘收司、都理欠司、都凭由司、开拆司、发放司、勾凿司、催驱司、受事司。三司从中央到地方贯通成一个垂直的财政系统。

除此之外，北宋王朝还设置了一些重要的使职，分别替代了原政务系统的部分职能。如宣徽院，设南北宣徽院使，是内廷诸司的总管家。有审官院、流内铨、三班院，掌原尚书吏部之事务；有礼仪院、太常礼院，掌原尚书礼部之事务；有审刑院、纠察在京刑狱司，掌原尚书刑部之事务；有群牧司，行原太仆寺之职责。

神宗元丰年间实行改制，其目标是，改变使职差遣制造成的名实不符、职禄混杂之弊端，向《唐六典》官制复归，恢复以六部、寺、监为主干的中央政务执行系统。但这次改制的结果，并未全盘回复《唐六典》的宏规，而是有相当的变通。如废除了使职"同中书门下平章事"，以"三省"首长为宰相；保留枢密院、市舶司，对尚书六曹二十四司进行充实、调整，罢翰林学士院之外的馆阁之职等等。元丰改制以后，使职差遣制开始由其发展的顶峰走向衰落，省、台、寺、监纷纷恢复实职，纷错失序的政府体制自此开始趋于规范化、条理化。

南宋王朝在元丰改制的基础上，对政治体制作了进一步调整。较大的举措，是将九寺、五监互相合并，或按其职掌事类重新组合并入六部诸司，如宗正寺并入太常寺、省太府、司农寺归入户部，鸿胪寺、光禄寺、国子监归入礼部，卫尉归入兵部，太仆寺归入兵部之驾部司，少府监、将作监、军器监归入工部。然而有宋一代，政府机构叠床架屋及冗官冗员等问题，导致的财政负担沉重，以及对政务执行效率的严重影响，却是始终未能根除的顽疾。

六、金元：以一省制与院府监机构为主

女真族的金朝和蒙古族的元朝政权，秉承了游牧民族官制简捷的风格，在继承汉族官

---

① 《宋史·职官志》二。

② 袁刚：《中国古代政府机构设置沿革》，463页，哈尔滨，黑龙江人民出版社，2003。

制的同时进行了相当的改造。金元政权将三省制简化、合并，完成了向一省制的转变。金的尚书省、元的中书省，为法定宰辅机构，一省之下的六部、寺、监组成了中央政务执行机构体系，在各自职权范围内对宰辅负责。在金元两朝的一省制之下，六部分工的细密程度大大低于唐宋；而唐宋遗存的寺、监系统，到金元两朝已面目全非。金、元两朝中央政务执行机构虽有上述共性或沿袭关系，但其具体构成体系有一定区别。

金王朝的中央政务执行体制，大体而言，"自省而下官司之别，曰院、曰台、曰府、曰司、曰寺、曰监，曰局、曰署、曰所，各统其属以修其职"①。正隆元年（1156年），海陵王完颜亮下令改制，废除中书、门下两省，只存尚书一省，设尚书令为最高行政长官，下有左、右丞相，参知政事等，为集体宰相制；下领吏、户、礼、兵、刑、工六部及院、台、府、司、寺、监、局、署、所各级机构，官员皆为实职。各司、寺、监官员皆有品秩，被纳入国家统一编制中，各种非正规组织被取消，使职亦被正规化。尚书省领导下的中央政务执行机构，除了六部外，还有司农司、三司、太常寺、太府监、大理寺、大宗正寺。此外，国史院、国子监、秘书监、翰林学士院、少府监、军器监、都水监、殿前都点司、宣徽院、卫尉司等，统归尚书省领导；连枢密院也受尚书省节制，实行一元化领导，首相负责制。有学者认为，"正隆改制意义十分重大，汉魏隋唐以来政府中枢三省制经过千年的发展，终于被一省制所取代，这也是政府行政的大势所趋。辽、宋几经改制，虽也趋于一省制；金废除中书省和门下省，则是彻底的一省制，而且被赋予行政全权"②。

元代的中央行政体系基本上因袭金代，"其总政务者曰中书省，秉兵柄者曰枢密院，司黜陟者曰御史台。体统既立，其次在内者，则有寺，有监，有卫，有府；在外者有行省，有行台，有宣慰司，有廉访司"③。其体制，总起来讲，实行一省六部制：以中书省为总领全国政务的中枢机构；中书省设中书令，例由皇太子兼任或空缺，其下设左右丞相、参知政事、平章政事等，亦为集体宰相制。其下设左、右司，分领六部、下辖吏、户、礼、兵、刑、工六部。六部之外，还设有专门负责蒙古事务的机构，与诸寺、监并列；原有中央各种行政机构统统归中书省领导。与金代相似，"尽管元朝的中央政府，机构庞大，官员众多，但实际上它们只是执行机关。真正的决策者，往往在这个官僚体系之外，它们一个是忽里台会议，一个是怯薛集团，而以后者最为重要"④。

元朝中央政务执行机构中，户部和工部最为庞大，各辖十数司；工部所管的官营手工业尤其繁杂，所辖各司的名称很有意思，往往以创始人的名字命名，如中山刘元帅局、深州赵良局，反映了元人在制度设置上的随意性。⑤元代中央政务执行机构的又一个特征，是在各部门中派驻达鲁花赤，均由蒙古人担任，且蒙古人在各级部门中处于主导地位，汉官的地位通常较低。

金元两朝的中央政务执行机构体系，有一个比较明显的特征，即法定中央辅政机构事实上也是中央政务的具体执行机构。由于金、元两代宰辅官员分级多、总人数多，在监督、

① 《金史·百官志序》。

② 袁刚：《中国古代政府机构设置沿革》，517页，哈尔滨，黑龙江人民出版社，2003。

③ 《元史·百官志序》。

④ 张鸣：《中国政治制度史导论》，171页，北京，中国人民大学出版社，2004。

⑤ 参见上书，171页。

执行政务时往往超出"监督"范畴而直接指挥或执行政务，从而在很大程度上侵夺了六部的权力。如本为辅政机构的左、右司就是例证："金元左、右司的职掌首先是督察六部行政事务，但其督察之细，参与之多，事实上已在相当程度上分担了六部的有关工作。"① 如左司侵夺吏部人事权、右司侵夺刑部司法权较为突出。

在中央政务执行机构体系中，金元两朝寺、监设置的变化更大。相对于唐宋的九寺五监体系而言，金元寺、监演变类型有几种：一是保留机构设置。如卫尉寺改称司，宗正寺改称府，太府寺改称监等等，只是名称稍有变动；或者虽保留机构设置，但在其之上增加一级管理机构，如元代的光禄寺隶属于宣徽院，国子监隶属于集贤院。二是废弃，将其职掌并入其他机构。如元朝不设卫尉、鸿胪两寺。三是虽有名称相近的寺、监，但其职掌已变化。如唐宋的司农寺主管粮食储备出纳，但元代的大司农司掌劝农及水利、学校事务；又如元代的大宗正府掌蒙古、色目人刑狱及汉人奸盗诈伪等事，而前代的宗正寺则主管皇族事务。

相对于前代，金、元两朝皆创设了不少新的机构。金代中央官制以"院"命名的机构，除枢密院外，前后达11种。元代的十五院、十寺、十二监、三司、五府中，大量机构在前代难以找到职掌近似的机构。如适应新的统治形势而设置的机构有宣政院、崇福司，如为皇家服务的机构有中政院、中尚监、长信寺、长秋寺之类。

七、明清：废省后的六部制为主干

明代建国初期沿袭元制，设中书省，置左右丞相。洪武十三年（1380年），朱元璋废中书省，以"祖宗之法"的形式废除宰相制度。虽然后来因政治需要也形成了新的辅政机构与事实上的宰相，但相权从此失去了正式制度的支持与依托；相位的存续及权力大小，取决于皇帝的能力、君相之间的私人关系等等不确定的非制度性因素。由于没有正式制度意义上的宰相，没有正式制度意义上的尚书省或中书省，六部就升格了。六部直接对皇帝负责，成为国家行政的中枢，这一体制意味着君主直接控制、支配国家行政执行体系获得了更多的制度保障。"六部升格，直接向皇帝负责，这就使皇帝事实上兼任了丞相的职掌，既为国家元首，又为行政首脑，使君权与相权合一，形成了一个权力高度集中的政治体制，皇权也空前地高涨强大。"② 明代废相，开创了将政务执行机构直接隶属皇帝的先河。六部地位提升后，六部各部尚书、侍郎不仅负责具体政务的执行，而且兼有辅政大臣的资格，不过其权力也受到内阁及司礼监的牵制。

明代中央政务执行机构，以六部及诸寺、监、府、司共同组成。六部是核心，寺、监、府、司分掌外围事务。六部对诸寺、监等有政令转承或上下督导关系。六部中以吏、户、兵三部之权为重。吏部为六部之首，吏部的侍郎与各部尚书地位相当，吏部尚书则高于各部尚书，吏部的地位可与内阁相抗衡。六部之下设各清吏司，为部属职能机关。吏、礼、兵、工四部各按其业务范围下设四个清吏司。户部和刑部因其业务范围与地方关系密切，

---

① 张帆：《回归与创新——金元》，载吴宗国主编：《中国古代官僚政治制度研究》，333页，北京，北京大学出版社，2004。

② 袁刚：《中国古代政府机构设置沿革》，567页，哈尔滨，黑龙江人民出版社，2003。

故按地区划分部属机构，对应十三个行省各设置十三个清吏司。六部还各设司务厅，负责本部总务，相当于各部的办公厅。六部分工大体如上：

吏部，下辖文选、考功、稽勋、验封四个清吏司，分管文官的铨选、任免、考课、处分、勋级、丧养、封爵、荫恤等事务："掌天下官吏选授、封勋、考课之政令，以甄别人才，赞天子治。"①

户部，下辖浙江、江西、湖广、陕西、广东、山东、福建、河南、山西、四川、广西、贵州、云南共十三清吏司，每司下设民、度支、金、仓四科，分管各省户籍、田土、税粮、漕运、盐政、钱钞等事务，同时分工分管中央各衙门、卫所、边镇的俸禄及粮饷；此外还设有宝钞提举司、纸钞局、印钞局及各库、仓等机构，分管货币及仓储等事务。

礼部，下辖仪制、祠祭、主客、精膳四个清吏司，分管贡举、学校、宗教、军嘉礼仪、吉凶礼仪、宾客礼仪、典礼宴席等事务；另设铸印局，主管中央和地方官印的规制与制造。"至合典乐典教，内而宗藩，外而诸藩，上自天官，下逮医师、膳夫、伶人之属，靡不兼综，则自明始也。"

兵部，下辖武选、职方、车驾、武库四清吏司，分管舆图、武官铨选、考察升调、荫恤、训练检阅、后勤给养、军籍、军器、驿站马牧、武学等事务。明代兵部与历朝相比，权力最大，如尚书和侍郎常出外督师，兼任边关军事长官，协理京营戎务。

刑部，下辖十三个清吏司，其名称与户部相同。十三司分管各省刑名案件，兼管审核诉讼、朝审、热审、刑具、狱政、答疑、决囚等事务。

工部，下辖营缮、虞衡、都水、屯田四个清吏司，另设营缮所、皮作局、军器局、织染局、竹木局等，分管各种营缮工程，采办制造器材、修建水利河防、陵园修缮等事务。凡国家度量衡器、狱具、舟车、礼器、军需、织造等，均归工部统一管理。

六部之外的诸寺、监，其名称多沿袭汉唐旧称，但数量已少，有大理寺、太常寺、光禄寺、太仆寺、鸿胪寺、国子监、钦天监，其行政地位与官员的品秩低于六部。太理寺为三法司之一，掌狱讼的复核；太理寺与刑部的职能分工，与隋唐时代的二者分工相反，但作为司法机构，均属于行政机构之列。太常寺掌祭祀礼乐之事，在分工上与礼部有重合，亦听命于礼部。光禄寺与礼部精膳司相关，并与太常寺及内廷有密切业务关系。光禄寺的具体业务，主要是祭享筵宴厨料供应之类。鸿胪寺的业务也与礼部相关，"凡国家大典礼、郊庙、祭祀、朝会、宴飨、经筵、册封、进历、进春、传制、奏捷，各供其事。外吏朝观，诸藩入贡，与夫百官使臣之复命、谢恩，若见若辞者，并鸿胪引奏"②。鸿胪寺类似于国家大典、外交礼仪的具体仪规的导演和司仪机构。太仆寺是国家马政机构，马政与军事有密切关系，故太仆寺须听命于兵部。关于诸监，明代进行了简化，仅留国子监与钦天监。国子监是最高学府兼教育主管机关；钦天监，是掌管天文气象历数的机关。此外有宗人府，是管理皇族事务的职能机关，《明史·职官志》将宗人府列为政府各部门之首，"掌皇九族之属籍，以时修其玉牒，书宗室子女嫡庶、名封、嗣袭、生卒、婚嫁、谥葬之事。凡宗室陈请，为闻于上，达材能，录罪过"。

---

① 《明史·职官志》。
② 《明史·职官志》二。

明代还设有僧、道录司为宗教事务管理机构。僧录司掌佛教，道录司掌道教。僧道官由僧道中有德望者充任，有品秩但不领俸禄。"僧、道录司掌天下僧道，在外府州县设有僧纲、道纪等司，二司通过这些地方机构调查天下僧、道人数，发给度牒，编制名册，推荐寺观住持和道长，检束戒律，从而将佛、道二教纳入政府的严密控制之下。"①

明代中央政务执行机构体系是相当严整、规范的。"明政府行政体系集唐宋金元以来制度变化之大成，是相当规范的政府，科层体制严整，权责也较分明，机能也较一致，从形式上看是有明显的进步。"②

明代中央政务执行机构还有一个独特处，即在于永乐迁都北京后，南京保留了一整套中央政府班子。"南京政府虽然部门齐全，但基本上无事可做，管辖范围只限于留都（南京）所属的州县。"③

明代皇权高度膨胀、君主专制极权化，也严重影响了中央政务执行机构体制，最为明显的例证是宦官机构、特务机构泛滥即权力的膨胀。宦官机构如十二监四司八局等，经常奉皇帝诏旨侵夺、干扰朝官职事。由宦官统领的厂卫（东厂、西厂、锦衣卫）特务组织渗透到政府各机构中，为君权专制极权服务。"每月旦，厂役数百人，掣签庭中，分瞰官府。其视中府诸处会审大狱，北镇抚司考讯重犯曰听记。他官府及各城门访缉曰坐记。某官行某事，某城门得某奸，胥吏疏白坐记者上之厂，曰打事件。至东华门，虽禁夜，投隙中以入，即屏人达至尊，以故事无大小，天子皆得闻之。"④

清朝的中央政务执行机构体系基本上沿袭明代。皇帝直接统领六部。

吏部掌全国文员官员的任免政令，及内外官编制、铨选、考绩等，仍为人事行政职能部门。清代吏部权力大大小于明代吏部。明代吏部尚书可以主持廷议和廷推，与内阁相抗衡。清代的吏部，已无决定官员升迁的权力，亦无权主持朝廷的议政会议，其职能被限缩。

户部掌全国疆土、田亩、户口等民政财政政令，仍为赋役民政机关。户部设十四清吏司，负责各省的赋税和财政项目的报销，在六部中最为繁忙。户部还掌关税及海关事务，在京城及各省设"户关"（户部直属税卡）征百货之税（竹木、船钞的征税属工部管辖）。清代户部与工部的分工亦有改革。

刑部为三法司之一，下设十七清吏司，分掌各省刑狱。各省刑案到刑部后，分由各司处理。在十七司之外，刑部还设有督捕清吏司、提案厅、赃罚库、律例馆、秋审处、减等处、赎罪处、饭银处、督催所、当月处等机构，分别处理定罪量刑及刑罚执行过程中的相关事项。"刑部的司处较杂，有同一省区刑名之事分两司兼管，同一事务在两处承办者，如减等处承办减免之案，而又由江苏司兼办，各司甚至兼办刑名以外的事务。"⑤

另外三部的职权也有变化。兵部权力缩减为以掌管武职官员的考核为主。工部的权力也被侵夺，如河工原为工部负责的要务，但改为另派河道总督管理。清代礼部的职掌与明代礼部相比也有变化。

---

① 袁刚：《中国古代政府机构设置沿革》，600页，哈尔滨，黑龙江人民出版社，2003。
② 同上书，601页。
③ 张鸣：《中国政治制度史导论》，194页，北京，中国人民大学出版社，2004。
④ 《明史·刑法志》。
⑤ 袁刚：《中国古代政府机构设置沿革》，650页，哈尔滨，黑龙江人民出版社，2003。

除六部外，清代沿袭明制，设立了府、寺、监、院、司等十几个事务性行政机构，如宗人府、内务府、大理寺、理藩院、詹事府、太常寺、太仆寺、光禄寺、鸿胪寺、国子监、钦天监、太医院、僧道录司等，各寺、院、监、府、司的机构也有一定的调整。理藩院为专门掌管蒙、回、藏等民族事务（并兼管与邻国的外交）的中央行政部门；内务府为清代创设，全称为总管内务府衙门，掌宫廷内部各项事务。

总体而言，清代六部的权限比明代六部小，在国家权力体系中的地位亦低于明代六部。这大概与清代内阁、军机处作为辅政机构对君权的强化有关。皇帝作为最高统治者和政府首脑的地位空前加强。

清代法制对君主极权的强化更甚于明代。"皇帝能够直接管的事情，就直接拿到军机处。如果需要专业技术的参与，直接管不了，那么就将技术性事务都集中到个别的部，如户部和刑部，以便就近掌控。从某种意义上说，户部只是皇帝的'总会计事务部'，而刑部则是皇帝的'司法顾问处'。六部没有对各地督抚直接发布政令的权力，所有来自中央的政令，都要由皇帝发布。"① 除六部地位下降之外，清代中央政务执行机构体系与明代制度还有一个明显的不同：六部及各府院寺监等中央行政机构的首长，大体分设满、汉各一员，职级相等，但满员班列在汉员之前。这体现了清朝政府体制和法制的民族歧视属性。

第三节
中央政务执行机构的权力及其行使方式

一、中央政务执行机构的权力

设官分职，特别是决策职能与执行职能的分工，是官僚政治体制发展的重要表现之一。中国古代中央政务执行机构的权力问题，是我们研究中国古代行政法律制度时必须特别重视的问题之一。

关于这一问题的认识，可从中国古代官僚政治制度演进的角度加以考察。吴宗国先生认为，在中国上古贵族政治中其实已经孕育着官僚制度的若干因素，但一般而言，官僚政治更是由贵族政治向君主专制政治转化的产物，它是君主专制政治赖以运行的基本政治体制。②

关于中国古代皇权政治内的官僚制，德国学者马克斯·韦伯将其概括为家产制政府体制。韦伯认为，与建立在法理控制基础上的具有专业化功能、固定规章制度、设科分层的组织制度和管理形式，作为工业化和合理化的产物的现代科层制不同，中国古代的官僚政治是家产制政治。③ 这种看法受到质疑。有学者指出：中国古代官僚政治机构的体系变迁，

---

① 张鸣：《中国政治制度史导论》，226 页，北京，中国人民大学出版社，2004。
② 参见吴宗国主编：《中国古代官僚政治制度研究》，1 页，北京，北京大学出版社，2004。
③ 参见［德］马克斯·韦伯著，洪天富译：《儒教与道教》，48 页，南京，江苏人民出版社，1995。

虽然具备韦伯所言的家产制政府体制的特征，但也存在着典型的科层制政治体制特征。以隋唐为例，六部九寺五监体系在形式上具有韦伯所指出的科层制的某些特征，如文官行政、权力分层、科室分层等，形成了具有一定稳定性的等级秩序体系，有较严密的档案制度及官员任用、俸禄、秩级、迁转、致仕等制度。不过，这种科层制所体现的合理化特征，并非如韦伯所总结的西方国家那样是工业化的产物，而是中国政治模式内部长期调整改革、理性施政的结果，其中也包括人为理想化的成分。"皇权的专断性和随意性造成的家产制官僚政府特征和理性施政的科层制官僚政府特征，在历朝历代彼此消长，此起彼伏，几乎贯穿了整个封建时代政府发展的每一过程。"①

关于中国古代中央政务执行机构的权力问题，我们可以从韦伯所言家产制、科层制两个角度去理解。

韦伯认为：家产官僚制度在政治上是与封建制度以及任何世袭等级的划分相对立的。所谓"家产"，实际上只是指世袭的"皇权"，指国家是皇帝的家产，而绝非指官员可以世袭，官员已不再从贵族世家子弟中来。韦伯认为，实行科举，以教育资格而不是出身或世袭的等级来授予官职，这对中国的行政和文化都具有决定性的重要意义。家产官僚制这样一种统治形态的主要特征是中央集权：在中央有专制君主的君权，同时有靠忠孝情感与国王联系起来的家臣集团。在这种统治形态下，君主一元化地、集权地统治全部国土和人民，家臣集团只是在一定的期间、作为中央派出的官员来治理地方。②

本着这样一种基本判断，我们可以概括中国古代中央政务执行机构的权力范围。

按照家产官僚制的理念，中国古代中央和地方政务执行机构体系是一个家臣体系，是给君主看守或经营家业的臣仆体系。这一机构体系的一切权力，归根结底是君主的权力，不是独立于君主的权力。君主将权力委托给家臣们去执行，且可以随时收回或改授。在这样的体制下，中国古代中央政务执行机构主要有下列几个方面的权力：

1. 君主家族成员身份管理权。

关于君主家族成员的身份管理机构，早在周代，据说即有"宗正"或"宗人"一职，掌宗室属籍。③《周礼》春官宗伯之下有"小史"一官，"小史掌邦国之志，奠系世，辨昭穆"，实际上是王族成员身份谱系管理官。秦汉沿袭周制，在九卿中设专门掌管皇室亲族和外戚事务的机构——宗正，其职责是"掌序录王国嫡庶之次，及诸宗室亲属远近，郡国岁因计上宗室名籍"④。隋唐时代仍设宗正寺，又曾改名司宗、司属，主要掌管皇室宗亲簿籍，向吏部司封司申报应袭封爵事宜。明清时代设"宗人府"，"掌皇九族之属籍，以时修其玉牒，书宗室子女嫡庶、名封、嗣袭、生卒、婚嫁、谥葬之事"⑤。国家设君主宗族成员身份管理机构和官职，目的是要首先解决家国一体的国家"产业"的所有者及共享者的身份问

① 袁刚：《中国古代政府机构设置沿革》，9 页，哈尔滨，黑龙江人民出版社，2003。

② 参见［德］马克斯·韦伯著，洪天富译：《儒教与道教》，46～47、55、63、171 页，南京，江苏人民出版社，1995。

③ （唐）徐坚：《初学记》引《百官春秋》云："周受命，封建宗，始选宗中之长而董正之，谓之宗正。成王时，彤人为宗正，掌王亲是也。秦因之。"

④ 《后汉书》卷二十六，《百官志》三。

⑤ 《明史》卷七十二，《职官志》一。

题。用今天民法的话语来说，就是要确认所有权人，这是家产制国家的第一要义。

2. 君主家务管理权。

所谓君主家务的管理，主要指君主及其后妃、子女、兄弟之家庭事务的管理。这一管理，在今天看来应该是个人私事，但在古代中国却被视为国家公事的一部分。关于这一方面的管理机构或职官，早在《周礼》中已有设计，如"天官冢宰"系统，就来自君王私人饮食起居服务机构，其中"膳夫掌王之食饮膳羞，以养王及后世子"，"庖人掌共六畜六兽六禽，辨其名物，凡其死生鲜薧之物，以共王之膳，与其荐羞之物，及后世子之膳羞"。此外还有掌管君主饮食起居生活服务的职官"内饔"、"外饔"、"亨（烹）人"、"酒正"、"酒人"、"浆人"、"醯人"、"盐人"，等等，有专门负责为君王猎取野味的"兽人"、"渔人"、"鳖人"、"腊人"。关于后妃、世子之家务服务，有所谓"内宰"，职责是"以阴礼教六宫，以阴礼教九嫔，以妇职之法教九御"；有所谓"内小臣"，职责是"掌王后之命，正其服位。后出入，则前驱……诏后之礼事，相九嫔之礼事，正内人之礼事"，还"掌王之阴事阴令"（大约是王临幸后妃的事务安排）。这一机构体系，在汉代的官职中有体现，如汉朝宫廷设立的为皇帝生活起居服务的机构甚多，有负责为皇帝储藏、保管金银丝帛御服珍膳诸货物的"中藏府"，有掌管皇帝饮食的"太官署"，有负责为宫廷掌管纺织制衣的"织室"，有为皇室打造刀剑兵器及玩物的"尚方署"，有专为皇家看病的"太医监"①。在唐代，有专门为皇室或宫廷生活起居服务的"殿中省"、"内侍省"。在殿中省，设置了"尚食局"、"尚药局"、"尚衣局"、"尚舍局"、"尚乘局"、"尚辇局"，所管的都是皇帝衣食行事务。在内侍省，设有掖庭局、宫闱局、奚官局、内仆局、内府局等，所管的全部是皇室后妃生活起居琐事。还设有专门管理皇太子家务事的"太子东宫"机构，设太子詹事、太子左右坊、太子内坊、太子家令寺、太子率更寺、太子仆寺等一大套机构，其实都是太子生活起居仆隶性质的机构。最为典型的是后宫"女官"的设置：大约从周代开始即设女官，至隋唐时形成了较为整齐的内官制度，如皇后视同亲王，贵妃、惠妃、丽妃、华妃为正一品，淑仪、德仪、贤仪、昭仪等为正二品，美人为正三品，才人为正四品。此四品以上为皇帝妻妾，五品以下女官则为后妃的侍奉官（有时亦因临幸而晋升为妻妾）。所有女官都享受国家俸禄，高级女官可以开设府邸、配备女官或宦官为其执事。

3. 君主直接家产管理权。

关于君主家产的管理，我们可以有广、狭两重理解。广义上讲，国家一切资源、财富都是王者的家产。汉高祖刘邦在其父太公面前志得意满地炫耀："始大人常以臣无赖，不能治产业，不如仲力。今某之业所就孰与仲多？"② 表达的就是这个意思。高祖晚年杀白马盟誓："非刘氏而王者，天下共击之！"③ 也是要强化国家为刘氏家产、别人不得染指的观念。狭义上讲，君主除天下为家产之外，还有实际上直接支配的私家财产，以供自己和后妃平常日用花费。这一财产的管理，是一项国家事务，专门设有管理机关。在《周礼》的"天官冢宰"系统中，有"大（太）府"，其职掌有"关市之赋，以待王之膳服"，就是专门征

---

① 《汉书·百官公卿表》，《后汉书·百官志》。

② 《史记·高祖本纪》。

③ 《汉书·周勃传》。

收关市赋税以供应王者的膳食、衣服之需。还设有"外府"，"掌邦布之入出，以共百物……共（供）王及后世子之衣服之用"。秦汉时代，国家设置了两个平行的财政机构：司农寺（治粟内史）为大藏，掌国用；少府为小藏，掌皇室私财。汉人应劭《汉官仪》说："少府掌山泽陂池之税，名曰禁钱，以给私养，自别为藏。"少府掌管的皇家小金库，实际上占国家财政收入的很大一部分，有时甚至过半。如汉人桓谭《新论》说："汉定以来，百姓赋敛，一岁为四十余万万，吏俸（公务开支）用其半，余二十余万万藏于都内，为禁钱；少府所领园地作务之八十三万万，以给宫室供养诸赏赐。"[1] 按桓谭所言，当时少府所掌的赋税收入，是司农寺收入的两倍多。有学者统计，汉代皇室财政收入，大约有山泽之税、江海陂湖之税、园税、市井之税、口赋、苑囿池御之收入、公田之收入、汤沐邑之租税、郡国贡献金钱财物，共9项[2]，可见收入来源之广。为了突出少府的地位，秦汉时代一直列少府为九卿第一，且有庞大的属官系统。隋唐以后，仍有太府寺、少府寺之设置，仍部分有为皇家掌管珠宝珍玩贡献或经营的职责。如玄宗时在太府寺之下有大盈库，除租庸调正税收入归国家财政正库（左藏库）外，其余一切杂项财税收入一律纳入大盈库，以供皇室私用，国家财政官员不知其详。[3] 在清代，皇室经费主要来自三大途径：一是皇室自己直接控制、经营的庄田之地租收入，二是内务府控制的榷关（关税征收机构）所收税金，三是地方督抚王公大臣及属国的年例岁贡。此三者的收入，常常是一个庞大的数字。如仅嘉庆九年（1804年）江浙两省的四个榷关转解到内务府以供皇室花销的税银就达九十余万两。[4] 掌管这一皇室经费经营事务的机构就是内务府。

4. 君主间接家产管理权。

国家一切政务执行机构，其职权实质上都是在管理君主的家产。但是，除了前述"少府"之类的机构外，其他机构并非君主家产的直接管理机构，只能说是在间接管理君主家产。所谓间接管理，是说一切国家事务归根结底是为君主家产的保护和增值服务的。从这个意义上讲，国家的各类事务，包括道德教化、财政税收、户籍治安、军事边防、司法审判、蕃政归化、教育科举、工商管理、宗教管理、劝课农桑、救灾扶贫等等，都是在进行君主家产的直接或间接管理工作。国家的政务执行机构在这一方面的管理权，其实就是君主委托或授予的家臣或奴仆管理家事或经营家产的职责。

从科层制的角度我们也可以对中央政务执行系统的权力进行一定的描述或分析。

现代科层制，在韦伯看来，大致有四个特征。第一，现代科层制表现为一整套持续一致的程序化的命令—服从关系；第二，上述从属关系一般是由严格的职务或任务等级序列预先体制化地安排的；第三，现代科层的非人格倾向，即权力不是出自血统的或世袭的因素，而是源于建立在实践理性基础上的形式法学理论和形式法律规定的制度；第四，现代科层的技术化倾向，即较完美的技术化程序和手段。[5] 韦伯认为，中国古代虽然有着科层制的迹象，但不是真正的建立在法理之上的科层制。不过，我们可以借用韦伯的科层制理论

---

① 《太平御览》卷六百二十七，《赋税》引。

② 参见傅光明等：《中国财政法制史》，67～68页，北京，经济科学出版社，2002。

③ 参见上书，196页。

④ 参见清光绪朝《大清会典事例》卷二三八。

⑤ 转引自何景熙、王建敏主编：《西方社会学说史纲》，108～109页，成都，四川大学出版社，1995。

对中国古代的中央政务执行系统的权力进行一些分析。

按照科层制理论，国家的权力体系是一种预先制度化或体制化安排的职务或任务等级序列，其中有一套持续的、程序化的命令服从关系，一切权力不来自血缘或世袭而来自法制，官僚体系拥有专门技术化的程序和手段来从事政务。这些特征，在中国古代的官僚政治体制中也基本存在。

这样的国家权力体系，比如从纵向来讲，就是中央政务执行机构、地方政务执行机构、基层政务执行机构之间的命令与服从关系，这一关系显然是预先体制化安排了的。在中央政务执行机构内部，实际上又有典型的层级分工，比如在唐代的六部之中，都有部尚书、司郎中、令史吏员三个层级，各自负责同一政务的不同阶段。在地方政务执行机构内部，又有州、县两级或藩镇、州、县三级。在基层，又可以分为乡、里（坊）等层级。这些层级的机构之间的权力运作或命令服从关系，是有着相当的技术化因素的，比如唐代的官员考核，就设计了"四善二十七最"这一套十分规范化、技术化的指标体系。

按照科层制概念来理解，中国古代的中央政务执行机构体系的权力，从纵向来讲，大致可以分为：第一，政令传达或布置权。这主要是古代中国的六部、九寺、五监的首长（长官、佐贰）的权力。第二，政令领受或承办权力。这主要是古代中国六部寺监之下的司、局的长官的权力。第三，执行具体政令所需事务工作的执行权。这主要是司局之下令史吏员的权力。从横向来讲，则可以分为政令执行权、督办权、审计权、考核权、纠正权、救济权之类。从政治事务的属性来讲，可以分为财政经济行政权、民族事务行政权、军事行政权、治安行政权、教育行政权、工商税务行政权、人事行政权、宗教管理行政权之类。

在分析中国古代中央政务执行机构体系的权力构成时，我们必须看到：古代中国的官僚体制既有若干理性化特征，如权力的专业化、技术化、层级化、程序化，运作的规范化、制度化，权力不来自世袭而来自科举选拔任用和授权。但是，我们也要看到，古代中国的权力构成和运作也总是处于君权专断性、随意性以及私人性、依附性等因素的干扰之下。家产制属性与科层制属性，这两个相互矛盾的属性，在中国古代官僚体制中同时存在。在家产制因素的作用下，中央政务执行机构权力边界有时不确定，呈现出"职无常守"的特征，如秦代即出现列卿领兵作战，参加非本部门所辖事务的集议，监御史主持营造运河之类的情形。"职无常守是由于皇权强大，皇帝可随意调遣官员，增减予夺其职、权、责，人治重于法治，吏治官职一切以皇帝的意志为转移。"[①]

在家产官僚制之下，正式制度赋予中央政务执行机构一定的权力，这些权力有时貌似分工明确、责权分明，但实际上在运作过程中，常有变形。其一是某一中央政务执行机构的权力，被直接受命于皇帝的"使职"（差遣）所侵夺，如宋代的使职基本形成一套较为完整的体系，可以独立运作，发挥自身的职能与作用，以维系整个国家机器的正常运转。其二是某一中央政务执行机构的权力急剧扩张，直至成为中枢决策辅佐机构，如"尚书"权力的变迁。其三是法定的政务执行机构常因过于体制化的运作模式而不被君主倚重、信任，君主转而任用自己身边的亲信机构职官代替前者办理本来与其无关的政务，侵夺其政务执行权力。大体而言，中央政务执行机构权力的变异，既与君主私人意志和私人利益作用有

① 袁刚：《中国古代政府机构设置沿革》，61页，哈尔滨，黑龙江人民出版社，2003。

关，也与履行国家和社会事务的公共管理职能的需要有关。

二、中央政务执行机构权力行使方式

官僚政治制度的行政运作基本模式是代理制和使令制。

所谓代理制，是指国家所有官员是君主的代理人，代替君主管理不同的区域、人民和各类事务；一切行政是在为君主家产管理经营服务，一切行政行为的结果由君主概括承受。中国自战国开始出现的官僚制和郡县制，就是代理制的典型体现。这种代理制的实质，就是黄宗羲所批判的："世之为臣者昧于此义，以谓臣为君而设者也。君分吾以天下而后治之，君授吾以人民而后牧之，视天下人民为人君橐中之私物。"[1] 一切官员获得职位和权力，理论上讲都是根据君主意志临时个别授予，而不能通过世袭继承或直接瓜分。科举制度就是选拔代理人的最佳模式，它使主要官员队伍均以天子直接选拔（天子门生）任用的方式参与政治，排除通过其他途径分享或瓜分国家权力。

依照代理制，君主委托臣下代理统治环节的各种事务，以实现其"王政"、"王道"目标。从君主方面讲，其委托一般是笼统委托、综合委托，就是按照行政区域划分或事务种类划分把区域统治权或特别种类的事务处理权交给臣下行使，自己在背后监督（通过耳目系统）控制并坐受其成而已。从臣下方面讲，其得到的授权实际上是模糊授权或笼统授权，只要自认为符合君主旨意和儒家治道，就以一个地区的完善治理或一类政务的完满完成为目标，为所当为；而不是将这一任务目标分割为阶段或条块，事事、时时向君主请示。

所谓使令制，是指国家政治主要是通过层层级级的命令服从关系来实现。这种层层级级的使令模式，就是科层制的表现之一，也就是中国古代所谓"行政"。在这种命令服从关系中，其命令内容，不是既定法律规定的恒定义务，而是君主的意志。就是说，命令服从关系的框架是法定的、制度化的、程序化的，但其具体行为内容是不确定的，是在一套宏观的伦理原则或治国理念笼罩之下随时势变化而变化的任务。唐人韩愈言："君者，出令者也；臣者，行君之令而致之民者也；民者，出粟米麻丝，作器皿，通货财，以事其上者也。君不出令，则失其所以为君；臣不行君之令而致之民，则失其所以为臣；民不出粟米麻丝，作器皿，通货财，以事其上，则诛。"[2] 臣，就是整个政务执行系统，其任务就是"行君之令而致之民"，包括按照行政层级一级一级往下发布和执行命令（即使令）的过程，这就是所谓"行政"。

依照使令制，中国古代的行政权力行使是以层层级级向下发号施令为特征的。虽然君主对臣下的授权是模糊和笼统的，但并不是承包型的或自治性的。在执行权力过程中，臣下随时会受到君主改变主意的指令，臣下并不能像"将在外，君命有所不受"般地享有拒绝的权力。在官僚体系中也是如此，上级对下级虽然有模糊的、概括的、笼统的指令和监督，但下级得随时接受上级的临时指令。

除上述两个方面外，还应该注意到，所谓中央政务执行机构的权力行使方式，还包括古代中国官僚政治的施政手段问题。萌发于战国、发展于秦汉的中国古代官僚制度，早已

---

① 《明夷待访录·原臣》。

② 《韩昌黎文集·原道》。

形成了一套适合于专制集权统治的施政手段，贯穿于官僚政治的行政运作之中。这其中包含着很多内容，如官僚制的自身管理，设官分职的方式，行政机构的设置，法治化和理性行政的运用，等等。这些内容在漫长的中国古代官僚制发展过程中，处于不断变化之中，但是官僚行政运作所依赖的两种基本形式，即公文和胥吏，则是整个中国古代官僚制度须臾不可离开的，具有一定的普遍意义。[①] 中国古代中央政务执行机构的职责，是贯彻落实来自君主的各种普遍施行的法律、法令、政策以及关于各类或单个具体事宜的指令、命令，也包括对汇集到中央的各地应上报事务或疑难事务进行政策性处理或者协调。其贯彻落实的措施、途径与手段，包括与君主及宰辅沟通，奏请、申请或交换意见，责成下属机构与人员具体操办，或转由地方行政机构作相应处理，等等。中央政务执行机构的权力行使方式，主要体现在公文运转与官吏活动两方面。

（一）公文运转

官僚政治的重要特征之一，是行政活动特别依赖各种簿记、档案、文牍，严格依照成规典章或法制。吴宗国先生指出，秦汉以来，逐步建立了一整套从中央到地方的政务运行系统，并逐步形成一套严密的法律、法规作为政务运行的准则。政务的运行通过文书运行来操作，有严格的文书编制、运用、传递和保管制度。[②] 文书的种类，就其与中央政务执行机构行使权力相关者，包括作为上行文书的奏疏、上书，作为中央政府与地方进行政务联系、实施行政管理的行移公文。前者虽然名义上是官员个人呈给皇帝的文书，实际上是以其所任职位为基础，故可视为中央政务执行机构行使权力的手段或方式。官府行移公文又可分为不同形式。根据卜宪群先生的研究，以秦汉为例，官府行移公文从形式和内容上大体可以分为檄书、牒书、府书、记、爰书、变事书、奔命书、报书、举书、劾状等，其中一些用于中央政务执行机构权力的行使。如檄书，用于皇帝发布诏书，也可为公府九卿所用。如《后汉书·袁安传》载："（执金吾窦）景又擅使乘驿施檄（书）缘边诸郡，发突骑及善骑射有力者。"这就是中央政务官员使用檄书。又如报书，是上级对下级上移文书的回复、批复。另外，考绩管理公文在文书运转中也有重要地位。

在中国古代官僚政治中，文书制度呈现出法制化的特征。阎步克先生认为，对文书和档案的利用程度，代表了官僚制度的发展水平；行政的书面化可以大大提高精密性、规范性和可靠性。周代史官对文书图籍的运用已达到了一定规模，战国变法进而使法典法规、文书图籍、档案簿记之类，变成了帝国行政的基础。[③] 而云梦睡虎地所出秦律，颇能反映秦国对行政书面化、文牍化的重视和管理的细密。《秦律十八种·行书》中有对公文传发的规定，《秦律·司空》中有对公文书之书写材料的选择和缄束方法的规定，都相当细密。《秦律·内史杂》载："有事请殹，必以书，毋口请，毋羁请。"亦即规定：公事必须以书面形式申请和办理，不得口头请示或托人代达。"以文书御天下"，是中国传统行政方式的一个特征。当然，文牍主义的危害，也是这种权力行使方式容易滋生的弊病。

---

① 参见卜宪群：《秦汉官僚制度》，253 页，北京，社会科学文献出版社，2002。

② 参见吴宗国主编：《中国古代官僚政治制度研究》，3 页，北京，北京大学出版社，2004。

③ 参见阎步克：《帝国开端时期的官僚政治制度——秦汉》，载吴宗国主编：《中国古代官僚政治制度研究》，48 页，北京，北京大学出版社，2004。

（二）官吏活动

中央政务执行机构权力的行使，离不开官员与吏员的活动。吏的起源可以追溯到西周贵族制下的行政管理。相对君主而言，各级公务员都可以泛称为吏，包括长官、僚属、吏役。秦汉时代，官和吏的分界不明。从秦汉的实际情况看，可以把官秩二百石作为划分官与吏的确切标准①，因为，官秩二百石以上的由君主任命，发给作为权力凭证的印绶，出行拥有作为权力威势外观的导引仪仗；俸禄不足二百石者则无此待遇，表示他仅仅是依附于前者而已。唐宋时代，官、吏界限渐渐清晰，"吏"虽然有时也可以指属官，但逐渐成为官员驱役的低级事务员的代称。在明清时代的中国，官和吏是有着严格界限的：官员，包括长官和佐贰官，都是朝廷命官，是皇帝的代理人；吏，广义上包括幕友、长随、书吏、衙役，都是衙门雇员或官员私人雇员。官员是行政机构职能发挥的组织者和各种事务的决策者，吏员则担负着文牍处理、迎来送往、协助长官处理事务等职能。

在政务执行过程中的官吏活动，主要是文牍活动。所谓文牍活动，包括公文起草、审核、呈报、收发、登录、签署、批准、传送、下达、知会等等。官员或吏员们根据律令条规或上司指令，各自完成其中的每一个环节，以此办理着行政事务。这一过程有着强烈的责任关系。一般说来，长官是责任人，吏对长官负责。公文出了问题，上司追究的首先是官员，吏员只是附带被追究。

在中国古代政务执行机构的活动方式中，有一些是借助仪式、符号来进行的"象征性"活动，如各种礼仪、祭祀等。这也可以看成它们的权力行使方式之一。这些行政的实施，既有有关部门上下级之间的事务分工，也有依靠相关的部、监、寺之间的业务合作。其操办过程，亦即行使权力的过程，因为它们对这些礼仪、祭祀的操办权也具有专属性。

在贯彻落实君主政令的"行政"中，有一些事项并不需假手于地方行政机构，直接依靠中央政务执行机构官吏即可妥善办理，也就是说没有逐级向下命令和服从的情形。此时，中央官吏亲历亲为的一些活动，也是中央政务执行机构权力的行使方式。而在中央政务执行机构行使权力的过程中，是否拥有本部门官印，是中央政务执行机构权力相对独立性的表现，是权力行使活动的真实、合法、有效性的表现。

另外，中国古代中央政务执行机构的权力边界呈现出不确定形态，这主要体现在其与相权的互为消长乃至重合的关系中。如隋唐三省长官，为宰相班子成员，但三省事务并非仅仅是辅政决策，也常常直接执行或推行君主政令。又如明代九卿部院都是政务执行机构，但有时可以以廷议、廷推等形式参与中枢决策。中央政务执行机构也常以"辅政"方式行使权力，而中枢辅政决策机构有时也以政务执行方式行使权力。

阎步克先生认为：科层化的分官设职架构，合理化的运作制衡机制，严密的法律规章及训练有素的吏员队伍，是中国古代官僚制的良性因素，但各种封建性、依附性、宗法性、个人性以及各种非理性因素的渗透与侵蚀，君权的恣意干扰，导致权力理性化水平受到影响。中国家产制官僚制的这种特征，亦体现在中央政务执行机构的权力形态及行使方式

---

① 参见卜宪群：《秦汉官僚制度》，286 页，北京，社会科学文献出版社，2002。

之中。①

第四节
中央行政派出机构、其权力及与地方的关系

中国古代的中央政务执行机构，除了直接在京师办公者外，还应该包括中央派到地方的派出机构。这些机构或者巡回于一些区域，或者常驻某个地方区域，其负责办理的事务一般不是传统上的地方事务，而是中央政府事务的一部分。这样的机构，虽然与地方政府机构之间似乎没有原则的区别，但是我们还是把它们认定为中央派出机构。

在古代中国的政治中，经常以皇帝或朝廷的名义，从中央机构中临时抽调一些官员派遣到各地处理各种特别事务，也就是代替在京师的中央机构去某地区处理这些事务，于是逐渐形成了中央行政派出机构。

这种中央行政派出机构，因其授权自皇帝，直接对皇帝负责，具有皇帝使者和临时特派的性质，故有人称为使职差遣。不过，本节所讲不是使职差遣的全部，特别不包括唐代后期和两宋时代的使职差遣（差遣变成了实际职务，形成了普遍差遣制）情形，只是讲中央派出到地方办理中央行政事务的职官或机构的情形。

当在京师的中央行政机构体系不能及时应对广袤国土上日新月异的社会情势时，为了实现对地方的有效控制和提高行政办事效率，中央行政派出机构便应运而生。这种派出机构往往是职官与机构名称合一，起初往往只有使职官员及其临时属僚，职责权限并无明确的范围，后来逐渐演变成有自己的正式属员编制、有固定的办公场所、职责权限有相当明确的法律规定，于是便向地方性常设行政机构转化。

一、历代中央行政派出机构

（一）秦汉时期

秦代似乎没有典型的中央派出机构之设置，其各郡县的守、丞、尉、监，都由皇帝委派，一开始即为常设地方机构，不能视为中央派出机构。汉代较典型的中央派出机构，是汉武帝时开始派出的十三州部刺史。这一派出机构体系，一般视为监察机构，但因为古代并无行政和监察的严格区分，故也可以视为行政派出机构。汉武帝时遣绣衣直指刺史分行诸郡巡察地方，纠举官吏不法（重点是纠察郡守二千石）。刺史官秩仅六百石，远在郡守之下。虽有以"六条诏书"问事即纠察郡守不法之权，却不能干预郡守、县令之事。汉成帝时曾改刺史为州牧，后或改称刺史，或复旧称。东汉末期，为应付农民起义蜂起的局势，提高地方长官权力，复改刺史为州牧，至此刺史成为前所未有的最高级地方军政长官。

根据宁志新先生的研究，两汉时期，中央派出的使职大致有 21 种：直指使者（绣衣使

---

① 参见阎步克：《变态与融合——魏晋南北朝》，载吴宗国主编：《中国古代官僚政治制度研究》，102 页，北京，北京大学出版社，2004。

者、直指绣衣使者）、治狱使者、北军使者、在西域设置的使者（如使者校尉、护鄯善以西使者）、稻田使者、主历使者、监使（平乐厩）、治事使者、行冤狱使者、河堤使者、护苑使者、侍祠使者、案事使者、美俗使者、风俗使者、门卫使者、乘传使者、监军使者、将作使者、清诏使、案行使者。两汉时期的使职，类别较多，但涉及领域较广，大体可分为礼仪类、法律类、宫廷服务类、工程修造类、军事马政管理类、巡行监察类、经济生产类，其中礼仪、监察、司法、军事类的使职较多，而在一般行政事务或经济事务方面的使职较少。不过，两汉时期在边疆地区（特别是西域地区）常设主管当地一般军政事务的使职，与通常专事专设的使职不同，它相当于当地的最高军政长官。①

（二）魏晋南北朝时期

魏晋时期中央派出使职较少，而南北朝时期设置的使职相对较多。有人统计，此期大致有二十多种使职：监军使者、山陵使、慰劳使、定户籍大使、营田大使、讨胡使、和籴大使、吊慰大使、赏勋大使、慰喻大使、营构使、黜陟大使、检户使、括户大使、监筑长城大使、经略使、巡省大使、省方大使、吊使、迎劳使、掌管营田事务的都使、子使、采访使、巡察大使。与两汉时期相比，这一时期未设置专门查处重大案件的司法类使职，但由中央派往地方巡视、抚慰的使职大为增加，特别是行政类、经济类使职，如北齐的"淮南经略使"。有学者说："两汉时期仅在西域地区设立了相当于当地最高军政长官的使职，即'使者校尉'和'护鄯善以西使者'。而北齐时期首次在内地设置同样性质的使职，即'淮南经略使'，从而开启了以使职作为地方长官称谓的先河。"② 这实际上是说，中央派出机构性质的使职，很快就成为地方最高行政长官。在南北朝时期，使职在国家政治生活中的作用，要比两汉时期大为增强。

（三）隋唐五代时期

隋代的中央派出机构，也主要是各种使职，如巡省使、朝集使、考使、黜陟大使、过海使、慰抚使、受降使者、简黜大使、宫使、讨捕使、巡农使、宣抚大使等。某些使职，出现了久设不废的趋向，如"安抚使"、"讨捕使"，成为后来唐朝部分使职常设化、固定化的滥觞。隋朝还出现了一人身兼两个使职的现象，开唐朝使职普遍相互兼充的先河。③

唐代的使职，有作为中央派出至地方办事的机构者，也有仅为官员实际职务差遣（而不一定是派驻地方）者，二者都已成职官系统中的重要成分。"开元已前，有事于外，则命使臣，否则止。自置八节度十采访始有坐而为使，其后名号益广。大抵生于置兵，盛于兴利，普于衔命，于是为使则重，为官则轻。"④ 意即开元以前的使职，多是临时差遣，自开元年间置八节度使、十采访使于各地之后，不少使职开始固定化、常设化，节度使、采访使逐渐成为地方常设行政长官。使职随着唐朝军事、经济形势的变化与统治者的需要而设置渐多。

---

① 参见宁志新：《隋唐使职制度研究》，27 页以下，北京，中华书局，2005。
② 同上书，59 页。
③ 参见上书，77 页以下。
④ （唐）李肇：《唐国史补》卷下"内外诸使名"条。

据宁志新先生与何汝泉先生的统计，唐代使职约三百五十种。[①] 这些使职，宁志新先生按其职能划分为五大系统：（1）财经系统，以度支使、盐铁使、转运使、户部使为核心；（2）军事系统，以节度使、团练使、招讨使、防御使为核心；（3）行政监察系统，以巡察使、采访使、观察使、黜陟使为核心；（4）宫廷服务系统，包括进食使、置顿使、阁门使、五坊使等；（5）礼法杂类系统，包括礼仪使、册立使、吊祭使、删定格式使、疏决囚徒使、和吐蕃使、和亲使等，以及上述四大系统之外的所有其他使职。

在上述五大系统中，以财经系统使职为最多，共有一百余个，约占使职总数的三分之一。财经系统的使职，又大致可分为10类：（1）农业类，如营田使、劝农使、开稻田使、沟渠使，等等；（2）畜牧业类，如闲厩使、群牧使、监牧使、马坊使，等等；（3）手工业类，如盐铁使、盐池使、铸钱使、木炭使，等等；（4）商业贸易类，如和市使、和籴使、市马使、市舶使，等等；（5）租税征收类，如租庸使使、两税使、青苗使、税盐使，等等；（6）物资转运类，如转运使、水运使、陆运使、海运使，等等；（7）仓储出纳类，如太仓使、左藏库使、延资库使、出纳使，等等；（8）财物供给与社会救济类，如供军使、粮料使、衣资使、悲田使、赈给使，等等；（9）不动产管理与工程修造类，如宫苑使、庄宅使、山泽使、筑城使、修陵使，等等；（10）财政中枢类，如度支使、户部使、三司使，等等。

这些使职，都可以说是在执行部分中央政务。这些使职派驻地方者，以军事类和监察类最为重要，最后常演变成为地方行政长官。

唐代使职已基本形成一套较为完善的体系，可以独立运作，发挥自身的职能与作用，以维系国家机器的正常运转。这是唐代使职与前朝使职的最大区别。唐代的使职遍及国家各个职能部门，并不一定是派出到京师之外的各地方办理中央政务者。在唐代，职司特别政务督办、了解下情和安抚民众的临时性使职逐渐退居次要地位，用于经济管理、军事管理、地方政权管理、经常性综合监察等方面政务的使职已居于主要地位，这就导致派驻地方的使职逐渐一般行政化和地方化。

随着使职体系的发展，使职由皇帝差遣，逐渐归属到中书门下宰相机构的统一领导之下。到贞元、元和以后，中书门下领导部司、寺监和使司的行政体制确立。使职从皇帝的特派人员到宰相机构的下属行政职务的转变，是唐后期使职行政体系确立的重要标志。各个因事而设的使职逐渐有了完备的机构和严密的组织系统，发展成为固定的"使司"，使职行政体系臻于完善。中央政务执行机构，包括尚书省及诸寺监机构中尚保留原有职掌的部、司、局、署和日渐完备的派出机构"使司"系统，以及地方各级政府，都直接对中书门下宰相机构负责。

不过，唐代最为典型的中央派出机构是各"道"。首先是监察区"道"。太宗时始分全国为关内、河南、河东、河北、山南、陇右、淮南、江南、岭南、剑南共10道即10个监察区（玄宗时增至15道），每道统辖数州，遣大臣为观风俗大使巡行监察。其次是行政区之"道"。唐初尚书省在各地设置尚书行台，也称为"道"，如河南道大行台、东南道大行台等，设官参拟尚书省，下领州县，但武德九年（626年）废置。再次是大军区之"道"。设都督、总管之类。后来，不同的"道"之间，职务互兼，逐渐合一，使"道"成为兼有

---

① 参见宁志新：《隋唐使职制度研究》，88页以下，北京，中华书局，2005。

军事、行政、监察多重职能的综合机构，成为地方最高行政单位，使原来的州、县二级地方演变为道、州、县三级地方。唐末，又演变为"藩镇"。

(四) 两宋时代

宋代沿袭唐代后期及五代后周的使职差遣制，元丰改制前是使职制的极盛期，使职差遣简直成为普遍制度，无使职差遣者即无实际职事。至元丰改制，始试图恢复《唐六典》模式的政府体制。在宋代实行的官、职、差遣分离的制度下，许多使职堂而皇之地成为政府的正式、固定的政务执行机构，包括中央机构、中央派出机构、地方机构。一些宰相重臣、重要军职乃至地方长官皆为使职，名义上都具有中央派出机构的属性，原系正式体制的中央政务执行机构系统如六部九寺五监及地方刺史等反而被削弱或失去原有的政务执行权。元丰改制期间，对中央政府机构进行了大幅度的调整和精简，废除了一系列增设的重叠使职机构。元丰改制后，使职差遣制开始由其发展的顶峰走向衰落。

作为宋代中央行政派出机构，有"路"的设置。宋初地方政府机构，基本恢复《唐六典》的州、县二级建制。但是，鉴于唐末五代的"道"或"藩镇"的实际作用，宋王朝也将全国各州划分为若干"路"，设中央行政派出机构分别辖理。中央派驻各路的主要有四大长官或机构：安抚使或经略使（司）、转运使（司）、提点刑狱使（司）与提举常平使（司），亦即"帅、漕、宪、仓"四司。这些职官，显然是作为中央派出的使职到地方办理各自一方面的中央政务。不过，一般把漕司、宪司、仓司都称为监司，都有行政兼监察的性质。邓小南先生认为，宋代的路，既是政治地理概念又是行政层级概念。诸路辖区相对稳定，拥有责权固定而具弹性的常设机关，作为具有信息搜集职能与一定临时决断权力的中央行政派出机构，很容易干预乃至直接介入地方行政事务，事实上带有自地方监察区划向行政区划过渡的性质。[1] 到北宋中期，各路的提点刑狱、转运副使、转运使等职任已经被纳入国家正式资序体系，成为国家官员职务晋升时固定的层次级别，具有相对确定的员额，显然不再属于朝廷派出视事的临时性职任。[2] 至此，"路"已经由中央派出机构演变为地方行政机构。

除各"路"的设置外，特派专使访察地方，仍是宋代中央行政派出机构制度的重要内容，是传统的中央派出机构之职能的沿袭。如北宋初期即采用前代行之有效的方法，派遣专人充任采访使、按察使、察访使等，分行诸路，搜集民情信息，监察地方官吏，这可以说是兼有行政和监察职责的中央派出机构。

(五) 金元时期

金元王朝作为少数民族入主中原的政权，其政府机构的设置，一方面有明显的汉化特征，另一方面常保留该民族早期统治方式的特点，且对继受的汉族官制加以革新改造。金王朝汉化的中央政府机构，在尚书省领导之下，其中既有古典的寺、监之职，又有唐宋的使职，如三司使、宣徽院，均有品秩，纳入了统一的国家编制中。没有非正规组织，使职

---

① 参见邓小南：《"祖宗之法"与官僚政治——宋》，载吴宗国主编：《中国古代官僚政治制度研究》，256 页，北京，北京大学出版社，2004。

② 参见上书，256 页以下。

完全正规化，而先前重叠、冗散、无事的衙门，无论是寺监还是使职，都被统统删除。元承金制，虽基本恢复正规的部寺监体制，但在六部体系下，在事务繁多的部门仍然设置许多使职。如户部下属的都漕运使司，檀景等处采金铁冶都提举司、大都河间等路都转运盐使司、山东东路转运盐使司、河东陕西等处转运盐使司等，皆为中央政府的派出机构。工部的下属许多机构中，也设置使职派出机构。此外，元代的宣政院、宣徽院，也设不少派出机构。这些派出机构多属专门事务性机关，操办具体专门行政事务。

"行省"是金元时中央派出机构之最典型者。

行省出现于金朝后期，其源头可溯至北朝、隋及唐初的尚书省行台。金代设置行尚书省，作为尚书省的派出机构，简称行省，是为了加强对中原地区的控制。行尚书省作为一个拥有相对独立行政权力的中央派出机构，在稳定局势方面起了重大作用。金代前期的行台尚书省在海陵王官制改革时被废止。金代后期，出于军事之需，又几度设立行省。在行省之外，金代后期还临时设置过其他的权宜性中央派出机构，如行枢密院、行元帅府、行六部等，宣抚司也有类似性质。总体来看，金朝后期的行省是一种非正规的临时建置，集军政之权于一身，可便宜行事。行省的这一特点是与当时特殊的形势分不开的，对统治者来说属于不得已而为之。张帆先生认为，金代后期的行省与传统中央集权体制之间存在着某种不协调之处，只是由于战争环境的影响，也由于行省制度尚远未定型，权力分配的矛盾在很大程度上被掩盖了。①

行省制度大约在元世祖忽必烈时代定型。元代中央实行中书省一省制，故称派出机构为行中书省。元初行省的设置不一定在已经平定的区域，不一定有固定的治理区域，不一定以民事政治性事务为主要事务，且其长官一般以中枢相职出掌行中书省事务。到至元二十三年（1286 年）更定官制，始规定行省长官不再系都省相衔，只称某处行省某官。至此，行省由中央派出机构变成纯粹的地方政府，这标志着行省作为常设地方大行政区地位的确立。"然而从另一方面看，即使在制度定型、行省已地方化之后，它也仍然具有中央派出机构，或者说是中书省分支机构的性质。行省者，代行中书职权也。行省与中书省的关系是双重的：一方面，行省可以说是中书省的下属，要接受后者的节制和领导；另一方面，从统领路府州县的角度以及官名、品秩等侧面来看，行省与中书省又具有某种'平等'关系。"② 在管理层次上，中书省统行省、行省统路府州县的三级关系并未完全普及于全国；而更全面地看，毋宁说是中书省与行省共统路府州县的两级关系。因此我们才说行省始终具有中央派出机构的性质。行省作为中央派出机构，具有某种与中书省"平等"的色彩，但中书省仍对其有节制、领导权。

此外，金元时代的枢密院、御史台，也在地方设置行枢密院、行御史台，作为军事、监察事务的中央派出机构。

（六）明清时代

明清时代的中央行政派出机构，值得注意者有三：

---

① 参见张帆：《回归与创新——金元》，载吴宗国主编：《中国古代官僚政治制度研究》，372 页，北京，北京大学出版社，2004。

② 同上书，379 页。

第一是行省。明初沿用元代的行省制，但与元朝有所不同。元朝的行省作为中央派驻地方的机构，举凡民政、财政、军政无所不统，有总领长官。明初的行省，由中央派驻的三司——布政司、按察司、都指挥司分别行使民事行政、司法监察、军事三方面的权力。三司长官皆曰"使"，分别直接听命于中央，互不统辖，皆可称封疆大吏。这时的行省，虽然是地方行政层级，但三司或其长官仍然可以被视为中央派出机构和官员。到清代，三司均隶属于总督或巡抚，不再被视为中央派出机构。

第二是督抚。在明代，由于各省的三司直接对中央负责，互不统属，故互相掣肘，逐渐效率低下。为协调三司，明代中后期，朝廷临时派出总督、巡抚到地方，统辖一省或数省，有权节制三司。后来，各省均设置巡抚，总一省军事、民政、刑事和监察，成为省级政府的实际首脑。但在有明一代，督抚一般仍然被视为监察性质的中央派出机构，故一般都加都察院职衔（都御史、副都御史、佥都御史等）派出，总督甚至直接加都察院最高职衔（左、右都御史衔）。但是，督抚也有中央行政派出机构性质，有时加六部尚书、侍郎衔派出。到明朝后期，巡抚、总督虽已具有地方官员的某些特征，但在制度上、形式上，他们仍是中央官，是一种差遣，《明史·职官志》和《明会典》均把督抚列入中央都察院系统内。在官员考察中，督抚参加的是京察，而不是朝觐考察。督抚只有中央官出差的关防，而没有地方官的印信。督抚无固定品秩，其职权由皇帝以敕书形式规定。督抚没有自己的佐贰官，只有几名令史、典吏辅助工作。巡抚和总督是明代中央联系地方的纽带，它是在行省制度改革后的情况下调节中央和地方关系的新形式。废行中书省后，它在相当程度上弥补了三司体制的不足。在地方三司分权的条件下，督抚相对集中的权力有利于提高地方行政效率和应变能力，同时作为一种差遣官，又便于中央的控制。[①] 清代继续在地方设总督、巡抚，成为统治一省或几省地方的最高行政长官，不再视其为监察官员（尽管还兼带宪衔即都察院职衔）。

第三是其他专门事务派出机构。中央各职能部门在地方上设置各种专务机构，专掌各种重要事务。明代，行太仆寺曾设置于山西、北平、陕西、甘肃等十余地，（行）苑马寺曾设于北直隶、辽东、平凉、甘肃四地，为掌管马政军需的中央派出机构，听命于兵部，以加强用于抵御北方游牧民族压力的军备军需管理。都转运盐使司，曾在两淮、长芦、山东、福建、河南等六地设置，盐课提举司分别在四川、广东濂州、云南楚雄等七个产盐集中地设置，此二者均为户部派出于地方的盐政管理机构。还有茶马司，是掌茶马交易事务的中央派出机关。清代亦设有类似的中央派出机构。此外，在漕运方面，明代设漕运总兵官、漕运总督为主管，下设巡漕监察御史、督粮道、押运参将、漕运参将、运粮把总指挥等官员；清代设总督漕运一人为主管，下设巡视漕务、粮道、管粮同知通判、押运同知通判等官员。以中央行政派出机构直接控制漕运及盐、铁、茶、酒等重要物资的生产与销售事务的管理模式，在唐代即形成规模，明清时期得到发展和完善。清代发展成理事衙门系统，包括盐政衙门、河道衙门、漕运衙门、税关等中央行政派出机构，这类派出机构的前身多为唐宋的使职，其继续存在是因为中央直接控制财政来源的实际需要，故明清王朝将其正

① 参见何朝辉：《分化与重组——明》，载吴宗国主编：《中国古代官僚政府制度研究》，425 页，北京，北京大学出版社，2004。

规化，作为中央专职派出机关，其职务以财经为主，专职专管，上下贯通，使中央获得巨大的经济利益。在地方设置中央派出机关是政府部门行政的补充，延伸了中央政府行政职能。① 这些直属中央而在地方上办事的理事衙门，在清末改制时被纷纷裁撤，其职权归并到所在省的督抚司道手中。

二、中央行政派出机构的权力特征

中国古代的中央行政派出机构的设置，大致有两种情形：一种是临时因特别行政或监察事项而设置，即因事而设，事罢则废止；另一种是因某类经常性事务设置，且长期存在，逐渐常设不废，成为具备稳定性的派出机构，转化为正式职官系列。但后者常常由前者演变而来，即专项事务完毕后发现该机构仍有办理后续类似事务的必要，或仍需以此官职机构安置人员者。

中央行政派出机构的权力来源，多为皇帝单独敕令，而不是一般性法律、法规的规定。就是说，中央派出机构理论上讲都是皇帝差遣的使者。随着官僚体制的发展，后来也出现了权力来源于六部、对六部负责的情形。中央行政派出机构具有职官名与机构名合一的特征，使职的称谓即派出机构的称谓。后来，派出机构在长官之下具备了属官及办公衙署，则成为固定的使司，派出机构即趋向于正规化、固定化。此时，派出机构即由直接隶属于皇帝的特殊差使转变为官僚行政体制内的固定职官级别、层级或环节。

因临时事项而设置的派出机构，是中央行政派出机构的主流。这一类具有临时性质的派出机构的权力，具有以下基本特征：

其一，直接对皇帝负责，权力极大。这一类派出机构是皇帝的特派员，代表皇帝，故常位卑而权重。如汉武帝时设置的直接使者，"衣绣衣，持斧，逐捕盗贼，督课郡国，东至海，以军兴诛不从命者，威振州郡"②。又如东汉所设置的清诏使，即使如不满二十岁、毫无资历的范滂出任，也足以使那些有劣迹的地方长官"望风解绶而去"③。

其二，权力与事务相始终，事毕则权力亦废止。如西汉昭帝时的"主历使者"，是专为修历而设。如唐代曾派的册立使、吊祭使、和亲使，等等，都为专项事务而设。

其三，权力的内容由皇帝授权而定。在形式上，这类派出机构的权力来源于皇帝的"诏"、"敕"、"制"等命令，皇帝的命令规定了这类派出机构的权力界限。唐律对这类使职越权行为作出了限制。《唐律疏议·职制》载："诸受制出使，不返制命，辄干他事者，徒一年半；以故有所废阙者，徒三年；余使妄干他事者，杖九十；以故有所废阙者，徒一年。越司侵职者，杖七十。"可见，由皇帝派出的"制使"，必须依制命行事，不得干预其他事务，不得辜负其使命。

部分中央行政派出机构久设不废，开始有确定的员额、职掌和统属，形同正式的在编官员。这种派出机构的权力，通常被纳入官僚制的轨道，受到正式的国家法制及上下级统属关系的约束和限制。这种中央行政派出机构的权力一般不再直接来源于皇帝命令，而是

① 参见袁刚：《中国古代政府机构设置沿革》，616页，哈尔滨，黑龙江人民出版社，2003。
② 《汉书·隽不疑传》。
③ 《后汉书·范滂传》。

来源于法律规定或惯例，受相应的中央机构如宰相或六部的领导与管辖。如元代的都漕运使司之类的户部派出机构，明代的茶马司、市舶司，清代的诸理事衙门等，它们的权力，实际上应该是地方行政权力的一部分，只是因其事对中央特别重要而由中央直接控制而已。所以这类派出机构后来逐渐归并入地方政府，逐渐地方行政机关化。

至于那些最初为中央派出机构，后来成为集地方军政大权于一身者，则属于更加特殊的情形。如汉代的刺史、唐宋的节度使、明清的督抚之类，它们的权力来自皇帝笼统授权，起初可能主要负责监察地方官吏，后来逐渐有了节制该地区所有官吏的权力，成为地方行政长官。这事实上是中央行政派出机构权力在行使过程中发生变异的情形。它们的权力常既逾越皇帝制命，又突破既有的国家行政法制，最终朝廷不得不认可或接受这一变异的结果，导致国家地方行政层级或官吏统属层级的增加。

三、中央行政派出机构与地方的关系

中央行政派出机构与地方的关系，是中央与地方的关系的组成部分。吴宗国先生指出，"中央与地方的关系包括：中央与地方的权力分配，亦即中央集权的程度问题；中央对地方的控制问题，包括控制能力和控制手段如制度等，其中包括中央对地方的监督问题"[1]。中央派出机构与地方的关系，实际上也包括这两个方面。中央行政派出机构中，除了那些宫廷服务系统、邦国礼仪系统的使职差遣外，财经系统、军事系统、行政监察系统的派出机构，一般均有与正式的既有的地方行政机构的关系问题。这些关系问题，从派出机构的性质讲，大致包括三类：特定临时事务派出机构与地方行政机关的关系问题，常设专类事务的派出机构与地方行政机关的关系问题，监察或统辖地方各类事务的派出机构与地方的关系问题。

特定临时事务的派出机构与地方的关系，大致只有地方服从或配合其使命，协助其单项事务权力实现的问题，事毕即止。在与此一单项特殊事务相关的范围内，中央派出机构有指挥或支配地方的权力。

常设专类事务派出机构与地方的关系，实际上是中央划出某些专门种类的事务，剥夺地方相应的权力，由自己的派出机构直接控制或办理；地方必须在此类事务上受中央派出机构的指挥或支配，或协助中央派出机构。

监察或统辖地方的中央派出机构与地方的关系，在其作为中央派出机构的阶段，主要是节制地方长官，协调地方重大事务；地方所有官员必须服从其督察和节制。这种关系极易发展为综合性、笼统性的上下级领导与服从关系，理论上讲在一切事务上都可能有命令与服从关系。故这类机构后来一般都演化为地方最高行政机构。

关于这些关系的具体内容，既包括中央与地方的权力分配、职能分工问题，也包括中央对地方的控制、监督问题。

其一，从中央与地方的权力分配、职能分工方面看。如唐代"安史之乱"后，发展出盐铁转运使——巡院系统，财政使职直贯地方的体系由此形成。"度支使、盐铁转运使在地方分别设有监院、巡院等分支机构，判户部所掌为天下州府诸色钱物斛半，也就是供地方

---

① 吴宗国主编：《中国古代官僚政治制度研究》，12 页，北京，北京大学出版社，2004。

政府支出或通过地方政府收纳的钱物，其地方分支机构没有度支、盐铁那样发达，但也时有设立。"① 财政使职往上直达中书门下，往下直贯地方州县，形成中央垂直机构，开创了条块分开的中央与地方权力分配模式。"由中央分别对口垂直管理地方的这种体制，唐以前只存在于军事领域，而宋代以后的这种变化，多可在唐代的使职兴起以后的制度中寻出根源。宇文融的使职体制中贯穿的工作目标专一化和管理垂直化所蕴涵的历史意义正在于此。"② 财政使职有维护、加强中央集权的一面，这一特征，从清代在地方上办事但又不属于地方行政系统的理事衙门制度中也能发现。

其二，从中央对地方的控制、监督方面看。代表皇帝与中央政府控制、监督地方官吏，是中央行政派出机构的基本职能。刘后滨先生认为，使职差遣的最初职掌即问、案、推。③ 唐律中对于皇帝遣使有明确的界定。"'若别制下问'，谓不缘曹司，特奉制敕，遣使就问。注云'无罪名谓之问'，谓问百姓疾苦，丰俭水旱之类。案者，谓风闻官人有罪，未有告言之状，而奉制案问。推者，谓事发，遣推已有告言之者。"④ 历代的使职，大多有监察的任务，但并非纯粹的、正式的监察官员。如"安史之乱"后发展的道的节度使、观察使系统，其职权基本是由采访处置使发展而来，具有代表中央处理地方事务的权力，属于有监察地方官吏职权的中央派出机关。

总体来看，中央行政派出机构的盛衰消长，与正式体制内的地方机构能否适应形势之需要有关，与中央对地方事务或专项事务的特别控制需要有关。使职的派遣，往往是在皇帝或中央特别需要高效办理、控制某些事务而原有地方政府机构无法实现这一目标的情形下。同时，原有正式的中央机构也不能有效应对新的情势需要，也促进了中央行政派出机构的大量设置和常设化。当那些驻在地方的中央行政派出机构在处理地方事务的过程中，逐渐发展出相对独立的人事权、财经权及军权时，便对原有的中央与地方行政体制形成冲击。此时，这一中央行政派出机构或者成为新一层级的地方政府，或者成为动摇中央集权的藩镇割据势力。

---

① 刘后滨：《从三省体制到中书门下体制——隋唐五代》，载吴宗国主编：《中国古代官僚政治制度研究》，186 页，北京，北京大学出版社，2004。
② 吴宗国主编：《盛唐政治制度研究》，253 页，上海，上海辞书出版社，2003。
③ 参见刘后滨：《从三省体制到中书门下体制——隋唐五代》，载吴宗国主编：《中国古代官僚政治制度研究》，159 页，北京，北京大学出版社，2004。
④ 《唐律疏议·诈伪》。

第七章

地方政务机构的基本构成及行政制度

　　中国古代的国家政务机构，分为中央政务机构和地方政务机构两大部分。中央政务机构包括"出政"机构（君主及辅政机构）、中央政务执行机构、中央督政机构三部分，地方政务机构包括地方政务执行机构、地方督政机构两部分。本章要讨论的是中国传统行政法制中的地方政务执行机构体系及行政制度，重点讨论地方政务机构的构成、职权及办事制度，探讨绝对中央集权意义上的地方政务机构体系的变迁与活动规律。

　　由于传统中国的政治理念中没有行政、立法、司法等权力划分或权力分立制衡之意识，只有一切权力归君主、权力一元化和权力集中理念，因此我们在讨论中国传统的地方政治机构和制度时，就不便用地方立法、司法、行政、监察之类的权力分类概念来概括。在讨论地方民事（与军事相对）行政体制时，我们用"政务机构"而不用"行政机构"的概念。因为古代地方政府的职责，用"政务"来概括比较妥当，其权力范围比今天我们大家熟知的"行政"概念要宽，包括今天意义上的行政、监察、司法，有时甚至包括少量地方立法。我们就从这样的含义上来使用"政务"概念。这种含义上的地方政务，不包括一般意义上的立法，也不包括军事。但是，由于本书把监察制度（含中央和地方）单列专章讨论，故在讨论地方政务机构及相关制度时，除了必不可少时附带涉及以外，一般也不将"监察"机构和制度列入本章讨论中。

　　中国古代地方政务机构及相关制度，起源何时已经不可考。就中国古代的历史进程而言，地方政务机构大致有三个阶段的情形。

　　第一个阶段，是中国大地上许多酋邦国并立的时代。这大概是炎黄二帝阪泉大战之前。这一阶段，无所谓地方政务机构，因为无数个酋邦国之上没有严格的中央政府，各个酋邦国版图很小、人口很少，实为父系大氏族（或胞族）吸附一些近邻投靠的氏族后据险设城，聚居自治而已，故也不存在明显的中央地方统治机构体系。

　　第二个阶段，是从黄帝建政到西周末年。这大约是诸侯制时代。这时有了部落联盟性质的中央政权或封邦建国制的中央政权，有了较为明显的中央机构与诸侯地方机构的关系架构。这一时期又可以分为两半部：夏朝末年以前大约为前半部，其诸侯地方建制主要是对业已存在、割据一方的部落酋邦的追认而已，不是主动建置；商初至西周末为后半部，其诸侯地方建制主要是对亲戚功臣的分封赏赐，是主动建置。这一时期有了一定意义上的地方机构体系和制度，即诸侯地方机构为中央所设置，服从中央，对中央尽朝觐、贡献、勤王、出役等义务，中央可以册封诸侯、任命诸侯国的最高级官吏、监督诸侯国政务，等等。在诸侯国之内，也形成了以层层封土授民、附庸并逐级服事上级领主为特征的"中央"与地方的政务关系。

第三个阶段，是东周以后直至清末。这一阶段也大致可分为前后两半部。前半部是春秋战国时代，后半部是秦朝以后直至清末。在前一时期，原来的中央（王室）衰微，各诸侯国互相征战并吞，在诸侯国内逐渐形成了中央集权的郡县制、君主专制的官僚制；真正有政治权力授受、负责、分工、考成、监督、约束性质的上下级关系的中央和地方关系，在各国逐渐形成并日益占据主导地位。在后一时期，自秦始皇彻底废除分封制确立郡县制以后，真正的地方政务机构体系得以完善，郡县制、官僚制的政治制度成为支配性的地方制度，上下级授权与代理、命令与服从、定法与守法、部署与考成、监督与上报、规划与批准之类的关系才得以体制化、法律化。

本章所要讨论的中国古代地方政务机构体系及行政制度，基于上述原因，大致只能从东周时期开始探讨。因为在东周以前，中国主要实行实行分封制[1]，在那以贵族世卿世禄制和分封制为主的时代，没有严格的中央下达于地方、地方必须依法办理的政务可言。只有到了官僚制和郡县制的时代，才有真正的中央与地方的出政、施政、行政、督政关系。

中国传统的地方政务机构，在广义上讲包括三个部分：一是常规的地方政务机构（郡县、州府等）；二是地方政务机构的派出办事机构；三是中央政务机构的派出机构，亦即附属于中央而在地方办理事务的政务机构。关于中央派出机构，本书有另章专述，本章主要讨论常设或常规的地方政务机构及其派出机构。

第一节
附属于中央的地方政务机构

在古代中国，至少在郡县制形态下，所有的地方政务机构都是中央的附属部分，它没

---

[1] 西周首先是分封同姓子弟，"封建亲戚，以藩屏周"。周公"兼制天下，立七十一国，姬姓独居五十三人"。重要封国有：武王弟康叔的卫国，周公长子伯禽的鲁国，姜太公吕望的齐国，成王弟叔虞的晋国，周贵族召公奭的燕国，等。其次是封归顺周朝者，主要是异姓小国首领和殷商贵族，如微子启（商纣王的庶兄）封宋（今河南商丘）。

有如古代分封诸侯制或近现代联邦制一般完全独立于中央的权力。

我们说所有的地方政务机构是附属于中央的机构，主要从三层意义上讲。第一，地方政权机构由中央生产出来；第二，地方的一切权力来自中央授予；第三，地方对中央负责并受中央的督察、考核。

一、地方政务机构由中央生产出来

地方政务机构附属于中央的重要特征之一，是所有地方政务机构均由中央政权制造、设置或生产出来。中央政权与地方政权的关系，相当于父母与子女的关系。

中国最早的郡县制地方设置，大约自春秋时代开始。随着官僚制取代世卿制，有的国家开始在新征服地区设立由国君直接管辖的县、郡，以区别于传统的分封制采邑的县邑。[①]最早的"县"出现于楚国。约公元前680年，楚文王灭申、息二诸侯国后，以彭仲爽为令尹，"实县申、息"[②]，最早在此二地置县，作为楚君直接控制区。晋国在春秋时设县较早，《左传·僖公三十三年》载：晋襄公以"先茅之县赏胥臣"。这是晋国见于记载的设县之始，晋平公时已设有四十九县。到了战国时期，县成了一种普遍设立的地方行政组织，直属国君。郡大约出现于春秋后期，较早出现郡的是吴国和晋国。《史记·仲尼弟子列传》载吴王夫差"发九郡兵伐齐"，但其郡具体设置情况不明确。公元前493年晋国执政赵鞅在同邯郸赵氏、范氏、中行氏作战时，在前线誓师大会上宣布："克敌者，上大夫受县，下大夫受郡。"[③] 可见在晋国，郡起初大抵设于边境的新征服地区，面积虽远较县为大，但地位比县低。到战国时期，边地逐渐繁荣，郡的地位逐渐高于县了。为了便于管理，又在郡下划分若干县，于是产生了郡、县两级制的地方组织。这种县统于郡的制度，最初行于三晋。例如魏的上郡有十五县[④]，赵的代郡有三十六县，韩的上党郡有十七县。[⑤] 除了齐国之外，秦、燕、楚等国纷纷效仿"三晋"的郡县制度。如商鞅在秦国变法，普遍推行郡县制，"集小乡、邑、聚为县，置令、丞，凡三十一县"。春秋战国时期，各国的郡主要设置于边境地区，但县则普遍设置于内地和边郡。理论上讲，郡县由国君设置，是国君的直接统治区域，郡县长官是国君的代理人。

后世的地方政权机构也是如此。秦始皇灭六国，统一中国，"海内为郡县，法令由一统"。六国政权或当时所有的诸侯国政权，经过秦始皇的征服战争，不仅事实上消灭了，法律上也注销了。所有的土地和人民，都是秦始皇以武力征服的，是他的战利品，需要重新在其上设置统治权。为了管理这些战利品，为了控制艰辛打下的江山，为了经营"二世三世以至万世"的家业，秦始皇没有采取传统的"裂土授民"的分封制，而是采取了皇帝直

---

①　周振鹤先生认为，从县邑之县，到郡县之县，有一个演化过程。二者之间有三个差别：一是郡县之县不是采邑，而完全是国君的直属地；二是其长官不世袭，可以随时或定期撤换；三是其幅员或范围一般经过人为的划定，而不纯粹是天然地形成；四是县以下还有乡、里等更为基层的组织。参见周振鹤：《中国地方行政制度史》，26～27页，上海，上海人民出版社，2005。

②　《左传·哀公十七年》。

③　《左传·哀公二年》。

④　参见《史记·秦本纪》。

⑤　参见《战国策·秦策》一。

接控制一切地域、人民的郡县制。秦分天下为三十六郡（后增至四十一郡），下设一千余县，这大致确定了此后直至今日中国地方行政区域和行政层级的框架。

汉以后直至清末，地方政务机构的设置，都是以类似方式和途径实现的。不管是武力革命还是宫廷政变，夺取政权、控制国家者大致都要经历一个重建地方政权的过程。通过武力革命摧毁旧王朝时，地方政权是在革命战争中随着攻克或占领的区域扩大而逐步设置的；通过宫廷政变夺取旧王朝政权时，地方政务机构实际上有一个"推倒重来"的过程——所有地方官员的委任理论上都因政权更替注销，其继续任职均需经新朝重新任命或正式认可。

二、地方的一切权力来自中央授予

地方政务机构附属于中央的另一重要特征，是地方一切权力来自君主或中央授予。

说地方政务机构的一切权力来中央授予，大概应该从以下几个方面去认识。

首先，一切地方官员都由君主或中央委任，随时可以免黜。在郡县制中央集权制之下，一切正式官员都是"朝廷命官"，都以君主直接任用的名义出任官职。如春秋时楚国"实县申、息"，国君直接任命彭仲爽为令尹。直到清末，最低级的地方官知县、县丞、主簿、教授之类，只要有品级顶戴，都是"朝廷命官"。这些官员的职务，不再像"封建制"下一样可以世袭，升降、任免、荣辱全部操之于君主。商鞅变法，使"有功者显荣，无功者虽富无所芬华；宗室非有军功论，不得为属籍"①，吴起变法"使封君子孙三世而收爵禄"②，都是为了配合政治职务世袭制的废除。

其次，地方官员的职务职责，由君主或中央直接以命令授予并限定，且已经有了业务的横向或平行分工。自商鞅变法开始，郡县官即有平行分工和制约，郡守、县令虽是一郡县之长，但其权力远小于过去统管一切的诸侯，主要是一般民事行政权。朝廷还委任有郡尉、县尉掌军事和治安，郡丞、县丞掌民政，郡监、县监掌监察，朝廷给予他们的任命（权力授予）就是明确划分了领域、设定了范围的，朝廷任命他们职务的敕制一般就明确宣布了职务的种类性质（实即确定了权力种类或范围），他们不再有诸侯们所享有的"食毛践土"、"独作威福"、"君临封邑"的概括性、笼统性的权力。守令、丞、尉、监均直接由中央任免，直接隶属于中央，对中央负责。守令没有统御丞、尉、监的权力。

再次，授予他们的权力可以由中央或君主收回或改变。历代王朝或君主都经常通过多种方式收回或改变授予地方长吏的权力。收回权力的方式主要是免除地方长吏的职务，终止其使职、差遣等。改变其权力的主要方式是改变其职务、增加或减少其负责事项等。比如汉代曾让郡守加将军衔，或让郡守兼任郡尉③，实为给太守增加了地方军事指挥权力。明清时代给地方总督、巡抚加都察院或兵部官衔，实际上使其增加了监察权力或军事权力。唐宋时代经常为专门事务设置各种使职、差遣，使原来官制体系中职司此事的官员不再管事，这实际上是剥夺了一些地方官员原有的对专门事务的权力，如宋太祖太宗时以转运使

① 《史记·商君列传》。
② 《韩非子·和氏》。
③ 参见杨鸿年、欧阳鑫：《中国政制史》，293～294页，武汉，武汉大学出版社，2005。

司兼管各路地方刑狱，真宗时设置了各路提点刑狱使司专管刑狱，又设劝农使以督导农业，后又合并提刑、劝农二使，曰提点刑狱劝农使。英宗时又罢提刑司，刑事职掌又委诸转运使。[①] 这一反反复复的过程，实际上也可以看作路这一级地方官员的权力不断被朝廷增减、分合或转授的过程。

三、地方对中央负责并受中央督察考核

地方政务机构附属于中央的再一个特征，是地方机构必须对中央负责并报告工作，还随时受中央的督察、考核。地方长官既然是中央或君主的差使，那么就必须向中央或君主及时交差。中央或君主为了保证差役完成差事，必须对其督促和考核。

地方政务机构必须对中央负责并报告工作，主要体现在三个方面。第一，地方长官必须于朝觐皇帝或于京官巡察时定期或不定期向中央述职。第二，地方长官必须定期向上级呈报户口、赋税、土地、徭役、刑狱等各种册籍或统计报表。第三，在辖区发生重大人为灾祸事件而自己确有失职时，地方长官必须引咎辞职，以示承担责任。

地方政务机构受中央的督察、考核，就是法家所主张的"循名责实"。"因任而授官，循名而责实，操生杀之柄，课群臣之能也。"[②] 中央通过循名责实的考察，一方面是要考察地方官吏的行政绩效，另一方面是要考察官吏的能力。这种督察、考核所追求的效果，正如商鞅所言，"百县之治一形，则徙迁者不饰，代者不敢更其制，过而废者不能匿其举"[③]。国家对地方官吏实施这种督察、考核的主要方式大约有三种：一是监察御史、观察使、廉访使之类的监察官巡回地方，纠察官吏违法；二是定期考核考绩，包括汉代的上计、清代的京察大计，等等，以考察地方官吏政绩，"论课殿最"[④]，加以奖惩褒贬；三是地方各种政务报表册籍的上报审查或备案等。

第二节
地方政务机构的体制变迁

这里所说的地方政务机构，是指在古代中国国家权力结构体系中，于全国绝大部分地区普遍设置、形态相对固定的一般地方政务机构及其派出机构，不包括边疆或民族地区特别形态的地方机构，还需与中央派驻地方的临时或常设机构加以区分。本节主要考察中国历代地方政务机构体系变迁的历程。

中国历史上地方政务机构的设置，在不同时期有所变化，形成了不同的机构或层级体系。

---

① 参见杨鸿年、欧阳鑫：《中国政制史》，314～315页，武汉，武汉大学出版社，2005。
② 《韩非子·定法》。
③ 《商君书·垦令》。
④ 如唐代官吏考课，论功过贤愚，有"四善二十七最"的考核标准。参见《旧唐书·百官志》。

一、东周时期：分封制衰微、郡县制萌芽

春秋时期开始，周王室衰微，分封制逐渐衰落。楚、晋、秦等诸侯国始在新征服边地设县或郡，后来渐行设置于内地。这就是郡县制之滥觞。起初，郡管辖地域面积虽然比县大，但因多设置于边疆荒凉之地而地位反低于县。战国时期，在郡之下开始设置县或以郡统县，于是逐渐形成了郡统县的郡县两级政务机构建制。秦、齐、晋是战国时期较早全面设置郡县的诸侯国，以公元前四世纪秦国商鞅变法推行最力，"集小乡邑聚为县，置令、丞，凡三十一县"①。春秋时期置县主要是由上而下的，即在征服或兼并他国地域后设为县；战国时置县是由下而上的，即更多体现为原国境内地方体制的改革，将很多小的乡、邑聚合并集中起来设置为县。②

郡县制代替分封制，中国的地方政务机构自此产生。但至少在春秋时期，周的分封制框架并未完全消失，东周王室或周天子仍是名义上的"天下共主"，各诸侯国对王室仍保持某种"地方"身份属性。战国时期，是郡县制与分封制并存，前者明显占压倒优势的时代。相对于东周王室而言，当时的地方是（诸侯）国、郡、县三级（对已经实施郡县制的诸侯国而言）或者国、都邑、乡聚三级（在继续实施分封制的诸侯国）。当然，对于早已实际上脱离周王室体制或已经公然不认周王室为中央的诸侯国而言，其地方体制就是郡、县、乡里三级或都邑、乡聚二级。郡由诸侯国中央直辖，长官为郡守，郡辖县，县设大夫（县令、县尹）。郡守、县令均由国君任免，食俸禄而不享有采邑，不得世袭。县以下是基层自治组织（乡里、什伍等）。东周时期的中央和地方政务层级体制可图示如下：

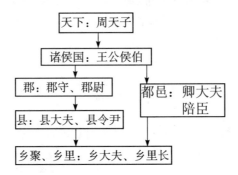

二、秦朝至汉代中期：郡县二级地方体制

（一）秦朝：郡县制的巩固和完善

秦统一中国，在创立皇帝制度的同时，也完善了郡县制度。秦初分全国为三十六郡，后增加到四十多郡。郡置太守、郡丞、都尉、监御史，分别负责行政与司法、军事、监察等事务。郡下设县，其中少数民族地区的县称"道"。县设令（长）、丞、尉，分管行政、司法、军事等事务。县在基层设派出机构曰"亭"。郡、县长官（守令、丞、尉、监）均由

---

① 《史记·商君列传》。

② 参见周振鹤：《中国地方行政制度史》，32 页，上海，上海人民出版社，2005。

中央任免，直接对中央负责，且互不统属。县下是基层社会自治组织（乡、里、什、伍等）。分封制在秦朝已不存在，虽有"列侯"之类爵位，但只是军功爵，是战功奖赏的政治待遇（食禄等），不再裂土授民食邑。秦朝政权的政务体制图示如下：

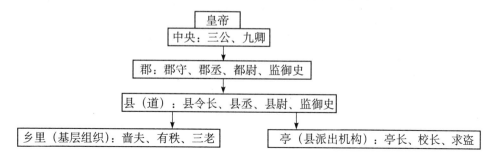

（二）西汉：郡县与封国并存体制

汉代的地方政务机构体制基本承袭秦制，但多有变化发展。郡县制作为地方体制的主体保存了下来，西汉前期、中期基本上是郡县二级制为主，但也部分恢复了秦朝废除的分封制。因此，汉代出现了郡县与封国并存的体制。西汉末年开始在郡县之上设监察性质的州，州后来逐渐有一般行政化的趋势（到东汉后期则形成了州、郡、县三级地方体制）。

西汉王朝也以分封制作为郡县制的补充。汉高祖刘邦吸取秦朝"孤立无藩辅"而速亡的教训，部分恢复了秦朝废除的分封制：先是大封异姓王侯，以安抚功臣；后大封同姓王侯，以巩固家天下格局。汉初在秦的"列侯"之上增设"诸侯王"一级，逐渐剪除异姓王，分封同姓子弟为王，并立下"非刘氏而王，天下共击之"的誓约。分封诸侯国有王国、侯国二级。

王国，地位高于郡，或等于郡。起初，诸侯王在其封国不仅有征收赋税之权，更有"掌治其国"之行政和军事大权。相对于全中国性质的中央政权而言，诸侯王国是局部性、地域性的小王朝，小朝廷机构设置与中央政权基本一样，只是地位略低，规模略小。诸侯王国以下依然实行郡县地方二级制，王国中大者领有六七郡，小者三四郡，最小者只有一郡之地。吴楚七国之乱平定后，汉武帝颁布"推恩令"[①] 实行削藩，削减王国土地和权势，诸侯王"治国"之权才被削除。诸侯王不理政事，仅食享封邑。国政由"相"或"内史"主理，其职级地位相当于郡守二千石。此后王国的地位基本等同于郡。

侯国，即列侯的封国，地位相当于县。侯国皆独立为国，直属中央。侯起初也有治民之权，后来经改革，仅有封户而不治民，没有政治权力，势与富室无异。侯国内也有小朝廷，设相、家丞、门大夫、庶子、行人、洗马等官（不满千户的则只设相和庶子）。不过还有更小的乡侯、亭侯，级别等于乡、亭，不设官吏，仅食租税。

西汉国家的政务机构体制可图示如下：

三、东汉末至南北朝：州郡县三级地方体制

西汉武帝时期，朝廷将全国所有郡划分为十三个监察区，设立十三州部，置绣衣直指

---

① 规定诸侯王除嫡长子继承王位外，其他诸子都在王国范围内分到封地，作为侯国。

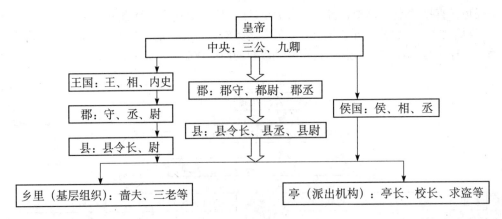

刺史巡察郡县，纠劾郡县长官的违法行为，但其官秩卑微（仅六百石）且不管理地方政务。后来，州刺史的权力逐渐扩大，逐渐一般行政化，开始设置治中、别驾、从事等属官，设固定办事衙门，官秩逐渐升至二千石，一度改称州牧。州逐渐变成地方最高政务机构。东汉末年，汉灵帝为镇压黄巾起义，正式确定州为地方最高一级政务机构，以重臣任州牧，为州最高行政长官，主一州军政、民政、财政。中国的地方政务机构至此形成州、郡、县三级体制。

魏晋南北朝时期，国家的政权制度建设仍有很大发展。中央三省制取代秦汉三公九卿制，国家机关名称与官衔开始分开①，汉末形成的州、郡、县三级地方体制得到巩固。州是地方最高政务机构，长官为州牧或刺史，掌地方行政、军事、监察、司法等大权，统率郡县，镇抚地方；郡是地方中层政务机构，长官为郡守或太守，兼领兵权；县是地方基层政务机构，长官为县令或县长（万户以上为县令，万户以下为县长），其下再是乡里基层组织。

东汉末至南北朝时期国家政务机构层级体制图示如下：

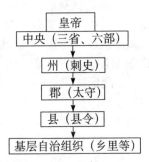

四、隋唐时期：州县二级体制

隋朝开国后，文帝杨坚进行了地方体制改革，废除了郡级地方政权，从此国家的地方

---

① 北齐改廷尉为大理，并改九卿官署为"寺"，产生"九寺"之名，从此国家机关的名称不再以官衔相称。这是中国国家机关发展史上重要变化。

体制又恢复为州县二级制。炀帝时因仰慕汉制,又改州为郡。唐代开国以后,郡又改回为州,玄宗时又一度改州为郡。与州(郡)平行,在首都、陪都设府,有京兆、河南、太原三府。这样隋唐两代地方政务机构实行州(郡、府)、县两级体制。州(郡、府)是地方最高政务机务机构,州长官为刺史,府长官为府尹。县是地方基层政务机构,以县令为长官。

唐朝国家政务机构体制可图示如下:

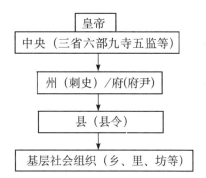

五、唐后期至宋代:道(路)、州、县三级体制

(一)唐后期:"道"由监察机构变成地方最高政务机构

唐代,中央派监察官员(巡察使、巡抚使)监察各地,其分区按基本交通路线划分,所以称"道"。贞观元年(23年)分全国为十道,开元二十二年(734年)增为十五道。到了开元年间,唐玄宗为了边防需要,在边境设置十个节度使辖区(即方镇,亦称藩镇),长官节度使只管军事防御,不与民政。后来唐玄宗宠信身兼范阳、平卢两镇节度使的安禄山,使之兼任河北道采访使(监察官员),开了节度使集军政、民政大权于一身,合方镇与道为一体的恶例。安禄山发动武装叛乱之后,唐朝政府在全国遍设方镇,任命一大批"上马管军,下马管民"的节度使。唐肃宗乾元元年(758年)改采访使为观察使,并以观察使兼任节度使。从此,作为观察使的监察区的"道"与作为节度使军管区域的"方镇"合二为一,州以上新的一级政务机构"道(方镇)"就逐渐形成了。

在唐朝后期,"道"实际上成为地方的最高政务机构,但在名义上仍是监察区。与此同时,原来的州向中央的直达权丧失殆尽,但州在名义上仍直属中央。这是唐后期道—州—县三级制与汉末魏晋南北朝州—郡—县三级制稍有不同的地方。

(二)宋代:路、州(府)、县三级政务机构体制

宋初,鉴于唐末藩镇割据之弊端,对诸镇节度使"收其支郡,夺其兵权,制其钱粮",即将节度使对所领诸州的管理权收归中央,似乎又恢复了州县二级地方体制,但具有监察性质的"道"仍然存在。太宗淳化二年(991年)又仿唐代设置转运使之例,"节次天下土地形势,俾之分路而治",在州之上增设"路"作为中央派出机构,监察地方。"路"很快演化为新的地方最高政务机构。这样,宋代形成了路、州(府)、县三级政务机构体制。路是地方最高政务机构,但不设单一的行政首长,而是分设转运使司、提点刑狱司、提举常平使司(时人分别称漕司、宪司、仓司,三司合称"监司"),路还另设安抚使司(时人又

称"帅司")掌管军务治安。州（府）是中层地方政务机构。京畿地区设立与州平行的开封府和临安府，作为直属府。县是地方基层政务机构。

宋代国家政务机构层级体制可图示如下：

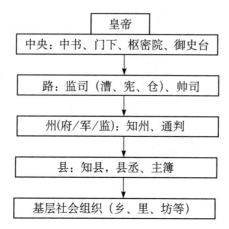

六、元代：省、路、州、县四级体制

元朝疆域之辽阔超过汉唐，加上是游牧民族入主中原，没有一套统治成规，所以地方政务机构不仅层级多，而且统辖关系复杂。这一时期地方政务机构的最大变化是"行省"的设立。元代中央以中书省代替前朝的三省（中书省、门下省、尚书省）作为中央最高行政机构，同时在各地设立"行中书省"（简称"行省"或"省"）作为中书省在地方的派出机构。行省不久便演变为地方常设政务机构。这样元朝便形成行省、路、府（州）、县四级地方政务机构体制。行省是地方最高政务机构，凡一省军政大事，无不统领。行中书省以丞相为长官，多由蒙古亲王、贵族担任，下设平章政事、左右丞、参知政事，属官有郎中、员外郎、都事等。路、府（州）、县分别是地方二级、三级、基层政务机构。

元代国家政务机构的层级体制可图示如下：

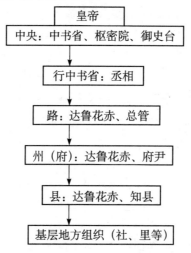

七、明清时期：省、州、县三级体制

（一）明朝：削减政务机构层级

明朝政制从中央到地方都有较大变化，其中地方政制的变化主要有二：一是削减政务机构的层级，如撤销"路"的建制，改路为府；二是将州分为直隶州和属州（也称散州），直隶州相当于府，属州相当于县。这样形成省、府（直隶州）、县（属州）三级地方政务机构体制。

明初地方建制承袭元制设行中书省，地方设行省。明初，行省的政务机构是承宣布政使司。洪武九年（1376 年），与中央撤销中书省相应，各地撤销行中书省，但地方最高行政区仍然称省。依"权不专于一司"原则，在省级分设"三司"：（承宣）布政使司掌行政，（提刑）按察使司掌司法和监察，都指挥使司掌军事。[①] "三司"同为一省长官，彼此独立，互不统属，均直属中央主管，回归中国古代重内轻外、地方分权而治的传统。府（直隶州）是地方中层政务机构，明初由路改置，长官为知府。"凡州二：有属州，有直隶州。属州视县，直隶州视府，而品秩则同……计天下州凡二百三十有四。"[②] 县（属州）是地方基层政务机构，长官为知县或知州。此外，在省之下有"道"的设置，属于布政司的有督粮道、督册道、分守道，属于按察司的有督学道、清军道、驿传道、水利道、盐法道、抚治道、兵备道、分巡道等。道并不是一级地方行政机构，只是省派出机构。不管隶属于布政司还是按察司，道都有省派出的"监司"的性质。

明代政务机构层级体制可图示如下：

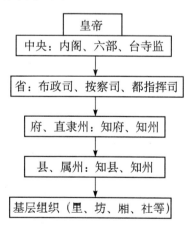

（二）清代（1840 年以前）政务机构体制的变化

清承明制，但有重大变化：明朝后期中央临时派遣的监察大员——总督、巡抚，在乾隆后期成为固定的地方最高军政长官。此外，道作为省的派出机构，明确划定其分管数个府或直隶州，有向地方行政机构演化的趋势，不过终清之世没有完成。清代地方仍为三级

①　布政司俗称藩司、方伯，按察司俗称臬司、臬台、按台。

②　《明史·职官志》四。

政务机构：（1）省：长官为总督、巡抚。布政司和按察司不再直属中央，而是督抚的下属机构。总督，在清朝前期全国有八职，分掌直隶、两江、闽浙、湖广、陕甘、四川、两广、云贵地区，光绪末年增设东三省总督。巡抚在雍乾后皆以省为辖区，全国十八个行省中除直隶、四川由总督兼任巡抚之外，其他各省均置巡抚一员。此外，清代与省平级的地方单位还有顺天府（北京）、奉天府（盛京即沈阳），东北、外蒙、新疆的各驻防将军，西宁、西藏办事大臣等。（2）府（直隶州、厅）：长官为知府、（直隶州）知州、（直隶厅）同知等。（3）县（属厅、属州）：长官为知县、知州。

清代政务机构层级体制可图示如下：

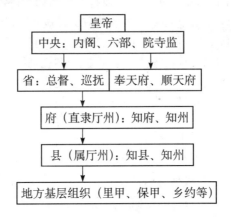

第三节
地方行政派出机构及其权力

在古代中国，为解决中央政府"鞭长莫及"的难题，中央常向地方派出巡回或常驻机构，督办政务，纠察官吏，以增强行政效率。地方亦然，上级政权机关为了解决"鞭长莫及"的问题，亦向所辖地区派出或常设督办专门事务的机构，这就是地方政务机构的派出机构。与中央派出机构一样，地方政务派出机构一般不是单独一级政务机构或行政区，但它有权以自己的名义在辖区实施某些种类的事务管理，其管理行为的效力与派出它的政府或政府部门直接作出的公务行为的效力大致相同。

从秦汉时期开始，高级、中级、基层地方政务机构就有向下辖区域派出自己的督察或督办机构的惯例，我们按照时代顺序来考察。

一、中国历代地方政府派出机构设置情形

（一）秦汉时代

关于秦汉时代地方政府派出机构问题，我们必须先行认识到：在古代中国，上级政府或政务机构向所辖地区派出一定的办事机构，我们是无法用今天的眼光区分是行政机构还

是监察机构的。

秦汉时代，有无地方政务机构的派出机构之设置？从现存很少的历史记载看，秦汉两代很少有地方政务机构的正式派出机构之设置。不过，其从上到下的督政系统，从某种意义上讲，也直接办理许多行政事务，故也可以视之为地方政务机构的派出机构而作一点考察。

秦汉时期县以下"亭"的设置，大概是地方政务机构（县）派出的办事机构的一种形态。关于"亭"，历史文献中有大量载述。《汉书》说"大率十里一亭，亭有长；十亭一乡……皆秦制也"，又说"凡县、道、国、邑千五百八十七，乡六千六百二十二，亭二万九千六百三十五"①。《后汉书》说："亭有亭长，以禁盗贼……亭长，主求捕盗贼，承望都尉。"②《资治通鉴》说："汉制：……十里为亭，亭长主之；十亭为乡，有乡佐、三老、有秩、啬夫、游徼各一人。"③

从上述文献记载中，我们可以理出有关"亭"的以下信息：第一，秦汉时期地方有亭的机构设置，其中秦朝时全国设有 29 635 个亭。第二，"十里"的范围设置一亭，"十亭"的范围设置一乡。第三，亭设亭长为主管官员，职责是"求捕盗贼，承望都尉"。

现在大致可以肯定，"亭"并不是与乡、里同性质的基层组织④，而是县的派出机构，大约相当于现在的治安派出所兼政府接待所、驿站性质的机构。亭设于城镇或交通要道，亭长由县令或县长任命，归县尉指挥（"承望都尉"），维持地方治安（"求捕盗贼"）。汉高祖刘邦即曾任"泗水亭长"（泗水在今江苏沛县东）。

根据以上信息大致可以判断，乡、里是一般基层行政管理组织，亭是县派出到乡以下（而不是跨乡）的治安机构。

在秦汉的州县还有否其他派出机构？秦的情况不了解，汉代的情形历史有所记载。

---

① 《汉书·百官公卿表》上。
② 《后汉书·百官志》五。
③ 《资治通鉴》卷二十五，《汉纪》十七。
④ 历来学者对《汉书·百官公卿表》所载"十里一亭，十亭一乡"，与《汉旧仪》所谓"国家制度，大率十里一乡"两种说法之间的矛盾，颇感困惑。因为秦汉的里平均约有百户，若将《百官公卿表》所载此语当成是对行政组织结构的说明，则会产生一亭有千户、一乡有万户的结论，这显然与以万户分大小县的制度有矛盾。若以《汉旧仪》所载为真实情况，则要与"十里一亭"的说法相冲突。所以迄今为止，学术界尚无法对上述这两条记载作出完满的解释。现在很多人以为汉代亭和乡、里连为一体，即积里为亭，积亭为乡。其实五十多年前王毓铨先生就推翻了这一看法。王先生以为亭并不是居于乡之下，而应直属于县。乡、里带有民政性质，亭则和军事有关，因而亭和乡、里当属两个不同系统。笔者赞同这一主张。《百官公卿表》中"十里一亭"的"里"是道里之"里"，不是乡里之"里"，意即每十里路设一亭作招待所之用。"十亭一乡"的"亭"则是亭部之简称，是从地理区划的角度说一个乡可以划为十个亭部，而"十里一亭"的"亭"和"十亭一乡"的亭部又恰好可以合二而一，即在一个亭部上建一个亭，这个亭即是道路上每隔十里路作为招待所的"亭"，同时这个亭的亭长和亭卒，又可负责本亭部及十里长的道路上的治安工作，所以"十里一亭、十亭一乡"与"十里一乡"的记述独立起来看都是正确的，并不矛盾。关键是不要将"十亭一乡"的亭当成是乡和里之间的一级地方行政组织。［参见王毓铨：《汉代亭与乡里不同性质不同行政系统说》，载《历史研究》，1954（2）；周振鹤：《由汉代部的概念释县乡亭里制度》，载《历史研究》，1995（5）。］但是，我们还是有疑问：作为县的派出机构，不是每乡一亭或是数乡一亭，而是一乡十亭，这不合常理。以《汉书》所记亭 29 635 之数与乡 6 622 之数相除，约等于 4.5，即每乡约 4.5 亭。与所谓"十亭一乡"也不符。同时，如果按照十里长的路段设一亭的比例，则一乡岂不是都有百里之遥？那时的县一般不过百里之地，大概不会一乡有百里之地。

汉代的督政系统，除了中央向各郡派出的州刺史（其所监辖地区为刺史部或州部）以外，实际上在地方也有一个类似的体系。有人认为，郡太守每年定期向各属县派遣郡督邮，以数县为一个督邮部；各县令长也派自己的廷掾巡回督察下属各乡，以数乡为一个廷掾部；乡下再有县派出机构曰亭，以若干里为一个亭部。"这样，从中央政府到地方郡县政府分别派出的刺史、督邮、廷掾，就形成了一个由特派员组成的层层监督的监察网，使各级地方官都受到了有效的监督。"① 这一看法是有道理的。

也就是说，除刺史部以外，汉代郡县派出的督邮部、廷掾部、亭部，都是某种意义上的地方政务机构的派出机构，我们不可仅仅视之为监察机构。

（二）宋元时代

宋元时代的地方政府派出机构的情形比较复杂，大概有以下几种情形：

第一是镇、寨。宋代县级政权之下分区派出一种以军事、治安、征税职责为主的政务机构，曰镇、寨。早在五代时期，在各县地方即设有镇、寨，节度使自派亲信为镇将，与县令分庭抗礼，公事得专函直达于州，不受县之管辖，是一种军事防御机构，属军事系统。到宋代，仍于居民密集或形势险要之地设镇、寨，但归本县管辖，受知县领导。镇设镇将，寨设寨官。镇将一般由本州衙前吏人兼任，后来又改设镇监官，掌管治安巡逻、防盗防火之事，或兼掌酒税与商税征收之责。镇寨长官与县尉共同负责一县之内的治安：县尉负责维持一般乡村秩序，镇将只负责镇寨城郭以内的秩序。②

第二是巡检司。这在宋元时代是一种特殊的地方政府派出机构。它是不受州县辖区疆界的限制，但受州县长官管辖的治安机构，主要设在重要/关键地区或边远地区。其长官称都巡检使、同都巡检使、巡检使、同巡检使等，官阶低者称都巡检、巡检等。大概有州派出和县派出两种等级的巡检司。巡检官的主要职责是主管本界土军、禁军的招募和训练，巡逻州县、捕捉盗贼，兼管稽查、捕捉私盐私茶、私铸铜铁器、私铸钱等。元代，仍在很多地区设置了巡检司，如浙江行省的泉州路同安县（今厦门）就在澎湖群岛设置了澎湖巡检司，管理澎湖、台湾行政事务，这是中国政府首次在台湾地区设立正式的行政管理机构。③

第三是宣慰司。宣慰司是元代行中书省设置的派出机构。因为中书省的直辖区和行中书省的辖区过大，而路的辖区又相当小，于是元政府就在路之上设置宣慰司一级作为行省的派出机构，以处理离省会较远地区的军民政务。行中书省和诸路之间非正式性政务区划为"道"。有肃政廉访使道，是监察区；有宣慰司道，为省的派出机构，是行政区。宣慰司主要设置于山东东西道、河东东西道、淮东道、浙东道、荆湖北道、湖南道等十道，中统三年（1263年）曾设十路（道）宣慰司。宣慰司下领诸路、州（府）、县，为行省与路、州、县之间的承转机关。《元史·百官志七》载："宣慰司，掌军民之务，分道以总郡县，行省有政令则布于下，郡县有请则为达于省。有边陲军旅之事，则兼都元帅府，其次则止

---

① 周振鹤：《由汉代部的概念释县乡亭里制度》，载《历史研究》，1995（5）。

② 参见周振鹤：《中国地方行政制度史》，180页，上海，上海人民出版社，2005。

③ 元代汪大渊《岛夷志略》的"澎湖"条云："至元间，立巡检司。"清代谢金銮的《续修台湾县志》说："元之末，于澎湖设巡检司，以隶同安。"

为元帅府。其在远服，又有招讨、安抚、宣抚等使。"宣慰使司有同知、副使、经历、都事、照磨、架阁、管勾等属官。在行省制全面确立以后，因机构重叠，宣慰司逐渐被废除，但仍有少数边远地区的宣慰司被保留了下来，后来大概直接等同于"路"级政权了。

（三）明清时代

明清时代的地方政府派出机构，主要是省派出的"道"和州县派出的"巡检"等。

关于"道"，明清两代都在行省以下有设置。据《明史》记载，在省之下有两种"道"的设置：（1）属于布政司的叫"分守道"，全国设七十余分守道，每省四至五个，皆有一般行政派出机构性质，常驻各地（少数驻省城），分辖数府。此外有督粮道、督册道等专务道。（2）属于按察司的叫"分巡道"，全国设七十余道。此外还有督学道、清军道、驿传道、水利道、盐法道、抚治道、兵备道等专务道。[①] 道并不是一级地方行政机构，只是省派出机构。道不管隶属于布政司还是按察司，都有省派出的"监司"的性质。清朝承明制，在省与府（直隶州厅）之间置"道"作为派出机构或临时政务区。道员的职掌是"佐藩（布使司）、臬（提刑按察司）核官吏，课农桑，兴贤能，励风俗，简军实，固封守，以帅所属而廉察其政治……许上封奏（事）"[②]。乾嘉以后，道逐渐一般政务机构化。沈葆桢云："道治民，有节制文武之责。"[③] 道员为实衔正四品，州县文书先申府，府申道，道转布政司、按察司，再呈督抚，再达中央。道员由临时差使变成实官，或辖全省，或辖三四府州。《清史稿·职官志》列有道员，但《地理志》无道这一级政务区划。可见终清一代，道仍未被视为正式政区。[④]

关于"巡检"，明清两代在县之下都有巡检司之设置。明代的巡检主要设置于"各府州县关津要害处"，其官员为巡检、副巡检，为从九品职，其主要职责是"缉捕盗贼，盘诘奸伪，俾率徭役弓兵警备不虞"[⑤]。一般可以视为县政府的治安派出机构。清代亦在州县之下关津紧要之处设巡检司，制度基本与明代同，"掌捕盗贼，诘奸宄"[⑥]。

二、历代地方政府派出机构的构成及权力

（一）历代地方政府派出机构的构成

关于历代地方政府派出机构的构成，我们大致可以总结以下几点特征。

第一，不管是由地方高、中、低级政务机构的哪一级派出，都是同级政府的分身，从公务行为的效力来讲，代表它的派出者，理论上属于同一级；但从办事程序来讲，实际上又等于在两级政府之间增加了一级。道员本是临时性的差使，从此以后就变为实官了。司、道本来平行，但由于后来道脱离了司的关系，道就直接成为司与府厅中间的一级。"州县文

---

① 参见《明史·职官志》四。

② 《清史稿·职官》三；《清朝通典》卷三十四，《职官》十二。

③ （清）连横：《台湾通史》，104 页，南宁，广西人民出版社，2005。

④ 参见周振鹤：《中国地方行政制度史》，79 页，上海，上海人民出版社，2005。

⑤ 《明史·职官志》四。

⑥ 《清史稿·职官志》三。

书先申府，府申道，道转布政司、按察司，再呈督抚"[1]，甚至府审判的案件都要呈报道台复审并上报刑按司。这就容易导致派出机构向正式行政层级转化。[2]

第二，派出机构的官员的职务，一般有临时兼差性质，并非固定职务。如元代的宣慰使、明清的道员，都是如此。元代的宣慰使、同知、副使多系他官临时差遣，同时兼有都元帅、都副元帅、佥都元帅等职或衔。又如，道员本是明清藩臬两司的佐贰，明代的道员分属于藩臬两司，各有本身的官名。所谓某某道，不过沿自元代的行政区域名称。清初，布政使左右参政、参议例皆驻守在一定地方，称为"分守道"，每省无定员。按察使副使、佥事例皆分巡某一带地方，称为"分巡道"。道员实际上是派出时的兼差而已。清乾隆十八年（1753年），将原来的参政、参议、副使、佥事名称取消，守、巡两道一律称为"道员"，定为正四品。于是道员从临时性差使转变为实官了。当然，秦汉时代的亭，宋代的镇寨，元、明、清的巡检，则有常设固定职务或机构性质。

第三，一般机构简单，没有很严格的办事衙门，驻地也不一定就在所辖之地。秦汉时代的亭，就设亭长、求盗等几员小吏；宋代的镇寨，也只设镇将等几员，似无由办事吏役组成的衙门。明清的道，起初只是对布政司、按察司佐贰官们的一种守、巡区域的责任分划而已，并无办事衙门，一般无佐贰官，吏役也很少。在明代大约三分之一的"分守道"是"驻省城"。既然驻省城，更无作为所辖区管理机构的衙门可言。清代的很多"道"也是如此，即使在其变成实官以后。明清的巡检司也是如此，一般只是"巡检"的履职场所而已，无正规衙门。

（二）历代地方政府派出机构的权力

关于历代地方政府派出机构的权力问题，很难简单地作一般归纳。依据上述历史回顾，我们大致可以知道，地方政府派出机构的权力大致有以下两个特征。

第一，地方政府派出机构的权力主要是督政权力和治安权力。所谓督政权力，不是我们一般理解的监察权力。我们今天理解的监察，主要是纪律监督，即纠察官吏的违法乱纪行为，提起弹劾或移送司法机关。监察机关不得直接干预政务。而古代中国的"监司"，其职责远远超出这个范围。比如宋代的路，转运使、提刑使、常平使都被称作"监司"，甚至安抚使（帅司）也被称为"监司"。只要是上级派到下级，即可对下级官吏进行监督，督促其及时完成政务，督促其贯彻中央法令，检举其贪赃枉法；在下级举措难决时，甚至直接审批，直接作出决定，令被监对象执行，甚至越俎代庖，办理下级政务，直接受理下级上报或百姓上诉的一般刑事案件。这就不是我们所认识的一般监察权了。在明清两朝，不管是分守道还是分巡道，其实都是"监司"，都是督政机构，只不过前者偏重于民政事务，后者偏重于刑事而已。在古代中国，督政机构和一般行政机构，本质上是没有界限的。所谓治安权力，主要是就秦汉的亭、宋代的镇寨、元明清的巡检司而言，所谓巡逻捕盗、防止

---

[1] （清）黄本骥：《历代职官表》，68页，上海，上海古籍出版社，1980。

[2] 于此我们可以对照新中国成立以来"地区行政公署"的演变来作一点分析。新中国成立之初，仿照国民党政府设"行政公署"的先例，在各省之下设若干行政公署，各统若干县。行政公署作为省政府的派出机构，不设人大、政协等，仅设行政专员、副专员等。后来，各地行政公署纷纷向"省辖地级市"或"自治州"转化（即使没有改称市、州的，也纷纷设立人大、政协等），完全演变为省、县之间的一级地方政府。

匪寇、防火防盗、缉捕私盐私茶，甚至包括在某些关卡稽查货物和收税，都是治安任务。这些治安任务与地方驻军（宋代曰厢军）职责重叠，故有时治安性质的派出机构也兼有军职，或者与军事镇所合一。

第二，地方政府派出机构的权力是否等同于其派出机构的权力，不可一概而论。一般说来，一般民事或民政督办性质的派出机构，其权力大致等同于其派出机关。如明清时代的分守道、督粮道、督册道等，其所为之事等于省布政司所为。刑事司法和政纪监察性质的派出机构，其权力往往被视为派出机关的下一级。如明清时代的分巡道、盐法道、驿传道、水利道等等，其经常作为呈递或审批公文或者复审上诉案件的一个层级。至于治安或军政性质的派出机构，就更为明显地被视为派出机关的下级单位，如汉代的亭，宋代的镇寨，元、明、清的巡检司，它们有定期向派出机关报告工作，接受其领导、节制和监督的义务。

第四节
地方政务机构变迁的规律

通过对历代地方政务机构层级体系变迁历程的粗略考察，我们似乎可以得出这样几点认识：

一、强化中央集权是地方政务机构层级调整的主要原因

中国传统社会的政治制度是君主专制的中央集权制度，因此强化皇权与中央集权，是当时一切政治和社会变革的主要动因与旨归。从上述地方政务机构体制的变化中不难看出，所有地方政务机构的置、废、增、改，无一不是为了加强中央集权，换言之，无一不是为了加强皇权。中央统治方式调整和中央直管事务范围的变化成为地方政务机构调整的主因，这集中体现了中央集权与地方分权之间此长彼消的过程。

（一）强化或减弱地方权力的需要引起地方政务机构的变化

历代王朝的地方政务机构层级和体系的变化，多与王朝统治方式调整的需要紧密相关。如东汉末年为镇压黄巾起义，授予地方军阀更大的统制和镇压权，于是将原来只是监察区的州正式确定为地方最高一级政务机关。又如，唐代后期为平定"安史之乱"，为授予地方军政大吏更大的权力，在全国普遍设置方镇，任命一大批"上马管军、下马管民"的节度使，终致新的最高级地方政务机构"道（方镇）"形成。这里，强化地方军政大吏的权力，归根结底是为了强化中央集权，挽救王朝将要覆亡之危局。又如，宋初为了防止藩镇割据威胁中央集权，又收回节度使的军事权、行政权，将其所领诸州直接收归中央控制，实行州（府）、县两级地方制。可见统制方式的调整或国家政治局势的紧迫需要，常常是地方政务机构设置或废止的主要原因。

（二）中央监控地方之需要的强弱变化引起地方政务机构的变化

中央监控地方长吏的需要加强，常常导致地方新的最高级政务机构的形成。在汉代，

为加强中央政府对地方二千石（郡国守相）的控制，汉武帝在郡之上设立十三州刺史部作为监察区，这为东汉时期州变成地方最高级政务机构奠定了基础。在明代，中央为加强对地方的控制，经常派遣高官加都察院都御史衔、副都御史衔出巡地方为总督、巡抚，此举促成了清代以总督、巡抚为省级最高行政长官的体制的形成。

（三）中央直辖行政区单位数目增减的需要引起地方政务机构的变化

增加或减少中央直接管辖行政区的单位数目，增减地方政务机构层级，都是中央集权的王朝强化统治的手段。这一需要也常常引起地方政务机构层级体系的变化。例如，隋唐时期，鉴于前代地方层次过多之弊端，废除了郡级政权，将魏晋南北朝的三级地方体制改为二级地方体制。在宋代，在方镇取消后，又出现中央直辖行政区数目或单位过多、管理不便的弊端，于是太宗淳化二年（991年）仿唐代转运使之设，在州县之上增设"路"一级中央派出机构，以便控制。于是，路又逐渐成为新的最高级地方政务机构。元代，继承了宋代的"路"之后，因为设路太多太滥，又因为疆土太辽阔，于是不得不由中书省派出"行中书省"到各地办公，分辖若干"路"，以加强对各路地方的控制，于是，行省就成为新的地方最高级政务机构。

二、以三级地方体制为主流，县为最基层政权的体制基本不变

关于中国古代地方政务机构层级的变迁历程，我们可以归纳为下表[①]：

时期	高层政务机构	中层政务机构		基层政务机构	层级体制
东周	（诸侯国）	郡、都邑		县、乡聚	三级
秦		郡		县、道	二级
汉		郡、王国		县、道、侯国	二级
汉末至南北朝	州	郡、王国		县、道、侯国	三级
隋、唐前期		州、府		县	二级
唐后期、五代	道（方镇）	州、府		县	三级
宋	路	府、州、军、监		县、院、尉司、监	三级
元	省	路	州、府	县	四级
明	省（布政司）	府、直隶州		县、属州	三级
清	省	府、直隶州、直隶厅		县、属州、属厅	三级

我们发现，地方政务机构的变迁在形式上有三个轮回：第一个轮回是秦汉魏晋南北朝时期，历时800年，地方政务机构从两级制变成三级制。第二个轮回是隋唐宋时期，历时约七百年，地方政务机构重复从两级制变成三级制的循环。第三个轮回是元明清时期，历时约六百年，从四级制又回归三级制。在2 100年历史中，有1 500年是三级地方体制，它们是汉末、魏晋南北朝、唐后期、宋、明、清时期。中国传统地方政务机构的主流体制是三级体制，这在幅员辽阔、交通落后、人口众多、事务繁剧的农业国度，是较适宜的。因为层级过少，则每级直接辖管的政区单位就太多，上级对下级指挥、使令存在较多难度，

---

① 本表以周振鹤《中国地方行政制度史》（上海人民出版社，2005）第81页附表为基础，加以补充制成。

政令传达与贯彻相对要迟缓。于是，三级制作为最适合国情的体制长期坚持了下来。

此外，县级建制一直没有变化，其作为最基层政府的角色也从未改变，基本上没有把国家政权的最低层级设置到乡一级的事例，此即所谓"皇权不下县"。

三、地方高中层政务机构数量不断增多、辖区不断缩小、级别不断降低[①]

我们把中国历代地方政务机构的变迁历程综合起来看，发现一种很有意思的现象：在两千多年的漫漫历史岁月中，在每个王朝的后期，地方高中层政务机构数量激增，辖区渐次缩减，实际层级逐渐降低，有的甚至在最后归于消亡。

（一）以地方最高级政务机构的变迁为例

历代地方最高级政务机构的变迁最为典型。从汉至明清，州、道、路、省等最高级政区或政务机构的变化最为反映这一特征。

1. 州。从汉武帝设十三州部起，直至东汉末年，全国的州只有十三个。作为最高级政务机关，辖区大者相当于今天两三省之地，小者也有半省规模。到隋初，设州数目竟然达到三百多，比汉初时的郡、国数目还多两倍。隋时，州辖区幅员只有数县大小，级别实际上已降为统县的中级地方政务机关（道或镇已经实际成为其上级政区）。至元、明、清时期，除直隶州外，大部分州已降而与县相当（清代的散州则完全与县同级[②]），其上已经有了省、路、府等多个行政层级。

2. 道。在唐朝前期，道作为统制数州的监察机构或监察区出现。唐朝后期，道与方镇结合，实际上成为地方最高层级政务机构。唐朝贞观初，分全国为十道，玄宗时分为十五道，各道监察御史又与各镇节度使职务互兼，使道或镇实际成为地方最高级政务机构。到唐末，道或镇的数量近五十个[③]，是唐初的五倍。数量增多，必然伴随着其辖区幅员大大缩小。宋初废除"道"或"镇"，但后来又设"路"代替。到元代，道又用以作为省以下的监察区之名。明、清沿袭元制，也在省与府之间设道。[④]

3. 路。北宋初期仿唐制设诸"道"转运使，后改称"路"。北宋初只有十三路，北宋末年增加至二十四路。南宋时期，北方国土丧失后仍设十七路。路的辖区面积起初大致相当于今天一省之地，后来大约只有今天的两三个地市州大小。到元代，"路"达到一百八十五个之多，于是不得不在路之上设行中书省。路降而为中级政务机构，辖区缩小到今天一个地市州大小，甚至只有一两个县大小。明代废路为府，路也就消亡了。

4. 省。元朝最初设六个行中书省，元朝中期设置十一行省。到明朝，起初是十三行省（布政司），加上两京，为十五省；后来增设至十八省。到清朝，除内地十八省外加顺天府外，还有东北三将军辖区、新疆伊犁将军辖区、西宁办事大臣辖区、驻藏大臣辖区、外蒙

---

① 参见周振鹤：《中国地方行政制度史》，82～83 页，上海，上海人民出版社，2005。

② 民国初年废州为县，州完全从政务机构体系中消失了。新中国成立后，才又用来作为第二级民族地方自治区域的名称。

③ 唐宪宗元和二年（807 年）宰相李吉甫所作《元和国计簿》称："天下方镇四十八，州府二百九十五，县千四百五十三。"转引自袁刚：《中国古代政府机构设置沿革》，387 页，哈尔滨，黑龙江人民出版社，2003。

④ 民国初年一度改"道"为省县之间的一级政区，20 世纪 20 年代废道以后，就消亡了。

乌里雅苏台将军辖区、内蒙古区、套西蒙古区，共二十八个省级行政单位。随着省数目增多，省的辖区幅员从元代到民国逐步缩小，至今中国已经有三十四个省级行政单位。

什么原因导致了地方最高政务机构的这种变化？地方最高政务机构，管辖面积大，人口多，相对而言可以掌握的资源丰富，具有与中央政府相抗衡的实力。因此，拆分或缩小地方最高政务机构的辖区，增加其数量，能够减轻其对中央的威胁，即"尾大不掉"、"枝强干弱"的危机。此外，有更多的地方最高级政权首长的名号职位，也便于用来安置、笼络功臣、贵族，并鼓励经济实力较强的地方不断增殖人口、增加赋税贡献，以图向中央争取政区"升格"（或从原来的政区中分离出来，独立成新的平级政区）。在这样的背景下，必然导致最高级行政区的增加。但是，反过来，若地方最高政务机构或政区数量太多，辖区面积太小，又使中央行政无暇顾全，百羊一牧，难以统御，势必影响行政效率，于是又不得不在其上另增新的行政机构或层级，这就是州、道、路、省演变成为地方最高层级政务机构的原因。历史证明，地方最高政务机构或政区数量过少（亦即辖区过大、人口过多、所控制资源较多），往往易于坐大为封疆割据势力，威胁中央权力。地方最高政务机构或政区数量过多，又使中央直接面对过多的下级单位，目不暇接，不便于管理，也可能降低效率。可见，地方最高政务机构或行政单位数目多少，直接影响到中央与地方的关系，直接影响中央集权和君主专制政治的稳定。有学者总结历史经验、教训后说，像中国这样一个大国，中央政府直接管辖五十个左右的地方最高政务机构或政区是比较适宜的。[1]

（二）以地方中层政务机构或政区的变迁为例

州、郡、府都曾经作为地方中层政务机构的称谓，其变迁趋势是逐渐降低层级、逐渐消亡。

州在东汉时期直至唐代中期都是地方最高政务机构。后来，设州也来越多，隋朝时有三百多个，故炀帝一度将州改称为郡。唐贞观年间设州达三百五十八个，后来不得不在其上设"道"或"镇"来统御，其实州已经变成了地方中层政务机构。玄宗时期，州又一度改称为郡。隋、唐两次改州为郡，其实也可能是要将原来作为最高级地方单位的州已经变小变低的事实在名称上体现出来而已。在宋、元时代，州还保持了路、省之下的中层政区的地位。明代，州基本上还都是中层政区，基本上都领县，不领县的州极少。[2]到清代，州基本上以不领县的散州为主，直隶州很少。就是说，到清代"州"几乎成了县级政区的通称。到民国和新中国，州作为政区的称谓正式终结了。[3]

郡在秦汉时是地方最高行政机构或高级政区。秦朝最多曾设四十余郡，汉初增设至八十余郡（含王国），西汉末增加至一百零六个郡国。到东汉时，因为州成为地方高级政务机构，郡实际上成为中级政务机构了。到西晋时，增加至一百八十余郡国。[4]隋朝初年，郡增至一百九十个。郡的数量越来越多，实际幅员和层级都在减少和降低。郡的幅员到南北朝

---

① 参见郭宝平：《中国传统行政制度通论》，98～99页，北京，中国广播电视出版社，2000。

② 参见周振鹤：《中国地方行政制度史》，189页，上海，上海人民出版社，2005。

③ 现在，"州"只作为民族自治地方的中级政区称谓，曰"自治州"，没有一般行政区意义上的州。州更多只剩下地名含义了。

④ 南朝齐曾设郡（含同级单位）三百九十五个，北周时曾设郡五百零八个。

末期已经缩小到二三县的范围，隋文帝时，正式废除"郡"级政区，地方复为州县二级制。唐玄宗天宝元年（742 年）一度改州为郡，但肃宗乾元元年（758 年）复改回为州。此后，郡作为地方政区的名称永远消失。

府在汉代是地方最高政区的一种形式，主要设在边疆地区，如安西都护府。在唐代，以首都（京兆）、陪都（洛阳，称河南）、开国君主发迹地（太原）为府，府是都城的别称，级别等于或略高于州，为最高地方机构。后来，陆续将皇帝曾经驻跸过或者有重要军事意义的州改建为府，增设城都府（南京）、凤翔府（西京、西都）、河中府（中都）、江陵府（南都）、兴德府、兴元府六府。到宋代，府正式变成中级政区，有三十八府；元代有三十三府。到明代，将元代的"路"统改为府，"府"至此成为统县政务机构的一般称谓。"府"的数量（不包括同级的直隶州）多达一百一十四个，辖区显然比从前大大缩小。到民国，"府"作为行政区称谓已经彻底消失了，作为地名也几乎不存在了。

四、地方政区层级设置虚实结合、虚渐变实

有学者将中国传统社会常设的地方政务机构分为三种类型：

1. 实二级型。这里的高级与基层政务机构都是有实权的。主要是秦汉的郡县二级制，隋朝至唐代前期的州县二级制。郡、州是高级地方政务机构，县是基层地方政务机构，两者都有非常完整的政务实体机构和权力。

2. 一虚二实型。这里指地方最高级政务机构的形式是监察区或其他督政区划，自身没有政务实体机构。这种体制主要存续于三个时期：一是汉代的"州部—郡—县"制，二是唐代的"道—州—县"制，三是北宋的"路—州—县"制。

3. 实三级型，即地方高、中、基三级政务层级均设政务机构实体。这主要存续于明代的"（省）布政司—府—县"三级制，清代的"省—府—县"三级制。[①]

此外还有元代的省—路—府（州）—县四级制。不过，元代的四级实际上是虚四级、实三级，在行省没有普及全国、没有正式确立为地方最高政区之前，路（宣慰司）实际上为地方最高层级。待行省完全确立并普及以后，就纷纷在各地撤销各路（宣慰司），很多行省就是在撤销路的基础上建省的。当然，行省地方机构化并普及全国后，路还在一定程度上存在（设总管府）并起作用，不过作用比从前虚一些而已。

地方政务机构由"实二级型"经"一虚二实型"演进到"实三级型"，带有规律性。"实二级型"是处于行政区域尚小和行政区划粗放阶段的地方政务机构设置。"一虚二实型"是在行政区域大大拓展和高级行政区划幅员变小后，"实二级型"已经不能适应新的形势需要，因而对高级地方进行分片管理的地方政务机构设置模式。"实三级型"是处于行政区域广大和行政区划精细状态的地方政务机构设置。总的发展趋势是，虚的行政区或督政区层级，权力会越来越大，国家的管理越来越离不开这一级。于是，这一级的行政机构越来越庞大和常设化，其长官在中央的兼衔逐渐取消，这一政区或层级逐渐演变为实的行政区或层级。

---

① 参见奇秀：《中华古典地方行政机构体制的设置及演进规律》，载《学术研究》，1996（3）。

五、中央派出机构或督政区逐渐向地方一般政务机构或政区转变①

从古代中国地方政务机构或政区的演变历史中，我们还可以看到一个典型的规律，即：地方高层和中层政务机构常常是由中央派出的临时政务分支机构或督政机构演变而来。在这里，我们暂且仅以地方高层政务机构为分析对象。

从汉代开始，历史上的地方高层政务机构几乎都是由中央派出的政务分支机构或者监察机构——二者最好统称为督政机构——演变而来的，其政务长官一般也是由兼差外派的中央官员转变而来的。这一历程，可谓"由虚入实"。

这里我们可以仅仅以"州（刺史）"、"路（转运使）"、"行省（丞相）"的演变为例加以说明。

（一）两汉到隋唐的"州"

西汉武帝时期开始在全国划分十三个督政或监察区域，称为"十三州部"，设绣衣直指刺史巡察州部，以"六条诏书"问事，主要是监督地方二千石长官，不得直接干预郡的政务。后来，其监督的对象职级越来越低、范围越来越广，其直接干预或直接办理政务的范围越来越大，其长官职务越来越常设化和常驻化，其僚属机构越来越庞大和完备，总之，其权力越来越宽。简单说，是由督政机构演变为行政机构，到东汉后期正式变成了地方政区层级了。从东汉到唐代前中期，总计约五百五十年的时间里，"州"一直作为法定的地方最高政区或政区机构存在。

（二）唐后期到宋元的"道"/"路"

唐朝后期，作为地方最高政务机构或政区的州设置过多（贞观时即有三百五十八个），辖区变小，中央无法直接统御如此众多的政区，于是，唐朝后期，朝廷从两个方面弥补这一缺陷：一是中央分"道"派出督政机构监督数州，二是在数州之上设军事管理区"方镇"。不久，方镇节度使逐渐兼任"道"观察使、采访使、处置使等，或者观察使等兼任节度使，于是二者逐渐合一，成为军政、民政、监察无所不管的大员，道、方镇就成为实际上的地方最高政区或政务机构。北宋沿袭唐朝体制，在地方两百多个州府之上，陆续废除节度使的方镇，但继续保留了唐代的分"道"督政模式。在数州之上设"道"或"路"（二者在宋初文书中交替使用、没有区分，说明当时对中央派出督政区的称谓尚未确定），派转运使掌管财政税收事宜。太宗至道三年（997年）正式把全部州、府划归诸"路"管辖。于是出现唐代"转运使"这一临时职务固定化为地方最高政务机构，确定其施政或督政范围，这一范围或可称为财政督理区。后来又加设提点刑狱使、提举常平使、安抚使，使"路"正式具有财政、民政、司法、军事等一般行政的全面功能，于是由虚入实。到金代，路成为地方高级政务机构。到元代，路一度为最高政务机构或政区。

（三）金元至明代的"行省"

向地方派出中央最高行政机构的临时办事机构，最早大约始于魏晋至隋唐时代的尚书

---

① 参见周振鹤：《中国地方行政制度史》，83～84 页，上海，上海人民出版社，2005。

省行台，或曰行台尚书省。在金朝，尚书省的执政官前往地方执行某项特殊重大任务，其办公之所即称行尚书省，即尚书省的派出机构，并已经简称行省。不过，那时都是临时机构，事毕即止，不常设。元代取法金朝行尚书省惯例，在中原用兵之时，也以中央大员率领部分政府成员在地方上设立行中书省（元朝中枢实行中书省一省制）。这最初本来只是中央政府的派出机构，但久而久之因为机构常设、权力扩大并固定化、辖区稳定，就成了地方最高政务机构或地方最高级政区。直到行省制接近全国普及之时，行省的首长仍然要加"都省相衔"即中央的中书省宰相班子成员官衔（一般称丞相）。直到至元二十三年（1286年），朝廷更定官制，规定行省长官不再系都省相衔，只称某处行省某官，至此行省彻底地方政区化。

关于中央派出的监察机构或监察官向地方政务机构或政务长官的演变，如汉代的州刺史、唐朝的道转运使、明代的总督巡抚等，我们将在第十章从监察机构演变的角度继续论述，本节不赘述。

六、"寓封建之意于郡县之中"

中国自战国时代即出现了郡县制，"封邦建国"、"裂土授民"、"分封采邑"的"封建制"逐渐取消。但是，在秦以后的几千年里，"郡县制"并非铁板一块，"封建制"还曾直接或间接存在。我们考察历代地方政务机构变迁历程时应该注意到这一特征。

在讨论地方政务机构或政区的演变时，我们所说的"封建"是指狭义上的"封建"，即指给予名号，将人民、疆土、租税额授予子弟功臣的情形，而不包括仅仅封以王侯爵号的情形。严格说来，"封建"与"分封"是有区别的[①]：严格意义上的"封建"仅仅指"封邦建国"，是"裂土授民"，即封国、封邑，受封王侯不仅享有封邑之利，还有治民之权。"分封"则更多的是虽有王侯名号，有名义上的封国封邑，或封户数量，但仅食租税，而无治民之权，"势与富室无异"。而且还有实封、虚封之别。

我们在这里仅仅就至少有名义上的封国封邑含义的"封建"来讨论。秦统一后推行郡县制，但汉以后历代王朝常以各色各样的形式不同程度地保留着部分"封建制"。这种保留，借清人顾炎武的话说，就是"寓封建之意于郡县之中"[②]。

---

① "分封"的外延比"封建"要宽，既包括有封土的实封，也包括无封土的虚封。秦代的分封即是虚封，有列侯、伦侯的名号，但无封建。过去用"封建社会"一词来概括从秦到清的中国社会性质是不妥当的。20 世纪初期，"封建社会"一词从日本舶来。日本人用中国的"封建"一词来翻译 feudality，并用该词称呼资本主义社会前的社会阶段。但这个词对于欧洲和日本社会是合适的，因为当时欧洲和日本正处于与周代封建相似的状态，但于中国社会却不合适，因为中国的封建社会除汉晋特例外，恰恰不存在"封建"状态，而是高度君主专制的中央集权形式，这样就出现封建社会无"封建"的怪事。但中国大陆习用该词已久，意义已经完全与原词背离，甚至出现了在描述汉初的政治制度时反而要避免用"封建"一词，而称之为分封制，结果导致了混同秦汉分封制概念的错误结论。参见杨宽：《论秦汉的分封制》，载《中华文史论丛》，1980 年第 1 辑；周振鹤：《中国地方行政制度史》，57 页，上海，上海人民出版社，2005。

② （清）顾炎武：《亭林文集》卷一，《日知录·郡县论一》。顾氏之意是将宋明以来君主独掌的"辟官、莅政、理财、治军"四权，分割给地方郡县守令，旨在以古封建"分权"之义纠正君主专制集权政治的偏弊："尊令长之秩，而予之以生财治人之权，罢监司之任，设世官之奖，行辟属之法，所谓寓封建之意于郡县之中，而二千年以来之弊，可以复振。"其意与我这里要借以概括的历时特征不同。这里仅借其语表示"封建制"长期变相存在于"郡县制"的框架内。

西汉初期实行"封建"，先是"封建"七个异姓王，建立七个与汉"分庭抗礼"的异姓诸侯王国，接着又陆续分封其他有功之臣一百四十余人为侯。在逐个剪除异姓王（最后只剩下长沙王）之后，汉王朝又大封同姓诸侯王，共建立了九个同姓王国。十个王国占去西汉疆域大半，皇帝直属地只有十五郡而已。虽然汉初封建名义上仿照周代遗意，但在实质上有很大的区别。西周封建是层层分封，而汉代封建只有一层分封，诸侯王国以下依然是郡县制，每个王国领有三四郡、五六郡不等。"汉高祖……矫秦县之失策，封建王侯，并跨州连邑，有逾古典，而郡县之制，无改于秦。"① 汉代封建只是郡县制的变形，并没有完全回到西周封建的道路上去。由于封建王国对中央集权的威胁日益显著，文景二帝开始"削藩"，引发"七国之乱"。叛乱平定后，汉武帝又推行"推恩令"，使王国领域越来越小，封建制逐渐名存实亡了。此外，西汉还"分封"列侯。汉初分封萧何、张良等一百多位功臣为列侯，建立侯国。这些侯国的地位与县相当，但直属中央。列侯一般对封土没有治权。

曹魏王朝也部分恢复"分封"。魏文帝黄初三年（222年）开始分封子弟为王，"立（皇子）齐公睿为平原王，帝弟鄢陵公彰等十一人皆为王"②，另封皇弟曹植为鄄城王、皇子曹霖为河东王。其后魏明帝也继续封子弟为王。曹魏政权接受西汉之教训，其封建制，有名而无实，虽有封国、食邑，可世袭，但无治民权。"封建侯王，皆使寄地空名，而无其实……虽有王侯之号，而乃侪为匹夫。县隔千里之外，无朝聘之仪，邻国无会同之制。诸王游猎不得过三十里，又为设防辅监国之官以伺察之。王侯皆思为布衣而不能得。"③ 可见曹魏皇帝将封建制度当成禁锢诸侯王的手段，以使皇权不受威胁。

西晋王朝也有"封建"。晋武帝司马炎在立国伊始，便分封宗室司马孚等27人为王，以郡为国。与曹魏一样，西晋的封建有封国、封邑，也不治民。王国以郡而置，改郡太守为内史，不置相与仆，体制上与郡之差别很小。但宗王的政治地位与执掌军事的权力逐渐结合起来，形成一股足以与中央分庭抗礼的力量，终于导致"八王之乱"，导致了西晋王朝的覆灭。

西晋以后虽然再没有正式直接在国家一定地域上为亲戚、功臣"建国"、"封邑"的"封建制"，但是复行"封建"的动议经常有人提出。历史的教训并未使"封建"愿望消亡，代代有人担心"枝叶微弱，宗祜孤危"，念念不忘"广树藩屏，宗固维城"的教条，屡屡想恢复封建制。如唐太宗一度设想实行"世袭州刺史制"，打算让皇子出任州刺史并世袭，同时让功臣世袭州刺史。后因众人劝阻辞让才未付诸实施。蒙古民族入主中原之初，以皇子为万户，分领各州，直到元世祖忽必烈初年才"罢侯置守"。明代藩王，虽未正式"建国"，无国号，但有"封土"（诸王受封动辄数万亩良田），有王宫，宫中有官僚机构，还有军队，最多的达几万人。如燕王朱棣领重兵镇守燕京之地，最后发起"靖难之役"，就是明代"封建"的实际情形之写照。

总之，自秦朝实行郡县制以后，封建制在古代中国地方政权体制中处于补阙、辅助的地位。真正封建制只在汉代和魏晋有过，性质上属于郡县制的变形。自隋代以后，国家正

---

① 《隋书·地理志》。
② 《三国志·魏书·文帝纪》。
③ 《三国志·魏书·武文世王公传》。

式的地方政务体制或政区设置中已永远取消封建制，重新回到纯粹的郡县制。不过，广义上的封建制则一直持续到清朝。历代王朝试图以封建制或变相封建制来实现笼络亲戚功臣、巩固政权、"藩屏王室"的目的，又力图以严格的郡县制来实现控制地方、防止地方权重的目的。二者天然不可并行①，于是只好在郡县制的大框架下尽量变相插入一些封建制的内容，体现在中国古代地方政权体制的演进史上，就经常有或实或虚的郡县和"封国"并存的现象。②

第五节
地方政务机构的权力及其行使方式

本节专门讨论常设地方政务机构的权力及其行使方式问题。

地方政务机构的权力，归根结底来自中央，来自君主。在这一前提下，我们从权力的取得与配置、权力的内容、权力的行使主体和权力行使的方式四个方面来讨论。

一、地方权力的取得与配置

（一）权力的取得：皇权延伸

中国传统社会的政治制度是君主专制下的中央集权制度，所谓"普天之下，莫非王土，率土之滨，莫非王臣"。皇帝及其辅弼对中央和地方政务机构的控制，"如身之使手，干之总条"③，所以不存在中央与地方平行意义上的分权或权力划分问题，地方政务机构没有任何独立的、明确的、限定的权力范围。从秦汉至明清，中国从没有像"封建制"、联邦制之下那样明确划分中央与地方权限的法律和惯例。关于中央政府在国家行政管理活动中应该扮演什么角色、承担哪些职能，地方政府应该享有哪些权力、承担哪些责任，历代君臣都还没有明确的界限范围意识。

虽然没有分权，但是我们又不能不承认，在执行君主意志、履行统治义务过程中，有"出政"与"行政"、"督政"的分工，有多个层级的上下逐级行政和上下逐级督政的分工，可以说分工意义上的某种权限划分是客观存在的，地方政务机构仍然有它自己的某些执行权力，不过这些权力仅仅是皇权的延伸，一如其机构仅仅是中央手臂的延长而已。地方政务机构的所有权力，都是专制主义中央集权的中央或君主权力的延伸。从某种意义上说，中国传统社会里，地方各级政府均是中央政府的派出机构，其自身不具有完全独立的行政人格，而是作为中央政府的代表管理辖区各项政务，在中央授权范围内行使各该管区内的行政管理权。

---

① 参见郭宝平：《中国传统行政制度通论》，98页，北京，中国广播电视出版社，2000。
② 甚至在明朝还有"封国"的名称，如《明会要》卷四《帝系》四引（清）王圻《续通考》说，当时"裂土分封，盖惩宋元孤立、宗室不竞之弊，而秦晋燕齐梁楚吴蜀诸国，无不连邑数十，城郭宫室亚于天子之都"。
③ 《魏书·食货志》。意思是如同身体指挥手臂，树干控制枝条。

地方权力是君权的延伸，这一特征在中国地方政务制度产生之时就形成了。自春秋战国时期郡县制开始替代分封制之时始，郡县守令均由国君任免，代表国君行使管理职能，实为直接代理国君管理、经营直属国君的土地、人口。这一点，一开始就与封建制区别开来。此后历代地方政务机构长官都是朝廷命官，都是天子的代表，所谓"代天子巡狩"。如汉宣帝曾说："庶民所以安其田里而亡叹息愁恨之心者，政平讼理也。与我共此者，其唯良二千石（指郡守）乎！"① 意思是说，保证我的天下太平、国泰民安，只有我和地方官吏们共同努力才能做到。

（二）权力的配置："权不专于一司"

确保君权或中央权力的独裁性、至上性、不可分割性，同时又通过分工负责、相互配合与监督使国家机器得以正常运转，是传统地方政务机构权力配置的基本思路。纵观历代王朝权力划分方式，贯穿始终的一条主线就是集权于上、分工于下，亦即在皇帝权力集中和独占的前提下，在中央和地方都建立起分工制约的辅政、行政和督政体制。这种体制在地方政务机构的权力配置中也体现出来，此即所谓"权不专于一司"。"权不专于一司"是明太祖在实行中央"废相升部"和地方"权分三司"改革中提出的基本指导思想②，这一思想也可以用来概括历代地方政务机构分权而治的权力配置原则。

在地方高层政务机构权力的配置上，首先体现了"权不专于一司"。因为地方高层政务机构或层级直接面对中央，并可以统领地方，具有对抗中央政府的潜在能力，所以历代中央政府无不重视对地方高层政务机构的制约、防范，其中最基本的办法是分权牵制法，即在每一个地方最高政务机构中，不设置统一的地方政务机构和单一的行政首长，而是设立几套班子（诸司）和两个以上的主官，使之相互分权、互不统属但相互制约，其结果是组织与事权分散，区划交叉，中心分离。没有统一的政务机构和单一的权力中心，也就使地方大吏们失去了割据一方的地理基础和人事基础。比如秦朝，在郡一级设"三主吏"。郡守治民政，郡尉典兵，另有监御史掌监察，互不统属，分别对中央"三公"负责。《汉书》云："秦变封建为郡县，恐其权重，故每郡但置一监一守一尉，此上别无统治之者。"③ 又如宋代的路，"权分四司"：转运使司负责财赋，提点刑狱司负责监察、司法，安抚使司负责治安、边防，提举常平使司负责储备粮食平抑物价。四者各自独立，各自司其职，互不统属，分别直隶中央。地方最高政务机构到宋代以降出现功能分化的趋势，即政务管理和司法审判机构逐渐分离。再如明朝的省，"权分三司"：设布政使司掌行政，按察使司掌司法和监察，都指挥使司掌军事，合称"三司"，"三司"使同为一省长官，彼此独立，互不统属，均直属中央主管。清代的省督抚重置，总督、巡抚均为省的最高长官，合称督抚。总督一般管辖两省或以上的军政和民政，巡抚则为一省之长。督抚之间没有上下级关系，都直接对皇帝负责。布政司、按察司则降为督抚属衙。

我们说传统地方政务机构的领导体制实行的是分权制，是就其主流和指导思想而言的。事实上，传统地方政务机构的领导体制也常从分权最终走向集权。汉末至唐中叶的州、唐

---

① 《汉书·循吏传》。
② 参见《明太祖实录》卷一二九。
③ 《汉书》卷十九上，《百官表》，王鸣盛补注。

代后期的方镇、清代的省，最后实际都是单一首长高度集权制。州刺史（或州牧）、节度使为行政首长，统管行政、军事、监察、司法等全部事务，统率州县，镇抚地方，逐渐发展为割据一方的实力集团。清代的总督、巡抚的情形也大约如此。

事实上，历代地方高级政务机构的权力配置中，一直存在着分权制与集权制的矛盾：实行集权制（首长制）会削弱中央对地方的控制力，不便于中央政府的驾驭，对中央政府不利；实行分权制，地方事权过于分散，又会导致行政效率下降、体制运转不灵。从分权制和集权制交互出现的事实来看，中国传统社会的地方高层政务机构的权力配置始终处于两难之中，似乎最后都没有找到合理的制度设计。①

与地方高层政务机构相比，地方中层、基层政务机构的权力配置比较简单，分权程度较低，一般没有像高级地方政务机构那样明确地"权分数司"，而是统于令长。但是，令长们一般只有行政和司法之权，没有监察和军事之权。监察权归于中央或地方高级监察机构派出的巡回官员，军事权归于中央设在地方的各级军管区将帅。从这个意义上说，历代地方中层、基层政务机构的权力配置实际上也是分权制的。

二、地方权力的内容

地方政务机构的权力，主要是就行政职权而言，即地方政务机构在中央对地方的管理、控制中的主要职责、权能。作为中央手臂之延长的地方政务机构有哪些权力，或者说，作为君权延伸的地方行政职权有些什么内容？下面我们从两个视角来对这个问题加以考察。

（一）从地方政务机构的管理层级来考察

我们首先从不同层级的地方政务机构的责任出发来考察地方各级政务机构的基本权能。在这里，我们仅以典型的"行政"类机构为例，一般不涉及"督政"机构。同时，所谓地方政务机构的职权，在古代一般就是指地方各级长官的职权。一切佐贰官、幕僚、吏役都没有独立的职权，只是在协助长官职权的实现而已。因此，在古代典籍中往往是以地方首长或诸司长官的职掌来指称各级各类机构的权能。下面所述每一政务机构首长或诸司长官的职掌，实际就是该地方政务机构的权能内容。

1. 地方高层政务机构的职权

地方高层政务机构，秦汉时代为郡，东汉至隋唐为州，宋代为路，元明清为省。以汉代为例，郡太守的职掌是："掌治民、进贤、劝功、决讼、检奸。常以春行所主县，劝民农桑，赈救乏绝。秋冬遣无害官吏案讯诸囚，平其罪法，论课殿最。岁尽遣吏上计。并举孝廉……"② 具体说，一是劝农桑，引导发展经济；二是掌治安，理讼诉；三是考核官吏，举荐人才。在两宋，路是地方最高政务机构，每路设四套互不统属的机构：（1）转运使司（漕司），首长为转运使，起初主要负责财政收入并运往中央或指定地点，后又兼管边防、治安、钱粮，并监察官吏。（2）提点刑狱使司（宪司），首长为提点刑狱使。始为转运使属官，后因恐转运使权重，特分立之，主管一路司法案件。（3）提举常平司（仓司），首长为

---

① 参见郭宝平：《中国传统行政制度通论》，90～91页，北京，中国广播电视出版社，2000。

② 《后汉书·百官志》。

提举常平使，主管一路常平、义仓、免役、市易、坊场、河渡、水利及赈济事宜。（4）经略安抚使司（帅司），首长称经略安抚使，主管"一路兵民之政"①，侧重于军事行政，负责军事、安定地方，但亦参与听狱讼、颁禁令、定赏罚、稽钱谷。在明代，地方高层政务机构是各省承宣布政使司，这是首次在地方以机构（衙司）的名义确立地方高层政务机构。承宣布政使司的职权为负责"上承下宣"，即上承中央指令，下宣达于地方官民。其长官布政使的职权是"掌一省之政。朝廷有德泽、禁令，承流宣播，以下于有司。凡僚属满秩，廉其称职、不称职，上下其考，报抚、按以达于吏部、都察院。三年，率其府州县正官朝觐京师，以听察典……民鳏寡孤独者养之，孝弟贞烈者表扬之，水旱疾疫灾祲，则请于上蠲振之。凡贡赋役，视府州县土地人民丰瘠多寡而均其数。凡有大兴革及诸政务，会都、按议，经画定而请于抚、按若总督"②。意思是说，布政使的职权是根据中央的指示，管理全省民政和财政方面的工作，诸如稽核户籍人口，征调赋役，督促生产，兴办水利、学校，检查和督促州县官员完成上述事务，并奏报其功过，管理关卡、仓库、税钱等等。在清代，督抚是省级政务长官。"总督从一品。掌釐治军民，综制文武，察举官吏，修饬封疆。巡抚从二品。掌宣布德意，抚安齐民，修明政刑，兴革利弊，考覈群吏，会总督以诏废置。其三年大比充监临官，武科充主试官，督、抚同。"③

2. 地方中层政务机构的职权

关于地方中层政务机构的职权，我们仅以两宋的州和明清的府为例。比如宋代的州，知州"掌总理郡政，宣布条教，导民以善而纠其奸慝，岁时劝课农桑，旌别孝悌，其赋役、钱谷、狱讼之事，兵民之政皆总焉。凡法令条制，悉意奉行，以率所属。有赦宥则以时宣读，而班告于治境。举行祀典。察郡吏德义材能而保任之，若疲软不任事，或奸贪冒法，则按劾以闻。遇水旱，以法振济。安集流之，无使失所……分曹以理之。而总其纲要。凡属县之事皆统焉。"④ 比如明清两代的府，明代知府"掌一府之政，宣风化，平狱讼，均赋役，以教养百姓……同知、通判分掌清军、巡捕、管粮、治农、水利、屯田、牧马等事……推官理刑名，赞计典"⑤。清代"知府掌总领属县，宣布条教，兴利除害，决讼检奸。同知、通判，分掌粮盐督捕，江海防务，河工水利，清军理事，抚绥民夷诸要职"⑥。知府掌一府政令，统领各属县，其职掌为宣布政令，治理百姓，审决诉讼，稽查奸宄，考核属官，征收赋税等。佐贰官有同知、通判，分掌清军、巡捕、管粮、治农、求利、屯田、牧马、刑名等。

3. 地方基层政务机构的职权

历代地方基层政务机构是县，明清时代包括散州、厅。县（州）令长的基本权能，历史上没有大的变化。比如明代，"知县，掌一县之政。凡赋役，岁会实征，十年造黄册，以丁产为差……凡养老、祀神、贡士、读法、表善良、恤穷乏、稽保甲、严缉捕、听狱讼，

---

① 《宋史·职官志》七。
② 《明史·职官》四。
③ 《清史稿·职官》三。
④ 《宋史·职官》七。
⑤ 《明史·职官》四。
⑥ 《清史稿·职官》三。

皆躬亲厥职而勤慎焉……县丞、主簿分掌粮马、巡捕之事"①。清代"知县掌一县治理，决讼断辟，劝农赈贫，讨猾除奸，兴养立教……靡所不综。县丞、主簿，分掌粮马、征税、户籍、缉捕诸职。典史掌稽检狱囚"②。县的职能基本上是治安和税收，历代统称为劝课农桑、决狱治讼、恤民禁奸、宣布教化、编造户籍、督催赋税、征发徭役等。

县在国家政权机构体系中起着基石的作用。清代名幕汪辉祖在《学治臆说》"自序"中言："天下者，州县之所积也。自州县而上至督抚大吏为国家布治者，职孔庶矣。然亲民之治，实惟州县；州县而上皆以整饬州县之治为治而已……知州县之所以为治，即知整饬州县之治，而州县无一不治。"清人田文镜、李卫所编《钦颁州县事宜》云："曰知州，曰知县，顾名思义，必于此一州一县之中，户口几何，钱粮若干，道路之险夷安在，控制之扼塞何方，与夫风俗之奢俭正淫、民生之疾苦休戚，知之悉周，而后处之始当。"知州、知县掌一州一县治理之全权，位尊、权专、职重、事广，俨然是皇帝在州县一级的象征和化身——"土皇帝"，所以又有州县盛衰决定国家兴亡之说："虽曰国非可以一人兴也，非可以一人亡也，而其所兴亡必自于县令。"③

（二）从地方政务机构的职能类别来考察④

古代中国地方政务机构，虽然建立在小农经济基础之上，但有着相当广泛完备的职权。有外国学者说："君临一切的中国政府，具有强大的力量去影响那些直接涉及生产和分配的各种组织。政府可以重新分配财产权利，决定赋役负担的数量和规则，调整市场和货币投放，维持并开发诸如灌溉体系和运河之类的经济基础设施，为赈济和垦荒等各式各样的目的提供补贴资助，协助新技术的推广使用，并履行许多其他的服务职能。"⑤ 地方政务机构的政务职能的种类、范围和实施方式，在不同历史时期，有着相当的差异，但政务机构的职权作为公共管理活动的手段，在任何历史时期，却又具有一定的共性。因此，就政务在公共管理作用的领域来看，任何类型的政务机构都具有政治职能、经济管理职能、民政职能、文化教育管理职能这些基本职能。

1. 政治职能

各级地方政务机构的政治职能，主要表现在治安与司法两方面。治安具有镇压与保卫的双重作用，既可以镇压对政治的反抗，也可以保护人民安居乐业。各级地方政务机构的首长，大都兼具执法官身份，司法审判成为政府行政的一部分，这是传统政务机构在行政职能上的一个重要特点。这里司法具有镇压与裁决的双重作用。就裁决作用言，中国传统社会与欧洲传统社会的一个很大不同是，中国有自上而下的国家司法审判系统。在欧洲中世纪，领主可以决定农奴的一切，领主法庭可以直接审判甚至处死农奴。在中国传统社会，农民与地主之间在法律上没有身份从属关系，双方发生纠纷，可以寻求各级政务机构裁决。

---

① 《明史·职官》四。

② 《清史稿·职官》三。

③ 《皇朝经世文编》卷二十一。

④ 这一部分主要参考了郭宝平：《中国传统行政制度通论》，135～182页，北京，中国广播电视出版社，2000。

⑤ ［美］吉尔伯特·罗兹曼：《中国的现代化》，142页，南京，江苏人民出版社，1995。

无论是地主还是佃民，至少诉权在形式上是平等的。不仅民可告民，而且民还可告官。这一点是欧洲传统社会所没有的。①

2. 经济管理职能

地方政务机构的经济职能是最为主要的职能之一。"我国很早就形成了一套国家直接参与经济活动的机制，并在此基础上形成了更为广泛的国家干预主义政策，因此，我国传统社会中政府的经济职能要比同期世界上其他国家和地区强烈得多。"② 经济管理职能主要体现在税收与财政管理、农业管理、工商业管理等方面。

（1）税收与财政管理。我们仅以预决算制度为例。传统意义上的预决算制度是秦汉正式确立的。秦汉的上计制度实际上就是财政预决算制度。各地方政府每年年终，要把一年的各项收入和支出，核实上报到郡，各郡汇总后上报中央政府。大司农将这些统计册加以汇总分析，得出全国预决算（收支）结果，然后向宰相报告。唐代预决算制度更为严密。唐武德六年（623 年）令："每岁一造帐，三年一造籍"，且自下而上，"县成于州，州成于省，户部总领焉"③。唐代中央财政和地方财政没有严格划分，在收支系统上，地方财政是包括在中央财政之内的。地方所征收的赋税收入，一般分为三部分：一为上供，即地方解交中央部分；二为送使，即地方解交诸道节度使，以充中央在各道的支出；三为留州，即留给本州自用部分。宋代地方赋税收入分配也有上供、留州、送使之分。上供钱物入皇室财政或国家财政，留州钱物留归地方财政，送使钱物则由转运使掌握以在本路各州之间加以调剂。元代规定诸路、行省，凡有收支钱粮者均设账簿，诸路计吏按年初核定的收入定额，年终向行省报告决算。行省要求各地行政长官，对岁支钱粮一季一核对，年终算出总数报省，然后汇总，报于中书省。清代各省布政使作为财政主管每年要稽收支出纳之数，汇册申报督抚再转报户部。

（2）仓储与农工商管理。仓储管理是传统地方政府最重要的经济类行政业务。早在战国时魏国相李悝就发明了"平籴平粜"制度，作为国家仓储备荒的重要形式之一。汉代已建立了较正规的仓储制度。汉宣帝时令各地建"常平仓"。粮食贱时，提高粮价购进，以保护农民种粮积极性；粮食贵时，降价出售粮食，以防止商人抬高物价；遇到灾荒时开仓放赈，救济灾民。常平仓成为政府调节、干预经济，履行经济管理职能和社会管理职能的制度设施，后代沿袭并不断加以完善。隋唐时期仓储之制中有义仓和常平仓之分。义仓由民间每秋每家出粟一石以下（按贫富差等），储之闾巷，贮之州县，以备凶年。同时为"调剂粮价，备荒赈恤"，置常平仓。唐代以降各代大体上都仿唐制设立义仓和常平仓，并根据不同情况有所创造。明代地方仓储之制最为发达，州县置预备仓、社仓、义仓等。

对农业的督导管理也是传统中国地方政务机构经济管理职能的中心内容之一。由于土地主要是私有制，国有土地或者说政府直接支配的土地始终不占主导地位，所以地方政务机构对农业的管理主要是间接管理，即通过一系列政策措施和行政引导来管理。这些措施和引导主要就是劝课农桑、驱民归农、提供资助等。比如为确保农业劳动力充裕，官府常

---

① 参见郭宝平：《中国传统行政制度通论》，136 页，北京，中国广播电视出版社，2000。
② 贺耀敏：《中国经济史》，55 页，北京，人民出版社，1994。
③ 《古今图书集成·食货典》"唐·国用部"。

强制农民专心务农，并保护、扶持自耕农，以使之能够顺利而有效地从事农业生产。如宋代崇阳县令张乖崖遇见卖菜之人，从问话中得知其为近郊农民时，便下令"笞之四十"，罪名是"有地而市菜，惰农也"①。以行政手段把农民束缚在土地上专心务农，乃是历代政府一项基本政策。此外，由政府出面组织水利工程的兴修，以政府力量推广先进农业技术，由政府提供"青苗钱"之类的农业信贷，资助农民开始春耕等等。

工商业管理也是传统地方政务机构的主要经济职能之一。地方政府进行工商管理的主要措施有：以"强本抑末"作为基本国策，对工商业特别是商业实行抑制政策；实行榷酤制度等行政垄断措施，抑制民营商业的发展，垄断重要商品如盐、铁、铜、酒、茶的生产与流通；以财政原则而不是价值规律来调节工商业生产；税收、价格、货币等调节经济的杠杆建立在行政强制基础上，而不是遵循价值规律发挥作用。

3. 民政管理职能

古代中国地方政务机构的民政管理职能主要有户政或人口管理、社会救济等等。关于户政管理，主要有三方面内容：一是户口登记和普查，编制户籍，为国家的赋役征发、政策法规制定提供民数依据。汉人徐干在《中论·民数篇》中说："故民数者，庶事之所自出也，莫不取正焉。以分田里，以令贡赋，以造器用，以制禄食，以起田役，以作军旅。国以之建典，家以之立度。"《唐六典》载："凡男女始生为黄，四岁为小，十六岁为中，二十有一为丁，六十为老。每一岁一造记帐，三年一造户籍，县以籍呈于州，州呈于省，户部总而领之。"如明代户部尚书孔原贞的一个奏疏说："督有司籍为编户，给田业，课农桑，立社学、乡约、义仓，使敦本务业，生计既定，徐议赋役，可无他日患矣。"② 二是对人民分类管理，"毕以其业著籍"③，将人民分为民户、军户、匠户。各类户籍的划分，都规定必须"世其业"。三是向流动的民人发放"路引"或"过所文书"，控制民人流动，加强治安控制。关于社会救济，中国古代地方政务机构执行着广泛的职能，比如设立社会救济设施，如唐代的悲田养病坊，宋代的居养院、安济坊，元代的养济院、惠民药局，清代的社仓、迁善公所、育婴堂等（另有清节堂收容无力自给的寡妇，施药局对贫病者施以医药）。此外，历代地方政府的社会救济措施还有：对鳏寡孤独、失业贫困之民赐予衣食钱粮，假民公田，移民就粟，等等。

4. 文化教育管理职能

中国传统地方政务机构的文化教育职能，立足于文化专制与思想控制，主要是确立儒家学说为官方意识形态，并以儒学统一民众思想，兴办教育，支持和引导私人办学。大约从唐代起，地方政府开始设立学官主管教育工作。宋代开始设立专门机构如提举学事司，明清时设学政，为地方政府教育行政管理机构和职官。

三、地方权力主体

在古代中国的体制下，对于君主或中央来说，所有地方政务机构都是中央决策的执行

---

① （宋）朱彧撰，李伟国点校：《萍洲可谈》卷二，北京，中华书局，2007。

② 《明臣奏议》景泰五年（1454年）尚书孔原贞疏。

③ 《明史·食货志》。

主体，并不是权力主体。但在各级地方政务机构内部，或者说在这种执行的总体过程中，却又存在着决策主体与执行机构之别。

(一) 地方决策主体

中国古代地方政务机构中的决策主体，就是各级地方政务长官或首长。

在地方高层政务机构中，郡太守、州刺史、布政使、督抚等就是地方最高决策主体。汉代的郡以太守为首长（秩二千石），另设丞作为太守副职和助手。东汉末年至隋唐的州以刺史为长官。宋代的路实行分权制，每路设四套互不统属的机构：经略安抚使司（俗称帅司），首长称经略安抚使；转运使司（俗称漕司），首长称转运使；提点刑狱使司（俗称宪司），首长为提点刑狱使；提举常平司（俗称仓司），首长为提举常平使。四司各配备一定数量的副使、判官和属员以协助长官处理所掌事务。明代行省也实行分权制，各省的政务机构分设三大机关：承宣布政使司（俗称藩司），以布政使为长官；提刑按察使司（俗称臬司），以按察使为长官；都指挥使司（简称都司），以都指挥使为长官。清代的省实行首长制，以总督和巡抚为长官。

至于地方中层政务机构的政务长官，如东汉末年至魏晋南北朝的郡，以太守为长官。宋代的州，以知州为长官，另设通判辅助知州处理政务。明清时期的府，以知府为长官，另设同知、通判、推官为佐贰官等。

地方基层政务机构的政务长官，也就是一县之长官。秦汉和魏晋南北朝县之政务首长在大县为令，在小县为长，隋唐时统一为令。宋代县之长仍称令，但中央政府常以京官差遣至县，称权知县事，简称知县事或知县。元代县之长称县尹，明、清两代均称知县。

明清时代地方各级政务机构之长官常在国家正式编制之外，聘用一些私人幕友，协助其处理政务。如明清时代的刑名师爷，协助知县审案司谳；钱谷师爷，协助知县处理赋税之事，担任会计。这些人多为知县亲信，不仅办理杂务，还为其出谋划策，充当智囊。他们与知县共进退，其命运与知县连为一体，故能竭诚为知县效劳，也便于知县指挥和协调。[①]

上述各级政务长官可以就其职权范围内的事作出决策，这里的决策有以下特点：

第一，地方各级政务长官往往是通过下级官员的奏报、幕僚系统的建议及巡视等方式亲自掌握情况、发现问题，然后作出决策的。地方官员定期到辖区巡察，是其法定职责。

第二，地方各级政务长官在决策时往往"以例治事"[②]。也就是说，在遇到什么需要决策的问题时，要到文献典籍中寻找旧例或"故事"，看一看前人是怎么做的，依先例作出决策。宋代发展到寻找不到旧例，就无法作出决策的程度。元代更是有"不守法，但援例"的说法，于是乎把各种档案、故牍汇编成册，"遇事而难决，则寻检旧例"[③]。

第三，地方各级政务长官没有政策制定权。由于地方政府只是中央的派出机构，职责在于在本辖区内传达政令、贯彻中央的指示，根本没有政策制定权，所以地方行政首长的决策权也是很有限的，仅仅是在执行中央政令的过程中针对具体问题作出决策。当然，地

---

① 参见郭宝平：《中国传统行政制度通论》，94 页，北京，中国广播电视出版社，2000。

② 《汉书·严助传》。

③ 郭宝平：《从元朝的援例风谈元朝的档案工作》，载《天津档案》，1990 (3)。

方政务机构特别是地方最高层级政务机构的政务长官，也有权向中央提出政策建议，有时候中央政府也将有关重大政务问题交地方行政首长征询意见，以作决策参考。

（二）地方执行主体

这里的执行主体是相对于决策主体而言的，也就是说，政务机构的组成大致可以分为两大部分：政务首长是决策主体，其他职能部门是执行主体。下面我们介绍一些代表性政务机构的执行机构。

1. 地方高层政务机构中的执行主体

汉代的郡，东汉末至隋唐的州，元明清的省为地方高层政务机构，这些机构中的政务执行主体，代代有沿袭、有变化。

例如汉代的郡的组织机构，大致可以分为幕僚机构和办事机构两大系统。幕僚机构由主簿主管，主记室、录事、奏曹为秘书，少府史为财务，门下督、门下赋曹、府门亭长为侍卫，议曹为谋士，门下掾史、书佐、干、小史为勤杂。办事机构为：主管民政的户、田、水、时、比各曹掾史，主管财政的仓、金、计、市各曹掾史，主管兵政的兵、尉、塞各曹掾史，主管司法的贼、贼捕、决、辞、督邮等掾史，主管交通的法、集、漕各曹掾吏，主管教育卫生的学官、祭酒、孝经师、文学史、医曹等。

东汉末年至隋唐的州的组织机构中，执行主体略有变化。如魏晋的州，有行政和军事两套组织机构①，其中行政组织机构又分三支：一是别驾，"主吏及选举事"，分掌兵、贼、仓、户、水诸曹；二是治中，统领州府机关诸曹的文书；三是主簿，统领门亭长、录事、记室等文秘承传机构，内传外宣，为喉舌耳目。三者都是执行主体。于隋唐的州，执行主体组织有所变化。"判司"主管功曹、仓曹、户曹、兵曹、法曹、士曹，是与中央行政六部的对口部门。"录事参军"的职掌是纠举判司六曹和州县属官。

在明清时代的省，其政务执行主体，情况有些复杂。明代每省的行政机构不设集权之首长，而是分设三大机关：承宣布政使司、提刑按察使司、都指挥使司。承宣布政使司（藩司）是负责"上承下宣"，布置工作的行政部门，下设经历司、照磨所、理问所、司狱司、库大使、仓大使、宝泉局、杂造局、织染局等执行机构，有时还派参政、参议等官员在各地分守，负责处理此一小块地区内的有关事务，称分守道；此外，还可委派一定的官员负责处理某项专门任务，称督粮道、督册道、屯田道，清军道、驿传道、水利道等专务道。提刑按察使司（臬司）是中央特派在省专理司法和监察的机构，下设经历司、照磨所、司狱司等机构，掌收发、管理公文及刑名之事；此外还委派官员分区办理事务，称分巡道。都指挥使司（都司），是中央派往地方的军事行政机构，"掌一方之军政，各率其卫所以隶于五府，而听命于兵部"②，下设经历司、断事司、司狱司等执行机构。

2. 地方中层政务机构的执行主体

中国历史上除秦汉、隋至唐中叶两个时期外，其他时期都是三级地方政务管理结构，都有地方中间行政层级之设，主要是郡、州、府等。

---

① 军事系统设长史、司马和西，东、户、贼、兵铠、土、营军、刺奸、帐下督等诸曹掾吏。

② 《明史·职官志》卷七十六。

以两晋的郡为例,按晋制,太守属下的属官或执行机构有:丞、中正、主簿、主记室、门下贼曹、议生、门下史、记室史、录事史、书佐、循行、干、小史、五官掾、功曹史、功曹书佐、循行小史、文学掾、纲纪等。① 以宋代州为例,宋代最盛时设州二百五十四个,知州之下设功、仓、户、兵、法、士诸曹为政务执行机构。又以明清时期的府为例,明清知府衙门内设两个系统:一为办事机构,分吏、户、礼、兵、刑、工六房,各置书吏处理政务;二为幕僚机构,设经历司、司狱司、照磨所,掌管文书、刑狱诸事。另外知府设同知、通判为佐贰官,分掌粮运、督捕、海防、江防、水利、清军等事宜。同知、通判常被派出分防,专管某一地方,其办事处所名之为厅。

3. 地方基层政务机构的执行主体

历代地方基层政务机构均为县(或州),在其行政首长之下,历代均设若干佐贰官以及书吏、衙役等,辅助其行政。秦汉时设有县尉、县丞、主簿等,后世多沿置,偶有增减。县衙一般设置与中央行政部门对口的业务机构:秦汉时期为功曹、贼曹、户曹、日曹、仓曹、水曹、兵曹等;唐至明清时代多设吏、户、礼、兵、刑、工六房(曹),分别对口上级单位,执行长官交办的各类具体行政事务。在清代,州县长官下有典史、吏目,主管警务和监狱,另有巡检、驿丞、税课司大使、仓大使、闸官、河泊所官之类,分别执行各类行政事务。最下层就是供驱役的书吏、衙役等。一个州县内的书吏、衙役多达数千人。②

四、地方权力行使方式

中国的传统"行政"或政务与西方分权意义上的"行政"不同,中国传统的行政是"为民父母行政"。这一"行政",或者可概括为"三作"——"作之君"、"作之亲"、"作之师"的活动。人民在这种行政中的身份和义务便是"作之臣"、"作之子"、"作子徒"。这种双向"三作"的活动构成了中国传统行政方式的全部内容。③ 地方政务长官的权力行使,也是以"作君、作亲、作师"为方式的,他们一人兼有"君"、"亲"、"师"三重角色。

(一)"作君"

君的本义是统治、主宰。"从一省一府一州一县而言,官员为执行中央法律政令,也向下属及百姓发布指令、规则,支配百姓。他们(特别是县令等'亲民官')直接驱督百姓服徭役、纳赋税,直接指挥百姓从事水利或军事工程,直接率吏卒镇压民众造反,直接率警役在民间缉拿盗贼、维护治安,直接听狱讼、决定百姓生杀予夺。坐镇一方即为一方之天,为'君'的感觉是做官的第一感受。"④

(二)"作亲"

"为民父母行政"⑤者,当"爱民如子"、"矜恤小民"、"若保赤子"⑥,也就是要以父母

---

① 参见《晋书·职官》。
② 参见瞿同祖著,范忠信等译:《清代地方政府》,35页,北京,法律出版社,2003。
③ 参见范忠信:《中国法律传统的基本精神》,210页,济南,山东人民出版社,2001。
④ 同上书,213~214页。
⑤ 《孟子·梁惠王上》。
⑥ 《尚书·康诰》。

爱护子女的方式来行政："刺史、县令为人父母，只合倍加乳哺，岂可自致（百姓）疮痍?"① 政务官们如何"作亲"呢？首先是"制民恒产"，授田百姓，使其可资"仰事俯畜"，使其"有恒产而有恒心"。其次是赈救灾荒、惠弱济贫，必要时直接以国库官物救济百姓于饥寒之时。最后也是最典型的，就是官方劝勤俭、督农桑、止懒惰的活动。

（三）"作师"

作为地方政务机构的权力执行方式之一，地方官员对人民之间，还须有一种道德、技艺方面的传承关系，以"师道"执行国家政令。具体说来，首先是对人民进行道德教训行政，即所谓"刑仁讲让，示民有常"②。其次是对人民进行传艺行政。如唐代韦宙为永州刺史，注重"教民耕织"，亲自制订百姓"种植为生之宜"，颁给百姓，令其遵行。③ 最后甚至在教育和学问方面，地方官员还主持教育和考试，监导生员学习，参与地方讲学活动、评点文章等等。这也是地方行政的方式之一。

---

① 《五代会要》卷九，《定赃》。
② 《礼记·礼运》。
③ 参见《新唐书·循吏传·韦宙》。

第八章

军事行政机构及相关行政制度

　　战争是人类最早开始进行高度社会组织化的场合，军队是人类社会组织化程度最高的部分。战争和军队与中国传统法律文化有着莫大的联系，因此研究中国历史上的军事行政机构和相关制度，对于深入了解中国传统法律文化同样有着极大的意义。"国之大事，在祀与戎。"作为对外维护国家安全、对内维持法律秩序的合法暴力组织，军队一直都是中国历代各种政治力量共同关心的核心问题。有关军事斗争的动员和准备、军事管理以及军事指挥体制等一系列制度规范与惯例，也无不成为中国传统行政法制的重要构成部分。

　　长期以来，我们探讨中国传统法律文化时，一直不太重视军事行政法制史这一内容。究其原因，一方面是以军事研究为普通人文社会科学研究的禁区之传统观念的影响，另一方面是很多人惯于以今拟古，心怀现代学科藩篱去主观割离中国传统文化整体中的法律成分与军事成分，甚至认为二者联系不大。因此，近十几年来，在中国传统法律文化研究中，军事法律文化的研究始终阙如。姑不论军法是世界各民族法制的重要源头之一和重要组成部分，即使以军事军政在传统中国的重要地位而言，军事行政法制实在早已给中国法律文化传统打上了深深的烙印。不认识中国传统军事行政法制，甚至就无法真正认识中国传统法律文化的内在特征。

　　军事行政法制是中国传统法律文化的重要组成部分，对整个中华法律传统的形成、发展、特色与取向等有着十分重要的影响。首先，军事动员、组织和指挥等活动，本质上要求从制度上对人类社会关系加以规范，军事法规因而成为人类社会法制的一个重要源头。中国古人常说"刑起于兵"，一方面是从军事法规是人类社会最早出现的法律规范的意义上来讲的，另一方面是从军事执法活动是人类最早的刑事司法形式、军法执行官是人类最早的法官的意义上讲的。其次，军事法制非常集中地反映着其产生和运用时代的政治力量对比与社会生产水平即社会生活模式。了解军事行政法制有助于我们全面考察其所在时代的历史格局与背景并对该时段的法律文化作宏观整体把握。更重要的是，军事行政法制是一种最直接以组织管理运行效能为主要追求目标的法制类型，这一点与特别注重工具价值的中华传统法律文化有着内在的"同好"。因此，清晰认识传统军事行政法制对于准确把握中华传统法律文化有着特别重要的意义。

　　本章主要探讨作为政务执行机构一部分的军事行政机构及军事行政制度。关于军事行政法制史，我们应该注意的大概是两个方面的问题。一方面是军事行政组织法制史，另一方面是军事行政行为法制史。在本章里，我们主要注重军事行政组织法制的问题，主要注意中国古代的军事管理机构的种类、构成及相关组织法规。至于这些军事管理机构执行权力的行政活动之相关法规，或国家其他机构进行涉及军事的行政行为的活动之相关法规，包括军事行政过程中发生的军事管理与百姓的关系问题，则放在"行政行为法制"编第二十五章作系统考察。

第一节
附属于君主的军事行政机构及其性质

　　军事组织的出现早于国家，在部落联盟时期即已经出现。进入阶级国家阶段以后，军队作为合法的暴力组织，不但是组建和维持国家存在的最重要的暴力工具，也经常成为打破势力均衡、重建政权的首要手段。"兵之所在，权实归之，是以在外则外重，在内则内重……外内轻重，一系于兵。"[①] 历朝历代对军权的掌握和控制，无不成为最重要的政治行为。军事行政机构的设置、运行和变迁也都体现着这一点。军队是王权或君权的最大依凭，没有军队就没有国家和法律秩序，因此，军队或军事机构附属于君主，作为君主的爪牙或工具，直接为君主控制、掌握、使用，就成为中国传统法律文化的题中特别要义之一。

　　在先秦时代，中央集权的君主专制体制尚未在全国确立，因而军事组织或军队与国家、君主的关系和中央集权的君主专制制度建立后的秦汉至明清有着较大的区别，故有必要对先秦时代的军事组织机构与君主的关系情形单独加以说明。一般认为，夏商周时代君主的权力与部落联盟时代相比，已经得到了相当大的强化。但是所有这些并不意味着可以用后世中央集权的君权观念来理解三代君主的权力，因为王朝的大臣们既是君主（天子）的臣属，又是诸侯或诸侯封臣或部落首领，靠着血缘、盟约等联系来维系与君主（天子）的关系。君主通过盟约、封授土地与人口，换取他们的臣服和效忠。一旦君主失去对他们的控制，也就失去了对其武装的指挥权。王（天子）与部落首领、诸侯、诸侯封臣们之间，尚未形成严格意义的君臣关系。王对他们发号施令，可能主要还是通过原始的盟约形式来维系和生效的。在这里，我们可以看到军事部落联盟的规制，在相当长的时期里仍有力地运作着，并起着重要作用。[②] 此外，由于当时尚未建立严格的国家常备军体制，军队更多的是一种"平时为民，战时为兵"的机制临时召集；又由于当时还没有完备的职官体系，文武分职尚未正式形成，大臣们"出则为将，入则牧民"，军事行政机构和法制仍然处于草创阶

---

①　（宋）陈傅良：《历代兵制》卷二，《东汉》。

②　参见刘昭祥主编：《中国军事制度史·军事组织体制编制卷》，21～25页，郑州，大象出版社，1997。

段，也就不存在后世意义上的军队或军事组织与君主的关系体制问题。

自秦代开始，中央集权君主专制制度正式在全国范围内确立，封建废而郡县兴，贵族政治废而君主专制兴。君主宸衷独断，一切皆统于一人，实为中国两千年政治之枢机，即谭嗣同所谓"二千年之政皆秦政也"。军事行政法制当然不能例外。

政治的最重要原则在于"分权制衡"，历代君主莫不深谙此道。因为，他们懂得军队固然是取得和维护统治最重要的暴力工具，但这柄"国之太阿"万不可倒持于人。历朝历代的君主也莫不在这个生死攸关的大问题上煞费苦心，形成了一整套各具特色的方法。这一套方法或体制的中心目的是：保持军队和军事机构绝对控制于君主之手，保证军事机构对君主的依附关系。

一、军事行政机构设置上内外相制

历代王朝的军事行政机构设置，注意体现内外相制的原则，主要是从军队的垂直领导体制和平行机构牵制一纵一横两个维度进行制衡的。

在纵向控制上，所有军队行政机构的设置和运行均由君主"宸衷独断"，由其垂直领导，直接对其负责。如清朝军机处即为著例。雍正年间，以西北用兵需筹划军机大事之故设军机处，实则不满意议政大臣会议和内阁，借此踢开现有机构。西北用兵结束后，军机处仍不废止，其职掌反而由军机而扩张至一切政务，由临时而变为常设。即便如此，军机处仍不过是"伴食中书"："雍正以来，本章归内阁，机务及用兵皆军机大臣承旨。天子无日不与大臣相见，无论宦寺不得参，即承旨诸大臣亦止供传述缮撰，而不能稍有赞画于其间也。"① 军机大臣"每日召对"，亦"承旨遵办"而已。另外，各主要军事长官的任免，尤其是高级将官，从中央到地方，都由君主亲自决定，绝不假手他人，甚至是在普通军兵当中也需树立对君主的绝对忠诚。唐太宗时，每府番上（换防）时，他必引兵将于殿廷，亲自教射，并加以赏赐。②

在横向牵制上，最重要者莫过于南北军、中外军和南北衙等制度。内外相制，这一军事领导原则，主要体现在军队的编组、任务和驻地等方面。西汉的南军和北军、三国两晋的中军和外军、唐朝的南衙禁军和北衙禁军等，都具有内外相制的特点。例如，唐代实行南北衙宿卫，兵将互相渗透。宰相掌南衙，卫士来自十六卫；皇帝最亲信的中官掌北衙，禁兵属北衙，并直辖于皇帝。南衙由文臣主兵事，宰相奉敕调遣武臣和士兵。北衙由武臣主兵事，宰相不得参与，皇帝直接调遣。由于领导关系上不同，也就便于发挥内外相制约作用。由于这种领导隶属关系上的交错，军队的调发和使用当然受到许多限制。③

古代中国军事机构内外相制、统于君主的体制特征，还有以下几个方面的表现：

其一，在中央军事领导机构与地方军事领导机构的设置上，以前者为重点。中央军事机构不仅机构庞大，事权威重，而且变化也多。这种变化，主要围绕权力的集中与分散进

---

① （清）赵翼：《檐曝杂记》卷一，"军机处"条。

② 参见《新唐书·兵志》。

③ 参见兰书臣：《兵制志》，90～91页，上海，上海人民出版社，1998。

行。宋朝将兵权一分为三，即枢密院、三衙和率臣①，各有所掌，但分散是为了更高层次的集中，即保证皇帝对军队的领导权力更加集中。

其二，中央军事领导机构又往往受"中朝"、"外朝"等政治体制的影响。例如兵部这一军事领导机关，其权力范围之大小，权力之虚实，各代不尽一致，但其内、外朝身份却至关权力虚实。清朝的兵部，与隋唐的兵部相比，其地位和作用显著不同。隋唐时期，尚书省兵部为皇帝领导军事的办事机关，权力很大。清朝时期，由于另设相当于内朝的"总揽军政二端，与五代时枢密院相似"的军机处，因此，尚书省兵部只能秉承军机处旨意办事，形同虚设。这实际是"中朝"和"外朝"政治体制在军事领导机构上的一种表现。

其三，军政军令分离，各成系统，皇帝对它们实行居高临下的领导。明朝设五军都督府，由兵部掌军政，五军都督府掌军令，军政军令分离，旨在加强皇帝本人实行专制主义统治的权力等。②

二、军事将领任用上文武相制、将无专兵

历代往往通过任命文官统率军队、派出亲信监督军事以及不许将领久典兵权等措施，确保君主对军队的严格控制。这主要体现在以下几个方面。

首先，任命文官统率军队，即以文职官员担任中央和地方的军事领导职务。此制度的目的在于以文制武。例如，宋朝鉴于唐末五代时期将帅拥兵、藩镇割据、兵祸连接、政权倾覆等一系列历史经验教训，确定了"重文轻武"、"以文制武"的"祖宗家法"，即以文职官员担任中央和地方的军事领导职务。明朝的总督、巡抚虽为文臣，却总揽地方军政大权，凌驾于军队将领之上。清朝总督、巡抚，亦以朝廷特派员的身份对提督、总兵等武职官员实行监督和指导。因此，《清会典》曰："国家军旅之事，专任武臣，其在直省者以文臣监督，曰总督、曰巡抚……"③

其次，君主派出亲信监督军事的监军制度，也为许多朝代所奉行。秦朝的都尉、护军都尉、典护军等，执掌军政，统御诸将，论其职责，相当于监军。秦始皇派公子扶苏监蒙恬军，秦二世胡亥以李斯舍人为护军，秦朝还派监御史驻诸郡。汉代的监军称监军使者、监军御史等。南朝的刘宋，由皇帝派出亲信担任典签，监督刺史。"一方之事，悉以委之"，"刺史行事之美恶，系于典签之口"④。典签之职，类同监军。隋唐时期，也以御史监军。至唐开元二十二年（734 年）后，在以御史监军的基础上，又采取了以宦官任监军使的做法，置于各镇及出征讨叛的诸军中，其主要任务是监视将帅的行动。唐朝以宦官监军，是与皇帝重用宦官，贬抑宰相的政治体制上的变化分不开的。宦官在军中，"监视刑赏，奏察违谬"⑤，实际上是代表皇帝控制军队，加强皇帝对军队的领导。"安史之乱"后，监军制度进一步加强，主要是为了及时了解军情，严格控制藩镇，保证唐王朝政权的稳定和巩固。宋

---

① 殿前都指挥使司、侍卫亲军马军都指挥使司、侍卫亲军步军部指挥使司组成"三衙"，掌管禁兵和厢兵。奉命出征或镇戍的军队统帅称"率（帅）臣"，主要统率三衙禁兵。

② 参见兰书臣：《兵制志》，88 页，上海，上海人民出版社，1998。

③ 康熙朝《大清会典》卷九十三。

④ 《南史》卷四十四，《巴陵王子伦传》。

⑤ 《唐会要》卷七十二，《京城诸军》。

朝虽未正式设置监军一职，但以宦官监军的记载，却仍见诸史籍。如宋徽宗时，宦官童贯即在西北监军多年。辽、金、西夏和元，也都实行监军制度，官职名称略异。明代的御史、宦官，都可担任监军之职，只是"不常设，无定员"。明成祖永乐年间，始以宦官监军，著名的有镇甘肃太监马靖、镇交阯太监马骐等。

再次，兵无常主、将不专兵等也是历代君主控制军队的长策。"若四方有事，则命将出，事解辄罢，兵散于府，将归于朝。"[①] 秦汉以降，迄于清朝，各代莫不如此。如宋高宗杀害岳飞固然有恐惧其迎回徽钦二帝危及自己帝位的因素，但不可使武人久擅兵权的祖宗家法也时刻提醒着他防范在军队中有崇高威望的将领。

三、兵力部署配置上的居重驭轻、强干弱枝

从秦、汉、隋、唐、宋、元、明、清这些主要王朝来看，朝廷总是把建立一支强大的中央军，摆在全国武装建设之首。西汉有南北军作为朝廷的中央常备军，是由受过一年军事训练的正卒组成，其主要任务是担任京师和宫廷的警卫。地方军比起训练有素的中央军就有所逊色了。东汉罢都尉及地方军的措施，其意在"居重驭轻"，也十分明显。唐代的中央军，除了有禁军外，府兵也是。府兵作为一种中央军而设置，由唐初十二卫和十二军逐渐发展到几乎遍及全国各道，其作为中央军队的性质却没有改变。除去府兵的设置本身有一个"重首轻足"，"举关中以临四方"的原则外，一支 60 万众的中央军，对散置于各州都督府、边疆军、守捉（唐军戍守之地，较大者称军，小者称守捉）、城、镇的地方兵和边兵来说，无疑也是一股重要的威慑力量，足以起到拱卫京师的作用。宋代的禁军，是全国军队中人数最多的，任务是"守京师、备征戍"。而地方的厢军，仅"分给役使"而已，其地位、待遇远比不上禁军。统治者的主观愿望是以一支装备精良、战斗力强的中央军队作为全国武装力量的重心，故在选拔上，显示宋王朝"居重驭轻"的用心。明代的卫所军，犹如唐代的府兵，也是作为中央军而建立的，尽管后来全国卫所林立，但兵籍皆由兵部掌管，而"其底簿则藏于内府"[②]。明代设置的五军都督府，除分领各地都司卫所军外，还各辖在京卫所，集全国卫所军精锐于京师，又另设有三千营、神机营、五军营，一起构成京军，有事则以京军为主力，抽调各地卫所军为辅，再加上各地的民兵、民壮、土兵、狼兵等配合，构成以京城为中心的全国战备体系。从其军队建设的结构就可以看出其兵制与战略的密切关系。[③]

四、具体制度运行上的精巧设置

历代君主不仅在军事行政机构的设置和军事力量配置上煞费苦心，还在具体制度运行上进行大量精巧的设置，以实现其居重驭轻、江山永固的总体构思。

"礼乐征伐自天子出"，历代发兵权均牢牢操于君主之手。如春秋战国时即已存在的兵符玺信制度（尤其是虎符制度），信陵君窃符救赵就是一例。各代的国尉、太尉、大司马

① 《新唐书·兵志》。

② 《明太祖实录》卷一九五。

③ 参见周鎏书：《兵略·兵制·兵争》，145～147 页，南昌，江西人民出版社，2002。

等，协助君主掌管全国军队，只有带兵权而没有调兵权。唐朝的法律规定，发兵十人、马十匹以上者，必须事先奏闻，经核实批准，方许调发，否则，将会受到严厉制裁。接到上级的调兵命令，地方官吏还要与将领共同勘核玺符才能出兵。

宋朝对发兵权限的控制也相当之严格，并在掌兵和用兵体制上进行改革，通过分权来实现制约的目的。如由枢密院、三衙和率臣三分兵权，皇帝则实施统御。宋范祖禹指出："祖宗制兵之法：天下之兵，本于枢密，有发兵之权，而无握兵之重；京师之兵，总于三帅，有握兵之重，而无发兵之权；上下相维，不得专制，此所以百三十年无兵变也。"[①]

为了让各级官吏互相监督、互相防范，清雍正皇帝还发明了密折制度等。

当然，以上谈到的所有这些都是把君主中央集权作为常态而展开论述的，但它基本上适用于中国历代。事实上，即使君主专制集权的格局被权臣、骄藩打破，一个新的常态马上又要出现了。

第二节
中国历代军事行政机构的变迁

中国历史上军事行政机构的设置，大体上也经历了一个从简到繁、从草创到完备而后又蜕变的变迁过程。

传说中的三皇五帝都是部落军事联盟的首领。在传说的阪泉大战、涿鹿之战等战争中，军队的组织规模和机动动员能力非常之大，可以想见当时即具有一定的军事行政机构，而且部落联盟首领对军队的组织和指挥也有相当大的权威。可惜由于去古已远，史不足征，我们无法清楚了解当时的情况。

对于夏朝的军事行政机构情况，目前我们也无突破性的考古发现，有关夏朝的文献又都是西周以后的记述，且与神话传说纠缠不清，要准确勾勒出夏朝近五百年的军事行政机构形貌，殆无可能。故此，我们只能根据有关的材料，依据人类学和社会史的一些常识，对当时的情况作些猜测性的描述。

《尚书·甘誓》记载夏后启"大战于甘，乃召六卿"，并进行了战争动员。此时国家政权不可能有明确的职能分工，这里的六卿与军事将领"六事之人"[②] 本来就是一回事。这个阶段的整个国家行政机构尚未进行职能分化，行政官员文武不分，军事行政系统尚不完善自不待言。

商朝则逐步建立了一套结构复杂、规模庞大的"内服"与"外服"职官制度体系。在军事决策中枢即内服军事职官系统中，商王为最高统帅，掌国家最高军权。商王之下，高级军事统帅职务由在王朝任职的贵族大臣、诸妃、诸子、诸侯及臣服的方国首领充当。他

---

① （宋）范祖禹：《范太史集》卷二十六，《论曹诵札子》。

② 据白钢先生猜测，"六事"与商代的"六史"职司相同，都是高级军官。参见白钢主编：《中国政治制度史》（上），74 页，天津，天津人民出版社，2002。

们辅佐商王，参与军机决策，同时分掌军务，奉命率兵征伐，构成商王朝的中央军事决策中枢和高级军事领导指挥机关。其中，起决策主导作用的是商王的辅佐大臣尹或相，以及成为商王军事决策的重要顾问的卜人（贞人）。至于商朝是否设置专职武官，有待进一步研考，但已经出现了一批军职官员名称，如师、马、亚、文、射、戍、卫等，成了经常从事军事活动的职官群体。

西周的军事领导体制因商制而有发展，"礼乐征伐自天子出"，最高军权集中于天子。中央由"三公"（太师、太傅、太保）和次一级的"三司"（具体组成有争议，但一般都认为"三司"为专门的军事领导人员）参预军事决策，设司马主管军政、军赋和军法，设监军以督察诸侯国的军事活动。周王朝中央的三公、三司体制还处在形成的过程中，机构设置远未完备，分工并不严格，文武更未分职。但文献和金文表明，"三公"、"三司"确属周天子身边的要员，参预决策军机，定夺方略，是周天子之下的中央军事决策、参谋集团。监军制度始于西周。《礼记·王制》的记载更为明确："天子使其大夫为三监，监于方伯之国，国三人。"监军制度的建立，是西周军事领导体制走向完备，王权对军权控制进一步加强的表现。此制长期为后世相沿，成为王权控制军权的重要制度。

春秋时，周王虽仍保有"天下共主"的名义，但周天子的军权逐步下移到了诸侯国君手中。从春秋中期起，诸侯国的等级爵位不再由周天子赐予，而由强国自封；诸侯国的军队不再听从周王室随意调遣，而由各国国君统率，独立进行活动。周天子的军令越不出王室所辖之地，不仅不能随意调遣诸侯国的军队，而且王室军队的数量也越来越少。王室发生内乱时，不得不依靠大国或大国联军来平定。而各诸侯国的权柄也不断下移，大夫或陪臣执国命的现象屡屡发生。

春秋后期，随着列国相、将之职的先后出现，文武分职开始萌芽。将、相分职也带来了国家政体由世卿世禄之制向官僚制度转化的效应。

战国时期，军权高度集中于诸侯国君，将、相明显分职，地方军事机构已经形成。各国都大刀阔斧地进行改革，无论是中央还是地方行政官吏，或者是军队的各级将领，都由国君任免，不问出身门第，唯豪杰英雄是用。传统的世卿世禄制开始消亡，新的更高效、更服从的官僚体制逐步建立。这个时期，各国国君掌握着最高军权，在中央建立以"丞相"和"将军"为文武百官之长的官僚机构，实行文武分职。各国中央皆设置有地位仅次于丞相的最高武官，由国君任命，在其领导下掌管全国军事军政，不问政务。如韩、赵、魏三国的大将军为最高军事统帅，置柱国、将军、国尉等高级武官；又在中央政府机关中设司马主掌后勤供应，在国君身边专设侍从、宿卫武官。齐国则在丞相之下，以大司马主掌全国的军事。楚国则在中央置上柱国为武官之长，有时甚至位在令尹之上，成为楚王下的军政首脑。其下，又有大司马主管军事行政，以大将军充任最高统帅，率军征战。秦国则建立了较为健全的中央官僚机构，设丞相为百官之长，中央置国尉主管军事行政，置郎中令主管国王侍卫，置卫尉主管宫廷警备，由少府兼掌兵器制造等等。而且，随着职官分工越来越明确、细密，还出现了专门参谋机构。

秦始皇统一全国后，采取一系列措施树立皇帝的绝对权威，以皇帝为最高统帅，职掌全国军队的最高权力。加强中央集权，并通过加强中央和地方军事机构，控制全国军队，亲自掌管军队的调动指挥权、战略方针的决策权、统军将帅的任免权，从而形成了集权化的军事领导体制。这种中央集权军事体制跨越时代，对后世产生了不可磨灭的影响。

秦朝正式确立了"三公九卿"制，中央政府在皇帝之下置丞相、太尉、御史大夫"三公"为国家行政中枢，又设奉常、郎中令、卫尉、太仆、廷尉、典客、宗正、治栗内史、少府"九卿"为行政执行机构。太尉主管全国军事行政，兼充皇帝决策军机的顾问和参谋，为最高武官。但这仅是名义而已，因为真正的决策者只能是皇帝本人。郎中令宿卫宫廷、卫尉统领卫士掌宫门卫、中尉领京师屯兵负责京师治安，都已经有了非常细致的分工。

汉承秦制而略有变化，开始设太尉府为中央军事行政领导机构，长官称太尉。太尉的职责是掌管全国军事行政，并备皇帝顾问，但无发兵之权，或置或省，置省无常。武帝建元二年（公元前 139 年）罢太尉，后设大司马，冠以将军之号。冠以大司马之号的大将军、骠骑将军，可以出入宫中，辅政皇帝，平时作为中朝官领袖，参与机要，战时奉命出征，统率大军，实为皇帝之下的中央最高军事长官。大司马实际多由外戚担任，权寄极重。此项设置本身也是加强君主集权的重要举措。成帝后，大司马与丞相（后改大司徒）、御史大夫（后改大司空）并称"三公"，主管全国军事行政，后位列"三公"之首。东汉光武帝复改大司马为太尉，主要"掌四方兵事功课，岁尽即奏其殿最而行赏罚"。东汉太尉位尊权重，又常加"参录尚书事"衔，同时亦为内朝官，从而掌握着国家的实际军政大权。太尉府是中央最高军事行政领导机关。太尉在秦代并非常设之官，汉初则废置不定。就其职权而言，西汉时的太尉只是皇帝的军事顾问，很少担任实际军政职务。武帝以后，改太尉为大司马，仍只是徒有虚名的加官而已。东汉时，太尉职权始日渐加重，"故在西汉往往罢太尉属官归于丞相，而在东汉则丞相府之属官，又大都转归于太尉府"[①]。

三国时，基本沿袭汉制，但又有几点重要变化：一是由于曹操、诸葛亮等人政治实践的影响，丞相独立开府、自辟掾属，一段时期实则成为掌管全国军政大权的最高军政机构。二是曹丕称帝后，废丞相，专设"都督中外诸军事"一职，作为最高军事统帅，临时代表皇帝统率与指挥全国军队。都督中外诸军事常由宗室重臣和亲信大将担任。后来，都督中外诸军事逐渐成为实际上的最高军事统帅。其三，随着内官不断外朝化，"三公"位极尊崇实则备员，而尚书省从本来系皇帝侍从文书的角色一跃成为最重要的中央行政机构。皇帝在尚书省又下设五兵尚书，为处理日常军务的专门机构。名义上负责兵事的最高武官为太尉和大司马、大将军，但实际上日常军务都由五兵尚书曹来负责处理。五兵尚书曹作为常设的专门军事机构，后演变为后代的兵部。

两晋时期的军事领导体制，基本沿袭三国曹魏政权军事领导体制，又有一定发展。西晋主要以大司马、大将军、太尉和骠骑、车骑、卫将军、诸大将军等为高级武官。其中，加都督中外诸军事衔者为最高统帅，代表皇帝掌握军权，下设中军将军总统宿卫、左右卫将军统领宫殿禁军，领军、护军等领宫门及京师城内禁军等。同时，还分封同姓诸王，掌握地方州郡的军政大权，以成拱卫之势。而东晋时最高军事统帅仍加都督中外诸军事衔，却皆出于几家异姓世家大族。镇守重要州郡的都督也往往由大族把持，有时一人兼数州都督。东晋的军政大权实际上都把持在异姓世家大族手中。

南朝惩晋世之弊，大大加强君主对军事的集权领导，派遣宗室同姓都督各州军事，还

---

① 安作璋、熊铁基：《秦汉官制史稿》，78 页，济南，齐鲁书社，1984。

开创了以典签监督方镇之先例。北朝则从北魏孝文帝开始,进行了一系列的汉化改革,仿照南朝成立了以尚书、中书、门下三省为核心的中央政府机构,任命部分汉人担任官职;另一方面,政权仍保留鲜卑体制、实行"八部大人"制,"八大人"还参预国家军事机密和重要决策,协助皇帝处理国家日常的政务,在政权中起着重要的作用,也是"胡汉分治"的体现;另外,还设立了三师(太师、太傅、太保)、二大(大司马、大将军)和三公(太尉、司徒、司空)等为皇帝重大军事决策顾问,其中太尉、大司马、大将军是主管军事的中央官员。此后,东魏、北齐、北周曾经设立丞相府、大冢宰、都督府和总管府等机构管理军事行政。

隋代一方面继承北朝体制,实行府兵制,另设十二卫府与东宫十率作为府兵的统率及管理机关。同时,还在政治制度上大胆创新,开创了影响深远的隋唐体制,兵部即正式创始于隋代。开皇元年(581年),文帝开始整顿魏晋以来的官制,废除三公府僚,设置内史省、门下省和尚书省,尚书省下设吏部、礼部、兵部、民部、刑部、工部,即人们熟知的"三省六部"制。兵部掌武官选授、兵籍、军训、地图、舆马、甲仗等军事行政。

唐代中央军事行政体制,以宰相暨政事堂参与军机决策最有特色。政事堂有"最高国防会议"的作用。中央的三省六部体制中,兵部是中央最高军事行政领导机关,掌军政,有发兵号令、兵籍检点之权力,但是,兵部并不直接统率军队。根据严耕望先生的分析,唐朝在"安史之乱"以前,兵部尚书除个别情况外都由宰相兼任,或者由兵部尚书侍郎而升任宰相。这就使兵部尚书直接参与了最高军事决策。"兵部尚书、侍郎之职,掌天下军卫武官选授之政令。凡军师卒戎之籍,山川要害之图,厩牧甲仗之数,悉以咨之。"① 其职掌大致是军官选拔、军队册籍、山川地图、厩牧器仗。唐太宗设计的唐代军事领导的理想体制是:君相决定军事政策和方针,兵部掌管军事行政,包括兵马调拨和兵籍管理;另设十二卫以贮将帅,各地折冲府以领府兵。这种设计的目的是将兵权分割成几块,互相牵制和制约。总之,因为没有像汉代那样的全国最高军事长官(如太尉),于是三省六部长官及他官如同平章事等参议军国大政,是中央军政决策的基本形式。此外,翰林学士等近臣和枢密使等宦官常成为影响中央军政决策的体制外重要因素。当然,在节度使体制出现后,这一局面才发生了变化。开元年间唐代在边疆地区陆续设立了十节度使,节度使麾下有着强大的常备军队。节度使体制确立之后,军队的领导体制也在发生变化,藩镇之乱始肇其端。

唐朝灭亡后的五十多年间,继唐末藩镇之乱,封建割据转趋严重,朝代更迭频繁,史称五代十国。在这一时期,"兵骄则逐帅,帅强则叛上"② 。五代各朝帝王都是军将出身,因而极其注重掌握军队,但却忽视军事行政的制度化建设,各行其道,军事制度混乱。如后唐设"判六军诸卫事",后晋设"侍卫马步军都指挥使",后周又增设"殿前都点检"。五代后期,枢密使也开始主管军政。军队出征,另设招讨使、都统、都部署、行营都指挥使等统兵官。

宋朝建国后,为革除将帅拥兵自重之弊,实行了军事组织制度改革。一是将各藩镇节度使兵权收归中央;二是委派文臣充任中央和地方武职,以文治武;三是在中央建立枢密

---

① 《唐六典》卷五,《尚书兵部》。
② 《新唐书·兵志》。

院、三衙和率臣分掌军政、军令、率兵作战权。中央军事领导机构分工严密，制约加强。宋承隋唐五代之制，虽设兵部，但以枢密院主军政，"枢密掌兵籍、虎符，三衙管诸军，率臣主兵柄，各有分守"①。枢密院长官为枢密使、枢密副使，与宰相共同执政，且主要负责军政。南宋中期，更由宰相兼枢密使，进一步加强了对军政的领导。而皇帝是军队的最高统帅，直接控制军队的行动，枢密院和三衙无权干预。

辽王朝实行胡汉分治，即"以国制治契丹，以汉制待汉人"②。中央军事领导机构以枢密院、宰相府、大王院等构成军事决策机关，均分南北，各司其职。枢密院为最高军政机关。北枢密院称契丹枢密院，掌管契丹兵马事务。南枢密院称汉人枢密院，掌管汉人兵马事务。辽曾设天下兵马大元帅，由太子或亲王担任，并开府置官，权力范围因时而异。

西夏王朝的中央军事领导机构，多依宋朝制度，由枢密院"掌军国兵防边备，与中书对持文武二柄"。

金王朝的中央军事领导机构，先胡后汉，胡汉参用，依次有中央辅政勃极烈、都元帅府、枢密院等不同名称，其长官为各部统帅，协助皇帝实施军事决策。此外，在金朝的尚书省所辖六部中，兵部作为军政机关，仅掌管兵籍、兵器和马政等具体事务。根据平时或战时需要，都元帅府与枢密院间或并置。

大蒙古国时期，蒙古军队中设置了左、右翼万户长，节制各蒙古千户统辖的中央军；蒙古诸王统辖所属千户。基于民族歧视的传统政策考虑，汉军则由大汗任命的统军都元帅节制。

忽必烈时期，为加强中央集权，改变了这种军队双重领导体制，撤销左、右翼万户长和各地统军都元帅，设置枢密院作为掌管全国军政的最高中央机关。元朝的中央军事领导机构，其主要掌兵机关为枢密院，枢密使由皇太子兼任。知枢密院事为实际上的最高长官，一般由蒙古人担任，也有色目人当选者，汉人和南人不得涉足。枢密院协助皇帝实施军事决策，并有权调度军事力量，"掌天下兵甲机密之务。凡宫禁宿卫，边庭军翼，征讨戍守，简阅差遣，举功转官，节制调度，无不由之"③。另外，隶属中书省的兵部，权限较小，仅"掌天下郡邑邮驿屯牧之政令"④。

明朝比较重视发挥兵部的职能作用，使之与五军都督府互相补充、互相制约。这是与明太祖废中书省及丞相制，提高六部的地位并使六部长官直接对皇帝负责分不开的。兵部掌管出兵之令，即调兵之权。五军都督府掌管统兵之权。兵部与五军都督府的分工和区别是："兵部有出兵之令而无统兵之权，五军有统兵之权而无出兵之令……合之则呼吸相通，分之则犬牙相制。"⑤皇帝是全国军队的最高统帅，出兵征战，则出皇帝临时委任领兵官，领兵官率领从卫所调发的军队；完成作战任务后，印还于朝，兵归卫所。

清朝的中央军事领导机构，前期和后期变化较大。前期主要以议政王大臣会议、军机处为主要决策机关，兵部权力不大，"不过稽核额籍考察弁员而已"⑥。后期，军机处和兵

---

① 《宋史·职官志》。
② 《辽史·百官志》。
③④ 《元史·百官志》。
⑤ （清）孙承泽：《春明梦余录》。
⑥ （清）乾隆：《钦定历代职官表》卷十二。

部，都有所变化。光绪二十二年（1906 年），改兵部为陆军部，后又增设海军部，但军机处仍拥有较大权力。宣统三年（1911 年），以军咨府取代军机处，为近代总参谋部之雏形。

第三节
中国历代兵制与军事指挥体制

我们在这里要特别探讨中国的兵制与军事指挥体制。本节主要讨论两个问题：一是历代军队组成机制，即兵制；二是历代的军事指挥体制。这是中国历代军事行政制度的重要组成部分，不能不予以梳理叙述。

中国的兵制与军事指挥体制应上溯到夏朝。关于夏朝的军事制度由于史料缺乏，我们知之甚少。据《尚书·甘誓》记载，夏王直接控制军队，其下有"六事之人"。表明夏王的臣僚有民政、神事、军事等分工不同。这时已有战车，车上的成员区分为左、右、御。对作战人员还有奖惩规定。可见，随着国家及其军队的产生，已经出现了组织军队和管理指挥军队的一些基本制度。

商朝的军事制度，在甲骨卜辞中有较多的记载。商王是最高军事统帅，有时亲自出征。王室妇女，如商王武丁的配偶妇好等人，也曾率军出征。高级军事领导职务由贵族大臣和方国首领担任，他们平时治民，战时领兵。甲骨文中常有"亚"、"马"、"射"、"戍"等名号出现，可能表明当时军队成员已有不同的职守。士卒由贵族和平民充当，平时要练习射、御，并以田猎的形式进行演习。"王登人五千征土方"等卜辞说明，战时常根据需要进行"登人"（征兵），一次征发数千人，也有超过 1 万人的。奴隶则多在军中担任杂役。商朝军队有步卒和车兵，作战方式以车战为主。甲骨文中也曾出现过"步伐"的记载，可能表明当时有独立的步兵队伍。当时军队的最大编制单位可能是师。军队的组织可能以 100 人为基层单位，300 人为中级单位，并有右、中、左的区分。

西周的军事制度　在沿袭商制的基础上又有很大发展。周初，王室强大，"礼乐征伐自天子出"，军权集中于周天子手中，其下有"友邦塚君、御事、司徒、司马、司空、亚旅、师氏、千夫长、百夫长"等官职，仍不分文武。各诸侯国及一些贵族大臣也都有自己的军队，但一般须听从周天子调遣。西周晚期，王室衰微，遇有战事则往往倚重一些诸侯国和贵族大臣的军队。

西周军队的士卒均由"国人"（都城及其周围的奴隶主和平民）充当，奴隶只能随军服杂役。金文中有"西六师"、"成周八师"、"殷八师"的记载，表明西周军队的最大编制单位是师。西周军队的主要兵种是车兵。兵器仍用青铜制造，但比商朝有较大发展，出现了兼备戈、矛功能的戟和便于近战的短剑。甲胄、干盾用皮革制成，更为轻便，并增强了防护力。战马也装备了护甲。还规定有战前检查武器装备的措施。战斗中已采用旌旗、金鼓指挥，要求行列整齐、攻伐协调、进退一致。

春秋时期诸侯国的军队主要由公室军队和世族军队组成。公室军队多建于西周诸侯受封立国时，主要成员是"国人"中的士和农，士以习武打仗为主要职事，作战时充任甲士；

农即庶人，除老弱残疾者外，所有成年男子都须接受军事训练。农人三季务农，一季讲武，每隔三年进行一次大演习；遇有战事，要随时听从调发，充任徒卒（步兵），役期依战事的长短而定。奴隶一般没有充任甲士和徒卒的资格，只能随军服杂役。这时，卿大夫的势力迅速发展，他们也仿照国都的制度在自己的封邑内设置军队，即世族军队，其从军人员也以封邑及其周围的士和农为主。此外，某些较大的城邑还有"邑甲"，有的属于国君，有的属于卿大夫，是公室军队与世族军队的补充。春秋时期的作战方式以车战为主，车兵是主要兵种。各诸侯国兵力的强弱，往往依战车的多少衡量。春秋中期以后，各诸侯国随车徒卒有不同数量的增加，有的诸侯国及边陲少数民族国家，还建立了独立于战车之外的步兵。南方的楚、吴、越等国已建有一定规模的舟师，多用于内河、湖上，有时也出海作战。

春秋中期以后，随着社会生产力的发展和社会制度的演变，军事制度进一步发生变化，主要表现在：晋、鲁、郑、楚等国先后在改革田制的基础上，"作州兵"、"作丘甲"、"作丘赋"、"量入修赋"等，扩大兵役和军赋的来源；允许奴隶从军和充当甲士；"国人"从军的制度逐渐向郡县征兵制演变；车兵的地位逐渐下降，步兵的地位逐渐上升；军权向集权方向发展，文武开始分职等。但是这些变化，有的仅开始，有的仅表现出某种先兆，军事制度的重大变革是在战国时代完成的。

战国时期，各诸侯国的君主竞相变法图强，攻伐争雄，军事制度也随之发生重大变革。各诸侯国开始建立统一的军队，国君掌握军队的征调大权，实行凭虎符发兵的制度。国君之下，始设将军等专职武官，文武已明显分职。各诸侯国主要实行郡县征兵制，农民是主要的征集对象。郡守和县令有权征集本郡、县适龄男子入伍，并可率领他们出征。男子16或17岁"傅籍"（或称"傅"），即进行登记，然后，根据国家需要随时应征入伍，直到60岁才能免征。据《睡虎地秦墓竹简》记载，墓主17岁"傅籍"，第二年入伍参战，战争结束返回故里，后又再次应征入伍。除征兵制外，各国还兼行募兵制。招募之兵，经过严格的考选，成为军队的骨干和国君的卫队。齐国的"技击"、秦国的"锐士"等，也是以较严格的考选办法招募的。凡中选者，都要进行长期的专门训练，并享受比较优厚的待遇。

步兵是主要兵种，骑兵和舟师发展也很迅速，车兵地位下降。步兵通称为"带甲"。《战国策》等文献有"带甲数十万"、"带甲百万"的记载，说明步兵的规模甚为庞大。骑兵有较大发展，出现了"骑万匹"之国。赵武灵王"胡服骑射"，是中原诸侯国改革旧制、发展骑兵的典型事例。舟师较为发达的有楚国等。

出于征募需要，军队组织同户籍管理体制相一致。郡、县居民多是"什伍之制"。锋利的钢铁兵器迅速发展，强弓利弩大量使用。各诸侯国普遍建立了掌管武器制造的"府库"（即武库），有的还负责检查武器的质量和上报的数量。各诸侯国都注重奖励军功，建立了军功制度。例如，秦国商鞅变法时，订有20等"军功爵制"，规定临战者不论出身贵贱，只要杀了敌人就可晋升爵位。反之，如果没有战功，贵族也不能晋爵。

秦朝是中国历史上第一个统一的中央集权的封建国家，其军事制度是在战国时期秦国商鞅变法的基础上形成和发展起来的。汉承秦制，在秦朝的军事制度基础上又有了新发展。

军队的体制上，秦汉两朝为巩固和加强中央集权，建立了全国统一的军队，并置于皇帝的严格控制之下。负责全国军事行政的最高官员，秦为国尉，汉为太尉，汉武帝时改称大司马。战时临时任命将军统兵，将军出征时常置幕府，作为参谋机构。在郡、县分置郡尉、县尉，协助郡守、县令掌管军事。东汉末，设州牧，是州郡最高行政与军事长官。

秦汉的军队可分为京师兵、地方兵和边兵三部分。京师兵主要由郎官、卫士和守卫京师的屯兵组成。郎官由郎中令统领，卫士由卫尉统领，负责宫廷内外的警卫。负责守卫京城的屯兵由中尉统领。汉朝的京师兵主要有南军和北军。中尉所领的屯兵驻于未央宫北，称北军；与之相对，由卫尉统领的称南军。南军士兵大多调自内郡，北军士兵主要调自京辅，均是一年一轮换。地方兵置于郡县，一般由郡县尉（亦称都尉）协助郡守或县令统率。地方兵平时维持地方治安，战时听中央调遣。征调地方兵，需以皇帝虎符为凭。西汉曾一度行分封制，汉初分封的王国与一些大的侯国各自都有军队，王国之兵由各国的中尉统领，侯国之兵则隶属于郡。东汉光武帝时，为加强中央集权，罢郡国都尉，后又下诏罢地方兵。从此，遇有战争，常派京师兵出征，或根据需要临时从州郡招募或征发。军队有材官（步兵）、骑士（骑兵）、楼船（水兵）、轻车（车兵）等兵种。

兵役制度上，秦朝沿袭战国时的郡县征兵制。从《睡虎地秦墓竹简》所记的情况看，男子17岁"傅籍"，以后根据战争需要，随时可征集入伍，到60岁才能免役。汉朝的兵役制度，曾有几次变更。据《汉书》记载，男子20岁傅籍，此后每年服劳役一月，称"更卒"。23岁以后开始服兵役，役期一般为2年：一年在本郡、县服役，称为"正卒"；另一年到边郡戍守或到京师守卫，称为"戍卒"或"卫士"。还有一种意见，认为这2年兵役统称为"正卒"。如遇战争需要，还须随时应征入伍，至56岁才能免役。秦、汉还常谪发罪犯、商人、赘婿或徒隶等为兵，称为"谪戍"。西汉除实行征兵制外，还实行募兵制。东汉罢郡国兵后，征兵制渐衰，于是也依赖招募。末年，州郡官通过募兵，培植自己的势力，从而酿成群雄割据的局面。

三国时期，魏（曹魏）、蜀（蜀汉）、吴（孙吴）封建割据，鼎足而立，其军事制度基本沿袭汉制，但又有所变化，主要是建立中、外军体制和实行世兵制。

曹魏军队分为中军、外军和州郡兵。中军是曹氏父子以及后来的司马氏直接统辖的部队，前期人数较少，驻于京城之中，后期渐渐扩大至城外。中军主要负责宫廷和京城宿卫，亦兼出征。外军是派驻边州重镇的军队，主要任务是征戍。驻守在与蜀、吴交界地区的外军，且耕且守，实行屯田。屯田兵以营为单位，每营编60人。州郡兵属地方武装，力量较弱，以守备本州郡为任，必要时也应召出征。

曹魏的军事大权集中于中央，下设各将军、校尉，分领中军诸营。在将军中以领军（魏末称中领军）将军、护军将军最为重要，对内辅佐统帅、参与军事机要，对外监护诸军。魏末，中领军将军总统诸营，职权极重。外军由中央派都督分领，都督多由冠以一定名号的将军及中郎将充任。屯田兵则分设度支都尉、度支校尉、度支中郎将管领。曹魏军队的补给由国家统办。军粮、军费依靠租调和屯田收入，其中屯田收入在军粮供给中占很大比重。还设有司金中郎将负责监造兵器。曹魏军队可区分为步军、骑军和水军。在前期，兵员靠募集、征发补充，也强制降俘和少数民族为兵等。到后期，逐渐形成世兵制，并成为主要集兵方式。世兵制使服兵役成为一部分人的特定义务，这部分人称为士，其家称为士家或兵户。士家必须集中居住，另立户籍，与民户分别管理，子孙世代为兵，士死，其寡妻遗女还要配嫁士家。

吴、蜀的军事制度大体与魏制相同，但也有差异。如吴、蜀中央均置中、前、左、右、后五军。吴军以舟师为主，步兵次之；蜀军以步兵为主，骑兵次之。吴实行世袭领兵制，即将领世袭，士兵是将领的私属，他们除打仗外，还要为其将领种地、服杂役。吴、蜀还编有少数民族部队。

西晋统一全国后，沿袭曹魏的军事制度，军队也分为中军、外军和州郡兵。中军直属中央，编为军、营，平时驻守京城内外，有事出征。驻在城内的中军为宿卫兵，由左、右二卫负责宫殿宿卫，其他军、营担任宫门和京城宿卫。驻在京城外的中军称牙门军，无宿卫任务。中军力量强大，晋初多达 36 个军，总兵力不下 10 万人。初期中军强，外军弱，晋武帝时为加强王室对军队的控制，用宗室诸王充任都督，出镇四方，并允许诸王置兵，王国兵成为外军一个特殊组成部分，外军遂转强，并盛行世兵制。外军驻守重要州镇，由都督分领。州郡兵是地方武装。晋武帝平吴以后，曾下令诸州取消州郡兵，仅置武吏以维持治安。

西晋最高长官为都督中外诸军事，下有中军将军（后改为北军中候），总领宿卫兵；左、右卫将军，统宫殿宿卫兵；领护等将军、校尉，分统宫门和京城宿卫兵；四护军分统城外中军。又有都督各州诸军事和征、镇、安、平等将军，分统外军。西晋是世兵制的全盛时期。凡为兵者皆入兵籍，单独立户，不与民同，父死子继，世代为兵。士兵及其家属的社会地位低于郡、县编户民。为扩大兵源，西晋还发奴僮和谪发罪犯为兵，作为世兵制的补充。士族官僚则享有免役的特权。军队的主要兵种是步兵，其次有骑兵和水军。武器由政府统一供给，国家建武库贮备兵器，中央设卫尉总管武库和冶铸事宜。军队的粮食和布帛也由政府统一供给和管理。

东晋沿袭西晋的军事制度，但有许多重要变化。由于皇权衰微，导致中军寡弱，宿卫军营往往有名无实。而统率外军的都督、刺史却拥兵自重，跋扈一方。尤其是长江上游的州镇，兵势之强往往超过中央。同时，东晋的兵员多用募兵制解决。如参加淝水之战的北府兵，多是由广陵（今扬州）一带招募的。此外，也征发民丁为兵。

南北朝时期，国家分裂，政权常依军权的大小和兵势的强弱而频繁更替。南朝军队体制基本沿袭晋制，世兵制衰落，主要实行募兵制。北朝，拓跋氏初期乃实行兵民合一的部族兵制，入中原后逐步封建化，后期创立了府兵制。

南朝宋、齐、梁、陈的军队，多有中军（亦称台军）和外军的区分。中军直属中央，平时驻守京城，有事出征。宿卫京城的编为领、护、左卫、右卫、骁骑、游击等六军。宋武帝刘裕曾恢复屯骑、步兵、越骑、长水、射声五校，加强殿中和东宫宿卫兵力，以图扭转东晋以来内弱外强的局面，但是，不久由于宗室自相残杀而未果，以后各个政权都未能改变这种局面。外军分属各地都督，都督多兼刺史，常拥兵自重，与中央相抗衡。军队以步兵和水军为主，骑兵较少。初期，兵员来自世兵。后来由于战争的消耗、士兵的逃亡和被私家分割，部分兵户变为民户，兵源趋于枯竭，于是募兵制逐渐成为主要的集兵方式。私家也通过募兵组织部曲，招募的对象是大量的失地流亡农民，将领待兵亦较宽惠，因而士兵的地位和战斗力都高于世兵。

北朝北魏的军队，初期以鲜卑族为主体，也吸收被征服民族的成员当兵，分由各部落酋长率领，几乎是单一的骑兵。在其统治范围扩展到汉族集中居住的地区以后，汉民当兵人数增加，攻城战增多，军队由单一的骑兵变为步、骑兵结合。后期，步兵比重超过骑兵，成为主要兵种。北魏统治扩大到中原以后，军队分为中兵、镇戍兵和州郡兵。中兵亦称台军，主要担任宫廷及京城的宿卫，也是对外作战的主力。镇戍兵是为保卫边防而设置的，初时仅设置在北部边境，后来扩展到南部边境。北魏后期出现兵户，它包括：充当中兵羽林、虎贲的鲜卑族人；镇戍边防的鲜卑族人；中原强宗子弟和迁配为兵的罪人及其家属；叛逃被追回后迁至内地的北方少数民族人；一部分被征服的南齐地民户。兵户丁男终身为兵，世代相袭，社会地位低于民户，生活艰难，"役同厮养"。同时，汉族民户也要定期轮番服役，最初主要充当诸戍的戍卒和诸防的防人，后来也常并入中兵。

西魏、北周在继承鲜卑族传统和接受汉族影响的基础上，创立府兵制。宇文泰在西魏当政时，于大统十六年（550年）确立府兵的组织系统，选拔体力强壮者充当府兵，是府兵制之始。府兵制初创时，中央设8个柱国大将军分领府兵，每个柱国督2大将军，每个大将军督2开府将军，共24开府，为24军。领官有仪同、大都督、帅都督、都督等。编制有团、旅、队。总兵力约5万人。宇文护时，增柱国、大将军之数而削其权，以24开府将军领兵。北周武帝时，又削开府将军之权，改诸军军士直隶禁卫，使府兵成为中央宿卫军，归皇帝直接掌握；作战时则临时命将配兵，以便皇帝控制和指挥。早期府兵自相督率，不编户贯。统兵官中的汉族将领及其他少数民族将领，用鲜卑赐姓，军人亦从主帅之姓，带有部族兵的色彩。府兵除自带弓刀以外，其他武器装备均由官府供给。平时轮番服役，半月宿卫，半月训练；战时则出征打仗。府兵本人免除赋役，社会地位较世兵为高。西魏府兵以鲜卑人为骨干，又广招关陇地区汉族豪右作为补充。此外，北周武帝时，为扩大兵源，对九等户中第六等以上的民户实行征兵制，规定三丁征一。以后，由于战争频繁，征兵对象又扩大到包括贫下户在内的一般享受均田的农民。府兵是西魏、北周军队的主力，此外还有专任宫廷侍卫的禁军和地方的镇戍兵、州郡兵等，都不属于府兵系统。此外，南北朝时期，世家豪族势力强大，大都拥有人数众多的家兵、部曲。

隋朝和唐朝是中国统一的封建专制主义中央集权国家重新建立、各民族进一步融合、经济发展、国力强盛的时期，也是府兵制进一步完备并走向败坏，军事制度发生重大变化的时期。

隋朝沿袭和发展了西魏、北周府兵制。在皇帝直接统辖下，设立12卫府，每卫府统1军，置大将军1人、将军2人，下辖骠骑府、车骑府，分置骠骑将军、车骑将军，再下设大都督、帅都督、都督。炀帝时，改骠骑府为鹰扬府，置鹰扬郎将，并取消将军、都督等名号。军府按"中外相维、重首轻足"的方略，分置在京城及冲要地区。12卫除临时受命征伐外，平时主要担任京城宿卫和其他军事要地或重要设施的驻守。府兵与禁兵及其他军队相互为用，相互钳制，以便皇帝控制军队和维护全国统一。

为了加强中央集权，隋文帝对府兵作了重要改革。在代周前后曾下令将府兵将领赐胡姓的恢复本姓，军人也不再随从将领的姓氏；重新整理乡兵，将私家部曲收编为国家军队。开皇十年（590年），又颁布诏书，规定"凡是军人，可悉属州县，垦田籍帐，一同编户。军府统领，宜依旧式"①。军户编入民户，改属州县管辖，军户不再存在。但军人仍有军籍——"军名"，无论在军、在役或在家，凡军役范围内的事宜，均属军府管理。军人依均

---

① 《隋书·高祖纪下》。

田令受田，免纳租庸调，平日生产，每年有一定时间轮番宿卫，战时出征，资装自备。在乡为农，在军为兵，实行兵农合一、寓兵于农的制度，这是隋朝及唐初府兵制的特点。

唐朝初期府兵为基本的常备军，包括平时隶属于皇帝的 12 卫和皇太子的东宫 6 率。每卫设大将军 1 人、将军 2 人，每率设率 1 人、副率 2 人，平时负责管理府兵轮番宿卫诸事，战时经皇帝任命，率领从各府调集的府兵出征，即"若四方有事，则命将以出，事解辄罢，兵散于府，将归于朝"①。全国最多时共设 634 府，府兵约六十万人，主要分布于属于政治中心地区的关内、河东、河南及邻近诸道，旨在"居重驭轻"，"举关中之众以临四方"。折冲府为府兵的基本组织单位，每府置折冲都尉 1 人，左、右果毅都尉各 1 人。府兵自用的武器、装具和征途所需粮食皆自备。马匹不足，由官府供给。平时训练在冬季进行，由折冲都尉率领本府兵马习战。府兵的调遣、指挥权属于朝廷。凡发兵 10 人以上，除紧急情况外，都要有尚书省、门下省颁发的皇帝"敕书"和铜鱼符，州刺史与折冲都尉勘契乃发。府兵每年需轮流到京师宿卫，称上番。由兵部依各府离京师远近，确定上番的次数，每次 1 月，平均每年在役可达 3 月左右。部分府兵被派遣到冲要地区戍守，一般为 1 年一次。府兵主要是从自耕农和地主中挑选，后来则渐以贫苦农民充役。后来，征战益多，勋赏不兑现，社会地位下降，地主也渐渐厌恶当兵，特别是"番役更代多不以时"，土地兼并严重，均田制逐步废坏，军资无所依凭，府兵乃纷纷"亡匿"。天宝八年（747 年）被迫停止上番，折冲府从此名存实亡。

府兵制日趋颓坏的同时，唐初即存在的募兵制便取而代之，逐渐兴盛。从开元十年（722 年）起，唐朝大规模招募壮士充宿卫。开元十二年（724 年），更名为彍骑。平时教阅弓弩，免除赋役，资粮由官府供给，其招募亦无定制，前后只维持二十余年。唐朝驻防京城和宫廷的部队统称禁兵或"天子禁军"。从 12 卫府轮番调来宿卫京城的府兵，称南衙禁兵。单独组建、驻防宫城北门的禁兵，称北衙禁兵。禁兵一般是招募来的，历来骄惰怯弱，后受宦官控制，更加腐败。唐朝后期，因方镇势力坐大，各节度使控制地方政权，凭借其拥有的土地、人丁、财赋，豢养大批军队，与朝廷抗衡，改变了"内重外轻"的态势。"安史之乱"以后，割据日甚，以致"方镇相望于内地，大者连州十余，小者犹兼三四"，"自国门以外，皆分裂于方镇矣"②。此时，朝廷主要靠禁兵来维持残局。

五代时期，军队的主力大体为禁卫六军，后来逐渐形成了厢、军、指挥、都的序列，其中，指挥为基本单位，约五百人。五代初期，普遍设立亲军，亦称牙军，以此作为私人武装的核心。以后，牙军进一步发展，有的设置义儿军，与主帅具有更为密切的隶属关系。除禁卫军外，各州、县还有由节度使率领的地方军。军队主要是步兵，其次是马军（骑兵），江南地区也重视建置水军。五代时期主要实行募兵制。为了标明隶属关系，防止逃亡，对应募士兵，"皆文其面，以记军号"③。士兵一旦刺面，终身受辱。此时期军法极严酷，如后梁太祖朱温曾规定："凡将校有战没者，所部兵悉斩之，谓之拔队斩。"④ 为了笼络军心，有的帝王对骄兵悍将又十分姑息纵容。

①② 《新唐书·兵志》。
③ 《资治通鉴》卷二六六。
④ 《文献通考》卷一五二。

辽代和金代是中国北方契丹族和女真族上层相继建立的两个王朝。由于它们都保留着原始部族的痕迹，并处于由奴隶制向封建制迅速转化的历史阶段，军事制度初期多与本民族社会制度合为一体，进入长城以南地区后，既保有本民族特色，又逐步接受汉族影响，具有民族融合的特点。

辽代皇帝亲掌最高兵权，下设北、南枢密院。北枢密院为最高军事行政机构，一般由契丹人主管；南枢密院亦称汉人枢密院，掌汉人兵马之政，因而出现一个朝廷两种军事体制并存的局面。辽军以骑兵为主，主要武器是弓箭和刀枪。后期从宋朝传入抛石机式的火炮，编有炮手军。

金代军事大权亦由皇帝直接掌握，其下设都统，后改为元帅府、枢密院等，协助皇帝统辖全军。战时，指定亲王领兵出征，称都元帅、左右副元帅等，权任极重，但是临时设置，并非固定职务。边防军事机构有招讨司、统军司等。金军的编制，初时与社会组织相结合，主要编为"猛安"、"谋克"，兵为世袭，可以子弟替代，但不能以奴充任。金军大体可分为本族军、其他族军、州郡兵和属国军。前二者为主力，后二者为辅翼。最初，奴隶主、封建主都应从军。进入长城之南地域后，主要实行征兵制，签发汉族和其他少数民族为兵，谓之"签军"。后期也行"募兵制"。金统治中原后，还仿汉制，实行发军俸、补助等措施。对年老退役的军官，曾设"给赏"之例。对投降的宋军，常保留原建制，仍用汉人降将统领。金军亦以骑兵为主，步兵次之。骑兵一兵多马，惯于披挂重甲。各部族兵增多后，步兵数量大增。水军规模也较大，但战斗力较弱。另编有炮军万户。除冷兵器外，还使用火炮、铁火炮、飞火枪等火器作战。

北宋时期，皇帝直接掌握军队的建置、调动和指挥大权，其下兵权三分："枢密掌兵籍、虎符，三衙管诸军，率臣主兵柄，各有分守"①。枢密院为最高军事行政机关，直接秉承皇帝旨意，调发全国军队，"掌军国机务、兵防、边备、戎马之政令"，以及"侍卫诸班值，内外禁兵招募、阅试、迁补、屯戍、赏罚之事"②；设有枢密使、副使等。三衙即殿前司、侍卫马军司和侍卫步军司，分统全国禁兵和厢兵，各设都指挥使、副都指挥使、都虞候等，地位低于枢密院长官。枢密院与"三衙"分握发兵权和管兵权，互相牵制。率（帅）臣在平时统领同驻一地的各司军队，即同驻一地的军队平时要受"三衙"和率（帅）臣双重统辖。战时，军队受枢密院调发，由皇帝临时派遣统帅，给以都部署、招讨使等头衔，率兵出征，事已则罢。这样就使兵将分离，将不专兵。此外，还设有兵部，只掌管仪仗、武举和选募军兵等事。

北宋的军队主要有禁兵、厢兵和乡兵，在边境地区还有蕃兵等。禁兵是军队的主力，兵额多时在百万以上，主要任务是"守京师，备征戍"。禁兵实行"居中驭外"的"更戍制"，除驻京师外，还分别到边地或冲要地方戍守。厢兵名义上也是一种常备兵，实际上是一支专任劳役的队伍，它分属各州和某些中央机构，"内总于侍卫司"③。其组织编制大体如禁兵，给养比禁兵低，主要担负筑城、修路、运输等杂役，多不训练和校阅。乡兵亦称民兵，是不脱离生产、农隙集结训练的民众武装，以按户选、抽的壮丁或募集的土人组成。蕃兵则是由

①② 《宋史·职官志》。
③ 《宋史·兵志》。

北、西北边境少数民族组成的武装，任务主要是边境戍守。蕃兵熟习边情，勇悍善战。

北宋神宗时，王安石等人曾推行新法，在军事制度方面主要有保甲法、保马法和将兵法。将兵法，即改变原来的"更戍制"，在全国重要军事地区置将统兵，平时就地训练，战时接受调遣，"使兵知其将，将练其士"。新法初行，颇见成效，但推行不久，随着王安石变法的失败而被废止。

南宋时期的军事制度较之北宋有很大变化。高宗开元帅府节制诸军。枢密院的军事领导体制虽然基本保留，但朝廷控制军队的能力已削弱，枢密院的军权也随之缩小。禁兵已不居主要地位，厢兵所在多有，蕃兵已不存在，而乡兵建置更为繁杂，制度纷乱。军队的主力为屯驻大兵和三衙诸军。屯驻大兵即抗金各将领所率领、屯驻在前线的军队。其称谓几经变易。后来，朝廷为加强对各屯驻大兵的控制，将其改为御营军或行营护军。绍兴十一年（1140年），又剥夺韩世忠、张俊、岳飞等大将的兵权，把他们的部队改为御前诸军，"遇出师取旨，兵皆隶枢密院"[①]。宁宗时，这些制度又遭破坏，往往以文臣控制军队。

元朝的兵制可以上溯至蒙古汗国时期。1206年成吉思汗统一蒙古草原各部，把卫队扩充至万人，编成名为"怯薛"的禁卫军，平时轮番值宿，战时随大汗出征；并将各部落按千户、百户统编，成年男子均有出军之义务，上马备战斗，下马屯聚牧养，实行兵牧合一的制度，使军事组织与社会组织融为一体。元世祖忽必烈即位后，政治重心南移，军事制度也深受中原前代王朝的影响，加强中央集权，组建侍卫亲军，但仍保留了蒙古部族军队的许多成分。

元朝军队主要由四部分构成：蒙古军，由蒙古人包括部分色目人组成的部队；探马赤军，初指从蒙古诸部抽取精锐组成的前锋、重役或远戍部队，后来也有色目人、汉人等加入；汉军，即由原金朝地区的汉人和部分女真人、契丹人组成的部队，还包括早期改编的南宋降军；新附军，即灭南宋前后改编的原宋军。此外，侍卫亲军中还有不少按族属组编的色目人部队。军队按十进制编制，分为万户府、千户所、百户所、牌子共4级。非蒙古军的万户府、千户所又置"达鲁花赤"，是为监军官，专由蒙古或色目贵族担任。万户府上设都万户府、大都督府等，侍卫亲军在千户所上设指挥使司。蒙古军（包括色目人部队）主要是骑兵。汉军、新附军大多为步军，也配有部分骑兵。水军编有水军万户府、水军千户所等。炮军由炮手和制炮工匠组成，编有炮手万户府、炮手千户所，设有炮手总管等。一部分侍卫亲军中，还专置弩军千户所，管领禁卫军中的弓箭手。

元朝军队依承担任务的不同，区分为宿卫和镇戍两大系统。宿卫又分为皇帝直辖的"怯薛"军和由枢密院统领的侍卫亲军，平时主要护卫宫廷、守卫京畿，战时也出京征伐；镇戍诸军，屯戍于全国冲要地区。北方是蒙古军、探马赤军的重点戍防地区；淮河以南主要由汉军、新附军屯戍，并配置部分蒙古军和探马赤军。边境地区由分封或出镇其地的蒙古宗王所部和土著部族军配合镇守。各级军官一般实行世袭制，但朝廷能调动和另行任命。被划为出军当役的人户称军户，父子相继，世代相袭，不准脱籍。蒙古军、探马赤军的家属多随军迁徙，与屯驻地点相隔不远，隶属于当役军人所在的万户府、千户所之下。

明朝改革元朝军事制度，创立了独具特色的卫所制：皇帝独揽军事大权，全国要地设

---

① 《宋史·兵志》。

立卫所，军丁世代相继，给养仰赖屯田。此制对于维护明朝君主专制主义中央集权的统治发挥了巨大的作用。朱元璋统一全国后，在全国建立卫所，控扼要害。中央设大都督府，后改为五军都督府，为最高军事机关，掌管全国卫所军籍。征讨、镇戍、训练等则听命于兵部。遇有战事，兵部奉皇帝旨意调军，任命领兵官，发给印信，率领从卫所调发的军队出征。战争结束，领兵官缴印于朝，官军各回卫所。在地方，设都指挥使司（简称都司），置指挥使，为地方统兵长官。都司之下，在冲要地区的府（含直辖州）、县（州）置卫或设所。

明朝军队分为京军（亦称京营）和地方军两大部分。京军为全国卫军的精锐，平时宿卫京师，战时为征战的主力。洪武初年，京军有 48 卫。成祖迁都北京，京师接近前线，京军多达 72 卫，并正式成立了五军、三千、神机三大营。平时，五军营习营阵，三千营主巡哨，神机营掌火器，战时扈驾随征。以后，京军制度累有更易。地方军包括卫军、边兵和民兵。卫军配置于内地各军事重镇和东南海防要地。卫军主要是步军、骑军，东南沿海也置有水师。边兵是防御北方蒙古骑兵的戍守部队，配置于东起鸭绿江、西抵嘉峪关的 9 个军镇，史称"九边"。民兵是军籍之外、由官府佥点、用以维持地方治安的武装，在内地称民壮、义勇或弓兵、机兵、快手，在西北边地称土兵，在西南少数民族地区有苗兵、狼兵等土司兵。此外，还有不同行业和阶层组建的矿兵、盐兵、僧兵（少林兵、五台兵）等，遇有战争，常被召出征，战争结束仍回原址。

明代军民严格分籍。当军之家皆入军籍，称军户，属都督府，不受地方行政官吏管束，优免一丁差徭，身份和经济地位都与民户不同。军户固定承担兵役，父死子继，世代为兵，并随军屯戍，住在指定卫所。若军户全家死绝或逃亡，由官府派员到原籍勾补亲族或贴户顶替，称为"勾军"或"清军"。

明代的卫军卫所广泛实行屯田养军制度。洪武至永乐年间，全国军屯有八九十万顷。除大量军屯外，还实行商屯作为补助手段，即按"开中法"，由商人在边地募人垦荒缴粮，以补充军粮。明中期以后，由于大批屯田被豪右、将校侵占，商屯亦因"开中法"遭破坏而废弛，军卒生活无着而大批逃亡，卫所制逐渐崩溃。正统十四年（1449 年）"土木之变"，京军覆没。为保卫京师，朝廷派官四出募兵以应急，大规模推行募兵制，募兵逐渐成为军队主力。大凡战斗力较强的军队都由招募而来，如抗倭名将戚继光之"戚家军"、俞大猷之"俞家军"等。但是，实行募兵制，养兵耗费大，募兵愈众，国库日绌，于是频繁地向民众勒索，激化了阶级矛盾。至明末，募集之兵训练废弛，战斗力转弱，并相继逃亡。

清朝前期和中期，兵权主要控制在皇帝手中。雍正时设军机处，以亲信充任军机大臣，"掌军国大政，以赞机务"[①]，凡用兵大事皆由其承皇帝旨意办理。中央设兵部，名义上是全国最高军事机关，实则"不过稽核额籍考察弁员而已"[②]。光绪三十二年（1906 年），兵部改为陆军部，始有统率全国军队的权力，后又增设海军部，但军机处的权力仍重。到宣统三年（1911 年），改责任内阁，另设军咨府，军机处遂废。

清朝军队编制上主要分为八旗兵和绿营兵。八旗分为京营八旗和驻防八旗两种。京营

---

① 《清史稿·职官志》。

② （清）乾隆：《钦定历代职官表》卷十二。

八旗亦称禁旅八旗，分为郎卫和兵卫。郎卫是从正黄、正白、镶黄所谓上三旗的满、蒙族人中挑选组成的亲军营，负责侍卫皇帝和宫廷，归领侍卫内大臣统辖；兵卫负责拱卫京师，主力有骁骑、前锋、护军、步军等营。驻防八旗，由镶白、正红、正蓝、镶蓝、镶红所谓下五旗担任，分驻全国冲要城镇，以畿辅、东北、内蒙古为最多，作为震慑地方的武力，分由各地将军、都统、城守尉统率。八旗兵为世兵制，在16岁以上的八旗男性子弟中挑选。"余丁"和不满16岁的"幼丁"，可以挑补为养育兵，即预备兵。绿营兵是参照明朝军卫制度改编和新招的汉兵，以绿旗为标志，以营为建制单位，因而得名。绿营兵有马兵（骑兵）、步兵、守兵之分。马兵、步兵亦称战兵。沿江、海设有水师。绿营兵籍，皆注于册，由兵部管理。绿营仅有极少数驻京师，称巡捕营，隶属八旗步军营统领。其余分屯各省，依所辖地域之大小、远近、险要和人口的多少确定兵额，列汛分营，"以慎巡守，备征调"。绿营兵以"镇"为基本单位，作为全国各大镇戍区的基础，设总兵1员，为镇的主将。在总兵之上设有提督，用以节制一省或数省区域内的各镇总兵；又有巡抚，其兼提督者有权节制各镇。在巡抚、提督之上，又设总督，用以节制一省或数省区域内的巡抚、提督和总兵，为该区域的最高军事长官。兵权归于中央。遇有征伐，皇帝另简经略、参赞大臣统兵，调集各地绿营出战，事毕即解大臣兵柄。

第四节
军事机构与其他行政机构的关系

长期以来，我国的军事研究主要集中于军内研究机构。[①] 论及军事机构与其他行政机构的关系，似乎必须将中国历史上各时期政治形态之演进联系起来。最初，对外征伐是原始国家的最重要职能之一，将、尉、司寇、士师等称呼无一不是军事机构。大而言之，整个国家体系在某种程度上讲也就是一个大的军事机构。同样，中国历史上颇多乱世，兵将为国本，国家政治常常围绕着军事和战争而进行，比如在魏晋南北朝、五代十国，军事机构成为国家政治机构的主流，是今日某些国家所谓"先军政治"的滥觞。但这两种情况都比较特殊，故不作为本节主要探讨的内容。

简而言之，在整个传统政治架构中，军事机构与其他行政机构的关系无非两种：一是监督制约、分权制衡的张力关系，一是分工合作、互相配合的合力关系。而这两个方面，都是传统国家政治体制架构的要义。必须注意的是：传统的政治结构中，军事和其他行政结构的区分并非判然两分，许多时候它们互相交织、纠缠。即以西汉的地方系统而言，"西汉郡守兼管军事，不仅要负责选练士卒，组织维护地方治安，'典兵禁，备盗贼'，战时还

---

① 在笔者有限的阅读经验内，军外研究机构除了社会科学院历史研究机构偶尔同军事科学院军制部有过合作以外，似乎只有在20世纪在谷霁光先生主持下江西师范大学有一个军制研究小组，后来谷先生又在原江西大学（现南昌大学）开设了中国兵制史硕士学位点，但其研究似乎仍一直处于边缘状态。谷先生辞世以后，只有追随其40年的周銮书教授2002年将谷先生的一些早期文章结集出版。

时常要领兵讨伐叛军，征伐匈奴，但日常领兵的是郡尉，至于边郡太守则往往直接领兵"[①]。把军事机构同其他行政机关区分开来只能是为了研究的需要而已。

本节主要对常态国家机构中军事机构与其他机构的关系（包括中央和地方的）进行一般性的探讨。关于军事机构与民事行政机构之间的关系，是本章要重点讨论的问题之一。至于军事行政过程中发生的军事管理与百姓的关系，则放在"行政行为法制"编讨论。

军事机构同其他行政机构的关系，错综复杂、难以胜记。我们主要从以下几种事务的联系方面对军事机构与其他行政机构的关系作一个粗浅的描述，大体思路是先讲行政机构对军队的人员、物资、信息传递的支持，然后是军队在治安、消防等方面对社会的回馈，最后为两者在司法问题上的互动关系。

一、兵役的动员与复员

兵役动员的效率和效能，是军事斗争成功胜败的关键，也是统治集团生死存亡的大事。除了最高权力机关和军事行政机关外，其他行政机构的分工合作也是相对效率极高的。无论是实行国人兵制、府兵制、募兵制还是雇佣兵制，也不管是在什么历史时期，备战情势下的政府内，几乎所有中央机构都会围绕着军事战争需要高速高效运转。这也是与传统中国的中央集权体制相适应的。战时兵役征召的执行机构主要还是地方行政机构。作为"亲民之官"，它们掌握着户籍、劳动力分布等重要信息。有时，它们还要承担兵员的武器、马匹配备和输送任务，可能还要进行一定的新兵训练。一旦国事承平，转入建设时期，维持庞大常备军的后勤补给和管理等就成了国家的主要负担，遣返复员问题当然会提上议事日程。隋开皇十年（590 年）五月，文帝颁布著名的"令军人悉属州县诏"，诏曰："凡是军人，可悉属州县，垦田籍帐，一与民同。军府统领，宜依旧式。罢山东、河南及北方缘边之地新置军府。"[②] 实际上也就是开了制度化复员的先例。复员军人的户籍管理和田亩分配，没有任何特权，管理也完全回归州县。

当然，在中央政权尚能积极控制军队和地方时，方能如此。相当多的时间里，由于国家政治不安，军人的补充和复员都不可能按照制度正常进行，军人的社会政治力量凸显，对于社会政治的反向影响日益加大。

唐代中后期，军队及地方藩镇日益坐大，不断干预社会政治。军队对政治的干预姑且不论，以工商户籍制而言，军队对在籍市人的影占[③]，也直接促进了市籍制的崩解。自宪宗朝至宣宗朝，不断有诏令禁止禁军及藩镇对工商人户的影占。宣宗时京兆尹韦博曾奏报"京畿富户为诸军影占，苟免府县色役"[④] 之时弊。其时，"商贾胥吏，争赂藩镇，牒补列将而荐之，即升朝籍"[⑤]。这样，市籍上层可赂买列将之类官职，穿着紫衫招摇过市，从而突破了市籍服色不得逾制的界限，市籍下层又与自外涌来的浮寓客户混杂一起，受军司影占

① 陈群：《中国兵制简史》，32 页，北京，军事科学院出版社，1989。
② 《隋书·高祖纪下》。
③ 影占，就是市人以诈伪手段将户籍纳入军中，以图避税避役。
④ 《旧唐书·宣宗纪》。
⑤ 《资治通鉴》卷二四二。

的市人亦可不向郡县纳税，严格意义的市籍制势难维持。①

军事机构同其他行政机构之间并非单向的兵员征召和复员安排的关系。在户籍管理方面，军队以兵员补充为旗号，轻易地打破了传统分业管理的严格户籍制度和商人劳役制度。这也是非常值得社会经济史和法律制度史研究的内容。

二、军事后勤保障

军队的后勤供应始终是历代统治者所力求获得圆满解决的问题。无论是寓兵于农、士兵资粮自带，还是由国家统筹粮饷，军费开支始终占国家财政支出中相当大的比例。一旦发生战争，更要动员全国的人力、物力投入后勤保障供给。不仅"丁壮苦军旅，老弱疲转漕"②，加重了百姓的负担，而且从中央到地方的几乎所有行政机器都要围绕军事需要高速运转起来。

由于在此过程中，军事机构的职责难以准确厘清，同其他行政机构的关系错综复杂，下文拟仅从军事后勤保障的另一重要来源"屯田"入手，揭示其冰山一角。

历代实行屯田的兵士，实质上是列于军籍的农民。屯田，是统治者意图减轻民众负担，"以屯养军"政策在军队建设方面的反映。在非战争状态下，军事机构和其他行政机构间的关系也很值得研究。

从汉武帝开始屯田守边，史家称为"养兵休民之要道"。汉代的军事屯田，多在边疆。东汉末，天下大乱，生产凋敝，军用不足，各割据势力都普遍使用军队在辖区屯田。到了元、明两朝，使用军队屯田的规模更为宏大。元初，"用兵征讨，遇坚城大敌，则必屯田以守之。海内既一，于是内而各卫，外而各行省，皆立屯田，以资军饷"③。

明太祖朱元璋是推行军屯的典型君主。在起兵反元时即承袭元制，于1358年设立管领民兵万户府组织、管理屯田工作。朱元璋认为：实行军屯，"俾农时则耕，闲则练习，有事则用之。事平，有功者一体升擢，无功令还为民。如此则民无坐食之弊，国无不练之兵。以战则胜，以守则固。庶几寓兵于农之意也"④。建立明朝以后，朱元璋更进一步强化军屯，要求达到"吾京师养兵百万，要令不费百姓一粒米"的目标。事实上，也曾一度达到比较好的效果。仅从雷州等卫所屯田情况来看，宣德七年（1433年）广东按察佥事曾鼎还上书称"雷州……神电等卫所岁储止足一年……乞仍屯种以广边储，遇有警报不妨调发，庶仓廪有备，边卫无虞"。宣宗命行在户部、礼部议行之。⑤到正统九年（1445年）十二月广东左参政王来在奏折上就提到雷州等卫所仓粮已经"俱足十年之用"⑥，可见十年间军屯取得了非常大的实效。当然，随后数年两广"草寇生发、贼盗四起，（官府）调军剿捕，用粮浩大，仓廪空虚"，只好不得不重又上奏乞征米以供军需了。

在中国历史上的财政体系中，最重要的财政来源是农业税收，而农业税收的最大特点

---

① 参见姜伯勤：《从判文看唐代市籍制的终结》，载《历史研究》，1990（3）。

② 《史记·项羽本纪》。

③ 《元史·兵志三》。

④ 《明太祖实录》卷六。

⑤ 参见《明宣宗实录》卷九十四。

⑥ 《明英宗实录》卷一二三、一九三。

就是增长弹性不足。在承平时期，没有大的天灾人祸的情况下，这种财政汲取结构尚可对包括军费在内的国家开支应付裕如。但是，一旦国家有事，其从数量到运输等诸方面都会发生极大的困难。从上述明朝军屯的情形看，励精图治的开国君主为了与民休息、增长财政供给，希望通过军队自身的生产活动解决财政增长问题，但是其依赖农业税的财政结构却一仍其旧。战事发生，军屯生产必然中断，军队的需求反而剧增，财政供应立见紧张。太平天国战争中，清政府同样遇到这个问题，却采取了加征商业税收（牙厘等）这种增长弹性更强的财政模式，军队的财政供给问题似乎解决得更好，至少对构成人口大多数的农民的盘剥会稍有缓解。对军事后勤供应模式的研究，也涉及国家经济结构和社会经济制度的变迁，法制史研究者对此也不能不察。

三、信息传递

中国的邮驿何时出现，尚未有确证，但最早用途即在于政治、军事方面，应无疑义。见于史籍记载的邮驿制度和邮驿的正式名称始于周代。西周时邮驿系统已初具规模：诸侯国之间为了政治、军事活动的需要，在交通要道上设置驿站，负责传递政府文书、运转货物、接待过往官员等。秦汉时期，已形成了一套严密、完善的邮驿管理系统。丞相府（东汉为尚书台）总领全国邮驿事务，典属国（汉成帝以后为大鸿胪）则负有实际管理的责任。地方邮驿事务寓于行政系统之中，各地的邮驿组织均接受所在郡县政府的管理，在边塞地区则实行郡府（太守、都尉）、候官、部、燧的分级管理体制。

驿递的政治、军事意义远大于其他，历朝经常由兵部直接负责相关事宜。洪武二十年（1387 年）冬十月乙丑，"命兵部遣使籍杭、湖、严、衢、金华、绍兴、宁波及直隶、徽州等府市民富实者出赀市马充凤阳、宿州抵河南郑州驿马"。洪武二十一年（1388 年）"命兵部遣使整治北平、山东、山西、河南、陕西、凤阳、滁州等处驿传，驿夫有自洪武初至今应役，贫乏者悉代之"[①]。当役马夫的负担十分沉重，驿站还要忍受过往官吏经常的催逼勒索，往往走投无路。如万历十一年（1582 年）赏捧副使康梦相经固镇驿，其家人威逼驿丞孟守仁自缢。兵科给事中田大益据实参奏，被有关官员按下不报。

随着社会的不断进步，邮驿逐渐承受更多的社会职能。但在传统中国，一旦这些职能的行使与军事、政治目的相冲突，还是必须让位于后者。

从邮驿的历史流变中，我们可以发现公共服务职能在传统国家的艰辛发展。我们无法否认传统国家疏于提供公共产品的基本观察结论，真正意义上的公共服务的产生是近代的事情了。很多西方人来到清末的中国，都深为满大街的人畜粪溺和窳劣低效的市政系统感到不可思议。传统国家缺乏公共服务意识，缺乏公共产品的情形似乎并不需要进行太多的证明。

四、社会治安与消防

在传统中国，军队除了进行军事斗争之外，还由于其武装性和动员的迅捷性，承担了其他一些诸如社会治安甚至消防等职责。有人在研究了清朝军队的情况后，得出结论认为

---

① 《明太祖实录》卷一八六。

80万"清军不是一支纯粹的国防军，而是同时兼有警察、内卫部队、国防军三种职能"①。试举例说明之：

1. 社会治安。"金吾不禁，玉漏无催。"汉代元宵节夜晚，敕许金吾卫弛禁，前后各一日，称为"金吾不禁"。后泛指没有夜禁，通宵出入无阻。可见城市的治安和宵禁工作是由执金吾负责的。

2. 缉捕贼盗、城防。秦汉两代，京师治安都由中尉所率的屯兵负责。"西汉郡守兼管军事，不仅要负责选练士卒，组织维护地方治安，'典兵禁，备盗贼'，战时还时常要领兵讨伐叛军，征伐匈奴，但日常领兵的是郡尉，至于边郡太守则往往直接领兵。"②

3. 消防。宋孟元老《东京梦华录》卷三"防火"条记载："每坊巷三百步许，有军巡铺屋一所，铺兵五人，夜间巡警收领公事。又于高处砖砌望火楼，楼上有人卓望。下有官屋数间，屯驻军兵百余人，及有救火家事，谓如大小桶、洒子、麻搭、斧锯、梯子、火叉、大索、铁猫儿之类。每遇有遗火去处，则有马军奔报。军厢主马步军、殿前三衙、开封府各领军级扑灭，不劳百姓。"宋吴自牧《梦粱录》卷十"防虞巡警"又记载，"临安城郭广阔，户口繁伙，民居屋宇高森、接栋连檐、寸尺无空、巷陌壅塞、阶道狭小、不堪其行，多为风烛之患。官府［阙］坊巷近二百余步置一军巡铺，以兵卒三五人为一铺，遇夜巡警地方盗贼烟火，或有闹吵不律公事投铺，即与经厢发觉解州陈讼……于诸坊界置立防隅官屋，屯驻军兵，及于森立望楼，朝夕轮差兵卒卓望，如有烟煙处以旗帜指其方向为号。并力扑灭支给犒赏，若不竭力定依军法治罪"。

当然，由于宋朝"居重驭轻"军事政策的特殊性，朝廷在首都积聚了占绝对优势的兵力。这两条材料似有一定的特殊性，但是考虑到军队作为最能有效动员的力量，由其负责消防也不足为奇。

五、司法活动

秦汉以来，中国一直有发罪人为兵的传统。为解决封建五刑制中降死一等的刑罚设置问题，同时解决兵源短缺问题，明代完善了充军制度。有明一代，就非军籍人的充军而言，其补伍的实用目的也一直存在。《大明律·名例》"杀害军人"条规定，杀死军人者依律处死，仍勾取正犯、余丁抵充军数。正犯处死，余丁充军，可见补伍的实用目的很强。明代充军与军政显然也是相辅相成的。③ 犯人被判处充军刑后，押解到军中著伍，从事戍守和屯田、养马及驿递等劳役。那些以罪谪充军中的人被称为"恩军"。例如，张居正死后，其子嗣修即被谪充雷州之戍，巡按广东御史蔡梦讫悯其情罪未确，流离困苦，请求释放他。皇帝不允。④

值得注意的还有元、明、清三代的"军民约会词讼"制度。约会制度是古代司法制度中针对不同身份、户籍相犯案件的特殊的审理制度，当分属于不同户籍的诉讼双方当事人共同涉讼时，司法审理时应当把相关当事人的上司约会审理，共商解决方案。《元史·刑法

---

① 茅海建：《天朝的崩溃：鸦片战争再研究》，53页，北京，三联书店，1995。
② 陈群：《中国兵制简史》，32页，北京，军事科学院出版社，1989。
③ 参见吴艳红：《明代充军研究》，12~13页，北京，中国社会科学文献出版社，2003。
④ 参见《明神宗实录》卷一九三。

志一》载："诸有司事关蒙古军者，与管军官约会问"。违反宵禁的犯夜者，也需由巡逻军官会同管民官进行处断。总的来说，军民约会词讼的情况多见于各种民事纠纷和轻微刑事案件。但是军户若犯"强窃盗贼、伪造宝钞、略卖人口、发冢放火、犯奸及诸死罪"，案件管辖由有关职能部门（"有司"）统一行使，以维护国家在基本社会秩序问题上的统一立场。

约会词讼的方法在元代初期应用十分广泛，这主要是与其良贱分治和民族分治的社会等级分层管理、司法权能配置混乱的现实相关联。由于约会词讼的情况在现实生活中经常发生，又涉及诸多衙门，"动是半年，虚调文移，不得一会。或指日对问，则各私所管，互相隐庇，至一年二年，事无杜绝"，效率低下不说，案件处理的公正性也不能保证。更重要的是，司法体系的统一性问题在有元一代，始终未能得到解决。在元代中后期，约会制度的作用也大为衰减。① 明清两代也部分承继了这种司法制度。《大明律》和《大清律》的"刑律·诉讼·军民约会词讼"条②中均规定，凡军人涉及"奸盗、诈伪、户婚、田土、斗殴，与民相干事务"的案件，"必须一体约问"，但在相应的条例中，其适用范围已受到严格的限制。明代《军民约会词讼条例》规定："在外军民词讼，除叛逆、机密重事"军队官员可受理外，"其余不许滥受"，不准随意扩大适用约会词讼的范围。明正德十六年（1521年）七月十四日世宗皇帝颁旨，"今后缉事官校，只著遵照原来敕书，于京城内外，察该不轨、妖言、人命、强盗重事，其余军民词讼及在外事情，俱不干预"③。清代也完全继承了这些规定，只不过增加了两种例外：在旗人与民人以及四川泸州土流接壤地区的词讼情况下，比照军民约会词讼的规定办理。这体现出清代在旗人和西南部分少数民族地区司法管辖问题上的特殊政策。

---

① 参见杨德华、胡兴东：《元代"约会"制度初探》，载《云南师范大学学报》，1999（5）。

② 参见怀效锋点校：《大明律》，180、428 页，北京，法律出版社，1999；田涛、郑秦点校：《大清律例》，491～492 页，北京，法律出版社，1999。

③ 万历十三年《问刑条例》，载怀效锋点校：《大明律·刑律五·诉讼》，428 页，北京，法律出版社，1999。

第九章

乡里组织的行政职能及其与官府的关系

　　本章主要讨论国家"以民治民"的乡里组织作为行政机构体系的一部分的行政职能问题。在古代中国，一般说来，乡里基层组织应该被视为半官方半自治的政治组织。这种政治组织，即使是在最专制或最集权的时代，除作为国家官府的延伸执行国家行政的部分职能以外，也有基层社会自治的部分属性。本章主要探讨乡里组织的基本构成以及其与国家的关系模式，国家管理权力与乡间自治权力的界限等等。具体地说，我们要探讨"以民治民"的乡里组织及其半行政属性，探讨中国历代乡里组织的变迁历程，探讨乡里组织的行政执行责任，探讨乡里组织与官府的关系模式等等。当然，我们只能仅仅从最宏观的角度作一个鸟瞰而已。

　　古代中国的国家政权或国家机构体系，一般以县为最低一级，所谓"皇权止于县"或"皇权不下县"。所谓"止于县"者，是指中央政府直接委派的行政组织，其终端为县级亲民官长。县级官长虽号称"亲民之官"，但实际上不可能亲自管理境内的人民。他必须将皇帝赋予的差事指派给更基层的行政组织，以完成国家无数具体、细琐的行政任务。所以，实际上，皇权并未止于县，而是延伸到了国家治下的每一民户。

　　中国的乡里基层组织的属性，以宋朝为界，前后两个时代有重大的不同。在宋朝以前，乡里基层行政人员，虽不属于国家官吏，但在乡村中享有较高的社会地位，由郡县按一定的程序委任，属于国家认可的低级公务人员。宋朝以后，基层行政组织越来越职役化，充当基层行政组织的负责人成为义务而非权利。从秦汉到隋唐的乡里组织，其行政职能与道德教化职能有一定程度的分离，如乡里官长之外，还有三老、父老之设，各司其职。明清时期，则将两者重叠起来，里甲等组织既负责催征赋税，也负责道德教化与纠纷的解决。明后期及清朝，本来专承教化之任的乡约组织官办化之后，乡约也兼有了催征赋税的职能。早期乡里组织的征税职能与治安职能是重合的，到宋代另设保甲组织独任治安之责。宋代及其后的保甲组织甚至常常反过来兼任乡里组织的征税职能。秦汉至隋唐的乡里组织制度基本上是全国统一的。自南宋以后，各地方基层行政组织开始出现多元化。明、清的里甲组织崩坏以后，各地的基层行政组织更是自行其是。

　　整个中国古代的乡村行政组织存在的主旨在于税收与治安，它一般不具备主动进行地方建设的自治功能。其道德教化职能也仅仅是治安的辅助。发挥此两项功能，维护此两方面的基本秩序，就可以实现古代中国国家的基本职能。因此，我们可以说，古代中国乡村基层行政组织是为中央集权服务的政治组织。

第一节
西周"国"、"野"二元结构下的基层行政组织

一、西周的"国"、"野"二元结构

最明确记载西周"国"、"野"二元体制的虽然是被疑为伪作的《周礼》，但由于有春秋战国时期的史料相佐证，国内绝大多数学者都相信西周时期确实存在着这一社会结构体制，只有极少数学者持否定观点。[①]

1. 国

西周时期的"国"即是"城"。这一观点已基本为学界所认同。钱穆先生认为，"封建初期的国家，其先只限于一个城圈"，"一国只限于一城是也"[②]。赵世超教授说，"点就是国，面就是野"，"所谓国，实事上就是指少数先进的中心。具体而言，在西周，就是指周原旧都、丰镐、洛邑和各诸侯国君的居住地"[③]。因此学者们大抵也将国理解为城。关于国的范围，比较一致的说法是，"凡指国（除了中心城以外——引者）也应包括郊区在内"[④]。对国之郊区，谢维扬教授称为"依附于国的农村化地带"，"郊亦称为乡"[⑤]。

2. 野

所谓"野"，即"指国以外的广大地区"[⑥]。这种非此即彼的划分法自然没有错，但却失之于简单。现在已有学者开始关注卿大夫所居之"邑"的国野属性。李零先生认为，中国古代国野制度的"早期形态一般是由单一的城邑外加环绕城邑的乡村而组成，国指城邑及其郊区，野指郊区以外的乡村以及在乡村边缘地带封赐的采邑"[⑦]。谢维扬教授亦认为，"郊以外的所有国土称为野。野基本上是属于农村化地区，但野中分布的卿大夫居住的采邑，

---

① 参见赵伯雄：《周代国家形态研究》，171～185 页，长沙，湖南教育出版社，1990；张荣明：《〈周礼〉国野、乡遂组织模式探原》，载《史学月刊》，1998（3）。

② 钱穆：《国史大纲》，45 页，北京，商务印书馆，1996。

③ 赵世超：《周代国野制度研究》，5、12 页，西安，陕西人民出版社，1991。

④ 同上书，12、13 页。

⑤ 谢维扬：《周代家庭形态》，256～257 页，哈尔滨，黑龙江人民出版社，2005。

⑥ 田昌五、臧知非：《周秦社会结构研究》，43 页，西安，西北大学出版社，1996。

⑦ 李零：《中国古代居民组织的两大类型及其不同来源——春秋战国时期齐国居民组织试析》，载《文史》，第 28 辑，1987。

称都，是野中的城市化或准城市化部分"①。

"国人"与"野人"在法律上的权利是不平等的。"国都附近'乡'中居民是当时国家的自由公民，实际上就是统治阶级的一个阶层。因而他们有参与政治、教育、选拔的权利，有服兵役的义务。郊外鄙野之中'遂'的居民，是当时被统治的阶级。因而他们没有任何政治权利，也没有资格成为正式战士。"② 但西周时期的"野人"享有基本的人身自由与部分财产权。

二、"国"中多元交叉的基层行政组织：贵族宗族、里

（一）贵族宗族："国"中血缘行政组织

西周时期，氏族制度早已为宗族制度所取代。由于西周尚未建立有效的中央集权政体与完备的地域行政组织，因而无论西周的中央政府还是地方政府，仍然是由贵族以宗族组织来进行统治的。在宗族制度之下，在作为城邑的"国"，贵族依然聚族而居。西周铜器铭文与相关传世文献中，都有"族"一词，表明宗族仍然是西周社会的基本社会组织。

姬姓宗族组织之最大者为王族。依周礼之王可立七庙的制度，王族的范围应当包括上溯六代以内的所有宗族成员（第一庙祭始祖，其他六庙则自本王上溯六世祖），诸侯则是溯祭五代，大夫溯祭三代，士为一代（即只能祭祀自己的父亲）。姬姓宗族最基层的宗族组织是以士为中心的家族，其他庶出的姬姓只能依附于士，没有自己独立的宗族单位，即所谓"庶人祭于寝"③。

并非凡居国中之族都为征服者的部族。为笼络、监视臣服的部族，或者保留具有手工技艺传统的异姓部族为自己服务，西周王朝亦有让其族居于国中者，甚至还允许其保留宗庙。这一传统甚至在商朝即已经确立。如对为殷商所灭的夏部族，《史记·夏本纪》载："至周封于杞也。"《左传·定公四年》载，周人克商之后，分赐殷遗民，"使帅其宗氏，辑其分族，将其类丑"。《史记·殷本纪》载："汤既胜夏，欲迁其社，不可，作夏社。"据《史记·周本纪》，周武王"封（纣）子武庚禄父，以续殷祀，令修行盘庚之政"。后由于武庚叛乱，周公始将顽抗不服的殷商遗民分别迁往成周和陈、许、蔡、郑等诸侯国。封康叔于卫国，赐殷民七族；封伯禽于鲁，赐殷民六族。④ 从此，殷商遗民才被分割四散居住。即使被如此分割，各地的殷人仍然是聚族而居。成王封武庚禄父的伯父微子于宋，并立有"亳社"以奉祀殷商；鲁国的殷民也被允许设立奉祀殷祖的"亳社"。

各级宗族首领称宗主或宗子，又称为族长，掌管本宗族事务。"'族长'一词虽见于先秦古书（《仪礼·士丧礼》——原注），但不常用，它在宗法制度中的正式名称是'宗子'。"⑤ 各级宗子对本宗族享有主持祭祀和占卜、掌握宗族财政、决定宗族大小事务、教育和处分宗族成员以及统率宗族武装等各项统治权，同时也承担保护宗族成员的义务。"士"

---

① 谢维扬：《周代家庭形态》，257页，哈尔滨，黑龙江人民出版社，2005。
② 杨宽：《西周史》，421页，上海，上海人民出版社，1999。
③ 《礼记·王制》。
④ 参见《左传·定公四年》。
⑤ 徐维扬：《中国家族制度史》，92页，北京，人民出版社，1992。

为基层宗族的宗子，其下没有小宗，但也有最基本的宗族成员可以统治。除没有统率宗族武装及对宗族成员处以死刑的权力外，士的权力与责任和其他各级宗子应无大的差别。

（二）"里"："国"中宗族之上的地域性基层行政组织

1. "里"制的来源

考古材料证明，直到殷代晚期，商人仍盛行族葬制。无论平民还是贵族，都按氏族组织生活。"所以说殷代商人已有'里'之类地域性组织似乎证据不足。"①

西周青铜器铭文中有"里"的记录。《史颂簋》铭、《令彝》铭与《大簋》铭中均有"里君百姓"或"里君百生（姓）"字样。此所谓"里君"、"里人"大抵皆指一里之长。历史文献中也有"里"的记载。《尚书·酒诰》云："越百姓里居，罔敢湎于酒。"据王国维考证，"里居"系"里君"之误。② 所谓"里君"，即里中之长。"百姓者按照族姓之分类组织，族各有长；里君者按照乡里之分类组织，里各有君，即所谓里君。由是观之，地域组织至少始于周初，得此亦足证明矣。"③《尚书》该篇讲的虽然是殷商事，但"羼杂了周人的语言与周人的官职名称"，因此"'里'与'里君'……可以认为它大致始于西周初期"。因而，"将殷人'百姓'加以'里'的地域组织划分应当是周人治理异族遗民的一种手段"④。

2. "里"为"国"中诸"族"上之基层行政组织

（1）"里"主要为"国"中的基层行政组织。现有关于西周"里"制的大部分研究成果表明，"里"主要是城邑中的基层单位。杨宽先生认为，"西周时代这种都城中贵族聚居的'里'，设有长官，叫作'里君'。这是西周王畿以内的官吏组织中最基层的官员"⑤。赵世超先生通过对《史颂簋》铭文的分析，认为"里的划分与里君的设置，同样也存在于诸侯国中"⑥。田昌五、臧知非先生更是明确表示："'里'的出现晚于'邑'，当系西周制度，从邑演变而来，仅实行于国。"他们根据对已出土的青铜器铭文的研究，断定"一里就是一个居民区，系由邑演变而来，其时邑、里并存，有的邑改为里，有的仍称邑"⑦。朱凤瀚先生推断，"西周的里，有的可能设置在一个较大的邑内，是邑内的一种地域区划单位……里还有可能是一个邑"⑧。但事实上，据西周少数青铜铭文判断，西周中后期，野中也出现了"里"的名称。详见下文。

---

① 朱凤瀚：《先秦时代的"里"——关于先秦基层地域组织之发展》，载唐嘉弘主编：《先秦史研究》，195页，昆明，云南民族出版社，1987。

② 参见吴其昌：《王观堂先生尚书讲授记》，载王国维：《古史新证》，231页，北京，清华大学出版社，1994。

③ 李玄伯：《中国古代社会新研》，205页，上海，开明书店，1948。

④ 朱凤瀚：《先秦时代的"里"——关于先秦基层地域组织之发展》，载唐嘉弘主编：《先秦史研究》，197页，昆明，云南民族出版社，1987。

⑤ 杨宽：《中国古代都城制度史》，228页，上海，上海人民出版社，2006。

⑥ 赵世超：《西周政治关系、地缘关系与血缘关系并存现象剖析》，载《河南大学学报（哲学社会科学版）》，1988（4）。

⑦ 田昌五、臧知非：《周秦社会结构研究》，55、54页，西安，西北大学出版社，1998。

⑧ 朱凤瀚：《先秦时代的"里"——关于先秦基层地域组织之发展》，载唐嘉弘主编：《先秦史研究》，197页，昆明，云南民族出版社，1987。

（2）"里"与"宗族"之间的关系。表示血缘组织的"百姓"与代表行政地域的"里"之间是一种怎样的关系？目前的研究成果尚不多见。"日本学者白川静以为成周庶殷是以血缘氏族为单位配于邑里之中的"①，即族设于里中。杜正胜先生断定，"国人合族聚居的共同体行政系统名曰'里'。里始自何时，史籍难征，或许当朴素氏族制的后期，统治者与被统治者逐渐分离时，里便形成。促成转变的一大因素是外力之占领与统治，因为原来氏族的势力仍在，不得不承认他们的地位，故设里以羁縻"②。朱凤瀚先生推测："西周时里的规模可能较大，当时地域组织系统层序可能并不多，结构比较简单，故不见里之上下还有何种地域组织。"③ 赵世超先生认为，"西周的里和族虽是并存的，但又不是相互割裂的。有时一里可合数族，族包括在里之中；有时一个大族就可聚为一里，里、族二为一体"；"里君称君而不称宰，一般说来，可能也是由里中大族族长兼任的"④。

贵族宗族的居住形态决定了里与族的关系。谢维扬教授认为，"正是由于贵族在国中的居住不是完全按血缘团体分布的，因此在国中设有里旅这类官职来管理各个居民区的日常事务（相当于现在的街道委员会或派出所）"⑤。

（3）"里"的管理形态。城邑内设"里"，里内实行封闭式的管理。如《诗经·郑风·将仲子》中即有"将仲子兮，无逾我里"的句子，说明里有相对独立的区域管理。

三、野中基层行政组织：邑、里

（一）野中作为贵族封地二级行政区之"邑"

在西周的金文与文献资料中，"邑"字有多种含义。第一是指王或诸侯国的都城。《诗·大雅·文王有声》云："既伐于崇，作邑于丰。"《尚书·召诰》云："周公朝至于洛，则达观于新邑营。"《臣卿鼎》铭文："公违省自东，才新邑。"新邑即指洛邑。这些"邑"都指京城或都城。第二是指王畿之内与诸侯国内的二级行政区。周王对畿内大夫和畿外诸侯分封土地曰赐土或赐采，所赐土、采之内，除诸侯国都称为邑外，其他二级行政区亦称为"邑"。

《宜侯夨簋》铭文曰："易（锡）土：厥川三百□，厥□百又□，厥宅邑卅又五，□□百又卅。易（锡）才（在）宜王人□（十）有七□，易（锡）奠七白（伯），厥□□又五十夫。易（锡）宜庶人六百又□六夫。"该铭文说的是，周王将吴国国君周章之弟虞仲由虞侯改封为宜侯，其所赐土地中包括 35 个邑。很多学者将这种"邑"称为公社。徐喜辰教授说："西周时期的公社，在文献典籍中称为'邑'。"⑥ 柯昌基教授也认为："邑还有　种意

① 朱凤瀚：《先秦时代的"里"——关于先秦基层地域组织之发展》，载唐嘉弘主编：《先秦史研究》，197页。是为朱先生根据［日］白川静《金文通释》六、二五（神户，白鹤美术馆，1962—1984）得出的结论。

② 杜正胜：《周代的武装殖民与邦国——周代城邦的社会基础之一》，载大陆杂志社编辑委员会编：《先秦史研究论集》，351页，台北，大陆杂志社，1975。

③ 冯尔康主编：《中国社会结构的演变》，315页，郑州，河南人民出版社，1994。

④ 赵世超：《周代国野制度研究》，78、79页，西安，陕西人民出版社，1991。

⑤ 谢维扬：《周代家庭形态》，213页，北京，中国社会科学出版社，1990。

⑥ 徐喜辰：《井田制度研究》，128页，长春，吉林人民出版社，1984。

义，就是指井田公社这样的农村生产、行政组织。"① 李朝远先生说："西周的公社主要称'里'或称'邑'。"②

（二）野中的"里"

随着西周社会的变迁，到中期以后，卿大夫或诸侯在野中的采邑也开始出现"里"的名称。

1975年陕西岐山董家村出土的厉王时代的《九年卫鼎》，其铭文中有"林晋里"③。据解读，铭文大意是，贵族裘卫给了贵族矩一辆车和一套车马饰，给了矩的妻子矩姜帛二两。作为报答，矩把自己的采邑中的"林晋里"赠送给裘卫。由于"林晋里"里有一片林地属于颜家，裘卫又送给颜家一批礼物，才得以接受该里。④

西周中晚期的《大段盖》铭文记载了周王收回了叫趞睽的里，并将其改封给一个叫"大"的贵族。其铭文曰："王乎（呼）吴师召大，赐趞睽里。王令膳夫豕曰趞睽曰：'余既赐大乃里。'睽宾豕璋帛束。睽令豕曰：'天子，余弗敢吝。'"⑤

上述两例中的"里"都在王畿内，为卿大夫封地，应不在如宗周、成周之类的国中，而应当属于鄙野。

（三）野中之"里"与"邑"的关系

徐喜辰、杨宽两位先生都认为野中存在着"里"的组织，并断定"里"、"邑"一体。⑥杨宽先生认为："国王赏给臣下的土地，主要有两大类：一类叫作'土'、'采'、'邑'、'里'。'土'和'采'的范围大，可以包括若干'邑'和'里'。这类土地赏赐时是连同居民在内的，国王有时可以收回来改赏他人。这在西周金文中有明证。另一类土地叫做'田'，一般都以'田'为单位，称为'一田'、'十田'、'五十田'……分赏时'田'上都不附带有居民……这类'田'的性质不同于'邑'和'里'，贵族间可以转让、交换和作为赔偿之用。"⑦ 徐喜辰先生说："'里'就是小邑即'十室之邑'。"⑧

---

① 柯昌基：《中国农村公社史》，29～30页，郑州，中州古籍出版社，1989。
② 李朝远：《西周土地关系论》，181页，上海，上海人民出版社，1997。
③ 中国社会科学院考古研究所：《殷周金文集成释文》，第2卷，400页，香港，香港中文大学出版社，2000。
④ 参见俞伟超：《中国古代公社组织的考察——论先秦两汉的单—僤—弹》，54～55页，北京，文物出版社，1988。
⑤ 中国社会科学院考古研究所：《殷周金文集成释文》，第3卷，424页，香港，香港中文大学出版社，2000。
⑥ 参见徐喜辰：《井田制研究》，131～133页，长春，吉林人民出版社，1984；杨宽：《试论中国古代的井田制和村社组织》，载《古史新探》，北京，中华书局，1965；柯昌基：《中国农村公社史》，19～47页，郑州，中州古籍出版社，1989。
⑦ 杨宽：《论西周时代的奴隶制生产关系》，载《古史新探》，76～77页，北京，中华书局，1965。
⑧ 徐喜辰：《井田制研究》，137页，长春，吉林人民出版社，1984。

第二节
春秋时期基层行政组织的变化

一、春秋时期各国宏观行政体制的变化

（一）"国"、"野"界限开始被打破

"西周末年，特别是春秋初年以后，由于社会生产力的发展，公社及其所有制即井田制逐渐有了变化，过去的'国''野'区别以及'国人'、'野人'之身份地位的差别也逐渐在泯除。"[1] 分别发生在晋、鲁、郑三国的"作州兵"、"作丘甲"、"作丘赋"，都是废除国、野界限的表现。

1. 晋国"作州兵"

《左传·襄公十四年》载，晋国"将执戎子驹支，范宣子亲数诸朝，曰：'来！姜戎氏！昔秦人迫逐乃祖吾离于瓜州，乃祖吾离被苫盖，蒙荆棘，以来归我先君。我先君惠公有不腆之田，与女剖分而食之'"。此瓜州，乃晋国分地安置诸戎之地，属鄙（野）人的居住区。因诸戎占据了华夏之地，由是周责之晋。

晋惠公六年（前645年），晋军于韩原之战大败于秦军，晋惠公被俘，晋军伤亡殆尽，于是晋国"作州兵"。"'作州兵'是晋人由于战败而采取的一种增加兵源的措施……当兵作战原为国人所有的一种特殊任务。今因军事紧急，兵源不足，不得不改变旧制，也让一部分野人，即州人，负同等任务。"[2] 西周以来的都、鄙制自此被打破。

2. 鲁国"作丘甲"

《左传·成公元年》载："为齐难故，作丘甲。"《周礼·地官·小司徒》曰："凡国之大事，致民；大故，致余子。乃经土地而井牧其田野。九夫为井，四井为邑，四邑为丘，四丘为甸，四甸为县，四县为都。"即"丘"是野中介于"邑"与"甸"之间的行政组织。晋人杜预据此将鲁国"作丘甲"解释为原由"甸"出之军赋，改为"丘"出，即加重了军赋负担。杜预曰："《周礼》：'九夫为井，四井为邑，四邑为丘。'丘十六井，出戎马一匹，牛三头。四丘为甸，甸六十四井，出长毂一乘，戎马四匹，牛十二头，甲士三人，步卒七十二人。此甸所赋，今鲁使丘出之，讥重敛，故书。"[3] 张怀通先生对"丘"的起源作了细致的考证后，仍依《周礼》之说，认为"丘成为井、邑之上一级管理机构"[4]。

但更多的历史学者否定了这一说法，认为"《春秋》所说的'丘'指的乃是'野'。'作

---

① 徐喜辰：《论国野、乡里与郡县的出现》，载《社会科学战线》，1987（3）。

② 金景芳：《由周的彻法谈到"作州兵"、"作丘甲"等问题》，载《吉林大学社会科学学报》，1962（1）。

③ 《春秋左传正义》卷二十五《成公元年》。

④ 张怀通：《先秦时期的基层组织——丘》，载《天津师范大学学报》，2000（1）。

丘甲'是向野人征赋"①。"'丘'本来也是'野人'居住的地区，既不当兵，也不出'丘赋'。而今鲁、郑两国都要'丘'和'野人'出丘甲、出兵赋"②，"承担起原本由国人承担的义务，获得了保卫国家的权力，从而使'野人'与下层'国人'的地位开始接近。这样'野人'所居的原始村社组织逐渐被国家统一管理所取代"③。

至于"丘"到后来的发展，目前有主张丘为乡取代者④，也有主张"为同级的行政组织里所取代"者。⑤ 还有人认为野人所居之"丘"到后来演变为魏晋以后的"村"⑥。1996 年出土的长沙走马楼吴简表明，"丘"到三国时期又重新出现，并成为一种乡村基层行政组织。

3. 郑国"作丘赋"

西周时，"野"中之人无权武装从军，因而也无须缴纳军赋。春秋时期军备竞赛日趋激烈，部分国家开始征召"野"中之人入伍并缴纳军赋，国（都）、野（鄙）之间的界线渐渐消失了。《左传·昭公四年》载，九月，"郑子产作丘赋"。按上文对"丘"的解释，所谓"'作丘赋'即以丘为单位向'野人'征兵和征集军用品"⑦。

国、野界限被打破以后，统一基层行政组织的建立成为可能，宗族组织也开始为地域行政组织代替。但齐国等部分国家依然保留了国、野体制。

（二）县制开始形成

春秋时期实行县制较典型的国家有晋、楚、齐。但由于各国在县的组织形式上有所不同，因而各国县的性质也有所不同。如晋国之县具有封建采邑性质；楚国之县则具有明显的军事组织性质，是直属国君的直接行政区；齐国之县"大概有两种，一种经由上级行政区域而隶属于国君，一种则隶属于卿大夫"⑧。

国君对县的直接控制，必然导致县内基层行政组织的改革，只是这一改革在春秋时期尚未普遍进行。周振鹤先生认为，春秋时期的县，"其基层组织尚未重新改造（即尚未从氏族组织改造成为什、伍、乡、里），且县的幅员未经过有意识的划定，故还未成为郡县之

① 陈恩林：《先秦军事制度研究》，133 页，长春，吉林文史出版社，1991；金景芳：《由周的彻法谈到"作州兵"、"作丘甲"等问题》，载《吉林大学社会科学学报》，1962 (1)。

② 徐喜辰等主编：《中国通史》（修订本），第 3 卷·上古时代·上册，786 页，上海，上海人民出版社，2004。

③ 李学勤主编：《春秋史与春秋文明》，137 页，上海，上海科学技术文献出版社，2007。

④ 参见张怀通：《先秦时期的基层组织——丘》，载《天津师范大学学报》，2000 (1)；朱凤瀚：《先秦时期的"里"——关于先秦基层地域组织之发展》，载《先秦史研究》，昆明，云南民族出版社，1987。

⑤ 参见吴海燕：《'丘'非'乡'而为'里'辨》，载《史学月刊》，2003 (6)。

⑥ 刘再聪：《村的起源及"村"概念的泛化——立足于唐以前的考察》，载《史学月刊》，2006 (12)。

⑦ 沙宪如：《子产的"使田有封洫"和"作丘赋"》，载《辽宁师范大学学报》（社会科学版），1983 (2)。

⑧ 顾颉刚：《春秋时代的县》，载《禹贡》（半月刊），第 7 卷第 6、7 期合刊，1937；杨宽：《春秋时代楚国县制的性质问题》，载《中国史研究》，1981 (4)；顾久幸：《春秋楚、晋、齐三国县制的比较》，载河南省考古学会等编：《楚文化觅踪》，215 页，郑州，中州古籍出版社，1986；郑殿华：《论春秋时期的楚县与晋县》，载《清华大学学报》（哲学社会科学版），2002 (4)；周书灿：《春秋时期"县"的组织形式和管理形态》，载《江海学刊》，2003 (3)。

县"①。这一结论也许是春秋时期的一般情况，但不能适用于齐国。事实上，在齐国的鄙中，县以下的基层行政组织已完全按标准户口额编制，具有明显的地域性，打破了以血缘为纽带的宗族共同体。

二、齐国的基层行政组织

春秋时期各国都进行了政治组织与经济制度的改革，行政系统各不相同，其中以春秋前期管仲在齐国的改革最为有名，史书中关于各国行政组织的描述也以《国语·齐语》记载的齐国最为明确而详尽。《管子》一书因其真实性有限，故其叙述春秋时期的齐史资料在此仅作为辅助材料。

（一）国中行政组织

1. 国中轨、里、连、乡的多层行政组织

《国语·齐语》云，"管子于是制国：五家为轨，轨为之长；十轨为里，里有司；四里为连，连为之长；十连为乡，乡有良人焉。以为军令：五家为轨，故五人为伍，轨长帅之；十轨为里，故五十人为小戎，里有司帅之；四里为连，故二百人为卒，连长帅之；十连为乡，故二千人为旅，乡良人帅之；五乡一帅，故万人为一军，五乡之帅帅之"。

依上述描述，管仲时代的齐国，国中行政组织为轨、里、连、乡，其长官分别为轨长、里有司、连长、乡良人。乡负责人又称"乡长"，《国语·齐语》载："正月之朝，乡长复事。"由于齐国仍实行兵民合一制，故上述社会组织的长官同时兼任各级军事长官：轨长为伍长，里有司为小戎长，连长为卒长，乡良人为旅长，另增设五乡之帅为军长。此时国中尚无县级组织。

2. 以乡为单位划分工商区域、农业区域和贵族活动区域

《国语·齐语》载，"管子对曰：'昔圣王之处士也，使就闲燕；处工，就官府；处商，就市井；处农，就田野'"。"管子于是制国以为二十一乡：工商之乡六；士乡十五，公帅五乡焉，国子帅五乡焉，高子帅五乡焉。"工商之乡中，"工立三族，市立三乡"。《管子·小匡》也记载，管仲"制国以为二十一乡，商工之乡六，士农之乡十五"。上述引文表明，齐国在国之地域内，由政府划分为工商市区、农业区域与贵族居住区域，各区域内的最高行政层级为"乡"，工商人户似乎居住于工商乡内，各乡内均设轨、里、连三级组织。

3. 里内实行封闭式管理

《管子·八观篇》说，"大城不可以不完，郭周不可以外通，里域不可以横通，宫垣关闭不可以不修。故大城不完则乱贼之人谋，郭周外通则奸遁逾越者作，里域横通则攘夺窃盗者不止……明君者，闭其门，塞其途，弇其迹，使民毋由接于淫非之地"，"州里不鬲（隔），闾闬不设，出入毋时，早晏（晚）不禁，则攘夺窃盗攻击残贼之民，毋自胜矣"。《管子·立政篇》云："筑障塞匿，一道路，博出入，审闾闬，慎筦（管）键，筦藏于里尉。置闾有司，以时开闭。闾有司观出入者，以复于里尉。凡出入不时，衣服不中，圈（卷）属群徒不顺于常者，闾有司见之，复无时。"可见为治安起见，里域实行封闭式管理。

（二）鄙中邑、卒、乡、县、属多层行政组织

《国语·齐语》载，管仲"制鄙：三十家为邑，邑有司；十邑为卒，卒有卒帅；十卒为乡，乡有乡帅；三乡为县，县有县帅；十县为属，属有大夫。五属故立五大夫，各使治一属焉。故政之听属，牧政听县，下政听乡"。

鄙中行政组织为邑、卒、乡、县、属，其长官分别为邑司、卒帅、乡帅、县帅、属大夫。上述组织均以标准户口额数作为编制的标准，具有明确的地域性，打破了西周按血缘划分的宗族组织，且乡居于县下。

有的学者指出，《国语》描述的齐国基层行政组织与《周礼》乡遂制度颇为相似[①]，而《管子》对齐国基层行政组织的记述则与《国语》基本一致。《管子·小匡》云："制国以为二十一乡，商工之乡六，士农之乡十五……制五家为轨，轨有长。十轨为里，里有司。四里为连，连有长。十连为乡，乡有良人。三乡一帅。"在鄙中，"制五家为轨，轨有长。六轨为邑，邑有司。十邑为率（即《国语·齐语》中的'卒'——引者注），率有长。十率为乡，乡有良人。三乡为属，属有帅。五属一大夫，武政听属，文政听乡，各保而听，毋有淫佚者"。"士农工商四民者，国之石民也。不可使杂处。""正月之朝，乡长复事，公亲问焉。曰：'于子之乡，有居处为义好学，聪明质仁，慈孝于父母，长弟于乡里者，有则以告，有而不以告，谓之蔽贤，其罪五。'"与《国语·齐语》相比较，《管子》记述的基层行政组织层级中，所不同者，仅鄙中缺少"县"，国君直接管乡而已。此外，《国语》与《管子》中均没有见到鄙中划定工商业区域的记载，大约鄙为完全的农业区域。

三、其他国家的基层行政组织

（一）各国"国"中基层行政组织

1. 乡

春秋时期，乡已成为各国较普遍设立的行政组织。《左传·宣公十一年》载，楚庄王灭陈后，"乃复封陈，乡取一人焉以归，谓之夏州"。此即将陈国每乡取一人送到楚国，设立夏州。"十年春，齐师伐我。公将战，曹刿请见。其乡人曰：'肉食者谋之，又何间焉。'"[②]宋国"二师令四乡正敬享，祝宗用马于四墉，祀盘庚于西门之外。"[③]"乡人"、"乡正"约为其乡之首。《左传·襄公三十一年》云："郑人游于乡校，以论执政。"《国语·楚语下》载："于是乎合其州乡朋友婚姻，比尔兄弟亲戚。"《国语·越语下》载："王命工以良金范蠡之状而朝礼之，浃日而令大夫朝之，环会稽三百里者以为范蠡地，曰：'后世子孙，有敢侵蠡之地者，使无终没于越国，皇天后土、四乡地主正之。'"这些"乡"都是基层组织，有的还设有"乡校"。

2. 党

《论语·雍也》云："原思为之宰，与之粟九百，辞。子曰：毋，以与尔邻里乡党乎。"

① 参见杨宽：《西周史》，405页，上海，上海人民出版社，1999。
② 《左传·庄公十年》。
③ 《左传·襄公九年》。

《论语·子路》又云："叶公语孔子曰：'吾党有直躬者，其父攘羊而子证之。'孔子曰：'吾党之直者异于是，父为子隐，子为父隐，直在其中矣。'"《论语·子罕》云："达巷党人曰：'大哉孔子！博学而无所成名。'"这里都提到"党"这种单位。"党"是什么？《礼记·丧服》郑注云，党"谓族类无服者"，是血缘单位，并不是地域单位。《左传·襄公二十三年》云："尽杀栾氏之族党。"《左传·昭公二十七年》又云："尽灭郤氏之族党。"上述记载均与前述《周礼》中的"五族为党"甚合。显然，春秋时党仍为宗族组织。

3. 里

春秋时，里已成为较为普及的基层行政组织。乡以下为里，"老子者，楚苦县厉乡曲仁里人也"①。《左传》中多次出现"里"的组织和"司里"官职，如"梁伯益其国而不能实也，命曰新里，秦取之"②，"九年春，宋灾。乐喜为司城以为政。使伯氏司里"③，"华氏居卢门，以南里叛"④。《国语》中的《周语》、《鲁语》中多处出现"司里"官职。

（二）各国"野"中行政组织

1. 州

春秋时期，许多国家设有"州"这一行政层级，且大都与"蛮、夷、狄、戎"有关。除前述晋之瓜州外，《左传·宣公十一年》载，楚庄王灭陈后，"乃复封陈，乡取一人焉以归，谓之夏州"。即在陈国各乡选取一人组成楚国的一个州。《左传·哀公十一年》载，卫庄公"登城以望，见戎州，问之，以告。公曰：'我，姬姓也，何戎之有焉。'剪之"。此"戎州"、"夏州"均为北方少数民族在华夏诸国的侨居之地，属鄙（野）人的居住区。鲁、齐两国亦有州之设。

2. 丘

前文已经述及，不再赘述。

3. 书社

春秋至战国初期，"书社"一词在文献中大量出现，有时也简称为"社"，常常被作为贵族间赐赠、割让的对象。如《左传·昭公二十五年》载齐侯语："自莒疆以西，请致千社"；哀公十五年，"齐与卫地……书社五百"。《晏子春秋·内篇杂》载，"景公与鲁君地上阴数百社"；"景公谓晏子曰：昔吾先君桓公，以书社五百封管仲"；"景公禄晏子……十一社"。

社原意即土地，又指土地神，引申为一定数量奉祀本地共同土地神的民户。为什么又称为"书社"？《周礼·司民》载"自生齿以上，皆书于版"，以有书版故谓之书社。一个书社有多少户，史无明确记载。《左传·哀公十五年》杜预注："二十五家为一社，籍书而致之。"大抵属于最基层的行政单位。有一定户口的书社既然被作为贵族间赐赠、割让的对象，此户口应当属于"野人"。书社有定额户数，说明春秋时期，贵族们对野人是按人户而

① 《史记·老子韩非列传》。
② 《左传·僖公十八年》。
③ 《左传·襄公九年》。
④ 《左传·昭公二十一年》。

不是按"族"编制的。

第三节
战国时期的基层组织

战国时期，各国农村基层行政组织多有不同，大致有以下几种体制：

一、国、乡、里制

战国初，县制并未完全普及，部分国家实行直接由国君统乡的体制。《墨子·尚同上》云："里长发政于里之百姓，言曰：闻善而不善，必以告其乡长。乡长之所是，必皆是之；乡长之所非，必皆非之……乡长发政于乡之百姓，言曰：闻善而不善者，必以告国君。"是为国君直接统乡，乡统里。

二、县、乡、州、里制

春秋时期，齐国就已在鄙中实行了县制。战国时期，国鄙制被打破后，县制遂成为齐国较为普及的地方建制。《史记·滑稽列传》载齐威王，"朝诸县令长七十二人，赏一人，诛一人，奋兵而出。诸侯振惊，皆还齐侵地"。《银雀山汉简》"守法守令十三篇"之《库法》云："（大县）百里，（中）县七十里，小县五十里。大县二万家，中县万五千家，小县万（家）。"其《田法》云齐国，"五十家而为里，十里而为州，十乡（州）而为州（乡）"①。说明齐国县以下的行政系统为乡、州、里，其统辖户数分别为五十、五百、五千。

三、县（邑）、乡、里制

这一时期，对各国基层行政组织，史载多以"乡里"连称。各国大抵县以下置乡、里居多。商鞅"并诸小乡聚，集为大县，县一令，四十一县"②。《史记·樗里子甘茂列传》载："樗里子疾室在于昭王庙西渭南阴乡樗里，故俗谓之樗里子。"可知战国时秦国乡之下为里。《吕氏春秋·怀宠》云："有能以家听者，禄之以家；以里听者，禄之以里；以乡听者，禄之以乡；以邑听者，禄之以邑；以国听者，禄之以国。"是为国统邑，邑统乡，乡统里。

四、县、乡、扁、里制

成书于战国时期的《鹖冠子·王鈇》云，楚国"五家为伍，伍为之长；十伍为里，里置有司；四里为扁，扁为之长；十扁为乡，乡置师；五乡为县，县有啬夫治焉；十县为郡，有大夫守焉，命曰官属"。其伍、里、扁、乡、县、郡之首长分别为伍长、里有司、扁长、

---

① 《银雀山汉墓竹简》，"释文、注释"，146页，北京，文物出版社，1985。
② 《史记·秦本纪》。

乡师、县啬夫、郡大夫，其统率户数分别为五、五十、二百、二千、一万、十万。

第四节
秦汉基层行政组织

一、乡（邑）

（一）乡官的种类及任用程序

《汉书·百官公卿表》载汉时"大率十里一亭，亭有长；十亭一乡，乡有三老、有秩、啬夫、游徼。三老掌教化；啬夫职听讼，收赋税；游徼徼循禁贼盗。县大率方百里，其民稠则减，稀则旷，乡、亭亦如之。皆秦制也"。《后汉书·百官志》载，"乡置有秩、三老、游徼"。本注曰："有秩，郡所置，秩百石，掌一乡之人；其乡小者，县置啬夫一人，皆主知民善恶，为役先后；知民贫富，为赋多少，平其品差。"这是较系统地记载秦汉乡制的最基本文献。

1. 乡行政长官

秦汉时期的乡级组织长官的名称有：乡有秩、乡啬夫、乡主、乡守等。上引《汉书·百官公卿表》、《后汉书·百官志》及秦汉简牍中均有"乡有秩"、"乡啬夫"的官称。睡虎地秦墓竹简中无"乡啬夫"之称，但有"乡主"之名。根据近年出土的湘西里耶秦简，秦朝"乡里有乡啬夫、乡守、乡主"等名称。[①] 至汉时，乡长官则趋于统一，称为"乡有秩"、"乡啬夫"。

至于"乡有秩"、"乡啬夫"的任命，大致是：大乡长官"乡有秩"为郡任命，其级别为百石以上；小乡长官"乡啬夫"为县任命，属百石以下斗食级。但这种由郡县长吏自行辟除乡官的制度，"实西汉中叶以后形成之制度。《张家山汉墓竹简·二年律令·秩律》显示汉朝初年之制度：县廷各分职部门之主管官吏，乃至乡、亭之主吏，皆由朝廷任命"[②]。

2. 乡道德教化领袖——"三老"

关于"三老"的身份性质，自南梁刘昭注《后汉书·百官志》时就出现了分歧。根据前引《后汉书·百官志》刘昭"本注"，"三老"似乎是乡中掌教化的官员。《通典》、《廿二史札记》等著作，以及现代史学家范文澜、郭沫若都认为"三老"是秦汉时的乡官。但其他更多的史料则证明"三老"只是乡中推选的道德楷模或县乡政府的顾问。

根据前引《后汉书·百官志》，游徼与乡佐似乎属于乡官系统，分别负责一乡治安与赋税征收，但经严耕望、卜宪群诸先生的考证，乡游徼直属于县，"即县职之外部职耳"，并

---

① 参见湖南省文物考古研究所、湘西土地族苗族自治州文物处：《湘西里耶秦代简牍选释》，载《中国历史文物》，2003（1）。

② 廖伯源：《汉初县吏之秩阶及其任命——张家山汉简研究之一》，载《社会科学战线》，2003（3）。

非乡属官。① 苏州大学臧知非教授根据对尹湾汉墓简牍的研究，也否定了乡佐为乡属官的说法，认为"乡有秩、乡啬夫是县令属吏，乡佐也是县令属吏。乡佐不因其名为乡佐就对乡有秩、乡啬夫负责，而是直接对县令、丞负责。乡部有事，受命以出，平时则听治县廷……其行政隶属关系和游徼之于县的关系相同，只是职能有别而已，游徼分管盗贼，乡佐分管财税，其员数多少视实际需要而定"②。

（二）乡部的行政与司法职能

据《汉书·百官公卿表》及《后汉书·百官志》，"乡有秩"、"乡啬夫"的职掌是"主知民善恶，为役先后；知民贫富，为赋多少，平其品差"，以"收赋税"。但从已出土的秦汉简牍来看，"乡有秩"、"乡啬夫"的工作职掌要比"收赋税"复杂得多③，概括起来，大致有：第一，登记民户的户口、土地、田租诸项。第二，主持对乡民的授田。第三，负责田间道路系统的维护与公共工程的管理。第四，及时向县通报农业气象、农业生产及农业灾害情况，保护山林川泽资源。《睡虎地秦墓竹简·田律》要求乡官员及时以书面报告田地受雨、抽穗面积、雨量大小及农业受灾情况。第五，治安之责。第六，从事追捕、查封、调查、看守等司法辅助活动，以及对简单刑事案件进行侦查讯问等。

二、"亭"的法律地位

秦汉乡里组织中，关于"亭"的看法分歧最大，自顾炎武以来就有不同说法。这一分歧源于史书记载过于简略，且多有矛盾。《汉书·百官公卿表》载："大率十里一亭，亭有长；十亭一乡，乡有三老、有秩、啬夫、游徼。三老掌教化；啬夫职听讼，收赋税；游徼徼循禁贼盗。县大率方百里，其民稠则减，稀则旷，乡、亭亦如之。皆秦制也。"似乎秦汉时的乡村基层组织为乡、亭、里三级，依十进位。《后汉书·百官志》则记为："乡置有秩、三老、游徼……亭有亭长，以禁盗贼。"本注曰："亭长，主求捕盗贼，承望都尉。里有里魁，民有什伍，善恶以告。"此处亦按乡、亭、里的顺序排列，但没有明确亭与乡的统辖关系，而是在本注中明确了亭与郡都尉的隶属关系，似可推断亭属于郡尉、县尉系统，而非属于乡的系统。

王毓铨、高敏、朱绍侯、张传玺、张金光等当代历史学家结合史书记载与《睡虎地秦墓竹简》，认为乡、里是汉政权基层行政管理机关，属郡守、县令（长）行政系统；亭、邮则是治安、邮传性质的机构，负责社会治安，公文传递、官员住宿等任务，归县尉、郡都

---

① 参见严耕望：《中国地方行政制度史·秦汉地方行政制度》，227～228页，上海，上海古籍出版社，2007；卜宪群：《西汉东海郡吏员设置考述》，载《中国史研究》，1998（1）。

② 臧知非：《简牍所见汉代乡部的建制与职能》，载《史学月刊》，2006（5）。

③ 关于乡官职掌各项，参考了臧知非：《简牍所见汉代乡部的建制与职能》，载《史学月刊》，2006（5）；卜宪群：《从简帛看秦汉乡里组织的经济职能问题》，载《史学月刊》，2008（3）；马新：《两汉乡村社会史》，190～195页，济南，齐鲁书社，1997。

尉军事系统领导。① 而中国大陆学者蔡美彪、周振鹤，中国台湾地区学者严耕望、张哲郎，以及日本学者宫崎市定等，则认为亭是介于乡、里间的行政层级。② 严耕望先生认为秦汉时期的"亭"有三种意义：第一是作为建筑物的"亭舍之亭"。《后汉书·百官志》引卫宏的《汉旧仪》、应劭的《汉官仪》"设十里一亭，亭长、亭侯；五里一邮，邮间相去二里半，司奸盗"之语，当指此亭舍之亭，"官吏可止宿其中"。第二是作为"筑城垣以坚守御"之"城聚之亭"。第三"则兼亭之部域幅员而言，谓之亭部"，"是即诸乡分辖单位之亭矣"。严先生厘清了多少年来"亭舍之亭"与"亭部之亭"的混乱关系，使我们对"亭"真相的认识大大跨进了一步。周振鹤教授也通过文献证明，"'十亭一乡'实即十个亭部组成一乡的意思，完全是地域概念而没有任何户籍的意义"③。但"亭部"有管辖之地域范围并不意味着其必然为独立行政层级，正如当今的公安派出所也有固定的地域辖区，不能说派出所即为独立一级政府。

1993 年，江苏连云港东海县尹湾村汉简《东海郡集簿》、《东海郡属县乡吏员定簿》出土后，高敏先生据此证实亭"不可能是乡以下的一级地方行政机构，而应是全县性的维持社会治安和兼顾邮传的机构"④。杨际平先生也依上述简牍证明："'乡'、'里'与'亭'不同系统。'乡'、'里'同一系统，'亭'、'邮'同一系统"，"乡级机构有教化、收赋税、听讼、维持治安等责，可以说包括基层民政的方方面面。亭长的职责就比较单一，只负责维持治安以及与治安有关的事务。"⑤ 朱绍侯教授也有同类的文章发表，证明"乡与里属于一个系统，是垂直的上下级关系；亭与邮属于一个系统，也是垂直的上下级关系"⑥。至此，关于亭的法律地位的争论以出土简牍的确定性终告结束。

还有一种观点认为，乡与亭为同级政府，根据不同情况与不同需要，或设乡，或设亭，"亭所设的官吏要比乡复杂得多，多得多。这是因为亭的职责范围要比乡广泛得多的缘故。凡乡具有的职责都具有外，亭还有许多其他的任务需要完成。据目前所知，亭设有亭长、亭啬夫、亭佐、亭掾、校长、求盗、亭父、亭卒、亭侯、鼓吏等"⑦。列以备考。

---

① 参见王毓铨：《汉代"亭"、与"乡""里"不同性质不同系统说》，载《历史研究》，1954（2）；高敏：《论秦、汉时期的亭——读〈云梦秦简〉札记》，载高敏：《云梦秦简初探》（增订本），郑州，河南人民出版社，1981；朱绍侯：《汉代乡、亭制度浅论》，载《河南师范大学学报》，1982（2）；张金光：《秦乡官制度及乡、亭、里关系》，载《历史研究》，1997（6）等。

② 参见蔡美彪：《汉代"亭"性质及其行政系统》，载《光明日报》，1954-12-23；周振鹤：《从汉代"部"的概念释县乡亭里制度》，载《历史研究》，1995（5）；严耕望：《中国地方行政制度史·秦汉地方行政制度》，58～66 页，上海，上海古籍出版社，2007；张哲郎：《乡遂遗规——村社的结构》，载杜正胜编：《吾土与吾民》，194 页，北京，三联书店，1992；[日] 宫崎市定：《关于中国聚落形体的变迁》，载刘俊文主编：《日本学者研究中国史论著选译》，第 3 卷，9～13 页，北京，中华书局，1993。

③ 周振鹤：《从汉代"部"的概念释县乡亭里制度》，载《历史研究》，1995（5）。

④ 高敏：《试论尹湾汉墓出土〈东海郡属县乡吏员定簿〉的史料价值——读尹湾汉简札记之一》，载《郑州大学学报》（哲学社会科学版），1997（3）。

⑤ 杨际平：《汉代内郡的吏员构成与乡、亭、里关系——东海郡尹湾汉简研究》，载《厦门大学学报》（哲社版），1998（4）。

⑥ 朱绍侯：《〈尹湾汉墓简牍〉解决了汉代官制中几个疑难问题》，载《许昌师专学报》（社会科学版），1999（1）。

⑦ 傅举有：《有关秦汉乡亭制度的几个问题》，载《中国史研究》，1985（3）。

与乡官一样，亭长到东汉时亦可由县令长委任。如和帝时，仇览"年四十，县召补吏，选为蒲亭长"①。

三、里、伍制

与秦制一样，汉朝乡下之组织为里。连云港尹湾汉墓竹简中的东海郡《集簿》载，西汉后期东海郡共有"乡百七十，□百六，里二千伍百卅四，（里）正二千伍百卅二"②。

（一）城邑之里与乡村之里

张金光教授认为，秦时"里分二类：一为城邑之里。这种里（间）具有规划严整的特点，有垣墙环绕，有门，内分左、右，有监门司出入。秦简和文献所透露的情况即是如此……另一类为散户乡村之里。这种里，根据村落居民多寡之不一，或一村为一里，或数个自然村合编为一里，其户数亦不甚整齐划一"③。在西汉，"村"的名称尚未出现，故这里所谓自然村仅指农村的自然聚落，应称为"聚"（详见下文）。周长山先生则根据长沙马王堆出土的《驻军图》所绘制的五十余里的位置，以及《史记》、《汉书》中关于"田里"的记载，证明"城外之里也是存在的"。无论城中还是城外，"里的形状为方形或长方形，四周筑有墙垣，以规范内外"④。《史记·汲郑列传》云："黯耻为令，病归田里。"《张家山汉墓竹简·二年律令·户律》载，"自五大夫以下，比地为伍，以辨□为信，居处相察，出入相司。田典更挟里门钥，以时开伏闭门止行及作田者"。此所谓"田典"，当属县中田啬夫派驻乡中、专门负责农田土地管理的官员。

（二）里所辖户数

《后汉书·百官志》本注曰，"里魁掌一里百家"。东汉应劭著《风俗通义·佚文》曰："里者，止也。里有司，司五十家，共居止，同事旧欣，通其所也。"尹湾汉墓竹简中的《集簿》记载东海郡"户廿六万二百九十，里二千伍百卅四"，平均每里105户。长沙马王堆三号汉墓出土的《驻军图》，注记有龙里等21里的户数，其中"户数最多的龙里有一百零八户，最少的资里只有十二户"⑤。显然，每里户数并不完全相等。这大概是因为汉代有些里是根据自然聚落编制，且每里户口数常常会因各种原因发生变化，不可能完全相等。但"不可能存在一个行政里在空间上分管几个相邻聚落的现象"⑥。

（三）里吏的种类

1. 里典（长、正、魁、主）

《睡虎地秦墓竹简》与湘西里耶秦简中都有里典之名。从湘西里耶秦简看，里典由乡啬

---

① 《后汉书》卷七十六，《循吏列传》。

② 连云港市博物馆：《尹湾汉墓牍释文选》，载《文物》，1996（8）。

③ 张金光：《秦乡官制度及乡、亭、里关系》，载《历史研究》，1997（6）。

④ 周长山：《汉代的里》，载《大同职业技术学院学报》，2001（6）。

⑤ 《马王堆三号汉墓出土驻军图整理简报》，载马王堆汉墓帛书整理小组编：《古地图论文集》，45页，北京，文物出版社，1977。

⑥ 王爱清：《关于秦汉里与里吏的几个问题》，载《社会科学辑刊》，2006（4）。

夫推荐，由县令任命。秦代里之长官不称里正而称里典，通常被认为是避嬴政之名讳①，但亦有认为与名讳无关者。②

里典到汉代则称里正或里魁。《汉书·韩延寿传》载，韩延寿为吏，"置正、五长，相率以孝弟，不得舍奸人。闾里仟佰有非常，吏辄闻知，奸人莫敢入界"。连云港尹湾汉墓简牍《集簿》中载，东海郡有"乡百七十，□百六，里二千五百卅四，正二千五百卅二人"。至于江陵凤凰山十号汉墓4号木牍中的"正偃"之"正"，裘锡圭先生指出即是里正。③《后汉书·百官志》云，"里有里魁"。本注，"里魁，掌一里百家"。汉代亦有称里正为里主者，如《江苏邗江胡场五号汉墓木牍·神灵名位牍》载："广陵石里神社、域阳萌君，石里里主。"④

2. "里佐"

《史记·陈涉世家》载："发闾左适守渔阳，九百人屯大泽乡。"历来对"闾左"的解释多歧义，唐司马贞认为"闾左，谓居闾里之左"⑤，郭嵩焘将解释为"良家子"、"平民"⑥，王好立先生则断定为"黔首"⑦。大抵都以左、右和贫、富为解。独张汉东先生推断，"闾左即'闾佐'，解为'里佐'也说得通"⑧。"里佐"即里正之副。里耶秦简中，里内即有"佐"职⑨，此"佐"应为里佐。

3. 里监门

秦灭魏后，大梁人张耳、陈余"乃变名姓，俱之陈，为里监门以自食……秦诏书购求两人，两人亦反用门者以令里中"⑩。《史记·郦食其传》载，"郦食其，陈留高阳人也。好读书，家贫落魄，无衣食业，为里监门"。

4. 伍长

《汉书·王莽传下》载王莽法令，"敢盗铸钱及偏行布货，伍人知不发举，皆没人为官奴婢"，"民犯铸钱，伍人相坐，没入为官奴"。《张家山汉简·二年律令·户律》载，"盗铸钱及佐者，弃市。同居不告，赎耐。正典、田典、伍人不告，罚金四两"；"自五大夫以下，比地为伍，以辨（券）为信，居处相察，出入相司。有为盗贼及亡者，辄谒吏、典。田典更挟里门钥，以时开"；"市贩匿不自占租，坐所匿租臧为盗，没入其所贩卖及贾钱县官，夺之列。列长、伍人弗告，罚金各一斤"。前引《汉书·循吏传》黄霸"置父老师师伍长，班行于民间"。

---

①　参见《睡虎地秦墓竹简》，32页，北京，文物出版社，1978。

②　参见张金光：《秦乡官制度及乡、亭、里关系》，载《历史研究》，1997（6）。

③　参见裘锡圭：《湖北江陵凤凰山十号汉墓出土简牍考释》，载《文物》，1974（7）。

④　《江苏邗江胡场五号汉墓》，载《文物》，1981（11）。

⑤　（唐）司马贞：《史记索隐·陈涉世家》。

⑥　郭嵩涛：《史记札记》。

⑦　王好立：《闾左辨疑》，载《中国史研究》，1980（4）。

⑧　张汉东：《闾左新解》，载《未定稿》，1984（27）。

⑨　参见湖南省文物考古研究所、湘西土地族苗族自治州文物处：《湘西里耶秦代简牍选释》，载《中国历史文物》，2003（1）。

⑩　《史记·张耳陈余列传》。

据上述引文可知，汉朝无论城乡，其最基层社会均设立"伍"。"伍"不具备完整的行政功能，而仅为治安需要与贯彻教化而设。"伍"的组织编制以身份和地域两个标准为据，即五大夫以上的居民，按身份另行编制；以下居民，无论是否有爵，一律按地域编制。另《盐铁论·周秦》载："故今自关内侯以下，比地于伍，居家相察，出入相司"，仅将侯爵的最高等级——关内侯排除在编伍范围之外，其下的有爵户亦被按地域编入"伍"内，反映了国家权力对贵族控制的加强。①

《史记·秦始皇本纪》载"（献公）十年为户籍相伍"，不见有"什"。而《史记·商君列传》中则有商鞅"定变法之令，民为什伍，而相牧司连坐"，似乎秦实行过什伍之制。但湖北云梦睡虎地秦墓竹简的出土却证明秦国基层单位只有"伍"，而根本不存在"什"这一组织。②《后汉书·左雄传》载："县设令长，郡置守尉，什伍相司，封豕其民。"《后汉书·百官志》云："里有里魁，民有什伍，善恶以告。"本注："里魁，掌一里，什主十家，伍主五家，以相检察，民有善事恶事以告监官。"似乎汉代亦有"什"这一组织，但缺乏其他记载及出土简牍证实。

除上述里吏之外，汉朝里内尚有里父老（师）之设。《汉书》卷二十四上《食货志上》载："武帝末年……二千石遣令长、三老、力田及里父老善田者受田器，学耕种养苗状。"《汉书》卷八十九《循吏传》载颍川郡守黄霸"为条教，置父老、师帅、伍长，班行之于民间，劝以为善防奸之意，及务耕桑，节用殖财，种树畜养"。《春秋繁露·止雨策》曰："乡啬夫若吏三人以上，祝一人；里正、父老三人以上，祝一人。"《汉书·尹赏传》载："乃部户曹掾史，与乡吏、亭长、里长、父老、伍长杂举长安中轻薄少年恶子，无市籍商贩作务，而鲜衣凶服被铠持刀兵者，悉籍记之，得数百人。"江苏仪征胥浦101号汉墓竹简亦记有里师之职："元始五年九月壬辰朔辛丑，乃高都里朱凌（庐）居新安里，甚疾，其死，故请县乡三老、都乡有秩、佐、里师、田谭等，为先令券书。"③

（四）里的形态

秦汉时的里在外在形态上依然为封闭式区域。《睡虎地秦墓竹简·法律答问》载，"越里中之与它里界者垣为完（院）不为？巷相直为院，宇相直不为院"，"燧火延燔里门，当赀一盾"④。说明里有围墙与里门，里人只能从门内出入。里门设有里监门，已如前述。《汉书·韩延寿传》载："置里正、五长，相率以孝悌，不得舍奸人，闾里阡陌有非常，吏辄闻知，奸人莫敢入界。"如果说上述之"里"有可能是城中之"里"，那么下述《张家山汉墓竹简·二年律令·户律》所载之"里"一定是农村之"里"："自五大夫以下，比地为伍，以辨（券）为信，居处相察，出入相司。有为盗贼及亡者，辄谒吏、典。田典更挟里门钥，以时开伏闭门止行。及作田者其献酒及乘置乘传，以节使，救水火，追盗贼，皆得行。不

①　参见王爱清：《关于秦汉里与里吏的几个问题》，载《社会科学辑刊》，2006（4）。
②　参见罗开玉：《秦国"什伍"、"伍人"考——读云梦秦简札记》，载《四川大学学报》（哲学社会科学版），1981（2）；张金光：《秦乡官制度及乡、亭、里关系》，载《历史研究》，1997（6）。
③　扬州博物馆：《江苏仪征胥浦101号汉墓》，载《文物》，1987（1）。
④　《睡虎地秦墓竹简》，231页，北京，文物出版社，1978。

从律，罚金二两。"①

何双全先生根据已出土汉简考证，认为汉代里内"建筑布局整齐划一……里中建筑井然有序，以多条道路为网络，将居舍划分为若干区，每区也有编号，每条道路亦有专名"，因而"里实际上就是一座土筑的城堡"②。对秦汉时期里的这种封闭形态，王爱清博士认为，"里绝不是基层民众自由散居的居民点，里墙的建置、里民住宅的分配和实际布局都不是里民的自然所为，里也就不是什么自然村落。恰恰相反，里是专制集权国家行政规划的直接产物，是政治行为的表现，不是聚落自然成长的结果……这一特点，是专制主义中央集权国家实现对基层民众有效控制的直接反映"③。

（五）里的行政功能

秦汉时期的"里"，承担着国家基层行政组织的功能，乡的职能主要依靠里实现，因而里也同乡一样，具有登记户籍田宅、征税、组织农业生产、见证户籍及财产分割、维护治安等职能。但里不具备独立的司法职能，只能按乡官的指令执行诸如看守、查封等司法辅助职能。

除执行政府的上述职能外，里的行政功能还体现在里吏对全里所负的连带违法责任，从而将里吏置于全里民众行政监护人的法律地位。《睡虎地秦墓竹简·法律答问》载："贼入甲室，贼伤甲，甲号寇，其四邻、典、老皆出不存，不闻号寇，问当论不当？审不存，不当论；典、老虽不存，当论。"意即当甲受到盗贼侵犯而呼救时，其四邻不在家而没有救助，不予处罚；里典、伍老即使不在家，也应当处罚。《张家山汉墓竹简·二年律令·钱律》载："盗铸钱及佐者，弃市。同居不告，赎耐。正典、田典、伍人不告，罚金四两。"对本里居民犯盗铸钱罪者，里正、田典负有举报责任。《张家山汉墓竹简·置后律》载："尝有罪耐以上，不得为人爵后。诸当拜爵后者，令典若正、伍里人毋下五人任占。"意思是犯有处耐刑以上罪者，不能世袭爵位。所有继承爵位的人，必须有田典或里正，加上同伍之人5人以上担保其属于合法继承，其继承方为有效。田典、里典及伍人与爵位继承者承担了连带的法律责任。

连坐制度之下，里中民众也要相互承担连带责任。依汉代的法律，未逃亡者必须为逃亡者负担赋役义务。《盐铁论·未通篇》云："大抵逋流，皆在大家；吏正畏惮，不敢笃责。刻急细民，细民不堪，流亡远去。中家为之色出，后亡者为先亡者服事；录民数创于恶吏，故相仿效。去尤甚而就少愈者多。"这种连带责任制将"里"连成一个责任共同体，将维护法律的义务强加于里民。通过这一责任共同体之下负有连带法律责任的里民组成的法律责任网络，国家便能够有效地贯彻自己的意志。

（六）里的社区功能

里的社区功能主要是祭祀与道德教化。

---

① 《张家山汉墓竹简（二四七号墓）》，51页，北京，文物出版社，2006。

② 何双全：《〈汉简·乡里志〉及其研究》，载甘肃文物考古研究所编：《秦汉简牍论文集》，185页，兰州，甘肃人民出版社，1989。

③ 王爱清：《秦汉里制研究》，苏州大学2005年硕士论文，26页。

首先是道德教化。前文已论及"里父老"之设，是为着教化民众。汉魏以后的里名大都与孝悌、节义、仁善有关，也说明了这一点。

其次是祭祀。《史记·陈丞相世家》载："里中社，平为宰，分肉食甚均"。《礼记·祭法》郑玄注："大夫不得特立社，与民族居，百家以上，则共立一社，今时里社是也。"社祭是里一项重要的公共活动，社祭即是祭土地神，是关系到农民全年收成的敬神仪式。社祭时要奏乐歌舞，还要宰牲聚餐。《汉书·郊祀志》载："（高祖）十年春，有司请令县常以春二月及腊祠稷以羊彘，民里社各自裁以祠。制曰'可'。"意即允许里在春天自行决定祭祀社神。汉武帝以后还形成了秋社的风俗。[1] 里除祭社神外，还祭祀水神。《春秋繁露·止雨》云："雨太多，令县、乡、里皆归社下……里正、父老三人以上，祝一人。"《春秋繁露·求雨》云："春旱求雨，令县邑以水日令民祷社。诸闾社通之于闾外之沟。""闾社"即"里社"。由此看来，秦汉时期的社信奉的是民间多元神。这种祭祀活动具有多种功能：既可以强化本地域共同的民间信仰，建立共同的心理联系，同时也是本地域重大的公共娱乐活动。里社之祭主要是为了满足里内民众共同的心理与精神需求。

正因为里具有一定的社区功能，所以马新先生认为，"汉代乡村社会的特点是里聚合一，也就是乡村基层行政单位与自然村落的大致重合"[2]。但这种重合是相对的，里的社区功能与其行政组织功能的附属性重合，而不是完全的重合。里这种祭祀、教化的自治功能，不仅不会对国家行政权力形成分割，相反还会从精神上强化里民对"里"这一国家行政基层组织的心理认同，因此国家不仅允许其存在，而且强行要求春涝或春旱时由里正、父老主持向雨神止雨、求雨，表明国家对乡村基层社会不仅希望实现在政治、经济上的控制，也希望实现精神上的控制。"由于里是奠基于严格的行政组织基础之上的，加上传统小农的封闭特征很容易使他们产生狭义的地域心理，以里为单位的宗教活动很容易使里民在心理上认同这一区域，从而产生深层的地著意识。"[3]

四、非建制的自然聚落"聚"

汉代农村，除有封闭式的居民定居点乡、里之外，还存在一种非建制的自然聚落——聚。

据宫川尚志在《六朝时代的村》中的研究，"聚如字义是人集聚的意思"，"大概是春秋时代已能见到的小邑称呼，也是自然形成的聚落。虽然没有列入自治组织乡亭里的序列，但承认它的存在"，"聚这种名称在汉代就散见于史书中。特别是在《后汉书·郡国志》各县条目之下，记载着以聚名的地方很多"。如《汉书》卷八十二载，"其封（史）丹为武阳侯，国东海郯之武强聚，户千一百"。如淳注曰："聚，字喻反，聚邑也。"卷十二《平帝纪》载元始三年（3年），安汉公王莽奏立官学事："郡国曰学，县、道、邑、侯国曰校，校、学置经师一人；乡曰庠，聚曰序，序、庠置《孝经》师一人。"卷九十九《王莽传下》载："是时，下江兵盛，新市硃鲔、平林陈牧等皆复聚众，攻击乡聚。"据日本学者那波利

---

① 参见马新：《两汉乡村社会史》，217页，济南，齐鲁书社，1997。

② 马新、齐涛：《汉唐村落形态略论》，载《中国史研究》，2006（2）。

③ 王爱清：《秦汉里制研究》，苏州大学2005年硕士论文，6页。

贞统计，《汉书·地理志》中有聚 7 处，《后汉书·郡国志》中增加到 55 处，同名沿袭者只有 3 处。[①] 王莽时，还曾将有些县、侯国降为"聚"。如五原郡之文国县，"莽曰繁聚"，延平郡（原九江郡）之当涂，"侯国，莽曰山聚"[②]。

聚是否设吏长暂无可考。马新教授认为："聚一直不是政府认可的居民单位，在两汉行政政令中，很少看到聚的存在。也就是说，聚只是自然意义上的农民聚落，不具备行政与法律意义，更不是基层编制单位。"[③]

第五节
魏晋南北朝的乡村基层行政组织

一、三国时期

（一）乡、里制

三国时期战乱频繁，人民流散，人口锐减，农村社会基层组织受到很大的破坏，但基本组织依然为"乡"、"里"制。

1. 乡政权及乡官

公元 209 年，曹操"令郡国各修文学，县满五百户置校官，选其乡之俊造而教学之"[④]。《通典》卷三十六《魏官品条》载："诸乡有秩、三老，第八品；诸乡有秩，第九品。"虽属最低品第，然入于国家正式官吏之列。吴"乡置有秩、三老，百石，第八品。小者置有秩、啬夫，亦百石，第九品，得假半章印"[⑤]。

除上述乡官外，1996 年 10 月在长沙走马楼出土的吴国木简中还出现有"乡劝农掾"、"乡吏"与"乡典田掾"等名称。侯旭东先生认为，"乡劝农掾"是汉时乡啬夫的改称，"负责掌管本乡居民的户籍"；"乡吏负责督促百姓交纳钱"，为专称而非乡官的泛称；"乡典田掾则当掌田地……乡吏（泛指乡官而非专称的乡吏——引者注）本身属于'县吏'而被分配到各乡工作，任职也有期限，到期则改任其他工作"[⑥]。

2. 里、伍制

曹魏时，"华（佗）家时居西城下南缠里中"[⑦]。魏明帝曾"于其后园为（郭）像母起观

---

① 参见［日］那波利贞：《坞主考》，载《东亚人文学报》，第 2 卷第 4 期。转引自刘再聪：《村的起源及"村"概念的泛化——立足于唐以前的考察》，载《史学月刊》，2006（12）。

② 《汉书》卷二十八，《地理志》。

③ 马新：《两汉乡村社会史》，202 页，济南，齐鲁书社，1997。

④ 《三国志》卷一，《魏书》一，《武帝纪》。

⑤ 《三国会要》卷二十五，《职官》四。

⑥ 侯旭东：《长沙走马楼三国吴简所见"乡"与"乡吏"》，载侯旭东：《北朝村民的生活世界——朝廷、州县与村里》，398 页，北京，商务印书馆，2005。

⑦ 《三国志》卷二十九，《魏书》二十九，《方技传》。

庙，名其里曰渭阳里，以追思母氏也"①。魏明帝授王观司空官，观"就官数日，上送印绶，辄自舆归里舍"②。这都说明那时有"里"之单位。里下依然设"伍"。魏时，"（管）辂至安德令刘长仁家，有鸣鹊来在阁屋上，其声甚急。辂曰：'鹊言东北有妇昨杀夫，牵引西家人夫离娄，候不过日在虞渊之际，告者至矣。'到时，果有东北同伍民来告，邻妇手杀其夫，诈言西家人与夫有嫌，来杀我婿"③。"属国公孙昭守襄平令，召（公孙）度子康为伍长。"④似乎"伍长"直接为县政府任命。可见，魏国依然保留了秦汉以来最基本的邻里治安连坐组织——"伍"。但《三国志》中没有"什"这一组织的记载。长沙走马楼简牍也证实了三国时期吴国的基层组织为乡、里。⑤

（二）屯田组织

屯田制是三国时期魏国广泛实行的一种重要的国有土地制度，它分为民屯与军屯。其中的民屯是将失地的流民安置在因战争而空出的国有土地上，由农民向国家缴纳田租（土地税）。这种民屯制既安置了流民，又保证了国家税收。为管理民屯，曹魏在普通郡县之外创设了屯田机构。屯田机构这一特殊行政管理系统下，其基层组织既是农业生产的基本单位，同时也是与普通乡、里组织平行的基层政权组织。

1. 魏国的屯田组织

魏国的民屯田事务，由专门的屯田机构负责。在中央政府，民屯事务由尚书台与"大司农"双重领导，其中"大政方而归尚书台领导，在业务方面归大司农领导"⑥。《续汉书·百官志三》刘昭注引《魏志》云："曹公置典农中郎将，秩二千石。典农都尉，秩六百石，或四百石。典农校尉，秩比二千石，所主如中郎。"即在有民屯的郡（国），设相当于郡（国）守（相）的典农中郎（典农校尉），主管该郡（国）的民屯事务。在有民屯的县，设相当于县令（长）的典农都尉，主管该县内民屯。郡、县两级屯田官，与所在的郡、县长官平级，互不统属。县典农都尉之下设各屯，"各五十人为一屯，屯置司马"⑦，每屯设有"屯司马"或"农司马"一人负责管理。屯民则被称为"典农部民"或"屯田客"，由各级屯田官管辖，"不受通常守令之支配"⑧。"（屯民）为了获得一份国有土地从事生产，还牺牲了改业、迁徙和自由流动等全部人身自由，只能世世代代被束缚于屯耕的土地之上，接受军事性的编制控制"，"已不同于享有人身自由的独立的小农，已沦落为地位低下和人身不自由的严格隶属于封建国家的依附农民，也可以说是中国式的农奴"⑨。

2. 东吴的屯田组织

东吴亦实行过屯田制，也分为军屯与民屯两种类型。"'屯田都尉'或'典农都尉'，是

---

① 《三国志》卷五，《魏书》五，《后妃传》。
② 《三国志》卷二十四，《魏书》二十四，《韩、崔、高、孙、王传》。
③ 《三国志》卷二十九，《魏书》二十九，《方技传》。
④ 《三国志》卷八，《魏书》八，《二公孙陶四张传》。
⑤ 参见王素、宋少华、罗新：《长沙走马楼简牍整理的新收获》，载《文物》，1999（5）。
⑥ 朱绍侯：《魏晋南北朝土地制度与阶级关系》，13页，郑州，中州古籍出版社，1988。
⑦ 《晋书》卷三十六，《食货志》。
⑧ 李剑农：《魏晋南北朝隋唐经济史稿》，23页，北京，中华书局，1963。
⑨ 高敏：《魏晋南北朝经济史》（上册），197页，上海，上海人民出版社，1996。

相当于县级的农官。在这一点上，与曹魏民屯之制相同。但也有不同于曹魏民屯之制者，这便是东吴的'屯田都尉'或'典农都尉'与县级机构不并设，往往互相兼领……合农官与县级官吏于一身……设屯田机构者，则省去县制……反之，设县级机构者，则不见有屯田机构。"① 至于县屯田官之下屯官的设置，在现存有关东吴的文献中，只有《三国志》卷五十五《吴书·蒋钦传》中有"屯吏"一名。1996 年出土的长沙走马楼吴简已经证明"东吴屯田制最基础组织名称为'屯'"。吴简中还出现了"屯田司马"、"都尉屯田吏"等职，至于"屯田司马"是否为县下各民屯点之首长，"都尉屯田吏"是否为"屯吏"之全称，尚待考。②

二、两晋及南朝

（一）两晋、南朝的乡里组织及其衰落与恢复

《晋书》卷二十四《职官志》载："县五百以上皆置乡，三千以上置二乡，五千以上置三乡，万以上置四乡，乡置啬夫一人。乡户不满千以下，置治书史一人；千以上置史、佐各一人，正一人；五千五百以上，置史一人，佐二人。县率百户置里吏一人，其土广人稀，听随宜置里吏，限不得减五十户。户千以上，置校官掾一人。"乡长官仍称啬夫，里长官称里吏。

《晋书》卷一百一十三《载记》第十三"符坚上"载，"符坚，字永固，一名文玉，雄之子也。祖洪，从石季龙徙邺，家于永贵里"，"（符）坚封（张）天锡重光县之东宁乡二百户，号归义侯"。《晋书》第六十七卷载："郗鉴，字道徽，高平（县）金乡人。"《宋书》卷三十五《志》第二十五"州郡一"载，"（浙江）延陵令，晋武帝太康二年，分曲阿之延陵乡立"，"海虞令，晋武帝太康四年，分吴县之虞乡立"。上述记载不仅证明有乡存在，而且还证明乡升格即为县。《宋书》卷一百《列传》第六十"自序"载："晋武帝平吴后，太康二年，改永安为武康县，史臣（《宋书》作者沈约——引者）七世祖延始居县东乡之博陆里余乌村。"沈约生卒年为公元 441—513 年，其七世祖当为魏晋之间。此段史料中，县、乡、里、村四级组织体系甚为分明。

从以上记载来看，西晋基层社会仍然实行的是秦汉以来的乡、里制。上引《晋书·职官志》中频频出现的"置"字隐约透露出乡啬夫、里吏为县政府所属。

东晋朝，皇权陵替，宗族制度得到了进一步发展。"王与马，共天下"的民谣，表明士人宗族在中央政权层面对皇权的分割。大族既可分割中央政府，更可垄断基层地方政权。"自中原丧乱，民离本域，江左造创，豪强并兼，或客窝流离，民籍不立。"③"时百姓遭难，流移止境，流民多庇大姓以为客。"④"时江左初基，法禁宽弛，豪族多挟藏户口，以为私附。"⑤ 说明传统的乡、里组织系统被打乱了，流民被迫依附于强宗大族。强宗大族主宰着

---

① 高敏：《魏晋南北朝社会经济史探讨》，88、89、91 页，北京，人民出版社，1987。

② 参见高敏：《长沙走马楼三国吴简中所见孙吴的屯田制度》，载《中国史研究》，2007 (2)。

③ 《世说新语·政事篇》注引檀道鸾《续晋阳秋》。

④ 《南齐书》卷十四，《州郡志》。

⑤ 《晋书》卷四十三。

农村基层社会，乡里民众沦为其私属。他们侵夺国家税户，严重妨碍了国家权力的行使。所以，孝武帝时，范宁建言，"今宜正其封疆土疆人户，明考课之科，修闾伍之法"①。安帝义熙九年（403年），刘裕上表："庚戌土断，以一其业，于时财富国丰，实由于此。自兹迄今，弥历年载，划一之制，渐用废驰，杂居流寓，闾伍不修。"② 这说明东晋以来，乡里组织遭到了很大的破坏。

记载南朝历史的史籍中，关于强宗豪族横行乡里、武断乡曲的例子更是比比皆是。如南齐时，零陵"郡多豪猾大姓，二千石有不善者，辄共杀害，不则逐之"③；南梁时，"中书舍人黄睦之家居乌程，子弟专横，前太守皆折节事之"④。余姚"县南又有豪族数百家，子弟纵横，递相庇荫，厚自封殖，百姓甚患之"⑤。

正由于传统乡里组织自东晋后受到豪族强宗的破坏，故日本学者宫川尚志和国内少数历史学者干脆否定了魏晋南北朝存在着乡里组织。⑥

两晋南北朝时，国家一直在与强宗大族进行争夺农村社会控制权的斗争。"元帝太兴四年，诏以流民失籍，使条名上有司，为给客制度，而江北荒残，不可检实。"⑦ "太元中，外御强氏，搜简民实，三吴颇加澄检，正其里伍。"⑧ 反映了东晋政权试图在江南重新建立户籍制度与乡里基层组织体系。

在记载东晋及南朝历史的典籍中，到处都可以见到县下设乡的记载。《宋书》卷二十八《志》十八"符瑞中"载，"晋简文帝咸安二年三月，白虎见豫章南昌县西乡石马山前"。《宋书》卷四十一《列传》第一"后妃"载：孝穆赵皇后，"葬晋陵丹徒县东乡练璧里雩山"。《南史·齐本纪》载，齐太祖高皇帝"其先本居东海兰陵县中都乡中都里"。《南齐书》中尚有具体的乡、里名称，如卷十八载："（永明）六年四月，江宁县北界赖乡齐平里三成迳门外路东，太常萧惠基园棪树二株连理。"《梁书》、《陈书》中虽"乡里"、"乡闾"、"乡人"连称亦甚多，但鲜有具体乡的名称，且常常县下直称里名，大概乡级行政组织至南齐以后开始逐渐消隐了。如《梁书》卷二载："（天监）五月辛卯，建康县朔阴里生嘉禾，一茎十二穗。"县下直接列里。《梁书》卷二十二载安成康王萧秀就任江州刺史时，"闻前刺史取征士陶潜曾孙为里司"。里司乃由州刺史任命。《南史·陈本纪》载，"（陈）高祖……初仕乡为里司"。说明梁、陈之际南朝犹有乡、里组织。

《宋书·百官志》对宋朝的乡里制度有明晰的记载："五家为伍，伍长主之；二伍为什，什长主之；十什为里，里魁主之；十里为亭，亭长主之；十亭为乡，乡有乡佐、三老、有秩、啬夫、游徼各一人。乡佐、有秩主赋税，三老主教化，啬夫主争讼，游徼主奸非。"但

---

① 《晋书》卷七十五，《范宁传》。
② 《宋书·武帝纪》。
③ 《南史》卷五十七。
④ 《梁书》卷十五，《谢朏弟子览传》。
⑤ 《南史》卷八十，《贼臣列传》。
⑥ 参见［日］宫川尚志：《六朝时代的村》，载《日本学者研究中国史论著选译》，第4卷，北京，中华书局，1992；任重、陈仪：《魏晋南北朝的里》，载《西安交通大学学报》（社会科学版），2003（2）。
⑦ 《南齐书》卷十四，《志》第六，《州郡志上》。
⑧ 《世说新语·政事篇》注引檀道鸾《续晋阳秋》。

由于其内容与《后汉书·百官志》的记载完全相同，故其可信度受到质疑①，甚而有人认为《宋书·百官志》为后人补作②，姑录以备考。

(二) "村"组织的出现

1. 村的起源

"村"字在正史中最早出现在《三国志》卷十六《魏书》十六《任、苏、杜、郑、仓传》中。"入魏郡界，村落齐整如一，民得财足用饶。"最早关注中国历史上"村"制的历史学家是日本学者宫川尚志。1950 年他发表了《六朝时代的村》一文。该文认为，汉代已经有了不在乡、亭、里组织体制内的聚落，"这些聚中，既有……由血缘集团的居住地发展而来，也有不少是为了战乱自卫，平时防御寇盗，由此构筑坞壁而形成的。而且，后汉末以来，乡亭里制随着国家权力的瓦解消失了。地方郡县中，拥戴强宗大族之长为首领，纠合私兵、奴婢、流民，强化自治组织，在有防御壁障的地方形成新聚落的情况很普遍。只是前汉以前称作聚的聚落，到魏晋时代，由于拥有防御设备，则多称作坞、堡、壁"。这些由聚落发展而成的坞、堡、壁就是村或村的联盟。

宫崎市定则基于汉代中国仍然是城市国家的观点，认为到魏晋南北朝时期，胡人内迁，"异民族一获得政权，领了城郭，都市也立即不是中国人民的安居之地了。他们被迫驱出城外，只得过不安定的散居生活……这就是村的生活"，"治理散居于郊外村落的人民是困难的。于是一方面加强县的机构，另一方面承认村落的自然形态，在这里设一个有一定自治职能的代表，使它与县协力进行治理。到了南朝梁武帝时，这样的村制大致业已成立"③。刘再聪教授则认为，村有三个源头：其一为先秦时期的"庐"，其二为先秦时期的"丘"，其三为汉代的"聚"。已如前述。

2. 村制

东晋以后，史料中对县、乡、里、村的隶属关系的记述甚不统一。前引关于沈约七世祖沈延的记载，证实了魏晋之间，在沈约祖籍地方，村列为乡里之下的组织。《晋书》卷四十六《列传》第四十载，东晋时，"(刘超) 寻出补句容令，推诚于物，为百姓所怀。常年赋税，主者常自四出诘评百姓家赀。至超，但作大函，村别付之，使各自书家产，投函中讫，送还县。百姓依实投上·课输所入，有逾常年"。村似乎没有设相应的组织，民户直接向县纳税。《梁书》卷二《本纪》第二"武帝中"载有天监十七年 (518 年) 的诏令："若流移之后，本乡无复居宅者，村司三老及余亲属，即为诣县，占请村内官地官宅，令相容受，使恋本者还有所托。"《南齐书》卷五《本纪》第五载："诸县使村长、路都、防城、直县，

---

①　参见吴海燕：《魏晋南北朝乡村社会及其变迁研究》，郑州大学 2003 年博士学位论文，48～49 页。

②　参见牛贵琥：《〈宋书·百官志〉系后人补作》，载《晋阳学刊》，1991 (3)。

③　[日] 宫崎市定：《中国的村制——古代帝国崩坏的一面》，载中国科学院历史研究所翻译组译：《宫崎市定论文选集》(上卷)，44～45 页，北京，商务印书馆，1963。

为剧尤深，亦宜禁断。"① 此二段史实中，村均直辖于县，且村设有村司或村长。此外，南北朝时期村官尚有村老、村耆、村耆旧、三老等称呼。②

上述记载，说明至晚于东晋时，国家已承认了村的法律地位，开始规制村的组织，并对村民行使权力。

3. 村与里的关系

南朝时，村、里表现为多元关系并存。有村、里并存者，如《宋书·吴喜传》载："喜兄茹公等悉下取钱，盈村满里。"《南齐书·竟陵文宣王子良传》："……其次绛标寸纸，一日数至；征村切里，俄刻十催。"有改村为里者，如《宋书·符瑞中》载："孝武大明元年五月癸亥，黑龙见晋陵占石村。改村为津里。"有村属里下者，如《南史·沈约传》载沈约先祖颍川太守沈延居武康县"东乡之博陆里余乌村"。

村的行政隶属关系不统一的现象，说明了村制"并非普及到全国。一向比较安定的地方只有里，尤其是城市中里保留下来的多，只有避难者居住的区域才附上村名。而魏晋动乱时期由流民迁入或蛮族下山等形成的聚落，大都是在汉代未开发地区，故一般只有村而无里名。在城市与偏远地区之间，则村和里并存……但当时新形成的村在制度上没有得到承认"③。

综上所述，村与里最大的区别在于，里是国家按一定户数或地域划分的基层行政单位，实行封闭式的管理；而村则是自然形成的，具有开放性。村制的形成，对北朝及隋唐基层行政组织制度影响甚大。

（三）"伍"及其与村里的关系

两晋及南朝时，"伍"依然为治安连坐单位，隶属于"里"或"村"。

《晋书》卷三十云："谋反之同伍，实不知情，当从刑。"《晋书》卷三十六云："诚以闾伍之政，足以相检，询事考言，必得其善，人知名不可虚求，故还修其身……如此，则同乡邻伍，皆为邑里，郡县之宰，即以居长，尽除中正九品之制，使举善进才，各由乡论。"《晋书》卷八十载："又有常制，辄令其家及同伍课捕。课捕不擒，家及同伍寻复亡叛。"

《晋书》卷七十五载："今宜正其封疆，以土断人户，明考课之科，修闾伍之法。"说明东晋闾伍之法已破败。与《三国志》一样，《晋书》中亦不见"什"之记载。南朝宋时常称"符伍"，齐则有称"里伍"者。《宋书》卷二《本纪》第二《武帝纪》曰："自永嘉播越……自兹迄今，弥历年载，画一之制，渐用颓弛。杂居流寓，闾伍弗修，王化所以未纯，民瘼所以犹在。"《宋书》卷五十三《列传》第十三载："江东民风殷盛，风俗峻刻，强弱相陵，奸吏蜂起，符书一下，文摄相续。又罪及比伍，动相连坐，一人犯吏，则一村废业，

① 关于路都、防城、直县，日本学者宫川尚志先生引《周书·韦孝宽传》解释说："路侧每一里置一土候，每当因雨颓坍时，负责修理。则路都可能是维修道路的役吏。防城是依靠村落防御设施整备非常者。直县或是为征税、诉讼等与县城联络者。"（［日］宫川尚志：《六朝时代的村》，载《日本学者研究中国史论著选译》，第4卷，95～96页，北京，中华书局，1992。）

② 参见［日］宫川尚志：《六朝时代的村》，载《日本学者研究中国史论著选译》，第4卷，96页，北京，中华书局，1992。

③ 同上书，98页。

邑里惊扰，狗吠达旦。"《宋书》卷八十五："比伍同闬，莫不及罪。是则一人罚谬，坐者数十。"《宋书》卷五十四《羊玄保传》载："刘式之为宣城，立里民亡叛制。一人不擒，符伍里吏送州作部。"《南齐书》卷四十六："兼亲属里伍，流离道路。"《宋书》卷六十四载，元嘉十六年（439 年），何承天建议朝廷立法，"若民人葬不如法，同伍当即纠言，三年除服之后，不得追相告列，于事为宜"。《宋书》卷一百载："民有盗发冢者，罪所近村民，与符伍遭劫不赴救同坐。"

从上述引文可以初步判断，"伍"这一组织的功能首先在于治安控制，其次在于防止人户逃亡以保证国家赋税。

南朝政权更替频繁，中央政权的权威很有限，治安连坐之"伍"制渐少。《南史》卷四十二《列传》三十二载："时（齐建元年间）都下舛杂，且多奸盗，上欲立符伍，家家以相检括。"大抵在建元前，齐并未立比伍连坐制。《宋书》卷五十三《列传》第十三载，谢方明为会稽太守时，"除比伍之坐"。《梁书》与《陈书》中，仅有军队"部伍"之称，"符伍"、"里伍"、"闾伍"、"邻伍"、"乡伍"等基层组织则基本不再出现了，大约梁、陈时，实行连带行政责任与刑事责任的"伍"制渐渐衰落了。

三、十六国时期的坞壁对晋朝乡里组织的破坏

所谓坞壁，最初是指用于防守的壁垒以及以壁垒为依托的军事组织。两汉间及东汉末年的战乱，使正常的行政组织被破坏，各地豪强纷纷屯聚本族与部曲，深沟高垒，形成坞堡，以对抗过往乱军。势单力弱的流民为图自存，也纷纷依附于大族的坞堡。"坞壁一般由乡里有威望的大族豪强担任头领，以其宗族宾客为核心，招聚闾里乡亲和各路豪杰共同组成，其基层多为各地的流民。"[①]

魏晋统一北方后，坞壁纷纷被政府削平。西晋"永嘉之乱，五胡相继入扰，北方四分五裂，导致十六国时期坞壁的高峰阶段"。东南地区社会相对稳定，且"一直以来宗法家族观念就没有北方强烈，大家族析为小家庭者甚多，所以也没有构成坞壁组织的基础"，只是"由于侯景之乱的契机，使南方在梁陈之际终于出现了坞壁的勃兴"[②]。

坞壁是一种具有军事、经济、政治乃至其他社会功能的特殊社会组织。"坞主在其坞堡内有许多的行政权。除了指挥军事防御与管理生产之外。举凡教育讲授之业或法律规范的制定都由其主持，使得坞壁成为一种自给自足的社会组织……于是坞主便成为地方官，豪族的势力压倒了政府，坞壁代替了郡县级织。"此外，"坞堡更是一种经济团体"[③]。夏毅辉先生将坞壁主行使的权力概括为"意识形态、经济、军事和政治权力"。

在北方少数民族对汉民的野蛮屠杀中，坞壁组织的形成保存了许多汉人的生命，同时也保存了汉族相对先进的生产方式与文化。但作为割据一地的自治社会组织，它在本质上是一种反国家权力的非常态社会组织，不利于国家组织的发展。它所具有的军事、经济、政治、文化等综合功能是对西周宗法组织多功能化的回归，不利于社会组织的专门化分工。

---

① 韩昇：《魏晋隋唐的坞壁和村》，载《厦门大学学报》（哲社版），1997 (2)。

② 夏毅辉：《汉末魏晋南北朝坞壁考论》，27、31 页，北京，中国文史出版社，2004。

③ 具圣姬：《两汉魏晋南北朝的坞壁》，87 页，北京，民族出版社，2006。

此外，它还强化了坞壁这一社会共同体中社会成员的人身依附关系，导致了坞民从自耕农民向部曲身份的退化。这种特殊社会组织的出现，对北魏的"宗主督护制"及南北朝的村制的形成产生了重大影响。

四、北朝乡村基层行政组织

（一）北魏时期的"宗主督护制"到"三长制"

1. 北魏初期的宗主督护制

所谓"宗主督护制"，是指北魏前期实行的，政府允许其治下的大宗族首领对本宗族行使统治权，并要求其对国家履行有限义务的宗族自治制度。这种自治权至少包括了户籍管理权与征税权。《魏书·李冲传》载："旧无三长，惟立宗主督护，所以民多隐冒，五十、三十家方为一户。"《魏书·食货志》云："魏初不立三长，故民多荫附。荫附者皆无官役，豪强征敛，倍于公赋。"同书载孝文帝改行三长制诏令，亦曰："自昔以来，诸州户口籍贯不实，包藏隐漏，废公罔私。富强者并兼有余，贫弱者糊口不足。"说的都是宗主可以自设族内户籍，自行征税，民户不入国家版籍，国家无权向其征派赋役的情况。

宗主督护制下，宗主甚至享有实际的军事行政权。《魏书》卷五十三《李孝伯传》："初，广平人李波，宗族强盛，残掠生民。前刺史薛道㯹亲往讨之，波率其宗族拒战，大破㯹军。遂与逋逃之薮，公私成患。"此事正发生于宗主督护制实行期间，可说明强宗大族有独立的宗族军队。故李凭先生认为，"宗主督护制是……具有部分行政职能的生产与自保相结合的基层社会组织制度"，"督护是含有军事与行政两方面含义的词，这也恰好符合当时既是生产组织又是武装集团的宗族的特性"①。

毫无疑问，宗主督护制是一项落后的宗族自治制度，它是对中国久已确立的郡县制及乡里制的反动。但这种落后的基层社会组织制度并不是发生在社会组织尚未完全脱离部落形态的北方少数民族中，"其主要对象为中原的汉族地区"，显然与中原汉族地区在十六国时期形成的坞壁林立的历史状况有关。"坞壁与宗主督护制下的宗族组织具有多么相似的性质特点。事实上二者也正是一脉相承的"，"其实质是对于中原坞壁林立现状的认可，是北魏王朝羁縻汉族豪强地主政策的体现"，同时也表明"北魏王朝意欲将宗族组织纳入国家行政的轨道，要求宗主为国家承担'督护'基层的职责"②。

宗主督护制作为北魏政府与汉族强宗大族妥协的权宜之制，缓和了北魏政府与汉族强宗大族的矛盾，安定了社会秩序，但同时使中原的宗主豪强的经济与政治势力膨胀起来，"宗主豪强势力的膨胀必会侵及北魏王朝的中央集权统治和经济利益，从而使拓跋部统治者和宗主豪强之间一时相安的局面被打破，使二者的矛盾在新的形势下激化起来"③。此外，宗主督护制使族众与部民丧失了独立的民事主体资格与独立的国家行政相对人资格，在人身上依附于宗主，无论是从民事、经济法律制度上，还是从行政法律制度上，都是对秦汉以来形成的较为进步的自耕农制度与乡里制度的一种反动，是一种变相的农奴制。

---

①② 李凭：《论北魏宗主督护制》，载《晋阳学刊》，1986（1）。

③ 李凭：《再论北魏宗主督护制》，载《晋阳学刊》，1995（6）。

2. 三长制

宗主督护制的推行，导致国家可控制的户口大为减少，从而减少了国家的赋役损失，同时也强化了族众与部民对宗主的人身依附。《魏书·食货志》云："魏初不立三长，故民多荫附。荫附者皆无官役，豪强征敛，倍于公赋。（太和）十年，给事中李冲上言，宜准古五家立一邻长，五邻立一里长，五里立一党长；长取乡人强谨者。邻长复一夫，里长二，党长三；所复复征戍，余若民。三载无愆，则陟用，陟之一……孤独癃老笃疾贫穷不能自存者，三长内迭养食之。书奏，诸官通议，称善者众。高祖从之。于是遣使者行其事。"

根据上述引文，结合其他文献与造像石刻资料，可知"三长制"大致具有如下内容：

（1）基层设党、里、邻三级组织，分别设党长、里长与邻长。此三级结构及其名称似乎不是承继秦汉以来的"乡"、"里"二级制，而更像是取法《周礼》与春秋诸国基层组织的名称。由于"邻"仅相当于秦汉时期"里"下之"伍"，不能构成独立行政单位，故三长制实际上与秦汉乡、里一样，为二级制。故西魏时，宰相苏绰"减官员，置二长"，即"党族、闾里正长之职"[①]，取消了邻长。北周沿用了西魏的二长制。

（2）"三长"的选任条件为强势并服从政府者。一般认为，"三长皆守宰选本党、里、邻中之豪富者委任之"[②]。李凭先生更认为，"宗主都可以摇身一变而成为新制度下的三长"[③]。但侯旭东先生则认为，朝廷赋予"三长"的负担相当沉重，同时又"不断想削弱三长所享有的微薄待遇"，因而"'三长'并非肥差，对地方豪强来说，未必有多少吸引力"。根据他对北朝实行三长制后所刻的近两千种造像记题名的考据，除3例外，"极少有造像者注明自己的'三长'身份"，"这只能说明'三长'不为时人所重视"[④]。在繁重而严谨的考据中得出的这一结论具有相当的可靠性，同时也深具对历史了然洞察的智慧。中央政府既然要削弱宗主的势力，就不可能依赖宗主本身。无论秦汉时有一定地位的乡官里吏，还是明清时作为职役存在的里甲、保甲，凡有地位的绅士们均不愿承担此受人驱差的卑微职务。因而，于北魏"三长"，仅具财力而无高贵身份的土豪有可能"竞书请托"而为之，但原宗主则未必肯降辱其身份而为之。

（3）党、里、邻三长享有一定的待遇权利与责任，但责任大于权利。北魏初，"三长"可分别享受免除3人、2人和1人兵役的优待，如三年内无过错，则可升迁一等，其余与民无异。说明"三长"没有俸实禄，不是国家官吏，仅在兵役方面享有一定的优待而已。到东魏孝静帝时，"百家之内有帅二十五人，征发皆免，苦乐不均"[⑤]，即连调税亦免了。但"三长"所负的责任亦大："若一匹之滥，一斤之恶，则鞭户主，连三长。"[⑥] 熙平二年（517年）春，灵太后针对日益严重的民人私度入僧现象，下令："自今有一人私度，皆以违旨

① 《周书·苏绰传》。
② 严耕望：《中国地方行政制度史·魏晋南北朝地方行政制度》，686 页，上海，上海古籍出版社，2007；朱绍侯：《魏晋南北朝土地制度与阶级关系》，158 页，郑州，中州古籍出版社，1988。
③ 李凭：《再论北魏宗主督护制》，载《晋阳学刊》，1995（6）。
④ 侯旭东：《北朝村民的生活世界——朝廷、州县与村里》，127～133 页，北京，商务印书馆，2005。
⑤ 《魏书》卷十八，《太武五王·临淮王谭传》。
⑥ 《魏书》卷七十八，《张普惠传》。

论。邻长为首，里党各降一等。"① 北周的《刑书要制》更规定，"正长隐五户及十丁以上，隐地三顷以上者，至死"②。北魏中后期，国家对兵役、劳役需要殷急，更是常常征调"三长"复丁服兵役与徭役。

（4）党、里、邻三级组织的主要职责是负责辖内户籍的检括与重新编定，征收赋税，以及赈济外来灾民。凡记北魏三长制的史料文献，多载有"定户籍"事。《魏书》卷七下《帝纪》载："初立党、里、邻三长，定民户籍。"《魏书》卷八十三上《外戚·间毗传》载："太和中，初立三长，以（间）庄为定户籍大使，甚有时誉。"《南齐书·魏虏传》说："（永明）三年，初令邻、里、党各置一长，五家为邻，五邻为里，五里为党。四年，造户籍，分置州郡。"说明北魏实行三长制的主要目的在于从宗主督护制下检括被宗主隐瞒、合并的户籍，实行编户齐民。实行编户齐民的目的则在于保证国家赋役的征派，故"（冯）太后曰：'立三长，则课有常准，赋有常分，苞荫之户可出，侥幸之人可止'"③。为防止民户私度入僧而脱籍，熙平二年（517年）春，灵太后下令："自今有一人私度，皆以违旨论。邻长为首，里党各降一等。"④

党、里、邻三级组织基本沿袭了秦汉乡、里组织的基层行政功能。除管理户籍、征收赋税外，"三长"还负有治安责任。《魏书》卷十九中《任城王澄传》载孝明帝时，任城王澄奏事十条，其第九条曰："三长禁奸，不得隔越相领。户不满者，随近并合。"意即"三长"有治安之责。《魏书》卷一一零《食货志》载："（太和）十一年大旱，京都民饥……诏听民就丰。行者十五六，道路给粮禀，至所在三长赡养之。"此即为执行国家派任的赈灾之责。

关于三长制的历史作用，周一良先生根据北魏青齐地区数郡户口激增，认为"三长制建立之后，在均田制和新租调制的配合之下，确曾达到了'苞荫之户可出'的目的"⑤。周国林先生虽然认为对三长制的"括户作用"也不宜评价过高，但也承认，"孝文帝太和十年之后，全国户数的确有大幅度的增长（全盛时增长了一倍），这与设立三长制后'括户'的作用是分不开的"⑥。更多学者将三长制与均田制联系起来，认为三长制推动了均田制的实施。高敏教授更将三长制的作用上升到了北魏上层政治的层面，他认为，"由于户口的清查和三长制的确立，就使得'隐口漏丁'所在附实，因而国家掌握的人口必然会有所增加，州郡的设置也需要重新调整，以致从大和十一年起到二十一年止，不断发生分割与增设州郡的事实，其中尤以太和十一年为最多，这从《魏书·地形志》中可以清楚地看出"⑦。侯旭东先生在这一观点的基础上，以更具体翔实的史料证明了，"设立三长后，朝廷一度控制了众多民户，因此增设、恢复了不少郡县"，"分置州郡直接反映了初立三长的成效"⑧。相

---

① 《魏书·释老志》。
② 《周书》卷六，《武帝纪》下。
③ 《魏书·李孝伯传附李冲传》。
④ 《魏书·释老志》。
⑤ 周一良：《从北魏几郡的户口变化看三长制的作用》，载《社会科学战线》，1980（4）。
⑥ 周国林：《关于三长制历史作用的评价》，载《华中师范大学学报》，1990（2）。
⑦ 高敏：《北魏均田法令校释——兼论北魏均田制的实质》，载《魏晋南北朝社会经济史探讨》，218页，北京，人民出版社，1987。另参见高敏：《北魏三长制与均田制的实行年代问题辨析》，载《史学月刊》，1992（5）。
⑧ 侯旭东：《北朝村民的生活世界——朝廷、州县与村里》，124、119页，北京，商务印书馆，2005。

对于北朝而言，三长制的实施，其作用的确是非常巨大的；而相对于中国长时段的历史，三长制则只不过是对秦汉以来传统乡里制度的回归。

（二）乡、里制

对北朝乡村基层行政组织，史学界一般认为只存在"宗主督护制"与"三长制"，而没有乡、里制。但杨际平先生认为在"三长制"建立前北朝就有乡里组织存在。[①] 侯旭东先生通过对北朝墓志铭与造像记等石刻碑文的研究，断定"在实行三长制的同时，北朝乡村依然存在广泛的乡里编制。约自北魏太和年间开始直到北朝末，除北齐时京畿地区不设乡里之外，均设有乡里编制"[②]。

与秦汉相较，北朝的里"显示出明确的教化色彩"，"不少乡里名称则是依据儒家思想确定的。常见的有'孝义里'、'修义里'、'崇仁里'、'光贤时'、'仁信里'、'孝敬里'、'崇德乡'、'崇仁乡'等"[③]。这一倾向与前述附属于三长组织的教化、社会保障等社区功能是一致的。

为什么三长制外，还要设置乡、里？乡、里组织与三长组织的关系如何？侯旭东先生认为，秦汉两代的里，"似乎未有确定的疆界，主要是编制户口的一种办法……孙吴初年的乡里仍主要是管理户口的制度"；"北朝自太和中叶以后，立三长掌户口，传统里吏掌握的户口、交纳赋役等工作转由三长负责，乡里，特别是'里'被划定了具体的地域范围，而无职司，成为当时的一个特点"[④]。联系上段文字中，乡、里"显示出明确的教化色彩"。意思是秦汉的乡、里只管户籍，没有地域；而北魏的乡、里开始有地域，但并无行政职能。但同一篇文章中，侯先生又言"乡里乃是以聚落为核心，包括周围一定范围的地域的行政区划"，并推测"北朝乡里有实土的一个重要原因可能就是北魏太和九年（485年）以来实施的均田制"，"随着带有均分田地理想的均田制的出现，才开始划分'里'部，关心百姓田产的方位，记录地块的四至。这也意味着官方土地登记、管理的细密化"[⑤]。

上述解释有三点难以令人信服。其一，秦汉以来的乡、里并不是没有具体行政区域，仅管理户籍的单一职能行政机构，而是具有明确地域范围，且具有综合性行政管理职能的基层行政组织。前述"秦汉基层行政组织"已有具体论述，侯先生在其著作中也说，"秦与西汉初期的法律条文在涉及百姓的聚落时针对的均是这种封闭的'里'"。如果按照侯先生"随着带有均分田地理想的均田制的出现，才开始划分'里'部，关心田产的方位，记录地块的四至"的结论，秦汉时期的乡、里亦应当有明确的行政区域。因为大量的史实已经证明，秦朝与汉初也实行过类似于均田制的国家授田制度。其二，北魏基层社会的道德教化职能已由党、里推举产生的"贤而长者"承担了，没有必要为此另行编制乡、里。其三，前辈史学家大量论著已经证明了，推行均田制的任务是由三长来承担的。北魏政府亦无须另设乡、里推行均田制。三长以外还存有乡、里之名，一定另有原因。

---

① 参见杨际平：《北魏太和前后若干史事考辨》，载《北朝研究》，1991年上半年刊。
② 侯旭东：《北朝乡里制与村民的生活世界——以石刻为中心的考察》，载《历史研究》，2001（6）。
③ 侯旭东：《北朝村民的生活世界——朝廷、州县与村里》，134～171页，北京，商务印书馆，2005。
④ 同上书，150、151页。
⑤ 同上书，155页。

（三）村制

与南方一样，北朝也出现了"村"这一自然聚落。《魏书·李崇传》载，北魏孝文帝时，"以本将军除兖州刺史。兖土旧多劫盗，崇乃村置一楼，楼悬一鼓，盗发之乱，双槌乱击……诸村闻鼓，皆守要路，是以盗发，俄顷之间，声布百里之内"。《周书》卷四《明帝纪》载："丁巳，诏曰：'帝王之道，以宽仁为大。魏政诸有轻犯，未至重罪，及诸村民一家有犯，乃及数家而被远配者，并宜放还。'"北齐时，《颜氏家训·勉学》载："吾尝从齐王幸并州，自井陉关入上艾县，东数十里有猎闾村。"从上引史料看，大概北朝政府也将自然村落纳入了行政管理体系。

第六节
隋唐时期的基层行政组织

隋初，"颁新令，制人五家为保，保有长；保五为闾，闾四为族，皆有正。畿外置里正，比闾正，党长比族正，以相检察焉"①。意即畿内实行保（五户）、闾（二十五户）、族（百户）三级，畿外实行里（二十五户）、党（百户）二级，没有乡。这大概与南朝后期及北朝时"乡"逐渐消失的趋势有关。

开皇九年（589年），依苏威奏请，农村基层改为乡、里两级制。"制五百家为乡，正一人；百家为里，长一人"②，并令乡正理人闲词讼。"（开皇）十年，虞庆则等于关东诸道巡省使还，并奏云：'五百家乡正专理词讼，不便于人，党与爱憎，公行货贿。'乃废之。"③于是取消了乡正的民事司法权。

一、唐朝的乡里制度

（一）乡里组织

1. 乡

《唐六典》卷三《户部郎中员外郎》条载："百户为里，五里为乡，两京及州县之郭内，分为坊，郊外为村。里及村坊皆有正，以司督察。里正兼课植农桑，催驱赋役。"《旧唐书》卷四十三《职官二》载："百户为里，五里为乡，两京及州县之郭内，分为坊，郊外为村。里及坊村皆有正，以司督察。四家为邻，五邻为保。保有长，以相禁约。"《旧唐书》卷四十八《食货志上》亦有同样的记载："武德七年始定律令……百户为里，五里为乡；四家为邻，五家为保；在邑居者为坊，在田野居者为村；村坊邻里，递相督察。"《通典》卷三三《职官·乡官》载："大唐令：诸户以百户为里，五里为乡，四家为邻，五家为保。每里置

---

① 《隋书》卷二十四，《食货志》。
② 《隋书》卷二，《帝纪第二·高祖下》。
③ 《通典》卷三，《食货》三，《乡党》。

正一人，若山谷阻险，地远人稀之处，听随便量置。掌按比户口，课植农桑，检察非违，催驱赋役。"

《旧唐书》卷四十五《舆服志》载："《武德令》……诸州县佐史、乡正、里正、岳渎祝史、斋郎，并介帻，绛褾衣。"《旧唐书·太宗纪》亦云：贞观十五年（641年），"十一月壬戌，废乡长"。《通典》卷三十三载："大唐凡百户为一里，里置正一人；五里为一乡，乡置老一人，以耆老年谨者县补之，亦曰父老。贞观九年，每乡置乡一人，佐二人，至十五年省。"《唐会要》卷五十九载："开元二十九年七月十七日，每乡置望乡……并取耆年宿望，谙识事宜，灼然有景行者充。天宝十二载七月十三日敕，诸郡父老，宜改为耆寿。"

《唐会要》卷八十五《籍账》载开元十八年（730年）十一月敕，"诸户籍三年一造，起正月上旬，县司责手实计账，赴州依式勘造，乡别为卷"。《新唐书》卷五十一《食货志》载，"凡田，乡有余以给比乡，县有余以给比县，州有余以给近州"，"凡里有手实，岁终具民之年与地之阔狭，为乡账，乡成于县，县成于州，州成于户部"。

根据上述史料，可知唐代县以下的农村社会基层组织为乡。唐初乡设有乡正［贞观九年（635年）改称乡长］、乡佐与乡老（或称望乡、父老、耆寿）。所谓贞观十五年（641年）罢废乡长、乡佐，究竟是罢废乡级组织，还是仅罢废乡长之名？后设的乡老（望乡、父老、耆寿）与乡长的关系如何？由于唐代的史籍几乎见不到相关记载，我们尚不能得知。但从前引史料看，乡似乎仍然为编制户籍、土地的单位。后来陆续发现的敦煌、吐鲁番文书，在其结尾处往往都署以"某某乡"的名称，说明唐代敦煌与吐鲁番的乡的名称一直存在。但这些文书在"某某乡"后的署名却无例外地是某一个里正或几个里正，而非乡级官长。对这一矛盾现象，史学界有两种不同的解释。

孔祥星先生认为，"在唐代虽然用乡的名义制作正式的文书簿籍上报，但实际上里这一层在基层政权中起着重要作用，执行着监察人民、均田课农、催驱赋役的具体工作。里是名副其实的基层政权机构……在唐代，实际上不存在乡这一级基层政权机构"①。张哲郎先生也说，"事实上，乡制到了唐代，已经名存实亡"②。即乡虽作为地域名称还存在，但其行政功能逐渐丧失了。

但赵吕甫先生则认为，贞观时虽废乡长，"未几，复置乡官……从此父老、耆老、耆寿、乡正、乡长诸名常交互使用，迄于唐末"。之所以在公文结尾由里正署名，是由于"乡一级政权机构的籍账者是在乡长官直接监督下由一批杂任、里正协同斟酌编成的"。乡官的主要职责为"主管当乡籍帐的编制和申报"，"处理均田土地的收授等事宜"，"督促征敛赋税、差科、义仓粟"，"协助司法，调解民事纠纷"，"参加重大典礼，荐留官吏，协办乡学"等。唐中期以后，乡级政府的"农村封建基层政权的性质遂日益浓厚，乡官长也就逐渐成了县官府在一个乡区的政治、经济、司法、教育诸政策法令贯彻执行的重要代理，其职权地位便明显地有所上升了"③。据陈国灿教授对归义军时期敦煌文书的分析，"比之唐前期，归义军政权似乎更重视乡的交通和作用。唐前期，乡的事务由5个理共同负责办理，而归

① 孔祥星：《唐代里正——吐鲁番、敦煌出土文书研究》，载《中国历史博物馆馆刊》，1979（1）。
② 张哲郎：《乡遂遗规——村社的结构》，载杜正胜编：《吾土与吾民》，200页，北京，三联书店，1992。
③ 赵吕甫：《从敦煌、吐鲁番文书看唐代"乡"的职权地位》，载《中国史研究》，1989（2）。

义军时，则直接设置了知乡官……乡作为基层政权的实体，权力大为扩充……这种将基层权力集中于乡的变化，应该说是对唐代乡里制的一种发展"①。李浩博士则认为，唐代敦煌、吐鲁番各乡也许有乡级组织而无乡级官长，而是实行"承符里正"制，即里正轮值充任乡司制度。②

仅根据敦煌一地一时的制度变化，尚不足以说明终唐一代所有地区的农村基层行政组织的情况。事实上，敦煌、吐鲁番以外有些地方，乡级政权的确已被虚化。天授年间，薛登有言，"今访乡闾之谈，唯只归于里正"，"乡议决于小人之笔，行修无长者之论"③。要彻底弄清唐代乡级组织的职掌、存废及与里的关系，还有待于更多相关史料的发现。

2. 里

相对于乡，里组织的存在是确凿无疑的。每百户设为一里，里设里正。

（1）里正的地位。里正属国家官吏系列。据前引《旧唐书》卷四十五《舆服志》，可知里正与诸州县佐史、乡正为相同系统职官，有着固定的官服。

（2）里正的选任条件与任用程序。《通典》卷三《乡党》载："诸里正，县司选勋官六品以下，白丁清平强干者充；其次为坊正。若当里无人，听于比邻里简用；其村正，取白丁充。无人处，里正等并通取十八以上中男残疾等充。"④《文献通考》卷十二《历代乡党版籍职役考》载："无人处，里正等并通取十八以上中男，残疾免充。"从句法和情理上而言，似《文献通考》的记载更为适当。

（3）里正的职权与责任。据本节前引《通典》卷三三《职官·乡官》，里正的职责为"按比户口，课植农桑，检察非违，催驱赋役"。依《唐律疏议》卷四《户婚律》，"诸里正，依令授人田"。另《唐律疏议》引《田令》曰："应收授之田，每年十月一日，里正预校勘造簿，县令总集应退应受之人，对其授给。"据李浩博士对《唐西州高昌县诸乡里正上直暨不到人名籍》的研究，"里正要到县衙有关部门当差，这就是上值制度"⑤。

（4）里正的考核。李浩博士通过对《吐鲁番出土文书》的研究，描述了唐代高昌县对里正考核的程序：先由被考核的里正拟定"自状书"即自我鉴定，然后交有关部门审查，凡审查与自我鉴定相符者，由审查人签署"准状"⑥。

到唐末时，里正逐渐沦为职役，"自是以后，所谓乡亭之职，至困至贱。贪官污吏非理征求，极意凌辱……其困踬之状，则与以身任军旅土木徭役者无以异，而至于破产不能自保"⑦。五代后唐长兴二年（931年）六月，敕"委诸道观察使，属县于每村定有力人户充村长。与村人议，有力人户出剩田苗，补贫下不迨，肯者即具状征收，有辞者即排段检括。自今年起为定额。有经灾沴及逐年逋处，不在此限"⑧。

日本学者加藤繁先生认为，"里似乎是构成乡的行政区划的地域团体，而实际不一定这

① 陈国灿：《唐五代敦煌县乡里制的演变》，载《敦煌研究》，1989（3）。
② 参见李浩：《论里正在唐代乡村行政中的地位》，载《山东大学学报》（哲学社会科学版），2003（2）。
③ 《旧唐书·薛登传》。
④ 《通典》卷三，《食货》三，《乡党》。
⑤⑥ 李浩：《论里正在唐代乡村行政中的地位》，载《山东大学学报》（哲学社会科学版），2003（2）。
⑦ 《文献通考》卷十三，《职役》二，《历代乡党版籍职役》。
⑧ 《旧五代史》卷一四六，《食货志》。

样。实际上，里也是为行政上的方便而设的人为的区划，不一定是自然的地方团体。当时多数农民相聚在一起生活的自然的地域团体（即村落），是'村'。其在描述唐代村与里的关系时说："有的小村，也有合几个小村为一里的，而大村，也有一村而分成几个里的。"[①]

3. 保、邻

保、邻只是警政单位，实行治安连带责任的连坐制，而非完全的行政组织。"五家互保的伍保制，是唐代最基层的地方制度，史料上'四家为邻'的'邻'，仅指方位、地界上的相邻关系，并非在伍保制下另有一称为'邻'的组织。"[②]

（二）村制

1. 村制的全面推行

魏晋南北朝时，村作为村民居住的自然村落，得到部分地方政权的认可，但从来没有成为农村统一的基层行政组织。"武德七年始定律令……百户为里，五里为乡；四家为邻，五家为保；在邑居者为坊，在田野居者为村；村坊邻里，递相督察。"[③] 村首次成为全国统一的农村基层行政组织。

2. 村的范围

《通典》引开元二十五年（737 年）令："在田野者为村，村别置村正一人。其村满百家增置一人，掌同坊正。其村居（不）满十家，隶入大村，不得别置村正。"该令没有明确规定村的户数。如果自然村过大，满百家增设一名村正。如自然村不满十户，则应与其他村落合并，而不能单独成村。这些规定显然都是为了适应村的自然聚落形态。村制是唐朝的国家法律适应自由社会，并将自由社会纳入国家体制的典型表现。

3. 村官的设置与选任

《旧唐书》卷四十三《职官二》载："里及坊村皆有正，以司督察。"《通典》卷三《乡党》载："其村正，取白丁充。无人处，里正等并通取十八以上中男残疾等充。"根据上引史料可知，村设村正，村正的选任条件低于里正，径取"白丁"即无任何品位身份的读书人充任，无读书人的情况下，可取 18 岁以上的男子充任。

第七节
宋朝乡村基层行政组织

宋朝农村基层组织与役法密切相关。由于宋朝的役法非常复杂且多有变化（北宋影响甚大的党争主要缘于役法的改革），因而主要为执行役法而设立的基层社会组织也就非常复杂且多有变化。其不同时期的设置固然不同，并且相同时期不同地区的设置也不尽相同。

---

① ［日］加滕繁著，吴杰译：《中国经济史考证》，第 1 卷，199 页，北京，商务印书馆，1962。
② 罗彤华：《唐代的伍保制》，载《新史学》，第 8 卷第 3 期。
③ 《旧唐书》卷四十八，《食货志上》。

一、王安石变法前的宋初乡里制

《宋史·食货志》卷一七七载:"宋因前代之制,以衙前主官物,以里正、户长、乡书手课督赋税,以耆长、弓手、壮丁逐捕盗贼,以承符、人力、手力、散从官给使令;县曹司至押、录,州曹司至孔目官,下至杂职、虞候、拣、掏等人,各以乡户等第定差。"《宋会要辑稿·职官》四八之二五载:"诸乡置里正,主赋役。州县郭内旧置坊正,主科税。"

《宋会要辑稿·职官》四八之二五载:"开宝七年废乡设管,每管设户长,主赋税;耆长,主盗贼、词讼。"《文献通考》卷一二"历代乡党版籍职役"载:"州必凭县,县必凭户长、里正,户长、里正稽之乡众。"《宋会要辑稿·食货》六三之二二二载:"州县下之里胥,里胥之所能令者,农夫而已。"

仁宗至和元年(1054年),知并州韩琦上疏曰:"州县生民之苦,无重于里正衙前。有媚母改嫁、亲族分居;或弃田与人,以免上等;或非命求死,以就单丁。规图百端,苟免沟壑之患。每乡被差疏密,与赀力高下不均。假有一县甲乙二乡,甲乡第一等户十五户,计赀为钱三百万,乙乡第一等户五户,计赀为钱五十万;番休递役,即甲乡十五年一周,乙乡五年一周。富者休息有余,贫者败亡相继,岂朝廷为民父母意乎?请罢里正衙前。"[1] "于是下京畿、河北、河东、陕西、京西转运司,相度利害,而皆请如琦所议。"[2] 司马光批评了罢废里正衙前的改革,他认为,"里正止管催税,人所愿为,衙前主管官物,乃有破坏家产者。然则民之所苦在衙前,不在里正,今废里正而存衙前,是废其所乐而存其所苦也。又向者每乡只有里正一人……"[3]

上述引文的表述并不明晰。宋初农村究竟分乡、里两级,还是乡、里两级完全重叠?司马光所谓"向者每乡只有里正一人"是否意味着乡、里两级重叠?如果是两级,那么乡级组织的长官是什么?如果是两级重叠,那么是否里正就是最高长官?开宝七年(974年)既已"废乡设管",但为什么各类宋代史籍及现存的宋代方志中还大量存有"乡"?如果说乡依然存在,为什么县直接"凭"户长、里正?里正既主赋役,又何须另设户长主赋税?废乡后的至和元年(1054年)既罢里正衙前,又何来司马光所谓"今废里正而存衙前"?为回答上述问题,学者们作出了各种不同的解释。

对宋朝废乡后乡级组织是否存在,早在南宋时,宁宗嘉定末年曹叔远所撰《江阳谱》解释为:"今惟士人应举卷首书乡、里,至于官府税籍,则各分隶耆下。"[4] 也就是说乡仅作为籍贯而存在。现代学者陈振先生却认为,"耆长为一乡之长,负责治安和接受县政府的公事,以及乡内的修路建桥等事,是乡户一、二等户的差役。里正为一里之长,负责税收(田赋)及部分县役,因而被视为'脂膏',淳化五年(994年)开始定为等一户等的差役。户长为第二等户的差役,具体负责征收田赋,并缉拿盗贼。乡书手隶属耆长,负责书算事务,为乡户的四等户差役。壮丁负担接受和递送公文,以及乡内治安,是乡户四、五等户

---

① 《宋史·食货志》。
② 《续资治通鉴长编》卷一七九。
③ 司马光:《温国文正司法公集》卷三十八,《衙前札子》。
④ 《永乐大典》卷二二一七引《江阳谱》。

差役"①。王棣教授的研究结论是，开宝七年（954年）废乡后，"乡既不是一级基层行政政权或行政区划，也不是里的上级行政机关，而是县以下的一级财政区划"；乡的核心人物为"乡书手"，但已从北宋初年里正属下的书算人员变成"负责分乡对口勘造五等版籍和税租簿账的县吏"，"乡的政权功能已经消失"②。夏维中教授反对王棣教授的观点，认为"北宋前期，乡仍具有一定的职役功能"，里正"应该被视作以乡为单位佥充的乡役，具有乡职的色彩……通过五代及北宋初年的改革，里正一职已由原来的以里佥选而改为以乡佥选"；"在至和之后，乡已基本上变成了一种地域单位，其最主要的功能是登记土地、确定税则和税额"，其"与唐代典型的乡里关系最大的不同之处在于，后者是以户口递进作为设置依据的，而前者则是以地域范围的递进作为设置原则"③。尽管夏维中教授的文章驳议了王棣教授的观点，但两者的结论则多少有共同之处，即至和以后，乡的职役行政功能逐渐消失了，成为仅限于确定税额的地域单位。

根据同年包拯的章奏，可知至和二年（1055年）废里正衙前，既废除了里正的衙前义务，更废除了里正之职："臣伏见知并州韩琦上言，乞罢诸路里正，逐乡税赋只委户长催纳，三司已牒逐处转运司相度去讫。"④但前引《宋史·食货志》和《文献通考·历代乡党版籍职役》中都将里正、户长并列，活动于至和二年（1055年）之后的苏辙也有所谓"于捕盗则用为耆老壮丁，于催税则用为户长里正"⑤的说法。似乎至和二年（1055年）废里正衙前之后，里正与户长仍然并存，所废除的只是里正充当衙前的差役义务。对这一矛盾，刁培俊先生认为，"至和二年（1055年）诏罢里正衙前，乡役里正也随之废止。此后，宋人文集和其他一些传世文献中仍大量出现里正之名，其实只是宋人俗称保正为里正，不可与宋初里正等同视之"⑥。

对里正与户长何以同主赋税，其各自的分工如何，目前尚无合理的解释。

另一个值得注意的问题是曾在唐朝渐显重要的"村"级组织的名称在宋代基本消失了，但目前尚未得到学术上的关注。

二、熙宁以后以保甲组织取代乡里组织

《续资治通鉴长编》卷二一八载，熙宁三年（1070年）十二月乙丑载司农寺定"畿县保甲条例"。《宋史》卷一九二《兵志·保甲》记了载该条例的内容："畿内之民，十家为一保，选主户有干力者一人为保长。五十家为一大保，选一人为大保长。十大保为一都保，选为众所服者为都保正，又以一人为之副。应土客户两丁以上，选一人为保丁……内家赀最厚、材勇过人者亦充保丁，兵器非禁者听习。每一大保夜轮五人警盗。凡告捕所获，以赏格从事。同保犯强盗、杀人、放火、强奸、略人、传习妖教、造畜蛊毒，知而不告，依

①　陈振：《宋史》，124页，上海，上海人民出版社，2003。
②　王棣：《宋代乡里两级制度质疑》，载《历史研究》，1999（4）。
③　夏维中：《宋代乡村基层组织衍变的基本趋势——与〈宋代乡里两级制度质疑〉一文商榷》，载《历史研究》，2003（4）。
④　《包拯集·请罢里正只差衙前》。
⑤　《栾城集》卷三五，《自齐州回论时事书·划一状》。
⑥　刁培俊：《分工与合作：两宋乡役职责的演变》，载《河北大学学报》（哲学社会科学版），2005（4）。

律伍保法。余事非干己，又非敕律所听纠，皆毋得告，虽知情亦不坐。若于法邻保合坐罪者乃坐之。其居停强盗三人，经三日，保邻虽不知情，科失觉罪……既行之畿甸，遂推之五路，以达于天下。"熙宁"四年，始诏畿内保丁肄习武事"，保甲组织遂又具军事性质。

熙宁六年（1073 年），"司农寺言：'开封府界保甲，以五家相近者为一保，五保为一大保，十大保为一都保……诸路依此。'从之。"① 依次分别设立保长、大保长和都保长。

因为保甲具有警察乃至准军队的强制功能，其催征赋税更为简便有效，故熙宁七年（1074 年）十月，宋政府"废户长、坊正，其州县坊郭税赋、苗役钱，以邻近主户三二十家排成甲次，轮置甲头催纳，一税一替，逐甲置牌籍姓名，於替日自相交割，县毋得勾呼；衙集役使，除许催科外，毋得别承文字，违者许人告，以违制论"②。意即以催税甲头代户长、坊正。熙宁八年（1075 年），"诸县有保甲处已罢户长、壮丁，其并耆长罢之。以罢者、壮钱募承帖人，每一都保二人，隶保正，主承受本保文字。乡村每主户十至三十轮保丁一，充甲头，主催租税、常平、免役钱，一税一替"③。意即废罢乡耆长、壮丁，在保正管理下，将其催税义务募人代替。哲宗元祐元年（1086 年），"以保正长代耆长，甲头代户长，承帖人代壮丁"④。至此，保、甲组织完全取代"管"这一基层组织，都（保）开始成为农村组织中的主要层级。成书于北宋的《吴地记后集》收录了平江府（即后来的苏州府）诸县乡都名称：其中吴县、长洲县、昆山县、常熟县皆有都无乡，唯吴江县有乡无都。南宋《重修琴川志》中也屡次提到该县"九乡五十都"⑤。说明依户口编制的"都"已成为县以下乡村主要行政层级了（乡的建制依然存在，唯其是具有完全职役行政功能的乡，还是仅具赋役功能的乡，已无从考证）。

哲宗元祐二年（1087 年），改保、甲长催税法，诏令要求"诸县无得以催税比磨追甲头、保长，无得以杂事追保正、副"，以"大保长苦无公事……分催十保税租、常平钱物，一税一替，则自不必更轮保丁充甲头矣"⑥。意即废催税甲头，将催税义务完全归于大保长。

三、南宋或以保甲代户、耆长，或保甲与户、耆长并行

高宗建炎元年（1127 年）"罢户长催税，复甲头"；绍兴七年（1137 年）"大保长仍旧催科"；绍兴九年（1139 年）五月，"复召募耆长法"⑦（即恢复耆长催税，与保甲并行）；绍兴十二年（1142 年），"实施经界法后，尤其是到了南宋的中后期，里更是在绝大多数地区已名存实亡了"，"与此同时，都的地位则不断上升，并成为乡村社会经济中最重要的基层组织……虽然不少地区的方志中仍保留里名，但其中的绝大多数已并不在乡村基层建制中发挥实际作用，而只是名称的遗存而已"⑧。

---

① 《续资治通鉴长编》卷二四八。

② 《续资治通鉴长编》卷二五七。

③ 《续资治通鉴长编》卷二六三。

④ 《宋史·食货上·役法》。

⑤ 《重修琴川志》卷二，《叙县·乡都》，载《宋元地方志丛刊》，第 2 册，1169 页，北京，中华书局，1990。

⑥ 《宋史·食货上·役法》。

⑦ 《宋史》卷二十八。

⑧ 夏维中：《宋代乡村基层组织衍变的基本趋势——与〈宋代乡里两级制度质疑〉一文商榷》，载《历史研究》，2003（4）。

北宋最初实行保甲制度，一是为着维护乡村治安，二是为着用保甲这一民兵制逐渐代替乡兵之募兵制。但保甲组织逐渐取代了乡村基层组织的行政功能，进而演变为农村重要的基层行政组织，对乡村基层组织历史产生了重大影响。

第八节
金、元乡村基层行政组织

一、乡、里制

（一）金代乡、里制

《金史·食货志一》载："五家为邻，五邻为保，以相检察。京府州县郭下则置坊正。村社则随户众寡为乡，置里正以按比户口，催督赋役，劝课农桑。村社三百户以上则设主首四人，二百以上三人，五十户二人，以下一人，以佐里正，禁察非违。置壮丁以佐主首巡警盗贼。猛安谋克部村寨，五十户以上设寨使一人，掌同主首。寺观则设纲首。""凡坊正、里正，以其户十分内取三分，富民均出顾钱，募强干有抵保者充，人不得过百贯，役不得过一年（大定二十九年，章宗尝欲罢坊、里正，复以主首远入城应代，妨农不便，乃以有物力谨愿者二年一更代——原注）凡户口计账，三年一籍。自正月初，州、县以里正、主首……诣编户家责手实，具男女老幼年与姓名，重者增之，死者除之。"

《金史·兵志》载："太祖即位之二年……始命以三百户为谋克，谋克十为猛安。"据此可知，在金朝，普通乡村基层组织为乡、村社两级（村制仿自唐代）。乡设里正，编制户口、催督赋役，劝课农桑；村社设主首，帮助里正，纠察非法；邻、保为治安连坐组织。原女真部落基层组织为猛安、谋克与"村寨"三级。猛安为三千户（其长即称猛安，战时为千夫长），谋克为三百户（其长即谋克，战时为百夫长），村寨辖五十户，其长称"寨使"，相当于村之"主首"。

（二）元代乡、里制

关于元代农村基层组织的设置，现有史料没有明确而系统的叙述，我们只能根据元代地方志中关于乡里的记载进行大致的梳理。

《永乐大典》卷二二七七载："元各都设里正、主首。后止设里正，以田及顷者充，催办税粮。又设社长，劝课农桑。"[①]《至元嘉禾志》卷三"乡里"载，嘉兴县有"二十二乡，乡别分为四十都"[②]，22 乡共辖 88 里。此表明该县下有乡、都、里等组织，乡下设里。崇

---

① 《永乐大典》二十一卷，《吴兴续志·田赋·役法》，载马蓉等点校：《永乐大典方志辑佚》，第 2 册，752 页，北京，中华书局，2004。
② 《宋元地方志丛刊》，第 5 册，4432 页，北京，中华书局，1990。

德县有"十二乡,乡别为三十一都,都又分为十保"①,12 乡共辖 68 里。此表明该县下分乡、都、保、里等组织,乡下设里,保隶于都,为十进制,此为宋朝保甲遗制。至于乡与都、里与保之间的关系,则不甚明确。

《(延祐)四明志》第八卷载,"鄞县乡十一,都五十五,隅七",其中"老界乡在县东五里,旧有里一,赤城村二(盛店、尚书),今管都四"②。说明该县原乡下设里,里下设村,延祐年间(1314—1320 年)修志时改为乡、都两级,隅大概是县治中与乡平行的行政建制。《(至正)四明续志》载,"老界乡,一都至四都,九十一社"③。县下设乡、都、社三级制。同为至正年间(1341—1370 年)续修的《琴川志》所载各乡基层组织却与四明各县不同,琴川县之"感化乡在县西北,管都七",其中"第一都管里四、管村四……第二都管里三,管村六"④,即乡以下依次为都、里(村)。村、社大概属同一组织,唯名称不同罢了。《至顺镇江志》卷二《地理·丹徒县》云:"旧宋各都设立保长,归附后,但藉乡司应酬官务,厥后选差里正、主首(里正催办钱粮,主首供应杂事),科役繁重,破家荡产,往往有之……每乡所辖都分不等,其中为里、为村、为坊、为保,皆据其土俗之所呼以书。""崇德乡在县南,都三、里十五","洞仙乡在县西南,都四、里(保、村)十一"。说明都之下,里、保、村均为同级,唯名称不同而已。

大德七年(1303 年),江西道各地乡村"每一乡拟设里正一名,每都主首以上等都分拟设四名,中等都分拟设三名,下等都分拟设二名"⑤。

从上述引文大致可以判断元朝一方面继承了金朝的村制,另一方面也吸收了宋朝的都、保制,且各地的农村组织并不完全统一。大致江浙一带农村为乡、都、里(保、村、社),里正、主首均设于都一级,乡级为虚级。而江西一带则为乡、都制,乡设里正,都设主首。里正、主首"专与乡里大家理田亩丈尺、税赋等则收入,谓之乡司,至贱之职也"⑥,由乡、都内田地资产较多的上户轮充。

二、社制

前述西周、春秋至秦、汉时期,基层皆有"书社"或"社"的组织,大抵是共同祀奉同一土地神的居民单位。元朝则充分发展了这一组织。

(一)有关社的法令

至元七年(1270 年),元世祖忽必烈诏令要求全国各地以自然村为基础建立"社":"诸县所属村疃,凡五十家立为一社,不以是何诸色人等并行入社。令社众推论年高通晓农事有兼者立为社长。如一村五十家以上,只为一社。增至百家者,另设社长一员。如不及五十家者,与附近村分相并为一社。若地远人稀不能相并者,斟酌各处地面,各村自为一社

① 《宋元地方志丛刊》,第 5 册,4435 页,北京,中华书局,1990。
② 《宋元地方志丛刊》,第 6 册,6280 页,北京,中华书局,1990。
③ 《宋元地方志丛刊》,第 7 册,6475 页,北京,中华书局,1990。
④ 《宋元地方志丛刊》,第 2 册,1169 页,北京,中华书局,1990。
⑤ 《元典章》卷二十六,《户部》卷十二,《赋役》。
⑥ 孔克齐:《至正直记》卷二,《广德乡司》。

者听，或三村或五村并为一社，仍于酌中村内选立社长。官司并不得将社长差占别管余事，专一照管教劝本社之人劝勤农业，不致惰废。"①《元史》卷九十三《食货志》载："其合为社者，仍择数村之中，立社长官司长以教督农民为事。凡种田者，立牌橛于田侧，书某社某人于其上，社长以时点视劝诫。不率教者，籍其姓名，以授提点官责之。其有不敬父兄及凶恶者，亦然。仍大书其所犯于门，俟其过自新乃毁，如终岁不改，罚其代充本社夫役。社中有疾病凶丧之家不能耕种者，众为合力助之。一社之中灾病多者，两社助之。凡为长者，复其身，郡县官不得以社长与科差事。"《元典章》卷二三《户部·农桑·立社》载："若有不务本业、游手好闲、不遵父母兄长教令、凶徒恶党之人，先从社长叮咛教训。如是不改，籍记姓名，候提点官到日，对社众审问是实，于门首大字粉壁书写不务本业、游惰、凶恶等名称。如本人知耻改过，从社长保明申官，毁去粉壁。如终是不改，但遇本社合著夫役，替民应当，候悔过自新，方许除籍。"②

（二）社是行政组织与社会组织的统一体

根据以上引文，元初的社与自然村或重合，或数自然村合为一社。社在自然村之上，实际上就是"行政村"。社的职能主要是督促农业生产，对社员进行惩戒性的孝悌教育，以及组织社内互助。社长由本社推举产生，并承担劳役与差役义务。

社长还负责调解本社纠纷。至元二十八年（1291年）颁布的《至元新格》有令："诸论诉婚姻、家财、田宅、债负，若不系违法重事，并听社长以理谕解，免使妨废农务，烦扰官司。"③

社长主管社内义仓。"每社立义仓，社长主之"，"本社内若有勤务农桑、增置家产、孝友之人，从社长保举官司，体究得实，申覆上司，量加优恤。其社长与本处官司体究所保不实，亦实责罚"④。

社长要负责社内治安。至元十一年（1274年）十一月诏："随处百姓，有按察司、有达鲁花赤、管民官、社长，似彰德、益都两处一般反贼每（们）呵，他管什么？已后似那般有呵，本处达鲁花赤、管民官、社长身上要罪过者。"⑤《至元新格》规定："诸假灵异，妄造妖言，佯修善事，夜聚明散，并凡官司已行禁治事理，社长每季须一诚谕，使民知恐，毋陷刑宪。"⑥ 对社员"或不务本业，或出入不时，或服用非常，或饮食过分，或费用无节，或元贫暴富，或安下生人，或交结游惰"，都严加纠察。"如是有失觉察，致有人户违犯者，验轻重将社长责罚。"⑦ "延祐四年（1317年）五月，行省准中书省咨，照得近为诸处城邑、村坊、镇店多有一等游手末食之民，不事生业，聚集人众，祈赛神社，赌博钱物，以尝遍行禁治去讫"，"坊里正、主首、社长有失矜束，知而不行首告者，减为从者罪一等。"⑧ "至

---

① 《通制条格》卷十六，《田令·农桑》。
② 《大元圣政国朝典章》卷二十三，《户部·农桑·立社》。
③ 《元典章》卷五十三，《听讼·至元新格》。
④ 《大元圣政国朝典章》卷二十三，《户部·农桑·立社》。
⑤ 《元典章》卷二十三，《户部》卷九，《农桑·立社·社长不管余事》。
⑥ 《通制条格》卷十六，《田令·理民》。
⑦ 《通制条格》卷十六，《田令·立社巷长》。
⑧ 《元典章》卷五十七，《刑部》卷十九，《禁聚众》。

元二十一年六月二十五日福建行省准中书省咨据御史台呈……如有习学相扑或弄枪棒，许诸色人等首告是实，教师及习学人并决七十七下……社长知情故纵，减犯人罪二等。"①。

社内设立学校。"今后每社设立学校壹所，择通晓经书者为学师，于农隙时月，各令子弟入学。"②

（三）社的变异

元朝后期，社最终沦为催征赋役的组织。"立社最初，元政府大约还没有想到用社来征调赋役……而在社制之外继设里正、主首以催赋役。"③ 为避免将社沦为催税职役，元政府还常颁令禁止将职役负担加于社长。至元二十八年（1291 年）颁行的《至元新格》规定："诸社长本为劝农而设……今后凡催差办集，自有里正、主首，其社长使专劝农。"④ 大德年间申令："将不通晓农事之人尽行革罢，选年高通晓农事者立为社长，并不得差占别管余事，专一教劝本社之人务勤农业，不致堕废。"⑤ 武宗至大三年（1310 年）又重申："今后路、府、州、县并不得将社长差占别管余事。"⑥ 直到至正八年（1348 年），顺帝仍在"诏守令选立社长，专一劝课农桑"⑦。

但社还是沦为了职役单位。"既然社是当时普遍推行的唯一的基层组织，主首之职又置于村社之中，把社作为征调赋役的最底层的单位势成必然"，"有些地方由于主首的职事实际由社长顶差，率性废除了主首这一职役。另一些地方更因社长之替代主首，便依赀产之高下将社长派给富户担任"。"《元典章》卷二十四《晓论理军人条画十四款》规定军户免去'人夫、仓官、库子、社长、主首、大户车牛等一切杂役'，将社长列入杂役。在《至顺镇江志》里，社长被列入户役，紧排在坊正、里正之后"，"《永乐大典》所录《吴兴续志》也将社长同里正、主首一起归入役法"⑧，因此，"社长到后来实际上已经成为职役之一种，因为它无论从充任条件还是从职责权力来说，都与作为职役的里正和主首毫无二致了"⑨。

---

① 《元典章》卷五十七，《刑部》卷十九，《禁治社众习学枪棒》。

② 《通制条格》卷十六，《田令·农桑》。

③ 杨讷：《元代农村社制研究》，载《历史研究》，1965（4）。

④ 《通制条格》卷十六，1 页。

⑤⑥ 《元典章》卷二十三。

⑦ 《元史》卷四一，《顺帝纪》四。

⑧ 杨讷：《元代农村社制研究》，载《历史研究》，1965（4）。另参见陈高华：《元代役法简论》，载《文史》，第 11 辑，北京，中华书局，1981。

⑨ 陈衍德：《元代农村基层组织与赋役制度》，载《中国社会经济史研究》，1995（4）。

第九节
明朝基层行政组织

一、洪武前期粮长制下的基层组织

明代的基层组织，仅在太祖朱元璋时期，就分前后两个阶段，变化甚大。以洪武十四年（1381 年）为界，前期是以粮长制度为主线的基层组织，后期是以里甲制主导的基层组织。

（一）粮长成为县以下的准行政长官

与宋元一样，明初依然由乡里承担组织乡里公共生活的职役。洪武四年（1371 年）九月下诏，在南方产粮各省建立粮长制度。"以万石为率，其中田土多者为粮长，督其乡之赋税"①，即由粮长督收并解运总额为万石之纳粮区的税粮。粮长没有俸禄，督收、解运税粮完全是义务。如不能完成任务，还负责理赔。其程序是：粮长督促里长，里长督促甲首，甲首督本甲人户交纳。最后，粮长将各里甲税粮汇集一起，率当年值年的里长及运粮甲户，运送到缴纳地点。粮长所管辖"区"的范围，是以"都"为基础划分的。根据税粮数的多少，有的地方是一都设置一区或数区，有的地方则是数都合并为一区。② 税粮征收的根据是国家定期进行土地登记而形成的所谓"鱼鳞图册"。

粮长除督收、解运税粮外，还于农闲时会集乡中父老，劝导农耕；还有权向皇帝面奏拒纳人户，具报灾情及抛荒土地，请求蠲免该土地税粮；遇有编造黄册与鱼鳞图册时，要奉命参加。事实上，明初的粮长，有的还在地方"包揽词讼"③。从以上看，粮长参与了地方许多公共事务的管理工作，因此其分管区域虽不能视为完全的政区，但也可以视为准政区。

日本学者小山正明先生在对明代粮长的职权作了细致的分析之后，得出结论："粮长不止在区内征收税粮，还担当徭役科派户籍的编造，及其具体科派事宜。明代国家收入的基础无非是税粮与徭役，而二者的征调是以区为单位来进行的。这就清楚地表明了'区'这——县和里中间的乡村行政区划的性质，同时也显示了统辖一区之粮长所占有的位置，乃是乡村统治系统中位于里长之上的重要组成人员"，他"几乎全面执掌区内的乡村行政"④。即认为应将粮长所辖之"区"列为乡村一级独立行政层级。青年历史学者吴滔也认为，"由于

① 《明太祖实录》卷六八。
② 参见梁方仲：《明代粮长制度》，第二章，上海，上海人民出版社，1957；［日］小山正明：《明代的粮长》，载刘俊文主编：《日本学者研究中国史论著选译》，第 6 卷，北京，中华书局，1993。
③ 龙文彬纂：《明会要》卷五十一，《民政》二，《粮长》。
④ ［日］小山正明：《明代的粮长》，载刘俊文主编：《日本学者研究中国史论著选译》，第 6 卷，169、176 页，北京，中华书局，1993。

'区'一级有粮长专门负责，而'都'一级则没有对应的职役，这使'都'仅成为里甲编排和县级以下地域单位的连接点，基本上不履行任何行政职能，逐步由实入虚；'区（扇）'则因发挥实际职能而成为实实在在的一级区划，开始替代'都'，和里甲制度相互配合，使赋役体系得以保障"[①]。

由于明中期以后，豪强富户竞相逃税，粮长征收粮税日益困难，且首都北迁后解运十分艰巨，为上户所不愿再为，于是，"民避粮长之役，过于谪戍"[②]。粮长之役，开始由中户甚至下户轮充，或由各里长兼充，或由贫户"朋充"（即由数人共同担任粮长，以分担负担），乃至雇充。到一条鞭法改革，将纳粮改为纳银后，粮长基本取消。

（二）粮长制下的南方农村基层行政组织

明初北方的乡村保留了金、元以后乡里制及社制的色彩，而南方则深受宋代都保制的影响。即使同为南方，在洪武十四年（1381 年）推行里甲制度之前，各地农村的都保组织建制也不一致。

从现存的明初户帖（由民户执存的户籍本）能看出当初的基层组织情形。该户帖上面均印有洪武三年（1370 年）十一月二十六日明太祖给户部的圣旨，要求户帖登记民户籍贯的格式为"一户某：（某）府、（某）州、（某）县、（某）乡、（某）都、（某）保"[③]。说明明初乡村组织是乡、都、保三级制。但根据卢熊纂修洪武十二年（1379 年）刊的《苏州府志》，有些县实行乡、里建制（如吴县、长洲县），有的是乡、都、里建制（如常熟县），有的是乡、保建制（如昆山县），有的是乡、村建制（如吴江县），有的则是乡、都建制（如嘉定县）。

二、洪武中期以后的里甲组织

（一）里甲组织的建立

元末战乱，户籍与原乡、都、里组织遭到严重破坏，即使保存下来的户籍也因为人口的变动而无法再作为徭役征派的依据。故朱元璋在建国初，就开始重建户籍制度。户籍的重建首先由军队进行。前引洪武三年（1370 年）十一月二十六日发给户部的圣旨说，"如今天下太平了也，只是户口不明白……我这大军如今不出征了，都教去各州县里下著绕地里去点户比勘合"[④]。

统一中国后，明太祖又在洪武十四年（1381 年）在全国范围内设立了里甲制。《明太祖实录》载："是月，命天下郡县编赋役黄册。其法以一百一十户为里。一里中，推丁粮多者

① 吴滔：《明清江南基层区划的传统与市镇变迁——以苏州地区为中心的考察》，载《历史研究》，2006（5）。

② 龙文彬纂：《明会要》卷五十一，《民政》二，《粮长》。

③ 记载有此户帖格式的资料，有（明）李诩（江阴县）：《戒庵老人漫笔》卷一"半印勘合户帖"条（转引自唐文基：《明代赋役制度史》，19～21 页，北京，中国社会科学出版社，1991）；《（崇祯）嘉兴县志》卷九，《食货志·户口》，351 页，北京，书目文献出版社，1991；中国社会科学院历史研究所图书馆善本库现藏有明洪武四年（1371 年）安徽省祁门县十西都住民汪寄佛户帖，载吴展：《明代户帖的史料价值与版本价值》，载《中国史研究动态》，2006（9）。

④ （明）李诩（江阴县）：《戒庵老人漫笔》卷一，"半印勘合户帖"条。

十人为之长，余百户为十甲。甲凡十人，岁役里长一人，甲首十人，管摄一里之事。城中曰坊，近城曰厢，乡都曰里。凡十年一周，先后则各以丁粮多寡为次，每里编为一册，册之首总为一图。其里中鳏寡孤独不任役者，则带管于百一十户之外，而列于图后，名曰畸零。成为四本，一以进户部，其三则布政司、府、县各留一。"

这一引文首先说明，"洪武十四年，这样的里甲组织，才于全国统一建立起来"①；其次，每里有110户，由百十户中选出丁粮多的10户为里长，10年内每位里长轮流当值；再次，其余100户则组成10甲，每甲10户，10年内每户轮充一次甲首，由里长领导办理一里公事；又次，里甲编制的基本标准是人户；最后，里又称为"图"②。

（二）里甲组织的行政与社区功能

1. 里甲组织的行政功能

里甲组织的行政功能主要是征派赋役，即所谓里甲正役，包括"催办钱粮，勾摄公事"③。所谓"催征钱粮"，即"该办税粮，粮长督并里长，里长督并甲首，甲首催督人户"④。所谓"勾摄公事"，包括：（1）清理、登记里内所有民户土地、财产及人口现状及变化。"有司先将一户定式誊刻印板，给予坊长、厢长、里长并各甲首，令人户自将本户人丁事产依式开写，付该管甲首。其甲首将本户并十户造到文册送各该坊、厢、里长，坊、厢、里长将甲首所造文册攒一处，送赴本县。"⑤（2）"清勾军匠，根究逃亡，拘捕罪犯。"（3）"到各级衙门'承符呼唤'……包括押送犯人。"（4）"支应'上供物料'。"⑥

官宦生员人等可免其他杂役，但不能免里甲正役，更不能免粮长役，功臣之家则可一切优免。差役征派的依据是国家定期进行人口登记的所谓"黄册"。

里甲编制主要以人户为标准，法律对"里"内人户实行严格的封闭式管理。每户农民与土地都被网罗在里甲织成的罗网中，不得脱籍，不得随意迁徙，否则即是所谓逃户，构成"脱漏户口"或"逃避差役"的罪名。"凡逃户，洪武二十三年令监生同各府州县官拘集各里甲人等，审知逃户，该县移文，差亲邻里甲于各处起取。其各里甲下、或有他郡流移者、即时送县，官给行粮、押赴原籍州县复业。"⑦

除催税承役外，里甲还有历课农桑、管理水利的权力。"民间或有某水可以灌溉田苗，某水为害可以堤防，某河壅塞可以疏通，其当里老人会集踏看丈量见数，计较合用人工，

---

① 唐文基.《明代赋役制度史》，29～30页，北京，中国社会科学出版社，1991。

② 关于"图"称呼的起源，目前尚无统一的说法。赵翼认为始于南宋（赵翼：《陔余丛考》卷二十七《乡都》）。今人陈宝良根据朱熹"图帐之法始于一保"的说法，认为"图应该起源于南宋，原为打量攒造田地经界之法"（陈宝良：《中国的社与会》，146页，杭州，浙江人民出版社，1996）。顾炎武则据《萧山县志》，认为"改里为图，自元始"，明初"每里册籍首列一图，故名图"（顾炎武：《日知录》卷二十二）。嘉靖《浦江志略·疆域志》载："大明洪武十有四年，定图籍，隶于隅都。民以一百一十户为一图，共一百六十六。每图设里长一人，十年一役。"

③ 《大明律·户律》一。

④ 《明会典》卷二九，《户部》十六。

⑤ 《明会典》卷二零，《户部七》。

⑥ 唐文基：《明代赋役制度史》，40页，北京，中国社会科学出版社，1991。

⑦ 《明会典》之十九，《户口·逃户》。

并如何修筑，如何疏通，定夺计策，画图贴说，赴京来奏，以凭为民兴利除害。"①

明初的里甲组织还有治安功能。里甲成员相互负连带行政与刑事责任，里长更对里内其他违法人户负责。《大诰续编·互知丁业第三》载："一里之间，百户之内，见诰仍有逸夫，里甲坐视，邻里亲戚不拿，其逸夫者或于公门中，或在市间里，有犯非为，捕获到官，逸夫处死，里甲四邻化外之迁，的不虚示。"《大诰续编·再明游食第六》载："所在有司，邻人里甲，有不务生理者，告诫训诲，作急各著生理。除官役占有名外，余有不生理者，里甲邻人著限游食者父母兄弟妻子等，一月之间，仍前不务生理者，四邻里甲拿赴有司。"

2. 里甲组织的社区功能

朱元璋还欲将里甲变为负有恤贫扶弱以及仲裁、调解功能的互助自足的自治社区："朕置民百户为里，一里之间，有贫有富。凡遇婚姻死丧，疾病患难，富者助财，贫者助力，民岂有穷苦急迫之忧？又如春秋耕获之时，一家无力，百家代之，推此以往，宁有不亲睦者乎？尔户部其谕以此意，使民知之。"② 为实现这一社会自治理想，朱元璋甚至试图强迫上中人户资助本里中因贫困、残疾而乞食者，规定上中人户倘若"见乞觅之人，不行资给"，则"验其家，所有粮食存留足用外，余没入官，以济贫乏"③；甚至"命户部谓有司曰：有产之家不赈无产之家、佃户人等，领赴京来"④。

明初除里长外，里设"老人"。洪武二十一年（1388 年）《教民榜文》规定，"凡民间户婚田土斗殴，一切小事，不许辄便告官，务要经由本管里甲、老人理断。其不经由者，先将告人杖断六十，仍发回里甲、老人理断"，里甲、老人"许用竹篦荆条，量情决打。若不能决断，至令百姓赴官紊烦者，其里甲老人，亦不（疑为'应'之误）断六十。年七十已上者不打，依律罚赎，仍着落果断。若里甲、老人循情作弊，颠倒是非者，依出入人罪论"。"凡老人、里甲剖决民讼，许于各里申明亭议决。其老人须令本里众人推举平日公直，人所敬服者，或三名五名十名，报告在官，令其剖决。若事干别里，须会该里老人、里甲公同剖决。其坐次先老人，次里长，次甲首，论齿序坐，如里长年长于老人，坐于老人之上。"⑤

根据《教民榜文》，里甲老人除对斗殴等轻微刑事案件及所有民事案件进行调解、裁决外，还负有宣讲圣谕，旌表孝子顺孙、义夫节妇，行乡饮酒礼并主持乡里祭祀等责任。显然，洪武皇帝希望里甲老人在里甲内成为汉代"三老"一样的道德权威和精神领袖。

在朱元璋对基层社会的设计中，里甲的功能绝非仅限于赋役的科派和征收，每个里甲都应当是一个对地方各种公共事务统一管理的行政区域与准司法区域，同时也应当是一个相对封闭的且有很强集体认同感与情感、道德归宿感的合作社区。

（三）里甲组织的崩溃

即使整个社会可以如西周将每一个人的血缘、职业身份，以及居住、活动范围完全固

---

① 《皇明制书》卷九，《教民榜文》。

② 《洪武实录》卷二三六。

③ 《皇明诏令》卷二，《正礼仪风俗诏》，齐鲁书社"四库全书存目丛书"。

④ 《大诰三编·陆和仲胡党第八》（台北学生书局"明朝开国文献"）。转引自高寿仙：《晚明的地方精神与乡村控制》，载万明主编：《晚明社会变迁问题与研究》，北京，商务印书馆，2005。

⑤ 《皇明制书》卷九。

定化，这种里甲组织也不可能达到政府既定的效果。首先，因为里甲组织内，各甲、各里的人丁事产既不可能达到完全均平，亦不是静止不变的。随着时间推移，各甲、各里的人丁事产"消长不齐"，其赋役的承担能力亦有很大变化，但赋役的标准却依然不变。其次，商品经济已经无可阻挡地影响着社会生活，因而也冲击着里甲这种完全静态、僵死的网状组织。

虽然明朝政府以严厉的"路引制"与对逃户的严厉制裁禁止人口的流动，但人口的流动是不可避免的。除严厉制裁之外，明朝对逃户也常常以逃入地政府对逃户重新编籍（也就是将其编入逃入地里甲）与之妥协，所谓"准于所在官司收籍、拨地耕种、纳粮当差"，"逃户已成产业、每丁种有成熟田地五十亩以上者、许告官寄籍"①。

对土地的流动，明政府则是无可奈何。"田不过都"之制，大约永乐以后便废止了②，跨里、跨都乃至跨县土地买卖已无法禁止，地籍变化剧烈。僵化的里甲管理制度已不能适应土地的频繁流动。由于里甲完全按人户编制，其催征田赋、金派杂役只能于本里人户进行。如果外地人户在本里寄庄，则难以催征与金派。虽然"（洪武）二十四年，令寄庄人户，除里甲原籍排定应役，其杂泛差役、皆随田粮应当"③，但里长对寄庄户的实际管辖能力有限。更有有能力者为逃避田赋与杂役，通过将土地登记在他人名下（称诡寄）、分家析户（称花分，以降低本户丁粮数）、对买入的土地不办理过割赋税，以及贿赂县吏、里长等各种手段，逃漏田税与杂役，并将其以连带责任形式转嫁到同里其他农民身上，从而引起大量农民逃亡。上述情形导致原有的里甲制度不能公平地征收税粮、征派赋役。"田不过都"之制被破坏以后，"从此，里甲与都图之间的关系也逐步疏离，里甲重在户口编审，都图重在划分地界，里与图的一一对应关系开始遭到破坏"④。

为解决地籍与户籍不一致情况下的赋役征派问题，广东香山县甚至"要专门在本县设立专门的'侨立都图'的户籍，才能向这些田土征派赋役"⑤。

随着商业的发展，里甲中的老人也开始变质，"比年所用多非其人，或出自仆隶，或规避差科，县官不究年德如何，辄令充应，使得凭藉官府，肆虐间阎，或因民讼，水肆贪饕，或求公文，横加骚扰，妄张威福，颠倒是非，或遇上司官按临，巧进谗言"⑥。"国初设老人二名，以佐州县之政。但老人名色近皆归于里甲，催科及仆隶顶当，朝捶暮楚，人皆耻为。"⑦

明代中叶后，随着一条鞭法的实行，里甲正役逐渐摊入地亩，折银征收，雇募应役，里甲十年轮役之法逐步被废弃。据高寿仙先生的研究，"江南一些地方政府甚至放弃了按户数编制里甲的传统做法。'就田取齐，另编里甲'，即完全以田亩数为标准重新编组里甲。

① 《大明会典》卷十九，《户口》一，《逃户》。
② 参见栾成显：《明代黄册研究》，372～377 页，北京，中国社会科学出版社，1998。
③ 《大明会典》卷二十，《户口》二，《赋役》。
④ 徐茂明：《明清时期江南社会基层组织演变述论》，载王卫平主编：《明清时期江南社会史研究》，234 页，北京，群言出版社，2006。
⑤ 刘志伟：《在国家与社会之间——明清广东里甲赋役制度研究》，76 页，广州，中山大学出版社，1997。
⑥ 《明宣宗实录》卷四。
⑦ （明）吕坤：《乡甲约》卷之二，载一凡藏书馆文献编委会编：《古代乡约及乡治法律文献十种》，第 1 册，182 页，哈尔滨，黑龙江人民出版社，2005。

如常州府曾打破'皆以户编，不问田之多寡'的旧制，改为'通计一邑之田，酌以六十八亩为一甲'；嘉定县曾'就所在一扇之中，计田若干，应编排年若干，一以田为准'。这种丧失了地缘性质的里甲，自然不可能再发挥原有的社区功能"[1]。

但"一条鞭法摊丁入地不彻底，人丁仍要负担部分徭役"[2]，"并入一条鞭税银中的差役银，一般称为'四差银'，而所谓'四差'，指的是均平、均徭、民壮、驿传。其中'均平'虽然是里甲正役的折银，但并不包括里甲正役的全部负担……里甲正役本来的两大基本任务，即'催征钱粮，勾摄公事'，并不包括在均平银内……里甲编制和十年轮值的制度，在一条鞭法改革之后仍然存续下来，直至清代……在明代末年，大小衙门已经重新将本应从一条鞭银开支的各种公费，派给里甲轮值供办"[3]。

三、明朝后期的保甲及官办乡约制度

(一) 保甲的兴起

明初的社会治安通常是由地方政府及中央政府在重要地方派驻的基层军事组织负责。基层军事组织有卫、所（卫下辖千户所、百户所、总旗、小旗）及同时兼具军事与行政双重职能的巡检司。同时，里甲组织也兼有缉捕盗贼的职能。叶春及著《石洞集》卷七《保甲篇》载："国朝以里甲任民，推择齿德以为耆老，里中有盗、戍卒、罪人逋逃及恶人不能捕者，里中老人集众擒之，具教民榜。盖时卫所以防大寇，巡司兵以缉细奸，间有如所云，不过老人、里长帅甲首追胥。申明亭外，未闻巡警铺；里长、甲首外，未闻总小甲也。总小甲立，有司只以徒役烦之，亦不能任盗贼，故又变为保甲。夫甲，一耳。"

明朝中期以后，各种社会矛盾的激化导致了社会治安状况的恶化，而卫所制与巡检司制又日趋败坏，不能有效地维护治安，故明朝政府开始在基层社会推行传统的保甲制度，与渐趋崩坏的里甲制度并行。

类似于保甲的基层治安组织，明朝初期在城市就有总甲之设。到宣德至天顺年间，总甲制"逐渐扩大到广大乡村"，"正德以后……乡村总甲设置大量裁减……有的地区在此基层上建立了保甲制，有的地区归之于里甲之中"[4]。隆庆、万历年间曾任福建巡抚的耿定向曾说："我高皇定籍，十户为甲，甲有首……近因户籍焚散，里图错居，始通之为保甲。"[5]

明朝最早明确实行保甲制度是在弘治年间："弘治初，兵部臣条上方略。于是严保甲之法：家给由牌，悬之门，具书籍贯丁口名数。有异言服者，即自纠发，不告奸同罪。命如议行。"[6] 但在天启年间，保甲组织通常只设于乡村。万历时，沈榜著《宛署杂记》第五卷《街道》载："见行城内各坊，随居民多少，分为若干铺，每铺立铺头火夫三五人，统之以总甲。城外各村，随地方之远近，分为若干保甲，每保设牌甲若干人，就中选精壮者为乡

① 高寿仙：《晚明的地方精英与乡村控制》，载万明主编：《晚明社会变迁问题与研究》，北京，商务印书馆，2005。
② 唐文基：《明代赋役制度史》，314 页，北京，中国社会科学出版社，1991。
③ 刘志伟：《在国家与社会之间——明清广东里甲赋役制度研究》，209 页，广州，中山大学出版社，1997。
④ 王裕明：《明代总甲设置考述》，载《中国史研究》，2006 (1)。
⑤ 耿定向：《耿天台先生文集》卷一八，《牧事末议》。
⑥ 陈仁锡：《后明世法录》卷四三，《兵制》。

兵，兵器毕具，而统之以捕盗官一人，保正副各一人。"

（二）各地方保甲与官办乡约的结合

由于缺乏统一的具体章程，乡村各地保甲制实行状况也各不同，其中实行较有力者，有武宗正德时期赣州知府王阳明在南赣实行的保甲制，嘉靖年间广西学政黄佐推行的保甲制，以及万历年间山西巡抚吕坤在山西实行的保甲制。

1. 王阳明的《十家牌法》与南赣乡约

正德十二年（1517 年）正月，都察院左金都御史王阳明兼任巡抚南赣期间，对闽、粤、湘、赣四省边界的盗贼，继军事清剿之后，推行《十家牌法》。该法先于城内施行，要求"在城居民，每家各置一牌，备写门户、籍贯及人丁多寡之数，有无寄住暂宿之人。揭于各家门首，以凭官府查考。仍编十家为一牌，开列各户姓名，背写本院告谕。日轮一家，沿门按牌，审查动静。但有面目生疏之人，踪迹可疑之事，即行报官究理。或有隐匿，十家连罪"①。所谓牌者，一指 10 家共同组成的治安单位，又称为"甲"；一指每家保存的人口登记牌以及 10 家总登记牌。登记于牌的人口信息非常详尽，包括其户籍类型（民户、军户、匠户、官户、客户），所属坊、甲，身份等级（官吏、生员、差役），职业，年龄，身体状况，有何技能、房产及田粮等。其检查极为细致、具体，每天酉牌时分，轮值人户持牌到各家查验户口。其后，《十家牌法》又推行到了农村。

最初是 10 家轮值，"各甲不立牌头"，主要为防止牌头"胁制侵扰之弊"，后来逐渐发现有必要立头领："然在乡村，遇有盗贼之警，不可以无统纪，令立保长督领，庶众志齐一，为此仰抄案回司即行，各道守巡兵备等官，备行所属，于各乡村推选才行为众信服者一人为保长，专一防御盗贼。平时各甲词讼，悉照牌谕，不许保长干与，因而武断乡曲。但遇盗警，即仰保长统率各甲设谋截捕。"②

《十家牌法》的户口登记信息非常全面、详尽，自然为赋役催征提供了准确的资料，因而此十家牌组织还有催征赋役的功能。"十家编排既定，照式造册一本，留县以备查考，及遇勾摄及差调等项，按册处分，更无躲闪脱漏。"此外，王阳明在推行《十家牌法》的过程中，还要求 10 家之内人户相互调处纠纷："十家之内，但有争讼等事，同甲即时劝释和释，如有不听劝解，恃强凌弱及诬告他人者，同甲相率禀官，官府当时量加责治省发，不必收监淹滞。凡遇理问词状，但涉诬告者，仍要查究同甲不行劝禀之罪。又每日各家照牌互相劝谕，务令讲信修睦，息讼罢争，日渐开导。如此则小民益知争斗之非，而词讼亦可简矣。"③ 显然，王阳明希望十家牌组织在承担治安功能的同时，还具有一定的纠纷调处功能。

在保甲组织之外，王阳明还要求南赣各县以下成立乡约组织机构。

乡约组织源自北宋。北宋熙宁九年（1076 年），陕西蓝田县乡绅吕大钧、吕大防兄弟在家乡设立旨在实行乡村道德教化与互助的组织，称为"乡约"。该约规定，乡绅乡民自愿参加，推举年高德劭一人为都约正，另推两位有学行者为约副。每月另选一人为直月。月终，

---

① 王阳明：《案行各分巡道督编十家牌》，载一凡藏书馆文献编委会编：《古代乡约及乡治法律文献十种》，第 1 册，136 页，哈尔滨，黑龙江人民出版社，2005。以下关于"乡约"所引，如无特别注明者，均引自该书。

② 王阳明：《申谕十家牌法增立保长》，145～146 页。

③ 王阳明：《申谕十家牌法》，142～144 页。

如有善行者，则加以奖励；有过者，则加以劝改。乡约规则由参加者共同议定，其规约的基本内容为：德业相劝，过失相规，礼俗相交，患难相恤。其相恤不限于约内之人，邻里之间，如有患难，乡约中规定亦应予以救济。该乡约组织与乡约规则被称为"吕氏乡约"。但由于政府不大重视这种纯民间组织，故宋元间并没有得到广泛的推广。

王阳明举办的乡约组织虽然保留了北宋蓝田"吕氏乡约"的形式与内容，但因其为政府以命令设立，且所有民众均须加入，故其性质与自由设立的"吕氏乡约"有很大的不同。"南赣乡约"的章程中，除规定有大量由约长将违约之人呈官究治的条款外，还规定了约长、约副等人向政府所负的行政责任。如约长有敦促约民纳粮的义务，"通约之人，凡有危疑、难处之事，皆须约长会同同约之人与之裁处区画，必当于理，济于事而后已。不得坐视推脱。陷人于恶，罪坐约长约正诸人"①。可见，王阳明举办的乡约与朱元璋推行的里甲老人制度并没有什么不同。

2. 乡约保甲一体化：吕坤的乡甲约

率先将乡约与保甲相结合的是万历年间巡抚山西的都察院右佥都御史吕坤，他在山西推行乡约与保甲一体化的乡甲约组织："乡约、保甲原非两事，本院捧读高皇帝《教民榜文》，及近日应行事例，谓乡约所约者此民，保甲所保者亦此民。但约主劝善，以化导为先；保主惩恶，以究诘为重。议将乡约、保甲一条鞭法。"②所谓乡约、保甲的一条鞭法，即在乡村共同体内设约正与保正，约正负责对民众进行教化劝善与道德监督，调解约内纠纷；保正负责乡村治安。

第十节
清朝乡村基层行政组织

一、里甲组织的恢复、变革及最后崩坏

（一）里甲组织的恢复

顺治五年（1648 年），清政府在全国范围内恢复明朝的里甲旧制："凡里百有十户，推丁多者十人为长，余百户为十为甲。岁除里长一，管摄一里事。城中曰坊，近城曰厢，乡里曰里。里长十人，轮流应征，催办钱粮，勾摄公事，十年一周，以丁数多寡为次，令催纳各户钱粮，不以差徭累之。"③清代不仅里甲制基本沿用明代制度，而且"里甲的差役负担，也与一条鞭法改革之前几无差异"④，与明代有所不同的是，将里长任用标准由原明朝的"丁粮多者"改为"丁多者"。

---

① 王阳明：《南赣乡约》，151 页。
② 吕坤：《乡甲约》卷之一，169 页。
③ 《清史稿》卷一二一，《食货》二，《赋役仓库》。
④ 刘志伟：《在国家与社会之间——明清广东里甲赋役制度研究》，211 页，广州，中山大学出版社，1991。

为及时登记丁口变化情况，清朝实行定期编审里甲丁口数。"（顺治）初定为三年，顺治十三年后，改为五年一次，乾隆以降，则渐沿为定例。"① 为缩短里甲单位服役时间，部分地方将里长、甲首"十年一周"改为"半年一役"，"十年两届"（即五年一役），康熙五年（1666 年）甚至变为"一年一役"②（每年一里十甲共同应役）。单位服役时间固然缩短了，但同时却增加了服役频率。

我国台湾地区学者张哲郎先生非常准确地指出了清初里甲制度与明代的区别："清代里甲制的功能与明代一样，最初也是为了编审黄册而设立，但是清代的里甲制并未像明代那样发展成具有征收赋税、维持治安及宣导教化等不同功能的制度；清代的里甲制始终只负责一种功能，那就是负责地方赋役的征收。"③

顺治十一年（1654 年），"复采用明万历一条鞭法"④。次年，皇帝谕令"各布政使严饬该道府，责令州县，查照旧册，著落里甲，逐一清厘"⑤。由于实行了"一条鞭法"，在佥派正役与杂役所依据的标准中，人丁的比重已经大大下降，土地数额比重有所增加，"通计州县田地总数与里甲之数均分办粮当差"⑥，意欲使县内各里土地总额大致相等，以均各里役负。与明朝一样，由于土地买卖的频繁，里甲组织僵化不能应变。此外，富户诡寄、分户逃隐、转嫁赋役等里甲制度先天所具有的痼疾很快也就显露出来了。

（二）里甲制度的改革

从康熙时起，清政府先后推行"均田均役法"和"滚单法"。所谓"均田均役法"，即由政府经常性地调整县内各里之土地面积，尽可能平均里内土地数额，以平均里内以土地为主的赋役额。一些州县还规定了里甲田亩数额，如浙江长兴县"每里三千亩，听民自相归并"⑦。所谓"滚单催征法"，即不再由里甲派民户赋役，而是由县政府直接逐户向民户下达具体赋税额，交里甲催征。"均田均役法"必须经常性地调整里甲土地面积，以适应变化了的土地关系变化情况；"滚单法"则在一定程度上取消了里甲差派赋役的功能，仅仅保留了催征义务。因此，上述役法改革虽仍在里甲框架内，但实际上已开始动摇里甲组织。即使如此，仍不能解决因寄庄导致的赋役催征困难。"若任便交易，则彼图售入此图，阡亩仍属参差。若贸不出图，则贫产遂难求脱，势豪益复刁难。此均田之所以未易言也。"⑧

"顺庄法"的推行使里甲组织基本功能丧失，"里"、"图"的区分更加明显。康熙"五十一年，谕曰：'海宇承平日久，户口日增，地未加广，应以现在丁册定为常额，自后所生人丁，不征收钱粮。编审时，止将实数查明造报。'廷议：'五十年以后，谓之盛世滋生人

---

① 闻钧天：《中国保甲制度》，217 页，北京，商务印书馆，1935。

② 刘志伟：《在国家与社会之间——明清广东里甲赋役制度研究》，213 页，广州，中山大学出版社，1991。

③ 张哲郎：《乡遂遗规——村社的结构》，载杜正胜编：《吾土与吾民》，216 页，北京，三联书店，1992。

④ 《清史稿》卷一二一，《食货》二，《赋役仓库》。

⑤ 《清世祖实录》卷八十八，顺治十二年正月壬子。

⑥ 《皇朝政典类纂》卷三零，《户役》。

⑦ （清）宗源瀚：同治《湖州府志》卷四，《疆域·乡都区庄》。

⑧ （清）黄六鸿：《福惠全书·编审·总论》。

丁，永不加赋。'"① 丁银制被彻底废除，但依丁征役的制度还依然存在。雍正元年（1723年），全国各地先后开始实行"摊丁入亩"，传统里甲组织中依丁粮派役的制度变为完全依田亩派役，里甲组织定期编制丁数以派役的功能丧失。雍正六年（1729年），清政府颁行"顺庄法"，对赋役征收制度进行改革。所谓顺庄法，即"顺庄编里，开造的名。如一人有数甲数都之田，分立数户名者，并为一户；或原一户而实系数人之产，即分立的户花名；若田亩未卖而移往他所者，于收粮时举报改正；田坐彼县而人居此县者，就本籍名色，别立限单催输"②。通俗而言，就是要求以人户现居村庄为中心，将该人户散落各都、图的田亩，统一归于该户名下，登册纳粮。这样便在法律上打破了里图合一、土地买卖"贸不出都"的限制，原有的里甲组织由于无法在本里（按 110 人户与都图地域双重标准编制）催征税粮而不再有存在的必要了。光绪《江阴县志》载："国朝乡坊仍明旧。康熙三年清丈田亩，分十七乡为三十六镇，镇各领保统乡城，为保四百四十有四。至征赋役，仍循都图旧制，雍正十一年通行顺庄法以清丈时，之（疑为衍字）镇保为序，而都图遂废（注：邑中经界，自宋以来始可考志，肇于宋也。自行顺庄法，改设镇保，迄今事越百年，尚存坊乡之名）。"③

乾隆五年（1740年），"户部言，每岁造报民数，若俱照编审之法，未免烦扰。直省各州县设立保甲门牌，土著流寓，原有册籍可查。若除去流寓，即可得实数，应令各督抚于每年十一月，将户口数和谷数一并造报"④。诏旨同意了户部的这一建议。从此，一年一度的保甲的户口编查制取代了五年一度的里甲丁口编查制（里甲丁口编审因为按丁征派赋役，故只登记丁数；而保甲为治安计则须登记每户所有人口，相当于当代人口普查）。乾隆三十七年（1772年），清政府下令："户口之岁增繁盛，俱可按籍而稽，更无五年一次，另行查办。嗣后编审之例，著永行停止。"⑤ 里甲编审户口的制度正式被废除，但里甲组织与名称并未完全废除，如在重庆府的巴县，根据《清代乾嘉道巴县档案选编》一书的记载，直至道光年间犹有里甲名称存在。⑥ 光绪时二十二年（1896年）时，河南叶县"旧编二十七里，嗣增为三十一里（详见赋役——原注），今乡人不言里，而言村，合县境盖五十三村云"⑦。大概此时很多地方连里甲的名称也消失了。

二、里甲组织废弛后的农村基层组织

里甲组织编审户口的功能固然由保甲组织接替了，其征派赋税的功能由什么组织来接替呢？目前历史学界有多种不同的观点。

第一种观点认为，清初至雍、乾时期，农村基层实行里甲组织与保甲组织并行，里甲

---

① 《清史稿》卷一二一，《食货志》二。

② 《皇朝文献通考》卷三，《田赋》三。

③ 《中国地方志集成·江苏府府县志辑 25·光绪江阴县志》卷二，《坊乡、镇保》。

④ 《清文献通考》卷二十一，《职役》一。

⑤ 《清实录·高宗实录》卷九一一，乾隆三十七年六月壬午。另参见嘉庆《清会典事例》卷一三三，《户部·户口·编审》。

⑥ 四川省档案馆、四川大学历史系主编的《清代乾嘉道巴县档案选编》（上）（四川大学出版社，1996）有"节里九甲"、"正里三甲"等字样。分别见该书第 48、50 页。

⑦ 乾隆《叶县志》卷三，《建置志·村庄》。

负责催征，保甲负责治安。雍、乾以后保甲组织不仅取代了传统里甲组织的功能，而且还广泛参与地方司法，以及乡约月讲、赈济等农村公共事务。持这种观点的有萧一山、从翰香、张研、孙海泉、金钟博等学者。①如萧一山认为，"（清初）以徭役户课为主……后以丁税摊入田赋，里甲制废，代之而兴者，即为图保甲社之名称，是保甲法不过仍袭旧制而加以整饬，如警卫、户籍、赋税诸端，皆事事兼顾，故谓里甲与保甲之关系，犹一物之有二面，或谓为保甲组织形式之前身，亦无不可"②。这一观点大体来自民国时期的学者闻钧天先生的主张，闻氏认为，"乾嘉以前之里甲制，与乾嘉以后之保甲制，实为完成清代整个保甲制度之两个阶段"③。他虽然将里甲与保甲的功能混为一谈，但对两种组织之前后替代关系则叙述得非常清楚。

第二种观点则认为，清代的保甲组织并没有取代里甲组织，在里甲、保甲之外，还有另一种农村组织在实际承担农村基层社会的公共管理职能。李怀印先生认为，"无论保甲制还是里甲制，在实际实行过程中，皆因时因地而异。但到18世纪早期，此类官方制度在不少地方已趋于式微，代之而起的是各种非正规做法。在村一级或村之上，乃出现名目不一的半官方人员，承担以前保甲、里甲的职能。官方文献常称此类人员为乡保、地方、乡地、保正或地保"④。这种非正规组织，魏光奇教授认为就是"乡地"："清代雍乾以后里甲制度趋于废弛，'乡地'成为各地的主体性乡村职役组织……乡地组织承担的职能包括催征田赋杂税、摊派征发差徭、报告刑事和治安事件、在民事诉讼和刑事案件审理中承担各种责任、进行道德教化和调节民事纠纷、办理保甲和统计户口、办理抗灾赈济事务，以及奉官府饬令办理各种临时性事务。"⑤

我们认为以上两种观点所引史料都是准确而具有说服力的，因而也都是正确的，但也同时也都存在着以偏概全的局限。魏光奇教授则很好地修正了这种局限，他认为，"有清一代，朝廷与各级官厅虽曾多次发布政令建立、整顿里甲、保甲等制度，但所有这些都遵从'实事求是'的功利原则，只追求近期某种政府职能（如赋役、户口、治安等）能够得到履行，而不从长远角度考虑组织、制度建设如何规范与合理。除此之外，清政府从未能够在全国范围内建立起某种模式划一的乡役制度，也从来没有明令废除过任何乡村职役制度（包括长期废弛的里甲制度）。清中期后出现于各地的乡地，其建立往往都是出于办理某项具体事务的需要……在政治实用主义理念的指导和作用下，清朝直至覆亡时都不存在统一的乡役组织体制"⑥。也就是说，以保甲组织取代里甲组织，或以"乡地"组织承担乡村公务，都曾在清朝局部地区存在过。

第三种观点避开了保甲是否取代里甲的问题，认为清朝江南地区在以户籍为编制标准

---

①　参见萧一山：《清代通史》，第5卷，629页，沈阳，辽宁人民出版社，1991；从翰香：《近代冀鲁豫乡村》，12页，北京，中国社会科学出版社，1995；张研：《清代中后期中国基层社会组织的纵横依赖与相互关系》，载《清史研究》，2000（2）；孙海泉：《论清代从里甲到保甲的演变》，载《中国史研究》，1994（2）；孙海泉：《清代地方基层组织研究》，中国社会科学院研究生院2002年博士论文；［韩］金钟博：《明清时代乡村组织与保甲制之关系》，载《中国社会经济史研究》，2002（2）。

②　萧一山：《清代通史》，第5卷，629页，沈阳，辽宁人民出版社，1991。

③　闻钧天：《中国保甲制度》，204页，北京，商务印书馆，1935。

④　李怀印：《晚清及民国时期华北村庄中的乡地制——以河北获鹿县为例》，载《历史研究》，2001（6）。

⑤⑥　魏光奇：《清代"乡地"制度考略》，载《北京师范大学学报》（社科版），2007（5）。

的里甲组织崩坏后，以地域为划分标准的都图组织的地位有所上升。徐茂明先生认为"随着里甲与都图的分离，清代都图的地位也比明代都图更加独立，更加重要……清代都图的管理人员明显增多，图有图董、图差、图书以及人们熟知的地保等（这些人员并不同时存在），都有着正。正因为都图日益取得独立地位，它才没有随里甲的废止而消亡。相反，其地位似乎越来越重要……县辖都、都辖图的格局，是明清基层行政区划系统中最规范、最基本的组织方式。但这一结构在江南各府州县的实际操作中，大多结合各地历史传统习惯称呼，又作了具体调整改变，形成名称多样、各具特色的基层行政区划方式……大致分为四级：乡或区、场——都或保——图或保——圩或村、镇、市"①。

段自成教授则对雍乾以后的农村存在过的另一种基层行政组织——乡约与保甲的关系进行了较多的研究。他认为雍乾年间，清朝将原作为农村道德自治组织的"乡约"以行政手段向全国推行以后，逐渐赋予了乡约以广泛的行政管理与调解、司法任务，故有使乡约官役化的倾向。通常由绅士担任约长（正）的乡约组织"或下辖保甲，或按保设置，但在这两种情况下，乡约都普遍对保甲具有领导作用"。"清代实行乡约领导保甲体制的目的，主要是为了满足乡绅地主参与乡政的要求，防止保甲组织的弊端，加强对人民群众的思想统治。但在施行过程中，由于乡约的教化职能逐渐弱化，乡约执事的地位逐渐降低，并成为害民之役，致使这一体制后来在许多地方逐渐被乡约与保甲互不统属的体制所取代。"②这种乡约组织大抵属于魏光奇教授所说的"乡地"组织。

事实上，用一种统一、固定的模式来描述清代里甲组织被废除后的乡村基层组织几乎是不可能的。除上述学者描述的各种典型组织之外，各地还有很多各不相同的乡村基层组织，不可一一列举。

三、清朝的保甲组织

明末清初的战乱导致户籍与保甲组织被严重破坏。为保证基本的赋税收入与社会治安，清初沿袭明制在农村重建了里甲与保甲（又称总甲）组织。

（一）顺治时期

"顺治元年，置各州县甲长、总甲长之役。各府州县卫所属乡村，十家置一甲长，百家置一总甲。凡遇盗贼逃人奸宄窃发事件，邻佑即报知甲长，甲长报总甲，总甲报知府州县卫，核实申解兵部，若一家隐匿，其邻佑九家甲长总甲不行首告，俱治以重罪不贷。"③"世祖入关，有编置户口牌甲之令。其法，州县城乡十户立一牌长，十牌立一甲长，十甲立一保长。户给印牌，书其姓名丁口。出则注所往，入则稽所来。其寺观亦一律颁给，以稽僧

---

① 徐茂明：《明清时期江南社会基层组织演变述论》，载王卫平主编：《明清时期江南社会史研究》，235 页，北京，群言出版社，2006。

② 段自成：《略论清代乡约领导保甲的体制》，载《郑州大学学报》（哲学社会科学版），1998（4）。另参见段自成：《清代乡约长的官役化与乡约教化的效果》，载《平顶山师专学报》，2003（6）。

③ （清）席裕福编：《皇朝政典类纂》卷三十五，《户役·职役》。另参见《清实录·世祖实录》卷七，顺治元年八月；《皇朝文献通考·职役考》。

道之出入。其客店令各立一簿，书寓客姓名行李，以便稽察。"① 从上述引文可知清初保甲组织已从农村发展至城市，其基本功能是维护社会治安。

除维护治安外，清初的保甲组织还负有组织垦荒等农村基层行政管理任务。顺治六年（1649 年）清政府规定"凡各处逃亡民人，不论原籍、别籍，必广加招徕，编入保甲，俾之安居乐业"②，"开垦荒田，给以印信执业，永准为业"③。

（二）康熙时期

康熙二十五年（1686 年），直隶巡抚于成龙奏："顺、永、保、河四府，旗民杂处，盗警时闻，非力行保甲不能宁谧。应将各屯庄旗丁同民户共编为保甲，令屯拨什库与保正、乡长互相稽查，有事一体申报究治。"④ "下兵部议，从之。"从此旗民亦编入保甲。

康熙四十七年（1708 年），清政府重申保甲法令："一州一县城关各若干户，四乡村落各若干户，户给印信纸牌一张，书写姓名、丁男口数于其上，出则注明所往，入则稽其所来，面生可疑之人，非盘诘的确，不许容留。十户立一牌头，十牌立一甲头，十甲立一保长。若村庄人少，户不及数，即就其少数编之。无事递相稽查，有事互相救应。保长、牌头不得借端鱼肉众户。客店立薄稽查，寺庙亦给纸牌，月底令保长出具无事甘结，报官备查，违者罪之。"⑤ 与顺治朝保甲制相比较，康熙四十七年的保甲法将客店、寺庙也纳入保甲系统，将原甲长、总甲两级制改为牌、甲、保三级制，并且基本以自然村庄为单位。孙海泉教授在研究了河北农村的实际情况之后，也认为清代保甲组织是以自然村庄而不完全是以人户为基本单位的。他说，虽然"县以下地方基层组织基本是二级结构，即乡（保）、甲（村）"，但很多地方"大多采取了灵活的做法，即以村庄为一级组织，把数村的联合体定为乡一级组织"，"宝坻县的刑房档案可以证明，该县在村庄之上的确存在乡一级的行政组织，每乡分别管理一定数量的村庄。村庄则被编为甲或牌，分别设有甲长或牌长，管理一村的行政事务"⑥。也就是说保甲组织只不过是适当放大了的"乡"和"村"两级组织。这一结论也说明了保甲组织与传统"乡"、"村"名称实际上具有同一性，很好地解释了"乡"、"村"这一传统区域单位与组织名称在清代的历史归宿。

但在康熙时期，保甲组织并未普遍设立起来，很多地方保甲组织的治安功能是由里甲兼任的。据孙海泉教授考证，康熙时期的杭州临安县，县令要求保甲长代为催科，绍兴府则有里长兼任保长的做法。⑦《康熙会典》中甚至明确要求"有司委官挨勘流民名籍、男赋大小丁口，排门粉壁，十家编为一甲，互相保识，分属当地里长代管"⑧。

---

① 《清史稿》卷一二〇，《食货·户口》。另参见《皇朝通典》卷九。此保甲组织名称与制度和《皇朝文献通考·职役考》不一致，闻钧天推断《皇朝通典》"未足尽信，其非精确之论可知"（载闻钧天：《中国保甲制度》，217 页，北京，商务印书馆，1935）。康熙五十二年（1713 年），北京城内最基层治安组织仍称总甲。

② 《清世祖实录》卷四十三，顺治六年四月壬子。

③ 《皇朝文献通考》卷一，《田赋》一。

④⑤ 《皇朝文献通考》卷二十，《职役》二。

⑥ 孙海泉：《清代中叶直隶地区乡村管理体制——兼论清代国家与基层社会的关系》，载《中国社会科学》，2003（3）。

⑦ 参见孙海泉：《清代地方基层组织研究》，中国社会科学院研究生院 2002 年博士论文，第二章。

⑧ 康熙朝《大清会典》卷一一三，《刑部·律例·户役》。

（三）雍正时期

雍正在康熙基础上进一步将少数民族、人口较少的村落与宗族以及原享有免编特权的"绅衿"也一体纳入了保甲体系。雍正四年（1726 年），诏令"地方官不实力奉行，处于降调；如村落畸零，户不及数者，即就其少数编之；至熟苗熟獐，已经向化，令地方官一体编排保甲……如有堡子、村庄聚族满百人以上，保甲不能编查者，拣族中人品刚方，素为合族敬惮之人，立为族正。如有匪类，保官究治；徇情隐匿者，与保甲一体治罪"①。雍正五年（1727 年）定例："凡绅衿之家与齐民一体编次，听保甲长稽查，违者，照脱户律治罪。地方官徇情不详报者，交部照例议处。至充保长、甲长并轮值、支更、看栅等役，绅衿免派。"②

（四）乾隆时期

乾隆五年（1740 年），"户部言，每岁造报民数，若俱照编审之法，未免烦扰。直省各州县设立保甲门牌，土著流寓，原有册籍可查。若除去流寓，即可得实数，应令各督抚于每年十一月，将户口数和谷数一并造报"③。皇帝批准了这一建议，正式宣布以保甲组织统计户口与税粮。乾隆二十二年（1757 年）颁发谕旨，鉴于"州县编查保甲……日久生玩，类以市井无赖之徒承充保长……不过具文从事"，要求"各督抚就该地情形详奏"，"嗣经各督抚上奏，户部汇议：略言保甲之设，所以弭盗安民。今各省奏到情形，其中如慎选保甲一条，议令该地士民公举诚实训字，及有身家之人，承充保正、保长，不得以市井滥侧；其一切户婚、田土、催粮、拘犯等事，别设'地方'一名承值，至巡更看栅等役，民间以次轮充，惟缙绅及衰废幼丁量免，具应准行。至所请减设牌头、免点甲长二条，查十户立一牌头，十牌立一甲长，原使分任责成，若经减免，则保正耳目难周，稽查恐有不密。又添设约正、约副，设立保甲房书吏二条，未免滋扰。又十户轮充甲长一条，仍恐无赖之徒滥侧，具应驳议"，诏"从之"④，也就是说，诏旨同意了督抚们关于慎选保正、保长，剥离保甲组织除治安以外的其他行政职能的各项意见；没有采纳关于精减保甲人员，将保甲与乡约合并，以及甲长轮充的建议。

此后清朝各代皇帝先后颁布了许多关于保甲的法令，但"保甲编制之法式，自乾隆二十二年更定以来，率无变易，亦未谋改善"⑤。

保甲编制固无大变易，但保甲职能却有较大变化。乾隆二十二年关于保甲的谕旨要求剥离保甲组织的其他行政功能，但部分地区的保甲组织后来又逐渐开始承担其他行政功能，成为农村主要的基层行政组织。

根据各地方志与地方官政书的记载，大致可以断定，与里甲制一样，各地保甲组织的设置及其与其他乡村基层组织的关系亦没有全国固定的统一模式。

---

① 《皇朝文献通考》卷二十三，《职役》三。
② （清）薛允升：《读例存疑》卷九下，《赋役不均》。
③ 《皇朝文献通考》卷二十一，《职役》一。
④ 《皇朝文献通考》卷二十四，《职役》四。
⑤ 闻钧天：《中国保甲制度》，223 页，北京，商务印书馆，1935。

第十章

监察机构及其相关督政制度

本章旨在讨论古代中国最主要的督政制度体系——监察制度体系。

古代的中国督政制度的实质是"以官治官",是"作天子耳目",是以无所不在的监视督察机制迫使文武官吏奉公守法,保证君主政令的切实贯彻实施。在本章里,我们特别要探讨的是古代中国监察机构或行政监督机构体系的构成及权力,亦即探讨督政制度的基本面貌,以及督政机构、督政制度与行政机构、行政制度之间大致关系的规律。

监察是与权力同步产生的。政府作为一种拥有公共权力的管理组织,从它产生的时候起,就面临着三个根本性的问题:一是政府官员如何产生,二是政府权力如何运作,三是如何监督政府机构及其官员的行为,以保证政治运行的有效性。对这三个问题的解决办法,中外有着不同的思考与实践。其中关于政府机构及官员的监督、制约问题,古代中国发明了独特的监察制度,使君主专制集权的古代中国也有以防止权力滥用为鹄的的特别督政制度。

古代中国监察制度以比较完备的监察法规、相对独立的监察机构、广泛而威重的监察职权、敢于摧折不法权贵的实效而著称于世,其中心设计,一是对皇帝谏诤,二是对百官纠劾,即所谓"谏官掌献替,以正人主;御史掌纠察,以绳百僚"[①]。与此相关,传统中国的督政体制可从中央和地方两个层次系统来看。中央层次系统包括谏官言谏和御史监察两大部分。谏官又称言官、垣官,谏官言谏系统职在"讽议左右,以匡人君",对上纠正皇帝决策失误,监察方式主要是谏诤和封驳。御史又称为台官、宪官或察官,御史监察系统职在"纠察官邪,肃政朝纲",对下纠察百官言行违失,监察方式主要是弹劾。言谏制度与御史制度在清代实行了合一。地方监察系统主要有督邮、监司、察司等独立或半独立监察机构,监察方式既有上级对下级、长官对僚属的纵向监察,也有"以官治官"的横向监察。

古代中国的监察制度大约在尧舜时代即有萌芽,但正式的职官系统即监察权力法定化,大体是秦汉时代的事。这一制度体系后来在唐宋时代得到了较大发展,明清时代进一步强化但随即走向衰落。监察机构始终是封建政治体制中最重

---

① （宋）章如愚:《山堂群书考索续集》卷三十六,《官制门》,《台谏·谏官御史其职各略》。

要的部门之一，这是中国封建政治的一大特色。

在探讨具体问题之前，我们须先行明确两点，作为我们讨论本章问题的基础性认识：第一，在古代中国的体制下，督政机构和行政机构之间常常并没有明确界限（包括身份角色界限和职责界限）。古代中国并没有类似今天的权力划分或分立制衡理念，中央的派出监察机构也常常演变为地方行政机构。所以，本章讨论的问题，只是从相对意义上讲，不能绝对化。第二，这种监察制度是君主专制、中央集权前提下的监督制度，与近现代民主共和制下的权力制衡制度有本质不同。

由于谏官言谏与御史监察和地方监察之间颇有差异，具有很不相同的权力属性和运作方式，所以本章将谏官言谏制度单独加以论述。第一节讨论对君主的言谏制度，第二节至第五节讨论中央和地方的御史监察制度。

第一节
言谏机构及对君主的谏议制度

要考察古代中国的督政机构与督政制度，首先必须考察以"匡人君"、"正人主"即监督最高权力主体——君主为基本职责的言谏机构及其制度。

把谏议制度作为督政制度的一部分来考察，肯定会受到质疑。有的朋友会说，所谓"督政"，是指对贯彻君主政令的行为的监督，亦即对狭义上的行政的监督，那么就不包括对君主的监督。既然把君主视为"出政者"，那他就不是"行政者"，督政的对象就不包括他。这种质疑有一定道理。不过我们还是要把言谏制度纳入本章的考察。我们的理由是：第一，君主也是广义上的行政者，他的行为很多是在直接执行法律和政令，所以应该受到督政体制的监督。第二，即使仅仅以君主为出政机构，我们也不能不承认，对"出政"的监督，与对"行政"的监督紧密相关，相辅相成，不可分离。第三，在古人心目中，对君主监督和对臣下监督本来就没有本质区别，界限划分只是相对的。有鉴于此三者，本节特别考察一下中国古代的言谏机构及对君主的谏议制度。

在考察言谏制度之前，还必须明确：古代中国的言谏机构，实际上也是中央辅政决策机构的组成部分。言谏的目的，主要是避免君主决策失误。所以，我们在讨论言谏制度或对君主的匡正制度时，难免与中央辅政制度部分的讨论所涉及的组织系统部分重合。

一、言谏机构监督君主的主要方式

（一）谏诤

谏诤即直言劝止。谏是好言相劝，诤是愤言直斥。西汉人刘向《说苑·臣术》云："有能尽言于君，用则留之，不用则去之，谓之谏；用则可生，不用则死，谓之诤。"明末清初思想家王夫之说："谏者，谏君者也。征声逐色、奖谀斥忠、好利喜功、狎小人、耽逸豫，一有其几，而必犯颜以诤；大臣不道，误国妨贤，导主贼民，而君偏任之，则直纠之而无隐。"① 谏诤，就是臣下在认为君主可能作出错误决策时或在君主个人的行为不守礼法时，直接用口头或书面方式加以劝阻或制止。这是对君主的言谏制度的主要表现方式。古时职司监督或劝谏君主的职官，其职务名称为"谏议大夫"、"拾遗"、"补阙"等等，就是为了突出其谏诤人君的基本职责。

（二）封驳

所谓封驳，就是封还皇帝失宜的诏令（此即"封"）和驳正臣下有违误的奏章（此即"驳"）。秦汉以后，各代王朝均置有职司封驳的机构，专门负责审察政令、签转奏章，亦即对君主以及与君主直接交往的办公行为进行监察。一般来说，"封驳"是针对君主的，但这里的"驳"却是针对百官的。这似乎与监督君主的职责相矛盾。其实这是误解，驳正奏章表面上好像不是针对君主的，但实际上却是为了保证君主决策正确，是为了随时避免臣下不当的奏章导致皇上不当的决策。"封"的目的在于追救缺失，"驳"的目的是防患于未然，所以，"封"、"驳"二者实质上都是针对君主的监督。

与谏诤、封驳两种言谏方式相对应，古代中国的言谏官也有谏官和封驳官之分，言谏机构也有谏院等谏诤组织和封驳司等封驳组织。不过，从下面的考察中我们会发现，谏诤机构和封驳机构的分工只是相对的，并无绝对划分。有时，谏诤机构也兼有封驳职能，封驳机构也兼有谏诤职能。

二、历代言谏机构及其主要职权

（一）先秦至两汉南北朝的言谏机构

古代中国的言谏官员，传说早在尧舜时代就有了。据《尚书·尧典》载，尧帝为了自身监督，曾任命一名叫龙的大臣为"纳言"之官，职掌"出纳帝命"，指正缺失。在西周时代，"天子听政，使公卿至于列士献诗，瞽献典，史献书，师箴，瞍赋，矇诵，百工谏，庶人传语。近臣尽规，亲戚补察，瞽史教诲，耆艾修之，而后王斟酌焉，是以事行而不悖"②。所谓"近臣尽规"，就是言谏规劝。"百工谏"中的"百工"，可能就是指百官或近臣，也可能是一种专职言谏的官职。夏商周时代，有所谓"三老"、"五更"、"三公四辅"，如太师、太史、太傅、太保之类职官，也担负规谏天子之责任。在春秋战国时期，各国也有谏官设置，如齐国有专门监督国君的"大谏"或"大谏臣"③，楚国有专司规谏的"箴尹"④ 一职。

秦汉时代设置有掌谏言和封驳诏书的谏议大夫、中大夫、给事中等，"秦置谏议大夫，掌议论，无常员；多至数十人，属郎中令"⑤。此外设置给事中，属加官，由大夫、博士、

---

① （清）王夫之：《读通鉴论》卷二十，《唐太宗》。

② 《国语·周语》。

③ 《吕氏春秋·任数》。

④ 《左传·襄公十五年》。

⑤ 《通典·职官》三。

议郎兼领，无常员；职掌顾问应对，也兼有言谏之责。汉承秦制，设太中大夫、中大夫、谏大夫、给事中等言谏之官。

南北朝时期，出现了较为独立的言谏监督机构，即门下省。秦汉时代的"侍中"一职，在曹魏时发展为侍中寺；两晋时发展为门下省，成为专门"尽规献纳，纠正违失"的机构。自此，言谏有了相对独立和专门化的机构。此外，魏晋南北朝时期设有给事中、给事黄门侍郎、员外散骑常侍、谏议大夫等言谏职务。

（二）隋唐时代的言谏机构及主要职权

隋唐时代的言谏机构及相关制度与三省体制联系在一起。隋朝时，谏诤官与封驳官开始分离，此后"谏官言事，门下封驳"，两者职能有了较为明确的区分，但谏议机构并未完全两分。至唐代，谏官组织臻于完备。中书、门下、尚书三省是唐朝中央的中枢机关或辅政决策机关，中书省掌起草诏书，撰拟决定；门下省负责审核，审查、驳正中书省所拟诏书或决定；尚书省负责执行。尚书省下设六部，为国家最高政务执行机关。唐代的门下省不再是只司言谏的谏议机构；唐言谏官员分别隶属于中书、门下两省。唐太宗曾对大臣（封驳官黄门侍郎）王珪说："国家本置中书、门下以相检察，中书诏敕或有差失，则门下当行驳正。"① 唐制规定："凡诏旨制敕，玺书册命，皆中书舍人起草进画，既下，则署行而过门下省，有不便者，涂窜而奏还，谓之'涂归'。"② 南宋人马端临对此总结说："盖门下审覆之说始于唐。"③

1. 中书、门下谏官及其主要职能

唐代谏官主要有散骑常侍、谏议大夫、补阙、拾遗等。散骑常侍正三品，"掌规讽过失，侍从顾问"④。谏议大夫正四品，"掌侍从赞相，规谏讽谕，凡谏有五：一曰讽谏，二曰顺谏，三曰规谏，四曰致谏，五曰直谏"⑤。补阙从七品，拾遗从八品。"补阙"、"拾遗"的寓意是皇帝遗忘了什么，要及时予以提醒，避免造成决策失误；其职责是负责弥补皇帝的过失，"掌供奉讽谏，扈从乘舆。凡发令举事，有不便于时，不合于道，大则廷议，小则上封。若贤良之遗滞于下，忠孝之不闻于上，则条其事状而荐言之"⑥。上述谏官均有左右之分，分别隶属于门下省和中书省，即左散骑常侍、左谏议大夫、左补阙、左拾遗隶属于门下省，右散骑常侍、右谏议大夫、右补阙、右拾遗隶属于中书省。

中书、门下谏官的主要职能大约有以下几项：

（1）谏议，即参与决策，规谏失误。大至国家重大政事，小至皇帝个人生活琐事，都在言谏官的谏议监督之列，如谏正皇帝生活奢侈、滥赏滥罚、穷兵黩武等。史载唐太宗曾下诏"中书、门下及三品以上入阁议事，皆命谏官随之，有失辄谏"⑦。

（2）上封言事，规谏朝廷过失。开元十二年（724 年）唐玄宗下诏："自今以后，谏官

① 《资治通鉴》卷一九二，《唐纪》八，太宗贞观元年。
② 《新唐书·百官志》二。
③ 《文献通考·职官》四。
④ 《新唐书·百官志》。
⑤⑥ 《旧唐书·职官志》二。
⑦ 《资治通鉴》卷一九二，《唐纪》八，太宗贞观元年。

所献封事，不限旦晚，任封状进来，所由门司不得有停滞，如须侧门论事，亦任随状面奏，即便令引对。如有除拜不称于职，诏令不便于时，法禁乖宜，刑赏未当，征求无节，冤抑在人，并极论得失，无所回避，以称朕意。"至德元年（756 年）唐肃宗敕令："谏议大夫论事，自今以后不须令宰相先知。"乾元二年（759 年）唐肃宗又令"两省谏官十日一封事"①。

（3）充任知匦使。唐朝于朝堂之上设置匦匣（朝廷接受臣民投书的匣子），接受臣民有关劝农、谏论时政、自陈冤屈、出谋献策方面的投书。"谏议大夫、补阙、拾遗一人充使，受纳诉状，每日暮进内，而晨出之也。"② 即在朝堂知掌匦事，受纳诉状，每日所有投书，晚上一并奏报皇帝，犹如今日之接受人民来信来访。

2. 门下省封驳官及其主要职能③

唐朝的封驳权主要由门下省执掌。门下省之"门下"原意为黄门之下，黄门即宫殿内殿之门，门下省是监督中央决策的封驳机构。④ 唐朝门下省的封驳官主要有侍中、侍郎、给事中等，其中侍中、侍郎是该省正、副长官。门下侍中正二品，"侍中之职，掌出纳帝命，缉熙皇极，总典吏职，赞相礼仪，以和万邦，以弼庶务。所谓佐天子而统大政也，凡军国之务，与中书令参而总焉，坐而论之，举而行之"。门下侍郎正三品，为侍中副手，"掌贰侍中之职。凡政之弛张，事之与夺，皆参议焉。若大祭祀，则从升坛以陪礼"。给事中正五品，是封驳的主要执行者，"掌陪侍左右，分判省事。凡百司奏抄，侍中审定，则先读而署之，以驳正违失。凡制敕宣行，大事则称扬德泽，褒美功业，覆奏而请施行；小事则署而颁。凡国之大狱，三司详决，若刑名不当，轻重或失，则援法例退而裁之。凡发驿遣使，则审其事宜，与黄门侍郎给之；其缓者给传，即不应给，罢。凡文武六品已下授职官，所司奏拟，则校其仕历浅深，功状殿最，访其德行，量其才艺；若官非其人，理失其事，则白侍中而退量焉。若弘文馆图书之缮写、雠校，亦课而察之。凡天下冤滞未申及官吏刻害者，必听其讼，与御史、中书舍人同计其事宜，而申理之"⑤。

门下省封驳官有以下主要职能：

（1）审议、封还诏敕。唐制规定，"诏敕不便者"，给事中"涂窜而奏还，谓之'涂归'"⑥。唐德宗时，崔植"为给事中，时称举职。时皇甫镈以宰相判度支，请减内外官俸禄，植封还敕书，极谏而止"。又开成初年，（狄）兼谟为给事中，"度支左藏库妄破渍污缣帛等赃罪，文宗以事在赦前，不理，兼谟封还敕书。文宗召而谕之曰：'嘉卿举职，然朕已

① 《唐会要·谏议大夫》。

② 《旧唐书·职官志》二。

③ 参见贾玉英等：《中国古代监察制度发展史》，156～162 页，北京，人民出版社，2004。

④ 西汉的侍中、散骑、黄门侍郎、给事黄门、给事中等均为侍从皇帝的散职官员，隶属于少府监，凡有此加衔者可以出入宫殿内殿之门，总称门下官。汉武帝为了牵制丞相的权利，组建了中朝机构，自此侍从皇帝的侍中、散骑、黄门侍郎、给事黄门、给事中等官员的地位逐渐提高。三国时代的魏国置侍中寺，晋朝设置了门下省。南北朝及隋朝初年的门下省虽然参与朝廷的决策，但仍管理宫廷事务。隋炀帝"移吏部给事郎名为门下之职"，把城门、殿内、尚食、尚药、御府五局从门下省中分离出去以后，门下省成了监督中央决策的封驳机构。

⑤ 《旧唐书·职官志》二。

⑥ 《新唐书·百官志》二。

赦其长官，典吏亦宜在宥。然事或不可，卿勿以封敕为艰。'"① 意思是说：管理国家左藏库的官吏犯了谎称销毁污染的缣帛等贪赃之罪，唐文宗认为事情发生在大赦以前而不予理会。狄兼谟则将敕书封起退还。文宗召见并对他说：很高兴你能履行职责，但因我已经赦免了该犯的长官，那么作为属下也应在赦免之列，所以不应再追究；以后我或许还会有举措不当之处，希望你能继续履行职责，不要因这次的事而有所顾虑。

（2）审议奏状，驳正违失，即"凡百司奏抄，侍中既审，则驳正违失"②。唐制规定："凡下之通上，其制有六，一曰奏抄，二曰奏弹，三曰露布，四曰议，五曰表，六曰状；皆审署申覆而施行焉。"③ 具体而言，门下省对财政机构的"支度国用"、御史的奏弹状、吏部授六品以下官奏折、司法机关"断流以下罪"及除免官员的奏抄等，都要进行审议、签署，如发现不妥，可以驳正。特别是审议、签署敏感的选任官员的奏抄时，由"给事中读，黄门侍郎省，侍中审，然后进甲以闻"④。

（3）规谏皇帝。如神龙初年，"雍州人韦月将上书告武三思不臣之迹，反为三思所陷，中宗即令杀之"。当时正值盛夏，给事中徐坚上表说："（韦）月将诬构良善，故违制命，准其情状，事合严诛。但今朱夏在辰，天道生长，即从明戮，有乖时令……陛下诞膺灵命，中兴圣图，将弘羲、轩之风，以光史策之美，岂可非时行戮，致伤和气哉！君举必书，将何以训？伏愿详依国典，许至秋分，则知恤刑之规，冠于千载；哀矜之惠，洽乎四海。"中宗采纳了徐坚的意见，"遂令决杖，配流岭表"⑤。又元和年间，宪宗李纯将以吐突承璀为招讨处置使，给事中吕元膺、穆质、孟简与兵部侍郎许孟容等八人抗论不可，且说："承璀虽贵宠，然内臣也。若为帅总兵，恐不为诸将所伏。"⑥ 宪宗纳之。景龙年间，左散骑常侍严善思因他人犯罪而受牵连下狱，有司（司法部门）奏请处以绞刑，"是时议者多云（严）善思合从原宥，有司仍执前议诛之"。给事中韩思复驳正说："臣闻刑人于市，爵人于朝，必金谋佥同，始行之无惑。谨按诸司所议，严善思十才一人，抵罪惟轻……今群言上闻，采择宜审，若弃多就少，臣实惧焉……今措词多出，法合从轻。"⑦ 意思是说：我听说市中行刑，朝堂封爵，必须众人意见一致，才能实行。现在这事各部门意见分歧很大，十人当中才有一个主张从重处罚，所以依法应从轻处理。唐中宗采纳了给事中韩思复的意见，免除了严善思的死刑，配流静州。

（三）宋代的言谏机构及其职能

1. 宋代的谏诤机构及职能

北宋初年，谏官组织机构承袭唐制，隶中书、门下两省。宋仁宗时，谏官机构开始独立出来，其称谓、职能和官员选任制度也发生了重大变化。明道元年（1032年），宋仁宗诏

---

① 《旧唐书·狄仁杰传附兼谟传》。
② 《新唐书》卷四十七。
③ 《旧唐书·职官志》二。
④ 《唐六典》卷二。
⑤ 《旧唐书·徐坚传》。
⑥ 《旧唐书·吕元膺传》。
⑦ 《旧唐书·韩思复传》。

令："以门下省为谏院，徙旧省于右掖门之西。"① 此为言谏机构从中书、门下独立之始。独立出来的谏院与御史台共同承担监察职责，并称"台谏"。元丰改制后，谏院被废，谏官组织又回归旧制，隶属中书、门下两省。至南宋绍兴元年（1131年）高宗又下诏："谏院许于行在所都堂相近置局。"② 从至此直到南宋亡，谏院始终作为一独立机构而存在，元代以后不设。宋代谏院设知谏院、同知谏院各一人为正、副长官，下设左、右司谏各一人，左右正言各一人，以六员为定制。包拯曾任职于谏院，史载包拯"在谏院逾二年，数论斥大臣权幸"③。

宋代谏院作为独立的谏官机构，其职能比前代谏官更为广泛，主要有：

（1）谏净皇帝。宋制规定，"谏官职在拾遗补阙，凡朝政阙失，悉许论奏。则自宰臣至百官，自三省至百司，任非其人，事有失当，皆得谏正"④。如庆历年间，王素为谏官，规谏皇帝不应当接受王德用所进美女，于是仁宗命宦官赐美女钱各三百千，"押出内东门"⑤。在实际政治生活中，谏官常与御史联合行动，共同谏净皇帝的过失。如明道二年（1033年），知谏院孙祖德、左正言宋郊、右正言刘涣与御史中丞孔道辅、侍御史蒋堂等人到垂拱殿伏奏，谏净仁宗不应当废去郭皇后。⑥ 又皇祐年间，外戚张尧佐被皇上任命为三司使，谏官包拯等人谏净仁宗说："尧佐，妃之族叔，以恩泽进。陛下富之可也，贵之可也，然不可任以政事。"⑦

（2）奏劾宰相及百官。唐朝及其以前，谏官仅主谏净而无弹劾之任，宋代谏官的职能由谏净扩大到弹劾宰相、百官。谏议大夫刘安世说："置台谏之臣，付以言责，所以司察中外之乱法者也。"⑧ 监察御史王觌也说："谏官职事，凡执政过举，政刑差谬皆得弹奏。"⑨ 宝元元年（1038）三月，谏官韩琦弹奏宰相王随、陈尧佐和参知政事韩亿、石中立，"疏凡十上"，结果"四人同日罢"⑩。范镇任知谏院时，弹奏宰相陈执中"无学术，非宰相器及嬖妾笞杀婢"⑪。钱明逸为谏官"首劾范仲淹、富弼更张纲纪，纷扰国经，凡所推荐，多挟朋党"，结果"二人皆罢"⑫。南宋秦桧专权时，"谏官多桧门下，争弹劾以媚桧"⑬。

此外，宋代谏官还有议论朝政、荐举官员及受理臣民上奏章疏等职能。由于职能广泛，人们常常认为宋代谏院是"台谏合一"的机构。

---

① 《续资治通鉴长编》卷一百十一，明道元年七月辛卯；《宋会要辑稿·职官》三之五十一。
② 《建炎以来系年要录》卷五十，绍兴元年十二月甲申。
③ 《续资治通鉴长编》卷一百七十二，皇祐四年三月丁未。
④ 《宋会要辑稿·职官》十七之十六。
⑤ （宋）邵博：《邵氏闻见后录》卷一。
⑥ 参见《续资治通鉴长编》卷一百三十三，明道二年十二月乙卯。
⑦ （宋）吕希哲：《吕氏杂记》卷下。
⑧ （宋）刘安世：《尽言集》卷十，《论都司官吏违法拟赏事第五》。
⑨ 《续资治通鉴长编》卷三百八十九，元祐元年十月壬辰；《宋会要辑稿·职官》三之五十四。
⑩ 《宋史·韩琦传》。
⑪ 《宋史·范镇传》。
⑫ 《宋史·钱惟演传附钱明逸传》。
⑬ 《宋史·洪兴祖传》。

2. 宋代的封驳机构及其职能①

两宋时期的封驳机构的设置，分为前后两大时期而有所不同。

北宋前期的封驳机构是封驳司。元丰改制前的知制诰，也是专职封驳的官员。宋初，封驳组织有官无司，封驳职能由隶属于枢密院的银台司、通进司和隶属于中书省的发敕司行使，具体分工是："银台司掌受天下奏状案牍，抄录其目进御，发付勾检，纠其违失而督其淹缓"；"通进司掌受银台司所颁天下章奏案牍及阁门京百司奏牍、文武近臣表疏以进御，然后颁布于外"；"发敕司掌受中书、枢密院宣敕、著籍以颁下之"②。淳化四年（993年），太宗诏令银台司、通进司从枢密院中分离出来，并兼领发敕司，同时在银台、通进二司下设通进银台封驳司（下面简称封驳司），宋代至此始有正式而独立的封驳机构。宋真宗朝封驳司曾改为门下封驳司。封驳司职官的称谓复杂且时有变化，主要有同知给事中、兼通进银台封驳司、知通进银台封驳司、同知通进银台封驳司、勾当通进银台封驳公事、兼门下封驳事、知门下封驳司，等等。

北宋后期至南宋的封驳机构是门下后省和中书后省。元丰改制后，封驳司被罢除，封驳职能由新设置的门下后省和中书后省掌领，封驳官主要是给事中和中书舍人。"凡政令之失中，赏罚之非当，其在中书，则舍人得以封还，其在门下，则给事中得以论驳。"③ 此制延续至宋亡。这里的门下后省和中书后省与唐代的门下省和中书省已大不相同。唐制是中书省出诏令，门下省掌封驳，这里的中书后省和门下后省皆有封驳职能，这使唐朝以来门下省驳正中书省违失的制度遭到破坏。

宋代封驳机构的职能，每朝皇帝都有专门指示，如淳化年间宋太宗规定"凡制敕有不便者"，同知给事中"宜准故事封驳"④；宋神宗强调"事有失当及除授非其人"，由中书舍人"论奏封还词头"，给事中"论奏而驳正之"⑤。具体来说，宋代封驳机构的主要职能有以下几方面：

（1）监督朝廷决策。这是"封"的职能，即对皇上或朝廷不当的决策、诏令进行封还。宋高宗下诏规定："墨敕有不当者，许三省、枢密院奏禀，给事中、中书舍人缴驳，台谏论列，有司申审。"⑥ 元丰七年（1084），宋神宗命陈睦为宝文阁待制、知广州，封驳官给事中韩忠彦奏劾道：陈睦"性行贪狠，才识昏短，偶缘泛海之劳，侥幸至此，擢置侍从，实玷清班"⑦，于是宋神宗下诏罢去了陈睦的职务，而改命孙顾充任其职。又高宗曾突发疾病，被王继先治愈，高宗特下诏命王继先为武功大夫（从七品的武官）。封驳官富直柔对高宗说："武功大夫惟有战功、历边任、负材武者乃迁，不可以轻授"⑧，王继先既无战功、无边任，又无武才，而授武功大夫，"为法不可"。高宗不悦，再次下诏说："继先诊视之功实非

---

① 参见贾玉英等：《中国古代监察制度发展史》，163～166页，北京，人民出版社，2004。

② 《宋会要辑稿·职官》二之二十六。

③ 《资治通鉴·宋纪》。

④ 《宋会要辑稿·职官》二之四十二。

⑤ 《宋史·职官》一。

⑥ 《宋史·高宗》四。

⑦ 《续资治通鉴长编》卷三四六，元丰七年六月辛未。

⑧ 《宋史·富直柔传》。

他人比，可特令书读行下"，富直柔坚持"不书读"，高宗只好"屈意从之"，收回成命。①
又如宋光宗下诏破格提拔知合门事韩侂胄为遥郡刺史，给事中谢深甫封还诏书，说："人主
以爵禄磨厉天下之人才，固可重而不可轻；以法令堤防天下之侥幸，尤可守而不可易。今
侂胄蓦越五官而转遥郡，侥幸一启，攀援踵至，将何以拒之？请罢其命。"② 封驳官对皇上
或朝廷关于人事决策的监督最有代表性。宋代包括宰执将领在内的文武百官的选任，要经
过两道监察岗：第一道监察岗是中书舍人（元丰改制前的知制诰）。一般而言，宋代官员的
选任先由朝廷降旨或中书堂除、吏部提案，然后由中书舍人撰写诏令（制诰），中书舍人撰
写时如果认为"不可行即不书而执奏，谓之缴驳"，也就是说有权封还朝廷除授官员不当的
制诏，并加以驳论。哲宗元祐元年（1086 年），中书舍人苏轼就曾封还任命吴苟为广南东路
转运判官的制诰词头。第二道监察岗是给事中（元丰改制前的知通进银台司或知门下封驳
事）。宋制规定，官员的除授制敕令在中书舍人撰写后，由给事中审查，如果给事中发现制
敕有不当之处，便"依故事封驳"③，如仁宗嘉祐五年（1060 年）朝廷改任谏官唐介为知荆
南府，知门下封驳事何郯就封驳说："唐介为谏官有补朝廷，不当出外，以敕封还之。"④

（2）审查部司奏章。这是"驳"的职能，即对各部司、百官的各类奏章进行审查，驳
回不当的奏章。如对财政奏章的审查：至道元年（995 年）宋太宗诏令三司，凡有关"钱谷
刑政利害文字，令中书、枢密院检详前后条贯同共进呈，每月编其应行条敕作策送封驳司，
如所降宣敕重叠及有妨碍，并委驳奏"⑤。绍兴年间，户部上奏请求将临安官田授受给被淘
汰的使臣，给事中黄祖舜上疏阻止说："使臣汰者一千六百余人，临安官田仅为亩一千一
百，计其请而给田，则不过数十人。"⑥ 由于封驳官的及时阻止，户部的这一请求才没能实
现。又如对司法拟判的审查：至道元年（995 年），宋太宗下诏规定，凡"刑政利害文字"，
委封驳官驳奏。⑦ 元丰八年（1085 年）宋哲宗根据门下侍郎司马光的请求，下诏规定今后
"应诸州所奏大辟罪人，并委大理寺依法定断……如委实有可悯及疑虑，即仰刑部于奏钞后
别用贴黄，声说情理如何可悯，刑名如何疑虑，今拟如何施行，令门下省审，如所拟委得
允当，则用缴状进入施行；如有不当及用例破条，即仰门下省驳奏。"⑧ 自此诸州疑难大辟
案件也由门下省审议驳奏。又如元丰六年（1083 年）郑青因立战功被擢为副都头，郑青的
妻子骂了郑青母亲，郑青一气之下竟把妻子殴打致死，中书依法拟判郑青杖脊刺面发配五
百里，门下省驳奏此案"情轻法重，不当舍功而专论其罪"，宋神宗诏令郑青"副都头上降
两资，仍杖之"⑨。

（3）奏劾百官。这类事例不胜枚举，仅宋哲宗元祐年间就有：元祐元年（1086 年），给

---

① 参见《宋会要辑稿·职官》二之八。
② 《宋史·谢深甫传》。
③ 《宋会要辑稿·职官》二之三十九。
④ 《宋会要辑稿·职官》二之四十三。
⑤ 《宋会要辑稿·职官》二之四十二。
⑥ 《宋史·黄祖舜传》。
⑦ 参见《宋会要辑稿·职官》二之四十三。
⑧ 《续资治通鉴长编》卷三百五十九，元丰八年八月癸酉。
⑨ 《宋会要辑稿·职官》二之四。

事中王严叟奏劾安焘"不才"①，中书舍人苏轼、范百禄奏劾知建昌军陈绎"资性倾险，士行鄙恶"②；元祐四年（1089年），封驳官权给事中梁焘奏劾知郓州蒲宗孟"挟权擅威，坐废诏令"③；元祐五年（1090年），中书舍人王严叟奏劾龙图阁学士邓温伯"赋性俭柔，巧于傅会"④，给事中朱光庭奏劾新除权判登闻鼓院王巩"资禀俭邪，行迹污下，顷为扬州通判，以私用刑得罪而去，合送吏部"，宋哲宗下诏王巩"别与差遣"⑤。元祐六年（1091年），给事中朱光庭奏劾京西南路提刑刘定"天姿刻薄，罪恶不一"⑥，中书舍人韩川奏劾新除龙图阁直学士陆佃"为人污下，无以慰天下之望"⑦，中书舍人韩川奏劾新除起居舍人黄庭坚"轻翾浮艳，素无士行，邪秽之迹，狼藉道路"⑧。权给事中孔武仲奏劾新除授给事中王钦臣"天资浅薄，溺于荣利，强忌好胜，反覆任情"⑨。元祐八年（1093年），给事中姚勔奏劾新除授的知兴州孙贲知真州时，曾"以筵会为由，昵近娼女，闻亲弟之哀，匿而不举者数日；既在式假，又引娼女与之饮谑"⑩。宋理宗朝，中书舍人陈大方奏劾刘子澄在蒙古军队刚入唐州界时"率先遁逃"，使宋军"一败涂地，二十年来，为国家患者，皆原于此，宜投之四裔"⑪，理宗下诏罢去了刘子澄的祠禄官。咸淳九年（1273年）给事中陈宜中上疏请求"正范文虎不力援襄之罚"，宋度宗下诏降范文虎一官。⑫

宋朝以前，封驳官的主要职能是封驳朝廷命令的失误，而不能奏劾百官。宋代封驳官奏劾百官职能的出现，标志着中国古代封驳制度在宋朝已发生了重要变化，已经开始向"台谏合一"的方向发展。

（四）元明清时期的言谏机构及职能

1. 言谏机构置废反复与"台谏合一"

元明清时代是传统言谏制度衰落直至消亡的时期。元朝没有专职的言谏机构，或者说台官（御史）机构并吞了言谏组织，并隐含了部分言谏职能。关于谏诤机构，元朝中央虽有中书省，但中书省不专设谏官，谏官职能由御史兼任："朝廷不设谏官，御史职当言路，即谏官也。"⑬但御史的主要职责，按照过去数千年的传统，是监察百官而已。关于封驳机构，元朝终世不置门下省，虽有给事中之官，但给事中不掌封驳之职，"凡政令之未便，人情之未达，朝廷得失，军民利害"⑭，允许臣民陈言，朝廷采纳者有赏，未采纳者无罪。

① 《续资治通鉴长编》卷三百七十一，元祐元年三月壬戌。
② 《续资治通鉴长编》卷三百七十六，元祐元年四月癸丑。
③ 《续资治通鉴长编》卷四百二十七，元祐四年五月乙酉。
④ 《续资治通鉴长编》卷四百三十九，元祐五年三月己卯。
⑤ 《续资治通鉴长编》卷四百四十五，元祐五年七月丁卯。
⑥ 《续资治通鉴长编》卷四百五十六，元祐六年三月辛酉。
⑦ 《续资治通鉴长编》卷四百三十九，元祐六年三月丁丑。
⑧ 《续资治通鉴长编》卷四百三十九，元祐六年三月丁亥。
⑨ 《续资治通鉴长编》卷四百八十六，元祐六年十一月戊申。
⑩ 《续资治通鉴长编》卷四百八十，元祐八年正月壬寅。
⑪ 《宋史·理宗纪》四。
⑫ 参见《宋史·度宗纪》。
⑬ 《元史·李元礼传》。
⑭ 《元典章》卷二，《圣政》一，《求直言》。

明清时代基本上实行"台谏合一"体制。明初，言谏机构曾昙花一现地存在过，但很快与御史监察机构合为一体，独立的言谏组织从此不复存在，直至清朝亦然。

明清的这一过程大致经历了三个阶段：

第一阶段是明初言谏机构独立的阶段。关于谏诤机构，明初置谏院，设左、右司谏各一人，正七品；左、右正言各二人，从七品，并设谏议大夫。洪武十五年（1382年），谏院被罢撤，谏官职能由新设的六科给事中兼行。关于封驳机构，明初中书省设有给事中。洪武十三年（1380年）朱元璋废中书省、罢丞相后，封驳职能转归新设的六科给事中。

第二阶段是六科给事中与御史监察机构并立的阶段。朱元璋在废中书省、罢丞相、分权于六部之后，担心六部的权重威胁皇权，专设六科给事中以监察六部。六科给事中成为与都察院并列、直属皇帝或直接向皇帝负责的中央监察与言谏复合机构，负有监察和言谏双重责任，"吏户礼兵刑工六科。各都给事中一人，左、右给事中各一人。六科，掌侍从、规谏、补阙、拾遗、稽察六部百司之事。凡制敕宣行，大事覆奏，小事署而颁之；有失，封还执奏。凡内外所上章疏下，分类抄出，参署付部，驳正其违误。"① 六科"俱系近侍官员，与内外衙门并无行移"②，有自己的官衙。都察院名义上是最高监察机构，但管不了六科。六科在工作中与都察院的十五监察御史有不同意见时，"上疏互驳，皆控御前"③，由皇帝作裁决。

第三阶段是六科给事中并入御史监察机构阶段。这是清代的事情。清初因袭明制，"六科自为一署"，雍正元年（1723年）清世宗"以六科内升外转，始隶都察院。凡城、仓、漕、盐与御史并差，自是台省合而为一"④。所谓"内升外转"就是将掌印给事中，给事中由原来的七品升为五品，与都察院的十五道监察御史平级，或略高一级，使六科成为都察院的下属机构。"六科给事中，吏户礼兵刑工六科掌印给事中满汉各一人。给事中满汉各一人。掌言职，传达纶音，勘鞫官府公事，以注销文卷；有封驳即闻。"⑤

2. 明清时代的六科给事中的主要职能

不管六科给事中的组织隶属关系如何变化，其兼有的言谏职能（主要是封驳）却是不变的。其言谏职能的主要情况简述如下：

（1）谏诤。从制度上看，六科给事中的谏诤职能主要存续于明朝。《明史》载："六科，掌侍从、规谏、补阙、拾遗……朝政失得，百官贤佞，各科或单疏专达，或公疏联署奏闻……凡大事廷议，大臣廷推，大狱廷鞫，六掌科皆预焉。"⑥ 这表明，明朝的六科给事中在朝会、廷议、廷推、审判中均有谏言的职权，有谏言匡正皇帝的职责。到清朝，谏诤的职责基本被淡化、遗忘。

（2）封驳。给事中原属封驳系统，明清时期六科给事中的主要职责仍是封驳，所谓"凡制敕宣行，大事覆奏，小事署而颁之；有失，封还执奏。凡内外所上章疏下，分类抄

---

① 《明史·职官志》三。
② 《大明会典》卷七十六，《行移署押体式》。
③ （明）李清：《三垣笔记》中，《崇祯》。
④⑤ 《清史稿·职官志》二。
⑥ 《明史·职官志》三。

出，参署付部，驳正其违误"①。顾炎武曾说：明朝的六科给事中"掌封驳之任，旨必下科，其有不便，给事中驳正到部，谓之科参，六部之官无敢抗参而自行者，故给事中之品卑而权特重"②。明朝六部奏请及施行的事情，都必须经过六科给事中审查，六科给事中认为有不当之处的，可以驳回。凡内廷旨下，六科给事中要分类抄出，发给有关的部执行，如果有关的部门违反规章惯例，或执行不当的，六科给事中要驳正其违误。朱元璋曾对六科给事中说："朕代天理物，日总万机，岂能一一周遍。苟政事有失宜，岂惟一民之害，将为天下之害；岂惟一身之忧，将为四海之忧；卿等能悉心封驳，则庶事自无不当。"③

清代六科给事中的封驳职能因袭明朝，"掌言职，传达纶音，勘鞫官府公事，以注销文卷；有封驳即闻"④。顺治十八年（1661年）规定："凡部院督抚本章已经奉旨，如确有未便施行之处，许该科封还执奏。如内阁票拟谶本错误，及部院督抚本内事理未协，并听驳正。"⑤ 不过，由于内廷密本及军机处的"廷寄"等文卷，六科给事中根本不能预闻，所以其驳正职能只不过具文而已。

三、关于历代言谏机构及权能的简要评析

（一）言谏权力以不触动皇权为前提

法儒孟德斯鸠说："一切有权力的人都容易滥用权力……有权力的人们使用权力一直到遇有界限的地方才休止……从事物的性质来说，要防止滥用权力，就必须以权力约束权力。"⑥ 中国古代政治体制中，也产生过防止滥用权力的努力或设计，言谏制度就是典型。中国古代政治，特别从秦汉以来，总的说来是向着加强君主专制的方向和轨道演变的，但言谏制度的存在，表明皇帝的权力并不是不受任何制约的，表明即使在专制、集权的中国古代，也存在以防止滥用权力为鹄的的监察制度。

但是，这里的"言谏"并不是孟德斯鸠所说的"以权力约束权力"。这里的言谏制度是以下规上，以皇帝为主要"监察"对象，对皇帝进行规劝的特殊监察方式。之所以特殊，是因为这种监察的前提是不允许触动皇权，只是君主专制国家中对最高权力的一种没有制衡性质的、没有法律保障的、更多是象征性的制约。

我们对传统的言谏制度有以下几点基本判断：

1. 言谏权是皇权附属成分，言谏不是对皇权的权力制衡

古代中国的言谏机构，实际上是皇帝的咨询班子或智囊团。言谏的实质是对皇权的一种规劝行为而不是制衡行为，言谏只是对皇权的一种内部监督或权力牵制，它不是，也不可能是伸张民权、抑制君权，防止专制、独裁的权力制衡。

在君主专制的政治制度中，是不可能有权力制衡的。因为皇权是不能分割的，也是不

---

① 《明史·职官志》三。
② （清）顾炎武：《日知录·封驳》。
③ （清）孙承泽：《春明梦余录》卷二十五，《六科》。
④ 《清史稿·职官志》二。
⑤ 《钦定台规》卷十二，《六科》一。
⑥ ［法］孟德斯鸠：《论法的精神》，154页，北京，商务印书馆，1961。

能让渡的。没有权力分立，皇权无从制衡。权力分立、权力制衡的观点是英国早期资产阶级对封建主提出政治变革，要求分享其权力的时候提出来的。无论是东方还是西方，封建社会的权力监督或权力牵制都是在一个前提下进行的，这就是君主专制制度。君主专制制度有几个根本性的东西：第一，君权是至上的。君主不受任何约束，他是至高无上的，尤其是中国到秦汉以后，皇帝变成神了，既是天上下凡的神，怎么可以对神进行约束呢？所以黑格尔说："在东方古老的君主专制政体中只有国王一个是真正自由的。"① 第二，皇权是世袭的。封建政权是皇帝私有的，家天下，一代代传下去，实行嫡长子继承制，皇权是绝对不让分割和让渡的。皇权所享有的种种特权，别人实际上是不能过问的。无论是御史也好，谏官也罢，都不可能对皇权行使的合法性与正当性进行监察。

2. 言谏制度在君主专制社会有其合理性与必然性

君权神圣和君主独裁是中国古代政治体制的基本原则，因此，代表皇帝"绳百僚"的法制很有存在的必要，但"正人主"的法制就无从说起了。因为皇帝是唯一的雇主或主人，他需要法制督察臣仆或雇员，他不会主动要求臣仆督察和制约自己。但是，按照儒家为主导的政治学说，"木从绳则正，后（君主）从谏则圣"②，为了让主人或雇主避免错误，谏诤和封驳制度就有设立的必要了。据儒家政治伦理，皇帝绝非天生地圣聪神明、一贯正确，唯有"从谏"方能达到"圣"的境界。历史上最著名的皇帝之一唐太宗李世民就说："人心所见，互有不同，苟论难往来，务求至当，舍己从人，亦复何伤！比来或护己之短，遂成怨隙，或苟避私怨，知非不正，顺一人之颜情，为兆民之深患，此乃亡国之政也。"③ 这种君主需要"从谏"的主张，实际上与先秦法家强调君主"独视独听独断"的主张相悖。因此，秦汉以降的主流政治思想，在君主权力的监督方面往往包含着自相矛盾的因素，但又绝不是"以子之矛攻子之盾"式的绝对排斥，而在于收到一种相反相成的平衡互补特效。④ 总之，无论从哪方面看，言谏制度在君主专制社会都有其合理性与必然性。

3. 言谏制度有抑制皇权膨胀的积极作用，但这种作用不宜高估

在君主专制的封建社会，言谏制度在加强权力监督、抑制皇权膨胀、保证决策正确等方面无疑有着积极的意义。唐太宗贞观元年（627年）即诏令"宰相入内平诏国计，必须谏官随入。予闻政事"⑤。贞观三年（629年）又强调"凡军国大事，则中书舍人各执所见，杂署其名，谓之五花判事。中书侍郎、中书令省审之，给事中、黄门侍郎驳正之……由是鲜有败事。"⑥ 虽然不能说没有言谏制度就没有贞观之治，但二者之间肯定有重大的因果关

---

① 转引自 ［美］E. 博登海默著，邓正来译：《法理学：法律哲学与法律方法》，81 页，北京，中国政法大学出版社，1999。

② 《尚书·说命上》。此句意思是说："木头一用墨线取直，就会中规中矩；君王善纳谏言，就会圣明贤能。"此句又见《贞观政要·求谏》。

③ 《资治通鉴》卷一九二，《唐纪》八，太宗贞观元年。这段话的意思是说：人的见解各有不同，如果往来辩论，务求准确、恰当，放弃个人见解从善如流，又有什么不好呢？近来有人护己之短，于是产生仇怨隔阂，有的为了避开私人恩怨，明知其错误也不加驳正。顺从、顾及某个人的脸面，造成万民的灾患，这是亡国的政治。

④ 参见王曾瑜：《从台谏制度的运作看宋代的人治》，载 http://emuch.net/fanwen/view.php? id=14938，2007－07－28。

⑤ 《贞观政要·求谏》。

⑥ 《资治通鉴》卷一九三，《唐纪》九，贞观三年四月。

系。中国封建社会极端专制却能超长时间存续，或许与此也有重大关系。法学家郑秦就曾感叹："为什么如此专制集权的政治体制还能够包容社会历史的前进？显然这政治体制的运作还是有效的，使得社会可以在既存的制度下发展。由此我们应该对使这种权力体制能够进行自我调节的监督机制进行研究。"① 然而言谏制度抑制皇权膨胀的作用也不宜高估，两千多年的封建社会兴衰史，皇帝作为"最高领导人"是脱不了干系的，这是上述作用之有限性的最好明证。

（二）言谏制度在皇权极端膨胀过程中逐渐消亡

在古代中国的中央两大监察系统中，言谏制度与御史制度的命运大不相同。从宏观看，中国古代的言谏制度在唐代极盛之后就似乎是一直在走下坡路。

唐代是"台谏"② 并立，宋代以后谏官职权就不断转向，言谏组织就不断萎缩。宋代虽设谏院，但言谏官的职责主要不是谏诤君主，而是监察所有官员，所谓"凡朝政阙失，大臣至百官任非其人，三省至百司事有违失，皆得谏正"③。自此谏官地位每况愈下。元代干脆取消谏院，余下的给事中转隶起居院。明代将给事中改为六科给事中，主司"稽察六部百司之事"，其职权与御史基本相同。到了清代，索性将六科并入都察院，台谏合一。至此，言谏官随着皇权的极端膨胀而销声匿迹。

中国古代的言谏机构没有伴随着封建王朝走完漫长的旅程，究其根本原因，是由于它限制了至高无上、至尊无二的君权的恶性膨胀。

第二节
中央御史机构及相关监察制度

一、历代中央御史监察机构

在古代中国，以官吏为监察对象的中央监察机构——御史系统，其发展、演变的形态大致可分为三个阶段：第一阶段是秦汉至元朝的御史台，第二阶段是明朝的都察院和六科给事中，第三阶段是清代的都察院。这里的中央监察机构之所以统冠以"御史"，既因为在历史上大部分时期，监察官吏的中央监察机构都称"御史台"或"御史府"，也因为其官员几乎终世都被称为"御史"。

中国的御史监察机构萌芽于夏商周时期。《尚书·泰誓》中有"我友邦冢君越我御事庶士，明听誓"之语，《尚书·牧誓》又有"我友邦冢君御事，司徒、司马、司空"之语，有人认为其中的"御事"可能就是"御史"（但也有人认为"御事"只是许多官职的泛称④）。

---

① 郑秦：《论明清时期国家权力的监督机制》，载《比较法研究》，1992（1）。

② "台"即御史台，"谏"即言谏组织。

③ 《宋史·职官志》一。

④ 参见彭勃、龚飞：《中国监察制度史》，26页，北京，中国政法大学出版社，1989。

不过，周朝史官也许是御史的真正由来。"史"是掌管文书之官，作为史官之一的御史"掌赞书而授法令"①，即在君主身边掌管文书、档案、记录等事。此外，西周时可能还有"三监"制度："天子使其大夫为三监，监于方伯之国，国三人。"② 春秋战国时期，齐国设"大行"、"大谏"为中央监察机构，其中"大行"主掌监督廷殿礼仪秩序，为后世的侍御史、殿中御史的前身。韩、赵、魏、秦等国，都设御史。其时，御史为国君秘书，或是关于内政外事的侍从官，除掌记事、典籍外，还监察百官。这时的御史，与后世的御史远远不是一回事。真正的御史监察机构，是秦朝正式建立起来的。

（一）秦汉至元朝的御史台（府）

在秦至元的一千五百多年里，御史大夫及其御史台（府）一直为国家最高监察机关。

1. 秦朝的御史府

专司监察职务的御史始于秦朝。战国时即有了秘书型御史，至秦时发展为主司纠察之任的监察官吏。御史因在朝廷上常侍立于殿柱之下，故又称"柱下史"。《史记》载："（张仓）秦时为御史，主柱下方书。"司马贞索隐："周秦皆有柱下史，谓御史也。所掌及侍立恒在殿柱之下，故老子为周柱下史。今（张苍）在秦代亦居斯职。"③ 又《汉官仪》载："柱下史，老聃为之，秦改为御史，一名柱后史，谓冠以铁为柱，言其审，不桡也。"《资治通鉴·秦鉴》载："秦御史，讨奸猾，治大狱。"④

关于秦代中央监察机关的具体建制和活动方式，历史文献语焉未详。据"汉承秦制"推论，这一机关是御史府。御史府并非当时的正式机构名称，当时惯于以长官职务名为官署名，实为御史大夫府。御史大夫为长官，全面掌管群臣奏章和传达皇帝诏令，监察文武百官。《汉书·百官公卿表上》："御史大夫，秦官，位上卿，银印青绶，掌副丞相。"御史大夫为秦朝中央"三公"（丞相、太尉、御史大夫）之一，实为副丞相职务，协助皇帝和丞相处理日常政事，地位在九卿之上。御史大夫下设御史中丞二人，协助御史大夫办事，掌朝廷的图籍秘书，处理直达皇帝的一切奏章，在殿中察举违法官吏。中丞之下设御史若干，御史又称侍御史或柱下史，是一般监察官。御史的职掌有三：收转地方上呈中央的文书、纠举弹劾违法官吏、参与司法审判活动。监御史被御史台派驻地方代表中央行使巡察重任，创立了御史出巡制度。

秦朝中央监察机关图示如下：

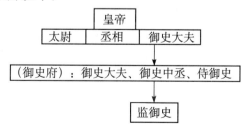

---

① 《通典·职官》六。

② 《礼记·王制》。

③ 《史记·张丞相列传》。方书即四方文书。

④ 《资治通鉴·秦纪》，始皇三十五年注。

秦朝的御史监察制度是中国传统监察制度的初创阶段，御史大夫、御史中丞和其他御史尚非完全专职的监察官员，他们除领有监察之责、辅佐皇帝监察百官之外，仍负责其他行政事务，还直接奉诏审判案件。而且监察也带有综合性，即集行政监察、司法监督于一体。这构成了中国古代行政制度和司法制度的一大特色。秦朝的御史监察制度为后世历代王朝所继承，历史影响极为深远。

2. 汉代的御史府和丞相司直

汉承秦制，中央有御史府（又称御史大夫寺），为国家最高监察机关。长官为御史大夫，下设御史中丞和侍御史等属官。御史大夫不仅职掌全国的最高监察权，而且还是副丞相，地位仅次于丞相，负责协助丞相总理国政，有时还要统率军队，率兵征讨匈奴。不过，西汉中期以后，御史大夫被改为大司空，职权逐渐偏移为掌管土木工程，其原来的监察职权由中丞担任。东汉将御史府正式更名为御史台，又称"兰台"①。与西汉不同的是，御史台到东汉已经成为专门的最高监察机关，监察职权由御史中丞而不是由御史大夫掌握。御史中丞又称御史中执法，"在殿中兰台，掌图籍秘书，外督部刺史，内领侍御史员十五人，受公卿奏事，举劾按章"②。御史中丞在西汉中期以后实际职掌最高监察权。

汉代履行监察职权的还有丞相府内置的丞相司直。汉武帝元狩元年（前122年），在丞相府内置丞相司直，"掌佐丞相举不法"③，并协助丞相"督录诸州"④。中央最高行政机关内置监察官员，加强了国家的监察职能，同时也是对御史大夫为首的监察系统的制约。

3. 魏晋南北朝的御史台

东汉以来，御史台在组织上受九卿之一的少府（皇帝私府或内务府）节制。至魏晋时期，御史台从少府中独立出来，成为皇帝直接掌控的独立监察机关，而且职权扩大，"自皇太子以下，无所不纠"。御史台长官为御史中丞（北魏称御史中尉，南朝称南司），中丞下设名目繁多的御史，御史被派驻地方行使监察重任，发展了秦朝创立的御史出巡制度。

4. 唐朝的御史台

唐朝御史台以御史大夫为最高长官，"掌以刑法典章纠正百官之罪恶"⑤，设御史中丞二人作为副长官。御史台下置台院、殿院、察院三院，三院各司其职、相互配合，协助御史大夫共掌监察大权。《新唐书·百官志三》载："御史台：大夫一人，正三品；中丞二人，正四品下。大夫掌以刑法典章纠正百官之罪恶，中丞为之贰。其属有三院：一曰台院，侍御史隶焉；二曰殿院，殿中侍御史隶焉；三曰察院，监察御史隶焉。凡冤而无告者，三司诘之。三司，谓御史大夫、中书、门下也。大事奏裁，小事专达。凡有弹劾，御史以白大夫，大事以方幅，小事署名而已。有制覆囚，则与刑部尚书平阅。"

唐代御史台下三院之职掌如下：（1）台院：设侍御史六人。监察朝中（中央）文武百

---

① 汉代宫内藏图书之处。以御史中丞掌管，后世因而称御史台为兰台。东汉时班固为兰台令史，受诏撰史，故后世亦称史官为兰台。唐高宗时曾改秘书省为兰台。

② 《汉书·百官公卿表》。

③ 《汉书·武帝纪》。

④ 《汉书·百官志》一。

⑤ 《新唐书·百官志》三。

官，参与审理重大案件（参与大理寺审判，或审理皇帝直接交办的案件）。《新唐书·百官三》载："（台院）侍御史六人，从六品下。掌纠举百寮及入阁承诏，知推、弹、杂事。凡三司理事，与给事中、中书舍人更直朝堂。若三司所按而非其长官，则与刑部郎中、员外郎、大理司直、评事往讯。"（2）殿院：设殿中侍御史九人。以维护皇帝的尊严为其基本职责，监察殿廷之内百官的活动，以维护朝廷礼仪秩序。《新唐书·百官志三》载："殿中侍御史九人，从七品下。掌殿庭供奉之仪，京畿诸州兵皆隶焉。"首先是纠察（肃正）朝仪、巡视京都及朝会、郊祀等，其次是监督百官的君臣之礼。（3）察院：负责巡察州县。设监察御史十五人（品位不高，权力很大）。以"道"为监察区，每道设监察御史一人（称巡按史）。

唐代中央监察机关图示如下：

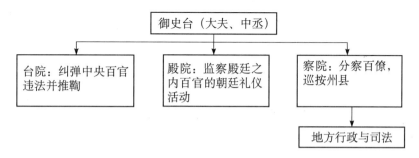

5. 宋代的御史台

宋袭唐制，中央御史台以御史大夫、御史中丞为正、副长官，下设台、殿、察三院。《宋史·职官志四》载："监察御史。六人，掌分察六曹及百司之事，纠其谬误。""分察六曹"（简称"六察"）即分察尚书省六部，实际上察院的监察范围并不局限于六部。

6. 元代的御史台

与两宋相比，元代更加重视监察工作，其标志主要有二：一是建立起空前庞大的监察体系。全国从御史台（中台）经由行御史台，到各道肃政廉访司（提刑按察司），构成了一整套垂直的行政监察与司法监督体系。二是监察法规空前地完备。

元世祖仿唐宋旧制，于至元五年（1268年）于中央设立御史台作为"天子耳目"。御史台与中书省、枢密院是中央中枢机关。位于京师的中央御史台称"内台"或"中台"（相对于派出机关行御史台和地方监察机关而言），以御史大夫为长官（从一品），设御史中丞（正二品）、侍御史（从二品）、治书御史（从二品）等属官，下置殿中司（相当于唐朝的殿院）和察院（职权相当于唐朝的察院和台院）。殿中司主要纠察朝中官员的违纪行为，察院主要监察中央和地方的文武百官，所谓"纠察朝廷百官、京畿州县"[①]。其中中央官员包括中书省、枢密院官员在内，地方包括"腹里"地区的"内八道"和"行台"辖区的官员。"行台"即行御史台，是中央御史台的派出机关，负责监察行中书省（行省）、宣慰司，主要是"腹里"之外的14个监察区。[②]

① 《元史·王磐传》。

② 参见《元典章》卷五，《台纲》一，《行台·行台体察等例》。

(二) 明代的都察院和六科给事中

中国古代的中央监察机构在明朝发生较大变化，主要体现在罢御史台、置都察院、创建六科给事中。

1. 明代罢御史台，置都察院。明初，"国家立三大府，中书总政事，都督掌军旅，御史掌纠察"①。洪武十五年（1382年）罢御史台更设都察院，实现台察合一，结束唐代开始的御史台三院制。都察院设左右都御史、御史、监察御史或巡按御史。长官为左都御史，可监督、弹劾任何官员。下设左、右副都御史，左、右佥都御史。

2. 明代创建六科给事中。明代始创六科给事中，这在前面已有论述。六科给事中是与都察院并列，直属皇帝、直接向皇帝负责的中央独立监察、言谏机构。六科给事中的监察对象是中央六部，职责是监察六部日常政务活动，核查上奏的奏章及奉旨执行政务的情况。

(三) 清代的都察院

中国古代的言谏机构与御史机构，从秦汉至明代，都是各为一端。明代的都察院是监察系统，六科给事中是兼有御史监察职能的谏官系统。到了清代，言谏机构与御史机构合一，独立的言谏机构不再存在。

1. "台谏合一"改革

为了加强皇帝集权，清廷在雍正元年（1723年）取消了六科给事中的封驳权，将原来独立的六科给事中并入都察院。六科给事中与十五道监察御史合称"科道"，实现了"台谏合一"或"台省合一"。史载："（清）初沿明制，六科自为一署，给事中无员限。康熙五年改都给事中为掌印（各科长官为掌印给事中）。雍正初以六科内升外转，始隶都察院……自是台省合而为一。"②

改革后的六科形同裁撤。"（六科给事中）掌言职，传达纶音，勘鞫官府公事，以注销文卷；有封驳即闻"，职责主要是校抄内阁红本发送有关衙门、登记注销各衙门文件，而原来的封驳之本职因军机处"廷寄"而丧失殆尽。乾隆工科给事中曹一士说："凡内阁交出秘本，由各科挂号，即将原封送各该部，取职名附簿备查。今臣到任以来，密本并未一见。至皇上谕旨径由内阁发部者，臣等迟至浃旬，始得从邸抄一读。"光绪年间蔡镇藩讲："今事或由廷寄，或由阁抄，其下科者，皆系循例奏报，无所用其参驳，虽察六部，只按月由部赴科注销而已。"③

2. 清都察院的双重职能

清代改革后的都察院仍以左都御史为最高长官，以左副都御史为副长官。右都御史和右副都御史为地方督抚的兼衔，不在京任职。"左都御史，左副都御史，俱满汉二人。左都御史掌察覈官常，参维纲纪。率科道官矢言职，率京畿道纠失检奸，并预参朝廷大议。凡重辟，会刑部、大理寺定谳。祭祀、朝会、经筵、临雍，执法纠不如仪者。左副都御史佐

---

① 《明史·职官志》二。

② 《清史稿·职官志》二。

③ 以上两段均见《皇朝掌故汇编》内编卷一，《官制》一。

之。"① 此外，都察院另设五城巡御史掌京师地方治安之监察，设十五道（清末增加至二十二道）掌地方各省之监察。

二、中央监察机构的派出机构

在中国古代，中央监察机构向各地方派出一定官员监察地方，作为解决中央监察机构鞭长莫及的权宜之计。这种派出的监察机构与地方监察机构是有区别的，其区别在于：中央派出的监察机构是中央监察机构在地方设立的代表机关，它们本身是中央监察机构的一部分；而地方监察机关是地方建制的监察机构，它接受中央监察机关的垂直管理，但其本身不是中央监察机构的一部分。

1. 秦朝的监御史

秦始皇分天下为三十六郡，郡置郡守、都尉、监御史三官，其中郡守、都尉是郡的官员，监御史是中央特派的监察官，"监御史，秦官，掌监郡"②。监御史隶属于御史台（府），受御史大夫和御史中丞直接指挥与节制。监御史是中央官员，不是地方官职，其职责是纠察所在郡官吏，参与治理所在郡的刑狱。

2. 汉代的刺史和司隶校尉

汉初调整地方监察体制，废除秦代派驻地方的监御史，由丞相府派遣丞相史监察郡县。汉武帝于元封五年（公元前106年）又废丞相史，分全国为十三州（部）③，京师所在州派司隶校尉，其余十二州（部）派刺史（汉成帝时改为州牧），作为中央派驻地方（"有常驻所"）的监察官，司隶校尉和刺史均直属中央御史大夫。

（1）刺史对州（部）的监察。何谓"刺史"？"刺"是刺举，即侦视、揭发不法行为；"史"是天子的特遣使者。刺史"奉诏条察州"，省察治状，"刺史班宣，周行郡国，省察治狱，黜陟能否，断治冤狱，以六条问事"④。

（2）司隶校尉对京师的监察。"司隶"本为《周礼》秋官司寇的属官，汉代司隶校尉掌纠察京师百官及所辖附近各郡，相当于州刺史。魏晋以后司隶校尉所辖区域改为州，司隶校尉改称司州。

3. 唐朝的监察御史

秦朝创立的御史出巡制度至唐朝得到了很大发展。唐朝御史台由台院、殿院、察院三院组成，其中察院专门负责地方巡察州县，设监察御史十五人，以"道"为监察区，每道设监察御史一人（又称巡按史），"掌分察百寮，巡按州县，狱讼、军戎、祭祀、营作、太府出纳皆莅焉"⑤。监察御史的主要职责有二：执掌地方州县官吏的监察工作（包括监察行政和司法），监督地方官吏奉公尽职。

4. 元朝的行御史台

宋代各路的"监司"，特别是其中的"提点刑狱司"，是应视为"路"这一级的地方监

---

① 《清史稿·职官志》二。
② 《汉书·百官表》。
③ 十三州是：豫州、兖州、徐州、青州、凉州、并州、冀州、幽州、扬州、荆州、益州、朔方、交州。
④ 《汉书·公卿百官表》颜师古注引《汉官典职仪》。
⑤ 《新唐书·百官志》三。

察机构，还是应视为中央监察机构的派出机构，很难说清楚。宋代的御史台一般不再派出御史常驻或定期巡回地方，只是专司中央或京师百官的监察。到元朝，中央监察机构派出制度得到了恢复和发展。元朝的行御史台（行台）就是中央御史台（中台）的派出机构。中央御史台（中台，内台）直接管辖"腹里"八道监察区，行御史台统辖全国十四道监察区。行御史台包括江南诸道行御史台（南台）和陕西诸道行御史台（西台），"南台"监察东南诸省十道，"西台"监察陕、甘、滇、蜀四道。

5. 明朝的监察御史和督抚

明代中央监察机构在地方有两大派出机构或监察官：监察御史和督抚。

(1) 十三道监察御史

明代中央的都察院置监察御史（又称"巡按御史"），受皇帝委派每年轮换出京巡察各省，号称"代天子巡狩"。成祖永乐元年（1403 年）规定巡按御史在八月出巡，宣德十年（1435 年）划定全国为十三道监察御史，形式上归都察院管辖，实际上只对皇帝负责。

监察御史的职掌主要在三方面：首先是总职掌："察纠内外百司之官邪，或露章面劾，或封章奏劾……凡政事得失，军民利病，皆得直言无避。"[①] 其次是内职掌：协管两京直隶衙门，"在内两京刷卷（审查公务文书），巡视京营，监临乡、会试及武举，巡视光禄，巡视仓场，巡视内库、皇城、五城，轮值登闻鼓"。最后是外职掌，分两类：一是专差（专察）御史"在外巡按，清军，提督学校，巡盐，茶马，巡漕，巡关，攒运，印马，屯田，师行则监军纪功，各以其事专监察"[②]，二是按差（巡按）御史"代天子巡狩，所按藩服大臣、府州县官诸考察，举劾尤专，大事奏裁，小事立断。按临所至，必先审录罪囚"。《明会典·都察院》记载：监察御史须先任专差（点差），才有资格出任巡按（大差）。[③]

(2) 巡抚、提督、总督

明代行省权由布政司、按察司、都指挥司三司共掌。地方上的重大事件，单独一个机构处理不了。但"三司"各自为政，中央也不放心。于是从永乐开始，皇上时常派出亲信（如尚书、侍郎）以巡抚、提督、总督等名目加上都察院副都御史头衔"巡行天下，安抚军民"，明中期以后形成惯例。这些人在名义上都是中央派驻地方的最高监察官，但实职甚广。其中，巡抚每省一员，统掌行政、司法，兼领军务者加提督衔。如遇战事，则派出总督，统掌军政。总督和巡抚合称"督抚"。《明史·职官二》载："巡抚兼军务者加提督……所辖多、事重者加总督……其以尚书、侍郎任总督军务者，皆兼都御史，以便行事。"总督和巡抚职责大致相同，而且总督和巡抚可以互兼。二者的区别仅在于：巡抚的权力范围是一省或限定省内某些地方，且不兼军事；总督所辖地往往超过一省，兼管军事。

明代的督抚以皇帝钦差的形式巡视地方，权力比一般巡按御史更大："盖以地大物众，法令滋章，三司谨奉教条，修其常职；而兴利除弊，均赋税，击贪浊，安善良，惟巡抚得以便宜从事。"[④] 对于上述诸事，督抚可不报告皇帝而自行决定。督抚在明朝后期成为实际

①② 《明史·职官志》二。

③ 参见邱永明：《中国监察制度史》，408 页，上海，华东师范大学出版社，1992。

④ 《明史·熊概传》。

上的地方军政长官。不过终明之世，督抚并不算省的最高行政长官。《明史·职官志》将督抚归属监察院系统。

6. 清代监察御史、五城察院和督抚

（1）十五道监察御史

清承明制，都察院对地方实行分道监察，原则上按行省设十五道监察御史，清末增至二十道①，各道设掌印监察御史满、汉各一人，"掌弹举官邪，敷陈治道，各覈本省刑名"②，"掌纠察内外百司之官邪。在内：刷卷（审查公务文书），巡视京营，监文武乡会试，稽察部院诸司；在外：巡盐、巡漕、巡仓等，及提督学政。各以其事专纠察。朝会纠仪，有大事集阙廷预议焉"③。

（2）五城察院

清代把京城分为中、东、西、南、北五城，都察院分派御史巡城，巡城御史公署称"五城都察院"（简称五城察院），巡城御史为察院长官，各城设有兵马司，以指挥一人为长官，每司分为二坊。光绪三十二年（1906年）改革官制，地方设立审判厅，撤五城御史。

五城察院是稽察京师地方治安的监察机构，有治安、监察、司法职权："巡视五城御史，满汉各一人，掌绥靖地方，釐剔奸弊。兵马司指挥、副指挥、吏目，五城各一人，掌巡缉盗贼，平治道路，稽检囚徒。"④

（3）总督、巡抚

督抚在清代演变为正式的地方最高长官，但仍兼有代表中央监察地方之责，他们均兼有右都御史、右副都御史之衔。总督兼右都御史衔，是兼职的地方最高监察官，"掌釐治军民，综制文武，察举官吏，修饬封疆"⑤。巡抚兼右副都御史衔，"掌宣布德意，抚安齐民，修明政刑，兴革利弊，考核群吏，会总督以诏废置。其三年大比充监临官，武科充主试官，督、抚同"⑥。

三、中央派出监察机构向地方政务机构的转变

我们考察中国传统监察制度的发展历程，可以发现一个极有意思的规律，即：历代中央派出的监察机构或监察官，后来大都演变为地方最高政务机构或政务长官。关于这一问题，我们在本书的第七章第四节中已经有一定的阐述，但那是仅仅从中央政务派出机构的角度来看问题的。在这里，我们也有必要从中央派出监察机构的角度来看待这一现象，作出一个大致的阐述。

1. 东汉末年："州"从监察区变成地方最高政区，刺史变成地方最高政务长官

汉代立国之后不断拓展疆土，至西汉末有郡103个，统辖县1 587个。⑦ 为解决中央政

---

① 十五道是：京畿、河南、江南（包括江苏、安徽）、浙江、山西、山东、陕西、湖广（包括湖南、湖北）、江西、福建、四川、广东、广西、云南、贵州。光绪三十二年（1906年）以省区增加，改定按省分道，增设辽沈、甘肃、新疆3道，分江南道为江苏、安徽，分湖广道为湖北、湖南。

② 《清史稿·职官志》二。

③ 《皇朝文献通考》卷八十二。

④ 《清史稿·职官志》二。

⑤⑥ 《清史稿·职官志》三。

⑦ 参见周振鹤：《中国地方行政制度史》，59页，上海，上海人民出版社，2005。

府直接管理政务机构过多过宽的问题，汉武帝在郡级机构之上设立十三部（州）作为监察区，加上首都周围诸郡由司隶校尉部所辖，共十四个监察区。全国的郡国分属十三个刺史部，每部设刺史一人，监察、纠举地方官员与豪富吏民的违法行为，并可代表中央监督各地的司法审判活动，但不管理地方政务。这十三个刺史部中有十一个是以《禹贡》和《周礼》中的九州调整后命名的，所以通称"十三州"，州即作为一级区域机构与郡县相分离，这构成了州以后转变为政务机构的地理基础。

西汉末年，刺史权力渐重，东汉后期刺史开始统率地方军队，并改称州牧。汉灵帝为镇压黄巾起义，赋予州牧辟官、签政、理财、治军四权，于是原来只是监察区的州自然转化为地方最高一级政务机构了。到了西晋，州被正式确定为地方最高政务机构，地方政权体制形成州、郡、县三级制，中国封建社会主流地方政务机构体制由此奠定。

2. 唐朝后期："道"从监察区变成地方最高政区，节度使、采访使（观察使）变成地方最高政务长官

"道"本是唐朝初年划分的监察区，"镇"本是南北朝时期就有的军事管辖区，经过演变，唐朝后期二者逐渐合一，实际上成为地方最高政区，其长官成为地方最高政务长官。军区和监察区合二为一形成地方最高政区，是唐代地方政制演变的一大特色。

中国很早就有地方军事辖区——军区的设置。魏晋南北朝有军区，以都督为军事长官，统辖数州的军务。都督例兼驻在州的刺史，实际上已成为州之上的一级准政务机构。唐代沿用这一制度，设有军事辖区曰"镇"或"方镇"、"藩镇"，其长官即都督因受职之时被朝廷赐以旌节（一种象征军事全权的仪杖）而被称为"节度使"，故方镇又称为"节镇"。唐玄宗时，设有10个节度使辖区（即方镇，亦称藩镇），但此时节度使只管军事防御，不参与民政。

唐代仿汉制，很早设监察区。唐初即派监察官——巡察使、巡抚使——分道监察各地，故逐渐形成了"道"或"路"之监察区。因其分区原则是监察官出巡的基本交通路线，所以称"道"或"路"。贞观元年（627年）划分全国为十道，开元二十二年（734年）增为十五道。"道"的长官是采访使，唐肃宗乾元元年（758年）改称观察使。

唐朝后期，这种地方最高军事区与监察区逐渐合二为一。唐玄宗宠信身兼范阳、平卢两地节度使的安禄山，又使之兼任河北道采访使（监察官），开了节度使兼任监察官，集军政、民政大权于一身，合方镇与道为一体的恶例。安禄山发动武装叛乱之后，为平定"安史之乱"，唐朝政府在全国普遍设置方镇，任命一大批"上马管军、下马管民"的节度使，并以观察使兼任节度使，从此观察使的监察区"道"与节度使的军管区"方镇"合二为一，州、县二级制以上新的一级政务机构"道（方镇）"就逐渐形成了。当然，"道"完全成为地方政区的时间也许是五代。在五代，"道"蜕变为"军"，成为地方最高级政务机构。

3. 明清时期：督抚由最高地方监察官向地方最高政务长官的演变

自明代到清代，督抚有一个从临时差遣官到常设监察官，再到地方最高长官的演变过程。明朝前期的督抚，起初是中央派往地方巡察或督察具体政务的差遣官，后来成为中央派往地方且常驻的最高监察官，"巡行天下，安抚军民"，明中期以后形成惯例。明代后期，督抚已经几乎成为实际上的地方军政长官。不过终明之世，督抚并不正式作为省级政权的最高长官，《明史·职官志》仍将督抚归属都察院系统。到了清代，作为准地方长官的督抚

经过清初二三十年的调整，终于并入省级政权的框架之中，正式成为省级最高长官，原来的"三司（使）"（布政使、按察使和都指挥使）成为督抚的属官。

第三节
地方监察机构及相关监察制度

本节所要探讨的地方监察机构，不泛指所有监察地方的机构。监察地方的机构，既包括中央监察机构在地方的派出机构，也包括地方机构中常设的监察机构。这里的地方监察机构指的是后者。这种地方监察机构作为正式制度安排可能始于汉代。相对而言，中国古代的地方监察机构没有中央监察机构系统、完备。下面择其典型者进行讨论，以展示历史大概。

一、汉代的督邮①

两汉的地方政务体制，大部分时间里都是郡县二级制。督邮是在郡一级设置的、专门监察属县官吏的监察官，有职无署，汉武帝时置。《三国演义》第二回"张翼德怒鞭督邮，何国舅谋诛宦竖"中的督邮就是此官。西汉督邮"掌监属县，有东、西、南、北、中部，谓之五部督邮"②，东汉"郡监县有五部，部有督邮掾，以察诸县"③。督邮出巡，县令要派人迎接。汉代采取的是两级监察体制：刺史监察郡国，督邮监察属县。刺史和督邮之间没有上下级隶属关系；刺史对御史台负责，督邮对太守负责。

督邮的职责是"分明善恶于外"，负责监督一郡下属各县官吏是否有违法行为。东汉光武帝时，钟离意为督邮，所部某县亭长"有受人酒礼者，府下记案考之"，也就是郡府下文要求钟离意追查亭长受贿的事。钟离意将文书封好寄回，并前往太守府对太守说："春秋先内后外，《诗》云'刑于寡妻，以御于家邦'，明政化之本，由近及远；今宜先清府内，且阔略远县细微之愆。"④ 意思是说，《春秋》主张治官要先内后外，《诗经》说只有在家中作妻子的表率才能治理国家；这些都表明治化之根本，是由近到远。如今应该先清查您府内是否有这类事件，建议从宽处理边远县小吏的细小过失。东汉桓帝时，宦官侯览在故乡残暴百姓，山阳郡东部督邮张俭"举奏（侯）览罪，而（侯）览伺候遮截，章竟不上。俭遂破览冢宅，籍没资财，具奏其状，复不得御"⑤。一般来讲，督邮监察属县官吏，只有查清罪状上报郡守的权力，而无处理权，但张俭显然直接对嫌疑人抄家了。有时，对于不称职的官吏，督邮也可以纠举，要求罢黜。西汉宣帝元康元年（前63年），颍川郡许县县丞"病聋"，督邮上报郡守并请求"逐之"，郡守黄霸坚决反对，说："许丞廉吏，虽老，尚能

---

① 参见史云贵：《汉代督邮管窥》，载《信阳师范学院学报》，2004（1）。

② 《通典·职官》十五。

③ 《后汉书·卓茂传》转引《续汉志》。

④ 《后汉书·钟离意传》。

⑤ 《资治通鉴》卷五十五，《汉纪》四十七，延熹九年七月。

拜起送迎，正颇重听何伤！且善助之，毋失贤者意！"①

二、宋代的监司和通判厅

魏晋至隋唐，监察地方的监察系统以中央派出机构为主，似无专门的地方监察机构。这种情况到宋代发生了变化。宋代实行路、州（府）、县三级政务机构体制，路、州（府）分别设置监司和通判厅作为监察机构，建立了完备的地方二级监察体制。

（一）各路之监司

宋代各路的转运司（漕司）、提举常平司（仓司）、提点刑狱司（宪司）统称监司，均有巡按州县之责。严格来说，监司是具有行政、司法和监察等多重职能的地方机构。也有人将宋代各路"监司"视为中央派出的监督或监察机构。但是，"路"已经确定为最高级地方政区，"监司"已经明确列入路级官吏机构之内，不应再视为中央派出机构。转运司主掌谷物、财货的转输和出纳事务；提举常平司主管常平仓（用以平定粮价）和义仓（用于灾荒赈济），所谓"操常平敛散之法，申严免役之政令，治荒修废，振民艰厄"②；提点刑狱司是地方司法机构，掌管刑狱之事。"监司"的职责主要是纠举监察，"监司之职，刺举为常"③，"三司"都有监察之常责，负责监察、劾奏本路其他官员和下属州、县官员的违法行为；"诸监司每岁分定下半年巡按州县，具平反冤讼，搜访利害及荐举循吏，按劾奸赃以闻……诸察访所至，采访在任官能否。"④ 其中转运司担有"按廉之任"，提举常平司"岁察所部廉能而保任之，若疲软或犯法，则随其职事劾奏"⑤，提点刑狱司"掌察所部之狱讼而平其曲直，所至审问囚徒，详复案牍，凡禁系淹延而不决，盗窃逋窜而不获，皆劾以闻，及举刺官吏之事"⑥。

宋代各路监司的监察官吏主要职责在于纠查官员四个方面的失职违法行为："一曰苛酷，二曰狡佞，三曰昏懦，四曰贪纵。"⑦ "苛酷"即用刑繁苛残虐，"狡佞"即险恶狡诈，"昏懦"即昏庸无能，"贪纵"即贪得无厌，恣情不法。我们仅以对后二者的监察为例，来管窥"监司"监察官吏的情形。天圣二年（1024 年），梓州路提点刑狱使王继明按劾"知梓州王世昌昏耄不治"⑧，宋仁宗立即下诏罢去了王世昌的职务。南宋乾道元年（1165 年），宋孝宗诏"诸路监司：将见任老病守臣，限一月公共铨量闻奏"，若"监司、守臣互为容隐，御史台觉察以闻"，重惩不息。⑨ 此为刺举"昏懦"之事例。再说刺举"贪纵"。北宋太平兴国三年（978 年）转运使樊若冰按劾著作佐郎卢佩奸赃，经审讯，卢佩贪钱一百九十

---

① 《汉书·黄霸传》。
② 《文献通考·职官》十五。
③ 《续资治通鉴长编》卷五十五，咸平六年十一月庚寅。
④ 《庆元条法事类》卷七，《职制敕》。
⑤ 《文献通考·职官》十五。
⑥ 《宋史·职官》七。
⑦ 《宋会要辑稿·选举》三十之六。
⑧ 《续资治通鉴长编》卷一百零二，天圣二年六月乙丑。
⑨ 参见《宋会要辑稿·职官》四十五之二十六。

贯，被绳之以法。① 南宋绍兴十一年（1141 年）朝廷规定："凡监司纵容赃吏并不按勘，而为台谏所弹奏，勘鞫有实者，其监司亦坐之，轻从降秩，重或免所居官。"②

宋代有"监司"定期出巡制度。③ 北宋时"监司"一般为两年或一年一巡，南宋时一般为一年一巡。此外，还有不定时的奉诏出巡。朝廷既要求"监司"监察州县，但又怕"监司"与州县官勾结或"监司"的出巡增加地方财政负担，所以对"监司"制定了种种约法，约法的主要内容有：出巡一般不得超过三日；出巡时所带仆役吏卒等随从人员不得超过规定人数〔隆兴三年（1165 年）规定为十八人〕；出巡时"不许赴州郡筵会"，不得大吃大喝；出巡时不得纵容吏人诛求钱财；出巡不准向州县打白条借钱；出巡时，州县官不得倾城迎送；出巡须将下属州县巡视一遍，并将巡视实情申报尚书省，"不遍者杖一百，遍而不申减二等"④。

（二）各州（府）之通判厅

宋代各州（府）的监察机构是专设的通判厅，其长官曰"通判"，号称"监州"。通判"入由贰政，出则按县"⑤，负责监察府州官吏和下属县之官吏。先说监察州（府）官吏。宋仁宗诏令"州郡设通判，本与知州同判一郡之事，知州有不法者，得举奏之"⑥。有地方志也记载："艺祖（宋太祖）有天下，首置诸通判，以朝官以上充，实使之督察方镇。"⑦ 再说监察县官。宋哲宗规定："（通判）所部官（即县官）有善否及职事修废"，通判"得刺举以闻"⑧。"艺祖惩藩镇之弊，置通判以分州权，事无不预，至得按察所部（县官）。"⑨

三、元朝的提刑按察司或肃政廉访司

元朝版图之大，超过汉唐，地方监察体制更加完备。元朝地方实行省、路、州（府）、县四级体制，另将全国划分为 22 道监察区，道监察区大约与行省对应。中央御史台（内台）和两个行御史台（南台、西台）各自分别管辖这 22 道监察区。元初袭宋制，每道设提刑按察司，至元二十八年（1291 年）改称肃政廉访司，监察地方行政与司法事务。提刑按察司或肃政廉访司之下，根据实际需要，有的还设有分司。肃政廉访司以廉访使（正三品）、廉访副使（正四品）为正、副长官，置佥事、经历、知事等属官。

元朝提刑按察司或肃政廉访司以出巡方式"纠察百官"，主要职能有三：一是纠察地方官员的违法行为，相当于行政监察。顺帝至元三年（1337 年），赡思任浙西肃政廉访司佥事，"即按问都转盐使、海道都万户、行宣政院等官赃罪，浙右郡县，无敢为贪墨者"⑩。二

---

① 参见《续资治通鉴长编》卷十九，太平兴国三年八月丁卯。
② 《宋会要辑稿·职官》四十五之二十。
③ 参见贾玉英等：《中国古代监察制度发展史》，270～271 页，北京，人民出版社，2004。
④ 《庆元条法事类》卷七，《职制门》四。
⑤ 《宋会要辑稿·职官》四十七之六十七。
⑥ 孙逢吉：《职官分纪》卷四十一，《通判军州》。
⑦ 《嘉泰会稽志》卷三和《宝庆四明志》卷三。
⑧ 《宋会要辑稿·职官》四十七之六十二。
⑨ 《景定建康志》卷二十四，《通判厅》。
⑩ 《元史·赡思传》。

是审理冤假错案，相当于司法监察。翰林学士王磐说："各路州郡，去京师遥远，贪官污吏，侵害小民，无所控告，惟赖按察司为之申理。"① 三是监督科举考试。元制规定："或徇私滥举，并应举而不举者，监察御史、肃政廉访司体察究治……所在官司迟误开试日期，监察御史、肃政廉访司纠弹治罪。"②

元朝的提刑按察司或肃政廉访司是行御史台的耳目，就像中央御史台是皇帝的耳目一样。世祖至元十四年（1277 年）相威为江南诸道行御史大夫，曾上奏说："陛下以臣为耳目，臣以监察御史、按察司为耳目；倘非其人，是人之耳目先自闭塞，下情何可上达。"③

四、明代的提刑按察司

明代地方监察体制更为严密，有三套监察网络：一是中央都察院委派的十三道监察御史，二是皇上因事临时特派的督抚（巡抚、提督、总督），三是各省常设的提刑按察司。三者互不统属，交叉监察地方百官。提刑按察司是省的三司④之一，是地方固定的监察机关，被视为"外台"（相对于"内台"——京师的都察院而言），以按察使（正三品）、按察副使（正四品）为正、副长官，置佥事（正五品）等属官。"按察使掌一省刑名按劾之事。纠官邪，戢奸暴，平狱讼，雪冤抑，以振扬风纪，而澄清其吏治"；"副使、佥事，分道巡察，其兵备、提学、抚民、巡海、清军、驿传、水利、屯田、招练、监军，各专事置，并分员巡备京畿"⑤。

提刑按察司的职能与元朝提刑按察司或肃政廉访司基本相同，其职权主要是三方面：一是纠察地方官吏。太祖规定："御史台御史及各道按察司察举有司官有无过犯，奏报黜陟，此考察之始"，"各布政使司首领官，俱从按察司考核。其茶马、盐马、盐运、盐课提举司、军职首领官，俱从布政司考核，仍送按察司覆考"⑥。永乐年间，周新为浙江按察使，微服私访至某县，触怒县令而被下狱。周新在狱中询问诸囚，得县令"贪污状"，于是告诉狱吏说："我按察使也。"县令闻知后大惊而谢罪，仍被周新"劾罢"⑦。二是监察地方刑狱，平反冤假错案。明朝法律规定："凡府州县轻重狱囚，依律决断；违枉者，御史、按察司纠劾。"⑧ 英宗正统三年（1438 年），按察使夏时上奏说："今守令多刻刑无辜，伤和干纪；乞令御史、按察司官遍阅罪囚，释冤滞，逮按枉法官吏。"⑨ 英宗采纳其言。三是监察科举。明代科举考试分为童试、乡试、会试、殿试四级，其中会试在礼部进行，置监试官两人，由御史和按察使担任。会试时，监试官"供给收掌试卷、弥封、誊录、对读、受卷及巡绰监门，搜检怀挟，俱有定员，各执其事"⑩。

---

① 《元史·王磐传》。
② 《元史·选举志》一。
③ 《元史·相威传》。
④ 明代每省权分三司：布政使司掌行政，按察司掌司法和监察，都指挥使司掌军事。
⑤ 《明史·职官志》四。
⑥ 《明史·选举志》三。
⑦ 《明史·周新传》。
⑧ 《明史·刑法志》二。
⑨ 《明史·夏时传》。
⑩ 《明史·选举志》二。

五、清代的提刑按察司和道员

清代地方实行四套监察体制：一是十五道监察御史，二是督抚，三是按察司，四是道员。其中前二者是中央派出机构，督抚兼都察院右都御史和右副都御史衔监察地方；后二者是地方监察机构。

（一）提刑按察司

清代实行省、府（直隶厅、直隶州）、县（属厅、属州）三级地方政务机构体制，提刑按察司是各省设立的地方最高司法与监察机构。与明代不同的是，清代提刑按察司不再是与布政司和都指挥司平行的最高地方机构，而是总督或巡抚的下属机关。每省置提刑按察使一人，正三品，下置经历司、照磨所和司狱司。经历司设掌勘察刑名、出纳文书，照磨所掌照刷卷宗，司狱司负责管理监狱。提刑按察司的职能，《清史稿·职官三》云："按察使掌振扬风纪，澄清吏治。所至录囚徒，勘辞状，大者会藩司议，以听于部、院。三年大比充监试官，大计充考察官，秋审充主稿官。"可见其职能仍是三方面：一是参与考察官吏，二是监察、审理本省的刑狱案件，三是参与并监督科举事务。这与元、明两代基本相同。

（二）道员（台）

清代（1840 年以前）的"道"以乾隆朝为界，前后性质和职能有很大不同：乾隆以前是省与府（直隶州、直隶厅）之间的监察区，道员是省、府派出的临时监察官；乾隆以后道成为省与府之间的准政务区，长官道员几乎成为兼掌监察的地方政务长官。

清代的道有分守道、分巡道、专务道三类。分守道原是各省布政使的辅佐官（布政使左参政等），由省布政使司派出驻守地方为民政监督官；分巡道原是各省按察使的辅佐官（按察使副使等），是省按察使司派出分巡地方的监察官；专务道是指因专门事务而设的派出机构，所谓"粮储、盐法各道"。乾隆时，守、巡两道长官一律称"道员"（正四品），道员由临时差使变成实官，或辖全省，或辖三四府、州，但道员仍有监察地方府州县的责任，因而也有"监司"之称。

清朝道员的职能比较复杂。[1]"分守、分巡及粮储、盐法各道，或兼兵备，或兼河务，或兼水利，或兼学政，或兼茶马、屯田，或以粮盐兼分巡之事，皆掌佐藩桌、核官吏、课农桑、兴贤能、厉风俗、简军实、固封守，以帅所属而廉察其政治……许上封奏（事）。"[2]一般来讲，分守道主钱谷，即收纳钱粮；分巡道主刑名，即司法刑狱。具体而言，道员的职能主要有四个方面：

（1）监察府州县官吏。雍正元年（1723 年）清世宗告谕诸道官员："尔等官历监司，所以赞襄藩桌，承流宣化者也"；"凡府州县之廉洁贪污，俱宜细加察访，不时密详督抚，以凭举劾"。道员是总督和巡抚参劾府州县官吏的得力助手。"巡抚参劾知府，应由司道揭报；

---

① 参见贾玉英等：《中国古代监察制度发展史》，306～308 页，北京，人民出版社，2004。

② 《清朝通典·职官》十二，《清史稿·职官志》三。

参劾州县，应由司道府揭报。"①

（2）督察钱谷、刑名事务办理。清朝人陈弘谋说："守、巡两道非止为理词讼设也。一省之内，凡户婚田土、赋役农桑，悉总之布政司；凡劫窃斗杀、贪酷奸暴，悉总之按察司。两司堂上官，势难出巡，力难兼理，故每省计远近，设分守巡道，令之督察料理。"道的职能是补充布政使司和按察使司两司长官政务繁忙难以出巡、督察府州县鞭长莫及的缺陷，"凡一路之官吏不职，士民不法，冤枉不伸，奸蠹不除，废坠不举，地粮不均，差役偏界，衣食不足，寇益不息，邪教不衰，土地不僻"，"游民不业，鳏寡孤独，疲癃残疾之人不得其所。凡接于目者，皆得举行；听于耳者，皆得便宜。应呈者呈，请两院施行"②。

（3）参与考核地方官吏。按照清朝的制度，地方官"大计"之年，"州县佐贰属官，由州县主管开造贤否事实，申送知府填注考语，再送该管道查核"③，州县主官及府佐贰属官也由知府注考，送所辖道台考核，然后由布、按两司转呈督抚。

（4）密折奏事，监察布政使司和按察使司。雍正年间，世宗以道员有监察职责，特准许专折向皇帝奏事。乾隆年间更明确规定，道员奏劾布政使司和按察使司者，可以向皇帝上密折。嘉庆四年（1799年）又规定："道员职司巡察，与在京科、道有言责者等"；"各省道员均著照藩、臬两司之例，准其密折封奏"④。

总之，清朝分守道、分巡道既是布政使司和按察使司的辅佐机构，又是监察布政使司和按察使司的机构；既料理地方钱谷和刑名，又是府州县的监察机构。这种双重职能，在强化地方监察机制方面起到了重要作用。

第四节
古代中国的相关监察法规

中国传统监察制度，有一些配套的监察法律规范。这些法规既为监察官的监察提供了依据和准则，同时又规定了监察权限和方式。在古代中国，监察法规的建设发展，明显比监察机构的建设发展更缓慢。在宋代以前，一般只有监察地方事务的法规；直至宋代才出现比较系统、全面的监察法规体系。

一、汉代《监御史九条》和《刺史六条》

就目前的史料看，汉代始有专门的监察法规，如《监御史九条》（又称《御史九法》）、《刺史六条》。这两部单行法规的详细内容已不可考，我们仅可以根据历史的记载知其端倪。

---

① 《清世宗实录》卷三。
② 陈弘谋：《从政遗规》卷上，《明职》。
③ 《清会典事例》卷八十。
④ 《清朝续文献通考·职官》二十。

（一）《监御史九条》

又称《御史九法》，制定于汉惠帝三年（公元前 192 年），是我们迄今可知的古代第一个专门性的地方监察法规。《西汉年纪》卷一引《汉仪》说："惠帝三年相国奏御史监三辅郡，察以九条：察有讼者，盗贼者，伪铸钱者，恣为奸诈论狱不直者，擅兴徭役不平者，吏不廉者，吏以苛刻故劾无罪者，敢为踰侈及弩十石以上者，非所当服者，凡九条。"其内容可概括为五个方面：一是狱讼，含诉讼和冤狱；二是财政经济违法，如铸伪钱、徭役不均；三是治安混乱，如盗贼蜂起；四是吏治败坏，如为官不廉、为政苛刻；五是违制越级，破坏等级秩序。①

（二）《刺史六条》

也称《刺史六条问事》，由汉武帝亲自制定。汉人蔡质《汉官典职仪》记载的内容是："一条，强宗豪右田宅逾制，以强凌弱，以众暴寡。二条，二千石不奉诏书遵承典制，倍公向私，旁诏守利，侵渔百姓，聚敛为奸。三条，二千石不恤疑狱，风厉杀人，怒则任刑，喜则淫赏，烦扰刻暴，剥截黎元，为百姓所疾，山崩石裂，祅祥讹言。四条，二千石选署不平，苟阿所爱，蔽贤宠顽。五条，二千石子弟恃怙荣势，请托所监。六条，二千石违公下比，阿附豪强，通行货赂，割损正令也。"② 这六条严格规定了刺史监察的主要对象是三类人：强宗豪右、二千石以上的官吏（郡国守相）及其子弟；监察的重点内容在五个方面：一是"专地盗土"、"田宅亡限"、凌弱暴寡，侵渔百姓；二是公开对抗中央，目无领导；三是乱杀无辜，徇私枉法；四是任人唯亲，权钱交易；五是子女仗势违法，祸害百姓；六是结党营私，败坏朝纲。

二、曹魏时期的《察吏六条》

曹魏时期的监察法规，迄今我们只知道有《察吏六条》，其主要内容是："察民疾苦冤失职者；察墨绶长吏以上居官政状；察盗贼为民之害及大奸猾者；察犯田律四时禁者；察民有孝悌廉洁行修正茂才异等者；察吏不簿入钱谷放散者。"③ 这些内容包括察纠官员违法行为和荐举人才两个方面，其中官员的违法行为有五种：一是失职致使民困或受冤；二是举官不廉，鱼肉百姓；三是治民无方，盗贼纷起；四是违犯田律，不遵农时；五是破坏财政纪律，致使公库钱谷损耗。荐举人才是推举品行廉洁、才华出众者。将察纠违法与荐举人才熔为一炉，是曹魏监察制度的独创。

三、唐代的《巡察六条》

唐代有《巡察六条》，用以规范监察御史巡察州郡。其主要内容是："其一察官人善恶；其二察户口流散，籍帐隐没，赋役不均；其三察农桑不勤，仓库减耗；其四察妖猾盗贼，不事生产，为私蠹害；其五察德行孝悌，茂才异等，藏器晦迹，应时用者；其六察黠吏豪

---

① 参见邱永明：《中国监察制度史》，121 页，上海，华东师范大学出版社，1992。

② 《汉书·公卿百官表》及《武帝纪》颜师古注引《汉官典职仪》。

③ 《九朝律考》转引《文选·齐故安陆昭王碑文》。

宗兼并纵暴,贫弱冤苦不能自申者。"①《巡察六条》发展了汉魏监察法规:监察对象不限于"二千石以上"的地方长吏;监察权限既广且重;以惩治贪官污吏、察举为官优劣为总则,以官吏的品德、政绩、文才修养为重要考察内容,以户口、赋役、农桑、库存等为监察的重要经济目标。

四、宋代的监察法制②

中国古代监察法规的制定,在宋代以前发展缓慢、条文简略,内容偏重于监察地方官员或地方政务、地方秩序和风俗。到宋代,监察法制有了重大进步,内容开始增多,趋向系统化。仅据《庆元条法事类》和《宋大诏令集》所载,监察法规就有二十多种,其中比较著名的有:《诫约监司体量公事怀奸御笔手诏》,《训饬百司诏》,《诫饬台官言事御笔手诏》,《职制令》,《职制敕》,《御史台弹劾三省举察丑正朋邪附下罔上诏》,《令转运司廉访官吏能否诏》,《责路宪郡士尧张化后令转运司察访部内官吏诏》,《诫饬转运使副遍诣管内检察金谷刑讼察访公私利害诏》,《诸路官吏有逾越害民本路转运提刑不曾觉察并行朝典诏》,《三司提转案察官吏诏》,《令提转知通案察赃吏诏》,《监司悉力奉行法令御笔手诏》,《监司互察诏》。这些监察条例不仅对监察机关的性质、职能、职权、任务、活动原则和程序方法作了较明确的规定,而且对监察官本身的纪律、考核和惩戒作了严格规定,下面对这些内容作一简单介绍。至于《监司互监法》,它是宋代监察法规中的一大特色,涉及监察机构的职权行使方式问题,其内容将在下一节介绍。

(一) 关于监察内容或事宜的规定

宋代规定的监察内容或事宜主要沿袭唐制,实行"六察法",即前述唐代《巡察六条》规定的六个方面的监察内容。③诸"监司"均要在此范围内行使监察职权,如要求各路转运使"岁行所部,检察储积,稽考账籍。凡吏蠹民瘼,悉条以上达,及专举刺官吏"④。意即:每年到所属部门,检查粮食等物资储备情况,考查账簿。凡是遇到官吏违法和百姓疾苦的情形,都要上报朝廷,并重点检举官吏。宋代《职制令》规定了诸"监司"的工作重点:"诸灾伤,路分安抚司,体量措置,转运司检放展阁,常平司粜给借贷,提点刑狱司觉察妄滥,如或违戾许互相按举,仍各具已行事件申尚书省"⑤。

(二) 关于监察官职权的有关规定

宋代《职制令》、《职制敕》等对监察官的监察职权作了具体规定,其中对"监司"的下列职权规定尤详。

---

① 《新唐书·百官志》三。
② 关于宋代监察法规的介绍主要参考邱永明:《中国监察制度史》,321～325 页,上海,华东师范大学出版社,1991。
③ 关于"六察",大约自汉武帝"六条问事"开始,就成为关于监察的固定概称,一般是指大致以六条任务或六个方面监察百官,但有时也指从吏、户、礼、兵、刑、工六个方面监察六部和百官事务。参见周继中主编:《中国行政监察》,233 页,南昌,江西人民出版社,1989。
④ 《宋史·职官志》七。
⑤ 《庆元条法事类·职制令》。

1. 弹劾权。对州县监禁囚犯淹留不决者，或有冤枉无辜者，诸"监司"得详细写明州县官的职官、职位、姓名、按劾上闻；诸守戍禁军，因事出差和归营，若沿路托疾寄留，及审验不实者，"监司"有权纠察按劾。

2. 检查权。首先是中央御史台对百司有检查权，"秋冬季序差御史一员赴三省点检诸房文字稽滞，毋得干预其事"①；"每半年轮御史一员取摘三省诸房簿点检稽滞差失，未有轮差及置局取吏之法，诏三省各一员言事察官序差，以本台吏就逐省点检"②。其次是诸"监司"对地方百官有检查权，如巡历各地，详细检查公案、簿书等文件；对诸将军须什物用度，转运提点刑狱司按例每年点检一次；每岁诣所部点检、催促、处理现禁罪人，等等。

3. 调查权。监司官到任须"遍诣所部，税赋之足否，财用之多寡，民情之休戚，官吏之勤惰，悉加访问"③；诸"监司"对诸州、州院、司理院关押的刑徒，若情涉嫌疑，或罪人声冤，或官司挟情徇私，得具文上奏。

4. 推鞫权。南宋规定，"监司"按发的官吏，不得送置司州军推鞫，所犯涉重案，即向朝廷报告，命邻路"监司"选官推鞫，以避免徇私舞弊。

5. 惩戒权。御史分行纠劾不法，使犯罪者受惩无赦；"监司"巡历点检州县，官吏惧罪逃避者，杖一百。

五、元代的监察法制

（一）元代监察法规概况

监察法制至元代又有较大发展。元代不仅有完整的地方监司法规，而且有详细的中央御史台"台纲"，内容涉及监察机构之职能、地位、监官权责、工作程序、监察纪律等。见诸文献的元代监察法规主要有：《设立宪台格例》，至元五年（1268 年）制定，属御史台"台纲"，三十六条；《察司体察等例》，至元六年（1269 年）制定，属肃政廉访司职能条例，三十条；《行台体察等例》，至元十四年（1277 年）制定，属行御史台职能条例，三十条；《台察咨禀等事》，至元二十四年（1287 年）制定；《察司合察事理》，至元二十五年（1288年）制定，十二条；《禁治察司等例》，至元三十一年（1294 年）制定，十二条；《风宪宏纲》，世祖至元二十八（1291 年）至顺帝至正十七年（1357 年）制定，属吏治纲纪法规汇编。另外，《元典章》中有监察法规三卷，其中《圣政·肃台纲》一卷、《台纲》两卷。

（二）元代御史监察权的规定

世祖至元五年（1268 年）建立御史台的同时，制定御史"台纲"36 条，称《设立宪台格例》（简称《宪台格例》），对中央御史台在国家机构中的权限、地位、具体职权作了系统规定。现就有关职权规定的内容④摘述如下：

1. 关于御史台的总职权

《宪台格例》第一条规定："御史台（有权）弹劾中书省、枢密院、制国用使司等内外

---

① 《宋会要辑稿·职官》一七之一一。
② 《宋会要辑稿·职官》一七之一三。
③ 《宋会要辑稿·职官》四五之二一。
④ 参见《元典章》之《台纲》一，《典章》五。

百官奸邪非违，肃清风俗、刷磨诸司案牍并监察祭祀及出使之事。"

2. 关于御史台的具体监察职权

《宪台格例》规定御史台的职权包括纠弹各级官吏违法、失职、渎职行为，以及人事考核监察、监察财政审计、监督军事、监督司法等。

（1）纠弹各级官吏违法、失职、渎职行为。包括监察三类行为：一是不执行国家法令的行为。《宪台格例》第四条规定："诸官司刑名违错，赋役不均，擅自科差及造作不如法者，委监察纠察。"第十九条规定："诸公事行下所属，而有枉错者，承受官司即须执中，若再申不从不报者，申都省上司，不从不报者，委监察纠察。"二是徇私枉法、贪污受贿行为。《宪台格例》第八条规定："官为和买诸物，如不依时价，冒支官钱，或其中克减给散不实者，委监察纠察。"第九条规定："诸官吏将官物侵使，或移易借贷者，委监察纠察。"第十条规定"诸官吏乞受钱物，委监察纠察。"三是玩忽职守行为。《宪台格例》第二十条规定："私盐酒面并应禁物货，及盗贼生发藏匿处所，若官司禁断不严，缉捕怠慢者，委监察随事纠察。"第二十二条规定："虫蝻生发，飞落不即打捕申报，及部内有灾伤，检视不实，委监察并行纠察。"第二十三条规定："诸孤老幼疾人，贫穷不能自存者，仰本路官司验实，官为养济，应养济而不收养，或不如法者，委监察纠察。"第二十四条规定："户口流散，籍帐隐没，农桑不勤，仓廪减耗，为私蠹害，黠吏豪家兼并纵暴及贫弱冤苦不能自伸者，委监察纠察。"

（2）监察人事任用与考核。主要在三方面：一是纠黜昏庸。《宪台格例》第十七条规定："职官若有老病不胜职任者，委监察体察。"二是举荐廉能。《宪台格例》第十八条规定："诸官吏若有廉能、公正者，委监察体察得失，具姓名闻奏。"第二十六条规定："各处官员为治有方，能使讼简、政平、民安、盗息、一方镇静者，即听保举。"三是监督铨选。《宪台格例》第五条规定："应合迁转官员，如任满不行迁转，或迁转不依格者，委监察纠察，仍令监选。"第六条规定："非奉朝命，擅自补注官品者，委监察纠察。"

（3）监察财政审计。[①]《宪台格例》第七条规定："随路总管府、统军司、转运司、漕运司、监司及太府监，并应管财物造作司，分随色文账，委监察每季照刷。"第十一条规定："诸院务监当官，办到课程，除正额外，若有增余不尽实到官者，委监察纠察。"第十二条规定："应营造役工匠之处，委监察随事弹纠。"

六、明代的监察法规

（一）《宪纲条例》和《明会典·都察院》

明代的主要监察法规有《宪纲条例》、《巡历事例》、《六科给事中条例》等。《宪纲条例》是洪武年间敕令撰修，英宗正统四年（1439 年）正式颁布，此后历朝均有增补。《宪纲条例》"所定宪例甚备"，详细规定监察官的地位、职权、选用、监察对象以及行政权力的方式和监察纪律，是对元朝《宪台格例》、《风宪宏纲》的继承和发展，也成为后来清代《钦定台规》范本。

---

① 元代刑部之下没有比部，外部审计职权主要由御史行使。

《明会典》汇编了有关监察法规五卷（第 209～213 卷），其中《都察院》就占三卷、两百条。《都察院》的主要内容包括：宪纲总例、督抚建置、各道分隶、纠劾官邪、考复百官、急缺选用、奏请点差、出巡事宜、照刷文卷、回道考察、问拟刑名、追问公事附伸冤、审录罪囚附审决、监礼纠仪、抚按通例、巡抚六察、巡按七察、监官遵守、监纪九款、南京都察院事例。

（二）明代监察法规的特点

明代监察法规的特点是：对监察职能的确认、履行职务的效益等方面的规定较历代更为详尽和切合时宜；制定具体的部门监察法规以及施行细则；体系上集两千年封建监察法律之大成而臻完备。

七、清代的监察法规

《清会典》汇辑了清代监察法规四十四卷，这些监察法规大致分为两大类：一是关于都察院构成和职权的都察院宪纲，二是关于其他各类监察官吏及机构的职权与组织的规定，如左都御史、左副都御史、六科给事中、十五道监察御史、两厅、五城御史的组织机构、职权范围等等。清代先后汇编有两部较完整的监察法典《钦定台规》和《都察院则例》，系统反映了清代（1840 年以前）监察制度的全貌。

（一）《钦定台规》

《钦定台规》以明《宪纲条例》为范本，集中了历代文官监察制度的精华，是中国封建社会最完整的监察法典，也是中国监察制度史上第一部以皇帝名义编纂和颁行的监察法典。乾隆十八年（1753 年）钦定，以后历代多有增修；共四十三卷、八大类（训典、宪纲、六科、各道、五城、稽察、巡察、通例），内容广泛，纲目清晰，规则简要；主要规定了监察机构的性质和职能，监察对象、基本任务、必要措施，特别是规定了监察纪律。

关于都察院的职权，《钦定台规》规定：都察院有参加九卿议事的建议权；审计、注销案卷、稽查中央各衙门和巡察地方的检查权；接受检举、控告、申诉的受理权；参与会审重案的司法审判权；行政、司法处分权；御前入奏权、弹劾权。[①]

关于都察院的监察纪律，《钦定台规》规定：

1. 严禁奏事不实。言官将贪婪官员列款纠参，审问全虚者，或参官员老病衰庸，涉虚者，皆降二级调用。后改为降一级调用。

2. 回避制度。"（巡城满汉御史承审案件），遇有同旗同籍之案，如满御史应行回避者，会同别城满御史办理；汉御史应行回避者，会同别城汉御史办理，如满汉御史均应回避，将原案移交别城审办，以杜瞻徇。"各地巡按御史自命下之日起，在门上大书"回避"字样，不许见客，不收书，不接纳书办人役，不赴宴会，限领敕后三日内出京，沿途不准停留。

3. 严禁泄密。言官题奏，应密不密者，罚俸六个月。后来处罚加重。

4. 严禁贪赃受贿。重申《大清律》第三百五十一条"风宪官吏犯赃"的规定："凡风宪官吏受财，及于所按治去处，求索借贷人财物，若卖买多取价利，及受馈送之类，各加其

---

① 参见邱永明：《中国监察制度史》，440～444 页，上海，华东师范大学出版社，1992。

余官吏（受财以下各款）罪二等。"

（二）《都察院则例》

《都察院则例》是《钦定台规》实施细则的汇编，其主要内容包括：封驳陈奏敕令及其规定，考课（京察、大计）监察规则，各道（包括漕粮、漕运、盐课等）巡监规定，岁科、乡试、会试考卷磨勘等考试规定，各科考核、奏效等具体执行、稽考程序规定等。①

第五节
监察机构的权力及其运作方式

本节讨论的监察机构不包括言谏机构。谏官言谏与御史监察具有很不相同的权力属性和运作方式，所以本章将二者分开论述。关于言谏权力我们已在本章第一节进行了分析。本节主要分析传统监察（包括中央御史监察和地方监察）权力的执行主体、内容、运作方式等方面的特征。

一、监察机构的构成特征

一般意义上讲，古代中国国家一切权力的主体是皇帝。正是在这个意义上，黑格尔才说"在东方古老的君主专制政体中只有国王一个人是真正自由的"②。因此，所谓监察权，其真正权力主体自然也是皇帝，监察机构或监察官只是监察权力的执行主体。相对于行政、司法、军事等一般公共权力机关而言，中国古代的监察机构是一种比较特殊的机关，这种特殊性主要体现在以下方面：

（一）"天子耳目，风纪之司"

关于监察机构的性质及职能的权力属性，宋人论述最多，例如："君为元首也，大臣股肱也，谏臣耳目也"③；"台谏者，天子耳目之臣也"④；"御史，耳目之官也，举台纲，肃官邪"⑤；"耳目之寄，台谏是司。古之明王，责以言事，罔匪正人，故能雍容无为，端拱于一堂之上，广览兼听，信赏必罚，以收众智，以驭辟吏，百官向方而万事理。"⑥ 此后人们的认识愈加清晰。元世祖至元十四年（1277 年）江南诸道行御史台御史大夫相威上奏说："陛下以臣为耳目，臣以监察御史、按察司为耳目；倘非其人，是人之耳目先自闭塞，下情何

---

① 参见邱永明：《中国监察制度史》，445 页，上海，华东师范大学出版社，1992。

② 转引自［美］E. 博登海默著，邓正来译：《法理学：法律哲学与法律方法》，81 页，北京，中国政法大学出版社，1999。

③ 《宋朝诸臣奏议》卷五十一，刘随《上仁宗论当今所切在于纳谏》。

④ 《宋会要辑稿·职官》三之五六。

⑤ 《宋大诏令集·训饬百司诏》。

⑥ 《宋大诏令集·诫饬台官言事御笔手诏》。

可上达。"① 世祖忽必烈本人也认为："（总政务的）中书朕左手，（秉兵柄的）枢密朕右手，（司监察的）御史台是朕医两手的。"② 明朝规定："都御史，职专纠劾百司，辩明冤枉，提督各道，为天子耳目风纪之司。"③ "在京都察院及十三道，在外按察司，俱称风宪衙门，以肃政饬法为职。"④ 清代《钦定台规》规定："台者之设，言责斯专，寄以耳目。〔御史是〕天子耳目，为朝廷之腹心。明目达聪，责在御史；彰善瘅邪，整纲饬纪。"⑤

由上文可见，监察机构和监察官的性质是"天子耳目"、"风宪衙门"，监察的主要对象是各级官吏，任务是"举台纲"、"肃官邪"，作用是"以收众智，以驭辟吏"，最后达到"百官向方而万事理"的目的。总之，御史台、都察院都是皇权的御用工具，所有御史都是代表皇帝临制百官的钦差大臣。

这是理所当然的。君主在理论上具有无所不包的君权，但腐败的扩散和权力失落的可能性又使君主对自己的官员保持高度的警觉，在赋予其权力的同时，千方百计地加强对官员权力的控制，对这种权力体制的缺陷进行补救。监察制度就是为君主侦察和控制官僚集团设计出来的，其作用正好填补了强化皇权、保持制衡的政治需要，同时也适应了封建集权制的基本要求。监察制度在古代中国因此获得较高程度的发展与完善。

（二）监察机构的独立垂直设置

中国古代的监察机构独立建制、自成系统、垂直领导是其鲜明特点。自魏晋御史台脱离少府后，中央监察主体机构与行政机关分离，组成独立的监察机关。地方监察机构或监察官，一般也不隶属地方衙门，如西汉的刺史、隋朝的司隶刺史、唐朝的巡按、宋朝的监司、元朝的行御史台和肃政廉访、明朝的督抚和巡按御史、清朝的巡按御史等等，均直属中央，独立建署。监察机构具体设置情况在不同朝代或时期有很大不同，下面是元、明、清三代监察机构的设置体系。

元代监察机构体系图示如下：

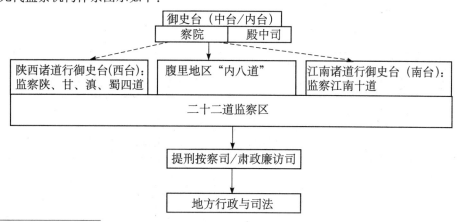

---

① 《元史·相威传》。
② （明）叶子奇：《草木子》卷三下，《杂制篇》，中华书局，"元明史料笔记丛刊"本。
③ 《明史·职官志》二。
④ 《大明会典·都察院》一。
⑤ 《钦定台规》卷一。转引自邱永明：《中国监察制度史》，442页，上海，华东师范大学出版社，1992。

明代的中央监察机构有两大系统：一是都察院御史监察系统，职能是对中央和地方进行综合监察；二是六科给事中系统，主要对口监察中央吏、户、礼、兵、刑、工六部。明代对地方的监察有三个子系统：一是将全国划定为十三道监察区，派巡按御史监察；二是派驻总督、巡抚、提督监察；三是在地方常设固定的提刑按察使监察。明代监察机构体系图示如下：

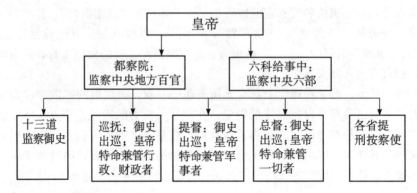

比起明代，清代对官吏监察的权力运行系统有所变化，主要是六科给事中不再与都察院并立，而是并入都察院。清代对官吏的最高监察权由都察院统一行使，监察范围包括中央和地方两大领域。对中央的监察有两大系统：一是左都御史对中央百官的综合监察，二是六科给事中对中央六部的监察。对地方的监察也是两大系统：一是五城巡御史监察京师地方治安；二是全国设十五道（清末增加至二十二道）监察地方各省。

清代监察权力的运行结构图示如下：

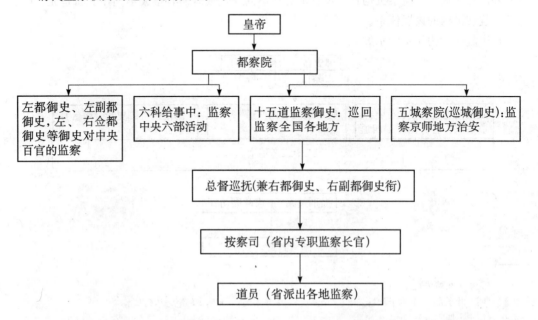

监察机构独立建制，对于监察机构独立行使监察权，保证监察的公正、高效，排除同级或上级行政长官的干扰具有积极意义。以独立和健全的监察机构作为监察功能的必要组

织保证，是传统监察制度成功的经验之一。

（三）监察官秩卑、位尊、权重

中国古代监察官员的地位设计是很有讲究的。具体来看，古代监察官具有秩卑、位尊、权重的特征。

1. 秩卑。历史监察官（特别是工作在一线的监察御史）的品秩相对于其实际权力而言，相对于其监督的对象而言，都不高。如秦朝御史大夫虽是国家最高监察官，号为"三公"之一，但其品秩不过两千石，等于郡守；西汉时期的御史大夫（后改为大司空）虽号称"三公"之一，但品秩只是其他两公（丞相、太尉）的五分之一。以后多数朝代都沿袭了秦汉监察官"秩卑"的做法。唐代御史大夫正三品，御史中丞正四品；明代左、右都御史正二品，左、右副都御史正三品；清代左都御史正二品，左副都御史正三品。只有元代的中央监察官品秩较高，御史大夫从一品，御史中丞正二品。至于工作在地方一线的御史，其品秩就更低了：秦朝的监御史秩六百石，西汉的侍御史和刺史秩六百石，唐朝的监察御史正八品，元、明两朝的监察御史正七品，清代的监察御史七品至四品，这些御史的品秩大体上相当于低级县令。这种秩卑导致某些官吏或士族不愿充任其职。《南齐书》记载"甲族由来多不居宪台"，《通典》说"江左中丞虽说一时髦彦，然膏粱名士犹不乐（充任其职）。"①

2. 位尊。监察官品级低，但地位并不低。中央监察机构的长官贵为副相之位。秦朝和西汉的御史大夫位居副丞相，与丞相、太尉并为"三公"②；西汉御史府与丞相府合称"二府"；东汉朝会时御史中丞（御史台实际长官）、司隶校尉（京师监察官）与尚书令在皇帝面前设专席独坐，号称"三独坐"；元朝御史台与中书省、枢密院并为中央三大府，《宪台格例》规定"中书省（总政务）、枢密院、制国用使司（理财政），凡有奏禀公事与御史台官一同闻奏"，表明"三府"地位相等；明初"国家立三大府，中书总政事，都督掌军旅，御史掌纠察。朝廷纪纲尽系于此，而台察之任尤清要"③，此后至清代，都察院与六部并重。监察官在礼仪上更是备受尊宠：南北朝御史中丞"专道而行"（出行有专道）。明代监察御史巡察至各省，可与"三司"长官平起平坐，府以下官员得跪拜迎送。

3. 权重。监察御史手握尚方宝剑，秩卑而权重。《册府元龟·宪官部》载："夫宪官之职，大则佐三公统理之业，以宣导风化；小则正百官纪纲之事，以纠察是非。故汉魏以还，事任尤重。"西汉刺史（秩六百石）依《六条问事》，可监察二千石地方长官；而司隶校尉位在司直（丞相府监察副官）之下，却可纠举包括丞相在内的百官，直接弹劾"三公"。唐代御史大夫"掌以刑法典章纠正百官之罪恶"，监察御史（正八品）有权监督六部尚书，其奉制巡按，气派"震慑州县"。明朝的监察御史监督地方官时拥有"大事奏裁、小事立断"的权力，"御史出使，不能动摇山岳，震撼州县，为不任职"④。清代《钦定台规》规定："（都察院）纠劾百司，辨明冤枉及一应不公法事"，"凡文武大臣果系奸邪小人构党，伪非

---

① 《通典·职官》六。
② 《汉书·百官公卿表上》："御史大夫，秦官，位上卿，银印青绶，掌副丞相。"
③ 《明史·职官》二。
④ 《新唐书·韦思谦传》。

擅作，威福紊乱朝政致令，圣泽不宣，灾异叠见，（具奏弹劾）"①；"（都察院）掌风纪，于内外百司政治得失，刑狱出入，无所不当问"②。

清代学者顾炎武评论这种"以卑察尊"的制度说："夫秩卑而命之尊，官小而权之重，此小大相制，内外相维之意。"③ 清人赵翼也说："官轻则爱惜身家之念轻，而权重则整饬吏治之威重。"④ 正因为监察官员大权在握，所以国家对其要求也很高，《大明会典·都察院》强调："风宪之任至重，行止语默，须循理守法，若纤毫有违，则人人得而非议之……在我无瑕，方可律人。"⑤

二、监察机构的权力特征

（一）纠劾百司，职无不察

"分督百僚，职无不察"⑥，"察举无所回避，弹奏无所屈挠"⑦，是古代文献对监察官职权的描述。古代监察官可以对行政、立法、司法、军事乃至礼仪进行监察，其权力之大，给人一种没有边界的感觉。

1. 监察机构所监督的对象和事务十分广泛。从监察对象而言，秦汉御史尚有不纠"三公"的规定，至两晋南北朝，御史中丞拥有"震肃百僚"的权威，初不纠尚书，后亦纠之，自皇太子以下无所不劾，而且对于藩王、侯爵、皇族有过失者也同样可以察举，连皇帝也不能阻止。元代《御史台圣旨条画》规定，御史台"弹劾中书省、枢密院、制国用使司等内外百官奸邪非违，肃清风俗，刷磨诸司案牍，并监察祭祀及出使之事"⑧。清代《钦定台规》开卷即要求科道官"对上至诸王，下至诸臣，孰为忠勤，孰为不忠勤，及内外官员之勤惰，各衙门政事之修废，皆令尽言"⑨。科道官的重点纠劾对象就是王公，"贝勒大臣（中）骄肆慢上、贪酷不法、无礼妄行者"⑩。从监察事务范围而言，秦汉监察机构尚限于对一般行政的监察。隋唐以后，通过"四推"、"三司推事"、"三司受事"、"六察"、监仓库、知馆驿等制度，使监察具体地渗透到了尚书省六部、司法、军事、财政等部门。迄于明清，监察机关还增加了巡漕、巡盐、监考试、注销文卷、三法司会审和九卿圆审等监察权，甚至对所谓"学术不正者"也有举劾权。《明史·职官二》载："都御史，职专纠劾百司，辩明冤枉，提督各道……凡大臣奸邪、小人构党、作威福乱政者，劾。凡百官猥茸贪冒坏官纪者，劾。凡学术不正、上书陈言变乱成宪、希进用者，劾。遇朝觐、考察，同吏部司贤否陟黜。大狱重囚会鞫于外朝，偕刑部、大理谳平之。其奉敕内地，拊循外地，各专其敕

① 《钦定台规》卷十，《宪纲》二。
② 《钦定台规》卷四二，《通例》四。
③ 《日知录·部刺史》。
④ 《陔馀丛考》卷二六，《监察官非刺史》。
⑤ 《大明会典·都察院》二。
⑥ 《南齐书·百官》。
⑦ 《北堂书钞》（1888 年本，1962 年台北重印）卷六二，2 页。
⑧ 《元典章》卷五，《台纲》一，《内台·设立宪台格例》。
⑨ 《钦定台规》卷一。转引自邱永明：《中国监察制度史》，436 页，上海，华东师范大学出版社，1992。
⑩ 《光绪会典》卷九百九十八。

行事。监察御史（巡按御史）每年轮换巡察各省。"清代科道官密折言事制度则将军机处以外的所有机关和官员都纳入监察稽违的范围之内，行政、司法、军事、财政、教育等所有衙门及其事务，几乎无不处在科道官的监督之下。

2. 监察权的主要内容是行政监察和司法监察。

古代的行政监察，就是监督行政机关的公务活动，包括：（1）弹劾违失官吏。监察机关历来的基本职权就是对违法犯罪官员进行纠举、弹劾，请求司法机关审判。弹劾对象包括除皇帝之外的文武百官。监察官直接对皇帝负责，不必征求上司如御史台长官的同意，最后裁决由皇帝决定。监察官的弹劾形式有面劾、奏劾、复劾、案劾、重劾、共劾、通劾等等。（2）财政审计。监察官可以对国家财政预算的执行和决策编制进行审核，稽查不法行为。唐朝监察御史巡按郡县，即有检查屯田、铸钱等内容；宋代转运使司既是掌管财赋的长官，又是监察官，其职权中有"岁行所部，检察储积，稽考帐籍"。到明清尤其是清代，凡封建衙门机构的收支账目和会计报告，都要送呈都察院检查，全国的地方审计都集中于都察院。审计方式包括常年定期审计和巡回审计。定期审计中，各官府会计册籍均须呈送都察院审核稽考、注销，其中州县应每年十一月下旬以前将全部赋役单据上报户科审查，巡回审计由科道差遣巡仓、巡漕等。（3）考核官吏，包括监试和监督考课。凡乡试、会试、殿试、朝考等考试，监察机关均派御史到现场稽查。京察和大计的结果要密送吏科核查。

古代的司法监察，就是监督司法机关的诉讼审判活动，主要包括：（1）监督决囚。如唐朝大理寺决罚囚徒，御史要与中书舍人、金吾将军一起莅临，如发现司法机关违法及犯人有冤，予以纠正平冤。（2）审判复核。如清代各省死刑案件经刑部核拟后，送都察院审议，都察院列署意见转大理寺复核，大理寺副署意见后退回刑部办理题奏。京师死刑案由三法司司官先行会审（会小法），而后三法司堂官再会审定谳（会大法）。（3）参加会审，即参与全国重大疑难案件的审判。南朝陈时御史中丞参与司法审判，建立重案会审制度。唐朝继承其制，建立三司会审制，即刑部、大理寺和御史台三者共同审理案件，称"三司推事"。到清时，除沿用"三司会审"制外，如遇重大案件，则实行九卿会审制，即刑部、大理寺、都察院会同吏、户、礼、兵、工部和通政司的官员共同审理。参加会审是中国古代监察机关监督司法活动的传统方式和主要途径。这种司法监督的特点，不是在审判已经发生法律效力的裁判作出以后的补救性的审判监督程序，而是一种与司法审判同步的检察。因此它不是一种事后纠错的审判监督程序，而是一种直接参与审判的现场监督。它有利于制止官吏的枉法舞弊，避免一些冤狱的出现，减少一审或纠正原判中的错误。

上述所列两方面只是古代监察官的"本职"工作——狭义之监察工作的内容。要说监察官的全部职权，那范围就非常广泛，如还有参政议政权、司法权，特别是还有处置权，即允许御史在特殊情况下先行后奏，"随事处置"（如明清御史纠劾文武百官，凡六品以下贪酷显著者就地拿问）。中国古代监察官权力之广泛，为世界监察史所罕见。

（二）监察权与行政权、司法权之间并无绝对界限

中国传统监察的制度安排大致上是综合性的，监察机构在设置上与行政机构、司法机构乃至军事机构等并无严格分别，监察权与行政权、司法权之间常常没有明确界限。国家不仅不断扩大监察机关或监察官的监察权，而且赋予它们其他特权：秦朝御史除察举违法官吏之外，均有很多行政、司法职责，如御史大夫协助丞相工作，御史中丞掌朝廷的图籍秘书、处理直达皇帝的奏章，御史主管地方送达中央的文件、奉命参与司法审判活动。两汉监察官除了弹纠违失官吏之外，还有典正法度、掌制律令、受公卿奏事、草拟诏敕、考课百官、荐举人才、逐捕盗贼、督军征战（御史大夫有时还要统率军队，率兵征讨匈奴）、治理大狱、鞠谳疑案，乃至掌图书秘籍、厩马、符玺、车驾、祭祀等权力。唐代以后，监察机构和监察官的职权开始膨胀，唐代御史台除了监察权之外，还有审判权："（察院）监察御史……掌分察百寮，巡按州县，狱讼、军戎、祭祀、营作、太府出纳皆蒞焉。"① 唐代后期拥有重兵的节度使多兼按察使、安抚使。宋代的地方监察官通判："凡兵民、钱谷、户口、赋役、狱讼、听断之事，可否裁决，与守臣通签书施行。"② 明代的督抚以宪官身份巡按地方，但后来总掌地方军政、财政。清代都察院不仅扩大监察范围，而且可以"预参朝廷大议"。

监察机构参与司法事务，是中国传统监察制度和司法制度的重要特色。监察机构参与的司法事务包括两部分：一是司法监察，二是司法审判。司法权是中央御史台和地方"监司"都具有的职权。中央御史台从唐朝开始成为中央"三法司"之一，地方提刑按察司从宋代开始成为主管地方监察和司法的机关。总之，监察机关同时也是审判机关，监察官同时又是司法官。

古代监察机关所从事的主要司法活动除了参加会审外，还有独立审案，包括审理普通案件（主要是行政诉讼案件）、疑难案件和推问诏狱（皇帝下达的案件）。唐宋御史台独置台狱，拘禁犯官，凡违法失职官员在送大理寺审判之前往往先送御史台侦讯。在宋代，郡及大理寺、刑部"不能直"的疑难案件，以及大理寺审判时发生犯人不服或审判官意见不一而有"翻异"的案件，均交由御史台推究。宋代御史台还派出御史"乘传"赴地方"就鞠"，断决地方重大案件。清代刑科给事中"分稽刑名"事务："官民果有冤枉，许赴院辨明，除大事奏请闻外，小事立予裁断或行令该督抚复审昭雪。"③

监察机关职权的繁杂且过分膨胀，其根因是身居深宫的皇帝防止君权旁落和臣下坐大。如果说秦汉时监察机构的职权混杂，尚属于传统监察制度在形成时期的不成熟表现，那么到了唐宋以后则完全是皇权为了加强对臣下的控制而有意加大监察官的权力。这种权力的恶性膨胀，是对监察以外部门权力的侵夺，其后果是不仅干扰、妨碍行政、司法、军事等其他政府部门职权的正常行使，而且也削弱甚至取消监察部门自身的监察职能与效用，导致对职官系统中自我监控功能的内部平衡的破坏，由君主的耳目变为君主的手足。这从反面给我们提供了深刻的历史教训。④

三、监察权力运作方式及特征

（一）皇帝控制下"以官治官"的权力制衡

古代监察制度有一套多形式、多渠道、全方位的监察运作方式，但在总体上体现出皇

---

① 《新唐书·百官》三。
② 《宋史·职官》七。
③ 《钦定台规》卷十四，《宪纲》六。
④ 参见章苏、魏秀娣：《试论中国古代监察制度发展历史走向和特点》，载《历史教学问题》，1996（6）。

帝控制下"以官治官"的权力制衡特征。这种特征主要体现在两个方面：一是监察官员或机构直接操纵于皇帝之手，二是"以官治官"的制衡机制。

1. 监察官员直接操纵于皇帝之手

监察的根本目的是维持君权、维护君主专制，故这种权力不能不集中于皇帝之手，亦即最高监察权归于皇帝。其具体体现就是一切监察机构和官员都直接操纵于皇帝之手，中国传统监察制度中的一切弊病均由此派生。

从监察程序来说，整个监察过程，从纠参到议复、从核实到复劾都必须请旨进行，最后由皇帝裁决。中央对地方的监察，无论是常驻监察还是巡按监察，无不是监察官手握尚方宝剑，"代天子巡狩"、"衔命出使"。汉代刺史监察地方官员有"便宜从事"大权，特殊情况下可以先斩后奏，待事毕再报知皇帝。在这种体制下，监察的效果取决于最高监察权力主体是"明君"还是"昏君"，因为监察权的无碍执行均依赖皇权的保护。

从机构设置来说，全国监察系统呈纵向放射状或金字塔状配置，皇帝居于塔尖，上至中央，下至地方，形成严密的监督网络。秦汉时监察机构及其职权行使只是相对独立，其组织机构隶属关系上受丞相或少府节制。东汉开始，中丞制确立，御史台脱离相权。魏晋以后，御史台又从少府独立出来，成为皇帝手下直接控制的监察机构。至宋代，不仅中央御史台直属皇帝，地方监司和通判也直隶皇权；不仅台官由皇帝任命，就连一般御史也由皇帝亲自选用，而不许宰执推荐。[①] 清代《钦定台规》规定科道官之考选、差遣、内升、外转，俱由皇帝裁定，"永著为例"。在职权上，唐初定制，御史劾奏不受任何机关限制，自后历代御史只对皇帝一人负责，御史有充分独立的监举职权。在监察体制构建上，逐步形成了依附于皇权并且独立于行政系统之外的外部结构。所有监察机构之间都有政治上的绝对统一机制，不受地理或政区划的阻隔。

监察权的行使以皇权不致受到任何损害为前提。从整个封建专制政权的特点来看，对皇帝个人的效忠是整个政权得以存在的基础，也是监察制度存在的社会背景。一方面，在专制政权下官员的权力均来源于皇权。各级官吏不是对公众和公务负责，而是对上司和皇权负责。另一方面，皇权的权威又必须通过各级官员权力的运用与推行才能得以实现。"皇帝高踞于文官政府、军队和监察机构三大支持的顶端，他在日常政务中操持着那些或者协助他维护权力、或者帮助他行使权力的为数众多的机构。"[②] 元世祖忽必烈的话很能体现监察机构的地位作用："中书朕左手，枢密朕右手，御史台为朕医左右手。"[③]

2. "以官治官"的制衡机制

"集权于上，分权于下"是中国封建国家权力配置的基本格局。传统监察制度的实施，体现了皇帝控制下"以官治官"的制衡原则。这种制衡设计主要体现为分割相权和官官牵制。秦汉"三公"[④] 制，东汉"三独座"[⑤] 制，唐朝"三司"[⑥] 乃至唐至明清的"三法司"

① 参见章苏，魏秀娣：《试论中国古代监察制度发展历史走向和特点》，载《历史教学问题》，1996 (6)。

② ［美］费正清：《剑桥中国晚清史（1800—1911）》，上卷，29 页，北京，中国社会科学出版社，1993。

③ （明）叶子奇：《草木子》。

④ 秦汉御史大夫与丞相、太尉号称"三公"。

⑤ 光武帝时曾特诏御史中丞与司隶校尉、尚书令在朝会时设有专席，号称"三独座"。

⑥ 御史台与中书省、门下省合称"三司"。

制，都表明监察机关在中央政府中居于权力制衡的重要地位。这种权力格局，既分割了相权，又加强了御史台监督功能，这就最大限度地保证了权力不下移。御史对地方的监察同样起制衡作用：汉代刺史"周行郡国，省察治狱，黜陟能否，断治冤狱，以六条问事"①，其中第一条规定是监察强宗豪右，第五条规定是监察郡国守相，主要是防止郡国守相与地方豪强勾结，形成地方割据势力，威胁中央统治。这种制衡机制可以使皇权经常处于一种既超然于上又不失控制的地位，便于皇帝集中精力处理重大问题。唐太宗说："以天下之广，四海之众，千端万绪……岂得以一日万机，独断一人之虑也……岂如广任贤良，高居深视，法令严肃，谁敢为非?"② 这话表明唐太宗深通"君道无为，臣道有为"，以及"事在四方"、"圣人执要"的道理。

（二）监察权力自上而下单向行使

如前所述，中国传统监察体制在组织方式上，具有监察机构独立垂直设置的特征。在中央，既设有国家最高监察领导机关，又在部院设部门监察机构，或派员对部门监察，还有行政长官对下属的监察；在地方，既有垂直于中央领导的地方独立监察机构，又有中央遣使监察，还有地方行政衙门对下属的分级监察，汉代的督邮即是。与监察机构的设置相适应，监察权的行使也体现出自上而下的单向性。全国的监察机构实行自上而下的层层监察，权大者监察权小者，上级监察下级，皇帝监察所有的人。

这种监察体制是一种行之有效的监督方式，它不仅可以加强监察官的权威，排除政府部门或地方官对监察工作的干扰，而且可以及时发现和揭露官员的贪赃枉法行为，防止腐败蔓延。但是，这种自上而下的单线性和单向性监察体制，其弊端也是显而易见的，这里没有下级对上级的监督，没有社会舆论的监督，更没有人民群众的监督。总之，它仍是一种残缺不全的监督体制。

（三）监察方式的多样化

中国传统监察机制的权力运作，在监察方式上，综合而灵活地运用了多种方式，如外部监督与参政监察、文书审核与现场监察、对口监察与交叉监察、事前监察与事后监督、常驻监察与巡回监察、风闻言事与密折举劾、明察与暗察，等等，呈现出多姿多彩的行政与法制文化奇观。

1. 外部监督与参政监察

（1）外部监督。外部监督是传统监察方式的常态，就是不具体参与具体政务，仅仅从外部督察该政务中是否有违法乱纪行为。古代中国的监察御史对地方政务的监察，特别是中央派出的巡回监察御史对地方百官的监察，就是此类。如宋代监察御史对中央三省的监察，"秋冬季序差御史一员赴三省点检诸房文字稽滞，毋得干预其事"③。"毋得干预其事"就是外部监察的典型描述。

（2）参政监督。所谓参政监督，是监察官通过具体参与应监督的政务活动的方式来实

---

① 《汉书·公卿百官表》颜师古注引《汉官典职仪》。
② 《贞观政要·政体》二。
③ 《宋会要辑稿·职官》一七之一一。

施监督，具体来说有知政、议政、预政等途径。所谓"知政"，具体方式是监察官负责文书收转、连署、备案等，或允许监官入阁听政，使其具体知道所要监察的事务。所谓"议政"，就是让监察官员直接参与讨论商定政务大事，具体方式有监察官侍从皇帝、入阁参与朝议、上奏章议政等。所谓"预政"，即监察官直接参与国家政事活动，关键方式有三种：一是参与官吏选拔考核，履行一定的人事黜陟权；二是参与司法审判，如御史参与会审；三是参与科举考察监考活动。

2. 文书审核与现场监察

（1）文书审核的监察方式

监察官全过程地审核或稽查公务文书是传统监察的基本方式之一。通常，国家权力的实现主要是通过一系列公务文书的起草、颁发、传达、执行来完成的。对文书的审核可以保证文书有较高质量，保证公务高效率地处理，并可以从中取得信息反馈，及时了解政令执行与官吏优劣的真实情况。这种监察的具体方式主要有：

1）受公卿奏事，举劾案章，即监察官通过接受公卿奏事文书，进行审查，如发现有违失则纠劾之。《汉书·百官公卿表》说，御史中丞，"在殿中兰台，掌图籍秘书……受公卿奏事，举劾案章"。

2）文册申报备案稽考制度。监察机关对涉及人事、经济、司法等内容的重要文册、案牍和财经报表进行备案稽考。

3）办理公文注销，即每件事情办完之后，要及时办理公文注销手续。这一注销过程由监察官办理或监督。注销时，应区分并报告公文限内已完结者、逾期有因者、无故逾限者的事务件数。如明代五日一注销，清代每月两次注销，月终奏闻皇帝，参劾无故逾限者。[①]

4）办理照刷文卷，即监察官定期仔细检查公文办理情况，以检验各衙门政绩优劣及公事违失。与注销不同的是，照刷是年底汇总检查，此即每月注销事件，年终照刷文卷。如明代规定，在京大小衙门，及直隶和各省的文卷，除干碍军机重事不刷外，其余卷宗，由御史每年一次，或二三年一次照刷。[②]

监察机关或官员担负文书备案、审查、注销等职责，是对行政机关权力或公务实行的一种程序性的外部制约。它反映了监察工作在某种程度上的规范化和严肃性，也是一种有效的权力制约机制。这种监督方式既有事后监督，又有事前和事中监督，体现了预防为主、惩治为辅的监察原则。

（2）亲临现场的督察方式[③]

大约自春秋战国时代起，凡遇国家重大政事、礼仪、经济和军事等活动，监察官常亲临现场监视或监督，秦汉以后逐渐制度化。主要形式有：

1）朝会和祭礼的监督。如东汉时，凡祠郊庙及大朝会、大封拜，均有侍御史监威仪、劾违失。[④]曹魏时每有朝会，殿中侍御史二人头发上插着白笔，端坐殿旁，准备奏举不法，

①② 参见郑秦：《论明清时期国家权力的监督机制》，载《比较法研究》，1992（1）。

③ 参见邱永明，朱莲华：《略论我国古代监察制度的运行机制和方式》，载《上海大学学报》，1999（5）。

④ 参见《后汉书·百官志》三。

很有一点古希腊雅典法律监护官的派头。①

2）科举考试监试。古时察举科举、各类考试等，都要派御史到考场充当监试官，在唐代始成为一种制度。

3）死刑监决。唐朝规定，凡处死囚犯，御史台须差一名御史监决。倘若有囚犯称冤，并发现所执行的案件有明显的冤错，御史有权决定暂停执行，并立即向皇帝奏报，请求重新处理。

4）监视钱谷出纳。古代粮库、金库是财经的要害部门，其管理中最容易出漏洞的是财物出纳之际，如克扣、以次充好、盗窃等弊端。因此唐代始派御史监督钱谷出纳工作。

5）监军（军队出征）。汉唐时多是在军队出征时才临时差遣御史随军监察，这种监军方式对于控制军队和及时反馈军情具有一定作用。但由于御史不懂军事，而他们又代表皇帝行使职权，故常出现监军御史横加干涉军务的弊病。有鉴于此，宋朝以后御史监军逐渐改为巡按方式。

亲临现场督察是一种跟踪式的随时监控，即过程监控，其目的是力求尽早发现问题，事中纠正或强行制止，以防止因"时滞"而带来的重大失误和损失。② 这是一种积极的监察措施。

3. 对口监察与交叉监察

一般来讲，各监察机构或监察官都有相对固定的监察对象，此即对口监察。对口监察是传统监察方式的常态。但也有对百官进行交叉监察的模式，即多元监察组织交叉进行监察。如明代，在中央设都察院和六科给事中，共同直接对皇帝负责，交叉监察中央百司；在地方不仅设十三道巡按御史和省提刑按察使，还设总督、巡抚为地方最高监察官。这三类监察官常在同一地区执行监察任务。这种多元制交叉监察方式，可以有效地防止失监现象，便于皇帝对监察机关的操纵，但往往也造成机构重叠、事权重叠、职责不明，甚至监察官之间互相攻讦、互相拆台的弊端。

4. 事前监察与事后监督③

我国古代监察运行方式具有事前监督、事中监督、事后监督相结合的系统化特点。事前监察的方式主要有文书审核、事前派员巡察、深入部门定期检查等具体方式，旨在主动获取监察情报，及时发现行政偏差和失误，采取切实可行的补救措施，这有利于克服事后监督的被动性。

事后监督主要是通过接受检举、申诉、控告、采访调查等具体方式实施的监察。受理吏民检举、揭发、控告是监察机关监督官吏的重要依据，也是获取官吏不法行为信息的途径之一。因此，历代统治者不仅赋予监察机关受理涉及官吏违法、失职的检举和控告，而且提供多种受理检举、上诉途径，以保证检举或告诉的渠道畅通。事后监察的主要形式有：（1）设登闻鼓、立肺石。登闻鼓是指有冤者敲击朝堂外所置大鼓，以向朝廷申控的一种直

---

① 古希腊雅典的法律监护官在公民大会或议事会开会时坐在主席台旁边，如有提案或决议违反法律和政制，即席加以否定。

② 参见章苏、魏秀娣：《试论中国古代监察制度发展历史走向和特点》，载《历史教学问题》，1996（6）。

③ 参见邱永明、朱莲华：《略论我国古代监察制度的运行机制和方式》，载《上海大学学报》，1999（5）。

诉形式。肺石是指有冤无处申者站在朝廷门外赤色石上，以向朝廷申控的另一种直诉形式。据说这是西周时代就有的申控形式。（2）设匦以受四方之书。匦相当于今天的检举箱，武则天时开始设置。（3）官府直接受理检举、控告。如不涉及官吏违法、失职，御史机关一般不受理；如果牵涉官吏违法、失职的，则由御史受理。御史受理诉状有严格的程序，原告者只能自下而上逐级申诉，一般禁止越级诉讼。①

5. 常驻监察与巡回监察

常驻监察的监察机关主要有三类：一是对中央官吏进行定向监督的中央监察机关，如明清监察中央六部的六科给事中；二是中央监察机关设在地方的派出机关，如元代的行御史台、清代的五城察院，负责督察地方文武百官；三是在地方政权中设置的专门监察机关，如汉代的督邮、宋代的监司和通判厅、元明清的提刑按察司等，负责在行政长官领导下监察下属官吏。

巡回监察主要是针对地方官吏的传统监察方式。监察官"奉制巡按"，代表朝廷巡察地方政事，"察举无所回避，弹奏无所屈挠"②，是中央监督地方的行之有效方式。巡察方式可分为定期和不定期两种。定期巡察，是按规定时间定期巡察地方、监察官吏。如汉代刺史常在八月出巡，岁终尽诣京都奏事。定期巡察制度一般实行分工定点巡视。不定期巡察，一般是皇帝根据形势需要，临时选派政府大员带敕巡视地方，事毕即归朝复职，任期也不长。这种随时随事巡察制度，具有较大的灵活性，改变了常驻监察靠坐镇受理吏民检举、诉讼的单一、被动监察方式，在一定程度上减少了虚监、失监的官僚主义现象，提高了监察实效。③

6. 风闻奏事与密折举劾

中国古代监察官在履职时享有两大特权：一是"风闻奏事"，二是密折举劾，即秘密上奏，内容仅皇帝一人知道。这里我们主要讨论"风闻奏事"。

"风闻奏事"也称"风闻言事"，即对风闻传说的行为，在真相未明或没有确凿证据的情况下，也可以上奏弹劾，弹者不必署名，即使弹劾有误，也不负任何责任。监察官可以风闻奏事，是我国古代监察制度中的一项特别规定。宋人王安石说："许风闻言事者，不问其言所从来，又不责言之必实。若他人言不实，即得诬告及上书诈不实之罪。谏官、御史则虽失实，亦不加罪，此是许风闻言事。"④

东晋南朝、唐武周时期、宋代及清代大部分时期，都曾允许台谏官风闻言事。东晋南朝时为激发监察官纠劾精神，始允许"风闻奏事"。清代在崇德元年（1636年）设立都察院时，皇太极下谕："凡有政事背谬，及贝勒大臣有骄肆侵上，贪酷不法，无礼妄行者，许都察院直言无隐。即所奏涉虚，亦不坐罪；倘知情蒙蔽，以误国论。"⑤ 但是唐代开元后、明代和清代顺治时期是禁止风闻言事的，规定御史纠劾必须表明年月，指陈实迹，不许虚文

---

① 参见章苏、魏秀娣：《试论中国古代监察制度发展历史走向和特点》，载《历史教学问题》，1996（6）。

② 《北堂书钞》（1888年本，1962年台北重印）卷六十二，2页。

③ 参见邱永明、朱莲华：《略论我国古代监察制度的运行机制和方式》，载《上海大学学报》，1999（5）。

④ 《续资治通鉴长编》卷二百一十，熙宁三年四月壬午。

⑤ 《光绪会典》卷九百九十八。

泛言。清顺治帝甚至对科道官明确提出了"知无不言，言无不实"的八字原则。"风闻言事"时禁时开，无不出于封建政局的变化和统治者的需要。

允许"风闻奏事"是为了使监察官放胆地广泛行使弹劾权，以利于提高监察效率，加强君主对群臣的控制，客观上有保护检举人的作用；禁止"风闻言事"则是为了杜绝诽谤、诬陷之风，以利于安定国政。事实证明，许多埋藏很深的腐败等问题是很难揭发的，如果以揭发不实处以诬告、陷害等罪，就等于杜绝了纠劾之路。允许所纠劾的人和事与实际情况有些出入，实行言者无罪，是古代监察制度的一条可贵的经验，时至今日，仍不失其借鉴意义。

7. 明察与暗察①

御史巡按地方一般采取或明察或暗察的方式。

（1）明察是监察时公开监察官的身份，主要情形有到官府吊刷卷宗、审录罪囚，到社会采访，接受百姓诉讼等。御史明察，有时还将视察的内容公开通知州县，称为刷牒，州县据此预做准备。刷牒制度弊病很大，客观上为地方官营私舞弊起到了通风报信的作用，故宋徽宗时曾下诏取消刷牒。此外，巡按明察虽可起到震慑州县、警示官吏的作用，但易出现御史来时轰轰烈烈、去后故态复萌的弊端。

（2）暗察是一种不张声势地深入民间微服私访的方式。明朝御史《出巡事宜》明文规定："凡考察官吏廉贪贤否，必于民间广询密访，务循公议，以协众情。毋得偏听及辄凭里老吏胥人等之言、颠倒是非。亦毋得搜求细事、罗织人过。使奸人得志、善人遭屈。"② 监察官实行便服暗察，被察者并不知道，事先很难准备弄虚作假或疏通关节，因此所获得的官吏治政信息比较真实、全面。

综上所述，中国传统监察权力的运行机制和方式可谓完备、有序，这使监察功能得以充分、全面地发挥。

（四）监察权力运行法制化及对监察官员的监察

我们已经考察了中国古代的监察法制，如汉代《刺史六条》、宋代《监司互监法》、元代《宪台格例》与《行台体察例》、明代《宪纲条例》、清代《钦定台规》等等。这些监察法规的制定和实施，表明中国古代统治者十分重视通过法律形式来规范监察机关的活动，传统监察的权力运行在总体上被纳入封建法制化轨道。

监察权力运行的法制化，具有两方面的重大意义。第一，可使监察功能获取源自法律的权威力量。监察功能的发挥，不仅要有组织保证，而且还需有法律依据。在君权至上的封建社会里，尽管法律往往首先被皇帝本人破坏，但是监察法的制定，为监察官员行使职权直接提供法律依据，确保监察活动有明确的方向和准则，有助于监察官充分行使职权，做到纠而有据、劾而有理，保证监察工作稳定而有秩序地开展，并提高监察效率。第二，防止监察官滥用权力。监察法规的制定和实施，为规范和考核监察政绩提供了标准，对监察官也起到了约束作用，如监官违法、失职时要加重罚，在一定时期、一定程度上迫使监

---

① 参见邱永明、朱莲华：《略论我国古代监察制度的运行机制和方式》，载《上海大学学报》，1999（5）。

② 《明会典》卷二百一十，《出巡事宜》。

察官奉公守法。

依据中国古代的法制，监察机构和监察官员也受到一定体制规定的监察。他们在监察别人的时候，自己也受到监督，这就是监察系统内部对监察权力的再监察。这种再监察的主要措施有两方面：

1. 制定关于监司互监的专门法律

在古代中国，对监察官员进行再监察的专门法律，最典型的是宋代的《诸路监司互察法》。崇宁五年（1106 年）六月宋徽宗诏令"立诸路监司互察法，庇匿不举者罪之，仍令御史台纠劾"①。这里的"监司"即地方各路之转运司、提举常平司、提点刑狱司三大监察机构的统称。《诸路监司互察法》规定：监司有"庇匿不举"，办事不公违法者，诸监司要互相举报，其属官也可互相察举，同时中央御史台也要"纠劾"；诸监司巡历所至，凡规定应受酒食之类，却受折送钱者，得相互察举。南宋时监司互察法更加完善。宁宗朝的《庆元条法事类》规定：诸路监司违反互察法者，要严厉惩罚，如"犯赃私罪，庇匿不举者"，"以其罪罪之"②。实行监司互察法，解决了对地方监察官的再监察问题，弥补了地方监察官无人监察的失监漏洞。宋代监司互察法的颁布和实施，是我国古代监察法规建设的一大创举。

2. 监察机构与职责的特别安排

这种特别安排是指监察官在行使监察职权之时，同时也受到上级、相互之间和其他机构的监督，建立多重再监察制度。

汉武帝元狩元年（前 122 年）在丞相府内置丞相司直，"掌佐丞相举不法"③，并协助丞相"督录诸州"④。这样，御史台、丞相司直、司隶校尉同为中央监察机关，三者互不统属，各成系统，不仅使天下百官无不处在监察网络之中，而且使监察官也在互监之中。魏晋南北朝的御史中丞和尚书左丞同为中央监察官，可以互纠。宋代对中央御史台的监察由尚书省负责，神宗元丰四年（1081 年）"诏尚书都省弹奏六察御史纠劾不当事"⑤，元丰六年（1083 年）在尚书省专设御史房，"主行弹纠御史案察失职"⑥，负责监督弹劾监察御史的失察行为。

在明朝，御史巡察归来，都要依例接受都察院官员的考察。称职者，向皇帝请示照旧执事；不称职者，向皇帝请示罢黜。御史回道之日，详细开列已完、未完数目，造册呈院，以凭考察。监察御史、按察司官员巡察之处，如所问纠公事有处理措施不当，中央都察院、地方按察司随即改正，依法处理，并将处理事由和结果向皇帝请示奏准；同时允许互相纠举，不得徇私容弊。中央御史可以弹劾地方按察使司官员，地方按察使司官员亦得纠举中央巡按御史。监察官所办案件的文卷按"都察院—监察御史—（地方）按察司—按察分司"的级次从上到下逐级审查，亦即监察御史所办案文卷由都察院审查，地方按察司办案文卷

---

① 《宋史·徽宗纪》二。
② 《庆元条法事类》卷七，《职制门》四。
③ 《汉书·武帝纪》。
④ 《汉书·百官志》一。
⑤ 《续资治通鉴长编》卷三百一十一，神宗元丰四年。
⑥ 《宋史·职官志》一。

由监察御史审查，按察分司办案文卷由按察使司审查，如果发现确有重大错误、枉法之事，审查者应向皇帝如实汇报，请示处理。

古代中国的监察制度，是中华法制文明的伟大创造。法学家郑秦在分析明清时期社会继续发展的原因时指出："为什么如此专制集权的政治体制还能够包容社会历史的前进？显然这政治体制的运作还是有效的，使得社会可以在既存的制度下发展。由此我们应该对使这种权力体制能够进行自我调节的监督机制进行研究。"① 事实表明，传统监察制度除了有利于巩固和发展君主专制制度之外，还有利于贯彻既定的国家政策、法令，保证封建国家机器的正常运转；有利于发挥官僚机构的职能，提高官吏的素质，改善吏治，稳定社会秩序。

这一伟大创造，很早就受到近代革命家的重视。孙中山为共和的中国所设计的政体是"五权宪法"体制，就借鉴了古代中国的监察制度。他在接受"进口"的立法、行政、司法三权分立理念的同时，从古代中国的宝库中找出了最有中国特色的考试、监察两权，提出了"五权分立"的政治理想。这一理想虽然由于中国近现代纷乱的斗争而没有来得及全面实践，但仍然有着伟大的探索意义。

---

① 郑秦：《论明清时期国家权力的监督机制》，载《比较法研究》，1992（1）。

第十一章

国家公职人员构成体系及其管理制度

本章的主要任务是探讨国家政治资源之一——人才资源的管理制度，并且探讨与此密不可分的督政制度的一部分——官吏考绩制度。关于政治人才管理制度，我们认为属于通常所认识的行政主体法制的一部分；关于对国家公务人员的考绩制度，我们认为属于政治人才管理制度的延伸，是国家督政体制的一部分，但也无疑属于对行政主体进行规范督察和建设的制度，所以也是行政主体法制的一部分。关于古代中国的国家公务人员的构成体系及相关管理法制，从前有很多学者进行了许多研究，本章只是综合前人的研究成果，对此一体系及相关制度作一个归纳、综述，以完善我们对中国古代行政主体法制的认识而已。

第一节
国家官吏及辅佐人员的基本构成

中国传统行政制度发达的主要标志之一，就是国家公务人员的构成体系完备与稳定。这一点，与自春秋战国以后发达的行政体系相适应。春秋战国之前，国家行政机构设置比较紊乱，缺乏系统性；与之相适应，国家公务人员的设置是文武不分，随意性较大。如夏商周的国家最高官员是正卿或上卿，他们既埋民政，又理军政，常常出将入相。即使是众多的"小宰"、"小臣"，也是既管民政又管军务，和平时期执掌民政，战争时统兵作战。春秋战国时代是中国公务人员体制的一个大变革的时代。"随着经济基础的变更，全部庞大的上层建筑也或慢或快地发生变革。"[1] 古代中国上层建筑中最具"活力"的官吏制度，同样在此期也经历了一场急剧的变革，官僚政治制度应运而生，最突出的变化就是国家公务人员的文武分途。此一时期，各国基本上都建立了以"相"和"将军"为文武百官之长的中央公务员体系，我国古代职官制度中的官分文武由此开始。

---

[1] 《马克思恩格斯选集》，2版，第2卷，33页，北京，人民出版社，1995。

传统中国的文官是与武官相对应的一个概念，是指普通官员系列。从文官所处的地位来看，可分为中央官和地方官，即习惯上所称的"京官"和"外官"。从文官所担负的职任而言，又可以按今天的概念分为政务官和事务官，即行政首长和掾吏、佐史。从某种意义上讲，政务官为官，事务官为吏。从文官所具有的品级、官衔和名号言，又可分为职事官、勋官、散官、加官及爵号。从文官的品秩言，又可分为流内官和流外官。古代中国的文官队伍是一个组织结构严密、权责固定、等级森严、运转协调的、以君主为轴心的宝塔式的国家管理队伍，自宰相至佐吏的各级文官均以品序为基础形成层阶隶属关系，共同效忠皇帝。这些文官则为君主的奴仆，是君主借以治理国家的工具。

一、国家文武职官体系的基本构成

（一）职事官与散官

职事官，又称执事官，是指有实际职务和职责权限的官员。《唐律疏议·名例》载："有执掌者为职事官。"《隋书·百官志》载："居曹有职务者为执事官。"如中枢三省六部之官、九寺五监之官和地方州县之官等等，都是职事官。职事官既有文职事官和武职事官之分，亦有京职事官和外职事官之别。凡在京之中央各文武官府官员及东宫、王公、公主官府官员为京职事官，在外州县、镇戍、岳渎、关津官府官员为外职事官。自隋文帝定职事官为九品三十阶以来，历朝历代的职事官均有品有阶，只不过具体的品阶略有差异而已。

散官又称散位和阶官，是一种表示身份地位的等级称号，是传统中国没有具体职掌和无实际职务官吏的总称。[①] 散官始于汉代的"仪同三司"、"特进"等荣宠名号，至隋代才正式确立散官制度。隋代的散官称号，主要有九大夫和八尉。[②] 唐贞观年间，散官分为文散官和武散官两大类。文散官称作开府仪同三司、特进和某某大夫等；武散官称辅国大将军、镇国将军和某某校尉。唐代入仕者皆带散位，谓之本品，因而唐代每一官员均有散官之品级，及职事官之官位。宋代称散官为"寄禄官"，沿袭唐制分文散官和武散官两大类。明清时期，散官的称谓为某某大夫、某某郎、某某将军和某某尉，均为无实际职务的荣誉性名号。

中国古代职事官与散官的名称，均始于汉代。职事官与散官的主要区别，是前者有机构，有职务，后者则无。但是两者的区别也不是绝对的，散官可以成为职事官，职事官则通常都带散位。如散官无职事者，须入文武职事之选，方可取得职事官阶。

（二）流内官与流外官

流内官与流外官，又称流内与流外，是传统中国官名。从三国曹魏开始，中国古代官制即有九品的划分，历代相沿不改。隋代自九品至一品官，称为流内官；九品官以外的，为流外官。唐、宋、元、明、清诸朝均沿袭此制，吏部铨选同样有流内、流外之分。凡流外官称未入流，流内官称入流。一般而言，职事官均为流内官。流内官与流外官的主要区

---

① 《隋书·百官志》载："无职务者为散官。"《唐律疏议·名例》载："无执掌者为散官。"

② 参见《隋书·百官志》。

别是：前者是入九品之内的官，后者是不入九品之内的吏或中央官府吏胥。① 流外官也有品级，《隋书·百官志下》说："又有流外勋品、二品、三品、四品、五品、六品、七品、八品、九品之差。又视流外，亦有视勋品、视二品、视三品、视四品、视五品、视六品、视七品、视八品、视九品之差。极于胥吏矣，皆无上下阶云。"这就是说，流外官有"流外九品"和"视流外九品"两种。这些流外官、视流外官都是掾吏、胥吏之类。这些人若经过一定时间的考课或有劳绩，可以升入低级的流内官。在清朝，各州县的邮政官（"驿丞"）、税收官（"税课司大使"）、粮仓监守官（"仓大使"）、水闸看守官（"闸官"）、渔税征收官（"河泊所官"）等，均为流外官。

（三）勋官

勋官是传统中国赏给立功将士和文职朝官的荣誉称号，始于北周。《旧唐书·职官志》称："勋官者，出于周、齐交战之际。本以酬战士，其后渐及朝流。阶爵之外，更为节级。"这表明勋官创立之初，是用来奖励作战有功的将士，后来才逐渐及于朝官。隋文帝时，采用北周之制，定勋级自上柱国至都督共十一等。唐武德、贞观时有所改易。由于当时勋官与散官名称相同，不易区分，所以唐高宗时加以改革定制，勋官自上柱国至武骑射，其等级自一转至十二转，以转多者为贵。唐代授勋主要是看军功，功多勋高，功少勋卑。宋、元沿唐制，只是品级略有不同，以及授勋时特重资历。明代分文勋官和武勋官两大类，武官勋号和前代基本相同，唯品级略高。清代仍有勋官之制，但勋爵已经合二为一，都是表示身份等级的一种荣誉。

（四）爵官

爵官，又称爵位官，是指因君王赐给爵位而获得的等级待遇和官职。始于西周的血缘爵位制，实行的是以宗法制、分封制为基础的五等爵制，所谓"王者之制禄爵，公、侯、伯、子、男，凡五等"②。春秋战国时期，随着宗法制和分封制的瓦解，血缘爵位制逐渐让位于军功爵制，即按军功大小来封授爵位官，封爵成为一种激励机制。如秦国的军功爵制，共分二十级，故又名二十等爵制。秦汉以后，皇族授爵，主要是作为一种等级待遇；而官员封爵，则是一种酬劳和最高荣誉。历代爵位官不尽相同，但一般以王、公、侯、伯、子、男为主，并在其爵位前各加以美名，分别等次。如唐代的爵位官，分为王、嗣王、郡王、国公、开国郡公、开国县公、开国县侯、开国县伯、开国县子、开国县男等。值得一提的是，南北朝陈朝时，开始将爵位分为九等，并定以相应的文官品级，将文官品级引入爵位制度，开创了后世官爵统一的先河。此后的唐、宋、元、明、清诸朝，都将爵位与文官品级相统一，并明文规定了爵位品级、食邑户数和俸禄制度。

（五）加官

加官，即在原有的官职之外，再加上其他官衔，以便使某些官员在加官后获得特殊权力和荣誉待遇。加官制始于秦王朝，《史记·李斯列传》载，"赵高为郎中令，常侍中用事"。这里的"郎中令"，为赵高官职；"侍中"，则为其加官。汉武帝时，往往在亲侍近

---

① 参见祝总斌：《中国古代政治制度研究》，121 页，西安，三秦出版社，2006。

② 《周礼·王制》。

臣中随意加上一个官衔，或以示荣耀，或以使他们获得特别权力，执行特殊任务。凡列侯、将军、卿、大夫、将都尉、尚书、太医、太官令至郎中都可获得加官，所加官衔有侍中、左右曹、散骑、常侍、中常侍、给事中等。加官虽为虚衔，但官员一旦获得加官，往往可出入宫禁，侍从皇帝左右并参与朝政，决策机密。唐代加官名号甚多，主要有"参议朝政"、"参知机务"、"参知政事"、"参议得失"、"同中书门下三品"、"同中书门下平章事"、"知判诰"、"知贡举"和"知省事"等等，被加者大多因功劳或治行称最。其中的"同三品"、"平章事"和"参知政事"等虽为加官，却行宰相之职，权力很大。宋、元、明、清诸朝，实际上也沿袭了前朝的加官制度。加官中还有一种是用以赐予功德优盛的高级官吏，是一种临时性的荣誉称谓，如汉代的特进、奉朝请以及朝侯、侍祠侯等。又如作为汉代宰相之称的三公（司徒、司马、司空）。隋唐以后主要是对重臣元老的一种加官，既无实职亦无实权，其所表示的仅仅是一种荣誉和尊崇。

二、行政辅佐人员体系之构成

传统官府政务运作除了决策和指挥外，还存在大量的具体事务、技术性工作和杂事需要办理，因而在传统中国政府衙门中，不但任命和设置了"朝廷命官"，还存在和需要大量的行政辅佐人员。他们在官员的指示下，具体承办政府机关的各项事务，包括文书表册、传达命令、征办税收、缉捕罪犯、维持治安、造册报账、看守仓库和押解犯人等等在内的一切政府公事和杂务，都是由行政辅佐人员去具体承办、执行和完成的。这是一个特殊的社会阶层，是传统中国国家公务人员的辅助和爪牙，是隐藏在官员背后的各级政府衙门权力运作和具体事务的实际执行者。清人宋章钜说："上自公卿，下至守令，总不能出此辈圈牢：刑名簿书出其手，典故宪令出其手。甚至于兵枢政要，迟速进退，无不出其手。一刻无此辈，则宰相亦束手矣！"① 宋氏的说法虽有点夸张，但传统中国的政务运转确实离不开这些胥吏，却是不争的史实。

历代行政辅佐人员的称谓不一，先秦称"府史胥徒"，秦汉称"掾史"与"掾吏"，唐宋称令史、书令吏、亭长、掌固、赞者、典谒、所由、司驭、门仆、直长、主账、典书、典狱、录事等等，明清称令史、书吏、司吏、供事、堂吏、经承、供事、吏员、攒典、承发和典吏。另外，各级官府中的幕友和地方上的"三班六房"，也都属于佐吏阶层，是主官的得力助手。尽管历代行政辅佐人员的名称繁多，表述各异，但实际上可以归纳为胥吏、幕僚、长随/家人和衙役四大类，此亦谓传统中国行政辅佐人员的基本构成。

（一）胥吏或吏员

胥吏，又称吏胥，是指在传统官僚体制下，服务于各级政府部门的低级行政办事人员或行政辅佐人员，包括专门经办文书的人员、处理具体事务的技术性工作人员，以及从事其他杂事的各类人员。他们主要是具有一定文化水平的平民，起初作为承担国家"役"的一种，提供无偿劳役服务，后来由官府选拔，或进行能力考试后录用，被称作"庶人之在官者"。因而在身份上便与一般经科举，通过经学、诗赋入仕者的政治、社会地位大不相

---

① （清）宋章钜：《制义丛话》卷七，《隶典》。

同。但由于他们经办各种具体行政事务，事涉人事、刑狱、钱谷等等，又熟悉王朝法例，所以在不同程度上，他们又掌握着一定权力甚至是相当大的权力，以至于传统官府的政务运转和政治清浊，都与胥吏息息相关。

胥吏一词，最早见于《魏书·出帝纪》，所谓"大夫之职，位伙贵显；员外之官，亦为匪贱，而下及胥吏"。但胥吏作为行政辅佐人员，早在西周时期就已经产生，时称"府史胥徒"①：府、史为吏，主管文书、档案；胥、徒为胥，是"民给徭役者"②。秦汉时期的胥吏，称为掾史、掾吏、属吏和吏员。而他们的属下，又有不同的称谓。如郡一级的掾史，其属下称主簿、别驾、书佐、小史、狱小吏等。到了唐宋时期，胥吏一词才开始广泛使用，其称谓亦有数十种之多。其中唐帝国的胥吏名目，主要有令史、所由、书令史、司驭、门仆、帐内、典书、录事、执刀、白直、典狱和问事等等。宋朝中央三省和枢密院中，从上到下都设有录事、主事、令史、书令史等胥吏名目，他们具体负责本部门的文书事务。而地方基层行政部门中的胥吏名目更是数不胜数，大多数由服役的老百姓充任，甚至其中不乏游手好闲者。明清时期的胥吏名称，主要有提控、都吏、令史、通吏、掾史、司吏、典吏、书吏、承发、攒典、狱典、供事、儒士、差役、承差和驿吏等。

尽管胥吏名目繁多，但按其职役的性质，实际上只有两大类，那就是胥和吏。胥是供官府驱使的劳役，负责催征赋税、维持治安、把守关卡、看守仓库、看管和押解犯人、站堂、看门、传唤、传送文稿、押解官府物品等诸多杂事，在明清时代就称为"衙役"。吏是在官府承办具体公务的人员，其主要承办诸如收发公文、保管档案、誊写文书、造册报账和处理各种文书等文案事务。吏虽然也有役的性质，但毕竟不同于胥，其地位也高于胥。③凡吏都是经吏部注册，有工食银和任期的，他们经考满后可以进入官的行列，称"吏进"。在明清时代，所有的"吏"可以统称为"书吏"。

中国古代的官吏队伍，从广义而言是由"官"和"吏"两部分人员组成的。官指各级政权组织的主要人员，亦即"朝廷命官"，具有一定的职务和品级身份，主要履行决策和指挥职能，并享有诸多法定特权，是中国古代统治阶级中较为高贵的阶层。广义的"吏"，包括"胥"（衙役）和"吏"（书吏）两类。"吏"是各级政府部门中较为低级的具体办事人员，通常负责一些具体的、技术性的行政事务和杂事，比如文簿、上计、通事、令史、狱典、胥吏，等等。他们地位卑贱，没有品级，有些可以为"流外官"。但由于他们是传统中国行政事务的具体承载者和执行者，因而作为辅佐人员的吏是与官共生共存的，其在政务运作和政府职能上亦发挥着不可忽视的作用。

（二）幕僚或幕友

幕僚又称幕宾、幕府、幕友、幕客、西宾、西席和宾师，是传统中国军政长官聘请的助手和参谋。早在商周时期，君主和诸侯都聘任一些谋士为其佐助，是为幕僚之缘起。秦汉时期，各级军政长官曾自行辟署幕僚。汉朝时统帅率军出征，有权自行招聘、选任文职僚属，设置府署，帮助处理军政事务，称为"开府"。这类府署由于设于幄幕中，所以又叫

---

① 《周礼·天官·冢宰》。
② 韦庆远、柏桦：《中国官制史》，342 页，上海，东方出版中心，2001。
③ 参见韦庆远、柏华编著：《中国政治制度史》，2 版，480 页，北京，中国人民大学出版社，2005。

"幕府"，而统帅左右的僚属，也因之被称为"幕僚"、"幕职"。幕僚种类繁多，有相当于近代参谋长、统率司令部工作的"长史"；有参议军机，帮助指挥军事行动的"参军"；有类似近代副官、秘书，管理文书及各类档案的"主簿"、"记室"，等等。到了三国两晋南北朝时，战乱频仍，四处皆为战区，各地都实行"军管"，地方长官由武官兼任，将军左右的僚属也就从单纯的军官转变为辅佐将军"上马管军、下马管民"的文武兼任官职了，且其文职的比重往往超过武职。唐代地方最高行政机关州、府衙门都设有长史、参军、录事等官职，号称"幕僚"；宋代诸州也专设"幕职官"。不过这些官职早已与军事行动无关，也不供职于狭义的幕府。到明清时代，称为幕友，成为各级文武官员的心腹、参谋。幕友亦称幕宾，俗称师爷，不属政府编制，由地方官自行聘请，故有"友"、"宾"之称。按瞿同祖先生在《清代地方政府》中的考察，在清代州县衙门供职的幕友可以分为以下各类："刑名"，协理司法；"钱谷"，协管税赋；"征比"，具体办理赋税征收；"挂号"，负责登记；"书启"或"书禀"，负责通信；"硃墨"或"红黑笔"，掌管红黑两种毛笔誊录；"账房"，管理簿记。有人说，在"钱谷"之外，还有"钱粮总"，负责征收赋税；在"刑名"之外，还有"案总"，掌管诉讼。一般州县需要三五个幕友，事务繁多的州县则可能有十几个乃至几十个幕友。① 幕友以出身浙江绍兴的落第秀才、举人为多，故有"绍兴师爷"之称。

（三）长随或家人

清人纪昀《阅微草堂笔记》说："其最为民害者，一曰吏，一曰役，一曰官之亲属，一曰官之仆隶。其四种人，无官之责，有官之权。官或自顾考成，彼则惟知牟利，依草附木，怙势作威，足使人敲髓洒膏，吞声泣血。"② 所谓"官之仆隶"，在清代正式的称谓叫作"长随"，俗称"家丁"或"家人"。"家人"云者，或以为是官之家属。这种按照今天的意义所作的字面理解，有一定的道理。因为这些人在当时的官员看来，不同于吏和役这些"公人"，而是他们家里的人。但是这些"家里人"，又不简单地同于官员家里的奴仆，他们的来源中相当一部分是官员出仕前的家丁，也有些是上任后经亲友同科等推荐雇用。

清无名氏所著《偏途论》对长随的起源和地位作了一番考证："长随"二字，乃堂官之别名。一二品文官家人名曰"堂官"，又曰"内使"。一二品武官家人名"家将"，又曰"内丁"。昔宋太祖雪夜访（赵）普，见有堂官一人跟随左右，恭敬至诚，故赐曰"长随"③。

明清时代，外官携带"家人"之风很盛。康熙二十五年（1686 年）下诏："外任官员，除携带兄弟、妻子外，汉督抚带家人五十名……汉督抚有管兵之责，如有多带者，令其自行陈请。至旗员有边疆差遣之事，非民官可比，督抚所带家口，不许过五百名。"一官赴任，竟然可以带五百名"家人"！在清代，不仅兼负军政之职的封疆大吏如总督、巡抚者带用家丁，司、道、府、州、县等所谓"民官"也都带用家丁。在康熙二十五年的诏令中，这些"民官"都有相应的家丁名额，其中"藩臬带家人四十名，道府带三十名，同知、通判、州县带二十名，州同、县丞以下官员带十名……（旗员）司道以下等官所带家口，照

---

① 参见瞿同祖著，范忠信等译：《清代地方政府》，160 页，北京，法律出版社，2003。

② （清）纪昀：《阅微草堂笔记》卷六，《滦阳消夏录》六。

③ （清）无名氏：《偏途论》，载章伯锋、顾亚主编：《近代稗海》，第 11 辑，615 页，成都，四川人民出版社，1988。

汉官加一倍"①。

瞿同祖先生在《清代地方政府》中对"长随"的情况作了相当全面的考述。瞿先生说，长随的数目取决于衙门的大小和职责的多寡。州和县或多或少一般都会有如下职能的长随：一两个负责把门的"司阍"或"门上"，一个负责文书签转的"签押"（也叫"稿案"），一两个"司仓"，一个"管厨"，还有"跟班"。此外，长随还包括在公堂值勤的"值堂"、负责通讯的"书启"、掌管印信的"用印"、负责税收的"钱粮"或"钱漕"、负责监所的"管监"、负责驿站的"管号"和负责杂税的"税务"。在不少省份，每个州县官至少需要 10 个长随，在公务量很大的州县会聘用 20 名以上的长随。在江南地区，由于漕粮的征收是地方政府的一项重要职责，往往会聘用 20～30 名长随。"长随"的职岗分类很细，仅"门上"就被细分为几小类："案件"掌管诉讼，"呈词"管理诉状，"钱粮"主管赋税，"杂税"负责杂项税务，"差务"负责接待上级官员，还有"执贴传话"等。由此可见，仅仅"门上"一类职事，就可以分门别类地雇七个、八个、十个或更多的人。类似地，掌管文书签批收转的"签押"一职也可以分成几个小类。此外还加上两类：负责登记的"号件"和负责填写令状的"书票"。常常还有一名长随不在衙门中任事，而是被安排在省城或府城，专门从事联络工作：在省城的叫"坐省家人"，在府城的叫"坐府家人"。他们负责跟上司之间的沟通，向上司按照季节致送"冰敬"、"炭敬"之类。由于长随是州县官自己雇用的，工资也由他自己派发，因此正常情况下，一个州县官不会雇用不必要的长随。②

（四）衙役或皂隶

衙役，是在古代官府衙门中充任粗贱役事的人员的统称，有时直接称为"皂隶"。在很多古籍中，胥吏和衙役并无明确区分。一般说来，在唐宋时代以前，"胥吏"包括衙役。"吏"主要指吏员、书吏，"胥"主要指供官府役使的差役。但至少在宋代衙前差役徭役化以后，"衙役"就逐渐成为区别于"胥吏"的一个独立概念。此后"胥吏"主要指书吏或吏员，衙役仅仅指百姓在官服贱役者。衙役的地位低于吏员。吏员虽无品级，但仍可视为官方的人；衙役则根本没有官方身份，纯为衙门服役的百姓。这些人负责衙门的站堂、缉捕、拘提、催差、征粮、解押等事务。以清代州县衙门为例，衙役分为四班，即皂、捕、快、壮班（也有学者称分为三班衙役，不包括捕班，或捕快合一）。各班均有班头，或称头役，统领本班。四班之外，还有零星杂役，包括门子、禁卒、仵作、库丁、仓夫、斗级（收粮掌斗）、轿夫、伞扇夫、鸣锣夫、吹鼓手、灯夫、更夫、伙夫、马夫、铺兵（邮驿）等等。

瞿同祖先生指出，虽然四班（皂班、快班、民壮、捕班）都被视为衙役，但他们的社会地位和法律地位并不相同。民壮，还有库丁、斗级、铺兵，具有普通百姓之地位身份。但皂隶、马快、步快、捕役、仵作、禁卒、门子、弓兵等等，法律上将其列为"贱民"，其地位相当于妓女、戏子或奴婢。与别的"贱民"们一样，他们是"负权利"（negatively privileged）阶层。他们被禁止参加科举考试及进入官场。法律规定他们中任何人参加科举考试或谋求官衔者都将受到斥退并杖一百的惩罚。他们的子孙也同样被剥夺权利。在所有衙役中，捕役的地位最低，这可能是因为他们中大多数与盗贼来往。衙役也不准捐纳买官，

---

① 《大清会典事例》卷九〇，《吏部处分例·外官携带家口》。
② 参见瞿同祖著，范忠信等译：《清代地方政府》，127～128 页，北京，法律出版社，2003。

他们为士绅所不齿，有些家庭严禁子孙从事衙役。①

衙役也有定额编制。如清代大兴县衙役定额为：门子二人，皂隶十六人，马夫十二人，禁卒八人，轿夫与伞扇夫七人，灯夫四人，库卒四人，仓夫四人，民壮五十人。但实际上的衙役数量，都大大超过了编制。一般来说，一名正式衙役，手下往往有三四名"白役"（额外人员）。通常，小县有衙役数百人，大县有上千人甚至数千人。据清代曾任四川巴县知县的刘衡记载，他到巴县上任时，衙役竟有七千人之多。②

第二节
官吏选任制度

为政之要在于得人，这是中国传统行政文化中一个极为重要的观念。中国历代王朝为了巩固其统治，均十分注意选拔人才充实政府，治理百姓。与此相关，在古代中国的长期实践中，逐渐形成了一系列官吏选拔与任用制度。

一、官吏的选拔制度

国家的官僚机构在其运转过程中，需要不断地吸收新成员。只有不断地"纳新"，才能有效地"吐故"，从而保证官僚机构本身素质的提高和统治职能的延续。中国传统的选官制度是沿着由低级到高级的序列发展的。

（一）先秦的世卿世禄制

中国传统社会的官僚制度，自秦代始有较为严密的制度。在此之前，中央政府官吏的设置尚未定型，分工亦较紊乱，官吏的选任制度主要是一种建立在分封基础上的世卿世禄制。自天子和诸侯以下各官都是世袭的，他们是依血缘关系被分封为官（卿、大夫），并世代享有卿、大夫的地位和特权，天子和诸侯亦不易将他们免职。各级官位为大小贵族所世袭垄断。这就是通行于夏商周三代及春秋前期的"世官"制度，尤以西周时期最为典型。

这种由贵族直接控制的、封闭性的官吏制度，实际上是由当时的社会形态和政治形态所决定的。周初，为了扩大和巩固姬姓家天下，周天子以大分封的形式将统治权力、土地、人民封赐给同姓、姻戚和功臣。受封的诸侯、卿大夫便成为王朝统治的政治基础。被层层分割的统治权力的继承，即各级官吏的选任，是涉及王朝统治基础稳固与否的重大问题，而当时在任官制度上可供选择的方式只能是"世官制"。因为大分封所造就的宗法血缘关系政治化，已致使宗法血缘关系在巩固王朝统治上成为一种不可逾越的客观存在，要继续巩固姬姓家天下，只有仍使宗法血缘政治化，亦即使受封者世袭官爵和封土。由此，大夫以上的官员，基本上不存在"选拔"的问题，而是由宗法血缘关系起着决定性作用。"世官"制的实行也是基于当时文化教育状况的限制。当时"学在官府"，教育文化为奴隶主贵族所

① 参见瞿同祖著，范忠信等译：《清代地方政府》，96～100 页，北京，法律出版社，2003。
② 参见（清）刘衡：《蜀僚问答》。转引自瞿同祖：《清代地方政府》，100 页，北京，法律出版社，2003。

垄断，传承文化只有凭借关于统治经验的书籍，只有贵族才有机会学习、阅读。因此，统治经验的积累和传承，仅限于贵族范围内，以世官制让贵族世代为官，才有利于王朝统治的巩固。世卿世禄制实行的结果是：国家官吏中，国君"为天子之同姓者十之六，天子之勋戚者十之三，前代之遗留者十之一"。卿大夫"皆公族也，皆世官也"[①]。

大夫以下的低级官吏职务的选拔、任用，也为贵族阶级所垄断。除嫡长子可以承袭贵族职位以外，贵族其他子弟可以通过学校教育获得进入统治阶层的途径。夏商周三代均设有贵族学校，对贵族大臣的子弟进行早期教育。"设为庠序学校以教之。庠者，养也；校者，教也；序者，射也。夏曰校，殷曰序，周曰庠；学则三代共之，皆所以明人伦也。"[②]贵族子弟在学校学习一些管理国家事务的基本知识，然后进入国王的禁卫军中担任侍卫，经过若干年后，由国王任命担任各级行政职务。这种选拔制度给一些没有官职或爵位继承权的嫡子和庶子提供了入仕的机会，也使国家的统治基础得以扩大。

此外，各诸侯国君，每年也要向周天子"贡士"，周天子则对各国的"贡士"进行考核，此即所谓选士"大射"。"古者天子之制，诸侯岁献贡士于天子，天子试之于射宫。"[③]另有选拔基层官吏和辅助性官吏的"乡举里选"，该制度是从基层选拔优秀人才以克服世官制之完全凭借出身、不论才学的缺陷的一种补充形式。

到春秋战国时代，世卿世禄制度受到了极大的冲击，并逐步瓦解。春秋战国时期的动荡和变革，使各诸侯认识到人才的重要性，"选贤任能"成为选拔官吏的一般原则。"举贤良，务功劳，布德惠，则贤人进……论贤人，用有能，而民可使治。"[④] 管子的这种主张已经成为当时公认的治国良策。这样，出身低微的人便有更多的机会跻身于统治集团，处于贵族最底层的"士"开始崛起。他们奔走于各诸侯国之间，活跃在政治舞台上，充当诸侯、卿大夫的谋士和家臣，帮助他们管理政务、指挥战争。这些人的地位和职务的升降不再是以血缘关系为依据，而在于其对君主的贡献，"因能而受禄，录功而与官"[⑤]。而各国的变法则更是用政治力量打破了不适应时代需要的世卿制。如魏国采取"夺淫民之禄，以来四方之士"政策，按照"食有劳而禄有功"的原则任用官吏。[⑥] 商鞅在秦国的变法对贵族政治的冲击力度更大。随着变法运动的深入，到战国中后期，世卿制被逐渐废除，新兴官僚制下的选任制基本确立。秦国变法最为彻底，新选任制的实施亦最为坚决和广泛，使天下贤能之士云集于秦，为秦效力，正如李斯所言："士不产于秦而愿忠者众。"[⑦] 正因为如此，秦最终能剪灭六雄而完成统一大业。

（二）察举制

察举制是中国古代官僚制度确立后形成的官吏选拔制度，盛行于两汉，中衰于魏晋。

察举制从汉高祖刘邦开始，经汉文帝到汉武帝时期，逐步发展，最后形成了较为完备

---

① 夏曾佑：《中国古代史》，183 页，北京，三联书店，1955。

② 《孟子·滕文公上》。

③ 《礼记·射义》。

④ 《管子·五辅》。

⑤ 《韩非子·外储说左下》。

⑥ 参见《说苑·政理篇》。

⑦ 《史记·李斯列传》。

的选官制度。汉高祖十一年（公元前 196 年）首次下求贤诏："贤士大夫……有肯从我游者，吾能尊荣之。"此为两汉察举制的先声。① 汉文帝时曾经两次下诏"举贤良方正"，并由皇帝亲自策问，根据对策等第高下，分别授官。察举选官制逐渐建立起来，至汉武帝时，察举制度更加完善周密，已经成为两汉选官制度的主体，其表现为：（1）定常科。规定郡国每年必举孝（孝子）廉（廉吏）各一人，使察举选官不仅制度化，而且经常化。（2）定察举标准。明确规定所举孝廉、贤良，必须有明确标准。贤良必须以儒术加以衡量，治申不害、商鞅、韩非、苏秦、张仪之言者，被视为乱国政，无论学问有多大，均在排斥之列。（3）察举对象扩大。察举不限于现任官员，而且面向民间优秀人才。（4）察举科目增加。文帝时仅贤良方正一科，武帝时新增孝廉、秀才（茂才）、贤良文学等。（5）明确奖惩办法。规定：原则上是"进贤受上赏，蔽贤蒙显戮"②。具体规定是二千石礼官博士"不举孝，不奉诏，当以不敬论；不察廉，不胜任也，当免"③。所有这些，标志着察举制的最终确立。到了东汉光武帝时，进一步规定所举不实，"有司奏罪名，并正举者"④，实行连坐制度。东汉和帝时，规定根据人口比例加以察举，并对边疆地区予以特殊照顾。⑤ 与此同时，对中央政府官员，也以其职位高低及职责所系，明确规定了察举孝廉的名额："三公举茂才各一人，廉吏各二人；光禄岁举茂才四行（敦厚、质朴、逊让、节俭）各一人，察廉吏三人；中二千石岁察廉吏各一人，廷尉、大司农各二人；将兵将军岁察廉吏各二人，监察御史、司隶、州牧举茂才各一人"⑥。

察举制度的基本内容是：由皇帝下诏令举荐人才并列出举荐科目，由诸侯、王公、中央政府各部门行政首长、地方政府行政首长等按科目要求发现、考察人才并加以推荐，被推荐的可以是低级官吏，亦可以是平民百姓。一经荐举，即按要求送京师接受皇帝或受皇帝委托的丞相、御史、九卿的策试，根据策试成绩高下分别授官。当察举而不察举以失职论，察举不实者连坐。

察举的科目，种类繁多，要求各异，其中以"孝廉"、"茂才"（又称秀才）两科最为重要，规定必须年年推举，称为"常科"。其他科目，如贤良方正、孝悌力田、明经、明法、文学、尤异、治剧、有道、明阴阳灾异、勇猛知兵法、童子、至孝、敦厚等，则只有皇帝下诏指定推举才能推举。这些科目称为"特科"。

从制度上讲，察举制是中国封建社会第一个比较严谨的选官制度，不仅有科目、有考察、有评议，而且还有考试，甚至还有连坐制度。察举制的推行，不论在两汉或者对于后世都具有积极的历史意义。首先，察举制为两汉王朝选拔了一批行政管理人才，而这些人才为两汉的政治、经济、文化的发展作出了巨大贡献。如汉武帝时的公孙弘从布衣而经察举升至宰相之职；著名的政策制定和谋划家晁错、董仲舒等，都是通过察举制的推行脱颖而出的。两晋南北朝在正史中有 176 人是经过察举制度而入仕的。这些都说明察举制作为

---

① 参见《通典·选举》一。

②③ 《汉书·武帝纪》。

④ 《后汉书·百官志》一应劭注。

⑤ 参见《后汉书·丁鸿传》。

⑥ 《后汉书·百官志》一应劭注。

官吏选拔制度，曾发挥过重要作用。其次，察举制对后来的选官制度产生巨大影响。魏晋南北朝时期流行的九品中正制，以才能、品德为其考察、定品的标准。这种标准以及考察活动，明显是察举制的继承。隋唐以后的科举选官制度，其中的考试正是由于两汉察举中的考试对策开了先河而进一步系统化、制度化的。而科举制中的制举，几乎就是两汉察举的翻版。至于明朝初年，为了搜罗人才，干脆援引两汉的察举旧制，甚至连名称都叫作"荐举"。

察举制也存在着严重不足和弊端。首先，从管理上看，察举大权主要操纵在少数高级官员手里，他们经常以选才权作为扩大个人势力和进行党争的利器，"凡所选用，莫非情故"①。及至东汉中后期，察举大权完全为权门势家所把持，成为一些人营私舞弊、受贿纳钱的工具，以致流弊百出，所谓"举秀才，不知书；察孝廉，父别居。寒素洁白浊如泥，高第良将怯如鸡"②。其次，从制度上看，察举制虽然面向社会各个阶层，不分等级贵贱，但各方面的规定比较笼统，在实际运作中难以做到客观、公正地把握。虽有考核、考试和荐举、连坐等规定，但实际上并没有有效的防范机制，故弄虚作假、沽名钓誉之事屡见不鲜。最后，从政治上看，察举制实行的结果是皇权日益削弱，名公巨卿以及地方世族的势力愈益强大。官吏选拔权的下移，使统治阶级内部分裂成许许多多大大小小的豪门私党，如东汉末年的袁绍，一门四世三公，"门生故吏遍于天下"③。豪门世族的形成，严重动摇了中央专制集权的根基，是造成东汉末年政治黑暗、军阀割据的主要原因。

（三）九品中正制

九品中正制是在察举制的基础上发展而来的官吏选拔制度，盛行于魏晋南北朝时期。

针对察举制存在的缺陷，东汉末年执政的曹操鲜明地提出了"唯才是举"的政治主张，从而为九品中正制的建立奠定了思想理论基础。东汉建安十五年（210年），曹操颁布《求贤令》，曰："今天下尚未定，此特求贤之急时也……二三子其佐我明扬仄陋，唯才是举，吾得而用之。"④ 然而，曹操未能建立新的官吏选拔制度，这一任务是由其儿子曹丕完成的。曹丕继位后所做的第一件事情就是创立新的官吏选拔制度——九品中正制："及（曹丕）即王位，封群昌武亭侯，徙为尚书，制九品官人之法，群所建也。"⑤

九品中正制的基本内容是：由中央政府现任官员中"贤有识鉴"者，出任本籍州、郡的"中正"，州设大中正，郡设小中正，这些大、小中正的职责就是根据出身、才能、品德等标准，将辖区内的人才进行品评，分为上上、上中、上下、中上、中中、中下、下上、下中、下下九品，然后由小中正报大中正核实，大中正报司徒核定。中正官评定的"人品"成为吏部尚书选用官员的依据。

九品中正制与察举制的最大不同在于，荐举官员之责不再统属于中央和地方行政长官，改由专任的中正官负责。选用的标准除因循察举制所要求的经学、德行、乡论清议之外，

---

① 《文献通考·选举》九。
② 《抱朴子》外篇卷十五，《审举》。
③ 《后汉书·袁绍传》。
④ 《曹操集译注》，130页，北京，中华书局，1979。
⑤ 《魏书·陈群传》。

又增加了家世、才实等内容，而且家世因素越来越成为最基本的条件。所举人才，已划好等级，即九品，同时写好评语，称为"状"，授官时结合"品"、"状"加以任用。

从制度设计本身来看，创立九品中正制的初衷在于将选举权收归中央。在开始推行时，从中央到地方都设立了中正官，而且根据规定，担任中正官的必须是现任的朝廷高官，因此曾使朝廷掌握了一定的选官任人的权力，曾使"儒雅并进"，一些豪强地主、士人名流都成为曹魏政权的干将，而一些地位微贱的中小地主出身的士人也得以任用。但是，九品中正制无法逆转门阀专政的历史倾向，最终还是巩固了门阀的统治。与察举制相比，九品中正制赋予中正官的权力过大，而"中正"一职一般都是由官居高位的"著姓大族"来担任，他们控制了评定人物的大权，当然不会真正按照才能选拔官吏，而只会单纯以家世名望的高低决定取舍，以至于所用之人，"上品无寒门，下品无势族"①。因此，九品中正选官制度的实行，使门阀制度迅速发展起来。两晋南北朝时期，国家政权主要都由世家大族所掌握，做官为士族所垄断。士族门阀制度与当时封建国家的选官任官制度完全结合在一起，这是中国封建官僚制度的一个重要变化。

（四）科举制

科举制是隋唐以后选拔官吏的主要途径，是知识分子跻身官场的主要阶梯。该制自隋创立，唐代定制，经两宋加以完善，至明清推向高峰，相延达一千三百余年。自隋唐以降，官僚队伍的主体，基本上是经过科举制度选拔的。科举制度在中国传统行政制度中处于相当重要的地位。

科举选官制度萌芽于南北朝后期。最早对选拔制度进行改革的是南朝梁武帝萧衍，天监八年（510年），梁武帝颁诏曰："朕思阐治纲，每敦儒术，轼闾辟馆，造次以之。故负轶成风，甲科间出……其有能通一经，始末无倦者，策实之后，选可量加叙录。虽复牛监羊肆、寒品后门，并随才试吏，勿有遗隔"②。与此同时，北朝也逐步实行了考试与推举相结合的选拔方式，如北齐皇帝即经常坐朝考问秀才和孝廉，同时进行笔试，"其有脱误、书滥、孟浪者，呼起席后立，饮墨水，夺容刀"③。北周继而亦采取了"不限资荫，唯在得人"的国策。这些变化说明科举考试制度已是大势所趋，指日可待。

隋朝统一全国后，为适应加强中央专制集权和补充国家官吏的需要，在官吏选拔上进行了如下改革：（1）正式废除九品中正制，罢州郡辟举。（2）仿效汉朝察举制，令全国各州分科举人，主要科目有秀才、明经、进士等。（3）实行考试制度。对各科所举之人，必须进行考试。"招天下之人，聚于京师，春还秋往，鸟聚云合。"④ 隋朝的官吏选拔，已经基本上摒弃了门第出身标准，"罢中正，举选不本乡曲，故里闾无豪族，井邑无衣冠"⑤。主要凭个人才能，看考试成绩。这些标志着科举考试制度的产生。

科举制虽然肇始于隋朝，但真正开始在全国范围内广泛地推行实施应该是在唐朝。据

---

① 《晋书·刘毅传》。
② 《梁书·武帝纪》。
③ 《隋书·礼仪志》。
④ 《全唐书》卷四七六。
⑤ 《通典》卷一七。

《新唐书·选举志上》载："唐制，取士之科，多因隋旧，然其大要有三。由学馆者曰生徒，由州县者曰乡贡，皆升于有司而进退之……其天子自诏者曰制举，所以待非常之人焉。"自此，科举制度正式形成。唐初以后，它已成定制，成为选拔中高级官吏的主要途径。

宋朝的科举制是由唐代向明清过渡的中转阶段，此时的科举制已比唐代大大地完备：（1）科目的轻重划然分开，并开始出现由多科目向单科过渡的趋向；（2）考试内容趋于一致，有关考试的规章相继制定；（3）科举开始成为铨选官吏的主要方法，选授官职亦有了一定的制度。

辽、金、元三代都是少数民族为主体的政权，带有明显的民族歧视色彩。这三朝也曾艰难地实行过科举制度，但科举不过是为了笼络汉族地主，居于统治地位的少数民族对此无多大兴趣；而且所实行的科举制度，完全照搬宋代制度。辽朝选派官员，真正科举出身的，每年仅二三人。金朝虽较重视科举，但科举选官只是其选官方法的末流。元朝在全国范围内推行过科举制度，但不论是在考试或试后授官，蒙古人、色目人都要比汉人、南人优越得多。

明清是科举制度的鼎盛时期。科目基本上只有进士一科，用以划分等级的是不同级别的科举考试。而考试内容以及与考试相关的事务均有严格的规定，除授官职也有了严格的制度，科举成为人们入仕的唯一途径。科举选官制度已经成为全面、系统的选官制度，并且与封建社会的经济制度、其他政治制度完全融为一体。在科举制度发展至鼎盛的同时，它又不可避免地趋于僵化，日益滋生弊端，成为历史进步的障碍。清朝末年，随着西学东渐，受资本主义文化影响的维新派力主维新变法，屡次上书皇帝请废科举兴学校。1898年，光绪帝在维新党人的影响下诏定国是，颁布上谕，在北京设立京师大学堂，各地设立中小学堂，废除八股，改试策论，开经济特科，提倡西学等。"百日维新"虽告失败，但废科举之潮流已不可阻。光绪三十一年（1905年），清政府终于颁布废除科举的命令。隋唐以来盛行的科举取士制度，于是永远废除。[①]

科举制度就其实质而言，是知识分子可以不经由荐举，自愿报名考试，经不同科目和不同级别的考试，由主管机构根据考试成绩，从中择优录取，并根据各级考试中的等差名次，授以不同层次的官职。就其内容而言，包括科举名目、考试内容、考试程序、考试规则、考后录取及任用等一系列程序和环节，是一项非常严密的官员选拔制度。[②] 现择其要端分述如下：

1. 考试科目

科举，即分科取士之意。科目是基础，大类可分为三，即常科、制科、武举。常科亦称常举，即定时举行的分科考试。常科名目经过了一个由繁多、杂乱至简约的发展过程。科目不同，考试内容、录取人数、所授官职均有不同，其中以明经和进士二科最为重要。及至宋朝，进士科日益成为主体，其他科目被总称为"诸科"并逐渐被冷落。到宋神宗年间，"诸科"被取消，进士科开始成为科举常科考试中唯一的科目，直至清代。进士科之所以独受青睐，是因为它与登科者的前途直接相关。在唐代，考试科目虽然繁多，但唯有进士科考试最难。自玄宗以后，实行加试诗赋制度，考生除了熟读经诗及注释外，还需要具有文学才能和敏捷思维。而且进士科录取名额少，得第难，所以唐代流传着"三十老明经，五十少进士"之说法。考生一旦考中进士，便有机会做高官，备极荣华，以至于"位极人臣，不由进士者，终不为美"①。无怪乎进士科"赚得英雄尽白头"②。宋代对进士科的重视更是有过之而无不及，就连皇帝挑选驸马，权贵物色快婿，均以进士为首选，就更不用说世俗对进士的极度倾倒了。正是在此种背景下，进士科逐步成为科举常科的唯一科目了。

制科属于临时性特种考试性质，是由皇帝特诏举行的临时性考试，用以聘纳"非常之才"，官民均可应选。唐代的制科名目繁多，诸如文章秀异、孝悌淳笃、学综古今、能直言极谏等。制科由皇帝亲自策试选拔，故很受重视。唐德宗贞元十年（794年）录取贤良方正科十六人，其中前六名中有五人相继位居宰相。即使如此，士人不以制科登第为贵，由制科入仕者被称为"杂色"。加上制科不常举，应试条件高，且易受宦官控制，所以中唐以后制科就失去其影响力了。宋代仍设制科，"无常科，所以待天下之才杰，天子每亲试之"③。但由于制科应试要求很高，以至于宋太祖时第一次开制科竟无人应试，第二次仍无人选，第三次虽应试者多达七百余人，但无一登科。有宋一代，制科仅举行二十二次，平均十四年多举行一次，登科者仅四十一人，平均每次不足二人。明代不设制科，偶尔以荐举代替制举。如洪武年间，明太祖朱元璋曾令各地荐举"秀才"数十人，任以知府等官。清代复设制科，主要目的是笼络汉族知名学者。其所设科目不多，重要的有博学宏（鸿）词科、孝廉方正科和经济特科等。

武举又称"武科"，是科举考试制度中专门为选拔军事人才而设置的一种考试类别，亦设常科和制科。武举始创于唐朝长安二年（702年）。是年，武则天首设武科，"有长垛、马射、步射、平射、简射，又有马枪、翘关、负重、身材"④ 等考试科目。考试由兵部主持，按成绩高下等第录取。其标准除武艺骁勇、躯干雄伟外，还要看其语言应对是否鲜明，军事谋略是否堪为将帅等。唐代武举虽只实行了一段时间就停止了，但却开了后世武举之先河。唐代以后各个朝代几乎都有武举科，考试也基本上以骑、射、弓、马、武术为主，有时亦有策论等文字考试。考武功称"外场"，考文辞称"内场"，两场分别进行，但以外场为主。清代武举亦有童生、生员、举人、进士、状元等名称，但均加"武"字以与文科举相区别。武举考中者基本上都进入军队担任职务，职务高低则由考试成绩好坏决定。

2. 考试内容

科举制的核心是考试，考试内容不仅关系到行政官员的素质，也影响到国家教育乃至整个社会风尚，一定程度上也可以说决定着科举制作用的发挥。隋代科举，相当于察举制中的策问应答。唐代进士科自高宗永隆二年（681年）开始确立了帖经、试杂文和时务策三场考试格局。进士录取名额少，得第者只有百分之一二。宋代进士科主要考经义和时务策，总体上是重诗赋和对经义的理解。但到明代，则成为八股取士了。所谓"八股"，专指应试

---

① （唐）王定保：《唐摭言》卷一，"散序·进士"条。

② （唐）李肇：《国史补》。

③ 《宋史·选举志》二。

④ 《新唐书·百官志》。

文章中的主要部分，分为起股、中股、后股、束股四个段落，每个段落又分为两股，总共八股，故而得名。科举考试内容都是以《四书》、《五经》为题，考生做文章时只能依照题义，揣摩古人语气，"代圣贤立言"，绝对不许自我发挥。因此，热心科举的士人，不得不整天死读《四书》、《五经》，两耳不闻窗外事，一心只读圣贤书。其结果对天下大事、国计民生无所知晓，更不用说经世治国的真才实学了。因此，就总体上讲，八股取士制度是科举制度僵化、衰落的标志。但就形式而言，八股文也有其特殊功能：（1）防止作弊；（2）易于考官评审；（3）能考验出考生的文字功底。如果仅从考试这个角度说，八股文的出现，一定程度上是公平取士和选拔真才之间矛盾的产物，完全把它说成是当政者有意识地摧残人才，有欠公允。

3. 考生来源与考试程序

科举制的实质是扩大政权的基础，为社会各阶层中有志于参政做官者提供公平的机会。这样，就使得世人真正体会到"万般皆下品，唯有读书高"，使"学而优则仕"的实际价值得到实现。读书是科举的必由之路。唐代考生的来源主要有二：（1）生徒，即中央和地方学校的在校学生。按照唐制，国子监、弘文馆、崇文馆以及各州县学，每年冬天都要将经过考试合格的学生，选送中央（尚书省）参加考试，这些被选送的学生称为生徒。（2）乡贡，即不是在校的学生，但自学有成就的人，可以以书面的形式向州县官府提出申请，即所谓"投牒自举"，经州县组织考试合格后，由州县送中央（尚书省）参加考试。因这些考生随州县进贡物品一起解送，故称为乡贡。相应地，唐代的科举考试实际上是二级考试制：无论是生徒抑或乡贡，必先经过国子监、学馆和地方州县的考试，只有通过这种考试，才能参加中央尚书省举行的考试。[①] 按规定，各学馆和州县长官，必须于每年10月把这些基层考试录取的人送到京师，参加全国统一考试。这种考试因为是由尚书省主持的，故称省试。凡有资格参加省试的学生，都称为举人或举子，而进士科省试录取者，即称为进士。被录取则称为进士及第，俗称"登龙门"。第一名称状元或状头，同榜进士及第的互称同年，称主考官为座主或恩师，被录取的考生便自称其"门生"。武则天执政时，曾于载初元年（690年）二月在洛阳殿亲自策问进士，称"殿前试人"，从而开创了殿试之先例。

宋代科举制度基本完善。在科举制度的引导下，学校大兴，成为通向科举考试的基本途径。应科举的考生主要是生徒，但仍允许自学有成者的"投牒自举"。与唐代不同的是，宋代允许现任官吏参加考试，但限制较严。依宋制，现任官员参加科举，不得自由报名，须经所属行政长官报经皇帝批准；凡官吏参加考试，另设考场，称为"锁厅试"，以防作弊；凡参加"锁厅试"不合格者，要受到惩罚；现任官吏登科者，即使在殿试中获得第一名，亦不能成为状元，而要降为第二名。若考试成绩优异者，可升官两级；中等者可参加殿试；下等者可补入太学学习。这样，宋代考生由三部分组成，即生徒、乡贡和现任官吏。考试程序亦由二级考试制发展成为三级考试制。宋初，科举考试沿唐制仍行两级制。一级是各州举行的考试，称解试。第二级由礼部主持，称省试。解试由各州通判主持，如通判不通经义，则另选主考官，由通判监考。考试完毕，由考官阅卷，签署姓名并于当年秋天将试卷呈报礼部。解试合格者，通称举子或贡子，于当年冬季集中于京师，参加省试。举

---

① 参见贾育林：《中国古代廉政法律文化及其现代价值》，中国政法大学2006年博士学位论文，64页。

子在省试前，必须把自己的家世、年龄、籍贯以及参加科考的次数等，如实填报，呈送礼部审核。每个考生还必须十人联保，如发现所填内容弄虚作假，违反科考规定的，十人互相连坐，并视其情节轻重，或取消应试资格，或作其他惩处。举子参加省试若成绩极低，"文理纰缪"，罚五次不准参加科考。宋太祖开宝年间，省试发榜后，落第举子徐士廉等人不服，击登闻鼓论榜，告主考官翰林学士李昉"用情取舍"，建议由皇帝举行殿试。有鉴于此，太祖下诏将已被录取的进士和终场落第者共一百九十五人，在讲试殿命题重试，太祖亲自主持。结果李昉录取的人中有十人落第。经过这次事件，殿试遂成定制，成为科举考试中最高一级考试。及第进士，都成了"天子门生"①。

明清时期，考生来源与考试程序均发生了较大变化。"科举必由学校"，即想参加科举考试，必先考入学校，成为生员，生员即秀才，故考入学校俗称考秀才。考入学校成为生员后，就为参加正式科举考试做准备。明代科举考试每三年举行一次，分为乡试、会试、殿试三级。但实际上在乡试之前，州县还举行预备性考试，以使想参加科举考试者先取得生员即秀才的资格。如此，参加科举考生者均为学校学生。学校完全是应科举考试而设立，生员在学校就是为参加正式科举考试做准备的。明代科举考试第一级为乡试，是在南、北两京及各行省省会同时举行的地方性考试，又称"乡闱"；每三年一次，称"大比"，考期在秋季八月，故又称"秋闱"。凡在各州县级考试中录取的秀才和国子监监生，均可参加乡试。乡试录取名额由中央政府向各省分配。乡试录取者称为举人，考中者称中举，举人即有资格参加会试。会试是由礼部主持的全国统一考试，又称"礼闱"，在乡试的第二年春季二月举行，故又称"春闱"。会试录取者称为贡士，贡士可以参加殿试。殿试为最高一级考试，由皇帝主持，有时皇帝委托大臣代为主持。凡参加殿试者只分等，不淘汰，故贡士参加了殿试以后，皆为进士。清代大体沿明制而略有损益。清代考生更加复杂，实际上是四级制，即童试、乡试、会试和殿试。童试又称童子试、小试，俗称考秀才，意思是考生本是儿童后生。考试入选，可称秀才或生员。童试又是由一系列考试组成的，包括县试、府试和院试三个阶段。因学校是科举必由之路，所以凡未进学校而尚为应考生员的考生，无论年龄大小，统称童生。有些人多年考秀才不中，年至古稀仍称童生。应考生员在县录取后，还要参加由知府主持的府试，府试录取后再参加各省学政主持的院试，院试入选后，才成为州县学校的生员，亦即中秀才。秀才在学校经过一段学习后，参加正式的科举考试，即乡试。乡试、会试和殿试均与明代略同。

4. 考试规则

科举考试规则有一个逐步完善、严密的过程。唐代考试规则不甚严密，表现为对主考官缺乏监督和投卷风行。唐初主持"省试"的主考官始为吏部考功郎中、员外郎等，后由于发生了主考官与考生之间互相攻讦的事情，唐玄宗遂决定改由官秩相对较高的礼部侍郎主持。因主考官是公开的，故私下托请行贿盛行，尤其是在朝高官，为其子女、亲属托请之事屡见不鲜。更为严重的是，唐代科考试卷不密封，这就更为托请造成可乘之机。唐代举子入京参加省试，最重要的事情就是先把自己的作品呈现给权贵，希望得到他们的推荐，以使主考官对其文品才德胸中有数。此即"投卷"或"行卷"。由于投卷盛行，实际上在考

---

① 贾育林：《中国古代廉政法律文化及其现代价值》，中国政法大学 2006 年博士学位论文，65 页。

试之前，主考官"去取高下，固已定于胸中矣！"① 如杜牧、王维，一个托太学博士，一个托公主向主考官打招呼，皆得及第。而白居易因初次投卷的对象官职太低，未能引起主考官的重视。后来，白居易带着自己的诗作去拜访大臣顾况，顾况读了白居易的诗句"野火烧不尽，春风吹又生"后，大为赞赏，并为之宣扬，从而使得白居易诗名大振，终得进士。这种投卷的风行，使得科举考试的公平性大打折扣，为达官显贵营私舞弊打开了方便之门。为惩唐代之弊，宋代建立了一系列考试规则：（1）严禁公荐，即高官不得向主考官推荐考生，违者治罪。（2）建立知贡举制度，即主考官由朝廷临时任命，称权知贡举，并增加人数，以分散其权力。（3）建立锁宿制度，即主考官临时任命后，就与外界隔绝，以防人托请。（4）建立封弥制度和誊录制度。封弥即糊名，试卷上考生的姓名、籍贯及初考官评定的等第，一律由封弥官加以密封，使阅卷官不知其卷为何人。同时为了避免从字迹辨认，实行誊录制度，考生试卷一律由誊录院予以誊录。（5）建立别试制度，即除殿试外，各级考试中，主考官和地方行政长官的子弟、亲属乃至门客，都另派考官别设考场进行考试。这些规则的建立使宋代科举考试"无情如造化，至公如权衡"②，故以后各代，多有沿袭，特别是封弥制和誊录制，成为以后科举考试中的定制。明代又建立了选派素有文望的京官二人主持地方乡试的制度，即乡试由中央选派主考官二人主持，地方则选派进士出身的四人为同考官。明清两代还建立了搜身制度，即命考生入场时解衣脱帽，严格搜查。明清两代另有严格的复试制度，以防作弊和考试不公。③

5. 录取与授官

参加科举的目的在于功名利禄，因此，录取与授官就成为科举考试的落脚点。唐代科举考试实行层层淘汰制，且只有进士及第，即省试中被录取，始有功名，具备了做官的资格。唐代进士科考试结束后，于次年的正月或二月发榜，凡被录取的进士，都应邀到杏园参加宴会，称为"探花宴"，第一名称状元，第二名称榜眼，第三名称探花。但唐代进士不是直接授官，还要经过吏部复试，称为"释褐试"。释褐即脱掉粗布衣，意思是说通过了这次考试就可以由布衣转为官员，穿上官服了。要出任职事官则必须参加吏部铨选，吏部铨试分为"身、言、书、判"四个方面，身取其体貌丰伟，言取其言辞辨正，书取其楷法遒美，判取其文理优长。通过铨者，吏部授官，一般初授只是九品小官，多为县尉。但因其具有进士身份，具备了快速升迁的基础。释褐试落选者，称为"前进士"，不能授官，但允许他们托请权贵"论荐"，即保举。若荐举得力，亦可授官；若荐举乏力，多转而到地方政府充当幕僚，有机会通过举荐再捞到一官半职。由此可见，唐代科举考试的录取与授官制度实际上尚缺公平，夹杂着浓厚的察举制的残余。④

宋初沿用唐制，但在发生考生击登闻鼓申诉考试不公事件后，宋仁宗时明定殿试只分等差名次而不淘汰，并将殿试由原来的一年一考改为三年一考。省试录取后，皆为进士，进士皆可以参加殿试，殿试后所有参加考试者皆录取，分为三甲：一甲赐进士及第，其中第一名为状元，第二名为榜眼，第三名为探花。而在省试中录取的第一名不再称状元，而

①　（宋）洪迈：《容斋四笔》卷五。
②　《文献通考·选举》四。
③④　参见贾育林：《中国古代廉政法律文化及其现代价值》，中国政法大学 2006 年博士学位论文，66 页。

称省元。二甲赐进士出身，三甲赐同进士出身。此后成为定制。宋代考中进士后即可授官，不再由吏部复试。初授官由皇帝临时决定，后大体上形成模式，根据等级高低，分别授予监丞、通判、知县、县尉等职。进士科出身的，不仅授官从优，而且升迁较快。不仅如此，宋代还实行"特奏名制度"，即对那些半生致力于科考（一般十次至十五次）仍未能考中进士者，将其名单特奏，由皇帝特予殿试，赐出身，授给初品官，食俸终其身。如是，使得科场落第者不至于因绝望而生叛逆之心，至少可以有一个盼头，即所谓"俾人人皆有觊觎之心，不恣自弃于盗贼奸宄"。

　　明清两代科考录取与授官制度，因其考生来源与考试等级的变化，比唐宋时期又有新的发展。由于明清时期实行科举必由学校之制，所以考生员（秀才）就成为科考的必由之路。考中秀才实际上已经取得了功名，不仅可免除丁粮，享受生员补助费（食廪），而且地方官员也要对他们以礼相待。但生员要想入仕为官，还要参加正式的科举考试的第一级——乡试。乡试录取名额，由中央按省份大小、文风高下、纳粮多少等因素加以分配。乡试中被录取者称为举人，榜首第一名称解元，第二名称亚元，第三、四、五名称经魁，第六名称亚魁，其余统称为文魁。发榜的第二天举行"鹿鸣宴"，以示庆贺。中举是功名的一种，具备了做官的资格，所以明清时代的举人与唐代的举人是两个不同的概念。所有举人皆有资格参加于翌年春由礼部举行的会试，会试被录取者称为贡士，第一名称会元。会试录取名额无定数，落榜者仍为举人，及第者即可参加殿试。殿试沿宋制，只分等，不淘汰。所以所有贡士实际上都可成为进士，一甲只限三名，即状元、榜眼、探花，合称三鼎甲，赐进士及第；二甲若干人，赐进士出身，第一名称传胪；三甲若干人，赐同进士出身。从宋代起，新登科进士都由皇帝赐宴，称恩荣宴，俗称琼林宴。

　　与宋代一样，明清两代所有进士均授官职，所不同的是，明清对进士还实行馆选制度。馆选制度又称朝考制度，即在对进士进行授官之前，由内阁会同礼部、吏部，除一甲赐进士及第的三人直接入翰林院作编修、检讨外，对其余进士进行考试，根据考试成绩，综合在乡试、会试和殿试中的名次，予以授官。成绩优异者，留翰林院继续学习三年，称庶吉士，三年后留作翰林。所以馆选或朝考系为选庶吉士而专设。未被选中庶吉士者亦根据历次考试名次，分别授官，在中央多任六部主事、内阁中书、国子监博士等。在地方则任知州、知府、知县。留在翰林院的进士（庶吉士）还要经过三年学习，始授翰林编修、检讨等职。这些人虽然做官迟，且所任是文字编纂工作，但实际上这只是见习过程，很快即可升各部长官和进入内阁，因此，入留翰林院的进士一般被视为"储相"，即未来的宰相。非进士不入翰林，非翰林不入内阁，礼部正、副长官、吏部右侍郎，非进士不得任职，这是明清的定制。实际上明清宰相中除开国功臣外，几乎都是翰林出身的；各部大臣中由翰林出身者，更是不计其数。"满朝朱紫贵，尽是读书人。"①

　　中国传统社会的官吏选拔制度，除上述主体制度外，尚有许多补充途径，诸如征辟制、保举制、荫子制、纳赀制等。征辟制度是由皇帝和各级政府主要长官聘纳臣僚属员的制度，汉唐时代较为盛行，后世仍沿之，但不经常。保举制度是由具有一定官位或资格的人向有用人权的机构或人员推荐人选，使被推荐者得以任职的制度。荫子制就是一定品级和爵位

---

① 贾育林：《中国古代廉政法律文化及其现代价值》，中国政法大学 2006 年博士学位论文，67 页。

的官员可以为其子孙补选官位的特权制度。纳赀制即卖官制，是一种以财取官的制度。

综观上述，中国古代社会的官吏选拔制度，基本上可分为两种：一是荐举制，二是科举制。荐举制的实质是"朝中有人好做官"。科举制的实质是公平竞争、择优录用，所以科举制与荐举制相比，是历史的一大进步。但科举制一旦被当权者作为自己维系专制统治的工具，就开始走向僵化，尤其是八股取士，驱使士人埋头经书，钻研"无用之学"，不能适应时代变革的需要。但同时我们也要看到，从当权者的意愿来看，历朝历代都是强调选贤任能、德才兼备，所以无论是荐举制抑或科举制，都体现了传统社会"精英治国"的思想。官僚队伍的组成，主体是社会精英分子，素质比较高，甚至一些功臣武将，虽战功赫赫，亦不任用为行政官员。由此可见，中国古代社会的行政管理还是相当成功的。

二、官吏的任用制度

官吏选拔制度的核心在于发现人才，使之取得任官资格。对这些人如何使用，授予何种职务，给予什么级别等，就构成了官吏的任用制度。

（一）任用条件

官吏任用条件是中国传统社会官吏管理制度中一个重要的方面，并制定了相应的法律。只是因各朝代情况不同而要求不一，大致包括如下几个方面。

1. 年龄条件。秦朝对官吏任用就有年龄方面的规定。秦律《内史杂》载："除佐必当壮以上，毋除士伍新傅。"壮，指壮年；傅，著籍也，秦时一般是十五岁傅籍。据此规定，新傅籍的青年人不可担任官府的佐史，只许任用壮年以上的人。《史记·高祖本纪》曰："高祖及壮，试为吏。"如此得知，刘邦到壮年始"试为吏"。汉代对年龄的限制规定得更加详细，如从军至五十六岁衰老免归者，可以应令选为亭长，即是说到了五十六岁免役的年龄仍可担任亭长。明经、博士限年五十岁；举孝廉限年四十岁；博士弟子限年十八岁以上。按照汉代规定，一岁课试，通一艺者始能为官，则其年龄大约要到二十岁。但对确有奇才异能的，则不受年龄的限制，如汉代被察举人"有茂才异行，若颜渊、子奇，不拘年齿"[1]。

2. 财产条件。秦代即把财产作为任用官吏的条件之一，如韩信"始为布衣时，贫无行，不得推择为吏"。西汉初年规定，家产算十以上[2]乃可为官，亦即家产税在十算以上才得做官。景帝时虽减至四算，但汉初家产在四算以上者仍不是一般平民，因为当时每石谷便宜时只有五钱。如东汉"王溥，安帝时家贫不得仕"[3]。

3. 职业条件。汉代就有"有市籍不得官"的规定，即商贾之人不得做官。汉武帝时虽因国家财政困难，实行过盐铁官营，放松了对商人不得为吏的禁令，但到哀帝时又重申"贾人皆不得名田、为吏，犯者以科论"[4] 的禁令。对工商业者的限制一直沿袭不改。唐制

---

① 《后汉书·顺帝纪》。

② 汉初实行"算缗制"，即征收财产税。武帝时，大约一百二十钱为一算。算十，即家产应纳税一千二百钱以上。

③ （晋）王嘉：《拾遗记》。

④ 《汉书·哀帝纪》。

规定，"凡官人身及同居大功以上亲，自执工商，家专其业，皆不得入仕"①。工商业者即使才干出众，也不得授官。唐太宗曾对房玄龄说："朕设此官员以待贤士，工商杂色之流，假令术逾侪类，此可原给财物，必不可超授秩，与朝贤君子比肩而立，同坐而食。"② 唐太宗之后，虽然在职业方面有所放宽，但规定工商之子、地方衙门小吏、倡优、巫家及还俗的僧道等人均不准参加科举考试。

4. 身份条件。中国历朝历代对不忠于封建朝廷而犯罪的官吏及罪犯规定尤严。秦在商鞅时就指出："圣人之为治也，刑人无国位，戮人无官任。"③ 秦律也明确规定，不得任"废官"为吏，"任废官为吏者赀二甲"④，"废官"者是指被撤职、永不叙用的人。秦律亦不许任用罪犯为佐、吏，秦《内史杂》载："侯、司寇及群下吏毋敢为官府佐、史及禁苑宪盗。"按此规定，秦时不得任用刑徒（侯、司寇均为刑徒），不得任用未决犯（下吏）担任佐、史以及警卫禁苑的"宪盗"（捕盗小吏）。汉代沿袭了这样的规定，文帝时即有"吏坐赃者，禁锢不得为吏"的规定。东汉质帝时又下令"臧吏子孙不得察举"⑤，同时还规定"弟犯法不得宿卫"⑥，即犯法者的亲属不得在接近皇帝的要害部门做官，这显然是为了保护皇帝安全而采取的一项措施。唐宋时期都规定：凡曾经触犯法令者，以及高祖以内有犯死罪者之子孙均不准参加科举考试。明代对"极刑之家"限制亦甚严，不准他们的家属参加科举。此外，汉代还有赘婿、贪污者不得为官的规定，孝文皇帝时，"贵廉洁，贱贪污，贾人、赘婿及吏坐赃者，皆禁锢不得为吏"⑦。

（二）任用方式

中国古代社会的国家大权操作于君主之手。君主把权力授予臣下，行使其特定的职能。官吏任用方式各朝不一，且制度较乱，大致有如下几种方式。

1. 任命。天子任官形式称"拜"、"授"、"征"、"召"等。"拜"一般用于初任，有召拜、征拜、策拜之区别：召拜是皇帝特召，征拜是由外官转为朝官，策拜是任命重要大臣。"授"为天子任官形式之总称，有铨授、敕授、制授、册授、特授等区别：铨授是吏部任命低级官吏，敕授是报请皇帝批准任命中级官员，制授是皇帝批准任命较高级的官员，册授、特授是皇帝任命高级官员。"征"、"召"一般指由地方到中央，由低级官到高官的任命。此外，还有"除"、"辟"等形式，均为对属员的任命。"授"官制至唐以后较为正规，唐代对三品以上官员的任命称"册授"，给予特别重任称"特授"，五品以上称"制授"，六品以下为"敕授"。从待遇、服饰等来看，五品以上与六品以下有显著的区别。五品以上，服绯服紫，六品以下，着绿着碧；在朝礼方面，"皇帝加元服……设席于太极殿中楹之间……文官五品以上位于县东，武官于县东，六品以下，皆横街之南北"⑧。及至元代，五品以上官员

①《唐六典》卷二，《吏部·尚书》。
②《旧唐书·曹确传》。
③《商君书·算地》。
④《秦律·除吏律》。
⑤《后汉书·桓帝纪》。
⑥《汉书·萧望之传》。
⑦《汉书·贡禹传》。
⑧《汉书·景武昭宣元成功臣表》五。

由天子任命，称"宣授"，六品以下中书省牒署后由天子任命称"敕授"。清代授官形式更加繁杂，按官员选拔形式，分别称旨授、拣授、推授、留授、调授、选授、考授等。

2. 试用。这类任用方式主要有行、守、试、假、权等。明清时期又称署职、试职，即正式任命前有一个试用期，试用期少者半年，多者达三年，一般以一年为限。试用期满合格者转为实职，称为"真除"或"实授"，明清时期称"诰敕"；不称职者罢归。任用官员采用试用制，主要是防止选拔过程中弄虚作假，选拔出来的人没有真才实学，另外也在于考察是否适合所任职务。

3. 兼职。官员任用中的兼职很多，有平职的兼任，曰"兼"、"平"、"行"等；有上级兼下级的，曰"领"、"监"、"督"、"行"、"录"、"视"、"知"、"理"、"办理"、"总理"、"管理"等；有低级官兼高级官的，曰"判"、"行"、"权知"等。

4. 代职。此种形式有"假"、"摄"、"代"等。

5. 调动。一般的职务调动，曰"调"、"转"、"换"、"徒"、"平迁"等；由高官转调低级官，曰"左迁"；由低级官调任高官，曰"迁"、"升迁"、"陟"、"晋"等。

6. 候补。汉代称候补官为"待诏"。唐有"翰林待诏"。明代也在翰林院设"待诏"六人。清代由于卖官风行，出现大量"候补"官员。

7. 差遣。差遣制发端于唐代，差遣本为临时派遣、暂时署理之意，但宋代将其作为正规的任用制度。宋代将官员的任用分为官、职、遣三种："官以寓禄位，叙位著；职以待文学之选，而别以差遣以治内外之事。"[1] 即官和职都是一种等级、品位的象征，不具有实际权限、职责，而只有差遣才负责行政管理。差遣谁、做何事，都由皇帝临时颁旨任用，名目有判、知、监、勾当等。资历深的差遣称判某事、知某事，资历一般的差遣称监某事、勾当某事，资历浅的则加"权"，如权知、权监等；非国家常设机构和常设职位，差遣时也加权，如"权知贡举"，即科举主考官。差遣制与兼领不同：后者表明兼领者具有两个及两个以上的实际职务；而差遣制则是任命担任实际职务，行使管理权力。差遣制的特点是把官职与实际管理职权分开，担当实际管理职责的人可以不受官品和资历的限制，对于打破论资排辈、以资历用人无疑具有积极意义。

除了上述任用方式之外，历代在官吏任用制度上还有一种特殊的形式，即加官、加职制。加官就是在本职以外另加一种虚衔，秦已有之，《史记·李斯列传》载："赵高为郎中令，常侍中用事"，即郎中令是赵高官职，侍中则为其加官。汉代以后，加官制有所发展，凡列侯、将军、卿、大夫、将、都尉、尚书、太医、太官令至郎中均可获得加官，所加官衔有侍中、左右曹、散骑、常侍、中常侍、给事中等。加官虽然是虚衔，但一旦加官便可以出入禁中，侍从皇帝左右，权力很大，因此对政治生活影响极大。及至魏晋，秦汉时期的虚衔加官由中朝官演变成外朝官，即政府机构的正式官员，如侍中已成为门下省长官，其他一些虚衔加官也逐渐向实官转化。到唐代，加官已无固定名号，政府机构内之官称几乎均可加官。如"侍中"既为政府正式官称，又可作为加官，"（韩弘）累授检较司空，同中书门下平章事……以功加兼侍中"[2]。三省长官之一的侍中都可以加官，其他则无不可加，

---

① 《宋史·职官志》一。
② 《新唐书·韩弘传》。

甚至本官为地方官，其加官可以为中央官。如（薛苹）宪宗时奏最，擢湖南观察使，徙浙东，以治行迁浙西，加御史大夫。[①] 加官制发展至唐宋以后又有了加职。两者不同的是，加官有本职，因功劳或行能，或基于特殊身份，再加以政府机构的其他官称；加职是在本官以外加以某种职务，以行使某种职权，其职务虽有固定称谓，但非正式官称。实际上，加职虽非正式官称，但却依其所加职务之内容、性质而取得实权。如唐宋时期的"平章事"、"同三品"、"参知政事"等都是加职，却行宰相之权。此外，加"知制诰"，即可参与天子的制书诏诰起草；加"知贡举"，即可参与礼部对举子的考试；加"知省事"，即可参与对尚书省行政事务的检较等。加官与加职是皇帝为了加强、控制某一机构之政务而特别设置的一种官制，它通过外部的力量对内部机制作一定的制约和调节，有一定的积极作用。但加官、加职者往往是皇帝的宠臣近侍，奉皇帝旨意办事，这实质上是皇权的延伸，是专制集权的体现。

与任用相对的是罢免。古代关于免职有许多提法，如"免"、"降"、"削"、"夺"、"革"、"褫职"、"失"、"贬"、"除名"、"罢"、"除籍"等。

（三）任用程序

中国古代官员的任免大权虽然掌握在皇帝手中，但各朝均设有具体的主管机构来运作。秦汉时期的太常、丞相府是掌人事的主管机构，魏晋以后为尚书六曹中的吏部。至隋唐建立六部制后，吏、兵两部分掌文武官员的铨选，文官中礼部掌考试、吏部掌铨选，使人事任免趋于完备。吏部下又分四司，分别掌管文官的选授、迁调、封爵、袭荫、勋级、名册以及考核等事项。

对官员的任用，一般都要经过一定的程序。官员的出身、级别不同，其任用程序亦不相同。

官吏的任用首先要经过试用期。汉代任官须先试用一年，称为"守"。称职者正式任用为"真"，即"满岁为真"。试用期间，一般俸禄较低，如不称职，则他调、降调或罢归原职。这种试用期至明代日趋完善。试用期间官员可以享受该职该品的待遇，但不能领取品级证书。京官试用期为一年，试用期满考核称职方能实授，给予诰敕；不称职者调离。与试用制相仿的还有实习制，明代称为"历事"与"观政"。"历事"是政府从国子监中选拔优等监生，派到政府各部门去经历、处理各种政务，从中考察监生。"观政"是为中第进士提供到政府各部门去实习的机会，这些实习进士称为"观政进士"。

对于初次入仕的士子，宋代还规定要缴"履历"一份。如《朝野类要》载："（宋）初入仕，必具乡贯户头，三代名衔，家口年齿，出身履历"，以备存查。

官吏正式任命后，政府要发给他们职务、身份等级的凭信，即官印，号称印信。任官赐印制始于战国末期的秦国，"有司之赐印，自秦孝公变法始耳"。自此，正式官员皆有官印。官印因职务、身份等级不同而质地、大小、印绶不一。如汉代自丞相至二百石以上官员，分别配有金、银、铜三种不同质地的印章，其印绶也分别为紫、青、黑、黄绶等。这种任官赐印制历朝相沿不废，成为官吏任用中的重要方式之一。及至唐代，任官程序中还

---

① 参见《新唐书·薛苹传》。

有一种"注唱"制，即吏部征求被选人意见的一种制度。其过程如是：被选人在通过吏部考试取得官品后，先由吏部拟定官职，然后征求被选人意见。如被选人不同意，吏部可再拟，如还不同意，吏部可再拟再唱（即宣布），前后可反复三次，称为"三注三唱"①。三次注唱后如被选人仍不同意，则搁置一旁，待冬季再议；如同意吏部所拟官职，则被列入考第表，报告尚书仆射，再转门下省审查。门下省如认为所拟官职不妥，可驳回另拟；如审查通过，便分类造册奏呈皇帝，并下旨任命，成为朝廷命官，同时发给被选人授官的凭信——"告身"，即上面有"尚书吏部告身之印。"有了这种"告身"，就有了做官的委任状。这种凭证，文官由吏部发给，武官由兵部颁发。无论流内官抑或流外官皆给告身。有了告身，官吏在殿廷叩谢皇恩后即可赴任就职。对于派赴任职的官员，明代还发给"文凭"，以示凭信，有如唐代之告身。清代对铨选合格的官员，除京官外，赴任前亦由吏部发给凭证："升迁者、赴任者，除京官由部（吏部）知照各衙门毋庸给证外，赴官赴任，皆由部给凭。"②

（四）任用限制

任用限制是对已具备做官资格的人或要提升、转任的官员，在任用时有一定的限制，其目的是防止官员间的结党营私。中国古代官员的任用限制主要是任职回避制度，包括以下几个方面：

1. 地区（籍贯）回避。官员的籍贯往往是构成地域政治派别的主要途径，如唐代的关陇集团，宋代的蜀党、朔党、洛党，明代的淮西集团，清初的南、北党等，均是带有明显的地域色彩的朋党派别。有鉴于此，历朝都有籍贯回避之规定。早在汉代就有"宗室不宜典三河"之规定。三河是指靠近京师的河东、河内、河南三郡，为畿辅之地。吴楚七国之乱后，为加强中央集权，汉代曾规定本州人不得在本州、本郡、本县任官，但郡县掾属则一律用本郡县人担任。这样的限制既防止了地方掌郡县之行政长官利用职权，结党营私，又弥补了外籍人对当地风土人情的不熟悉，起到了相互配合的作用，有利于行政效率的提高。及至东汉，籍贯回避达到了一个新的阶段，汉末灵帝时制定了"婚姻之家及两州人士不得对相监临"的"三互法"。所谓"三互"，即"谓婚姻之家及两州人士不得交互为官也"③。也就是说，甲、乙两州人士不得到对方的州交互为官，有婚姻关系的两个家族的人也不得到对方所在州交互为官。这是我国第一个官吏任用回避法。该法不仅适用于各州，也适用于郡县。唐代规定，官吏不仅不得在本籍任职，而且不许在本籍所在州县的邻县任官。"永泰元年（765 年）七月诏：不许百姓任本贯州县及本贯邻县官，京兆河南府不在此限。"④ 宋代虽然允许川陕、福建、广南等路途遥远之地的地方官员可以"占籍本语，或游注此册"，但仍"不许官本贯州县及邻境"。明代在官员任用上不仅曾实行过北人官南、南

---

① 《资治通鉴》卷二一六，胡三省注"三注三唱"："唐制，六品以下赴选，始集而试，观其书判；已试而铨，察其身言；已铨而注，询其便利而拟；已注已唱，不厌者，得反通其辞，听冬集。上下仆射，乃上门下省，给事中读之，黄门侍郎省之，侍中审之，然后以闻。"

② 《大清会典》卷十，《吏部》注。

③ 《后汉书·蔡邕传》

④ 《册府元龟》卷六三〇，《铨选部·条制》二。

人官北的"南北更调制"①，而且还有一些特殊的规定，如洪武二十六年（1393 年）规定，户部官吏"不得用浙江、江西、苏松人"，其原因在于这三地的夏税秋粮占全国一半左右，防止户部官员利用同乡作弊。清代地区回避制度规定得更加细密：地方上从总督、巡抚直至州县一级的各类官员，均不得在自己家乡所属省、府、州、县内担任官职，而且待任命的官员，其籍贯与即将担任官职的地方虽然不属于同一省、府或县，但二者相距在五百里之内的，亦要回避。

2. 亲属回避。亲属回避是指本宗亲属、外姻亲属（母亲、妻妾的娘家及儿女亲家）的回避。汉代"三互法"已见亲属回避之端倪，以后历朝相继沿袭。晋代规定，凡有亲族关系者，不得相监临。唐代则规定：凡职责相连或监临检察的官职，亲族内需要回避，如宰相之子不得任谏官，兄弟不可在同省任职。明代为防止官吏形成亲党和宗派，规定："凡父兄伯叔任两京堂上官，其弟男子侄有任科道官者，对品改调"；"内外管属衙门官吏，有系父子兄弟叔侄者，皆从卑回避"②。清政府规定：中央的各院尚书、侍郎以下，至翻译满语的笔帖式以上，有嫡亲祖孙、父子、叔侄、兄弟之关系者，不得在同一衙门内为上下隶属之职；地方总督、巡抚、布政使、按察使、道员、知府、知州、知县等，不得任命下列人员为本衙署之属员：（1）本人直系及五服内亲属；（2）父之姊妹之夫及其子，母之父及兄弟姊妹之子；（3）妻之祖父、兄弟、胞侄、姊妹之女、孙女之婿等。

3. 特殊职务回避。特殊职务回避主要是指监察官、言谏官的回避。汉唐以后，监察官和言谏官拥有广泛而特殊的职权，为了防止监察权失效，规定宰相、大臣之子弟不得任御史和言谏官，有大功以上亲属关系者不得在同一部门任职，也不得任专司传符、文书、账目勘验等官员，以防止勾结舞弊。在监察官回避方面，明代还有"大臣之族不得任科道"③的规定；清代规定现任三品以上京堂亲属不得任科道官，对于有关刑名、钱粮、考核事务，亦有避亲和避籍之规定。

4. 科场回避。此为防止考官与应试者作弊而制定的各种回避制度。如唐朝中后期任主考官的礼部长官，必须将自己的亲属移送吏部考试，称"别头试"。此外，宋代起还实行锁宿制度，即让考官住进贡院，不得与外界接触。科场回避的主要对象是考官，这是为了从源头上切断舞弊之祸，兼有避亲、避籍双重内容。

总的来看，除个别属于歧视性规定外，回避制度的主流是为了确保公正履行职务，防止徇私舞弊，值得肯定。但是历代官吏上的种种限制和回避主要是针对官僚机构中执行系统各级各类官吏，至于中央决策系统中的官员大多数不受这些规定的约束。相反，在封建社会，皇帝唯恐大权旁落，最主要的决策机构的官职往往由皇室宗族垄断、世袭，他人无从问津。此外，由皇帝特旨任命的官员亦不受回避制度的限制和约束。而"外举不避仇，内举不避亲"的不成文法则成为历代任人唯亲、裙带成风的正当理由。

① 洪武年间定南北更调用人法。按规定，北平、山东、山西、陕西、河南、四川人只能任职于浙江、江西、湖广、直隶；浙江、江西、湖广、直隶人只能任职于北平、山东、山西、陕西、河南、四川、广东、广西、福建；广东、广西、福建人只能任职于山东、山西、陕西、河南、四川。

② 《明会典》卷五，《改调》。

③ 《明史·职官志》。

第三节
官吏品级制度

在中国古代官制中，品级与官职并行，品级表明等级高下，官职代表职守权限。品级，又称"品位"、"品秩"、"品爵"、"品流"等，简称"品"。它既是中国传统社会中区别官员尊卑贵贱、地位高下的一种等级制度，也是国家管理百官的一种手段。其作用恰如《新唐书·百官志一》所言："其辩贵贱、叙劳能，则有品、有爵、有勋、有阶……所以任群材，治百事，其为法则精而密，其施于事则简而易行。所以然者，由职有常守而位有常员也。"

中国古代品位等级制度，名目很多，内容繁杂，大体上可以分为职事官品级制和散官品级制。

一、职事官品级制

职事官，即有实际职务的官员，它是与无职事的散官、勋官相对应的。"居曹有职务者为职事官，无职务者为散官。"[①] 职事官是中国古代官僚队伍中最重要的组成部分，又分为京官、外官两类。由于职事官掌握着具体的国家权力，故职事官颇受倚重和追逐。为了维护国家统治机构中的尊卑等级和统治秩序，中国古代各王朝都对职事官制定了相应的品级，即"职品"。这是官职本身的品级，也是品位制度中最主要的等级阶梯。中国古代的职品制大致经历了以下几个历史阶段。

（一）西周"九命制"

先秦时期，官僚制度尚未正式建立起来，当时盛行的主要是"世官制"，品级与官职相一致，有爵就有品，有品就有职，实行官爵合一、官品合一。西周时期实行分封制，制定了官爵尊卑高下等级。据《周礼》、《通典》、《文献通考》等书记载，西周官员的官爵等级共分九等，即"九命"，所谓官员"有九仪之命，正邦国之位"。命者，天之所赋，以多为贵。这九命是：上公为伯九命、王之三公八命、侯伯七命、王之卿六命、子男五命、王之大夫、公之孤四命、公侯伯之卿三命、公侯伯之大夫、子男之卿再命（即二命）、公侯伯之士、子男之大夫一命。子男之士不命。[②] 据此，官分九等，他们的宫室、车旗、衣服、礼仪等，各按等级作具体差异规定，表明官员职守的轻重和地位的尊卑，是分封制度下世卿世禄制的产物。在"九命制"下，各等级的贵族官员都规定有相应的政治、经济地位和职责权限。尽管这些等级规定尚十分简单，并且随着分封制和世官制的瓦解而退出历史舞台，但其中的一些做法和称呼，如"官分九等"、"命官"等却一直为后朝所承继。"九命制"是中国古代官吏品级制度的雏形。西魏北周时，模仿周代"九命制"，规定了官秩的等级。宇

---

① 《隋书·百官志》。
② 参见《周礼·春官·典命》，《礼记·王制》。

文泰为西魏太师时作九命之典，以第一品为九命，第九品为一命；每命又分为二级。①

（二）汉代"粟石品级制"

春秋以后，天子衰微，诸侯强大，列国并争，官制混乱，官品制度无从详考。商鞅变法，为秦国建立了"二十等爵制"。这是一种带有军事化色彩的等级身份制度，不仅是军队的等级，而且是衡量新生的官僚制度中各级官吏尊卑高下的标准。它既有职品的意义，同时也包含了封爵的性质。

然而，真正意义上的官吏品级制始于汉代的"粟石品级制"。该制是用谷粟的容量单位"石"作为职品的名称，以石数多少决定职品的高低。根据《西汉会要》记载，西汉时三公职品为"万石"，九卿职品为"中二千石"，以下按官职分有"真二千石"、"二千石"、"比二千石"、"千石"、"比千石"、"八百石"、"比八百石"、"六百石"、"比六百石"、"五百石"、"四百石"、"比四百石"、"三百石"、"比三百石"、"二百石"、"比二百石"、"百石"、"比百石"、"斗食"等，共二十一个等级。等级不同，享有不同的政治、经济待遇。

（三）魏晋南北朝"品石混合制"

魏晋南北朝时期，官吏品级制度比较混杂，各朝实施情况各异，有品、有石、有班、有命。但从总体上看是由"石"到"品"的过渡。

曹魏始行"九品官人法"，首先出现了以品来评定人品才识的做法。最初它与官禄秩次关系不大，但后来成为评定官职高下的制度。"其初立品，似非品秩也，乃人品耳。"② 然而"品"也施于官员的等级。"九品官人法"与西周"九命制"不同："九命制"以命多为贵，而"九品官人法"以品少为尊，一品最高，九品最低。此时的官禄仍以"石"定秩次。但曹魏时的品、石并不一致，秩高者，品未必一定就高，呈交叉状。有品同禄异者，如尚书令与尚书仆射均属三品，禄秩相去甚远，前者为千石，后者仅为六百石；也有品异禄同者，如尚书令与县令虽然官禄同为千石，但一为三品，一为六品。这种品、石交叉的做法说明，"品"虽已出现，但还不能反映职官的实际地位，只是作为区别职官人品、身份的一种标志。

西晋在曹魏"九品官人法"的基础上将每品分为正、从二级，共九品十八级。③ 东晋、南朝沿袭九品秩级，并作了官职的具体划分。据《宋书·百官志》记载：一品，太傅、太保、司徒、大司马等；二品，特进、骠骑车骑卫将军、都督等；三品，侍中、尚书令、中书监令等；四品，御史中丞、统兵刺史等；五品，黄门散骑侍郎、中书侍郎、刺史等；六品，尚书丞郎、侍御史、博士等；七品，谒者、诸卿尹丞、诸府参军等；八品，郡丞、县令长等；九品，县丞、县尉等。北魏的官职九品又进行了更加细致的划分，先将每品分为正、从，即正一品、从一品到正九品、从九品，第四品以下的正与从又各分为上下阶，即自正四品上阶、正四品下阶、从四品上阶、从四品下阶一直到从九品上阶、从九品下阶。如此，就由最初的九个等级发展为三十个等级，其中分品分阶，合称"品阶"。魏晋"九品

---

① 参见《周书·文帝纪下》，《周书·卢辩传》。

② 《文献通考·职官考》二十一。

③ 参见《晋书·职官志》。

制"的建立，开创了中国古代官吏品级制度的新纪元。自此，"九品制"为以后各王朝所沿用，虽有所增改修正，但直到清末，品第官吏等级，一直以"九品制"为基础，不再改易。

（四）隋唐宋"九品三十阶制"

隋唐时期，随着国家的统一和官僚队伍的扩大、官职的增多、官名的复杂，九品秩级制度逐渐定型，均以九品区分官职等级，并有了散官与职事官之分。散官是一种表示身份地位的等级称号，没有实际职掌；职事官表示其实际职守，任官于省部寺监和州县。职事官皆有"品"。隋文帝时厘定为九品三十阶，即自一品至九品各分正、从，正四品至从九品又各分上、下阶。隋炀帝时曾去上、下阶，至唐初复为九品三十阶。在此基础上，隋唐又将职事官品级分成"流内"和"视流内"两种，同时增加了"散位"。《通典·职官·官品》记载："隋置九品，品各有从，自四品以下，每品分为上下，凡三十阶，自太师始焉，谓之流内……又置视正二品至九品，品各有从，自行台尚书令始焉，谓之视流内。视流内自此始。大唐自流内以上，并因隋制。又置视正五品、视从七品，以置萨宝及正祆[1]，谓之视流内。""视"为比照看待之意，"视流内"就是比照流内看待。所谓"散位"，亦即"散官"，是唐代用以定职事官班位、服饰和按资升迁的一种等级："入仕者皆带散位，谓之本品。"[2]

宋代官职最乱，"其官人受授之别，则有官、有职、有差遣。官以寓秩禄、叙位著，职以待文学之选，而别为差遣以治内外之事"[3]。但"以寓秩禄"官，仍承唐制分为九品三十阶，并无太大变化。

（五）明清"九品十八级制"

宋代以后，官吏品级一直在九品三十阶这一模式中徘徊，变化不大，但总的趋势是在逐渐简化。至明清时期，职事官品级仍分为九品，品有正、从，凡十八级，但删除了上、下阶。官职凡在九品之内者称为"入流"，不及九品者曰"未入流"。如是，所有各级各类官员，均纳入九品十八级范围内，体制上更为简明。

二、散官品级制

中国古代官职中，除职事官外，还有散官。散官又称"散位"，是中国古代叙定官员班位、服饰、资荫的等级。散官品阶称为本品，代表一切官吏共同的身份标准，是官员本身的品级。凡做官者皆有散位，担任具体职务时则另有官职品级。

官有散位始于汉代。此前做官就有职，官、职不分。西汉中叶后，出现了不承担具体职务的官员，即散官。如"特进"、"仪同三司"等荣宠名号，即是赐予官员的散位。魏晋南北朝时期，散官多用于老疾而无职事的官员。许多官员在致仕时依照过去的官职，分拜名号不同的"大夫"归养故里。北魏始定散官的品级："又制散官五等，五品散官比三都尉，六品散官比议郎，七品散官比太中、中散、谏议三大夫，八品散官比郎中，九品散官

---

[1]　萨宝及正祆，均为为西域内附胡族贵族设置的官职。
[2]　《旧唐书·职官志》一。
[3]　《宋史·职官志》一。

比舍人。"①

隋代正式确立了散官制度，以居曹治事者为职事官，无职务者为散官。散官文武皆有，隋初共6阶，即："特进、左右光禄大夫、金紫光禄大夫、银青光禄大夫、朝议大夫、朝散大夫，并为散官，以加文武之得声者，并不理事。"隋炀帝时又将散官扩大到九大夫、八尉，共17阶，并同时设置了散官的品阶，即："光禄（从一品）、左右光禄（左正二品，右从二品）、金紫（正三品）、银青光禄（从三品）、正议（正四品）、通议（从四品）、朝议（正五品）、朝散（从五品）等九大夫，建节（正六品）、奋武（从六品）、宣惠（正七品）、绥德（从七品）、怀仁（正八品）、守义（从八品）、奉诚（正九品）、立信（从九品）等八尉。"② 至此，散官制度初步定型。

唐宋以后历朝均沿隋制，分立散官系统，设立散官品阶，只是各朝散阶不一，名称略有变化。唐代文散官二十九阶，武散官四十五阶。宋代称散官为"寄禄官"，文散官同唐代，计有二十九阶，武散官则改为三十一阶。明代文散官四十二阶，武散官三十阶。及至清朝，散阶逐渐向职品靠拢，趋于一致，定为九品十八阶。

由于散阶是按出身和考绩而定，职品是依才华和能力授予，故出现了职、阶分立的情况。中国古代品秩制上的这种巧妙安排，目的在于既可以使官员按年资、劳绩正常升加散阶，享有一定的政治、经济待遇，同时又可使才华出众而资历较浅之辈充任高职，使其有职、有权管理国家。这种各得其所的品秩酬劳制度对于稳定官僚队伍，充分发挥他们各自的才能和特长具有积极作用。

第四节
官吏休假和致仕制度

官吏休假制度和退休制度合称"休致制度"，是古代官吏管理制度方面的一个重要内容。休假致仕既是中国古代官吏们的一项权利，有时也是一种义务。

一、官吏休假制度

在现实生活中，官吏无异于常人，因事请假在所难免。为了使其办私事而不影响公务，中国古代各王朝都制定了官吏休假制度。官吏休假制度的主要内容如下：

（一）定期的例假

古代官吏平时休假称"告归"，始于春秋战国时期。《战国策·秦策》载："孝公已死，惠王代后，莅政有顷，商鞅告归。"此处"告归"即休假，但具体情况不详。

休假开始形成制度是在汉代。汉初官员休假有两种名目：一曰"予告"，是指"在官者有功最，法所当得也"。此为制度规定的休假，官员可带印绶、家属回家。二曰"赐告"，

① 《魏书·官氏志》。
② 《隋书·百官志》。

即特准之假，如官员生病，是临时性的，由皇帝特准。此外，中下级官员也有"休沐"之制，也是给假之意："疾病休谒洗沐，皆以法令从事。"①《初学记》引《汉律》曰"吏五日得一休沐"，亦是此种情况。由此可见，汉代已有较为完备的休假制度。

至唐代，汉代官员的休息日改为"旬假"，一月分为上、中、下三旬，每旬休假一日，称"旬假"，如同后世的星期日。唐玄宗开元二十五年（737年）正月令百官每逢旬假，不须到官署办公，"任游胜为乐"②。

除平时的休假外，还有节假日的休假，各朝规定不一。汉代规定每年的夏至、冬至休假二天："冬至之日，不省官事，故休吏。"③唐朝的节假日除有寒食节、清明节外，还有五月的"田假"、九月的"授衣假"等。皇帝的生日，唐代称为"降圣节"、"千秋节"，后称"天长节"，也照例放假五日。明代亦有节假日休假之规定，如明成祖永乐七年（1409年）正月谕礼部大臣：元宵节日大臣应"与民同乐"，赐百官休节假十天，自正月十一日始，百官不朝参，不奏事，有急事可"上封事"，请求紧急处理，其他公事不办。此外，端午、中秋、春节等重要节日，各朝均规定有不同时日的假期。

（二）事假、病假

古代官吏因有私事或患病请假总称为"告"，历代各王朝对官吏请事假、病假都作过许多规定。

关于事假，晋代规定官员家有要事、急事可请假，但一月只限五天，一年合计六十日，可累计使用。如果官员在请假期间生病，可延长假期二十日；家在千里之内的，加往返路途，不得超过九十五日。④南朝宋孝武帝时规定：群臣家有急事，可给假六十天。其后又作了修改，官员每年赐假一百日；如果家在一千里之外，允许将两年事假合并使用，也就是说，一次可休假二百日，比晋代又有增加。唐代规定，事假不得超过三天，且不能在朝会之日。清代规定，官员一任可请假一次。顺治十一年（1654年）规定，官员休事假，允许在家住四个月。康熙十年（1671年）又进一步作了细微规定：官员家在直隶的，给假四个月；家在山东、河南、江西的，休假六个月；家在陕西、浙江、江南湖广、山西的，休假八个月，家在福建、两广、贵州、四川的，给事假十个月，家在云南的，给事假一年。

关于病假，历代各王朝亦有严格规定。汉代官员的病假由皇帝特准，称"赐告"。病假一般以三个月为限。超过三个月，如未获得批准延期，免去官职。病假期间，官员得到上司同意可归家养病，但驻守边镇重地的官员不准离地。汉武帝时规定：二千石有病，经批准在任所就医、调养，但不得回家。⑤晋武帝太康元年（280年）下诏：大臣有疾病，给假休养，时间为三个月，超过时间就要解职。宋仁宗庆历二年（1042年）下诏：京官如请病假，一年以后方允许复职。⑥元代也有这类规定：在任官员休病假，十二个月后复职；如果

---

① 《汉书·杨恽传》。

② 《旧唐书·玄宗纪》。

③ 《汉书·薛宣传》。

④ 参见《古今图书集成·铨衡典·给假部》。

⑤ 参见《汉书·冯野王传》。

⑥ 参见《宋史·仁宗纪》。

是新受任的官员，因病不能上任，从受命之日起，十二个月后可照常履任。同时，对于俸禄也有规定：官员休病假，一百天之内照常给俸禄，超过百日，停俸。① 明孝宗弘治十五年（1502 年）定新进士病假之例：进士患病，在京医治两个月，如不能痊愈，由太医院诊断，出具证明，容许回籍休养治疗。明世宗嘉靖四年（1525 年）定京官病假之例：京官请病假，由吏部查明，如情况属实，可放回原籍休养。嘉靖三十三年（1554 年）令御史在职期间生病，由抚、按官代为奏请，准予离职回家养病。

（三）丧假

古代"凶曰宁"，宁假就是丧假。《汉书·哀帝纪》注引师古曰："宁，谓处家持丧服。"魏晋以后则称作"丁忧"。封建统治者常常标榜"以孝治天下"，所以对官员在职期间"丁忧"给假十分重视，历代各王朝对此均有明确而具体的规定。

汉初崇尚节俭，提倡丧制从简，规定期亲丧假三十六日："汉制，自文帝遗诏之后，国家遵以为常，大功十五日，小功十四日，缌麻七日，（翟）方进以大臣故云不敢揄制。""及后母终，既葬三十六日，除服起视事，以为身备汉相，不敢逾国家之制。"②

魏晋以后，崇尚孝道厚葬，父母病逝要"解职守志"，一般为三年。晋泰始三年（267 年）三月戊寅，"初令二千石得终三年"。三年服丧制一直延续至清末，但对高级官吏或重要人物，皇帝可按需要继续留任视事或夺丧赴官，不强求一律三年。"丁忧"结束后复职，称为"起复"；丧期未满，朝廷令其复任，称为"夺情"。

（四）省亲假

"省亲"、"拜帚"，是对古代官员探亲假的称谓，对此，历代各王朝亦有详细规定。如唐代规定，父母在三千里以外的，三年一次，给假三十五日；在五百里以内的，五年一次，给假十五日。五品以上官员的省亲假要得到皇帝的批准。

及至元代，官员私自弃官、擅离职守的情况比较严重，统治者将其归结为没有给官员省亲假，所以，元文宗至顺二年（1331 年）十二月接受大臣建议，定官员省亲制度。官员父母离官员任职地三百里之内，三年省亲一次，假期二十天。如官员家无父母，五年给省亲假一次，时间是十天。对父母在三百里之外的情况没有明确规定，大约假期会长一些。③ 明朝洪武年间规定：内外官的省亲假一律由皇帝批准，量路边远近，定假期长短。经批准后，由应天府给证明回乡。明宪宗成化二十三年（1487 年）规定：两京（北京、南京）文职官员离家六年者，经申请，方能回家省亲。明孝宗弘治年间又规定了省亲假的时间，除往返路程外，可给省亲假两个月。违限一年，停俸禄五个月；违限一年半以上，革职问罪。④

除上述休假制度外，传统政府官员还有婚假、祭祖假、迁葬假、送亲假、送幼子还乡假等。这些假期反映了我国古代尊老爱幼的优良传统，但一般控制较严，均须"行勘是实，

---

① 参见《元史·选举志》。
② 《汉书·翟方进传》。
③ 参见《元史·文宗纪》四。
④ 参见《明会典》卷四十一。

官具奏，许在家两个月，违限半年以上者，送问”。

二、官吏致仕制度

致仕，即退休。古人解释："致仕，还禄位于君"①，也即卸职，将官职交还到君主手中。此外，在古代官场中，还常用"致事"、"致制"、"休致"、"老退"、"请老"、"告老"、"归隐"、"乞骸骨"等名称指退休。

致仕制度是古代政府官吏管理机制的重要组成部分。在中国古代史上，大凡存在时间较长久的朝代的统治者，无不把官吏致仕作为巩固统治、促进国家机构新陈代谢、提高国家机关行政效率的重要内容之一。

早在商周时期，就有记载老臣功成身退和士大夫年高退职的事例。如《尚书》载："伊尹既复政厥辟，将告归。"《礼记·曲礼上》载："大夫七十而致事。"春秋时期，卫国大夫石蜡为避祸而"乃老"，晋中军尉祁奚"请老"，都可视为告老退休。在世卿世禄制度下，并不存在严格意义上的致仕制，"乃老"、"请老"等仅指离任现职，关于致仕年龄、待遇等尚未形成制度，只是到了战国时期，随着世卿世禄制的逐步瓦解，致仕制度才逐步完备，并与官吏任用制相配合，形成古代官吏管理制度中不可或缺的组成部分。

（一）致仕条件

传统政府官吏致仕或因年老，或因有病，或因失职、无能，或因政治原因，而前两项即年龄与身体状况是其中的主要原因。

1. 年龄条件

年龄是古代官吏致仕的首要条件。按人的生理条件，男子到了七十岁"阳道极，耳目不聪明"，体力、精力、智力的衰退都会影响他们正常地发挥作用，故商周时期"大夫七十而致事"。魏晋以前，官吏致仕的年龄多循周礼，以七十为限，但各朝并未在制度上加以规定。到北魏孝明帝正光三年（522年）时曾下诏规定："已满七十，方求更叙者，吏部可依令不奏。"② 与此同时，南朝梁武帝普通四年（523年）亦曾下诏："见（同现）在朝官，依令七十合解。"③ 这些诏令中虽无"致仕"二字，但已明确规定七十以后不得继续为官。

及至唐代，明令规定"诸职事官七十听致仕"④。大夫七十而致仕已不再是礼俗的要求，而成为以后各朝相沿不改的制度规定。

宋元以后，随着中央集权的加强，对官吏的致仕有了硬性规定。如宋朝规定：文武官员七十以上求退者许致仕，对已满七十岁不致仕者则采取强制措施。宋仁宗"（皇祐五年）时议者谓士大夫年七十当致仕，其不知止者，请令有司按籍举行之"。元代致仕制度虽不受重视，但也以七十为致仕年限。《元典章》规定："诸职官年及七十者，合令依例致仕。"《元史·选举志》亦记载："诸职官年及七十，精力衰耗，例应致仕。"

明朝对官员致仕年龄的规定曾有变化。明初沿用旧制，规定"令内外大小官员年七十

---

① 《春秋公羊传解诂·宣公元年》。
② 《魏书·肃宗本纪》。
③ 《资治通鉴》卷一四九。
④ 《通典》卷三十三，《致仕官》。

者，听令致仕"。在经过胡惟庸案后，朱元璋为了加强皇权，进一步削弱老臣势力，于洪武十三年（1380 年）二月下诏："文武官六十以上者，听致仕，给以诰敕。"① 降低致仕年龄，实际上是政治斗争的一种手段。但此制仅行四十一年。及至永乐十九年（1421 年），明成祖下诏："文武官七十以上，不能治事者，许明白具奏，放回致仕。"② 官吏致仕年龄又恢复旧制，并一直沿用。

清代致仕年龄，文武不同。文官仍以七十为限，但不甚严格。"凡官老疾者，则休致"③，"凡官老告休者，则令致仕。"④ 武官致仕的年龄则限制较严，副将为六十岁，参将为五十四岁，游击为五十一岁，都司、守备为四十八岁，千总、把总仅为四十五岁。武官职位越低，致仕年龄越早，这主要是由于清政府要求军队保持旺盛的战斗力，带队者必须年轻，而"军营最重朝气，最忌暮气"。

2. 身体条件

除年龄限制外，官吏致仕还要受身体状况的限制。身体健康状况与年龄有密切关系，但并非一定成正比。有老当益壮者，虽人寿至耄耋，但仍精力充沛，理事不紊；也有未老先衰者，虽不及七十即无法正常工作。从鼓励致仕的角度来看，对个别年过七十仍精力充沛者如确有必要固然可以允许其继续效力，但更主要的是对那些虽未及致仕年龄而身体欠佳，不宜继续任职者，则要让其提前致仕。这无论对个人抑或对国家均有益处。

中国古代早就有以病致仕的记载。如西汉时，"（周）仁病免，以二千石禄告老"⑤。杜延年为御史大夫，"称病笃"，"罢就第"⑥。丞相韦贤"以老病乞骸骨，赐黄金百斤"⑦。固然这些人致仕的原因有年龄偏大的缘故，但主要还是由于疾病缠身，身体状况欠佳，使其难以继续供职。及至唐代，规定职事官"籍年虽少，形容衰老者，亦听致仕"⑧。这一规定，从制度上确立了官员可因身体条件而提前致仕的先例。此后各代相沿不废，提前致仕成为封建王朝解决内部矛盾的一个有效手段，并为明清时期逐渐缩小致仕年龄奠定了基础。如宋朝就规定：官吏"虽未及七十，但昏老不胜其任，亦奏请之"⑨。明清时期则干脆将官员的身体健康状况列为考察的重要内容，对文武官员进行甄别，凡"龙钟衰迈难以供职者"和"弓马汉仗平常而年力渐衰者"都应致仕。这种将年龄限制与身体健康状况相结合的致仕标准较为科学，既规定了致仕者的年龄界限，又不使体弱者勉为其难。

（二）致仕待遇

致仕待遇是随着致仕制度的确立而逐渐形成的。致仕待遇不仅名目繁多，包括政治、经济、生活等各个方面，而且随着社会经济的发展和封建专制官僚政治的演变而不断提高，

---

① 《明史·太祖本纪》。
② 《明会典》卷十三。
③ 《清会典》卷十一。
④ 《清会典》卷十七。
⑤ 《汉书·万石卫直周张传》。
⑥ 《汉书·杜周传》。
⑦ 《汉书·韦贤传》。
⑧ 《通典》卷三十三，《致仕官》。
⑨ 《宋史·职官志》。

享受待遇者的范围日益扩大。

1. 经济待遇

古代官员致仕后一般不能享受在职时的物质报酬，为使其及家人日后生活得到保障，历代各王朝均规定给予致仕官员数目不同、比例不等的物质报酬。此外，皇帝还以"特恩"的名义赐给一些重臣、元老以钱、财、谷、帛等物品。

（1）给俸

各代给予致仕官员终身俸额不一，大致按原官禄比例分为全俸、半俸、三分之一俸等。

汉初，官员致仕给俸多少，并无定制，均从上恩。如景帝时的旧臣周仁"武帝立，为先帝臣重之，仁乃病免，以二千石禄归老"[1]。又如武帝时御史大夫张欧"老笃请免，天子亦宠，以上大夫禄，归老于家。"[2]及至汉平帝元始元年（1年）始有明文规定。诏曰："令天下吏比二千石以上，年老致仕者，三分故禄以一与之，终其身。"[3]自此，遂开官吏退休按比例领取俸禄之先河。

汉代以后，随着社会经济的长足发展，官员致仕给俸有所提高，多数朝代给半俸。如北魏孝明帝曾诏令：年满七十的"见在朝官，依令合解者，可给本官半禄以终其身。"[4]唐代也曾令："致仕官给半禄料……自今以后宜准此。"[5]宋循唐制，并有所提高。宋太宗淳化元年（990年）"诏应曾任文武职事官恩许致仕者，并给半俸"[6]。对于有功之臣则可以从优给全俸归养。宋神宗年间规定："承务郎及使臣以上致仕尝以战功迁官者，俸钱衣赐并全给……非战功而功状显着奏裁。"[7]元明两代又采取低俸制，元成宗大德九年（1305年）诏"致仕官家贫者给半俸，终其身"。明成祖永乐十九年（1421年）诏令七十以上致仕的文武官员"若无子嗣，孤独不能自存者，有司月给米二石，终其身"。贫且无子嗣每月给米二石，十分苛刻。清初对官员致仕待遇分别不同情况处理：顺治时"有世职者，照品给俸"，"无世职之官，年至六十致仕者仍给半俸；未及六十岁因疾辞仕者，不准给"。康熙时又旨"谕年老解仕官员，其历任几年及效力情由，俱着明白开列，应否给予半俸，请旨具奏"，兼重治绩，但在实际执行中一般还是赐给半俸。对于高级官吏或有功勋者，又要优惠一些，往往给全俸，如对大学士或部院尚书等一般都发给全额俸禄。

（2）赐物

官吏致仕除有一定数额俸给外，还有各种赐物作为补充。赐物体现了帝王对官员的恩宠和关怀。赐物种类很多，有生产资料和生活资料两类。生产资料包括土地、耕牛、佃户等，生活资料有黄金、白银、钱钞、谷物、绢帛、车马、酒等；此外还赐给宅第、仪仗士、守冢户等。如西汉最初办理致仕手续的丞相韦贤，"以老病乞骸骨，赐黄金百斤，罢归，赐

---

①《汉书·周仁传》。

②《汉书·张欧传》。

③《西汉会要》卷四十二。

④《魏书·明帝纪》。

⑤《唐会要》卷六十七。

⑥《宋会要辑稿·职官》七十七。

⑦《宋史·职官志》。

第一区"①。薛广德为御史大夫，"乞骸骨，赐安车驷马，黄金六十斤，罢"②。薛在获得"安车驷马"后，并不乘舆，而是将其悬挂壁上传至子孙，以示荣耀。汉代赐物大致是对二千石以上高官的恩赐，而对于小官则无致仕赐予之规定，这反映了高级官吏的特权。

食俸与赐物是古代致仕官吏经济待遇的主要部分，再加上官吏在职期间的积蓄和超经济收入，足以使致仕官员处于养尊处优的地位，并福延子孙。

2. 政治待遇

政治待遇是一种精神上的奖励和安慰，其意义往往超过经济待遇。

（1）加官晋阶

加官晋阶是指在官员年老致仕时加授某种表示一定特权的荣誉官衔或晋升一定的品位级别。这一待遇适用于高级官吏或有功之臣。加官晋阶始于汉代，如汉代大司空（御史大夫）李通致仕，"听大司空印绶，以特进奉朝请"③。此处"特进奉朝请"即是一种荣誉官衔，又称"加官"。魏晋以后出现散官，官吏致仕加拜散官渐多，有光禄大夫、大中大夫、谏议大夫等。从唐代开始，官员致仕除可拜授加官外，同时又可晋升一定的品位级别。如唐高宗永徽三年（652年）敕："功臣，贞观二十三年以来简退者特宜同致仕例，其太原元从及秦府左右各加阶。"④宋代亦规定："凡文官致仕者，皆转一官。"⑤元承宋制，"凡致仕官员，加以一官"⑥。明代各个时期规定变化不一，但总体来看，加官升级的范围有所扩大。清代对致仕是否加官升级，制度上并无规定，完全根据皇帝临时的裁决和恩赐："满汉大臣年老乞休者，朝廷待以殊礼，或升职加衔……皆出自特恩。"⑦

（2）参听朝政

参听朝政是让致仕官员仍然参与军国大事，允许他们不在其位，仍谋其政。目的在于充分发挥老臣的经验和才智，同时对他们来说也是一种荣耀。唐代以前，致仕老臣蒙君主恩准参与朝政为一般现象，不成例制。如汉代大儒董仲舒在胶西相位上请求"病免"后，虽"去位归居"，但"朝廷有大议"，武帝仍遣使"就其家而问之"⑧。唐代从制度上给老臣参与朝政以保证，如太宗贞观二年（628年）下诏："内外文武群臣，年老致仕，抗表去职者，朝参之班，宜在本品现任之上。"⑨唐玄宗时亦规定三品以上致仕官员每月两次上朝。宋代亦礼遵老臣，宋太祖乾德元年（963年）下诏："群官列位，自有通规，旧德来朝所宜加礼，以表优贤之意，用效尚齿之风。自今，一品致仕官，曾带平章事者，每遇朝会宜缀中书门下班"⑩。允许致仕老臣继续参与军国大事，发挥他们的作用，要比加官晋阶重要得多，亦说明在知识更新极为缓慢的传统社会，前人的才识和经验对于行政管理甚为宝贵，

---

① 《汉书·韦贤传》。
② 《汉书·薛广德传》。
③ 《后汉书·李通传》。
④ 《唐会要》卷四十五。
⑤ 《宋会要辑稿·职官》七十七。
⑥ 《元典章·吏部》五。
⑦ 《清会典·吏部》十四。
⑧ 《汉书·董仲舒传》。
⑨ 《唐会要》卷六十七。
⑩ 《宋会要辑稿·职官》七十七。

为朝廷所必不可缺。

（3）恩荫子孙

恩荫子孙包括任官、加爵、加阶等内容，是汉代任子制在致仕制度中的延伸。它既是封建等级特权的一种表现，也是鼓励官僚在职积极效劳、年老主动致仕的一种有效措施。唐代以前致仕官可恩荫子孙并无制度上的规定，自唐朝开始规定对功臣子弟实行恩荫。唐高宗总章元年（668年）规定，凡一等功臣致仕后，如家中再无五品官以上者，可封子、孙及曾孙一人为五品官；已有四、五品官者，可加授一人两阶；已有三品以上官在朝任职者，可加爵三等。凡二等功臣致仕后，其子孙所得恩荫均比一等功臣所得降一等。一人有功，恩及三代，子孙无官者可任五品以上中级官吏，子孙为官者可加阶加爵。宋代恩荫之滥，世无所比：开国即定"凡文武官致仕者……加恩其子孙"[①]。恩荫的条件不再限于本人是否为功臣，范围大大扩展。例如太师至开府仪同三司，其子可荫补承事郎，孙及其亲可荫补承奉郎，大功以下及异亲王可荫补登仕郎。恩荫子孙是官宦子孙进入官场的捷径，是古代官僚特权的反映。

此外，官员在致仕后还受到其他礼遇。诸如对还乡致仕官，天子假以公乘，以示优待。官吏还乡后地方长吏遇有庆典节日，常常携带羊酒米麦等物至府慰问。致仕官员死亡，国家也给予优遇，如遣官致祭、赙赠财物、追封、赠谥号、配享太庙、立碑等等。这些措施也是以礼致仕的重要内容。

第五节
官吏俸禄制度

如果说品秩是官吏们的政治地位、身份等级的标志的话，那么俸禄则是政府给予他们的经济报酬。俸禄又称俸给、禄养，按官吏等级发给，职高权重者多得，反之则少。从内容上看，历代俸禄的支付形式主要有土地、实物、货币及其他，其支付形式与多少，与当时社会经济发展及国力强弱、政府执行的政策有关。

先秦时期，官吏俸禄主要来自从封地、禄田中获取的衣食租税；两汉时期以谷石制禄，兼用料钱；魏晋南北朝时期货流不畅，官俸多用谷帛实物及土地。唐代以降，俸禄中货币比重增大，至宋明以后官俸遂以货币为主。宋元时期多行钱钞，明代实行俸钞折色制，清代是银米兼支、以银为主，都是商品经济发展的反映。

一、以采邑田赋为主的俸禄制

这是先秦时期官员的俸给制。如西周实行的分田制禄制。西周时期实行土地国有制，"溥天之下，莫非王土"，土地上的收入归于国家，同时以天子的名义在国有土地上划出一部分作为诸侯的采邑和卿大夫的封地。他们享有采邑和田赋的收入，作为为官的报酬。此

---

① 《宋会辑稿·职官》七十七。

期的俸级是"诸侯国君十卿禄，食二千八百八十人；卿四大夫禄，食二百八十八人；大夫倍上士，食七十二人；上士倍中士，食三十六人；中士倍下士，食十八人；下士与庶人在官者，食九人。"① 这种俸禄制是世卿世禄制的一种表现形式。

二、以实物为主的俸禄制

这是两汉、魏晋南北朝时期实行的俸禄制，其中尤以两汉为典型。汉代官吏俸禄以粮食为主，按月领取。俸额以"斛"为单位，按官品秩次"石"为级数发给。西汉只给谷物，万石之官月俸三百五十斛；中二千石，一百八十斛；二千石，一百二十斛；比二千石，一百斛。从千石到四百石，每级差十斛；比四百石，四十五斛；三百石，四十斛；比三百石，三十七斛；二百石，三十斛；比二百石，二十七斛；一百石，十六斛。② 东汉时期官吏俸禄大致类同西汉，但在谷物之外，还发俸钱，"凡诸受俸，皆半钱半谷"③。

魏晋南北朝时期俸禄制度比较混乱。西晋实行占田制，官吏按品占田，一品五十顷，其下以五顷为差等降，至九品为十顷。南朝刘宋时期"秋俸及杂给多随土所出，无有定准"④，齐、梁、陈各朝官俸以米、绢、布、丝、绵为主，有时还赏给衣服、酒、鱼、香油、纸烛等生活用品。北魏初年，百官无俸，廉者采樵以自给，酷者贪污成风。为整顿吏治，孝文帝太和八年（484 年）"始准古班百官之禄，以品第各有差"⑤。官俸的来源是增加百姓赋税，每户"增调三疋，谷三斛九升以为官司之禄"⑥。北齐官俸则以绢类为主，按品定禄额，每品禄额中分为四秩，"官一品，每岁禄八百匹，二百匹为一秩。从一品，七百匹，一百七十五匹为一秩"⑦。官俸的混乱从侧面反映了当时社会动乱、流通堵塞及经济凋敝的状况。

三、实物、货币、土地并行的俸禄制

此制以唐代最为典型，唐代百官俸禄分为岁禄、授田、给役、俸料四种，以实物、土地、货币的形式支付。

1. 岁禄。亦称禄米、赐禄，依品级按年发给。唐初武德年间定百官俸禄，从正一品七百石至从九品三十石不等。玄宗开元年间改"石"为"斛"，除正四、正八、从八品的数额略有变化外，其余与武德年间同。禄米只发给现任官员，解官在家的官员按退休官例发给半禄。

2. 授田。国家分配给在任官员的土地，有两种：（1）职分田。是本人有使用权而无所有权，仅食租税的土地。职分田内外官分配不等，京官一至九品给田十二顷至二顷不等，外官二品至九品给田十二顷至二顷五十亩不等。官员不自行耕种，而是将其租给农民，按

---

① 《通典·职官》一。
② 参见《汉书·百官公卿表》。
③ 《通典·职官》一。
④ 《文献通考·职官考》十九。
⑤ 《魏书·食货志》。
⑥ 《通典·职官》十七。
⑦ 《隋书·百官中》。

田数收食租税。官员调任或离职即将职田交回。（2）永业田。此即官员可世袭继承的土地，自正一品六十顷至九品二顷不等。

3. 给役。国家为五品以上官员配给仆役人员，五品以上称"防阁"，六品以下称"庶仆"，其人数一品为九十六人、二品为七十二人、至九品为二人。防阁、庶仆人员的费用均由国家支付。

4. 俸料。亦称月俸、料钱，是国家对任职官员的各种补贴，包括食料、防阁或庶仆开支及杂用等项目，每月用现钱支付。唐初，料钱发放制度较乱，玄宗开元二十四年（736年）敕："百官料钱，宜合为一色，都以月俸为名，各据本官，随月给付。"① 俸料遂成定制，自一品三万一千钱至九品一千九百一十七钱，不分正从，按品发给。

四、以货币为主的俸禄制

宋代以后各王朝，随着商品经济的发展，百官俸禄基本上以货币为主。

1. 宋朝。货币已成为宋朝俸禄的基本计算单位和主要支付方式。在实际施行俸禄制过程中，宋朝实行的是厚俸制，即政府给予官员种种特权和优惠的待遇。宋代官员的俸禄除正俸外，还有职钱、职田和杂役之费。正俸又有钱、绫、绢、禄米等。如宋节度使月俸钱四百千、禄粟二百石、绫四十匹、绢六十匹、绵二百两、月薪材若干束、年炭若干秤、盐若干石，还给随身兼人衣粮与餐钱一百人份。此外还有职钱、茶酒厨料钱、赡家钱、给券（差旅费）以及饲马刍粟、米面羊口等多种供给。其官在外者，又有"公用钱"。对有业绩的官员则有各种"赠给"（亦称"出恩例赏"），有的官员一次可受赏上等田一千亩。宋代对百官的种种待遇和特权，正是"恩逮于百官者，唯恐其不足；财取于万民者，不留其有余"②。

为了与京官的收入保持平衡，缩小差距，地方官又有职田，从二十顷至二顷五亩不等，目的在于"诸路职官，各有职田所以养廉也"③。

宋代官俸名目繁多，系统紊乱，且机构重叠，人浮于事，造成了冗官、冗费的矛盾。

2. 明朝。明朝俸禄实行折色制度，即官俸以米为单位，并折成钞、钱、布、银发给百官，其中以货币为主。洪武十三年（1380年）所定官俸以米为主，兼给钱钞，钱一千、钞一贯抵米一石，俸钞正一品皆四百贯，以下递减，至从九品三十贯。洪武二十五年（1392年）改岁俸为月俸，数额变化不大。永乐后，文武官俸米钞兼支，品位高者大约对半，品位低者实物比例增大，至九品全给实物，其折钞者，米一石给钞十贯。明朝中叶后，白银作为较为稳定的货币进入流通领域，折银又成为折色制度中的一项。此时，官俸支给就有本色和折色两种形式。本色有三项，即：（1）月米，大小官吏皆一石；（2）折绢米，绢一匹当银六钱；（3）折银米，六钱五分当米一石。折色有两项：（1）本色钞，十贯折米一石，后增至二十贯；（2）绢布折钞，绢每匹折米二十石，布一匹折米十石。折色制度方便了周转和支付，但由于折换率不合理和物价上涨等因素，又造成了官员实际收入的下降，低级

---

① 《唐会要》卷九十一，《内外官料钱上》。
② 赵翼：《廿二史札记》卷二十五，《宋制禄之厚》。
③ 《宋史·职官志》。

官员甚至难以养家糊口。明代百官俸薄，贪污受贿之风日烈，大官贪污以致富，小官舞弊以救贫，法纪荡然无存。

3. 清朝。清朝俸禄制度是银米兼支，以银为主。京官有俸银、禄米和恩俸，外官除有俸银外，还有"耗羡"和"养廉银"。

清代俸给大致参照明代，制定俸银禄米制。在京官吏的俸禄，满、汉官吏一律按品级颁给俸银和禄米，一品官年俸银一百八十两、禄米九十石（折银九十两）。按品等下，至九品年俸银三十一两五钱、禄米十五石七斗五升。乾隆年间，京官又加发"恩俸"，一品恩俸达二百七十两，从九品为四十六两。

外官俸银额与京官相同，但不发禄米，故待遇较低。如地方督、抚二品官，每年只有俸银一百五十五两，七品知县，仅四十五两。官俸低下虽然减少了国库支出，但却形成了各级官吏贪赃枉法之风，而国家又从政策的实施上助长了这种贪污之风的泛滥。清政府有一种"耗羡"制，即允许在正税之外另加附加税，如地方官员在征粮时可以鼠吃、雀啄为借口，多向百姓征粮，称为"鼠耗"、"雀耗"等。在征银时又以零碎银子铸成整块有损耗为由，多征一部分"火耗"。这种"火耗"额各地竞相追加，轻者每两一钱，重则每两四五钱。为整顿吏治，雍正接受山西巡抚诺岷等人的建议，于雍正二年（1724 年）首先在山西实行"养廉银"制度，即确定一定比例的"火耗"银，由官府统一征收，提解布政司库，按期分发给各级地方官吏，作为正俸以外的养廉银。三年后养廉银制度在全国各省推行。养廉银制度的实行，一方面，使"火耗"银比私征时大大减少，并且"不得于耗羡之外更加耗羡"，相对减轻了人民的负担；另一方面，也提高了各级地方官吏的经济待遇，对于防止官吏贪赃枉法，使地方官吏养成和保持廉洁的操守，起到了一定的作用。但是养廉银制度并未从根本上杜绝官吏贪污腐败，而乾隆时实行的俸银补贴，即在外官员按品支取俸银外，另加蔬菜烛炭费、心红纸张费、案衣杂物费、薪银费共四项补贴，在实际上又助长了官吏的贪污之风。"三年清知府，十万雪花银"就是对养廉银制度的绝妙讽刺！除地方官员外，中央政府中的某些机构，如吏部、礼部等官府每年也可以领到养廉银。

历代各朝俸禄制度的形式虽有所不同，或为土地谷粟，或为布帛银钱，但基本上经历了由实物到货币发展的过程。俸禄制度与社会经济的发展、赋税制度的演变不无直接关系。在生产规模狭小的古代社会，俸给是政府的主要支出，"国家经费，莫大于禄饷"。官俸的厚薄固然与各朝实力之强弱、国库之盈虚有关，但政策的好坏亦直接影响到吏治清廉与否。一般而言，俸给丰厚时，吏治循良；俸给低薄时，官吏都不择手段，法外求利，政治败坏。而俸给过丰，同样会使官员贪得无厌，腐蚀机体。因此，品秩、俸禄制度是政府管理体系中的重要内容，应该引起我们的充分重视。

第六节
官吏考课与奖惩制度

考课与奖惩制度是我国古代官吏管理制度的一个十分重要的组成部分。考课即考核，是指古代各朝按照一定的标准对官吏进行的考察与督课，在历史上曾有过考察、考核、考成、考功、考绩等名称。奖惩，是根据考课的结果对贤能官吏的奖励和对顽劣官吏的惩戒。认真的考课制度是对官吏进行奖惩的重要前提，而严格的奖惩制度则是对官吏进行考课的必要保证。二者相辅相成，缺一不可。

我国官吏考课、奖惩制度历史悠久，其渊源最早可追溯到上古时代。据说尧舜时已有考绩之法，《尚书·舜典》载"三载考绩，三考黜陟幽明，庶绩咸熙，分北三苗"。西周时期亦曾有以"六计"和"八柄"对官吏进行考课奖惩的规定。然而，稳定的和经常性的政绩考课与奖惩制度，是在战国时期官僚政治形成以后逐渐发展、完善起来的。

一、考课制度

（一）考课标准

中国封建时代，历代王朝对政府官吏的行政业绩都有一套考课制度，而考课能否取得成效的一个重要前提条件就是考课标准的制定是否允当。我国古代自战国至明清，政府官吏的考课标准在道德、才能、劳绩、年老等方面各有侧重，而且常常根据官吏不同的职务和职事分别制定。但总的来看，考课标准大致经历了一个由繁杂到简要的过程。

战国时期，随着官僚制的出现，形成了以"上计"为主要形式的考绩制度。上，就是向上汇报；计，即计簿，统计表册。上计就是把统计表册上报。统计表册的内容包括：户口、存粮、垦田、赋税、治安等。年初，由各级行政长官将有关这些方面的计划写于木券上，并一剖为二，国君执右券，臣下执左券。年终，臣下向国君汇报执行情况，好者奖励，差者处罚。战国时期已经普遍存在上计制度，如魏文侯时，"东阳上计，钱布十倍"①。西门豹为邺令时，"居期年上计"②。但在战乱、动荡的年代里，上计制度不可能得到正常执行。秦统一后也曾以上计之制考核官员，并使之更加完善。湖北云梦睡虎地秦墓出土的法律文书，从多个侧面给我们展示了秦代的考课内容之丰富。在地方行政系统中，郡守对县道、乃至乡里均有考课的规定；朝廷的各种派出机构，也有自成体系的考课细则。凡是忠于职守、对维护社会治安有功的官吏，在考课之后就有可能得到晋爵、升官的奖励，反之，就会受到惩罚。秦朝对官吏考课、奖惩的标准是《为吏之道》中所提出的"五善"与"五失"。所谓"五善"，"一曰中（忠）信敬上，二曰精（清）廉毋谤，三曰举事审当，四曰喜为善行，五曰龚（恭）敬多让"。"五失"则是"一曰夸以迣，二曰贵以大（泰），三曰擅裚（制）割，四曰犯上弗智（知）害，五曰贱士而贵货贝"③。于此可见，秦朝对官吏的考课标准基本上是对官吏道德操守方面的要求，对后世强调德行的考课制度具有相当的影响。

汉代的官吏考课，已经明显地注重对官员的实际业绩的考核。这一标准可以从地方政权"上计"的内容中体现出来。汉代地方官"上计"簿记载的主要内容是"户口垦田，钱谷入出，盗贼多少"④。此为汉代之定制。对"治平天下第一"、"治行优异"、"能治剧"的

① （汉）刘向：《新序》卷一，《杂事》。
② 《韩非子·外储说左下》。
③ 《睡虎地秦墓竹简·为吏之道》，283页，北京，文物出版社，1978。
④ 《后汉书·百官志》五补注引胡广语。

官员，常常因其杰出的政绩给予破格重用或隆重褒奖。汉宣帝时，对郡守一级的地方长官，"其有政理者，辄以玺书勉励，赠秩赐金，或爵至关内侯，公卿缺则以次用之"①。汉代官员的升迁亦与"积功"、"积劳"直接相关。在出土的汉简中，有关官吏全年功、劳的材料为数甚多，亦与考课相联系。汉代考课的基本内容有三项，即功绩、年劳、行能，其中以功绩最为朝野所关注，这说明它是考课的关键标准。不仅如此，汉代在博士的选试中，亦是以实际从政能力作为划分高低的标准，规定："博士选三科，高为尚书，次为刺史，其不通政事，以久次补诸侯太傅"②。以政绩和能力作为考课的重点，且考课成绩高低直接决定官场浮沉，这对于刺激官风保持奋发有为的状态是大有益处的。

及至唐代，官吏考课、奖惩制度臻于完善，考课标准更趋完备。唐代官吏考课标准的最大特点，就是将道德、才能、功绩三者较好地结合起来，集中体现在对流内官的"四善二十七最"与对流外官的"四等法"上。所谓"四善"，"一曰德义有闻；二曰清慎明著；三曰公平可称；四曰恪勤匪懈"。这是国家对所有流内官提出的共同行为准则，主要是道德操守。"二十七最"即"一曰献可替否，拾遗补阙，为近侍之最；二曰铨衡人物，擢尽才良，为选司之最；三曰扬清激浊，褒贬必当，为考校之最；四曰礼制仪式，动合经典，为礼官之最；五曰音律克谐，不失节奏，为乐官之最；六曰决断不滞，与夺合理，为判事之最；七曰部统有方，警守无失，为宿卫之最；八曰兵士调习，戎装充备，为督领之最；九曰推鞫得情，处断平允，为法官之最；十曰仇校精审，明进刊定，为校正之最；十一曰承旨敷奏，吐纳明敏，为宣纳之最；十二曰训导有方，生徒克业，为学官之最；十三曰赏罚严明，攻战必胜，为军将之最；十四曰礼义兴行，肃清所部，为政教之最；十五曰详录典正，词理兼举，为文史之最；十六曰访察精审，弹举必当，为纠正之最；十七曰明于勘覆，稽失无隐，为句检之最；十八曰职事修理，供承强济，为监掌之最；十九曰功课皆充，丁匠无怨，为役使之最；二十曰耕耨以时，收获成课，为屯官之最；二十一曰谨于盖藏，明于出纳，为仓库之最；二十二曰推步盈虚，究理精密，为历官之最；二十三曰占候医卜，效验多者，为方术之最；二十四曰检察有方，行旅无壅，为关津之最；二十五曰市廛弗扰，奸滥不行，为市司之最；二十六曰牧养肥硕，蕃息孳多，为牧官之最；二十七曰边境清肃，城隍修理，为镇防之最"③。这是针对各个部门提出的具体要求，实际上体现了才能和功绩。对于未入九品的流外官的考核，则标准比较简单，只有四条，即"清慎勤公为上，执事无私为中，不勤其职为下，贪浊有状为下下"④，简称"四等法"。如此，唐代官吏考课标准的具体内容已经是虚实结合，相当完备了。

鉴于唐代官吏考课标准失之繁杂琐碎，宋代考课标准开始由繁趋简，依不同职官而有很多具体规定，其内容主要是针对地方行政长官的，如对地方守令有"四善三最"，其中"四善"完全照搬唐代，"三最"即"狱讼无怨，催科不扰为治事之最；农桑垦殖，水利兴修为劝课之最；屏除奸盗，人获安处，抚恤困穷，不致流移为抚养之最"⑤。对诸路转运使、

---

① 《后汉书·左雄传》。

② 《汉书·孔光传》。

③ 《新唐书·百官志》一。

④ 《新唐书·百官志》二。

⑤ 《宋史·职官志》三。

提点刑狱、提举常平等"监司"则有"七事"，即"一曰举官当否，二曰劝课农桑、增垦田畴，三曰户口增损，四曰兴利除害，五曰事失案察，六曰较正刑狱，七曰盗贼多寡"①。这说明在因考课对象而制定具体条例方面，宋代仍沿袭唐制，但在每类对象的划分和具体要求上，又简明扼要，较唐制有所进步。

明清时期的考课标准在全面总结和借鉴历代考课制度经验教训的基础上，一方面删繁就简，使考课标准更加切近现实，便于操作；另一方面又增加了一些前代所不曾有过的东西，使考课标准更加完善。明代考课之制有考满与考察。考满沿宋元旧制，旨在作为官吏升秩增俸的依据，故其标准为称职、平常、不称职。考察重在检察内外官的过失或"不职"，其标准又有贪、酷、浮躁、不及、老、病、不谨等八目。清代考课依京官、地方官两类应考对象分为"京察"和"大计"。考课标准又发展为"四格"、"六法"。"四格"为"才、政、守、年"，用于定期秩俸升降。"六法"即"不谨、疲软、浮躁、才力不及、年老、有疾"②，用于举劾不职。明清时期，尤其是清代，考课标准简明务实，反映了在考课标准上的新进步。

历代考课标准，多以实际政绩优劣为主，辅以任职年月长短，唯有北魏的"停年格"和两宋的"磨勘"，专以任官日期积累之长短为原由，资历"年月久者，灼然先用"③。这类标准实施起来虽简便易行、规则划一，但它妨碍了贤能之士的升进，废弛政事，故实行一段时间就搁置不用了。

（二）考课方式

考课标准一旦确立，那么便要制定相应的考课方式使这些标准付诸实施。因此，选用科学的考课方式，是对官吏进行考课奖惩的重要环节，直接关系到考课奖惩制度的效果。纵观历代各王朝官吏考课制度，其主要方式有两种。

1. 逐级考核，朝廷总揽

官吏考课属于行政监督。它大体是在行政隶属体系内自上而下地进行的，故历代各王朝几乎都采取了逐级考核与朝廷总揽相结合的方式，即上司官员递次负责下属官吏的政绩考核，在此基础上朝廷又有专门官署统一掌管全国的官吏考课。具体到每个朝代，这种方式又有其特定的表现形式。

两汉的丞相、"三公"由皇帝亲自考核，郡国守相考课由丞相和尚书台直接负责，县令考课则由郡守"论课殿最"④。乡"三老"、啬夫则由县令负责考课。公卿、僚属、掾吏又根据各自隶属关系，接受上司的考核。层层逐级考核虽与行政隶属关系大体相适应，易于实施，但容易造成考核权力分散。故从西汉起，朝廷主要由丞相、"三公"负责考核百官，定其殿最。魏晋之际，考课权又集中于尚书省。

及至唐代，中央和地方官员的政绩考核由尚书省吏部考功司专门负责，其中考功郎中专管京官考课，考功员外郎专管地方官的考课。唐代后期，诸州长官的政绩考课由观察使

---

① 《宋史·职官志》三。
② 《清史稿·选举志》六。
③ 《魏书·崔亮传》。
④ 《后汉书·百官志》五。

等掌管。宰相、三品以上京官、藩帅与谏官、御史、翰林学士等的考课，由皇帝亲自过问或派专人审核，称为"内考"、"内校"①。这些均是逐级考课的反映。除了吏部考功司掌管考课外，唐代还设朝集使负责收集、汇总地方官吏考课。年终，朝集使入京述职，携带地方官吏考课簿送达尚书省。为了保证考课质量和效率，唐朝有时还特设校考使、监考使监督吏部考课工作。这是唐代考课在朝廷总揽方面的新发展。宋代实行的两院三级考审制，是"逐级考课，朝廷总揽"原则高度成熟的表现。所谓两院，即审官院和考课院，它们是朝廷负责考课的最高机构。审官院专司京官考课，考课院负责幕职和州县官吏的考课。三级考审是指考课分三级实施，守令（知州）考县令（知县），监司（路转运使等）考知州，两院考百官。元丰改制后，审官院、考课院相继撤销，考课权复归吏部考功司。

明代考察分为京察和外察。京察是四品以上由皇帝亲裁，五品以下由吏部主察，都察院复核。外察的具体环节是州县按月申报政绩，府考其上下，年终汇报布政使司，三年造册上报朝廷。这种方式亦可归属于"逐级考课，朝廷总揽"方式。② 清代考课方式基本上沿袭明制。

2. 上计评议

上计，始于战国时期。秦汉以后虽不再使用剖券，但依然持"计簿"定期上计。不过，此时的"上计"多以汇报和评议相结合。如汉代各郡国上计吏到京汇报本郡政绩后，要公开接受中央的审察，并回答中央的质询。如"御史大夫敕上计丞长史曰：……问今岁善恶孰与往年？对上。问今年盗贼孰与往年？得无有郡辈大贼？对上"③。上计活动结束后，上计吏还要听取中央对该郡国工作的政令指示。如哀帝元寿二年（0 年），"郡国守丞长史上计事竟……敕曰：诏书殿下禁吏无苛暴。丞长史归告二千石：顺民所疾苦，急去残贼；审择良吏，无任苛刻；治狱决讼，务得其中……"④ 唐代的评议方式有了新发展：无论是中央诸司官员还是地方州县官吏的考课，长官对属下官吏的政绩进行评定，"议其优劣，定为九等考第"，然后征求应考人的意见，"大合众而读之"⑤，通过后再书考状，送报尚书省。初考基础上的校考则由校考官、监考官、考功郎中和考官员外郎汇集考簿，了解情况，检查审定考核的等级，定考时要向齐集于都省的京官和地方各州的朝集使宣布，然后发给考牒，以为凭据。

二、奖惩制度

古代的奖惩又称"赏罚"。考课的目的在于优者赏，劣者罚。没有考课，赏罚也就失去标准；而没有赏罚，考课就失去意义。传统中国历代各朝对官吏进行考课之后，大体都能继之以赏罚升降。

奖惩之施由来已久，但真正以考课为基础的奖惩制度始于春秋战国时期。如秦国商鞅变法规定："宗室非有军功论，不得为属籍。""有军功者，各以率受上爵。"⑥ 当时的军功赏

---

① 《唐会要》卷八十二，《考下》。
② 参见贾育林：《中国古代廉政法律文化及其现代价值》，中国政法大学 2006 年博士学位论文，77～78 页。
③④ 《后汉书·百官志》。
⑤ 《新唐书·百官志》。
⑥ 《史记·商君列传》。

赐，除赐爵外，还赏给土地、住宅、奴婢等，而惩罚则有免职、疏用、不用、鞭笞、罚款乃至处死等。

汉代的奖惩制度以"上计"结果为依据，宣明优劣，分出"殿"、"最"，以定升迁黜陟。当时奖励的种类主要有增秩、迁官、赐爵、特殊礼遇等，而处罚的内容亦有降职、贬秩、免官、禁锢、赐死、族诛等。违法犯罪者依法惩治，有大功于国家者超常奖赏。黄霸为颖川太守，考课为天下第一，迁京兆尹，职掌京师。但京官难当，不称职，连降俸禄，复令回颖川任太守，俸禄降为八百石，远低于二千石郡太守。降职又罚俸的黄霸，一如既往，勤于公务，郡中大治，复得升秩、赐金、封侯的荣典，旋升御史大夫，后任丞相。

唐代考课等级已比较严明、翔实，当时依据流内官"四善"、"二十七最"的考课标准，将应考者的善、最情况结合起来，评定为九等，即一最四善为上上，一最三善为上中，一最二善为上下，无最二善为中上，无最一善为中中，职事粗理、善最不闻为中下，爱憎任情、处断乖理为下上，背公向私、职务废阙为下中，居官饰诈、贪浊有状为下下。据此，小考赏之以加禄，罚之以夺禄；大考赏之以晋职，罚之以降职。"凡考，中上以上，每进一等，加禄一季；中中，守本禄；中下以下，每退一等，夺禄一季。中品以下，四考皆中中者，进一阶；一中上考，复进一阶；一上下考，进二阶，计当进而参有下考者，以一中上覆一中下，以一上下覆二中下。上中以上，虽有下考，从上第。有下下考者，解任。"[1] 这种规定，将所有官吏职务的升降与俸禄的增减，紧密地与考课结果相联系，并且规定严格而明确，使奖惩制度有一个客观、公正的依据。这无疑是在总结前代统治经验与教训的基础上将奖惩制度大大向前推进了一步。

宋代奖惩制度亦以考课结果为依据，但由于宋代考课制度本身变化较大，或以德行功能为标准，或以年资为标准，前后不一，纷繁复杂，故其奖惩制度也出现一定的波动性。明代考课始由九等简化为三等，即称职、平常、不称职。而其奖惩制度亦注意将职务繁简、称职与否、有无过失结合起来，以定升降奖惩，具有相当的合理性。对于考察中被查出犯有"贪、酷、浮躁、不及、老、病、不谨"等八法的官吏则另有处罚措施。洪武十一年（1378年），明太祖朱元璋"课朝觐官殿最，称职而无过者为上，赐坐而宴；有过而称职者为中，宴而不坐；有过而不称职者为下，不预宴，须立于门，宴者出，然后退"[2]。这是朱元璋创造的简单而客气的处置办法。后来，随着考课制度的健全和法制的建立，奖惩制度亦日趋正规化："凡年老有疾者致仕，贪者为民，不谨者冠带闲住，浮躁、浅露、才力不及者，俱降一级调外任。"[3] 对于特别贪酷的官吏，还要给予刑事制裁。清代奖惩制度与明代基本相似。

综上所述，传统中国的考课与奖惩制度有一套严密的组织系统，并以贤、能、德、行四个方面的内容为考课标准，有不少科学、合理的成分，至今仍可资借鉴。

---

① 参见《新唐书·百官志》一。
② 《明史·选举志》三。
③ 《明会典》卷十三。

第十二章

财政组织体系及财政决策与审核制度

本章主要探讨中国古代的财政制度体系。财政制度，作为政府的给养制度，是国家政治资源管理制度的一部分。国家政治资源管理制度，是用以保障行政主体的存在和运转的支撑制度，应该被视为国家行政主体法制的构成部分。在古代中国，所谓国家政治资源不外乎两者：人才和钱财。在前一章我们讨论了国家的人才管理制度。在本章里，我们再系统讨论国家另一种政治资源——钱财的管理制度。关于国家的财政制度，广义上讲，包括财政决策制度（作政）、财政执行制度（行政）、财政审核制度（督政）三个方面。我们要探讨中国古代的行政主体法制，把财政制度（包括财政决策、财政行政、财政监督）作为一个整体来探讨更为合理些。在本章里，我们先大致勾画中国古代的国家财政组织体系，然后简单阐述古代中国的财政行政和财政监督制度。

第一节
传统中国的财政组织体系

财政是国家行政的重要组成部分，亦是整个行政体制运作的支柱之一。任何一个国家的经济政策乃至制度变革的主要动因，都是其财政利益。不了解政府的财政收入和支出过程中政府的管理活动，便无法找到传统社会公共行政及其运作的主要动因。

财政是在国家产生以后才出现的，"为了维持这种公共权力，就需要公民缴纳费用——捐税"[①]。如何征收捐税，征收的捐税如何分配和使用，就构成财政。我国专制主义中央集权的财政组织体系，是在秦汉时期确立的，但这并不是说在此之前不存在国家财政。

早在夏商周时代，就形成了地方分权的财政组织体系，并采用分官任事的职任制度，来管理财政。夏商周三代的国家财政管理，是奴隶制国家最高统治者亲自督率并由王朝中

---

① 《马克思恩格斯全集》，第 21 卷，195 页。

央具有较大权力的执政首脑即"冢宰"总其责任的。《尚书·洪范》中所列"八政",食货位列其首,由此说明奴隶制王朝是把财政作为首要的一项政事。夏商周三代由于在政治上实行分封制,其财政管理体制基本上属于地方分权制。王畿之外,划为九州,分为五等,各制其地,各征其所产。财政划分,即所谓"天子取于王畿,诸侯取于封地",各有财源,各有征收权。夏商周三代因国家财政与王室财政不分,故中央财政就是王室财政,地方财政就是封君财政。中央财政收入主要有两项:一是王畿之内的税收和其他收入,二是诸侯各国的贡赋。地方财政收入也有两项:一是封地内的税收和其他收入,二是中央财政的补贴收入。在财政管理上,夏商周三代基本上是实行定职任事。史载,夏有六卿之设,商有六太、六府、六工之设,均分职任事。及至西周,随着国家机构设置的逐渐完善,财政管理机构及其日常运作亦日趋制度化和规范化。据《周礼》记载,西周国家财政机构分为两大系统,即总司财政及财政支出的"天官"系统和主管财政收入的"地官"系统,在财政管理上迈出了成功的一步,为封建国家财政的建设奠定了坚实的基础。

　　作为中国传统行政制度组成部分之一的财政制度,则是在秦汉时期正式确立的。其标志有二:(1)中央集权财政体制的形成。自秦始皇统一中国,国家财政亦由分散到集中。财政制度的确立、财政政策的制定、财政法令的推行以及赋税的征收和减免,无一不由中央政府统一决定;而军费的支付、官俸的发给等各项财政开支,又无一不是来自中央财政。(2)国家财政与皇室财政的分离。国家财政,是指为实现国家职能的需要,国家参与一部分社会产品的分配。皇室财政,是指为维护皇权,满足皇帝及其家族的生活及其他特殊需要所形成的对社会产品的分配。总之,由于封建生产关系的基本成熟、土地私有制的确立和财政管理形态的发展,原来的国家财政同皇室财政混在一起的状况势必要加以改变,而实行分辟财源、分清用途、分设职官加以管理的组织体系。

　　秦汉时期,国家财政与皇室财政逐渐形成两大收支管理体系。国家财政的管理机构,秦和汉初为"治粟内史",景帝后改为大司农。国家财政的收入与支出,国家库藏的调度和拨付均由大司农负责。大司农属官有太仓令主粮谷,部丞主钱财,均输令主上解物质,平准令主物价,籍田令主籍田,斡官、铁市主盐、铁、酒专卖。大司农在各郡国还设有仓监、农监和都水分别执掌仓储、农事和水利事业。在地方,各郡由太守总揽大权,仓曹掾分管财政;各县由县令总负其责,典知仓狱,并分管财政;乡有三老,由啬夫、乡佐负责征收之职。皇室财政则由少府主管,一切皇室财政的收入与支出均由少府负责,少府下设六丞,属官有汤官、导官、太医、东西织室、乐府、东园匠等十六官令丞。水衡都尉为武帝元鼎二年(公元前115年)初设,与少府并列,下设辨铜、上林、均输等官,东汉时裁撤,统由少府掌管。

　　魏晋南北朝时期,随着行政体制的调整,财政管理机构发生了一些变化,其中最大的变化是度支尚书取代从前的大司农,成为管理国家财政的最高机关,主管国家的财政收入和财政支出。尽管大司农官职犹在,但其职权已缩减为收粟之官。在度支尚书之下,曹魏设有度支、金部、比部、库部、农部、水部、食部、民曹等部曹,另外还设司盐都尉和司盐监丞、典农中郎将和典农都尉;西晋设有度支、金部、仓部、客曹、屯田、运部等部曹;南朝有度支、金部、仓部、起部四部曹;北朝有左户、有户、仓部、金部等。

　　隋唐时期,财政管理机构已经较为完备,职官设置上已形成一种上下相属的体系。在中央，改度支部为户部，为全国最高财政管理机关，"掌天下土地、人民、钱谷之政、贡赋之差"①，下设户部、度支、金部、仓部四司。户部司职掌户口、土田、赋役、贡献、蠲免之事，度支司职掌全国租赋的账目，金部司职掌珠宝物资的库藏和度量衡事宜，仓部司职掌全国各大粮仓的出入。除户部外，与财政有关的机构还有司农寺和太府寺。司农寺"掌仓储委积之事"，而太府寺"掌财货、廪藏、贸易"②。"二寺"与户部之间的关系大体是：户部掌政令，二寺掌具体出纳收藏事务。这种组织体系在很大程度上直接影响了以后各代的财政管理体制。在地方州、县，财政仍由各级行政长官总领之，但已在行政机构中设置了与中央户部对口的户曹和仓曹，其中户曹的司户参军，职掌户籍、计账、道路、过所、蠲符、杂徭、逮负等事；仓曹的司仓参军，职掌公廨、度量、仓库、租赋征收等事。③ 县下设乡、乡下设里，百户为里，设里正一人，里正负责查核户口，办理赋税征收事务，是唐代实际催督纳税的人员。

宋代的财政体制，有皇室财政与国家财政之分。国家财政体制，仍然实行中央集权制，财权集中于中央，而且唯皇帝个人意志为是，无另外的机制可以起制衡作用。国家财政的大部分收入集中于皇室财政，因此国家财政无异于皇室财政。宋代在中央设三司使，统管盐铁司、度支司和户部司。三司使总管财政事务，"四方贡赋之入，朝廷之预，一归三司"。盐铁司"掌天下山泽之货，关市、河渠、军器之事，以资邦国之用"；度支司"掌天下财赋之数，每岁均其有无，制其出入，以计邦国之用"；户部司"掌天下户口、税赋之籍，榷酒、工作、衣储之事，以供邦国之用"④。元丰改制后，恢复由尚书省所属户部掌管国家财政的制度："元丰正官名，（三司）始并归户部，掌天下人户、土地、钱谷之政令，贡赋、征役之事。"⑤ 户部置尚书、侍郎、左右曹郎中、度支郎中、金部郎中、仓部郎中等官职，其中尚书、侍郎"掌军国用度，以周知其出入盈虚之事，凡州县废置，户口登耗，则稽其版籍；若贡赋、征税、敛散、移用，则会其数而颁其政令焉"；左右曹郎中"掌分曹治事"，"绍兴中，专置提举帐司，总天下帐状，以户部左曹郎官兼之。右曹岁具常平钱物总数，每秋季具册以闻"；度支郎中"参掌计度军国之用，量贡赋税租之入以为出。凡军需边备，会其盈虚而通其有无。若中外禄赐及大礼赏给，皆前期以辨。岁终，则会诸路财用出入之数奏于上，而以其副申尚书省。凡小事则拟画，大事谘其长贰"；金部郎中"参掌天下给纳之泉币，计其岁之所输，归于受藏之府，以待邦国之用。勾考平准、市舶、榷易、商税、香茶、盐矾之数，以周知其登耗，视岁额增亏而为之赏罚"；仓部郎中"参掌国之仓庾、储积及其给受之事"⑥。但户部只能管理一般经费，负责处理一般事务，皇帝和宰相实际操作着国家财政大权。为了加强对国内主要财源的控制和管理，宋代在对地方设置了许多由中央直接控制的固定专门机构，如转运使、发运使等。转运使"掌经度一路财赋，而察其登耗有无，以足上供及郡县之费。岁行所部，检察储积，稽考帐籍，凡吏蠹民疾，悉条以上达，及专举刺官吏之事"；而发运使则"掌经度山泽财货之源，漕淮、浙、江、湖六路储廪以输

① 《新唐书·百官志》一。
② 《新唐书·百官志》三。
③ 参见《新唐书·百官志》四。
④ 《宋史·职官志》二。
⑤⑥ 《宋史·职官志》三。

中都，而兼制茶盐泉宝之政，及专举刺官吏之事"①。宋代的地方财政，包括兵、钱谷、户口、赋役、狱讼听断之事，内府、州军等的知府、知州等行政官员总其责。县级政权由县令掌理户口、赋役、钱谷、赈济、给纳之事，按时编造户籍和催收田赋，向上级报告水旱灾伤，按规定办理蠲免。至于具体事务，大县由县丞主管财政和经济，千户以上的县，由主簿掌出纳官物、销注簿书等事。

辽代中央管理机构设北面官和南面官，北面官主管契丹本族之事，下又设北、南两大王主管财政，南面官主管汉人之事，在尚书省之下设户部主管财政。金代财政管理体制基本因循宋代。

元代的财政体制仍然包括国家财政和皇室财政，实行中央集权制，地方政府无财权。元代国家财政管理机构为户部，"掌天下户口、钱粮、田土之政令。凡贡赋出纳之经，金币转通之法，府藏委积之实，物货贵贱之直，敛散准驳之宜，悉以任之"②。除户部外，兵部、刑部、工部、礼部均有自己的理财机构和财权，户部不能起领导作用。另外，还有一些综合部门也拥有很大一部分财权，设立自己的理财机构。如枢密院主管军民屯种之出入，宣政院主管吐蕃等处的税课仓粮，大司农司主管一部分屯田之出入。户部对它们亦无约束力，于是形成了这样一种状况：户部直接对中书省负责，中书省对皇帝负责，中央综合部门直接对皇帝负责。各理财机构在财政上没有任何统属关系，机构不相统一，造成事出多门，衙门分杂，事不归一，十羊九牧，莫之适从，"诸司头目，布满天下，各自管理，不相统摄。"③ 元代皇室理财机构更为复杂，而各理财机构又各有自己的财源，它们之间也更无统属关系。元代地方财政机构，分省和路二级。元代在全国设立了11个行省，各行省总领该省钱粮、兵甲、屯种、漕运及军国重事。隶属于行省的税务机构有：两淮、两浙、福建等转运盐使司，广东盐课提举司，四川茶盐提举司，广海盐课提举司、市舶提举司和海道运粮万户府等。路的财政机构有平准行用库、府仓和税务。

明代的财政机构为户部，设尚书一人，"掌天下户口、田赋之政令。侍郎贰之，稽版籍、岁会、赋役实征之数"。户部的日常工作主要有："以垦荒业贫民，以占籍附流民，以限田裁异端之民，以图帐抑兼并之民，以树艺课农官，以刍地给马牧，以召佃尽地利，以销豁清赔累，以拨给广恩泽，以给除差优复，以钞锭节赏赍，以读法训吏民，以权量和市籴，以时估平物价，以积贮之政恤民困，以山泽、陂地、关市、坑冶之政佐邦国，赡军输，以支兑、改兑之规利漕运，以蠲减、振贷、均籴、捕蝗之令悯灾荒，以输转、屯种、籴买、召纳之法实边储，以禄廪之制驭贵贱。"④ 户部下分为四部，即民部、度支部、金部、仓部。洪武二十三年（1391年），以天下度支事务浩繁，改为十二部，各令清理一省，至二十九年（1397年），改为十三司（浙江、江西、湖广、陕西．广东、山东、福建、河南、山西、四川、广西、桂林、云南），各掌相应省份之事，兼领两京直隶贡赋及诸司卫所禄俸、边镇粮饷，并各仓场盐课、钞关。此外，还设置宝钞提举司、各仓库都转运盐使司，分司财政税收仓库事宜。明代会计属户部主掌。每年由户部总汇一年的需费上报于大司徒，经皇帝认

---

① 《宋史·职官志》七。
② 《元史·百官志》一。
③ 《元史纪事本末》，86页，北京，中华书局，1979。
④ 《明史·百官志》一。

可后组织征收，从永乐以后定为常规。至于明代的地方财政机构，省承宣布政使司掌省的民政、户口、钱粮；省以下的府和县，也相应设官主管府县的财政工作。清代沿用明代之制。

第二节
传统中国财政岁入制度

政府为维系其生存，行使其公共管理职能，都必须有相应的财政经费保障，亦即有固定的财政来源。任何时代、任何类型的政府概莫能外。传统中国的财政收入主要有土地税、人头税、工商税、徭役、贡纳和借债等。

一、土地税

夏商周三代的土地实行国有制，从法律上讲，全国土地最终都归"上天之子"即王所有，"溥天之下，莫非王土"。但王不可能把全国的土地都直接管理起来，于是采用分封制，按照血缘关系把土地连同土地上劳动的人口分封给诸侯，诸侯再层层分封给卿、大夫、士，而直接耕种这些土地的，是由王和各级奴隶主各自控制、占有的平民、奴隶。夏商周三代主要是借民力开辟土地，以强制劳役和实物地租（田赋）收入为政府财政收入的主要来源。夏商周三代在授田实践中产生的这种对平民征收的田赋制度，用孟子的话加以概括，叫作"夏后氏五十而贡，殷人七十而助，周人百亩而彻，其实皆什一也"①。即夏代以五十亩为标准、商代以七十亩为标准、周代以一百亩为标准授田给平民劳动者，按照当年实际产量或几年的平均产量，征收十分之一的农产品作为赋税。这种"贡、助、彻"还不是纯粹意义上的税收，而是一种租和税的混合体。夏商周三代奴隶社会中，王一方面是全国的统治者，另一方面又是全国唯一的土地所有者；同样，各级奴隶主一方面是他封地内的统治者，又是他封地内事实上的地主，从而以统治者的身份向被统治者的征收，就是赋税；以土地所有者的身份从生产者手中攫取部分收获物，又称为地租。在人民交纳的田赋总额中，分不出哪一部分是租、哪一部分是税，租和税是合一的。但有一点很清楚，税已经出现了。在当时还没有其他形式的税，租税合一形式的"贡、助、彻"就是我国早期的赋税。正如马克思在谈到东方国家土地所有制问题时所指出的："如果不是私有土地的所有者，而是象在亚洲那样，国家既作为土地所有者，同时又作为主权者而同直接生产者相对立，那末，地租和赋税就会合为一体，或者不如说，不会再有什么同这个地租形式不同的赋税。"②

及至春秋战国时期，随着土地私有制的逐步确立和商品经济的发展，地主阶级所掌握的土地已属私有，封建国家对于这些土地已无所有权，因而政府作为权力机构进行以土地为对象的征收，就具有土地税的性质，而不再具有租的性质。魏国李悝在阐述"平籴法"

---

① 《孟子·滕文公上》。
② 《马克思恩格斯全集》，第25卷，891页。

时指出：“今一夫挟五口，治田百亩，岁收亩一石半，为粟百五十石，除十一之税十五石，余百三十五石……”①可见，当时魏国地税税率为十分之一，平均每亩税负一斗五升。

秦汉时期将政府征收的土地税称为田租。秦代田租较重，按董仲舒所说秦代田租二十倍于古，耕豪民之田者，见税什伍。秦二世时尽人民所有而征之，终因苛征无度而败亡。汉初轻田赋，高祖时十五而税一，文帝时将田赋减为二十税一。在文帝十三年（前 167 年），下令全免田租。景帝二年（前 155 年），“令民出田租，三十而税一”。三十税一的田租成为定制，以后少有变动，后汉二百多年也沿用此税率。课征办法是根据民户申报每亩田地的收获量，经过乡啬夫评定后按产量、实有田亩数和政府规定的税率，得出应纳税额。总体而言，汉代的土地税较轻，这是与民休息、重农抑商等政策的反映，促进了社会经济的发展。

隋唐时期的赋税制是在均田制的基础上实行的租庸调制。均田制是北魏以来的封建国家土地所有制的一种形式，而租庸调则是适应这种所有制形式的赋税制度。隋立国之初即颁令授民以永业田，其赋税分为租调和力役：“丁男一床，租粟三石，桑土调以绢絁，麻土以布绢，絁以匹，加绵三两，布以端，加麻三斤，单丁及仆隶各半之。未受地者皆不课，有品爵及孝子顺孙义夫节妇，并免课役。”②开皇十年（590 年）又规定丁男五十岁免役收庸，就是允许交布帛以代替力役。唐代仍实行均田制，“每丁岁入租粟二石。调则随乡土所产，绫绢絁各二丈，布加五分之一。输绫绢絁者，兼调绵三两；输布者，麻三斤。凡丁，岁役二旬。若不役，则收其庸，每日三尺。有事而加役者，旬有五日免其调，三旬则租调俱免。通正役，并不过五十日”③。可见，租庸调是一种“以人丁为本”的赋役制度，其基本精神是“有田则有租，有家则有调，有身则有庸”。这种以丁为本的赋役制度的本意是鼓励开垦，保证政府财政收入。但因土地兼并，无田佃户亦要负担赋役，导致农户大量逃亡，使均田制和租庸调制瓦解。唐德宗即位后，采用两税法，即将租庸调和户税、地税合并统一，以户税和地税为基础，户税征钱，地税征租，即“先计州县每岁所应费用及上供之数而赋于人，量出以制入。户无主、客，以见居为簿；人无丁、中，以贫富为差；为行商者，在所州县税三十之一，使与居者均，无侥利。居人之税，秋、夏两征之。其租、庸、调杂徭悉省，皆总统于度支”④。两税法的实行简化了税制，扩大了纳税面，按资产而不是人丁课税更为合理，故扩大了政府财政来源，符合经济发展规律。

宋代的土地税沿用唐代的两税法，分夏、秋两季征收。夏税征收以绢为主，解决军衣及官吏衣料的需要；秋税征收以粮谷为主，解决军粮民食问题。宋代土地税根据土地好坏，分等征收。元代的田赋，分为税粮、利差。在税粮方面，江北有丁税、地税，江南有夏税、秋税。在科差方面，江北有丝料、包银和俸钞，江南有户钞和包银。其中包银以户征收，每户年征银四两，二两输银，二两折收丝绢、颜色等物。俸钞是包银的加征，专为内外官俸支出而加征。户钞则是食邑民户纳钞以供封君享用，平均每户输钞五钱。此等户钞不入国家财政，而入诸王私囊。元朝田赋正税之外，尚有多种附加税，官俸实际上就是包银的

① 《汉书·食货志》。
② 《隋书·食货志》。
③ 《旧唐书·食货志上》。
④ 《资治通鉴》卷二二六。

附加，而脚钱、鼠耗、分例等，皆属税粮的附加。

明代土地制度，分为官田和民田："明土田之制，凡二等：曰官田、曰民田。初，官田皆宋、元时入官田地，厥后有还官田，没官田，断入官田，学田、皇庄、牧马、草场、城壖、苜蓿地、牲地、园陵坟地，公占隙地，诸王、公主、勋戚、大臣、内监、寺观赐乞庄田，百官职田，边臣养廉田，军、民、商屯田，通谓之官田。其余为民田。""弘治十五年，天下土田止四百二十二万八千五十八顷，官田视民田得七之一。"明代户口分为三等："凡户三等：曰民、曰军、曰匠。民有儒，有医，有阴阳。军有校尉，有力士，弓、铺兵。匠有厨役、裁缝、马船之类。"①人户以籍为断，编黄册，每户给户帖。同时登记土地，编鱼鳞图册，以作为征田赋之依据。明初田赋制度沿袭唐宋两税法。明太祖即位之初，"定赋役法，一以黄册为准。册有丁有田，丁有役，田有租。租曰夏税，曰秋粮，凡二等。夏税无过八月，秋粮无过明年二月。""成丁而役，六十而免，又有职役优免者，役曰里甲，曰均徭，曰杂泛，凡三等。以户计曰甲役，以丁计曰徭役，上命非时曰杂役，皆有力役，有雇役。府州县验册丁口多寡，事产厚薄，以均适其力"②。在税收管理上，明朝发明了粮长制度，即明皇朝组织征解、完纳田赋的有效措施，规定凡每纳粮一万石或数千石的地方，划为一区，设粮长一名，由政府指派区内田地最多的大户充当。粮长的主要任务是主持区内田粮的征收和解运事宜。后来粮长的职权又有扩大，如拟订田赋科则，编制鱼鳞册，申报灾荒蠲免成数，检举逃避赋役人户和劝导农民努力耕种、按期纳粮当差等。后来，在某些地区，粮长往往包揽地方事务，掌握乡村裁判权。明初设立粮长征收田赋，属于民收民解，是一种委托代办的性质。以此代替胥吏直接向民间征收，减少政府与人民的矛盾，寓意是非常深刻的。及至明朝中期，两税法已无法推行，万历年间张居正推行"一条鞭法"，是赋役制度的一大改革，其内容是："一条鞭法者，总括一州县之赋役，量地计丁，丁粮毕输于官。一岁之役，官为佥募。力差，则计其工食之费，量为增减；银差，则计其交纳之费，加以增耗。凡额办、派办、京库岁需与存留、供亿诸费，以及土贡方物，悉并为一条，皆计亩征银，折办于官，故谓之一条鞭。"③"一条鞭法"的目的是限制官僚豪强地主的赋役优免权，办法是先将赋和役分别归并，再将役逐渐并入赋内；赋役普遍用银折纳；赋役的催收、解运由地方政府办理。这种赋役制度简化了赋役征收的形式，免去了无地的农民的力役负担，是由实物税向货币税转变的一次重大税制改革。明代田赋在正赋之外，常有加派，明末三饷即辽饷、剿饷、练饷数字最为庞大。加派是苛征性质，是恶政的表现。

清代田赋之制初沿明代，规定"天下田赋，悉照万历年间则例征收"，并免除明末"三饷"。康熙五十一年（1712 年）起始行"滋生人丁永不加赋"的办法。康熙五十五年（1716年）户部又规定："新增人丁，钦奉皇恩，永不加赋，令以新增人丁补足旧额缺数。除向系照地派丁外，其按人派丁者，如一户之内，开除一丁，新增一丁，即以所增抵补所除。倘开除二三丁，本户抵补不足，即以亲族之丁多者抵补；又不足，即以同甲同图之粮多者顶

---

① 《明史·食货志》一。
②③ 《明史·食货志》二。

补，其余人丁归入滋生册内造报。"① 固定丁银，实为"摊丁入亩"制度的实施铺平了道路。雍正二年（1724 年），"摊丁入亩"制度在全国普遍推行。"摊丁入亩"的原则是由地起丁，田多则丁多，田少则丁少，而且无论豪绅富户，不分等则，一例输纳。关于丁赋的税率，各地均不相同，每地赋银一两，摊入丁银，最低的省为一厘至二钱不等，最高的省由二钱到四两五分三厘不等，一般为一钱至四五钱不等。②"摊丁入亩"制度是中国传统社会赋役制度的重大改革，延续千年的人头税从此不再单独征收，保证了政府的财政收入，减轻了农民和工商业者的负担，客观上有利于农业和工商业的发展。清代田赋除"地丁银"外尚有漕粮，漕粮以实物交纳，实际成为田赋的一种形式。另清末有附加税捐，特别是为支付对外赔款，以"着赔"、"代赔"、"摊赔"等名义，附加税捐。

二、人头税

在封建社会初期，土地税（田租）和人头税（口赋）构成国家赋税结构中最主要的两大部分。人头税，又称口赋、口钱，即计口征税。口赋制度最早可追溯到春秋战国时期。《周礼·地官·载师》记"凡宅，不毛者有里布；凡田，不耕者出屋粟；凡民，无职事者出夫家之征"。据此可知，对于不耕种、不劳动及游手好闲者就要课以人头税，目的在于鼓励生产，促进经济发展。故这一征课在最初施行时，确实具有一定的激励作用。但到了战国时代，封建制度逐渐形成，口赋遂向恶税转化。商鞅变法亦然，公元前 348 年秦颁布了"初为赋"③，作为改革的一项重大内容。这个"赋"绝不是履亩而税之赋，而是以人口作为课征对象的人头税。《史记·商君列传》记，"民有二男以上不分异者，倍其赋"。"倍其赋"的依据是人口而非土地，这是典型的人头税。

人头税的独立征收，主要集中在秦汉时期。秦统一中国以后，以横征暴敛代替了合理税收，口赋走向了反面。所谓"头会箕敛，以供军费"④，就是绝好的注释。头会，即按人头出赋，就是人头税；箕敛，即征税时用以装钱的吞畚箕。高诱注"头会随民口数，人责其秘（税）；箕赋，似箕然，敛人财多取意也"⑤。可见，秦代的口赋课征数量之大给广大劳动者造成了沉重的负担。汉承秦制，并对成年人和儿童分别征税，称作算赋和口赋。算赋是课于成年人的人头税，汉高祖四年（公元前 203 年）"初为算赋"，规定"民年十五以上至五十六岁出赋钱，人百二十为一算，为治库兵车马"⑥，意即凡年龄在十五岁以上至五十六岁的成年男女，每人每年要向国家缴纳一百二十钱即一算的人头税，算赋收入形成军备基金，用以购置战车、骏马、武器装备。课征算赋在汉初政治、经济政策的推行和落实中发挥了较大作用，如为了贯彻重农抑商政策和限制蓄养奴婢，《汉律》规定："人出一算，算百二十钱，唯贾人与奴婢倍算"，意即对商人与蓄奴豪强加倍征纳二算即二百四十钱。又

---

① 《大清会典事例》卷一百三十三。
② 参见《清朝文献通考》卷十九，《户口考》。
③ 《史记·秦本纪》。
④ 《汉书·张耳陈馀列传》。
⑤ 《淮南子·记胜训》。
⑥ 《汉书·高帝纪》。

如，为了倡导早婚、鼓励人口生殖，汉政府规定："女子年十五以上至三十不嫁，五算。"① 即对女子十五岁至三十岁不嫁人，分成五等，每升一等，加征一算，到三十岁加征五算，即缴纳六百钱，可见这是一种累进税制，对汉初人口的增长确实起到一定的促进作用。口赋是课于儿童的人头税，"民年七岁至十四岁出口钱，人二十，以供天子。"② 意即凡是七岁到十四岁的儿童，每人每年向国家缴纳二十钱的人头税，口赋入皇室财政。至汉武帝时，每人加征三钱，以补军费开支不足。汉代算赋与口赋的征收，在每年八月举行，故有"因八月算民"之称。先由地方官吏查验户口，统计民数，核实年龄，作为课征依据。汉代户籍制度甚严，有所谓"案比貌阅"，就是检索户口时，无论男女老幼，都得在规定的时间赶往指定的地点，接受面对面的案验检查，然后由乡啬夫执行收缴任务。算赋、口赋课征货币，不得以实物代纳。

魏晋以降，随着均田制、租庸调制、两税法、"一条鞭法"实行，逐渐将人丁之税和其他税收方式结合起来。及至清朝"摊丁入亩"制度的实行，人头税不再单独征收，而是将其并入田亩征收。

三、工商税

中国传统社会一直存在着工业和商业，对这些工商业所课征的税收亦是国家财政收入的重要组成部分。工商税主要包括山泽之税、市税、关税以及专卖收入等。

夏商周三代的手工业和商业，主要由国家控制。史载："垂主工师，百工致功；益主虞，山泽辟。"③ 即是说自尧舜时就设有管理百工和山林川泽财物与生产的官职，垂和益就是被派任负责这方面工作的两位官员。其后，天子有司土、司木、司水、司革、司器、司货"六府"，典司六职；有木工、金工、石工、水工、兽工、草工"六工"，典制六材。④《周礼》中则有"太宰以九职任万民"的规定。当时的工与商大都在政府控制、管辖下从事生产经营。一般而言，西周以前对工商虞衡一类人是不征税的，"古者，公田籍而不税，市廛而不税，关讥而不征，林麓川泽以时入而不禁，夫圭田无征"⑤。对市廛、关市等征收工商杂税始于西周，据《周礼·太宰》记载，"太宰以九赋敛财贿"：对商人运货经关卡进市场，有关市之征；对独立手工业者开发山泽，有山泽之赋；对公用的余财，则有市余之赋。这些均属什一税类的收入。及至春秋战国时期，随着工商业的发展、商运往来的频繁，大盐商、大铁商、大贩运商，所在多有，甚至商人已与国君抗礼。于是，关市税开征。到战国时期，关税收入已成为国家财政的重要来源之一。盐铁税与盐铁专卖亦始于春秋战国时期，晋以盐为国宝，楚因山林川泽而财用足。晋盐、楚泽之入，都是财政收入来源。

秦代工商税包括山泽之税，盐铁之利。秦自商鞅变法以后，由国家统一管理山海池泽，对山海池泽的产品征税。而秦统一后，由于支出浩繁，财政困难，增加了对盐铁等山海池泽产品的征收额。此外，秦朝还征收关市之税。

---

① 《汉书·惠帝纪》。
② 《汉书·惠帝纪》如淳注引应劭《汉仪注》。
③ 《史记·五帝本纪》。
④ 参见《礼记·曲礼》。
⑤ 《礼记·王制》。

　　汉代的工商税收有：（1）盐铁专卖和酒专卖。专卖制度是调控经济的重要手段，也是获取高额财政收入的重要渠道。（2）均输和平准收入。汉代的均输和平准是政府干预经济的政策措施，实际上是政府对商品运销和物价进行控制，属国营商业性质。均输是指调剂运输，各地应向朝廷进贡的贡品，由均输官负责运到行市高的地方销售，把所得款项交付中央。京师所贾之物由均输官就近、就原产地去购买。平准是指平抑物价，由平准官负责收集各地货物，统一组织调配，贱时买进，贵时卖出。既可调剂物价，又能增加收入。（3）算缗、告缗和算商车。算缗是向商人和高利贷者征收的财产税；告缗是对被告发的隐瞒财产的商贾和高利贷者进行财产没收；算商车是对车船主进行征税。这是配合重农抑商政策，打击商贾和豪富的经济手段。（4）赊贷税。这是对出贷金钱或粮食收取利息所课的收益税，课征的对象是高利贷者。（5）关税、市租收入。关市税亦称关税，是流通领域的通过税，分为内地关税和国境关税两种。内地关税是对商人贩运货物经过关口时所课征的税。中国国境关税的开征始于汉代，汉代在边境进出口设关，以管理对外通商，通过者征税。市租是在流通领域里征收的交易税，即按买卖成交额所课征的税。（6）山川园池的收入。属于皇室财政收入或是封君列侯的私收入，主要是对山海、江河、湖泊、草原、池塘、园囿等地的出产物征的税。

　　三国两晋南北朝时期工商杂税收入，主要有盐、酒、铁专卖收入，交易税、关税、通行税和矿冶税等。其中盐法酒政时而专卖，时而征税，但主要行征税制。交易税亦称估税，即课于市场交易行为的税。其分为输估和散估两种。对于数额较大，并立有文契的大型交易所课征的税，叫作输估，如买卖奴婢、马牛、房屋、田产之类。对那些数额较小，又无文契的一般交易所课征的税，则叫作散估。估税始行于东晋，为后世契税的起源。通行税包括牛埭税与桁税，具有内地关税性质。牛埭税是对经过水埭的商旅所课征的税，桁税是对通过浮桥的商旅所课征的税。矿冶税是对民间开矿者与冶炼者所课征的税。此期，金、银、铜、铁诸矿的开采与冶炼，一般由官府垄断，民间不得染指。

　　隋唐时期，工商业兴旺发达，市场繁荣兴盛，对外贸易日趋活跃，社会经济欣欣向荣，国家财政的税源丰厚，工商税收日益增加，成为国家财政收入的一大重要支柱。隋代工商杂税较少，唐代杂税、杂征较多，包括盐税、茶税、酒税、矿税、关税等。随着海路开拓，国家间贸易往来频繁，唐代国境关税较汉代有所发展，并建立海关税的征收管理机构——市舶司，市舶司长官为市舶使。宋、元均沿袭市舶司制度。

　　宋代商品经济发达，工商税成为财政收入的重要来源。宋代工商税有盐税、茶税、酒税、矿税、商税等。其中盐税是国家主要财政收入之一，占其赋税收入的一半："今日财赋，鬻海之利居其半。"① 宋代商税制度比较完善，并有《商税则例》颁行天下。商税是对行商和坐贾征收之税，征收对象是运销的商品，非贩卖品不征税。宋代商税税率为千钱征二十（行商），或三十（坐贾）。对应税商品货物隐瞒不报者，则由官府问罪处罚，没收其货物的三分之一，并以半数充赏给举告者。宋初商税政策的实行，促进了商货流通，有利于社会经济的发展。

　　元朝的工商税名目繁多，无名杂敛，更是五花八门，无奇不有。属于手工业税的有对

---

　　① 《宋史·食货志》下四。

酒、醋、盐、河泊、金银、铁冶六项产品的课征，其中盐课是国家的主要财政收入："国之所资，其利最广者莫如盐。"① 元朝商业经济和海上贸易有所发展，故商税和市舶课受到国家的重视，并成为国家财政收入的主要来源之一。元朝规定商人必须按月纳税，商人纳税后，方可入城贸易，如无纳税凭证，或不出示凭证，即视为匿税。市舶税是适应海外贸易发展而征抽的贸易税。官府自备船舶和本钱，选派人员对外贸易，所得利润，以十分为率，官取其七，参加贸易的人取其三。国外客旅随官船来华贸易者，依例抽分，粗货十五分抽二分，细货十分抽二分。此外，另征三十分之一的船税，一并结算课税，不许额外取其钱物。随着工商业的发展，元朝苛征杂敛也日益加重，岁有定额的叫常课，无定额的叫额外课。额外课名目有三十二种之多，其中历日（即历书）课、契本课（即契本税）、河泊课、山场课、窑冶课、房地租钱、蒲苇课七种，是全国性的额外征收，其余二十五种，均属地方性苛杂。

明代，盐税位列工商税之首，成为明朝政府仅次于田赋的第二大收入。明代实行食盐国家专卖。国家规定产量以内的盐叫正盐，超过产量规定的盐，叫余盐。无论正盐、余盐，均不准灶户私售。明代对食盐征税，采行多种制度，如引岸法、开中法、计口配盐法等。矿税亦是明朝政府的手工业税的一种，主要是对金、银、铜、铁、铅、汞、朱砂、青绿等产品的课税。明代的商税，包括关税和买卖税。明初商税有两大征税原则：其一，不在市场上交易的货物，均不课税；其二，商税税率为三十分之一。商税后来逐渐繁杂和沉重，其项目主要有：（1）榻房税，即政府于水滨筑屋，以贮商货，相当于近代的堆栈收费。（2）门税，即通过税。（3）过坝税。（4）工关税，即对竹、木材和薪炭的课税，其收入主要作为工部缮造船舶的经费。（5）钞关税，凡舟船受雇装载者，按所载的多少及路的远近纳钞。（6）市肆门摊税，即店铺摊位费，量取货物之息，又按工艺量受直之多寡而取税钞。这是中国历史上按营业额取税的营业税之开始。此外，明代尚有茶、酒、醋及渔课。明代茶分为官茶、商茶两种，皆贮边易马。明代实行茶专卖，令商人于产地买茶，须纳钱请引，方许领茶贩运。明代酒税属地方税，收归州县备用，不交中央。对醋的课征曾折收金银钱钞。渔税以米、钞为本色，也准纳其他折色，税率按商税税率三十取一。

清代的工商税亦是国家重要财政来源之一。清代沿袭并发展了明代盐税制度，盐税成为清代财政的主要支柱之一："盐税所入与田赋国税相埒。"② "所需兵饷，半资盐课。"③ 清代对食盐实行专业垄断制度，以"官督商销"制度为主，间有"官运商销"制和"官运官销"制。"官督商销"制度，即民制、商运、商销，政府向商征税。盐税名称有五大项目，即灶课、引课、杂课、税说、包课。清代的关税分为内地关税和国境关税两种。但因清初对外实行闭关政策，课税很轻，所以关税岁入不多。鸦片战争以后的清代关税包括常关税和海关税，但随着通商口岸的陆续开放，关税的自主权开始丧失，起不到保护本国工商业的作用。此外，茶税、矿税、牙税、当税、契税、酒税等，也是工商税收的主要项目。清末工商税收入中，还创立了厘金制度。该制最初是一种集资方式，后由地方政府作为地方

---

① 《元史·食货志》二。
② 《清史稿·食货志》四。
③ 《皇朝经世文编》卷五六，《户政》二五。

财政的一个重要来源。厘金的征收方法有二：（1）官征。（2）商人包征，即通过大商或同业公会进行征收。就其名称来看，有坐厘、行厘、税捐、货厘、统税、统捐、货物税、过境销场税、产销税、火车货捐等等，具有征商或通过税的性质。

四、徭役及输庸

徭役，是对劳动者人身的强制性课征，即孟子所说的"力役之征"，包括兵役、力役和杂役。自土地私有制形成后，徭役就构成国家财政的一个独立的极为重要的收入项目，成为传统中国三大课征之一（田有粟米之征，户有布缕之征，人有力役之征）。

夏商周三代徭役由简而繁，逐渐完善。服役者来源，按周代规定，原则上是一家出一人，即"凡起徒役，毋过家一人"①。服役时间，按周代规定，一年役使三日，即"用民之力，岁不过三日"②。关于服役者的年龄，《周礼·地官·司徒》规定：城郭地区年满二十至六十岁，郊野地区年满十五至六十岁夫男均属征调服役者，免役者为国中贵者、贤者、服公事者、残疾者。

春秋战国时期，战争频仍，征发徭役自然沉重，其表现有四：（1）起征点低。应征年龄始于十五岁的未成年人。（2）应役量大。一俟政事、战事的需要，即得全部前往服役。（3）服役时间长。短者数月，长者终年。（4）徭役课及妇女、儿童、老人。

秦代徭役十分苛重。秦始皇统一全国后，对外用兵扩张，对内大兴土木，横征民力，滥兴徭役。秦代徭役有三，即更卒（服役者在规定的时间服役，期满后止役更换）、正卒（秦代服于郡国或京师的兵役）和戍卒（秦代劳动者守卫边境的徭役）。据估计，秦代可统计的人口约有两千万，每年征发的徭役在三百万人以上，服徭役的人数已占到全国总人口数的百分之十五以上。汉承秦制，兵力合一，统称兵役。汉代徭役仍为更卒、正卒和戍卒。对应服役而又未去服役的人课征代役金，称为更赋。汉代征收的更赋，既是雇人代役的资金来源，又是国家财政收入的一部分。对此，两汉政府对此作了明确的规定：正卒无常人，一月一更，如不服役，可交钱给官府，由官府雇人代役；应交钱数，一月二千。戍卒，每人每年三日，不便往者，出钱三百纳官。

三国两晋南北朝时期，人民徭役负担非常沉重，包括兵役、力役及其他杂役等。及至北齐，"始立九等之户，使富者税其钱，贫者税其力"，并已为统治者所重视，因而输庸代役的办法逐渐出现，且成为唐代租庸调的萌芽。

隋唐时代，应役的年龄和服役日期，不同时期规定不完全相同。"开皇三年正月，帝入新宫，初令军人以二十一成丁。减十二番每岁为二十日役。"③ 每岁二十日役，是定期的；临时征调，则更为频繁。唐代徭役的征发有所变化。武德六年（623年），唐高祖发布简徭役诏。武德七年（624年），始定律令，规定：凡丁岁役二旬，若不役则收其庸，每日绢三尺，因事而加役者，十五日免其调，三十日则租调俱免，正役不得超过五十日。但事实上，徭役还是很频繁的。两税法实行后，将庸并入两税，但徭役征发在有些地方仍然存在。

---

① 《周礼·地官·小司徒》。

② 《礼记·王制》。

③ 《隋书·食货志》。

宋代役制的特点是职役，即要民人到地方政府为"吏"，执行或办理"地方公务"。史载："役出于民，州县皆有常数。宋因前代之制，以衙前主官物，以里正、户长、乡书手课督赋税，以耆长、弓长、壮丁逐捕盗贼，以承符、人力、手力、散从官给使令。县曹司至押、录，州曹司至孔目官，下至杂职、虞侯、拣、掏等人，各以乡户等第定差，京百司补吏，须不碍役乃听。"① 宋服役民户分九等，上四等量轻重给役，余五等免役，命官、形势诸户不服役，这种制度称为差役制。其以衙前最重，被差之人，官使先到他家里，把杯杆匙筋都登记入册，作为资产，因衙前主典府库或辇运官物，往往因赔累而破产。神宗熙宁元年（1068 年）讲求兵役法；二年（1069 年），王安石废差役，改为收助役钱，实行雇役，并收免役宽剩钱，留作后备金。哲宗即位，废雇役法，改行差役法。此后，时兴时废，直到宋终。

元代徭役主要分为三大类，即兵役、职役和杂泛差役。元代兵役制度，以军户制为主，辅之以募兵制。所谓军户制，即凡为兵之家，便为军户，立籍为凭，世代为兵。募兵制往往是在军卒不足时实行，非经常制度。军户服兵役，属于终身制。元朝的职役项目非常繁杂，有充当驿传、招待各路使臣的站户，专职各项专门技术的匠户，专职捕猎的打扑户，专职豢养鹰隼的鹰坊户，负责地方巡逻任务的看手，管理地方行政的主首、里正，管理村庄的社长，保管仓库的库子；在地方衙门中，看管牢狱的牢子，侍候公堂的祗候等等，均属职役范围。杂泛差役，系指临时征发的无名杂役，如筑城、修路、建筑宫室、私第、寺庙、造船、伐木、修治水渠、河道、运送粮草等等，种类繁杂，无所不有。甚至搬运官吏的私物，也要向人民派差派役。这种杂役，无固定时日，亦不给报酬，或报酬甚微。此外，元代还有雇役、代役、助役和免役等。其中，雇役是指由应役者出资，雇人代役。元代的雇役包括兵役和职役。兵役的代役，只限于身死军人无亲丁者，可以少壮驱丁代役，或兄弟代役。助役人按应税田亩额出田亩，由应役人掌管，以田亩的收入充役费。免役一般是指免除杂泛差役及和雇、和买之役。元代免役范围极广，除军户、站户、匠户外，儒人户与僧、道、答失蛮等户均免杂泛、差役，至于诸王、贵戚、官豪势要之家，更在当免之列。

明代徭役以"验田出夫"为原则，有田亩一顷，出丁夫一人；不足一顷者，几家合出，称为"均工夫"役。赋役黄册编定后，则以黄册记录为基础，逐个派定徭役。役法规定：十六岁以上到六十岁以下的男子，都是丁夫，均须支差。其徭役分为三种：里甲、均徭与杂泛。这三大役为户部管辖，构成明代役法的主体部分。另有工部所辖的工匠役，其工匠分为两种：一为轮班，三年一役，役期不过三个月，但是服役者经常半年一年不得归家。二为坐班，月役一旬；一般都为超期服役。及至清前期，即有摊丁入地，田赋已含丁银，人民就不再服徭役，官府需要劳力，理应支付报酬。但是，官府实际调用劳力时，仍然无偿征取。如此，就形成役外有役、差外有差的徭役制度。

五、贡纳

贡纳是指各地诸侯、臣民以及被征服的部落方国对王朝中央（天子）的献纳，是传统中国财政收入的重要组成部分之一。贡纳不是任意所为，而是一种强制性的义务。

---

① 《宋史·食货志》上五。

夏商周三代的贡纳收入是奴隶制国家的一项大宗财政收入。贡纳一般进献当地的土特方物，也包括进贡美女和奴隶。贡纳的等级和数量，由贡纳者的列爵高低和路途远近来确定。早期的贡纳，名称杂什、种类繁多，如贡、期贡、朝贡、常贡、宾贡、班贡、职贡、土贡、额外贡、献纳等，另外还有"任土作贡"的贡，依其性质可以分为三大类：（1）特定的献纳，即王朝中央（或天子）因临时需要而指定必须完成的贡纳任务。如夏代为铸造象征王权和统一的九鼎，下令九州诸侯向王朝中央贡纳铜料。（2）一般的贡纳，即王朝中央所要求的经常性义务。（3）以土地分配为依据，具有田赋性质的贡。

春秋战国时期，贡纳收入仍是诸侯列国的财政来源之一。此时已突破了周王朝限制，即爵位高低、输纳时间和贡纳数量之限制，完全以经济地位、军事实力、政治强制为特征，表现为小国向大国、弱国向强国、臣属国向宗主国的贡纳。这项负担十分沉重，贡品必须是皮货丝帛，骏马良驹，珍奇异物。小国三年一聘、五年一朝，有事则贡，无事则纳。大国用尽各种手段，向列国敲诈索取。史家有论，贡纳有定制，抢劫无规则，而这一时期的贡纳与抢劫并无本质区别。

秦代废封建，改郡县，是否仍有"贡纳"存在，无从查考。

汉代的贡纳为诸侯王对中央财政的一种负担。汉代贡纳名为贡献，实为租税。只不过租税直接取之于民，而贡纳直接取之于诸侯王，再间接取之于民。汉代贡纳，初无定制，至高祖十一年（公元前196年）始规定，诸侯王向人民征收货币，每人六十三钱，然后于每年十月，收购郡中特产，进贡于中央。此为常贡。在诸侯的贡献中，还有"酎金"的特殊项目。酎为醇酒之意，以供宗庙的祭祀。因其系由诸侯王、列侯献金助祭，故称酎金。酎金献纳的金额，以人口多少为标准。每千口纳金四两，其不满千口而在五百口以上者，亦为四两。如果诸侯王不能完成交纳酎金的任务，或完成得不够标准，还将受到处罚。例如《酎金律》规定，"金少不如斤两，色恶，王削县，侯免国"[1]。由此，酎金虽为贡献，实际亦成租税（强制征收），有时还为限制诸侯王的政治势力的方法之一。形式上由诸侯王、列侯献纳，实际上则转嫁给人民负担。不过，总体来看，到秦汉时期，因其他税收项目日多，"贡献"在财政收入中所占的地位相对降低。

三国两晋南北朝时期的贡献收入，分为国内与国外两种。国外一般表现在外交活动，多为牲畜，主要是马。国内一般表现为弱者对强者的一种服从的表示，奉献者多为土产之物，且多系临时性的。但对国家财政来说，不无意义。

隋唐时期，州、府要定期向朝廷贡献定量的土特产品，如"唐制：州府岁市土所出以为贡，其价视绢之上下，无过五十匹"[2]。凡大臣初拜官、皇帝过生日，都要有贡献。至于无名之献，不时皆有。

宋代，地方向中央政府的贡献范围较广，所贡物品大多是当地的土特产，如药材、手工制品等。有些地区贡献负担很重，仅上贡的纺织品就有锦绮、鹿胎、透背、罗、绫、绢、绝纱、縠子、隔织、通身、帛、布、丝绵、杂色皮帛等。此外，还以羡余（超出赋税正额以外的收入）的名称上缴给皇帝或中央政府者。有宋一代，对献纳遗余之事时禁时褒，禁

---

① 《汉书·武帝纪》"元鼎五年九月"条，如淳注。
② 《文献通考·土贡考》。

断不绝。

明清两代，贡粮收入和其他杂项贡纳，仍是国家财政的一个重要收入部分。

六、借债

借债收入也是国家财政收入的重要组成部分之一。传统中国的借债收入始于东汉顺帝、桓帝时期。有三种方式，即：（1）国家向诸侯王借国租；（2）国家向有资产的人民借债；（3）国家向公卿百官借俸禄，就是以借为名停发百官俸禄。借债或是因为天灾，或是由于军需，总之是为了解决财政团难，从而开创了传统中国封建政府依靠借债度日之先例。

及至唐代，政府对富商实行一种强制举债，是为"率贷"。该制含有临时财产税之性质，始创于唐肃宗时期。天宝末年（756 年），为筹措军费，遂征课江淮蜀汉一带富商豪族的资财畜产，十收其二，所得巨万。其后诸道节度使、观察使多按此率征税商贾，以充军费杂用。"率贷"名为举债，但只借不还，实为一种强制性的税收。同时，唐代还以财政困难为名向富人借钱，以给军用。但实际上是以借钱为名，行强征勒索之实。

北宋时期，在军事紧张时曾发生过向富户借钱的事，但不经常。南宋以后，则累有发生。绍兴六年（1136 年）正月归还预借坊场钱，八月预借江浙民来年夏税绢帛；十六年（1146 年），禁州县预借民税及和买钱，又命四川州县预借民赋，分限理析。乾道年间（1165—1170 年），曾多次借诸路职田。说明这时预借租税是常有的事。

清代是传统中国大量举借内外债时期。清政府举借外债始于同治四年（1805 年）："其时与俄国订立《伊犁条约》赔偿损失，需费甚巨，向英国借一百四十三万一千六百六十四磅二先令，二十年偿清。"[1] 此为中国举借外债的开始。自同治年间到光绪年间，三十年内借外债六次，总数达四千万两白银。甲午战争后，对外债借款激增，至 1911 年，对外借款的实收额达六亿六千零五十三万余两，其中因赔款而借的款项达二亿二千二百七十三万两。[2] 由此可见，清政府巨大财政困难，主要依靠外债来作补偿，外债成为清代财政的一项重要补充来源。外债在清代后期对封建统治阶级起到续命的作用。清政府发行的内债，不如举借之外债多。自 1894 年至 1911 年辛亥革命，清政府共发行三次公债，即"息借商款"、"昭信股票"以及"爱国公债"，但均不成功，最终都变成了变相的卖官鬻爵和对人民的掠夺。

除上述主要财政收入来源外，传统中国的财政收入还有捐纳。捐纳是政府为解决财政困难而采取的特殊措施，属临时性财政收入。汉武帝因用兵匈奴，财用不足，首开卖官纳赀之先河。一直到清代，都有卖官鬻爵的现象存在。这种做法虽然可以解决一时之财政困难，但它会导致政治、经济和行政上的严重后果，最终还是要在劳动人民身上变本加厉地盘剥，因此是一种腐败制度。

---

[1] 《清朝续文献通考》卷七十。

[2] 参见徐义生：《中国近代外债史统计资料》，91 页，北京，中华书局，1962。

第三节
传统中国的财政支出制度

政府的存在与运作，都需要有相应的财政支持。因此，透过传统中国的财政拨款，可以对政府规模、职能行使获得更加深刻的认识。

在中国财政史上，"量入为出"原则是典型的传统财政原则。该原则至迟产生于西周时期。《礼记·王制》载："冢宰制国用，必于岁之杪，五谷皆入，然后制国用。用地大小，视年之丰耗，以三十年之通制国用，量入以为出。"意即实现财政收支平衡的总量控制。量入为出原则对后世财政产生了深远影响，经过各个朝代的发展，成为儒家财政原则的教条。与之相对的财政原则是"量出为入"。该原则是由唐代两税法的倡导者宰相杨炎首次明确提出来的，他说："凡百役之费，一钱之敛，先度其数而赋于人，量出以制入。"①"量出制入"财政原则的立法宗旨不是为了扩大支出，而是为了限制支出，从而削减税收负担，对于减轻百姓负担有积极的意义。但是，该原则却常常成为封建统治者进行横征暴敛的理论依据，难以起到推动政府职能合理化的作用。总的来看，传统中国的历代王朝大部分时间处于财政困难之中，政府的财政支出以满足特权阶层的需要为优先。

传统中国的财政拨款，基本上分为君主家务支出和国家政务支出两大部分。

一、君主家务支出

夏商周三代国家的财政支出，史籍上称"国用"；如何分配支出，满足国家需要，史籍上称"制国用"。夏商两代的支出尚无定制，西周开始渐具规模。由于夏商周三代国家财政与王室财政不分，其拨款同样不分，王室拨款实际上就是国家的财政拨款，且构成国家拨款的较大的一部分，主要包括王室人员的膳食、衣服、赏赐、赠送拨款等，至于三代中不少帝王沉溺于游猎、酗酒、宴乐等，耗用支出更难以计数。

如果说夏商周三代的君主开支仅限于天子家族衣食住行（特别是妻妾妃嫔的费用）依礼制而行的支出，那么到春秋战国时期，等级制度被打破了，诸侯国君均行天子之仪、享天子之礼，君主家务开支就不局限于王（天子）家族了，各诸侯国小国寡君乃至陪臣，都借天子或王室名义聚敛和耗费民财，因此王室费用增长幅度十分可观，而大兴土木，修都城建宫室以及建陵寝、厚墓葬是这一时期王室支出的主要项目。

秦汉时期，皇室财政和国家财政形成了两大管理系统，皇室财政与国家财政实现了初步分离，但皇室财政在国家财政总量中仍占有重要地位。秦代皇室支出主要是巡狩费用和宫室开支。秦始皇称帝后，常巡狩四方，其出巡先后达五次之多，每次出巡，随带卿相、列侯、婢仆数千人，浪费了无数人力、物力。而建国都（咸阳）、筑行宫、造陵寝是秦代宫室开支的主要项目，耗费甚巨。汉代皇室支出是指宫廷内部包括皇室和仆役等人的各种生

---

① 《资治通鉴》卷二二六。

活费用与宫室、陵墓等各项建筑的费用开支，这些费用一般是以皇室财政开支的，即从山川园池市肆租税收入中解决，不列入国家财政支出。但如果皇室财政与国家财政收支不平衡，它们之间往往相互挪用，而更多的则是皇室支出挤占国家财政收入。

三国两晋南北朝时期，政局动荡，民不聊生，但小国寡君，却奢侈无度，难以尽书。隋唐时期创业君主，大都崇尚节俭。但一旦统治地位巩固，后继君主则反其道而行之，开支浩繁，荒淫奢侈。隋朝炀帝及中唐后君主即是如此。据统计，此期皇室费用，每年大约要支出一百万缗以上。

及至宋代，皇室财政自成体系，与国家财政完全分离。立国之初，皇室生活较简，经费开支不多，故皇室财政绰绰有余，常常支援政府财政，即内库接济国库。南渡以后，内库不再接济国库，反而把国库的钱提供内库使用。这种内重外轻的情况，是宋代财政的一大特色。

元代皇室生活自世祖以后，日益奢侈，开支日增，其大宗莫过于后宫之费、中买宝物之费、递送豢养珍禽异兽之费和游宴之费。据史载，元文宗时"皇后日用所需，钞十万锭、币五万匹，绵五千斤"①。而当时最高官吏俸钞仅六锭。由此可见，后宫之费所需甚巨。

明代皇室支出，数额庞大，危及国家财政。其主要开支费用包括皇帝及皇后的生活之费、宗藩之俸、奢侈的上供采选之费、专为皇室服务的后宫人员之俸、陵寝宫殿建筑之费等。

清初，统治者以明为鉴，皇室生活尚能节俭，皇室各项生活费用支出与明代相比，都有较大幅度减少。但乾隆以后，皇室日益奢侈，开支不断扩大。特别是随着西方物质文明的输入和影响，豪华奢侈的皇室生活超过以往任何时候，经常性开支项目之外间有皇室临时费用。如光绪皇帝大婚，竟提拨京饷银五百五十万两，皇室费用之巨于此可见！

二、国家政务支出

国家政务费用的支出，是维持国家机器运转和履行其职能的需要。主要包括以下几个重要方面。

（一）军费开支

奴隶制国家是在神权和王权相结合的基础上建立起来的，"国之大事，在祀与戎"，因此，保证祭祀和军事支出，维护神权和王权，成为夏商周三代国家财政的首要任务。三代的军事行动比较频繁，从夏王启征服有扈氏，商王汤十一征而无敌于天下，到周武王时率戎车三百乘、虎贲三千人、甲士四万五千人灭纣定天下等无数次大小战争，可以想见当时的军事费用支出的庞大。由于三代的军士多为贵族子弟，所有武器装备及粮食由军士自备，因此所有军事支出，大部分是由地方自备供应。

春秋战国时期，军事行动是国家的头等大事之一，所以对国家财政的影响较大。此期的军事支出，一般包括国防支出和战争支出两部分，而国防支出的多少，又取决于军队的人数和武器装备的程度。由于兵制不同，各国兵额、兵种和装备不同，而且史书上对军事

---

① 《元史·文宗本纪》二。

支出又很少记载，故很难有一个确切的数字，但有一点是可以肯定的，即春秋战国时期的军队人数和装备都较周代大为增加和加强。据推算，战国人口约计二千余万，共养兵四百万左右，平均五个人须养一个兵。由此可知，当时的军事支出已是相当庞大了。

秦代的军费，包括战争的耗费和平日养兵费两部分。秦统一全国之后，设置了常备军，多达百万以上，占全国青壮年男子的三分之一强。百万大军的养兵费、装备费、国防治安费是一笔巨大的财政开支，而更可观的是战争费。统一后，秦始皇仍穷兵黩武，致力于对外战争，如北击匈奴、南戍五岭，另有粮草和武器的转运。由此，军费开支构成秦代财政支出中的第一大项目。

汉代的军费支出，一直是国家财政的一项沉重负担，主要包括养兵费、装备费、国防费、战争费、转运费和善后费六个部分，其中国防费和战争费耗资甚巨。国防费是指烽、障、亭、徼等哨所、要塞、防御工事、通讯系统等建造、维修和保养费用，主要用于西起临洮、东至上谷，绵延数千里的北部边疆的防御工事。防御工事的兴衰，标志着国防力量的强弱，故汉代对国防建设甚为重视，费用开支极其庞大。而两汉的战争耗费更是惊人，仅对匈奴之战，多者一岁之中耗费千百亿，少者亦百余亿，历经四十余年，国库如洗，财政告急，入不敷出。汉武帝时期虽盛世仍不惜卖官筹资，主要是因为对外用兵耗费过大，正常的财政收入已难以应付。

魏晋南北朝时期，战争连绵，干戈扰攘，战费开支浩大，财政收不抵支。隋唐时期的军费开支亦分为养兵费和战争费两项。隋至唐朝中期，政府实行兵农合一的"府兵制"，平时农耕、习战，战时出征，自带武器、粮食，因而养兵费用不大。但两代的战争经费却逐年升级。隋朝曾发动过三次对外战争，唐代亦战争不断。战事一开，军费激增。尤其是唐中期后，府兵制渐坏，改行募兵制，一切费用均靠国家财政开支，军费支出骤增。唐代后期，几乎是一户养一兵了，足见军费开支之浩繁。

宋代军队由禁兵、厢兵和乡兵组成，其兵制实行募兵制，所需军费，概由国家财政负担。宋代军费有三大支出，即养兵费、调防费和战争费。由于宋代军队严格遵循"守内虚外"原则，将大量禁兵主力集中于京师，结果边防衰弱，异族扰边不断，战费日趋庞大。宋代军费支出基本上要占全部岁入的百分之五十，再加上国防工事、军事装备、粮草运输，真可谓宋代财政的沉重负担。元代实行军户制度，正常情况下士兵的甲仗、食粮自理，戍守军军食则依靠屯田。但元代对外战争、对内镇压之役不绝，故军费支出为数不小。

明代实行卫所制度，自京师至郡县，皆立卫所，共有内、外卫所三百二十九个，军人约二百七十万。[①] 立国之初，军饷由屯田收入支给，财政补贴数额不大。明中叶以后，卫所制度废弛，改行募兵制，军费开支大增。弘治、正德年间为四十三万两，嘉靖年间增为二百七十万两，万历年间达到二百八十万两。到了崇祯时，仅三饷加派就为一千二百万两，足见其军费增长幅度之大。尽管军费增加数倍，但军队战斗力却锐减，无法履行保卫江山不坠之基本职能。

清代军制实行八旗之制和绿营之制，军费支出始终是其国家财政支出的最大项目之一。清代军费开支主要有养兵费、装备费和战争费三大项。清初军费支出一般要占国家总支出

---

① 参见《明史·兵志》一。

的百分之八十左右，故有"供亿不资"，"国用所以不足之故，皆养兵耳"① 之说。后来更是连年用兵，费用惊人，军费支出一直是清政府财政支出的最大宗。清朝政府战争支出主要分为抵御外国入侵的支出和镇压国内人民起义的费用。据史籍记载：鸦片战争耗银一千余万两，中法战争耗银三千余万两；加之与英法联军之战、中日甲午战争和八国联军侵华战争等大战役，累计耗银一亿几千万两。而镇压国内人民起义的战费更是高达四亿二千二百万两！② 如此巨额的军事开支，始终是清朝后期财政无法得以喘息的一个重要原因。财政危机、社会危机达到顶点，政权危机即接踵而至了。

（二）祭祀支出

"祀，所以昭孝息民，抚国家，定百姓者也。"③ 传统中国历代各王朝都将祭祀视为安抚百姓、稳定社会的有效统治手段，因此非常重视祭祀活动，祭祀支出在国家财政支出中都占有重要地位。

夏商周三代帝王崇尚"君权神授"，所以经常举行各种祭祀活动。祭祀名目繁多，等级森严，上下有制，要求各异。中央王朝对诸侯方国有日祭、月祀、时享、岁贡的规定，凡不祭祀者，即被认为是对天地神灵的不忠不敬，要受到严厉的惩罚。祭祀多杀牲，一般用牛、羊、豕，少则几头、几十头，多则三四百头，有时还用奴隶作牺牲。由于祭祀场面浩大，此项开支甚为惊人。《周礼·天官·冢宰》载"以九式均节财用"的第一项就是祭祀之式，可见祭祀在三代财政开支中的重要性。及至春秋战国时期，军事活动跃居首位，但祭祀的政治功能丝毫没有动摇，只是过去那种森严的等级略有放松，祭祀规格直接取决于各国政治、经济实力。"陪臣执国命"，礼制混乱，祭祀上就各行其是。

整个封建社会时期，祭祀地位下降，但支出仍然不少。秦汉时期祭祀活动频繁，祭天、祭地、祭神、祭祖先，宣扬君权神授。汉代将祭祀天神、五帝与地神的活动统称为郊祀，郊祀之外的另一重要活动就是封禅，即祭祀泰山，实为改朝换代、宣告皇帝合法性的一种宗教仪式。汉武帝为夸耀文治武功，先后五次修封泰山，沿途民众不胜其扰，耗费颇为惊人。此外，统治者还想长生不死，求仙、求药、信方士等，这些费用在财政支出中亦为数不小。

唐代亦非常重视封禅祭祀，每当登泰山封禅祭祀时，礼节隆重，备极豪华，所费不可胜计。而自唐高祖以至昭宗，共郊祀三十三次之多。郊祀是在郊外进行，祭天、祭地。祭祀非常隆重，供品十分讲究，费用开支庞杂，直接构成唐代财政的一大负担。

宋制三年一郊祀，郊祀之后对全国文武官员以及士兵，各按其地位高低，给以一定份额的赏赐，有钱、有绢。郊祀时还行推恩荫补，将一定官职或封号，授给被赏者家属或其他有关人员，这是皇帝笼络臣下、将士拥护皇室的一项重要措施。宋代郊祀赏赐费用，景德时为六百余万，皇祐时增至一千二百万，治平时达到一千三百万，约占当时总支出的十分之一，成为财政的一大负担。

---

① 《清朝文献通考》卷四十。
② 参见左治生：《中国财政历史资料选编》，第 10 辑，509 页，北京，中国财政经济出版社，1988。
③ 《国语·楚语下》。

（三）官俸支出

发达的公共行政系统，庞大的官僚队伍，是传统中国财政的沉重负担。历代的俸禄支出，在财政支出中均居于前三位，有时几近一半的财政收入被用于支付官俸。

夏商周三代俸禄支出，采用"分田制禄"的方法，亦称班禄制度，即三代奴隶主国家视各级官吏的列爵高低，按爵位授予一定的土地和奴隶，最高为三公，授田三万两千亩；最低为下士，授田一百亩。可见分田制禄和分封授田结合在一起，因此，三代国家财政支出中就没有俸禄支出的项目。

春秋时期仍行"分田制禄"之办法，即按"公食贡，大夫食邑，士食田，庶人食力，工商食官，皂隶食职，官宰食加"[1]的原则行事。但是，随着井田制的日趋瓦解，职官制度由贵族世袭制向君主任命制过渡，俸禄制度随之发生根本性变化，分田制禄逐渐为直接的粮食货币分配形式所取代。及至战国时期，各诸侯国把俸禄与农战军功联系在一起，以租税收入用于分配，并以"石"作为衡量官职大小、官俸厚薄的标志，官俸支出始成国家财政支出一大重要项目。

秦统一以后，废除分封制，实行郡县制，并建立了一整套从中央到地方甚为严密的统治机构和封建的官僚制度。官俸依据官品大小，自丞相至亭长，相应秩禄为二千石到斗食不等。秦代官俸形式是实物，主要支付粮食。秦代所开创的俸禄制度，历经中国封建社会两千年之久而基本未变。

汉初政务尚简，设官不多，严格遵循"量吏禄，度官用，以赋于民"的原则，官俸"岁不过数十万石"[2]。武帝后，国家机关日趋庞大，官吏激增，俸禄支出成为财政支出的大项。关于汉代官俸支出总额，桓谭《新论》有载："汉定以来，百姓赋敛，一岁为四十余万万，吏俸用其半，余二十万万，藏于都内为禁钱。"[3]一年收入一半用于养活行政官员，足见汉代官俸支出之巨。

三国两晋南北朝时期，小国林立，皇帝多，官吏更多，动辄数万人到数十万人。官僚队伍庞大，支出自然浩繁，因此官俸支出始终是各朝各代财政上的一项沉重负担。

隋代机构重叠，官吏甚多。史载：隋代官吏总数为一万两千五百七十六人，其中京官两千五百八十一人，外官九千九百九十五人。隋代官俸支出很大，但行政效率甚低，故有"民少官多，十羊九牧"[4]之说。

与隋代相比，唐代官员有增无减，尤其自唐玄宗之后，冗官现象更加严重。据宪宗元和年间（806—820年）统计，全国文武官吏及诸色胥吏，总数达三十六万八千六百六十人。唐代官员的俸禄亦较隋代高，不仅有禄粟和职分田，而且还有月俸钱。按俸禄制度规定，一品七百石，从九品三十石，若均以从九品计，则每年需一千一百零五万九千八百石。如此庞大的官俸支出数字，必然加重唐代的财政负担。

有宋一代，从中央到地方，有一支不断扩充的庞大的官吏队伍。官吏编制日渐扩大，

---

① 《国语·晋语》四。
② 《汉书·食货志上》。
③ 转引自黄天华编著：《中国财政史纲》，110页，上海，上海财经大学出版社，1999。
④ 《隋书·杨尚希传》。

官俸支出亦水涨船高。宋代官俸名目之杂、数额之多，为历代所不及。官俸支出在整个国家财政支出中占有十分重要的地位。

元代官俸制度混乱多变。初官吏无俸禄，文官靠赏赐，武官靠抢掠，州县之官则非法敛财。世祖中统时，始给官俸，但数量微薄，因此元代的官俸较之于前代是偏低的。但是国家对官员的赏赐极厚，特别是对皇亲国戚、贵族勋臣，倍加优待，赏赐之多，为历朝所罕见。到至大四年（1311年），赏赐支出占财政支出的百分之十七，严重地削弱了国家的财政基础。

明代官吏之多，为历代所莫及，故官俸支出成为国家财政支出项目之大宗："国家经费，莫大于禄饷。"①

清初，官俸支出只有二百万两，但随着清代官僚机构的膨胀，官吏编制不断扩大，文武百官不断增加，到乾隆三十一年（1767年）时，官俸支出已达五百四十三万两，约占国家总支出的百分之十八，而且在官俸分配上，宗室王公俸禄要远远高于文武百官，满族官吏俸禄要远远高于汉族官吏。这是清代官俸支出的一大特点。此外，乾隆时还别出心裁，建立了养廉银制度，养廉银总额与官吏正俸相等，有时甚至超过正俸，成为清政府财政的一大负担。

（四）工程费用支出

传统中国工程建设费用支出是国家财政支出的重要部分之一。夏商周三代的工程建设大致分为三类。一是有利于生产和安定民生的工程，如传说中夏禹开九州、通九道、陂九泽、度九山、治水平土、修四渎、兴沟渠之利以及兴建民居等。二是保卫和巩固政权的工程，主要是指都邑城郭的建造。三是属于奴隶主统治者奢侈性的建筑支出。这些支出是夏商周三代工程建设支出的主要项目。

春秋战国时期，有相当一部分财政支出用于公共工程建设，诸如魏国的"鸿沟"、"引漳水溉邺"工程，楚国的"芍陂"，吴国的"堰"，秦国的"都江堰"、"郑国渠"等大型水利工程设施，以及开凿运河、修城筑路等，耗费了大量的人力、物力和财力。由于这类支出一般采取奴役劳动和徭役形态，故在国家的财政开支中并无明显反映。

秦代公共工程建设规模庞大，费用支出浩繁。修筑长城，征用四十余万人力，耗费了巨额资财；为加强统一，修筑道路；为发展农业，治理水患、开凿灵渠等，征用大量人力，财政开支甚巨。汉代奉行"重农抑商"基本国策，为保证农业生产，十分重视公共工程建设，特别是开凿运河，兴修水利，治理黄河。汉代也很重视道路的修建、城市的建设。为国防需要修筑长城，设立亭障。汉代亦积极实行移民垦殖政策，对移民赐田地、送农具等，故移民费用当是一笔不小的开支。

隋唐两代公共工程较两汉时期突出，其内容有修城、筑道、开河等。隋代曾多次修筑长城，每次役夫十余万人，炀帝时甚至"征发丁男百余万筑长城"，死者十之五六。② 唐代对北方民族采取以攻为守的政策，未筑长城，但发动大量民工修建京城。为巩固中央集权，加强对全国的统治，隋唐两代还大筑驰道，耗资甚巨。然而耗资最大的还是隋代的京杭大

---

① 《明史·食货志》。
② 参见《隋书·食货志》。

运河的开凿。大运河全长五千余里，历时十六年，役使民力数百万，丧其生命者，不计其数。这些工程固然是为了封建王朝政权的巩固，但在客观上对民族的安全与经济发展也有相当贡献。

宋代政府对农田水利工程建设亦十分重视，尤其是治理黄河成为国家政务的首要大事。有宋一代，政府多次发兵调丁拨钱治黄，以求根治黄河。此外，在治理淮河、长江、钱塘江和湖泊水系方面也都投入了大量人力、物力和财力。这些农田水利设施的建设对宋代农业生产的发展起了较大的促进作用。元代的公共工程建设支出亦主要在水利建设方面。治理黄河、开河修坝、捍海防冒等，虽然耗资颇大，但也取得了一定成效，利国利民。

明代公共工程建设的费用支出主要在于明长城的修筑和水利工程建设，而治理黄河则成为明代水利工程中最主要、最紧迫、最艰苦的劳作之一，为此政府投入了大量的人力、物力和财力。明史记载黄河决口不下五六十次，可见治理黄河耗费之巨大。

工程建设费用支出在清初的岁出中亦为一项大宗开支，且其经常费用与百官正俸不相上下，其中最主要的是河工费和海塘费。清代后期河工费的支出仍有所增加。仅光绪十四年（1888 年）河南郑州大工，就请拨国库一千二百万两。[①] 可见治河费用甚巨。

除上述重要财政支出外，经常性的国家政务费用支出项目还有文化教育、救济赈恤、赏赐、宗教礼仪、漕运等支出，但这些经费支出微不足道，在岁出中不占重要地位。另外，个别朝代所独有的财政支出，如三国两晋南北朝时期的外交支出，清朝的洋务费支出、赔款费支出、债务费支出等，虽是该时期的财政支出中不可忽视的项目，但不具有普遍性。故此不再一一论述。

第四节
传统中国财政审计制度

传统中国的审计制度产生于国家财政。有了财政收入和财政支出，必然会产生监督、检查财政收支平衡以及财政财务收支上的滥收、少收、欠收、肆意支出、挪用、亏损等的制度，其主要内容是审核、检查财政财务收支的真实、合法、合理性，以确保经手和保管财务的人员忠实地履行其职守。

中国古代审计制度滥觞于夏朝。[②] 据史料记载，夏朝已经有了以贡赋为主的比较完善的财政收入支出制度。史载："自虞夏时，贡赋备矣。"[③] "禹合诸侯于涂山，执玉帛者万国。"[④] 同时，夏朝的财政支出亦相当浩大，如官僚机构、监狱、军队、战争、祭祀、修建公共工程、王室各种奢侈的衣食住行、赏赐府藏等，都要耗费大量的钱财。夏朝统治者为了治理国家，保证财政财务收支的正常进行，必须实行必要的财经管理和监督，如对收支

---

① 参见《清史稿·河渠志》一。
② 参见方宝璋：《略论中国审计史中的几个问题》，载《审计研究》，2000（6）。
③ 《史记·夏本纪》。
④ 《左传·哀公七年》。

进行记录、计算和考核等。古籍中对夏禹时代的"会计"均有记载。《史记·夏本纪》载："或言禹会诸侯江南，记功而崩，因葬焉，命曰会稽。会稽者，会计也。"《吴越春秋》卷六《越王无余外传》亦云："（禹）三载考功，五年政定，周行天下，归还大越。登茅山，以朝四方群臣……乃大会计……遂更名茅山曰会稽之山。"于此可知，夏禹时代对诸侯的考核是三年一次，考核的内容是核算各诸侯的贡赋征收，方式是把各诸侯召集在某地进行面对面的统一考核。这种定期会集诸侯当已形成严格的制度。这种审计是财政的一个组成部分，主要行使监察的职能，其职权亦由财政官吏来实施。

商朝的审计已初具形态。劳役形式的财政制度决定了必须实行严格的巡视督征。统治者定期亲自到各地巡视监察，或者派出官吏，一方面监督公田上劳役任务的完成；一方面催征督交贡物，对不交贡赋或逃亡的，进行追捕惩罚。对于地方官吏未能完成财政征贡任务的，也要逮捕惩罚；对于诸侯部落怠忽财政贡赋的，则要派兵加以征服，加上商朝有一套较为全面的法律制度，从而保证了财政监察活动的进行，对西周影响极大。

在夏商审计萌芽的基础上，西周王朝设立了司会、宰夫等从事审计工作的职官，实行了包括审计制度在内的官计制度，开展了审计活动。西周时期的审计是我国古代审计制度的开端。据《周礼》记载，当时周王下设天、地、春、夏、秋、冬六官，分掌政令。就国家财政机构来看，主要分为两大系统：一是地官大司徒系统，掌管国家财税收入；一是天官冢宰系统，掌管国家财政支出、会计核算和审计监督之大权。冢宰作为六官之长，有"以八法治官府"之职权，每年受计于岁会，每三年还要对各级官吏进行一次全面考核，并根据其功过予以奖惩。司会为冢宰之属官，为计官之长，主持内部审计工作，以六典、八法、八则、九贡、九赋、九式等为依据，通过小计和大计等形式，针对日成、月要、岁会等资料，勾考财务收支及其会计记录。小宰也是冢宰之属官，负责以会计文书为依据批准财务出入事项。小宰的下属"宰夫"是西周时期外部审计工作的掌管者，是主管"治朝之法"的官员。他不掌管具体财务收支，只负责对各级官府的财政收支进行全面审查，就地稽察财务收支情况，监督群吏执行朝法，如发现违法乱纪之事，可越级向天官冢宰乃至国王报告，加以惩处；对使用财务得当者、治理有方者，给予奖励。"宰夫"一职的出现，标志着我国从西周时期起就有了处于会计之外的官厅的审计即国家审计或称为政府审计机构，并对春秋战国时期、秦汉唐宋等朝代审计制度的发展产生了深刻的影响。

春秋战国时期，各国纷纷建立了上计制度，国君或丞相通过上计来稽核地方财政财务收支的情况。如田婴相齐，辅王上计，"终岁之计，王不一以数日之间自听之，则无以知吏之奸邪得失也"①。其审查稽核的具体内容当为十三数："境内仓口之数；壮男壮女之数；老弱之数；官士之数；以言说取食者之数；利民之数；马、牛、刍、藁之数。"② 即对粮食、人口、赋税、牲畜等的审查和实物的核验，属于审计监督的范围。

秦代延续了春秋战国时期秦国上计制度中的审计制度，并在统一后的更大的疆域内实施。据睡虎地秦墓竹简中的《效律》记载，审计重点是"其吏主者"，即负责会计事务的官吏，如尉计、苑计，其次是其他群吏、令吏掾等参与会计者，以及仓啬夫、库啬夫、田啬

---

① 《韩非子·外储说右下》。

② 《商君书·去强篇》。

夫、亭啬夫等。从秦律中规定的连坐法推断，其主管会计的长官，如都官、官啬夫、县令、县丞等，也在审查的范围之内。审计的主持者大致可分为两个层次：（1）由太仓、大内等中央主管财经部门对县、都官等下级机构进行审核；（2）由县长官对其下属各类主管经济部门的啬夫、计等进行审计。在秦的基础上，两汉上计制度更加完备。汉代上计分为两个层次：一是县向郡国上计，二是郡国向朝廷上计。主管上计事务的机构和职官，西汉时为计相、主计，在东汉时不再设置；西汉时由丞相乃至皇帝受计，东汉时则由司徒受计；西汉时郡国负责上计的官吏，主要是郡丞、长史，甚至有郡守，而东汉时则是郡丞、长史的下属，即"上计掾"、"上计吏"。为了表示对上计的重视，皇帝有时亲自主持全国的受计大典。《汉书·武帝纪》记载了汉武帝在位期间进行过四次受计活动。汉代上计的内容广泛，其中包含了许多审计监督的内容。《续汉书·百官志五》"县、邑、道、侯"条刘昭注引胡广曰："秋冬岁尽，各计县户口、垦田，钱谷入出，盗贼多少，上其集簿。"据此，县、道向郡、国上计的内容涵盖了户口的数量、垦田的多少、钱谷的收支和社会治安等多方面的状况。至于郡、国上计于朝廷的内容，则更多一些。秦汉时期，皇室财政财务收支与国家财政财务收支分开，另设专门机构少府掌管，故其财政财务审计自成一套系统。

魏晋南北朝时期是中国审计制度发展史上的转折点。随着政权体制的变化，上计制度逐渐淡出，包含在上计中的审计监督大为削弱，一个新的监督机构——比部在曹魏初期产生后，经两晋南北朝的演变，到北齐时，其"掌诏书、律令、勾检等事"[1]，其中，比部的勾检主要是对国家钱粮财物的勾检，对相关官吏的治绩进行考核，已具有财政财务审计的职能。后周时期，比部改为计部，其财政财务审计职能更为明显。

隋唐时期，随着三省六部制的确立，财政财务审计主要是通过比部以及中央各部门、地方州县内部的兼职勾检官进行自下而上的逐级勾覆稽察。京师诸司主簿、丞等勾官对本部门勾覆后，每季一次申报比部；天下诸州的录事参军在对本州和属县勾检后，每年岁终上报比部，最后由比部总勾覆之。唐代对财政财务勾覆的范围甚广，凡百僚俸料、经费、赋敛、仓库、出内、公解、勋赏、赐予、赃赎、徒役课程、逋欠之物、营造、佣市、丁匠、军资、器仗、和籴、屯牧等，均在勾覆之列。不仅如此，比部在对地方正额收支进行勾覆外，对天下诸州羡余用度亦"明立条件"，加以管理监督。如违反这些条款使用羡余钱物，当以赃罪论处，并且严格规定使用羡余钱物必须登记备案，以凭勘验。[2] 五代时期，中央财政体制发生变革，后唐明宗始设盐铁、度支和户部三司。从此，中央财政财务的审计监督当由三司之下的判官或三司都勾官负责。后唐同光元年（923年）设置内勾使，"令天下钱谷簿书，悉委裁遣"[3]，即内勾使是负责审计的职官。地方州县负责审计的官员与唐代一样，州由录事参军兼职负责，州负责审核稽查县，再呈报中央三司使。

宋代财政财务审计复杂多变。元丰改制前，三司是全国最高的财政机构，称为"计省"。财政财务的审计主要由三司的下属机构三部勾院进行复审，都磨勘司进行终审。三部勾院"掌勾稽天下所申三部金谷百物出纳帐籍，以察其差殊而关防之"。都磨勘司"掌覆勾

---

① 《隋书·百官志》。

② 参见《唐会要》卷六八。

③ 《旧五代史·马绍宏传》。

三部帐籍，以验出入之数"①。此外，三司内部具有审计职能的机构还有都凭由司和理欠司。元丰改制废三司，三司下的审计工作大部分归刑部下的比部（元祐元年比部审计职掌统一归户部）。比部"掌勾覆中外帐籍。凡场务、仓库出纳在官之物，皆月计、季考、岁会，从所隶监司检察以上比部，至则审覆其多寡登耗之数，有陷失，则理纳。钩考百司经费，有隐昧，则会问同否而理其侵负"②。比部负责审计中央及地方账籍，所有官有财物的出纳都在勾考范围之内。比部的恢复，使宋代的审计体制发生了重大变化。比部隶属于司法部门，独立于财政之外，审计的独立性得以提高。南宋时，审计院在财政财务审计中发挥了重要作用，凡仓库赋税收支、上供钱物、各种请给赏赐、诸理欠账等，均要呈报审计院审核。

元代中央政权机构的最大变化是废除了三省制，实行一省制。中书省取代尚书省成为中央最高行政机关，地方上则设立行省。在财政财务审计方面废除了比部审计，出现了具有审计职能的新型机构与职官，即检校所和照磨官，其对中央各部门至地方各级官府账簿的审查具有审计的性质；御史台的审计职能大大加强，特别是对钱粮文书的照刷，成为御史台履行审计职能的主要形式。

明清时期，封建专制主义中央集权制空前强化，皇帝为了更全面简捷地监督臣下，干脆取消专职审计机构，让科道官兼职负责财政财务审计。都察院下设六科（明不隶属于都察院）稽察六部百司之事，凡仓库收支、钱粮奏销交盘、漕粮、盐课、官吏军人俸禄、在京各衙门支领财物、工程修建经费、制造船只军备等国家重大财政收支，都要进行审核奏销。道监察御史执行审计职能的范围较前代有所扩大，"主纠察内外百官之邪"，"在内两京刷卷，巡视京营，监临乡、会试及武举，巡视光禄，巡视仓场，巡视内库、皇城、五城，轮值登闻鼓。在外巡按、清军、提督学校、巡盐、茶马、巡漕、巡关、儹运、印马、屯田"③。此外，清代地方下至知府、道员，上至督抚，自下而上逐级进行钱粮奏销盘查。州县钱粮，责成该知府、直隶州盘查；各府钱粮，责成该道盘查；直隶州钱粮，责成分巡道盘查；粮驿道钱粮，责成布政使盘查；藩库钱粮，该省有总督者，督抚会同盘查；无总督者，巡抚盘查。盘查时各级地方衙门中有关钱粮事项均在审核之列。④ 清末，对审计体制改革进行了有益的探索，并计划于"宣统四年（1912年）……设立审计院"⑤。但由于清王朝覆灭，设立审计院的计划未能实施。

① 《宋史·职官志》二。
② 《宋史·职官志》三。
③ 《明史·职官志》二。
④ 参见方宝璋：《中国古代财政财物审计》，载《湖北审计》，2000（5）。
⑤ 《清朝续文献通考》卷三九九。

第十三章

国家公文与公事程限制度

公文是国家行政管理不可或缺的统治手段之一。在古代中国，统治者往往利用公文所具有的传通作用沟通国家各个系统，对国家进行有效管理和控制，促进整个国家系统的正常运转。大量史料表明，中国古代统治者的发号施令、指挥国事、行政决策和执行等等活动，都主要体现在公文及其传递上。国家法律的贯彻推行和政府各部门之间的信息往来，也离不开公文。中国古代公文的名称之多、种类之齐全、数量之庞大，以及涉及问题之广泛，堪称世界之最。与此相适应，中国古代公文制度，也因其形式多样、内容详密和发布、管理、执行上表现出的法律效力著称于世。传统中国最重要的公文，主要还是君主的诏令和臣子的奏章。公文种类，有上行公文、下行公文、平行公文和多用公文之分。中国古代君主的诏令、统治者的各种决策和臣工奏章，就是通过公文这种形式和载体表现出来的。公文和公文运转，也是各个历史时期行政工作的重要环节，而处理公文的过程，实际上就是执行决策和行政管理的过程。所谓"能制九州者，文书之力也"和"以文书御天下"[①] 等论断，就清楚地说明了传统中国行政，其实就是文书行政。如果没有公文，偌大一个中华大帝国，要进行行政管理和有效监管、控制与治理几乎是不可能的。因而历朝的中央政府和地方行政组织，均设置了公文管理机构和职官。历代的统治者，也十分重视公文管理工作，非常重视公文制度的立法和使用。久而久之，便逐渐形成了一整套相当严密、完备和系统的公文管理制度，并有严格的法律规范来保障实施。《唐律疏议》和《大清律例》中有关公文管理的一系列重要制度和法律规范，更显示了传统中国公文管理的规范化和法制化，也展现了中国古代行政法制的完备和发达，很值得珍视和研究。与公文管理相联系的公事程限制度和对基本公事的督促、稽查措施，不但在一定程度上提高了当时的行政办事效率，而且其内容之周密详备、执行之规范和严格，都是同时期西方国家的行政管理制度难以匹比的，即使在今天看来，也具有相当的借鉴价值和启迪意义。

---

① 《论衡·别通》。

第一节
传统中国公文管理概说

一、传统中国公文的起源和公文形式

（一）我国公文的起源

古代"公文"一词最早出现于汉代荀悦《汉纪·武帝纪一》："苟且盈于门庭，聘问交于道路，书记繁于公文，私务重于公事。"但作为公务往来的正式的公文，则比"公文"一词的出现要早得多。

早在原始社会末期，我们的祖先在原来记事的图画符号的基础上创造了文字。[①] 文字的出现，为公文的产生提供了必要条件。据古代传说，黄帝以前的氏族首领，如有巢氏、燧人氏、伏羲氏（庖牺氏）、神农氏，大多以口头语言来发布指令，因此那时产生公文的可能性不大，所谓"神农无制令而民从"[②]。但至黄帝时期，黄帝除了设立六相以外，还设置有史官，陪侍于黄帝身边，记录言行，汇编成册，以备忘、信守和治事。黄帝的史官有仓颉[③]、沮诵、孔甲等多人。史官的职责之一，就是拟制公文。《后汉书·祭祀志》有"自五帝始有书契"的记载，这里的"书契"，指的就是公文。"五帝"之首是黄帝，因而我国最早的公文，当出现于黄帝时期，但至今尚未有确切的考古发掘予以证实。

学术界一般认为，《尚书》是我国最早的国家公文汇编，其内容所涉及的时代上起尧舜、下迄商周，大部分是帝王向臣民发布的命令，其中的《甘誓》，往往被视为中国历史上最早的一篇公文。《史记·夏本纪》云："启伐之，大战于甘，作《甘誓》。"《甘誓》，就是夏开国帝王启为了讨伐有扈氏时而制作和发布的公文。在《尚书》中，以"誓"为名者共五篇：《甘誓》、《汤誓》、《牧誓》、《费誓》和《秦誓》。这些"誓"具有相同的名称、相同的功用、相同的格式，已经具备了公文的主要特征，是一种比较规范的公文。因此，有据可查的我国最早的公文，可断定起源于夏启时期。与此相适应，公文制度也在夏代逐步形成。

（二）传统中国主要公文形式

人类早期社会的公文载体，其形式纷繁。国外有泥板文书、草纸文书和羊皮文书等。我国古代的公文则表现为独特的形式，以书写载体来划分，主要有甲骨公文、钟鼎（金文）公文、简牍（竹制）公文、缣帛公文、石刻公文和纸质公文等。

[①] 在距今约六千年的西安半坡文化遗址中，出土的陶器上刻有符号几十种。郭沫若于 1958 年 7 月 6 日为半坡博物馆题词："其为文字，殆无可疑"。

[②] 《淮南子·氾论》。

[③] 仓颉被后人尊为文字始祖，先秦诸子著作中说仓颉"作书"、"好书"。《荀子·解蔽篇》有"好书者众矣，而仓颉独传者壹也"的记载。到了汉朝，司马迁、班固在《史记》、《汉书·古今人表》中亦称仓颉为黄帝之史官。

第一，甲骨公文。是一种刻写在龟甲或兽骨上的公文，主要产生和存续于商代与西周初期，也是迄今发现的最早的，较为系统、完整的官方公文。甲骨公文虽然文字简短，但内容丰富，涉及政治、经济、军事、司法、文化等多个领域。从体例和结构来看，甲骨卜辞中有时间、事由、占卜者姓名、办法措施、验证结果，已形成了一定的格式；从内容来看，它以商王为中心，并出现了类似于请示、报告的上行文；从制作来看，有着周密的制作过程：甲骨公文的制作，大致要经过取料、加工、刻字、涂色、签名等程序，由专人分工合作完成。由此可以断定，商代的甲骨文记录，已初步具备了公文的基本要素，我们姑且称之为甲骨公文。

第二，钟鼎（金文）公文。是一种铸于青铜器皿和青铜鼎上的公文，产生和存续于商、周时期。这些公文记事完整，语言表达趋向多样化，有叙事，有说理，有固定的格式和言辞，较甲骨公文已大有进步。春秋后期，郑国铸刑鼎和赵鞅铸刑书，都是当时比较著名的钟鼎公文。

第三，简牍（竹木制）公文。是一种刻写在竹片或木片上的公文，内容包括帝王、官员的命令、文告、书信、簿册、典籍等。我国出土的简牍公文，上至战国、下至魏晋，以秦汉时期最多，其中的云梦秦简较为著名和典型。在纸张普遍使用之前，简牍公文曾长期流行和广泛使用。

第四，缣帛公文。是一种刻写在丝织品和棉织品上的公文，最早产生于春秋战国时期。《墨子》中曾屡屡提到"书于竹帛"，《韩非子·安危》亦云"先生寄理于竹帛"，帛即缣帛。20世纪初，在新疆楼兰遗址出土了大量的缣帛公文。1951年，长沙楚墓中也出土了不少楚帛书。1973年12月，在湖南长沙马王堆3号西汉墓发现了一大批秦末至汉初书写在缣帛上的文献和公文。缣帛公文自春秋到两晋，共延用了约八百年时间。

第五，石刻公文。是一种镌刻在石头上的公文。《墨子》一书曾多次提到古者圣王之言，往往"镂于金石"。现存北京故宫博物院内的"石鼓文"，反映的便是春秋战国时期的石刻公文。但石刻公文最为流行的朝代是秦王朝，秦始皇十年之间，四次巡游，刻石六处，其五篇文辞，均载于《史记》。从其中的《泰山石刻》来看，这些石刻公文，有相当部分是公布皇帝的诏令，具有明显的公文性质。

第六，纸质公文。是书写于纸张上的公文，始自东汉，延用至今。根据史料记载，造纸术早在西汉和东汉初期就已经发明，后来的宦官蔡伦仅仅是改进造纸术而已。因而在东汉和三国时期，纸与帛都并用于公文。但到了晋朝，在官府公文方面，纸与简帛并行而逐渐独行天下。东晋末年，桓温称帝后随即下令停止用简牍书写公义，而代之以黄纸。从此以后，纸张成为了公文的唯一书写载体。这不仅极大方便了公文的写作、传递、使用和保管，而且大大提高了制作公文的效率和行政办事效率。

二、传统中国公文管理机构和职官的历史演进

从理论上而言，传统中国公文管理机构和职官设置可以追溯到黄帝时期，尤其是夏代。但由于年代久远，史料缺乏，亦无考古发掘予以佐证，因而对当时的情况，我们知之甚少。先秦诸子著作和《世本注》、《史记》、《汉书》等典籍中，都有仓颉、沮诵和孔甲给黄帝当史官以及起草公文的记载，由此可以断定，中国最早从事公文写作和管理工作的官职，应

为史官。① 如果说黄帝时期曾设置史官不可全信，那么，到了夏代就有不少可靠的史料，证明夏代的公文是由太史令负责拟制的。《吕览·先识》载，夏桀昏庸无道，身为太史令的终左拿出录有国家典章的图法，向夏桀哭谏。桀不听，终左便带着图法投靠与夏为敌的商人。这里的"图法"，是指国家重要典志和公文档案。② 除了集史官和公文管理工作于一身的太史令外，夏代还设左史、右史、遒人、秩宗等官员专职或兼职公文事务。

根据甲骨文、金文和其他文献记载，商周时期从事公文事务的职官依然是史官。商朝的史官名目众多，有十几种，已经初步分成不同层次、不同职掌，大致可划分为贞卜史官、祭祀史官、作册史官和记事史官四大类。其中的作册史官，负责册命公文的制作和保管，相当于商朝的机要文书。到了西周时期，随着公文事务的日益增多和公文制度的逐步健全，产生了一个相互配合的公文工作班子。长官为太史，总体负责起草公文、策命和国家重要法令；太史之下设小史、内史、外史、御史（与太史合称"五史"），他们分别担任太史的副手，拟制简册文告，掌管人事、典籍和保管公文档案等工作。

从事公文事务的人员和职官出现以后，必然要求设置相应的公文管理机构。根据文献记载，夏朝和商朝的绝大部分时期，尚未形成专门的公文管理机构，公文事宜主要由宗教历法官属和中央王室事务机构兼管。③ 到了商朝末年，我国历史上最早的专门性中央公文管理机构太史寮终于诞生。④ 但由于商王朝的灭亡，太史寮在商朝仅设立而未得到发展，实为雏形，至西周才臻于成型和成熟。

西周之初百废待举。统治者尤其是周天子为了从繁杂的公务堆中脱身出来，迫切需要一个协助他们处理大量日常事务的机构，承担起如拟制公文、处理公文、保管公文档案、组织会议、宣布公文和政令等工作。于是，他们将商末的太史寮加以发展，使之成为西周中央政府中的天子办公机关和专门性的公文管理机构。这一时期的太史寮，较之商末更为完备，主要设置太史（亦作大史）、小史、内史、外史、御史五大史官，而且分工具体、职责分明，共同从事中央政府的公文事务。

由上可见，夏、商、西周时期的公文管理人员均为史官，他们的社会地位一直很高。但进入春秋战国时期，由于社会动荡、王室衰微、私学兴起和文化普及等原因，史官的社会地位急剧下降，职能日削⑤，取而代之的是新的公文管理职官。他们的名称各国不一，如秦称尚书，齐称掌书，魏称主书⑥，鲁称令正，楚称左徒等。著名文学家屈原就曾任楚怀王时的左徒，代怀王起草过许多重要的公文。同时，公文管理人员的来源已从贵族阶层扩展到广大的文化人——"士"，从而极大地提高了公文职官的文化素质。

秦始皇统一中国后，封建中央集权制国家体制开始建立，从中央到地方的公文管理机

---

① 参见刘绍杰：《中国秘书简史》，24 页，郑州，河南大学出版社，2005。
② 参见裴燕生等编著：《历史文书》，4 页，北京，中国人民大学出版社，2003。
③ 参见王超：《中国历代中央官制史》，102～103 页，上海，上海人民出版社，2005。
④ 参见裴燕生等编著：《历史文书》，4 页，北京，中国人民大学出版社，2003。
⑤ 例如太史一职，在西周是"太史寮"主官，位尊权重，相当于中央政府的秘书长，而到春秋战国时期，其职权削弱到仅掌记录、管理史料和天文历法。参见杨树森、张树义：《中国秘书史》，26 页，合肥，安徽大学出版社，2003。
⑥ 《吕氏春秋·先识篇》中记载有魏文侯命主书取出文件以示于大将乐毅。

构随之产生，公文职官亦在各政府机关中依次设置。秦嬴政始称"皇帝"，在中央设丞相、太尉、御史大夫与诸卿，即"三公九卿"。其中，丞相府是中央政府的主要公文管理机构[①]，其公文职官称长史、侍中和诸曹掾属等。皇帝的各种诏令和公文，均出自丞相府。中央政府各部门和地方的上奏公文，亦通过丞相府和御史大夫[②]转呈皇帝。其他中央各大府衙内，一般设有长史、主簿等从事公文管理工作。秦代实行郡县制，各郡主官均设副职郡丞兼管公文事务，其下则有典领文书、主簿和记室令史，负责公文的起草、保管、收发等工作，从而形成了较为系统的地方公文工作系统。西汉初年沿袭此制，但西汉中叶以后，皇帝为了削弱相权、加强皇权，更多地依靠和利用了尚书台这个接近皇帝的办事机构，丞相府的各种公文工作职权逐渐由尚书台所代替。尚书台早在秦朝已有，汉朝沿置，隶属于皇帝的少府[③]，设有尚书仆射等四人，主要负责皇帝的公文收发事务。汉成帝时，始将尚书组织成独立的官衙，称尚书台。东汉初年，光武帝刘秀鉴于王莽篡国的教训，极力提高皇权，进一步削弱"三公"的权力，其举措之一是将尚书台设置为东汉王朝中央政府内的核心公文管理机构，凡章奏的收发、拆阅、批处、审查，诏书和公文的起草、封印、转发、记录，底本的保存、帝命的传达，甚至对百官的选任、奖罚等，均由尚书台统管。[④] 尚书台规模颇大，结构严整，主要由尚书令、尚书仆射、尚书左丞、尚书右丞等官员和三公曹尚书、吏部曹尚书、民曹尚书、二千石曹尚书、南主客曹尚书和北主客曹尚书等部门组成。这样，新的中央政府公文管理机构确立了，它替代了原来的丞相府，反映出皇权对公文事务的进一步控制。两汉时期的地方各级政府部门，普遍设置了"记室"这一专门的公文管理机构，专管公文的起草、收发和保管事务，其相应的公文职官称长史、令史、主簿和书佐等。

　　魏晋南北朝是中国封建官制承前启后的重要转折时期，原有的三公九卿制逐渐向三省六部制过渡，公文管理机构的变迁与此紧密相关。自东汉光武帝开始，尚书台的地位日渐重要，至曹魏时，中央尚书台已从皇宫内廷独立出来，发展成为全国最高行政机关。南朝梁时，正式称尚书省，总领国家政务。尚书台（省）由内廷的公文管理机构变为外朝的行政机关以后，为了收发公文、起草和传达公文诏令的需要，从魏晋开始，另设中书省为专门性的公文处理机关，所谓"掌赞诏令，记令时事，典作文翰"[⑤]，"自是，中书多为枢机之任"[⑥]，成为各朝总揽政令的公文管理机构。西晋时始设门下省，掌"尽规献纳，纠正违阙"和"拾遗补阙"[⑦]，并参与皇帝诏令文翰，分掌了中书省的部分公文管理权力。至此，初步形成了"中书出令，门下审议，尚书执行"的相互牵制和互相配合的公文管理"三省制"。魏晋南北朝时期掌管公文事务的官吏名称有五六十种之多，为历朝之最。各国中央机关，先后设置有尚书郎、中书令、中书监、侍中、都令史、令史、书令史、主客令史、记室令

---

①　参见班固：《汉书·百官公卿表》（第19卷·上，724页，北京，中华书局，1962）称丞相府"掌丞天子，助理万机"。

②　秦朝的公文管理机构以丞相府为主，御史大夫寺为辅。参见李欣主编：《中国秘书发展史》，62页，北京，高等教育出版社，1993。

③　《通典》称："秦少府遣吏四人在殿中主发书，谓之尚书。"

④　参见《后汉书·李固传》和《后汉书·仲长统传》。

⑤　《文献通考》。

⑥　《通典》卷二十一，《职官》三。

⑦　（清）洪饴孙：《三国职官表》。

史、主书、主簿、书佐、通事郎、通事、通事舍人、中书舍人等职，分别负责王朝中央公文管理事务，其中的中书舍人，为中书省内最主要的公文写作和管理人员，常伴随于皇帝左右，专掌诏书和公文拟制，参与机密，位尊权重。在地方，各州之属官，大体相同，主要有：治中从事，主管众曹文书；诸部从事，主督促郡国文书；主簿、典领文书，掌管印鉴；记室书佐、诸曹佐，掌起草和缮写公文。县无论大小，都置有主簿、录事史、主记室史、门下书佐、功曹史等公文管理职官。

隋唐时期，中央政府最终形成了以三省六部为核心的行政管理体制，其公文管理机构和职官设置亦与此相适应，更加完备化、制度化和法律化。具体而言：中书省负责以皇帝名义草拟制定各种公文，各级官府上呈的奏章文书亦由中书省负责转呈皇帝，并草拟批复。中书省长官为中书令，其副职为中书侍郎，下设的公文职官主要有中书舍人、起居舍人、右补阙等。门下省负责对中书省草拟的公文进行审核和封驳。若公文符合要求，则由门下省长官侍中签字后退还中书省，由中书省呈送皇帝批准后送交尚书省转发有关部门执行；如对公文有不同见解，则据理封驳或"驳正违失"①。门下省设置的公文管理职官有给事中、起居郎和门下录事等。尚书省是行政执行机关，经过封驳而由皇帝批准后的公文，均交由尚书省执行。尚书省设置的公文管理职官主要有左右尚书和仆射。这样，国家重要公文的制作和管理就由草拟、审核、执行三个独立的机构共同完成，正式形成了"中书出令、门下审议、尚书执行"这样一种相互制衡的公文管理关系，从而保证了公文运行的认真、准确和有序，避免了任何一方的大权独揽，有效地维护了皇权的集中，对于维护国家机器的有效运转有一定的积极作用。除"三省"之外，在中央具有公文管理性质的机构还有政事堂和翰林院。政事堂为唐朝时期设立的直接由宰相领导的公文处理机构。当中书与门下就公文草拟和封驳有不同意见而发生争执时，皇帝命令由"三省"长官一起共同议定。"三省"长官共为宰相，宰相议政之处称为政事堂。至唐玄宗开元十一年（723 年），政事堂由会议场所变为正式办事机构，下设枢机、吏、兵、户、刑五房，直接协助宰相处理朝廷公文。五房中各有主书和录事，承担具体的公文管理事务，逐渐将中书舍人之权接管过去。政事堂遂成为凌驾于"三省"之上的政务机构。翰林院由君主的文学侍从发展而来，备皇帝顾问，其人员从朝官中遴选。唐玄宗初期，由于中书省事务繁忙，公文往往不能及时处理，于是设置了"御林待诏"，也称"翰林供奉"，协助中书省制作公文诏令，批答四方奏疏。首批御林待诏有张悦、陆坚、张九龄等人，玄宗开元二十六年（738 年）又改称"翰林学士"，并在宫中设学士院，直接受皇帝管辖，专为皇帝起草重要公文，从而限制了"三省"文书官员的作用，也使中书舍人基本上徒有虚名。吏、户、礼、兵、刑、工六部是中央各项政务的执行机构，各部均设有主管公文事务的职官，称都事，负责收受、转发公文，稽查缺失，监印等事务。唐代地方行政区划初期实行州县两级制，后改为道、州、县三级制，其公文管理职官主要有参谋、掌书记、孔目、判官、记室参军、主簿、录事等。

有宋一代的公文管理机构和职官设置比唐朝有所扩大，一个突出表现就是"省"都设置不少专门化的公文管理机构和专职公文工作人员。例如，中书省内的公文管理机构有主房事、点检房、催驱房、斑簿房和制敕库房，其公文职官有检正官、中书舍人、堂后官、

---

① 《旧唐书·职官志》二。

令、侍郎等；门下省的公文管理机构有通进司、银台司、章奏房、封驳房、进奏院，其公文职官称侍中、侍郎和给事中等；尚书省内也设有开拆房、催驱房、斑簿房、制敕库房，负责公文管理事务，并设置了左、右司郎中和员外郎等公文职官。枢密院是宋朝最高军政机关，与中书门下合称"二府"，其负责公文工作的机构有承旨司、教阅房、兵籍房、吏房等，并设置检详官，专掌机要公文。"三司"是元丰改制前的国家最高财政机关，"三司"内的公文管理机构有催驱房、开拆司、勾凿司、发放司等，其公文职官称三司副使、判司官和判开拆司官。宋仿效唐代所设立的翰林学士院，仍然是皇帝的机要文书机构，负责起草重要的制诏、国书和公文。宋代地方行政建制基本上分为路、州、县三级，其中路为地方最高行政区划，下设帅司、漕司、宪司、仓司，分掌军、政、财、司法之权，"四司"之间互不统属，而互相监督，都直接对皇帝负责。"四司"官署中的公文管理职官主要有参谋官、参议官、主管机宜文字官、主管书写机宜文字官和主管文字官等。府、州、县大都设有孔目官、录事、主簿、押司、贴司等公文管理职官，其中押司和贴司为宋代新增设。

由上可见，宋代中央政府中的公文管理机构和职官设置，具有明显的专门化和专职化特色，而且分工明确，又互相配合，成为系统，比唐代更为成熟。

在中央行政系统中，元代的公文管理机构表现出与唐宋较大的区别。首先是将"三省"制变为一省制——中书省。中书省承担了绝大部分中央行政运行中的公文事务，是全国文书的总汇机关。[①] 中书省内设置的公文管理机构主要有参议府、承发司、管勾司、检校司、照磨所和时政科。其次是将唐宋起草公文"内外"二制（内制公文由翰林院起草，外制公文由中书省起草）改为翰林院一制，所有中央机要公文均由翰林学士院独掌。另据《元史·百官志》记载，元代公文职官有三十多种，其中设置广泛、作用最重要的是：案牍吏员（令史、司吏、书吏、必阇亦）、翻译吏员（译史和通事）、传达吏员（宣使和奏差）、知印、典吏、翰林学士、都事、主事、都目等等。

明代废除了沿袭一千六百多年的丞相制度，在此基础上设置的公文管理机构主要有内阁、通政使司、六科、文书房和司礼监等。内阁是设于皇帝与六部之间的机构，其中设置内阁大学士多人，组成内阁，充当皇帝的顾问和秘书，办理相关公文事务。内阁中具体办理公文事务的机构主要有中书科、诰敕房和制敕房。通政使司是全国上行公文和下行公文案牍的总汇机关，"掌受内外章疏敷奏封驳之事"[②]。六科是协助皇帝处理六部事务的机构，既负责辅助皇帝处理公文，又有督促六部处理公文之权。皇帝借助六科，实现其对六部的控制，最终达到加强和巩固皇权的目的。明代中央六部和大理寺内，各设司务厅，掌管公文事务。明代的中央公文职官，主要有内阁大学士、直省舍人、中书舍人、序斑、经历、知事、司务、照磨、检校、给事中等。明代地方机构实行省、府（州）、县三级制。省级行政区划设有承宣布政使司、提刑按察使司和都指挥使司，合称"三司"。"三司"中都设有负责公文收发、登记和催办工作的经历所与照磨所。省下为府，府中负责公文工作的官员有经历、照磨和检校等。县级官府中，主管公文事务的职官仍为主簿和典史。

清代的中央公文管理机构比历代都多，它们均以处理公文事务为主。清初沿袭明制，

---

① 参见《新元史·世祖本纪》和《大元圣政国朝典章·振纪纲》。

② 《明史·职官志》。

设立内阁等机构，形成了在中央以皇帝为中心的政府公文管理和工作系统。雍正初年后，又设立军机处等机构，形成了高度集权、更为重要的另一公文工作系统。其他中央公文管理机构还有六科、中书科、通政司、奏事处、稽查钦奉上谕事件处、捷报处、南书房、司务厅、典簿厅、经历司和督催所等。在公文职官设置方面，清代中央行政机关主要设有大学士、学士、典籍、侍读、中书、军机大臣、军机章京、给事中、章京、笔帖式、检正官、南书房行走、司务、主事、经承、承差、典吏、部办等职。

清代地方行政区划分为省、府（州）、县三级，均设立了经历司、照磨所、理问所和承发房等公文管理机构，并置有经历都事、照磨、理问、攒典、典吏、主簿、书吏和稿案等公文职官。此外，各级地方主官还自行聘用幕僚作为私人顾问，这在清代是一种普遍现象。幕僚身份特殊，在公文事务乃至整个行政工作中起着非常重要的作用。

三、传统中国公文的基本种类和主要名称

（一）对传统公文和公文名称的界定

1. 关于传统公文的范围和溯源

按照现代行政管理学观点，公文是国家机关及其他社会组织在行使职权和实施管理的过程中形成的，具有法定效力与规范体式的文书，是进行公务活动的重要工具。[①] 但我们不能用现代公文的严格定义来理解古代公文，因为古代社会组织没有现代这样严密，公务活动的程序没有现代这样规范，古代官府文书也没有像现代公文一样要加盖公章。因而我们认为，传统公文可以定义为：古代公务往来中使用的有规范名称和一定格式体例的文书。[②] 根据这一界定，诸如会议记录、个人谈话和皇帝近身秘书记录皇帝言行的"起居注"等，都不能算是公文。但春秋末期郑国子产的铸刑书和晋铸刑鼎，是向民众发布法律的文书，应该属于公文。至于国王诏令、臣工奏章和各官府之间往来的文书，则是古代公文的主要组成部分。从一些史籍的记载来看，传统中国"文书"和"公文"的概念很难截然分开，但也不完全相同。一般而言，公文属于文书，而文书并不都是公文。文书的概念范围较之公文要大一些，诸如有史料价值的文字材料，都可称为文书。如西汉贾谊《新书·过秦论》（下）"禁文书而酷刑法"[③] 中所说的文书，就是泛指古代的文籍图册。甲骨文、钟鼎文中的部分文字记载，也属于历史文书的范畴。但《汉书·刑法志》"文书盈于几阁，典者不能遍睹"和唐元稹《望喜驿》"满眼文书堆案边"中讲到的"文书"一词，指的就是公文了。"公文"一词，在各朝各代有着不同的名目：殷商时称"典册"，周代称"中"，秦时称"典籍"，西汉称"文书"、"文案"，东汉末年和三国始称"公文"[④]，隋唐称"文卷"、"案卷"，元称"文卷"、"文籍"，明称"文牍"、"案牍"，清称"牌子"和"本章"等。

---

① 参见饶士奇主编：《公文写作与处理》，1 页，沈阳，辽宁教育出版社，2004。

② 参见杨树森、张树义：《中国秘书史》，83 页，合肥，安徽大学出版社，2006。

③ 这是目前所见到的"文书"一词的最早记载。参见《百子全书》，上卷，96 页，杭州，浙江古籍出版社，1998。

④ 《后汉书·刘陶传》有"州郡忌讳，不欲闻之，但更相告语，莫肯公文"一语，《三国志·魏志·赵俨传》也有"辄白曹公，公文下郡，绵绢悉以还民"的记载。

2. 传统公文名称的界说

所谓公文名称，是根据功用的差别对公文进行划分而得到的小的类别，是公文标题的构成要件，是公文的称呼或称谓。如现代公文中的"指示"、"通告"、"请示"和"申请报告"等，就是公文的名称。我国最早的有据可查的公文名称是"誓"①，随后出现的诰、制、诏、谕、疏、表等等，都是传统公文名称。

（二）传统中国公文的基本种类

所谓"公文种类"，是指根据行文关系对公文进行划分而得到的大的类别。传统中国对公文主要划分为上行文、下行文、平行文和多用文四大类。这一分类法与现代公文分类法是不谋而合的，它符合公文管理的一般规律。所谓下行文书，就是君王、上级官吏和官府衙门向下级官吏和官府衙门布置任务、发布指示的文书；上行文书是下级官吏和官府衙门向皇上、上级官员和官府衙门请示、汇报、反映情况的政务文书，由于是自下而上的行文，故称上行文；平行文书，是指同级官吏以及对同级和无隶属关系的官府衙门之间，相互通知、移送、质询等政务往来所使用的文书；多用文是指在同一时期和不同的历史时期，用作不同行文方向的公文，也就是说，某一种公文名称，既可用作下行文或上行文，也可用作平行文，这种情况在传统公文中常可看到。按照行文关系对公文进行分类，最早可以追溯到西周时代，《周礼·春官》就将公文分为"王命"、"外令"和"四方之事书"等几类。东汉末年，蔡邕在他的《独断》篇里总结秦汉两代公文，更明确地把公文划分为下行文和上行文两大类，其行文关系已十分清楚。

（三）传统中国公文的主要名称

1. 下行文的主要名称

（1）誓。也称誓辞，是夏商周三代君王在兴师作战、讨伐敌人时，用来誓告军旅的重要下行公文，也是我国历史上最早的有据可查的公文名称。②"誓"作为告诫之辞和公文文种，在夏代时早已产生，商周时期沿用不革，《尚书》中就有《甘誓》、《汤誓》、《牧誓》、《费誓》和《秦誓》的记载。其中，《甘誓》是夏启讨伐有扈氏时发布的军事动员令，《汤誓》是商汤王讨伐夏桀前发布的军事动员令，《牧誓》是周武王讨伐商纣王时于牧野郊外发布的军事动员令。据考证，"誓"文早期仅仅用于上层，是统帅对将官的言辞。后来"誓"的范围和内容逐步扩大，成为战争之前主帅告诫全军将士的言辞，有如今天的誓师词、宣言书和战斗动员令。秦汉以后不再用"誓"，军事动员令一般用"檄"代替。

（2）诰。是我国古代君主和诸侯主宣布重大事项，勉励、告诫、训诫和封赠臣僚万民时使用的下行公文文种，也是我国历史上出现最早、使用时间最长的公文名称。"诰"即告晓之意，古代下对上为"告"，上对下为"诰"。"诰"文始于殷商时期，周代沿用不革，《尚书》中就有《汤诰》、《大诰》、《酒诰》、《洛诰》、《召诰》和《康王之诰》等篇目。秦时废，汉以后又复用，但"诰"文仅限于皇帝下达命令用。隋唐时期，把皇帝授官、封赠的命令称作诰。宋代又改称"诰命"，主要用于皇帝颁发命令封赐官爵等。例如，《宋史·职

---

① 《尚书》中以"誓"为名的公文共有五篇：《甘誓》、《汤誓》、《牧誓》、《费誓》和《秦誓》。

② 参见杨树森、张树立：《中国秘书史》，83页，合肥，安徽大学出版社，2006。

官志》记载："应文武官迁改职秩，内外命妇除授及封叙、赠典，应合命词"等，则用"诰命"。明清时期，授予五品以上高官也用"诰命"。例如，洪武二十六年（1393 年）规定："一品至五品皆授以'诰命'。"《清会典》卷二也规定："覃恩封赠五品以上的官、及世爵承袭罔替者曰'诰命'。"另外，明清皇太后等所颁布告性公文，亦称为"诰"，朱元璋也颁行过《明大诰》。这一文体辛亥革命后正式废除。

（3）命和典。命是夏、商、周三代君主发布的命令性文告和封爵、授官、奖赏功臣的下行公文。《事物纪原·公式姓讳》称："三代而上，王言有典、谟、训、诰、誓、命。"刘勰《文心雕龙》载："古者王言，若轩辕唐虞，同称为命。"《字书》又说："大曰命，小曰令，上出是命，下出是令。"《说文解字》段注："命者，王之令也。"说明战国以前，君主的言辞都称作"命"。有的用以命官，如春秋时鲁定公有"命孔子为司寇"；有的用来封爵，如伪《尚书》中的"蔡仲之命"；有的用以饬职，如伪《尚书》中的"毕命"；有的用来赏赐，如《尚书·文侯之命》等。到了战国时期，各国开始变法，公文体制也要统一，这时的"命"又统称为"令"。秦始皇统一六国，确立皇帝制度后，又改"命"为"制"，改"令"为"诏"。此后，"命"的文体逐渐消失。典是中国古代帝王和中央政府颁布的制度、法规性文书，也是古代法律、法令的通称。《尚书·尧典》记载的就是尧和舜时的管理制度，商代的文书总称"典册"，西周有"建邦之典"。秦汉以后，典被奉为经典的政法之书，也是古代帝王颁布的法令、法规性公文。

（4）制。又称制书，是我国封建社会中，由皇帝颁布重大制度时所使用的文书。始见于秦始皇时期，所谓"命为制，令为诏"[①]，秦始皇把商周以来的命、令、书分别改为制、诏、奏。汉代学者蔡邕《独断》称："制者，帝王制度之命也。"其用途在于颁布可垂为后世遵守的重大制度性举措。自秦始皇去"命"立"制"以后，"制"被历代皇帝广泛运用，而且有所发展。两汉时期，"制"发展为"制书"，主要用于大赦和赎罪，也用于告谕和责让官吏。南北朝时期的北周把"制"改为"天制"，但用途仍沿袭前代规定。到了唐朝，"制"分为"制书"和"慰劳制书"两种：前者用于颁发国家重大制度，任命五品以上官吏；后者用于对官吏褒奖嘉勉。宋代与唐代略有不同，"制书"只用于任命一品以上的高级官员。[②] 元、明、清时期，"制"的用法基本上承袭前制。辛亥革命后正式废除。

（5）诏。又称诏书，是我国封建社会所设置，由皇帝在大部分时期主要用于指挥庶政和处理日常行政事务的君命文种。诏，取诏示、诏告使天下知之的意思，《逸周书·文傲解》就有周文王"诏太子发"的记载。但作为公文名称，始于秦始皇时期的"命为制，令为诏"。从此以后，"诏"便成了皇帝的专用文书，一直沿用至清末。其间除唐朝武则天将"诏"改称为"制"以外，其他朝代均沿用秦制，将皇帝下达的一般性命令称为"诏"或"诏书"。"诏书"的一般用途是皇帝指挥庶政、答复百官上书和训示臣僚，但也有例外的，常见的有恩诏、求贤诏、罪己诏、遗诏、哀诏、即位诏和亲政诏等。诏书的形式与别名多种多样，有密诏、亲诏、手诏、诏黄和玺书等。诏书最频繁使用的时期为秦汉、三国、两晋、南北朝、隋、明朝。宋、元、清三朝"诏书"虽仍见运用，但其用途已大为缩小。这

---

① 《史记·秦始皇本纪》。
② 参见《宋史·职官志》。

三个朝代的君主用于指挥庶政的君命文种名称主要不是"诏书",而是"敕"(宋)、"圣旨"(元)和"谕旨"(清)。应该指出,诏与制是不同的君命文种,制是重大的、事关全局的命令,诏则是一般性命令,故制的规格高于诏。

(6)册(策)。又称册书、册文、策书,使用"册"的场合常称册命、册授等。这是我国古代社会中,君主帝王用于特别重大人事(如册封皇后和太子、任免诸侯王和三公、任命三品以上官员等)和祭祀活动的君命文种。册书因当时书写在相连的竹简上而得名,所谓"简者未编之称,策是其简相连之名"①。古代册与策字通用。"册"最早出现于殷商时期,史称"维殷先人,有典有册"。而"策"字始见于西周,是周天子封赏王族宗子、贵族、功臣及发布王命时所用的下行公文名称。

另外,周代还有"策命"制度。《周礼·春官·内史》称:"凡命诸侯及孤卿大夫,则策命之。"《左传·僖公二十八年》也有周天子"策命晋侯为伯"的记载。秦始皇时规定的下行公文文种没有册(策),到了两汉,才在先秦时期"册"和"策"的基础上,正式规定为"策书",所谓"汉天子正号曰皇帝……其命令,一曰策书,二曰制书,三曰诏书,四曰戒书"②。汉代的策书是两汉皇帝专用于命封和罢免诸侯王、三公的命令性文书。唐代又改称"册书",是皇帝用于立皇后、太子,封王公,任命三品以上官员和授爵、赐予财物时的专用文书。其中,用于授官的,称"册授"。唐代以后,册书的用途扩大到郊祀、祭享、称尊、加谥、寓哀等,其名共有十种之多,即祝册、玉册、立册、封册、哀册、赠册、谥册、赠谥册、祭册和免册。宋、元、明、清四朝,皆把册书明定为皇帝专用的下行公文文种,但册书视所发布的对象地位、官阶而各有等差,质地亦有区别。玉册规格最高,用于上尊号、立新帝、立皇后和立皇太子等;其次是金册,清朝规定,封亲王、亲王福晋和公主,皆给金册;再次是纸册,清朝封贝勒、贝子,及其夫子郡主县主县君,皆用纸册。辛亥革命后废除。

(7)戒书。亦称戒册和戒敕,是汉朝皇帝教训百官公卿所用的警示性公文。初为皇帝告诫京城百官如何做官、为人和办事等,后来也用作对京外官员的诰谕,以此教导、戒约臣下。南北朝以后,敕成为君主专用的下行文,"戒书"一名遂废除。

(8)敕。是中国封建社会里,皇帝常用和专用的,主要用于对臣下训诫、授任、封赠、指挥庶政和行政管理的君命文种之一。来源于汉代皇帝的"戒书"(戒敕),但敕成为皇帝的专用公文,始于南北朝。当时凡皇帝向臣僚和地方政府颁布的指示与命令,统称为敕。刺史、太守赴官任职,皇帝谕告内廷官员时,也用敕书。隋唐时期,敕书分为发日敕、敕旨、论事敕和敕牒四种。凡废置机构衙署、任免官员、征发各地兵马等大事,施用发日敕;凡百官有事奏请,或根据皇帝意旨起草的文告,施用敕旨;凡皇帝戒约臣下,慰谕公卿,施用论事敕;凡皇帝在宰相、侍臣所起草的例行公文上画一个"敕"字,颁下施行并出牒公布称敕牒。宋代除沿袭唐代上述四种敕以外,又增加了"敕榜",用于戒励百官,晓谕军民。元、明、清三朝,虽然"敕"文书颁发较多且滥,但其使用范围有些缩小,基本上退出了指挥庶政的领域。例如元代,敕主要用于任命六品以下官员。明代的"敕"分为"敕

---

① 《仪礼·聘礼》注疏。
② (东汉)蔡邕:《独断》。

命"和"敕谕"两种。"敕命"是皇帝颁发给六品以下官员的官阶证明文书。"敕谕"文书由被授者首先提出申请，经批准后，由翰林学士等人撰拟，经皇帝审核，由中书舍人抄写在正本上，尚宝司盖用"敕命之宝"的印玺，最后由皇帝颁发。"敕谕"是皇帝对于中央或地方官员的训示，也用于委任地方官员。据《正字通·餐部》记载："明制，凡褒责让并用'敕'。"清仍沿用"敕命"和"敕谕"的名称，但用法稍有变化：任命六品以下官员，用"敕命"；皇帝授予地方重要文武百官的职权，向他们交代工作、明确职责范围、规定行政纪律等用"敕谕"，具体分为"坐名敕"和"传敕"。清朝的"敕"由内阁草拟，钤"敕命之宝"御玺，然后交六科抄出，颁给受文官员。辛亥革命后废除。

（9）令。是我国古代君主帝王下达指示的下行公文之一，也是我国最早产生的、由先秦沿用至今的唯一文种。令，《说文》解释为"发号令"，《文心雕龙》称"令者，使也"。早在唐尧虞舜三代时期，就已有君王用"令"来发布命令、指示等的记载。如《诗经·齐风·东方未明》中，就有"道之颠之，自公令之"的说法；《韩非子·难势》中也有"身不肖而令行者，得助于众"的记载；《尚书》中亦有"发号施令"之谓。但令作为一种正式公文名称，始于战国。明朝的徐师曾在《文体明辨序》一书中认为："战国时将'命、誓、诰'统称为'令'。"又据《史记·秦本纪》：孝公元年（前361年），"孝公于是布惠振孤寡，招战士明功赏，下令国中"。战国时的"令"文，一般由诸侯国君、重臣或军事首领发布，具有强制性色彩。既可用于颁布法令，如吴王夫差的《输越粟令》、商鞅的《定变法之令》等，又可用于军事指令，如孙武的《令队长》、吴起的《攻秦亭令》。秦初，改令为诏，皇帝之言不再称"令"，仅皇后、太子下达的文书称令。两汉时期，又恢复君臣同用"令"文书。如汉高祖的《夷三族令》和西汉萧何的《令诸大夫》等，还有相当于行政法规的《田令》、《水令》、《金布令》等。汉代以后，令主要是作为特殊的准君命文种，以及高级将领（官员）发布政令和军令时使用。三国时，曹操就以丞相之名，发布过大量的令，如《置屯田令》等。南北朝时的"令"又有所变化，皇太后、皇太子和诸王之令改称为"令书"。隋唐时期，令被定为太子的专用公文，此外也有"律令"的令。宋代不见"令"文，主要被"诏"取代。到了元朝，出现了"令旨"，这是专供皇太子及诸王下达命令时所使用的文书。明朝又大量用令，令文由内阁负责撰拟，经皇帝审阅同意后下达诸司，多用于具体的行政指令。有清一代，令文被完全取消。但太平天国和辛亥革命时期，又广泛使用"令"。直到今天，我们仍然使用"令"这一公文名称。

（10）圣旨。是"旨"的派生文种，是传达皇帝旨意、命令的专用公文。虽然《晋书·文帝纪》有"明公宜奉圣旨"的记载，但作为皇帝颁发政令的君命公文文种名称，实为元代首创，也用得最多。其格式开首称"上天眷命，皇帝圣旨"，末尾通常写"彼或恃此，非理妄行，国有常宪，宁入知惧，宜令准此"，显与诏书有别。明、清两代，圣旨不再作为君命文种，但间或作为各类君命公文之代称，民间百姓也通常将皇帝的诏书称为圣旨。

（11）谕旨。是明清时期皇帝给臣民下达命令、指示的专用公文文种，由"谕"和"旨"演变而来。元朝以前，皇帝颁发的指令文书称"谕"，皇帝的意见称"旨"。至元代，首创"圣旨"，为皇帝颁布政令之用。明清时期，才开始将皇帝的指示和命令性公文统称谕旨，其中，为皇帝亲笔所写的谕旨，称手谕；用朱笔书写的谕旨，称朱谕；其用于晓谕京官侍郎以上、外官知府总兵以上黜陟调补者，则称上谕。在清朝，凡军政事务都可用"谕旨"发布。《清文献通考·职役四》中有"谕旨以城垣多有残缺，今各督抚督率有司留心整饬"的记载。清朝的"谕旨"具体分为"明发谕旨"和"寄发谕旨"两种：前者较公开，由内阁转六科诸衙门抄发到有关衙门；后者较机密，由军机处寄往有关衙门和官员。

但谕、旨单用时，还是有区别的，所谓"有所特降者曰谕，因请而降者曰旨"。也就是说，谕一般是皇帝主动发布的命令或指示，而旨则多为皇帝依官员的奏请所作的批答。"旨"在辛亥革命后被废除，但谕则在国民党政府时仍然使用，如"委员长手谕"或"总统手谕"等。

（12）批答。是古代下行文文种之一，其内容主要是皇帝对臣工奏章作出的批示答复。如仅表示准否，就叫作"批"；如要作出具体答复，则称作"答"。公文中有"批"字，始于唐代，"批答"公文亦盛行于唐朝。据《新唐书·百官志》载：唐玄宗初年，又设置翰林待诏，以张悦、陆坚、张九龄等人专门为他批答来自全国的表、疏、奏、议等文书。唐以后各代沿用之。到了清代，皇帝对上呈奏折的批答称"朱批"，而地方官府衙门的长官对下级来文和老百姓来文的批示答复则称"批"。

（13）告。是古代官府向下属发布指示的一种公文文种，始于汉代，盛行于魏晋南北朝时期。凡中央丞相府向地方各级行政首长所发出的指示，称为"告"。各封国诸王、诸侯向下属发布的公文，以及世子当国向下所发之文亦称"告"。《居延汉简甲乙编》卷四八四所记载的，就是汉宣帝时丞相于定国向二千石郡太守和侯国发布的"告"。

（14）檄。是古代君臣用以征召、晓谕或声讨敌方时使用的一种下行公文文种，起源于"三代"的"威让之令"①。战国时期，"檄"才成为正式公文名称，但其性质，颇异于后世。自秦汉以后至明清，檄的使用相当普遍，主要是作为军事文告之用。例如，司马相如的《谕巴蜀檄》和朱元璋的《为北伐谕中原檄》，都是著名的檄文。

（15）符。是古代君臣发布命令的一种下行公文文种。"符"在秦汉以前早已出现，但主要是君臣之间调兵遣将的一种凭证，以及政府发给平民、士卒单身外出时的通行证件。至西晋时，"符"始成为告知性文书，并作为向非隶属官府发送公文时的一种文书名称来使用。隋唐时期，"符"被明定为一种下行文书，主要用于命令直属的下级。宋代，"符"是常用公文，分符和部符两种。其中，"符"文种仅限于州对县的行文。明代皇帝调遣军队时，也使用"符"文种，称为"敕符"和"丹符"。明以后，"符"逐渐消失。

（16）帖。又称帖子，是古代上级官府向下级官府和官员发布指示或指令的下行公文文种，源于南北朝时期的"军帖"，但作为一种正式公文名称，应从唐代的"堂帖"算起。唐代政事堂宰相指挥政事的公文，以及节度使所下文书都称为"堂帖"，主要限于中央使用。五代时，除中书、门下仍使用"堂帖"外，低级行政机关也开始使用"帖"文来传达公务。② 宋代的帖体文种就更为广泛，凡宋代三省各部、中央各寺监下达的公文，统称为帖；又规定"州下属县不行符者，皆用此式。"③ 而政事堂行遣小事时所发的公文，仍称为堂帖。明清时期的帖文，是向品位较低的下级衙门和官吏所发的文书。如应天府向州县衙门、直

---

① （南朝宋）刘勰：《文心雕龙·檄移》二十。
② 参见《五代会要》卷十四。
③ 《庆元条法事类》卷十六。

隶各州向所属各县和知府或知州的下行公文，皆称为"帖"。

此外，历代官府下行文还有票、示、教、札文、牌文、札付、牌票、御札、榜文和札子等多种。

2. 上行文的主要名称

(1) 奏。是我国封建社会时期，由臣僚向皇帝陈述庶政、弹劾官员、进言规谏和说明事情的一种上行公文，源于西周的"事书"和战国的"上书"，但作为公文名称，始于秦朝。秦始皇出于尊君抑臣的需要，批准臣相李斯的建议，将"书"改为"奏"。从此，"奏"就成为群臣上书于君主的一种专用文书①，一直沿用至清末，但名称略有不同。汉称上书、上奏（或奏）、上疏（或疏）；三国两晋南北朝至隋唐时期，奏称奏议、奏章和奏疏；宋代，奏称奏状或奏表；明代称奏为奏本和题本；清代除沿用奏本、题本外，又创设了奏折（密奏或密折）制度。奏的格式是十分严格的，一般而言，行文必须以"臣昧死上言"开头，用"死罪，死罪"结尾。历史上著名的奏文有《霍光等请皇太后废昌邑王帝位奏》②和《福建水师提督施琅请攻台湾奏本》③等。

(2) 章。是汉唐时期的一种上行公文名称，原为受封赠的大臣向皇帝谢恩的文书。④后来，章的使用范围有所扩大，也用于对皇帝的庆贺和谏议，这种用法一直延续到隋唐。章在写作上也有一定程式，其开头要写"稽首上书谢恩陈事"；在内容上，也主要是对皇帝歌功颂德之词。章这一文种，在唐以后废去不用。

(3) 表。是起源于汉代的一种上行公文，当时主要用于臣僚向君主陈述政事，表达情感。《文心雕龙·章表》中称："表者，标也。""章以谢恩，表以陈情。"但东汉以后，"表"的使用已不仅限于"陈情"。三国两晋把凡属于陈述性的上行文都称为"表"，内容也更加广泛，包括论谏、劝请、陈乞、进献、推荐、庆贺、慰安、讼理、弹劾等，故又有"表体多包"之说，著名的有诸葛亮的前后《出师表》。唐宋以后，"表"的进言议事作用逐渐让位于其他文种，而仅限于陈谢（谢官、谢赐）、庆贺、进献之类。

(4) 议。亦称驳议，是臣僚对某些重大政事有不同意见时，向皇帝陈述己见的一种论辩性上行公文，始于汉代。议有杂谈、议论之意，驳议即提出异议，蔡邕《独断》称："某有疑事，公卿百官会议，若台阁有所正处而独执异意者，曰驳议。""驳议"在两汉时期十分盛行，史称"汉世善驳"。汉代以后，"议"作为一种上行公文被历代沿用，直至明清。较为著名的议文有：汉代应劭的《驳韩卓募兵鲜卑议》、唐代柳宗元的《驳〈复仇议〉》和明代归有光的《御倭议》等。

(5) 上书。又称书，是臣民向君主陈述主张或见解、表达政见的一种上行公文，也是我国起源最早、应用最广和使用时间最长的文种之一。历代奏、章、表、疏的前身便是上书。作为公文名称，上书源于春秋战国。据《文心雕龙·章表》记载，战国时，对君主谈论政事，都称为上书。《颜氏家训·省事篇》也称："上书陈事，起自战国，逮于两汉。"秦

---

① （南朝宋）刘勰：《文心雕龙·奏启》载：凡"陈政事，献典仪，上急变，劾愆谬，总谓之奏"。

② 参见《汉书·霍光传》卷六十八。

③ 参见《明清史料》戊编。转引自王铭主编：《公文选读》，49～50 页，沈阳，辽宁大学出版社，2000。

④ 参见（南朝宋）刘勰：《文心雕龙·章表》。

始皇统一六国后，改书为奏，作为臣僚向皇帝奏事的议程，但在实际写作中，仍往往以上书或书命名，如秦公子扶苏《谏始皇书》、李斯《上二世书》。汉代除沿用奏文外，又复用上书。两汉以后，直至明清，臣僚向皇帝奏事一直使用上书这一文种，但名称除上书外，又称"上言"或"上辞"。近代仍有使用上书的，如康有为的《公车上书》等。至今，也还有将人民来信称为"上书"者，足见"上书"是我国诸多公文文种中较为稳固地被历代沿用的公文之一。

（6）状。是汉代末期出现的一种上行公文，既可用于下级向上级陈述事由，也可作为臣僚向皇帝报告情况（如察举官吏时，列其罪状或才能）之用。[①] 魏晋以后，扩大了"状"的使用范围，不但地方政府向上呈报工作、请示问题时使用"状"，而且普通老百姓向官署报告情况或向官府申诉，均可使用"状"这一文种。如唐有"牒状"，宋有"奏状"，元有"申状"，明有"呈状"，清有"禀状"等。

（7）疏。即疏通之意，又称上疏，是源于汉代的一种上行文种。《文心雕龙·奏启》称："奏事或称上疏。"可见"疏"是臣僚上书皇帝陈述下情和表达政见时使用的文体。一般而言，官员对政事有所建议，或者要弹劾其他官员，都可用"疏"，特别是对朝政表示看法或有所匡谏，更是多用这种文体。如《汉书·苏武传》中，就有"初桀、安与大将军霍光争权，数疏光过失于燕王"的记载。疏实际上是奏和表的别称，各类上奏公文的泛称，故有"奏疏"之说。疏的文体特点为分条陈述，层次清楚。从汉代直至清末，均有"疏"这一文种。历史上著名的"疏"文，有汉代贾谊的《论积贮疏》、唐代魏征的《谏太宗十思疏》和晚清黄爵滋主张禁鸦片的《严塞漏卮以培国本疏》等。"疏"在民国时废除。

（8）禀。原为下级官府向上级部门报告情况和陈述事宜时所使用的上行公文，始于魏晋南北朝时期。《宋书·刘穆之传》就有"宾客辐辏，求诉百端，内外咨禀，盈阶满室"的记载。隋唐时简化了文书种类，"禀"废而不用。最迟在宋朝，禀逐渐演化为书札的一种。清乾隆年间，禀文取得公文的地位，是下级对上级、属员对长官、民众对官府陈述事宜的上行文种，称"禀文"和"禀帖"。就用途而言，清代的禀分为红禀与白禀：凡上司在衔名手本上批示，退交下级据以执行后与禀稿一起存档者，称为红禀；凡上级衙门在禀文上照录批语后归档备查者，称"白禀"。禀民国时废除。

（9）揭帖。又称"密揭"，是明代内阁专门用于进奏机密要事的上行公文，源于汉代的"封事"，以及隋唐时期的"密呈"和"密函"。明代首创"揭帖"，最初只能由内阁撰写和直接呈送皇帝，而无须其他部门转呈。皇帝亲自拆封，阅后退还本人，不予公布，可见"揭帖"是一种规格很高的重要公文。到了明代后期，"揭帖"才在一般衙门普遍使用，但仍是奏呈上司的机密文书。到了清代，"揭帖"除仍用于向上禀报事情以外，其性质逐渐改变为随本章附送相关部院、科、馆，以便相关部院预先商议对本章处理意见的平行公文文种。

（10）题本。亦称题，是明清时期以官府名义向皇帝陈述和请示有关政务、军情及钱粮等公事时使用的上行公文，始见于明代。《明会典》规定："凡内外衙门，一应公事用题

---

① 《后汉书·杨秉传》有"南阳太守张彪……以车驾当至，因傍发调，多以入私，秉闻之，下书责让荆州刺史，以状副言公府"的记载。

本。"意即有关钱谷、弹劾、兵马、刑名等具体政务都用题本，且须由官员用官府印章具题，以官署名义送通政使司转交内阁上奏皇帝，并备副本送六科。题本一般书写在一张长纸上，向左向右折成页数不等的本子，展开可以阅读批答，叠起便于携带和收藏。清初沿明制，但雍正七年（1729 年）成立军机处后，奏折的使用范围有所扩大，并不断排挤题本，题本文种的使用日渐式微。光绪二十七年（1901 年），清政府明令内外各衙门：言事均改用奏折。题本遂亡。

（11）奏本。亦称奏，是明清时期正式设置，官员以个人名义呈送皇帝的上行公文。明朝洪武年间，将汉、唐以来的奏、奏疏、奏状、奏札简化为奏本一种，并最先正式设置。《明会典》规定："循例奏报、奏贺、若乞恩、认罪、缴敕、谢恩、并军民人等陈情、建言、申诉等，俱用奏本。"意即凡到任、升转、谢恩、请罪、代军民申诉陈情及官员本人的私事用奏本。奏本不需要加盖官署印章，不用备副本，也不必告诉上级官员，由本人送到会极门，交管门太监转呈皇帝。因其内容在皇帝批示、公布前无人知悉，极具保密性，故在百官中引起震动的本章，往往就是这一类。清初沿明制，但至康熙、雍正年间盛行奏折以后，进一步压缩了奏本的使用范围。雍正三年（1730 年），清政府明确规定：奏本仅限定于报告到任日期和谢恩等事宜。① 至清乾隆十三年（1748 年）"改奏为题"，将向来用奏本之处，一律改用题本。奏本至此被完全取消。题本与奏本的区别有二：一是用途分工不同。凡陈私事或循例奏报者用奏本，其余一应公事用题本；二是是否用印。题本必须加盖官署印章，奏本不需用印，以官员个人名义且署名具奏即可。

（12）奏折。亦称奏帖、折子和密奏，是清朝中后期由高级官员和近臣直接向皇帝言事的重要机密公文。始于康熙朝，起初仅限于康熙皇帝少数几个亲信有权使用，主要以"密缮小折"形式直接向皇帝密奏，后来扩大到高级官员，凡言官参劾、密告或条陈、议论政事等等，皆可用奏折。雍正上台后，尤其是军机处成立后，奏折得到了普遍使用，并取得了正规机密公文的法律地位，举凡"宜守机密"或"应速达上闻"的事情，都可以用奏折呈报。奏折主要由督抚等大臣高官使用，规定应由臣子本人亲笔书写，装在特别的折匣里，遣派亲近专差直送北京宫廷，入东华门、景运门和乾清门至九卿房交奏事处收呈。若遇紧急事件，则派千总或把总级的军官乘驿专送宫城奏事处，由奏事官或奏事太监直接送达皇帝。皇帝亲自拆封、批阅和批示后的奏折称为朱批奏折，或交军机处办理，或"留中"②，或密封好原折即发交原奏人按朱批执行。清代奏折分为"奏事折"、"请安折"和"庆贺折"三种，但一般一文一事。如果有其他事情不需单独缮折的，可以用夹片的形式附在奏折之中上呈。由于奏折具有密封直达御前，首先由皇帝拆阅、亲笔批示，交大臣阅看参议，处理迅速和保密性强等特点，因而在有清一代，奏折成为用途最广、使用频率最高和数量最多的上行公文。于光绪二十七年（1901 年）废除题本后，奏折就成为了唯一的上奏文种。奏折制度不但进一步巩固和强化了皇权，大大提高了行政效率，而且使地方大员彼此监控，各存戒心，不敢擅权行事及肆意胡为，有利于控制官员和整肃吏治。

① 参见《钦定大清会典事例》卷一三。
② 清制，凡奏折内容属于核心机密，或者事涉当朝的很多人，不宜宣泄的，皇帝就将这种奏折压下不发但按章处理，也有的是根据原奏人的请求而压下不发的。这种处理方法通称为"留中"。

（13）呈。又称呈状，是下级官署向上级官署、属官对长官汇报工作、陈述事宜或报送文件、物件等使用的上行公文文种，类似于现代的报告，源于魏晋南北朝。宋元之后，才正式作为上行公文的名称。元代，"呈"分为"咨呈"和"牒呈"两种。明制，各军、卫上于五军都督府，各府、寺、监、院上于内阁和六部，六科向都察院等，都用"呈状"。清代改"呈状"为"呈文"，经历、知县、县丞、主簿上书于知府时使用，民国时期仍沿用之。

（14）详。是主要运用于明清时期，由下级就重要事项向直接上级详细申报、陈述事由和请示政务，并请求上级批示决定并答复的上行公文，始见于南北朝时期。《南朝宋会要·牒奏章表条》就有蒋氏兄弟二人，因争着服罪，以致"郡县不能判，依事上详"的记载。但隋、唐、五代、宋、元诸朝均不见用"详文"，明朝才复用。到了清代，被定为官府的正式上行文种，亦是清代上行文中最正规、最严肃的文种之一。"详文"在清代应用范围很广，副将以下武官向提督、参将以下武官向总兵、州县向府厅、府厅向司道等行文，均可使用"详文"，但只能申报直接上司，不得越级，若需向更高级衙门申报，也只能层层转"详"。"详文"都带有"详册（副详）"，"详册"内容与"详文"一致，有些类似现在的正、副本。上级官员在"详文"上作批示后，将"详文"退回照办，"详册"则留在上级衙门中存档备查。民国初期仍沿用"详文"，但不久后废除。

其他常用的上行文还有：启事、熟状、牓子、札子、笺记、辞、牒、申状、白札子、露布、封事和应书等。

3. 平行文

（1）移书。又称移或移文，是我国古代由无隶属关系的各诸侯国、各官署或官员间相互行文时使用的平行文种。移即"贻"、"遗"，投送之意。西周称为"贻"[①]，春秋战国时发出公文称为"遗"或"移"，《左传》中就有不少关于移书的记载。[②] "移"发展到汉代，成为平级官员和不相隶属的机关公务往来时的正式平行文种。三国两晋南北朝时期，虽未见典章制度将"移"明定为公文文种，但就政事发布以"移"为名称的公文，已经相当普遍，说明"移"在当时实际上已经成为平行机关公务往来的主要文种。唐宋时期，"移"主要用于诸司之间的自相质问。而清代，"移"则用于不相隶属的较低级别衙门之间的公务往来。《光绪会典》卷三十有"直隶州与非所属之知县；县与府首领、州同、州判；州同、州判与儒学，皆平移"的记载。从公文制度史的角度而言，"移"是我国产生最早、使用时间最长的一种平行公文。

（2）盟书。又称载书，原为周天子和诸侯之间、各诸侯国之间以及诸侯和卿大夫之间的约誓记载。他们常常为某些政治或军事事件而歃血誓盟。《周礼·秋官·司盟》称："掌盟载之法"，郑玄注"载，盟辞也，盟者书其辞于策，杀牲取血，坎其牲，加书于上而埋之，谓之载书"。进入春秋战国以后，盟书的运用相当普遍，但其性质已有所改变，主要分为两类：一类是指在战争中，盟国之间订立的供各方共同遵守的协议。当时各诸侯国为了各自的利益，常常举行由霸主召集的盟会，订立各种共同遵守的决定，称为"盟誓"，写成文字则称为"盟书"。另一类是诸侯国内部新兴地主阶级联合起来，向奴隶主旧贵族夺权而

---

① 《尚书·金藤》记载，周公"仍为诗以贻王"。

② 《左传·成公七年》称："巫臣自晋国遗楚子重，子反书。"

订立的协议，亦称"盟书"。

秦始皇统一中国后，盟书随即失去了它的价值，很少使用了。但在国家分裂、外族入侵时，仍有盟书出现。如西晋后期著名爱国将领刘琨兵败鲜卑贵族段匹磾后，曾订立了著名的《与段匹磾盟文》。一般而言，盟书除保留原本外，还必须抄录副本数份送给各参盟国保存，类似现在国与国之间订立的"条约"或"公报"。

（3）关。又称关文，是我国古代同级或不相隶属官署、官员之间联系公务时所使用的一种平行公文。关的本意为门闩，拔关而可进出，有由此达彼的"通达"之意。刘勰《文心雕龙·书记》有"关者，闭也。出入由门，关闭当审；庶务在政，通塞当详"的说法。"关"起源于魏晋南北朝时期的关文①，最初在平行官府衙门之间通报政事时使用。至唐代，"关"被法定为平行公文文种，主要作为朝廷各部门之间彼此有所质询时使用的来往文书名称。②《新唐书·职官志》载，唐制公文"一曰关，谓关通其事也"。宋代，"关"大体限于在同级机关使用，并成为中书省、枢密院之间及同一长官辖下的各机关之间的专用平行文。宋以后元、明、清诸朝，仍继续设置和使用关文。但有清一代，"关"的使用范围已大为扩展，凡府厅州县行于佐贰、佐杂，府厅州县行于参将、游击都司等皆用关文，内容不限于质询，运行方向亦不限于平行而兼作下行文。

（4）刺。是南北朝至唐代，中央各官衙间自相质询的平行文种。刺，最早是一种名帖，相当于现代人的名片，古人把名字刺在竹简上，作为私人往来官府时互通姓名和官衔的文书。汉初称"谒"，汉末改称"刺"，并作为下属向上级禀报时的一种上行文使用。至魏晋南北朝时期，始将"刺"作为官府之间和机关内部询问有关事宜或公务往来的一种文书使用。③其使用范围接近于"移文"，但不及"移文"使用频率高。唐代相沿，以"刺"为平行公文。宋代以后，"刺文"逐渐被"咨"取代。

（5）解。是魏晋南北朝时期，各官署之间常用的一种平行文种。解者，释也，意为解释疑难，答复对方。《三国志·魏书·孙李传》中有"公二郡争界八年，一朝决之者，缘有解书、图画，可得寻案摘校也"的记载。但"解"在公文史上的使用时间较短，隋唐以后，便不再用解。

（6）咨。亦作谘，又称咨文，是我国历史上地位相当的高级官署之间相互行文时使用的平行公文文种。咨的本意是商量、询问，三国时已有咨文，但不是作为公文使用。公文用"咨"，约始于唐朝末年易"刺"为"咨"。至宋代，"咨"作为一种较高规格的平行文，主要适用于中书省、门下省、尚书省、枢密院和学士院之间的公事往来，称咨报。在元代，中书省发文各行省，称"咨付"；行省向中书省（都省）行文，称"咨呈"。明代，六部之间及六部行都指挥使司，均用"咨文"。有清一代，"咨"主要适用于平行或不相隶属的司、道以上的高级官署之间的公事往来。辛亥革命后，南京临时政府亦沿用"咨文"，规定"同级公署职员互相行文曰'咨'"。

---

① （南朝宋）刘勰：《文心雕龙·书记》载："百官询事，则有关、刺、解、牒。"

② 《唐六典》有"诸司自相质问，其义有三：曰关、移、刺"的规定。唐宋时，"关"和"移"的区别在于："关"用于中央各部门之间，"移"用于地方各机关之间，规格要低。

③ （南朝宋）刘勰《文心雕龙·书记》称"刺，达也……事叙相达，若针之通结矣"，并将"刺"的用途归纳为"百官询事"。

（7）照会。是明清两朝设置，由不相隶属官署间使用的，时或带有准下行属性的平行文种。始见于宋代，但当时公文中"照会"二字为一般用语①，其辞义由参照、对勘演化为通知、关会，类似于今天的通报。明朝始将"照会"正式确立为带有准下行属性的平行公文②，主要由不相隶属的同级官署之间使用。如各都督府向六部行文，六部下行布政司、都指挥司，以及布政司下行应天府或提刑按察司，都要用"照会"。清沿明制，仍设置"照会"文种，但仅限于地方衙署使用，分"朱笔照会"和"黑笔照会"两种。鸦片战争时期，"照会"主要作为一种外交公文，适用于国与国之间的国事往来。至今，"照会"已成为我国的正式外交公文名称。

此外，常用的其他平行文还有付子、檄移、品约、密白、平牒、交片、函文和知会等。

4. 多用文

（1）牒。是我国古代各官府衙门之间常用的一种公文文种，始于汉代。"牒"最初的意义是书札，《说文》云："牒，札也。"《左传·昭公二五年》也有"右师不敢对，受牒而退"的记载。但到两汉时，"牒"才成为人事方面的往来文书，如授官的簿录等。魏晋以后，"牒"逐渐演变为一种平行公文文种。南北朝时，"牒"又改作下级机关向上级机关呈报事宜时使用的一种上行文书，并出现作为记录世族家世、族世的"谱牒"。唐朝时，"牒"成为国家法定的公文文种，既可作为官府的上行文使用，也可用于官府向老百姓发布的下行公文。③ 至宋代，内外官府不相隶属者相互往来的文书和各州署之间移文，多用"牒"。尚书六部之间往来的文书，称"公牒"。地方官府间移文，称平牒。"牒"在元、明、清时期，仍沿用不革。其中，明朝的上行文书有牒呈和牒上，平行文书有平牒和牒文（指五军都督府经历司与六部主事厅之间的行文），下行文书有故牒。清代"牒"也用于不相隶属的中低级衙门或官员之间的往来行文，是平行文种。在近代外交公文中，也还保留了"牒"的名称，如"通牒"、"最后通牒"等。

（2）札。又称剳或札子，是古代朝廷官府常用的一种既可上行，也可下行的公文文种，始于宋代。《字书》称："札，小简也。""天子之札为御札，尊之比，古无此体，至宋有之。""札"源于唐代的"榜子"，入宋后被法定为正式公文文种，原为宰相就日常政务向皇帝请示时使用的公文，后扩大为在京官员上殿奏事，中书、尚书两省官员、枢密院官员奏事或命令下级官府执行时，准用札子。此外，知州以上官员向皇帝辞行和各路帅司指挥所属亦可用札子。而宋代皇帝颁布重大军政命令时，多用"御札"。宋代官员向宰相、副宰相上书议论政事时使用的公文称"白札子"，枢密院向下级官府所发公文称"剳"。尚书省处理公事，长官签押后发给诸司、路、监、州、军执行的公文，称为省札。元、明、清三朝仍沿用"札"文，"剳"、"札"成为公文名称，发出公文称"札付"。其中，清代使用的"札"文最普遍。上级官厅向下级官厅行文，凡委任事项、督催某事等，都用"札"。"札"在辛亥革命后被废除。

（3）榜。又称牓，在宋代既可作为下行公文，又可作为上行公文。宋代皇帝戒律百官、

---

① 《宋史·河渠书》有"乞取索照会"一语，《两朝纲目备要》卷一二亦有"仍申国子监照会"的记载。

② 《大明会典》卷七六规定了照会的程式。

③ （唐）白居易《杜陵叟》中有"昨日里胥方到门，手持尺牒榜乡村"的诗句。

晓谕军民时使用的下行公文称"敕牓"。翰林院向皇帝奏事时所使用的上行公文称"榜子"。宋代地方州县官署告诫部民时使用的下行文书称"榜文"。朱熹的《洞学榜》、《劝立社会榜》，陆游的《戊申严州劝农榜》等，都是著名的榜文。

第二节
传统中国基本公文管理和公事程限制度

一、有关公文拟制的重要制度

公文拟制制度，是指在公文写作和公文制定的过程中，有关公文拟制的机构和职官应当遵循的法律规范和规章制度。在传统社会中，公文拟制制度不但相当严格和规范，而且十分完备和健全。

1. 公文拟制程序、撰写格式和套语

在传统中国，公文的拟制是一件相当严肃、严谨和重大的事情，必须经过一定的环节，遵守一定的程序性规定。早在春秋战国时期，我国便产生了公文拟制程序。当时郑国拟制的公文，必须经过起草、讨论、修改、润色四个环节后，才能定稿，所谓"为命，裨谌草创之，世叔讨论之，行人子羽修饰之，东里子产润色之"①。而且每个环节均有专人负责，并形成为制度。这一制度不但在郑国，在其他诸侯国也实行，如春秋时鲁襄公的臣子大叔就是专门负责修正文告辞句的官员。这一制度，尤其是修改、润色两个环节的建立，使文书的准确性有了制度性保障。从此以后，历朝历代的公文写作均沿袭郑国创设的这一公文拟制程序。

另外，古代公文写作人员在撰写公文时，还必须遵守一定的公文程式、撰写格式和技术要求，并运用一系列固定的套语。根据《尚书》的记载，"誓"是我国最早的、有据可查的公文名称。而作为公文的"誓"，都具有相同的名称、相同的功用和相同的格式，这说明早在夏商周时期，我国的公文写作已经有了一定的书写格式要求。而从秦汉至明清的公文写作，更是有相当严格的公文程式和套语要求。其中，自秦王朝始，臣下上呈皇帝的公文文首，必须自报官职、爵位、姓名，然后写"臣昧死上言"或"臣昧死再拜上言"等套语。到了汉朝，上书者在自己的姓名前，还须加上"粪土臣"三字，以示卑恭。文尾则写"稽首以闻"或"死罪死罪"，以示对皇帝的敬畏。另外，汉代下行公文的篇章结构已相当规范：第一部分为发文日期，第二部分为发文机关或官署的名称，第三部分是收文机关或官署的名称，第四部分是正文内容，第五部分是公文主管人员的签字。魏晋南北朝时期，公文的结构程式也被固定化，一般包括首称、正文、末称、后书等组成部分。唐代的文书格式要求也相当严格，每种公文都有统一的技术规范，规定了公文由哪几部分组成，写什么、不写什么、文首如何写、文尾如何写等。如回复外藩奏表的诏书，文首以"卿"称；赐诸

① 《论语·宪问》。

王的敕书，文首称"王"；赐新罗、渤海等国王的"敕"书，文首则是"敕某国国王某某"。南宋的《庆元条法事类》、元代的《元典章·吏部门》之"品从行移"，均对公文程式、使用范围有所规定。北宋司马光的《书仪》，记载有奏、表、申、牒等文书程式，说明宋元时期，已经以典章、法规的形式，对公文程式进行规范。公文发展到明初，繁文冗繁之弊相当突出。朱元璋一方面屡次下诏禁繁文，规定"自今有以繁文出入人罪者，罪之"[1]；另一方面，于洪武九年（1376年），制定了《建言格式》，朱元璋亲自为此格式写序。又于洪武十五年（1382年），制定了《行移署押体式》和《行移往来事例》这两个有关公文程式和写作规范的法规，从而使我国古代的公文写作进一步规范化、制度化和法律化。另外，《大明会典》卷七十六也载有照会、咨呈、平咨、劄付、呈状、申状、平关、牒呈、平牒、下帖等行移文种的结构程式。清朝在沿袭明朝旧制的基础上又有所发展，主要是实行全国统一的题本、奏本和奏折格式，禁用浮词套语并限定有关公文的字数，严定书写规则等等。这些措施显然有利于传统公文写作规范和制度的完善。

2. 公文敬体抬头

公文敬体抬头，又称公文抬头制度和公文抬写制度，是指在公文行文中，凡遇到特别尊敬的字样（如皇帝姓名、尊号、皇帝的诏制等），虽然一行没有写满，也要回行或换行顶格书写，甚至高出一格以至几格。如秦代遇"始皇帝"、"皇帝"、"制曰可"和"盛功盛德"等都要抬写，以表示尊敬的字样在字面上高高在上。这种公文抬头制度自秦朝（西周金文中"王曰"不顶格、不提行）始，后历代沿袭。尽管历代所抬字样和规格不一，但总的说来越到封建社会后期越为严格和繁缛。如明代，涉及需要抬头的字、词主要有"皇"、"祖"、"明"、"天"、"天命"、"祖宗"、"皇祖"、"宗祀"、"慈命"、"祖考"、"上德"、"社稷"、"庙"、"郊"、"天命"、"圣"、"圣母"等等。如清代乾隆时发展到四抬：先皇帝、太上皇、皇帝、国家朝廷要依次递抬。《石例简抄》卷四载："也有空四格、五格、六格乃至七格的"。公文抬头有平台、空台两种。换行顶格书写称"平台"（平阙），一行中空格书写称"空抬"（空阙）。

公文抬头制度是封建礼仪在文书体式上的反映。封建社会人们的身份有高低不同的等级，每个人都在特定的等级中生活，居处言动、待人接物都有符合各自身份的规范，公文抬头制正是封建礼仪的重要组成部分。

3. 公文行文避讳

避讳就是避免说出君父尊亲的名字，而改用其他字。据陈垣《史讳举例》中考证，避讳"其俗起于周"。《左传·桓公六年》载："周人以讳事神"，注："君父之名，非臣子所宜斥。"疏："自殷以往，未有讳法。讳始于周。讳者，临时言语有所讳耳。"《公羊传·闵公元年》："春秋为尊者讳，为亲者讳，为贤者讳。"《礼记·曲礼》也有"入门而问讳"的记载。可见，避讳之说源于周代，而且是周代的一种国家礼法。[2]

所谓公文行文避讳，是指在公文行文中，凡遇有先皇帝、皇帝及宗庙故人姓名的字，

---

[1]　《明实录》卷一四九。

[2]　《左传·僖公元年》称："公出复入，不书讳之也。讳国恶，礼也。"

一律以其他字、词代替，甚至与皇帝名字音近似的字也不准用。虽然避讳源于西周①，但公文避讳始于秦。《史记·秦始皇本纪》载："二十三年（公元前 224 年），秦王复召王翦，强起之，使将击荆。"《正义》载："秦号楚为荆者，以庄襄王名子楚，讳之，故言荆也。"庄襄王是始皇之父，故讳"楚"，秦人把楚地改称荆。又秦始皇名嬴政，所以"秦讳正，故云端月"②。出土秦简中，也有"矫端（正）民心"的记载。而史记官注，则以"主"、"上"代替嬴政名字。汉承秦制，西汉为避高祖刘邦讳，乃改宰相之名相邦为相国；为避惠帝盈字讳，乃改"盈"字为"满"字；为避文帝恒字讳，乃改"恒"字为"常"字；为避武帝"彻"字讳，乃改侯爵中的"彻侯"为"通侯"。对皇帝不仅要避本名，而且还要避与皇帝本名同音称的字，如隋文帝杨坚的父亲名忠，隋代避忠字本名外，连同音之"中"字也要避。由此，中字改写成内字，中书改称为内史，中书令改称为内史令，中书省亦改称为内史省。

这种公文行文避讳制度自秦代确立起来，为我国封建社会历代袭用，并且越来越严格。唐、宋、明、清各朝，不但以法律的形式对公文行文避讳制度加以明确规范，而且规定公文中若对御名及其宗庙讳有所犯，则律有处分和制裁。其中，《唐律疏议》卷十称：普天率土，莫非王臣，制字立名，不得犯宗庙讳。规定"诸上书若奏事，误犯宗庙讳者，杖八十；口误及余文书误犯者，笞五十；即为名字触犯者，徒三年"。明清时期，对犯讳者的处罚更趋严酷。据清周广业《经史避名汇考·杂讳》引《开创记》，说朱元璋生性多疑，"以讳被戮者凡数十人"。清代大兴文字狱，因公文行文犯讳而铸成的文字狱大案就有几十起，许多无辜者蒙遭严刑乃至残杀。由此可见公文行文避讳制度之丑陋和危害。

4. 公文誊写传抄

公文誊写传抄，又称公文誊写、公文誊录和公文缮写制度，是指公文拟制完成和审批完毕后，在交由有关人员誊写时，誊写人员必须严格遵守的规章制度。众所周知，我国古代的公文主要靠人工缮写。即使在发明和使用了雕印术的唐宋以后，由于政治上、军事上保密的原因，大量公文也还得依靠手工誊录、缮制。因此，历代统治者不但重视公文的拟制，而且十分重视公文誊写工作，并规定了相应的公文誊写制度。早在商周时期，便明确规定缮写甲骨公文者，俱由受过专门训练、具有文化知识且实行世袭制的史职人员承担，不让外人经手。到了封建社会，统治者选用缮写人员，除强调政治条件和业务知识外，尤为注重其书法水平。由于公文缮写是一项繁重而细致的工作，因而古代官署衙门都配置相当数量的书佐、书纪、书吏、抄胥之类人员，承掌誊缮事宜。如南朝之梁陈中书省，在中书舍人之下即置书吏百人以上，其主要职掌就是抄录官文，有时因人手不足还雇请"书助"誊抄。唐宋之中书机构，也置有众多人员专司抄写，就是只有几人的县衙门，也有一二人专掌其事（多为临时雇用）。元、明、清各代，案牍繁屑，缮写人员较之前代有增无减。

另外，历朝历代都规定誊写人员必须按照有关要求和规定抄录、缮制，不得忘误、稽缓。特别是唐、宋、元、明、清诸朝，还以法律的形式对公文誊写进行了严格规定。其中，

---

① 周代避讳开始时只是实行于宗庙之中，而且只限于言语避讳。参见徐连达、朱子彦：《中国皇帝制度》，148 页，广州，广东教育出版社，1996。

② 《史记·秦楚之际月表》。

唐代规定的誊写公文的程限是：每人在二百张以下者，限二日抄完；超过二百张者，每二百张加一日，但最多不超过五日。对于皇帝制敕诏令或朝廷军务急文，不许稽滞，须随到随抄，昼夜突击，及时完成。倘有违背，则按下列条法处罚："诸稽缓制书者，一日笞五十，一日加一等，十日徒一年。"唐代还规定抄写者在誊写公文时，不准泄露、抄错和擅改。如"写制书误者，事若未失，笞五十，已失，杖七十"；"误犯宗庙讳者，杖八十"；"诸制书有误，不即奏闻，辄改定者，不请官司而改定者，笞四十；知误不奏请而行者，亦如之。辄饰文者，各加二等"①。有宋一代，不但沿袭唐朝的上述规定，而且进一步细化和具体化。如公文的抄录，按照抄录纸的薄厚和多少规定了其时限："制书，在令无有程限，成案皆云'即日行下'，称'即日'者，谓百刻内也。写程：'通计符、移、关、牒满二百纸以下，给二日程。过此以外，每二百纸以上，加一日程。所加多者，总不得过五日。其赦书，计纸虽多，不得过三日。军务急速，皆当日并了。成案及计纸程外仍停者，是为'稽缓。'"若在此等抄写程内完不成者，则要受到处罚："诸稽缓制书者，一日笞五十，誊制、敕、符、移之类，皆是。一日加一等，十日徒一年。其官文书稽程者，一日笞十，三日加一等，罪止杖八十。"②非急件可以加一天，但最多不能超过十天，"全文书各加制敕限一日，所加虽多，制敕不得过五日，全文书不得过十日，即军务急速，不以纸数，皆当日发出"。若不按此时日完毕，稽程者是要受到处罚的："其官文书稽程，应连坐者，一人自觉举，余人亦原之，主典不免。若主典自举，并减二等。'官人自觉举者，并得全原，唯主典不免。若主典自举，并减二等者，以官司不举，故长官以下并减二等。如官人、主典连署举者，官人并得免罪，主典仍减二等科之……稽而自举者，同官文书法，仍为公坐，亦作四等科断，各以所由为首。若涉私曲故稽，亦同私坐之法。'"③另外，宋代还规定凡公文书写有加字或改动者，必须在修改地方加盖印章，以示负责，也为了防止誊写人员的作弊和便于日后的检查。元代公文一般用蒙文、回文、汉文拟制和颁发，凡用一种文字撰写完毕后，即由专人翻译成其他文字，再予以誊写。这样就多出了一道翻译手续，也就增加了译错、抄错的可能性，因而元朝对公文中的时间、错字、数字和官员署名等都作了严格规定，以提高公文的准确性。明清时期，对"制书有误"者的惩罚，较之唐宋更加严厉。其中《大明律集解附例》卷三规定："若上书及奏事错误，当言原免而言不免，当言千石而言十石之类，有害于事者，杖六十。"这里的"千石"写成"十石"，指的就是公文誊写中的"制书有误"现象。又规定："凡增减官文书者，杖六十，若有所规避，杖罪以上各加本罪二等，罪止杖一百，流三千里；未施行者各减一等，规避死罪者依常律。其当该官吏自有所避增减文案者，罪同。若增减以避迟错者，笞四十。若行移文书，误将军马、钱粮、刑名重事紧关字样传写失错而洗补改正者，吏典笞三十，首领官失于对同减一等；干碍调拨军马及供给边防军需钱粮数目者，首领官吏典皆杖八十，若有规避改补者，以增减官文书论，未施行者各减一等，因而失误军机者，无问故失，并斩。若无规避及常行字样，偶然误写者，皆勿论。"④清律中也有"凡增减官文书，杖六十"等规定，且其中错写的文字内

---

① 以上有关唐代公文的誊写规范，均见《唐律疏议》卷八、卷九。
② 薛梅卿点校：《宋刑统》卷九，176 页，北京，法律出版社，2000。
③ 同上书，93、94 页。
④ 《明律集解》卷三。

容与定罪量刑之间的干系甚大。凡誊写重要公文有误，最重者可处绞、斩之刑，但"误将军马、钱粮、刑名重要紧关字样传写失错，而洗补改正者"，可以减轻处罚，吏典仅笞三十。又规定如誊写出现错误，必须从旁改正并加盖印章，以示负责。可见《大清律例》对"误制书者"的惩罚，与《大明律》的规定相差无几。

值得一提的是，封建社会的避讳制度对缮写人员制造了许多障碍，在抄写中稍不注意就会"犯讳"，蒙受种种文字狱而被残酷处罚，轻则板、棍、杖、笞或革职，重则流放、徒刑乃至斩、绞刑，并株连家族亲友。明清的避讳制度在我国历史上尤甚，许多抄写者惨遭刑罚和殒身。

5. 公文审核封驳

在我国古代，有关部门和职官有权依法对皇帝发旨或诏敕进行评议、审核、标改和驳正，说明理由后退还，以确保国家公文的权威性和准确性。这就是所谓的公文审核封驳制度，又称封还诏敕制度和驳议封还之制。

我国古代的公文封驳制度源远流长，《周书》中就有"议事以制，正乃不违"的记载，说明早在西周时期，就存在"议"这种臣下抒发不同看法和政见的公文形式。但公文封驳的正式出现，应在两汉时期。史称西汉哀帝"托傅太后遗诏"，"益封（董）贤二千户"，丞相王嘉"封还诏书"①。但当时尚没有专职的封驳机构和职官，多是丞相封还诏书。② 至南北朝时期，终于出现了专门的公文封驳职官——给事中。隋炀帝时期，又出现了掌"省读奏案"③ 的专门性公文封驳机构——门下省。唐朝实行三省六部制，公文封驳最终形成为制度，并得到高度重视和真正实行。

唐朝初年，唐太宗三番五次强调公文拟制要在一定范围内征求意见，敦促中书、门下省要切实履行封驳职权，所谓"国家本置中书、门下以相检察，中书诏敕或有差失，则门下当行驳正"。又"凡诏旨制敕，玺书册命，旨中书舍人起草进画，既下，则署行而过门下省，有不便者，涂窜而奏还，谓之涂归"④。按唐制，中书省是制命机构，负责皇帝诏敕的起草和制定，但亦有封驳诏敕的机会和权力，其方法有二：一是由起草诏敕的中书舍人封还词头。⑤ 二是中书令、中书侍郎在审核诏敕初段时，以执奏形式驳回草成的诏敕。门下省作为唐朝专事封驳诏敕机关，其封驳诏敕的方法也有两种：一是门下省官员给事中利用皇帝颁下文书必须经其手签署方能生效的权力，封还诏敕。魏征任给事中职时，就经常封还皇帝旨意，拒绝发布有问题的诏敕。二是门下省官员通过"涂归"或"批敕"形式，封驳皇帝诏敕。这里所说的"涂归"和"批敕"，实际上就是门下省官员直接用笔墨涂抹、修改他们认为有错误的诏敕公文。唐代以后，公文封驳制度进一步发展和完善，主要体现在两个方面：第一，有关机构和官员不但可以封驳诏敕，而且对各类奏章亦可封驳，所谓给事

---

① 《汉书》卷八十六，《王嘉传》

② （清）顾炎武《日知录》卷九，《封驳》有"汉哀帝封董贤，而丞相王嘉还诏书，自是，封驳之事，多见于史，而未以为专职也"的记载。

③ 《隋书》卷二十八，《百官下》。

④ 《资治通鉴》卷一九二，《唐纪》八，贞观元年十二月。

⑤ 所谓词头，是由皇帝或宰相根据皇帝旨意下达的起草诏敕的书面意见，即诏敕的题目或提纲。

中"读署奏抄，驳正违失"，"凡章奏……考其稽违而纠治之"①。就是说各类奏章在送交君主前，必须先经给事中官员评审驳正。第二，给事中作为专门性公文封驳官员的法律地位得到确认。

宋、元、明、清四朝，除元朝的给事中不掌公文封驳之职责以外，其他三个朝代的给事中均享有公文封驳的机会和法定权力。尤其是明朝，对公文的驳正违失是六科给事中的首要职责。朱元璋曾对六科给事中说："朕日总万机，岂能一一周遍？苟政事有失，将为天下之害。卿等能各悉心封驳，则庶事自无不当。"② 按明制，内阁虽有封驳之权，但其权力和效果十分有限③，难与六科给事中匹比。清朝六科给事中封驳职能虽因袭明朝，但在封驳的程序上，与明朝已不可同日而言。正如清史专家孟森所说：明朝"设六科给事中，专掌封驳"，清朝的六科给事中"有科钞而无封驳，一次奉依议之旨，即付施行"，而明朝"凡交部议之件，部复奉旨，再交科，科不驳；再抄交部，部乃再覆奏。此时以其已经科臣赞同，故并行稿同具，但候再奉一复述之旨叙入稿中，故明有题行稿而清无之，奉旨施行之程序不同也"④。这表明到了封建社会后期，封建专制制度越来越反动和强化，封建皇帝也越来越独断专行。但应该指出的是，中国古代的公文封驳制度，通过设置专门机构和职官，以及对皇帝和政府公文反复审核把关等办法，确实能在一定程度上提高公文质量和保障封建统治阶级决策的准确性，具有历史进步意义。就是在今天，这种公文管理制度对现代公文的起草工作，也不无启迪意义和借鉴价值。

6. 请示公文一文一事

所谓一文一事，是指一件公文只直叙一件事，不同的问题和事由不能混于一文。秦汉时期，公文往往一文数事，但至三国两晋南北朝时期，请示类公文一文一事已经比较普遍。例如，曹操的公文多为一文一事，而且内容单一，公文简短。东晋恒温下令公文用纸制作后，一文一事逐渐成为惯例，并为后世的历朝历代所沿用。但宋代以前，公文一文一事只能说是习惯做法，到宋代才上升为法律层次，由法律进行调整和规范。南宋《庆元条法事类》卷十六《文书门》规定："其奏陈公事，皆直述事状，若名件不同，应分送所属而非一宗事者，不得同为一状。"⑤ 明清时期，不但承袭一文一事制度，而且规定凡违反一文一事的公文，均不得照准办理。例如，清乾隆二年（1737年）正月二十二日，云南布政使陈弘谋上《书吏饭食吏员考验奏》，请皇帝俯允二事。其一，"各衙门门皂等役均有额设工食，惟书吏并无额设工食"。故私相需索，成为陋规。请给饭食钱，"照事之繁简，予以办公应得之需"。其二，书吏役满考职，请照拣选知县例，"造册送部，挨班选用"。乾隆皇帝阅览此公文后，即刻"朱批：前奏头绪太繁，恐行之徒滋繁扰。役满考职一条，待朕再加酌量"⑥。由于该公文一文二事，准驳不一，结果是难以照准颁行。

请示类公文实行一文一事制度，符合公文工作的特点和规律，不但有利于收文机关落

---

① 《通典》卷二一，《职官三》；《宋史》卷一六一，《职官志》一。
② 龙文彬：《明会要·职官九》，第37卷，645页，北京，中华书局，1956。
③ 参见崖崇胜主编：《中国行政史》，172页，北京，高等教育出版社，1999。
④ 孟森：《明清史论著集刊·崇祯存实疏钞跋》，135、136页，北京，中华书局，1984。
⑤ 杨一凡、田涛：《中国珍稀法律典籍续编·庆元条法事类》，344页，哈尔滨，黑龙江人民出版社，2002。
⑥ 《皇朝文献通考》卷二十一。

实承办部门和明确办理责任，而且有利于收文机关决定准驳和对外转发。另外，一文一事制度对于防止行文关系的混乱，提高公文的准确性和及时性，也有保障作用。此制一直沿用至今。

7. 签发前的执论

所谓"执论"，就是决策要经过充分论证，公文签发前要广泛征求意见、驳正违失和严格审查。这一制度为唐太宗李世民所首创，并在有唐一代得到了认真的贯彻施行。唐太宗曾经再三告诫负责诏书起草和审查工作的有关官员，一定要严格审查诏敕，诏敕如有"不稳便，皆须执论"①。如果诏敕不经"执论"随便颁发，就会酿成"万人之大弊"，这是"亡国之政"。宰相房玄龄依照唐太宗旨意对公文签发前的"执论"制度作了具体规定：中书舍人在拟制公文时，应充分表达自己的意见，并签名以示负责，然后送中书侍郎和中书令加以审核。形成初稿后转送门下省，由门下省给事中和门下侍郎严格把关、审查和论证，提出修改意见或反驳意见后封还中书省，由中书省修改或重写，最后才能请旨定夺和颁行。

"执论"制度对于我们今天的公文拟制工作，显然具有很高的借鉴价值。

8. 主官签押、连署和判置

所谓签押，是指公文制作完毕后，公文制作人员及主官要在公文上签字画押，以示负责和以查备考。根据史籍和甲骨文的记载，我国早在殷商时期，就已经产生了公文签押制度。当时的甲骨公文制作完成后，不但要刻上占卜人（贞人）的名字，而且还要刻上镌刻者的名字（人者、示者）。从此以后，历代公文均实行公文主官签押制度。其中唐代规定：公文必须由主管官员签字，方能上报或生效。② 元代规定，凡公文，不论事由重大还是一般，主管官员检查后，必须自上而下圆书圆押。蒙古、色目官员大多不通文墨，不会执笔画押，则改用"刻名印"代替画押。此制度有助于防止公文的伪造、提高公文的严肃性和有关官员的责任感，进一步保证了公文的准确性和有效性，至今仍沿用不革。

所谓连署，也称联署，是指几位官员在同一公文上联合签署姓名，以表示对该公文内容共同负责。这一制度早在魏晋南北朝时期就已产生③，此后历代袭用。

所谓判署，是指主官在公文上签押自己的名字后，写上简短批语。唐朝时，长官判署公文，一般用"依"、"行"、"从"、"闻"、"可"等字样。宋朝除沿袭唐制外，还特别要求主官必须在公文上写签押和写上简短批语后，才能交监印官审阅盖印。唐、宋、元、明、清诸朝，均以法律的形式，规定判署公文必须由主管机关或主管官员负责，其他不得代替，否则依律问罪。

9. 公文正本、副本制度

公文正、副本制度，是指在中国古代，凡重要公文，除正本外，须抄录数份作为副本，保存起来以备查对。根据《周礼·春官·内史》、《周礼·秋官·司寇》和《礼记·内则》等史籍记载，我国公文正、副本制度早在西周时期就已经形成。当时不管是周王的王命文书，还是地方官府的重要公文，大多有副本多份，分存各处。例如王命文书颁发之后，正

---

① 吴兢：《贞观政要》，第 1 卷，14 页，上海，上海古籍出版社，1979。

② 参见《唐会要》，卷二六。

③ 《北史·颜之推传》有"崔季舒等将谏之，之推取急还宅，故不连署"的记载。

本交受命者，副本交由内史保存；中央各官署颁行的公文，正本收贮于天府，其余副本分别保存于"太史、内史、司会及六官"处；地方政府的重要公文一般一式两份，一份自行保存，一份送交所属诸州史保存，所谓"宰告闾史，闾史书为二，其一藏诸闾府，其一献诸州史，州史献诸州伯，州伯命藏诸州府"①。

公文正、副本制度，是一项相当重要的公文管理制度，它不仅有利于历史文件的保存，而且也为公文的执行和查验公文的真伪提供了保证，因而西周创立的这一制度，均为以后的历朝历代所承袭，而且沿用至今。

10. 公文用印制度

公文盖印才能生效，是我国自古就有的制度。根据有关史料记载，印章早在西周时就已经出现②，但多用于私人，以之为凭信。到了春秋后期，始用于封盖公文。当时的公文都刻写于简牍上，简牍公文由多片竹简或木片组成，由绳系连，其封页称"检"，在"检"的结绳处糊上一块沾泥，在粘泥上加盖印章，显出印文，粘泥干后很坚硬。这种用印法称为"泥封"或"封泥"。加盖封泥的公文称玺书。③ 玺即印，先秦时期的印章通称玺，但当时的玺并非仅指天子王者用的印，诸侯卿大夫用的印也称玺，无君臣之分。春秋战国时期，印章得到普遍的使用。各国国君在任命诸侯卿大夫时，都授之印信为凭。他们发出的各种公文，也都须加盖自己的印章，方为有效和生效，所谓"无玺书，则九重之号令不能达于四海；无印章，则有司之文不能行之于所属"④。

秦始皇统一六国后，对公文用印进行了调整和统一，印玺开始有了区分。它规定皇帝的印章称"玺"。皇帝有六玺，即皇帝行玺、皇帝之玺、皇帝信玺、天子行玺、天子信玺、天子之玺，不同的公文加盖不同的玺。汉以后各朝皇帝之印亦沿袭称玺，唐以后帝王之印改称宝。官府、百官和个人之印统称为印，一切官员都有印信，并按照其官品、官衔和禄秩授印及区别用印。不但印材的质地有金、银、铜之分，而且印钮的样式、印文的名称、印章的轻重大小和印绶（系扎在印章上的丝带，称为绶）的色彩等等也各不相同。凡官府发出的公文均须加盖印章⑤，以证明公文的真实性和有效性。

秦朝印章的管理相当严格，规定丢失、私制和盗用官印者，都以违法论处；凡未加盖印章或加盖假印的公文，称为"伪书"，一经发现，也要追查相关人员的法律责任。云梦秦简《法律答问》中有"盗封啬夫何论？廷行事以伪写印"，指的就是盗用官印者，要依伪造罪予以查处和惩办。秦汉时期既有官印，也有长官之印。官印即官署之印，类似今天的单位公章，为反字阴文，方径都较小，由官员随身携带，无须专门的管印人员。而且官印为官员专有，离任去职无交印之说，故官员每有迁除，即需铸造新印，十分不便。

至南朝宋时，产生了官印移交制度。《南史·孔琳之传》记载：琳之为西阁祭酒，建言

---

① 《礼记·内则第十二》。

② 《周礼·掌节》有"职金，掌凡金玉锡石丹青戒令……揭而玺之"的记载，清代学者朱简也在其所著的《印章要论》中认为"印始于商周"。

③ 《国语》载：鲁襄公二十九年，时，"襄公在楚，季武子取卞，使季治逆，追而与之玺书"。韦昭注："玺，印也；书，玺封书也。"东汉蔡邕在其所著的《独断》一书中，也有"玺者，印也"的说法。

④ 马临端：《文献通考·王礼考》。

⑤ 云梦秦简《法律答问》中有"复封传它县"的记载，这里的"复封"，即加盖印章或泥封。

曰:"夫玺印者,所以辩章官爵,立契符信……今世惟慰一职独用一印,至于内外群官,每迁悉改……而年终刻铸,丧功消实,金银铜炭之费,不可胜言。""愚请众官即用一印,无烦改作!""若新置官,又官多印少,又或零失,然后乃铸。"孔琳之的这一建议,被宋明帝采纳。此后主官任免交替时,离任官员必须向接任官员移交官印,接任官员不再新刻官印,但官印须由专人保管。

另外,魏晋南北朝时由于纸张的广泛应用,还引起了公文盖印方法的改变,即由封泥办法改用朱色水印。朱印简便易行,印迹清晰,不易褪色且能使印章经久耐用,既提高了公文制作速度,又使公文卷面美观,是公文用印制度上的一大进步。盛唐时期,为了保管和监用皇帝印章,专门设置符玺郎(也称符宝郎),共二人。三省六部不但有各自的管印官员,而且皆设监印官。凡施行公文,应盖印者,先经监印官考其事目无差,然后才能盖上印章。宋时进一步加强了对印章的管理,规定:凡盗窃或伪造御印,一律处斩;如果伪造官印,用以印文书或封文簿,判徒刑二年,因此得官者,按诈假法治罪。如果得到丢失的玺或印并卖与他人者和买印之人,虽非伪造,若将封用,都以伪造罪从严惩处。宋代还规定了用印登记制度,所谓"诸文书应印者,置历记其事目"。又禁止"预印空纸填写文书"[1],并以文书中文字、印章的墨、朱先后而辩诈伪,"凡公文皆先书而后用印,故印在书上",如"若先印后书,字在印上,必有奸也"。南宋时,换铸新官印的审批手续相当完备和严格,据《庆元条法事类》卷十七记载:"诸官司应铸印记,先具以某字为文保明申所隶,再行审验关申尚书礼部。"又规定"诸官司旧印应换铸者,给讫,限当日以旧印申纳尚书礼部槌毁"。

明清时期,在礼部设铸印局,凡御宝和官署之印,都由该局铸造。如有刓削,则给予更换。凡在外文移到京,悉送该局,辨其真伪。在外大小衙门印记,年久平乏模糊者,许申知上司验实具奏,补换新印,将旧印缴纳。明代内外各衙门的印信,由各衙门首领官收掌。明律规定,"同僚佐贰官用纸于印面上封记,俱各画字,若同僚佐贰官差故,许首领官封印"[2]。若首领官不令佐贰官封记、佐贰官不在不令首领官封记以及首领官、佐贰官不行封记者,并杖一百。对于漏使、错用印信,明律也有具体的规定:"凡各衙门行移出外文书,漏使印信者,当该吏典对同首领官并承发,各杖六十,全不用印者,各杖一百;因而失误军机者,斩。"[3] 盗用印信者,依刑律"诈伪"条论斩[4];借用印信,依礼律"上书陈言"条论斩。[5] 明朝对官印丢失和预印空纸填写公文的处罚也相当严酷。洪武九年(1376年),考校钱谷策书,空印事起。主印吏及署字有名者,都逮捕入狱,凡数百人。朱元璋认为这是欺罔大事,对守令署印者,处绞、斩之刑;佐贰以下,从军,并创用行移勘合之法以矫其弊。清代不仅"有墨压朱,朱压墨之辨"[6],而且规定凡公文倒用印信、漏使印信、全不用印信等过失行为,均依情节、后果轻重,一律处罚,并规定了杖责的数目乃至处斩的严刑。

---

① 《庆元条法事类》卷十六。
② 《大明律集解附例》卷三。
③ 《大明律集解附例》卷二十二。
④ 参见《大明律集解附例》卷二十四。
⑤ 参见《大明律集解附例》卷十二。
⑥ (清)俞樾:《茶香室四钞》卷八。

公文用印制度既保证了公文的真实性、有效性、严肃性和权威性，也防止了公文被伪造，充分反映出古代中央政府对各级各类公文管理和控制之严。

11. 公文骑缝、押缝制度

南北朝时，由于纸张的广泛使用和纸质公文的盛行，产生了公文骑缝、押缝制度。骑缝即在两张粘连的公文纸的连接处加盖印章；押缝即在两张公文纸的粘连处（公文首尾纸缝间）或公文末尾署名，又称押字或押尾。宋黄伯恩在《东观余论》中称："魏晋以来法书，至梁御府藏之，皆是朱异……题名于首尾纸缝间，故谓之押缝，或谓之押尾。"这一制度具有防止公文被伪造、保证其真实性的作用，故为此后的历朝历代所承袭。宋代还对不使用骑缝章的行为规定了处罚措施，所谓"诸狱囚案款不连粘或不印缝者，各徒一年，有情弊者以盗论"。虽然现代公文工作仍在沿用骑缝印，但不是盖在两纸"粘贴连接处"，而是盖在公文的正本和存根的连接之处，或两页以上公文的右边沿（一印横跨数页纸）。

12. 公文校勘制度

所谓公文校勘，是指公文拟制完毕后，必须进行校对核查，准确无误才能发出颁行。云梦秦简的《法律答问》中有对"发伪书"的记载，可知我国早在秦朝就有了公文校勘制度。秦王朝不但规定凡官署制作的公文必须校勘查核，而且明令公文转抄过程中，也应校勘，校勘后须作记录。官员对上行公文的校勘尤为重视，因为一词使用不当或错误，都有可能受到严厉的处分甚至被革职问罪。汉朝时的公文校勘制度已经比较完备和严格，居延汉简中保留有不少这类记录。如《居延汉简甲乙编》126·29 枚木牒记载："前三年十二月辛丑下凡九十一字。"同书 17·43 枚木牒记载："□十一月壬下凡八字。"这说明秦汉时期，我国的公文校勘已成为定制。唐宋时期，以法律的形式规定了公文校勘制度：由同一人看稿对文谓之校；二人分工合作，一人读稿，一人对文，谓之勘。如果公文发生差错，读稿之人和对文之人同罪。公文校勘制度由于有力地保障了公文和公文运转过程的准确性，因而成为历代公文管理的基本制度之一而沿用至今。

二、有关公文处理程序和公文传递的重要制度

公文处理程序，是指有关部门和官员在行政管理过程中，处理公文事务的顺序、步骤和方法。由于各个历史时期的行政机构设置不同和行政管理水平的差异性，以及每种公文都有其特定的处理方式，历朝历代的公文处理程序也大不一样，并且各具特色。

（一）先秦时期的公文处理程序

由于文献资料的缺乏，夏商两朝的公文处理程序至今仍无法考证和描述。但最迟在西周时期，我国的公文处理已经有了初步程序。根据史料记载，首先，西周中央政府发布的公文，主要由太史、内史或王宫中的女史拟制，中央政府各部门的公文各由其秘书人员拟制。其次，西周规定周天子的命令由宰传达和颁布，官府、诸侯、军队及臣民的奏事，也由宰接受并上呈周王。而"刑典"则由司寇所属部门拟制后，交布宪颁发。最后，各类公文，须经主管机关长官审定后，才能交付办理。凡重要公文，须经周王亲自审批方可发出。①

---

① 参见裴燕生等编著：《历史文书》，7 页，北京，中国人民大学出版社，2003。

　　春秋战国时期，虽然"礼崩乐坏"，天下大乱，但各诸侯国仍然遵循一定的程序处理公文事务。除沿袭西周的有关规定外，各诸侯国从军事斗争的需要出发，特别强调重要公文必须禀告国君亲自处置，各类公文要经主官签字和盖印后才能生效、办理。

（二）秦汉时期的公文处理程序

　　在秦代，凡皇帝下达的诏书，均由少府所属尚书送交丞相府和御史府，分发中央政府各部门和全国各地执行。但人事察举性诏书，则由尚书先交御史大夫阅办，再交丞相府颁布下达。凡中央各部门上奏皇帝的公文，一般先报御史府审核，御史府审核后，才能报丞相府；由丞相府提出处理意见，送交尚书转呈皇帝定夺。而地方政府和官员的上行公文，一律先交丞相府，由丞相府提出建议，送尚书再呈皇帝；皇帝批示后，则由尚书拟办，再交丞相府颁发各部各地执行。上行公文也有直呈皇帝的，史称"天下之事无大小皆决于上，"始皇"躬操文墨，昼断狱，夜理书"①，大臣只是"皆受成事，倚辨于上"② 而已。

　　汉初沿秦制，但随着内外朝的出现，特别是尚书台成为行政中枢后，公文处理程序发生了变化。首先，皇帝的诏书有时由尚书下达给"三公"，"三公"再往下转；也有时由尚书跳过"三公"直接下达九卿，而且后者常常成为朝廷下文的主要方式。其次，西汉中叶以后，丞相府和御史府的公文处理职权逐渐被尚书台取代。尚书台总管章奏的收受、拆读、批阅和审查，负责诏书的起草、封印、转发并记录底本，甚至代皇帝批示奏章。再次，两汉时期初步形成了公文转发制度。从《居延汉简甲乙编》中的一二·一枚木牍和《居延汉简甘露二年丞相御史律令》两则资料可以看出，汉代皇帝诏书和中央政府的下行公文，其下发程序是：由中央先下发至郡太守，郡太守府再下发给各县县令，各县县令又再下发到地方的各侯官、燧花。层层转发，层层执行，同时各级收文单位还要就贯彻和处理公文作出具体指示。若皇帝诏书是专为某一地方、某一有关当事人发的，则派专人或交由邮亭传递给诏书指定的地方和人员。由上可见，两汉时期随着封建王朝各项政治制度的完备，从中央到地方的公文处理程序已相当规范化和制度化。

（三）魏晋南北朝时期公文处理程序的变革

　　魏晋南北朝时期，由于纸张的广泛应用和国家机构的发展，其公文处理程序在沿用两汉旧制的基础上，又有较大的革新，主要表现在：随着中央三省制度的逐渐产生，初步形成了中书省拟旨、门下省驳正、尚书省执行的公文处理系统，从而为后世的公文处理程序奠定了基础。

（四）隋唐时期的公文处理程序

　　隋唐时期，中央三省制度正式确立，公文处理程序也更加科学、严密和完备。隋及唐初，基本上沿袭南北朝时期创立的公文处理程序，并最终确立了"中书出令、门下审议、尚书执行"的三省分权运行体制。具体而言，凡以皇帝名义颁发的下行公文，由中书省起草，经门下省审核通过，由皇帝批准后交尚书省颁发执行。臣下百工的上奏公文，先由中书省负责收受，转门下省审阅，封驳违失后交中书省提出处理意见，上呈皇帝。官府之间

---

① 《史记·秦始皇本纪》。
② 《汉书·刑法志》。

的平行公文，则交由尚书省统一转发各部门、各地方和具体受文者。但公文的草拟、审核和执行分置"三省"，往往导致中书省与门下省发生争执和公文延误等，因而唐朝初年，皇帝命令"两省"凡有公文，双方先行协调和商议，然后才能上奏皇帝。其联合办公之处为政事堂，初设于门下省，后迁至中书省。中书令是政事堂的主官，宰相职，凡皇帝颁下的诏敕、臣下提呈的表状，都须经过政事堂，由宰相处置或中转。因此政事堂逐渐成为朝廷公文枢纽所在，并逐渐成为凌驾于"三省"之上的行政中枢。到了唐朝中期［开元十一年（723年）］，又将政事堂改称中书门下，并设置枢机、吏、兵、户、刑礼五房。其中，枢机房专门经管皇帝下达给宰相的诏敕等下行文，负责诏敕的收受，并转递给宰相。按唐制，凡皇帝下达的诏敕和皇命文书，必须经宰相副署后才为合法，才能再转给朝廷百司施行。其他四房负责收受朝廷各司及百官的奏状等上行公文，协助宰相初阅，提出初步意见，送宰相批阅。宰相批阅后，誊清奏报皇帝核示和恩准。

综上所述，隋唐时期的公文处理程序，可谓职责分明、有条不紊、环环相扣和颇具系统，这不但使公文处理进一步规范化和制度化，而且对于行政府机关及时无误地处理各类公文，加快公文运转和提高行政效率，都起到显著作用。

（五）宋元时期的公文处理程序

宋朝以加强皇权为中心，不断削弱和分割宰相权力，最终使三省制名存实亡，中央政府实质上是实行"二府三司"制。与此相适应，其公文处理程序也发生了较大的变化。凡发往中央各部门和全国各地的诏敕、三省和枢密院的宣、劄，六曹、寺、监百司的符牒，皆由进奏院收受后颁行和转送；地方送京师的公文，则先向进奏院投送，由进奏院摘录章奏事由，报告门下省，并送银台司进呈皇帝；中央政府各部门的上行公文、文武近臣的表疏、银台司和章奏房收受的各地章奏案牒，皆交通进司具事目后进呈皇帝，皇帝批示后，由通进司颁行；各种无法通过正常途径上呈之公文，可呈送登闻鼓院，若登闻鼓院拒绝接收或处理不妥，可向登闻检院投呈。为保证下情及时上达，宋朝规定吏民的呈书，若事关紧急，即日就须通过登闻鼓院呈送皇帝，一般性上书也要在五日内呈送。这两个机构的设置和程序性规定，在某种程度上方便了皇帝对下情的了解，对于维护和巩固封建统治，进一步提高行政效率有一定的作用。

元朝中央政府实行一省制，中书省成为全国公文的总汇机关。凡是皇帝的诏令和中央政府各部门的下行公文，均由中书省内的承发司收受、启封和颁行；臣工奏章和地方各级政府的上行公文，也要先投送承发司，由承发司审核后交付受文单位或呈送皇帝；在中央机关和行省、行台内，一般都设有经历司"职掌案牍，照领一切公事"[1]，实际上是负责公文的上呈下达。由此可见，元朝的公文工作机构较少且不健全，其公文处理程序也呈现出简单和粗糙的特点。

（六）明清时期的公文处理程序

与明代高度集权的君主专制相适应，其公文处理程序日趋健全，甚至达到规范化和系统化的高度。明代中央政府的公文处理，分上行文和下行文两个系统，处理程序分别为：

---

[1] 《元典章》卷十三。

（1）上行文：中央政府各部门、各级地方政府和臣工奏章——→通政司收受——→交内阁转呈或直接呈送皇帝——→皇帝或司礼监批答——→文书房——→内阁拟旨、誊录——→交六科抄发——→六部、地方执行。（2）下行文：内阁票拟或皇帝授意——→司礼监笔录——→送内阁，由内阁大学士起草诏谕——→中书舍人等缮写、誊清——→交文书房——→尚宝司用印——→交六科抄发——→六部、各地方执行。

由此可以看出，明代中央政府处理公文的各个环节都有专门机构负责，相互衔接、配合，形成了一个很规范、很系统的公文处理程序。

清代的公文管理机构为历代之最，其公文处理程序也较前代纷繁和复杂，但总体而言，清代中央政府内的上、下文处理程序仍然相当健全和规范。在军机处成立之前，中央政府各部门、各级地方官署和京内、外大臣上奏皇帝的本章，均由内阁审核、校阅后转呈。同时，各种日常上奏的文书，也应向内阁投递，由内阁处理。另外，皇帝颁布于全国的各种制、诏、诰、敕，均由内阁宣示；其他明发谕旨及本章的批答，亦要由内阁通过六科传知各衙门抄录遵行。中央政府各部门的下行公文，大多通过内阁转发受文单位和全国各地。军机处设立后，内阁逐渐降为办理例行政务、颁发文告的机关，一切军政机要，都由军机处受理和处理。例如，皇帝特降的谕旨，或因官员奏请而下的谕旨，都由军机处承旨草拟，拟毕呈进，皇帝阅定后交内阁或军机处下发。乾隆以后，皇帝的诏令和谕旨，均由军机处草拟，军机大臣审阅，再交人誊清，然后由军机大臣呈送皇帝阅定后下发。凡内、外官员上呈"请旨"的奏折，都必须向隶属于军机处的内奏事处呈送，由军机处处理后，才能上奏皇帝。中央各部院的公文处理，主要通过各自设置的司务厅或经历司来上呈下达。

另外，清代的题本和奏折，都有其特殊的处理程序。先说题本，其处理程序由以下若干环节组成：（1）收阅：各省的题本先送交通政司，由通政司查验合格者，方可送内阁。在京各部院的题本，可直接送交内阁。内阁有关各房进行摘写、贴黄、翻译、校阅等技术处理，并拟写票签（后来此权先后归南书房和军机处）后上送。（2）进呈：进行初步处理后的题本，都送交奏事处，由内奏事处上呈皇帝。（3）皇帝批阅：皇帝阅看后，按不同情况进行批示和办理。（4）录副：凡皇帝批示处理办法的题本，应迅速发还上奏人遵办，军机处须按原样抄录一份，称为录副。（5）发抄：凡皇帝批示交各衙门拟办或知道的题本，由军机处发交内阁，内阁传知各衙门派人来抄回办理，谓之发抄。内阁于发抄当时或次日，必须将原件退还军机处。（6）议复：凡皇帝批有某某议奏字样的题本，则发交该衙门。其余的则交军机处或相关衙门处理。（7）传宣：凡皇帝指定交给某大臣密办的事项，由军机处行文内阁或该衙门，转传该大臣于指定时间到军机处阅文或听宣谕旨，然后回去办理。（8）存记：如果皇帝在处理某项政务时，认为其处理办法可作为今后办理类似事项的参照范例，则由军机处立档存记。（9）归档：军机处对其收受的题本，事情办完后必须收齐相关文件材料归档留存。

奏折的处理程序与题本迥然有异，主要有以下环节：上奏人亲笔撰写——→派亲信僚属或家丁直送京城奏事处——→递呈皇帝——→皇帝亲自拆封、阅览和批示——→密封发还奏事处，由奏事处发给等候在京的家丁或亲信携回，交上奏人阅办。雍正时规定，凡奏折之事办完后，上奏人必须将奏折缴回，不准隐匿、焚弃。

从上述程序中，可以看出：题本的处理虽然有一套完整的制度，但毕竟拟制复杂，处理环节较多，不便于保密。而奏折不用送通政司转内阁，可直接交奏事处的奏事官进呈，由皇帝亲自处理，从而避免了题本的不便和弊端。

综上所述，在传统中国社会，公文是行政管理和国家统治的重要工具，公文处理过程就是决策和执行的过程，公文处理程序是贯彻落实公文内容的具体方法、步骤和保障。而传统公文处理程序，一般是以皇帝为中心环节，宰相和其他辅政机构（如丞相、政事堂、枢密院、内阁、军机处等）只是传递者和执行者而已。另外，传统公文处理程序注重论证和副署，层层下转上达和公文转发等，显然有利于政令的贯彻和畅通，确保上下级之间的行政控制关系，最终实现其维护和巩固封建统治的根本目的。

（七）公文传递制度

公文传递制度，是传统社会中有关公文传递的方法、措施、程限和奖惩的规定。古代中国的公文传递，除了步递、车传和船载以外，主要是驿传（马递），故公文传递制度又称驿传制度。为了使公文能及时地上传下达，历代统治者都十分重视公文的传递工作，不仅制定了严格的制度，而且采取了包括法律规范在内的各种措施，以确保公文传递工作的有序运作和准确运行。

1. 先秦时期的公文传递制度

根据有关史料记载，早在殷商时期，已经产生了驿传制度。[①] 甲骨卜辞中多见"传"、"达"和"驲"等字，表明商代不仅用传车、役牛来传递公务文件和信差，而且建有留驻停宿的馆舍。[②] 到了西周，则在中央政府内建立了传递公文的机构，称"僖"，并设置有负责传递公文的"行夫"官职。《周礼》称"僖"和"行夫""掌邦国传递之小事"，设有下士三十二人、府四人、史八人、胥八人、徒八十人。显然周代已产生了公文传递的专门机构，其公文传递业务也初步专门化。春秋战国时期，随着水陆交通的发展和军事斗争的需要，相继出现了"邮亭"、"驿站"和"传舍"之类的公文传递机构，以及"驿史"、"驿卒"和"传书舍人"等专职公文传递的人员，并形成了比较发达的公文传递网。《孟子·公孙丑上》有"德之流行，速于置邮而传命"语，"置邮"就是设置马递或步递公文机构。战国时还根据公文的缓、急之别和传递目的地的远近，分别以车、船和马快传或徒步传送。《国语·吴语》记载吴王的言论时说："徒遽来告，孤日夜相继，蜀匐就君。"韦诏注："徒，步也；遽，传车也。"明顾炎武《日知录·驿》中也断定，春秋时已经用驿马传递公文急件了。

2. 秦汉时期的公文传递制度

秦始皇统一六国后，为迅速有效地把公文传递到辽阔疆域的每个角落，构建了以首都咸阳为中心的四通八达的全国水陆交通网。同时，秦王朝继承和发展了战国时期的驿传制度：无论是水路还是陆路，均每隔五里设一邮，每隔十里设一亭，每隔三十里设一驿。驿分骑马传送的陆驿和以舟船递送的水驿。各县衙门所在地设传，建有"传舍"（馆舍），为传递公文的人员提供食宿、快马和舟船等。另外，秦朝还用法律的形式，对公文传递工作和驿传制度进行规范[③]，以刑罚手段强制有关人员遵守和执行。其中，云梦秦简中的《行书

---

① 参见于省吾：《甲骨文字释林》，277～280 页，北京，中华书局，1979。

② 参见王子今：《邮传万里》，17 页，长春，长春出版社，2004。

③ 根据《晋书·刑法志》所载《魏律序》的说法，秦时已经有关于"厩置"、"承传"、"副车"、"食厨"等相关驿传的法律。

律》规定：传送"命书"以及标署"急"字的公文，应当立即发出，收到者必须马不停蹄
地向下一站传送。不急的，也必须当天送出，不得过夜，不允许搁压，违者要依法论处。
律文还规定，传送路程近的文件，一般由行走快捷的小吏步行递送；路程远的，或则"吏
马驰行"、"以邮行"和"以亭行"；特别重要或机密公文，应选派专门人员传送，所经各县
不得查问和阻拦，违者受罚①；公文若有遗失，应当立即上报官府；隶臣妾年老体弱及不足
信赖者，不要派去传送公文；征召公文上凡写明"报"即要求急到的，如果已应到达而实
际没有送抵的，要严加追究；应防止传送伪文书，如收到、拆阅伪文书而未能识别者，一
律依法惩办；督察部门要经常检查公文传递情况，凡遇到公文该到而未抵达者，要派员跟
踪和追查。不仅如此，云梦秦简对公文传递事务中的很多细节问题都有明确规范。例如，
一同出土的《传食律》有关于为行传即送递公文的人员定量供应米、酱、菜羹、盐等的规
定；《仓律》有关于"传食"及"驾传马"、"食禾"的内容；《金布律》有关于"葆缮"和
"传车"，即保养、修理传送公文所用车辆的法律条文；《田律》有关于公文传送期限的规
定，如规定一篇公文须于八月底前送达。由此可见，秦王朝对驿传制度中的传递人员、传
递工具、传递速度、传递期限、驿站设置和食宿，以及公文传递中的督察和惩罚问题，都
有具体、明确和详细的规定，说明秦代的驿传相当发达，其公文传递制度也基本成型和
完善。

汉代的驿传事业进一步发展，公文传递制度也不断健全。首先，在中央政府内的太尉
府法曹，设置驿官管理全国的公文传递工作。地方军政部门，也设有驿丞主管驿传事务。
其次，汉代除沿袭秦朝的五里设邮、十里设亭、三十里设驿以外，还规定要根据公文的缓
急，使用不同的驿骑传递，所谓"四马高足为置传，四马中足为驰传，四马下足为乘传，
一马二马为轺传，急者乘一为乘传"②。这表明汉代的驿骑有五种，要根据邮程的快慢和公
文缓急程度来选择。如果是紧急公文，要采取马步结合的传递方法，一段路线由骑马快递，
一段路线由步行快递。另外，还规定了严明的纪律和严格的检查程序。再次，汉代还规定
了公文传递的速度和邮程。张家山汉简《行书律》便明确规定，邮人递达公文，行程定额
是"一日一夜行二百里"。如果没有在限定时间内送达，延误半天以内的，行笞刑五十；超
过半天到一天的，行笞刑一百下；超过一天的，罚金一两。最后，为了保证公文传递的准
确和安全，汉代建立了严密的公文传递收、发、转、登记、备案手续和督查程序。各个邮
递机构对从别的地方收到或需由本地经转的公文，都要在公文上再加上一个封检，注明收
受或转运的时间、经手人，同时在本地进行登记，记录公文走向、份数、收寄人、本地收
到时间、承运人与经手人姓名、处理结果等等。上一级机关要根据发寄时规定的最大时限，
检查邮寄实际使用的时间；符合的叫"中程"；提前的，记录下实际传递的时间；延误或破
损公文的，要依法追究。必要时，可由沿途各机构持邮书簿前去对质查证，以便提高督查
效率、明辨是非和分清责任。

3. 魏晋南北朝时期的公文传递制度

魏晋南北朝时期，虽然兵火不断，战乱频繁，但邮驿仍然畅通，驿传事业也得到进一

---

① 云梦秦简《佚名律》中有"轻车、赿张、引强、中卒所载传到军，县勿夺。夺中卒传，令、尉赀各二甲"
的规定。据学者考证，律文中的轻车、引强等是指专门传送重要公文的劲卒。

② 班固：《汉书·高帝纪》。

步的发展。无论是川陕驿道和西域，还是曹魏统治区和广大的江南水乡，都设有供驿传之用的骑置、馆舍和传舍，并有专职的人员监管。当时的驿传人员称"信人"和"邮卒"，其所用的交通传递工具主要是马。特别值得注意的是这一时期有了"马镫"①，马镫这一便利骑行的马具的广泛应用，不但可以减轻驿骑的劳动强度，保让他们的行进安全，而且能够大大提高驿递效率。另外，据《晋书·刑法志》记载，曹魏政权对秦代以来有关邮驿的法律、法规进行了修订，废除了《厩律》，并择取其中适合当时实际情况的内容，定名为"邮驿令"②。这是我国历史上第一部以律明确标明邮驿事宜的专门性的邮政法，表明三国两晋南北朝时期的公文传递制度，已进一步规范化和法律化。但可惜的是，《邮驿令》的详细内容，至今仍不可考。

4. 盛唐时期的公文传递制度

盛唐时期的公文传递制度，尤为严密和完备。在唐代中央政府，设置有专门管理驿传事务的职官，称"驾部郎中"和"员外郎"，隶属于尚书省内的兵部。各级地方政府均设"兵曹、司兵参军"，主要职能包括"传驿之事"。根据《旧唐书》和《唐六典》的记载，唐代的驿站分为陆驿、水驿和水陆兼驿三种，凡三十里设一驿，全国共设置驿站1 639个，专职驿站管理人员达1 7476人。其公文传递的速度要求为：一般公文日行300里，军务急件和皇帝敕书日行500里。军情紧急的公文，传递方法有专使送递、交驿送递和飞表奏事三种。③ 对于不属战争情报，时效性又比较强的事宜，则采取先由急递申报，再由专门官员专程前往宣读公文的双轨办法。唐代对公文传递事务不但十分注重，而且还对驿传工作实行考绩和监察。凡工作满一年，成绩显著而无差错者为"上考"；成绩一般具有差错者为"下考"，并"以监察第二御史主邮驿"④。另外，盛唐时期规范公文传递事务和保障驿传效率的律令空前严密和完备。首先，唐代制定了大量有关公文传递工作的法律规范，主要有贞观八年（634年）门下省奏请颁行的《邮驿条式》，以及《唐律疏议》和《唐六典》中的相关律条等。其次，驿传工作更加制度化和法律化。其中《唐律疏议》规定，各种公文"应遣驿而不遣驿"以及"不应遣驿而遣驿者"，要受到"杖一百"的处罚。驿使送递公文，不按题署文字要求，误诣其他地点的，要受到比照"行书稽误论减二等"的处罚。如果是题署有误，则应当处罚书写题误的人。传递公文者应各司其职，循驿路逐次前行。不得托他人代送或为他人代送公文，更不得携带其他私物，违者重罚。对于驿传系统中途"弃毁"公文、"亡失"或"误毁"公文、"私发"公文和"误发现"公文等各种违规失职行为，《唐律疏议》也规定了相应的处罚措施。如果是假冒驿使身份，"诈乘驿马"的，论处"加役流"；提供驿马的驿所和经由的关卡，知情者同罪，不知情者减二等处罚。最后，唐代对驿使稽程的处罚尤为严厉。按唐制，凡内外百司所受之事，皆印注明发日，为之程限，一日受，二日报。其事若急，随至即付。如果超过程限，则要受到法律处分。如《唐律疏议》卷十《职制》规定："诸驿使稽程者，一日杖八十，二日加一等，罪止徒三年。若军务要速，加

---

① 宿白：《武威行——河西访古丛考之一（上）》，载《文物天地》，1992（1）。

② 《文献通考》卷一六四，《刑》三，把曹魏颁行的《邮驿令》写作《邮令》。

③ 参见刘绍杰：《中国秘书简史》，189页，郑州，河南大学出版社，2005。

④ 《唐会要》卷三一。

三等；有所废阙者，违一日，加役流，以故陷败户口、军人、城戍者，绞。"可见唐代驿使稽程，比一般政府机关官员办事稽缓处罚更重。

5. 宋、元时期的公文传递制度

有宋一代，公文传递制度的一大革新是建立起了军邮制度和急递铺制度，从而使公文传递具有军事化的色彩。建隆五年（964 年），宋太祖下令，各地官署以军士代替百姓为递夫，后又专署递卒，优其廪给，并成为定制，建立起主管驿传事务的军邮局，隶属枢密院。由军邮局负责公文传递工作，既迅速快捷又保密。遇有重要军事公文，传递时则采取暗号联络，其公文内容亦改为暗语和军事短语，只有军事领导部门和有关将领才通晓。所谓"急递铺"，是宋代首创的、传递官府公文和军事文书的驿站。凡有公文送到，驿站要立即传送，不分昼夜，风雨无阻，故称"急递铺"。按宋制，一般每隔十里设一递铺。递铺分为三种：步递、马递和急脚递。① 步递是一种以步行接力传递作为主要方式的传递公文方法，凡普通公文均交步递传送，日行（昼夜）二百里。马递的速度稍快，日行三百里，多用以传送紧急文报及赦书等时限要求迫切的公文，有时也用于运送官物。急脚递是速度最快、效率最高的公文传递方式，但直到宋神宗熙宁年间才设置，时称"金字牌急脚递"，一般日行四百里，但军机文书和其他紧急公文，则要日行五百里。此外，宋代还实行了"随牌入递"制度，即发放信牌，凭信牌才能发出急递，以控制滥发急递文书。从此以后，元、明、清三代，均沿用"急递铺"制度。

元初由兵部兼管公文传递，后改为通政院主管。由于元朝疆域辽阔，驿站的规模、数量及驿传管理都超过了前代。不但在全国各地广设驿站，而且在蒙军控制的亚洲西部和东欧地区，俱有驿站组织，其规模达一万多处。驿站仍划分为陆站、水站和水陆相兼之站三种。但从工作性质上区分，驿站又可分为普通驿站和急递铺两大类。普通驿站每隔十五里设一站，每隔六十里设一馆舍，专管传递官府的一般性公文。急递铺与普通驿站相辅而行，依距离远近、人数多寡，每十里或二十里、二十五里设一铺，每铺置铺兵五人至十五六人不等，设铺司一人主管。每十铺设一邮长，最高管理机构是总急递铺提领所。公文到铺后，要由铺司在铺历上登记，记录公文到达时间，检查公文有无开拆、磨损等，接收后，再派本铺丁或铺兵携带"回历本"和公文"作急走递到下铺交割"②。如果是特别紧急的公文，则由铺丁骑驿站驿马投递，每昼夜须行四百里。"回历本"是公文交换的凭证，公文到达后，接收公文的铺司经检查无误的，要在"回历本"上注明并签字画押，作为回执。急递铺最初递送公文的范围很小，仅限于中央和地方重要衙门比较紧急的公文，后扩大到专门传递中书省、六部、宣慰司及沿边军事文书等。

6. 明、清时期的公文传递制度

明、清时期的公文传递，基本承袭了宋、元两朝的驿传制度。明代的驿路自京师达于四方，均设有驿传和驿站，在京称会同馆，在外叫驿、铺或递运所。其中铺，即急递铺，每十里设一铺，每铺设铺长和铺兵，用"回历本"来登记来往公文。规定铺兵每天传递距离为三百里，耽误者鞭二十。不准夹带私物，不准损坏官文书封套，不准私自拆看公文，

---

① 参见沈括：《梦溪笔谈》卷一一，《官政》一。
② 《元典章·兵部》四。

违者严惩。各州县设专职驿传督察，稽查公文驿传工作及其官员。紧要公文的传递，还要实行严格的驿传勘合制度。

清沿明制，在全国设有驿站三千余处，共有驿夫三万多人。除设有普通驿站外，仍置有"急递铺"，并在边疆地区广置驿站。但鸦片战争以后，随着近代邮政的出现和电报的广泛应用，传统的驿传制度终于走向衰灭，至民国初年被基本裁撤。

综上所述，中国古代社会正是由于有了严格和健全的公文传递制度，才保障了公文的顺利传递和准确投送，从而维持和确保了传统社会国家机器的正常运转。

三、有关公文办理和基本公事程限的重要制度

公文办理是指公文的处理、管理、整理和立卷归档等一系列相互关联、衔接有序的工作，以及相关规范和奖惩制度。基本公事程限，又称办文时限，就是要求官衙在规定时间内，把公文事务和基本公事办理完毕。传统社会的公文办理和公事程限，总体而言是及时、准确、有序和相当严格的，并且体现出用刑律保障其贯彻实施的鲜明特色。

（一）收文、发文登记制度

收到公文和发出公文，必须进行详细登记。这一制度早在秦代已经形成，在云梦秦简的《行书律》中有如下规定："行传书、爰书，必书其起及到日月夙暮，以辄相报也。"也就是说，传送或收到文书，必须登记发文和收文的朝夕，以便及时回复。这是现存最早的关于公文收发登记制度的记载。

汉代从中央到地方的各级政府，对收文、发文都要详细登记，注明年、月、日和时辰，经办人都必须在登记本上签名盖章，以示负责。① 还规定，受文单位收到公文并登记后，须立即把收文日期和地点上报。隋唐时期，公文的收发登记制度进一步发展和健全：不但从法律上进行规范，而且规定不同业务和种类的公文，要分开登记或分别登记。宋朝规定，各官府收发公文均要登记，登记公文的簿册称文簿，或籍，也称为历。收文和发文应分簿登记。宋代的公文收发登记不但要注明年、月、日和公文页数，而且要按照年、月、日顺序登记和编排，并以千字文编号。元朝为了防止公文处理稽迟和便于监督检查，规定收到公文都要逐件登记和编号，书写发遣时间，承办人员要签字接案。至元二十一年（1284年）三月，又建立了朱销文簿制度，规定有关官署衙门要把应办之公文逐一登记造册，结案后"依程期检举勾销"②。明、清时期，对于官署间下行文和平行文的收发有明确的签收登记规定，其中《明会典》卷七十五条规定："札付、移付公文，承行吏典另行置立承发勾销簿，附写名件，用使日时印记。各科承受该吏于簿上书名画字，收领承行毕，仍于前项下勾销，以凭稽考。"另外，明代还在皇宫内的司礼监设置典簿，专门负责章奏文书的收发登记。清代从中央到地方的各级官署衙门，对公文的收发已经实行分类登记制度，即根据公文的发文衔署和公文性质，分簿登记。

值得一提的是，对收、发公文实行登记制度，既可统计公文的数量，也可起到纠正失误、存查备考和督促公文及时办理的作用。

---

① 参见《居延汉简甲、乙编》12·1枚木牍。
② 《元典章·吏部》七。

（二）公文移交制度

公文移交制度，又称当面交卷制度，是指新旧官员接任和卸任时，须将公文档案当面移交，清点造册和签收。这一制度在秦汉时期就已经初露端倪，至唐代更是发展到法律规范的层面。其中《唐律疏议》卷二十七《杂律》规定："其主典替代者，交案皆立正案，分付后人。"表明在盛唐时期，公文移交制度不但实际推行，而且已经入律。宋、元时期，机构重叠，官制紊乱，案牒繁多，致使文卷多有丢失，积年陈案更是难以检寻。这些情况主要"因新旧人吏交付不明"而造成，因而宋朝规定，凡新旧官吏更替时，双方必须当面将公文案牍移交清楚，尤其是接收的一方，更要仔细核对，如发现错失，要当面查询，立即寻找，否则按责任轻重，依法处治。元朝也制定了"人吏交代当面交卷"制度，规定"今后遇有人吏交代，责令当面对卷，牵照完备，明立案验，依例交割……其交割之后，复有不肯尽心，丢失文卷者，合将检勾案牍人员治罪"，并要"见管之人"追寻其案。① 明代制定了《授职到任须知》，将公文移交制度进一步具体化和法律化，明确规定：凡官吏上任，要向前任官问清楚官衙中有多少谕旨及其他公文，是否有遗失和缺损，如有"缺损不存者，须要采访抄写，如法收贮"②。清代继承和沿袭了前代的公文移交制度，规定"嗣后司官迁转，将所掌卷案，新旧交盘，各具甘结，说堂存案"③。又规定：各衙门无论正、署官员，离会时，应将所有卷宗无论已结、未结，都要造册、衿记、编号登记，加具甘结，保证并无藏匿、抽改，一并移交。接任官员要逐一清点核查，无误后，即出具印结，并报明上司复查，将印结移送上司存案。

（三）公文随到随办制度

公文随到随办制度，是指公文到达某官府衙门后，必须按公文要求立即开始办理和执行，不得拖延。特别是皇帝的诏令和紧急公文，有关部门更应不分昼夜，加班加点办理。早在秦汉时期，就已经产生了公文随到随办制度。史称秦始皇"躬操文墨，昼断狱，夜理书"④，并严令各级官衙接到公文后要马上照办。至唐代，对于皇帝制敕诏令和军国重事的公文，则明确规定要随到随办，所谓"一旦成案，即日行下，随至即付"和"当日并了"，不得延误，如有稽缓者，"一日笞五十，十日徒一年"。元代也规定，紧急公文必须随到随办，不得稽迟。对于一般公文，也要求接文即办。明代张居正改革时，创立了公文面裁制度，规定凡切中时弊、符合实情的奏章和紧要公文，受理者要当面裁决和办理，故称面裁。清律规定："若各衙门遇有所属申禀公事，随即详议可否，明白定夺回报。若当该（上司）官吏不当果决，含糊行移，互相推调，以致耽误公事者，杖八十。"⑤ 并强调各种公文凡"州县接到，则需措办"⑥。上述公文随到随办制度的贯彻实施，显然有利于整饬吏治和提高行政效率。

---

① 参见《元典章·吏部》八。
② 《明会典》。
③ 《东华录·雍正》二。
④ 《汉书·刑法志》。
⑤ 《大清律·吏律·公式》。
⑥ 《清经世文编》卷二十二，《吏政》八，《申饬陕属不阅文稿檄》。

（四）公文限期承办制度

公文限期承办制度，又称基本公事程限制度和办文时限制度，是指根据公文事务的繁简、任务之轻重缓急和路途远近等因素，规定官府衙门及其官员处理公文和公务时，从受事到处理完成的期限及其相关制度。简而言之，就是要求官衙在规定时间内，把公文事务办理完毕。这一制度的产生，可以追溯到秦汉时期的"录文书期会"①，但以法律的形式，明确规定公文承办期限制度最早是在唐代。据《唐六典》卷一"尚书都省左右郎中员外郎条"所载《公式令》规定："凡内外百司所受之事，皆印其发日，为之程限。一日受，二日报（其事速及送囚徒随至即付）；小事五日（谓不须检覆者）；中事十日（谓须检覆前案及有所勘问者），大事二十日（谓计算大簿账及须咨询者）；狱案三十日（谓徒以上辩定须断结者）。其急事者不与焉。小事，判勾经三人以下者，给一日，四人以上给二日；中事，每经一人给二日；大事各加一日。内外诸司咸卒比。"但若有事速和限内可了者，以及文书受付日或讯囚徒，则不在此程限内。《唐律疏议》中的《名例律》和《职制律》，亦有类似规定。有宋一代，规定各衙门收到公文，应"当日受，次日付"。办理公文的程限是："其行遣小事限五日，中事十日，大事二十日。"② 公文要两人经手办理的，小事多给一天，会签会办四人以上者多给两天，中事、大事都可增加一天。北宋大理寺决定的案牍，大事限二十五日，中事限二十日，小事限十日。审刑院详复，大事限十五日，中事限十日，小事限五日。宋代地方政府受理的民事诉讼，有"务限"的规定，即地方官衙在每年秋收农闲之后的十月一日开始受理民事案件，"至次年正月三十日，往接词状。三月三十日以前，断遣须毕"③。元朝冗官冗员严重，政府办事效率低下，公文旅行，辗转不决，为此，至元八年（1271年）立定"行移公事程限"，依事之大小，小事限七日，中事限十五日，大事限二十日办完。④ 至元十五年（1278年），又把大事的程限增至三十日。至元十八年（1291年）颁行的《至元新格》，对原有的"行移公事程限"更改为：凡属常事（即小事）给五日程（谓不须检覆者），中事（谓须检覆者）限七日程，大事（谓须计算簿账或咨询者）则限十五日程。明、清时期的公事程限，大体沿袭唐代的规定：小事五日，中事十日，大事二十日。

应该指出的是，传统中国的公文限期承办制度，是以法律的形式规定的，因而这种制度具有一定的严肃性、强制性和可行性，并对提高办文速度和行政效率有积极意义。

（五）公文催办制度

公文催办制度，是指上级官署和有关督查部门对受文单位和办文机构进行催促、催办，要求其按公事程限办理公文和完结公事并予以答复的制度。早在秦汉时期郡府内的主记室，就具有催办公文事务的职能。⑤ 至唐代，公文催办制度正式确立。其中唐代《公式令》规

---

① 《后汉书》卷二十六，《百官》三。录，总领；期，要约，指规定任务完成时间；会，合也，到时合会，即完成后登记，注明之意。参见祝总斌：《中国古代政治制度研究》，54页，西安，三秦出版社，2006。

② 杨一凡、田涛：《中国珍稀法律典籍续编·庆元条法事类》，351～352页，哈尔滨，黑龙江人民出版社，2002。

③ 《宋刑统》卷十三。

④ 参见《元典章》卷十三，《吏部》七，《署押》、《公事》。

⑤ 参见杨剑宇主编：《中国秘书史》，64页，武汉，武汉大学出版社，2000。

定：经发文机关初次催办，"符牒再下犹不报，常务通计违五十日以上，要务通计违二十五日以上，按典杖责四十"；经发文机关再次催办，"如符牒至三度，固违不报，常务通计违八十日以上，要务通计违四十日以上，按典杖责六十"，并对收文机关长官、勾官等给予不同的行政处分。① 宋朝除了沿袭唐朝的上述规定以外，在中央和地方政府内，均设置专门性的公文催办机构。例如中央政府内的中书省、尚书省和"三司"（盐铁、度支和户部），都设置有催驱房，专掌督促和催办公文事务。至元代，在制定"行移公事程限"的基础上，根据途程远近，建立了较为完整的公文催办制度，规定了明确的公事催促期限：京城各官府十天催办一次，如未完成，过五天再催办一次；地方路至都，五百里以内者，十五日一催，十日再催；五百里以外者，三十日一催，二十日再催；千里外，五十日一催，四十日再催；三千里外者，则七十日催一次，过六十天再催一次。② 又规定"常事各加事速限五日"，以示急迫；第一、二次催促"皆备细缘由，随即应报官司，皆得牒到日为始"③，但第三次催办，就不必再讲"缘由"了，因为《元典章》规定："办公逾限，一催，再催，三催不报者，问罪。"明代十分重视对公文的检查催办，除六科给事中负责督促、催办各官衙的公文办理情况外，皇帝还经常派专员检查各官衙的公文处理情况。据《明太祖洪武实录》记载，洪武二十五年（1392年），朱元璋就曾派监生潘文等一百七十余人到各布政司"考校诸司案牍"。有清一代，也十分重视公文处理进程，不断发展和完善公文催办制度。为此，一方面沿袭唐、宋、元、明四朝的公文催办制度。另一方面，在中央和地方各衙门，普遍设立了专门性的公文催办机构。如内阁的稽察房、各部院的督催所以及六科、总督、巡抚、知府衙门的照磨所等，均具有催办公文，依一定期限检查督促公文办理情况的职责。另外，雍正时开始设立的军机处，亦负责交办公文的催办和稽查，以确保其交发的公文缜密、迅速地办理完结。而于雍正八年（1730年）特旨设立的稽察钦奉上谕事件处，则是清朝中央政府内设置的规格最高的公文查办催办工作机构，具有对全国各地的公文催办事宜进行统一管理和协调处理的职能。

（六）公文保密制度

公文保密制度，是指传统中国社会有关公文制定、书写和传递过程中的保密措施，以及对泄露、遗失和窃取公文者进行处罚的相关法律规定和制度。

早在春秋战国时期，我国便实行公文的"封泥"制度，以防止公文在传递过程中被泄密或被更改、伪造。秦代规定，在公文传递过程中，要妥善保管好公文，不得遗失；如果遗失，要立即向官府报告，并严惩有关责任人。两汉至魏晋时期，简牍公文的密封仍然采用先秦时期的"封泥"办法。魏晋以后，由于纸质公文的广泛应用，则用专门的封皮折角密封公文，并于封皮两端加盖印章，署上姓名和发文时间，以防止公文被私拆和泄密。

到了唐代，公文保密制度更加健全和法律化。首先，《唐六典》规定中书舍人和其他文书工作者必须严格遵守"四禁制度"。所谓"中书舍人掌侍奉进奏参议表章，凡诏旨制敕及玺书册命皆按典故起草，书即下则署而行之，其禁有四：一曰漏泄，二曰稽迟，三曰违失，

---

① 参见《唐会要》卷五十八。
② 参见《元典章·吏部》七。
③ 同上书。

四曰妄误"①，即文书工作必须做到保密、及时、不发生差错、不遗忘误事。"四禁"中以"漏泄之禁为急"，说明公文保密是文书工作人员职业规范的重中之重。另外，唐律对公文泄密行为规定了严厉的惩罚措施。《唐律疏议》卷九《职制篇》规定："诸漏泄大事应密者，绞。非大事应密者，徒一年半，漏泄于蕃国者，加一等。仍以初传者为首，传至者为从。即转传大事者，杖八十。"卷十九《贼盗篇》规定："诸盗制书者，徒二年，官文书杖一百，重害文书加一等，纸券又加一等。"卷二十七《杂律篇》规定："诸弃毁制书及官文书准盗论，亡失及误毁者各减一等，其误毁失符移解牒者杖六十。"又规定："诸私发官文书印封视书者杖六十，制书杖六十，若密事各依漏泄坐减二等，即误发现者各减二等，不视者不坐。"

宋代除了全面承袭唐朝的公文保密规定之外，还适应外患严重和军事斗争的需要，制定了更为详细、严格的公文保密制度。如《庆元条法事类》规定："缘边事应密行下则不得榜示，时政边机文书禁止雕印。"即边防要事应当以机密公文下达，不准公开榜示，同时有关边防政治、军事及时事的公文要严格控制，禁止复制，以免外传。凡雕印御书、本朝会要，边机时政文书者，杖八十。凡私雕及盗印律、敕、令者，各杖一百。凡散失所掌的公文者，杖一百。凡以制书、官文书质当财物者，与受质当者各杖一百。凡藏匿、毁弃、拆换文书者，徒一年，盗窃文书者，徒二年。除了这些处罚律条外，宋代还奖励告发泄密者，如：凡告发毁弃、藏匿、拆换文书获实的，若案情重大，赏告发者钱一百贯；若案情一般，则赏五十贯。告发文书收发人员违反规章，私自将文书带回家过夜的，查实后，赏给告发者钱五十贯。为了防止公文机密被敌方窃取，宋哲宗元祐五年（1090年），规定"凡议时政得失，边事军机文字，不得写录传布"②。又规定各级衙门的重要机密文书必须实封，探听和传播机密公文者，都要受到法律严惩。

元代的公文保密制度也很严格，如规定不准私自将文书带回家中，以免泄密；凡盗窃文书者，依情节轻重，处以杖刑或笞刑的惩罚。明代的公文保密制度有两大特色：一是对泄密行为不但处罚当事者，而且还处罚其上司，也就是要追究"领导责任"。二是各个历史时期根据实际需要不断增加保密条律，而且对泄密者惩处极重。如《明律集解》卷三规定：凡将军情机密大事泄露于敌者，杖一百，徒三年；私开官署文书印封看视者，处杖刑六十；近侍官员泄露重大机密于人者，处斩；即使只是泄露了一般公文的内容，除处杖刑一百外，还罢职不用；而对于遗失制书、圣旨、印信者，则杖九十，徒二年半，若官文书，杖七十，事干军机、钱粮者，杖九十，徒二年半，并一律停发俸禄。明代还规定了"密疏"制度，即皇帝密旨用御前之玺封印，臣僚上奏机密公文要密封进呈。又规定凡军机文书，不许六科抄发，以免环节过多而泄密。有清一代，除沿袭前朝的公文保密制度以外，尤其注重皇帝谕旨和军国机要公文的保密性，规定：凡"密疏"和奏折本章，必须在御前开拆。"密旨"则在皇上的注视下密封，并将皇帝圣旨分为"明发谕旨"和"寄信谕旨"两大类。前者为例行事项，后者为机密事项，又称"廷寄"。所谓"廷寄"，是指谕旨不交内阁宣示而由宫廷直接封寄发往全国各地和受文者，机密程度极高。而直接操纵军国机要的军机处的

---

① 《大唐六典》，203页，西安，三秦出版社，1991。
② 徐松：《宋会要辑稿·刑法》二，第165册，6514页，北京，中华书局，1957。

成立，标志着中国古代公文保密工作发展到了巅峰阶段。另外，清代还对肆意传播有关公文本章的行为进行了规范和处罚，凡"未经御览批发之本章刊刻传播概行严禁。如提塘与各衙门书办彼此沟通，本章一到即抄写刊刻图利者，将买抄之报房，卖抄之书办，亦俱照漏泄密封事件例治罪"①。

（七）公文摘要制度

公文摘要制度，是指文书工作机构和职官，对需要批办的公文，摘要其基本内容和要旨，连同公文一起送交皇上和机关领导人审批的制度。在传统中国，公文摘要制度最早源于宋代的"引黄"②之制。宋代实行的是崇文抑武政策，其后果是导致了大量冗长公文的出现，皇帝要想阅读全部公文是不可能的，因此办文人员必须将收进的表章等文书的内容要点，另用黄纸写成简短的内容摘要，贴附于来文的封面或文首之前，同进皇帝御览，是为"贴黄"。到了明代，繁文之弊又有所抬头，于是，崇祯元年（1628年）三月，开始实行"引黄"制度。③即令内阁用黄纸预制式样，对皇帝所收到的群臣章奏，由进本官预阅，摘要其内容，把成千累万文字压缩为百字篇幅，贴附于收之之文尾后面，称为贴黄。皇上处理所收到的章奏时，先阅贴黄，明其大概，对内容重要者或贴黄不明者，再细阅全文，以便迅速了解章奏内容和区分轻重缓急以及时处理公文。清沿明制，凡地方官员进呈的题奏本章，均须贴黄。④受理题奏的通政使司，有权对无贴黄或贴黄违式的题奏本章予以驳回和不上呈。清初，规定题本字数不得超过三百字，贴黄不得超过一百字。⑤但这一规定至雍正时又改为：凡紧要章疏，如兴利除弊、奖善惩恶等，"务须详明畅达，其贴黄，亦不得遗略含混，均不限定字数。"⑥雍正以后的各个皇朝，均不限定贴黄字数，但要求贴黄必须准确而扼要地反映正本的主要内容，否则受罚。另外，清以满文为国文，凡用汉、蒙、回等文字所书题奏及其贴黄多须译为满文，上呈皇帝阅览。后从简易，仅译贴黄，以省将题奏全文翻译之劳，故清代贴黄的实际效用，较之明代似乎更为显著。

古代引黄、贴黄和撮白等公文摘要制度，对于减轻繁文危害，避免平均用力，区分公文的轻重缓急和提高办文效率是大有裨益的。这也是今天公文摘由或主题词的来源。

（八）公文票拟（拟办）制度

公文票拟（拟办）制度，也称票旨、条旨制度，是明清时期由公文管理机构和职官首先对题奏文书进行阅读，并在一张专用纸签上拟出初步处理意见，贴于原奏章上，然后再转呈皇帝，供皇帝批阅奏章时参考的公文处理制度，类似于现代公文处理中的"拟办"。此

---

①　《清会典·事例》。

②　顾炎武称："其表章略举事目与日月道里见于前及封皮者，谓之'引黄'。"（顾炎武：《日知录集释》，第3卷，1383页，北京，中华书局，1984。）

③　贴黄的称谓源于唐代。按唐制，文书人员在拟制敕书时，有写错或谬误之处，须在错处贴上黄纸，在黄纸上改正，谓之贴黄。宋代亦有贴黄之制，但宋之贴黄已不是用于对皇帝敕书的修改和纠错，而是百官上书皇帝的奉状、劄子等公文意犹未尽时，将补充的内容写在黄纸上，贴在正文的后面。可见唐之贴黄主要是纠错，宋之贴黄是用于补充正文的内容。但明之贴黄有异于唐、宋，实为公文摘要之制。

④　在清代，贴黄也称"撮白"，均为公文摘要之制。

⑤　参见《大清会典事例》（光绪）卷一〇四二。

⑥　《清会典·事例》。

制最早产生于明代宣德年间，当时"阁职渐崇"和"阁权益重"，宣德皇帝开始命内阁大臣在内外各衙门所进的章奏上面，用墨笔在小纸票上先拟具初步处理意见，贴在各疏上呈进皇上，谓之"条旨"。皇帝参考内阁所拟之"条旨"后，用红笔在奏章上批答，并作出最高裁决，称为批红。对票拟内容不同意时，皇帝可加以改动或发还内阁令其重拟，称为改票。但明宣宗以后，皇帝多昏庸无能，宦官乘权弄权，凡票拟进呈皇帝后，一般由司礼监先用红笔批出，其中皇帝有所可否，才"御笔亲书"，从而使皇帝批红的权力逐渐落到司礼监秉笔太监手中，进一步架空了皇帝。应该指出的是，第一，明代内阁享有的票拟之权，实际上仅属于内阁首辅，其他大学士只能参加议论和讨论，因为票拟内容的决定权在首辅，执笔者也是首辅。第二，明代的票拟，实际上是内阁代皇帝草拟各种文书，大量是关于六部、百司各类政务奏请文书的批答。它可以是先与皇帝共同讨论，作出决定后再草拟成文字，但更多的是内阁先拟好批答文字，连同原奏请文书一起送皇帝审批。清初沿明制，内阁仍享有票拟之权。皇帝审阅票拟后，对其内容有改动的，称为"改签"。若有票拟内容尚待斟酌的，就将其留在宫中，待积至一定数量时，由皇帝在早朝时会同内阁官员商议决定，称为"留中本"。但史料表明，清初皇帝对内阁之票拟意见，多为同意，鲜有反对者，从而使清初内阁实际上享有代皇帝处理公文和控制日常行政决策的权力。[①] 但雍正皇帝成立军机处以后，官员奏折的处理和皇帝谕旨的撰拟，皆由军机处承担，内阁遂丧失票拟之权，仅办理例行政务而已。

明清时期的公文票拟（拟办）制度，赋予内阁及其首辅一定的参政、议政大权，显然有利于发挥秘书部门和辅政机构的参谋、助手作用，同时也利于皇帝在公文处理时听取臣僚的意见，是值得肯定的。

（九）公文立卷归档保存制度

公文立卷归档保存制度，是指公文处理完毕后，有关公文应立卷编号、归档保存的相关规定和制度。早在殷商时期，甲骨公文便已经按照一定的方法，有次序地保管集中于殷都宗庙，说明商代已产生了最初的公文立卷归档保存制度。到了西周，随着国家机构的庞大、行政事务的繁忙和公务处理的日渐增多，出现了专门存放公文档案的机构——天府。秦汉时期，统治者对公文的立卷归档工作相当重视，均明确规定公文处理完毕后，要立卷归档保存，以备查考。唐代规定，"凡文案既成，勾司行朱讫，皆书其上端，记年、月、日，纳诸案"[②]。意即文书经办完毕后，主管机关要在文书上打上红色标记，并在文书上端写明年、月、日，然后送交库房收存。又规定"凡施行公文应印者，监印之官，考其事目无或差谬，然后印之，必书于历，每月终，纳诸库"[③]。宋代中央和地方机关一般都设置了架阁库，类似于现代的机关档案室。规定各级官府的公文，须定期向架阁库移交。如尚书省规定，各部司办完的公文，由勾司（稽核文书的部门）行朱，记注年、月、日后，交库房保存。元代的公文立卷归档保存制度，是根据《至元新格》的相关条款，于大德元年（1297年）六月规定的。这个规定有不少创新之处：（1）文书立卷和文书承办衔接紧密，立卷归档工作由文书承办部门及其职官一并完成。（2）处理完结的文案，必须经过监察官照

① 参见虞崇胜主编：《中国行政史》，201 页，北京，高等教育出版社，1990。

②③ 《唐六典》卷一，《尚书省》。

刷通过以后，"已绝"文卷才能编号送交架阁库贮存，归档管理。（3）现行未结和逾期未绝，以及已绝而未经照刷文卷，要分别置簿登记。以后再收到文案，分别"生熟之事"进行处理。凡熟事（旧案）"自行遣发放了毕，粘入本宗前卷"，生事（新案）"另立卷宗"。这种区别新案、旧案的立卷方法，保持了一宗文卷的历史联系，有一定的科学性。（4）立卷的一般方法应为一案一卷，反映事件或问题的特征。（5）案卷标题的拟写，应与承办发司登记簿内的标题事目相同。（6）每到年终移交公文档案一次。这说明元朝的公文立卷归档制度，已经相当规范和健全。明清时期的公文立卷归档保存制度，主要是沿袭唐、宋、元三朝的相关规范和方法，鲜有建树。但明清两代的公文档案数量浩瀚、内容丰富并且详尽具体，也从另一个侧面反映出明清统治者对公文立卷归档保存制度的高度重视和严格执行。

四、有关公文稽查的重要制度

稽查，意为稽核、稽察和监督检查。传统社会中的公文稽查制度源远流长，不但制度严密，而且公文稽查机构相当健全和具有较高的权威性，其实效也显而易见。

（一）公文督查和稽程制度

公文督查和稽程制度，是指有关部门对公文的办理情况进行督促检查，如发现误办、错办和办迟（超过办文时限）者，有权依法处治和问罪的制度。早在秦汉时期，就已经产生了公文督察制度，其督查职能主要由统领御史的监察机构承担。魏晋南北朝时的北齐尚书台（尚书省），率先设置了比部，置比部郎中主官，专掌"诏书律令勾检等事"[1]，即稽核皇帝和中央政府颁发的下行文的执行情况，以及有无失误等。这说明魏晋南北朝时期，对公文的督查和复核已有专门机构负责。至唐、宋两朝，公文督查和稽程制度逐步规范化和法律化。一方面，唐、宋两朝的律令均规定了基本公事程限，超过办事程限者，谓之稽程，应依律问罪。其中，《唐律疏议·职制篇》规定："其官文书稽程者，一日笞十，三日加一等，罪止杖八十。"《宋刑统》和《庆元条法事类》，对官文书稽程亦有类似唐律的处罚措施。另一方面，唐、宋时期广置勾检官和孔目官，专掌公文督查事宜。例如唐代，除门下省和中书省外的所有中央机关和地方官衙，都设置勾检官，检查、督促官府文书之处理有无失错和稽程。元、明、清三朝，均有照（明察）、刷（究）、磨（复、核）、勘（检）之法，督查官文书是否稽迟失漏和违误。元朝首创的朱销文簿制度和明太祖朱元璋奉行的公文行移、勘合制度，也是对公文办理进行监督检查的重要举措。清朝对各衙门公文或事件的处理，都规定了不同的限期，违限未结者，按其违限时间之长短，依律议处。例如，办文者若超限一个月，则罚俸三个月。另外，明、清时期的公文稽查机构较之前代更具权威性和专门性，作用也更为明显。如明朝的六科给事中、清朝的军机处和稽察钦奉上谕事件处等，都具有公文督查和稽程的职能，并处理过不少公文稽程案件，权倾一时。

（二）勾检制度

顾名思义，"勾"指勾会，也就是核对或复核；"检"意为检查稽失，即审查有关部门

---

① 《隋书·百官志中》。

和职官是否按照律令规定办事以及是否按时限要求把事情办完。① 因此，勾检制度实际上是一项公文审核督察制度，主要是检查稽察官府公文之处理有无失错、失误和稽程（超过办文时限）等。早在南北朝时期的北齐，就置有比部，职掌"诏书律令勾检等事"，但当时尚未形成为正式制度。隋代的比部亦掌"勾检"，其勾检内容却主要是经济方面，尤其注重于财政勾检。到了唐代，作为公文审核督查的勾检制度才正式形成和确立。

首先，《唐六典》和《唐律疏议》等律法均有勾检职官及其职权运作的明确规定。如《唐六典·尚书省》规定："文案既成，勾司行朱讫，皆书其上端，记年、月、日，纳诸库。"按唐制，文书督查官吏统称"勾官"，其事务称为"勾检"，"勾司"则指文书监督机构或官员。在敦煌、吐鲁番出土的唐代文书上确有朱书章、句和朱色标记，这是《唐六典》记载的实物例证。《唐律疏议》（疏）议曰："检者，谓发辰检稽失，诸司录事之类。勾者，署名勾讫，录事参军之类。"可知唐代的勾检职任，实为"发辰检稽失"和"署名勾讫"。"发辰"指受文书之始日，"稽失"是检查官府文书处理有无违失和稽程，即办错或办迟之事。检查的依据是文书处理之规定时日。如果"此外不了，是名'稽程'，应受法律处分"。署名勾讫，指检查稽察者必须在文案上签名盖章，以表示督查完毕和负起责任。

其次，唐代除中书省、门下省外的所有中央和地方官府，都设置有勾检官，勾检本官府及其下级与公文处理事务有关的文案和官吏，从而形成了从中央到地方的公文勾检网络和完整系统。其中，唐王朝国家机关中的尚书都省，既是全国最高公文监察检查机构，又是全国公文管理勾检部门的中央领导机构，下辖从中央到地方各级官府中的专职勾检官和兼职勾检官。而在中央政府内，上至尚书都省左右郎中员外郎（四品），下至各部、司的令史、书令史、无品吏员，都具有勾检职责。京兆、太原、河南三府，也设置司录参军事二人掌勾检。各级地方官府的勾检事宜，则主要由录事和主簿掌管，但二者各有分工：录事主管受事发辰，检勾稽失；主簿掌付事勾检、省署抄目，纠正非违，监印和给纸笔等。②

最后，唐代对勾检方法、勾检程序和勾检内容等方面，都有详尽和具体的规定。其勾检方法有二：一是以律令格式为依据，即按法律规范和制度检查，不能凭勾官个人的贤愚或喜怒哀乐办事；二是本官府内部勾检与上、下级勾检相结合，从而使勾检工作缜密周详和准确无误。其勾检过程大致分为三个步骤：第一个步骤为"省署抄目"③、"省署符目"④和"出符目"⑤，即首先要登记文案目录，将所收受之文书，登记其收文始日。中央和地方机关的每件文书都要由勾检官登记"某日受某日行判"。第二个步骤是勾检稽失，也就是检查公文经办情况，审核稽察公文处理过程的"稽"与"失"。"稽"意为迟留或留止，指在规定的期限内没有把事情办完。"失"意为失误，指办事违反公文本意和违反律、令格式。第三个步骤是"署复文案"⑥。"署"即署名，"复"为审核，即审核公文处理情况后署名以示责任。如果勾检官员复核文案完毕，称为"讫"。由此可见，唐代的整个勾检程序包括登

---

① 参见白钢主编：《中国政治制度通史》，第5卷（隋唐五代），416页，北京，人民出版社，1995。

② 参见《通典·职官》一五。

③ 《唐六典·殿中省》。

④ 《唐六典·尚书都省》。

⑤ 《新唐书》卷四十，《百官志》。

⑥ 白钢主编：《中国政治制度通史》，第5卷（隋唐五代），416页，北京，人民出版社，1995。

记、检查和复核三大步骤，这三者构成了唐王朝衙署勾检的全过程。

另外，唐代勾检的主要内容为京内外诸司和各级地方政府已处理完毕的文案。以尚书都省为例，除勾检各官府文案"稽失"外，其勾检内容还包括下列事项：（1）京师诸司和诸州前一年的"制敕计奏之数，省符宣告之节"，每年都要按时送尚书都省勾检；（2）京师诸司要把前一年的上述各种官文书在每年四月一日送交尚书都省勾检；（3）诸州前一年的各种官文书，先由本司推校，再由州勾官复审，然后附计账上交尚书都省；（4）每年六月一日，尚书省都事与京师诸司诸令史共同复校纳于都省的各种官文书，复核目的是查清"隐漏不同"，对负有责任的官员进行考课处理。

综上所述，唐代正式创设的勾检制度不但独具特色，而且相当规范和健全。这一制度的贯彻实施，对于维护唐王朝国家机器的正常运转，提高行政率和督促公文处理等方面，显然具有十分积极的意义。

（三）照刷、磨勘制度

照刷、磨勘制度，又称照刷文卷和磨勘卷宗制度，是一种由监察机关定期监督检查公文处理过程的手段、措施和方法，为元代首创。顾名思义，明察曰照，寻究曰刷，即检查公文办理有无稽迟、失错、遗漏、规避、埋没、违枉等情事，谓之照刷。复核曰磨，检点曰勘，因而磨勘就是指复查照刷中指出的误失是否改正。我国古代很早就实行由监察机关通过文卷来检查官府文书承办情况的做法（如唐代的勾检制度），但以元代的照刷、磨勘制度最为完备和典型。

元代的照刷、磨勘是由各级监察机关具体负责和执行的：中央由御史台负责，地方由行御史台肃政廉访司负责，并定期施行。照刷时间起初规定每季一次，后改为半年一次。照刷项目和检查内容堪称详尽，包括字面通检（有无涂注、补勘文字）、事理测度（有无倒题、改抹月日）、文义推敲（有无差错欠顺）和印押辨验（有无模糊伪冒）等方面，并从这几个方面根究有无虚调行移、磨算钱粮、已断词讼有无偏屈、人命事理有无冤枉等等。凡经过照刷、磨勘的公文或文卷，要根据检查情况，分别作出和注明照刷结论：凡上述项目有弊误和差错的文卷，在刷尾纸上标"违错"二字；虽无错失，但办理超过程限者，在刷尾纸上标"稽迟"二字；既无错失又不逾程限的文卷，在刷尾纸上标"照过"或"刷讫"二字。负责照刷的官员，须在文卷上署名盖印，以示负责。另外，经照刷无误且办理完毕的文卷，要在卷宗封面上注明"已绝"或"已绝经刷"字样，编号立卷归档，送架阁库保存。对"违错"和"稽查"的文卷，则标明"未绝"，将照刷结果报请上级，并按例对主管官员进行处罚。

为防止藏匿、漏报，使每次照刷都能做到"始末详查"，成宗大德十年（1306年）五月，特制定了《刷卷首尾相见体式》，内容包括：（1）受照刷衙署的首领官须具甘结，按月详列前次已照刷宗数（包括已绝、未绝），以备磨勘。（2）同列未经照刷宗数（亦分别已绝、未绝），以供照刷。（3）刷尾最后一宗文卷要写明起止日期，是何文字，计纸张数。（4）监察机关根据该首领官的上述详细报告，全面了解前次照刷的情况，并准确掌握下一步须检查文卷的宗数、起止日期、文字和计纸张数，从而做到通盘规划、顺序安排和"始末详查"，力求无一漏网。但应该指出的是，元代有两种文卷是不能照刷的：一是有关军事边关的文卷，不照刷是为了保密；二是有关"修佛事"的文卷，因为元代统治者崇信佛教，所以也不照刷。

元代创设的照刷、磨勘制度，为明、清两朝所承袭。明洪武三十六年（1393 年）规定："凡监察御史，并按察司分司，巡历去处，先行立案。令各该军民衙门抄案，从实取勘门衙门。并所属有印信衙门，各制卷宗。分豁已未照刷，已未结绝号计张缝依左粘连刷尾，同具点检单目，并官吏不致隐漏结罪文状，责令该吏亲责赴院，以凭逐宗照刷。如刷出卷内事无违枉，俱已宗结，则批以照过。若事已行，可完而不完，则批以稽迟。若事已行已完，虽有违枉，而无规避，则批以失错。若事当行不行，当举不举，有所规避，如钱粮不追、人赃不照之类，则批以埋没。各卷内有文案不立，月日颠倒，又在乎推究得实，随其情而拟其罪。"① 清代的照刷、磨勘制度较之元、明更为严格，处罚也更加严厉。凡照刷中发现衙门文卷有稽迟、失错、漏报等现象，依宗数对文书人员施以笞十至笞五十的笞刑，对正官处以罚俸一月至三月不等；倘有"钱粮埋没、刑名违枉等事，有所规避者从重论"。清代对磨勘卷宗也有明确规定，凡对已照刷过的卷宗"不报磨勘者"，依宗数责打正官四十至一百板子，"有所规避者从重论"。凡照磨所"磨勘出各衙门未完文卷，曾经布政司、按察司驳问迟错，经隔一季之后……可完而不完，应改正而不改正者"，每过一季笞四十，"受财者计赃以枉法从重论"。如经磨勘后"文书内或有稽迟未行，或有差错未改"，闻知将要复查，弄虚作假"旋补文案"，将未完作已完，未改正捏称已改正，"以避迟错者"，以虚入通关或增减官文书论罪，通同"作弊者同罪"②。

综上所述，照刷、磨勘制度的主要目的，是通过检查公文处理过程和承办结果，借以揭露官府各项职能活动（诸如刑名、赋役、钱粮、铨选、会计、调度和征收等）中的种种弊端，收谬匡失，弥补承办缺陷。毫无疑问，这一制度的贯彻施行，对于防止、纠正公文处理中的疏忽、错失，提高公文处理的速度和质量，防止文书丢失、涂改和损毁，以及预防各级官员在处理公文中的渎职现象等，都起到了积极的作用。

（四）行移、勘合制度

行移、勘合制度，是明代朱元璋创立和奉行的一种监督公章使用和公文往来，以及查验公文真伪和判断公文效力的重要制度。行移是官府间公文往来的简称，勘合就是拼合验对。明朝初年，朱元璋为防止官吏用预印的空白公文纸擅自行移，乱发公文，创制了一种半印，称为"关防"。要求公文纸上均须加盖半印，以便拼合验对，朱墨相同方为有效。后来，为加强皇帝对中央和地方官府的控制，又规定凡发文必须经有关部门核对无误后方可加盖印章，并留下底簿；收文单位要对公文进行查验，印章无误，方为有效。在中央，由通政司负责公文勘合，经核对，查验无误后，才能发文和收文，并分别加盖专门印章和编号登记。地方各官衙间的行移，同样勘合甚严，亦须留存底簿和详加验正。若有官衙不经勘合，或擅自接收无勘合的公文以及私自行文者，其主官和文书部门的负责人都要被凌迟处死。

关于勘合的具体方法，《明实录》是这样记载的：洪武十五年（1382 年）正月"始置诸司勘合。其制：以簿册合空纸之半，而编写字号，用内府关防印识之，右之半在册，左纸

---

① 《明实录》。

② 《钦定大清会典事例·刑部·吏律公式》。

册付天下布政使司、都指挥使司及提刑按察司、直隶府州卫所收之，半印纸藏于内府。凡五军都督府、六部、都察院有文移，则于内府领纸，填书所行之事，以下所司。所司以册合其字号、印文相同，则行之，谓之半印勘合，以防欺弊"。

其实，明代勘合公文相当普遍和广泛，除行移勘合外，还有军籍勘合、勾军勘合、出关勘合、宗藩勘合、除受勘合等。各种勘合，都各有特定的纸式及编号方法。此项制度主要是为了加强皇帝对中央各部门和全国各地的监控，是中央集权制和专制皇权发展到巅峰的一个表现。

（五）朱销文簿制度

朱销文簿制度是一种登记与注销文卷的方法和制度，为元代首创并奉行。元统治者为了防止公事稽违和便于监察官吏照刷稽违等事，于至元二十一年（1284 年）三月，规定从中央到地方的各级大小衙门，都要设置朱销文簿，凡应处理的公文按时间顺序逐个登记于文簿上，处理完一件就及时用朱笔勾销一件，所谓"中书省以下在内大小诸衙门，并各处行中书省以下在外大小诸衙门，各置朱销文簿，将应行大小公事，尽行标付，依程期检举勾销"[1]。并且要"排日随时，朱出墨入，逐件销附"。办理完毕的公文朱销后，再经监察官员照刷，"拟合将各房原置朱销文簿，分付合属首领官收管，明附入簿入架，以备照刷，申乞照验"[2]。即朱销文簿要附文卷送架阁库保存，以备照刷、磨勘。这一制度对于督促有关官衙及时处理公文，防止其拖延和积压文卷是有积极意义的。

---

① 《元典章·吏部》七。
② 《元典章·吏部》八。

第三编
传统中国的行政行为法制

本编讨论传统中国的行政行为法制。

所谓行政行为，就是行政主体对行政相对人执行国家政令的行为。这一行为过程，实际上体现着国家政令贯彻时官民之间的法定关系或权力、权利和义务关系。所谓行政行为法制，就是关于行政主体行使国家权力的程序（规程）、方式、手续、途径之类的全部规范和惯例。

在古代中国，虽然没有近现代意义上的"法治"、"依法行政"的理念，但是国家机关的行政活动是有着相关的法律和习惯加以指导、规范和限制的，国家行政绝对不是官吏们随心所欲、无法无天的过程，事实上的行政行为法制体系是客观存在的。因此，从这一意义上讲，我们可以透过数千年的历史事实去发掘、梳理、诠释中国古代特定意义上的行政行为法制。

过去的中国政治或行政制度史研究，只注意"行政主体"的研究，只注意阐述静态的国家机构设置、官员编制、职责权限、官吏选举考核等等制度，不注意动态的行政法制。也就是说，关于国家最高决策机关所作的"政"（决策或立法）是如何具体"行"（推行）到民间的，在这一推行过程中国家官吏和人民之间的权利义务关系如何等等，过去并不为一般研究者所关注。本编的研究，就是要开创性地梳理、阐释国家多方面的动态的行政行为法制：一方面，特别注意中国传统行政程序、手续、规程的研究；另一方面，也注意对诸多行政过程中人民的实体权利和义务的研究。也就是说，本编要研究和阐述的是两者：一是国家所作、人民所受之各类具体的"政"的内容，二是国家机构体系"行"（推行）此"政"的方式、手续、程序等等。

根据古代中国的实际情况，本编把中国古代的"行政"分为十五个方面，这十五个方面可以大致归结为三大类行政：经济行政、治安行政、文化行政，分别代表着国家的"富民"、"制民"、"教民"三大意旨或目标。

第十四至十九章是为广义的经济行政。这主要包括古代中国的土地行政、农业行政、减灾行政、赋税行政、徭役行政、工商行政六个重要方面。

第二十至二十四章是为广义的治安行政。主要包括古代中国的人口与户籍行政、社区治安行政、宗教行政、边疆与民族行政、军事行政五个重要方面。

第二十五至二十八章是为广义的文化行政。主要包括古代中国的教育行政、教化行政、选才行政、福利行政四个重要方面。把国家选拔政治人才和平时福利救济两方面的行政作为广义的"文化行政"看待是有道理的，因为国家既把人才选拔当成对人民进行崇尚儒学、弘扬伦常、重视耕读、安分守己教育的最重要方式或途径，也把平时福利救济作为宣示君王"爱民如子"、诱导人民"忠君爱国"之教育的最重要途径。二者既然是古代中国国家或君王进行的"风俗引导"行政的重要途径，那么就应该列入"文化行政"的考察中。至于它们达成的另外方面的效果（即教化以外的效果），即公务员考试选拔以满足国家机关人力资源储备和运用需要、解决社会弱势群体生存或生活的实际经济问题等效果，我们在本书的第十一章和第十六章中附带讨论。

第十四章

授田限田：传统中国的土地行政制度

　　在古代中国，为巩固国家统治，每一王朝所当亟行之政，首在授田限田。授田于民，使百姓有恒产，这是国家长治久安的基本保证。亚圣孟子曾道尽此中道理。他认为，百姓有恒产者才有恒心，无恒产的百姓当然"无恒心"，一旦无恒心，就会"放辟邪侈"，犯罪作乱。所以他主张："明君制民之产，必使仰足以事父母，俯足以畜妻子，乐岁终身饱，凶年免于死亡。"要达到这种目的，应具体给百姓"制"什么样的"产"呢？孟子的设想是："五亩之宅，树之以桑"，"百亩之田，勿夺其时"①。也就是每户人家应授予五亩宅地、百亩耕田，这就使老百姓温饱无虞。百姓有了这些稳定的产业后，自然就有守法重礼的"恒心"。孟子的这一主张，代表了中国传统政治哲学的基本立场，也为历代统治者所接受。是故，授田土于百姓，一直为大多数朝代的统治者所重视；土地是百姓"养生送死之具"的观念贯穿于古代中国的行政之中。不过，"制民恒产"的具体实践，早在孟子时代很久以前已经开始了。

　　授田限田，在中国历代政治中紧密相连。王朝初期，为休养生息，朝廷授田于民。但天长日久，官僚贵族纷纷巧取豪夺，大肆兼并小农田地，使许多百姓复为"无恒产"之人，流佣他乡乃至浪乞天涯或为"盗寇"。于是，为恢复秩序、巩固统治，朝廷又不得不采取某些限田均田措施，打击兼并。一般来说，每一王朝初期，承大乱之后，人口锐减，田土荒芜，无主土地甚多，国家即按人口颁授土地于民，鼓励垦种，培育税源；但每个王朝的中后期，承平日久，土地兼并严重，致民变四起，国家岌岌可危，王朝不得不立法限田、抑制兼并。限田成功者，王朝享国祚可久；限田失败者，王朝旋即覆灭。

　　所以，在本章里，我们把"授田"和"限田"作为一个完整的制度体系和执行过程来加以考察。

---

① 《孟子·梁惠王上》。

第一节
"井田制"与夏商周授田制度

夏商周三代如何授田？史无记载。今人所据以窥其一斑者，不外《孟子》所述"夏后氏五十而贡，殷人七十而助，周人百亩而彻"①一语，宋人朱熹认为，这实为夏商周三代授田制度："夏时一夫授田五十亩"；"商人始为井田之制，以六百三十亩之地划为九区，区七十亩，中为公田，其外八家各授一区"；"周时一夫授田百亩"②。

孟子和朱熹的说法，牵出了中国古代最早的土地颁授制度问题，"井田制"也许是国家颁授土地、使民有恒产的最早实践。所谓"井田制"，据孟子记载，具体情形是："方里而井，井九百亩，其中为公田，八家皆私百亩，同养公田。公事毕，然后敢治私事。"③此种"井田制"在古代是否真的实行过，今人不无疑虑。但古人大多宁信其有。作为一种以助耕公田（诸侯受封土地）为纳税方式的土地制度，夏商周时代很可能真的实行过，只是我们不必机械地理解为"方里而井"、"井九百亩"、"九一而助"而已，特别是不一定要把"井田"单位理解为方矩形的"井"字分隔八家田界的布局。④在本章里，我们所应关注的，不是井田的布局及税率（是"九一"还是"什一"）本身，而应该是它所牵带出的授田制度。夏代每夫（男丁）五十亩怎么授？商代每夫七十亩又怎么授？周代每夫百亩又怎么授？以什么为标准，通过什么程序方式？这是我们要了解"三代"的行政行为法制所不能不考察的。

夏商周三代的"每夫授田"，应为授田给成年已婚男夫，亦即授田给家长；每夫代表一家（户）。所谓五十、七十、百亩，应为一家平均授田标准，以供一家之生活。这里的"亩"，当然不是今之市亩。"三代"时所谓"亩"，"广一步，长百步，为一亩"⑤，"六尺为步，步百为亩"⑥，与今天是大不一样的。古尺短于今尺，古之百亩，大约不过今之几十亩。

国家在授田之前，肯定先要勘量土地、普查人口，作为授田依据。授田之后，一定要对田土及耕户造籍册加以登记，此外还应该有人口变化时如何增减之法。我们应该关注的是这些行政行为制度，可惜史书均无记载。

上面说的都是"正田"的颁授事宜。除授受"正田"以外，据孟子说，还有额外授田："余夫二十五亩。"宋儒二程解释说："一夫上父母，下妻子，以五口八口为率，受田百亩。如有弟，是余夫也。年十六，别受田二十五亩，俟其壮而有室，然后更受百亩之田。"⑦既

---

① 《孟子·滕文公上》。
② （宋）朱熹：《孟子集注》卷五，《滕文公上》。
③ 《孟子·滕文公上》。
④ 参见曹贯一：《中国农业经济史》，54～56页，北京，中国社会科学出版社，1989。
⑤ 《韩诗外传》卷四。
⑥ 《汉书·食货志》。
⑦ （宋）朱熹：《孟子集注》卷五，《滕文公上》引。

有余夫受田，则"方里而井，井九百亩，其中为公田"的布局必难保证，因为各家人口（特别是余夫）数不一，地亩数不可能均一。地块大小不一，则"井"字形分田布局就只能从观念或一种构思的意义上去理解了。

现存史料只有后人对商周"井田制"下授田亩数及等次的追述，并无关于授田方式、程序等方面的制度记载。不过，我们还是可以通过这些追述猜测颁授土地之制度的大概情形。

《周礼》云："凡造都鄙，制其地域，而封沟之，以其室数制之，不易之地家百亩，一易之地家二百亩，再易之地家三百亩。"① 这就是说，"井田"制下的授田，并非机械地按每家百亩的实际面积来分，还要区分土地的优劣再决定实际分配面积。我们可以想象，在颁授土地前一定会普查土地，普查时一定是在官员的主持下有农业专家或熟练老农参加。不然，怎么区分土地肥瘠的等级？怎么区分"不易"、"一易"、"再易"之地？

《周礼·地官》中的"遂人"一职，可能正好就是由农业专家或富有经验的老农担任的官职，其职责就是"辨其野之土：上地、中地、下地，以颁田里"②。所谓"上地"，即"不易之地"；所谓"中地"即一易之地；所谓"下地"，即再易之地。

这三等土地如何分别颁授？《汉书·食货志》释曰："民受田，上田夫百亩，中田夫二百亩，下田夫三百亩。岁耕种者为不易上田，休一岁者为一易中田，休二岁者为再易下田；三岁更耕之，自爰其处。农民户人已受田，其家众男为余夫，亦以口受田如此。士工商家受田，五口乃当农夫一人……民年二十受田，六十归田。"《汉书》追忆的周代土地颁授制度，这说明，既有关于每户人家分田面积的规定，有按土地优劣等级分等授予不同面积土地的规定，有士工商之家授田面积与农民有别的规定，还有关于农民年老免役时还田给国家的制度。总之，土地的所有权并不属于农民，而属于国家；农民仅有使用权。此即《礼记·王制》所谓"田里不粥"。

"田里不粥"，就是土地不得买卖。这正是为了抑制土地兼并或保证小民常有恒产。"田地里邑既受之于公，民不得粥卖。"③ 不许买卖，则土地就不会大量合法地转移给贵族豪门。孟子认为，能否坚持"井田制"和抑制土地兼并，是"仁政"能否开始的标志："夫仁政，必自经界始。经界不正，井地不均，谷禄不平，是故暴君污吏必慢其经界。经界既正，分田制禄可坐而定也。"孟子的说法正代表了商周时代的土地分配理念。④ 宋人朱熹解释《孟子》说，"此法（井田之法）不修，则田无定分，而豪强得以兼并"⑤。把井田制与抑兼并联系在一起，是古人的一般见解。所以，商鞅变法，"除井田，民得买卖"⑥，"为田开阡陌封疆"⑦，被后世儒者视为罪大恶极之事，商鞅亦因此被视为千古罪人，被视为"慢其经界"的"暴君污吏"之始作俑者。这当然不光是在谴责商鞅破坏了井田布局和经界及授田方式，

① 《周礼·地官·大司徒》。
② 《周礼·地官·遂人》。
③ （唐）孔颖达：《礼记正义·王制》。
④ 参见《孟子·滕文公上》。
⑤ （宋）朱熹：《孟子集注》卷五，《滕文公上》。
⑥ 《汉书·食货志》。
⑦ 《史记·商君列传》。

更重要的是谴责商鞅破坏了"田里不粥"的悠久传统，使土地兼并这一社会癌肿瘤不断扩散，从此以后，"富者田连仟佰，贫者亡立锥之地"① 成为中国传统社会之常态，"民有恒产"或"耕者有其田"成为一种永难实现的空想。

第二节
秦汉魏晋之授田、垦田与限田

春秋战国时期，"井田制"完成了从"慢经界"到彻底崩溃的过程，商鞅变法不过是对早已发生的变革事实予以法律上的认可而已。"井田制"崩溃的原因甚多，这里不必讨论，但必须肯定：从"田里不鬻"的"井田制"到"民得买卖"的土地私有制是历史的进步。即使带来了土地兼并这一副产品，也仍可如此评价。

秦时有否无偿授田于民的实践？史无记载。秦灭六国，夺得六国国有土地及官僚贵族、豪商大贾的私有土地无以数计，收罗因战乱逃难亡殁而无主之土地亦甚多。这些土地，除赏赐给功臣外，应尚有大量可以授予百姓。1975 年出土的云梦秦简中有田律数条，其中有"入顷刍稾，以其受田之数"语，说明秦时有无偿授田于农民的制度。此外，对于那些无主之地，国家承认百姓因占有（捡种）而获得所有权或长期使用权。始皇三十一年（前 216年），秦国曾"令黔首自实田"②，即命令百姓自行申报登记各自实际占有、使用的土地面积。这可能包括允许农民将捡种的无主土地、私垦的荒地等等申报后认可为归其所有，当然也可能包括多年战乱期间贵族豪强、富商大贾等利用各种手段巧取豪夺所得的土地通过申报登记转为合法拥有的情形。此次登记，一般认为是对土地私有权的承认。

秦时"制民恒产"的方式，据史书记载，大约有二：一是徙民屯垦，一是迁徙豪富抑兼并。

关于徙民屯垦，秦时相当频繁。秦始皇二十八年（前 219 年），"徙黔首三万户琅琊台下，复十二岁"；三十五年（前 212 年），"徙三万家丽邑，五万家云阳"，"皆复不事十岁"；三十六年（前 211 年），"迁北河榆中三万家，拜爵一级"③。这些举动，显然不仅仅是逼迫人民迁徙，也不仅仅是为了巩固边防（在边郡者有集民开垦以巩固边防之意），更有另一层宗旨，即：鼓励垦殖。国家用免税、免徭役、拜爵等方式鼓励百姓垦种大片国有荒地。这些被迁徙的平民百姓一般当然无钱购买土地，国家大概只有无偿授予土地，并以免税役及拜爵的方式来激励。被迁徙者获得分配土地后是否享有土地所有权？"令黔首自实田"时是否包括允许百姓自行登记这种无偿分配的土地以获得所有权？史无记载，但答案应该是肯定的。

国家以行政手段大规模迁徙居民、授予土地、鼓励开垦的措施，在当时必有大量的相应法规、命令加以具体规定，比如关于如何处理被迁徙者旧乡的土地房产，关于迁徙费用，

---

① 《汉书·食货志》。
②③ 《史记·秦始皇本纪》。

关于到新乡后的土地分配方式及标准等等，当时肯定有相当具体的规定，可惜今均无存。

　　除此种民屯授田垦作外，秦时还有所谓军屯，包括军士屯垦和罪徒屯垦。秦始皇三十三年（前 214 年），将军蒙恬击走匈奴复河南地后，"徙谪实之"，包括徙罪人及贫民去垦殖边郡荒地并戍守。是年，又"发诸尝逋亡人、赘婿、贾人略取陆梁地，为桂林、象郡、南海三郡"，用意相同。"尝逋亡人"主要是逃避兵役和赋税的百姓，也可能包括无地而流亡的农民。这些人的屯垦，是否与一般民屯一样，可以获得土地所有权？其分配之垦地可否买卖、转让或在"自实田"中获得所有权登记？史无记载。但是可以肯定，这些罪人、贫民、赘婿、贾人只要被允许携带家属前往垦地，即可能因离故乡太远而不得不定居下来，所垦之地自然而然会成为私有土地。这种军事管理式的垦殖，大约也是秦朝"制民恒产"的方式之一。至于纯粹的兵士屯垦，应该不会取得土地权（因兵士不带家属，且他们也不会感兴趣于在边郡荒凉之地取得地产），那纯粹出于"耕战结合"的军事目的。

　　秦时为抑制兼并，还经常迁徙豪富。如秦始皇二十六年（前 221 年）徙天下豪富十二万户于咸阳。迁徙豪富，除了政治上逐斥、便于监视、毁其旧有根基等目的以外，显然也有抑制土地兼并之考虑。这些豪富贵族均是大土地兼并者。徙离原籍，定会腾出大量土地重为国家掌握，或用于赏赐，或招民屯垦，或无偿授予平民。除一般的大规模迁豪富以外，还有因重大案件而迁徙豪富的。比如嫪毐一案，"夺爵迁蜀四千余家，家房陵"。于吕不韦一案，亦将其家属及舍人迁蜀。这多少也有剥夺豪富之土地以抑制兼并的意图。秦始皇在出巡刻石时常自诩"上农除末，黔首是富"，"男乐其畴，女修其业"[1]，颇有实施了"耕者有其田"政策一般的洋洋自得，因此我们可以认为秦朝的屯垦、迁徙均当为"制民恒产"的具体措施。

　　汉代的土地授受，继承了秦代的基本做法，也有一些与秦代不同之处。汉代既有募民屯垦、徙贫民屯垦及迁徙罪人屯垦之做法，亦有赐、借、授公田与贫民之事。

　　关于屯田，汉文帝时，为防备匈奴，大臣晁错曾建议"选常居者家室田作"[2] 于北边，文帝采其议，于是募民徙居塞下。武帝元朔二年（前 127 年）又募民十万口徙朔方[3]；元狩三年（前 120 年）又徙贫民七十万人于朔方以南新秦中各地。[4] 宣帝时，曾遣免刑罪人与士卒数千人屯田于渠犁。[5] 此外，汉代亦有纯粹军士屯田。这些垦田的情形，在"制民恒产"的考虑与实际效果方面，与秦时大致相似。

　　关于公田赐、借，高帝时即有"故秦苑囿、园池，令民得田之"[6] 之举。这是将皇家土地借给百姓耕种。据说，由于缺乏较好的分配和监督法规措施，土地多落入豪强之手，贫民仍只能向豪强贷耕，受双重剥削。所以，武帝时，"贤良文学"们主张干脆连高帝的苑囿

　　① 《史记·秦始皇本纪》。
　　② 《资治通鉴》卷十五，《汉纪》七。
　　③ 参见《资治通鉴》卷十八，《汉纪》十。
　　④ 参见《资治通鉴》卷十九，《汉纪》十一。
　　⑤ 参见《资治通鉴》卷二十五，《汉纪》十七。
　　⑥ 《汉书·高帝纪》。

池泽一块儿"赋归之于民"①，即直接归百姓所有，并向其纳税。昭帝时，曾"罢中牟苑以赋贫民"②，这是直接将公田（皇室土地）授予百姓，让民私有。元帝时，曾"以三辅、太常、郡国公田及苑可省者，振业贫民"③。这次授田，显然是无偿授田，因为受田者竟可以买卖（据贡禹言："贫民虽赐之田，犹贱卖以贾"④）。此外，汉代也多次有借贷公田给贫民耕种之事，如宣帝地节元年（前69年）三月"假郡国贫民田"；地节三年（前67年）正月"假公田，贷种、食"；同年十月"池籞未御幸者假与贫民。……流民还归者假公田，贷种食，且勿算事"⑤。汉元帝时，亦数次以"江海、陂湖、园池属少府者以假贫民"⑥。后汉章帝时，曾下诏"令郡国募人无田欲徙它界就肥饶者恣听之，到在所赐给公田"⑦。无论是直接赐授公田还是假借公田，都是使民有田可耕、培养税源的重要措施。对贫民而言，他们得到的实际上都是恒产（对土地有否买卖权是次要的，关键是有地可耕，衣食有保障）。但这些赐、借公田与民都是临时个别举措，恐无具体的经常性制度或法规可循。

为了抑制土地兼并，汉代亦曾迁徙豪富。与秦不同的是，它正式以法律限田，特别是限制商贾占田。武帝时，董仲舒建议"限民名田，以澹不足，塞并兼之路"。名田即占田。董仲舒的建议旨在解决"富有田连阡陌，贫者亡立锥之地"⑧的严重问题，可惜汉武帝并未重视。汉哀帝时，大臣师丹、孔光、何武等人又建议限田，以减"并兼之害"。哀帝曾接受其建议，下诏限田，规定列侯以下至吏民占田均不得过三十顷。⑨但是，由于贵族、权臣的强烈反对，限田政策"遂寝不行"。

对贵族、权臣限田虽不成功，但对富商大贾限田似乎比较成功。武帝时曾下令："贾人有市籍，及家属，皆无得名田，以便农。敢犯令，没入田僮。"这实际上是禁止商贾之家占田。武帝又曾下"告缗令"，对逃税商贾的资财土地进行大抄没。⑩这些措施都旨在打击土地兼并。

汉代也多次迁徙豪富。高帝时曾迁徙六国王侯后裔、豪族、大家及齐国的田氏，楚国的昭氏、屈氏、景氏、怀氏等五大族十余万人到关中⑪；武帝时"徙郡国豪杰及訾三百万以上于茂陵"⑫；宣帝时"募郡国吏民訾百万以上徙平陵"⑬。这些举措当然也有抑制兼并的用意，其带不走的土地可以是无偿没收，可以是国家以极低价"购买"，都转为国有。到新地方后国家可能仍不得不允许他们买田置地，但肯定有限额。

---

① 《盐铁论·园池篇》。
② 《汉书·昭帝纪》。
③ 《汉书·元帝纪》。
④ 《汉书·贡禹传》。
⑤ 《汉书·宣帝纪》。
⑥ 《汉书·元帝纪》。
⑦ 《后汉书·章帝纪》。
⑧ 《汉书·食货志上》。
⑨ 参见上书。
⑩ 参见《史记·平准书》。
⑪ 参见《汉书·高帝纪》。
⑫ 《汉书·武帝纪》。
⑬ 《汉书·宣帝纪》。

两汉之间，王莽的新朝曾实行"王田制"，这是当时"制民恒产"、抑制兼并的一种尝试，也特别值得注意。

汉末，土地兼并问题十分严重，农民无地而流亡者甚多。为解决此一问题，王莽曾下令复辟"井田制"："今更名天下田曰'王田'，奴婢曰'私属'，皆不得买卖。其男口不盈八，而田过一井者，分余田于九族邻里乡党。故无田，今当受田者，如制度。敢有非井田圣制，无法惑众者，投诸四裔，以御魑魅。"① 依此规定，每户占田，最多不能超过九百亩（一井）；超过者应无偿分给无田、少田之族人邻里；原本无田者现应依现规定授予一定面积的土地。

这当然并不是完全的"井田制"。王莽的此种做法用意虽好，但因简单地复古，违逆历史潮流，终于失败。依照这一诏令，穷人得到的是分受豪富"余田"的空头支票，要从虎口夺肉，根本不可能；富豪有权有势，岂肯平白无故割肉给贫民。于是，贫者、富者都怨恨这一制度，上下不安，天下沸腾。因此，"王田制"实行不过四年，王莽不得不下令取消："诸名食王田，皆得卖之，勿拘以法。"② 一种可贵的尝试失败了，留下的教训是深刻的。为了实施这一改革，王莽当时颁立了许多配套法令，如关于分豪富余田给贫民的有关办法，无田者应当受田的标准及登记办法（所谓"如制度"，即有具体法规），等等，可惜今均无存。

三国时代未见有王莽式的授田均田之记载，仅有屯垦。这也应当视为当时"制民恒产"之策（当然生产军粮的目的更主要）。建安元年（196年），曹操募民屯田许昌。③ 后来，魏将邓艾又屯田淮南、陇西④，司马孚屯田上邽⑤，均募征农民数千或数万。这些农民无论是经招募自愿而来或是强行征迁，均携带家口作终身定居计，故其所分得的屯地实际上亦为其恒产。官方为鼓励农民，起初还提供全部或大部犁、牛、农具、种子、自食粮甚至住房，若干时间以后才征税。⑥ 蜀、吴两国亦广为屯田。

两晋时代，实行占田与课田制度，作为限制土地兼并、保障农民有地可耕的措施。该制度包括两方面内容：一是规定了一般民户的占田面积与课田面积，二是规定了王公贵族官僚的占田面积及占有佃户数额等。

关于前者，晋令规定"男子一人占田七十亩，女子三十亩"。这是农民一人可占有土地的最高额。⑦ 其中有一部分是必须纳税的课田："丁男课田五十亩，丁女二十亩，次丁男半之，（次丁）女则不课。"

关于后者，晋令规定"国王公侯，京城得有一宅之处。近郊田，大国十五顷，次国十

---

① 《汉书·王莽传》。《汉书·食货志》作："其犯令，法至死。"
② 《汉书·王莽传》。
③ 参见《三国志·魏书·武帝纪》。
④ 参见《三国志·魏书·邓艾传》。
⑤ 参见《晋书·安平献王孚传》。
⑥ 参见《晋书·食货志》。
⑦ 《晋书·食货志》，下引晋令同。日本学者堀敏一在其《均田制的研究》（韩国磐等译，福建人民出版社，1984，）中曾专门讨论：此处的"男子"、"女子"是指家中每个男子、女子，还是仅指户主与户主之妻？若为后者，则每户授田百亩，合于古义；若为前者，则一家有数男数女时则可授田数百。堀敏氏以为应指前者，有人认为应指后者。我们认为应指前者，后世均田制之授田额可为旁证。

顷，小国七顷"。这是对诸王公侯在京城及近郊占有宅园及土地的限额，不是指其在各自封地的占有额。此外，关于官吏占田，晋令规定："其官品第一至于第九，各以贵贱占田，品第一者占五十顷，第二品四十五顷，第三品四十顷，第四品三十五顷，第五品三十顷，第六品二十五顷，第七品二十顷，第八品十五顷，第九品十顷。"关于官吏占有佃户的数量也有规定："其应有佃客者，官品第一第二者佃客无过五十户，第三品十户，第四品七户，第五品五户，第六品三户，第七品二户，第八品第九品一户。"

晋令的这些规定，当时如何具体实施？肯定有许多具体实施法令。如农户实际占田，如果男子不足七十亩，女子不足三十亩，特别是如不足课田（税田）之数时，怎么办？是否有补授田地使其占田足额的规定？不足课田之额时是否也按法定课田额度纳税？各级官吏占田超过限额时如何削减（当时应设有强行征收或征购超出部分的法规）？其不足者如何补足？可惜现在都找不到法令史料以窥视详情。但无论如何，这些措施，在制民恒产、打击土地兼并方面肯定有一些作用。至于限制官僚贵族荫占的佃户数，也是为了使无地而佃耕的农户总数尽量减少（亦为扩大国家税源）。西晋的占田、课田制度，东晋时基本上沿用。

第三节
南北朝隋唐的均田制度

"均田制"之概念始自《汉书·王嘉传》。在王嘉给哀帝的奏章中，他把朝廷接受师丹、孔光、何武等人的建议实行的限田制度叫作"均田之制"，并说由于宠臣董贤受赐田二千余顷，"均田之制，从此堕坏"。从此以后，人们喜欢将限田制度称为"均田制"。但是，正式以"均田制"命名一朝土地制度，却始自北魏政权。"均田制"概念自其最初出现时始，就不是主张土地占有平均，而是在承认现有身份等级的基础上，谋求与等级制相应的土地均级分配①，抑制僭越和土地兼并，使广大农民有地可耕、生存有保障。"均田制"有师法"井田制"的含义，但无"井田制"的平均受地之内涵。

北魏孝文帝始行"均田制"。太和九年（485 年），孝文帝"下诏均给天下民田"，正式实施"均田制"。此制的内容，据史书记载，大致有以下几项：

（1）关于法定授田种类面积的规定："诸男夫年十五以上受露田四十亩，妇人二十亩。奴婢依良（而受）。丁牛一头受田三十亩，限四牛。"又授予桑田，"男夫一人给田二十亩。"还有麻田，"男夫及课，别给麻田十亩，妇人五亩，奴婢依良。"还有宅地和菜地："民有新居者，三口给地一亩，以为居室；奴婢五口给一亩。男女十五以上，因其地分，口课种菜五分亩之一。"这均是对民众授田。还有对"宰民之官"授予"公田"。

（2）关于实际授田的数量："所授之田率倍之，三易之田再倍之，以供耕作及还受之盈缩。""诸桑田……通（计）入倍田分（份）"，"诸一人之分（份），正（田）从正（田），倍

---

① 参见 ［日］堀敏一著，韩国磐等译：《均田制的研究》，22 页，福州，福建人民出版社，1984。

（田）从倍（田）"。据此规定，一人授田有正田、倍田之分。正田即法定份额，倍田即视田地之好坏实际上授予二倍、三倍之田。桑田算入倍田。

（3）关于土地应否还公、可否买卖的规定："民年及课则受田，老免及身没则还田。奴婢、牛（之份田）随有无以还受。"此系关于露田的规定，就是规定百姓身老免税役及身死后还要将露田还给国家。关于桑田，"不在还受之限"，"诸桑田皆为世业，身终不还，恒从见（现）口。有盈者无受无还，不足者受种如法。盈者得卖其盈，不足者得买所不足。不得卖其分，亦不得买过所足。"桑田虽可以不还，但应通计入倍田份额。即使因通计而超过正田、倍田总限，也"不得以（桑田）充露田之数"。就是说，不能以桑田充抵依法应受的露田倍数。至于麻田，必须像露田一样还受。

（4）关于还田和受田的时间、方式、顺序的规定："诸还受民田，恒以正月。若始受田而身亡，及卖买奴婢牛者，皆至明年正月乃得还受（其份田）。""诸一人之分（份），正从正、倍从倍，不得隔越他（户之）畔。进丁受田者恒从所近。若同时俱受，先贫后富。再倍之田，放（仿）此为法。""诸远流配谪，无子孙及户绝者，墟宅桑榆尽为公田，以供授受。授受之次，给其所亲；未给之间，亦借其所亲。"每年正月是法定还田授田时间，其他时间不受理。授予一人的土地，不管是正田还是倍田，原则上应以户为单位连成一体，不能"隔越"受田（即不能中间隔着别的民户的土地）。家中有增加人丁应该补充授田的，也应在与其原有土地相连的周边解决。如果同时有多户依法申请土地，而可供授受的土地面积不足，则"先贫后富"，即先保障穷人得到增补的土地。

（5）关于老小残寡之人受田的特殊规定："诸有举户老小癃残无授田者，年十一已上及癃者各授以半夫田，年逾七十者不还所受；寡妇守志者，虽免课，亦授妇田。"

（6）关于迁乡补授土地的有关规定。如果有民户"进丁"即增加成年人口，需要补充土地，而本地已经无地可授，法令规定可以迁徙到外乡补授土地。如果土地紧缺（地狭）之乡的民户不愿迁往他乡补授"进丁之田"，法令规定："诸地狭之处，有进丁受田而不乐迁者，则以其家桑田为正田分（份），又不足不给倍田，又不足家内人别减分（份）。无桑之乡准此为法。乐迁者听逐空荒，不限异州他郡，唯不听避劳就逸。其地足之处，不得无故而移。"[①]

孝文帝的均田法令，可以说是现今所能见到的中国最早、最详尽的一部土地法。该法令中，既有实体法（如受田权利和还田义务规定），又有程序法（如受田还田时间、方式、顺序规定）。若不计较古时行政制度与近世行政法之本质不同的话，我们可以说这是一部相当完备的"土地行政法"。该法令的实际规定，当然远比史志简单记录下来的这些内容更加丰富。据说，除此之外，魏尚书令元澄还为均田制的实施制定了田地授受的具体实行办法八条，"甚有纲贯，大便于时"[②]，可惜八条规定内容无存。但从史载看，魏均田制是实际贯彻执行了的，且取得了一定效果。该制度对于解决农民无地少地问题，对于抑制土地兼并，对于提高农民生产积极性，都起了相当重要的作用。

北齐政权的均田制，与北魏基本相同，但受田数额有些变化，受田年龄亦有些变化。

---

① 《魏书·食货志》。

② 《魏书·任城王云传》附元澄传。

北齐法令规定："一夫受露田八十亩，妇四十亩。奴婢依良人……丁牛一头受田六十亩，限止四牛。又每丁给永业二十亩，为桑田……不在还受之限。非此田者，悉入还受之分。土不宜桑者，给麻田，如桑田法。"桑田、麻田为永业田，不必归还国家；露田及其他土地均随身老或身死归还国家。其受田还田时间，"率以十八受田"，"六十六还田"①。按照这些记载，北齐时没有"倍田"名义，大约直接将北魏时的"倍田"计入正田，此外不再有倍田；此外，麻田"如桑田法"，皆为永业，可以买卖。

北周亦实行均田制。关于北周的均田制，史料记载甚为简单。北周模仿《周礼》设"司均"官，"司均掌田里之政令。凡人口十以上，宅五亩；口九已上，宅四亩；口五以下，宅三亩。有室者，田百四十亩，丁者田百亩"②。这实际上也是模仿魏齐之制。"有室者田百四十亩"，是指一夫一妇之农家共受田一百四十亩，这正是魏齐均田制的数额（夫田八十亩，妇田四十亩，另加男丁桑田二十亩，正好一百四十亩）。其受田年龄亦是十八岁。其他方面的具体规定估计与魏齐略同。

隋朝的均田制度，略仿后齐之制。按照当时的人丁分类，男女十至十七岁为"中"，十八岁以上为"丁"。授田与丁役义务相关："丁从课役，六十为老，乃免"，其丁男、中男应受的永业、露田数额，皆遵后齐之制，"并课树以桑榆及枣。其园宅，率三口给一亩，奴婢则五口给一亩"③。既沿齐制，则应为一夫受露田八十亩、桑田二十亩。北齐似乎没有丁男、中男之分，隋制是否丁男、中男受田同额？此外，妇女受田是否亦仿齐制为四十亩，不得而知。

唐代的均田制度，继承了北魏至隋历代田制之长，而且有所发展。

（1）关于各色人等授田面积问题，唐制规定："凡给田之制有差。丁男中男以一顷，老男笃疾废疾以四十亩；寡妻妾以三十亩，若为户则减丁之半。凡田分为二等，一曰永业，一曰口分。丁之田二为永业，八为口分。凡道士给田三十亩，女冠二十亩，僧尼亦如之。凡官户受田，减百姓口分之半。"④ "工商者，宽乡减半，狭乡不给。"⑤ 与前几朝比，唐代增加了宗教人员和工商之人授田的规定。

（2）关于土地还受与买卖问题，唐制规定更宽："凡庶人徙乡及贫无以葬者，得卖世业田。自狭乡而徙宽乡者，得并卖口分田。已卖者，不复授。死者收之，以授无田者。"⑥ "口分田卖充宅及碾硙、邸店之类……准令并许卖之。"⑦

（3）关于授田时间及方法、顺序，唐制规定："凡（田之）收授皆以岁十月。授田先贫及有课役者。凡田，乡有余以给比乡，县有余以给比县，州有余以给比州。""田多可以足其人者为宽乡，少者为狭乡。狭乡授田，减宽乡之半。"⑧ 其《田令》规定："应收授之田，每年起十月一日，里正预校勘造簿，县令总集应退应受之人，对共给授。"⑨

（4）关于园宅之地的授予，唐制规定："凡天下百姓给园宅地者，良口三人以上给一

---

① ② ③ 《隋书·食货志》。

④ 《唐六典·尚书户部》。

⑤ ⑥ 《新唐书·食货志》一。

⑦ 《唐律疏议·户婚》。

⑧ 《新唐书·食货志》一。

⑨ 《唐律疏议·户婚》二引田令。

亩，三口加一亩。贱人五人给一亩，五口加一亩。其口分、永业不与焉。"① 这基本上同于隋制，但多了增三口加授一亩的规定。这里的"口分、永业不与"是指奴婢不授口分田、永业田，而只授予宅地、园地。这一点与北魏、北齐"奴婢依良"授田的规定有不同。

唐朝均田制的最大特征，是口分田、世业田均可买卖。凡"徙乡及贫无以葬"的情形，就可以"卖世业田"。"口分田"本是必须生受死还的土地，所有权仍为国有，但唐代法令规定口分田可以有限度地买卖。口分田的买卖，虽限制在"自狭乡而徙宽乡"、"卖充宅及碾硙、邸店之类"的情形，但毕竟有部分允许了。这样一来，土地可以买卖的范围是相当大的，这等于说国家将这一部分土地的所有权基本上转移给了百姓。这与北魏以来绝对不许卖口分田的情形大不一样。② 至于世业田（永业田），北魏时只准有限买卖，即家内人口减少而盈余面积可以出卖，因家中人口增多而不足面积可以购买；在法定份额面积内的世业田绝不可卖。与北魏不同，唐制则规定，在迁徙、贫无以葬时可全部出卖永业田。

这些规定，既坚持了北魏以来均田制保证农民有份恒定土地（耕者有其田）的理想，又照顾了土地权需要在合理程度上流动（买卖）的客观现实（其实，对土地买卖的过分限制也桎梏了生产力的发展）。但是，此一放宽亦必将意味着土地兼并之害将愈加炽烈，事实也正是如此。到了开元、天宝年间，土地兼并"有逾于汉成哀之间"③。天宝十一年（752年），玄宗下诏"自今以后，更不得违法卖买口分、永业田"④，说明当时违法买卖口分、永业田已是极常见现象，几乎合法化。违法买卖的背后正是豪强兼并或巧取豪夺贫民土地。从天宝末"安史之乱"时起，均田制已经名存实亡。唐德宗建中元年（780年）改行两税法，均田制正式取消。

均田制自北魏孝文帝创建，历经东西魏、北齐、北周以至隋、唐共六个朝代三百余年之久，至是宣告结束。从此以后，封建大土地私有制度与地主庄园经济便日益发展起来，"制民恒产"的理想日渐从土地法规中消失。

为抑制土地兼并，唐律也规定了相应的刑事条款。唐律规定，在均田制之授田占田限额之外占田过限者，有刑罚制裁；官吏侵夺私田者，有刑罚制裁；违法卖口分田者，有刑罚制裁。占田过限之罪，罪止徒一年半；官吏侵夺私田，罪止徒二年；违法卖口分田，罪止杖一百。⑤ 这些法制在唐前期、中期应是得到了贯彻执行的。

第四节
宋、元、明、清的官田屯垦、佃售与限田

宋代以后，似乎再没有北魏至唐那样无偿授田给农民的情形。除了少数在大灾大荒过

---

① 《唐六典·尚书户部》。
② 不过，我们不知道，口分田所买卖得的地价，是全部归民户，还是部分归国家。
③ 《通典》卷二，《食货典》一，《田制下》。
④ 《册府元龟》卷四九五，《邦计部·田制》。
⑤ 参见《唐律疏议·户婚》一、二。

后无偿赐授荒地给部分地区农民耕种的情形外，更多的只是将官田或国有荒地租佃或低价出售给无地农民的做法，还有募民屯垦之制度。这当然也是此后历朝历代"制民恒产"的行政措施或制度之一。与此相应，为了惩抑土地兼并，保障贫民不失田业或不失"养生送死之具"，各朝代也有一定的限田制度。

宋太祖代周称帝后，曾循用后周世宗"遣使均括诸州民田"之法，于建隆年间（960—963年）"命官分诣诸道均田"。这是否表明宋初也曾一度实施"均田制"？没有其他旁证。进一步说，后周时实行的"均括诸州民田"是不是"均田制"也难以确定。不过我们可以判断，后周时代没有实行均田制，因为，《五代会要》所载"均括诸州民田"动作的具体内容，似乎仅仅是均定田赋而已。① 所以宋太祖之"均田"大概只是检查、统计占田情况，重定田赋标准及适当限田等等。

至道二年（996年），宋太宗依太常博士陈靖之建议一度恢复"均田制"，其具体内容是："上（等）田人授百亩，中田百五十亩，下田二百亩，并五年后收其租，亦只计百亩，十收其三。一家有三丁者，请加授田如丁数，五丁从三丁之制，七丁者给五丁，十丁者给七丁；至二十、三十丁者，以十丁为限。若宽乡田多，即委农官裁度以赋之，其室庐、蔬韭及桑枣榆柳种艺之地，每户十丁者给百五十亩，七丁者百亩，五丁者七十亩，三丁者五十亩，不及三丁者三十亩。"太宗命陈靖为"京西劝农使，按行陈、许、蔡、颍、襄、邓、唐、汝等州，劝民垦田"，推行此新田制。此一田制改革，并未以"均田制"名之，似乎也不是对全国农田普遍推行。这种规定，似乎主要是对部分地区的闲旷荒田而言，其旨仅在使"逃民归业"。但是，我们必须看到，陈靖的建议确有"均田"之意："如授以闲旷之田，广募游惰，诱之耕垦……其逃民归业，丁口授田，烦碎之事，并取大农裁决……给授桑土，潜拟井田。"这一制度的主要宗旨是鼓励百姓耕种闲旷之田；免租赋数年，"乏粮种耕牛者，令司农以官钱给借"，都是为了表达鼓励之意。不过，这样一来，官府破费不小。"未几，三司以费官钱数多，万一水旱，恐致散失，事遂寝。"② 官府恐怕借出去的钱农民们可能因水旱灾荒还不了，所以这种田制没有实行多久就被废除了，昙花一现。

此后，南宋高宗时有人又倡言恢复类似均田制的田制。建炎三年（1129年），广州州学教授林勋献《本政书》十三篇，倡言："宜仿古井田之制，使民一夫占田五十亩，其有羡田之家毋得市田；其无田与游惰末作者，皆使为隶农，以耕豪之羡者……今本政之制，每十六夫为一井，提封百里，为三千四百井……每井赋二兵一马。"③ 此种主张，朝廷并未采纳。

除不成功的均田、井田尝试外，宋代更多的是实行官有荒地招租招垦制度。如真宗景德初，"诏诸州不堪牧马闲田依职田例④招主客户多方种莳"。高宋建炎三年（1129年）令"凡天下官田，令民依乡例自陈输租"；绍兴十九年（1149年）许民承佃京西淮南官田，并贷牛种。开熙年间，章宋"以淮农流移，无田可耕，诏两浙州县已开围田许元（原）主复围，专招淮农租种"。此外，绍兴、乾道年间又多次令以沙田、芦场招民户租种，官取佃租。南宋时代还多次拍卖官田。如绍兴元年（1131年）"以军兴用度不足，诏尽鬻诸路官

---

① 周世宗显德五年（959年）曾赐地方官"均田图"，令"均括诸州民田"，是均定田赋，将两税税额统一按现有耕田面积分配到田亩实数上，免去农民对逃户荒田的税赋负担。参见《五代会要》卷二十五，《租税》。

②③ 《宋史·食货志》上一。

④ 职田，即官吏之俸禄田，朝廷授给，离职时移交后任。例由官吏招民佃种而收租。

田"。后又于乾道二年（1166 年）出售各路营田。民买荒田者得免税二至三年。①

至于无偿授田之例，宋代也有。如南宋绍兴五年（1135 年），令各路归业之民，"以闲田与之"，"其无产愿受闲田者，亦与之"，"淮北之民襁负而至，亦可给田"。绍兴十几年（1149 年），又令"离军添差之人，授以江、淮、湖南荒田，人一顷，为世业"。南宋灭亡前，亦令公田"自今并给佃主"②。

为抑土地兼并，宋代亦曾限田，但效果甚差。北宋真宗天禧年间曾下诏限田："公卿以下毋过三十顷，牙前将吏应复役者，毋过十五顷，止一州之内。过是者论如违制律，以田赏告者。"未几即废。南宋理宗淳祐六年（1146 年），殿中侍御史谢方叔以"豪强兼并之患，至今日而极"，建议"非限民名田有所不可"，朝廷从其议。③ 但具体规制不明。恐也未能真正推行。

宋代还首创"鱼鳞图册"，即民户田地登记籍册，详列土地面积、地形、四至等，以供征收赋税之用。此外还发给民户"地符"即土地所有权凭证。④

元朝的土地制度，历史记载不多。元初，朝廷曾下令民户"自实田亩"，命令百姓各自向官府申报占田数，以便课税。这一做法，实际上可能对宋末战乱中形成的耕占逃亡人家土地及公田的事实予以法律上的承认。元世祖至元年间曾颁《农桑之制》十四条，其中规定"凡荒闲之地，悉以付民，先给贫者，次其余户"。元武宗曾命天下官地"除牧养之地，其余听民秋耕"，仁宗时复申秋耕之令。⑤ 这种做法，似乎不是无偿授官田于农民所有，仅仅是允许百姓耕种而已。但也有无偿授田的事例，如至元二十五年（1288 年）募民能耕江南旷土及公田者免差役三年及输租三分之一；至元二十八年（1291 年）又"募民耕江西旷土，每户五顷，官给地券为永业，三年（后）征租"⑥，等等，这些显然是授予土地归民所有，民得以为恒产。此外，元朝还曾多次募徙贫民屯田，官给耕牛、田具以助。此种屯田也几乎由屯民所有，只要交租税给国家即可世业永耕。

明朝解决农民土地问题的办法，《明史·食货志》只大致记载了屯田之制。如明初"以沙漠遗民三万二千八百余户屯田北平"，又"徙江南民十四万于凤阳"，大概亦是设屯垦田。这是一般的民屯。此外亦有商屯，即由商人获开垦权后招民开垦荒地。还有官田官地招农民佃种，国家提供牛、种、农具，收获物官民四六分成的制度，在《食货志》中均有记述。

关于明代无偿授田贫民之事例也偶有，如宪宗时命大臣原杰"招流民十二万户，给闲田，置郧阳府"；又曾"徙苏、松、嘉、湖、杭民之无田者四千余户，往耕临濠，给牛、种、车、粮，以资遣之，三年不征其税"⑦。这大概都是无偿授田。明代虽没有统一的授田、占田制度，但《大明律·户律·田宅》中有"若丁力多而田少者，告官，于附近荒田内验力拨付耕种"之规定。这仅仅是对逃民还乡复业而言，似不是一般授田之制。另外，除

① 参见《宋史·食货志》上一。

② 同上书

③ 参见上书。

④ 参见《宋史·食货志》上二。

⑤ 参见《元史·食货志》一。

⑥ 《续资治通鉴》卷一八八、一九〇，至元二十五、二十八年。

⑦ 《明史·食货志》一。

曾一度对皇亲国戚之庄田设有限额之外，明代也无一般的限田制度。唐宋律中的"占田过限"条，在明律中已经取消了。

清代亦大兴垦殖以解决贫民无田问题。如顺治六年（1649 年），"令各省兼募流民，编甲给照，垦荒为业"；十年（1653 年），令"四川荒地听民开垦"。康熙七年（1668 年），令直隶、陕西、粤、闽等十省荒地"听募民垦殖"①。雍正六年（1728 年），令各省人民入四川者，户给水田三十亩或旱地五十亩；如有兄弟子侄或丁者，每丁增给水田十五亩或旱地二十五亩。② 此外，清代亦有官田招民佃耕之制，如黑龙江、内蒙古等地官有荒地招旗民领佃的做法，其他地分军屯之地转而招民佃耕。

清代垦殖制度与前代最为不同的一点是招商民业户承佃国有荒地，商民再转招佃户耕种。这与明代商屯不同。如鄂弥达督粤时，招民垦荒。商民承领田地每百亩须有佃民五人。又考虑到"各佃（户）远来托居，虽有可耕之业，仍恐日后予夺凭由业户，不能相安"，故单独给各佃户授地五亩，"一律纳粮，永为该佃世业，田主不得过问"③。这有无偿授田给佃户之意。招民垦佃时，国家均有借给或授予牛、种、田具、房舍以及免税役若干年等优惠扶持措施。此外，为解决八旗无产人户的生计问题，雍正时期曾实行过所谓"井田制"：以官地二百顷立为井田，以 16 岁至 60 岁无产人户派往耕种，满洲 50 户，蒙古 10 户，汉军 40 户，凡 100 户，各受田百亩为私田，余百亩为公田，居其中。百户共力同养公田，公田收入 3 年后征取。另于井田地方设立村庄，官府统一盖房分配之。④ 但此制收效不佳，乾隆时遂先后改为屯田。

这是中国历史上仿行或恢复井田制的最后一次尝试。其失败说明传统中国社会的土地问题解决办法已经山穷水尽了。不过，扶持小自耕农经济，使数量庞大的百姓有恒产而安居乐业、完粮纳税，一直是封建国家行政的根本目标之一。历朝历代实施的种种直接或间接授予土地的办法，历朝历代所作的限田的尝试，都是为实现这一目标所作出的努力。不管实质收效如何，其用意是一以贯之的。

① 《清史稿·食货志》一。

② 参见《清世宗宪皇帝实录》卷六十七。

③ 《皇朝经世文编》卷三十四，《户政》九，鄂弥达《开垦荒地疏》。

④ 参见《清史稿·食货志》一。

第十五章

劝课农桑：传统中国的农业行政制度

　　鼓励和督促人民勤劳耕织，是传统中国政治中最重要的"行政"之一。古代中国以农业立国，农业又是百姓生养之所寄。官吏们既自诩"为民父母行政"，就得常将劝课农桑作为其首要任务。在古代中国，历代王朝的君臣们不断探索，形成了许多关于劝课农桑的制度和惯例，这些制度和惯例有着特别的法律意义和文化意义。本章的主要宗旨就是讨论中国古代的这些制度和惯例，也就是讨论中国古代的农业行政制度——"劝导农业"、"督促务本（业）"的行政法制。这种劝督，最能体现"亲民之官"与普通百姓之间的"行政—受政"关系，最能体现官吏们的"为民父母"属性，其过程也最能够体现今天所谓行政行为、行政程序、行政手续的特征，所以值得特别认真梳理省察。至于环境与资源保护问题，古代并未正式视之为国家行政的一个门类，但因为与农业条件保护有关，故附论于此。

第一节
帝王"亲耕籍田"制度

　　帝王亲耕籍田，作为古代中国国家重大典礼之一，不能仅仅视为礼仪。它实际上是中国传统行政制度中一项极为重要的制度性惯例，其意在于表现君王以身作则，劝民勤耕。此一惯例，实即帝王亲自"行"劝课农桑之"政"于万民百姓的制度之一。

　　帝王亲耕，据历史传说，始于黄帝及其夫人嫘祖。据说，黄帝亲自耕田种谷，夫人嫘祖亲自养蚕织帛，以教导万民。又据传说，舜帝曾亲耕于历山[①]，周文王亦曾亲耕于丰邑："文王卑服，即康功田功……自朝至于日昃，不遑暇食。"[②] 但这些似乎都不是后世意义上的"亲耕"典礼或制度。因为，自传说中的炎帝神农氏到夏禹，似乎都不把亲耕当成仪式来

---

　　① 参见《史记·五帝本纪》。
　　② 《尚书·无逸》。

办。他们都有亲自造作工具器械、亲自挥耒治水的事迹①，并不仅仅是亲自耕田而已。也许那时所谓"王"或天子，不过是部落的农艺师、工艺师或干活的领头人，用今天的话说，就是"不脱产的干部"，不能不长年累月亲自率领众多族人耕作。这种情形，显然与后世所谓"亲耕"典礼不是一回事。后世所谓"亲耕"，是帝王一年一度在王家的祭祀田（籍田）里作一次"亲自参加农业生产劳动"的表演，以示"率先垂范"，以"身教"劝百姓勤耕。炎帝黄帝到夏禹亲自耕种似乎没有这样的表演性。关于亲耕制度，《吕氏春秋》说："是故天子亲率诸侯耕帝籍田……以教民尊地产也；后妃率九嫔蚕于郊，桑于公田……以力妇教也。"② 汉人董仲舒说："明主贤君必……秉禾躬耕，采桑亲天时，垦草殖谷……所以奉地本也。"③ 这皆道出了"亲耕"制度的意图。

后世意义上的帝王"亲耕"，大概始于西周武王灭商建国以后。《礼记·月令》所记"亲耕之礼"，也许正是周公相武王、成王时所制之"吉礼"之一，每年大约"春正月"某日举行亲耕典礼。

《礼记》载："是月也，天子乃以元日祈谷于上帝。乃择元辰，天子亲载耒耜，措之于参保介之御间，帅三公九卿诸侯大夫躬耕帝籍。天子三推，三公五推，卿侯九推。反，执爵于太寝，三公九卿诸侯大夫皆御，命曰劳酒。"④

意思是：每年正月，选一个良辰吉日，举行亲耕。天子在祈祷上帝后，亲扛耒耜（犁的前身，木制），在僚属（参）、武士（保介）等的簇拥下，率领三公九卿等高官来到王室的祭祀田即籍田里，作"亲自耕田"状。具体做法是：天子扶耒耜（后世则为扶犁）翻土三圈；然后，"三公"接过耒把，续翻五圈，诸侯九卿又接过耒把再翻九圈。仅仅这几圈，当然不能把"千亩籍田"耕完，所以真正耕籍田的是老百姓："九推之后，庶人终之。"⑤ 在庶人真的挥汗如雨为王耕籍田时，王和诸侯们早回到"太寝"去"执爵"碰酒杯去了，还美其名曰"慰劳慰劳"⑥。

周初开创的"亲耕之礼"，到周宣王时差点完全废除了："宣王即位，不籍千亩。"这受到虢文公等正直大臣的反对。虢文公给宣王讲了一大通"亲耕"的重要意义："民之大事在农，上帝之粢盛于是乎出，民之蕃庶于是乎生，事之供给于是乎在，和协辑睦于是乎兴，财用蕃殖于是乎始，敦庞纯固于是乎成。"⑦ 就是说，"亲耕"仪式既有宗教意义，也有政治、经济、道德教化意义，是国家各重大政治举措（民事、军事、财政、教化、祭祀）的起点或标志。这通道理，不知宣王听进去没有，反正后来没有见到宣王亲耕的事实记录。

虢文公忆述的"亲耕"仪式，远比《礼记·王制》所记的上述仪式复杂："先时九日，太史告稷（农官）：'自今至于初吉，阳气俱发，土膏其动'……"这就是史官兼国家天文

---

① 《韩非子·五蠹》："禹之王天下也，身秉耒臿，以为民先。"

② 《吕氏春秋·上农》。

③ 《春秋繁露·立元神》。

④ 《礼记·月令》。

⑤ （清）陈澔注：《礼记集说·月令》。

⑥ 王之后妃在近郊举行的"亲蚕"（亲自采桑育蚕）的典礼，与"亲耕"仪式大致相同。此外，西周初年还有在籍田中耕耨除草时举行的"耨礼"和在收获籍田时举行的"获礼"，不过很少举行，后遂废。

⑦ 《国语·周语上》。

气象台台长向农官提前 9 天报告天气预报。然后，"稷以告王"，"王乃使司徒咸戒公卿、百吏、庶民，司空除坛于籍（田），命农大夫（田官）咸戒农用（工具）"。这就是命有关官员在籍田里设好祭坛及典礼会场，准备好农具。然后，"先时五日"，"王即斋宫，百官御事，各即其斋三日"，王带头斋戒以示虔诚礼敬上天。最后，到了仪式当日，"及期，郁人荐鬯，牺人荐醴，王裸鬯，飨醴乃行"，也就是由宫中礼官献酒送行，王应祖臂受酒而饮。"百吏庶民毕从，乃籍（田），后稷监之，膳夫、农正陈籍礼"，还要设酒食祭农神。"太史赞王，王敬从之。王耕一拨，班三之，庶民终于千亩。其后稷省功，太史监之；司徒省民，太师监之。毕，宰夫陈飨，膳宰监之。膳夫赞王，王歆太牢，班尝之，庶人终食。"① 大意是说，天子扶单耜（一般人是耦耕，即二人双耜并耕），转三圈，而后回到田边，坐在事先搭好的典礼台上观看老百姓耕完籍田，然后又由农官检查农活儿干得怎么样。末了，由宫廷膳食官员摆出酒食，王先做样子尝一尝，最后全部赐给庶人们吃光。

　　这复杂的程序仪式规定，视为周王亲自"行"劝农之"政"的"行政程序法"是可以的。

　　史家一般认为，自宣王始，此一"亲耕"的行政程序被废除了。

　　春秋战国时，有些诸侯国君恢复了亲耕之事，且不止是做样子。如燕王子哙曾"亲操耒耨，以修畎亩"②，是真想效法先圣做个明君。这从他刻意效法尧舜禅让故事的天真之举可以看出来。越王勾践，曾身自耕种，"非其身之所种则不食，非其夫人所织则不衣"③。这一方面是想效法夏禹和周文王，亲自带头耕作；另一方面也有行亲耕仪式的意图。

　　真正将"亲耕"作为一种国家劝农制度惯例加以正式恢复的是汉文帝。《汉书·食货志》说，文帝即位初，大臣贾谊上疏建议重农抑商，文帝纳其言，"始开籍田，躬耕以劝百姓"。文帝同时下诏天下："朕……今兹亲率群臣农（耕）以劝之"，"朕亲率天下农，十年于今"④，旨在追求宣传鼓励效果。自此，两汉历任皇帝大都行礼如仪，如景帝曾诏天下："朕亲耕，后亲蚕，以奉宗庙粢盛祭服，为天下先。"⑤

　　后世历代帝王"亲耕"之事史不绝书，"亲耕"、"亲蚕"已经变成历代王朝所必行的"吉礼"之一。历代史书《礼仪志》记载极烦琐，大多仅仅注重仪式而已，其诚意远不及汉文帝。如三国时，吴主孙权"父子亲自受田，车中八牛以为四耦"，自以为"虽未及古人，亦欲与众均等其劳也"⑥。西晋初，晋武帝"亲率王公卿士耕籍田千亩"⑦。五胡十六国时，后赵皇帝石勒、前秦皇帝苻坚等，都学会了汉人的"亲耕籍田"及后妃亲蚕的套数。⑧ 南北朝时，宋文帝、魏孝文帝亦行亲耕礼。隋文帝杨坚代北周称帝不几天即举行"亲耕籍田"

① 《国语·周语上》。
② 《韩非子·说疑》。
③ 《国语·越语上》。
④ 《汉书·文帝纪》。
⑤ 《汉书·景帝纪》。
⑥ 《三国志·吴书·孙权传》。
⑦ 《晋书·武帝纪》。
⑧ 参见《晋书·载记》石勒传下、苻坚传上。

典礼。^① 唐朝更甚：唐太宗即位后，皇后即亲蚕，太宗亦于贞观三年（1629 年）亲耕籍田。^② 唐玄宗时，曾亲自于内苑种麦，并率皇太子以下躬自收获。^③ 宋时，太宗、仁宗均曾"躬耕籍田"^④，元朝各帝亦每年定期举行籍田典礼。明太祖每年春天都要亲耕籍田，以后各帝亦以此为祖宗成法。^⑤ 直至清代，"亲耕"典礼奉行不辍。据《清史稿》载，世宗雍正即数次举行"亲耕籍田"之典礼。据说废帝溥仪在民国初年仍于故宫中举行籍田典礼。

这一"行政程序"作为一项经验，传到了外国。日本天皇一直效法亲耕典礼，至今犹然。^⑥ 18 世纪，法国重农学派代表人物魁奈亦曾建议法王路易十五仿行中国"籍田大礼"^⑦。可见这一行政程序或惯例还或多或少有点世界意义。这种"与民同劳苦"的行政惯例，对于"劝课农桑"这一国家大政而言的确是有重要作用的。

第二节
官吏农师督教耕织之制度惯例

炎帝神农氏可能是最早的农官或农师。《周易·系辞下》说"神农氏作，斫木为耜，揉木为耒，耒耨之利，以教天下"。《淮南子》说"神农乃始教民播种五谷^⑧。《逸周书》说"神农……作陶冶斤斧，破木为耜锄耨，以垦草莽。"^⑨ 黄帝轩辕氏可能也是一位农官："艺五种，抚万民"，"时播百谷草木"，"畴冀桑麻"^⑩。我们估计，在部落时代之初，在先民刚刚开始农业耕作之时，农官、农师、君主（酋长）应是三位一体的，精通农艺者自然被推崇为君为师。在君王之外专职掌管农业事务的农官，大约始于尧舜时代，当时，"后稷为大田师"^⑪，"弃主稷"^⑫，其主要职责就是劝导、督促百姓耕种。

到周代，有名目繁多的农官。《周礼》载，周时中央有与农业相关的主管官员大小司徒等等，地方或中下层农官很多。有"遂人"："以岁时稽其人民，而授之田野……教之稼穑……以土宜教甿（民）稼穑。"有"遂大夫"："教其稼穑，以稽功事……正岁，简稼器，修稼政"。有"鄅长"："趋其（民）耕耨，稽其女功。"有"里宰"："以岁时合耦于锄，以治稼穑，趋其耕耨。"最后是"司稼"，这是农师、农官一身二任："司稼掌巡邦野之稼而辨

---

① 参见《隋书·文帝纪》。
② 参见《旧唐书·太宗纪》。
③ 参见《旧唐书·玄宗纪上》。
④ 《续资治通鉴》卷十四，太宗端拱元年正月；《宋史·食货志》上一。
⑤ 参见《明史·太祖纪》。
⑥ 《参考消息》，1984 - 06 - 30，4 版，有日皇亲耕、皇后亲蚕之报道。
⑦ 胡寄窗：《中国经济思想史》，上册，511 页，上海，上海人民出版社，1980。
⑧ 《淮南子·修务训》。
⑨ 《逸周书·逸文》。
⑩ 《史记·五帝本纪》，《越绝书·记地传》。
⑪ 《淮南子·齐俗训》。
⑫ 《史记·五帝本纪》。

穜稑之种，周知其名与其所宜地，以为法而悬于邑闾。巡野观稼。"① 也就是说，司稼必须根据自己的农业经验技术，制定出关于各种谷物属性、各种谷物适宜不同土壤的技术法规，公布于"邑闾"的公共场所，让民众观看、效法。

关于周代的农官督农之制度，《礼记·月令》亦有详细记载。孟春，王命田畯即司啬（啬夫，农官）"善相丘陵、阪险、原隰土地所宜、五谷所殖，以教导民，必躬亲之"；孟夏，"命野虞，出行田原，为天子劳农劝民，毋或失时；命司徒巡行县鄙，命农勉作，毋休于都"；仲秋，"乃劝种麦，毋或失时"，"乃命有司，趣民收敛，务畜菜，多积聚"；季冬，"令告民出五种，命农计耦耕事，修耒耜，具田器"②。

按照《礼记》的这些记载，国家每年要专派官吏下乡劝督农民耕作，进行技术指导，督促其抓住季节时宜，防止其懒惰而荒废农事。那时的农官农师所为，简直是农家的家长之事，甚至连冬天要畜菜过冬（"务畜菜，多积聚"）都考虑到了。

周时劝督农耕并不全是依靠官吏，还充分利用乡里耆老或乡官，这似乎也成为制度或惯例：

> 其选（民之）耆老有高德者，名曰父老，其有辩护伉健者为里正。民春夏出田，秋冬入保城郭。田作之时，春，父老及里正旦开门坐塾上，晏出后时者不得出，暮不持樵者不得入。③

> 春，将出民，里胥平旦坐于右塾，邻长坐于左塾，毕出然后归，夕亦如之。入者必持薪樵，轻重相分，斑白不提挈。冬，民既入，妇人同巷，相从夜绩（织）……必相从者，所以省费燎火，同巧拙而合习俗也。④

按照这样的规定，父老、里正、邻长等乡官每天坐于村头的某个监督岗位置上，监督闾民：看谁睡懒觉出工太晏，看谁傍晚收工时懒惰不顺便捎带些柴火回来，并适时奖勤罚懒。甚至连冬夜必须让妇女们在一起纺织以节省灯火钱也考虑到了，何其周到！

另外，周代还有君王本人亲自到田头劝耕的记载。《诗·小雅·甫田》有"曾孙来止，以其妇子，馌彼南亩，田畯至喜，攘其左右，尝其旨否"等句，一般认为所记载的正是周成王携王后及世子亲到田间赐酒食慰劳农人、鼓励农耕之事。

秦代农官劝督农业的情形，史料记载不多。秦时中央设治粟内史，"掌谷货"，下有两丞，属官有太仓、都内、籍田等令丞，似均为专职农官。⑤ 不过，真正直接在基层执行劝农、督农职务的大概是"田啬夫"。《云梦秦简》中屡屡出现此一官名。其职务似乎仅仅是课督百姓耕作及纳税，还包括教督农民畜养耕牛。⑥

汉代的农官制度大致仿秦制。汉初设治粟内史，后改为大农令、大司农，主管农业和

---

① 《周礼·地官司徒下》。
② 《礼记·月令》。
③ 《春秋公羊传·宣公十五年》何休注引周制。又参见《汉书·食货志上》。
④ 《汉书·食货志》上。这正是距周代三千多年后我们在"生产队"劳动时仍亲自见过的场景：蹲点干部或生产队长早晚蹲在村头石头上或大树底下，监督社员；出工晚、收工早的，当即责罚；收工时不带柴火回家的也要严厉批评。
⑤ 参见《汉书·百官公卿表上》。
⑥ 《云梦秦简·田律》载："以四月……肤田牛，卒岁，以正月大课之。最，赐田啬夫壶酉（酒）束脯。"

税收；"郡国诸农仓监、都水六十五官长丞皆属焉"。就是说，大司农除了主管农业生产和赋税以外，还管仓储备荒及水利。搜粟都尉本为军粮搜集官员，后来也实际上成为农官。[1]

武帝时，赵过为搜粟都尉，以发明和教传授"代田法"而闻名。"代田法"为赵过所推广的一种深耕深植抗旱保收的技术，始自战国时。其具体做法是：种植作物时沟陇相间，植物于沟；沟陇以季互更，有利植物防风防旱，提高产量。赵过在试验地成功后，让掌握此技术的"善（擅）者""教田（于）太常、三辅"，就是先在京师附近地区推广。"大（司）农置工巧奴与从事，二千石遣令长、三老、力田及里父老善田者受田器，学耕种养苗状……是后边城、河东、弘农、三辅、太常（之）民皆便代田，用力少而得谷多。"[2] 这些被派去"教田"三辅地区的熟练农民及大司农派来学习技术的"工巧奴"，都是临时任用或培养的无俸禄的农技农艺骨干，用以推广生产技术；地方最高长官（二千石）也派遣县令长、三老、力田及乡里父老"善田者"到"三辅、太常"去现场取经，现场观摩学习。此种教耕程序，很像我们在"农业学大寨"时期的树农业技术改革的典型经验、教种"试验田"的做法。著名的农学家氾胜之，似乎也是西汉的一名专职农官。"（氾氏）成帝时为议郎……使教田三辅，有好田者师之，徙为御史。"[3]"昔汉遣轻者使者氾胜之督三辅种麦，而关中遂穰。"[4] 著名的《氾胜之书》，应该是其作为农官时试验推广农业技术的记录。作为农官，氾氏还发明了"区田法"，这是氾氏首倡的一种适应关中平原和黄河中下游地区干旱气候环境的农耕种植方法。这是一种多粪肥田，多耕除草，培土壅土，集中人力于较小面积土地上耕作的方法，能保证少种高产多收。[5] 它便于保墒抗旱，汲水灌溉。可以说，氾氏奉命"教田三辅"、"督三辅种麦"，正是作为专职农官或农技师在"行"劝导农桑之"政"。

除专职农官农师之外，汉时地方行政长官也十分注意劝督农桑。凡为"循吏"者，几乎都有劝督农桑的政绩。其劝教方法虽不一致，但其宗旨和原则均在行"劝农"之政。

西汉时，颍川太守黄霸，"及务耕桑，节用殖财，种树畜养，去食谷马"[6]。渤海太守龚遂，"劝民务农桑，令口种一树榆、百本薤、五十本葱、一畦韭；家二母彘、五鸡。民有带刀剑者，使卖剑买牛，卖刀买犊……春夏不得不趋田亩，秋冬课收敛，益蓄果实菱芡。劳来循行，郡中皆有畜积。吏民皆富实"[7]。这位太守对百姓的劝督，连每家应养几只鸡、种几棵树、几株葱韭都规定好了，并课督实施。这真是典型的"家长式行政"。

东汉时，任延为九真郡[8]太守，"九真俗以射猎为业，不知牛耕……延乃令铸作田器，教之垦辟。田畴岁岁开广，百姓充给"[9]。王景为卢江太守，"先是百姓不知牛耕，致地力有余而食常不足……景乃驱率吏民，修起芜废，教用犁耕，由是垦辟倍多，境内丰给"。茨充

---

① 参见《汉书·百官公卿表上》。
② 《汉书·食货志上》。
③ 《汉书·艺文志》注引刘向《别录》。
④ 《晋书·食货志上》晋元帝诏述汉事。
⑤ 《氾胜之书》又名《农书》，《汉书·艺文志》有录，后亡佚。今人万国鼎自《齐民要术》、《艺文类聚》、《太平御览》等书中辑得原书片断，成《氾胜之书辑释》一书，中华书局1956年出版。
⑥ 《汉书·循吏传·黄霸》。
⑦ 《汉书·循吏传·龚遂》。
⑧ 今越南中北部地区。
⑨ 《后汉书·循吏传·任延》。

为桂阳太守，"教民种植桑柘麻纻之属，劝令养蚕织履，民得利益焉"①。仇览作亭长，"劝人生业，为制科令，至于果菜为限，鸡豕有数……其剽轻游恣者，皆役以田桑，严设科罚"②。一个级别最低的地方官吏竟能为乡民制定"科令"，设"科罚"，以贯彻劝课农桑之大政，实出今人意料。其所设"科令"、"科罚"应视为基层行政规章或官订乡规，可惜今无传存。

后世农官、地方官劝导、督促百姓耕织的做法大致类此。历代帝王也照例首先以是否能劝课农桑为标准来督责地方官吏。

三国时，杜畿为河东太守，"班下属县……渐课民畜牸牛、草马，下逮鸡豚犬豕，皆有章程。百姓勤农，家家殷实"③。晋初，司徒石苞建议"州郡农桑未有赏罚之制，宜遣掾属循行，皆当均其上土宜，举其殿最，然后黜陟焉"。晋武帝纳其议，下诏"其使司徒督察州郡播殖"④。晋元帝时，"课督农功，诏二千石长吏以入谷多少为殿最。其非宿卫要任，皆宜赴农"⑤。这种以"上缴利税"为政绩优劣标准及下放"机关干部"到农业第一线支农、督农的做法，在晋时似乎已成为经常制度。《晋书·百官志》谓"郡国及县，农月皆随所领户多少为差，散吏为劝农"。这种做法，亦为后世所效法。

北魏孝文帝曾"诏牧守令长，勤率百姓，无令失时；同部之内，贫富相通。家有兼牛，通借无者；若不从诏，一门之内，终身不仕。守宰不察，免所居官"⑥。这里课加于地方官的责任不只是一般的劝督农桑，还要地方官组织督察民户之间耕牛互借，未监督实施好这一事务者甚至要罢官。

西魏时，大臣苏绰辅佐宇文泰制定了《六条诏书》即六大改革法规，其中第三条为"尽地利"："诸州郡县，每至岁首，必戒敕部民，无问少长，但能持农器者，皆令就田，垦发以时，勿失其所。及布种既讫，嘉苗须理，麦秋在野，蚕停于室，若此之时，皆宜少长悉力，男女并功，若援溺、救火、寇盗之将至……若有游手怠惰，早归晚出，好逸恶劳，不勤事业者，则正长牒名郡县，守令随事加罚，罚一劝百……单劣之户，及无牛之家，劝令有无相通，使得兼济。三农之隙，及阴雨之暇，又当教民种桑、植果、艺其菜蔬，修其园圃，畜育鸡豚……"⑦。

这是我们今天能看到的最早的"劝督农桑"的行政执行法或程序法，其设计及规定之具体仔细，令人惊讶：只要拿得起农具，就要下地劳动；干活早归晚出者要将姓名报到郡县，施以惩罚；该抢季节之时，要督使农人像作战（如二十世纪六七十年代南方农村所谓"双抢战斗"）一样。甚至在农闲季节、阴雨天，农民该干什么，官员都要为民作主，督导农民，令其搞"副业"或"多种经济"。这又是一个典型的家长式行政的规范。"六条诏书"是当时居官者必须牢记的最基本法规，不通晓此六条者不得做官。仅从上文所引"尽地利"

---

① 《后汉书·循吏传·王景》。
② 《后汉书·循吏传·仇览》。
③ 《三国志·魏书·杜畿传》。
④ 《晋书·石苞传》。
⑤ 《晋书·食货志》。
⑥ 《魏书·孝文帝纪上》。
⑦ 《周书·苏绰传》。

一条的部分内容，就可以看出朝廷对劝课农桑之大政的极度重视。

隋唐至明清期间，地方官行"劝课农桑"之政史不绝书，其制度、惯例或程序甚有可称者。

隋文帝时，常遣使者巡省风俗，即考察和监督各地农业情况，考察官吏劝课农桑之政绩。公孙景茂为道州刺史，"家至户入，阅视百姓产业，有修理者，于都会时乃褒扬称述。如有过恶，随即训导"①。官员挨家挨户访贫问苦，帮助其致富，表扬致富模范，鞭责后进，这与我们今日的"促富行政"惯例何其相似！

唐五代时，国家律典明确规定地方官劝课农桑之法律责任："诸部内田畴荒芜者，以十分论，一分笞三十，一分加一等，罪止徒一年。"里正依法"授人田，课农桑"，若应课不课，笞四十。② 劝督农桑有政绩的官吏，也要及时嘉奖。唐《考课令》规定："其有劝课田农，能使丰殖者，亦准见地为十分论，加二分，各进考一等……其有不加劝课以致减损者，损一分降考一等。"③ 因律令督责官吏甚严，故唐时地方长吏劝课农桑甚勤。如韦丹为容州刺史，"教民耕织，止惰游……屯田二十四所，教种茶、麦，仁化大行"。韦宙为永州刺史，制订百姓"种植为生之宜"，颁给每户百姓，令其遵行。这是地方官为百姓制定技术法规，规定何种季节何种土壤该种什么。可惜这份地方性农业行政法规今天无处寻得。不仅如此，韦宙还直接牵头发起农民成立"耕牛互助基金（社）"："民贫无牛，以力耕。宙为置社，二十家月会钱若干，探名得者先市牛，以是为准。久之，牛不乏。"④ 五代后晋时，亦重劝教农耕。《新五代史·刘审交传》载：刘为陈州防御史时，尝"出视民田，见民耕器薄陋，乃取河北耕器为范，为民更铸"。

宋代，特别注重官吏劝农之责，如真宗景德三年（1006年）诏："诸州长吏，职当劝农。乃请少卿监、刺史、阁门使以上知州者并兼管内劝农使，余及通判并兼劝农事，转运使、副（使）并兼本路劝农使。"⑤ 甚至以诸路提点刑狱使为劝农使，"所至……劝恤农民，以时耕垦……凡农田事悉领焉。凡奏举亲民之官，悉令条析劝农之绩，以为殿最黜陟"。真宗甚至命大臣"取户税条敕及臣民所陈农田利害"，制订《景德农田敕》五卷，颁行天下。⑥ 此一法典应为当时的农业及水利、救灾等事宜的行政规范。此种单独任命劝农使，中央颁布农业基本法典的做法，似为宋代首创。不独如此，宋还一度特别设置农师，"两京诸路许民共推练土地之宜、明树艺之法者一人，县补为农师，令相视田亩肥瘠及五种所宜，某家有种，某户有丁男，某人有耕牛，即同乡三老、里胥召集余夫，分画旷土，劝令种莳，候岁熟共取其利。为农师者蠲税免役。民有饮博怠于农务者，农师谨察之，白州县论罪，以警游惰"⑦。这种农师，不仅是农业技师，还是荒地垦种之组织指挥官员，还是农村的督农

---

① 《隋书·公孙景茂传》。

② 参见《唐律疏议·户婚》二。还有关于"户主听任田畴荒芜"的处罚规定，直接以刑罚督责农民勤耕。

③ 《宋刑统·职制律》疏引。

④ 《新唐书·循吏传·韦丹韦宙》。

⑤ 《续资治通鉴》卷二十六，真宗景德三年。

⑥ 参见《宋史·食货志》上一。

⑦ 同上书。

警察。为保障农业，宋太宗时曾令地方官选送医牛古方，朝廷整理刊印，颁行天下。① 此外，宋律也特别注意地方官劝课农桑之责任。《宋刑统》关于部内田畴荒芜，里正应课农桑而不课的刑罚规定完全与《唐律》相同。②

元时，设劝农司，派遣八路劝农使；后设司农司，专掌农桑水利事宜。元世祖即位时，曾颁《农桑辑要》于天下。这既是一本农业技术规则，又是一种农业行政法规或原则。该书记述了各项农业生产技术经验知识，俾各地官员进行农业指导时有所遵循。此外，世祖中统元年（1260 年）曾颁《农桑之制》14 条，规定乡村每 50 家立一社，"择年高晓农事者一人为社长……以教督农民为事。凡种田者，立牌橛于田侧，书某社某人于其上，社长以时点视劝诫。不率教者，籍其姓名，以授提点官责之。其有不敬父兄及凶恶者，亦然。仍大书其所犯于门，俟其改过自新乃毁。如终岁不改，罚其代充本社夫役"③。

明朝时，除严课地方长官劝农之责外，更有奇特办法——乡老击鼓劝农之制。每村置鼓一面。凡农事岁月，乡老五更击鼓，众人闻鼓下田，乡老点名，严加督促，不许惰游。乡老每月须 6 次手持木铎游行乡里，宣讲劝农务本的道理。乡老不勤督劝，农民穷困犯法到官者，乡老亦连坐其罪。④ 明太祖还发布"教民务本榜文"，亦即促民勤耕的法令。其文曰："百姓……各宜用心生理，以足衣食……如法栽种桑麻枣柿棉花；每岁养蚕，所得丝棉，可供衣服……里老赏督，违者治罪。"⑤《明律·户律·田宅》中规定："凡里长部内已入籍纳粮当差田地无故荒芜及应课种桑麻之类而不种者，俱以十分为率，一分笞二十，每一分加一等，罪止杖八十。县官各减二等。"

清代，置有巡农御史，劝督各地农业。乾隆帝曾命编《授时通考》颁行全国，是为官编农业知识汇编、农业工作手册，亦含官吏劝导农业的技术法规。该书分为天时、土宜、谷种、功作、劝课、蓄聚、农余、蚕桑八门，内容十分完备。清时地方长吏教导耕织之事亦甚多。如乾隆时，陈宏谋抚陕，于省城、三原、凤翔等地设蚕馆织局，招南方机匠为师，教民种桑养蚕织丝。⑥

以农官农师劝督农桑，从秦汉至明清，历代均视为大政要政。从法律研究角度讲，我们不妨视之为国家官吏行"劝课农桑"之政的行政惯例。

第三节
奖助垦殖之制度及惯例

国家官方组织百姓垦殖，可能始自夏商周。《周礼》地官之"遂人"一职似乎也掌管土

---

① 参见《宋史·食货志》上一。
② 参见《宋刑统·户婚》二。
③ 《元史·食货志》一。《元典章·户部·农桑》有立官司劝农桑、立社督导农桑的详尽规定。
④ 参见《明太祖实录》卷二二五，《明会典》洪武二十一年。"乡老"又曰"老人"。
⑤ 《古今图书集成·农桑部·明》。
⑥ 转引自吕思勉：《中国制度史》，45 页，上海，上海教育出版社，1985。

地垦殖事务，"以岁时稽其人民，而授之田野"，"辨其野之土，上地中地下地，以颁田里"，使民"治野"。所谓"治野"，亦即开垦。不过，史书并无周时奖助开垦措施之记载。

真正以官方名义奖助开垦似乎始自商鞅变法。《商君书》中的《垦令》篇简直就是商鞅制定的鼓励开垦的法令选辑。该法令规定从 20 个方面抑商贾、惩游惰、息游说、禁文学任侠、轻农税，促使人民都投身于土地开垦；其中奖励垦殖的最大办法就是减免农税。①

秦代曾十余次大规模迁徙百姓到各地，大多旨在垦地。如秦始皇二十六年（221 年）徙黔首 3 万户琅琊台下，"复十二岁"，即免 12 年农业税；还给迁徙之民"赐爵一级"。这显然都是鼓励垦殖之举。②

汉文帝时，晁错建议在边塞之地"选常居者家室田作"，"先为室屋，具田器，乃募民，免罪、拜爵，复其家，予冬夏衣、廪食，能自给而止"，文帝纳其议。③ 这是用免刑罚、赐爵位、免税、发粮食、发衣服来鼓励百姓垦殖边郡荒地。东汉时曾以"到在所，赐给公田，为雇佣耕、赁种饷、贳与田器，勿收租五岁，除算三年"为奖励，鼓励百姓垦殖田公。④

三国曹魏时，募民垦荒，"一年中与百姓，二年分税，三年计赋税以使之"⑤。北魏时，大臣李彪建议招民屯田垦殖："别立农官，取州郡民十分之一以为屯人……以赃赎杂物余财市牛科给，令其肆力。一夫之田，岁责六十斛，蠲（免）其正课及征戍杂役。"⑥ 朝廷纳其言，在淮北大开屯田。南朝萧齐时，大为屯田。"田器耕牛，台详所给。"⑦

唐朝，为奖励垦殖，"上地五十亩，瘠地二十亩，稻田八十亩，则给牛一头"，"给以耒耜、耕牛、假种粮，使偿所负粟"⑧。

北宋太宗时，"许民请佃诸州旷土，便为永业，仍蠲三岁租，三年外输三分之一。州县官吏劝民垦田，悉书其数于印纸，以俟旌赏"⑨。南宋时，曾定制："将州县系官空闲田土并无主逃田"募民设庄垦种，"每庄官给耕牛五头，并合用种子农器；每户别给菜田十亩，先次借支钱七十贯"⑩。

元时亦特重屯垦，如顺帝时设湖广屯田万户府，官给田土、牛、种、农器，免其差役，奖励屯垦。⑪

明洪武年间广开屯田，太祖诏令各军民屯田暂勿收租，俟三年后，亩收租一斗⑫ 此外还以各种优惠招募商人开办商屯，由商人"承包"后招集农民屯垦。洪武二十一年（1388年），"迁山西泽、潞二州民之无田者往彰德……太康诸处闲广之地，令自便置屯耕种，免

① 参见《商君书·垦令》。
② 参见《史记·秦始皇本纪》。
③ 参见《资治通鉴》卷十五，《汉纪》七。
④ 参见《后汉书·章帝纪》。
⑤ 《晋书·食货志》将军应詹表引。
⑥ 《魏书·李彪传》。
⑦ 《南齐书·徐孝嗣传》。
⑧ 《新唐书·食货志》三。
⑨ 《续资治通鉴长编》卷十八，太宗至道元年。
⑩ 《宋会要辑稿·食货》二。
⑪ 参见《元史·顺帝纪》一。
⑫ 参见《明史·食货志》一。

其赋役三年，仍户给钞二十锭，以备农具"①。成祖时，"命宝源局铸农器，给山东被兵穷民"②。

清代亦广泛募民屯垦荒地，一般都由国家供给耕牛、农具、种子、口粮及房舍，三年免税，甚至六年免税。③

第四节
惩游惰贱商贾、奖赏农夫之制度、惯例

中国古代"劝农"行政中，还有一项重要的制度性惯例就是尊崇农夫、贱抑商贾游食之人，逼民趋农。这就是所谓"重农抑商"。"重农抑商"是古代中国行政的一项重要原则。本节仅从政治角度讨论此方面的制度和惯例。

这方面的制度或惯例始于《周礼》。《周礼·地官司徒下》："凡宅不毛者，有里布；凡田不耕者，出屋粟；凡民无职事者，出夫家之征。"按照此一记载，周代或许有这样的制度：对不在居宅前后栽种桑麻的、份地荒芜不耕的、游手无事的百姓加重征税作为惩戒。

商鞅变法最早正式实践了此种行政惯例和原则。商鞅曾主持制定颁布法令："僇力本业，耕织致粟帛多者复其身；事末利及怠而贫者举以为收孥。"④ "民有余粮，使民以粟出官爵。"⑤ 商鞅的这一法令，实际上是以免税、赐爵（买爵）奖励、尊崇农民，以收为官奴来惩辱商贾及游食者。商鞅认为，"末事不禁，则技巧之人利而游食者众"，国家就有危险，因此他主张"不农之征必多，市利之租必重"⑥。商鞅此种做法和主张均为后世历代王朝采纳、仿效。

汉代重奖"力田"之农夫。惠帝时，"举民孝弟力田者复其身"⑦。高后时，"初置孝弟力田二千石者一人"⑧，仅以力田就可以获得太守级的官职爵位？无非是作尊奖农夫之姿态。汉文帝时，曾对力田者赐帛为奖赏，后汉明帝时曾赐力田者爵三级。⑨

汉时还鼓励百姓纳粟买爵，纳粟除罪。文帝时，纳晁错议，令民入粟于边者拜爵，爵得至大庶长；又令罪人可以"输粟县官以除罪"。景帝、武帝时复修卖爵令，"民得买爵及赎禁锢免减罪"⑩。

在尊奖农夫的同时，汉王朝注意抑辱商贾。高帝时，令"贾人不得名田为吏，犯者以

---

① 《明太祖实录》卷一九三。
② 《明史·成祖纪》二。
③ 参见《清史稿·食货志》一。
④ 《史记·商君列传》。
⑤ 《商君书·靳令》。
⑥ 《商君书·外内》。
⑦ 《汉书·惠帝纪》。
⑧ 《汉书·高后纪》。
⑨ 参见《汉书·文帝纪》，《后汉书·明帝纪》。
⑩ 《史记·平准书》。

律论"①；惠帝高后时虽"弛商贾之律"，"然市井子孙犹不得仕宦为吏"②。文帝时，诏"贾人赘婿及吏坐赃者，皆禁锢不得为吏"③。武帝时，甚至直接视贾人为罪犯，与其他罪徒一起发遣边塞"谪戍"④。非但如此，在衣服、车马上也严禁商贾显荣："高祖乃令贾人不得衣丝乘车"，即"贾人毋得衣锦绣绮縠絺纻罽、操兵、乘骑马"。⑤ 这些做法，都是在政治上尊显农夫，打击或侮辱商贾。这种立法实施的效果虽然不太好（晁错说"今法律贱商人，商人已富贵矣；尊农夫，农夫已贫贱矣"⑥），但作为一种国策或传统为后世各代继承了下来。

后世政治上尊农奖农及抑辱商贾之法甚多，大多承袭汉制。西晋时定律："侩卖者皆当着中白贴额，题所侩卖者及姓名，一足着白履，一足着黑履"，故意令商人穿着怪衣履以羞辱之。晋武帝曾诏地方官"务尽地利，禁游食商贩；其休假者令与父兄同其勤劳"⑦，就是要地方官在休假居家时与父兄一起参加农业劳动。十六国时，后赵帝石勒曾令"农桑最修者赐爵五大夫"⑧；前秦帝苻坚曾令"金银锦绣，工商皂隶妇女不得服之，犯者弃市"⑨。南朝宋时，宋文帝曾诏令地方官"若（民）有力田殊众，岁竟条名列上"，进行爵赏；"游食之徒，咸令附业"⑩。南梁武帝曾采纳郭祖深"劝农桑者擢以阶级，惰耕织者告以明刑"的建议，尊农辱商。⑪ 北魏时曾定律："工商皂隶不染清流。"⑫

隋文帝时定制"工商不得仕进"⑬。炀帝曾诏"孝悌力田，给以优复"，即优奖和免税。⑭ 令狐熙为隋汴州刺史，一到任，"下车禁游食，抑工商，民有向街开门者杜之……侨人逐令归本"⑮。

唐《选举令》曾规定："身与同居大功以上亲自执工商家专其业者不得仕。"⑯《唐会要》载：唐政府为减少游食人口，增加农耕人口，曾多次下令驱逐僧尼还俗耕作。如武宗会昌年间下令驱"天下僧尼二十六万五千人"还俗。⑰

元时，成宗朝曾申律令，"力田者有赏，游惰者有罚"。又有入粟补官之制，显意在奖赏耕作或劝农（当然也是卖官）。⑱

① 《汉书·哀帝纪》。
② 《史记·平准书》。
③ 《汉书·贡禹传》。
④ 《汉书·武帝纪》，发贾人谪戍始于秦始皇。
⑤ 《史记·平准书》及《汉书·高帝纪》。
⑥ 《汉书·食货志上》。
⑦ 《太平御览》卷八二八，《晋书·食货志》。
⑧ 《晋书·载记·石勒》。
⑨ 《晋书·载记·苻坚》。
⑩ 《宋书·文帝纪》。
⑪ 参见《南史·郭祖深传》。
⑫ 《魏书·孝文帝纪》，北魏有入粟授官爵之制，有奖农夫意。又参见《魏书·食货志》。
⑬ 《隋书·高祖纪下》。
⑭ 参见《隋书·炀帝纪上》。
⑮ 《隋书·令狐熙传》。
⑯ 《唐律疏议·诈伪》"诈假官"条疏引。
⑰ 参见《唐会要》卷八十四，《户口数·杂录》。
⑱ 参见《元史·食货志》一、四。

明太祖时曾诏令"农民之家许穿细纱绢布，商贾之家止穿绢布。如农民之家但有一人为商贾，亦不许穿细纱"①。此外，明时家有纳米赈灾以卖爵赎罪之制："富民纳粟振济，千石以上者表其门，九百石至二三百石者授散官，得至从六品。"② 这似乎也有奖尊农人之意。

清代，为尊奖农人，雍正帝曾令各州县推举榜样老农，赐予顶戴，以示誉崇。③

这类行政制度或惯例对于国家的劝课农桑大政显然有重要作用。

第五节
扶贫与农贷制度

国家向贫民借贷或无偿授予生产资料或生产资金，以帮助农民恢复或发展生产，也是国家"劝课农桑"之政的一个重要方面，历代王朝在这一方面的制度惯例相当丰富。

信贷事业，据说西周时即有，但那不是对广大农民服务的农业信贷。直到汉代似无普遍性的农贷制度。④ 汉代以后历代王朝奖助农民进行垦殖的一个重要措施，就是将农具及资金授予或借贷给农民。关于无偿授予或借给农资，在前节里已有述论。本节里主要介绍古代中国的放债取利息性质的农业信贷以及其他一些扶贫制度。

有息农贷大约始于汉代。汉时，"徙民屯田，皆与犁牛"⑤，昭帝时曾明令"边郡受牛者勿收责"，"所振贷种食勿收责"⑥，即命令不收任何利息，为无偿借用。但是，一再强调"勿收责"本身就表明当时有"收责"即取利息的农贷之事实，"勿收责"是皇帝特别下诏决定的特殊优惠而已。平帝时，罢安民呼池苑建安民县，募徙贫民耕种，"赐田宅什器，假与犁、牛、种、食"⑦。后汉和帝永元十六年（104 年），"诏贫民有田业，而以匮乏不能自农者，贷种粮……遣三府掾分行四州（兖、豫、徐、冀），贫民无以耕者，为雇犁牛直。"⑧ 这里的"假与"、"贷"，都是指无偿借给，收成后原数归还即可。

真正的有偿农贷始于晋。晋武帝时，朝廷设典牧官养种牛数万，曾"分种牛三万五千头，以付二州将士吏庶，使及春耕。谷登之后，（每）头责二百斛"⑨，此即贷牛取息之制，每一头牛的借贷利息为二百斛谷子。

唐时，韦丹为容州刺史，"民贫自鬻者，赎归之，禁吏不得掠为隶"，帮农民赎免奴隶身份，扶贫民恢复生产。其子韦宙为永州刺史时发起百姓组成"牛社"（实为耕牛互助基

---

① （明）胡侍：《真珠船》卷二。转引自傅筑夫：《中国经济史论丛》，下册，623 页，北京，三联书店，1980。

② 《明史·食货志》二。

③ 参见曹贯一：《中国农业经济史》，813 页，北京，中国社会科学出版社，1989。

④ 参见上书，629 页。

⑤ 《汉书·昭帝纪》应劭注述武帝时制度。

⑥ 《汉书·昭帝纪》。

⑦ 《汉书·平帝纪》。

⑧ 《后汉书·和帝纪》。

⑨ 《晋书·食货志》。

金），均为扶助贫民恢复生产之办法。① 为帮助农民发展多种经济，唐德宗时，曾令将朝廷司农寺所养官猪数千头拨给贫民养畜。② 五代后唐明宗时曾"观稼于近郊……见民有父子三人同挽犁耕者，帝闵之，赐耕牛三头"③。这皆为当时的扶贫措施。

真正使有息农贷成为一般制度者始于北宋。宋太宗时，曾令官府贷款给宋、亳等州农民，助其去江淮等地买牛；又有贷种食之制。为使无牛农户能及时生产耕作，宋太宗时曾下令官府制造一批人力挽曳的踏犁，贷给农民使用。南宋高宗绍兴四年（1134 年），亦曾"贷庐州民钱万缗，以买耕牛。"绍兴九年（1139 年）又诏官买耕牛贷（租）给农户并收取低额租金。淳熙八年（1181 年），孝宗诏："两浙诸州军与常平司措置，再借种粮与下户播种，毋致失时。"④ 这当然都是扶贫借贷，似未有常法以规定成制度。

真正以法令制度推行农贷的，大概自王安石"青苗法"始。

"青苗法"萌芽于宋太宗时。太宗纳马元方议，"方春乏绝时，预给库钱贷民，至夏秋令输绢于官"，效果甚好。此后对各地茶农亦如此借贷，并与预购相结合。神宗时，王安石总结此前实践经验，订出"青苗法"，正式建立农贷之制。"青苗法"大致内容是：（1）将各地方官府常平仓、广惠仓现存的谷物或卖仓谷所得之钱都作为本钱，贷放给农民；（2）官府以每年正月至夏秋未熟前之粮价为据，订定适中的谷价，按此价格标准贷放钱谷（即本钱）给农民；（3）自愿请贷者十户结成一甲相保，客户请贷则与主户合保。所贷钱谷数额，按民户资产多少分五等，自一等至五等户可贷一贯五百文至十五贯不等；（4）利息二分（三等户以上息四分），随当年夏秋两税时归还。纳谷纳钱为息均可。但纳钱时，不得超过原贷额的 30％。如遇灾荒歉收，亦可延至下次收成时偿还。⑤

此一制度，有抑制农村私人高利贷、平抑谷价、丰富财政的多重作用，然最直接的作用是于青苗不接之时帮助农民获得生产本钱。贷钱谷犹如贷以青苗，故曰"青苗钱"。

宋以后，元、明、清各代均有类似的农贷制度，不过名称不同，也未形成"青苗法"那样的严格规范体系。一般都是贷以耕牛、种子、农具、口粮等实物，有时也可能折价贷给与这些生资需要相应的钱款。收成时都适当以谷物、丝帛、钱币等形式向官府回缴一些利息，其利息当然远低于民间借贷。这些农贷，其扶助农民恢复生产的作用是很实在的。但我们不能将其与今日银行放贷等同视之。因为今日银行放贷主要是商业经营性质的，而古时农贷主要是行政性的（当然也有一点营利性），是国家"劝课农桑"、"扶贫助困"的重要行政措施之一。

---

① 参见《新唐书·循吏传·韦丹韦宙》。关于"牛社"，见本章第二节。
② 参见《旧唐书·德宗纪》。
③ 《旧五代史·后唐明宗纪》九。
④ 《宋史·食货志上》。
⑤ 参见《宋会要辑稿·食货》四之十六至十七；《宋史·食货志》上四；《安阳集·韩魏公家传》第八。

第六节
资源与环境保护制度

在古代中国，也比较注重环境与资源保护。这种保护，除了迷信禁忌的理由外，主要是为了使农、林、牧、渔等广义上的农业再生产条件不致过于恶化，或多或少也有保护生态平衡的意义。既然古代中国人主要是从农业和生态的角度重视资源与环境保护问题的，那么我们可以将此一问题纳入本章来述论。

中国的资源与环境保护制度可能始自夏代。传说，夏王大禹曾立有这样的《禹禁》："春三月，山林不登斧，以成草木之长。夏三月，川泽不入网罟，以成鱼鳖之长。"①

周代的资源环境保护制度相当发达。据《周礼》所记周代制度，周王朝专设了好多与资源保护有关的官职，如山虞、林衡、泽虞、迹人等等，其中，"山虞掌山林之政令，物为之厉而为之守禁。仲冬斩阳木，仲夏斩阴木，凡服耜，斩季材，以时入之。令万民（以）时斩材，有期日……春秋之斩木不入禁（区）。凡窃木者有刑罚"；林衡则"受法于山虞"而具体"掌巡林麓之禁令而平其守，以时计林麓而赏罚之"；川衡"掌巡川泽之禁令而平其守"；泽虞"掌国泽之政令，为之厉禁"；迹人"掌邦田之地政，为之厉禁而守之，凡田猎者受令焉，禁麑卵者与其毒矢射者"②。这些职官所掌握并执行的禁令，内容非常具体，甚至直接禁止捕杀幼兽，禁止取鸟蛋，禁止用毒箭射猎……不可谓不仔细。

《礼记》亦记录了周代许多资源与环境保护制度。该书的《月令》篇，简直是一部略带迷信色彩的资源与环境保护和利用的行政法令，其规定之繁细让人惊讶。按《月令》，几乎每个月均有特定的环保禁令：孟春，当万物始萌育之时，"命祀山林川泽，牺牲毋用牝（注：不欲伤其生育），禁止伐木，毋覆巢，毋杀孩虫胎夭飞鸟，毋麛毋卵"。仲春，"毋竭川泽，毋漉陂池，毋焚山林（注：谓伤生意也）"。季春，"田猎，罝、罘、罗、网、毕、翳、餧兽之药，毋出九门（注：七物皆不得施用于外，以其逆生之道也）"，又"命野虞毋伐桑柘"。孟夏，"毋伐大树……驱兽毋害五谷，毋大田猎"。仲夏，"毋烧灰"；季夏，"树木方盛，命虞人入山行木，毋有斩伐"……

该书的《王制》篇也载有关规定，如："田（猎）不以礼，曰暴天物；天子不合围，诸侯不掩群"③；"獭祭鱼，然后虞人入泽梁；豺祭兽，然后田猎；鸠化为鹰，然后设罻罗；草木零落，然后入山林；昆虫未蛰，不以火田；不麛不卵，不杀胎，不夭夭，不覆巢"；"林麓川泽以时入而不禁"；"五谷不时，果实未熟，不鬻于市；木不中伐，不鬻于市；禽兽鱼鳖不中杀，不鬻于市"。

这些规定的详尽、细致，有些尚为今日的环保法规所不及。为了保护生态，保护生物

---

① 《逸周书·大聚》引《禹禁》。

② 《周礼·地官司徒下》。麑，即鹿仔，通指幼兽；卵，鸟卵。此即禁止捕杀幼鹿及取鸟卵。

③ 合围，指四面围猎兽类；掩群，掩袭而举群取之。此皆暴天物、不人道之狩猎方法，故要禁止。

繁殖，竟连田间放火烧荒草可能烧死春萌的小虫儿都考虑到了；管理不但在川泽山林，还延伸到了市场，不准在市场出售未成熟的动物、植物和果实。

秦代亦有资源与环境保护的许多法规制度，可惜今均无存，但我们从《云梦秦简》的几片简文可见一斑。如《田律》规定："春二月，毋敢伐材木山林及雍隄水；不夏月，毋敢夜草为灰，取生荔麛𪊨（卵）鷇，毋……毒鱼鳖、置穽罔，到七月而纵之。唯不幸死而伐绾（棺）享（椁）者，是不用时。邑之𫟙（近）皂及它禁苑者，麛时毋敢将犬以之田。百姓犬入禁苑中而不追兽及捕兽者，勿敢杀；其追兽及捕兽者，杀之。"从内容看，秦之资源与环境保护律基本上承袭周制。

汉代应也有相应的环境与资源保护制度，可惜找不到相关律令遗文。沈家本《汉律摭遗》所辑汉律令遗文仅有一条与此有些关系。此即《汉书·宣帝纪》所录宣帝元康三年（前103年）诏："前年夏神爵集雍，今春五色鸟以万数飞过属县，翱翔而舞，欲集未下。其令三辅毋得以春夏摘巢探卵，弹射飞鸟。具为令。"沈家本先生以为此诏说明汉时并未继承周以来的资源与环境保护制度，而是久废不行；此令仅为个别事件而设，且仅限以三辅地区，尚未合乎古之道。① 我认为沈说不妥。秦朝尚有较细致的环境和资源保护法令，汉朝号称以仁孝治国，不可能在此一方面比"暴秦"更疏忽。两汉四百余年，当有详细的环境与资源保护法令颁行，只是今人未得见耳。

魏晋至隋的有关规定，史籍中尚未寻见。

唐代的资源与环境保护规定，律中不多见，可能主要在令中，不过日本学者仁井田陞先生辑佚的《唐令拾遗》中并未见相关规定。在《唐律》中，仅有两条与此相关。一是"诸失火及非时烧田野者，笞五十"。律注说："非时，谓二月一日以后，十月三十日以前。若乡土异宜者，依乡法。"此制显然继承了《礼记》所载的周时"昆虫未蛰不以火田"及秦时"毋敢夜草为灰"制度的遗意。二是失火"延烧林木者，流二千里"之规定及"毁伐树木稼穑，准盗论"的规定②，多少亦有资源与环境保护之用意。

《宋刑统》关于资源与环境保护的规定基本照抄上述唐律，不必引录。不过《宋刑统》中引述了另两条法令值得注意。一是《户部式》中的"诸荒田有桑枣之处，皆不得放火"的规定，二是宋准用后周显德五年（960年）"剥人桑树致枯死者，至三功绞；不满三功及不致枯死者等第科断"的敕条③，皆在保护官私财产之外也有资源与环境保护之意。此外，宋真宗大中祥符四年（1011年）曾下诏申明"火田之禁"："山林之间，合顺时令。其或昆虫未蛰，草木犹蕃，辄纵燎原，则伤生类。诸州县人畲田，并如乡土旧例，自余焚烧野草，须十月后放得纵火。其行路野宿人，所在检察，毋使延燔。"④ 南宋《庆元条法事类》中奖励地方官种植树木的《赏令》、《赏格》及对"任内树木亏减"的地方官进行惩罚的《职制敕》等⑤，也是环境与资源保护之法规。

《元典章》中有多条规制可以看成是某种意义上的资源与环境保护规定。如《元典章·

---

① 参见（清）沈家本：《汉律摭遗》卷二十，《杂录》。
② 参见《唐律疏议·杂律》。
③ 参见《宋刑统·杂律》。
④ 《宋史·食货志》一。
⑤ 参见《庆元条法事类》事类四十九。

兵部·捕猎》中有"禁打捕秃鹙（鹫）"条。因有地方官奏报说扬州淮安地方蝗灾时有数千只秃鹫捕食蝗虫，元成宗即诏令："你行文书，这飞禽行休打捕者，好生禁了者，钦此。"这虽是出于救灾除蝗考虑，但也有生态平衡保护的用意。又如，"禁约飞放"条规定："自正月初一的为头麈鹿野猪獐兔等不拣甚么走兽里放鹰犬的人每（们）根底交住罢，著有杀走兽的放鹰犬的射的人每（们）根底遇著，当日骑的鞍马、穿的衣服、弓箭鹰犬，他每（们）的要了，打六七十下。"① 这两条诏书的文句虽不通顺，但用意是在某些特定的季节保护飞禽走兽是无可怀疑的。至元二十五年（1288 年），元世祖"敕江淮毋捕天鹅"，又令"毋杀孕兽"，应旨在保护生态和资源。② 此外，元律还规定："诸每月朔望二弦，凡有生之物，杀者禁之。"③

《明律》的环境与资源保护规定甚少。《刑律·杂犯》中虽有"失火延烧林木"之罚条，但环保之意旨不甚重，且把《唐律》的"非时烧田野"之规定也予废弃了。其关于"毁伐树木稼穑"之规定也大致是抄袭《唐律》的条文。

《清律》的规定承袭《明律》，了无新意。

环境和资源保护，在中国古代显然也是一项重要的"亲民"行政，肯定也有官民之间如何实施相关保护的具体措施规定，只是我们今天无从知其详。这一方面的管理，可以看成是"劝课农桑"的必要条件之一。

---

① 《元典章》之语句多系蒙古文翻译而来，俚俗颠错，不堪标点句读。可见其时翻译者多系蒙古人；汉族知识分子因地位太卑微（"九儒十丐"）而无缘参与翻译，汉族文官或许也不能参与典章编辑和翻译。此处所引两条，系笔者试行标点，恐有误。

② 参见《续资治通鉴》卷一八八，至元二十五年。

③ 《元史·刑法志》四。

第十六章

备荒赈灾：传统中国救灾减灾行政制度

备荒赈灾是中国古代亲民行政中的重要环节之一。从夏商周到明清，形成了一系列与此相关的行政制度或惯例。这些制度或惯例是我们在讨论中国古代以官民关系为主轴的行政法律制度时不能不予以重视的。

中国古代的备荒赈灾制度，是官吏"行"君国之大"政"于万民百姓的最直接、最典型、影响最大的行政制度。历代王朝前后相继，进行了数千年相当丰富的实践探索。这些探索结果即是我们在本章要讨论的各类备荒赈灾制度及惯例。

在古代中国，所谓备荒赈灾，包括储备粮食备荒、灾害发生后的救济、减免税役和保障市场供给及其他一切有利于减灾的措施等等。在这里，我们暂时把灾害发生情形以外的、平时性的国家福利制度和实践排除在外（那将在第二十八章中讨论）。事实上，作为国家亲民行政的组成部分，非常时期备荒赈灾制度与平常时期的惠弱济贫制度是明显不同的，将二者混为一谈是不合适的。

第一节
官仓储备与放赈制度

古代中国的官仓储备与放赈制度，据现存史料考察，最早可以上溯至西周时代。据《周礼》记载，周代国家官职中有"仓人"、"遗人"，是专门掌管官仓储备及放济工作的。

仓人掌粟入之藏，辨九谷之物，以待邦用。若为不足，则止余法用；有余则藏之，以待凶而颁。凡国之大事，共（供）道路之谷积、食饮之具。

遗人，掌邦之委积以待施惠。乡里之委积以恤民之艰阨（注：谓困乏不给者），门关之委积以养老孤，郊里之委积以待宾客，野鄙之委积以待羁旅，都县之委积以待凶荒……凡委积之事，巡而比之，以时颁之。[1]

---

[1] 《周礼·地官司徒下》。

据此记载，"仓人"既主掌官仓存储事宜，亦掌管官仓积谷的两大支用：一是凶荒年颁济灾民，二是用兵时提供军粮。"遗人"主要掌管邦国之储备粮物发放以救灾济弱之事务。这两条资料似乎可以说明周时已有两种官仓设置：一种是供"粟人之藏"的官仓，即储存国家赋税收粮的专仓；另一种是供"委积之藏"的官仓，即储存民间和官营农场余粮的专仓。后一仓库的存储不能用于军事等国用开支，只能用于"养老孤"、"待凶荒"、"恤囏阨"等济贫救灾等公共福利目的。

《周礼》还记载，周时有"荒政十二"即十二大救荒政策或原则。"荒政十二"中首要一条就是："一曰散利，贷种食也。丰时聚之，荒时散之。"① 这正是指官仓开仓济民之事。"以荒政十二聚万民"，首先是要通过"散利"即发放救济粮物来聚民，获民心。

《礼记·王制》也记载了周时备荒赈灾之行政的一些法律原则，如："三年耕必有一年之食，九年耕必有三年之食"，"国无九年之蓄曰不足；无六年之蓄曰急，无三年之蓄曰国非其国也。"这均说明周时特别注重积储粮食以备灾荒之大政。

春秋时，管仲相齐时制定的救灾制度，可能反映了当时一般情形。《管子·入国》载："岁凶……散仓粟以食之，此之振困。"

秦国及秦朝的官仓备荒制度似不如周制之详。《太平御览》谓"秦始皇四年七月立长太平仓，丰则籴，歉则粜"②，这似乎不是一般意义上的官仓，而是后世"常平仓"一类的仓库。《云梦秦简》中有《仓律》25条，是关于官仓中的存粮如何发放给执行任务的军人、官吏作为行粮，发放给服劳役的隶臣妾、城旦舂等罪徒作为口粮，以及粮食入仓手续和仓储量的有关规定等等，但这不是关于备荒赈灾的规定。在《仓律》中与备荒赈济有关的规定只有"婴儿之毋（无）母者半石"一句，大概是关于官仓发粮供给孤儿的规定。

汉代官仓积储备荒赈灾制度渐为发达。据《史记》记述：汉武帝时，"民则人给家足，都鄙廪庾皆满，而府库余货财……太仓之粟陈陈相因，充溢露积于外，至腐败不可食"③。这显然是汉文帝接受贾谊、晁错二人"重积贮"、"贵粟"建议以后直至武帝数十年间坚持重农贵粟积贮备荒国策的结果。

这一段记载里提到了几种官仓：一是"都鄙廪庾"，概指郡、封国、县邑的官仓，亦即《汉书·百官表》所谓"郡国诸仓"；二是"府库"，大概指京师的帛绢之类财入存储库；三是"太仓"，是国家中央粮库。

汉文帝时接受晁错建议以拜爵免罪奖募民人"入粟郡县"及"入粟边（郡）"④，说明各郡、县均设有相当容量的官仓。贾、晁二人疾呼加强官仓积贮，首先是为了备"世之有饥"、"失时不雨，民且狼顾"、"二三千里之旱"或"备水旱"之目的，其次是为了备"塞下之粟"以助军事，但前者是主要的。

这些官仓积储粮帛，除平常支作国家军需、官吏俸禄、赏赐、官府办公费用之外，一

① 《周礼·地官司徒·大司徒》。

② （明）董说：《七国考》卷二，《秦食货》。有人谓董氏所辑此条不可信。参见缪文远：《七国考订补》，194页，上海，上海古籍出版社，1987。

③ 《史记·平准书》。

④ 《汉书·食货志上》。另外，《汉书》中还提到了"长安仓"、"甘泉仓"、"敖仓"、"河内仓"等京师及近畿官仓。

且出现水旱灾荒，即由皇帝下令（或地方长吏在其管内下令）支出为赈济受灾人民之物资。如汉文帝后元六年（前158年）夏四月，"大旱，蝗……发仓庾以振民"①。武帝初，河内贫人伤水旱万余家，大臣汲黯矫制持节发河内仓粟以赈贫民。② 昭帝元凤三年（前78年）春正日月诏："民被水灾，颇匮于食；朕虚仓廪，使使者振困乏。"③ 元帝初元二年（前47年）七月诏："岁比灾害，民有菜色，惨怛于心。已诏吏虚仓廪，开府库振救，赐寒者衣。"④ 新莽末年大饥荒，人相食，"流民入关者数十万人"。王莽乃令"置养澹（赡）官以禀之"⑤。光武帝建武六年（30年）诏："往岁水旱，蝗虫为灾，谷价腾跃，人用困乏……其命郡国有谷者给禀高年鳏寡孤独及笃癃无家属贫不能自存者，如律。"⑥ 明帝永平十八年（75年）夏四月诏："自春以来，时雨不降，宿麦伤旱……其赐……鳏寡孤独笃癃贫不能自存者粟，人三斛。"⑦ 这都是开官仓赈济受灾人民的事例。

汉代的官仓救济制度，按照上述记载，有以下几点值得注意。一是为赈灾需要，官仓储粟可以在全国范围内大规模调拨。如汉武帝时曾令"下巴蜀粟以振"山东灾民。二是当时一定有专门的灾荒救济法规。前引光武帝诏书中的"如律"二字值得特别注意，全句意思是"命郡国给禀如律"。也就是说，汉时有一套于灾荒之年救济贫弱灾民的常备制度，肯定相当周详。要不然，就凭皇上"给禀如律"这几个字的简单指令，官吏怎么执行呢？可惜这些详细的行政执行法规我们今天看不到了。三是为了落实赈济，常常由中央直接委派官员办理赈灾，以防止地方官吏从中克扣。如东汉末年，天下战乱饥荒交织，"（献）帝使侍御史侯汶出太仓米豆为饥民作糜，经日颁布而死者仍多。帝于是始疑有司盗其粮廪，乃亲于御前加临给，饥者人皆泣曰：'今始得耳！'"⑧ 根据这段记载，汉献帝亲自充当了一回救济粮发放官，才算弄清了灾荒救济之行政程序中有贪盗之事。

两晋南北朝时期的官仓储备放赈制度大概基本上承袭汉魏之制。

东晋南朝时，官仓甚多。《隋书·食货志》谓东晋时京师有龙首仓（石头津仓）、台城内仓、南唐仓、常平仓、东西太仓、东宫仓，又谓京外有豫章仓、钓矶仓、钱塘仓，这显然都是六朝时期的中央直接管理的官仓。此外还有归各郡国管理的郡国仓。东晋太兴年间，三吴大饥，"吴郡太守邓攸开仓廪赈之"，晋元帝亦令黄门侍郎前往灾地开廪赈济⑨。宋文帝元嘉二十年（443年），"诸州水旱伤稼，民大饥，遣使开仓赈恤，给赐粮种"⑩；梁武帝大同二年（536年），豫州大饥，刺史陈庆之开仓赈给⑪。这是关于东晋南朝官储放赈的简单记载。

---

① 《汉书·文帝纪》。
② 参见《汉书·汲黯传》，
③ 《汉书·昭帝纪》，《汉书·食货志下》。
④ 《汉书·元帝纪》。
⑤ 《汉书·食货志上》。
⑥ 《后汉书·光武帝纪下》。
⑦ 《后汉书·明帝纪》。
⑧ 《晋书·食货志》。
⑨ 参见上书。
⑩ 《宋书·文帝记》。
⑪ 参见《南史·陈庆之传》。

北朝时，魏、齐、周各代均有官仓赈济之制。北魏之官仓分京仓和外州郡仓，除正常赋税收粮存储外，国家还鼓励民人入粟买爵买官，故官仓常盈。"自是以后，仓廪充实，虽有水旱凶饥之处，皆仰开仓以振之。"① 北魏孝文帝延兴四年（474 年），"州镇十三大饥……开仓赈之"②。太和十一年（487 年），大旱，京都民饥，孝文帝诏"开仓赈贷"，又"为粥于街衢，以救贫困"，甚至下令"尽出御府衣服珍宝、太官杂器……外府衣物缯布丝纩诸所供国用者"，赐给军民，工商皂隶和京师"鳏寡孤独贫癃者，皆有差"。孝武帝时曾放官仓粟 130 万石以赈因战乱西迁的贫民。③ 北齐河清二年（563 年），并汾等五州蝗旱伤稼，帝遣使赈恤。④ 北周建德四年（575 年），岐宁二州民饥，开仓赈给。⑤

隋代官仓除京师各仓外，"（文帝）又于卫州置黎阳仓，洛州置河阳仓，陕州置常平仓，华州置广通仓"⑥。炀帝又于东南原上（今河南巩县）置洛口仓（即兴洛仓），"筑仓城，周回二十余里，穿三千窖，窖容八千石以还"。同年底，又"置回洛仓于洛阳北七里，仓城周回十里，穿三万窖"⑦。二仓储谷可达 2600 万石，堪称有史以来最大的官仓。这些官仓都建于全国各地粮源集中及战略要津之地。有了这些积蓄，政府才可能大规模举行赈灾。开皇五六年间，关中连年大旱，而青、兖、汴、许、曹等 15 州大水，百姓饥馑，文帝乃"命苏威等分道开仓赈给，又命司农丞王禀发广通仓之粟三百余万石以赈关中，又发故城中周代旧粟贱粜与人"。其后，文帝又遣使率水工治山东各州水患，征发附近民丁修疏水道，"困乏者，开仓赈给，前后用谷五百余（万）石"⑧。这似乎有些像后世所谓"以工代赈"了。

唐代的官仓，除继承隋代原有的各大官仓外，又置有武牢仓（河口仓）、柏崖仓（敖仓）、太原仓、永丰仓、含嘉仓、渭南仓、河阳仓、集津仓等等（有的系隋漕运旧仓改建、扩建而成）。唐时开官仓赈济饥民之例也很多，如高宗永徽二年（651 年）以天下诸州水旱蝗灾，诏令"得以正、义仓赈贷"⑨，正仓即官仓。总章三年（670 年），四十余州旱及蝗灾，"转江南租米以赈给之"⑩，实亦以官仓赈济。开元二十一年（733 年），"关中久雨害稼，京师饥，诏出太仓米二百万石给之"⑪。开元二十八年（740 年），玄宗诏："诸州水旱，皆待奏报然后赈给，道路悠远，往复淹迟。宜令给讫奏闻。"⑫ 这即是皇帝明确授予地方官吏便宜赈放、先赈后奏的特权，也是后来历代赈灾制度中的一种惯例。即使皇帝未明授此权，官吏先擅自开仓救民，事后奏闻朝廷，一般也不会获责罚。若依律例或命令应开仓赈给而不开赈或稽留救灾物资，是要受严厉惩罚的。《唐律》规定：官仓之物应出给，而受给

---

① 《隋书·食货志》，《魏书·食货志》。
② 《魏书·孝文帝记》。
③ 参见《魏书·食货志》。
④ 参见《北齐书·武成帝纪》。
⑤ 参见《周书·武帝记下》。
⑥ 《隋书·食货志》。
⑦ 《资治通鉴》卷一八〇，《隋纪》四。
⑧ 《隋书·食货志》。
⑨ 《旧唐书·高宗纪上》。
⑩ 《旧唐书·高宗纪下》。
⑪ 《旧唐书·玄宗纪上》。
⑫ 《唐会要》卷八十八，《仓及常平仓》。

之官无故留难，或出纳官物受给有违（即不合法定要求）者，均应受严惩，前者稽留一日笞五十，罪止徒一年，后者以盗论。①

宋代官仓（正仓）储备济荒功能较唐代大为降低，主要依靠常平仓或平籴仓和义仓赈灾。宋时官仓，见于《食货志》者只有"丰储仓"。此外当有很多官仓，史书无记载。宋时官仓开赈之例不多。宋初，若遇水旱灾荒，"则遣使驰传发省仓"，或"东南则留发运司岁漕米……以济之"。仁宗庆历八年（1048 年），河北、京东西大水为灾，人相食，"诏出内藏钱帛给三司买粟赈济"。南宋高宗绍兴六年（1136 年），湖广、江西旱，"诏拨上供米振之"。孝宗淳熙十一年（1184 年），福建诸郡水旱，"锡（赐）米二十五万石振粜，一万石振贫乏细民"。这些赈给有时也许并不是完全无偿发放，有些可能要"秋成理偿"。宋时有法："水旱及（达）七分以上者赈济。"即损失达应收成的 70% 时才予官方救济。绍兴二十八年（1158 年）高宗命改为受灾五分以上即予救济。②

元代官仓赈给虽主要采"平粜"办法，但其"水旱疫疠赈贷之制"，也有关于无偿赈给灾民的。中统三年（1263 年），"济南饥，以粮三万石赈之"；五年（1265 年），益都民饥，"验口赈之"；大德四年（1300 年），鄂州等处民饥，"发湖广省粮十万石赈之"③。大德七年（1303 年），成宗诏："饥民流移他所，仰所在官司多方存恤，从便居住。如贫穷不能自存者，量与赈济口粮，毋致失所。"④《元律》规定："诸水旱为灾，人民艰食，有司不以时申报赈恤，以致转徙饥莩者，正官笞三十七，佐官二十七，各解见任。"⑤

明代的官仓赈济制度相当发达。每遇灾荒，除以预备仓（详下）粜赈外，"又时时截起运"，亦即将地方应上解或漕运途中的粮米截留用以粜赈灾民。还有"赐内帑"，即以皇室内库（皇家金库）赈济灾民。"被灾处无储粟米者，发旁县米赈之"；"饥民远籍，给以口粮"。这都是官仓赈济的具体做法。具体发放救济粮的标准也有规定："振（赈）米之法，明初，大口六斗，小口三斗，五岁以下不与。永乐以后，减其数。"饥荒困急之时，朝廷屡令地方官不必报请上司批准而先行开仓放赈。⑥

清代官仓规模大于明代，仅京师即有 15 个大官仓，两直隶有 7 大官仓，各省会至府州县均设常平仓。其开官仓放赈制度略同于明：每有灾情，"督抚亲莅灾所，率属发仓先赈，然后（奏）闻"⑦。乾隆七年（1742 年），江苏安徽水灾，诏拨银二百九十多万两、米谷二百二十多万石以赈济，继而又命拨邻省银一百万两以备次年春接济。同年，山东胶州、甘肃狄道、山东济宁等数十州县卫水灾饥荒，乾隆帝均命发官仓官库粮钱以赈济。⑧ 乾隆十八年（1753 年），"以高邮运河之决，拨米谷一百十万石，银四百万两，赈江苏灾"⑨。

清代关于灾荒赈恤之法制甚周密，如《户部则例》规定："地方猝被水灾，该管官确查

① 参见《唐律疏议·厩库》。

② 参见《宋史·食货志》上六。

③ 《元史·食货志》四。

④ 《元典章》卷三，《圣政》二。

⑤ 《元史·刑法志》录存《元律》。

⑥ 参见《明史·食货志》一。

⑦ 《清史稿·食货志》二。

⑧ 参见《清史稿·高宗纪》一。

⑨ 《清史稿·食货志》六。

冲坍房屋淹毙人畜，分别抚恤。用过银两统入田地灾案内报销。"该则例关于官库粮银发放赈灾的具体程序、标准（数额）的规定，极为详细。如19省赈济水灾的标准均各单独规定，其中如"江苏省水冲民房修费银，瓦房每间柒钱伍分，草房每间肆钱伍分"；"湖北湖南二省水冲民房修费银，瓦房每间伍钱，草房每间三钱"[①]……均不避烦琐，详为定制。这种行政执行法规可能比我们今天的有关规定还详密。

第二节
常平仓及平粜赈济制度

　　政府于丰年平价购入民间余粮，专仓储之，以备荒年；荒年平价（或低价）出售这些储粮。此举既可以赈济百姓饥贫，又可收打击囤积居奇、平抑物价、维护治安之效。这一措施，在中国古代形成了一系列制度，这就是"平籴（粜）制度"。平籴制度是中国古代的一项重要的经济行政制度，它是中国古代"备荒赈灾"行政的重要方面。专门执行此一储粮任务的官仓，战国时或许即已产生，汉以后被命名为常平仓、平籴仓、富人仓等等。

　　平籴制度，据现存史料，似乎始自战国时魏文侯相李悝。《汉书·食货志》载：李悝为了解决"籴甚贵伤民（士工商），甚贱伤农"（即粮价太高损害非农人口的利益，粮价太低又伤害农民的利益）的难题，建议魏国试行"平籴"："故善平籴者，必谨观岁有上中下孰（熟）。上孰其收自四，余四百石；中孰自三，余三百石；下孰自倍，余百石。小饥则收百石，中饥七十石，大饥三十石。故大孰则上籴三而舍一。中孰则籴二，下孰则籴一，使民适足，贾（价）平则止。小饥则发小孰之所敛，中饥则发中孰之所敛，大饥则发大孰之所敛，而粜之。故虽遇饥馑水旱，籴不贵而民不散，取有余以补不足也。"此一建议被魏文侯采行，"行之魏国，国以富强"。

　　按上述记载，这一制度无疑是灾荒赈济制度的一大发明。所谓上、中、下熟，即大、中、小三等丰年；所谓大、中、小饥，即大、中、小三等荒年。大丰年以平价买入农民余粮的四分之三（籴三舍一），中丰年买入三分之二，小丰年买入二分之一。有灾荒发生时，将大丰年以最低市价（平价）买入的粮食在大荒年粮价最高时以平价卖出，籴粜价格二者持平；将中丰年以中低市价（平价）买入的粮食在中荒年粮价中高时按平价卖出，入出二价又可以持平；将小丰年以稍低市价（平价）买入的粮食在小荒年粮价稍高时以平价售出，两价又可以持平。[②] 这种丰籴歉粜（丰年买入、荒年售出）的办法，的确可以平抑粮价，减轻灾荒损害。李悝的此一创举对中国历代的备荒赈灾或减灾行政贡献甚大。

　　西汉时代，受李悝这一主张的启发，创造了对后世影响深远的常平仓制度。

　　汉宣帝时，大司农中丞耿寿昌建议："令边郡皆筑仓，以谷贱时增其贾（价）而籴，以

---

　　① 《户部则例》卷八十四，《蠲恤》二。
　　② 这里的"最低"、"中低"、"稍低"是就连续若干年历年平均粮价互相比较而言，并非就一年之内粮价波动而言。同样，"最高"、"中高"、"稍高"也是从此种角度而言。实际上均为各当年份的市场平价，或买入价略高于平价，卖出价低于平价。

利农；谷贵时减贾而粜，名曰常平仓，民（必）便之。"① 宣帝采纳了此一建议，常平仓制度于是正式诞生。这一制度对于解决"谷贱伤农"、"贵则伤民"的问题及备荒赈灾而言，有着极其重要的意义。

这一制度立意良好，但操作起来难免因奸吏豪民插手其间而生一些弊端。如有时不是平籴平粜，而是官府假借"平籴"、"平粜"之名像商人一样，做贱买贵卖的生意，与民争利。于是，汉元帝时，"在位诸儒多言盐铁官及……常平仓可罢，毋与民争利，上从其议，罢之"②。罢常平仓以后，可能又发现平籴制度对于救灾减灾、平抑物价作用甚大，故东汉明帝永平五年（62年），国家又复设常平仓。后来又因为管理不善、奸吏操纵，"常平仓外有利民之名，而内实侵刻百姓，豪右因缘为奸，小民不能得其平"③，逐渐失去立法本意，于是又渐渐废除了。④

西晋时再次恢复了常平仓制度。晋武帝代魏自立伊始，即主张恢复常平、平籴制度。"及晋受命，武帝欲平一江表，时谷贱而布帛贵，帝欲立平籴法，用布帛市谷，以为粮储"，但幕僚们以"军资尚少，不宜以贵易贱"而谏阻之，事不果行。泰始二年（266年），武帝又下诏议立"轻重平籴之法"，令"主者平议，具为条制"，即命令主管官员制定关于平籴、常平的具体法规草案。但不知何故又是"事竟未行"。直到泰始四年（268年），"乃立常平仓，丰则籴，俭则粜，以利百姓"⑤。

南北朝时期各国也均有常平仓之设置。北魏孝文帝太和十二年（488年），秘书丞李彪建议：仿行汉代常平仓平籴赈民的做法，以取代当时"移民就食"的赈灾办法。李彪主张："宜析州郡常调九分之二，京师度支岁用之余，各立官司；年丰籴积于仓，时俭则加私之二，粜之于人。"孝文帝纳其言，于公元456年在全国广建常平仓。⑥ 北齐时，除官仓正仓外，于各郡另置"富人仓"，"逐当州谷价贱时斟量割当年义租充入；谷贵下价粜之，贱则还用所粜之物，依价籴贮"。这实际上就是"常平仓"，不过换了名称而已。北周时设"司仓"一官，其职责有"国用足即蓄其余，以待凶荒，不足则止；余用足，则以粟贷人；春颁之，秋敛之"⑦，其职责中正好有"平籴平粜"业务，显然其所掌管也有常平仓。南朝刘宋时，尚书右丞沈昙庆以"时岁有水旱"，建议"立常平仓以救民急"，文帝纳其言，而事不果行。⑧ 元嘉中，三吴水灾，谷贵人饥，彭城王刘义康建议："宜班下所在隐其虚实，令积蓄之家听留一年储，余皆敕使粜货，为制平价。"又建议取淮邑粮丰地区余粮，低价买入以贷三吴饥民，事亦未实行。这实际上也是平籴主张。南朝齐武帝永明年间，粮帛价贱，"帝欲立常平仓市积为储"。永明六年（488年），武帝令"出上库钱五千万于京师市米买丝绵纹绢布"，令扬州、南徐州、南荆河州、江州、荆州、郢州、潮州、西荆河州、南兖州、

① ②　《汉书·食货志上》。
③　《后汉书·刘般传》。
④　《晋书·食货志》晋武帝泰始二年（266年）诏："然此事（平籴）废久，天下希习其宜。"
⑤　《晋书·食货志》。
⑥　参见《魏书·李彪传》；《资治通鉴》卷一三六，《齐纪》；《魏书·食货志》。
⑦　《隋书·食货志》。
⑧　参见《宋书·沈昙庆传》。

雍州各出府库巨款在当地买入粮食布帛以积蓄备荒，"使台传并于所在市易"①。这显然也是平籴备荒的尝试。

隋朝时也设有常平仓。文帝开皇三年（583 年）在陕州置常平仓。又在中央置常平监，管理平籴事务及常平仓。② 在隋代，发挥作用最大的是开皇年间始于全国设置的义仓。这将在下节里再详述。

唐代也十分重视常平仓及平籴赈济制度：高祖武德元年（618 年），"置常平监官，以均天下之货，市价腾踊则减价而出；田稔丰羡，则增籴而收。庶使公私俱济，家给人足，抑止兼并，宣通壅滞。"高宗永徽六年（655 年），更于京师东、西两市置常平仓。开元二年（714 年），玄宗诏："天下诸州，今年稍熟，谷价全贱，或虑伤农。常平之法，行之自古，宜令诸州加时价三两钱籴，不得抑敛……蚕麦时熟，谷米必贵，即令减价出籴。豆谷等堪贮者，熟亦准此。以时出入，务在利人。其常平所需钱物，宜令所司支料奏闻。"开元七年（719 年），玄宗更令关内、陇右、河南、河北五道及荆、扬、襄等十一州"并置常平仓，"并令上州以三千贯、中州二千贯、下州一千贯作为常平仓之本钱。每逢水旱灾荒，朝廷均下令开仓平价出籴粮食给百姓。开元二十年（732 年）玄宗还敕令允许百姓无钱买籴米者"量事赊籴，至粟麦熟时征纳"。元和六年（811 年），京畿饥，宪宗诏"以常平、义仓粟二十四万石贷借百姓"。大中六年（852 年），宣宗从户部议，令以诸州常平、义仓储粮贷百姓，"其有灾沴州府地远，申奏往复"，甚不能救急者，允许官吏勘实后"便任先从贫下不支济户给贷"③，即允许官吏先开常平平籴或赊籴以救济百姓，然后奏报上司。

唐时的常平仓制度，与前代相比有两大进步：一是为常平仓"置库"，以储蓄"常平轻重本钱"，即为常平仓立基金（库）。这不仅指初开办的本钱，亦指开办以后的经常周转资金。此事在玄宗朝即由大臣第五琦倡议，但似未实现（仅有每州一千至三千不等的开办本钱之拨给）。德宗朝，大臣赵赞又建议"于两都、江陵、成都、扬、汴、苏、洪（等州）置常平轻重本钱，上至百万缗，下至十万"。并建议向商人加收营业税"以赡常平本钱"。德宗纳其策。二是常平仓兼储布、帛、丝、麻，改变单一储粮之格局。常平仓从仅仅平抑粮价的功能转向全面平抑主要生活必需品物价的功能。这是德宗朝依大臣赵赞的建议而作的改革。此外，唐时关于常平仓有详细的具体行政管理法规："常平仓，粟藏九年，米藏五年；下湿之地，粟藏五年，米藏三年，皆著于令。"④ 这是关于收藏粮食储蓄期限的规定，在这个时间内必须籴出。关于其他管理籴赈及价格确定等事宜，肯定均有法令规定。

五代时期似也有常平仓设置。《宋史》载："周显德中，又置惠民仓，以杂配钱分数折粟贮之；岁歉，减价出以惠民。"⑤ 这里的"惠民仓"，显然就是汉以来的常平仓，只是名称稍变而已。

两宋时代，常平仓平籴减灾制度更为发达，其间一度与"青苗法"（农业信贷）合一。这是宋代常平制度的一大特色。太宗淳化三年（992 年），"京畿大穰，分遣使臣于四城门置

① 《通典》卷十二，《食货》十二。

② 参见《隋书·食货志》；《通典》卷十二，《食货》十二。

③ 《旧唐书·食货志下》。

④ 《新唐书·食货志》一、二。

⑤ 《宋史·食货志》上四。

场，增价以籴，虚近仓贮之，命曰常平。岁饥即下其直予民"。这是宋代设常平仓的最早记录。真宗咸平年间（998—1003 年），有人建议在福建增置"惠民仓"，真宗从其议，并令诸路"申淳化惠民之制"，即命令各地方仿淳化三年立常平仓平籴之法以惠民。不过，各地常平仓并未马上都办起来，三四年之后即景德三年（1006 年），才正式在京东西、河北、陕西、江南、淮南、两浙等路置立常平仓。天禧四年（1020 年），荆湖、川陕、广南等路亦置常平仓。但沿边州郡一般未设置。①

宋代常平仓平籴制度比从前历代都更为健全。这主要体现在以下几个方面：

（1）关于常平仓本钱或基金的管理。宋制规定，依户口多少，令各州留上供钱二三千贯至一二万贯作为常平本钱。各州设置专职官员，掌管常平本钱及籴粜事务。②又"创廨舍，藏籍帐"，亦即设立专门衙署办公，并存放专门账簿、档案；又在"度支别置常平案"，即中央财政总署（度支司）专为常平平籴本钱的运用设立专案账务系统；又规定由司农寺统一管理、指导、监督常平籴粜事务。常平本钱专款专用，三司（盐铁、度支、户部）不得移作他用。景祐年间，仁宗又接受淮南转运副使吴遵的建议，许各州自行筹款增加常平基金，但同时又多次重申"三司转运司皆毋得移用（常平本钱）"之禁令。不过，后来因为"兵食不足"，仁宗自己多次"令司农寺出常平钱百万缗助三司给军费"，遂至常平本钱"蓄藏无几"③。

（2）关于常平仓买入卖出的价格管理。宋制规定，"夏秋视市价量增以籴，粜减价亦如之，所减不得过本钱"，即不得以低于买入价的价格贱卖常平仓存粮。庆历中，有的路、州在以常平储粮粜赈贫民时稍增价（比买入价提高 10 文、15 文）售出以向朝廷邀宠，仁宗不久于皇祐三年（1051 年）明诏禁止之，重申只可照原价出售。当时并特别规定了灾年出售常平储粮的限价，"灾伤州郡粜粟，斗毋过百钱"④。

（3）关于常平仓向农户籴粮粜粮额度及存储量、存储年限。宋制规定："大率万户岁籴万石。户虽多，止五万石。三年以上不粜，即回充粮廪，易以新粟。"亦即每年向每户（以比市场平价稍高的价格）平均买入一石粟以存常平仓。人口再多的州（五万户以上），也最多只能籴入五万石收藏。关于粜出，仁宗景祐初，京畿地区饥荒，"诏出常平粟贷中下户，户一斛"。可见，常平储粮粜售或赊粜与贫民时法有限额，以防止有人倒卖"计划内平价粮"。储粮藏限三年；三年内未粜售给百姓者，则充办公粮、军粮、救灾粮之用，不得继续以常平名目久藏。后来，朝廷又打破限额，鼓励地方官增籴增储，凡在原额外"增籴及一倍以上者，并与理为劳绩"。元丰六年（1083 年），令诸路常平仓"酌三年敛散中数，取一年为格，岁终较其增亏；元祐六年（1086 年），又立常平钱谷给敛出息之法。⑤ 这即是令各路以三年中平均每年买入卖出的平均数为标准，计算每年常平仓实际增储或减储之额。

宋常平仓制度，在王安石变法期间一度与"青苗法"合并，"青苗法"亦被称为"常平法"。王安石改制，以各地常平、广惠二仓所存钱谷作为本钱，春时贷给百姓，夏秋收成时

---

① 参见《宋史·食货志》上四。

② 王安石变法时，每县设一主事，专理常平事务。又于各路设提举常平司。南宋高宗绍兴元年（1131 年），并提举常平于提刑司。

③④ 《宋史·食货志》上四。

⑤ 参见上书。

命随赋税纳还，加还二分为利息。这样一来，"常平、广惠仓之法遂变为青苗（法）矣"①，传统的平籴抑价济荒意义上的常平仓制度，因而转化为农贷性质的低息（甚至并不低）贷款制度。王安石曾将"青苗法"，"免役法"等相关敕令"类著其法，总为一书"，名曰《常平免役敕令》，颁之天下。安石罢相，此法亦废，哲宗、徽宗时又恢复了传统的常平仓平籴之法。南宋高宗时又在江南地区复置常平仓，直至南宋末。

元代常平仓始于元世祖至元六年（1269 年），起初主要设置于北京各行省，江南较少设。至元八年（1271 年），元政府实行和籴，"以和籴粮（即向百姓购买之粮）及诸河仓所拨粮"储于常平仓为存底。至元二十三年（1286 年）实行铁专卖法后又以铁课（税）为和籴常平资金，以籴换谷物储于常平仓。元代的常平仓似乎时置时废，如武宗至大二年（1309 年）令各地复设常平仓，这说明此前曾废置一个时期。关于常平仓储备粮，每逢灾荒，朝廷即命减价粜赈贫民。如至元二十七年（1290 年），京师大饥，"减直（降价）粜粮五万石"②。各路开常平仓粜赈灾民之制大体仿此。

明代，常平仓制度似有所变，直接以"常平"命名的仓库并未在全国普遍设立。孝宗弘治年间（1488—1505 年），因江西巡抚林俊倡议设常平仓和社仓，于是社仓随即在各地设立，但设常平仓的建议似未采纳。③ 神宗万历二十九年（1601 年），福建某地乡官陈长祚等又建议由官方设立常平仓，似又不果行。天启年间（1621—1627 年），熹宗下令延绥地区各堡用常平法籴买粮食以仓储之，这是朝廷在局部地区建常平仓的尝试。与此同时，陕西巡抚汪道亨在陕西各府州县推行常平仓制，其办法是：以略高米行市价收籴百姓余粮，"随到随收，不许类集（即不许凑足一定数量时方收），不许类数总放（即不许批发给人）"，以免豪强作弊；丰年听民以时价买之，荒年减价售出；贫民可不拘升斗陆续购买，但最多只可买五斗或一石；荒季减价出售时，凭预先印发的票证买谷；如有市肆垄断，每日更名换人，多买过十石以上营利者，拿究问罪，枷号一月。④ 汪氏的这一规定，实为关于常平平籴之地方行政规章。

有明一代真正起常平仓作用的是在全国广泛设置的"预备仓"。洪武初，太祖命各州县设预备仓 4 所，分置境内东西南北，以备凶荒。永乐中，令预备仓在四乡者均移置城内。太祖始设预备仓时，令各地选耆民负责籴谷收储和管理工作。但后来由于废专职仓官，又加管理不善，预备仓遂逐渐空废。嘉靖年间，世宗又令"急复预备仓粮以裕民"，"帝乃令有司设法多积米谷，仍仿常平古法，春振贫民，秋成还官，不取利息……其后积尽平粜以济贫民"。此后预备仓储积又逐年减少，使其制有名无实。⑤ 有明一代，地方官办预备仓，绩效较好的不多，除于谦抚河南、山西时兴复预备仓，以及周忱抚南畿（南直隶）时设济农仓（实亦预备仓）较有成效之外，其他似均不如初设之意。

清朝的常平仓始于顺治十一年（1654 年），是年，顺治帝命令修葺明代各常平、预备仓，命各由道员专管，每年造册报户部。"省会至府、州、县俱建常平仓，或兼设预备仓。"

---

① 《宋史·食货志》上四。另，南宋末似又名常平仓曰"平籴仓"。
② 《元史·食货志》四。
③ 参见《明史·食货志》三。
④ 参见俞森：《荒政丛书》卷八，《常平仓考》。
⑤ 参见《明史·食货志》三。

顺治十七年（1660年）户部议定常平仓制度："每年春夏出粜，秋冬籴还，平价生息，凶岁则按数散给贫户。"康熙七年（1668年）申令禁止变价生息。康熙三十年（1691年）规定：除散赈灾荒不限时令外，每年以三四月中照市价平粜常平仓米，五月初将平粜价银尽数解道库，九月初旬各州县籴买新谷还仓。康熙三十四年（1695年）又定常平仓谷七分存仓备赈、三分发粜之例〔雍正三年（1725年）又纳方苞建议允许江淮不拘此例〕。后又规定：各州县超过储备定额的存谷均按时价粜出，易银解道库；存仓米谷每年以三分之一粜出陈谷易以新谷。其粜价，丰年每石照市价核减五分，歉年减一钱。因清代对失职导致仓储谷米霉烂的官员督罚甚重，故官吏们常常喜欢尽粜存谷而储钱，遂至各地常平仓经常"有价无谷"，是以历朝皇帝均屡屡申令各省储谷定额并令买谷还仓充储。①

第三节
义仓/社仓及相关赈济制度

义仓或社仓的创设，大概受《周礼》的启发。《周礼·地官司徒下》有"乡里之委积以恤民之囏阨（注：即艰困）"一语，大概就是当时乡里百姓自行共设社区储备仓库以救济贫困人口。这至少应该视为"社仓"或"义仓"的观念由来。

社仓或义仓真正建立，是在北朝时期。北齐时，曾令农民按人口、牛口数缴纳"义租"，充储"富人仓"，以备灾荒，这里的"富人仓"，应是"义仓"制度的萌芽。② 至隋时，正式形成义仓制度，并一直延续至清末。义仓的发起、组织和管理及在赈济贫荒时的运用，是中国古代减灾备荒行政的一个重要方面。虽然理论上讲它是民间行为，但有官方的主导、参与、监督或指挥，故仍可视为官府行政的一部分。它与前述几方面的储备救济制度相辅相成。

隋文帝开皇五年（585年），度支尚书长孙平建议"令诸州百姓及军人，劝课当社，共立义仓。收获之日，随其所得，劝课出粟及麦，于当社造仓窖贮之。即委社司，执帐检校，每年收积，勿使损败。若时或不熟，当社有饥馑者，即以此谷赈给。"文帝纳其议，正式令各地百姓结组义仓。开皇十五年（595年），以"百姓之徒不思久计，轻尔费损"义仓存储，文帝乃令将云、夏、长等十一州义仓存粮移于州仓。遇有灾荒，先自州仓发放杂粮及陈谷。次年，又命秦、叠、成、康等二十六州的社仓，"并（移）于当县安置"。即是说，义仓（社仓）已由最初的民间自筹自管改为国家管理，由民办改为官办了。至于社仓储粮来源，起初是"收获之日，随其所得"自愿捐献，到开皇十六年（596年）变成"准上中下三等税，上户不过一石，中户不过七斗，下户不过四斗"③，即从自由捐纳变成了以租税方式缴纳。这或许已失当初创制本意，但此后各代均照此例实行。

---

① 参见《清史稿·食货志》二。
② 《隋书·食货志》：北齐时，"垦租二石，义租五斗……义租纳郡，以备水旱"。
③ 《隋书·食货志》。

　　唐代义仓制度略同于隋代。《旧唐书·食货志》谓"武德元年九月四日置社仓"，但未载其详。同月二十二日高祖诏令又有"减价而出，增籴而收"之语，似是指常平仓而言。正式设置义仓的记录，大约是十年以后即贞观二年（628 年）的事。是年四月，尚书左丞戴胄建议仿隋代"社仓"之制设立"义仓"："请自王公以下爰及众庶，计所垦田稼穑顷亩，至秋熟，准其见（现）在苗以理劝课，尽令出粟；稻麦之乡亦同此税，各纳所在，为立义仓。若年谷不登，百姓饥馑，当所州县，随便取给。"太宗令户部研拟，户部议定："王公以下垦田，亩纳二升。其粟麦粳稻之属各依土地。贮之州县，以备凶年。"太宗可其议，自是天下州县始置义仓，每有饥馑则开仓赈给。①

　　唐代义仓储粮征纳，一开始即采取国家征收土地附加税的形式（"据地收税"）。高宗永徽二年（651 年）改采户税的形式："令率户出粟，上上户五石，余各有差。"此外，元和六年（806 年），宪宗制命："天下州府每年所税地子数内宜十分取二分，均充常平仓及义仓，仍各逐稳便收贮，以时出粜，务在救人，赈贷所宜。"② 这即是将土地正税的一部分纳入义仓。

　　唐代义仓存粮的使用，似乎与常平仓完全一样。有时是在百姓青黄不接时借贷给百姓，如元和六年（807 年），宪宗命"以常平、义仓粟二十四万石贷借（京辅地区）百姓"，又命各州府以常平、义仓米借贷"乏少粮种者"③。有时是降低价格出售以济民，如元和十三年（814 年）命"以天下州府常平、义仓等斛斗（存储）"，"准旧例减估（价）出粜"④。有时可能是无偿赈济百姓，如高宗永徽二年（651 年）命："其遭虫水处有贫乏者，得以正、义仓赈贷。"⑤ 如大中六年（852 年）宣宗采纳户部建议，命在诸道遭灾旱时由地方官"便任先从贫下不支济户"以"常平、义仓解斗"给贷之。此三种支用，都是为赈济灾荒贫苦，一般都能做到专粮专用。自太宗至高宗、武后数十年间，"义仓不许杂用"。但有时也不能保证，"其后公私窘迫，渐贷义仓支用"⑥，即常将义仓储粮挪作军事或其他费用，"自中宗神龙（705 年）之后，天下义仓费用向尽"⑦，常常是空仓无谷了。

　　关于义仓的管理，唐代一开始即实行官办官管。起初大概是由州府派官吏兼管。后因其责不专管理不善，长庆四年（824 年），穆宗命"诸州录事参军专主勾当"，亦即委任各州刺史之僚属专职管理义仓，并许其"苟为长吏迫制，即许驿表上闻"，即有独立向皇帝上书奏事之权。又命对其单独考绩，依是否有谷物亏烂而行奖惩。⑧

　　宋代义仓制度更为发达完善。太祖乾德元年（963 年）三月诏："诸州于各县置义仓，岁输二税，（每）石别收一斗，民饥欲贷充种食者，县具籍申州，州长吏即计口贷讫，然后奏闻。"后因嫌输谷物送烦劳（均需送谷物储充设丁州县治所之义仓），罢之。明道二年（1033 年），仁宗诏议复义仓，未果。景祐年间（1034—1038 年），集贤校理王琪建议恢复义仓，仁宗命有司集议，群议反对，又未果。几年以后，庆历初（1041 年），王琪又提此

---

① 　参见《旧唐书·食货志下》。

②③④ 　同上书。

⑤ 　《旧唐书·高宗纪上》。

⑥ 　《旧唐书·食货志下》，但《新唐书·食货志》二则曰"高宗以后，稍假义仓以给他费"。

⑦ 　《旧唐书·食货志下》。

⑧ 　参见上书。

议，仁宗纳之，命天下立义仓，又命上三等户输粟充仓。不久又废止。其后，贾黯于皇祐四年（1052 年）又上书复请立义仓，仁宗下其议于诸路讨论，多以为不可。直到神宗熙宁十年（1077 年），朝廷才开始命"开封府界先自半稔畿县立义仓法"，亦即先在京师附近搞义仓试点。次年又在京东西、淮南、河东、陕西路兴办义仓，旋又于川峡四路立义仓。元丰二年（1079 年）"诏威、茂、黎三州罢行义仓法，以夷夏杂居，岁赋不多故也"。元丰八年（1087 年），"并罢诸路义仓"。哲宗绍圣元年（1094 年），诏令除广南东西路外，各路皆复立义仓。① 自此以后，义仓总算一直保持下来，直至南宋末年。此前一百三十余年里，义仓时立时废，反复无常。

宋义仓存储赈济制度有几点值得注意：

（1）关于义仓储粮之征收。太祖时规定每石附收一斗入义仓，甚重，等于正税外征收十分之一的（义仓）附加税。王琪请复义仓时建议"随夏秋二税，二斗别输一升"，即相当于正税二十分之一的附加税。仁宗时，仅命上三等户输粟，四五等户不纳义谷。熙宁十一年（1078 年），神宗采纳蔡承禧建议定"义仓之法"："以二石而输一斗"，亦是二十分之一；"输（正）税不及（一）斗者免输（义仓税谷）"。绍圣元年（1094 年）又令"放税二分以上者免输"，即因灾荒免租税五分之一以上者即免纳义仓税谷。南宋孝宗乾道八年（1172 年）年户部仍重申二十税一之法："义仓在法正税斗输五合，（正税）不及斗者免输。"五合即半升，十升为一斗，此即二十分之一的义仓税。但同时又规定，"凡半熟县九分以上即输一升"，即稍微丰熟一点的地区每正税一斗交义仓税一升，增为十分之一的税额了。到了南宋末年，这些法令均形同具文，"随粳带义"或"以税带义"（即随正税附带缴纳义谷）之制被破坏，官吏又追加所谓"外义"，迫令百姓附加交纳纳绢、绌、豆等等，甚至正税已被朝廷明令赦免者，"义米依旧追索"；"贫民下户所欠不过升合"，官吏仍"星火追呼"，使许多百姓"破家荡产，鬻妻子"，"义仓"成为导致不义的原因之一了。关于缴纳义谷处所，南宋宁宗时规定"输之于县"，但"负郭义仓则就州输送"，即州城附郭县（郊县）的农民可以直接交到州义仓处。②

（2）关于义仓的管理。太祖时，仅置于州城的义仓，由州长吏主管。神宗时，各州县义仓均由各路常平提举司主管。南宋高宗时将常平提举司并入提刑司，则义仓事务就由提刑司主管。不久后又复提举常平司。宁宗时，令户部右曹专责主管全国义仓。"至于属县之义仓，则令、丞同主之，每岁终，令、丞合诸乡所入之数上之守、贰，守、贰合诸县所入之数上之提举常平，提举常平合一道之数上之朝廷，考其盈亏，以议殿最。"③

（3）关于义仓积储的支用。宋代历任皇帝均强调义仓储粮只能专用于赈济。如北宋哲宗绍圣元年（1094 年）令义仓"所贮专充振济，辄移用者论如法"④。南宋高宗绍兴二十九年（1159 年），浙东风灾水灾，"诏诸处守臣拨常平义仓米二分振粜"⑤。孝宗乾道八年（1172 年），以"诸州军皆擅用"义仓存储，曾下令调查之。⑥ 淳熙八年（1181 年），以江、

---

① ② 参见《宋史·食货志》上四。
③ ④ 同上书。
⑤ 《宋史·食货志》上六。
⑥ 参见《宋史·食货志》上四。

浙、湖北、淮西等地旱灾，除一般受灾人民"已行赈粜"外，孝宗特令："其鳏寡孤独贫不自存、无钱收籴者，济以义米。"① 自用途而言，义仓谷米可能主要用于无偿赈济因受灾而赤贫的人，这与常平仓谷主要用于平粜济民不同。但宋时也有义仓谷米粜给百姓之事。如南宋高宗绍兴二十八年（1158 年），"粜州县义仓米之陈腐者"；度宗咸淳二年（1267 年），"令诸路将景定三年（1262 年）以前常平、义仓米二百万石减时直（值）粜之"②。这都不是赈济灾荒的场合，似仅为拍卖即将过期变质存粮以保值的措施。在宋时，"济"、"粜"、"贷"都是救灾措施，但三者不同："济"或"赈济"指无偿济给粮钱；"振（赈）粜"指以常平仓平粜方式济荒，有时也是无偿赈济和平粜的合称；"贷"或"赈贷"则是有偿借贷（但无息）以济荒。

宋代地方官中推行义仓或社仓较为成功的是朱熹。孝宗淳熙年间，朱熹为浙东提举常平使时，曾以常平贷米六百石循环赊贷十余年本息合计达三千余石，以此为基本储备立为社仓，此后贷给贫民不复收息，"每石只收耗米三升"，即收百分之三损耗。其法行数年，"以故一乡四五十里间，虽遇凶年，人不阙食"。他把他的做法报户部仓司，请求推行全国。其具体实施办法是：凡欲借贷社仓谷者，十家为甲，"推一甲首"；五十家则择一通晓者为社首；"逃军及无行之人"及"有税钱（指有佃租收入）衣食不阙者"均"不得入甲"。入甲自愿，愿者向社首申报欲借粮数量，但按人口数有限额，大人一石，小孩减半，五岁以下不计入，不得多借。社首核实各家人口及借粮数后，"取人人手书持赴本仓（社仓）报告并经仓官再审，造正副两簿登记，依簿两次发放：初（次）当下田时，次当耘耨时"。秋收时按原数（略加损耗费）还与社仓，"秋成还谷不过八月三十日，湿恶不实者有罚"③。这种社仓，很像无息农贷，与朝廷在各地劝导百姓所立义仓略有不同。

元朝的义仓始于世祖至元六年（1269 年），"其法：社置一仓，以社长主之，丰年每亲丁纳粟五斗，驱丁二斗，无粟听纳杂色，歉年就给社民"。然不久名存实废。仁宗皇庆二年（1313 年）和延祐四年（1317 年）两次下令恢复义仓。可见几年间即几兴几废。至元二十一年（1284 年）新城县水灾及二十九年（1292 年）东平等地饥荒，"皆发义仓赈之"④。《元典章》关于社仓有详细的规定，如："每社立义仓，社长主之。如遇丰年收成去处，各家验口数，每口留粟一升。若无粟抵斗，存留杂色物料（即杂粮之类）以备歉岁就给各人自行食用，官司并不得拘捡借贷动支，经过军马亦不得强行取要。社长置文历，如欲聚集收顿或各家顿放，听从民便，社长与社户从长商议，如法收贮，须要不致损害。如遇天灾凶岁不收去处或本社内有不收（无收成）之家，不在存留之限。"⑤ 元代此种社仓（义仓）制度，相当有新意：为了省却百姓输纳之苦，允许百姓自由选择将应缴纳给义仓的粮食留家存放或送社仓储放。但《元典章》的规定好像是说在荒歉之年各户只取回自己留储的那一份食用，未说可以统合使用以赈济贫孤。这像是失去了从前"灾荒保险基储"之属性。

明朝亦设有社（义）仓，最早是英宗正统年间曾设义仓。嘉靖年间，兵部侍郎王廷相

① 《宋史·食货志》上六。
② 《宋史·食货志》上四。
③ 《宋史·食货志》上六。
④ 《元史·食货志》四；《续通典》卷十六，《食货》。
⑤ 《元典章》二十三，《户部》九，《农桑》。

请将义仓贮于里社，定为规式。嘉靖八年（1529 年），皇帝依王廷相建议，令各省抚按官员在各地劝设社仓，其规式是："令民二三十家为一社，择家殷实而有行义者一人为社首，处事公平者一人为社正，能书算者一人为社副，每朔望会集，别户上中下，出米四斗至一升有差，斗加耗五合（一升十合），上户主其事。年饥，上户不足者量贷，稔岁还仓。中下户酌量振给，不还仓。有司造册送抚按，岁一察核。仓虚，罚社首出一岁之米。"① 此一规式实即全国适用的《义仓法》。

清朝的义仓社仓始于康熙十八年（1679 年），建在市镇者曰义仓，建在乡村者曰社仓，名异实同。"公举本乡之人"管理之，"春日借贷，秋成偿还，每石取息一斗"。雍正二年（1724 年），定社仓取息之法："凡借本谷一石，冬间收息二斗。小歉减半，大歉全免，只收本谷。至十年后，息倍于本，只以加一行息。"次年，又规定：社仓积谷多时，应于夏秋之交减价平粜，秋后照时价买补储入。乾隆四年（1739 年）又规定：义仓谷春天出借时，酌留一半以防秋歉；限每年清还。道光五年（1825 年），有人主张义仓"惟有秋收后听民间量力输捐，自择老成者管理，不减粜，不出易，不借贷，专意存贮，以待放赈"②，朝廷许依其议而行，但不久即因战事而废止。

清代义仓、社仓制度有两大特色。一是朝廷特别强调社（义）仓的民间性质。雍正二年（1724 年）定制：社（义）仓谷不应随正税加纳，应靠奖励劝民捐输。"一切条约，有司勿预，庶不使社仓顿成官仓……州县官（对社仓）止任稽查"，管仓之正、副社长民间自举。次年颁行《社仓五事》，规定正、副社长外，再举一殷实者总其事；州县官不许干预出纳。雍正六年（1728 年）世宗曾斥责陕西官员"以为（社仓谷）收贮在官即是官物，而胥吏司其出纳者遂有勒买勒借之弊"，故"特晓示，镌石颁布，倘地方官有如前者，以挠扰国政、贻误民生治罪"。乾隆四年（1739 年），户部又定《社仓事例》，规定社长三年更换。次年又定陕甘二省之例：社仓储谷来自民间者，听民众自择仓正仓副管理；若储谷系由正税中加收二分火耗粮划拨五分而来者，则责成地方官经理。此一规定实际上更加重了官吏以社仓储谷"视同官物"之弊。乾隆十八年（1753 年），皇帝嘉许直隶总督方观承关于社仓"并选择仓正副管理、不使胥吏干预"之主张；乾隆三十七年（1769 年）户部又令社仓仍由官府经理出纳。嘉庆四年（1799 年）又定社义各仓出纳事务均由民举仓正副长经理，"止呈官立案"。二是关于社（义）仓纳谷及管理劝奖之法。雍正二年（1724 年）定制：捐输不论多少。捐十石以上赏给花红，三十石以上奖以匾额，五十石以上递加奖劝；其有年久数多捐至三四万石者，给八品顶戴。这是捐输奖劝之法。此外规定，仓正副如管理十年无过错，亦给以八品顶戴。乾隆朝又规定地方官劝民输义谷多者考核记功。③

清代义仓（设于市镇者）规模较大者是雍正四年（1726 年）的两淮盐义仓，是两淮盐众盐商捐银三十万两购谷建仓而成。此后又有浙江众商合资建的杭州义仓、山东票商捐建的义仓及山西商民建立的义仓等等。其管理情形与社仓基本相同，亦有奖劝捐输之办法。④

---

① 《明史·食货志》三。
② 《清史稿·食货志》二。
③ 参见上书。
④ 参见《清史稿·食货》二。

第四节
其他赈灾制度及实践

除上述三大类制度措施之外，在古代中国，还有许多关于赈灾济民的制度或惯例，有许多行之有效的做法。这里仅简述其中几种，以展示中国古代减灾行政制度之更全面的轮廓。

一、"就食丰乡"

于灾荒之年，政府组织安排受灾百姓集体前往富裕地区或富裕人家找饭吃，这就是所谓"令民就食"之制，又称"移食"。这一制度，《周礼》就设计了。《周礼·地官司徒》有"大荒大札，则令邦国移民通财"之制。所谓"移民通财"，大概即是后世所谓移民"就食"。在灾年最好的"通财"方式不正是给灾民饭吃吗？移食当然不是鼓励灾民当无组织的乞丐，而是有政府组织管理的救济方式，是国家常采取一种有组织的方式让灾民有饭吃。

最早的"移民就食"实践，可能是战国时魏惠王于公元前335年移河内灾民"就食河东"及前336年移河东灾民至河内"以就食"的事例。此事《孟子·梁惠王上》曾提及，汉人刘向作《孟子注》时述之甚详。

汉代"移民就食"甚为频繁。高帝二年（前205年），关中大饥，"令民就食蜀汉"[1]，即组织灾民群往汉中、川西地区谋食。武帝时，山东黄河水患，数年无收成，"人或相食"，帝"令饥民得流就食江淮间……使者冠盖相属于道护之，下巴蜀粟以振焉"[2]。朝廷派使者沿途护送集体迁徙就食的灾民，并将巴蜀的官仓储粮调往山东（或江淮）救济灾民。成帝永始二年（前15年），因为"比岁不登"，连年歉收，皇帝下诏安排"就食"，并宣布对"吏民以义收食贫民"者予以奖赏。这是鼓励未受灾地区的人民积极收容灾民并为之供食。成帝河平四年（25年），黄河水灾，成帝下诏，令"避水它郡国（之灾民），所在冗食之"，意即命令灾民就食所至之地的地方官吏以官仓储备粮救济灾民。平帝元始二年（2年），郡国大旱蝗，流民入京师者甚多，朝廷乃令新设五个"里"为救济单位，"于长安市中，宅二万区，以居贫民"[3]。这就是在首都专门为难民设立难民营，建造多达两万套临时住宅，以接纳和救济灾民。东汉桓帝永兴元年（153年），"郡国少半遭蝗，河泛数千里，流人十余万户，（令）所在廪给"[4]。这也是命令灾民就食所至之地的地方官员以官粮救济灾民。

南北朝时期也有就食惯例：北魏神瑞二年（415年），因关西水旱饥荒，太宗命"分简尤贫者就食山东"。太和十一年（487年），大旱，京都民饥，孝文帝诏"听民就丰"，"行者十五六，道路给粮廪；至所在，三长赡养之。遣使者时省察焉"。这是下令允许灾民迁徙到

---

① 《汉书·食货志上》，《汉书·高帝纪》。
② 《史记·平准书》，《汉书·食货志下》。
③ 《汉书·咸帝纪》，《汉书·平帝纪》。
④ 《晋书·食货志》。

丰收之地区，并命令所至之地的"三长"（邻长、里长、党长）为灾民提供饭食。"其有特不自存者，悉检集，为粥于街衢，以救其困。"① 五胡十六国时期也曾仿行"就食"之例。后赵建武二年（336年），久旱大饥，皇帝石虎令"料殷富之家，配饥人以食之"。这是官方强令富户纳养饥民。此外，还"（令）公卿以下出谷以助振给"②。

隋朝开皇六年（586年），关中连年大旱，山东、河南地区青、兖、汴、许、曹等十五州大水，百姓饥馑，文帝乃命贱粜官仓陈粟，并将所得钱款买牛驴六千余头，分给尤贫者"令往关东就食"③。分牛、驴给灾民，可能是为了方便其驮载老幼病弱及家什衣被，也可能是为了使其到新地方有耕畜垦田。开皇十四年（594年），关中大旱饥馑，文帝亲自"帅民就食洛阳"，下令卫队对灾民"不得辄有驱逼"，以至于"（灾民）男女参厕于仗卫之间；遇扶老携幼者，辄引马避之，慰勉而去；至艰险之处，见负担者，令左右扶助之"④。意即皇帝亲率饥民就食富乡，不许卫兵仪仗驱赶百姓，让百姓掺杂于皇帝卫队人马之间而行；见到百姓扶老携幼者，皇帝亲自令马队让道，并加慰问；令卫兵或侍从官吏帮灾民百姓挑担背物……在古代中国，竟出现过这样一幕"君民共苦"的感人场景！

唐代亦有"就食"制度。《新唐书·食货志一》载："其凶荒则有社仓赈给，不足则徙民就食诸州。"高宗总章三年（670年），"天下四十余州旱及霜虫，百姓饥乏，关中尤甚，诏令任往诸州逐食，仍转江南租米以赈给之"⑤。不知这种赈米是发给仍留乡不走的人，还是发给流徙就食于外州的人们。

宋代的"就食"制度更为发达，有组建"难民营"之实践。仁宗庆历八年（1048年），河北、京东西大水为灾，流民入京者不可胜数，仁宗令出内藏钱帛给"三司"买粟赈济。这是"就食京师"的记录。当然，这次就食不是朝廷组织的，但却有官方救济供给。富弼当时为青州牧，以流入饥民众多，乃择属下丰稔之五州县，劝民出粟，募得十五万斛；令各地以寺观、公私空屋舍及依山岩窟室为"十余万区"难民临时住处，以募得粮食及官仓储粮救赈之；招募聘闲散官员及流民中曾为胥吏走隶者，具体负责办理赈济事务，并负责管理守卫难民营；还令这些"义务管理人员"每五日一次以"酒肉饭粮"到难民营中选老弱疾病者慰问、招待之；在流民欲还乡时，又以路程远近发给路粮，使还家复业，"凡活（流民）五十余万人"，"（富）弼所立（办）法，简便周到，天下传以为式"⑥。

元朝也曾实行"就食"救济之法。世祖中统二年（1261年），平阳大旱，世祖命迁曳捏即地（地名）贫民就食河南、平阳、太原。⑦ 至元十九年（1282年），真定大旱，民流食江南，世祖诏"赈真定饥民，其流移江南者，给之粮，使还乡"⑧。至元二十一年（1284年）因去岁旱灾，河北流民渡黄河南下求食，朝廷先遣使止之，按察副使程思廉谏阻曰："民急

① 《魏书·食货志》。

② 《晋书·载记·石季龙传上》。

③ 《隋书·食货志》。

④ 《资治通鉴》卷一七八，《隋纪》二。

⑤ 《旧唐书·高宗纪下》。

⑥ 《续资治通鉴》卷五十，仁宗皇祐元年。

⑦ 参见《元史·食货志》四。

⑧ 《续资治通鉴》卷一八六，至元十九年。

就食，岂得已哉？天下一家，河北河南皆吾民也，亟令纵之。"朝廷纳其言，纵民就食。[1]

明清时代仍保留了就食制度。明时，每因饥荒有流民就食，则"建官舍以处流民，给粮以收弃婴，养济院穷民各注籍，无籍者收养（于）蜡烛、旛竿二寺"。此外，自世宗时起，有"振（赈）粥之法"[2]。清代亦然。《大清律例·户律·户役》规定："凡被灾最重地方饥民外出求食，各督抚善为安辑，俟本灾祲平复，然后送回。"值得说明的是，这一制度实际上在民国年间及新中国成立初期仍实行过。[3]

二、"徙民宽乡"

在灾荒地区人民无法继续谋生之时，迁徙其民到未受灾害且土地较宽裕的地区定居耕垦，就是"徙民宽乡"制度。这一制度也是中国古代救灾减灾行政的一项重要制度。

《周礼·地官司徒》似乎就设想了此一制度："大荒大札，则令邦国移民通财。""移民通财"，当然包括迁徙灾民到土地宽裕地区定居的情形。但没有史料记载周时真的实行过这一制度。

这一制度的真正实践似乎始于汉代。景帝元年（前156年）以连年荒歉，诏令"民欲徙宽大地者，听之"[4]。武帝元狩四年（前119年），以山东水灾饥馑，"徙贫民于关以西及充朔方以南新秦中七十余万口，衣食皆仰给于县官。数岁，贷与产业，使者分部护，冠盖相望，费以亿计"[5]。成帝阳朔二年（前23年），关东大水，诏"流民欲入关者勿苛留"。成帝鸿嘉四年（前17年），又令因关东水灾，"流民欲入关，辄籍内（纳）；所之郡国，谨遇以理，务有以全活之"。这是下令关内地方官为流徙入关人民立户籍。平帝时，郡国大旱，民流亡，令罢安定呼池苑为安民县，设官治之，"募徙贫民，县次给食，至徙所，赐田宅什器，假与犁牛种食"。这是专为流民新设行政区（安民县）。[6] 后汉章帝时，以水旱灾荒"令郡国募人无田欲徙它界就肥饶者，恣听之。到所在，赐给公田……其后欲还本乡者勿禁"[7]。桓帝时，崔寔著《政论》谓："宜遵故事，徙贫人不能自业者于宽乡。""故事"者，法律性惯例也。这说明，汉时迁徙灾民到土地宽裕地区已经形成了法律性质的惯例。

三、劝募富民捐济

鼓励富裕百姓捐款捐物救济灾民，也是中国历代救灾减灾行政的一种重要制度。

大约汉代开始实行这一制度。汉代的做法是：鼓励百姓纳粟买爵，以此劝导富裕百姓捐纳粮食，帮助政府救济灾民。景帝时，"上郡以西旱，复修卖爵令，而裁其（爵之售）价

---

① 参见《续资治通鉴》卷一八六，至元二十年。

② 《明史·食货志》二。

③ 据吾乡父祖辈回忆，民国年间河南黄泛区灾民南下就食时常持有政府文牒，政府令所经之地百姓及官府须供食灾民，不许驱逐。我幼时也见过河南灾民结伴行乞于鄂东地区，均持有河南地方政府证明信。

④ 《汉书·景帝纪》。

⑤ 《史记·平准书》。据《武帝纪》，此次徙贫民至陇西、北地、西河、上郡、会稽共七十二万五千口，县官衣食赈给。

⑥ 参见《汉书·成帝纪》，《汉书·平帝纪》。

⑦ 《后汉书·章帝纪》。

以招民"①。武帝元狩四年（前 119 年），山东水灾，官仓赈给犹不足，"又募富人相假贷"。元鼎二年（前 115 年），江南水灾，武帝令"吏民有振救饥民免其厄（同'厄'）者，具举以闻"②，朝廷予奖赏。宣帝本始四年（前 70 年），以岁荒，令"丞相以下至都官令丞上书入谷，输长安仓，助贷贫民"③。成帝永始二年（前 15 年）以连年歉收，令劝奖"吏民入谷物助县官振赡（贫民）者"。具体奖赏是："其（捐谷）百万以上，加赐爵右更，欲为吏补三百石，其吏也迁二等；三十万以上，赐爵五大夫，吏亦迁二等，民补郎；十万以上，家无出租赋三岁；万钱以上，（免税）一年。"④ 平帝时，郡国大旱，安汉公王莽及公卿大夫吏民二万三千余人献田宅"以口赋贫民"，亦受"奖勉"⑤。

北魏时也有入粟授官爵之制：输粟八千石授散侯，六千石以下至三千石授散伯、子、男不等。⑥ 这也许有奖励积粟备荒赈灾之意。

唐代亦有此制。唐肃宗时，曾"诏能赈贫乏者，宠以爵秩"⑦。

宋代以官爵劝人民出粟助官救灾制度最为发达。北宋初即有"募富民出钱粟，酬以官爵"的赈灾制度。富弼知青州，为安置、供养流入的灾民，曾向郡内百姓募捐，获粮十五万斛。但后来此制似久废不用。与此相关，哲宗绍圣至徽宗大观年间（1094—1107 年），还曾以出家度牒、佛道师号为奖赏，劝募僧道人士捐钱谷救灾，甚至"直给空名告敕、补牒赐诸路"供其奖励僧道人士捐献之用，结果导致贪渎重重。高宗南渡后，因"储蓄有限而振（赈）给无穷"，"复以爵赏诱富人相与补助"。绍兴元年（1131 年），高宗下诏奖赏富民"出粟济粜"流人（灾民）者，赏各有差："粜及三千石以上，与守阙进义校尉；一万五千石以上，与进义校尉；二万石以上，取旨优赏；已有官荫不愿补授者，比类施行（即赏以晋升）。"潼川、广安等地方守臣景兴宗、李瞻、王鹭、王梅等赈活饥民甚多，前吏部郎中冯楫出米助赈，高宗诏令五人均转官升职。孝宗乾道七年（1171 年），以积年水灾及湖南、江西大旱，"立赏格以劝积粟之家"："无官人，（捐）一千五万石补进义校尉；愿补不理选限将仕郎者听；二千石补进武校尉，进士与免文解一次；四千石补承信郎，进士与补上州文学；五千石补承节郎，进士补迪功郎。"⑧

金代也有劝民入粟助赈之制。熙宗皇统三年（1143 年），陕西旱饥，"诏许富民入粟补官"；世宗大定元年（1161 年），"又募能济饥民者，视其人数为补官格"。宣宗贞祐三年（1215 年），"制无问官民，有能劝率诸人纳物入官者，米百五十石迁官一阶，正班任使；七百石两阶，除诸司"，其余各有差等。⑨

元代的入粟补官之制主要为劝民助官赈灾之目的而存在。元文宗天历三年（1330 年），"内外郡县亢旱为灾"，太师答剌罕等建议实行入粟补官之制，朝廷遂定制：凡江南、陕西、

---

① 《汉书·食货志上》。纳粟拜爵制，始于战国商鞅变法或更早，但以救灾为目的卖爵劝捐粟似始于汉。
② 《汉书·武帝纪》。
③ 《汉书·宣帝纪》。
④ 《汉书·成帝纪》。
⑤ 《汉书·平帝纪》。
⑥ 参见《魏书·官货志》。
⑦ 《新唐书·食货志》一。
⑧ 《宋史·食货志》上六。
⑨ 参见《金史·食货志》五。

河南等处定为三等，令其富实民户依例出米，无米者折纳价钞。如江南各省，捐一万石以上授正七品，五千石以上从七品，三千石以上正八品，以下至二百石以上分别授从八品官到"下等钱谷官"不等。又令四川省富实民户有能入粟赴江陵者，依河南省补官例行之。①

明代也有纳米助赈赎罪及买爵之法。"景帝时，杂犯死罪（赎米为）六十石，流徒减三之一，余递减有差。"此为"纳米振济赎罪"之法。"捐纳事例，自宪宗始。生员纳米百石以上，入国子监；军民纳二百五十石，为正九品散官；加五十石，增二级，至正七品上。武宗时，富民纳粟赈济，千石以上者表其门，九百石至二三百石者授散官，得至从六品。世宗又令义民出谷二十石者给冠带，多者授官正七品；至五百石者，有司为立坊。"此为"纳米振济买官爵"之法。此外，"令富人蠲佃户租；大户贷贫民粟，免其杂役为息，丰年偿之"②，亦为奖励富人助官赈灾之办法。

清代，赈捐更为常例。"时各省有水旱之灾，辄请开赈捐。"光绪二十七年（1901年），因"秦晋之灾"，"则开实官捐以济之"③。"实官捐"，是指可以对捐粮济灾的百姓奖以实任官职（而不似此前一般为捐散官）。

四、官米贱卖赈灾

除常平仓储粮平粜救灾以外，历代还经常减价出售官米以救济受灾人民。这也是一种重要的减灾行政制度。这种行动也叫"粜赈"，其与常平仓储粮粜赈的唯一区别是：其储粮系国家赋税收储之粮或其他官粮，不是通过丰年平价购入（平籴）专门储备以救荒的粮食。

隋代最早有贱粜官粟赈灾之记录。文帝初年，关中大旱，命"发故城中周代（北周）旧粟，贱粜与人"④。

唐代官粮贱粜赈灾之惯例更为发达。建中元年（780年），德宗令"出官米十万石，麦十万石，每日量付两市行人，下价粜货"⑤。贞元十四年（798年），以岁饥米价贵，德宗命"出太仓粟三十万石出粜"，又"令度支出官米十万石贱粜"；次年，又以久旱岁饥令"出太仓粟十八万石于诸县贱粜"。几乎每有水旱灾荒必行此例。⑥

宋代粜赈主要是以常平仓、义仓粟米，很少用官仓、正仓储粟贱粜，但也有个别官米贱粜济荒之例。如南宋淳祐十一年（1251年），福建诸郡大旱，"锡（赐）米二十五万石振粜"⑦。在《宋史·食货志》中，凡用常平、义仓米济粜时，都写明是常平米或义仓米，唯此处未注明，则可能是指正仓储米。

元代的官米赈粜制度比较发达。至元二十二年（1285年）始行"京师赈粜之制"，即官仓米贱卖于民以救饥荒。"其法：于京城南城设铺各三所，分遣官吏，发海边之粮，减其市直（值）以赈粜焉。凡白米每石减钞五两，南粳米减钞三两，岁以为常。"成宗元贞元年

---

① 参见《元史·食货志》四。
② 《明史·食货志》二。
③ 《清史稿·食货志》六。
④ 《隋书·食货志》。
⑤ 《旧唐书·食货志下》。两市，指京师东、西二市。"行人"，是东、西二市行会首领。
⑥ 参见上书。更多事例请见《唐会要》卷八十八，《仓及常平仓》。
⑦ 《宋史·食货志》上六。

（1295 年），"以京师米贵，益广世祖之制，设肆三十所，发粮七万余石粜之"。不久发现这种官卖低价赈灾粮"多为豪强嗜利之徒用计巧取，弗能周及贫民"，于是咸宗大德五年（1301 年）始行"红贴粮"制度："令有司籍两京贫乏户口之数，置半印号簿文贴，各书其姓名口数，逐月付贴以给，大口三斗，小口半之。其价视赈粜之值，三分常减其一，与赈粜平行。每年拨米总二十万四千九百余石，闰月不与焉。"① 这种红贴，相当于后世的"粮食供应证"。大概以其证上有半个官印（另半贴存放在官府，发粮时以合印为准），而称红贴。这是超低价的供应粮，但仍是官米贱卖的形式之一。

明清两代亦有官米贱卖济荒制度。明代，每逢灾荒，"京（师）通（州）仓米，平价出粜，兼预给俸粮以杀米价"②。清代，因赈灾，"屡截漕运"，"复发内仓米石平粜"③。

五、以工代赈

在灾荒之年，通过招募灾民兴修水利工程或从事其他公益劳动并予以工粮或报酬的方式进行救济，就是"以工代赈"制度。

以工代赈制度之构想可能始自南北朝时期。南朝宋文帝元嘉年间（424—452 年），三吴水灾，有人建议"使强壮转运以赡老弱"，可惜并未施行。④

宋时，为赈灾民，常"募少壮兴修工役"⑤。此为以工代赈之正式实践。

清代广行以工代赈。如乾隆四十八年（1783 年）山东曹县知县刘大绅，募集本地及外地灾民万余人修越王河决堤，以工代赈，两月浚事，无疾病逃亡者。郑敦允为襄阳知府，以水灾故，招募壮者筑石堤护水，以工代赈，民得其利。张作楠任太仓直隶州知州，亦于道光三年（1823 年）募灾民疏浚境内河道，应募者不分地籍。⑥

六、弛苑囿之禁

这也是中国古代减灾行政制度的一个重要方面。关于此一问题，我们在"劝课农桑"章"奖助垦殖"一节已涉及，但那仅是就寻常时期奖垦而言。本节则仅仅从救荒减灾的行政措施或制度的角度讨论。

《周礼》有"荒政十二聚万民"的救荒制度，其中一条即是："五曰舍禁。山泽所遮禁者，舍去其禁，使民取蔬食也。"⑦ 此即是废止国有山林川泽之禁令，听任百姓入内采食、渔猎或耕种谋生。

战国时代，梁惠王曾"发逢忌之薮以赐民"⑧。此为现今可见的最早的弛山泽之禁以赈济灾民的事例之一。

---

① 《元史·食货志四》。

② 《明史·食货志二》。

③ 《清史稿·食货志二》，乾隆二十八年户部侍郎英廉疏引。

④ 参见《通典》卷十二，《食货》十二。

⑤ 《宋史·食货》上六。

⑥ 参见《清史稿》刘大绅、郑敦允、张作楠诸传。

⑦ 《周礼·地官司徒·大司徒》。

⑧ 《汉书·地理志》注引《汲郡古文》。

汉代弛禁济民之事例甚多，已形成为常制。文帝后元六年（前 158 年），因大旱及蝗灾，下令"弛山泽"①。昭帝时曾以灾"罢中牟苑赋贫民"。宣帝时，曾诏"池籞未御幸者，假与贫民"。元帝初元六年（前 48 年）曾以灾荒诏令"以三辅太常郡国公田及苑可省者振业贫民"，"江海陂湖园池属少府者以假贫民，勿租赋"。此类事例，两汉每代皇帝时期均曾有过，有时一年数次。②

五胡十六国时，后赵王朝不仅曾开放山泽以济灾民，甚至还"使令长率丁壮随山泽采橡捕鱼以济老弱"，即让地方官率灾民入山泽采食谋生。③

南北朝时亦常开山泽禁苑以假灾民。南朝宋文帝元嘉三十年（453 年），"诏江海田池公家规固者，详所开弛"④。梁武帝时，诏令"薮泽山林……凡公家诸屯戍见（现）封熂者，可悉开常禁"，因为这是"比屋所资"⑤，即老百姓的谋生之资，于灾荒之年，不可不开放，听百姓利用以谋生。

元代也有开山泽之禁以济灾的制度。至元二十五年（1288 年），辽阳省灾荒，世祖遂令"弛辽阳渔猎之禁"，"弛鱼泺禁"⑥。大德四年（1300 年）以湖北省灾，弛山泽之禁；又以河北、甘肃、陕西等郡灾，"弛所在山泽河泊之禁一年"⑦。

明代，每逢大灾荒年，"皇庄、湖泊皆弛禁，听民采取"⑧。清代亦然，不赘述。

七、通关市、抑物价

在水旱灾荒之年，为了救荒，朝廷屡屡申令禁止官吏阻碍粮食流通，省简关市对粮食贩运的苛征或查验，打击商贾囤积居奇。这也是历代减灾行政的重要措施或制度之一。

《周礼·地官司徒》"荒政十二"中有"六曰去几，谓去关市之税，而仍几察之"，这是最早把省简关市税征以利粮食流通作为救灾政策之一。

汉宣帝时，曾因饥荒令"民以车船载谷入关者，得毋用传"⑨。"传"即通行证暨许可证。也就是允许人民自由贩运粮食以利救荒。

五代时期曾因水旱灾荒而屡申打击遏籴之禁令。后唐同光三年（925 年）庄宗敕令"京西诸州道府"对京东籴运济灾粮者"不得辄有税率"，各水陆关防镇县不得"妄有邀难"。后周广顺元年（951 年），太祖郭威敕令："沿淮渡口镇浦，不得止淮南人籴易。"⑩

南宋历任皇帝曾屡申打击遏籴遏籴之禁令。绍兴六年（1136 年），婺州有富民"遏籴致盗"（即囤积粮食不售致饥民哄抢之），高宗乃诏令"闭籴者断遣"，即以囤积居奇者为重

---

① 《汉书·文帝纪》。

② 参见《汉书》之《昭帝纪》、《宣帝纪》、《元帝纪》。

③ 参见《晋书·载记·石季龙传上》。

④ 《宋书·孝武帝纪》。

⑤ 《梁书·武帝纪》。

⑥ 《续资治通鉴》卷一八八，至元二十五年。

⑦ 《续资治通鉴》卷一九三，大德四年。

⑧ 《明史·食货志》二。

⑨ 《汉书·宣帝纪》。

⑩ 《五代会要》卷二十七，《闭籴》。

罪，处以刺配之刑，此议后为殿中侍御史周秘谏阻而止。① 淳熙七年（1181 年），禁各路遏籴；十一年（1185 年），浙西、江东水灾，诏禁各州遏籴。绍熙五年（1194 年）禁止江西、湖南遏籴。② 庆元六年（1195 年），因灾荒米价飞涨，两浙转运副使沈诜建议："凡商贩之家尽令出籴。"于是朝廷乃立"告藏之令"，即鼓励百姓告发商贾囤积粮食，凡被告者可能必须平价出售并受惩罚。宝庆三年（1227 年），监察御史汪刚中建议"申严遏籴之禁，凡两浙、江东西、湖南北州县有米处，并听贩鬻流通；违，许被害者越诉，官按劾，吏决记"，朝廷从之。③ 宋代禁止遏籴遏粜，主要是严禁官吏实行"地方保护主义"而阻止粮食贩出本境（流向受灾地区）的做法，故凡有遏籴行径的官吏要受按劾（弹劾）和决配（发配）的处罚。

元律亦明文禁止"闭粜"："诸救灾恤患，邻邑之礼。岁饥辄闭粜者，罪之。"④

明熹宗时，汪道亨为陕西巡抚，每发放常平仓粮赈籴，为防止奸人多购转卖，遂发给灾民统一印制的供应票券，凭券领谷。对"更名换人，多籴十石以上营利者"，拿究问罪，枷号一月。⑤

清代亦屡申遏粜遏籴之禁令。每逢灾荒，申令各省各地方不得禁阻粮食出境，不得阻止粮食买卖，不得阻止商人采购粮食。凡囤积居奇者严加惩处。⑥

八、减免税役

减免税役一直是中国古代减灾行政的重要组成部分，形成了许多很好的制度。但在本章里我们暂不讨论。在本书的"稽粮征赋"、"兴徭征役"两章（第十七、十八章）里我们将分别论述中国古代因灾荒减免税役的制度和惯例。

---

① 参见《宋史·食货志》上六。
② 参见曹贯一：《中国农业经济史》，735 页，北京，中国社会科学出版社，1989。
③ 参见《宋史·食货志》上六。
④ 《元史·刑法志》一。
⑤ 参见俞森：《荒政丛书》卷八，《常平仓考》。
⑥ 参见曹贯一：《中国农业经济史》，818 页，北京，中国社会科学出版社，1989。

第十七章

稽粮征赋：传统中国的农税行政制度

征收农业税，是中国古代国家政权最重要的行政活动之一。古时地方官最让人们看得见的工作任务不外乎二者：一是"钱粮"，二是"刑名"。前者是为国家征收农业税，包括征收土地税、农副产品税、人头税、户税，征发徭役或征收代役钱等等；后者是断狱决讼，维护治安。二者中最重要的又是前者，因为这是维持一切国家机器运转的前提。依中国传统政治哲学，国家官吏的职责就是"牧民"，民之职责就是安分守法，"出粟米丝麻以奉其上"。从官民关系上讲，"牧民"者最大的任务之一就是保证百姓"出粟米丝麻"。为了此一任务或目标，许多制度和惯例应运而生，这些制度和惯例显然是中国古代行政法律制度的重要方面。

本章主要讨论传统中国的赋税行政法制，也可以叫作税政制度。为了论述方便，在这一章里仅仅讨论农业税征收制度。至于工商税征收制度，另在第十九章里讨论。

第一节
历代土地税征收制度及惯例

在古代中国，不管是实行土地国有制还是实行土地国有、私有混合制，强迫农民缴纳"皇粮国税"一直是不变的王法。农民无论耕种国有土地或耕种私有土地，都必须交纳各种各样的赋税。凡与使用土地联系在一起征收的各种税赋，不管是按田亩面积征收，还是按受田人丁数征收，或是按户数征收，都可统称为土地税。

土地税制始于夏商周时代。三代的农税制度，据《孟子·滕文公上》记载："夏后氏五十而贡，殷人七十而助，周人百亩而彻。其实皆什一也。""贡"、"助"、"彻"制度就是我国古代最早出现的农税制度，其税率均是十分之一。

夏代"五十而贡"，史家认为是指自由农民每人（户？）耕地50亩，取一定量农产品作为"贡献"交给"国家"（诸侯、夏王）作为地租。夏代的税率税额如何确定？《通典》谓

"禹别九州，量远近，制五服，任土作贡，分田定税，十一而赋"①。《史记》谓夏代"相地宜所有以贡"②。这均表明其时已有根据土地肥瘠、远近确定税额之制度。商代"七十而助"，史家认为是指自由农民每人（户？）耕地 70 亩，然后助耕"公田"7 亩，以助耕劳役作为缴纳给国家的地租。周代"百亩而彻"，是指自由农民每人（户？）耕地 100 亩，然后向国家交农产品为地租。

孟子说夏商周三代的"贡"、"助"、"彻"都是"什一税"，不知有什么根据。

关于"贡"、"助"二法，孟子还有更详细的陈述和评价："治地莫善于助，莫不善于贡。贡者校数岁之中以为常。乐岁，粒米狼戾，多取之不为虐，则寡取之；凶年，粪其田而不足，则必取盈焉。为民父母，使民盻盻然，将终岁勤动不得以养父母。"③ 这就是说，作为征农税之法，"贡法"没有"助法"好。因为"贡"的产品量是取"数岁之中以为常"，就是以几年间的平均产量为标准，是定税额制，丰年、荒年一个样。丰年显然"寡取"即税太轻了，荒年则"取盈"即过分刻剥百姓了。

反过来，"助"法呢，情形就大不一样。"助"法只是令农民以劳役方式纳租税。"方里而井，井九百亩，其中为公田。八家皆私百亩，同养公田。公事毕，然后敢治私事"④。此即"九一而助"之制。

在古人看来，"助法"似乎与井田制不可分割地联系在一起。

孟子主张国家将农税制分为城、乡两种情形征收："请野九一而助，国中什一使自赋。"⑤ 即郊野农村地区实行"助法"，"国中"即王（侯）城四郊门以内"乡遂之地"实行"贡法"。

至于周代的"彻法"，史家一般也说不清。为何名为"彻"？具体方式如何？古来众说纷纭。既然均是产品什一税，为何另立新名？东汉经学家赵岐认为"彻"就是"收取"的意思⑥，东汉经学家郑玄认为"彻"就是"贡助并用"的意思⑦，宋人朱熹认为"彻"就是"通"的意思，就是"计亩均收"的意思。⑧ 有学者认为，彻法实际上就是对土地的收获物按十一税率征收的一种实物税制。⑨ 农民以农产品交纳什一税，当然不一定是交粮食，也可能是交纺织品、猎获物，所以《孟子》说周时"有布缕之征，粟米之征，力役之征"⑩。至于布帛与粟米如何折换，当时定有惯例。

---

① 《通典·食货》四，《赋税上》。

② 《史记·夏本纪》。

③④⑤ 《孟子·滕文公上》。

⑥ 东汉古文经学家赵岐对《孟子·滕文公上》这段话的注解是："民耕五十亩，贡上五亩；耕七十亩者，以七亩助公家；耕百亩者，彻取十亩以为赋：虽异名而多少同，故曰皆什一也。彻犹取人；彻，取物也。藉者借也，犹人相借力助之也。"（赵岐：《孟子章句·滕文公上》）。

⑦ 郑玄认为，在周代，王畿之内用夏代的贡法，按夫纳税，无公田；王畿以外的土地，用商代的助法。行贡法的地区，按税率交纳实物；行助法的地区，以公田收入为税。彻即不论行贡法、助法，都按照十一税率征收的意思。参见《周礼·冬官考工记》"匠人"条郑玄注。

⑧ 朱熹认为，周制规定一夫受田百亩，而与同沟共井之人通力合作，计亩均收。大率"民得其九，公取其一，故谓之彻"，意即在井田制的基础上，耕的时候大家通力合作，收的时候又按亩计税。参见朱熹：《四书集注·论语·颜渊》。

⑨ 参见孙翊刚、董庆铮主编：《中国赋税史》，13~14 页，北京，中国财政经济出版社，1987。

⑩ 《孟子·尽心下》。

不过，周代的农税制似乎不仅仅是"彻法"，似乎同时亦并行过"助法"。孟子谓文王治岐，曾实行九一而助；又建议滕国"野九一而助，国中什一使自赋"，显然是建议滕文公恢复周代良制。孟子所述井田制，史家均以为是周制。《礼记·王制》载周代有"籍田制"："古者公田藉而不税。"郑玄注谓："藉之言借也。借民力治公田。"此"藉田制"，就是"助法"。自百姓而言是"助耕"，自"公"（诸侯，进而周王）而言是"借民力而耕"。所以孟子说："助者，藉也。"①

关于周代的土地税制，《周礼》似乎有更详的记载："凡任地，国宅无征，园廛二十而一，近郊十一，远郊二十而三，甸稍县都皆无过十二。唯其漆林之征，二十而五。凡宅不毛者，有里布；凡田不耕者，出屋粟。凡民无职事者，出夫家之征，以时征其赋。"② 这一记述或许多少反映了周时土地税制情形：一般农村土地税率为十分之一；果园、菜圃等税率为二十分之一；住宅附近不种桑麻及份地荒芜的，都要一样交各种赋税，甚至以加征赋税作为惩戒。因此，当时的税收制度不仅用以为国敛财，甚至用以奖勤罚惰。

春秋战国时期，土地税制度发生了重大变革。

首先是齐国的变革。管仲相齐，在公元前685年实行"相地而衰征"，即按土地肥瘠分等，确定应缴土地税额。这样的新征税法当然减轻了耕种瘦瘠土地的农民的负担，使他们不必再不断迁逐肥壤，"相地而衰征，则民不移"③。此即所谓"案田而税"④。其次是鲁国的改革。公元前594年，鲁国"初税亩"，即首次按田亩征税。公元前483年，鲁国"用田赋"。此即不分公田、私田，一律按照每户现占有土地面积向国家交土地税。井田之外各自占有的私田大概也开始纳税。⑤ 再如秦国，公元前408年即"初租禾"，亦即不分公田、私田一律征土地税。商鞅变法，按土地多少征收赋税，"訾粟而税"⑥。这些变革，一方面标志着井田制的彻底瓦解和土地私有制的确立；另一方面标志着力役地租（税）制的彻底消灭、实物地租制的全面确立。

春秋战国时期的税率，原则上讲，大概还是坚持"什一税"，但实际上常常不是如此。《论语》载，鲁哀公时曾实行什二之税。⑦《左传》载齐国税率曾高达十分之六："民三其力，二入于公，而衣食其一。"⑧ 当时，仅魏国有继续实行什一税的记录。《汉书·食货志》载李悝在魏国作"尽地力之教"时，魏国税率是"什一之税"："今一夫挟五口，治田百亩，岁收亩一石半，为粟百五十石，除什一之税十五石，余百三十五石。"这可能也仅是法律的原则规定，实际上战事频繁的魏国似不可能仅以什一税养国养军。不过，无论如何，什一税

---

① 《孟子·滕文公上》。

② 《周礼·地官司徒下》，同篇"闾师"之职亦有"凡无职者出夫布"。

③ 《国语·齐语》。

④ 《管子·大臣》。

⑤ 参见《左传》宣公十五年、哀公十二年。

⑥ 《史记·六国年表》，《史记·商君列传》，《商君书·垦令》。

⑦ 《论语·颜渊》："哀公问于有若曰：'年饥，用不足，如之何？'有若对曰：'盍彻乎？'曰：'二，吾犹不足，如之何其彻也？'对曰：'百姓足，君孰与不足？百姓不足，君孰与足？'"

⑧ 《左传·昭公三年》。

作为法律规定的常制似未废除。①

战国时期具体执行土地税征收的官吏，在赵国叫"田部吏"，在秦国叫"田啬夫"。其中，赵国的"田部吏"权力还不小："平原君家不肯出田税，赵奢为赵田部吏，以法治平原君用事者九人。"②"田部吏"为催逼封君交税，有权对封君的家臣处以刑罚。

关于秦的土地税收制度，《云梦秦简》及《史记》、《汉书》中留下了一些记载。《云梦秦简·田律》："入顷刍稾，以其受田之数，无垦不垦，顷入刍三石、稾二石。刍自黄□及□束以上皆受之。入刍稾，相输度，可殹（也）。"这当为秦王政时期的土地税制。刍、稾，前人多释为牲口草料，但此处似乎是指能用"石"衡量的杂粮之类。每顷百亩，入刍稾才五石，这显然不是土地税正税，可能仅是土地税附加的军赋。关于秦统一后的税律，《汉书·食货志》中有董仲舒的描述："古者税民不过什一……至秦则不然……田租口赋，盐铁之利，二十倍于古。或耕豪民之田，见税什五。"这一描述或许过于夸张，秦的赋税再高也不会比周时高二十倍。"税什五"并不一定是国家征收赋税的比率，而是佃户向田主交租的比率（这"什五"租之中当然包括田主向国家交纳的土地税）。不过秦朝也许的确因为"内兴功作，外攘夷狄"而不得不"收泰半之赋"以供国家巨大开支。

汉代的土地税征收制度比秦代大大前进了一步。

首先，汉代的土地税率一直保持较低额度。汉高祖时，为了"与民休息"，乃"轻田租，什五而税一；量吏禄，度官用，以赋于民"。这是首次将税率降到百分之六左右；并且是在额定办公费用之后"量出为入"地取于百姓，不多收赋税。不久又恢复什一之税：惠帝即位，"减田租，复什五税一"。文帝前元十三年（前168年），曾"下诏赐民十二年租税之半"，即实行"三十税一"。这更将土地税率降到百分之三左右，不但空前，在封建王朝史上甚至绝后：汉以后各王朝似无如此低税率。次年，更下诏"除民田之租税"，即全国普遍免税。此次普遍免税似乎一直持续了十余年，直到景帝前元二年（前155年）才"令民半出田租，三十而税一也"③。这个税率一直保持到西汉末年。东汉初年，因战事频繁用度不足，一度恢复什一之税。但建武六年（30年），光武帝又下诏三十税一。④ 这一税率一直保持到东汉末年。献帝建安九年（204年），曹操实行税制改革，推行"户调制"，三十税一的田税制度才正式宣告结束。

其次，关于"三十税一"的实际交税额如何确定。史家多认为，这一税率不是按每年的实际产量三十取一，而是"按农业收成的一般产量，由政府制定固定税额。不论丰歉，一定面积的土地所交田租是不变的"⑤。东汉章帝建初年间（76—83年），根据山阴太守秦

---

① 《穀梁传·宣公十五年》："初税亩者，非公之去公田而履亩，十取一也。"《左传·宣公十五年》杜预注：公田之法，十取其一。今又履其余亩，复十收其一。

② 《史记·廉颇蔺相如列传》。

③ 以上均出自《汉书·食货志上》，《汉书·惠帝纪》。此处关于"景帝二年令民半出田租，三十而税一也"之记载，有两种可能：一种可能是文帝"除民田租税"一二年后又恢复"什五税一"之制，这样景帝才可能令民半出到三十税一。另一种可能是文帝除田税长达十二年。未知孰是。

④ 参见《后汉书·光武帝纪》。

⑤ 朱伯康、施正康：《中国经济通史》，上册，292页，北京，中国社会科学出版社，1995。又参见殷崇浩主编：《中国税收通史》，35页，北京，光明日报出版社，1991。此种结论应系从《盐铁论·未通篇》"田虽三十而以顷亩出税，乐岁粒米粱粝而寡取之，凶年饥馑而必求足"一语推出。

彭的建议，章帝诏令把全国的土地按肥瘠分为上、中、下三等，每等土地据连续几年的收获量确定一个平均数，然后确定三等土地以同一税率征税。[①] 这样虽然税率相同，但质量不同的土地实际纳税额大不一样。

再次，汉代还有土地附加税。这种附加税可能包括按田亩缴纳的"刍稾"和"亩敛税钱"二者。东汉光武帝中元元年（56年）下诏免除嬴、博、梁父、奉高四县税，"勿出今年田租刍稾"。和帝永元十四年（102年），诏兖、豫、荆三州水灾地区"皆半入田租刍稾"[②]。田租即土地正税，刍稾即土地附加税。桓帝、灵帝时还曾直接征收钱币为土地附加税，"初令郡国有田者亩敛税钱"，"税天下田，亩十钱"[③]。

此外，汉代形成了一些关于土地税减免的制度和惯例，这在后面再讨论。

三国两晋时期的土地税征收制度，主要有以下变化：

首先是新的"租调制"取代从前的比例税制（十五税一或三十税一）。建安九年（204年），曹操颁"租调令"："其收田租亩四升，户出绢二匹，绵二斤而已，他不得擅兴发。"[④] 这一法令标志着比例税制变为定额税制；同时也标志着刍稾等土地附加税的废除。此后直至南北朝时期几百年中，似未见附征刍稾的记录；还标志着"户调"即按户征收农产品税的税制正式确立。它取代了汉代的算赋和口赋（人头税）。

其次是两晋时期实行占田课田制，故税制亦有改革，在魏"租调制"上作了变动："制户调之式：丁男之户，岁输绢三匹，帛三斤。女及次丁男为户者半输。其边郡或三分之二，远者三分之一。夷人输賨布，户一匹，远者或一丈。男子一人占田七十亩，女子三十亩，其外丁男课田五十亩，丁女二十亩，次丁男半之，女则不课……远夷不课田者输义米，户三斛，远者五斗，极远者输算钱，人二十八文。"[⑤] 这里的"户调"，与每户劳动力（"丁"）的多少强弱相联系，实际上不是纯粹的户税，而是以户为单位计征的土地税。这里的"课田"，就是应该课征土地税的田地面积。"户调"的具体交纳比率多大？《初学记·宝器部·绢》引《晋故事》说："凡民丁课田，夫五十亩，收租四斛，绢三匹，绵三斤。"由此可知其时土地税率一般为：丁男当户者每户田租四斛，即每亩八升；丁女当户者每户田租一斛六斗，亦每亩八升；次丁男当户者，每户田租为二斛；次丁男均当户则不课。丁男、丁女、次丁男均依法定课田数缴纳定额赋税，这使得土地税（田租）变成与"丁租"、"户口之赋"难以区分之税种了。《文献通考·田赋考》认为西晋的户调之式标志着田赋和户口之赋的合一。此外，山区及边疆少数民族人民不纳土地正税，只纳户调和人头税（算钱），且比内地人民要轻得多。东晋初年全部保留西晋的租调合一制。成帝咸和五年（330年）始行"度田收租制"："成帝始度百姓田，取十分之一，率亩税米三升（应为三斗）。"[⑥] 于是，"户口之赋"、"田租"合一形式的土地税似乎又回复到按实际占有土地多寡征收地租的形式了。而

---

① 参见《后汉书·秦彭传》。

② 《后汉书·光武帝纪》、《后汉书·和帝纪》。

③ 《后汉书·桓帝纪》、《后汉书·灵帝纪》，事在桓帝延熹八年（165年）和灵帝中平二年（185年）。

④ 《三国志·魏志·武帝纪》注引《魏略》。

⑤ 《晋书·食货志》。

⑥ 《晋书·食货志》、《晋书·成帝纪》。此处"三升"似不确。史家研究认为，其时产量亩三四斛，其十分之一应是"三斗"。参见殷崇浩：《中国税收通史》，65页，北京，光明日报出版社，1991。

且，从此前的征谷改为征米，也是一大变化。孝武帝太元二年（377 年），"除度田收租之制，王公以下口税三斛"。太元八年（383 年），"又增税米，口五石"①。于是，按亩计征的土地税又变成类似人头税的"口米"了。"口米"比"丁租"更为苛重：按丁计征者，次丁、半丁或老疾之类人口不征或少征；按口计征者则不分老幼皆征。事实上，豪强地主占田多而家口少，贫民占田少而家口多，此种税制无异于急刮贫民而缓征豪富。关于纳税手段，仍旧以实物纳税为主。除纳米外，亦可以折纳布或麻、绢、帛、缣等。②

再次是南北朝时期，各国税制杂乱，各行其是。

在南朝，宋、齐两朝大致与东晋后期税制相同。宋武帝大明五年（461 年）诏令"天下民户岁输布四匹"③，这是户调（户税）。至于田租是多少，不清楚。也许此时的户调与田税已经合一。此一时期，户调常以布交纳，故人们常称租税为"租布"、"税布"。如宋文帝元嘉四年（427 年）诏蠲免丹徒县"今年租布"。但元嘉二十六年（449 年）又诏"复丹徒县侨旧今岁租布之半。行所经县，蠲田租之半"④。这里将"租布"与"田租"并列，似乎表明二者并未合一。"租布"即"户租"（户调）。齐武帝永明四年（486 年）诏"扬、南徐二州，今年户租，三分二取见布，一分取钱"⑤。这说明其时户租可以用粟布或钱交纳，但要看国家当年具体规定（或比例）。关于南朝的田租具体标准，《宋书·徐豁传》有"郡大田武吏，年满十六，便课米六十斛；十五以下至十三，皆课米三十斛"之记载，我们可据此推知：武吏耕种郡大田（公田），犹如军屯田，其租税当然高于一般农夫田租。这一数据为我们提供了其时田租的上限：每正丁六十斛，次丁三十斛。但实际上可能远比此低。《隋书·食货志》谓南朝四代一般田租户调税率为："其课，丁男调布绢各二丈、丝二两、绵八两，禄绢八尺，禄绵三两二分，租米五石，禄米二石。丁女并半之……其田，亩税二斗。盖大率如此。"这里的"课"，应是指"户调"，大概是按丁男当户和丁女当户两种情形征收。"其田，亩税二斗"则应是土地税正税。但也可以将此处的"课"仅理解为按人口而缴纳的土地税或人头税，因为南朝时似乎另有按户的贫富程度征收"户调"之法。《宋书》载："取税之法，宜计人为输，不应以赀……（为何）乃令桑长一尺，围以为价；田进一亩，度以为钱；屋不得瓦，皆责赀实。民以此树不敢种，土畏妄垦，栋焚榱露，不敢加泥。"⑥ 这样以田、屋、桑三种固定资产数量为标准来评定"户调"额的办法，又使得户调与财产税难分了。这说明，与两晋时仅按田亩计征户调之制不同，宋、齐、梁、陈时代已经改由计估农户田亩及其他固定资财来定额征收赋税了。既以资财多寡来定，则必有户调之户等，贫户肯定少纳甚至免纳。如齐武帝永明五年（483 年）诏"凡下贫之家，可蠲三调

---

① 《晋书·食货志》。

② 参见《初学记》卷二十七，《宝器部·绢》；《太平御览·百卉二》引《晋故事》。

③ 《宋书·孝武帝纪》。

④ 《宋书·文帝纪》。

⑤ 《齐书·武帝纪》。

⑥ 《宋书·周朗传》。关于宋齐时代以田、屋、桑三者定户调，更可见《南齐书》"明帝纪"和"竟陵王子良传"。

二年"；梁武帝大通元年（527 年）诏"尤贫之家，勿收三调"①。这种计家资定户调额的办法，在梁时有所改变：天监元年（502 年），"始去人（户）赀，计丁为布（租税）"②。这正是"计人为输，不应以赀"。这样一来，户调再次变得与人头税难分了。

在北朝各代，田租户调制度亦各不相同。北魏时期，似乎实行租调合一制。北魏初，对北方游牧族民征收马、牛、羊为赋，对中原诸州民户征收租调。明元帝泰常三年（418 年）"诏诸州调民租，户五十石"③。太武帝延和三年（434 年），"令州郡县隐括（民户）贫富以为三级，其富者租赋如常，中者复（免税）二年，下穷者复三年"④。这应是租调合一，按户等定税额。关于税负定等定额程序及征纳方式，太延元年（435 年），太武帝诏令："若有发调，县宰集乡邑三老，计赀定课，哀多益寡，九品混通，不得纵富督贫。"⑤ 献文帝时令："因民贫富为租输三等九品之制：千里内纳粟，千里外纳米，上三品户入京师，中三品户入他州要仓，下三品户入本州。"⑥ 这是关于民户缴税的具体实施法规中最详细的规定之一：贫者输近处，富者输远处；近者输粟谷，远者可以加工成米以期减轻运动重量。孝文帝初年租调仍旧，"天下户以九品混通，户调帛二匹，絮二斤，丝一斤，粟二十石；又入帛一匹二丈，委之州库，以供调外之费"。这时的土地税全部采取户调形式，并开始有了"户调附加调"⑦。太和八年（484 年），孝文帝又增民户租调额："户增帛三匹，粟二石九斗，以为官司之禄。后征外调帛满二匹。"太和九年（485 年），北魏实行"均田制"。太和十年（486 年），孝文帝根据李冲建议实行"三长制"和租调改革："其民调，一夫一妇帛一匹，粟二石。民年十五以上未娶者，四人出一夫一妇之调。奴任耕婢任绩者，八口当未娶者四；耕牛二十当奴婢八。其麻布之乡，一夫一妇布一匹，下至牛，以此为降。大率十匹为公调，二匹为调外费，三匹为内外百官俸，此外杂调。"⑧ 这是与均田制、三长制相应的新租调合一制。

北齐时期，税制稍作改革："率人一床（一夫一妇为一床），调绢一疋，绵八两。凡十斤绵中，折一斤作丝，垦租二石，义租五斗。奴婢各准良人之半。牛调二尺，垦租一斗，义租五升。垦租送台，义租纳郡，以备水旱。垦租皆依贫富为三枭。其赋税常调，则少者直出上户，中者及中户，多者及下户。上枭输远处，中枭输次远，下枭输当州仓。三年一校焉。租入台者，五百里内输粟，五百里外输米。入州镇者，输粟；人欲输钱者，准上绢

<hr />

① 《南齐书·武帝纪》、《梁书·武帝纪下》。所谓"三调"，可能指户调可以分为粟调、布调、杂调三者，或指以田、屋、桑三者定户调等级标准。又有"三课"之名。参见《南齐书·明帝纪》；曹贯一：《中国农业经济史》，382～383 页，北京，中国社会科学出版社，1989。另注意，《魏书·食货志》有"十匹为公调，二匹为调外费，三匹为内外百官俸，此外杂调"之语，此中"三调"是否与南朝"三调"相似？不清楚。

② 《梁书·良吏传序》。

③ 《魏书·太宗纪》。

④⑤ 《魏书·世祖纪上》。

⑥ 《魏书·食货志》。

⑦ 《魏书·食货志》。户调附加，在南朝宋、齐、梁、陈时有粟调、布调、杂调"三调"。此处"杂调"或许就是"附加调"。

⑧ 《魏书·食货志》。《通典·赋税中》："大率十匹中，五匹为公调，二匹为调外费，三匹为内外百官俸。"此说更准确。

收钱。"① 北齐之制似乎又是将户调与田租二者分开。"垦租"应是土地税正税，"义租"是土地附加租（以备灾荒）。垦租按贫富三个户等分别负担，输送远近不等。"赋税常调"应是指租、调二者，也按贫富三户等负担：财政支出需要较少时只征上户（富户），中多时征及中户，很多时才征及下户（贫户）。户等每三年重新审定一次。租调均可以输钱以代，但要按应交绢匹的最高档次的最高价格交钱。

西魏北周时，"凡人自十八以至六十有四与轻癃者皆赋之。其赋之法，有室者岁不过一绢、绵八两、粟五斛，丁者半之。其非桑土，有室者布一匹、麻十斤，丁者又半之。丰年则全赋，中年半之，下年三之（一？），皆以时征焉。若艰凶札，则不征其赋"②。"有室者"当与北魏、北齐制的一夫一妇或"一床"相同，而"丁者"当与魏、齐税制中的"未娶者"相同。从《隋书》的这一记载看，西魏北周仅有户赋（调），未见"田租"，这似乎又是租调合一了。"非桑土"应指"均田制"中的"露田"，"布一匹，麻十斤"是"露田"的正税（田租）吗？不像是。因为强调"有室者"即成家立户者才征收，应视为正常户调的附加部分。

隋代的田租户调制度沿袭北周之制，亦是建立在均田制基础之上。其制，"丁男一床，租粟三石。桑土调以绢絁，麻土以布绢。絁以匹，加绵三两。布以端，加麻三斤。单丁及仆隶半输，未受者皆不课。"这里的"租"应是田租或土地税，但按户（一床）征收，则是租调合而为一。麻桑之地征绢、布，这是户调加征或附加。开皇三年（583年），减户调一匹为二丈。此外，隋朝有"义仓税"，"上户不过一石，中户不过七斗，下户不过四斗"③。本来是自由捐出备荒性质的义仓（社仓）粮，现在变成国家固定、经常税种了。

唐朝前期实行"租庸调制"。"租"指地租，"调"指户调，"庸"指徭役。三者并为定制，是谓租庸调制。关于"庸"制，我们将在本书第十八章（"征徭兴役"一章）讨论。本章仅讨论"租"和"调"。武德二年（619年）二月高祖诏："每丁租二石，绢二匹，绵三两。自兹以下不得横有调敛。"④ 这标志着土地税制度的改革开始了。关于此次改制的具体内容，《通典》所述较详："武德二年制，每丁租二石。若岭南诸州则税米，上户一石二斗，次户八斗，下户六斗。若夷獠之户，皆从半输。⑤ 这里的"租二石"是按户（及丁）征收的土地正税，即"租"。绢绵为杂调或附加户调，总为"调"。"每丁"当理解为"每户"。少数民族户调减半。武德七年（624年）又定"赋役之法，凡授田者，每丁岁入租粟二石，调则随乡土所产，绫绢絁各二丈，布加五分之一。输绫绢絁者，兼调绵三两；输布者，麻三斤"⑥。"丁岁输粟二斛，稻三斛，谓之租。"⑦ 开元二十五年（737年）又重申武德二年之租庸调制及税率。⑧

除常规"租"、"调"以外，唐代也有土地附加税。如"义仓"或"社仓"捐粮，与隋

---

① ② ③ 《隋书·食货志》。

④ 《新唐书·高祖纪》，《唐会要》卷八十三。

⑤ 《通典》卷六，《赋税下》；《新唐书·食货志》；《旧唐书·食货志》。

⑥ 《旧唐书·食货志上》。

⑦ 《新唐书·食货志》一。

⑧ 参见《通典》卷六，《赋税下》。

代一样，变成国家经常税种，按户等定额征收，曰"地税"。到代宗广德元年（763 年），甚至成为正税，与"庸""调"并列。此外，代宗时又开始征收"青苗钱"，又名"地头钱"。这均是土地附加税。①

在唐代中前期，主要还是实行与均田制相适应的租庸调制。因为实行均田制，每户所占有土地比较均平，故租、调二者都只需按丁按户征收，不需按具体田亩。"有田则有租，有家则有调，有身则有庸。"② 若均田制遭破坏，租庸调制也就无法维持。这正是唐朝中后期改行"两税法"的原因。

德宗大历十四年（779 年），依杨炎建议，实行"两税法"，将一切现行税种全部合为一种，每年夏秋两次征收："户无主客，以见居为簿；人无丁中，以贫富为差。行商者，在郡县税三十之一。居人之税，秋夏两征之，俗有不便者正之，余征赋悉罢，而丁额不废。其田亩之税，率以大历十四年垦数为准。征夏税无过六月，秋税无过十一月。"③ 此即"两税法"。所谓"余征赋悉罢"，是指"其丁租庸调并入两税"或"其租庸杂役悉省"。但"丁额不废"不知何指，难道在"租庸调"之外还有"丁租（赋）"？或应指以此前登记的丁数为两税征收依据，日后加丁不征税？两税法并没有确定统一的税率，而是依"量出制入而赋于人（民）"的原则，以大历十四年（779 年）垦田之数为准而征收。三年一定户等，按户等分摊每年国家财政支出需费。两税法实行之初，民众负担一定程度上有所减轻。但两税以外的附加税或法外科派似乎并未真的省除。如建中三年（782 年），即两税法实施三年后，即下令在全国两税钱内每贯增收二百文④；贞元二年（786 年），德宗又诏准关内河中等道"秋夏两税青苗等钱折纳粟麦"，八年（792 年）又"初增税京兆青苗亩三钱"⑤。咸通七年（866 年），诏放免京兆府及各州县当年及以前积欠的常平义仓斛斗（义仓税）、青苗钱、地头钱等。说明此三种土地附加税种仍在征收。⑥

宋代初承唐代两税制。后来，附加税、杂捐税剧增，使两税制有名无实。"宋制岁赋，其类有五：曰公田之赋，凡田之在官，赋民耕而收其租者是也。曰民田之赋，百姓各得专之者是也。曰城郭之赋，宅税、地税之类是也。曰丁口之赋，百姓岁输身丁钱米是也。曰杂变之赋，牛革、蚕盐之类，随其所出，变而输之是也。"⑦ 这五种赋税中，前三种都与土地有关，都是土地税。征税额以田亩为准，以"税籍"（登记簿）为凭据。田分三等，按等定税。六月一日开征夏税，十月一日开征秋税。各以八月底、十二月底为截止期。夏税主要以绢交纳、以钱计量，秋税主要以粮交纳。收税时使用国家工部下属专门度量衡审制机构"文思院"颁发的"省斛"或"省斗"，这种官斛斗比一般容器小。

宋初税制清轻，杂附极少。太祖时，法制极严，"受民租调，有增羡者辄得罪，多入民

① 参见《唐六典》卷三，《户部》；《通典·禄秩》。
② （唐）陆贽：《陆宣公集·奏议》十二。
③ 《旧唐书·食货志上》，《旧唐书·杨炎传》。
④ 参见《旧唐书·食货志上》。
⑤ 《旧唐书·德宗纪》。
⑥ 参见朱伯康、施正康：《中国经济通史》，上册，611 页，北京，中国社会科学出版社，1995。关于两税的实施效果及两税之外法外加征杂税之情形，《资治通鉴》卷二三三，《唐纪》四九载有德宗贞元三年（787 年）郊猎访农家时，农民赵光奇对德宗反映的事实："前云两税之外悉无他徭，今非税而殊求者殆过于税。"
⑦ 《宋史·食货志》上二，《方田·赋税》。

租者或至弃市"①。太宗时，为保护纳税人民，"民输夏税，所在遣县尉部弓手于要路巡护，后闻扰民，罢之，止令乡耆、壮丁防援"。宋初税率亦低，"二十而税一者有之，三十而税一者有之"。但北宋中期以后，名目繁多的田赋附加或杂税层出不穷，有"支移"、"折变"、"加耗"等等，有"义仓税"和"头子钱"②，还有"杂变之赋"，其中也有按田亩征收者。此外，官田之租税，"每顷输税五分"③，税率高达五成，当然包括佃租和国税二者。有宋一代，豪门大户逃税现象极重，甚至"形势户别立籍"，免税役。贫民多投豪户以免税役。为了清定税田面积及税户，增加税源，防止漏税，北宋时实行了"方田均税法"之改革。所谓方田，即按田地的边长求得面积，清丈田亩，重新登记作为赋税依据。与此相似，南宋时期还实行过"经界法"，亦即查实田亩，均平税租负担，增加国家财政收入。④

　　蒙元政权占据中原后，实行地税和丁税。征服江南以后，实行秋夏两税。初，太宗定每户科粟二石，后增为四石。后又定"利征之法"，"每丁岁科粟一石，驱丁五升，新户丁驱各半之，老幼不与"。前者按户科，是地租与户调合一；后者按丁而征，是丁税。民户甚至在丁税、地税中只需纳一："丁税少而地税多者纳地税，地税少而丁税多者纳丁税。"至元十七年（1280 年），户部再定丁税、地税法例："全科户丁税，每丁粟三石，驱丁粟一石。地税，每亩粟三升。"分民户为全科户、减半科户、新收交参户、协济户四等，丁税、地税各有差等。元两税法仅行于江南，初仅征秋税，成宗元贞二年（1296 年）始制江南夏税，同时停征秋税。"其所输之数，视粮以为差"，即按粮产量征税。"粮一石或输钞三贯、二贯、一贯"，依各州路土地条件而定差等。此外，元代还有"科差"之法，还有所谓"门摊"，其实都是附加户调或摊派。科差所征，一是丝料，一是包银。"其法各验其户之上下而科焉"，如每二户出丝一斤，输于官；每五户出丝一斤，"输于本位"（即本地封君）。包银每户四两，亦纳供国用。元代关于地税的法规相当完备，"逮及世祖，申明旧制。于是输纳之期，收受之式，关防之禁，会计之法，莫不备焉"。凡纳输违期者，"初犯笞四十，再犯杖八十"⑤。

　　明代的田赋或土地税制度，初亦仿唐两税法。明初定田赋税率，官田亩税五升三合五勺，私田每亩减官田二升为税。各地税率按土质、气候有差。除夏秋税粮以外，每户每年还须交纳丝、麻、棉等。税粮亦可以折成银、钞、绢、布等交纳，叫"折色"（交粮则曰"本色"）。洪武四年（1371 年），实行粮长收解制度，即里甲催征，粮长督收解运，府县督察。嘉靖年间，明政府在部分地区试行"一条鞭法"，万历年间推行于全国。这是明代土地税制的一大改革。"一条鞭法者，总括一州县之赋役，量地计丁，丁粮毕输于官……凡额办、派办、京库岁需与存留，供亿诸费，以及土贡方物，悉并为一条，皆计亩征银，折办于官。故谓之一条鞭。"此制即合并赋、役二者，将部分丁役负担摊入田亩或据丁数和田粮征派；又使赋役负担一律可以折成银两交纳；同时废止粮长、里长办赋役的"民收民解"之制，一律由官府直接收办。"一条鞭法"相对减轻了农民的赋役负担。除了土地正税之外，明政府也有许多田赋加派，如万历年间为防后金入侵而增收田赋曰"辽饷"，崇祯年间

---

① ② 《宋史·食货志》上二，《方田·赋税》。

③ 《宋会要辑稿·食货》二。

④ 参见《宋史·食货志》上二。

⑤ 《元史·食货志》一。

为镇压农民起义而加征田赋曰"剿饷"，为训练兵勇而加征田赋曰"练饷"等等。①

清政权入关之初，"天下田赋，悉照万历年间则例征收"，同时免除明代的"三饷"。顺治三年（1646年），令户部汇编《赋役全书》，一切沿袭明万历时期的赋役制度。顺治初年还依苏松巡抚秦世贞建议定征纳赋税手续法例：田地令业主自行丈量，报官注册。官府按田亩额定税粮。官府令民户填俱"易知由单"，详列税户姓名人口田亩之类。届纳税期，官府发出"滚单"催收。收粮时听由民户自行输纳至官仓，官给加印信收据。田赋税率依土壤肥瘠，分为三等九则。丁银的交纳，以贫富上、中、下三户等征收。康熙末年，实行"摊丁入地"的税制改革："令各省将丁口之赋，摊入地亩输纳征解，统谓之'地丁'。"此法先在广东试行，随之四川试行，历经五十余年，直到乾隆四十二年（1777年）贵州实行"摊丁入地"为止，基本上普及全国。与此改革同时，康熙帝多次下诏重申"今后滋生人丁，永不加赋"。这一改革，是明代"一条鞭法"的继续。这标志着赋役合一的彻底完成。但事实上，"摊丁入地"并未实现农民赋役负担的单一化。清代仍有许多田赋附加。如征收"地丁银"（田赋）时要故意多收一点，作为"耗羡"，以备散碎银两转运重铸时损耗。另须由地方政府解交税钱给户部时多交一部分，叫作"平余"，由户部和地方平分。此钱也附于正税加征。还有"漕粮附加"，即凡交实粮为税而须经漕运解京者，须多交一点以备船运损耗。这些都成为经常性田税附加税了。

第二节
历代人头税、户税、杂税征收制度

中国古代的人头税，严格地说，应仅指与土地占有无关而按人头征收的税项。凡与占有土地有关而以丁税名目出现者，并不是真正的人头税，而是土地税的征收方式之一。户税亦然，凡以占有土地为基础而按户征收的，并非户税。即使名称叫作户调或户税，实亦为土地税。因此，严格地说，只有与占有土地无关而按户征收者才应算户税。

本节要介绍的，正是古代中国不与土地占有相联系的人头税、户税及其他杂税的具体征收制度或惯例。

中国户税、口税的起源应上溯至周代。《周礼》载周制有"凡田不耕者出屋粟"、"凡民无职事者出夫家之征"之规定②，近似后世所谓户税和口税。但这仅是惩罚性征税，且非经常之制。

真正的经常性户税、口税可能始自春秋时代。如《国语》载赵简子派家臣尹铎到晋阳去按户征收茧丝或"保鄣"为税③；《管子》载齐国工匠不能服役的要"出夫粟"；又说齐国按人征税，每人三十钱。④ 前者显然是户税，后者显然是口税。齐国还有房屋税、六畜税、

---

①　参见《明史·食货志》二。

②　参见《周礼·地官司徒下》。

③　参见《国语·晋语》。

④　参见《管子·乘马》、《管子·轻重下》。

材木税、织品税、农具税、丧葬税、蚕桑税等等杂税。

战国时期，魏国似亦有口赋："魏之于百姓也，日食不赋鸠，民疫不赋口。"① 秦国可能也有口赋。董仲舒说秦国"田租口赋"之利"二十倍于古"；《大事记》谓"秦赋户口，百姓贺死而吊生。故秦谣曰'渭水不洗口赋起'，即苛政猛虎之意矣"②。商鞅变法时，定"民有二男以上不分异者倍其赋"之制，显然是为了增加户数，增收户税。秦朝时期继续加重口赋征敛，史载秦朝"头会箕敛，以供军费"，"头会箕赋，输于少府"③。所谓"头会"即是按人头征收口赋钱，然后以箕敛之（千钱一箕），此即"以头数出谷，以箕敛之"④。

秦代的人头税率，各地可能不一，如黔中郡是"口岁出钱四十"⑤。除口赋外，秦代亦有户赋（税），《云梦秦简·法律答问》"匿户……非令出户赋之谓也"一语即为证据。关于秦的户税率，无直接材料，秦惠王时定巴蜀地区"户出幏布八丈二尺，鸡羽三十鏃"⑥，可为参考。

汉代的人头税称为口赋、算赋。口赋是对 15 岁以下儿童征收的人头税，又称口钱。初为每口 20 钱，武帝时加至 23 钱。起征年龄初为 3 岁，元帝时在贡禹的建议下改为 7 岁。⑦ 对未成年儿童征收口赋可能自武帝时始，因为武帝以前不见记载。东汉时期，口钱仍在征收。王充《论衡·谢短》中有"七岁头钱二十三，何缘？"此语即为证据。汉代的算赋，始自高祖四年（前 203 年），是年，"初为算赋"，"民年十五以上至五十六出赋钱，人百二十为一算，为治库兵车马"⑧。"贾人与奴婢倍算。"惠帝时，为鼓励人口增长，规定"女子年十五以上至三十不嫁，五算"⑨。文帝时，算赋改为三年一征，年每人四十钱。武帝建元六年（前 140 年），"诏民年八十复二算"⑩，说明其时算赋征收年龄早已超过 56 岁，甚至 80 岁以上还要出算赋。"复二算"，如淳注谓"复二口之算也"，即家有 80 以上老人者，免其家二人之算赋。

除算赋、口赋之外，汉时还有一种人头税附加，曰"献费"。高祖十一年（前 106 年），"令诸侯王通侯常以十月朝献，及郡各以其口数，率人岁六十三钱，以给献费"⑪。这大概不属于中央税收范围，仅是封君的税敛，其目的是助封君向皇帝朝献之费。

最后，汉代还有一种户税："封者食租税，岁率户二百，千户之君则二十万，朝觐聘享出其中。"⑫ 这种户税，不与土地占有面积相联系，有户则出。可能封君所食之租税仅包括

---

① 《文选》笺引《尸子注》。转引自（明）董说：《七国考》卷二，《魏食货》。
② 转引自（明）董说：《七国考》卷二，《秦食货》。
③ 《史记·张耳陈余列传》，《淮南子·汜论训》。
④ 《史记·张耳陈余列传》。
⑤ 《晋书·载记·李特》。
⑥ 《后汉书·南蛮传》。
⑦ 参见《汉书·昭帝纪》注引《汉旧仪》，《汉书·贡禹传》。
⑧ 《汉书·高帝纪》及注引《汉仪注》。
⑨ 《汉书·惠帝纪》及注。
⑩ 《汉书·贾捐之传》，《汉书·武帝纪》。
⑪ 《汉书·高帝纪》。
⑫ 《史记·货殖列传》。

这种户税和"山川园池市井租税之入，自天子以至于封君汤沐邑，皆各为私奉养"① 两种情形，其中户税为封君财政的主要收入，是故汉人封君均以户数别高下大小。② 对于少数民族地区，汉政府还有特殊的人头税政策，如对于武陵蛮，仅令其大口岁输賨布一匹，小口二丈。③

汉代除田租及上述口税、户税外，还有许多杂税（凡不直接与田、口、户挂钩或不按田、口、户征收而主要征自农民者，均可叫作杂税）。汉代的杂税，有武帝时"租及六畜"及武帝至成帝时所征"马口钱"，还有武帝时的"算舟车"。前者是牲口税，"马牛羊头数出税算，千输二十也"④。后者虽实际上是对商贾征收资产税，但"算舟车"的对象不仅是商贾，也包括一般有车者。⑤

魏晋南北朝时期开始了田租、户调、丁税的一体化进程。除常规的田租、户调、丁租之外，口钱或人头税已非各朝代常设税目，户税（与地无关者）甚至基本不征收。关于口钱，十六国时后蜀主李雄曾征口钱，"人口出钱四十六，巴人谓赋为賨（cóng），因为名焉"⑥，即名"賨钱"、"賨布"等。南朝时，齐朝曾"以谷过贱，听民以米当口钱，优评斛一百"⑦。梁朝曾令"逋布口钱、宿债勿复收"⑧。但这仅是齐梁二朝，其他各朝无记录。此外，承汉代算车船之绪，此期也有"赀税"。曹操当政时已令课定户赀，按赀纳税。晋代以后，此税依然。官方核定民户资财，编制"赀簿"，登记各家土地、房舍、牲畜等。刘宋时对于人户占有山泽的数量面积"皆依定额，条上赀簿"⑨。宋文帝时，"有司又奏军用不充，扬、南徐、兖、江四州富有之民，家赀满五十万，僧尼满二十万者，并四分换一。过此率计，事息即还"⑩。这里的"四分换一"是"税"还是"借"，不清楚。但即使是强借，也的确有资产税性质。齐武帝时，顾宪之奏谓："山阴一县课户二万，其民赀不满三千者殆将居半，刻又刻之，犹且三分余一。"⑪ 与前引"四分换一"是否都表示税率？但"赀三千"可能是赀税的起征线。在北朝，北齐曾将民户分为九等，对六等以上的富户令出钱，"乃料境内六等富人，调令出钱"⑫。这更是典型的资产税。

隋唐时代，在田租、户调之外还单独有计民户财产而征的户税及据房屋大小而征收的"间架税"等。隋文帝开皇八年（588 年），高颎奏请"计户征税"，文帝从之。⑬ 其旨在供

① 《史记·平准书》。
② 诸侯受封，曰封于×地，食×万户，或食×千户，或食×百户等等。其所食，大约只是封国（邑）人民的户税（交给封君）。封国人民在向封君交纳户税之外，是否仍与各郡人民一样向中央交纳土地正税？理论上讲，国和郡的人民的赋税负担应该大致均平。
③ 参见《后汉书》卷八十六。
④ 《汉书·西域传赞》，《汉书·昭帝纪》，《汉书·翟方进传》。
⑤ 参见《汉书·食货志下》。
⑥ 《文献通考·田赋考》。
⑦ 《南齐书·豫章王嶷传》。
⑧ 《梁书·武帝纪》。
⑨ 《宋书·羊玄保传》。
⑩ 《宋书·索虏传》。
⑪ 《南齐书·陆慧晓传附顾宪之传》。
⑫ 《隋书·食货志》。
⑬ 参见上书。

给百官俸禄。唐承隋制：长安元年（701 年），武后诏令"天下诸州王公以下，宜准往例税户"①。代宗大历四年（769 年）敕："定天下百姓及王公以下每年税钱，分为九等。"自上上户到下下户各税四千文到五百文不等，现任官九品比同九等户纳税。②"间架税"即房屋税，隋时及唐初中期可能未征收过，唐朝后期始有。建中四年（783 年）始行"间架法"："凡屋两架为一间，屋有贵贱，约价三等，上价（每）间出钱二千，中价一千，下价五百。"此法之行，弊端重重："所由吏秉算执筹，入人之庐舍而计其数。衣冠士族，或贫无他财，独守故业，坐多屋出算者，动数十万，人不胜其苦。凡（隐）没一间者，杖六十，告者赏钱五十贯，取于其家。"此税只征一年，次年即因民怨沸腾而废止。③

五代时期的杂税名目繁多，最为典型的是后晋、后汉、后周三代的"牛皮税"和后唐时期的农具税。牛皮税始于后晋天福年间（936—943 年），起初是无偿征收牛皮，后来是不管有无牛皮都得交牛皮税。后汉时私贩牛皮一寸竟定为死罪。后周时，牛皮税按田亩摊派，凡耕地十顷须交连角牛皮一张，黄牛则另加征干筋四两，水牛加征干筋半斤。直到宋初，川蜀仍须上缴全部牛驴皮革。此外，后唐时还对农民自制农具课税，起初是令农民一律买官制农具，后因百姓不愿买，故改允百姓自铸而交税，于夏秋每亩纳钱一文五分，与两税一起交纳。④

宋代有所谓"丁口之赋"和"杂变之赋"，实际上是人头税和杂税。"丁口之赋"有身丁钱、身丁米麦、身丁绢之谓，以征收品物不同而别。男年 20 至 60 为丁，每丁税钱各地不一，如苏州每丁 200 文，福州 325 文，处州 594 文。北方部分地区也征丁盐钱等，多随两税带纳。⑤"杂变之赋"又名"沿纳"，主要是承袭五代十国之杂税，如在原南唐地区征户口盐钱、耗脚斗面、盐博绸绢、加耗丝棉等 17 种杂税；在两浙地区沿用吴越的"进际税"；在北方地区沿后唐之制征农器税，令随夏税人户每亩纳农器钱一文五分。⑥又有养牛税、牛交易税、牛皮税，皆承北周之制。田租每二百石附纳牛皮一张，角一对，筋四两，或纳钱一贯五百文。仁宗明道年间，三司将各种杂税合并，统称"沿纳"，随夏税征纳。⑦宋代还有城郭之赋，即在城市征收屋税、宅地税等。此外，宋代还有月桩钱、板帐钱等杂税。所谓"月桩钱"，是自绍兴二年（1132 年）开始征收的，旨在补充军饷（军饷每月拨付称为"月桩"）。朝廷起初本来是令江南东路漕司从其掌管存储资金中拨出一部分以助军饷，但漕臣却以此款额摊令各地敛集，于是各地巧立名目敛集于民。后来，江浙及湖南等地亦被令出月桩钱助军，地方官亦照此办理。其征收时所用名目，不是月桩钱，而是借其他名目，如纳醋钱、卖纸钱、户长甲贴钱、保正牌限钱、败诉罚讼钱、胜讼欢喜钱等等。本为一时急调，后来竟成为定期常赋。⑧

---

① 《通典》卷六，《赋税下》。
② 参见《旧唐书·食货志上》。
③ 参见《旧唐书·食货志下》。
④ 参见殷崇浩主编：《中国税收通史》，124 页，北京，光明日报出版社，1991。
⑤ 参见《宋会要辑稿》卷七〇之一一〇，《宋史·食货志上》。
⑥ 参见《宋会要辑稿》卷六三之一六三。
⑦ 参见《文献通考》卷三、四，《田赋》。
⑧ 参见殷崇浩主编：《中国税收通史》，183 页，北京，光明日报出版社，1991。

元代以后再无单独征收人头税、户税之记载，但元代有杂税课征。元代的杂税有畜牧税和各种额外课。畜牧课始于太宗元年（1229年），蒙古民户有马百者输牝马一，牛百者输牸牛一，羊百者输羖羊一。成宗时，所有养畜牲口之家均等交纳此税，见百抽一；不满百者，只要在三十牲口以上亦抽一。元朝时期额外杂课特多，约有三十二种名目，如历日、契本、河泊、山、场、窑冶、蒲苇、房地租、门摊、池塘、食羊、荻苇、煤炭、撞岸、山查、面、鱼、漆、醋、山泽、荡、柳、牙例、乳牛、抽分、蒲、鱼苗、柴、羊皮、磁、竹苇、姜、白药。"房地租"以前七种杂税在腹里各行省都征收；"门摊"以下各种杂税一般分别只在南方一二省或一二路征收，大多是对各地征收的特产税，如襄阳路的羊皮课、彰德路的白药课。这些课税都可视为工商业税课。有些课具体征收什么也不清楚（如牙例、抽分）。①

明清两代也未见征收单独的人头税和户税，但清末出现了许多新名堂的杂捐，如彩票捐、房铺捐、煤炭捐、渔户捐、乐户捐、抽新捐、抽收丝捐、烟膏牌捐、车马捐、猪捐、庙捐等等。还有土药税和印花税等新税种。有些捐税反复征收，民不堪负，奸吏从中大渔其利。②

第三节
历代赋税减免制度和惯例

在特定的情况下减免赋税，以体现朝廷的宽仁，是中国古代税收制度的重要内容之一。

这一制度可能始自周代，《周礼》有所谓"荒政十二"即十二条救济灾荒的政策，其第二条即"薄征"③，就是通过减免赋税来救荒。

春秋战国时代亦有法定赋税减免制度或类似惯例。如魏国，"魏之于百姓也，日食不赋鸠，民疫不赋口"④。意即遇日食则不再加临时征派，有流行病伤民众时则不征人头税。又如齐国，"齐宣王出猎于社山，社山父老十三人相与劳王。王曰：'父老苦矣！'谓左右："'赐父老田不租'。父老皆拜"⑤。君主出猎巡幸之地免租赋徭役之惯例约自此始。又据《国语》，越王勾践为复兴越国，曾下令："当室者死，三年释其政；支子死，三月释其政。"⑥此种因为百姓丧故减免其家赋役的做法，后世很少仿效。

汉代的赋税减免制度相当完备，大概有八种法定的或惯例性的减免赋税情形。

第一是灾歉减免。每逢重大灾荒，皇帝除下令开仓赈济外，还常下诏减免租赋。如昭

---

① 参见朱伯康、施正康主编：《中国经济通史》，下，114～115页，北京，中国社会科学出版社，1995。"抽分"是否指"竹木抽分"？不清楚。

② 参见殷崇浩主编：《中国税收通史》，346页，北京，光明日报出版社，1991。

③ 《周礼·地官司徒下》。

④ （明）董说：《七国考》卷二，《魏食货》引《文选》笺引《尸子注》。

⑤ （汉）刘向：《说苑·善说》。

⑥ 《国语·越语上》。

帝始元二年（前 85 年），因"往年灾害多，多年蚕麦伤"，下诏令"所振贷种食勿收责，毋令民出今年田租"[1]。宣帝本始三年（前 71 年）"大旱，郡国伤旱者甚，（令）民毋出租赋。三辅民就贱（地）者，且勿收事尽四年（师古注：收，谓租赋也；事，谓役使也。尽本始四年而止）"[2]。

第二是行幸减免。如武帝元封四年（前 107 年），"祭后土……赐（附近）三县及杨氏无出今年租赋"。五年（前 106 年），"修封禅，所幸县毋出今年租赋"[3]。神爵元年（前 61 年），宣帝幸甘泉，"（诏）所过毋出田租"[4]。

第三是祥瑞及庆典减免。武帝时曾因几次见到祥光而下诏祥瑞发现地免租赋。[5] 又如宣帝本始元年（前 73 年），"凤凰集胶东、千乘"，下诏"租税勿收"。甘露三年（前 51 年），"凤凰集新蔡"，宣帝诏"毋出今年田租"[6]。

第四是新皇即位或改元时亦减租赋。如惠帝即位时下诏减租赋。后汉光武帝建武三十二年（56 年）改元建武中元时，大赦天下，并"复博、奉、高、赢，勿出元年租稿"[7]。

第五是助军有功之地民赋减免。如高祖二年（前 205 年），以"蜀汉民给军事劳苦，复勿租税二年"。高祖十一年（前 196 年）伐陈豨，令"诸县坚守不降反寇者复租赋三岁"[8]。这种减免是一种奖励，亦是为了息民苏困。

第六是君主故乡免租赋。如高祖十二年（前 105 年），以故乡沛、丰为"汤沐邑"，"复其民，世世无有所与"[9]。光武帝时令"复"其故乡汝南郡南顿县，亦是如此。[10]

第七是移民垦殖租赋减免。汉文帝时，晁错建议募徙人民实边，"复其家，予冬夏衣，廪食，能自给而止"。文帝从之。[11] 东汉章帝时曾以"贳（贷）与田器，勿收租五岁，除算（算赋）三年"为条件奖募农民徙往荒地开垦。[12]

第八是其他各种奖励性减免。比如，有孝弟、力田减免，如惠帝四年（前 191 年），令"举民孝弟、力田者，复其身"[13]。有民产子奖复，博士弟子奖复，通经者奖复，节妇奖复，入粟助边者奖复，养马者奖复等等。[14] 所谓"复"，如不具体注明"复租税"或"复勿事"时，应指兼免赋税徭役二者。

此外还有优恤性减免，如"文帝礼高年，九十者一子不事，八十者二算不事"，武帝时

---

① 《汉书·昭帝纪》。

② 《汉书·宣帝纪》。

③ 《汉书·武帝纪》。

④ 《汉书·宣帝纪》。

⑤ 参见《汉书·武帝纪》。

⑥ 《汉书·宣帝纪》。

⑦ 《后汉书·光武帝纪》。

⑧⑨ 《汉书·高帝纪》。

⑩ 参见《后汉书·光武帝纪》。

⑪ 参见《资治通鉴》卷十五，《汉纪》七。

⑫ 参见《后汉书·章帝纪》。

⑬ 《汉书·惠帝纪》。

⑭ 分别参见《汉书》之《高帝纪》、《儒林传序》、《平帝纪》、《食货志》等。据《晋书·食货志》谓，"民有产子者复以三年之算"乃始于汉光武帝。

"民年八十复二算"①。又如宗室、功臣后裔、三老等亦以终身"复"或"复十年"为优待。②

晋代租税减免制度，史籍记载者约有以下数端：一是国家庆典时减免，"国庆、即位改元，复天下租赋及关市之税一年"。二是因灾害减免。孝武帝宁康二年（374 年），令："会稽遭水之县尤甚者，全除一年租布，其次听除半年。"太元四年（379 年）又令"郡县遭水旱者减租税"。兵灾、寇害也可减租税。如泰始六年（270 年），"复陇右五郡遇寇害者租赋"。三是奖励性减免，如"孝行尤甚者，蠲其徭。赋，赐谷帛"，"家有五女者给复"③。

唐代的租税复除制度基本上仿汉代。

第一，唐时最重视的是因灾荒减免租税之制。"水、旱、霜、蝗耗十四者，免其租；桑麻尽者，免其调；田耗十之六者免租调，耗七者课役皆免。"第二，新征服或归附地区的农户，包括少数民族民户，亦有减免租税之制："凡新附之户，春以三月免役，夏以六月免课，秋以九月课役皆免。""四夷降户，附以宽乡，给复十年。"甚至规定"蕃胡内附者"永远半额租税优待。第三，奴婢解放为良人者，"给复三年"④。第四，朝廷还以免税役来吸引因战乱、灾荒外逃民户归籍："没外蕃人，一年还者给复三年，二年者给复四年，三年者给复五年。"此制玄宗开元年间实行甚力。⑤ 第五，狭乡迁宽乡免减租税。"人居狭乡乐迁就宽乡者，去本居千里外，复三年；五百里外复二年，三百里外复一年。"⑥ 这是以免减税赋鼓励民户迁垦新地区。第六，官僚、贵族减免租税，自太皇太后、皇太后，皇后缌麻上以上亲属，到内命妇一品以上亲属，郡王及五品以上祖父兄弟，职事勋官三品以上若县男父子，等等，皆免课役。⑦ 第七，士人及孝义者减免。国子（监）、太学、四门学生，俊士、孝子、顺孙、义夫、节妇同籍者，皆免课役。⑧

明清时代，因基本上按土地占有数征税，不同于唐宋时代主要按人口、民户等级征税的制度，故其减免税制主要与土地状态相联系。以清制为例，清《户部则例》规定，"各省社稷、山川、学校、先圣先贤庙基、祭田，并一切祠墓、厉坛、寺观等地，概不科赋"。民众"捐置义冢、庙宇田地"，其开垦零星荒地（面积不足一定亩数者），都可以免赋税。⑨ 除此之外，清代的蠲免制度甚繁，主要有以下几种减免。一是因灾异减免租税。如乾隆五十九年（1794 年）因月食而下诏"普免天下应征漕粮"，又蠲免各省人民历年积欠租赋。二是因灾荒减免。如乾隆元年（1736 年）河南水灾，诏将受灾州县"额赋永远豁除"。三是庆典恩免租赋。如乾隆五十五年（1790 年），因皇帝八十寿辰，令将当年"各省应征钱粮通行蠲免"。道光二十年（1840 年）因皇太后七十寿辰而下令"所有各省节年正耗民欠粮钱，及因灾缓征带征银谷，并借给籽种、口粮、牛具"等等，一并"全行豁免"。这类蠲免，有时甚

---

① 《汉书》"贾山传"及"武帝纪"。
② 参见《汉书·文帝纪》，《汉书·宣帝纪》，《汉书·高祖纪》。
③ 张鹏一：《晋令辑存》，147～150 页，西安，三秦出版社，1989。
④ 《新唐书·食货志》一；《唐会要》卷八十三；《唐六典》卷三。
⑤ 参见《新唐书·食货志》一；《旧唐书·食货志上》。
⑥ 《通典》卷六，《食货》六，《赋税下》。
⑦⑧　参见《新唐书·食货志》一。
⑨　参见《大清户部则例》卷七，《田赋》二上。

至可能包括同时免除佃户向地主交佃租的义务。如同治十二年（1874 年）李鸿章曾奏请蠲免"直（省）民佃旗地者"，请"将直隶各州县同治六年以前实在民欠各项旗租……一体豁免"，朝廷从其议。① 这里的旗地，可能包括八旗公地及旗民私地二者。朝廷下令免除私人债务，这是少见的。清代于灾荒减免租税时，特别注重官吏现场勘查。清律规定："凡部内有水旱霜雹及蝗蝻为害，一应灾伤（就减免之）田粮，有司官吏应准告而不即（时）受理申报检踏，及本管上司不与委官覆踏者，各杖八十。若初覆检踏，官吏不亲诣田所，及虽诣田所（而）不为用心从实检踏、止凭里长甲首朦胧供报"，而有"以熟作荒，以荒作熟"之"增减（受灾）分数、通同作弊、瞒官害民者，各杖一百，罢职役不叙"②。初勘而后上司必须覆勘，谎报者受惩。可见其制设计之严密。

第四节
历代税收管理体制及相关罚则

我国古代的农业税收管理体制，亦即税收机关及有关管理制度，最早见于《周礼》。《周礼》载，周代中央税收主管官员是地官司徒，其下属有征税之职责者甚多，如"载师"掌区分田土等差，制定赋税额；"闾师"掌都城及四郊人口管理及赋税征收；"县师"掌邦国人畜管理，核准赋税遗漏；"角人"掌山川征税；"泽虞"掌池泽征税；"廛人"掌市税；"司关"掌关税等等。但并无专职的农业税征收官员，都是地方行政官兼税官。《周礼·地官司徒》所谓"乡八刑"中的"不恤之刑"，可能包括对官吏"不恤"民众、滥征赋税行为的惩罚。

秦汉时代的税收管理机构，分为两类。一类是皇室税收管理机构，即少府，主要掌管皇家"山川园地市井租税之人"，包括天子"汤沐邑"之税收，作为皇帝私费。③ 二类是国家税收管理机构。在中央，有治粟内史，似乎是以税收为主要职责的官员，其属官有太仓令，均输平准官等。汉景帝时，改治粟内史为大农令，汉武帝时又改为大司农，且其职责似大为增加，成为全面管理农业事务的官员。在地方，税收事务均由郡县长官负责，其下设属员专管此事。在县以下的乡中，设"啬夫"等主管征收赋税，"为赋多少，平其差品"。另有"乡佐"也"主民收赋税"④。

秦汉时代税收管理法制相当齐备。

关于秦汉两代的税收法制，我们可以通过遗留的秦汉法律简牍略加考察。比如秦代的税收法制，《云梦秦简》中可见秦代的《田律》、《关市律》、《金布律》、《仓律》、《厩苑律》等等，均或多或少与税收有关，可据以略微考察。如《仓律》规定："入禾仓，万石一积，而比黎之为户。县啬夫若丞及仓、乡相杂以印之。"又如《金布律》规定："官府受钱者，

---

① 参见《大清户部则例》卷八十三，《蠲恤》一。
② 《大清律例·户律·田宅》。
③ 参见《史记·平准书》。
④ 《秦会要·职官》上，《汉书·百官公卿表》。

千钱一畚（箕），以丞、令印印。不盈千者，亦封印之。"这均是关于官府征税收得的钱粮如何保管的法律规定。汉代的《金布律》、《田租税律》、《上计律》等与税收有关。①

秦汉两代开始建立了相当完善的上计制度，这是完善国家税收制度的关键。秦时，郡守"常以春行所主县"，"秋冬遣无害吏（到属县）案讯诸囚"，"论课殿最"，"岁尽，遣吏上计"②。这是对地方官治民征税政绩进行年度考察，年终上报朝廷。汉制规定，"秋冬岁尽，各计县户口、垦田、钱谷出入，盗贼多少，上其集簿"。此种统计簿先上报"所属郡国"③，各郡及封国均设有上计吏，将各县情况汇总上报中央。皇帝往往要亲自召见上计吏，称为"受计"。皇帝若怀疑上计不实，还派遣"御史察计簿……使真伪勿相乱"④。其上计制度虽非专为税收而设，但对税收机制的完善而言至关重要。汉律中与税收相关的罪名有"擅兴徭赋"和"度田不实"：前者是惩罚官吏法外加征赋税于民，后者是惩处官吏为民度量田地（以定税额）时的舞弊行为。⑤

魏晋南北朝时期的税收管理体制与汉代相比变化甚大。曹魏时始有尚书省，尚书令下设吏部、左民、客曹、五兵、度支五尚书，其中度支尚书专掌财政税收。其时大司农一职尚在，但权力大为缩小，仅为收粟（农业税的一部分）之官。其他各朝官制大致若此。在地方，县级是税收的基本单位。首先是县令必须负责本县民户田亩资产的评估作为定税额之基础。如建安年间，曹操为司空，为作表率，乃"以己率下，每岁发调，使本县平赀"⑥，即让其家乡所在县官评定其家产，照章纳税。北魏太武帝太延元年（435年）诏曰："若有发调，县宰集乡邑三老计赀定课，衰多益寡，九品混通，不得纵富督贫，避强侵强。"⑦ 这里规定县官必须召集乡"三老"一起评定民户家产，要评出民户自上上至下下九等，级差征税。其次是编定户籍，清理脱籍民户，以保证税收来源。如东晋时，山遐为余姚令，因"豪族多挟藏户口，以为私附，遐绳以峻法，到县八旬，出口万余"⑧，意即使万余民户恢复单独户籍，增加了国家税收来源，故被视为政绩之一。这种以增加纳税户为目的的清查户口运动，其主要执行者就是县级政权。此举有时称为"大索貌阅"。各地税赋征集后，或转军事要地耗用，或上送至京师。其中送中央者，钱入少府，谷入司农，分别存管。度支尚书总其出入。

隋唐五代时期的税收体制为此后千余年定下了基调。隋唐中央六部中，隋朝是度支部掌税收财政，唐是户部掌财税，仅名称有异。在度支部或户部之下，又设有若干分衙各司其职，如唐代在户部下设户部、度支、金部、仓部四部。户部掌全国户口统计、田赋、劳役和贡献的费用等事务；度支部掌管全国租赋的账目；金部掌珠宝物资的库藏和度量衡等事宜；仓部掌全国各官仓的储粮收支事宜。有时，为了加强税收的管理，朝廷还临时派遣

---

① 参见（清）沈家本：《汉律摭遗》卷十八。

② 《续汉书·百官志》。上计制度始于三晋，韩赵魏均有上计之例。参见马非百：《秦集史》，下册，499页，北京，中华书局，1982。

③ 《后汉书·百官志》五注引胡广语。

④ 《东观汉纪·樊显》；《汉书》之武帝纪、宣帝纪。

⑤ 参见《史记》卷十八；《汉书》卷十五、十九；《后汉书》卷一、七十七。

⑥ 《三国志》卷九，《曹洪传》注引《魏略》。

⑦ 《魏书》卷上，《世祖纪上》。

⑧ 《晋书》卷四十三，《山涛传附孙遐传》。

户口使、租庸使、转运使等到各地监督指挥税收事务。在地方，正常行政层级是州县两级，道（节度使）似不是一个真正的行政区划等级。州县财政由户曹司户参军和仓曹司仓参军分别负责。

隋唐时期的税收管理机制的一个最大变化是，自唐开始设立了专门的审计机构，负责对财政税收情况进行审计。审计机构不设在户部内，而设于刑部之中，称为"比部"。各地的赋税总额、征收与使用，均由比部不受户部干扰地独立审核。

隋唐时期赋税收入的管理、支配制度也比较发达。两税法实施前，中央统一控制税目制定权及税入使用权与赋税放免权。租庸调统一由中央调配使用，地方不许直接留用。赋税收入输入京师的部分，凡折为钱币者均入太府寺下的左藏库即国库，这与皇室的私库即大盈库是分开的。不过，对于户税与资课，州县可以依额留下一部分作为公费。实行两税法以后，地方权力扩大，地方所征全部赋税分为三部分：一部分留为地方公费；一部分解交诸道节度使，作为中央在各道的支出；其余全部上交中央。中央只规定各州两税定额，具体税户查登及各户税额的确定完全是地方的事情。但地方并非随心所欲确定，而是要报账册到度支部，"具来岁课役以报度支"。同时，税额、税种也只能依国法确定，还要公布："凡税敛之数，书于县门、村坊，与众知之"，以期共同监督。① 违法滥行征敛或滥行减免者，包括当依法减免赋税而不予减免者，唐律均有明刑，如应予百姓减免赋税优待而故意不给者，徒二年；不应减免而减免者，亦徒二年。又规定，"差科赋役违法及不均平者，杖六十。若非法而擅赋敛，及以法赋敛而擅加益，赃重入官者，计所擅坐赃论；入私者，以枉法论"。还规定，官吏应"输课税之物违期不充（不征输齐足），以十分论，一分笞四十，一分加一等"。百姓逃税、拖欠税均有罚："户主不充者，笞四十。"②

两宋时代，中央税收管理机构，起初是三司。三司长官是三司使，称为"计相"，统管财政税收。其下辖盐铁、度支、户部三机构，分掌商税、手工业税、农业税等。王安石变法以后，财税管理权转归尚书省户部。户部下设左右二曹，其中左曹主掌秋夏二税。南宋时，又在全国设四个总领所，分掌各路上供财赋，是为户部的派出机构。在地方，税收管理基本上是路、州、县三级。路是中央的派出机构，并非寻常行政区级。中央派往各路的主要有"四司"，其中与税收相关的有管理财政兼监察地方官吏的"转运使"，人称"漕臣"；有管理常平救济、农田水利等事务的"提举常平司"，人称"仓臣"。在各州，除州县长官负责外，专设曹官、司户参军专办户籍、赋税、仓库出纳等事。在县级，县令长之外主要由县丞、县主簿等办理钱粮事务。乡里则设里正、户长、乡书手、甲头、大保长之类催收粮钱。在管理体制上，宋代的最大创举是设立了专门的审计衙门。宋初，仿唐代，在刑部中设比部。南宋时更进了一步，设立专门财赋监督机构，名"审计司"。审计司主要审查州县的赋税及办公费账簿，以防营私舞弊。宋代违反税赋法制之罚则基本上沿袭唐律。③

元代税收管理制度比较杂乱。起初，皇室财政与国家财税不分，至元年间始区分二者。皇室赋税主管机构有宣徽院、太禧宗禋院、中政院、储政院、内宰司、总管府、度支监等。

---

① 参见《新唐书·食货志》一。

② 《唐律·户婚中》。

③ 参见《宋刑统》卷十三，《户律》。

国家中央税赋管理机构初有"制国用司"，后改为尚书省，专理财赋。后又以中书省户部主管天下户口、钱粮等。其下设大都宣课提举司、大都酒课提举司、山东等路转运盐使司等。此外，其他中央直属机构如兵部、工部、刑部、枢密院、宣政院等也各主持与其职权相关的一部分征收，实际上亦有征税职能。元代地方税收，由行省统领。行省下设各类农业税、工商税提举司。行省以下设路，各路设总管府，专掌民政及税课征调事宜，置提领、大使、副使各一员主持本路赋税。府、州、县税收事务由长官负责，县以下乡、都设里正，以兼领赋税事。后又实行村社制，五十户为一社，设社长，亦以征调税役为主要职责。元代的违反税赋制度之罚则大多仿宋制，无正式法条，但将宋及宋以前案例汇整便参照适用，故不赘述。

　　明代的中央财政税收管理机构为户部，不过此时户部已不是中书省的户部，是撤销中书省后直接对皇帝负责的户部。户部下设十三个清吏司，分管各省赋税。每个清吏司下设民、度支、金、仓四科，分管各类赋税。在地方，各省以承宣布政使司主管赋税。在各府，除知府外亦有专官管理籍账、赋役、仓库事务，同时专设税课司。县以下各级管理体制同于前代。为了加强税收管理，使其进一步规范化，明中央政府制定了统一的账簿格式，颁行全国。规定各地须每日登记，定期选派官员送到户部备查。这种账簿称为"印信文簿"，有国颁标准性质。至于违反税收制度之罚则，主要有以下两项。一是惩治官吏科征赋役时作弊。《明律》规定若官吏科征赋役不均，许民上告，官吏杖一百；上司不受理者杖八十。[①]二是民户欺隐田粮即逃税。《明律》规定，依隐瞒亩数多少论罪，罪止杖一百，并没收其田。[②]

　　清代中央税收管理机构基本上与明代一样。其地方税收管理机构，亦即其地方一般行政机构，有省、道、府、县四级。清代的道，与明代不同，成为以管理财政税收事务为主的专官。特别是有专门的督粮道、盐法道、茶法道，专掌一道一省赋税。县以下管理与明代略同。值得注意的是县令长均以幕友专理赋税事务，如钱谷师爷、账房师爷，既像县官私人秘书，又像税收、会计专员。至于违反税制之罚，《大清律》的规定与《大明律》雷同。其《户部则例》中关于违制的具体标准规定得相当仔细。[③]

---

①　参见《大明律·户律·户婚》。
②　参见《大明律·户律·田宅》。
③　参见《大清户部则例》卷八，《田赋》二下。

第十八章

征徭兴役：传统中国的徭役行政制度

　　为了国家的各种需要，中国历代政权均需大量无偿征用老百姓的劳动力。这就是古人通常所称的"征徭兴役"。这些无偿征用的劳力主要用于运输军需、修筑军事设施、兴修水利工程、兴修皇家建筑（宫殿、陵墓、苑囿、楼台）、兴修官府楼舍、开垦荒地、修筑桥梁道路等等。为了对这类力役的征调进行管理，中国历代政权均制定了相关的法规。这是中国古代行政法律制度的主要方面之一。从力役的征调使用中，我们更可以看到中国古代官民关系的模式和规律。

　　本章主要探讨传统中国的徭役行政制度，亦即国家调用民力从事国家工程的行政法律制度。关于徭役，历史上从来都是与赋税联系在一起的，并称"赋税徭役"或"赋役"。但是，我们应该注意到，徭役仅仅是对人民劳动力的征调，与征收实物或货币的赋税毕竟有很大的不同。而且，徭役一般也不与土地或收获物的面积数量相联系，仅仅与人民的人口数量和年龄及身体状况等相联系。因此，为了进一步深入认识中国古代行政法律制度的各个具体方面，我们有必要对徭役制度单独加以探讨和认识。

第一节
徭役的制定及役龄役期

　　徭役实际上也是国家的税收种类之一，不过是以劳力的方式交纳罢了。起初，徭役与赋税大约是不分的。唐宋以后，均允许交纳金钱折抵徭役，这样一来徭役和赋税更无明显差异了。徭役既然实为税收之一，则其制定权当然必须操诸国家，由国家来确定征收种类和征收额，而不能允许地方官吏或豪强滥征。

　　中国古代徭役的制定，即征役种类、征役额、免役待遇等等制度的确定，是国家立法的重要内容之一。历代的力役规定本身就是中国古代行政法律制度的重要方面。一般说来，中国历代的政权是依据人民的户内人丁数、年龄、健康状况等等因素来确定人民的力役额的。

中国的力役制度最早始于何时？今不可考。我们认为，其至在国家前身即部落联盟时代就有此较固定的力役征用惯例。到了夏代，有"五十而贡"之制，与之配套的必有兵役、劳役制度。商代有"七十而助"之制①，这是"力役地租"制度，命农民以无偿耕种公田的方式交纳地租，可以视为徭役制的正式起点。这一起点表明力役与赋税同源。周代，孟子谓"有布缕之征、粟米之征、力役之征"②，开始将赋税、徭役二者有所区分。此时的"力役之征"，并非指"八家同耕公田"、"百亩而彻"那种沿自商制的"井田制"下的力役地租，而是指除此之外单独依据人丁数课征的各种力役。孟子的这种说法，仍说明其时力役与赋税分不清。

《周礼》载周代徭役制度甚详。关于力役义务人，周制"国中自七尺以及六十，野自六尺以及六十有五，皆征之"③。服力役的起始，论身高不论年龄，这是很有趣的。但《汉书·食货志》谓周制"七十以上，上所养也；十岁以下，上所长也；十一以上，上所强也。"这也许是对周代服劳役年龄的另一种表述，即七十以上、十岁一下均免役，十一岁至六十九岁则应服劳役。关于每户出力役的人数，周制规定："上地家七人，可任也者家三人；中地家六人，可任也者二家五人；下地家五人，可任也者家二人。凡起徒役，毋过家一人，以其余为羡。唯田与追胥竭作。"④ 家有七丁而耕上等土地者，每年应承担三丁之劳役；家有六丁而耕中等土地者，每年应负担二丁半劳役；家有五丁而种下等土地者，每年应承担二丁之劳役。凡为徒役（戍边、修城防、运军费等）而征调民夫，每家每次不超过一人，其余为额外备用。但田猎和追捕盗贼时，则不受此限，全可调遣。关于每丁每年的服役时间，周制规定："凡均力政（征），以岁上下，丰年，则公旬用三日；中年，则公旬用二日；无年，则公旬用一日焉。"⑤ 这大致是规定：丰年以 30％ 的时间为劳役日，中等年头以 20％ 的时间为劳役日，荒年以 10％ 的时间为劳役日。也可能是指每年的劳役时间按照丰年、平年、荒年区分，分别是三十天、二十天、十天。⑥

秦代的徭役空前繁剧："秦用商鞅之法，月为更卒，已复为正。一岁屯戍，一岁力役，三十倍于古。"⑦ 汉人师古谓秦制有"更卒"、"正卒"之别。所谓"更卒"，是服役于郡县，"一月而更"；"正卒"是服役于中都官（京师及中央差役）。汉人如淳注《史记·项羽本纪》谓"律，年二十三，傅之畴官，各从其父畴内学之"。《文献通考》谓："凡民年二十三，附之畴官，给郡县一月而更谓'更卒'，复给中都一岁谓'正卒'，复屯边一岁谓'戍卒'。"有人认为这记载了秦代徭役制度大概情形。⑧ 但谓秦民 23 岁始服徭役，令人不信。所以有

---

① 参见《孟子·滕文公上》。

② 《孟子·尽心下》。

③ 《周礼·地官司徒·乡大夫》。

④ 《周礼·地官司徒上》。

⑤ 《周礼·地官司徒下》。

⑥ 北周时，"凡人十八以至五十有九，皆任于役。丰年不过三旬，中年则二旬，下年则一旬。凡起徒役，无过家一人"。北周政权号称仿行周朝制度，所以"旬用三日"、"旬用二日"、"旬用一日"可以据此理解为三旬、二旬、一旬。

⑦ 《汉书·食货志上》，《汉书·景帝纪》师古注。

⑧ 参见《文献通考·兵考》一；（清）孙楷：《秦会要》卷十六，《民政·徭役》。

人认为这里记载的是汉昭帝以后的徭役制度。① 又，秦始皇十六年（前 231 年），"初令男子书年（龄）"②，即首次对男丁进行年状登记，显然是役民名单审查登记，时称"傅籍"。据《云梦秦简》中的《编年纪》所载，墓主"喜"到始皇元年（前 246 年）实满 15 岁，即"傅籍"③，说明秦时始役年龄是 15 岁，而不是 23 岁。

汉初徭役制沿袭秦制，仍以 15 岁傅籍、60 岁免役，直到景帝二年（前 155 年）才有改革："令天下男子年二十始傅。"④ 昭帝时因"哀怜百姓"，将令"宽力役之政"，规定"二十三始傅，五十六而免"⑤。所以，元人马端临《文献通考·兵考一》中所谓"民年二十三附之畴官，给郡县一月而更，谓卒；复给中都一岁，谓正卒；复屯边一岁，谓戍卒"，应当是指昭帝以后的情形。但《汉书·昭帝纪》如淳注谓汉代"更役"有"一月一更"的"卒更"和"天下人皆直（值）戍边三日，亦名为更"的"戍更"两种。估计"卒更"主要指在内地服力役，"戍更"则必须到边塞戍边。前者每人每年一月，后者每人每年三日。这与《文献通考》所记"正卒"、"戍卒"期日大不相同。

三国两晋时期，人民的徭役负担亦十分繁重。曹魏时，"百役繁兴，作者数万，公卿以下至于学生莫不尽力"。为此，大臣王肃上疏请求明帝"深愍役夫之疲劳"，减轻力役，"使一期而更之，咸知息代有日"⑥。这表明在明帝之前，曹魏政权竟无法定的徭役期限，也无常设的免役制度。两晋时，徭役亦重："古者使人，岁不过三日；今之劳扰，殆无三日休停。至有残刑剪发，要求复除。生儿不复举养，鳏寡不敢娶妻。"⑦ 两晋时，男子 16 岁以上即服全役，至 60 岁乃减，甚至 13 岁至 15 岁之儿童少年及 61 岁至 65 岁之老人亦要服半役，仅 12 岁以下 66 岁以上方可免除徭役。⑧ 这比西汉时代更为苛重。

南北朝时期因连年战乱，徭役更为苛重。

南朝时，初沿东晋役制，但战事频繁时根本不顾制度。刘宋徭役制度，一般规定男丁每年服役 30 天；此外 18 人共出一运丁服转输之役。但事实上徭役远重于此。宋文帝（刘义隆）时，"（民）或年几八十，而犹伏隶；或年始七岁，而已从役"。行征参军沈亮建议"书制休老以六十为限，役少以十五为制"，结果不了了之。元嘉年间，卫将军王弘建议"以十五至十六为半丁，十七为全丁"，文帝似接受了其建议。⑨ 但实际上徭役繁累未减："田野百县，路无男人；耕田载租，皆驱女弱"。民众为避徭役，纷纷逃亡入夷地。⑩ 齐时大约每年每人服役 20 日。陈朝时，皇帝曾下诏："军士年登六十，悉许放还；巧手于役死亡及与老疾，不劳订补。"⑪ 这表明陈朝徭役有所减轻。此外，南朝时期征用丁役有"三五属

① 参见朱伯康、施正康主编：《中国经济通史》，上册，295～296 页，北京，中国社会科学出版社，1995。
② 《史记·秦始皇本纪》。
③ 高敏：《云梦秦简初探》，16 页，郑州，河南人民出版社，1979。
④ 《汉书·景帝纪》。
⑤ 《盐铁论·未通》。
⑥ 《三国志·魏志·王朗王肃传》、《高堂隆传》。
⑦ 《晋书·范汪范宁传》。
⑧ 参见《晋书·食货志》。
⑨ 参见《南朝宋会要·民政·徭役》。
⑩ 参见《宋书·沈攸之传》及《宋书·荆雍州蛮传》。
⑪ 《南朝陈会要·民政·徭役》。

官"之制，即于抽调民丁时，家有三丁者征发其一，有五丁者同时征发其二。① 此外，南朝时期，妇女也要服劳役，是这一时期徭役制的一大特征。如刘宋时即有令妇女充役之事，梁时郢州"至以妇人供役"。梁武帝大同七年（541 年）曾"诏停在所役使女丁"，仅停止皇帝所至之处役用妇女，其他役用依旧。南齐时曾令"民产子者，蠲其父母调役一年"，说明妇女仅能在产子后免服役一年，其余时间不免。陈文帝时曾令"夫妻三年，于役不幸者，复其妻子"②，这表明仅有婚龄三年以上的妇女才有可能在其夫死于徭役时得到"复"（免税役）之优待，否则夫死之寡妻亦不免一日之役。从这些优奖抚恤之诏里我们看到的竟是这样惨酷的事实。自秦二世时征调"丁女转输"以来，这是中国史上第二个大规模役使女丁的时期。

在北朝，北魏实行均田制，其徭役义务与受田资格相应。15 岁以上直至 60 岁，均受田，并有服徭役义务。11 岁以上及残废者授"半夫田"，是否也负半役义务？很可能。③ 北齐亦实行均田制，其役龄有所放宽，18 岁以上才服全役，16 岁～17 岁服半役，15 岁以下 60 岁以上免役。北周时，"凡人十八以至五十有九，皆任于役，丰年不过三旬，中年则二旬，下年则一旬。凡起徒役，无过家一人"④，基本上承袭魏齐之制而有放宽。

隋代法律规定人民"十八以上为丁，丁从课役；六十为老，乃免。"开皇三年（583 年），文帝令"军人以二十一成（疑为戍）丁"，大概是从以前的 18 岁即可服兵役或戍役，现在放宽至 21 岁。又"减十二番每岁为二十日役"，就是将 12 丁轮戍边塞一年之制改为每丁每年戍 20 日（实即改为 18 丁轮戍一年）。开皇十年（590 年），文帝又令"百姓年五十者，输庸停防"⑤，大约是允许 50 岁以上即免除徭役或纳资免戍役。炀帝即位，"乃除妇人及奴婢部曲之课"，这表明到炀帝时才废除南北朝时期甚苦百姓的征役妇女之制，或者表明到此时妇女、奴婢、部曲等的租税、徭役义务全部免除？我们以为应是仅免役，不免课税。因为在北朝时期和唐代，丁女、部曲都有课（赋税），尤其是人头税，隋代不可能独免。大业三年（607 年），因北筑长城、南修运河而导致"丁男不给，仍以妇人从役"，这更说明两年前所除者仅为妇女的徭役义务，至此又恢复了。另，炀帝还曾令"男子以二十二成丁"⑥。这是以 22 岁才征戍役，还是以 22 岁才视为全丁征赋税徭役？我们以为应是前者。

唐朝的役制始定于武德七年（624 年）："凡丁岁役二旬。若不役，则收其庸，每日绢三尺。有事而加役者，旬有五日免其调，三旬则租调俱免。通（计）正役，并（共）不过五十日"⑦。这就是唐代"租庸调制"中的"庸"制。看来，不但徭役可以"输庸代役"，而且可以"以役代租调"。至于规定代替租调的加役时间与每年正役 20 日的时间加在一起不准超过 50 日，这是防止因徭役耽误农作。关于役龄，初制，"二十一为丁，六十为老"；中宗

① 参见《南齐书》卷四十六。

② 《梁书·安成王秀传》，《梁书·武帝纪下》，《南齐书·明帝纪》，《陈书·世祖纪》。

③ 参见《魏书·食货志》。

④ 《隋书·食货志》。

⑤ 《隋书·食货志》。又《北史·隋文帝纪》："制：人年五十，免役收庸。"

⑥ 《隋书·食货志》。

⑦ 《旧唐书·食货志》。《新唐书·食货志》一作"用人之力，岁二十日，闰加二日。不役者日为绢三尺，谓之庸。有事而加役二十五日者免调"。

韦皇后秉政时一度改为 22 岁为丁，58 岁为老，不久复旧。玄宗时，"又降优制，以十八为中男，二十二为丁"①。代宗时，又定制"男子二十五为成丁，五十五为老，以优民"②。总之，唐代徭役制的确比此前各代大为放宽。唐中后期实行两税法之后，代役之"庸"纳入两税中收取，因此正役即完全纳入了地租。边戍及重大工程所需役夫大概全由国家以资雇佣了。但各类杂徭役、杂色役依旧存在，且一般不得以资代役。

宋初因唐代之制，原来的正役亦纳入"两税"解决。但正役之外，唐代称为小徭役（杂徭役）或杂色役者，在宋代不断扩大，几乎变成了苦累人民最甚的正役。关于役龄，宋代以男夫 20 岁为丁、60 岁为老，60 岁以上免除课役。

我们可以把宋代力役总分为四类：

第一类是军役及大工程需役。这大概就是前代所谓正役，理论上讲已由人民交纳两税时"以资代役"了。故宋代军民用工程所需夫役一般只调发厢军（各州驻军）充役，"惟有大兴作而后调丁夫"，其征派则按民户丁口多寡及户等高低定之。即视此为杂徭役。北宋初年为无酬征差，此已严重违背"庸"已经附入"两税"缴纳之本意。哲宗时，一度改差夫为雇夫制，徽宗时又令民皆纳"免夫钱"。南宋时征差与纳免夫钱交替使用或并行。北宋时称春季治黄河所需民夫为"春夫"，称应一时急务所调发民夫为"急夫"。徽宗时，因燕山之役，令全国百姓纳"免夫钱"。这样一来，这种免夫钱又成为新的一种代替正役之"庸"了。边镇军役亦曾募役，如仁宗时曾以"给田募役法"招募边镇所需弓箭手，但军役一般都为差派。

第二类是州县差役或吏役。宋时州县差役统称"衙前"。州役有承符、人力、散从官、孔目官等，县役有押录、弓手、手力等。此外，在州县衙中还有杂职、虞侯、拣子、掐子、库子、斗子、秤子、所由等更低级差役。京司官衙也有此类官役，这些差役分别供州县衙门驱使，如管仓库、捕盗贼、追催赋税、防止火灾、送达文书等等。

第三类是乡役，有里正、户长、耆长、乡书手、甲头、保正、承贴人、壮丁等等。与此相当有城市街道中设的"坊正"、"坊副"（后亦改为甲头）。这些乡役中，"以里长、户长、乡书手课督赋税，以耆长、弓手、壮丁逐捕盗贼。"

第四类是诸色工匠之役，大约即杂色役。有时可纳资免役，但一般均须亲自服役于官府作坊、工程中。③

上述四类力役大概均为男丁之役。宋代的征役一般与户等相关。国家将民户分为若干等，分定赋役义务。太宗时，"分民户为九等，著于籍，上四等轻重给役，余五等免之"。仁宗时，行"乡户五则法"，即民户按财资丁口分为五等，差役职事亦按轻重分为五等。民丁依一等至五等顺序轮流差至州县衙前听用。有时，为省息民力，州县衙前差役亦常调厢军充之。④

元代除诸色工匠杂役之外，一般民众之正徭杂徭，均以"科差"或"差科"之征收行之。"科差"系直接向百姓征收，曰丝料，曰包银，实际上是把徭役全变成了赋税来征收。

---

① 《旧唐书·食货志》。
② 《新唐书·食货志》一。
③ 参见《宋史·食货志》上五、上六《役法》部分综述。
④ 参见《宋史·食货志》上五、上六。

那么其一般官差役及工程役作可能均是以募雇方式为之了。

明代役法初定于洪武元年（1368 年），曰"均工夫"制，内容是"田一顷出丁夫一人"。丁夫每年农闲时赴京，供役 30 日。田多丁少之户可以用佃户充夫，但须出米一石以资共用。当时编有南方各州府《均工夫图册》，此即民户徭役义务籍册。洪武十四年（1381 年）又编成"赋役黄册"，分户为上、中、下三等，"一岁之中诸色杂目应役者，编第均之"。又规定此种籍册 10 年重造一次，5 年中应重排户等以均役一次。正统年间，又编成"鼠尾册"或"虎头鼠尾册"，按民户应纳丁粮（人头税）多少，编出户等户序，又相应列出从重到轻的各类徭役等级，把大户、富户排于册首，以当重役，把小户、贫户排于册尾以当轻役。此种均徭册式头大尾小，故有上述俗名。① 明制以 16 岁为成丁，60 岁而免役。凡力役分为里甲之役、均徭之役、杂泛之役三等或三类："以户计曰里甲，以丁计曰均徭，上命非时曰杂泛。"三者"皆有力役，有雇役"②，既可以自己出人力服役，也可以出钱雇人代役。

清初沿明代徭役制度，"计丁徭役，三年一编审"（赋役黄册或鼠尾册），后改为五年重编一次。里甲之役，按里甲户等征之，十户充里、甲长，轮番十年一役，其他徭役皆免。16 岁以上为成丁，60 岁免役。丁徭之征，起初方式不一，有分三等九则者，有一条鞭征者，有丁随地派者，有丁随丁派者，后来逐渐统一于"一条鞭法"，"通计一省丁粮，均派一省徭役，里甲（役）与两税为一。凡一州县银悉输于官，官为金募（应役者），以充一岁之役，民不扰而事易集"。雍正朝以后，又统一于"摊丁入地"法："丁徭与地赋合而为一，民纳地丁（银）之外，别无徭役。"③

第二节
力役减免制度

为了对人民的特定功劳、德行进行奖赏，或为了恤民苏困以恢复生产，或为了鼓励新地区开垦，或为了国家其他目的，中国历代政权都形成了一系列力役减免制度和惯例。

《周礼》关于周代减免力役之制度是现今所能看到的最早的减免力役之规范。《周礼·地官司徒》有所谓"荒政十二"，其中第四条"弛力"，就是减免徭役以救济灾民。又谓"大荒大札……（则）舍禁弛力，薄征缓刑"。此即"凶札，则无力政（征）"，也就是因灾荒减免力役。除此之外，周代有因人民身份情形减免力役之制："其舍者，国中贵者、贤者、能者，服公事者，老者疾者，皆舍。"这是因几种特定身份、德行而无限期免役。还有因新归附移居而免役："凡新甿（民）之治皆听之，使无征役。"

春秋时期的徭役减免，史载极少。越王勾践所创"当室者死，三年释其政（征）；支子死，三月释其政（征）"④ 的制度，为难得的一例。当然，此处的"征"可能不仅指力役

---

①　参见《明史·食货志》二。宋代即有"都鼠尾册"。参见《宋史》卷一七八，《食货志》上六。

②　同上书。

③　《清史稿·食货志》二，《赋役》。

④　《国语·越语上》。

之征。

战国的徭役减免，似未成系统制度。《荀子·议兵》载魏国考选武卒，"中试则复其户，利其田宅"。这算是一种奖赏习武的免役制度。又汉人刘向《说苑》载齐宣王出猎于社山时，为奖赏当地百姓为其服务，曾下令"赐父老无徭役"①。这是因田猎而减免徭役，当时似不能称为制度（汉以后才成为惯例）。

秦国和秦朝的实践表明比较固定的徭役减免制度开始形成。据史书记载，秦孝公时，"因秦地旷人寡……（乃）诱三晋之人，利其田宅，复三代，无知兵事"②。这是秦国执行得比较久的一项制度：为了招诱外国人民充实本国国力及开垦土地、扩大税源，孝公用商鞅之计，以授予田宅、三世免除徭役为优待条件相引诱。这是第一种免役情形。另外，商鞅变法时始定制："耕织致粟帛多者复其身。"③ 后来鞅虽死，其法未改。这是以免役来奖励勤耕勤织之民。这是第二种免役情形。到了秦王朝统一中国之后，又经常迁徙百姓，也常免其役。如始皇三十五年（前212年），徙家三万（千）丽邑，五万家云阳，皆复不事十岁。又曾徙黔首三万户琅琊台下，复十二岁。④ 这是秦免役制适用的第三种情形。此外，秦还曾对功臣之家以免役为赏，如曾复甘茂之家⑤，等等。

汉代的免役、减役情形相当多，主要有以下几种情形。一是有军功者减免，如高祖八年（前199年）"令吏卒从军至平城及守城邑者皆复，终身勿事"。二是君主故乡或发迹地人民免役，如高祖初年曾令丰、沛二邑之民"世世无有所与"。三是民产子"复勿事二岁"，以奖生育。四是高年之家免役，如武帝曾令民"年九十复甲卒"，亦即令家有九十以上老人者免除其全家人兵役、戍役。五是三老免役，如汉高祖二年（前205年）置乡三老、县三老，"复勿徭戍"。六是经评荐为"孝弟力田"者"复其身"。七是执丧期间免役，如昭帝地节四年（前66年）诏"诸有大父母父母丧者勿徭事"。此外还有节妇免役、遣归宫人免役、献奴婢于官免役、拥有车马免役、通经及博士弟子免役、功臣后裔免役、宗室免役、守王侯冢及给役于五岳之祠者免役等多项免役制度。此外，为奖励民迁居边地，景帝时曾免除新迁至边郡地区的人民之徭役。为鼓励人民勤耕，又规定了可直接向官府捐粟换取免役权。⑥

魏晋南北朝时期徭役减免制度及惯例，基本上仍为前代旧制，不过适用时有其时代特征。第一，此期各朝各国均有"屯田客"免徭役之制。其实，屯垦本身也是徭役形式之一。第二，有衣食客或佃客免役之制。如三国孙吴时有所谓守冢户免役制。高官贵戚动辄拥有（或受赐）守冢户数百家，皆给役主家，免除官役，实均为私家佃客。又如西晋有占田荫客之制，六品以上荫衣食客3人，七、八品荫2人，九品荫1人。又规定一二品荫佃客不过50户，三品不过10户，四品7户，五品5户，六品3户，七品2户，八、九品1户。北魏

---

① 《说苑·善说》。
② 《通典·食货》一。
③ 《史记·商君列传》。复，就是免除徭役。
④ 参见《史记·秦始皇本纪》。
⑤ 参见《史记·甘茂列传》。
⑥ 参见《西汉会要》卷四十七，《民政》二。

有"苞荫户"、"堡户"，均免官役。① 受荫佃客只向主家纳租服役，免国家之租役。衣食客无租无役，仅供官员驱使。第三，皇亲贵戚免役。如南朝宋时，"父祖伯叔兄第仕州居职从事（以上），及仕北徐、兖为皇弟皇子从事、庶姓主簿、诸皇弟皇子府参军、督护国三令以上相府舍者，不在（征）发（戍役）例"②。第四，各种奖恤性质的免役。北魏时还有"民年八十以上，听一子不从役"之制；北周时亦然，更规定："百年者，家不从役；废疾非人不养者，一人不从役。若凶札，义无力征。"又如南齐高帝曾诏："建元以来战亡，赏蠲（免）租布二十年、杂役十年。"此外有新婚、产子、孝义③、奖养马、居三年丧、新附之民等免役终身或免役若干年之制。④ 第五，申请成为佛图户、僧祗户亦可免官役。如北魏时，岁输粟60解于僧曹（管理佛教之官府）者，即为僧祗户，免官役（但须供寺院之杂役）。⑤

隋代的力役减免制，《隋书·食货志》所载有以下几种情形。一是"有品爵及孝子顺孙义夫节妇并免课役"之制。这似比此前各代均宽，从前是官品、爵位达到一定级别后才可免课役，而低级官爵则似免役不免课，隋朝则一律皆免。二是有"江表初定，给复十年"之事例。这是对灭陈后江南人民的一种抚恤。三是有"募民运米，免其征戍"之制，实为以服内地转输之役代替戍边之役。

唐代的徭役减免制度极为完善，其所有当减免徭役之情形均定于常令中，依皇帝临时恩诏减免之情形较少。这主要指以下几种情形：

（1）因灾歉免役。唐制规定，凡水旱虫霜为灾，损失达七成以上者，"课役并免"。

（2）为奖励多丁同居而减役。天宝元年（741年）令"其一家之中，有十丁以上者，放（免）两丁征行赋役；五丁以上放一丁"。广德元年（763年），又放宽为"三丁放一丁"。盖因在此之前"户高丁多"者徭役负担太重，人民纷纷以"别籍异居"来"规避丁役"，故有此改革，旨在"令同籍共居以敦风教"。

（3）孝子顺孙节妇及其同籍者等免役，以奖孝节。此为开元七年（719年）及二十五年（737年）所定之制，但"其同籍者并免课役"似为前代所无。⑥ 与此相关有侍丁免役："依令，侍丁免役，惟输调及租。"⑦ 唐制规定，双亲年老，应有一丁不役而留家侍养："男子七十五以上，妇人七十以上，中男一人为侍。八十以上以令式从事。"这里所谓"令式"就是《户令》："诸年八十及笃疾，给侍一人；九十，二人；百岁，五人。皆先尽子孙，听取近亲，皆先轻色。无近亲，外取白丁，若欲取家内中男者并听。"⑧ 但须将此侍丁绘出图像在官备案，并且须三年一重绘。这种特殊身份核查甚为严密。⑨《旧唐书·食货志上》谓"其侍丁孝假，免差科"，盖即指此。但"孝假"不知何指，是不是指为父母守丧三年期内免役？《新唐书·食货志一》谓"侍丁孝者免徭役"，亦指此制。

---

① 参见《三国志》卷五十四，《晋书·食货志》，《隋书·食货志》，《魏书·食货志》。

② 《宋书·索虏传》。

③ 以上均参见《南朝齐会要·民政·复除》。

④ 参见《魏书·食货志》，《隋书·食货志》，《南朝陈会要·民政·复除申减》，《通典》卷一〇八引《晋令》。

⑤ 参见《魏书》卷一一四。

⑥ 参见《唐六典》卷三，《户部郎中员外郎条》。

⑦ 《唐律疏议·名例》三，疏议。

⑧ 《新唐书·食货志》一，《唐令拾遗·户令》。

⑨ 参见《唐会要》卷八十五。

（4）贵戚免役。"诸皇宗，籍居宗正者及太皇太后、皇太后、皇后缌麻以上亲，内命妇一品以上亲，文武职事官三品以上，若郡王周亲及同居大功亲，五品以上及国公同居周亲，免课役。"①

（5）有官爵者免役。"诸内外官六品以下官及京师诸色职掌人，合免课役"，"职事、勋官三品以上，有封者若县男父子"，皆免课役。"视九品以上官，不课。"甚至"诸除名未叙人，免役输庸，并不在杂徭及点防之限"②，即免杂徭及戍边之役。

（6）学生免役。"国子、太学、四门学生、俊士……皆免课役。"

（7）新附籍民户（指新立户籍者）免役。"凡新附之户，春以三月免役，夏以六月免课，秋以九月课役皆免。"凡"丁新附于籍帐者"，亦享受此待遇。③ 与此相关，"诸州高丽百济（人）应差征镇者，并令免课役"。此外，"夷狄新招慰附户贯者，复二年"，"外蕃人投化者，复十年"，可能亦包括免役。④

（8）流落蕃责地还籍者免役。即流落外蕃时间1年以上或3年以上回归者，分别"复"3年至5年，这包括免役。

（9）狭乡迁宽乡免役。如"去本乡千里外复三年"之类，也包括免役。此外，奴婢、客女、部曲经放免"附户贯"者，"复三年"，可能亦免役三年。

唐代的徭役放免，有专门法定文书曰符。"蠲徭役者给蠲符。""诸任官应免课役者，皆待蠲符至，然后注免"。即使无符，也可以"验告身"即检审任官资格证书亦可登记免役。有时为审查各地蠲免徭役事宜，还专门"以流外及九品京官为蠲使"⑤。

宋代的力役减免制度，不是所谓"免役法"（它仅是纳资代役之法）所指之事，而是指减免力役（包括减免代役钱）义务之规定。这主要有以下情形：

（1）品官及其子孙免役或减役。宋初，八品以下官死，子孙役同编户之民，景祐年间特诏蠲免其役。南宋时改为官死"子孙减半（役）；荫尽，差役同编户。封赠官子孙差役同编户"。有官人家（必须为朝官）即为官户，初均免役。⑥ 王安石变法时始令官户纳助役钱。即便纳助役钱亦仅纳民户免役钱之半额。

（2）皇亲国戚免役。"元丰令：在籍宗子及太皇太后、皇后缌麻亲得免役，皇太妃宜亦如之"⑦。

（3）寺观户、坊郭户免役。寺观免役起初可能包括甚广，不仅包括僧尼，可能还包括隶名浮图籍（如北魏时佛图户、僧祇户）的民户。仁宗时因民"窜名浮图籍号为出家"而避役者太多，乃下诏"出家者须落发为僧乃听免役"。坊郭户是城镇居民，初亦无差役。王安石变法时有"免役法"，始令寺观户、坊郭"减乡户免役钱之半"（亦即缴纳乡村农户

---

① 《唐六典》卷三；《唐律疏议·户婚上》；《文献通考》卷十三，《职役考》。

② 《唐律疏议·名例》三，疏引；《新唐书·食货志》一。

③ 参见《新唐书·食货志》一。但《唐六典》卷三作："春季附者，课役并征；夏季附者，免课从役；秋季附者，课役并免。"又参见《唐会要》卷八十五，《籍帐》。

④ 参见《唐令拾遗》卷二十三，《赋役令》。

⑤ 《唐令拾遗》卷二十三，《赋役令》；《新唐书·食货志》一。

⑥ 《宋史·食货志》上六，《役法下》作："进纳、军功、捕盗、宰执给使、减年补授，转至升朝官，即为官户"，可免役。"凡非泛及七色补官，不在限田免役之数。"

⑦ 《宋史·食货志》上五、上六。

免役钱额度的一半）输钱助役，称助役钱。①

（4）单丁、女户（无男，女为户主）、幼孤户（未成丁户）免役。宋初，这三类弱户均无差役。王安石变法时始令其按乡户免役钱半额出助役钱，后复免之。南宋时，此三种户均无役。②

此外，太祖建隆年间曾一度列户九等，仅上四等富户供役，下五等贫弱户免役。又有"请田户（申请开垦荒地户）五年内科役皆免"之制。太祖时还曾审定"形势门户"，规定"形势户"免役。③此种形势户指现任文武职官及州县势要人户，可能包括上述五类免役情形中的前两类。

明代免役制度，主要有几个方面的规定。一是品官及其家免役。洪武十年（1377 年）令"自今百司现任官员之家有田土者，输租税外，悉免其徭役"。不久又规定六部、都察院，应天府并两县的判录司、行人司、随朝官员，"除本户合纳税粮外，其余一应杂泛差役尽免"；甚至规定内外官致仕还乡者"复其家终身无所与"。二是圣贤之后人免役。如洪武年间令"凡圣贤后裔输作皆免之"，正统年间又令"先圣子孙流窜他处及先贤周子、程子、司马光、朱子之嫡派子孙，所在有司役免差役"④。三是读书人免役。"八品以下至杂职、省祭、听选等官及监生、举人、生员、吏丞之家，俱一例各免二丁（之役），著为定例。"⑤此外，寺僧、道士、医士、阴阳师等一般均免除徭役。军户、匠户各以其业为役，不再服一般徭役。

清代的徭役减免，基本上同于明代，但也略有变革：品官免役，"本身为止"，官死后子孙或不免。绅衿举贡生监即士绅等免役，亦"止免本身"，其子孙亦不免役。此外有"都城居民被兵者免赋役三年"等事例。⑥其他规定因与明同，不必赘举。

第三节
力役的征用、替代、廪给及相关制度

中国古代的力役征发程序、廪给及替代制度等等，史籍记载甚少。本节仅就能找到的零星史料记载，综述如下。

周代的力役征发程序，若据《周礼·地官司徒》所载，则相当完备、复杂。如"大司徒"的职责之一，是"制天下之征，以作民职"，"大军旅、大田役，以旗致万民，而治其徒庶之政令。若国有大故，则致万民于王门"。即是说，大司徒是天下征役政策、法规的总起草者。凡有军事、田猎，由大司徒以令旗去召集百姓听使唤。"小司徒"的职责之一是"稽国中及四郊都鄙之夫家九比之数，以辨其贵贱老幼废疾，凡征役之施舍"。也就是负责

---

①②　参见《宋史·食货志》上五、上六。

③　据《宋史·食货志》上五、上六综述。又参见《宋史·食货志》上一，神宗熙宁元年。

④　以上分别参见《明会典·赋役》，《续文献通考·职役考》。

⑤　《皇明制书·节行事例》。另参见（清）叶梦珠：《阅世编》卷六；（清）计六奇：《明季北略》卷十二。

⑥　参见《清史稿·食货志》二。

清查户口、登记应服役和应免役的人丁情况，然后又把这些登记结果（"国比之法"）颁给乡大夫去具体办理；在国家有"小宾客"（诸侯使臣来聘）及"小军旅"时他有责"巡役"，即于此两种征役时巡察监督役夫们工作。"乡师"具体职责是以"国比之法"去辨属下的"夫家众寡"（户口数、人丁数），"辨其老幼贵贱废疾马牛之物，辨其可任（役）者与其（应）施舍（力役）者"，意即依照法律规定分辨哪些人应该服役、哪些人应该免役。然后，凡国家有"大役，则帅（率）民徒而至。治其政令。既役，则受州里之役要，以考司空之辟，以逆其役事。"就是说，乡师不但负责确定应役名册，还直接督率民夫到工程现场，在现场管理民夫。工作完毕，按各州、里民夫名册考察其完成工程情况。"乡大夫"则有责任"以岁时入其书"，即上报民众应役应免名册，特别是还要具体负责考察民众贤能上报朝廷重用及免役。"州长"有"若国作（役）民而师田行役之事，则帅而致之，掌其戒令与其赏罚"之职责，也是既率民夫到工程现场，又要负责监督民夫工作并赏罚之。"均人"有职责"均（平）人民牛马车辇之力政（征）"，亦即负责依时令年岁来调整力役征收额度。《周礼》中的其他许多官职均有管理力役之责任，不胜列举。

秦的徭役征发程序、方式，值得注意者首先是关于闾右闾左征发次序先后一事。《汉书·晁错传》如淳注引孟康说，"秦时复除者，居闾之左"。《史记·陈涉世家》谓"二世元年七月，发闾左谪戍渔阳"，而陈胜、吴广皆为闾左，皆次当行。又《汉书·食货志》注引应劭曰："秦时以谪发之，名谪戍。先发吏有过及赘婿贾人，后以尝有市籍者发，又后以大父母尝有市籍者（发）。戍者曹辈尽，复入闾取其左发之，未及取右而秦亡。"依此三条记载，则秦时广义上的徭役（主要是戍守、屯戍）先征发罪人和法当贬谪者（"七科谪"），其后才征发、役用一般百姓。但到底先发闾左之民还是先发闾右之民，依孟康说应是先发闾右，因为闾左既免役，则当然不到万不得已时不征役之。但依应劭说，则是先发闾左。史家一般以为闾左、闾右是贫民、富民之分。后世征徭一般都是先役富民后役贫民，则孟康之说近是。从陈胜、吴广等被征发之时秦王朝已处灭亡边缘之背景看，发闾左应是当时在已无罪徒、闾右可发时的不得已之举。几乎无民可征，最后才征调贫弱无力之民。这也说明发闾左应在发闾右之后。此外，云梦秦简有秦《戍律》残简一条，谓"同居毋并行"，县啬夫等若征调"行戍不以律，赀二甲"。这大概是规定征发人民戍边时，同一户内不得同批征发二人。其旨盖在不过于妨碍农耕。

关于人民服役时的廪给即衣食供应，秦制一般规定由官府给予。云梦秦简有《传食律》，即关于服公役者生活供给的专门法律，其中规定："御史卒人使者，食粺米半斗，酱四分升一，菜羹给之韭葱。其有爵者，自官士大夫以上，爵食之；使者之从者，食（粝）米半斗；仆少半斗。""不更以下到谋人，粺米一斗，酱半升，菜羹刍稾各半石。""上造以下到官佐，史毋（无）爵者……粝米一斗，有菜羹，盐廿二分升二。"从这里可以看出，服劳役者之食物供应是按有无爵位及爵位高低来分等供应的。甚至隶臣妾、城旦舂等罪徒服作役也由官方给予衣食，如《仓律》有"妾未使而衣食公""隶臣月禾二石""更隶臣即有急事，总冗，以律廪食""小隶臣妾以八日傅为大隶臣妾，以十月益食"等记载。当然，这是平常时期法律上的供应制度。到了秦亡前夕早就顾不得这些规定了。如秦二世元年

（前 209 年），发民役"转输菽粟刍藁，皆令自赍粮食"①。

汉代的徭役征发及相关制度，我们主要以"更役"为例来说明。

汉初因秦制，规定民年十五以上须服卒更一月（即屯戍一个月）。其不愿自服更役者，可以出钱二千由官府雇人代戍。对于出钱雇人一方而言，这叫"过更"，即把更役过（转）给他人；对于受雇代役一方而言，这叫"践更"，即代他人践行役事。②《汉书·景帝纪》有"发吏民，若取庸"句，韦昭注谓"取庸，用其资以雇庸"。《盐铁论·禁耕》有"郡中卒践更者，多不堪责，取庸代"语，均表明汉时有"取庸代役"之制。向官府交钱用以雇人代役，这种钱，后来竟成为经常性军赋了："汉氏常有更赋，罢癃咸出。"③ 意即本来免役的残疾人（罢癃）都要交更赋（雇役钱）。此外，戍卒到边塞常可以带家眷前往。如《居延汉简》第 203·23 号载"武成隧（隧）卒孙青肩"的户口登记中有妻和二女同住，并均发口粮。④ 这也说明汉制外徭戍边之役一般都由官支衣粮。不过内徭、近徭大概不能享受此种待遇。据《汉书·贾谊传》载："淮南之地，县属于汉，其吏民徭役往来长安者，自悉而补，中道衣敝，钱用诸费称此。"这似乎可以表明近徭内徭自备衣食。但《汉书·宣帝纪》有"诸请诏省卒徒自给者皆止"之诏，汉人张晏注以为是禁止官吏出使时主动提出减省护众徒卒而"取其廪者或自给"的情形，这似乎又表明内徭役民也有国家廪给。我们还注意到，汉代还有内外徭折抵之制。如成帝河平年间，黄河决口，兴发民夫作治，"六月乃成"。帝乃令："治河卒非受平贾（价）者，为著外繇（徭）六月。"⑤ 这说明当时在内地各类工程服役的民工，如果没有"受平贾"（即领工钱），就可以"著外徭"即登记为服更戍之役，也就是折抵外徭。

三国两晋南北朝时期因徭役过于繁乱，故正常的征发、廪给等制度难以形成，或有相关制度也难以遵行。曹魏时有所谓"错役制"，即士卒被征役于边地时，父子兄弟不得役于一处，又须与家居远隔⑥，以防逃亡。东晋南朝时有所谓三丁抽一、五丁抽二之制（见本章第一节），亦未真正遵守。刘宋时有 18 人共出一运丁之制，盖以 18 人出钱共雇一人供运输之役。北魏时，"司州之民，十二夫调一吏，为四年更卒……供公私力役"⑦。此盖为令 12 男丁共出一服役 4 年之丁役或轮换服役，不身自服役者集资共雇一人，此种代役钱后来均成为常调（税）之一。这样看来，北魏力役，每丁每年服役高达 4 个月。北周时，汉人半为兵卒，岁服役 30 日，有时长达 45 日。从西魏 8 人共出 1 卒戍边改为 12 人轮流出 1 人戍边，此即"轮戍"，不过变成每人每年仅服役一个月了。⑧

隋代的徭役征发制度，首先是"免役收庸"制度值得注意，这为唐代普遍租庸调制之先声。隋文帝时，令"岁役功不过二十日，不役者收庸"。这是一般男丁以庸代役之制。另

---

① 《史记·秦始皇本纪》。

② 所以《汉书·昭帝纪》如淳注谓"卒更"、"践更"、"过更"为"更"之三品（三类），显然有误。

③ 《汉书·食货志》，王莽诏令语。

④ 转引自朱伯康、施正康：《中国经济通史》，上册，278 页，北京，中国社会科学出版社，1995。

⑤ 《汉书·沟洫志》。

⑥ 参见《晋书》卷四十六。

⑦ 《魏书·孝文帝纪》。

⑧ 参见《隋书·食货志》。

外，"人年五十，免役收庸"①。这是年老者特殊优恤性的以庸代役制。其次，我们注意到隋代的役丁禀给制度。炀帝时，征发鹿车夫六十余万，"二人共推米三石"至泸河、怀远二边镇。"道途险远，不足充馈粮。至镇，无可输，皆惧罪亡命。"②这表明，隋制役丁均应配发粮食。但炀帝时因官吏贪污或粮乏，总是发粮不足额，以致运粮民丁不得不挪食其运送的粮米。等到达边镇时，所运粮食都快吃光了，只得畏罪逃亡。

唐代的徭役征发制度，仅有几端可考。一是"诸差科，先富强，后贫弱；先多丁，后少丁"之制。③先征役富户、丁多户，此与秦时发闾右闾左先后之制相似。二是"非年常支料，别有营作，卒须丁多者，并申度支处分"之制。④此即规定在常制外增加工程项目须征役民丁者，须报户部度支司审批。三是丁男中男分任正役、杂役之制。唐太宗时，欲点18岁以上中男（21岁以下）从军，魏征谏阻，曰："若次男以上尽点入军，租赋杂徭，将何取给？"⑤这说明当时惯例一般以21岁以上丁男从军徭戍，以18岁至21岁中男（次丁）服杂徭即在内地供官府驱使如修桥路，为巡捕丁役，供官贵人家为护卫仆役等等。四是征役丁夫要按农闲农忙征役不同对象。《唐律疏议·擅兴》："凡丁分番上役者，家有兼丁，（上）要月；家贫单身，（上）闲月。"要月即农忙月，闲月即农闲月。家有二男丁以上，可以于农忙月征戍边役；家中仅有一男丁者，只能征戍于农闲月份。

宋代的力役征用替代制度甚为繁乱，《宋史·食货志》中所记"役法"杂乱无统，几乎无法整理。综其大概，可知宋时有从差役到募役（雇役）、雇役到义役、义役复归差役之变化反复。

（1）差役之法。此即向民户摊派各种差役。如太祖时定民户九等，上四等户量轻重摊以差役。太宗时令诸县以一等户为里正、二等户为户长，又令里正、户长给役衙前，称为里正衙前或乡户衙前。仁宗至和年间，为乡户给役衙前，韩绛、蔡襄等人定"乡户五则法"：户按贫富强弱分五等，差役之事亦按轻重分五等。每一等当役差职，相应列十倍该等民户备役应召（如第一等重役有10个名额，则列第一等户100个备役）。具体做法如：上等户供"衙前"之役；中等户充弓手、手力、承符、户长等职役，下等户充壮丁等役，等等。哲宗继位初，又从司马光议，复差役法："悉罢免役钱。诸色役人，并如旧制定差，见（现）雇役人皆罢遣之。衙前先募人投充长名；召募不足，然后差乡村人户。"绍圣年间又复雇役法，南宋高宗时又罢雇役，复行差役法。其间有时差役、雇役并行。

（2）募役之法。仁宗景祐年间即曾允许里正、乡户被差派为衙前之役者募人代役。神宗熙宁年间，普遍推行免役法或募役法，令民"出钱雇役"。比如衙前之役，"三人相任衙前，仍供物产为抵"。此盖指三户相保共募一人至衙前任役，并共出钱财为抵押，以防应募者不至或逃亡。"（应）募者执役，被差者（乃）得散去。"这旨在保证差役之事不会落空。至于应募者的服役时间，"以三年或二年乃更"。关于受募雇者的条件，宋制规定，"募人充役，并募土著之人，其放停兵及尝为公人者，并不许募。"就是说，受募雇者一般应该是服

---

① 《隋书·食货志》，《隋书·高祖纪下》，《北史·隋文帝纪》。

② 《资治通鉴》卷一八一，《隋纪》五。

③ 参见《唐律疏议·户婚中》疏引。

④ 参见《唐令拾遗》卷二十三，《赋役令》。

⑤ 《贞观政要》卷二。

役地的当地人，预备役军人及曾充任公差者不得应募。"既有募人，官不得复追正身。"就是说，受募雇之人一旦到指定场所服役，官府就不能再强迫原来的徭役义务人服役了。"募人凭藉官势奸害善人，断罪外，坐募之者。"就是说受雇之人犯罪，雇主应该连坐。这种募雇办法后来大大简化了："凡当役人户，以等第出钱，名免役钱。"官户、寺观、坊郭户、未成丁户、单丁户、女户等从前无色役（无徭役义务）的民户，也要出"助役钱"。其应募而充衙前之役者，称为"投名衙前"①。此外，仁宗时还曾一度实行过"给田募役法"，即无偿授田给边镇弓箭手和州县衙前役人，作为募役之雇值。总之，宋之"募役法"实际上有"雇募"与"招募"之别："雇募"是由应服役的乡户出钱雇请他人代役；"招募"则是在统一征收免役钱或助役钱后由官府直接招募。"招募"中还有些"非明以钱雇"，亦即不是直接以明码标价的薪酬雇用的，只是以特许其承包店铺、作坊、酒坊之税收（即所谓"买扑酒税坊场"）作为酬劳（当然，差役情形下有时似亦有此类酬奖）。

（3）义役之法。南宋时，处州松阳县首倡义役法，后经知州范成大奏报朝廷，朝廷遂令推行于江南各路。其具体办法是：令百姓按户等高下（贫富程度）捐献田地、谷米或金钱，用以购买义田，以义田的租课收入来资助执役户服役；或者由一甲民户集资雇人代役。由每"都"或"甲"中的上等户为"役首"，主持收取义田租课，并主持排定民户当役顺序。后来，因豪强者"专义役之利"、"私差役之权"，弊端重重，乃改"令役户轮管以提其役"②。意即不再设置"役首"，而是由每个役户轮流管理义田、享其收成并出夫供役。

最后，我们应注意到，宋代曾有徭役义务公布张榜，以便人民监督之制。真宗乾兴初年，曾"令州县录丁产及所产役使，前期揭示，不实者民得自言。"神宗熙宁年间行募役法时，亦曾"为法既具，揭示一月，民无异辞，著为令"③。

明代的徭役征发制度，据《明史》我们可以大致知道一些：起初，是按田亩数征发徭役，每顷出丁一人，曰"均工夫"。后来又按照户等、丁粮额（税额）而确定民户出夫服役的先后轻重，曰"均徭"，按鼠尾册征发。或者说，"里甲法"也是一种征差法，就是按里甲划分并定户等，遴派差役。但就《明史·食货志二》所记，实难分清"里甲"和"均徭"二者的区别。明代的《均工夫图册》、《黄册》及后来的"鼠尾册"，均是征发徭役事宜的册籍。明代实行的按户等高低分别承担重轻不等的差役之制，以及力差银差自择之制（意即愿意出力还是出钱，自己选择），均是沿袭前代旧制。明朝中后期，实行了役制改革："嘉

---

① 宋制，初以厢军、将吏长期充衙前差役，称为"长名衙前"。有时，亦差派或募雇乡户执衙前之役，亦称"长名衙前"。"长名衙前"若系召募民人投名应役者，则又称"投名衙前"。仁宗时，曾下诏"禁乡户为长名衙前"，亦即不许乡户充任衙前差役。司马光言"衙前先募人投充长名"，可证"投名衙前"即投名应募而为"长名衙前"之意。从前人们以为"投名衙前"与"长名衙前"为二事，大误。此外，非召募而仅系差派的"长名衙前"亦可能有一定薪酬，"别得优轻场务酬奖，往往致富"（《宋史·食货志上五》）。从司马光此语看，有无报酬不是区分差派和募雇二者的标准。
② 《宋史·食货志》上五、上六。
③ 《宋史·食货志》上六。

（靖）隆（庆）后行一条鞭法，通计一省丁粮，均派一省徭役。于是均徭、里甲与两税为一。"① 就是说，自实行"一条鞭法"后，徭役差派已不单独存在，已并入丁粮征收之，实际上已变成赋税形式征收了，仅剩以徭役名目征收银钱而已。

清代的徭役初为摊派，后多为募雇。"摊丁入地"后几乎统一为募雇，"丁粮"（按人丁数征收的土地税）不复存在，于是以"丁粮"数为依据、以"徭役"钱名目征收的那个税种完全不复存在了。

第四节
力役的使用场合及相关制度

国家征调百姓劳力，可以使用于哪些场合？中国历代政权也常有一定的法律规定。除了直接征发为兵卒（即服兵役，在第二十四章即"军征武备"中另行论述）之外，其他征役主要用于支援边防，修筑城池、宫殿、衙门、陵园、路桥、水利工程等等。

周代的力役使用可能主要在以下几方面：

一是修筑桥梁、道路。如"大司徒"之职责之一是，在诸侯来朝（即"大宾客"之事）时，"令野修道委积"。又如"小司徒"的职责之一是，在小祭祀及诸侯使臣来聘（即"小宾客"之事）时，亦"令野修道委积"。这里修道路，搬运粮饷供应，当然都得役用民力。

二是"师田行役"，包括戍边出征和狩猎。如大司徒之职有"大军旅、大田役"时，"以旗致万民"，"国有大故，则致万民于王门"。又如小司徒之职责之一是负责制定百姓徭役义务的具体额度数量标准，所谓"以起军旅，以作田役，以比追胥"。这里的"追胥"，史家多以为是追捕盗贼，实际上就是征役。② 在征调和役使民夫时，"党正"、"族师"等乡官率领民夫到现场，并管理和监督之："凡作民而师田行役，则以其法而治其政事。"至于王公田猎（田役），也要令百姓参加。我们今天也许不一定理解。这绝不只是要百姓陪贵族打猎取乐，更重要的是军事训练方式，并用以向蛮夷示威。所以田猎与军旅放在一起不是偶然的。这可能是当时百姓力役使用的最主要场合。

三是丧祭场合。如在国有"大丧"时，大司徒的职责之一是"率六乡之众庶，属其六引"，就是征调百姓为王公贵族的丧祭活动服役。按周礼，天子之丧需千人执引，诸侯之丧需五百人执引，也就是需要一千人或五百人牵挽灵车之索。这需要征发大量民众（且为有身份德行者）为王公"牵引"。又如"遂人"在国家有大丧时，有"帅六遂之役而致之"的职责。小司徒在国家有"大丧"时，有"率邦役"的职责。"乡师"在国家有"大祭祀"

---

① 《明史·食货志》二。"一条鞭法"初为海瑞所创，其制"将一切徭役编入丁产（丁粮、两税）二项内，（一并征收）每一里分十甲，每年轮二甲（出夫），一催银，为里长；一催粮，为粮长。止任此役，不再任其他差役。银粮具体收、解均由官办。"另参见朱伯康、施正康主编：《中国经济史》，下册，313 页，北京，中国社会科学出版社，1995。

② 追，征也；胥，徒役也。此处是讲追胥以满足"军旅"和"田猎"的需要。比，就是按照规定数目征收。后世把催收赋税叫"征比"。比，又有催逼之意思。

时，有"正治其徒役与其辇辇，戮其犯命者"的职责；在"大丧用役"时，"乡师"则"帅其民而至"，"执纛以与匠师御匶（柩）而治役，及窆（下葬），执斧以涖匠师"①。也就是执旗帜招呼指挥民夫服役，并执斧头以监督民夫。

除以上三者外，《诗经》似乎还记载了另一种役用民夫的情形："嗟我农夫，我稼既同，上入执宫功；昼尔于茅，宵尔索绹，亟其乘屋，其始播百谷。"② 这就是征调农忙过后的百姓为王公贵族或官府作盖房、修缮、烧砖瓦之类劳役。"经始灵台，经之营之，庶民攻之，不日成之。"③ 这也指的是百姓为官家修楼台庭宇而作役的情形。

秦代的徭役征发、使用场合，据云梦秦简中《徭律》残简所载，主要有"兴徒以为邑中之红（功）"的情形，亦即地方官府征发劳力以修筑官舍、修建水利工程之类。按照当时的法律规定，作役人必须为工程质量担保，"令结（嫭）堵④卒岁"，亦即保证一年以内不颓坏。如果"未卒（岁）堵坏"，则要处罚作役百姓及"君子主堵者"，并"令其徒复垣之，勿计为缘（徭）"。至于"公舍官府及廷"的建设、修缮，也是常见的征夫作役项目之一。

据其他史书所载，秦代徭役主要用于屯戍（戍边）、修筑长城和转运。如陈胜、吴广等一行九百民卒被征发戍守渔阳，就是以戍边的需要使用徭役的情形。又，依据秦制，"民年二十三，附之畴官，屯边一岁，谓之戍卒"⑤。秦二世时，曾"尽征其材士五万人，为屯卫咸阳"，这都是徭役形式。秦始皇时，曾谪发尝逋亡人、赘婿、贾人等等到边地，"以谪遣戍"。又谪治狱吏不直者筑长城及戍守南越地。⑥ 这虽是对有罪过者的惩罚形式，但未尝不可看成是徭役形式。筑长城、戍边等等当然不能仅靠谪遣之徒来完成，当然必须役用巨大数量的民夫。如始皇曾命蒙恬率"三十万众"，"筑长城，因地形，用险制塞"⑦。《淮南子·人间训》谓"秦皇发卒五十万，使蒙公、杨翁子将，筑修城……"这三十万或五十万当然可能有军人，但更主要的是徭役民夫。仅一项工程即用役夫三五十万，再加上各地边镇戍守之役卒，以及修驰道，修阿房宫、骊山陵等等役卒，其时服役人口比例之高可能是空前绝后的。至于转运，其役民之酷，民苦不堪言："秦皇时，北攻于胡，南挂于越，丁男被甲，丁女转输，苦不聊生，自经（缢）于道树，死者相望。"⑧ 这是汉人严安对秦时征役转运情形的描述，可能没有夸张。

除此之外，秦代修筑陵墓、宫殿及水利工程，也是徭役使用的主要场合。如秦始皇即位初即"穿郦山"，及"并天下，天下徒送诣七十余万人，穿三泉"。又有"隐官徒刑者七十余万人，乃分作阿房宫及郦山"⑨。《帝王世纪》谓秦灭六国前七国总人口当千余万，而灭六国之战争中"其所杀伤三分居二"，则总人口所剩不过三四百万。这些人口，"北筑长城

---

① 以上均见《周礼·地官司徒》。

② 《诗·豳风·七月》。

③ 《诗·大雅·灵台》。

④ 堵，大约指水坝、河堤之类。

⑤ 《汉书·景帝纪》师古注及《文献通考·兵考》一。

⑥ 参见《史记·秦始皇本纪》。

⑦ 《史记·蒙恬列传》。

⑧ 《汉书·严安传》。

⑨ 《史记·秦始皇本纪》。

四十余万，南戍五岭五十余万，阿房郦山七十余万。十余年间，百姓死没，相踵于路"①。至于修郑国渠、"通泪罗之流"、"决通隄（堤）防"、"开渠运南山之漆"等等水利工程耗用人民役夫之多，史无详载，但不会少于动辄数万数十万人之规模。② 依此估算，秦时全国人口有一半甚至三分之二常年在服军役、劳役。这样看来，董仲舒说秦朝"一岁屯戍，一岁力役，三十倍于古"③ 绝非虚言。汉人晁错说："秦之戍卒不能其水土，戍者死于边，输者偾于道。秦民见行，如往弃市。"④ 可见当时徭役之酷惨，人民已经视为死刑。秦相李斯等人亦认为逼民造反（陈胜起义）的主要原因"皆以戍漕转作事苦，赋税大也"⑤，即认为是徭役繁剧、赋税太重迫使人民起而反叛。这种看法大致是不错的。

汉代的徭役，大概包括以下几种场合的力役使用。

一是更役，实即屯戍于边塞。《汉书·昭帝纪》如淳注谓"（汉）卒有三品，有卒更，有践更，有过更"，所指实际上只是自服屯戍之役及出钱雇人代役两种情形而已。

二是乡役，指应征担任亭长、三老、有秩、啬夫、游徼（捕盗）等等地方公差之役。这大概也是服徭役之一种情形，或可折抵徭役义务。

三是修造城墙、宫殿、陵墓等工程。如惠帝三年（前 192 年）"发长安六百里内男女十四万六千人（修）城长安，三十日罢"，两年后又征同样多的民夫修长安城一个月。哀帝建平二年（前 5 年）发陈留、济阳等郡国五万民"穿复土"，修太后陵。

四是修水利工程。如咸帝河平元年（前 28 年）诏"卒治河者为著外繇（徭）六月"，规定参与治黄河工程的民夫折抵戍边之类"外徭"半年。⑥

五是作役于官营盐铁工场。《盐铁论》有"卒徒衣食县官，作铸铁器"⑦ 语，表明汉代官营盐铁工场所役用民工除罪徒外，还有大量服徭役之民（当然，"募民自给费"而煮盐的情形除外）。

此外，汉时可能还有另一种形式的徭役，即直接以勤杂工、仆役等形式听使唤于官府或贵族之家。如《汉书·功臣表》载信武肃侯靳歙"坐事国人过律，免（爵）"。这说明当时有关于王侯之家能正役使多少属民的法条。

魏晋南北朝时的徭役使用场合主要有以下几种。一是戍边及修长城，如北齐时"北兴长城之役"⑧，北周时有"轮戍"之制。二是转输。如北魏时命令百姓纳租粟助边防，并必须直接输送到边塞官仓或州郡要仓，"转输劳苦，动辄千里"⑨。三是屯垦或屯戍。这一时期各朝各国均有征发人民屯垦边地、荒地之制（奖募人民屯垦除外），大多视比徭役。如北魏时"别立农官，取州郡民十分之一为屯民……一夫之田岁责六十斛，蠲其正课并征戍杂

---

① 《续汉书·郡国志》注引《帝王世纪》。
② 参见《秦会要》卷十七，《食货·水利》。
③ 《汉书·食货志上》。
④ 《汉书·晁错传》。
⑤ 《史记·秦始皇本纪》。
⑥ 参见《西汉会要》卷四十七，《更役、乡役、泛役》。
⑦ 《盐铁论·复古》。
⑧ 《隋书·食货志》。
⑨ 《魏书·食货志》。

役"①。其实这不过是以服屯垦之徭役抵折戍边之徭役而已。四是修水利工程。梁（武帝时）于钟离山起浮山堰，征发徐、扬二州民，每 20 户抽 5 丁作役，役众 20 万，"负担者肩上皆穿，夏日疫疾，殆者相枕……是冬又寒甚，淮泗尽冻，士卒死者十七八"②。齐武帝永明年间，会稽等地"民丁无士庶皆保塘役"，修治塘堰。③ 五是修内地城池、宫苑。如南朝宋文帝时，于京师掘玄武湖，兴景阳山，造华林园，"并盛暑役人工"。宋孝武帝时，竞陵王刘诞"发民筑治广陵城"④。六是作役于官府采矿、冶铁工场。南朝时最著名的有东、西二冶，北魏有相州牵口冶最著名。所需劳力，除罪徒外，亦常强行征役民丁。

此外，魏晋南北朝时期还有一些作役情形。如在城市中，在官府作坊中的杂户，其终身为官府作役，亦为徭役形式之一。这大概就是所谓杂役。杂役名目繁多，如潦民、田驺、正厨、女丁、干、事力等等，均系为官府或高官显贵之家作各种杂役的名目："诛求万端，或供厨帐，或供厩库，或遣使命，或待宾客。"⑤ 如潦民系专设户籍，令其专为官府采伐木材、采捕水产品的贱民；田驺系专为官府或官僚贵族种菜的贱民。⑥ 他们的职业，实际上是终身贱役。此一时期还特别值得注意的是，有大量民众服役于寺院。北魏时，设佛图户、僧祇户等等，实为寺院附属人的口，专供役于寺院之需要，而免国家之徭役。⑦ 因当时寺庙太多，故此种寺观户几乎占应役人的几分之一。这是此期的一大特征。这种寺观之役，如果经官府安排，当然也可以看成一种徭役。

隋代的徭役使用场合甚多。第一是轮戍、筑长城和屯垦。隋初，沿袭北周制度，12 丁或 18 丁轮番戍边一年。为边塞自给，又"大兴屯田，以实塞丁"。这就是戍边同时有屯垦。"又兴众百万，北筑长城"，就是修筑长城之役。第二是兴造宫殿陵苑。如文帝时命杨素督造仁寿宫，"役使严急，丁夫多死……死者以万数……死者相次于道"。炀帝时营建东都，"每日役丁二百万人"。为建宫殿，又征调民夫"往江南诸州採大木引至东都……而东都役使促迫，僵仆而毙者，十四五焉。每月载死丁，东至城皋，北至河阳，东相望于道"。第三是修运河等水利工程。如文帝时修广通渠，又"发随近丁以疏导之（黄河）"；炀帝时修洛阳"御河"，又"发河北诸郡百余万众，引沁水南达于（黄）河，北通涿郡"，此即大运河北段工程。所役民丁达千万之数，甚至妇女老少亦不免。第四是转输，如文帝时"募运米丁"，亦即招募百姓运谷米至水灾较多的蒲、陕、虢、熊等 13 州"为水旱之备"⑧，又曾募民丁运洛阳米至长安附近之常平仓。又如炀帝时为营建东都而征发民丁自江南运大木材至洛阳；还有为征高丽，"发河南北民夫以供军需"。这种大规模转运，"往还在道者常数十万人……死者相枕"⑨。与此相关的，还有供"牵挽"之役。如炀帝巡幸江都，募民丁"执青

---

① 《魏书·李彪传》。

② 《梁书·康绚传》。

③ 参见《南齐书·王敬则传》。

④ 《南朝宋会要·民政·徭役》。

⑤ 《梁书·武帝纪下》。

⑥ 参见《南齐书·周颙传》，《晋书·食货志》。

⑦ 参见《魏书》卷一一四。

⑧ 《隋书·食货志》。

⑨ 《隋书·食货志》；《资治通鉴》卷一八一，《隋纪》五。

丝缆挽船",一次役用挽船民夫多达 8 万人,其中还专设有女队。^① 此外还有供造船、冶铸铁器、煮盐等杂役,这也不一定仅仅是诸色工匠、杂户的役事,一般百姓也可能随时被征调于此类作役。比如仅造战船一项,"诸州役丁,苦其捶楚,官人督役,昼夜立于水中,略不敢息。自腰以下,无不生蛆,死者十三四"^②。

唐代的徭役使用场合,如转运、轮戍、屯垦、修边城、修宫殿陵苑等等,基本上与前代同。这里不赘述,仅介绍一下唐代的杂徭(杂役)、杂色役等情形。《唐律疏议·户婚中》:"其水徭役,谓充夫及杂使。"这里的"水徭役",益指杂役、色役而言。唐代的正役虽可以输庸代之,但杂役、杂色役似均不可纳钱代之。所谓杂徭(杂役),盖指在官府有征伐、皇帝巡幸、兴土木水利、冶铁煮盐等大事时,命百姓供沿途帐前驱使、守备、作民工苦力等,包括为脚夫、船夫、水手、胥士等等。所谓色役或杂色役,盖指各类工匠之役、各类公差之职役、各类官贵私家仆役及幕役等等,有幕士、驾士、供膳、典食、掌闲、防阁、白衣、手力、事力、吏、僮、庶、仆、白直、执衣、仗身、执刀、宰手、随身、乐人、杂户、官户、杂匠、巧儿、渔师、门仆、烽丁、烽子、驿丁、陵户、平水、渠头、斗门长、里正、村正等名目。还有三卫、执仗、执乘、亲事、帐内等身份较高的色役,一般由官贵子弟担任。唐代的这些杂役、色役都是现役,一般不得以资代役:"止合供身驱使,据法不合收庸"^③。但后来也有时准许以资代役。这种代役资,叫作"资课"。这后来发展成为主要针对百工杂匠常征的一种独立的工商税,甚至有工匠已到上工地点而官府仍迫其纳资课之事。^④

宋代的徭役,本章第一节里将其分为四类,实际上亦是徭役的四种使用场合。关于军役(如弓箭手)、大工程民夫(如治河春夫)这一类使用,《宋史·食货志》记载不多。关于乡役(如里长、户长、耆长、乡书手等)一类,宋志记载也不多,杂色役使用更少记载。宋志记载最多的是时人最为头疼的州县役,主要是衙前役。宋时衙前役,或以厢兵给之,或以乡户(包括里长、户长等)给之,或以招募、雇募给之,其名目甚繁,有"里正衙前"、"乡户衙前"、"长名衙前"、"投名衙前"、"乡差衙前"、"雇募衙前"等名,但其实多为同事异名而已。若以身份而分,则可分为厢兵、将吏充任者及民户充任者两种。若以来前充任的方式分,只可分为差派和募雇二者。"投名衙前"不一定为募雇^⑤,"乡户衙前"不一定为差派。

我们仅以乡户充衙前为役之情形,说明宋代役法之苛酷。"役之重者,自里正、乡户为衙前,主典府库或輦运官物,往往破产","州县生民之苦,无重于里正衙前。有嫁母改嫁,亲族分居,或弃田与人,以免(户列)上等;或非命求死,以就单丁。规图万端,以免(为里正衙前之)沟壑之患"。衙前之役,主要是看守府库、转运官物,凡有损毁、减少,常责令其自赔,每致百姓倾家荡产。特别是所谓"纲运"(大批量转输承运官物,如《水

---

① 参见《隋书·元弘嗣传》。

② 同上书。

③ 《唐律疏议》卷十一。

④ 参见《册府元龟》卷八十三,《赦宥》。

⑤ 宋哲宗元祐五年(1090 年),户部奏请"投名衙前惟差耆长,他役皆免"(《宋史·食货志》上六),可证投名衙前并非一律指募雇。

浒》中的"花石纲"、"生辰纲"），常使人累死路途。所以人们视衙前役为畏途。所谓"破败人家，甚如兵火"。后来改差役法为募役法，情形稍有好转。①

明代的徭役种类多而乱。按照《明史·食货志》等书所记载的情形，我们试分类为四。

第一类是里甲役。这就是按里甲编制及户等评定，征役百姓为里长、甲首等，负责办理供应物料、催收夏秋税粮、解送钱粮到官等。"以一百十户为一里，推丁粮多者十户为长，余百户为十甲，甲凡十人。岁役里长一人，甲首一人，董一里一甲之事，先后以丁粮多寡为序……鳏寡孤独不任役者，附十甲后为畸零"②。这就是里甲之役。可列入此类劳役的还有粮长（主税粮催征督运）、塘长（修理塘堰河道）、布解（主运布匹至京）、老人或耆老（主调解争讼）。

第二类是"均徭"之役③，即按人丁数编册平均征调，故名均徭。此役的具体劳作，或为至京师服役若干日，或为各类公共工程服役若干日，或在各地方官府及驿渡关津场务供长年役用。这一类"以丁计征"的徭役大概包括民壮、驿传等。所谓"民壮"，大约为充当州县官衙或仓库治安保卫、防火防盗之长役。所谓"驿传"，大约主要指"马船头"、"马船快"（看管官家马、船并跟随马船押运官物者）、马户（为驿站养马）、馆夫（看管驿站、递运所等）等长年差役。

第三类是杂泛之役。"上命非时曰杂役"，大概指未编入经常性的"均徭"征发名册中的各类杂役。包括各类解户、仓斗、库子、祗应（支应）、祗候、斋夫、膳夫、门子、皂隶、禁子、坛夫、守陵、防夫、水夫、各巡检司弓兵、盐场工脚、税务司巡拦、渡夫、牵夫、民快、应捕、斫薪、拾柴、修河、修仓、运料、接递站铺、闸浅夫、河夫之类。这些起初为临时差役，后多变成了常年之役。

以上三类徭役，有时差派，有时雇役，有时令百姓自选出力或出钱，此即所谓"力差"、"银差"两种方式。明初还规定："凡祗应、禁子、弓兵，悉金市民，毋役粮户。"④就是说，这类地方治安守卫性役事，只役城镇居民，不许役使农民。

第四类是诸色匠役、军役、灶役。在明代，军民、匠户、煮盐户等"役皆永充"，终生为业。⑤这虽不是一般意义上的徭役，但也可以视为徭役。

有明一代之徭役，其最苦民者莫过于"粮长"一役，情形如同宋代之"乡户衙前"。"江南之民，最苦粮长。白粮输内府一石，率费四五石"。押解上供布银之役，情形亦同："充解运者，在途则沿途催盘官役，例有需索。到京则各衙门员役视为奇货，不满其欲（则）百般勒掯。"路途缠费自理，解送物有损减亦须自赔，百姓人家常为此破产。⑥

清代的徭役使用，主要有以下几类。一是里甲长之役，几同于明代。乡村，110户为一里，10户为一甲，每年役用里长10人，甲长10人。每户1年，10年一轮番。城中曰坊，

---

① 以上均见《宋史·食货志》上五、上六。

② 《明史·食货志》一，《户口》；《明史·食货志》二，《赋役》。

③ "均徭"或许仅可视为徭役的遣送方式（与"均工夫"差役方式相应），其使用场合或许包括上供物资之解运等。行此法后，里甲役不再直接承担上解运送之任务。

④ 《明史·食货志》二，《赋役》。

⑤ 参见《明史·食货志》一，《户口》；《明史·食货志》二，《赋役》。

⑥ 参见《明史·马录传》；（清）叶梦珠：《阅世编》卷六，《徭役》。

近城曰厢，各设坊长、坊副、厢长等，亦轮役。充任里甲之役者则免除其他徭役。二是一般性丁徭，如治河民夫，包括常设守护河堤的"隄夫"。丁徭初按每户田亩摊派，后多为招募，"量给雇值"。大约康熙七年（1668 年）自河道总督靳辅为治黄河而大规模雇募民工后，一般工程用工均为雇役。雇役之银，按田亩向人民征收。三是各类杂役。如内外各衙的"吏役"，以"良民充之"，"吏典由各处佥拨，后改为考取，或由召募投充。役以五年为满"。又如各府州县的祗侯、禁子、弓兵，还有快手、皂隶、门卒、库子等役，皆为招募，均有名额限制。额外滥加者曰"白役"，国家一般禁止，但仍有大量白役存在。又有驿夫之役，亦募雇，后也纳入正役中征用。还有陵户之役，亦即专设民户巡查、洒扫帝王陵墓。此外，战事一起，又大规模役使人民转输军饷等，大概亦视为杂役。清代差役均以募雇为主，这是其最大特征之一。凡应募（或差派）于各类杂役者，其他一切差役皆免。①

第五节
与役法有关的禁令和刑罚

违反有关徭役之法律、法令，历朝历代都规定了相应的惩罚。所谓违反役法，主要指百姓逃避徭役及官吏滥征民役两种情形。对此，古代中国形成了相当完备的禁令与惩罚规范。

《周礼》记载，周代有制度，"凡（役）用众庶，则（小司徒）掌其政教与其戒禁；施其赏罚，诛其犯命者"。又谓州长、遂人、遂师等均在率民到作役现场时均有权决定赏罚。这里所称"罚"，包括对逃漏力役、工作偷懒等两种情形的处罚。但具体如何罚，不见记载。

秦代的徭役繁剧，对逃避徭役行为的惩罚之法相当严酷。云梦秦简中有《徭律》，规定："御中发征，乏弗行，赀二甲；失期三日到五日，谇；六日到旬，赀一盾；过旬，赀一甲。其得殹（也）及诣，（遇）水雨，除兴。"这就是关于徭役的"失期之法"，就是说超过规定的到达徭役地点的期限，就要受到罚金的处罚。这一规定，似乎远不及《史记·陈涉世家》所载"失期之法"严厉。秦二世元年（前 209 年）七月，陈胜、吴广被征戍渔阳，"会天大雨，道不通，度已失期；失期法当斩"。此外，云梦秦简中的《傅律》、《敦（屯）表律》、《法律答问》亦有关于"徒卒不上宿"、"百姓不当老……敢为酢（诈）伪者"、"匿敖童及占瘰（癃）不审"、"匿户弗徭使"等等逃役行为的处罚条文。②

汉律与徭役法相关的罪名今可考者大概有三者。一是擅兴徭役。如武帝时阳平侯杜相夫因"为太常擅徭不如令"，宣帝时江阳侯刘仁因"役使附落"，元帝时祚阳侯刘仁因"擅兴徭赋"等先后免爵或削爵。③《晋书·刑法志》谓汉律有"擅兴徭役"之条，又谓汉科有

---

① 参见《清史稿·食货志》二，《赋役》。
② 参见马非百：《秦集史》，下册，810 页，北京，中华书局，1982。
③ 参见《史记》卷十八，《汉书》卷十五、十九。注意，这两个诸侯的名字都叫刘仁，前者是昭帝时城阳慧王刘武的儿子，后者是汉武帝之侄平干王刘偃之子。

"擅作修舍"之文（前述三诸侯可能正是据此汉律或汉科而受处罚）。二是"事国人过律"，或"事国人过员"。文帝时信武侯靳亭、祝阿侯高成、东弟侯刘告均以此罪免爵除国。[①] 这与前种情形相近，不过仅指超过规定的员额役使民夫。三是"失期"、"行留"或"后期"等罪名[②]，既适用于军人，也适用于屯戍之役民。《晋书·刑法志》谓汉"兴律"中有"乏徭稽留"之条。这也应是汉相萧何在《法经》六篇之上增加的户、兴、厩三篇中《兴律》的重要内容之一部分。

魏晋南北朝时期，曹魏新律十八篇中有《兴擅律》、《乏留律》，其内容包括对擅兴徭役、擅作修舍事、乏徭稽留、乏军之兴等等行为的处罚之条文。[③] 还有惩罚士卒逃亡的"士亡法"。晋时对逃避官役者科罚尤严，如被征之役民于途中逃亡，则"有常制，辄令其家及同伍课捕。课捕不擒，家人及同伍补代"[④]。此外晋律亦有"诈冒复除"之罪名，惩罚伪造资格逃避赋税徭役义务的行为。如晋武帝时中山王司马睦坐"诈冒复除"七万余户之罪而削爵为县侯。[⑤] 东晋时，严惩豪强隐匿民户，亦有严惩豪强瓜分国家役户或徭役资源之意。[⑥] 南朝宋时，有擅兴造、多役工力之禁令，如晋陵太守苟万秋坐擅造华林阁免官，吴郡太守王僧达坐多役工力免官。[⑦] 这些法令旨在惩阻擅自兴造宫室及违法役用民力的行为。

隋唐法律中关于违反徭役法规之罚则更多。仅以唐律为例，主要体现于《擅兴律》、《户婚律》之中。如《户婚律》有"脱漏户口增减年状"之罪条，旨在处罚诈称年老残疾、逃漏户籍登记等逃避徭役的行为；有"差科赋役违法"之条，旨在处罚官吏不依法定的"先富强后贫弱，先多丁后少丁"的顺序征役百姓的违法行为。《擅兴律》有"非法兴造"、"征人巧诈避役"、"丁夫差遣不平"、"丁夫杂匠稽留"、"私使丁夫杂匠"、"工作不如法"、"遣番代违限"、"镇所私放征防人还"、"征人稽留"、"征人冒名相代"等等行为之罚则，极为详密。

宋代法律对违反役法之行为的处罚几乎抄袭唐律。《宋刑统》中《户婚》、《擅兴》两律关于"差科赋役不均"、"给复除"、"差遣丁夫杂匠及私役使"等条文及疏议，几乎全文照抄唐律，这里不必介绍。我们特别应注意者是，宋代有募雇他人代役时，雇者应为受雇者在任役期间的违法行为负连带责任的制度，但这在《宋刑统》中没有反映。"（应）募人凭藉官势，奸害善人，断罪外，坐募之者。"这里的募者连坐，是仅代为赔偿民事上的损失，还是亦连坐刑罪？可能两者均有。此外，为确定承担轻重不等的徭役义务，宋制分民户为五等，户等高者承担重役。国家每三年（城镇）或五年（乡村）重新审定一次户等，民户或升等或降等。若官吏"故为高下"，亦即在审定户等时作弊，则"以违制论"，即论以违反诏书之罪，处罚甚重。[⑧]

① 参见《史记》卷十八、九十八，《汉书》卷十七。
② 参见《史记》卷一一一。
③ 参见《晋书·刑法志》。
④ 《晋书·王羲之传》。
⑤ 参见《晋书·王羲之传》，《晋书》卷三十七。
⑥ 参见《晋书》卷三十七，《周书》卷六。
⑦ 参见《南朝宋会要·刑·科罪条》。
⑧ 以上均见《宋史·食货志》上五、上六。

　　明律关于违反徭役制度之惩罚法条，主要有《户律》中的"脱漏户口"、"赋役不均"、"丁夫差遣不平"、"逃避差役"、"隐散差役"、"私役部民夫匠"等条款。其中"脱漏户口"条特别打击"隐漏已成丁人口"、"增减年状"、"妄作老幼废疾"等"以免差役"的行为，其处罚是"家长杖六十"。"赋役不均"条特别处罚官吏不依户等（即先富强后贫弱）之顺序而征发丁夫的行为，并允许人民上告。此外，丁夫作役日期届满不放归者，该管官吏应"一日笞十，每三日加一等，罪止笞五十"。就是处罚官员强行超期役使百姓的行为。豪民令子孙弟侄跟随官员以隐蔽差役者，也要受处罚，家长杖一百。百姓逃往他境以躲避差役者，也要杖一百，并发还原籍当差。① 这些规定，加上相应的"拟罪条例"，相当严密而苛厉。

　　清代关于违反役法行为的罚则，自《大清律》看，条文几乎与明律完全相同，但"问刑条例"补充了新内容。其《户部则例》亦有关于徭役的详细规定。大约因为当时逃到边疆夷蕃之地避役的百姓甚多，故其"问刑条例"及相关则例特别重视"逃避差役"之禁。此外，吏卒之役皆有法定名额，"额外滥充者谓之白役，白役有禁"。清王朝还多次申明关于"私派里甲"、"私役铺司及弓兵"、"私立官户儒户避役"、"私勒征民车马及夫转输"等行为的禁令。②

---

　　① 参见《大明律·户律·户役》。
　　② 参见《清史稿·食货志》二。

第十九章

征商管工：传统中国的工商行政制度

中国传统政治下的工商政策，古人一般喜欢用"征商管工"一语来概括。"征商管工"的确反映了在中国传统政治中工商管理及税收的本质特征：对商业而言，基本上没有积极的保护性、扶助性的管理，只有为征收商税目的而进行的一些消极管理；管理的目的是征税。对工业而言，基本上没有积极的开发、促进政策，只有以官府垄断为目的的官营、官管和以征税为目的的征管。本章主要讨论中国传统政治下的工商行政制度，主要讨论在这样的工商政策之下，历代关于工商管理及征税的行政法律制度或惯例的主要特征和规律。本章所探讨的工业管理，主要指官营手工业管理、城镇手工业管理，不包括农村手工业者在农村的活动以及农民家庭纺织之类的手工业问题；本章所探讨的商业管理，仅指城市商业管理，一般也不包括个体农民自产自销少量农副产品的管理与征税问题。

第一节
官府工场作坊与匠役制度

古代中国的官营手工业作坊及工匠服役官府的制度，可能早于夏商时代就开始了，可惜无史料记载。现有史料表明，周代已经有了相当发达的官府手工业作坊及相关管理制度，这应是在夏商的基础上发展而来。

周代的手工业者，《尚书》、《诗经》、《周礼》等均称为"百工"。所谓"百工"之"百"，可能一是言其人数多，二是言其工种多，与"百姓"相类，并非恰好是"一百"。百工的身份，许多人认为是官奴隶，也有人认为是自由人。若从前列三经所记载来看，周代的"百工"的地位是基本上与"庶人"等同，他们不是没有人格和人身自由的奴隶。[①] 也就是说，其身份是"民"，而不是"物畜视之"的奴隶。

---

① 参见童书业：《中国手工业商业发展史》，8～10页，济南，齐鲁书社，1981。

官府如何管理和役使这些"民",从周代开始即有相当发达的制度。首先,百工不得与其他国人杂居:"士大夫不杂于工商"①;百工世代传袭,其职业不得更改:"守之世,谓之工。"② 其次,百工在官府作坊里受"工师"的管理监督,"命工师令百工审五库之量……(制作器物)……监工日号,无悖于时","工师效(校)功"③。再次,百工制作有具体的技术规范、纪律规则,有考核办法,"工师效(校)功,陈祭器,案度程,无或作淫巧以荡上心,必致功为上。物勒工名,以考其诚。工有不当,必行其罪,以穷其情"④。所谓"物勒工名",就是在器物上铭刻制作者的名字,以便考察。这就是后世"王麻子菜刀"、"张小泉剪子"之类惯例或规则的起源,也是后世商标的起源。所谓"案度程",是说按照既定的技术规范去检验制作品是否合格。这里的"度程",可能就是《周礼·冬官考工记》中后人所追忆的那些"审曲面势"的具体规则,如"轮人为轮"、"舆人为车"、"辀人为辀"等等的具体规则。例如"辀人为辀,辀有三度,轴有三理:国马之辀,深四尺有七寸;田马之辀,深四尺;驽马之辀,深三尺有三寸……"⑤ 这些规则,很像是今天关于工程技术规范或行业标准的行政规章。

春秋战国时代,手工业者完全附属于官府,即所谓"工商食官"⑥。工匠们都在官府作坊里服役,此即"处工就官府"⑦,"百工居肆以成其事"⑧。他们仍不能与士、农杂居:"四民者勿使杂处","制国以为二十一乡,工商之乡六","工立三族","令夫工,群萃而州处"⑨。此处的"乡"、"族",均系指百工聚居。"乡"指处所或行政区,"族"指成员管理模式。百工父子相继,世传其业:"工商皂隶,不知迁业"⑩,"工之子恒为工"⑪。此外,百工也有考核制度:"日省月试,既(饩)廪称事,所以劝百工也。"⑫ 即按日或按月对百工进行检验测试,按其工作质量、效率发给饩廪(报酬)。最后,国家责令百工以父兄家教的方式传授技艺,完成职业教育:"令夫工……以饬其子弟,相语以事,相示以巧,相陈以功。少而习焉,其心安焉,不见异物而迁焉。是故其父兄之教不肃而成,其子弟之学不劳而能"⑬。

秦代关于手工业管理的法律相当复杂,云梦秦简可见一斑:简文中有《工律》六条、《工人程》三条、《均工》二条,都与手工业管理相关。

第一,关于工作技术规范,《工律》规定:"为器同物者,其大小、短长、广亦必等","为计,不同程者,毋同其出"⑭。这是说生产一批同规格的产品,必须标准一致,不一致者

① 《逸周书·程典解》。
② 《周礼·冬官考工记》。
③④ 《礼记·月令》。
⑤ 《周礼·冬官考工记》。
⑥ 《国语·晋语》四。
⑦ 《国语·齐语》。
⑧ 《论语·子张》。
⑨ 《国语·齐语》。
⑩ 《左传·襄公九年》。
⑪ 《国语·齐语》。
⑫ 《礼记·中庸》。
⑬ 《国语·齐语》。
⑭ 《睡虎地秦墓竹简》,69~70页,北京,文物出版社,1978。

不得从作坊"出厂"投入使用。

第二，关于工匠服役，《工律》规定："邦中之繇（徭）及公事官（馆）舍，其段（假）公；段而有死、亡者，亦令其徒、舍人任其段，如从兴成然。"① 这是说工匠服官役若有死或逃亡，其徒弟或家人必须代其完成工作。《工人程》规定："隶臣、下吏、城旦与工从事者冬作，为矢程，赋之三日而当夏二日。"② 这是规定工匠冬天和夏天服役，时间计算办法不一样。

第三，关于工匠考核，《秦律杂抄》中有规定："非岁红（功）及毋（无）命书，敢为它器，工师及丞赀各二甲。"③ 这是说工匠制作必须按指令办，不得擅作未指令之物，否则连罚工师等监督人员。又规定："县工新献，殿，赀啬夫一甲"，"省殿，赀工师一甲"④。这是规定，若工匠作器物质量和效率差，处罚监工官吏。"工择榦（干），榦可用而久以为不可用，赀二甲。"⑤ 这大概是说车匠采伐木材做车轴，若所选的木材不耐用，要罚金。

第四，关于工匠的工作量定额，《均工律》规定："新工初工事，一岁半红（功），其后岁赋红（功）与故等。"⑥ 这也许既指在工作任务量上新工为老工之半，也许还指报酬标准亦然。

第五，关于职业技术教育，《均工律》规定："（新工），工师善教之，故工一岁而成，新工二岁而成。能先期学成者谒上，上且有以赏之。盈期不成学者，籍书而上内史。"⑦

秦的这些手工业管理法规大概只适用于官府手工作坊和工匠为官府服役时。至于煮盐的猗顿、"铁冶成业"的郭纵、擅丹穴（硃砂矿）之利的巴寡妇清等等所经营的私人工业，以及民间工匠私人制作行为，那时一般似无管理法规。

汉代，中央设少府及将作大匠，主管宫廷所需物品的采购、制造及宫室营修。少府下设有考工室、东织、西织、东园匠等官。河南、济南、南阳等许多郡均设有工官，大概是掌管各郡所需官用物器（包括军用品）制造或购买等等，在铁专营时亦掌管所有铁器制作、售供百姓。但地方工官似乎不受少府监督或领导。在这些工官掌管的官办作坊里，肯定常年役使着大量工匠。对这些工匠如何管理，史料很少留下记载。至于汉代民间工业，如蜀卓氏、山东程郑、宛孔氏、鲁丙氏的冶铁业，齐刀氏的鱼盐业等等，也未见有相关管理法规之记载。在汉代，工匠们虽终生为官府役使，但"工商食官"原则似未强调。

北魏时，工匠似乎又成为官府工奴，任何私人不得藏有并私自使用工匠。北魏太平真君五年（444年），世祖下诏："自王公以下至于庶人，有私养沙门师巫及金银工巧之人在其家者，皆遣诣官曹，不得容匿……过期不出……主人门诛。"⑧ 关于职业技艺传授，北魏重申只能父子相传："其百工使巧驺卒子息，当习其父兄所业，不听私立学校。违者师身死，

①　《睡虎地秦墓竹简》，70～71页，北京，文物出版社，1978。

②　同上书，73页。

③　同上书，137页。

④　同上书，136～137页。

⑤　同上书，139页。

⑥⑦　同上书，75页。

⑧　《魏书·世祖纪》。

主人门诛。"① 这里所说"不听私立学校",是防止工匠开私塾传技艺于外人吗？依上下文意不像是，倒像是不许工匠子弟"私入学校"（故疑"私立"为"私入"之误），旨在防止工匠子弟改习儒业而不习家传技业。此外，北魏政权还规定"士民之家不得与百工使巧卑姓为婚，犯者加罪"②，这似乎以百工工匠为贱民。

唐代的手工业管理制度全面发达。在中央或京师，有少府监、将作监、军器监，掌管官用器具、军器、重要日用品之制造，其下设手工作坊甚众。天下能工巧匠大多被征役于官设作坊里。

（1）关于工匠役使方式，大约有征匠、和雇匠、短番匠、长上匠、明资匠等名目。"征匠"方式，即所有工匠必须每年应征在官府做工一段时间，作为服徭役方式之一；"和雇匠"方式，即以薪酬雇来、有使用期限的工匠，在服徭役的时间以外有偿做工；"短番匠"就是官户、杂户服徭役（上番）于官府的情形。最常见的役使方式大概是"征"和"上番"，即工匠以技艺为官府服徭役。根据工匠所属的户别种类的贵贱等级，服役也有时间长短之分。普通民匠服役的时间可能最少（更多的是以和雇方式即低酬工作方式为官府工作）。征匠不愿应役者，可以出资代工。③ "官户"（"番户"）"一年三番"；"杂户""二年五番"。二者"番皆一月"，"十六（岁）已上当番"④。不愿"上番"者，也可出资代役。所以官户、杂户是半官奴性质的手工业者。

（2）关于百工职业世袭制。《唐六典》规定："一入工匠后，不得别入诸色。"⑤

（3）关于工匠的户籍管理制度。唐制规定："凡工匠，以州县为团，五人为火，五火置长一人。"⑥ 这种"团"、"火（伙）"，大概就是早期的手工业行会。行会一开始就成了工匠自管与官府管理工匠机构合一的组织。

（4）关于百工职业技艺传授，《唐六典》亦有规定。如学徒年限按职业种类不同，长的限四年、三年、二年、一年半、一年，短的九月、三月、五十日、四十日，各有定准，不准擅自增减。⑦

（5）关于被征役工匠的管理，《唐律》有相当详细的规定。例如，如被征差的工匠"稽留不赴"服役之所，迟延一日笞三十，三日加一等，罪止杖一百；工匠在役中"工作有不如法者，笞四十；不任用（不中用）及应更作者，并计所不任赃、庸（工值），坐赃论减一等"；若是制作供皇室使用之物不合要求，则杖六十。工匠采伐材木若不合用，"计所欠庸（工值），坐赃论减一等"。工匠在役，官员不得以私事役使之，违者各"计庸准盗论"⑧。

这些规定，似乎均仅对官府手工业管理而言。关于民间手工业的管理规范，少有史料记载，唐令中仅见一条："其造弓矢长刀，官为立样，仍题工人姓名，然后听鬻之。诸器物

---

① 《魏书·世祖纪》。
② 《魏书·高宗纪》。
③ 参见《唐六典》卷七。
④ 《唐六典》卷六。
⑤ 《唐六典》卷七。
⑥ 《新唐书·百官志》。
⑦ 参见《唐六典》卷二十二。
⑧ 《唐律疏议·擅兴》。

亦如之。"① 这似乎是关于民间手工业制作器具标准的规定。此外，常为官方借以管理民间手工业者的行会组织似已出现。②

宋代手工业管理制度基本上同于唐代。金属冶炼业（坑冶）、煮盐业、制酒业，全部由官设的监、冶、场、务等机构垄断，销售经营亦由这些机构专营；相关的手工匠人们大都被征役于此。其他手工业，有官办，亦有民办。官办手工业作坊与官设经销机构合二为一，称"作院"、"作坊"、"库"、"务"、"场"、"局"、"作"等等。在这些场所作役的工匠，主要是"和雇"即以薪酬招募而来的。甚至专门为宫廷生产器物的"文思院"，也只能"和雇百姓作匠"，不许"拘辖人匠造作"③。即使征役而来，官府也会发给一定的口粮和工钱；和雇更不必说。关于口粮和工钱的规定，比较发达，如"下等工匠每月粮二石，添支钱八百文，每日食钱一百二十文，春冬衣依借支例"，"（年）内第二等人匠升作第一等，第三等升作第二等，仍支本等请受"④，等等。从以征役制为主的官作坊到以雇佣（募）制为主的官作坊的演变，似乎表明资本主义生产方式的萌芽在宋代已经出现。

在宋代，行会制度全面发达起来。当时的行会，有手工业行会，有商业行会，有其他事业之行会。关于宋代的手工业者的行会，宋人吴自牧曾记载："其他工役之人或名为'作分'者，如碾玉作、钻卷作、篦刀作、腰带作、金银打鈒作、裹贴作、铺翠作、裱褙作、装銮作、油作、木作、砖瓦作、泥水作、石作、竹作、漆作、钉铰作、箍桶作、裁缝作、修香浇烛作、打纸作、冥器等作分。"⑤ 宋代的手工业行会，一般称"作"或"作分"；商业行会一般称"行"或"团行"，有时手工业行会也称"行"。工商业的行会，起初主要是工商业者的自发组织，旨在行业自我保护和价格同盟，后来一般被官府利用作为管理和控制工商业者的工具；起初是自愿加入，后来是强行加入："立法随有指挥：元（原）不系行之人，不得在街市卖坏钱纳免行钱与人争利。仰各自诣官投充行人，纳免行钱，方得在市卖易；不赴官自投行者有罪，告者有赏。"⑥ 这里的"指挥"，是宋代法律规范形式之一。"各自诣官"，即到官府进行执业登记，"投充行人"即加入行会，"纳免行钱"即交纳（代役）税。在各行会里，设有"行头"、"行首"或"行老"，权力甚大。此外，宋代各行会的"行规"甚至规定了本行业同仁的衣着规格，令执业者自备"制服"。

元代，手工业者的地位大异于宋。在宋代本已获得相当自由，几乎接近雇佣工人地位的手工业者，在蒙元时代重新沦为奴隶或半奴隶。蒙元军队南进过程中，屠杀民众不遗余力，唯工匠不杀。将士报功，常称俘获工匠若干。征服全中国后，亦时常下令搜集全国工匠，或就地设专门官衙管理工匠以备官役，或将各地工匠驱集到京师及各省路州府城中为官作役。在中央，工部之下设有"诸司局人匠总管府"、"诸色人匠总管府"、"诸路杂造总管府"、"大都人匠总管府"、"随路诸色人匠都总管府"等机构，这些机构下设各种"提举

① 《唐六典》卷二十引《京都诸市令》。
② 《太平广记》卷二五七，"织锦人"条引《卢氏杂说》："以薄艺投本行"。"本行"似即手工业行会，亦为官府控制商人所用之组织。
③ 《宋会要·职官》二九之五。
④ 《宋会要·职官》一六之五、之七。
⑤ （宋）吴自牧：《梦粱录》卷十三，《团行》。
⑥ 《文献通考》卷二十载郑侠奏议跋。

司"及造作局（所、监）等等，如"金银器盒局"、"染局"、"杂造局"、"泥瓦局"、"铁局"、"葫芦局"、"器物局"、"鞍子局"、"皮软局"、"牛皮局"、"画油局"、"织造局"等制造机构暨作坊。① 在地方，官设制造机构或机关甚多，见于《元史·百官志》的有"云州管纳色提领所"、"蔚州定安等处山场采木提领所"、"上都隆兴等路杂造鞍子局"、"真定路冀州杂造局"、"弘州衣锦院"、"丰州毛子局"、"缙山毛子旋匠局"、"杭州织染局"等等，并在各地相应设有专以管辖工匠的"提领所"，"掌理人匠词讼"②，极似后世的行业"专门法院"。

在元朝中后期，工匠的奴隶或半奴隶身份稍有松懈，正式确立了"匠户"制度。匠户分三类：第一类是"系官匠户"，或称"官局人匠"，终身隶属官府并在官府做工，基本上没有自由。第二类是"军匠户"，隶居军籍。战时充士兵，平时作军器。这实际上也是官府匠人，也无自由。第三类是"民匠户"。受官府控制、差遣，但略有自由，在徭役义务之外的工作，均有报酬。元代的工匠管理制度甚为复杂。第一，"官局人匠"免徭役："鸠天下之工，聚之京师，分类置局，以考其程度而给之食，复其户"，"（人匠）凡入局造作者……除差"③。官匠甚至还免税："一丁入局，全家丝银尽行除免。"④ 贵族私辖的匠户，除向贵族献纳制作器物以外，也免国家差役。⑤ 第二，民匠受雇于官府时有工钱："（凡制军器）先尽军匠；如不敷，管民官司差倩民匠，置局成造。除军匠外，其余民匠，官为应付口粮工价。"⑥ 第三，工匠职业世袭："诸匠户子女，使男习工事，女习黹绣。其敢拘刷者禁之。"⑦

明代手工业管理制度初袭元代，后有所变化。明初也实行"匠户"或"匠籍"制度，匠籍世代传袭，不得迁改，但比元代的匠户奴役制有了稍多的自由。洪武十九年（1386年），明太祖令："量地远近以分为班次，且置籍为勘合付之；至期赍至工部听拨，免其家他役，著为令。"⑧ 此处的"置籍"，即设立"匠籍"；为"勘合"，就是为匠户登记特殊户籍并设置服役义务册或卡。据此法令，地方官府对匠户编组登记设籍，分为若干班，轮流赴京师服役，每次服役时间为三个月，两年一轮；"至有无工可役者，亦不敢失期不至"。后来，因为这种统一的轮班制难免浪费人力，于是洪武二十年（1387年）进行了改革："先分各色所业，而验在京诸司役作之繁简，更定其班次。"⑨ 这次改革，依政府各部门的实际需要不同，从以前的一律两年一班，改为五年一班、四年一班、三年一班、二年一班、一年一班共五种轮班法。⑩ 因工匠进京或赴其他指定地点大多路途遥远，往返路途耗时三四个月不计入服役时间，且路途食宿费自理，工匠们常不堪重负而逃亡。景泰五年（1454年），明

① 参见《元史·百官志》五。
② 同上书。
③ （元）苏文爵编：《元文类》卷四二，《经世大典序录》"诸匠"条。
④ （元）王恽：《秋涧先生大全文集》卷八九，《论萧山住等局人匠偏负》。
⑤ 参见《元典章》一七，《户部》三，《户口条划》。
⑥ 同上书。
⑦ 《元史·刑法志二》。
⑧ 《明史》卷一三八，《薛祥传》。
⑨ 《明实录·太祖洪武实录》卷一七七、二三〇。
⑩ 参见《明会典》卷一八九。

王朝不得不下令所有工匠服役均改为四年一班。①

明朝的这些轮班服役的工匠总称为"轮班工匠"。明初，有轮班工匠二十三万二千零八十九人，共分为六十二个行业。轮班工匠的役使统归中央工部掌管，以应宫殿、陵寝、城郭、坛场、祠庙、仓库、廨宇、营房、桥道、舟车、水利等工程建设之需要，或服役于工部掌管的工场和作坊中。除"轮班工匠"之外，明朝还有所谓"住坐工匠"。《明会典》云："若供役工匠，则有轮班、住坐之分。轮班者隶工部，住坐者隶内府内官监。"② 这种住坐工匠，专归宫廷制造机构或作坊役使，大概主要制作宫廷器用。住坐工匠又分为民匠和军匠两种。民匠是从民间征集而来，隶于匠籍，属于内府；军匠则隶于军籍，属于都司卫所等军事单位。关于明代的住坐工匠，《明实录》载："南京五万八千，北京十二万八千。"③ 可见所谓"住坐"，就是附籍于京师或京师附近地方，就地服役。除此之外，还有所谓"存留工匠"，即存留于地方，为地方官府的工场或工程服役的工匠。

明代工匠的服役义务及待遇，因工匠的种类不同而各不一样。轮班工匠，有家人免役的优待，起初是"免其家他役"或"皆复其家"④，后来改为："本户差役定例与免二丁，余丁一律当差。"⑤ 轮班工匠自身的服役时间，三年一役，每役不过三月，平均为二十二天。至于住坐工匠，"月役一旬，有稍食"⑥，亦即稍给报酬。永乐十九年（1421年），明朝廷"令内府尚衣、司礼、司设等监，织染、针工、银作等局南京带来人匠，每月支粮三斗，无工住支"⑦。后来，又将月粮改为工银，有的军匠还发给"月盐"或"冬衣布花"。这说明住坐工匠虽服役时间比轮班工匠长一些，但待遇要高一些，发一些报酬或生活费。轮班工匠则纯系劳役，似乎没有口粮、工钱等待遇。

明代的工匠管理役使制度的最大特色之一是允许"以银代役"，这直接承袭《唐六典》的以资代工之制。对轮班工匠，成化二十一年（1485年）规定："轮班工匠有愿出银价者，每名每月南匠出银九钱，免赴京……北匠出银六钱，到部随即批放。不愿者仍旧当班。"后又规定"每班征银一两八钱"⑧。对于住坐工匠，"不赴班者，输罚班银，月六钱"⑨。此种罚班银有惩罚性质，并不是完全允许自愿纳银代役，但也接近纳银代役。住坐工匠"如果贫病不堪，照例每月出办工价银一钱，委官雇人上工"⑩。这比较接近代役银制度，但又仅限于贫病情形。就是说，在正常情况下，住坐工匠不能以正常工价银代役，只能以超出正常工价的银价代役，有惩罚性。但即使如此，也反映了明代对工匠奴役程度的降低，反映了人身依附关系的淡化和资本主义雇佣关系萌芽。

清代手工业管理制度的最大改革是废除了匠籍制度。在明朝中后期，匠籍实已名存实

① 参见《明会典》卷一八九。但《明史·职官志》谓轮班工匠皆"三岁一役，役不过三月"。
② 同上书。
③ 《明实录·宪宗正统实录》卷二四〇。
④ 《明史》卷一三八，《薛祥传》；《明史·职官志》一。
⑤ 《明会典》卷一八九。
⑥ 《明史·职官志》一。
⑦ 《明会典》卷一四七，《工部·事例》。
⑧ 《明会典》卷一八九。
⑨ 《明史·食货志》二。
⑩ 《明会典》卷一八八。

亡，但仍常为官府利用以刻剥工匠。清初，顺治二年（1645 年），明令废除匠籍："各省俱除匠籍为民。"① "其后民籍之外，惟灶丁（灶户）为世业"②。即是说，除灶户仍单独设匠籍、世袭不得改变之外，其他工匠均转为一般百姓户籍，不再强令世袭。但是，匠户制度残余仍在，如苏州等地"机户名隶官籍"③。机户即纺织工匠，隶官即为匠籍。工匠每年仍要无偿服役一定时间，朝廷经常"取用匠夫"④ 或征收代役银。⑤ 在清代，官府雇佣工匠劳作的比例较前代大大增加，强行征役的比例大大减少。至于官府付给工匠的工钱，各行业不同，以纺织工匠工钱最高。但官府常以远低于正常工价的工资，强雇强役工匠。清朝的手工业行帮也成了官府管理工匠的工具之一，官府动辄下令撤销"行头"的职务。此外，会馆（或公所）与行帮逐渐合一，是清代手工业管理的一大特色。手工业者在谋生地以同乡关系组成同乡行帮，设办公所或聚会所，以维持自己的同业同乡利益。这种会馆后也为官府所利用，成为官府管理流佣或行商外乡的工商业者的工具之一。⑥

第二节
行会与工商业者管理

中国的工商业者行会可能起源甚早，但可查考的资料则只见唐代以后的行会。

"行"，最先似乎是指街巷上贩卖摊或店铺的行列，或指街巷本身的行列。后因工商业者的贩卖经营活动，常以同业者聚集排列在一起，或以同列街市者职业相同，也引申而称为"行"。

唐代的工商店铺，一般称"坊"、"作"、"铺"或"作坊"、"作铺"。同类作坊店铺一起，可以合称为"某某行"。同业者若设立某种自治性质的组织，即称为"行会"。当时的"行"，据《长安志》载，唐都长安有"市内货财二百二十行，四面立邸"⑦。在唐代，行会及其首领（"行头"）一开始就对官府负有一定责任。如"邸店"业即货栈旅店业中就有"行头"。贞元九年（793 年）朝廷规定："自今以后，有因交关用欠陌钱者，宜但令本行头及居停主人、牙人等检察送官。如有容隐，兼许卖物领钱人纠告，其行头、主人、牙人重加科罪。"⑧ 依据此规定，"行头"有催税和检举逃税的责任。

宋代的工商业行会相当发达。宋人《都城纪胜》载有"酒行"、"食饭行"、"骨董行"、"香水行"、"花行"⑨；《东京梦华录》载有"果子行"、"姜行"、"纱行"、"牛行"、"马行"、

---

① 《清实录》卷一六，《顺治朝》。

② 《皇朝文献通考》卷二一。

③ 《长洲县志》，乾隆朝编本。

④ 《皇朝文献通考》卷二一。

⑤ 参见《大清会典事例》卷七一七，《嘉庆朝》。

⑥ 参见童书业：《中国手工业商业发展史》，288 页，济南，齐鲁书社，1981。

⑦ （宋）宋敏求：《长安志》卷八。

⑧ 《旧唐书·食货志》。

⑨ （宋）灌圃耐得翁：《都城纪胜》卷二，《诸行》。

"大小货行"①；《临安志》载有"鲜鱼行"、"鱼行"、"南北猪行"、"布行"、"蟹行"②。手工业者亦成立了许多行帮组织，叫作"某某作"。甚至教书匠和乞丐也有行，称"教学行"、"乞儿行"，还有"苦力帮"等。

宋代的商业行会一开始便有为官府服务的性质。《都城纪胜》说："市肆之谓团行者，因官府科索而得此名。"③《梦粱录》说："市肆谓之团行者，盖因官府回买而立此名。"④ 这表明行会一开始可能就是官府为征税、摊捐、强买货物而下令业者编成的同业组织，并指令一人代为催收税费或代为采购，此人即为"行头"，亦称"行老"。后来此种组织也渐渐兼有保护同业利益并与官府交涉的功能。任何人入市买卖，须先到官府报告登记，纳"免行钱"（代役钱或代捐钱），然后才能加入行会中，"投充行人"，"方得在市卖易"；"京师如街市提瓶者必投充茶行，负水担粥以至麻鞋头发之属，无敢不投行者"⑤，甚至，"不系行铺之物，客到即拘送官"⑥，就是说店铺坐贾可以将没有加入行会的商人及货物拘送官府处理。

"行老"、"行头"暨行会的作用，首先体现为官府服务："司县到任，体察奸细、盗贼、阴私、谋害不明公事，密问三姑六婆；茶坊、酒肆、妓馆、食店、柜坊、马牙、解库、银铺、旅店，各立行老，察知物色名目，多必得情，密切报告，无不知也。"⑦ 这里讲的就是"行老"为官府维持治安的作用。其次，行老还负责传达和监督官府所需物品的定造、征购或征收，如官府常"于官课之外"，令行会造作他物："勒令行老，挑担立俵，立定数额，不容亏少。"⑧ 也就是让"行老"立保证书，保证完成官府征购或摊派任务。再次，"行老"也代表同业者与官府交涉，维护或争取一些利益。如宋初官府科索各商业行会甚多，商人苦之。后来，"肉行徐中正等以为言，因乞出免行役钱，更不以肉供诸处"⑨。这就是行老代表同业者争取交纳金钱以代替过去的苛捐杂税和服役。最后，行会头领还可以为市场确定交易价格，如《梦粱录》载汴京"城内外诸铺户，每户专凭行头于米市做价，径发米到各铺出粜"⑩。米行行首在此处所执行的权力，类似后世物价部门的权力。此外，宋代的行会甚至还为本行业规定统一的制服，如"杭城风俗……且如士农工商、诸行百户，衣巾装著，皆有等差：香铺人顶帽披背子；质库掌事，裹巾着皂衫角带，街市买卖人各有服色头巾，各可辨认是何名目人"⑪。

元代的商业行会亦在应付官府科索或执行官府差使方面起着重要作用，当然也代表同业者维护一些利益。元人徐霆《黑鞑事略》载，蒙古人敲诈勒索工商业者的情形十分严重，

---

① （宋）吴元老：《东京梦华录》卷二。
② （宋）潜说友：《咸淳临安志》卷十九。
③ （宋）灌圃耐得翁：《都城纪胜》卷二，《诸行》。
④ （宋）吴自牧：《梦粱录》卷十三，《团行》。
⑤ 《文献通考》卷二十载郑侠奏议。
⑥ 《宋会要·食货》三八之二四。
⑦ （元）赵素：《为政九要》。转引自童书业：《中国手工业商业发展史》，182 页，济南，齐鲁书社，1981。
⑧ （宋）真德秀：《真文忠公集》卷七。
⑨ 《续资治通鉴长编》卷二四四。
⑩ （宋）吴自牧：《梦粱录》卷十六，《米铺》。
⑪ （宋）吴自牧：《梦粱录》卷十八，《民俗》。

"下至教学行、乞儿行亦银作差发"①。即是说，蒙古官吏甚至科索教学行、乞儿行，迫令他们交银钱以代差役。其他工商业行会受官府敲诈勒索之苛重可想而知了。在这样的情形下，行会在其中显然不得不扮演上述两重角色。

明代的行会在职能和组织形式方面发生了变化：从唐宋时代主要奉命承办官府对商人征收摊派事宜的组织，演变为以保护同业利益为主要任务的组织。明代的行，主要表现为由具有特定经济关系的商人在迷信或宗教的旗号下组成的会所（如供奉同一祖先神，合建一庙等等），或表现为按乡土关系组成的行帮或帮口（如徽州帮、洞庭帮、江西帮、龙游帮、山西帮、陕西帮、山东帮等）。同一帮口的商人往往从事同一行业的经营，这使得"行帮"成为同乡兼同业的行会组织。行帮势力较大者一般都建有会馆，遍布于各大商业都市。如北京的颜料会馆，为山西平遥颜料商人共建；山西临汾东馆和临汾西馆，为山西临汾五行（纸张、干果、颜料、杂货、烟叶五个行会）共建；浙江有宁波帮商人所建的四明会馆等等。这些会馆多为乡土性质的，也有同业性质的。它们作为商人往来住宿、贮货、交易及酬神、议事、宴乐的场所，发挥着重要的作用。② 它们也代表同乡或同业利益抵制官府的不法摊派、科索。当然，这些"士绅是主"的会馆也免不了常常成为官府控制商人的中介，代官府做些与征商管商有关的事情。

清代行会组织与明代情形相似。清代工商业行帮，其主要目的是保护同乡同业之利益；但朝廷利用行帮、会馆以控制工商业者，便于摊派、科索之用意仍未稍减，不过因为资本主义萌芽及工商业者反对封建约束的斗争而难遂其愿罢了。清高宗（乾隆）时期，"湖北巡抚晏斯盛奏：汉口一镇，商贾辐集，请令盐、当、米、木、花布、药材六行及他省会馆，各建社仓，择客商之久住而乐善者经理其事"③。这一记载表明，官府曾直接对行会下达关于行会内部公共福利（建社仓备荒）事务的指令，直接干预其内部人事选举。这当然反映了封建官府利用行会实现征商管商之意。一旦发生行会严重舞弊，扰害民众或业者的情形，官府甚至直接下令革除行头、撤销行会或禁止行会活动。如康熙十二年（1673 年），因苏州纺织业中少数行头蠹害商民，江苏巡抚御史马佑下令："革去行头名色，驱逐出境，勒石长洲县花桥东堍，永禁民机津贴。"④ 雍正十二年（1734 年），因织工和商民组织的行会与机户（作坊主）斗争，"倡为帮行名色，挟众叫歇，勒加银，使机户停织，机匠废业，致机户何若衡等呈请勒石永禁"⑤。这是苏州手工业者的早期工会（行会）与早期资本家（机户）斗争的最早记录之一。官府与机户勾结，刻石立碑禁止对朝廷和工商业主有害的行会活动，这也从另一个侧面反映了朝廷对行会的控制和利用。

---

① 《续资治通鉴》卷一九八，《元纪》转引。
② 参见柯育彦：《中国古代商业简史》，326～327 页，济南，山东人民出版社，1995。
③ 《清实录·高宗实录》卷二三七，乾隆十年三月。
④ 《苏州织造局志》卷十。
⑤ 《奉各宪永禁机匠叫歇碑记》，载《文物参考资料》，1956（7）。

第三节
商业和市场管理制度

　　中国的商业活动最早产生于何时，现无从考证。中国的商业和市场管理制度似乎产生甚早，据《易·系辞下》记载，神农氏时代即有商业和市场管理制度之萌芽："庖牺氏没，神农氏作，列廛于国，日中为市，致天下之民，聚天下之货，交易而退，各得其所。"古时官家所建供商人存转货物的房舍称为"廛"，早在神农氏时代可能就建造了这种官家商馆以吸引外来商人进行贸易。"日中为市"，似乎是规定交易时间只能是中午前后；"交易而退"似乎是规定散市闭市后商人各归其居所而不得逗留于市场。那时的"市"，也许并没有固定的场所，或在"廛"的前面空地上，或就在人们每次随兴趣聚集以从事交易的任何地方。

　　到了周代，商业和市场管理制度似乎已相当发达。据《周礼》、《礼记》等史籍所载，周代的商业和市场管理制度主要有以下几方面：

　　（1）关于商人的户籍与身份管理，周制规定"工商食官"①，即以工商业者为官养庶人，官方派"贾师"、"工师"管理之。工商业者世代不得改变职业："商工皂隶，不知迁业"②，"商之子恒为商"。他们必须"群萃而州处"，即聚居在一起，"处商必就市井"③。他们不得与高等级的人民杂居："士大夫不杂于工商。"④

　　（2）关于商业和市场管理机构及官吏，周代设有"司市"、"贾师"、"胥师"、"司虣"、"司稽"、"质人"、"廛人"等等。其中，"司市，掌治教政刑量度禁令，以次叙分地而经市，以陈肆辨物而平市，以政令禁物靡而均市"⑤。这一职务，有些像后世的市长或市政府，对城市交易和治安负总责。"质人，掌成市之货贿人民牛马兵器珍异，凡卖价者质剂焉……掌稽市之书契，同其度量，壹其淳制，巡而考之，犯禁者，举而罚之"⑥。这一职务，像是后世的合同、计量管理机构。廛人掌管各种商税征收；胥师"掌其次（二十商肆为一次）之政令而平其货贿，宪刑禁焉……听其小讼而断之"，是基层商业社区的管理官兼治安法官。贾师掌管货物评值定价，禁止不公平交易竞争，如后世物价管理部门。司虣"掌宪市之禁令，禁其斗嚣者"，司稽"掌巡市，而察其犯禁者……掌执市之盗贼以徇且刑之"⑦。这二者显然是市场警察兼法官。此外还有"肆长"、"泉府"、"司关"等官职，分别掌一"肆"之"政令"、市场征税、关口征税等等。⑧市管官吏有专门办公场所，如"司市"的办公处叫"思次"，"胥师"、"贾师"的办公处叫"介次"。

---

① 《国语·晋语》四。
② 《左传·昭公二十六年》。
③ 《国语·齐语》。
④ 《逸周书·程典解》。
⑤⑥⑦ 《周礼·地官司徒下》。
⑧ 参见上书。

（3）关于市场的设置，周制规定，王城内设市，一般原则是"面朝后市，市朝一夫"①。意即在王城北面或后面设市场，面积约百亩（依井田制，一夫耕田百亩，故谓百亩为一夫）。诸侯国的市场可能亦仿此制而设。此外，在"野"即乡村地区也有设市之规则："凡国野之道，十里有庐……三十里有宿……五十里有市，市有候馆，候馆有积。"② 意即乡下五十里设一市场，市场还附设驿站或客栈，站中有储粮。

（4）关于季节年成与商业政策，周制规定：仲夏之月，"门闾毋闭，关市毋索"，即盛夏季节不征关税、商税；仲秋之月，"易关市，来（徕）商旅，纳货贿，以便民事"。即秋中季节要鼓励商业贸易；孟冬之月，"谨关梁，塞徯径"③。意即禁止商旅往来。如果"国凶荒札丧，则市无征而作布"④，也就是在凶荒之年通过免除商税以鼓励商贸。

（5）关于市场的交易时间安排，周制规定，"大市，日昃而市，百族为主；朝市，朝时而市，商贾为主；夕市，夕时而市，贩夫贩妇为主"⑤。此处的百族，汉人郑玄注谓"百族，百姓也"，不是后世意义上的普通百姓，实际上仅仅是指在商贾和贩夫贩妇之上的氏族贵族。这种把一天分为早晨、中午、傍晚三个交易期间、分别安排三个不同的等级阶层入市进行交易的制度是否真的实行过，值得怀疑。

（6）关于入市交易者的身份限制，周礼规定："国君过市则刑人赦，夫人（过市）罚一幕，世子（过市）罚一帟，命夫（过市）罚一盖，命妇（过市）罚一帏。"⑥ 此即所谓"命士以上不入市"⑦ 之制度。因为市中工商杂贩皆是小人贱民，故"士大夫不与工商杂"，"君子以远小人"。上等人入市者被认为有辱等级尊严，故要惩罚。这与古代希腊罗马"君主（或圣女）过市则刑人赦"的制度非常相似。士以上高等级人家的消费需要，只能通过派仆役入市采买以满足。

（7）关于市场上禁止买卖的物品，周制规定："圭璧金璋，不粥（鬻，下同）于市；命服命车，不粥于市；宗庙之器不粥于市；牺牲不粥于市；戎器不粥于市；用器不中度不粥于市；兵车不中度不粥于市；布帛精粗不中数、幅广狭不中量，不粥于市；奸色乱正色，不粥于市；锦文珠玉成器，不粥于器；衣服饮食不粥于市；五谷不时，果实不熟，不粥于市；木不中伐，不粥于市；禽兽鱼鳖不中杀不粥于市。"⑧ 这些禁令，有的旨在维护礼制，防止僭越；有的旨在维护国家安全、防止叛乱；有的旨在倡俭抑奢；有的旨在保证商品达到一定规格标准和质量；有的旨在保护资源和生态。

（8）关于市场交易秩序的管理，周制规定，"凡市入，则胥执鞭度守门，市之群吏平肆展成奠贾，上旌于思次以令市"⑨。这是说，每天商贾入市时，有武警守门，有市场官吏审核其货物、指定摊卖位置并为之定价，然后司市即市长在自己的办公处所（思次）前升起

---

① 《周礼·冬官考工记》。
② 《周礼·地官·遗人》。
③ 《礼记·月令》。
④⑤⑥ 《周礼·地官司徒·司市》。
⑦ （唐）刘禹锡：《观市》，载《全唐文》。
⑧ 《礼记·王制》。
⑨ 《周礼·地官司徒下》。

旗帜，下令开市（后世市场管理机构——市亭，亦称旗亭，亦保持升旗开市之传统。鸣锣开市传统或亦由此而来）。周制还有关于"市伪饰之禁"的禁令，亦即关于货物不合标准规格之禁或防止假冒伪劣的禁令。这种禁令，"在民者十有二，在商者十有二，在贾者十有二，在工者十有二"①。就是说对百族（贵族）、对批发转运商、对坐店零售商、对制造工各有十二条禁令或处罚规定。可惜，这么详细的工商行政法规我们见不到了。此外，货物进出市场及门关，"以玺节出入之"，即凭通行证出入。凡在市场拾得他人遗失的"六畜货贿"，须送至"叙"（市吏办公处所之一），"三日而举之"，即招领三日，无人领取则归公。关于合同管理的规定特别值得注意，凡买卖均须有"质剂"即合同，"大市以质，小市以剂"②，即大宗买卖用长券为合同凭证，小宗交易以短券为合同。"质人"负责检查审核合同，纠正不法。

（9）关于市场之司法，按照周制规定，几乎所有市官均有司法权。如"市师"在"思次"听"大治大讼"，"胥师"、"贾师"在"介次"听"小治小讼"。"胥师"的听讼理案范围就是他所辖的"次"（二十肆为一次）。度量纠纷、责罚之事，均可以在市吏的办公处所"叙"里解决。"质人"听理合同纠纷，还可以对合同犯禁者"举而罚之"。合同纠纷的审理，有法定时效期间："国中一旬，郊二旬，野三旬，都三月，邦国期（一年）。期内听，期外不听。"③ 此外，"司虣"的职责是"禁其斗嚣"即防止刑事纠纷，"司稽"的职责是"掌执市之盗贼以徇且刑之"，即防止和制裁犯罪。④

（10）关于市场调控和税收，周制规定，设专官或专门机构掌管征收税费，"廛人掌敛市"，并设置"泉府"掌管官府资金放贷，并负责购买商人余货，待短缺时售出以平抑物价。此为后世之"平准"、"均输"、"常平"制度的起源。

按照《周礼》和《礼记》的记载，周代商业和市场管理制度如此详尽发达，令人难以置信，其中肯定有汉人根据自己的理想而假托的成分。

春秋战国时代的商业及市场管理制度，据有关史料记载，似乎反不如周代完善。其时各国都均设有正式的商市（"中而立市"），商市均设有管理专官，如鲁国叫"贾正"，宋、郑、卫等国叫"褚师"，齐国叫"市掾"，楚国叫"市令"，东周仍称"司市"。在卿大夫的封邑里，也有市和市官，如鲁国叔孙氏之封邑有"贾正"⑤。其他聚居之邑亦设有市："方六里命之曰暴，五暴命之曰部，五部命之曰聚，聚者有市；无市则民乏。"⑥

春秋时代的商人甚至可与诸侯政府签订条约以维护商业利益。《左传》载，郑国曾与商人"世有盟誓以相信也，曰：'尔无我叛，我无强贾，毋或匄夺。尔有利市宝贿，我勿与知。'恃此质誓，故能相保以至于今"⑦。这种约法，与中世纪欧洲城市市民与封建领主立约取得特许状的情形极为相似。这一条约规定：商人永不背叛郑侯，而郑侯不得强买或掠夺商人；商人的货宝财物或盈利情况，郑侯不得过问。这颇有保护贸易自由的味道。

---

① 《周礼·地官司徒下》。
②③ 《周礼·地官司徒·质人》。
④ 参见《周礼·地官司徒下》。
⑤ 《左传·昭公六年》："臧会奔郈为贾正事。"
⑥ 《管子》之《揆度》、《乘马》。
⑦ 《左传·昭公十六年》。

　　管仲治齐，为鼓励外来商人做生意，"使关市讥而不征"①，亦即免除关税；又以三十里置一驿站，积储食物以供给往来客商，并在齐都"为诸侯之商贾立客舍"，供给客商饮食、马料等等。这一系列优惠商贾的政策，结果使"天下之商贾归齐若流水"②。管仲还下令商人聚居成乡，立"工商之乡六"；令工商不与士人杂居："令夫商，群萃而州处……商之子恒为商"；又令工商职业教育以父兄言传身教的方式完成："旦暮从事于此……（使子弟）少而习焉，其心安焉，不见异物而迁焉，是故其父兄之教不肃而成，子弟之学不劳而能。"③

　　商鞅相秦，曾严厉推行"重农抑商"政策，下令"商无得籴，农无得粜"，"废逆旅"，"壹山泽"、"贵酒肉之价，重其租"，"重关市之赋"，"以商之口数使商"，"令军市无有女子"④，等等。这反映了秦国以"抑商"为核心的商业和商人管控政策。

　　秦代关于商人商业和市场管理制度，我们仅可根据云梦秦简残片的记载作一些了解。简文中有《金布律》，应为关于货币、市场和物资管理之法律；《关市律》更直接与关市管理有关；《法律答问》中亦反映了某些关于商业管理的规范。

　　第一，关于货币使用的规范，《金布律》规定："贾市居列者及官府之吏，毋敢择行钱、布。择行钱、布者，列伍长弗告，吏循之不谨，皆有罪。"⑤ 此即规定，在市场上不许在钱（金属币）、布（布币、实物）之间有所专择，应二者并用。又规定："百姓市用钱，美恶杂之，勿敢异。"⑥ 这大概是规定，不得以钱质恶劣为由拒收钱币。

　　第二，关于货物买卖，必须明码标价。"有买及卖殹（也），各婴其贾（价）；小物不能各一钱者，勿婴。"⑦ 只有小到价值不足一钱的货物才不必标价。

　　第三，关于商品的标准规格，秦制规定："布袤八尺，福（幅）广二尺五寸。布恶，其广袤不如式者，不行。"⑧ 这是规定，布匹必须符合统一的幅度和质量标准才能出售；或者说，只有幅度和质量符合统一标准的布匹才可以作为一般等价物使用，否则不准流通使用。

　　第四，关于入市登记及交易许可证颁发，《法律答问》记载了秦制："客未布吏而与贾，赀一甲。何谓布吏？诣符传于吏是谓布吏。"⑨ 这里的"符传"，就是商人进入门关时关吏颁发通行证或运输货物许可证；商人（贩运批发商）在将其货物转给坐贾即零售商之前，必须先持"符传"到市吏的办公室进行登记，取得入市交易的许可。

　　第五，关于为官府购买货物交付价金须有见证之规定，《关市律》中有"为作务及官府市，受钱必辄入其钱缿中，令市者见其入；不从令者赀一甲"⑩之条。这一条法律旨在防止为官采买货物者倚仗官势擅取商人货物而不交付价款（并贪污价款）的行径。这一条，也像是关于官营店铺的收取价款的规定：为防止官营店铺经理人员贪污货款，于是设置收货

　　① 《国语·齐语》。
　　② 《管子》之《大匡》、《轻重乙》。
　　③ 《国语·齐语》。
　　④ 《商君书·垦令》。
　　⑤ 《睡虎地秦墓竹简》，57页，北京，文物出版社，1978。
　　⑥ 同上书，55页。
　　⑦ 同上书，57页。
　　⑧ 同上书，56页。
　　⑨ 同上书，230页。
　　⑩ 同上书，68页。

款的缿（只进不出的罐子）于店堂中，命买主当众在有人见证的情形下把价款投入缿中。

第六，关于度量衡器定期审校制度，秦《工律》规定："县及工室听官为正衡石赢（累）、斗用（桶）、升，毋过岁壶（壹）。"① 这就是规定，官府必须设置标准的度量衡器具，至少一年内必须对所辖区域内的度量衡进行检测一次。

第七，关于某些货物禁止买卖及出境，《法律答问》记载了有关规定："盗出朱（珠）玉邦关及买（卖）于客者，上朱（珠）玉内史，内史材鼠（予）购。"② 这是关于禁止珠玉卖出境外及外国人的规定。这里的"上"，大概就是举报，或是收缴珠玉呈送内史。内史"予购"，大概是由内史从外国买主那里赎回，或是通缉盗卖者（"购"在战国时也有通缉之意）。

此外，秦朝还效法管仲治齐的做法，令工商业者聚居，单独立商籍或市籍，不许其与士人和农人杂居，必须世袭职业，不许改迁。秦始皇三十三年（前214年）曾将有市籍者、父母有市籍者、祖父母有市籍者"谪遣"到桂林、象郡、南海三郡戍边。"市籍"为对商人管理的传统办法，后世一直沿用。

汉代商业和市场规模空前扩大，相关管理制度亦相当发达。有史料记载，汉都长安市场很多，大约"四里一市"，即四个"里"（市政小区）的范围内即设置一个市场。"长安有九市，各方二百六十五步，六市在道西，三市在道东"③，分别称为"东市"、"西市"。东、西市各设"市令"，隶属京兆尹。各郡、国也设有市，市官称"市长"。市令、长的职责均是"察南贾货财贸易之事"，其下设"市吏"、"市掾"、"市啬夫"等听命市令长分理市务，如登记市籍、检查违禁品、征收商税、检查度量衡和物价等等，此外还设有"都尉"，负责维持市场治安。④ 长安九市，可能是按照货物分类出售而形成的，"市开九场，货别隧分"⑤。市里设有"市楼"，又称"旗亭"；"市楼皆重屋"，即为上下两层楼房。市楼上层悬挂市鼓，每日鸣鼓开市；下层是市官的办公室，"有令署"。市楼直接监临整个市场的所有商肆，"廓开九市场，通阛带阓；旗亭五重，府（俯）察百隧"⑥。市楼或旗亭设置于市场中枢处，且高出所有店铺，就是为了便于监视所有市肆的交易。阛、阓，皆指街市；隧，大约指商人摊位纵向排列如隧道然。

汉代的商业与市场管理，最值得注意者为"平准均输"制度。"（桑）弘羊以诸官各自市相争，物以故腾跃，而天下赋输或不偿其僦（租赁）费，乃请置大农部丞数十人，分部主郡国，各往往置均输盐铁官，令远方各以其物如异（《史记》作"贵"）时商贾所转贩者为赋，而相灌输。置平准于京师，都受天下委输……大农诸官尽笼天下之货物，贵则卖之，贱则买之。如此，则富商大贾亡所牟大利，则反本，而万物不得腾跃。故抑天下之物，名

---

① 《睡虎地秦墓竹简》，70页，北京，文物出版社，1978。
② 同上书，211页。
③ 佚名：《三辅黄图》（毕沅校本）卷二，《长安九市》。此书记载秦汉时三辅地区的城池、宫观、陵庙等，以汉之长安为主，间涉及周代旧迹。
④ 参见上书。
⑤ （汉）班固：《两都赋》。
⑥ （汉）张衡：《西京赋》。

曰平准"①。这就是著名的平准均输之法。所谓"均输",主要是指大农丞赴各郡国收取赋税后,将收得的物品像商人转贩那样易地出售,又在出售地转买其他物品易地出售,最后购得京师所需物品输至京师。所谓"平准",就是中央在大农令之下设平准官,经营各地运送来的租赋收入之物以及大农令所属机构掌握的天下各地货物。具体做法是:在京师物价贵时平价抛卖,物价贱时大量购买,以平抑物价,防止商人囤积居奇。② 这些改革试验的目的,一方面在于主动积极干预市场,规范和稳定市场;一方面在为政府增加财政收入。但是,其结果可能因"与商贾争利"而妨碍了民间商业贸易的发展。

王莽时期的"五均六筦"政策,也是继承"平准均输"政策的重要改革尝试。所谓"五均",就是将原来的市令(长)改为"司市师";各郡县也设"司市",可由地方官兼职;在这些市官下面设交易丞("均官")五人,职掌评定物价、抑制囤积居奇;设钱府丞一人,掌收税和赊贷。均官在每季第二个月订立本市各种货物的一般价格,分上、中、下三等。这种价格叫"市平"。商品供过于求时,"均官"按"市平"价全部买下,使卖者不致吃亏。当物价超过市平价时,"均官"又将积货按市平价卖出,以平抑物价。③ 这种由官方主动干预市场的政策及相关法规,在中国商业和市场管理制度史上应有一席之地。

此外,汉代还有关于商品规格标准的规定。如规定,上市之缣,一匹其幅广须二尺二寸,长须四丈,重须二十五两;草席的规格为宽三十五寸等等。有时还迫令制作者于商品上铭刻重量、价格及制作者姓名籍贯。④

魏晋南北朝时期商业都市亦十分发达。如魏晋时期,洛阳有三市:金市、南市、马市;建业有四市:大市、东市、北市、门杨市。如《洛阳伽蓝记》记述洛阳的市场情形:"(市)有二层楼,悬鼓击之以罢市。有钟一口,撞之闻五十里。"⑤ 晋朝法律规定,制造商品入市交易者,必须先经官府批准:"欲作漆器物卖者,各先移主吏者名,乃得作"⑥;还规定"坐垆肆者不得宿肆上"⑦,就是不允许商人夜晚住在市场。南北朝时期,江南都市空前繁荣,通过几条关于南朝时期物价管理的史料可见其时商业和市场管理制度发达之一斑。如南朝齐武帝永明四年(486年)下令"减布直,匹钱百四"⑧,梁武帝时亦有类似诏令。北魏时,为监督市场所使用的货币足色足重,政府曾于"京邑二市,天下州郡县各市各置二秤,悬于市门",供商民百姓称量钱币重量。"私民所用之秤,皆以市秤为准"⑨。此秤不仅可用以称量钱币,更应是市场的公平秤、标准秤。

隋唐时代,商业都市空前发达。隋时,西京长安有东、西二市,"东市曰都会,西市曰利人"。东京洛阳有三市,"东市曰丰都,南市曰大同,北市曰通远"。如东市丰都,"周八里,通门十二,其内一百二十行,三千余肆"。这样大规模的商市,在当时世界上应属罕

① 《汉书·食货志下》。

②③ 参见上书。

④ 参见吴慧:《中国古代商业史》,第2册,24~25页,北京,中国商业出版社,1982。

⑤ (北魏)杨衒之:《洛阳伽蓝记》卷四。

⑥ 《太平御览》卷七五六引《晋令》。

⑦ 《太平御览》卷八二八引《晋令》。

⑧ 《南齐书·武帝纪》。

⑨ 《魏书·食货志》。

见。唐时，长安东、西两市及洛阳南、北、西三市的规模比隋时更加扩大。长安两市，长宽各一公里，市内各有两条南北大街和两条东西大街交错，呈"井"字形布局。仅东市就有220个行，店肆可能多达万个以上。[①] 唐武宗会昌三年（843年）六月"二十七日，夜三更，东市失火，烧东市曹门以西十二行四千余肆"[②]。220行中仅烧12行，殃及店肆就达四千多，可见当时商市规模之宏大。此外，隋唐时代，益州（成都）、建康（南京）、广州、扬州、洪州（南昌）、鄂州（武昌）、泉州、明州（宁波）、杭州、苏州等都是相当繁华的商业都市。

唐代的商业与市场管理制度，从现存史料可以看到以下几点：

（1）关于市场的设置或废撤，唐制规定："非州县之所，不得置市。"[③] 这些市，均是官市，由官方设立，招徕商人进入贸易。官府也常下令废市，如长安元年（701年），武后令废京中市。此外，乡村也有非官设之集市，亦即民众赶集而形成的"草市"或"墟"，但这不是正式的市。与此相关，唐《关市令》规定："诸市每肆立标，题行名。"[④] 亦即每个商铺须有店号招牌以便管理。

（2）关于商市的管理机构，唐《州县职员令》规定："大都督府市令一人，掌市内交易，禁察非为；通判市事丞一人，掌判市事；佐一人，史一人，师三人，掌分行检察，州县市各令准此。"后又规定："中县户满三千以上，置市令一人，史二人。其不满三千户以上者，并不得置市官。若要路须置，旧来交易繁者，听依三千户法置，仍申省。诸县在州郭下，并置市官。又准《户部格式》，其市吏壁师之徒，听于当州县供官人市买。"就是说，市官由朝廷任命，市吏（小吏）听商民以钱购买职务。各市官们均有专用的官印，可以独立行使职权；如贞观七年（633年）曾一度"废州县市印"，后来大概恢复了。[⑤]

（3）关于商市的开市、闭市即交易时间，唐制规定："凡市，以日中击鼓三百声而众以会，日入前七刻击钲三百声而众以散。"[⑥] 又规定："其州县领务少处，不欲设钲鼓，听之。"也就是允许在地方小市场里就不搞烦琐的开闭市仪式。此外，唐代禁止非法夜市，如开成五年（863年）十二月唐文宗敕："京夜市宜令禁断。"但在特殊时间，允许夜市，如正月十四、十五、十六（后各延移三日）三日夜特弛夜禁，许人夜游，亦许夜市。[⑦]

（4）关于市场治安秩序之维护，唐代市场"有果毅巡逻"[⑧]，亦即有武警维护巡逻。唐敕规定："诸在市及人众中相惊动令扰乱者，杖八十。"[⑨]《唐律·杂律》的规定相同，更就此种惊扰行为造成伤亡财损的情形作了处罚规定。唐宣宗大中年间还就"无良之人于街市

① 参见（宋）宋敏求：《长安志》卷八："东市货财二百二十行，四面立邸，四方珍奇皆所聚集。"又参见《旧唐书·地理志》。

② ［日］园仁：《入唐求法巡礼行记》。转引自吴慧：《中国古代商业史》，148页，济南，山东人民出版社，1990。

③ 《唐会要》卷八十六，《市》。

④ 《唐会要》卷八十六，《市》；［日］仁井田陞：《唐令拾遗·关市令》。

⑤ 以上均参见《唐会要》卷八十六，《市》。

⑥ 《大唐六典·太府寺·京都诸市令》；《唐会要》卷八十六："其市当以午时击鼓二百下而众大会。"

⑦ 参见《旧唐书·玄宗纪》；《全唐文》卷三二，《令正月夜开坊门诏》。

⑧ 《新唐书·百官志》。

⑨ 《唐会要》卷八十六，《市》；［日］仁井田陞：《唐令拾遗·关市令》。

投匿名文书"扰乱人心的情形作了专门规定。①

（5）关于禁止买卖的物品，唐制于盐铁茶酒等官府专营以外，仍规定锦绫罗绣绢丝珠等不得"与诸蕃互市"。这就是规定重要的纺织品不得通过边境互市出关，大概也包括在境内城市中不得售与蕃人。会昌二年（842 年）唐武宗又敕令禁止在市中卖桑枝作薪柴，以免损农桑事业。②

（6）关于度量衡管理，唐时有良好的制度。隋朝时即有立标准度量衡于商市之制。据《隋书·赵煚传》载：隋时，冀州刺史赵煚即"为铜斗铁尺，置之于肆"，为公平度量器，"百姓便之"。唐时，此制进一步完善。唐有《关市令》规定所有商贾"每年八月，诣太府寺平校（度量衡器）；不在京者，诣所在州县平校，并印署，然后听用"③。唐《杂令》具体详细地规定了度量衡的规格标准。《唐律》规定，检校舞弊或失职均要处罚，重至杖七十。又规定私作度量衡器即使合乎规格，但"不经官司印者"，笞四十。④ 这就是说，一切度量衡器须用官府统一制造售卖的，每年检校后须盖有官府检验合格印记方可在市上使用。

（7）关于防止劣质商品上市，《唐律》规定："诸造器用之物及绢布之属，有行滥、短狭而卖者，各杖六十；得利赃重者准盗论。贩卖者，亦如之。市及州县官司知情各与同罪，不觉者减二等。"所谓"行滥"，疏议注谓"器用之物不牢、不真"；"短狭"指布帛不合尺寸幅度要求。⑤ 这种劣质商品上市，要追究制造者、贩卖者、市官及州县官三方面的刑事责任。可见唐商业和市场管理制度之严密。唐敕还规定："诸行以滥物交易者，没官。"⑥ 其意旨相同。

（8）关于物价管理，唐《关市令》规定：市令必须责令商人定期向市管机构呈报物价变动情况，十天一次；每种货物按其品质评定上、中、下三价，商人须将十天内物价涨落情况登记呈报；最后由市令或物价专管官吏据以评定物价上下幅度。⑦《唐律》规定："诸市司评物价不平者，计所贵贱，坐赃论；入己者，以盗论。"⑧ 这一规定旨在防止市司被商人收买故意高评物价而贪赃。

（9）关于保障买卖自由和公平交易，打击欺行霸市和商业欺诈，《唐律》规定："诸卖买不和而较固取者，及更出开闭共限一价，若参市而规自入者，杖八十。已得赃重者，计利准盗论。"所谓"较固取"，就是以暴力威胁强买他人之物。"更出开闭共限一价"，大概是指店肆互相勾结，串通开店、闭店时间，以高价出售贱值物或低价购买贵值物，不合某价者各家都不卖或不买，以坑害顾客。所谓"参市"，"谓负贩之徒，共相表里，参合贵贱，惑乱外人"⑨，即奸徒与卖商勾结，假扮顾客故意抬价、压价以诱人入圈套，就是今天所言"作托儿"。这三者都是妨害交易自由和公平诚信的典型行径，唐律均以严刑禁止之。

（10）关于买卖之合同管理，唐律亦有规定："诸买奴婢马牛驼骡驴，已过价，不立市

① 参见《旧唐书·宣宗纪》。
② 参见《唐会要》卷八十六，《市》；［日］仁井田陞：《唐令拾遗·关市令》。
③ 《唐会要》卷八十六，《市》；［日］仁井田陞：《唐令拾遗·关市令》。
④⑤ 参见《唐律疏议·杂律》。
⑥ 《唐会要》卷八六，《市》。
⑦ 参见［日］仁井田陞：《唐令拾遗·关市令》。
⑧⑨ 《唐律疏议·杂律》。

券，过三日笞三十，卖者减一等。立券之后，有旧病者三日内听悔，无病欺者市如法，违者笞四十。即卖买已讫，而市司不时过券者，一日笞三十，一日加一等，罪止杖一百。"①这种大宗买卖，不得用私契私券为合同，必须经市官立"市券"。这是一种官制合同。所谓"过券"，大概是由市官办理合同公证或奴婢马牛过户登记，或许还要据此征收交易税。

宋代的商市发生了重大变化。传统的坊市制即城中设专门市贸区域、封闭管理的制度，到宋代已经瓦解，至少是有名无实。市民一般居户区"坊"与专门商业区"市"（内无正式居民，至多只有临时特许在其内看守货物者夜居）之间的墙垣多被拆除，市民们可以在"坊"中设店肆，可以随时将面街墙壁拆毁辟为店面。起初许多大城中尚设有"市"，后来干脆不设。如开封即取消东、西市之设，而任商市渗入居民区。《清明上河图》反映了这一事实。城市中还出现了各种类型的集市，如开封相国寺的定期"庙市"，每月五次开放，令百姓交易。又有专业性集市，如成都每年九月九日的药市和每年正月至三月的蚕市。还有节令性集市，如元宵节的灯市、端午节前的百索市、七月七日的乞巧市等等。在城市里，政府均设置了专门负责征收商税的官员或机构。在农村，以商业贸易便利聚集人口，形成了州县城以外规模较大的商业集镇，镇中有定期集市，有固定的商业街道。政府亦设监镇官，"主烟火征商"。对于集镇人口，政府不再视之为农村人口，而单独设籍管理。比较著名者有浙江嘉兴的濮院镇、湖州的乌青镇、密州的板桥镇、泉州的安海镇、平湖的乍浦镇等等。此外，还有农村或镇市郊区的墟集。宋代的商业，似乎再无夜市之禁："杭城大街，买卖昼夜不绝。夜交三四鼓，游人始稀；五鼓钟鸣，卖早市者又开店矣。"②

宋时的商业管理，中央有"市令司"，大约主掌全国市场管理事务。南宋淳熙元年（1174 年）撤销。③此外，北宋时曾一度实行"市易法"，虽为官营商业方式之一，亦有加强管理商业市场之尝试。《宋刑统·杂律》关于"市司评物价不平"、"校斗秤不平"、"商品行滥短狭"、"私作斗斛秤度"、"卖买不和"、"市中故相惊动"、"买奴婢马牛不立市券"等情形的法律规定几乎完全照抄《唐律》，不必赘述。

元代的商市管理制度，从《元典章》和《元史·刑法志》可以略见一斑。第一，有关于市场物价管理的规定，如中统五年（1264 年）世祖诏令："诸物价以钞为则每月一次申省。"《至元新格》规定："诸街市货物皆令行人（行会首领）每月一平其直。比前申有甚增减者，各须陈说增减缘由，自司县申府州……"④第二，关于官府"和买"民物，至元九年（1227 年）诏令规定："和雇和买和籴并依市价"，不许压价强买贱买。⑤第三，关于禁止买卖毒药、买卖假药，禁止沿街卖艺售药，禁止"弄蛇虫唱货郎"等等，《元典章》亦有明确规定。⑥第四，《元典章》还有"禁私斛斗秤尺"之规定："令各路总管府验所辖司县街市民间合用斛斗秤度，照依省部元降样制成造，委本路管民达鲁花赤长官较勘相同印烙讫，发下各处公私一体行用。"超过期限不校勘，"违犯之人捉拿到官断五十七下"，司县官罚俸或

---

①　《唐律疏议·杂律》。

②　（宋）吴自牧：《梦梁录》卷十三，《夜市》。

③　参见《宋史·食货志》下八。

④　《元典章》二十六，《户部·物价》。

⑤　参见上书。

⑥　参见《元典章》五十七，《刑部》十九。

杖二十二。① 第五，关于夜市，元律规定："诸江南之地，每夜禁钟以前，市井点灯买卖"，"一更三点，钟声绝，禁人行"②。第六，关于经商者外出，元律规定须有本籍官司"出给文引"，"违者究治"；旅店容纳旅客必先验"所奉官府文引"③。元代的商业都市，据《罗可·波罗游记》和《伊本·白图泰游记》描述，十分发达繁荣，当然不会只靠这么几条法规去管理，应有更多的法规，只是多已亡佚。

明代城市中商业集市更加专业化。如北京形成了专门的米市、煤市、猪市、羊市、牛市、马市、果品市、缸瓦市，各有定所。这些市集初不定期，后渐定期或变成经常性专业市场。定期开市的还有灯市、庙市、内市。南京、苏州、杭州、广州、武汉等商业大都市也高度繁荣，苏杭二州甚至超过两京。此外，商业市镇也进一步繁荣，最著名的有苏州的盛泽镇、震泽镇，嘉定的新泾镇，上海的周浦镇，乌程的乌镇、南浔镇等等。上海城本身也被称为"小苏州"，开始繁荣起来。明代的州县城以外的商业市镇比前代发生了一个显著的变化，即从纯粹的商业市镇发展成为以手工业为主的工商业市镇。

明代大都市市场及地方市镇管理规则，今已难考。但《明律》中有多条与商业及市场管理有关，显然是当时明政府管理这些市场的主要规范。

（1）关于中介商即牙行的管理规范。明太祖时曾下令："凡天下府州县去处，不许设官牙、私牙。一切官商应有货物，照例投契之后听从发卖。敢有称系官牙、私牙，许邻里坊厢拿获赴京，以凭迁徙华外。"④ 永乐年间这一禁令被取消，恢复设立官牙行，或亦许设私牙行。《明律》规定："凡城市乡村诸色牙行及船埠头，并选有抵业人户充应，官给印信文簿，附写客商船户住贯姓名路引字号物货数目，每月赴官查照。私充者杖六十，所得牙钱入官。官牙埠头容隐者笞五十，革去。"⑤

（2）关于物价管理。洪武初曾令市司三日一稽牙侩物价。《明律》规定："凡诸色行人评估物价或贵或贱令价不平者，计所增减之价坐赃论，入己者准窃盗论。"⑥

（3）关于保护自由贸易或公平交易，《明律》规定："凡买卖诸物两不和同而把持行市专取其利，及贩鬻之徒通同牙行共为奸计卖物以贱为贵，买物以贵为贱者，杖八十；若见人有所买卖，在旁高下比价以相惑乱而取利者笞四十。"⑦

（4）关于度量衡管理，《明律》规定："凡私造斛斗秤尺不平，在市行使，及将官降斛斗秤尺作弊增减者，杖六十，工匠同罪……其在市行使斛斗秤尺虽平而不经官司校勘印烙者，笞四十。"⑧ 太祖时甚至命市司"三日一校勘街市度量权衡"⑨。

（5）关于防范粗劣商品上市，《明律》规定："凡造器用之物不牢固真实，及绢布之属纰薄短狭而卖者，各笞五十，其物入官。"⑩

这些规定基本上类同于唐律，仅关于牙行的规定为唐律所无。明政府还于都市中设立官办"塌房"以利商人储运商货，仅收很低的税钱。这一制度有利于保护商人少受牙侩的

---

① 参见《元典章》五十七，《刑部》十九。《元史·刑法志四》："诸度量衡器不同者，犯人笞五十七……"
②③ 《元史·刑法志》四。
④ 《古今图书集成》卷二十七，《食货典·汇考》。
⑤⑥⑦⑧ 《大明律·户律·市廛》。
⑨ 《明史·食货志》五。
⑩ 《大明律·户律·市廛》。

中间剥削。

清代的商业与市场管理制度基本上沿袭明制。从《大清律》看，其关于"私充牙行埠头"、"市司评物价不平"、"把持行市"、"私造斛斗秤尺"、"器用布绢不如法"等条律文，基本上照抄《大明律》。不过，其"条例"关于上述各种情形的特殊规定与明代的"问刑条例"不同，且更为详细。

第四节
工商税征收制度

中国的工商税征收大概始于周代。在西周以前或西周初年，"市廛而不税，关讥而不征"①，大约没有市税、关税征收，也许仅在西周中后期开始有了关税市税制度。《周礼》有"廛人"，专门负责征收市税，包括"纵布"（市肆之屋税）、"总布"（货物税）、"质布"（契税及印花税）、"罚布"（罚镈）、"廛布"（邸舍税）等多个税种，由"廛人"负责征收。又有"司关"，"掌国货之节以联门布，司货贿之出入者，掌其治禁与其征廛"，亦即既负责征收关税（"征"），又负责征收廛之租金（"廛"）。当然，若商人过关时并未将货物存放于廛舍，则不征廛金，仅征关税。如果"国凶札，则无关门之征，犹几"②。意即凶荒之年免征关税、商税，仅仅稽查管理而已。

春秋战国时期的工商税有市税、关税、山泽税三种。管仲相齐，桓公赐其"三归"，释者多以为是赐其享有市税之三成。赵简子曾养门客千人，以市租为食，"朝食不足，暮收市租；暮食不足，朝收市租"③。市税可以"量出为入"，每日可随时自市场征取。可见其时并无年税、月税等定期征收市税制度，甚至也无确定的市税率，不然怎么会在"食不足"时随时去征收呢？赵将李牧守北边备匈奴，在代郡雁门关"便宜置吏"收关市税，"市租皆入莫（幕）府，为士卒费"④。出征守边的将军可以自行征收关市税为军费，说明全国统一的税收网及统一税收管理权并未形成。宋武公曾将一门（关）赏给有军功的耏班，"使食其征"⑤，这说明那时关税可以作为赏赐由官贵私人征收。为了奖励商业，管仲曾主张关、市两税只征其一，不必兼征："征于关者，勿征于市；征于市者，勿征于关。"⑥ 这说明那时关税和市税（交易税）分立的观念并未完全形成。春秋战国时期，各国开始广泛征收山泽税。凡百姓入山泽采矿、伐木、煮盐、捕猎者，均须向国君交税。此即儒家一直严厉批评的"专山泽之利"。此种税收，似后世之资源税。当时也视为工商税之一。⑦

---

① 《礼记·王制》。
② 《周礼·地官司徒下》。
③ （汉）刘向：《说苑·尊贤》；《韩诗外传》。
④ 《史记·廉颇蔺相如列传》。
⑤ 《左传·文公十一年》。
⑥ 《管子·问》。
⑦ 如管仲在齐改革，"官山海"，擅鱼盐矿产之利。

汉代的工商税征收名目繁多，征收方式及税率亦经常变化。

首先是关税。汉初曾一度免除关税以复兴经济，大约在景帝时复征关税。武帝太初四年（前 101 年）冬，"徙弘农都尉治武关，税出入者以给关吏卒食"①。弘农都尉似是军官，军官就地征关税作军费，说明关税并未作为国库收入的常税之一，也无专门关税机构。汉代的关税税率大约不高于十分之一，因为东汉末曹丕代汉自立时下令"轻关津之税，皆复什一"②，显然是以十分之一为正常的最高关税率。

其次是市税。市税分为一般市税、军市税、边关市税等。汉有一千多个郡、国、县、道首府，均有市场。稍大一些的都市设有"市长"、"市师"、"市啬夫"负责管理商市和收税。军队驻地附近有军市，由军队管理，也收市税，如云中守将魏尚将"其军市租尽以飨士卒"③。军市租的征收，大概是由专设的"军市令"④负责。边关与少数民族互市，也有可观的税入，如景帝、武帝时代与匈奴的边境互市很发达，税收当然不少。

最后是缗线税和车船税。武帝时，实行算缗，即征收财产税："诸贾人、末作、贳贷、卖买、居邑贮诸物，及商以取利者，虽无市籍，各以其物自占，率缗线二千而算一。诸作有租及铸，率缗钱四千算一。非吏比者，三老、北边骑士，轺车一算，商贾二算；船五丈以上一算。匿不自占，占不悉，戍边一岁，没入缗线。"⑤ 这两种税，既像财产税，又像营业税。既有对商贾而征（主要是对商贾而征），又有对工场作坊主而征，还有对所有非因公而拥有车船者而征；商贾加倍征收。征收方式或程序是：先自我申报财产数或营业额，然后照章征纳。隐瞒不报或申报不实都要处以戍边之刑。为了保证此种征税制度推行，政府还奖励"告缗"："有能告（商贾申报不实）者，以其（应纳缗钱之）半畀之"，即作为奖赏。武帝令杨可主持和受理百姓"告缗"，以致"杨可告缗遍天下，中家以上大抵皆遇告"，"于是商贾中家以上大抵破"⑥。汉代创造的这种自申自缴为主、奖励告发偷漏税为辅的工商税收制度，一直为后世明里暗里沿用。

此外，汉代还对私人放贷者征税，如旁光侯刘殷因"贷子钱不占租"即放贷不纳税而坐罪，这也应视为广义上的商税之一。在盐铁非官营期间，汉政府对民间煮盐铸铁者所征之税亦有工商营业税之性质。

魏晋南北朝时期的工商征税制度比较杂乱。

关于关津税，魏文帝即位时即下令"轻关津之税，皆复什一"。西晋武帝时曾除关市税一年，以示优惠商民，但马上又恢复重税："河桥孟津，解券输钱，高第督察，数入校出，品郎两岸相检，犹惧或失之。"⑦ 东晋南朝时，关税亦以什一为制："都（今南京）西有石头津，东有方山津，各置津主一人，贼曹一人，直水五人以检察禁物及亡叛者，其获炭鱼薪

---

① 《汉书·武帝纪》。

② 《三国志·魏志·文帝纪》。

③ 《史记·冯唐列传》。

④ 《后汉书·祭尊传》。

⑤ 《汉书·食货志下》。缗，即丝线。1 000 铜钱以缗穿成一串，叫一缗（一贯）。120 钱为一算。"缗钱二千算一"，即抽 6% 为税。

⑥ 《汉书·食货志下》。

⑦ 《晋书·潘岳传》。

之类过津者，并十分税一以入官。"① 从这两条记载里我们可以略知其时关津征税制度之大概。"津主"即渡口关长，主征关税；"贼曹"即武警头目，"直水"即水上值勤员，维护治安并帮助收税；"高第"大概是指朝廷委派督察税收的巡视官，他甚至"数入校出"地抽查，看关津税吏是否有失职或枉法；"品郎"大概是评估通过关津之货物的价值以决定应纳税额的官吏，他们在"两岸相检"即评估货物及检验缴税凭据，以防有人偷漏税。北方各国各代政府则很少征收关津税，如北魏开国后一百多年里，"弛关津之禁，任其去来"②。北齐一度征关税，但北周灭齐后随即取消关市之税。

关于市税，曹魏西晋时一直由"市令"负责征收。东晋时南方商市更加发达，征税更严，仅建康"淮水（秦淮河）北有大市百余，水市十余所"。"大市备置官司"，负责征税，"时甚苦之"③。南朝刘宋时，一度实行包税制，即政府规定某一地区一定时间内的征收税额，招有相当资产作担保的人认领这一地区市官之职务。这种制度下，市官当然千方百计横征暴敛。由于商民反抗，不久后取消。在北方，市税征收时废时复，也甚轻。北魏时，凡入市者不论买方、卖方，皆纳一钱为税。东魏北齐时不征市税，北齐末才以军国资用不足而"税关市、舟车、山泽、盐铁、店肆轻重各有差"④。北周初又"除市、门税"，周宣帝时又恢复入市税一钱之制，静帝时又罢入市税。⑤ 北方这种税一钱入市的制度，既不是营业税，也不是财产税，而像是在市场临时征收的人头税。这说明北方统治者还未建立正常的商税概念。

此外，东晋南朝时期还征收过估税："凡货卖奴婢马牛田宅有文券（者），率钱一万输估四百入官；卖者三百，买者一百。无文券者，随物所失，亦百分收四，名为散估。"⑥ 此即对奴婢、马牛、田宅等大宗买卖课征的交易税或契税。此期还征收过赀税，即对富户抽取一定比例资财以助国用。这主要是对商贾征收财产税。⑦

唐代的工商税，除了盐、铁、酒、茶在非官营专卖时期对私人煮铸者征税外，有所谓"率贷"、"除陌钱"及关津税等。"率贷"即向商贾征收财产税。此始于肃宗时，"豪商富户皆籍其家资，所有财货畜产，或五分纳一，谓之率贷"；"诸道节度使、观察使多率税商贾，以充军资杂用。或于津济要路及市肆间交易之处，计钱至一千以上，皆以分数税之"⑧。唐代的关税和市场交易税，直至"安史之乱"后才开征。至德三年（758 年）始在京师附近"于城市桥梁税出入车牛等钱以供国用"⑨。德宗建中元年（780 年）又于津要都会之处置官吏检查商人财货，千钱税二十文；次年又"以军兴，十一而税商"⑩。唐代海疆国境征收关税也始于此时朝廷在广州设置的"市舶司"。"市舶司"检查出入船舶并征收国境关税，曰

---

① 《隋书·食货志》。
② 《魏书·高祖纪上》。
③ 《隋书·食货志》。
④ 《北齐书·后主纪》。
⑤ 参见《隋书·食货志》。
⑥ 同上书。
⑦ 参见殷崇浩主编：《中国税收通史》，82～84 页，北京，光明日报出版社，1991。
⑧ 《通典》卷十一，《杂税》。
⑨ 《旧唐书·李巨传》。
⑩ 《资治通鉴》卷二二六。

"船脚"或"下碇税"①。

唐代最典型的商税应是"除陌钱",即对公私给与和买卖课征的交易税、转让税:"除陌法:天下公私给与、贸易,率一贯旧算二十,(后)益加算为五十;给与他物,或两换者,约钱为率算之。市牙各给印纸,人有买卖,随自署记,翌日合算之。有自贸易不用市牙者,给其私簿,无簿者投状自集。其有隐钱百者,没入二千,杖六十,告者赏十千,(赏钱)出于犯罪人家。"②"市牙"是经官方许可的交易中介商,官府发给他们"印纸"(标准合同或登记簿),交易者用其合同或登记簿;交易后据此征收千分之五十的交易税。不经市牙中介的交易,当事人必须手持私人账簿去官府交税。偷漏税者罚款二十倍,还处杖六十之刑。奖励告发,以被告者资财充赏,赏金高达偷漏税额的百倍,可见其时"除陌法"征税之严苛。

唐代还有"户税",工商户户税特重:"其百姓有邸店行铺及炉冶,应准式合加本户二等者,依此税数勘责征纳。"③ 这实际上近乎财产税。此外有所谓"借商"。德宗时,为军费之需强行"借"商人钱财,在市强行以兵搜敛。又取僦柜商(寄存店商)和质铺(当铺)钱财,名曰"借",实则不还,近乎赤裸裸地抢劫商贾,商民嗟怨,曾罢市抗议。④ 甚至反抗朝廷的哗变部队为争取市民同情,也在长安市中大呼"不夺汝商户僦质矣!不税汝间架除陌矣!"⑤ 以保护商民、减免苛捐杂税相标榜,以争取民心。

宋代工商税种类繁于唐以前各代:有盐、矿、酒、茶等榷酤专卖税,有关税、买卖税、契税、市船课,还有属于对工商行业杂敛性质的"经总制钱"、"月桩钱"、"板帐钱"、"免行钱"等。为统一管理商税征收,宋中央政府首次专设"商税院",作为为中央商税机构或仅为京师及京郊地区商旅关市之税征收管理机构。在各地方专设商税征收机构,"凡州县皆置(税)务,关镇亦有之。大则专置官监临,小则令、佐兼领,诸州仍令都监、监押同掌"⑥。地方专门商税征收机构应自此始。

宋的工商税征收制度有以下几点值得注意:

(1)关于关税。宋时"行者赍货,谓之'过税'",即通过关卡时须征税,大约每千钱征二十,亦即千分之二十的关税率。宋政府明令:"行旅赍装,非有货币当算者,无得发箧搜索。"即不允许开箱搜查非商人的行李。至道元年(995年),太宗疾公吏豪民把持"江南溪渡"并"厚算行旅",乃下诏"州县宜加严禁",禁止滥征关津税。熙宁年间又令"民以租赋赍货至边贸易以赍输官",即对边防有助者,"勿税"。熙宁七年(1074年)"减国门(京城之门)之税数十种,钱不满三十者蠲之"。高宗时曾命贩货入京者免税,税抑者罪之。但到南宋末年,关税苛滥:"空身行旅,亦白取百金;方纡路避之,则拦截呼叫;或有货物,则抽分给赏,断罪倍输,倒囊而归矣。闻者咨嗟,指为大小法场。"关津征税官所竟被

①　(唐)李肇:《唐国史补》:"市船使籍其名物,纳舶脚。"转引自殷崇浩:《中国税收通史》,119 页,北京,光明日报出版社,1991。

②　《唐会要》卷八十四,《杂税》。

③　《旧唐书·食货志上》。

④　参见《新唐书·食货志》二。

⑤　《旧唐书·卢杞传》,《新唐书·食货志》二。

⑥　《宋史·食货志下》。"务"即官署名,此外有场、监,亦为盐铁等官营或征税机构名。

视为杀人之所。关于关津税率计算，如海南有所谓"纳格法"，就是不论商人于船内装多少货，统一按船的大小丈尺为标准分等征税；后改为以货物贵贱多寡计税。[①]

（2）关于市易之税。"居者市鬻，谓之'住税'，每千钱算三十，大约如此，然无定制，其名物各随地宜而不一。"后又开设两种附加税，均为市税：一是"经制钱"，专向商贾征收，专充"经制"之用；二是"板帐钱"，即按店铺账簿营业额增收一定税额以供军用。宋政府明确规定："凡贩夫贩妇细碎交易，岭南商贾赍生药及民间所织缣帛非鬻于市者皆勿算"[②]，即不得征收交易税。

（3）关于商人财产税。宋仁宗即位初期有人建议"算缗钱"，为仁宗否决。但到了皇祐年间，"岁课缗钱七百八十六万三千九百"[③]。可见仁宗后来还是对商人征收了财产税。

（4）关于对有助农业和救灾的贩易之免税制度。徽宗时，曾令"凡以蚕织、农具、耕牛（贩）至两浙、江东者，给文凭蠲税一年"，京东路甚至获朝廷允许"令贩牛至本路者，仍给文凭蠲税"[④]二年。此处文凭，当即"免税特许证"，在一年或二年内有效。

（5）关于税务关津的稽征程序和税额。宋制规定，"常税名物，令有司件析颁行天下，揭于版，置官署屋壁，俾其遵守"[⑤]。此即规定，国家逐件明确规定应征税物品的范围，公布于官署墙壁，以便商民能一一对照，防止官吏滥苛税。绍圣五年（1098年）又"令户部取天下税务五年所收之数，酌多寡为中制，颁诸路揭版示之，率十年一易。其增名额及多税者并论以违制"。这就是取五年税收额的年平均数为各税务机构的税收常额，十年内不得改变；将税额公布于百姓，擅自增加收税品物范围及超过定额征者则加以处罚。所谓"酌多寡为制"，就是"场务立额之法，并以五年增亏数较之，并增者取中数，并亏者取最高数，以为新额"，也就是如何确定通常税额。后来因"诸路转运司不循其法，有益（增）无损（减），致物价腾踊，官课（农业正税）愈负"，朝廷乃下令诸郡"准旧法厘正立额"。此外，关津征税之后，"官给文凭，听鬻于部内"，即关津发给已缴税证书后，可以在该官辖区内出售；或者不发"文凭"，而是在货物上打印记，这种印记打在布帛上，常使布帛"为印朱所渍者数重"，即红印油渗透了几层布。仁宗曾专门为此"诏天下税务：毋辄污坏商人物帛"。此外，宋代亦有奖励告发偷漏税之法。[⑥]还有市舶司负责征收海关关税，"海舶至者，视所载，十算其一而市（买）其三"[⑦]。

元朝的商税征收始于太宗六年（甲午年，1234年）灭金后。十年（1238年），元朝"始立征收课税所"，又"立燕京等十路征收课税使"，专征商税。随后设有"大都宣课提举司"、"上都税课提举司"等机构，负责两京师诸色税课及市场管理。各地方商市税课由转运司、提举司等征收。关于税率，全元七年（1270年），定天下商税率"二十分取一之制"。至元二十年（1283年），定上都商税率为"六十分取一"。元统一中国后，始定商税率一律为二十税一，明显轻于前代。关于征收对象，起初仅以平民商贾为课税对象。中统四年（1263年），又将商税征收对象扩大至"在京权势之家为商贾及以官银买卖之人"[⑧]，明令这

---

① 参见《宋史·食货志》下八。

②③④⑤ 同上书。

⑥ 以上所引宋商税征收制度，均出自《宋史·食货志》下八。

⑦ 《文献通考》卷二〇，《市籴》。

⑧ 《元史·食货志》二。

些人必须到税务机构纳税。所有经商者入城贸易须"吊引"（即须随物携带货物验收清单暨运贩许可证），以供税务官吏查验征税，否则"同匿税法"，即视同偷漏税行为加以处罚。

元政府鼓励税官额外征税，"有溢额者别作增余"，"增羡者迁赏，亏兑者倍偿降黜"。这无异于鼓励官吏对商民加额征税。直到至元三十一年（1294 年）才因商民怨议而"诏天下商税有增余者勿作额"。关于输税期限，至元二十九年（1292 年）"定诸路输纳之限，不许过四孟月十五日"。这就是规定诸路税务官署每年四次向中央解交税款，每季第一个月十五日前交至户部。① 关于纳税收据，《元典章》规定："税务应收诸色课程，于赤历单内须要明白附写物主花名，收讫钱数目，以备照勘。"② 如果不开具此详细收据，应受与"欺隐官课"（即逃税）者一样的处罚。关于匿税之刑罚，《元典章》规定："匿税者，其匿税之物一半没官，物内一半付告人充赏外，犯人笞五十。"③《元律》还规定：税务官"辄冒估直多收税钱，别立名色巧取分例，及不应收税而收者，各以其罪罪之"。又规定，城市税务官不得"于乡村妄执经过商贾匿税者"④。此外，元代市舶司征收海关关税制度更加发达，《元典章》内有《市舶法则二十三条》，都是关于市舶征税的规定。⑤

明代的工商税，除盐铁酒茶等官营禁榷专卖征税之外，还有塌房钱（税）、市肆门摊税、门税、工关税、钞关税等名目，总起来说不外廛税（费）、市税、关税三大类。"塌房钱"即商人因在官设"塌房"储转货物而须交纳的税费，相当于《周礼》中的"廛税"。此种塌房，先是太祖下令创设于南京，后又为永乐帝下令设于北京。具体缴纳额为：塌房税三十分之一，免牙钱三十分之一⑥，房钱三十分之一。前者为税，后二者为货栈、仓储管理费，不是税收。但毕竟均与货物存储有关，可命名为"廛税费"。所谓"市肆门摊税"，始征于洪熙元年（1425 年），即对两京塌房、库房、店舍、骡驴车凡营利者（如房店接纳商人及货物、种植园产物出售、车供雇运载），均令纳钞为税。这实际上是门市营业税。"关税"包括钞关税、工关税、门税等等。"钞关税"始于宣德四年（1429 年），是对运贩中的商货征收关税或流通税。起初只征钞（钱币），故称钞关，"委御史、户部、锦衣卫、兵马司官各一，于城门察收"。这是在京师。在地方，有漷县、济宁、徐州、淮安等十余个钞关；其关均设于水路。其关税征收标准，"量舟大小修广而差其额，谓之船料，不税其货"⑦。意即不论船中载货多少，一律依船只大小分等定税额。"工关税"是将工部官吏派置各地，对竹木等采伐课征出山关税，亦像资源税。洪武初即于多处设"竹木抽分局"，税率依竹木品类不同，自三十取一到十分取二不等。"门税"亦是关卡通过税，主要是"京师九门之税"。

明代的具体征税程序制度，有以下几种可考。有"其（应征税）名物析榜于官署，按而征之"之制；有"凡纳税地居店（旅店），历书所止商氏名物数"以备税务机构查核之制；有"商货进京者，河西务给红单，赴崇文门并纳正、条、船三税"之制⑧；有货物"入

---

① 以上元商税制度材料均出自《元史·食货志》二。
②③ 《元典章》二十二，户部八。
④ 《元史·刑法志》三。
⑤ 参见《元典章》二十二，户部八。
⑥ "免牙钱"即谓交此钱即免去了私人牙行的中介。
⑦ 《明史·食货志》五。
⑧ 以上明商税制内容均参见《明史·食货志》五。

门须吊引"即货物验税讫、放行许售之凭证，须与货物同行以便官方随时查验之制。此外，《明律》规定："凡客商匿税及卖酒醋之家，不纳课程者笞五十，物货酒醋一半入官，于入官物内……三分付告人充赏。"①

清代的工商税比起前代范围空前广阔。历代实行官营禁榷的盐、铁、铜、锡、酒、茶等工商业，在清代绝大多时期都开放民营。即使在官营为主时，也不禁止商人经营。因此，其盐、铁、酒、茶等税收甚丰。另外，清代的海关在西洋各国的逼迫下不断增扩，海关征税制度也比前代更加复杂。常关或内陆关津征税也有所增长。其他市场营业税如当税、牙税及契税、牲口交易税等征收制度也更加发达。我们这里主要介绍清代内地常关税及当、契、牙等税的征收制度。

清朝的内地关津分为"户部关"和"工部关"，简称户关、工关，分别为两部主管。二者都是"常关"，与海关（"洋关"）相对应，有时亦仍明朝旧语习惯称为"钞关"（至少仍称户部关为钞关）。户关主要征收正税、商税和船料。工关主要征收竹木税（资源税）等，有时也征收船料。正税在产地征收，属货物税或产品税；商税按贩运货物价值征收，船料按运货船梁头大小分等征收，二者均是货物流转税。工关沿明代工关之制，设于竹木等产出地重要关口，大约主要征收竹木税以及运输竹木的"船料"。

清代的当、契、牙税，是当时的重要税种。"当税"是向典当行业店铺征收的营业税。康熙初年即定有《当铺税则》，后又于雍正初年制定了《当帖规则》。"契税"是对田地房屋等大宗不动产买卖所课征的交易税；清初即定有《契税征收则例》。"牙税"即对牙行经纪人或牙商征收的特种营业税。② 除这几类工商税之外，清代曾征收过"落地税"（货物到达地官府征收，作为办公费用）、印花税、灯捐、花捐、车税、烟酒加征等等。

关于上述各税的具体征收程序制度，清代规定甚为细密，略举几例即见一斑。首先，朝廷明令各关津必须刊刻《税则》："各关征税科则，责令该管官详刻木榜，竖立于关口街市。并责令地方官将《税则》刊刷小本，每本作价贰分，听行户颁发遵照。"违者治罪。其次，关于纳税手续凭证，明令："各关商民输税，填写收税红单二纸，一给商人，一送部察覆。其有不给红单，或纳银数多给票少及私将红单撤回，浮征勒索者，许商民首告究拟。"雍正十三年（1735年）还"定潘桃、古北、杀虎三口（关）给商印票兼满、汉、蒙三体文字"。乾隆元年（1736年）定九江、赣州二关立三联税单：一给商人，一交抚署，一存税署。又规定："凡商贾到关，先以官置号单，备开货物，凭官吊引，照货起税。如到官不吊引者同匿税法。"最后，关于匿税，《户部则例》规定："客商漏税，照例治罪，货物一半入官。"③《大清律》对于匿税之罚则与明代相同。④

---

① 《大明律·户律·课程》。
② 以上清商税制度出自《清史稿·食货志》六。
③ 以上所引清商税制度出自《钦定户部则例》卷四十，《关税》三。
④ 参见《大清律·户律·课程》。

第五节
盐、铁、酒、茶禁榷与税收制度

古代中国的盐铁专卖制度，可能始自管仲相齐时的"官山海"。管仲主张：国家应鼓励百姓进入官有山泽（海）采矿、冶铁、煮盐。他认为，不必把盐铁统统收归官府经营，可放归民营，国家只需控制流通环节，即对民间盐铁产品实行专卖，即实行统一收购、统一销售；生产环节可放任民办。从民间收购来的盐铁产品，国家应以全国人口数为标准，定人定量售供消费者；出售时国家略微加价，国家从中获一定利润。这叫作"寓税于价"，其效果是："民不增税而国用增饶。"① 这一政策行于齐国，使齐国国力迅速增强。后世历代统治者均效法此种办法以图增加财政收入。

春秋战国时期齐国以外各诸侯国似未见盐铁专卖之记录，仅秦国似曾有过铁专卖。《华阳国志·蜀志》记载，秦惠王时，成都置有"盐铁市官并长丞"。说明当时国家设有盐铁专营专卖官吏。《云梦秦简·田律》："百姓居田舍者毋敢酤酒。田啬夫、部佐谨禁御之。"② 这是禁止民间自行酿造酒类。到了秦代，朝廷继续"专川泽之利，管山林之饶"，遂致"盐铁之利，二十倍于古"③，意即继续实行盐铁专卖，国家获取了巨利。但同时，国家似乎不禁止民商采铸铁矿或其他金属矿藏。如赵地的卓氏"用铁冶致富"，程郑、孔氏均"冶铁为业，家致富数千金"，巴寡妇清以朱砂矿致富。④ 可见秦代所谓"专盐铁之利"，可能是以官营专卖为主，特许民营（并征税）为辅；或者仅仅实行专卖，即统一收购私人煮铸产品而垄断销售之，其煮铸环节即生产过程并未完全实行官营。

完全的盐、铁、酒官营始于汉代。汉武帝元狩三年（前120年），因出兵远伐匈奴及山东水灾频繁，国家财政困急，而富商大贾则"冶铸鬻盐，财或累万金，而不佐国家之急"。有鉴于此，汉武帝遂任命齐国大盐商东郭咸阳、南阳郡大铁矿主孔仅二人为大农丞，"领盐铁事"，专门负责盐铁官营，决意从富商大贾手里夺回盐铁之利。次年，二人建议"山海天地之藏宜属少府"，以佐国家赋用，"募民自给费，因官器作鬻盐，官与牢盆"；建议禁止私人铸铁、煮盐，"敢私铸铁器鬻盐者，釱左趾，没入其器物"⑤；又建议各地广置盐铁官，专设官衙治事。武帝完全接受了二人的建议，命二人专主盐铁官营工作，允许二人乘朝廷"传"车巡回督察此事。随后，在全国各地置盐官36处，置铁官48处，均为管理衙门与生产场矿合一的机构。不久，武帝又委任桑弘羊主管盐铁官营工作。昭帝时，贤良文学们力主废除盐铁官营，"毋与天下争利"，但朝廷未予理睬。"元帝时尝罢盐铁官，三年而复之"。

---

① 《史记·管晏列传》，《管子·海王》。
② 《睡虎地秦墓竹简》，30页，北京，文物出版社，1978。
③ 《汉书·食货志上》。
④ 参见《史记·货殖列传》。
⑤ 《史记·平准书》。

直到东汉章帝章和二年（88年），才真正废止盐铁官营，"罢盐铁之禁，纵民煮铸"①。

汉时盐铁官营的具体做法是：煮盐，官给工具，百姓自煮；百姓煮盐之产品由官府（盐官）统一定价收购，再由盐官统一定价专售。铸铁，以罪徒和夫役为劳力②，由铁官指挥监督他们采矿、冶铁、铸器，铁器一律由官府直接售与百姓使用。可见盐实际上只是专卖，或叫统购统销；而铁则是完全官营，不得民间冶铸。

除此之外，汉武帝时还首创酒专卖之制。天汉三年（前98年），武帝命令"县官自酤榷卖酒，小民不得复酤也"③。自此开始"榷酒酤"，百姓酿酒须一律售给官府专卖，不得自卖。但到昭帝始元六年（前81年）"罢榷酤官"，改为允许人民自酿卖酒而官府仅征其税。

这种专营专卖制度效果如何？仅以铁器为例，《盐铁论》所记"贤良文学"们的描述多少反映了实情："县官笼而一之，则铁器失其宜，而农民失其便"④，"县官鼓铸铁器，大抵多为大器，务应员程，不给民用。民用钝弊，割草不痛。是以农夫作剧，得获者少，百姓苦之矣"，"今县官作铁器，多苦恶，费用不省"，"盐铁价贵，百姓不便"，而且由于还"一其贾（价），器多坚鉶，善恶无所择"，"铁官器不售，或颇赋于民"⑤；甚至有不产铁的"县邑或以户口赋铁而赋其平准"⑥。这是说，铁官（官办作坊）制造铁器，大多是赶任务赶出来的（"务应员程"），所以质量差，又大而粗笨，不合农民之用，且好坏一个价，不准挑，价格又高，农民不愿买，最后官府甚至像摊税一样摊派（强卖）给农民。而那些不产铁的地方为了制铁器赚农民的钱，甚至强迫农民交铁为税，逼得农民不得不远道到边地少数民族地区去买铁交税。总之，这种盐铁官营专卖政策，逼使"农民罢（疲）于野而草莱不辟"，"贱卖货财（农产品）以便上求"，即贱卖农产品换铁或购买官制铁器。这样一来，逼得"贫民或木耕手耨，土耰淡食"，即干脆不用铁器耕地，不吃盐。此真所谓"一官之伤千里"⑦。虽然丰富了国家财政收入，打击了富商大贾，但却也大大掠夺了老百姓。

王莽当政时曾实行"六筦（管）"之法，即对盐、铁、酒、铸钱、五均赊贷、山泽开采捕获共六项事业或经营实行国家管制专营，不许民间私办。"每一斡（筦）为设科条防禁，犯者罪至死。"⑧ 其做法基本上与汉武帝相同。

三国时期，曹魏政权一开始即实行盐专卖。东汉末曹操主政时即从荀彧建议，"始遣谒者仆射监盐官"⑨，后更设长官率兵卒"煮盐兴冶，为军农要用"⑩。意即设盐铁专官主持盐业统购统销及铁器的生产销售。但当时似乎也还允许私人少量贩铁。如石崇之父石苞在魏

---

① 《汉书·食货志下》。《汉书·食货志上》："元帝即位……在位诸儒多言盐铁官……可罢，毋与民争利。上从其议，皆罢之……其后用度不足，独复盐铁官。"另据《晋书·食货志》，东汉章帝时就曾废盐专卖。
② 《汉书·贡禹传》：铁官"置卒徒攻山取铜铁"。
③ 《汉书·武帝纪》。
④ 《盐铁论·禁耕》。
⑤ 《盐铁论·水旱》。
⑥ 《盐铁论·禁耕》。
⑦ 《盐铁论》之《禁耕》、《水旱》、《本议》。
⑧ 《汉书·食货志下》。
⑨ 《三国志·魏志·卫觊传》。
⑩ 《三国志·魏志·邓艾传》。

时曾以私商身份贩铁于邺市。① 此外，曹魏时还实行过酒专卖和胡粉专卖、木材专卖。② 蜀汉政权也曾实行盐铁专卖：刘备定益州，就"置盐府校尉较盐铁之利"，又设"司金中郎将"专主冶铁铸器，"典作农战之器"③。孙吴政权也在海滨产盐地区设置司盐校尉、司盐都尉，专管盐的生产销售；又在产铁之地设冶令丞，实行铁器官营。此外还实行过珍珠专卖、酒专卖等等。

两晋南北朝时代盐铁专营或专卖时紧时松。西晋时设有司盐都尉、司盐监丞，专掌盐专卖。其时，严禁私人煮盐，违者徒四年，该管官吏亦处刑二年。④ 又实行铁专营，主其事者为卫尉，"领冶令三十九……冶皆在江北"，控制铁的产销。⑤ 东晋南朝时，冶铁属少府掌管，下设"东冶令一人，丞一人；南冶令一人，丞一人"。江南诸郡县均置冶令丞。在官营冶铸作坊中，做工者有二：一是冶户（直接隶属冶令之民户），二是罪徒（东晋南朝时经常将罪人"补冶士"）。东晋时，因豪门贵族不顾国家禁令而专擅盐利，朝廷不得不放弃食盐专卖，改为征盐税。南朝各代亦不禁山泽，放民煮盐。铁专卖制度，在此时也发生了变化，改为以官营冶铁业为主，同时亦允许私人冶铁（官加征税）。此外，金银矿藏亦允许民商开采而征其税。酒专卖在两晋南朝时几乎均未实行，仅宋文帝元嘉末及陈文帝天嘉二年（561年）一度实行专卖，旋即放弃。在北朝、北魏初曾实行盐专营，后时废时复。铁初亦专卖，后放任私商冶铸，官收售产品。东魏时，于沧、瀛、幽、青四州设盐官，官煮官卖⑥，但其他地方私人煮盐仍不禁。北周时盐业几乎全部官营，设"掌盐"官"掌四盐之政令：一曰散盐，煮海以成之；二曰盬（gu）盐，引池以化之；三曰形盐，物地以出之；四曰饴盐，于戎以取之。""凡盬盐、形盐，每地为之禁，百姓取之，皆税焉。"⑦ 这种征税，实是资源税。北朝各国一般均无酒专卖制，均允私酿而加征税，仅北齐文宣帝天保八年（557年）一度"制榷酤"和北周末年曾"官置酒坊收利"⑧ 为例外。

隋初，仍依周制，"官置酒坊收利，盐池盐井皆禁百姓采用。"开皇三年（583年）"罢酒坊，通盐池盐井与百姓共之"⑨，此即解除盐、酒民营之禁令，盐甚至不征税。铁在隋时似无专营专卖之记录。

唐代初袭隋制，放任商民煮盐卖盐，且不征税。直到长安二年（702年）始轻征盐税。开元元年（713年），因左拾遗刘彤奏请"诏盐铁木等官收兴利"，国家始立专官，"检校海内盐铁之课"⑩。不过，这似不是专卖，仅是派专职盐税巡察官四出巡察而已。在百姓煮盐外，官府亦同时设有盐场。有唐一代的盐专卖，大约始于"安史之乱"期间。其时，河北采访处置使颜真卿"定以钱收景城郡盐，沿海置场，令诸郡略定一价，节级相输"。此处实

---

① 参见《晋书·石苞传》。
② 参见《通考·榷酤考》，《全三国文》卷三十二，《三国志·魏志·王观传》。
③ 《三国志·蜀志》之王连传、吕乂传、张裔传。
④ 参见《晋中兴书》太元三年诏。转引自《渊鉴类函》。
⑤ 参见《宋书·百官志》。
⑥ 参见《魏书·食货志》。
⑦ 《隋书·食货志》。
⑧ 《北史·文宣帝本纪》，《隋书·食货志》。
⑨ 《隋书·食货志》。
⑩ 《旧唐书·食货志上》。

施的实为百姓煮盐、官府统购统销的专卖制。① 受此启示，乾元元年（758 年），唐肃宗在第五琦倡议下下令实行全国范围的盐专卖，规定：凡产盐之地，设治盐专门机构"监院"；以"游民业盐者为亭户"，隶属"监院"，专事煮盐劳动，"免杂徭"。所产之盐，统一官收官卖，"尽榷天下盐"，"盗鬻者论如法"。第五琦的此种官方组织煮盐生产、尽笼天下盐利的办法弊端甚多，实行六年后即被刘晏的"官商分利"式新盐法代替。宝应元年（762 年），刘晏取代第五琦为盐铁转运使，改行"就场征税"之法，即在产盐地设盐官收购盐户（亭户）之产盐，转售（批发）给商人，再由商人运销各地。国家居亭户、商人之间而取厚利。但仍有"亭户冒法，私鬻不绝"，即偷偷直接卖给盐商以图更高价钱，于是国家广设查盐缉私兵卒，"巡捕之卒，遍于州县"②，颇为伤民。于是穆宗长庆元年（821 年）一度罢河北"榷盐法"③。唐政府为贯彻盐禁，实施重法："盐池之隄禁，有盗壤与鬻兼鹻（碱）者皆死，盐盗持弓矢者皆死刑"，"两池盐盗贩者，迹其居处，保、社按罪。鬻（卖）五石，市（买）二石，亭户盗粜二石，皆死"，甚至"坊市居邸主人、市侩（牙人）皆论坐"。贞元年间甚至规定"盗鬻两池盐一石者死"④。可见当时盐禁之严厉以及商民犯禁之猖獗。

唐中期以前并无酒禁，甚至也不收专项酒税（只在收市税时涉及酒类）。直到"安史之乱"以后，代宗广德二年（764 年），始"定天下酤户以月收（酒）税"，非经官府特许，酤户不得酿酒。德宗时一度罢酒税。建中三年（782 年），"复禁民酤"，同时官府"置肆酿酒"。旋又罢禁。贞元二年（786 年）"复禁京城畿县酒，天下置肆以酤者，斗钱百五十"，即一斗酒征税高达酒价之半（时酒价斗三百钱）。元和六年（811 年）废京师官营酤酒坊肆，又将酒税钱摊入两税青苗税中一起收取。民众这样缴纳了酒税后，既可向酤户买酒，又可以自酿饮用。大和八年（834 年）又"罢京师榷酤"，于京师放任民酤。昭宗时又"复榷酒以赡军"⑤。总之，唐代酒禁时复时废，从未全国性地全面实行官营或专卖。

唐代的茶税始于德宗建中三年（782 年），随漆竹木等一起征收，非专项税。贞元九年（793 年）始征作为单独税种的茶税。其制为："出茶州县若山及商人要路（设税卡），以三等定税，十税其一。"文宗时，依郑权、王涯之建议，一度实行榷茶："以江湖百姓茶园（购生茶叶），官自造作，量给直分，命使者主之"；"使茶山之人，移树官场，旧有储积，皆使焚弃"⑥。从而使茶叶从种植、焙制到运销全部由官府垄断。此制实行使"天下大怨"，旋即废止，仍旧征收茶税，由盐铁使兼管。当时茶税征收，甚为残酷："是时茶商所过州县有重税，或掠夺舟车，露积雨中（以逼人交税），诸道置邸以收税，谓之'塌地钱'。"为打击漏偷茶税者，盐铁转运使裴休曾著"条约"："私鬻（茶）三犯皆三百斤，乃论死；长行群旅，茶虽少皆死；雇载三犯至五百斤，居舍侩保四犯至千斤者皆死；园户私鬻百斤以上杖背，三犯加重徭。"⑦

---

① 参见《颜鲁公文集·颜鲁公行状》。

② 《新唐书·食货志》四。

③ 《唐会要》卷八十八，《盐铁》。

④⑤ 《新唐书·食货志》四。

⑥ 《旧唐书·郑注传》，《旧唐书·食货志下》，《新唐书·食货志》四。两唐书之食货志于此事记载不同。旧书谓"使茶山之人移植根本"，新书谓"徙民茶树于官场"。

⑦ 《新唐书·食货志》四。

　　唐代的铁、铜、银、锡等似从未实行过完全官营和专卖。唐初采矿无税，高宗上元二年（675年）"置（银、铜）场监，令百姓任便采取（矿藏），官司什二税之"①。但这仅是在饶州等地方征矿税。全国性征收矿税始于玄宗开元年间。后来，德宗建中年间下诏："天下山泽之利，当归王者，宜总榷盐铁使。"② 这就是将地方征收矿税权统一收归中央。元宗开成元年（836年），"复以山泽之利为州县"，即又将征收矿税的权力还给地方。不久又因盐铁转运使裴休建议收归中央以赡国用。③

　　宋代盐铁酒茶之禁，一开始即重于唐代。

　　关于盐业，"宋自削平诸国，天下盐利皆归县官"，或实行官府专卖，或允许"通商"即允许商民自卖而征专卖税。即使在同一时期，也"随州郡所宜"，有的官卖，有的商卖。因盐产地或盐种不同，宋代将盐分为池盐、海盐、碱盐、井盐，其管理制度各不相同。池盐以解州（今山西运城）解县、安邑两池为主。海盐以京东、河北、两浙、淮南、福建、广南六路为主。碱盐以并州（今山西）永利盐为主。井盐以益、樟、夔、利四路（今成都至万县汉中一带）为主。池盐完全官营，"籍民户为畦夫，官廪给之，复其家"。畦夫是国家盐场专雇的民工，发官粮或工资，免其税役。另"募巡逻之兵百人，目为护宝都"，这就是盐池护卫队。海盐，"其鬻（煮）盐之地曰亭场，民曰亭户或之灶户，户有盐丁"。有的盐场甚至"自三灶至十灶为一甲，而鬻盐地什伍其民，以相几察"，防止私卖盐。这样的海盐煮场，以农村保甲什伍体制管理煮盐百姓，似非完全官营作坊。官府仍征其课（税），"岁课入官，或受钱或折租赋，皆无常数"。可见灶户向国家盐官交纳盐产品，官府给以价钱，或折抵灶户应纳租税。碱盐，"籍州民之有碱土者为铛户，户岁输盐于官，谓之盐课。余则官钱以售（买）之"。有时官府专卖，有时亦许商贩。至于井盐，"大为盐，监则官掌；小为井，井则土民干鬻，如其数输课"。可见井盐有官营、民营：大井官营，设官直接募民采掘；小的民办，向官府纳盐为课。四类盐各有法定供应区域，其许商人贩卖者，都必须在指定区域内。如碱盐主要供应山西地区，"许商人鬻，不得出境"；井盐主要供应四川盆地及西南夷地，官卖为主：民井产盐输课后有余者可以贩卖，"唯不得出川峡"。池盐、海盐亦然："凡（盐）通商州军，在京西者为南盐，在陕西者为西盐，若禁盐（禁私卖）之地为东盐"，"各有经界，以防侵越"。甚至在海盐供应区，也按各盐场划定供应范围，不可侵越，违者治罪。不许商人自由贩卖之地，叫"禁榷之地"，此地只许官卖。在"禁榷之地，官立标识、候望，以晓民"，这可能包括在不许商民贩售之地和各盐区供应范围边界均设立标语牌、哨岗，告晓百姓，查禁私盐。宋代的盐供售办法是：官卖法，以征徭役方式役使乡户、"衙前"和民夫，令其在官吏监督下将盐转运各地；商卖法，令商人先向京师榷货务等官府交钱，或将边疆军队所需的粮物运至边镇，然后由官府或边军发给"交引"，凭"交引"去产盐地领（买）盐，运售于特定区域，这叫"入中法"。其所交纳官府的钱物中已包含盐价和专卖税二者。

　　宋之盐制，几乎始终官营专卖和私卖并行。通过"交引"的"入中法"卖盐，名为私

①　《新唐书·食货志》四。

②　《旧唐书·食货志下》。

③　参见《新唐书·食货志》四。

卖，实亦官卖之变种（商人只是买自官方再转卖给百姓）。官卖之弊甚重，"民不肯买，乃课（强令）民买官盐，随贫富作多少之（为）差"。意即按照百姓的贫富程度额销官盐；甚至"买官盐食不尽，留经宿者，同私盐法"，就是说买盐一次只能买一天之内能吃完之量，若有剩留过夜，就视同贩卖私盐加以处罚。此种荒唐法律弄得"民间骚怨"。凡在官卖禁榷之地方，"买卖私盐，听人告（发），给重赏，以犯人家财给之"。建隆年间有"官盐阑入法"，即在官府专卖地区贩卖私盐之罪刑规定："禁地贸易至十斤，鬻碱盐三斤者乃坐死，民所受蚕盐以入城市三十斤以上者，上请。"后来，刑罚有所减轻，但仍以贩私盐一斤以上即有罪，五十斤以上加役流（放），百斤以上"送阙下"由皇帝判罪。[1]

宋代的茶法，有官营禁榷，有通商征税。如江陵、真州、蕲州等六地"置（茶）榷货务"，向茶户征收产品税及向茶贩征收专卖税。淮南、江南产茶区则"官自为场，置吏总之"，"六州采茶之民皆隶焉，谓之园户。岁课作茶输租，余则官悉市之"。产茶区的茶农，直接隶属国营茶场和茶税官，称为园户；每年的正税以茶叶折交到茶场，"岁输税悉折茶者，谓之折税茶"，"岁如山场输租折税"。商人贩茶，像贩盐一样，先到指定官府交茶叶款，官府颁发给"交引"，商人持"交引"分别到六务十三场领茶，归而贩卖于指定区域。有时，国家严行私茶之禁，"天下皆禁茶"；有时部分地区禁私卖，部分地区许商人贩卖。在官卖区私人贩茶及未持"交引"（即未获官方许可）而贩茶者，皆为"私茶罪"："鬻伪茶一斤杖一百，二十斤以上弃市"，即贩卖私茶二十斤以上就要处死刑；主管官吏盗卖官茶者，"三贯以上黥面，送阙下"。在官方榷茶地区和时间，"民私蓄（茶）盗贩（茶）皆有禁……凡告捕私茶皆有赏。然约束愈密而冒禁愈繁，岁报刑辟，不可胜数。园户困于征取，官司并缘侵扰，因陷罪戾至破产逃匿者，岁比有之"[2]。

宋代的酒专卖制度，称为"榷酤之法"。"诸州城内皆置务酿酒"，这是官营；"县镇乡间或许民酿而定其岁课"，这是特许民间制酒而交纳专卖税。"三京官（府）造麹（曲），听民纳值以取"。这是与榷酒相关的酒曲专卖。民自酿酒者，在交纳税课之外，余酒可以经官府收购出售，或经官府批准自售。不同"酒务"（专营专卖机构），其卖酒有一定的区域限制，不得越界销售。因此，州县常常强行配售存酒给百姓，百姓苦之。有时，因官卖之弊端重重，曾废除官卖，允许商卖。有时推行"买扑法"，即拍卖一个地区一定时间内销售酒的专营权，由商人竞价买之，买得者向官府缴纳全部课税，然后可以在区内销售。私商经允许卖酒，亦划疆界，不及侵越；酒曲的销卖亦然。在官卖禁榷地区卖酒、未纳税课或未经允许贩卖酒者，甚至仅是越界卖酒者均视为犯罪。宋初即定刑法，私造酒曲至15斤，以私酒三斗入城者，论死；余各论罪有差。[3]

宋代的矿产专营禁榷制度情形与前三者相似。朝廷在金银铜铁铅锡矿产地设置监、场、冶、务等机构，有的直接组织采矿冶炼铸造，有的仅征收资源开采税及专卖税并负责统购统销。有时也允许民间开采矿藏，官设炉冶收矿石炼之；有时甚至于局部地区允许私人采发冶炼及售卖，但官府严加管控和征税。为禁止私冶私卖，"令近坑冶坊郭乡村并淘采烹

---

① 以上宋代盐法均参见《宋史·食货志》下三、四、五，《盐法》上、中、下。
② 《宋史·食货志》下五、六，《茶》上、下。
③ 参见《宋史·食货志》下七，《酒》。

炼，人并相为保；保内及于坑冶犯，知而不纠或停留不觉者，论如保甲法"。有时，也以"交引法"招募商人贩铁各地；未经官府批准"私开淘取者以盗论"。私贩铁器似亦有罚。①此外，在宋代还有矾、香专卖禁榷之制。

元代的专卖禁榷制度基本上仿袭宋制。元代的盐专营，一般是采取官制（煮）、官运、商销的办法，也实行"交引制"。一是募商人入粟于边镇军府，官府颁给"交引"并凭"交引"领盐售卖；一是直接到各地盐运司（提举司）买盐引后到产盐场领盐，然后在指定地区销售。前者称为"入中法"，后者称为"行盐法"，其实没有多大不同。通过买"盐引"，商人既交了盐价，又交纳了专卖税。起初，商人是凭盐引到盐场领盐；后来因各地设置官盐仓，商人可凭引就近在各地盐仓领盐。商人贩销盐，必须随时携带盐引，在销售地须先将盐引交官府查验后方可售盐，盐售完后五日内须将盐引交地方官府注销。无盐引者视为贩"私盐"，贩私盐者流徒二年，杖打七十，没收财产之半，又以没收财物之半赏告发者。犯界（越界售盐）者减私盐罪一等，伪造盐引者皆斩。②除此种"引卖制"之外，还有两种盐法：一是"食盐法"，即官府直接对百姓计口授（售）盐，又名"桩配"。此法仅行于产盐区和盐场附近区域。二是"常平盐法"，即各地官办盐店于盐价低时购盐，盐价上涨时平价销盐，以抑制商人哄抬盐价。除盐以外，元代茶叶一般也实行专卖，产茶地设榷茶提举司，负责定茶户每年茶课额、颁发茶引。每份茶引都标明许销数量及指定贩卖区域。私茶之罪同私盐，伪造茶引之罪，亦处死。③此外，元代还实行酒醋专卖。有些时期还实行金、银、铜、水银、硃砂、铅、硝、卤、竹木等官营官卖与特许私卖并行，但更多的时候是征收矿产税或资源税。

明代的盐专卖制度，主要实行民煮、官收（购）并就场专卖、商人运销的体制，主要有"开中法"和"计口授盐法"。"开中法"与宋元的"入中法"相类，"计口授盐"元代已实行。万历末年（1620 年前后），出现了一种新的专卖制度：商人在向盐官交银获得"盐引"后直接向灶户购盐。④这时商人所交的买引钱，可能仅包括专卖税，不包括盐价；或者虽包含盐价，但折抵灶户应向官府缴纳的盐课（税）等，总之，比前代的专卖制有所放松。明代的茶专卖制也有放松。新制度有二：一曰"官茶制"，即官府对茶农（户）预支生产成本支持种茶、制茶，然后征收茶课或一并购买余茶；由官府统一输运这些茶叶到边疆与少数民族蕃国交换马匹。此即所谓"茶马法"。二曰"商茶制"，即茶商向官府交纳实物或金钱以换取茶引，再凭茶引向茶户或官茶仓买茶归而销售。这时的茶引价格，实际上仅是专卖税（如"每引茶百斤，输钱二百文"，百斤茶价不可能是二百文）。无茶引卖茶及茶引不相当（所售茶叶实际数量与茶引即许可证不符）者，即为"私茶"，"犯私茶者与私盐同罪。私茶出境与关隘不几（稽）者，并论死"⑤。明代对金、银、铜、铁、铅、汞、硃砂等矿产似乎再未实行专营专卖，而是放由民间开采，官府仅征矿产税等，该税由官设的矿监征收。

---

① 参见《宋史·食货志》下七，《矾冶》。
② 参见《元史·食货志》五，《盐法》。
③ 参见《元史·食货志》五，《茶法》。
④ 参见《明史·食货志》四，《盐法》。
⑤ 《明史·食货志》四，《茶法》。

同时，官府亦设冶铁所，募民开采冶炼，征收铁课（以铁交课）。官冶之外亦有民冶。①

清代几乎在盐、茶、矿产等方面完全放弃了专营专卖制度，各项事业均为官民并营且以民营为主。比如盐法，"其行盐法有七：曰官督商销，曰官运商销，曰商运商销，曰商运民销，曰民运民销，曰官督民销"。主要是实行官督商销制，此制就是灶户把盐卖给场商，场商设库存储并卖给运商，运商或散商再销盐于指定地区。其所谓官督，主要体现在运销商须向盐法道、茶盐道之类官府纳税（专卖税）取得"盐引"，官府审查批准其销盐资格。其往销地区称"岸"，因此这种官督商销制也称为"引岸制"，实际上与宋以来的"入中交引制"无甚区别，只是场商取代了官府直接设于盐场的管理收储机构而已。除运销商通过买引交税外，灶户、场商也要交纳盐课（税）。如灶户须交纳灶课（资源税暨人丁税），晒盐户须交纳滩课（按盐滩面积征收，实为盐场使用税），煎煮盐户按锅数及大小征收锅课（生产税），井盐生产户交纳的资源税或生产税叫井课。② 无引卖盐，超过盐引所规定的数量卖盐，及越境卖盐者，即犯私盐罪。《大清律》规定："凡犯私盐者，杖一百，徒三年；若有军器者加一等……拒捕者斩。盐货车船匹并入官。"甚至买食私盐亦有罪："凡买食私盐者，杖一百。"③ 清代中后期，"引岸制"改为"票盐制"，清末又为"盐厘制"所取代。所谓"盐厘制"即由各省地方对运销中的盐实行"盐税抽厘"，其名目有入境税、出境税、过境税、落地税等名目，使得一次贩茶征厘三四次之多；运销距离越长，征厘越多，商人不堪。

清代的茶业均完全民营，国家向园户征收茶叶生产税（按面积或茶树数征收，亦可视为产品税），向茶商卖引以征销售税。雍正八年（1730年）专定《川茶征税则例》。其《户部则例》中专门有《茶法》，极为完密。各省可以颁发多少道茶引（茶引由户部统一印制、编号）、每个茶引售价多少（即征销售税多少）、各省茶引价分别是多少、盘验商茶办法、商茶禁令等等，均有详细的规定。④《大清律》规定，犯"私茶"罪者同私盐罪论处。清朝后期，茶引制也改为茶厘制，各地方征抽茶厘之总和，甚至超过了茶税正税（产品税）。

清代的矿业一般"听民采矿，输税于官"。其矿有民办，有商办，有官督商办。政府一般取什二之课，也有三四分课或对半课。税课之外的矿产品，一般允许商民私售，但有时也由官方统购统销；矿税率越低，官购销矿产品越严。这些课税，均是资源税和生产税。清后期，因财政困难，更大力鼓励商民采矿。有官办，有商办，有官商合办，大概依出资及管理权不同而区分。光绪二十四年（1898年）颁布《大清矿务章程》22条。此外，清代还实行烟酒专卖税制度。其中烟税似乎是首次征收；商民只有缴纳烟专卖税，才能取得烟酒的销售许可。麦曲、烟叶等有原料税或出产税，酒有酿造税、烧锅税，烟丝有造制税，还有厘关税等等，而且还有买货捐、行卖捐、门销捐、坐贾捐等营业税。各省征税目不一，税率也不同。⑤

---

① 参见《明史·食货志》五，《坑冶》。

② 参见《规定户都则例》卷三十二，《茶法》。

③ 《大清律·户律·课程》。

④ 参见《钦定户部则例》卷三十二，《茶法》。

⑤ 参见《清史稿·食货志》五，《茶法·矿政》；《清史稿·食货志》六，《征榷》。

第二十章

蕃民编户：传统中国的人口户籍行政制度

人口发展和户籍管理，是中国传统行政中不可忽视的重要方面。欲了解中国古代行政法律制度的基本内容和属性，就必须了解中国古代人口和户籍行政制度。这一方面的制度，最能反映中国古代行政法律制度的父权家长制特征。官与民之间的"作亲——作子"关系，在这一方面表现得特别典型和突出。在中国传统政治的两千多年历史里，基本上不存在对人口增长进行控制的必要性，只有增加人口以增强国力的需要。用中国传统的政治语言讲，就是要实行"休养生息"的"蕃民"政策，要使"生齿日繁"。由于生产力落后，增加劳动力一直成为经济发展的先决条件之一，是以中国历代王朝均采取鼓励人口增长的政策。在增殖人口的同时，国家必须采取有效的措施进行户口管理，这就是所谓"编户齐民"，以利于控制民众、调动民力、保障治安、征收赋税。"蕃民"和"编户"这两个方面，在古代中国，实为一物两面，不可分离。本章仅对此一类行政制度及其实施状况进行一点粗略的探讨。

第一节
中国历代鼓励人口增长之制度与实践

中国最早的鼓励人口增长政策，见于《周礼》。《周礼·地官司徒》有"荒政十二聚万民"，就是十二条救灾救荒以凝聚民心的国策，其中"十曰多昏"，即第十条为于荒年时鼓励百姓结婚的政策。具体措施是：简化结婚礼仪，减少聘金、聘礼，使女子易嫁、男子易娶，使青年男女得以"早生育多生育"。《周礼》中又有所谓"十二土宜"之辨法，"以相民宅而知其利害，以阜人民，以蕃鸟兽"[1]，也就是要通过看地相或风水，为人民选择有利于繁衍生息、人丁兴旺的聚居地。

---

[1] 《周礼·地官司徒下》。

春秋时期，各诸侯国为了增加劳动力和兵力，都鼓励人口增长。以越国为例。越王勾践为雪会稽之耻，注重人口增殖。他下令于国中："令壮者无取老妇，令老者无取壮妻。女子十七不嫁，其父母有罪；丈夫二十不娶，其父母有罪。将免（分娩）者以告，公医守之。生丈夫，（赏）二壶酒、一犬；生女子，二壶酒、一豚；生三人，公（官）与之（乳）母；生二人，公与之饩（生活费）。"① 这种政策或法令，是当时越王"将率二三子夫妇以蕃"之国策的具体化。这实际上是命令全国军民：老少不通婚，提高每对夫妇的生育率；国家对多生育的夫妇进行奖励和补贴，甚至派公家的医生和奶妈去协助生育。此外，为了在增殖人口的同时不至于放纵淫佚以坏乡里之风俗，越王勾践下令专辟"独女山"："诸寡妇淫佚犯过，皆输此山上。越王将伐吴，其士有忧思者，令游山上，以喜其意。"② 这是国家开设的特殊形式的山中妓院以慰藉军人，也是为了充分利用寡妇的生殖力。另据《管子·入国》载，管子治齐，也实行了一系列鼓励人口繁殖的政策，如"有三幼者，无妇征（赋役）；四幼者，尽家无征；五幼又予之葆（保姆）"。就是规定家有三个幼儿的，全家父女都免除徭役；家有四个幼儿的，全家男女老少都免除徭役；家有五个幼儿的，官家为其配保姆。这与越王勾践的政策极为相似。

汉朝自立国起即鼓励生育。高祖刘邦曾下令，"民产子，复勿事二岁"③。"复"或"勿事"都是免除徭役，高祖以免除两年徭役来奖励生儿子的家庭。惠帝时定律："女子年十五以上至三十不嫁，五算。"④ 所谓五算，就是对适婚女不嫁者征收五倍的人头税以示惩罚。后汉光武帝时，又定令："人有产子者，复勿算三岁。"章帝时重申光武前令，并进而规定："今诸怀孕者，赐胎养谷，人三斛；复其夫，勿算一岁，著为令。"⑤ 这是规定，不仅孕妇本人免役二年或三年，而且官方还要颁发"胎养谷"即孕妇生活补贴，更免除其丈夫一年的徭役和人头税。这一切均旨在奖励人民生育。

晋时亦实行奖励人口增殖政策。据有关史料记载，大约有以下几端：一是其《户令》中有"女年十七，父母不嫁者，使长吏配之"之规定，这实际上是国家直接当家长，强行为百姓配婚、主婚。二是"产子不养者禁之"，即禁止或严惩百姓遗弃子女。三是打破过去的一些结婚禁区，如规定"本同姓异为婚者不禁"，就是允许同母异父的兄弟姐妹结婚（"本"指血缘，"姓"是姓氏）。三是其《复除令》中规定："家有五女者给复"，"无子而养人子以续亡者后，于事役复除"。这就是规定奖励多女之家，奖励收养子女之家，都是以免除徭役（或仅仅免除"事役"）作为奖励。孝武帝太元十四年（389年）下诏："淮南所获俘虏付诸作部者，一皆散遣，男女自相配匹，赐百日廪。"⑥ 这是将战争掳获的男女配成婚姻，并发给百日生活费。这些均是为了促进人口增长而采取的奖励措施。

南北朝各国各代也纷纷实行奖励人口增长、奖励境外人口归化的政策及措施。南朝宋

---

① 《国语·越语上》。

② 《太平御览》四十七引《吴越春秋》。

③ 《汉书·高帝纪》。

④ 《汉书·惠帝纪》。

⑤ 《后汉书·章帝纪》，《晋书·食货志》。

⑥ 张鹏一：《晋令辑存》所辑之《户令》、《复除令》，15、149、311页，西安，三秦出版社，1989。

文帝时，曾令："民有生子者，口赐米一斗。"① 南朝齐武帝永明年间，曾"申明不举（养）子之科（禁）"，规定"若有产子者，复其父"②；齐明帝建武年间又令"民有产子者，蠲其父母调役一年"，"民产子者赐米十斛"③。南朝梁时，任昉为义兴太守，"孕者供其资费，济者千室"④。在北朝，以北周为例，当时，贺若宜率兵屯北边，曾大力诱致境外人口，"备加诱导，凡所招纳，六万余户"，大以为政绩。⑤ 北周武帝时曾令："男年十五、女年十三以上及鳏寡，所在军民，以时嫁娶，务从节俭，勿为财币稽留。"⑥ 这种强迫百姓早婚，强迫鳏夫、寡妇结婚，禁止因聘礼费用高而耽搁婚嫁的法令，其宗旨正在于促使人口增长。

　　唐代的增殖人口政策、法令主要体现在以下各个方面：（1）鼓励早婚。太宗贞观年间定制，男年 20 岁、女年 15 岁以上可嫁娶；但玄宗开元年间竟改为男年 15 岁、女年 13 岁以上即可嫁娶。这一结婚年龄，可能是中国历史上最低的。（2）强迫鳏夫、寡妇再婚。太宗贞观年间曾令"（鳏夫）居妻丧达制之后，孀（妇）居（夫丧）服纪已除，并须申以婚媾，令其好合。其鳏夫年六十、寡妇年五十以上及妇虽尚少而有男女，及守志贞洁（者），并任其情，无劳抑以嫁娶"⑦。这实际上是强迫尚未年老的鳏夫、寡妇都再婚（但有子女及守志者除外）。（3）对于地方官吏，以户口增减为政绩优劣重要标准之一："诸州县官人，抚育有方，户口增益者，各准见在户为十分论，加一分，刺史县令各进考一等；每加一分进一等……若抚养乖方，户口减损者，各准增户法，亦减一分降一等，每减一分降一等。"⑧ 此外，甚至官吏是否迫使百姓提高婚配比率也要奖罚："刺史县令以下官人，若能婚姻及时，鳏寡数少，量准户口增多以进考第。如劝导乖方，（使民）失于配偶，准户减少附殿。"⑨ "附殿"就是列于考绩之劣等（殿后）名册中。

　　宋代以后亦有与唐相类似的"增户考绩法"，不必再赘述。如宋法规定，"县令佐能招徕劝课，致户口增羡……者，议赏"；"县令能招增户口者，县即升等，乃加其奉（俸）"⑩。南宋淳熙年间，因福建民俗"生子多不举（养）"，朝廷乃下令免除各州"没官田"之赋租，"收其租助民养子之费"⑪。意即官田的租赋收入不上交朝廷，而是用于资助百姓养子女。清顺治时，曾令州县"增丁至二千以上，各予记录"，即一年增加人丁两千以上视为优等政绩。⑫

---

①《宋书·沈演之传》，《宋书·文帝纪》。

②《南史·齐武帝纪》。

③《南齐书·明帝纪》。

④《南史·任昉传》。

⑤ 参见王仲荦校注：《北周六典》，131 页，北京，中华书局，1979。

⑥《周书·武帝纪》。

⑦《唐会要》卷八十三，《嫁娶》。

⑧ ［日］仁井田陞：《唐令拾遗·考课令》。

⑨《唐会要》卷八十三，《嫁娶》。

⑩《宋史·食货志》上一、上二。

⑪《宋史·食货志》上一。

⑫ 参见《清史稿·食货志》一，《户口》。

第二节
中国历代户籍编制与管理制度

《周礼》所载"地官司徒"及其下属官员编制管理居民户口、籍册的制度，可能是中国户籍制度的起源。据《周礼》所述，"大司徒"的职责之一是，"掌建邦之土地之图与其人民之数"。即是说，大司徒是全国最高的户口、户籍主管官府。"小司徒"的责任之一是"稽国中及四郊都鄙之夫家（男女）九比之数"，还要"以岁时入其数"即每年向朝廷报告人口数据；或于"三年大比"（三年全面汇报审核一次时），向君主报告户口普查登记情况。"乡大夫"、"县师"等官员，则具体负责人口清查及户籍登记："以岁时登其夫家之众寡"、"辨其夫家人民田莱之数"①。此外，在"秋官司寇"属下，还有专门掌管户口登记注册事务的"司民"："掌登万民之数。自生齿以上，皆书于版。辨其国中，与其都鄙及其郊野，异其男女，岁登下其死生。及三年大比，以万民之数诏司寇。司寇及孟冬祀司民之日，献其数于王。"②

春秋时代的户口管理制度，以管仲相齐时实施的"四民不杂处"、"作内政而寄军令"两大制度为代表。③ 依管仲的设计，全国人民分为士、农、工、商四大类。"士"、"工"、"商"三者住在"国中"、"都"或城市，"农"住在"鄙"、"野"或乡村。"处士就闲燕"，就是将士人安排于国、都内较清静的地方聚居；"处工就官府"，即安排百工匠人都到官府的作坊里集中居住；"处商就市井"，即安排商贾都到集市贸易市场附近聚居；"处农就田野"，即安排农民居于乡村。管仲认为这是最好的户籍管理安排。他认为，四民若杂处，那么就"其言哤（杂）"而易变，不利于人民的职业稳定和社会治安稳定。他主张"士之子恒为士"、"农之子恒为农"、"工之子恒为工"、"商之子恒为商"，世代相袭，不迁其业。让国民各自按职业隔离而同业聚居，主要是为了使其子弟"不见异物而迁焉"，就是为了不让子弟见异思迁地改换职业，也是为了方便父子间职业传习："相语以事，相示以巧"，"少而习焉，其心安焉"④。

为了全民皆兵、耕战结合，也为了居民间互相约保监督、强化治安，管仲又"制国（中）以为二十一乡：工商之乡六，士乡十五"，乡村则二千家为一乡。"乡"既是地方行政单位，又是军队编制。管仲将周代分立的地方管理单位与军队编制两者合而为一，这是对人民户籍管理制度的一个大改革。此即所谓"作内政而寄军令"。在"国中"，在"乡"以

---

① 《周礼·地官司徒上》。

② 《周礼·秋官司寇下》。

③ 此外有人谓之"书社"制度，尚难确定其真正具体内容。《荀子·仲尼》谓桓公与管仲"书社三百"，《史记·孔子世家》谓"昭王将以书社地七百里封孔子"。古时注家多谓"二十五家为社"，"以社之户口，书之图版"，谓之"书社"（《荀子》杨倞注）。司马贞《史记索隐》："古者二十五家为里，里则各立社。则书社者，书其社之人名于籍。"这大概是一种按地域登记居民的制度。此制可能实行于春秋年间，有人又谓武王灭纣时已有书社制度。

④ 以上管仲设计均参见《国语·齐语》。

下，设有"连"、"里"、"轨"等地方管理单位暨军队编制层级。人民平时为士、为工、为商，各事其业；一到战时，每户出一人，即组成自伍（轨）、小戎（里）、连到旅（乡）、师或军（万人为师或军）的军队组织，以应战斗。在"鄙"、"野"，在"乡"以下设有卒（率）、邑、轨等地方管理单位兼军队编制层级。在城市，5 乡（或曰 3 乡）为一师（又曰军、帅，1 万人）；在乡村，3 乡为一县（又曰属，9 千人，又有 10 县为一属之编制）。① 此外，为了征收赋税和征用徭役，管子还规定地方长官要"常以秋岁末之时阅其民，案家人，比地定什伍之口数，别男女大小"②，意即定期进行户口稽查。这种户口清查具体要查哪些内容？《管子·问篇》略有反映，例如"问死事之（遗）孤其未有田宅者有乎？问少壮而未胜甲兵者几何人？……外人之来从而未有田宅者几何家，国之子弟游于外者几何人？……问男女有巧技能利备用者几何人？冗国所开口而食者几何人？"

战国时期的户口管理制度，以商鞅相秦所推行的"什伍连坐"制为代表。商鞅在秦推行什伍制，大约是模仿管仲的什伍制，也是搞军政合一、全民皆兵。《史记·秦始皇本纪》载：秦献公十年（前 375 年），"初为户籍相伍"。这是户籍登记兼兵民编制合一的管理制度，其具体内容为何，史无记载。约二十多年后，商鞅相秦，又"令民为什伍，而相牧司连坐"。这应是此前的"相伍"制的进一步发展。《商君书》中保留了商鞅当时所推行法令的一些内容，如"四境之内，丈夫女子皆有名于上，生者著，死者削"。这就是户籍簿册档案，全国人口皆登记其中，让朝廷一清二楚。它登记的内容当然不仅是男女的姓名，还有更多的信息："强国知十三数：境内仓口之数，壮男壮女之数，老弱之数，官士之数，以言说取食者之数，利民（商贾）之数，马牛刍藁之数。"③ 这不仅是一般的户品登记管理，而且有兵员军需资源登记之意。④ 此外，商鞅还实行过"民有二男以上不分异者倍其赋"的户籍制度，这旨在增加户数，增加户税，打击逃税。又据云梦秦简《魏户律》残条，魏国为打击"民或弃邑居壄（野），入人孤寡，徼人妇女"的行径，曾下令"自今以来，叚（假）门逆吕（旅）、赘婿后父，勿令为户，勿鼠（予）田宇；三世之后，欲士（仕）士（仕）之，乃（仍）署其籍曰：故某虑（闾）赘婿某叟之乃（仍）孙"⑤。这应是秦国所借用的魏国户律，其旨在于打击赘婿假子、懒汉傍依孤寡，非法迁徙等行为，稳定户籍。

秦代的人民称为"黔首"，经常进行户口普查登记。秦代的户口管理制度，今有两点值得注意。一是秦代有对居民按职业及身份不同，分类登记户口的制度。秦始皇十六年（前231 年），"初令男子书年"，即在人口登记时登记出生时间。秦始皇曾发"七科谪"戍边，就是把七类贱籍之人发配到边疆戍守，其中有"赘婿、贾人、尝有市籍者"⑥。这说明秦时户口登记中单列有"贾人"、"市籍"、"赘婿"等类别，以赘婿籍、市籍、贾人籍为贱籍。

---

① 以上系据《国语·齐语》、《史记·管晏列传》、《管子·小匡》三书记载综述。至于《管子·立政篇》所谓"分国以为五乡"中的"乡"、"州"、"里"、"游"、"什"、"伍"之编制，与三书相矛盾，可能纯为地方治安管理之编制。《管子·乘马》"方六里里之曰暴，五暴命之曰部"等划分，也与三书记载矛盾，均不取。

② 《管子·度地》。

③ 《商君书》之《境内》、《专强》。

④ 秦末刘邦率军入咸阳时，萧何独收秦之户口图籍，可能主要是看中了自献公、孝公以来秦历代的户口、土地和其他资源登记信息对新朝建设的意义。

⑤ 《睡虎地秦墓竹简》，290~291 页，北京，文物出版社，1978。

⑥ 《史记·秦始皇本纪》。

二是秦有比较完备的户籍登记册籍，如云梦秦简的《封诊式》中有所谓"封守——乡某爰书"，多少反映了秦代地方官吏进行户口登记的一般样本格式：

> 以某县丞某书，封有鞫者某里士伍甲家室、妻、子、臣妾、衣器、畜产。
> 甲室、人：一宇二内，各有户，内室皆瓦盖，木大具，门桑十木。
> 妻曰某，亡，不会封。
> 子大女子某，未有夫。
> 子小男子某，高六尺五寸。
> 臣某，妾小女子某。
> 牡犬一。

幾讯典某某、甲伍公士某某："甲党（倘）有【它】当封守而某等脱弗占书，且有罪。"某等皆言曰："甲封具（俱）此，毋（无）它当封者。"即以甲封付某等，与里人更守之，侍（待）令。①

这是一份刑事案件侦讯中调查登记或查封犯罪嫌疑人口家产的公文样式。"典某某、甲伍公士某某"等像是见证人。但这份登记可以反映秦代户口登记的一般内容和格式。从这份户口登记看，秦时登记户口可能已有后世依年状分为丁男丁女、次丁男女、小、老、废疾之分类记载。据云梦秦简中的《傅律》，"匿敖童及占瘙（癃）不审，典老赎耐。百姓不当老，至老时不用请，敢为酢（诈）者，赀二甲；典老弗告，赀各一甲"②。就是说，百姓于户口登记时有诈报老小、残疾情形，以图逃避赋役者，均要处罚，还要株连"典"、"老"即后世保、甲长之类的乡官。

汉代的户口管理制度，以"编户齐民"制度为代表。关于这，具体史料记载不多，仅有所谓"占著"及"案比"之制可考。《后汉书》谓"汉法常因八月算民"，"仲秋之月，县道皆案户比民"③，指的就是"占著"、"案比"制度。所谓"案比"，其具体程序是：令百姓每人亲自前往县衙，接受县官验视正身并登记入册。后汉士人江革，"建武末年，与母归乡里。每至岁时，县当案比。革以母老，不欲摇动，自在辕中挽车，不用牛马，由是乡里称之曰'江巨孝'"④。这种"案比"，就是"算民"。唐人李贤注《后汉书》谓"案验以比之，犹今貌阅也"，也就是命令每个人都到县衙接受县官"貌阅"登记（以便查明其是否老小、残疾），连七八十岁不能走路的老太太也不能例外，只好由儿子用牛车拉到县里。所谓"占著"，就是自我申报户口，特别是战乱之后命令逃户、隐户重新申报户籍。如《汉书·宣帝纪》载地节三年（前67年）"流民自占八万余口"；《后汉书·李忠传》谓"三岁间流民占著五万余口"。"占著"是自行申报登记，不一定要"貌阅"。"占著"、"案比"的结果要造成户籍簿册，作为征收赋役之根据。汉代有上计制度，每年年终，地方要遣上计吏到京师向朝廷报告地方户口、田土、赋役情况。逃隐户口登记者，即使是王侯也不免惩罚。如汉

① 参见《睡虎地秦墓竹简》，249页，北京，文物出版社，1978。
② 同上书，143页。
③ 《后汉书·皇后纪》及《礼仪志》中。
④ 《后汉书·江革传》。

武帝时，胡孰顷侯刘圣"坐知人脱亡名数，以为保（雇为保役）"而免爵。①

汉代户籍登记的样式，《居延汉简》中有可寻者。如编号 203·23 号汉简：

武成隧（燧）卒孙青肩

妻 大女姅 年卅四 用谷二石一斗六升大

子 使女 於 年十 用谷一石六斗六升大

子 未使女 足 年六 用谷一石一斗六升大 凡用谷五石②

这里登记的不是一般民户，而是一个戍边的军户，但也可见汉代户口登记的一般情形。

汉代的户口登记中，要紧的是"傅"即徭役义务登记。汉景帝二年（前 155 年）"令天下男子年二十始傅"③，即于户口登记中特别为"役丁"单造册籍。此外，汉代亦有以职业区分户籍之制，如汉武帝时期屡屡以"贾人"及"尝有市籍者"及其子孙谪发戍边，显然其时亦有"贱籍"专簿登记。

晋代户口管理制度已相当发达，今据史料可考者有以下数端。（1）关于户籍分类和籍册样式，晋制规定，郡国户口籍册有"黄籍"、"白籍"之分。黄为正籍（土籍），白为临时籍（侨籍）。后合一于黄籍。籍皆用一尺二寸札。④（2）关于户籍登记内容，晋制规定，户籍登记须注明男女、所隶郡县里名、生卒年月、爵位等。⑤ 还须注明应纳人头税及应服徭役之身份状态——"正丁"、"次丁"、"老小"、"废疾"等等。（3）关于户口簿籍正、副本存放，晋制规定，户籍册一式三份，"一掌本县，一存州，一上司徒府"⑥。（4）晋代户籍还按职业身份等划为许多户类。如将人民户籍分为民户、士户、营户（兵户）、杂户、冶户、杂胡户等类。其中杂户又分为百工、商、贾、医、寺等户，杂胡户又分为羌户、氐户、鲜卑户、胡户、羯户、蛮户、獠户等等。民户、士户大概是所谓"正户"，可以拥有附户、佃客、衣食客，其附属人户曰"支户"⑦。《隋书·食货志》谓晋时"客皆注家籍"，大概就是指佃客衣食客等皆注入主家户籍中。东晋南迁后，"百姓之自拔南奔者，并谓之侨人。皆取旧壤之名，侨立郡县，往往散居，无有土著……其无贯之人，不乐州县编户者，谓之浮浪人"⑧。这种侨居人，以旧居北方郡县旧名以人众聚居而立县，并无统一固定的县域，乃县中之县。这的确是当时在民族大南迁的特殊形势下创造的一种户籍管理制度。⑨ 其籍贯不明（无贯）且又不愿被编入"侨县"者，单编一种"浮浪人"户籍，亦征赋税。这种侨居户籍，大概就是《晋书·范宁传》所谓"白籍"。或许所有"侨县"人民都入"白籍"。后来实行"令王公以下至于庶人皆正土断白籍"之改革，就是将侨民一律依现居地入当地户籍，

---

① 《汉书·王子侯表》："胡孰顷侯圣坐知人脱亡名数以为保，杀人，免。"师古注曰："脱亡名数，谓不占户籍也；以此人为庸保，而又别杀也。"

② 转引自朱伯康、施正康：《中国经济通史》，上册，278 页，北京，中国社会科学出版社，1995。

③ 《汉书·景帝纪》。

④ 参见《太平御览》卷六〇六引《晋令》。

⑤ 参见张鹏一：《晋令辑存》，8～13 页，西安，三秦出版社，1989。

⑥ 《晋书·食货志》。

⑦ 张鹏一：《晋令辑存》，8～10 页，西安，三秦出版社，1989。

⑧ 《隋书·食货志》。

⑨ 至今中南地区许多姓氏民众还于其门楣上标明"伊洛世第"、"高平世第"等，或许还与此有关。

统一登于黄籍，也就是取消了"白籍"或侨人之籍。①

南北朝时期，南北方户口管理制度差别甚大。在北朝，以北魏为例，初实行"宗主督护制"，国家简直无法确知人民户口数。所谓"宗主督护制"，即允许地方豪强为"宗主"，"督护"其控制区域内的百姓，特别是有一定血缘关系的同姓人众集体。宗主坞堡即成为地方行政管理单位。国家按宗主督护下的居民户数多少征纳赋税，"宗主"负责向国家交纳赋税，被督护的民户只向宗主纳粮服役。"宗主"往往隐匿人户，三五十家方为一户。② 太和十年（486 年），孝文帝为配合"均田制"实施，乃实行户口管理改革，实行"三长制"。所谓"三长制"，即按民户数把百姓编为邻、里、党三级集体，各立长监督：五家为邻，设一邻长；五邻为里，设一里长；五里为党，设一党长。③ 通过"三长"，国家直接登记和控制民户、征纳赋役。东魏北齐时，曾委派"括户大使"到地方搜查隐户隐丁，"得（户）六十余万"，"于是侨居（他乡）者各勒还本属"。北齐时还创立"九等户级"制，即按民户贫富分为九等以便征税役。④

在南朝，与东晋时一样，同样有"侨立郡县"之制。如南朝宋文帝元嘉年间，襄阳地方曾"侨立天水郡略阳县"，士人焦度一家南迁遂属此县。⑤ 南朝陈宣帝太建年间，"诏淮北义人率户口归国者，建其本属（郡县）旧名，置立郡县，即隶近州"⑥。因当时北方南下流民赋役义务问题常难以解决，故同样多次实行"土断法"。南朝宋时"雍（州）土多侨寓"，刺史王玄谟奏请"土断流民"，但因"当时百姓不愿属籍"（不愿立户籍于暂居之南地），故罢此举。⑦ 南齐高帝时，曾下令在豫州、南兖州、江北及西（郢州、司州）等地土断流民。⑧ 梁武帝天监年间曾令"天下之民有流移他境"者，"若不乐还（故土）"，"即使著土籍为民"⑨。陈文帝天嘉年间曾下诏："亡乡失土逐食流移者，今年内随其适乐，来岁不问侨旧，悉令著籍，同土断之例。"⑩ 此外，南朝户籍有职业分类和贵贱分等。如梁时，宗越"本为南阳次门"，后被误"点为役门"，出为郡吏，又被征召为兵。显达后，宗越乃"（上书）启文帝求复为次门，（帝）许之"⑪。这里所谓"役门"，盖为军户（兵户）籍，有服兵役义务。所谓"次门"，大约是士族无兵役义务之户籍。南朝时户籍正册或正式户籍即"黄籍"可能分为四类，如宋后废帝刘昱时曾检校"泰始三年（467 年）至元徽四年（476 年）扬州等九郡四号黄籍"，共拒却注籍七万余户。这"四号黄籍"，也许是四种册籍，分别登录四种民户。此外，为检校隐漏户口、人丁，南齐时曾"别置版籍官，置令史"，专门负责户口审查登记。为打击户籍作伪，南齐甚至下令将户籍作伪作弊（如"窃注爵位、盗易年

① 参见《资治通鉴·晋纪》十八。
② 参见《魏书·高祖纪下》，《魏书·李冲传》。
③ 参见《魏书·李冲传》，《魏书·食货志》。
④ 参见《隋书·食货志》。
⑤ 参见《南齐书·焦度传》。
⑥ 《陈书·宣帝经》。
⑦ 参见《宋书·王玄谟传》。
⑧ 参见《南齐书·柳世隆传》。
⑨ 《梁书·武帝纪》。
⑩ 《陈书·文帝纪》。
⑪ 《宋书·宗越传》。

月、增提三状、诈称六疾、托言死叛"等等)之人发配到边境戍边。①

隋代的户籍管理制度大概主要承自北朝之制。首先,可能仿行北齐、北周之民户九等制。以定赋税、徭役义务额。中央制定"输籍定样"即评定户等的具体标准,"遍下诸州"。"每年正月五日,县令巡人,各随便近,五党三党,共为一团,依样定户上下。"其次,对民丁的应纳人头税及应服徭役状态特别注于户籍册,分为"黄"、"小"、"中"、"丁"、"老"五等:"男女三岁以下为黄,十岁以下为小,十七以下为中,十八以上为丁。丁从课役。六十为老,乃免。"再次,隋朝曾实行"大索貌阅"即全国性户口大普查,以防止隐户隐丁逃税避役之行径。文帝时即令州县"大索貌阅"。炀帝时,又严申"貌阅"之制,凡户口不实者,保长、里正等连坐,流放远边。"又开相纠之科",鼓励百姓告发他人隐户隐丁。查出一隐户(丁),则告发之家赋税由隐户(丁)者代纳。同时,又严行"分户"之令,下令大功(堂兄弟姐妹等)以下亲属必须拆籍分家,"各为户头,以防容隐"。这两次"大索",共"新添"丁口三百余万。② 所谓"貌阅",是当面相验,查看年龄、身高、健康等状况等。

唐代的户口管理制度极为发达,《唐六典·户部》、《唐律·户婚律》、唐《户令》给我们留下了十分丰富的法规史料。综其制度内容,我们可以分为以下几个方面。

(1)关于户籍的编制、审核、上报、存档制度。唐制规定,"三年一造户籍,起正月毕三月"。编制户籍册的第一步是"手实":"里正责所部手实,具注家口年纪。"这就是令民户自己填表申报,申报内容包括"计年将入丁老疾,应征免课役及给侍者"。据此一"手实",乡为"乡帐","岁终具民之年与地之阔狭"上报给县,"乡成于县",县令长"皆令貌形状,以为定籍。一定之后,不许更貌。若疑有奸欺者,随事貌定,以附于实"。这就是说,县令长主持"貌阅"审验,一一相看每人年龄、体状是否与"手实"相符,有欺隐者要改正或在"籍"上注明。"籍"是依据"手实"和"貌阅"由官吏填造的正式户籍登记簿。造好"籍"后,一式三份,"一留县,一送州、一送户部"。"州亦注手实及籍",可能是由州再复审二者后加以注校。此外,州县"每岁一造计帐",大概是每年统计管区内人口生死迁徙情况及成丁增减状况,又"具来岁课役",造表上报。至于户籍存档,武德年间规定,"户籍,州县留五比,尚书省留三比",即州县应保存五次"案比"(户籍审查重造)的资料档案,即保留15年内(三年一比,5比则15年)的户籍登记档案。开元年间改为"常留三比在州县,五比送省"③。

(2)关于民户的种类划分及分等。首先,唐制分为课户、不课户。户内有应负赋税徭役义务者,即为课户,否则为不课户。九品以上官及老废疾,部曲、奴婢、客女等皆为不课户。其次,分士、农、工、商、军五类户,在工商户中有亭户(盐户)、酤户(酒户)、茶户、坑户(矿冶户)、匠户、商户(商贾)等名目。再次,按良贱分百姓为民户(良户、白身人)、官户(没官为奴婢者)、番户、杂户、部曲客女奴婢等名目。④ 与此相关,为确定赋役义务量额轻重,唐代亦依资产、丁口情况将民户分为九等,自上上至下下⑤,官吏九品

---

① 参见《南齐书·虞玩之传》,《南史·茹法亮传》。

② 参见《隋书·食货志》。

③ 据[日]仁井田陞:《唐令拾遗·户令》及《新唐书·食货志一》综述。

④ 据新、旧唐书之食货志综述。

⑤ 贱籍户如官、匠、杂、番、部曲等是否在九等划分之列? 不清楚,理论上讲应该不在其中。

亦视同民户九等。户等每三年审定一次，"每三年县司注定，州司复之，然后注籍而申之于（尚书）省"①。

（3）关于人民的赋役义务状况分类，唐制以男女 3 岁以下为"黄"，4 岁至 15 岁为"小"，16 岁至 20 岁为"中"，21 岁以上为"丁"，60 岁以上为"老"。"丁"有徭役义务，中男、中女可能只有赋税义务或服近地轻役。此外，"寡妻妾"、"残疾"、"废疾"、"恶疾"、"笃疾"等免役状态都有法定明确标准。②

（4）关于户籍的"检括"与"团貌"。为防止隐户、隐丁，唐代也常进行户口普查。如开元年间"置摄御史分路检括隐审，得户八十余万"。又如曾以宇文融、王鉷先后为"诸色安辑户口使"、"勾当户口色役使"，专责清查户口。所谓"团貌"，唐制原规定"天下诸州每岁一团貌"，即由县令或其他官吏"亲貌形状，以为定簿"，此为"小团"；三年一团貌，是为"大团"。后以扰民，取消"小团"，只有三年一审。百姓 59 岁以后"任退团貌"，不再相貌审核。③ 甚至官奴婢也要每年"团貌"一次以重登籍簿。④

（5）关于析户、合户、迁户、附贯立户。唐制规定，男子年 21 岁以上成丁者方可析户。子孙继绝者，年 18 以上方可析户；但绝户有母者，18 岁以下也可析出单独立户。17 岁以下继人之绝者，只在本家籍内注明，不得析出。户籍迁地，听从狭乡迁宽乡、远乡迁近乡、役轻乡迁役重乡。两户籍合为一户者，先合户于边州，次合户于关内，再合户于有军州府。如果两户籍同属于一类，则以"先贯"（先立户籍处）为定。唐律特别打击"相冒合户"，打击通过合户而逃避课役者。关于流落外蕃人还籍及"化外人归附者"，"所在州镇给衣食，具状送省奏闻。化外人于宽乡附贯安置，落蕃人依旧贯；无旧贯，任于近亲（处）附贯"⑤。

宋代户籍管理制度，首先有所谓"手实法"，即令人民填具官制格式表簿，自行申报丁口、田产及应纳服赋役情况等⑥；自报自实同时又鼓励百姓告发隐丁、隐产者。依据"手实"，州县造丁簿、产簿。其次，关于户等划分，宋制初分民户为九等，后分为五等。一、二、三等为上户，四等为中户，五等为下户。再次，宋亦依民户课役状态分民户为有课役户、无课役户两类。官户（官贵人家）、女户（女子立户）、寺观户、单丁户、未成丁户、坊郭户六种民户（又称六色户）为减免课役户，一般百姓为课役户。还有主户、客户之分。主户即税户、物力户；客户即农村无田产、城市无房产之人。客户一般不交两税，但仍要服丁役、纳丁税等，编入国家户籍，但注明其主户。⑦ 又次，宋代的工商业者户籍名目更多，有畦户（池盐户）、亭户（灶户、煮海盐户）、井户（凿井盐户）、硑户（刮碱土煎盐户）、酒户、铸泻户（冶金户）、镬户（炼矾户）、园户（种茶户）、铺户（城郭店家）等名

---

① 《旧唐书·食货志上》；[日] 仁井田陞：《唐令拾遗·户令》。

② 参见 [日] 仁井田陞：《唐令拾遗·户令》。

③ 参见《唐会要》卷八十五，《团貌》。

④ 参见《唐会要》卷八十六，《奴婢》。

⑤ [日] 仁井田陞：《唐令拾遗·户令》，《唐律疏议·户婚》。

⑥ 参见《宋史·食货志》上六，《宋史·吕惠卿传》。

⑦ 参见《宋史·食货志》上六、上二。

目。① 最后，宋代始行"户贴"制，大概即户口簿或户证。其内容约为丁口数及年状、田土房产、赋役义务状况等。② 在州县，宋制还设有与户口、田土、赋役相关的许多籍册，如"结甲册、户产簿、丁口簿、类姓簿"、鱼鳞图册等。③

元代户籍管理制度比宋代落后，比较混乱。首先，从赋役状态而分户籍，元制分为全科户和减半科户、新收交参户、协济户、投下户等类。从职业状态分类，有民户、军户、站户（站赤役户）、僧户、道户、儒户、医户、鹰房户、打捕户、弯户、匠户、灶户、冶户等等；这些户类亦有赋役义务上的差别，如军户、站户、打捕户、鹰房户等一般减免税粮，免纳"科差"（徭役义务转变而来的税种），儒、僧、道户一般均免役。此外，元代将人民按民族或归附先后分为四等：蒙古人、色目人、汉人、南人。这种划分亦大大影响着户籍管理和赋役制度。《元典章》中留有元代关于民户户口籍册管理、析户、逃户处理、承继等一系列事宜的许多规定。④

明太祖初年即建立了比较完善的户籍管理制度："籍天下户口，置户贴、户籍，具书名、岁、居地。籍上户部，帖给之民，有司岁计其登耗（增减）以闻。"与此相关，洪武十四年（1381年），令天下编定"赋役黄册"。民户户籍，依职业及赋役状况分为三类：民户、军户、匠户。在民户中，有医户、儒户、阴阳户、商户、茶户等等。在军户中似乎又分为校尉（军官户）、力士、弓兵、铺兵等几类户。在匠户中亦有军匠、民匠之分，有住坐匠与轮班匠之分。灶户（盐户）、坑治户可能为三类以外单独类别，也可能属于匠户。军户、匠户、灶户"役皆永充"，即终身服役。与其类似的，还有陵户、园户、海户、庙户等等。此外有寺户、观户等，还有属于贱籍的乐户、奴婢及雇工人等。为定赋役轻重，明王朝亦将民户分为上、中、下三等。明代关于人口应赋状态划分，似较简单："民始生，籍其名曰不成丁，年十六曰成丁，成丁而役，六十而免"。

明代的户口管理制度较为值得注意者有"户帖制"、"侨民立县制"及"逃户周知册"制等。"户帖"是户口籍证，由民户收藏，与官藏"户籍"相应相符。户帖上首列皇帝有关圣旨，次列户主姓名、居地、军民匠籍别、人口数及家中每口的老小废疾状况、年岁及与户主关系等；最后登录事产种类及数量。帖之后盖有户部尚书、侍郎以下官员及州县正从官员押名。此"户帖"与存官的"户籍"以字号编为勘合，各用半印钤记，以防伪造。有司常抽查，凡有伪改者充军，官吏隐瞒者处斩。所谓"侨民立县"乃为解决北方南来流民问题而仿行东晋南朝之制。英宗时，令对流民勘籍，编甲互保，属在所里长管辖之，设抚民佐贰官抚之，常劝令还原籍。但后来从周洪谟建议，招流民十二万户，授闲田，鼓励垦荒，侨置郧阳府等府，立上津县等县治之。最后，明时逃户问题严重，正统年间，英宗命各州府县造"逃户周知册"，核查逃户姓名、籍贯、男女口数、职业、遗下土地赋税数等等，以便辑归逃户。⑤

清代的户籍管理机构有两条系统。一是户部，掌管全国一般民户户政，其中旗人户籍

---

① 参见《宋史·食货志》下三、四、五、六。

② 参见《宋史·食货志》上二。

③ 参见《宋史·食货志》上一。

④ 参见《元典章》十七，《户部》三。

⑤ 以上明户制系据《明史·食货志》一，《户口》及《食货志》二，《赋役》而综述。

则掌于户部八旗俸饷处。一是理藩院，掌蒙古、西藏、新疆等地少数民族户政。凡汉民及已归化的少数民族民户，户口登记皆按人丁口数登记，而边民或尚未完全归化（仅归附）者，则仅登记至户（不录丁口）。回、番、羌、苗、瑶、黎、夷等民族"久经向化，皆按丁口编入民（户）数"。而东北的赫哲、费雅喀、奇勒尔、库叶、鄂伦春、哈克拉等56部族，甘肃各土司及庄浪厅所属"番民"，西藏各土司所属39部族，及东北各地的贡貂户、贡狐皮户、贡灰鼠皮户等等，皆仅申报登记户主户数，不计丁口。还有许多"土司所属番夷人口"，"但投明寨数、族数、不计户"，连户数都不问。清代亦将民户分为四大类：军户、民户、匠户、灶户，户籍分称民籍、军籍（卫籍）、商籍、灶籍。还有良籍、贱籍之别，四民为良，而奴仆、倡优、皂隶等为贱，丐户、堕民、乐户、疍户、九姓渔户、世仆等等皆为贱籍。但自雍正朝以后陆续减少贱籍，许多贱民被"开豁为良"。乾隆年间取消一切贱籍，但在仕进方面仍有限制。清代的户口普查，称为"编审"。"八旗人丁，定例三年编审一次"，一般民户五年"编审"一次。每逢编审年，州县官造册呈府，府造册呈布政司，"督抚据布政司册报达之户部"。雍正四年（1726年）后以保甲法之人丁登记取代"编审"，此后基本上没有民户五年一编审制，仅剩"运漕军丁四年一编审"。清代的户籍册，又称为"烟户册"，盖因计民户之烟囱（一烟囱视为一户）而得名。此种以烟囱计户之法，比前代认定"户"的标准的确简明得多。清代的州县城乡也实行"编置户口牌甲"之法，设牌长、甲长、保长，户给印牌，融户口管理制度与保甲什伍治安制度为一体。[①]

第三节
历代乡里什伍保甲组织及治安制度

在地方和基层社会，按一定区域或户口数把民众编成一定集体单位，以便治安管理和赋役征派。这就是古代中国的乡里什伍保甲制度。宋人朱熹对这一制度的评价，可以代表封建正统政治学说对此事的一般认识："保甲之法，什伍其民，使之守护闾里，觉察奸盗，诚古今不易之良法也。"[②] 因此，这一制度是中国古代行政制度中极为重要的内容，不可忽视。

西周时期的基层组织及治安制度，于《周礼》可见一斑。据《周礼》所述，西周时即有相当发达的基层编户组织及互助治安制度。第一，是"令五家为比，使之相保；五比为闾，使之相受；四闾为族，使之相葬；五族为党，使之相救；五党为州，使之相赒；五州为乡，使之相宾"[③]，并分别设"乡大夫"、"州长"、"党正"、"族师"、"闾胥"、"比长"（邻长）等基层乡官以督率百姓为国家服务。第二，《周礼》中又有"五家为比，十家为联。五人为伍，十人为联。四闾为族，八闾为联"[④] 的制度。第三，《周礼》中还有"五家为邻，

① 参见《清史稿·食货志》一，《户口》。

② 《朱子大全·文集·乞禁保甲擅关集札子》。

③ 《周礼·地官司徒·大司徒》。

④ 《周礼·地官司徒·族师》。

五邻为里，四里为酇，五酇为鄙，五鄙为县，五县为遂"①的基层编制单位。

这三种地方和基层百姓编组单位，性质可能各有不同。"比—闾—族—党—州—乡"的编制，是以户口数为出发点进行编制的，如军队之团营连编制然，旨在"兵民合一"、"寓兵于民"，亦即后世管仲所为"作内政而寄军令"；而"联比"、"联伍"、"联族"的编制，更多的是从居民互相监视、联保连坐的角度处罚的；至于"邻—里—酇—鄙—县—遂"的编制，则是从地域角度出发进行编制，如后世之县、乡、村、庄行政组织然，其主旨大概在于征派赋税、徭役和治安管理。三者中有两个是六层级的编制单位，它们不一定一一对应，但最基层组织竟都统一于"五家"定制。因此，我们或许可以推定："遂"大约与"乡"相当、"县"大约与"州"相当。这就是说，在周代，地方和基层管理单位有双轨制：一方面，从军事征调和治安需要出发编制为自"乡"到"比"、"伍"的组织，后世以"比伍"指代基层百姓，即源于此；另一方面，从地域和土地赋税管理需要出发编制为从"遂"到"邻"的地方和基层组织。因此，在周代，真正相当于后世"县"以下之乡里什伍单位的，大概只有"比、闾、族、党"（从军事和治安管理角度言）或"邻、里、酇、鄙"（从地域和土地管理角度言）。真正的县以下（不含县）基层乡治管理层级，可能仅仅是"鄙、酇、里、邻"。因为《周礼》中直接规定了其长官巡察治安、断决狱讼、催征赋役的责任，至于"比、闾、族、党"的长官似乎只负责对属民劝教、监督，主持丧祭婚庆仪礼，随时率部供国家"师田行役"之调遣，并不负责一般地域治理和听狱断讼（仅可以在率部供役时轻处罚犯令部属）。因此，比、闾、族党（乃至"州、乡"）不仅仅具有居民间相互约保、相互扶助、乡户监督的协团性质，又是国家"兵民合一"的一种全民皆兵的军事编制。我们在本节中要注意的就是比、闾、族、党制所代表的这种双重性质。

《周礼》中比、闾、族、党的任务（使命）甚广，前文提到的有"相保"、"相受"、"相葬"、"相救"、"相赒"、"相宾"共六种。我们似乎应该认识到，每后一种任务（义务），都是前一个层次单位的人民当然应负的。就是说，"比"这一级单位内人民，互相负有全部六项义务，而"闾"这一级单位内的人民则互负有"相保"以外的五项义务；"族"级单位内人民则仅互负"相保"、"相受"以外四种义务。其他依此类推。②这六项义务中，最重要的是"相保"。《周礼》载，所谓"相保"，就是"刑罚庆赏相及相共"、"有罪奇衺（邪）则相及"之连带责任。这种连带责任，"族"、"比"两级有，"闾"在二者之间反而没有似乎是不正常的。因此，我们不妨理解为"族"、"闾"、"比"三级基层人民单位内部，均互相负有"相保"义务。至于"相受"义务，汉人郑玄注曰："谓不安其宅舍，以人物相付托容受也。"这种解释似乎不太准确。其实，相互托付照看家宅、互相帮助维护家宅财产安全，亦即相互帮助防火防盗，或许正是"相保"的内容之一。事实上，我们从"族师"一节的"使之相保相受：刑罚庆赏，相及相共；以受邦职，以役国事，以相葬埋"等语来推断，几乎可以把"相受"的"受"理解为"以受邦职"的"受"，"相受"即可以理解为居民相互连带对国家负担徭役义务；同"族"内有逃避徭役者，则同族之人代受之（代以完成）。或者，我们干脆可以把"相保相受"作为一个整体来理解：在"族"以下单位内，人民有功

---

① 《周礼·地官司徒·遂人》。
② 这样的推理也许不正确，因为"族"内也应有"相保"义务。详见下文。

同赏，有罪同罚，有役同当，有事相托，互保安全。古人谓《周礼》什伍之法之本意是令人民"出入相友，守望相助，疾病相扶持"①。这只是一个方面，另一方面是治保连责、有罪连坐，我们不可忽视。

春秋时代，管仲相齐时所创的什伍制度，是当时地方居民管理及治安监控制度的典范。从《国语·齐语》、《管子·小匡》、《史记·管晏列传》、《管子·立政》等文献所记载看，管子对地方和基层管理单位的划分有两类：一类是对"国中"即都城居民（士、工、商）的划分，一类是对"鄙野"即乡村居民（农）的划分。关于"国中"居民，《管子·立政》谓"分国以为五乡"，每乡分为 5 州，每州分为 10 里，每里分为 10 游，游下再分为什、伍。这种"乡——州——里——游——什——伍"的编制，与《国语·齐语》、《管子·小匡》等篇所载"五家为轨"、"十轨为里"、"四里为连"、"十连为乡"、"五乡一师"（万人一军）的制度大不一样。关于"鄙"之居民，《管子·小匡》的记载与《国语·齐语》等的记载基本一致："五家为轨"，"六轨为邑"，"十邑为率（或卒）"，"十率为乡"、"三乡为属（或县）"。不过无论哪一种划分，其目的都不外乎三个：一是互相监督约保，二是征收赋役方便，三是军民合一、全民皆兵。

具体说来，管仲的这种"伍—什—游—里"之类编民制度的主要作用有许多项："筑障塞匿，一道路、博出入、审闾闬、慎筦键。筦藏于里尉。置闾有司，以时开闭，闾有司观出入者以复（报告）于里尉。凡出入不时，衣服不中，圈属群徒，不顺于常者，闾有司见之，复无时。"② 就是说，每个"里"或"闾"，有围墙或栅栏，相互隔开；还有门锁，钥匙由里尉统一收管。闾长（闾有司）定时开关。发现衣服古怪、形迹可疑的人，"闾有司"应随时向上级领导（里尉）汇报。同时，闾里有表现好的，也要及时上报。最为关键的是"罚有罪不独及，赏有功不专与"，就是在里闾什伍之内，赏则同赏，罚则同罚，实行连赏连坐。这种互相监督、治安互保以及上报好人好事、坏人坏事的工作，要"三月一复，六月一计，十二月一著"③，也就是定期上报汇总。此外，《左传》载子产相郑曾实行"庐井有伍"④ 之制，想必与此略同。

战国时期的乡里什伍制度，以商鞅在秦国实施的"令民为什伍而相牧司连坐"的"什伍之法"为代表。其具体内容，史无记载，大概是《商君书·画策》所谓"行间之治连以伍"，"欲无善言，皆以法相司（伺），命相正也。不能独为非，而莫与之为非"。亦即"一人有奸，邻里告之，一人犯罪，邻里坐之"⑤ 之法，也就是"奖励告奸"之法。

这些法律，秦代完全沿用。《史记·高祖本纪》集解引张晏曰："秦法，一人犯罪，举家及邻伍坐之。"云梦秦简屡有"某里士伍""伍人相告"、"什伍知弗告"之记载，又《史记·陈涉世家》有"闾左闾右"之记载，说明秦代基层人民有"里闾什伍"之编制，有闾里贫民富民左右分居之制，还有远比商鞅时代更为严厉的什伍连坐乃至闾里族党连坐之制。

汉代似乎并未实行秦代一样的什伍制度，其基层组织主要是作为地域性治安行政组织而存在，半军事性的兵民（居民）组织似未有之。西汉时"大率十里一亭，亭有长。十亭

---

① 《文献通考·职役考》一。
②③ 《管子·立政》。
④ 《左传·襄公三十年》。
⑤ 《文献通考·职役考》一。

一乡，乡有三老、有秩、啬夫、游徼。三老掌教化，啬夫职听讼、收赋税，游徼循禁贼盗"①。但这些都是秦代已有的旧制，似乎没有居民间互相强制性连保连坐或以备兵役之义务。其居民聚团组织有"里"，有人谓当时"十家一里"。"里"设有"里正"、"里监门"等乡吏。所谓"十里一亭"，"亭"吏除了亭长外还有"亭卒"、"亭父"、"求盗"等。亭父"掌开闭扫除"，求盗"掌逐捕盗贼"②。但这与齐国和秦代的"闾有司"、"里尉"、"什伍长"的职责大不相同了。东汉时，"乡置有秩、三老、游徼"，其中，有秩为"郡所署，秩百石，掌一乡人"。"其乡小者，县置啬夫一人"。乡官有郡派、县派之分别，其职责"皆以知民善恶，为役先后，知民贫富，为赋多少，平其差品"。"三老掌教化"，"亭有亭长，主禁盗"，"里有里魁，民有什伍，善恶以告。里魁掌一里百家，什主十家，伍主五家，以相检察。民有善恶，以告监官"③。

南北朝时代，南朝有"符伍制度"，北朝有"三长制度"，均师法管子、商鞅的闾里什伍制度。北魏太和十年（486年），大臣李冲建议："宜准古，五家立一邻长，五邻立一里长，五里立一党长"④，"三长"均取"乡人之强谨者"担任。孝文帝从其议，乃诏"为里党之法"。这种"邻—里—党"的基层群众编制，主旨在于破除从前的"宗主督护制"，防户口隐漏，但也有强化治安监控之意。"三长"除监民外，"还要养赡孤独老疾贫穷不能自存之人"⑤。北齐时，继承此制，"乃命人居十家为比邻，五十家为闾里，百家为族党"⑥。在南朝，刘宋时有"比伍制度"或"符伍制度"。其制，五家为伍，十家曰比邻。士人若在比伍之内居住，则当然为比伍之长："士人在伍，谓之押符"。一人犯罪，比伍连坐；但士人在比伍者，起初不连坐徒罪，"有奴客者罪奴客，无奴客者输赎"，但后来一体连坐。此种连坐常致"一人犯吏则一村废业"⑦。此制南齐时似废止。南齐高帝建元元年（479年）"欲立符伍，（令）家家以相检括"，即实行人民连保连坐制，大臣王俭劝阻之，乃止。⑧ 此外，南朝刘宋时还有"符伍遭劫不赴救"之罪条⑨，说明其时比伍之内人们有互保安全的救援义务。

隋朝的基层编制及治安制度，与均田制相应，设有"保闾族制"。在京畿之内，"五家为保，保有长；保五为闾，闾四为族，皆有正"。保长、闾正、族正皆为"民官"，大约无俸禄。在畿外地区，百家为一"里"，置里正，级别比同畿内之闾正；数里一党，设党正，比畿内之族正。在里之下，畿外也应有"保"，大约也是五家或十家为一保。因此，隋朝的基层群众编制组织为"保—闾—族"（京畿）和"保—里—党"（畿外）两者。⑩ 这里的"保"，似乎是中国古代首次出现基层民众组织以"保"命名的情形，正是取互保互监，"以

---

① 《汉书·百官志》。
② 《西汉会要》卷三十三，《职官》三，《掾史》。
③ 《后汉书·百官志》五及注；《通典》卷三十三，《职官》十五，《乡官》。
④ 《魏书·李冲传》。
⑤ 《魏书·食货志》。
⑥ 《隋书·食货志》。
⑦ 《宋书》卷四十二、五十三。
⑧ 参见《南史·王俭传》，《南史·王弘传》。
⑨ 参见《宋书·自序》。
⑩ 参见《隋书·食货志》。

相检察"之意。后世的保甲制度正取此意。

唐代乡里基层组织，按照两《唐书》的记载，"百户为里，五里为乡，四家为邻，五家为保。在邑居者为坊，在田野者为村，村坊邻里递相督察"①。这里的基层组织层级，很不好归纳。到底是"邻—里—乡"三级，还是"邻—保—里—乡"四级，难以确定。② 又"两京及州县之郭内分为坊，郊补为村"③，坊、村似乎不是居民"户团"，而只是地理性编制单位。"村坊邻里，递相督察"，是"户团"制度的根本目的。④

唐代这样的民间组织编制，不管是民户团体也好，地域单位也好，都承担着治安控制的职能："保有长，以相禁约……诸户皆以邻聚相保，以相检察，勿造非违。如有远客，来过止宿，及保内之人，有所行诣，并语同保知。"⑤ 这是一保之内的督察。在"里"一级，"每里置里正一人，掌按比户口，课植农桑，检察非违，催驱赋役"⑥。在城市里，另依地域划分为坊，"别置（坊）正一人"，"掌坊门管钥，督察奸非，并免其课役"⑦。在农村里，"村别置村正一人"，满百户之村置村官 2 人，"（职）掌同坊正"，"其村居不满十家者，隶入大村，不得别置村正"⑧。由此可知"保"、"邻"、"里"等为"户团"行政组织，"坊"、"村"（约与"保"同级）是地域治保组织。"里"、"乡"两级则城乡一致，都是地域单位兼居民户团。

关于里正、坊正、村正的选任，唐《户令》规定："诸里正，县司选勋官六品以下、白丁清平强干者充。其次为坊正。若当里无人，听于比邻里简用。其村正取白丁充。无人处，里正等并通取十八以上中男残疾等充。"⑨ 里正、坊正、村正均由县里选任，其候选人不限本里、本坊，身份从低级勋官到白丁，无人时甚至可以由中男或残疾人充任。至于邻长、保长，肯定是由各户户主轮任。"乡"级官员如何选任？无史料记载。这各层级的"正长"是不好当的，督察责任严苛，常连坐属户之罪。如永淳元年（682 年），唐高宗下令"私铸（钱）者抵死，邻、保、里、坊、村正皆从坐"⑩，极为苛残。但同邻、同保的民户之间是否互相连坐，并不清楚。唐制无什伍连坐法，但守望相助之义务是有的。如《唐律疏议·贼盗律》"持质"条规定：在有绑架人质时，"部司及邻伍知见，避质不格者，徒二年"。这就是规定同邻同伍之人有与绑匪格斗之义务。

五代后周时亦有类似制度。"周显德五年十月诏：'诸道州府令团并乡村，大率以百户为一团，选三大户为耆长，凡民家之有奸盗者，三大户察之；民田之有耗登者，三大户均

---

① 《旧唐书·食货志》。

② 所谓"四家为邻，五家保"，很不好理解。不可能两个层级的编组单位几乎是同样一组或几乎相等数量的成员，则"保"和"邻"几乎是一个层级的单位。《资治通鉴·唐纪六》云："百户为里，五里为乡，四家为邻，四邻为保。"据此应以"保"为"邻"和"里"之间的一个组织层级。但《唐六典》卷三"户部郎中员外郎"条云"百户为里，五里为乡……四家为郊（邻?），五家为保"，《通典·食货三·乡党》云"百户为里，五里为乡，四家为邻，五家为保"，均与《旧唐书》所记一致。不知司马光《资治通鉴》"四邻为保"之说所据为何。

③ 《唐六典》卷三，"户部郎中员外郎"条。

④ 参见《旧唐书·食货志上》。

⑤ ［日］仁井田陞：《唐令拾遗·户令》。

⑥⑦⑧ 《通典·食货》三，《乡党》。

⑨ ［日］仁井田陞：《唐令拾遗·户令》。

⑩ 《新唐书·食货志》四。

之。仍每及三载即一如是"①。"团"就是乡村民众组织单位。"三大户"大约是百户中最为富裕的三户,以他们充任民"团"的耆长。

宋代乡治实行保甲法。在保甲法之前,大约继承后周"百户为一团"之制,以百户为里,设里(正)长、户长、乡书手。户长为里正的副手,乡书手帮里正办理文书事宜。在里中还设有耆长,掌捕盗及防止烟火。里下有村,设村长(城中同级为坊,有坊正、坊副)。王安石变法始行"保甲法"后,以十家为保,五保为一大保,十大保为一都保,于是乡村中的民户团体编制为"保—大保—都保"三级制。保设保长,大保设大保长,都保设都保正(副)。王安石罢官后,废保甲,复户长;不久又复行保甲制,不过略有改变:"五家相比,五五为保",则每保为 25 户。保正(长)负责治安。在保内,家有二丁以上者,选一人为保丁。保丁平时自习武事、维护治安、逐捕盗贼,检举同保人之违法;战时为兵。在征纳粮税时期,保丁轮流充任"甲头",专责催征粮税。但是,"甲"似乎不是"户团"编制。② 宋代到底是否有"甲"这一级"户团"?《庆元条法事类》卷八十"失火"条有"诸州县镇寨城内每十家为一甲,选一家为甲头"之记载,似乎表明"甲"并不仅是纳税临时编组,而是"户团",有治安互保性质。

元代乡里编制大不同于宋代。首先,元代有村社制度。但此"五十家立一社"③ 之制度的意旨,主要是为了劝课农桑,不是互相禁约、督察连保。社长虽也有禁阻农家子弟游手好闲、不务正业之责任,但这不是一般意义上的治安责任。这种治安,由军队派遣蒙古兵士或"探马赤军"驻社维持,名义上与民同编为一社,实际上为军事殖民统治。其次,元代亦有里甲制度,二十家为一甲。甲主由蒙古人或色目人担任,衣食均由村民提供,其权威极大,主率甲民。亦为军事殖民统治。④ 县下为"乡","每一乡设里正一名"。城厢内设坊正。在乡之下,次一级单位为"都",每"都"设"主首"2 至 4 名(依"都"之大小等级而增减)。⑤ 这些均系催科赋役之组织,上等户、次等户轮流充任其乡、都头领的差役,并不是"户团"性质或一般行政管理层级性质的组织。《元史·刑法志》记元律"诸禁"章中有"诸城郭人民,邻甲相保",不知邻、甲是指"户团"单位还是仅为习惯用语。元律"捕亡"章中有"奴婢逃亡,邻人、社长、坊里正知而不首捕者,笞三十七"之条,亦可见元时乡里保甲制度之一斑。

明代乡里制度,太祖时即初步形成。"以一百十户为一里,推丁粮多者十户为长(里长候选人)。余百户为十甲。甲凡十人(户)。岁役里长一人,甲首一人(每甲一人),董一里

---

① 《五代会要》卷二十五,《团貌》。北周"三大户",大约是由乡村中资产较多的民户三家承担。北宋时继承后周制度,故宋制可作为参考。《程子遗书》卷二一上云:"程子过成都,时转运判官韩宗道议减役,至三大户亦减一人焉,子曰:'只闻有三大户,不闻两也。'宗道曰:'三亦可,两亦可。三之名不从天降地出也。'子曰:'乃从天降地出也。古者朝有三公,国有三老。三人占则从二人之言,三人行则必得我师焉。若止二大户,则一人以为是,一人以为非,何从而决?三则从二人之言矣。虽然近年诸县有使之分治者,亦失此意也。'"由此可知,后周时的"三大户"即由乡村中较富有的三家承担耆长之职。

② 参见《宋史·食货志》上五、上六,《役法》上、下;《宋史·兵志》六;《宋会要稿·食货》十四,《免役下》。

③ 《元典章》二十三,《户部》九,《立社》。

④ 参见 张晋藩、王超:《中国政治制度史》,606 页,北京,中国政法大学出版社,1987。

⑤ 参见《元典章》二十六,《户部》十二,《户役》。

一甲之事。先后以丁粮多寡为序，凡十年一周（轮），曰排年。"① 在城镇及近郊设"坊"、"厢"（设坊长、厢长）与里、甲相应。里长的主要任务是登记户口田土、催征赋役、讲读宣传律令大诰、勾摄公事、缉捕传拘人犯，并时常承官衙差遣。上头索要的供应物料，常由轮值里长及甲首以家财出供。因此，里、甲长被视为当时最为困扰民户的一种苦差役，常使民户家破人亡。②

明中后期，改为保甲制度，每牌十户，十牌为甲，十甲为保，分设牌头、甲长、保长知其事。③ 因此，明代基层民众户团编制组织大致为"牌—甲—保"三个层级。明代"十家牌法"完善于王阳明（守仁），其主要内容是："凡置十家牌，须先将各家门面小牌换审的实"，先审查清楚每户人口、职业、年状、田粮、户类及户等；"十家编排既定，照式造册一本留县，以备查考。及遇勾摄及差调等项，按册处分"；"每十家各令换报甲内平日习为偷窃及喇嗒教唆等不良之人，同具不致隐漏重甘结状，官府为置舍旧图新簿，记其（不良之人）姓名，姑勿追论旧恶，令其自今改行迁善。果能改化者，为其除名。境内或有盗窃，即令此辈自相挨缉。若系甲内漏报，仍并治同甲之罪。又每日各家照依牌式，轮流沿门晓谕觉察"；"十家之内但有争论等事，同甲即时劝解和释。如有不听劝解，恃强凌弱及诬告他人者，同甲相率禀官"；"凡遇问理词状，但涉诬告者，仍要查究同甲不行劝禀之罪"。将此类对民众的具体要求写于一牌，此牌由"同牌十家轮日收掌。每日酉牌时分，持牌到各家，照粉牌（各家门面小牌，公布自家户类、户等、丁口及年状、田地、房产、赋役情况）查审：某家今夜少某人，往某处，干某事，某日当回；某家今日多某人，是某姓名，从某处来，干某事。务要审问的确，仍通报各家知会。若事有可疑，即行报官。如或隐蔽，事发，十家同罪"④。这大概是古今中外最为严厉的警察统治，保甲、百姓均被迫成为朝廷警察或鹰犬。

此外，王阳明在赣南还推行过"乡约制度"，用意略同。其制，令乡民自结为"乡约"，同约中推年高有德者一人为约长，二人为约副，四人为约正，四人为约史，四人为知约，二人为约赞。"置文簿三扇：其一扇备写同约姓名及日逐出入所为，知约司之。其二扇一书彰善，一书纠过，约长司之"；"若有难改之恶（徒）……约长副等，须先期阴与之言，使当自首，众共诱掖奖劝之，以兴其善念，姑使书之，使其可改；若不能改，然后纠而书之；又不能改，然后白之官；又不能改，同约之人，执送之官，明正其罪。势不能执，戮力协谋官府，请兵灭之"⑤。"乡约制度"是一种最为典型的国家主导基层民户组织治安监控制度。

清代自世祖入关即"有编置户口牌甲之令"，亦即继承明代的保甲制度，但对满洲人仍实行八旗牛录制度。其"保甲制"，基本上与明制相同："其法，州县城乡十户立一牌长，十牌立一甲长，十甲立一保长。户给印牌，书其姓名丁口。出则注其所往，入则稽所来。"这种牌，与明人王阳明设计的"门面小牌"或"粉牌"是一样的。甚至寺观、客店都须悬

① 《明史·食货志》一，《户口》。
② 参见《明史·食货志》二，《赋役》。
③ "十家牌法"可能始于南宋。《庆元条法事类》卷八十二，"失火"条中即有"十家牌法"之记载。
④ 《王文成公全集》卷十七，《申谕十家牌法》；卷十六，《十家牌法告谕各府父老子弟》。
⑤ 《王文成公全集》卷十七，《赣南乡约》。

挂此牌，前者"以稽僧道之出入"，后者"书寓客姓名行李，以便稽察"。乾隆二十二年（1757 年）更定"保甲之法"十五条，主要内容有：门牌每年颁给一次，牌长、甲长三年更换一次，保长一年更换一次。"凡甲内有盗窃、邪教、赌博、赌具、窝逃、奸拐、私铸、私销、私盐、踩麹、贩卖硝磺并私立名色敛财聚会等事，及面生可疑之徒，责令（牌、甲、保长）专司查报。"该法令还规定，户牌除每年更换一次外，平时有"户口迁移登（增）耗"者，保甲长"随时报明，门牌内改换填给"。同时又令绅衿之家、旗人与民杂居者、蒙古族农人、盐场井户及雇工人、广东寮民、寄内苗人、川省客民、云南夷人、甘肃番子等等一律编为保甲或编入现居业地之保甲，以便管控。① 为保证按时催纳粮税、完成丁役，清代亦实行"里甲役制"。《大清律》规定"凡各处人民，每一百户内议设里长一名，甲首一十名，轮年应役，催办钱粮，勾摄公事"②，《清史稿》谓"凡百有十户，推丁多者十人为长，余百户为十甲，甲十人。岁除里长一，管摄一里事"，十年一轮③，大概就是指此而言。这种"里甲"编制，除了催科赋税外，其实也有治安团体的性质。但从严格意义上讲，"户团治安组织"性质为主的"保甲制"与以"丁税催派组织"性质为主的"里甲制"是两种性质的组织体制，我们不可混淆。

---

① 参见《清史稿·食货志》一，《户口》。
② 《大清律·户律·户婚》。
③ 参见《清史稿·食货志》二，《赋役》。

第二十一章

制民防奸：传统中国的基层治安行政制度

　　处理各类纠纷、打击犯罪，是中国传统行政的最重要内容。在古代中国，所有"亲民"官吏的基本职责，主要是"钱粮"和"刑名"二者，该二者均与纠纷解决及打击犯罪有关。在本章里，我们不打算讨论中国传统的司法审判制度，而仅从官吏"为民父母行政"的角度来考察作为国家行政一部分的治安强化和犯罪预防制度。从这一角度来考察，就不具体叙述或讨论古代中国的审判程序、司法审判原则、刑罚执行程序等等问题（那是本系列丛书的诉讼法制卷要讨论的问题），而应该换一个角度讨论国家的制民防奸制度，因为这最体现中国传统的官民关系。在本章里，我们主要讨论古代中国"制民防奸"方面的制度和惯例。至于与此相关的"察冤"问题，即国家为百姓提供一定的告状、申控渠道，以便及时觉察或发现贪官污吏、豪强劣绅欺压百姓、危害国家统治大局之弊，及时发现人民的冤情的问题，我们在本书的第二十九章里再讨论。所谓"制民防奸"，主要探讨中国古代的控制人民、加强治安的行政制度。这是最狭义上的治安行政制度，是中国古代行政的最重要部分。这一制度的实质是"以民防民"，其基本思路是商鞅的"胜民之本在制民，若冶于金陶于土"①的主张，就是用尽一切办法控制百姓，使百姓不可能有任何造反的可能。关于此，我们仅从举告并缉捕奸贼的制度、宣传法令警阻奸贼的制度、社区治安与防匪制度三个方面来讨论。这几个方面，都是传统的法制史著述所不太关注的，所以本章特别对此进行初步的整理分析，以展现其制度大概。

---

① 《商君书·画策》。

第一节
历代举告、缉捕奸贼之制度或惯例

　　鼓励和方便百姓检举、查捕奸宄、盗贼并送交官府处理，是中国古代亲民行政的一个重要方面，古代中国在这方面有发达的制度和惯例。这一方面的制度，相当于今日所谓人民举报、告发、扭送，国家侦查、逮捕和弹劾、公诉。这一方面的制度，作为传统治安行政制度的一个重要方面，我们不能不予以重视。

　　《周礼·秋官司寇》中有两个官职，可以看作是最早的专司侦查、起诉的官职。一是"禁杀戮"，其职责是"掌司斩杀戮者。凡伤人见血而不以告，攘狱者，遏讼者，以告而诛之"。二是"禁暴氏"，其职责是"掌禁庶民之乱暴力正（征）者、矫诬犯禁者、作言语而不信者，以告而诛之"①。这两个职务，有些像国家警官兼检察官。"以告而诛之"，是指他们代表国家向大司寇、小司寇、乡士、遂士、县士、方士等有"听其狱讼"之权力的司法官员移交案犯案情以候审判处罚，这当然近乎今日之公诉。其可以提起公诉的范围，第一是"伤人见血"以上且没有个人控告（如当事人不敢告，或因当事人死或重伤而无人出告）的案件（当然包括杀人案），第二是有犯在逃而拒不追捕的行径，第三是故意遏止他人告诉之行径，第四是好勇斗狠暴力侵害之案，第五是欺伪、诈骗而犯禁令之案，第六是造谣惑众之案等等。这六种情形若无人告发或告诉，"禁杀戮"、"禁暴氏"这两个官吏就有责任代表国家提起公诉。除此之外，在集市区，有专门负责巡捕盗贼的"司稽"，其职责是"掌巡市，而察其犯禁者，与其不物者而搏之。掌执市之盗贼以徇且刑之。胥各掌其所治之政，执鞭度而巡其前。掌其坐作出入之禁令，袭其不正者。凡有罪者，挞戮而罚之"②。这里的"司稽"，更像警官，其平常职责是"巡"即走动查察，一旦发现盗贼或"不正"者，就"执"（拘捕）或"袭"（乘其不备而突捕）他们。

　　秦代的告举、查捕制度，可以从《史记》和《云梦秦简》略知一二。秦代乡官"游徼"，专掌循禁贼盗，有捕盗之责③；又有"求盗"，"掌逐捕盗贼"④。我们估计二者实为一事，只不过说法不同。在云梦秦简中，关于捕告盗贼条文甚多，有捕告现行犯的规定，有捕告悬赏缉拿之逃亡犯人等规定。如"五人共盗……今甲尽捕告，甲当人购二两"⑤，此即规定按照捕获嫌犯人数奖赏主动捕捉盗贼的百姓。又规定"捕人相移以受爵者耐"⑥，亦即百姓捕得嫌犯后，只能自己亲自送官请赏；若转给别人送官，企图为别人邀功请爵，作假

---

　　① 《周礼·秋官司寇》。

　　② 《周礼·地官司徒下》。"不物者而搏之"，大概指非其所有之物而抢劫者。前人注"不物"谓不法，似乎偏离本义。

　　③ 参见《汉书·百官志》。

　　④ 《史记·高祖本纪》，集解引应劭说。

　　⑤ 《睡虎地秦墓竹简》，209 页，北京，文物出版社，1978。

　　⑥ 同上书，147 页。

者就要处以"耐"刑。《云梦秦简·法律答问》中还有如"甲告乙贼伤人"，"甲捕乙，告盗书丞印以亡"等记载，都可以看出秦律中关于捕告现行犯的某些制度。秦律鼓励百姓告举他人犯罪，商鞅主张的"告奸者与斩敌首同赏"，在云梦秦简中有明确反映。为了鼓励百姓捕捉逃犯，秦律规定："捕亡，亡人操钱，捕得取钱。所捕耐罪以上得取。"① 此即规定，百姓捕得逃犯者，不但要给奖赏金（"购"），而且还可以得到逃犯身上携带的钱财，不过这限制在逃犯应处徒刑以上的情形。因为百姓捕盗捕逃有奖赏，而官吏捕盗系职务行为没有奖赏，故常有人作弊。为了防弊，秦律规定："有秩吏捕阑亡者以畀乙，令诣，约分购。吏及乙当赀各二甲，勿购。"② 这就是规定，若官吏自己捕获盗贼后交给民众（伪称是民众捕获）送官以讨奖赏，并私下约定二人分奖金的，不但不给奖金，反而要对二人处以"赀二甲"的惩罚。同时，为了防止百姓在捕盗时滥用暴力、私自杀伤人犯，秦律也规定："捕赀罪（仅犯罚金罪之人），即端以剑及兵刃刺杀之。杀之，完为城旦；伤之，耐为隶臣。"③ 在捕盗过程中故意（"端"）用兵器杀伤轻罪人犯，要受"城旦"或"隶臣"的处罚。为了防止诬告，秦律还规定："伍人相告，且以辟罪，不审，以所辟罪罪之。"④ 此即诬告反坐之意。

关于官吏捕盗并移送审判的制度程序，《封诊式》中还有许多反映，如"群盗：某亭校长甲、求盗才（在）某里曰乙、丙缚诣男子丁，斩首一，具弩二，矢廿。告曰：'丁与此首（被斩首）人强攻群盗人。自昼甲将（率）乙等徼循到某山，见丁与此首人而捕之。'"⑤ 这一条记载的是"校长"（甲）、"求盗"（乙、丙）三名公吏依法追捕"群盗"（丁即其中之一）并格杀拒捕者一人，然后带着捕获的人犯、案犯首级、凶器等呈报主管官员的过程。

秦律还规定，任何官吏随时都有举告犯罪的责任，如始皇时颁《焚书令》，其中规定"吏见知（他人藏禁书）不举者与同罪"⑥。《云梦秦简·语书》中记载秦律规定："自令、丞以下知（吏民犯法）而弗举论"，是为大罪⑦，要严厉处罚。此外，为了确保"捕盗"工作不耽搁，秦律还规定，"求盗勿令送逆为它，令送逆为它事者，赀二甲"⑧。这就是规定，"求盗"不得指派去做职责外的事务；官员指派其作"它事"者，要受到"赀二甲"的处罚。

按照秦律的规定，百姓还可以扭送告举其他犯行，如《封诊式》中"毒言"，亦即恶毒咒骂他人者："某里公士甲等廿人诣（缚送）里人士伍丙，皆告曰：'丙有宁毒言，甲等难饮食焉。来告之。'"⑨ 这就是关于受害人扭送、告举的记载。又如《封诊式》中还有家奴"悍"，"某里公士甲缚诣大女子丙，告曰：'（此为）某里五大夫乙家……妾也……丙悍，谒

---

① 《睡虎地秦墓竹简》，207 页，北京，文物出版社，1978。

② 同上书，210 页。

③ 同上书，204 页。

④ 同上书，192～193 页。

⑤ 同上书，255 页。

⑥ 《史记·秦始皇本纪》。

⑦ 参见《睡虎地秦墓竹简》，15～16 页，北京，文物出版社，1978。

⑧ 同上书，147 页。

⑨ 同上书，276 页。

黥劓丙"① 的记载，这是关于主人将自家女奴送官府要求惩处的过程记载。这都可以反映当时的告举制度的某些内容，这与纯粹告举或扭送他人犯罪的情形有些不一样。

汉代告奸捕盗制度或惯例，据有关史料考察，我们可以了解的甚多。在汉代，一般臣民告发称为"告劾"，近似今日之自诉；官吏以职务纠告、弹劾他人则称为"举劾"，近似今日之弹劾和公诉。《晋书·刑法志》谓汉律的"囚律"中有"告劾"、"传覆"之律，盖即关于告发犯罪、传讯罪犯、勘查及审讯等程序规定，惜今不传。此外，"上变事"也是汉代告发犯罪的一种特殊方式，不过主要用于向皇帝直接告发，一般是官僚贵族使用。

为了严督官吏尽力追捕盗贼，汉武帝时曾颁布"监临部主见知故纵"之法，打击地方官员纵容（"见知故纵"）"群盗"使其坐大的行径。汉武帝时的"沉命法"与此意旨相同："群盗起不发觉，发觉而弗捕满品者，二千石以下至小吏有主者皆死。"② 其督促官吏捕盗之惨苛，世所罕见——"群盗"起事后没有发觉或发觉后没有尽数将盗贼捕获归案，上至省级长官，下至主事的小吏，都要处死刑！东汉末年，持质（劫质）即绑人勒赎之风盛行。为打击绑匪、强化治安，汉灵帝时曾著令："凡有劫质，皆并杀之，不得赎以财宝，开张奸路。"③ 为了打击绑票犯罪，朝廷竟然规定不顾人质安危，坚决剿杀绑匪，不得以钱财赎人质。

为了大规模捕盗除奸、强化治安，汉代地方官也进行过大规模突击行动，类似于今日之"严打"运动。成帝永始、元延年间，长安县境治安极坏，"城中薄著尘起，剽劫行人，死伤横道，枹鼓不绝"，成帝任命酷吏尹赏为长安县令，"得一切便宜从事"，授以先斩后奏之大权。尹赏一到任，乃率户曹掾史（户籍主管吏）与乡吏、亭长、里正、父老、伍人，"杂举长安中轻薄少年恶子、无市籍商贩作务而鲜衣、凶服被铠扞持刀兵者，悉籍记之，得数百人"。在进行这样的暗访侦查，登记完奸恶之徒名单后，某一天发动全城突袭行动，"（尹）赏一朝会长安吏，车数百辆，分行收捕，皆劾以为通行饮食群盗（之罪）"。一天搜捕得数百人，关进临时赶修的"虎穴"（形似地窖的监牢）中，结果数百人闷死其中。④ 长官亲临指挥，数百官吏及基层治安人员，数百辆囚车，一天之内全部出动，搜捕全城，大规模逮捕嫌犯，一抓数百人，这就是汉代的一场"严打战役"。

为了鼓励百姓告发罪犯，汉代酷吏还发明了"缿购告奸"之制。武帝时，酷吏王温舒为中尉，掌京师治安。为了鼓励举报奸贼，王温舒在官署门外设置一种只留窄小入口的泥罐子——"缿"，奖赏（"购"）人民投书其中举告盗贼、奸人。吏民投书缿中密告盗贼、恶棍，公吏据以调查收捕。⑤ 汉宣帝时，赵广汉为颍川太守，命令下属在官衙门口悬挂"缿"和"筩"（同"筒"），奖诱百姓投书告举盗贼、奸人。缿、筩二者大约像"扑满"之类容器，装满后才扑破或剖开，取出其中吏民投入的告发文书。⑥ 官方利用这种鼓励匿名告发的

---

① 《睡虎地秦墓竹简》，260 页，北京，文物出版社，1978。
② 《史记》卷一二二，《汉书》卷九十。
③ 《后汉书·桥玄传》，此后劫质之风稍抑。曹操当政时，又曾著令："有持质者，皆并击，勿顾（人）质。"由是劫质者遂绝（参见《三国志·魏志·夏侯惇传》）。
④ 参见《汉书·尹赏传》。
⑤ 参见《史记》卷一二三，《汉书》卷七十六。
⑥ 参见《汉书》卷七十六、九十。

方式，收到强化王权、强化治安的好效果："强宗大族家家结为仇雠。奸党散落，风俗大改。吏民相告讦，（赵）广汉得以为耳目，盗贼以故不发，发又辄得。"①

唐代奖励告奸、缉捕盗贼的制度和惯例更为发达，主要有以下几个方面值得注意。

（1）强令人民协助公务员捕捉罪犯。唐律规定：当国家将吏"追捕罪人而力不能制（服罪人）"时，如果"告（求助）道路行人，其行人力能助之而不助者，杖八十"②。这实际上是给普通百姓强加以协助国家将吏逮捕盗贼、奸人的法律义务。这大约是古代中国立法制裁"见危不救"的一种尝试。

（2）关于人民捕告现行犯的权利。唐律规定："诸被人殴击折伤以上，若盗及强奸，虽傍人皆得捕系以送官司。"但除杀、伤、劫、盗、强奸以外的其他案犯，则不得自行扭捕告官，只可以言告发，"若余犯，不言请而辄捕系者，笞三十"。又规定，如是同一户籍内的亲属相奸或主仆相奸，即使是和奸（通奸），旁人亦可以捕告。上述任一种情形下，若犯者持杖拒捕，捕捉者当场杀之及追赶而杀之，或犯人窘迫而自杀者，捕捉人均无罪。这实际上授权百姓代替公吏捕奸捕盗。③

（3）关于居民与绑匪格斗的义务。唐律规定，绑架人质案件发生时，"部司及邻伍知见，避质不格者，徒二年"。这一条法律实际是强令人民在邻人被绑架时奋力与绑匪格斗，全力抓捕绑匪，不要顾忌人质生命安全。村、坊、里长亦必须奋力出击格斗和捕捉绑票罪犯，但人质的近亲属可以"避质不格（斗）"④。

（4）关于逃犯、服役逃亡人、移乡人的缉捕。唐《捕亡令》规定："诸囚及征人、防人、流人、移乡人逃亡及欲入寇贼者，经随近官司申牒，即移亡者之家居所属及亡处比州、比县追捕。承告之处，下（达）其乡、里、村、保，令加访提。若未即擒获者，仰本属录亡者年纪、形貌可验之状，更移比部切访……若追捕经三年，不获者停。"⑤ 按照这一规定，有人逃亡时，先要向随近官府呈报，然后移令户籍地或逃亡地附近各地官府，直接下令可能藏身之地的乡里村保进行捕捉。如果捕捉未获，就要通缉于附近别的地区。这种通缉追捕的时效一般为三年。

（5）关于捕告罪犯的奖赏。唐《捕亡令》规定："诸纠捉盗贼者，所征倍赃，皆赏纠捉之人。家贫无财可征及依法不合征倍赃者，并计得正赃，准五分与二分赏纠捉人。若正赃费尽者，官出一分以赏捉人。即官人非因检校而别纠捉，并共盗及知情主人首告者，亦依赏例"；"告赍禁物度关，及博戏、盗贼之类，有赏"⑥。按照这一规定，捕捉盗贼送官的人，可以得到"倍赃"（即按照赃款物价值，对被告罚缴等值的钱物）或赃款物的五分之二作为奖赏。即使赃款物被用光了，官府也要出相当于赃物五分之一的钱财奖赏捕捉者。官吏不是因为执行捕盗公务而发现并捕捉了罪犯的，盗罪的共犯或投宿人家的主人知情举报捕捉的，也要依这一法例加以奖赏。

（6）关于各级官吏纵容盗贼之问责。唐律规定：管区内有一人为盗，或有人容留一名

---

①　《汉书·赵广汉传》。

②　《唐律疏议·捕亡律》。

③　参见上书。

④　《唐律疏议·贼盗》一。

⑤⑥　《唐令拾遗·捕亡令》。

盗犯（应指本管区内有居民为盗，或本管区任何居民容留盗犯）者，里正答五十，坊正、村正亦同罚。增三名以上罪加一等，亦即杖六十。县内若有一人为盗，县令答三十，每增四人加罪一等。州随所管县多少通计为罪，处罚刺史。有强盗杀人案，上述官吏各加罪一等。各种情形加重处罚不超过二年徒刑。州县佐官亦视为从犯而加以处罚。即使是管区外的居民在本管区内犯强盗、杀人罪，也要"一处以一人论"（发生一案，视同一人为盗），处罚本管区官吏。但又规定，案发后三十日内捕获罪人者不罚。三十日后能捕获，减罪三等。与此相类，"部内容止他界逃亡浮浪者"（就是容留逃亡流浪之人），自里正、坊正、村正至州县官、佐均追究罪责，不过刑罚稍轻。① 与此相关，唐律还规定，"监临主司知的所部有犯法不举劾者，减罪人罪三等"②。

（7）关于人民告发犯罪的义务。唐律规定，"诸强盗及杀人贼发，被害之家及同伍即告其主司。若家人、同伍单弱，比伍为告。当告而不告，一日杖六十"，"即同伍保内，在家有犯（五家相保中之同伍内居民在家内犯罪），知而不纠者，死罪，徒一年，流罪，杖一百，徒罪杖七十。其家唯有妇女及男年十五以下者皆勿论"③。这是实际是规定人民对本"伍"区内发生的犯罪、外来人员在本"伍"范围内犯罪、"伍"内邻人在其家内的犯罪都有举报义务。对于外来人员在本伍区内犯罪，伍内居民连说"不知情"的权利也没有，必须举告；不知道的也要处罚。这实际上就是规定，任何人有监视邻家是否违法犯罪（亦即充当编外警察）的责任。邻近"伍"中的居民（"比伍"）甚至在一定条件下也负有此种义务。

唐代中后期，尤其是武则天当政时期，还特别鼓励告密。武则天时曾专立"告密令"："诸告密人，皆经当处长官告；长官有及（与被告密之事有牵连），经佐官告。长官佐官俱有密者，经比界（邻近官司）论告。若须有掩捕，应与余州相知者，所在准状收捕。事当谋叛以上，驰驿奏闻。"④ 这一规定，旨在通过鼓励吏民告密，发奸摘伏，洞察幽隐。可以视为国家制民防奸、强化治安之制度的一个有机部分。

宋代法律关于"盗贼事发伍保为告"、"部内犯罪不纠举"、"伍保知犯不举"、"道路人助捕罪犯"、"旁人邻人捕告罪犯"、"被强盗邻里不救助"等等规定基本上同于唐律。

明、清两代关于捕告奸盗之律条大致相同。告发谋反、谋叛、谋大逆、杀人、强盗等罪，而官司不受理，或不及时"掩捕"者，明、清律均规定了相同的处罚："不受理"者，依所告罪行之轻重，处刑杖八十至杖一百。"不掩捕"者，可以处至"徒三年"⑤。明、清两代正律似均无强令人民协助公务员捕盗、强令人民知犯罪必举告和关于邻伍捉奸盗之类的规定，这也许反映了中国旧法制即使尚未经受西方法律影响，也开始向着人权自由方向逐渐自然进化。

---

① 参见《唐律疏议·贼盗》四及《捕亡律》。
② 《唐律疏议·斗讼》四。
③ 《唐律疏议·部讼》四。
④ 《唐令拾遗·狱官令》。
⑤ 《大明律》及《大清律》之《刑律·诉讼》。

第二节
历代法律宣传普及惩儆百姓之制度

一、周至秦的法律宣教制度

《周礼》的"悬法象魏"之制，可能是最早的法律宣教普及制度。《周礼》天官冢宰、地官司徒、夏官司马、秋官司寇，均有于"正月之吉"布治、布教、布政、布刑于"邦国都鄙"的职责或任务。四者还分别要将他们的"治象之法"、"教象之法"、"政象之法"、"刑象之法"悬于"象魏"，使万民"观治（教、政、刑）象"，"挟日而敛之"。此即"悬法象魏"之制度。一般认为，这一制度就是将国家法条律文于王城宫门两侧悬而布告万民。这仅仅是在天子首都宣传法律的方式。

至于在"邦国都鄙"即诸侯国的首府和乡村地区如何"布教"、"布刑"？邦国的"都"是不是也有"象魏"并于此悬布法律？在没有"象魏"的"鄙"（乡村）如何宣传法律？《周礼》中并无明确记载。但是从《周礼》的有关记载可以猜测：大概是先传法给地方官长，然后由官长传达给百姓。此即所谓："乃施教法于邦国都鄙，使之（官员）各以教其所治之民。"① 其具体做法，据《周礼》所言，大概有三。其一，如小宰、小司徒、小司寇"正岁（月）则帅其属（吏）"而观治象、教象、刑象之法，振（敲）木铎以徇（令）部属曰："不用法者，国有常刑"，然后又"令群士，乃宣布于四方，宪刑禁"②；其二，如乡大夫"受教法于司徒，退而颁之于其乡吏，使各以教其所治"；其三，如州长"各属（聚）其州之民而读法"，党正、族师"属民而读邦法"③。此外，在秋官中还有似乎是专掌宣传法律（或至少办理与此相关的司法行政事务）的两种职务：一是"士师"，其职责是"掌国之五禁……皆以木铎徇（遍告）于朝，书而悬之门闾……正岁，帅其属而宪禁令于国及郊野"。二是"布宪"，其职责是"掌邦之刑禁。正月之吉，执旌节以宣布于四方，而宪邦之刑禁，以诘四方邦国，及其都鄙，达于四海"④。

春秋时期的法律公布宣传，现在所知，主要用铸刑书于铜鼎的形式。前536年，郑国相子产命人将刑书铸于鼎，晋国大夫叔向致函子产，大加指责，认为这样做破坏了"先王议事以制，不为刑辟"的传统，认为这样将使百姓变得更加肆无忌惮、狡猾难治："民知争端矣，将弃礼而征于书。锥刀之末，将尽争之。"⑤ 前513年，晋国赵鞅、荀寅两位执政官也"铸刑鼎，著范宣子所为刑书焉"，引起了孔子的强烈反对。孔子认为公布刑律是抛弃了从前"贵贱不愆"的"度"（准则），危害很大："民在鼎矣，何以尊贵？贵何业之守？贵贱

---

① 《周礼·地官司徒·大司徒》。
② 《周礼》之天官小宰、地官小司徒、秋官小司寇。
③ 《周礼·地官司徒》。
④ 《周礼·秋官司寇》。
⑤ 《左传·昭公六年》。

无序，何以为国?"① 这两次铸刑鼎，前后相隔二十余年，惹得两位以卫护礼教著称的贵族大夫大为光火，不约而同，这很是奇怪的。现在看来，二位圣贤所反对的，是铸刑鼎公布法律这件事本身，还是仅仅反对公布不良的法律，至今无法判定。② 但铸刑书于鼎作为当时的宣布法律方式之一应是无疑的。

战国时期最值得注意的是"以吏为师"的法律传布方式。商鞅最早主张设掌管收藏法律、解答法条的专官，曰法官。他主张，法令必须藏于官府，"为法令为禁室，有铤钥为禁而以封之，内藏法令一副禁室中，封以禁印"。在法律藏于官府情形下，如何让民众知道法律? 商鞅主张"为法令置官吏，朴（老实）足以知法令之谓者，以为天下正"。这种专掌法律之官（吏），如何具体设置? 商鞅主张，"天子置三法官，殿中置一法官，御史置一法官及吏，丞相置一法官，诸侯郡县皆各为置一法官及吏"。这种法官（吏）可能并无司法听讼责任，仅掌收藏、解答法律。"为置法官，置主法之吏，以为天下师"，"为置法官吏，为之师以道（导）之，使万民皆知所避就"。这些专官必须通晓法令内容，"敢忘行主法令之所谓之名，各以其所忘之法令名罪之"。同时，老一辈掌法官吏"迁徙物故"时，必须及时"使（下一辈候补者）学读法令之所谓，为之程式，使日数而知法令之所谓。不中程，为法令以罪之"。此即规定了掌法官吏的培训程限。此外，掌法官吏向百姓回答关于法律的咨询时不得有只字更改："有敢剟定法令，损益一字以上者，罪死不赦。"掌法官吏在回答其他官吏或百姓的咨询时，必须按法定程式回答："遇民不修法，则问法官，法官即以法之罪名告民"，"诸官吏及民有问法令之所谓，必（问）于知（掌）法令之吏。（掌法令之吏）皆各以其所欲问之法令明告。各为尺六寸之符，明书年月日时，所问法令之名，以告吏民。主法令之吏不告，及告而非法令之所谓，皆以吏民之所问法令之罪，各罪主法令之吏。即以左券，予吏（民）之问法令者；主法令之吏，谨藏其右券，木柙以室藏之。"这样规定的目的是，既要保证法律能广泛传播，又要保证法律传播准确，丝毫不致歪曲，保证无人轻议法令之是非增改，即所谓"法制不议"。"郡县诸侯……并所谓吏民（欲）知法令者，皆问法官；故天下之吏民，无不知法者"；"万民皆知所避就，避祸就福，皆自治也"；"天下之吏民，虽有贤良辩慧，不能开一言以枉法"。通过这样严格、准确的法律传播程序，民众从掌法官吏那里问得了法条，"即以（掌）法官之言正告之（司法官）吏"，这样一来，"吏明知民知法令也，故吏不敢以非法遇民，民（又）不敢犯法以干法官也"。这也就是为了"令万民无陷于险危"③，达到了"缘法而知"的目的。商鞅的这一主张（也就是韩非子所总结的"明主之治国也，无书简之文，以法为教；无先王之语，以吏为师"④）在当时秦国大概是得到了实施的。

秦统一中国后，李斯向秦始皇建议"若欲有学法令者，以吏为师"，始皇采纳其言。这说明秦统一后仍遵行商鞅"以吏为师"的法令传播模式，云梦秦简正好证明了秦朝"以吏为师"传释法令方式确然实行过。云梦秦简中的文书，从其内容看，极像商鞅所云"主法

① 《左传·昭公二十九年》。

② 参见俞荣根：《孔子讥刑鼎辨析》，载俞荣根：《道统与法统》，92～121页，北京，法律出版社，1999。又参见孔庆明：《"铸刑鼎"辨证》，载《法学研究》，1985（3）。

③ 《商君书·定分》。

④ 《韩非子·五蠹》。

之官吏"所留下的"右券"，也有些像一般官吏因执行职务需要就所涉及法律问题向"主法官吏"咨询而获得的"左券"。所有抄录秦律条文及解答的竹简，均于上端、下端或简背面"明书所问法令之名"，如书有《徭律》、《仓律》、《傅律》、《田律》等近三十种律名。其竹简长度也像是"尺六寸之符"。《法律问答》尤其像这个"左右券"，它写明了谁来问法，问什么法（关于什么案件之法），如何回答解释（告知法的内容）。与商鞅的设计完全吻合。除了此种"以吏为师"、"以法为教"的传播法律方式之外，秦始皇四方巡游刻石也许可视为一种传播法律方式。如《会稽刻石》云："饰省宣义，有子而嫁，倍死不贞。防隔内外，禁止淫佚，男女絜（洁）诚。夫为寄豭，杀之无罪，男秉义程。妻为逃嫁，子不得母，咸化廉清。"① 这简直就是把法律条文本身刻在石头上，有类于春秋时铸刑鼎。

二、汉代以后的法律宣教制度

汉代的法律宣布、普及制度，史料罕有。《史记》、《汉书》所记常有"具为令"、"著为令"、"令下郡国"、"颁令天下"之语，但具体怎样颁行、布告、宣传，并无记载。汉高祖入关初与民"约法三章"，大约可以视为特殊情形下的法律公布方式。召集父老乡亲到军前，宣布一些简单禁条，使其互相传颂而周知，的确是一种法律传布方式。

关于西晋时代的法律普及制度，《晋书·刑法志》记载泰始三年（267年）法典编纂成功时："武帝（司马炎）亲自临讲，使裴楷执读……是时侍中卢珽，中书侍郎张华又表抄《新律》诸死罪条目，悬之停传，以示兆庶，有诏从之。"

所谓"悬之停传"，大概就是把抄录的死罪法条悬挂或张贴在乡亭、集市、驿站等场所，便于百姓知悉。

唐代法律公布、宣传制度，今难以找到具体程序记载。史书记述唐代颁布法律时所用语，如颁"武德律"，谓"诏颁于天下"；颁"贞观新格"谓"颁格于天下"；颁"永徽律"谓"颁于天下"；颁"永徽律疏"谓"诏颁于天下"；颁"神龙散颁格"谓"制：令颁于天下"②。这些提法不一样，是否表示颁布程序、方式不一样？皇帝专以颁布律令为内容的诏书、制书、敕书，在《唐大诏令集》里收录了五份，有武德七年（624年）的"颁新律令诏"，有仪凤元年（676年）的"颁行新令制"，有文明元年（684年）的"颁行律令格式制"，有"颁行新律令格式敕"③，等等。到底用"诏"、"制"、"敕"颁布法令（律、令、格、式）有什么不同？从诏令本身看不出。这些诏令本身并无任何关于该法律传播宣达方式的规定。也许这根本用不着规定，因为律、令、格、式都是皇帝的命令，其传递、下达适用《公式令》中关于"施行制敕"的驿传手续期限的规定就够了。④

至于到了州县以后如何将法律条文传达给百姓，则实在找不到多少记载。《唐六典》规定："诸州刺史每岁一巡属县，观风俗，问百姓，谕五教。"⑤ "谕教"可能包括直接对百姓进行德教和法律宣讲活动。皇帝颁律的诏敕，大概由官吏向百姓宣读或张贴于闹市、城门；

---

① 《史记·秦始皇本纪》。
② 《唐会要》卷三十九，《定格令》。
③ 《唐大诏令集》卷八十二，《刑法》。
④ 参见《唐令拾遗·公式令》。
⑤ 《唐六典》卷三十。

但具体律令条文似乎无法这样宣读或张贴。如二十余万字的《永徽律疏》，显然是无法在城门闹市张贴公布的。

关于这一问题，我们找到了难得的一条史料：唐宣宗时，韦宙为永州刺史，该地人民"俗不知法，皆触罪，（韦）宙为书制律并种植为生之宜，户给之"①。这是地方长官"书制律"发给百姓。"书"似乎是抄写，一州百姓数千户乃至万户，不可能由刺史一人手抄颁发，可能是由刺史选定应当"普法"的条文，编抄成样本，然后令文吏士子转抄或刻印，经审校后再由刺史发给百姓。但这种抄本甚至刻印本都只能是选取法律中极小一部分条文。如果是刻印成书交给百姓，那么又存在谁有权刻印、如何发行、可否定价出售、谁保证文字无误等等一系列问题。这在当时肯定有习惯做法或惯例。由此我们可以猜测，法律文本一般只颁发到县级，不颁至百姓。除了韦宙那样的地方官为劝民、导民自行抄刻部分法条向百姓宣传以外，百姓欲知法律者大概只能"以吏为师"地问询了。

关于元朝的法律普及制度，元人郑介夫《上太平策》曾说："国家立政必以刑书为先，今天下所奉以行者，有例可援，无法可守，官吏因得并缘为欺……内而省部，外而郡守，抄写格例至数十册，民间杂探敕旨条刊行成帙曰《断例条章》，曰《仕民要览》，家置一本以为准绳。"②

这虽然是讲"例"这种法律形式的传播形式，但也可以见法典传播形式之一斑。

明代法律公布宣传制度，我们从以下几点可以窥见一斑。

首先是《明律·吏律·公式》中关于"讲读律令"的规定，这是中国古代正律中首次出现关于法律公布宣传事宜的条款："凡国家律令，参酌事情轻重，定立罪名，颁行天下永为遵守，百司官吏务要熟读讲明律意，剖决事务。每遇年终，在内从察院，在外从分巡御史提刑按察司官按治去处考校。若有不能讲解，不晓律意者，初犯罚俸一月，再犯笞四十附过；三犯于本衙门递降叙用。其百工技艺诸色人等有能熟读讲解通晓律意者，若犯过失及因人连累致罪，不问轻重，并免一次。其事于谋反叛逆者不用此律。"

这一规定首次涉及普通百姓的"普法"问题。为了鼓励百姓积极学习法律，甚至以过失罪及牵连之坐免罚一次为奖赏。不过，不知是让百姓先参加法律知识培训考试获得绩优证书以备日后免罚之用呢，还是先有案件审理在审理中由当事人临时申请考查法律知识以获得免罚资格呢？从明律这一条规定本身来看，其主要宗旨是课督官吏司法知法，仍有"以吏为师"之意。其劝奖百姓是次要的，因为它实际上并未规定任何具体、可靠的向百姓普法的方式程序。

其次是《明大诰》的宣传、普。朱元璋为普及贯彻《大诰》，曾明令："朕出是诰，昭示祸福。一切官民诸色人等，户户有此一本，若犯笞杖徒流罪名，每减一等；无者每加一等。"又令《大诰》及其续编"务必户户有之。敢有不敬而不得者，非吾治化之民，迁居化外，永不令归"。为了促使《大诰》被"家藏人诵"，为了使臣民"自幼知所循守"，朱元璋还令将《大诰》列为各级学校的必修课程，进行讲读考试："今天下府州县民每里置塾，塾置师，聚生徒，教诵《御制大诰》。"太祖又曾令礼部："《大诰》颁行已久，令后科举岁

---

①　《新唐书·循吏传·韦丹附韦宙》。

②　（元）郑介夫：《太平策》，载《历代名臣奏议》卷六七，《治道》。

贡人员，俱出（有关大诰）题试之。"他特别强调占人口最大多数的农家习读《大诰》的问题："令民间子弟于农隙之时讲读之"，还多次"命赏民间子弟能诵《大诰》者"①。为宣传、普及法令而设计出如此全面、详密的贯彻程序，这在中国史上绝无仅有。

最后是乡间申明亭中的"板榜"宣传法令的制度。明代申明亭除了调处乡民间的民事纠纷外，也书录乡民有过犯者于亭中与众共讥评之，还抄录法律法令于亭中与众共读知之。② 不过这里抄录宣传的当然只能是与百姓敬官守法、完粮纳税等最有关系的简单条文。更多的法令可能都是用官刻印文本于城乡发售或颁送的方式来宣传、普及。

清代的法律公布、宣传制度，就《大清律》看，其"讲读律令"条关于百姓通晓律意者则可以免过失罪或连坐罪刑罚一次之规定，其关于"申明亭"公布法律之规定，与明律相同。这些不必赘述。清代对法令公布、宣传事宜，初并不怎么重视。顺治十二年（1655年），刑部奏："各问刑衙门止有律书一部，小民不得与闻，故犯法者众。（宜）令督抚将刑律有关于民者摘而录之，有司于春秋暇日，为之讲说，并令学官为士子讲习。"皇帝纳此议，遂定讲读宣传之制。清帝亦仿朱元璋颁《大诰》之例，颁"上谕"（如"顺治六谕"，康熙"圣谕十六条"等）于百姓，令民每日闲暇诵读。康熙的"圣谕十六条"，雍正帝为之作注解，合称"圣谕广训"，实际上均为法律文本。清代皇帝屡令官民百姓讲读"圣谕"："每遇朔望两期（州县官）务须率同教官佐贰杂职各员亲至公所，齐集兵民，敬将圣谕广训逐条讲解，浅譬曲谕，使之通晓。""凡直省府州县乡村巨堡及番寨土司地方设立讲约处所，选老成者一人以为约正，再择朴实谨守者三四人以为值月。每月朔望咸集耆老人等宣读圣谕广训及钦定律条、条令，令讲解明白、家喻户晓，该州县教官仍不时巡行宣导。如地方官奉行不力者，督抚查参。"《圣谕广训》印本后附有有关律条，宣讲上谕时"并将所刊律条亦为明白宣示，俾知凛惕"。关于讲读大会的仪礼程序，清代亦有特殊规定，如要置香案、请"龙亭"、鼓乐齐鸣、唱礼班序而立等等，要造成一种祭祀般的肃穆气氛。③ 这些附刊有关律条的"圣谕广训"文本是如何发行到百姓手中？大概是指定印坊刻印发售。法律文本的绝大多数内容，百姓大概是无从知道的。

三、中国古代法律宣教制度的主要特征

中国古代的法律宣教制度，是封建专制集权政治体制下的法律宣教制度，是封建宗法家长制之下的法律宣教制度，是小农经济背景下的法律宣教制度。中国的法律宣教制度，与中国特有的政治体制、社会组织休制、社会生产方式相适应，有着自己的鲜明特色。

在封建集权政治体制之下，皇帝集中了国家的一切权力，又是极端权力的拥有者。立法是皇帝的专有权力，不得假借与人。管仲说"法制独制于主而不从臣出"④；孔子说"礼

---

①　转引自杨一凡：《明大诰研究》，125～127 页，南京，江苏人民出版社，1988。

②　参见《大明律·刑律·杂犯》；《明史》卷九十四，《刑法志》。

③　参见《钦颁州县事宜·宣讲圣谕律条》；《礼部则例》卷四十九，《乡约》。

④　《管子·明法解》。

乐征伐自天子出"①，"非天子不议礼，不制度，不考文"②；商鞅说"权势制断于君则威"③，慎到说"以道变法者，君长也"④，都在强调立法权的高度集中统一和极权化。在这样的构思下，法律颁布也是君主的专门职责，所以"诏颁"、"制颁"法律法令的只能是君王，其他一切与法律普及相关的行动，都只不过是代皇帝传声而已。法律公布普及，被视为皇帝立法权的自然构成部分。在中国古代，很少有以某个中央衙门的名义单独向全国颁发法律、法规的事例；在地方也很少看到地方长官以其名义发布在本地通行的民事、刑事规范的事例。地方官员的职守是执行皇帝的法令，此即慎到所谓"以死守法者，有司也"⑤，韩愈所谓"臣者，行君之令而致之于民者也"，"臣不行君之令而致之民，则失其所以为臣"⑥。因此，地方官吏宣传法律、法令的行为，像唐人韦宙那样"书制律"行为，正是执行法令所必需，或者就是执法行为的一部分。国家虽自汉代就开始了法律教育（律博士指导博士弟子），有"家传律学，世传其业"的私人法律教育，唐代的国子学、四门学中有"律学"专科教育，但是从来就没有真正形成以法律教育和宣传为职责的（如今日之司法行政系统的）正式组织机构。因此，用现代法制宣传教育的眼光是无法理解古代的法制宣教的。

　　中国古代社会组织形式的最大特征之一是宗法制社会组织体制。在宗法制社会组织之下，法律的宣教与德教不分，与家长制权威的宣示不分。法律宣教，被视为君父命令的传达，被视为家长向子孙进行训诫。因此，明清时代的朔望（每月初一和十五）"讲读律令"的制度，明代在"申明亭"宣教律令、大诰的制度，正是这种特色的典型体现。在这些"讲读"、"宣讲"体制中，地方长官、耆老、约正、约副等等都被视同家长，军民百姓都被视为子孙。法律宣教过程正是家长褒善惩恶、警诫子孙的过程。这种法律宣教，有时直接与宗法家族联系在一起，即"乡约"的负责人（约正、约副等）、耆老、里正等，常常就是宗族长老。法律宣教组织与宗族组织合一。同时，国家也常常认可通过宗族"族规"方式传播或落实国家法令，宗规族法也多有报州县官审查认可的手续。据朱勇兄考察，清朝自嘉庆朝后，普遍出现州县衙门批准宗族法的现象。正印官审阅后即发文批示，以官府名义承认该宗族法的效力并保证其执行。⑦因此，宗规族法的制定、批准和施行，也成为国家法律宣教的一部分。如嘉庆十二年（1807年）安徽桐城知县批示祝氏族规曰："祝姓户族人等知悉：尔等务须入孝出弟、崇俭饬华、秀读朴耕，安分守业，听从户尊长等开列规条，共相遵守。如有不遵约束者，许该户长据实指名赴县具禀，以凭惩治，各宜禀遵毋违！"⑧

　　这实际上就是在进行法律宣教。人民犹如子孙，从来无权参与"家法"、"家规"的制定过程，无缘事先全面了解国家法令的意图和内容；而一贯被愚化的人民也无缘自动认同国家法律的原则。因此，现代西方国家那样的立法民主化体制下的法律为社会认同状况，

①　《论语·季氏》。

②　《中庸》。

③　《商君书·修权》。

④⑤　《慎子》佚文。

⑥　《韩昌黎文集·原道》。

⑦　参见朱勇：《清代宗族法研究》，174页，长沙，湖南教育出版社，1987。

⑧　安徽桐城《祝氏宗谱》卷一，《家规》。

在古代中国不可企及，故只能借助自上而下的灌输、训导、威慑式的法制宣教了。

同时，这种背景或特色的法律宣教，往往与道德教化合二为一。宣教不在乎法律是非的认定、法定权益标准的普及，不在乎让法的科学规则成为社会生活的科学化指南，而在于让人民提高道德水平，成为安分守己的良民。也就是说，中国古代法律宣教，很少让我们感到有社会生活的科学规则、社会争讼的判断标准和解决办法的普及属性，更多看到的是对人民道德训诫和日常行为威慑、约束的属性。更多地注重传播法律背后的儒家伦常，而不注重普及具体法律规则本身。因此，儒家伦理教育（礼仪教育、乡风民俗的教育）也承担了法律宣传教育的某些功能。

中国古代的社会生产方式主要是一家一户男耕女织的小农生产方式。这一生产方式，与社会生产力低下、生产组织简单、生产关系落后联系在一起，因此社会生产生活所必不可少的规则相当少。朝廷的法律法令，广义上讲，多如牛毛，但是，真正与民间社会生活密切相关的并不多。简单的生产生活，只需要简单的法律，不需要像古罗马商品经济下那样繁琐的法律。所以，中国古代的法律宣教普及，有一个"简本普及"传统。比如，《周礼》所载"布宪"官"执旌节以宣布于四方，而宪邦之刑禁"，到乡间直接宣传给百姓的肯定只能是国家刑法的最重要一部分。晋代"表抄《新律》诸死罪条目，悬之停传，以示兆庶"，只宣教死罪条款，更是典型的简本宣教。唐人韦宙"书制律"给治下百姓，也是采用简本。明太祖命百姓"户藏《大诰》一本"，可以视为国家最严酷禁令的简要宣示。清代宣讲"圣谕十六条"，实际上把国家法令简化为十六条最低限度的"良民守则"。这就是简本宣教传统。在这样一种思路下，法律的宣教，等同于刑法条文的宣传或刑罚威慑力的展示。直到今天，这一传统似乎还继续存在，我们看到很多地方印制的法律宣传、普及手册，基本上只收录《刑法》、《治安管理处罚法》、《刑事诉讼法》等等几个最能体现"打击犯罪"意图的法律、法规；一切直接赋予或保障人民权益的法律法规，特别是那些容易被"刁民"利用以捍卫权利，导致人民"锥刀之末，将尽争之"的法规，常常被有意无意地排除在"简本"之外。

国家一方面希望人民知法、守法，另一方面又特别害怕人民懂法后变成刁民。如在金代，"旧禁：民不得收制书，恐滋告讦之弊。至是言事者乞许民藏之，张汝霖曰：'昔子产铸刑书，叔向讥之者，盖不欲使民预测其轻重也。今者不刊之典，使民晓然知之，犹江河之易避而难犯，足以辅治，不禁为便。以众议多不欲，姑仍旧禁之。'"①《金史·张汝霖传》云："时有司言：民间收藏制文，恐因滋讼，乞禁之。汝霖言：'王者之法，譬犹江河，欲易避而难犯。今已著为不刊之典，若令私家收之，则人皆晓然不敢为非，亦助治之一端也，不禁为便。'诏从之。"张汝霖的看法代表了古代中国士大夫中最先进的人士的认识。不过，庙堂之上的君王大臣们、地方的文武官吏们，一般很难真的有这样豁达的主张，"恐滋告讦之弊"是他们在考虑向老百姓宣传法制时真正担心的。

---

① 《金史·刑法志》。

第三节
历代社区治安与防奸制度

传统中国的社区治安防奸制度，最主要体现为闾里什伍、连保连坐、守望相助之类制度。这一点，在本书第二十章（"蕃民编户"章）第三节里已有过部分讨论。除此之外，还有一些社区治安防奸制度，因为它们与户口户籍之编制管理没有多大关系，不能归入该章讨论，故在此单立一节加以探讨。

《周礼》中关于社区治安防奸制度的记载甚多。如地官中，"司救"以"（持）节巡国中及郊野"，"掌万民之邪恶过失而诛让之"；"调人"的职责是"掌司万民之难（怨仇）而谐和之"，二者都有社区治安与防奸之责。又如有"司虣"官，其职责是"掌宪市之禁令，禁其斗嚣者与其虣乱者，出入相陵犯者，以属游饮食于市者。若不可禁，则搏而戮之①。据《周礼》载，那时即有夜禁、晨禁制度，"司寤氏"就是专掌夜禁、晨禁的官员："司寤氏，掌夜时……以诏（告）夜士（巡夜警察）夜禁，御晨行者，禁宵行者、夜游者。"还有防火制度，国家专职防火官"司烜氏"的职责之一就是"中春以木铎修火禁于国中"②。

春秋时期的社区治安防奸制度可能要数管仲相齐时所设计颁行的"什伍制"下的里闾治安制度："筑障塞匿，一道路，博出入，审闾闬，慎筦键，筦藏于里尉。闾有司以时开闭。闾有司观出入者以复于里尉"③。这种"里闾"级居民区的管理，其主要特征是各闾之间有隔墙和门关，形同监狱："郭周不可以外通，里域不可以横通，闾闬无阖，外内交通，则男女无别。"管仲设计的这种制度，其目的就是要收到"闭其门，塞其途，弇其迹，使民无由接于淫非之地"的效果。管子认为，到州里闾看一看就可知国家是治还是乱。如果"州里不隔，闾闬不设，出入无时，早晏不禁，则攘夺窃盗攻击残贼之民毋自胜矣"④，这就是乱国之征。

战国时期的社区治安防奸制度以商鞅相秦时所立的"舍人须验"、"奖励告奸"、"刑及弃灰"等法为代表。"商君之法，舍人无验者坐之"，这相当于后世入住旅馆须查验官方颁给的身份证、通行证之类。这是历代治安防奸制度的关键。奖励告奸，令民相互"牧司连坐"，"告奸者与斩敌首同赏，匿奸者与降敌同罚"⑤。这也是极其厉害的治安防奸之法。至于"刑及弃灰"之法，亦即"商君之法，刑弃灰于道者"，或"商君之法，弃灰于道者断其手"。有人认为此法旨在保护环境卫生，有人认为此法旨在防止因"弃灰掩人"而激起私斗、恶化秩序。⑥ 但二者实际上都与治安防奸有关。与此相关，秦还有"私斗之禁"："为私

---

① 《周礼·地官司徒下》。

② 《周礼·秋官司寇》。

③ 《管子·牧民》。

④ 《管子·八观》。

⑤ 《史记·商君列传》。

⑥ 参见《史记·商君列传》集解引《新序》佚文，《史记·李斯传》，《盐铁论·刑法》。

斗者，各以轻重大小被刑。"① 这亦主要是为了强化社区治安。

秦代有极为严厉的治安防奸之法，"天下事无小大皆有法式"。云梦秦简中有三条律文可见一斑。其一，"有投书，勿发，见辄燔之；能捕者购臣妾二人，系投书者鞫审讞之"②。这一条旨在禁止制造谣言、破坏秩序的匿名书信传单。该法规定，任何人见到此种文书不能开视，见了就必须烧掉，并以男女奴婢二人为悬赏，鼓励百姓捕捉投匿名书者。其二，"有贼杀伤人冲术（衢），偕旁人不援，百步中比野，赀二甲"③。这一条规定，在杀伤犯罪现场（如街道要冲衢口），同行及在旁人只要在百步之内，都有救援受侵害人的义务，否则处以"赀二甲"之罚。其三，"贼入甲室，贼伤甲，甲号寇，其四邻、典、老皆出不存，不闻号寇，问当论不当？审不存，不当论。典老虽不存，当论"④。这一条实际上是规定：典、老（里正、伍老）⑤ 等乡吏在任何时候都有救援邻里受盗贼伤盗人家之义务（即使外出不知也要罚），而一般邻人仅在家时才有此义务。他们只要一听到受害人家呼喊有贼，就得奔去相救。

汉代社区防奸与治安制度主要代表者是乡亭制。西汉时，乡有"游徼"，掌巡禁盗贼；或有"求盗"，掌逐捕盗贼，或许"游徼"与"求盗"是同一个职务。东汉时，主要以亭长"主求捕盗贼"。"亭长课游徼。尉、游徼、亭长，皆习设备五兵……设十里一亭，亭长、亭候；五里一邮，邮间相去二里半，司奸盗。亭长持二尺板以劾贼，索绳以收执贼。"⑥ 此外，亦有什伍纠察制："民有什伍，善恶以告……什主十家，伍主五家，以相检察。民有善恶，以告监官。"⑦

汉代的社区治安防奸制度比前代远多了一项创举。此即汉武帝时，酷吏王温舒在京师所创的"置伯格长（又作'伯落长'）以牧司奸盗贼"之制。"伯格"或"伯落"，即街陌屯落，皆置长以督奸贼。这是在城市仿行乡间设"求盗"、"游徼"之制。⑧ 在此前城市中肯定已有专职治安官吏，但"伯格长"可能是为强化治安而增设的警吏。

南朝齐高帝时，吴兴太守王敬则为强化治安，曾创下极为苛酷的防劫盗法例："郡旧多剽掠"。为治此歪风，王敬则竟拿儿童开刀："有十数岁小儿于路取遗物，（敬则令）杀之以徇。自此道不拾遗，郡无劫盗。"为了警阻小偷，王敬则又想出了一个高招："又录得一偷，召其亲属于前鞭之，令偷身（小偷本人）长扫街路，久之乃令（小）偷举旧偷自代。诸偷恐为其所识，皆逃走，境内以清。"⑨ 这种令犯法者监察他人，寻获其他犯者自代的做法，至今仍被有些地区强化交通秩序时仿行。

唐代的社区治安防奸之制严密空前。

第一，唐律严督居民于邻里被犯罪侵害时救助受害人。唐律规定："诸邻里被强盗及杀

① 《史记·商君列传》。
② 《睡虎地秦墓竹简》，174 页，北京，文物出版社，1978。
③ 同上书，194 页。
④ 同上书，193 页。
⑤ 《韩非子·外储说右篇》："訾其里正与伍老"。此当记秦制。
⑥ 《续汉书·百官志五》及刘昭补注引《汉官仪》。
⑦ 《通典》卷三十三，《职官》十五，《乡官》。
⑧ 参见《史记》卷一二二，《汉书》卷九十。
⑨ 《南齐书·王敬则传》。

人，告而不救助者，杖一百；闻而不救助者，减一等。力势不能赴救者，速告随近官司。若不告者，亦以不救助论。"依照此条，任何人都有在邻人受到犯罪侵害时挺身相救的义务，不救助者要受到处罚。窃盗案也依此条办理，但违反义务者的处罚，比照强盗（劫）及杀人情形减罚一等。伤害案亦可能与强盗及杀人案同等对待（详见下点）。

第二，严督官吏履行维护治安之责任。唐《捕亡令》规定："有盗贼及杀伤者，即告随近官司、村坊、屯驿。闻告之处，率随近军人及夫，从发处追捕。"唐律规定，若官司接到报案而"不即（时）救助者，徒一年"①。若接到报案，"主司不即（时）言上，一日杖八十，三日杖一百。官司不即（时）检校、捕逐及有所推避者，一日徒一年"②。但窃盗案，若告官而不理，比上述情形和减一等处罚。这里的"官司"，包括村正、坊正、里长、驿吏等最基层公职人员或差役。这一规定，从文字上看（联系上条），应适用于窃盗、强盗（抢劫）、杀人、伤害四大类案件发生和场合。

第三，关于人民的救火消防义务。唐律规定："诸见火起，应告不告，应救不救，减失火罪二等（处罚之）。"据该条规定，除宫殿、仓库、监所的守卫人员以外，任何发现火情的人都有呼告并奔往救火之义务。

第四，关于严惩在都市中"故相惊动"制造混乱的行为。唐律规定：诸在市及人众中故相惊动（如诳言有猛兽等造谣惑众行为），令扰乱者，杖八十。与此相关，"诸于城内街巷及人众中无故走车马者，笞五十"③。

第五，禁止侵占街巷公共地面及向街道排污。唐律规定："诸侵巷街阡陌者杖七十"，"其穿垣出秽污者，杖六十"。对此两种情形，"主司不禁者杖六十"。这里是古代中国首次出现的真正的环境卫生保护法规。

第六，关于夜禁及犯夜者惩处。唐律规定，"闭门鼓后，开门鼓前"均为夜禁时间。如在京城，"五更三筹，顺天门击鼓，听人行；昼漏尽，顺天门击鼓四百槌讫，闭（城）门；后更击六百槌，（各）坊门皆闭，禁人行"。在各州县镇大概也有类似的夜禁。在夜禁时间内"有行者，皆为犯夜，笞二十。有故者不坐"。所谓"有故"，是指"公事急速及吉凶疾病之类"。但有这类特殊原因须夜行者，也必须取得"本县或本坊文牒"，才许放行。无证明函或介绍信者，街铺人家都有权拒绝其通过。唐律还规定：在街坊值夜勤巡防的吏役，若当放行而不放行及不当放行而放行，应笞三十；若值勤时误放盗贼经过，笞五十。④ 与此相关，唐律规定"夜无故入人家者笞四十；主人登时杀者勿论"⑤。

五代后唐时期，出现了最早的交通管理制度。后唐长兴二年（931年）八月敕："准仪制令：道路街巷，贱避贵，少避长，轻避重，去避来。宜令三京、诸道州府各遍下县镇，准旧仪制于道路分明刻牌，于要令坊门及诸桥柱，晓示路人，委本界所由官司，共加巡察。有违犯者，科违敕之罪。"⑥ 这种以"仪制"方式出现的交通规则及宣传方式，可以视为治

---

① 《唐律疏议·捕亡律》及疏议引《捕亡令》。
② 《唐律疏议·斗讼》四。
③ 《唐律疏议·杂律》。
④ 参见上书。
⑤ 《唐律疏议·贼盗》二。
⑥ 《五代会要》卷二十五，《道路》。

安管理制度的一部分。

《宋刑统》所载宋代治安防奸之制基本上抄袭唐律，不赘述。

元代的治安防奸制度颇有特色。首先是惩治无赖恶少的"与木偶连锁"之制："诸恶少无赖，结聚朋党，陵轹良民，故行斗争，相与罗织者，与木偶连锁，巡行街衢，得后犯人代之，然后决遣。"这是一种"与木偶连锁游行"的羞辱刑，与南齐吴兴太守王敬则的"令小偷扫街路并举偷自代"之治盗法如出一辙。其次，元代有防火或消防制度："诸城郭人民，邻甲相保。门置水瓮，积水常盈，家设火具，每物须备。大风时作，则传呼以徇于路。有司不时点视。凡救火之具不备者，罪之。"再次，关于夜禁，"诸夜禁，一更三点，钟声绝，禁人行。五更三点，钟声动，听人行。违者笞二十七……诸犯夜拒捕，削伤行徼巡者，杖一百七"[①]。

明、清两代关于治安防奸的制度，我们以清代关于保甲互监及连坐的规定加以说明。《大清律》附"条例"规定："编排保甲，保正、甲长、牌头须选勤慎练达之人点充……果实力查访盗贼，据实举报，照捕役获盗过半以上例，按名给赏；倘有知为盗窝盗之人，赡徇隐匿者，杖八十……地方有堡子、村庄，聚族满百人以上，保甲不能编查，选族中有品望者立为族正。若有匪类，令其举报。倘有徇情容隐，照保甲一体治罪。""牌头所管之内有为盗之人，虽不知情而失察，坐以不应轻律，笞四十。甲长保正递减科罪。""凡来历不明，游荡奸伪之徒潜居京城，令五城司坊，宛（平）大（兴）两县不时稽查。客店庵院取具'并无容留'甘结，以凭各衙门查阅。赁居房屋者，令房主询明保人来历，并着两邻稽查。倘有此等游棍，协同近逐。若徇情受贿容留者，除本犯照律治罪递回原籍外，其容留之客店寺庙住持、房主一并惩治。"[②]

---

①　《元史·刑法志》四。

②　《大法律·刑律·贼盗》。

第二十二章

僧道管理：传统中国的宗教行政制度

　　本章主要探讨中国古代的宗教管理行政制度。在传统中国社会里，说到宗教，一般主要指儒、佛、道三教，也包括一些国家虽未认可但亦未明令禁止的一些小教派，并不包括"邪教"。作为传统中国国家宗教行政的管理对象的宗教，严格地说，仅仅指释（佛）、道二教。所谓宗教管理，大约仅仅指对此二者的管理而言。"儒教"，虽然有时与释、道并提称为"三教"，但实际上从未像佛、道一样被当作宗教对待，而是作为国家的基本政治思想和道德伦理体系。伊斯兰教（回教）、喇嘛教，在中世纪以后的中国虽然存在，但因为其几乎仅仅与西域（含藏区）民族联系在一起，被视为少数民族事务（蕃政），也几乎没有纳入政府宗教管理体系。至于近代前夕从西方传入的基督教，因传入的时间较晚，又因与西方列强相关而被视为"洋务"或"夷务"的一部分，传统中国国家政治体制尚未来得及对它形成正式的管理制度。因此，本章仅仅选择中国古代对佛、道二教的管理模式来大致展示中国古代宗教行政制度的简况。这种宗教管理，是中国传统意义上的"为民父母行政"的重要组成部分之一，我们不能不予以重视。在这一方面，最能体现官民之间的关系亦即体现古代中国关于宗教管理的行政行为法制者，主要是国家对宗教的管理体制，国家对入教人数的控制，对专职宗教人员的监视，对宗教活动的监视，对寺观及宗教专职人员资财的限制，对违法宗教活动及违法僧道人员的处罚等等。

第一节
历代王朝的宗教管理体制

　　中国古代的宗教管理机构或机制，大约自魏晋南北朝时期开始。在此之前，中国并没有后世意义上的普遍性宗教、宗教组织及宗教活动，一般只有原始迷信、图腾禁忌、巫术、偶像崇拜等。或者即使有一些部族或民族内部已经形成自己的宗教，但与前者一样，仍只是各个民族或种族内部的信仰和约束体系，并不具有超民族、超国界的宗教的性质。魏晋南北朝时期，中国开始接受西方（印度）传来的佛教，自此开始"见识"真正的宗教，并尝试设置机构、设计制度来管理佛教。佛教传入中国，大约自东汉时期始，魏晋南北朝时期广泛传播，影响全国，有时几乎有成为国教的势头。受佛教影响或者在与佛教竞争的巨大压力下，自先秦道家学派蜕化而来的"道教"大约也在此时开始形成。因此，我们考察中国古代的宗教管理体制，不得不从魏晋南北朝时期开始。

佛教传入之初，国家并未设专官管理与其有关的事宜。东汉末和曹魏时期，大约由鸿胪寺管理有关涉及佛教的事务。

国家最早设专门僧官的，大约是东晋时期北方（十六国中）的后秦。史书记载，弘始三年（401年），后秦王姚兴，任命僧人僧䂮为"僧正"，僧迁为"悦众"，法钦、慧斌等人为"僧录"。"僧正"为全国佛教最高总管，位比侍中①；"悦众"次之，后亦称"授事"、"都维那"，协助僧正。"僧录"掌管僧籍，处理日常事务。②

北魏设置僧官可能比后秦还早。《魏书·释老志》记载，皇始年间（396—397年），道武帝召僧人法果到京师平城，"后以（法果）为道人统"。"道人统"为全国最高僧官，"绾摄僧徒"；后又改为"沙门（都）统"，师贤、昙曜等高僧先后任此职。"道人统"的办事衙门是监福曹。东魏、西魏时期，大致继承北魏的沙门统体制。北齐时，改"监福曹"为"昭玄寺"，"沙门统"一职亦相应改为"昭玄统"。北齐时，昭玄寺系统，"置大统一人，统一人，都维那三人。亦置功曹、主簿员，以管诸州郡县沙门曹"③。中央沙门统又称"国统"、"大统"等，北齐设"国统"十人，其中一人为"大统"，余九人为"通统"；各州郡县均设有管理佛教事务的专门机构"沙门曹"，其负责人曰州（沙门）统、郡统、郡维那等，管理地方僧尼。北齐时，在鸿胪寺中还设"典寺署"，专门负责联系和管理佛教"昭玄寺"及全国沙门曹系统。北周时，沙门管理体制大约与北齐同。但仿行《周礼》六官制后，一度于中央"春官"之下设"司寂上士中士，掌法门之政"④。

在南朝，宗教管理体制基本上与北朝一致。关于佛教，据汤用彤先生考证，南朝刘宋时即设僧正，又称僧主或天下僧主，为佛教内部主管；初命宝贤任都邑僧正。南朝萧齐时，设两僧正分管秦淮河南北两岸僧务。南朝陈时，中央设京邑大僧正。这些职务均任命僧人担任，为全国最高僧官，相当于后世的全国性宗教自治协会负责人。僧正之下有（京邑）都维那，负责僧律僧纪。地方上，各朝均设有僧官，有时亦称州郡僧正或僧主。中央和地方僧官均由皇帝任命。⑤

道教起初不被视为一种有教义教理的宗教，而是被视为方术巫术，其徒亦被视为术士和修炼者而已。因此国家初未设官管理其事务。魏晋时，君主纷纷招术士进京，委以官职，封以爵位，其目的是借助其方术和炼丹等，不外乎笼络、控制、利用，并不是作为"道教"这个宗教系统的自治管理职务来任命的，并未负管理（或协助朝廷管理）术士、修炼士和信众之责任。最早的道教管理机构可能始自北周。《唐六典》谓北周时"春官"之下有"司

①　侍中为当时国家正在形成的"三省制"（尚书省、中书省、门下省）中门下省的最高长官。
②　参见（南朝梁）僧慧皎：《高僧传》卷六，《僧䂮传》。
③　《唐六典》卷十六，《崇玄署》。
④　《唐六典》卷十八，《鸿胪寺》；卷十六，《崇玄署》。
⑤　参见汤用彤：《汉魏两晋南北朝佛教史》，第十三章，北京，中华书局，1983。

玄中士下士，掌道门之政"①。这里的"道门"，与前引的"法（沙）门"相对，应指道教。在南朝，大概是以鸿胪寺中设署管理之。

隋代的宗教管理体制沿袭北齐，设昭玄寺，"掌诸佛教"②。中央设置"大统"、"统"、"都维那"，并设立"外国僧主"（专掌外国僧侣来华者）。地方上则设"统都"、"沙门都"、"断事"、"僧正"等。开皇十二年（592年），文帝下令恢复一度撤废的鸿胪寺，在该寺之下设崇玄署，专管佛、道二教事务。署中设令丞、道事等官。炀帝以后，改佛寺曰"道场"，改道观为"玄坛"，"各置监丞"③。这是州郡县衙门置佛、道监、丞，还是于寺观中置监、丞？应该是后者，其职责是监督寺观僧道活动。

唐王朝起初亦以鸿胪寺管理佛、道两教事务，后恢复"崇玄署"（长官为崇玄令）管理二教，仍隶鸿胪寺。每寺观又各置监一人，贞观中省去。在中央，自高祖时起即设置"十大德"，即任命十大高僧为僧人领袖，负责统御全国僧尼。④ 延载元年（694年），武后下令实行二教分隶：僧尼改隶尚书礼部中的祠部（司），而道士女冠仍属鸿胪寺（武后改为司宾寺）。⑤ 开元二十五年（736年），唐玄宗"以为道本玄元皇帝之教，不宜属鸿胪，并宜属宗正，以光我本根。故（崇玄）署亦随而隶（宗正府）焉。其僧尼，别隶尚书祠部也"⑥。以管理皇宗事务的宗正府管理道教事务，是玄宗的一大"创举"。在（宗正所属）崇玄署内，设令丞各一人，又设府、史、典事、掌固等官吏。崇玄署长官崇玄令"掌京都诸观之名数、道士之帐簿，与其斋醮之事"⑦。天宝二年（743年），唐王朝又将道士册封之事务交与吏部掌管，直视道士册封为任官。在祠部，则以员外郎掌佛教事务，凡天下寺均有定数。又规定各寺立三纲：上座一人、寺主一人、都维那一人。至此，原有的僧统（沙门统）之制废除。"凡天下寺观三纲，及京都大德，皆取其道德高妙、为众所推者补充，申尚书祠部。"⑧中宗、代宗时，又有"功德使"之设。德宗贞元四年（788年），又置左右街功德使、东都功德使、修功德使，"总僧尼之籍及功役"⑨。会昌年间，唐武宗以佛出自外国，故又将天下僧尼事务改由礼部的主客司掌管；会昌五年（845年）又复令归隶鸿胪寺；会昌六年（846年）又令其归隶左右街功德使。功德使所度僧尼，均由祠部给牒。宪宗元和二年（807年），将道教的道士女冠与佛教的僧尼统一管辖，均归左右街功德使，不复归祠部。⑩ 唐文宗时，又在左右街功德使下分设"道录司"和"僧录司"，以道教徒为道录，以僧人为僧录，各管

---

① 《唐六典》卷十六，《崇玄署》。

② 《隋书·百官志中》。

③ 《唐六典》卷十六，《崇玄署》。

④ 太宗时一度取消"十大德"及天下寺监，至中宗代宗时又恢复。不过，后来的"大德"没有统领天下僧尼的职权，只负责讲授律学、临坛度僧的事务，而有所谓"临坛十大德"的称呼。

⑤ 参见《唐会要》卷五十九，《祠部员外郎》。

⑥ 同上书。唐王室自称系老子（李耳）之后裔，故特崇道教。老子既系李氏王朝玄祖，则其所创之教的事务归宗正府管理，因宗正府掌宗室属籍等事务。

⑦⑧ 《旧唐书·职官志》三。

⑨ 关于"功德使"始设何时，参见汤用彤：《隋唐佛教史稿》，53～54页，北京，中华书局，1982。注意，"功德使"是俗官，"僧录"是僧官，二者是两个体系。

⑩ 这是否表明道教事务亦不归宗正府管辖了？不太清楚。

佛、道两教寺观名数及簿籍之事。① 按照唐代一般制度，"凡道士、女道士、僧尼之簿籍，三年一造；一本送祠部，一本送鸿胪，一本留于州县"②。五代时期，仍沿袭唐代制度，设两街功德使管佛道事务，又称"街使"。其颁发"度牒"事务仍由祠部掌管。③

北宋初年沿袭唐制，设左街道录及右街僧录，各设僧录院和道录院。徽宗时，一度改僧为德士，尼为女德，女冠为女道；改左右街道录院改为道德院，僧录司改为德士司，隶道德院。天下州府僧正司并改为德士司。北宋末，僧尼又转归鸿胪寺管理。南宋时，鸿胪寺并入礼部，僧尼事务又由礼部中的祠部管理。两宋皇帝还经常直接向著名佛、道教人士赐紫衣和师号。④

金王朝也设有僧道管理官职。对于佛教，在首都设国师，四京设僧录、僧正，各州设都纲，各县设维那；并规定各级僧官不得参预国事，不得与朝贵往来。对于道教，各路设道录司，各州设道正司，各县设威仪司，统归中央礼部之祠部掌管。凡道观之政令赏罚，皆隶祠部司；举凡任命道官、试度道士女冠，皆有定式。⑤

元朝为管理佛、道二教，设置了更加完备的机构。对于佛教，元初设总置院，后又设功德司，专掌佛教。至元二十五年（1288 年）改总制院为宣政院，僧录、僧正等全归宣政院管辖，宣政院成为管理全国佛教事务及藏族地区事务的最高机构（中间曾一度撤销，改设广教总管府掌佛教），其主管官为帝师或国师，秩从一品，赐玉印，权力极大："乃君县土番之地，设官分职，而领之于帝师……于是帝师之命，与诏敕并行于西土。"⑥ 对于道教，元政府在各路设道录司，在各州设道正司，在各县设威仪司，在中央由集贤院统一管理道教事务。对于道教的教派，元时在南、北方分别扶持其正一教（派）、全真教（派），全国道教最高主管职务一般任命正一教道士担任。元政府还任命道教各派首领自领教事，授以"教主"或"宗师"之位，并赐"某某真人"之类师号。世祖时，甚至将在南方各路发放度牒、设道录司等权力授给正一教第三十六代天师张宗演；成宗时又授封正一教第三十八代天师张与材为正一教教主，袭掌江南道教，主领龙虎山、阁皂山、茅山符箓。⑦

明朝洪武元年（1368 年）即置"玄教院"、"善世院"管理两教。洪武十五年（1382 年），始设僧录司、道录司，为中央两教管理机构。在道录司下，设有左右（道）正、左右演法、左右至灵、左右元义，各一人；设法官、赞教、掌书，各二人。在僧录司下，设左右善世、左右阐教、左右讲经、左右觉义各一人。两录司分掌天下僧、道。在各府州县，也设僧道官。府设僧纲司、道纪司，置都纲、副都纲和都纪、副都纪各一人；州设僧正司、道正司，分设僧正、道正各一人；县设僧会司、道会司，分设僧会、道会各一人。所有这些中央、地方僧道职务均授予高僧名道，职级从正六品到从九品，但均不给俸禄。明王朝

———————————

① 参见《旧唐书·宪宗纪》；汤用彤：《隋唐佛教史稿》，53～54 页，北京，中华书局，1982。

② 《唐六典》卷四，《祠部员外郎》；《唐会要》卷四十九，《僧尼所隶》。

③ 参见《五代会要》卷十二，《寺·杂录》。

④ 参见王友三主编：《中国宗教史》，上册，578 页，济南，齐鲁书社，1991。《续资治通鉴》卷九十三，《宋纪·微宗》。

⑤ 参见《金史·百官志》一。

⑥ 《元史·释老传》。

⑦ 参见王友三主编：《中国宗教史》，上册，472～473 页，济南，齐鲁书社，1991。符箓，是道教自称能传授天意或沟通神灵的文字图案。主掌符箓，大约是主掌符箓的原始制作权与发布权、解释权。

还常给少数高僧授法王、佛子、大国师等封号，给少数道士封大真人、高士等，"赐银印蟠玉，加太常卿、礼部尚书及宫保衔"，甚至有封至伯爵者。① 此外，中央僧道管理机构还常直辖少数特殊寺观。如洪武十一年（1378 年）在京师郊祀坛西建"神乐观"（设提点、知观），直属太常寺；又令龙虎山（设正一真人）直属太常寺。此外，阁皂山、三茅山（各设灵官一人）、太和山（设提点一人）均似直属中央道录司，不隶地方僧纲、道纪。

清朝袭明制，设僧录司、道录司于中央，又于中央五城分设各城僧、道协理各一人。僧官兼以"善世"等衔，道官兼以"正一"等衔。地方各府亦设僧纲司、道纪司等。龙虎山设正一真人，设提点、提举、法录局提举各一人，均直属中央。清代所有地方僧、道官均不入流，中央僧、道官地位均降品秩②，反映了清代佛、道二教地位均大大降低。

第二节
寺观、僧道限额及资格的国家控制

佛、道二教均以"出世"相标榜，尤其佛教是如此。入教为僧为道既视为出家，则常被国家免除赋役义务，因此入教（出家）常成为人们逃避赋役的合法途径。为了保证国家的税户、役丁不被二教（尤其是佛教）夺走太多，于是历代王朝需要采取一定措施以控制寺观数量和入教人数，于是设置了相当严格的寺观设置限额和教籍管理制度。此外，打击游手好闲、抑制浮华、防止假名僧道之徒聚众于山中成为国家威胁等等，也是国家控制僧道人数和寺观数量的重要原因。

僧籍由国家官方立案控制，可能始自北魏设道人统及后秦设僧正、僧录之时。

北魏初期，因佛徒发展过快，僧众太多，始有中国历史上第一次灭佛运动——太武帝灭法。太延四年（438 年），太武帝"诏罢沙门年五十以下者"（《资治通鉴》胡三省注谓："以其强壮，罢使为民，以从征役。"）。太平真君五年（444 年），太武帝又令王公以下不得私养沙门，"有私养沙门者皆送官曹，不得隐匿。限今年二月十五日（前送诣），过期不出，沙门身死，容止者诛一门"。太平真君七年（446 年），太武帝下诏"沙门无少长皆坑之"，诛杀无数。452 年，文成帝即位后，下诏恢复佛法，定制"诸州郡县，于众居之所，各听建佛图一区，任其财用，不制会限。其好乐道法，欲为沙门，不问长幼，出于良家，性行素焉，无诸嫌秽，乡里所明者，听其出家。率大州五十、小州四十人，其郡遥远者十人。"这是一份关于佛教僧侣出家名额管制及当僧侣资格的最早法令。此期担任"沙门统"的高僧昙曜又建议朝廷设立两种专为佛寺服务的民户（寺户）——僧祇户和佛图户。僧祇户主要以征伐北齐时所俘民户及其他迁徙户纳谷（岁六十斛以上）于僧曹者充之，其所交给僧曹的粟谷，曰僧祇粟，用于慈善事业，"岁俭赈给饥民"。这种民户归僧曹管理，实为寺院依附人口，地位低于编户齐民。"佛图户"以"民犯重罪及官奴婢"为之，"以供诸寺洒扫，

---

① 参见《明史·职官志》三、四。
② 参见《清史稿·职官志》二、三。

岁兼营田输粟"，实际上是寺院的奴隶。昙曜的建议均为国家接受，"高宗并允之，于是僧祇户粟及寺户遍于州镇矣"①。这种为寺院种田赋役、向其纳租的寺户的增加，大大瓜分了国家的税户、役丁。

北魏孝文帝承明元年（476 年），皇帝亲自于京师永宁寺"度良家男女为僧尼者百有余人，帝为剃发，施以僧服"。这是中国历史上首次由皇帝亲自主持的度僧出家活动。这种仪式，一方面表示皇帝崇佛，另一方面也许有从严控制僧籍之意。由于皇帝崇佛，僧众发展迅速。孝文帝太和初年，"京城内寺新旧且百所，僧尼二千余人；四方诸寺六千四百七十八，僧尼七万七千二百五十八人"。太和十年（486 年），因"假称入道，以避输课"的民众太多，孝文帝乃下令各寺寺主、都维那"当寺隐审"即检查审核各寺僧众，"其有道行精勤者，听仍在道；为行凡粗者，（不管）有籍无籍，悉罢为齐民"。也就是进行一次出家人员大清查。此次各州清除僧尼使其还俗者 1 327 人。太和十六年（492 年），孝文帝再下诏定制："四月八日，七月十五日，听大州度一百人为僧尼，中州五十人，下州二十人，以为常准，著于令。"这是首次以国家法令规定各地方僧尼的名额。次年，孝文帝下诏立《僧制》47 条②，这可能也是关于僧人籍额、选僧条件的规定。

北魏宣武帝时开始限制新建寺院。永平元年（508 年），宣武帝下诏："其有造寺者，限僧五十以上，启闻听造。"建造寺观必须有五十名以上僧人，必须报皇帝批准；未经申请批准而造寺观者罪之。灵太后擅政时，熙平二年（517 年）又诏令重申僧人限额："年常度僧，依限大州应百人者，州郡于前十日解送三百人，其中州二百人，小州一百人。州统、维那与官及精练简取充数。若无精行，不得滥采。若取非人，刺史为首，以违旨论，太守县令纲僚节级连坐，（州）统及维那移五百里外异州为僧。"同时禁度奴婢出家，禁止僧尼养他人子（待其）"年大（后）私度为弟子"。又规定，纵容私度僧尼及容留私度僧尼者，寺主、州郡县官及僚属、三长（邻长、里长、党长）等均要受追究。此诏旨在禁止私度，但似乎也打破了孝文帝所立名额限制。孝明帝"正光（年间）以后，天下多虞，王役尤甚，于是所在编民，相与入道，假慕沙门，实避调役。猥滥之极，自中国之有佛法，未之有也。略而计之，僧尼大众二百万矣，其寺三万有余"③。人们对佛教的这种认识，直接导致了后来新一轮的灭佛运动。

北魏、东魏时期亦曾限制道教的入道人数。如孝文帝太和十五年（491 年），下令将京内道观移至京南山中，给（役）户五十，以供斋祀之用。"可召诸州隐士，员满九十人"，这大概是首次为道教专职人员规定限额。东魏孝静帝武定六年（548 年），以道士"罕能精至，又无才术可高"，有司奏罢之。④ 这是对道士的一次审检、淘汰运动。不过，是仅仅汰除京师的道士，还是在全国对道士进行审查淘汰，不太清楚。

北魏时期，还有鼓励僧人捐买僧官之制，也值得注意："诸沙门有输粟四千石入京仓者，授本州（沙门）统……入外州郡仓者，三千石，（授）畿郡都统，依州格；若输五百石入京仓者，授本郡维那……粟入外州郡仓七百石者、京仓三百石者，授县维那。"⑤

北齐时，省除僧尼的主张再次提出，不过理由比较独特："尼与优婆夷（在家女居士）

---

①②③④　本段中的引文均出自《魏书·释老志》。

⑤　《魏书·食货志》。

实是僧之妻妾，损胎杀子，其状难言。今僧尼二百余万，并俗女向有四百余万。六月一损胎，如是则年族二百万户矣。"① 这就是说，僧尼一多，结婚人口大大减少；又加上僧尼通奸怀胎生子，大多被扼杀，二者每年使国家减少了大量人口，等于族杀了二百万户人家。基于此一理由，佛教当灭。但齐主并未接受此种建议。北齐文宣帝天保六年（555 年）甚至下诏灭道兴佛，强令道士剃发为僧人。②

北周武帝时也曾大规模灭佛，同时也附带限制道教。建德四年（575 年），武帝下敕禁断佛、道二教，经像悉毁，"罢沙门道士，并令还俗"。建德六年（577 年），北周灭北齐，武帝又下令尽毁齐地佛教寺庙，将四万所寺庙充为第宅，令僧尼三百万人"皆复军民，还归编户"③。这是中国历史上第二次大规模灭佛运动。

南朝与北朝情形相似，也经常有限制入教人数或汰减僧尼、道士之举。据说东晋桓玄当政时即下诏"料简沙门"④。南朝宋文帝元嘉十二年（435 年），因佛、道寺观扩张过快，乃下诏淘汰沙门道士数百人。⑤ 齐武帝时，曾建义符僧局，负责管理全国僧人册籍，责令僧尼申籍其中，旨在简汰僧尼。梁武帝时，大崇佛法，寺庙僧尼急遽发展："都下佛寺，五百余所，穷极宏丽；僧尼十余万，资产丰沃；所在郡县，不可胜言。道人又有白徒，尼则皆畜养女，皆不贯人籍，天下户口几亡其半。"有人认为，如此不禁，则"恐方来处处成寺，家家剃落，尺土一人，非复国有"⑥。因此，有识者建议对寺观"精加检括：若无道行，四十以下，皆使还俗附农；罢白徒、养女，听畜奴婢"⑦。书上武帝，武帝大怒，不听其言。因此，有梁一代并无限佛、道之举，终致肇祸亡国。

隋朝两帝均崇佛。文帝开皇元年（581 年）即下诏，听任慕佛者出家，仍令计口出钱，营造经像。又从僧人昙延之请，下诏度千余人出家。至开皇三年（583 年），度僧尼 23 万人，立寺 3 792 所。⑧ 开皇十一年（591 年），文帝又令天下州县各立僧尼二寺。⑨ 炀帝时，又度僧六千二百余人。总计隋代二君在位 47 年，恢复周代所毁及新建佛寺共 3 985 所，度僧尼 236 200 人。⑩

唐高祖即位后，因"恶沙门道士苟避征徭，不守戒律"，乃从傅奕之建议，于武德九年（626 年）下诏简汰僧尼、道士："诸僧尼道士女冠等，有精勤练行，遵戒律者，并令就大寺观居住，官给衣食，勿令乏短。其不能精进，戒行有阙者，不堪供养，并令罢道，勒还乡里。京师留寺三所、观二所，诸州各留一所，余皆罢之"⑪。此次汰减僧道，似乎因高祖禅

① 《广弘明集·滞惑解》。转引自汤用彤：《汉魏两晋南北朝佛教史》，385～386 页，北京，中华书局，1983。

② 参见《资治通鉴》卷一六六，《梁纪》二十二。

③ （隋）费长房：《房录》卷十一。转引自汤用彤：《汉魏两晋南北朝佛教史》，上册，393 页，北京，中华书局，1983。

④ 汤用彤：《汉魏两晋南北朝佛教史》，上册，323 页，北京，中华书局，1983。料，即普查；简，即精简。

⑤ 参见《宋书·天竺传》。

⑥ 《南史·郭祖深传》。

⑦ 《弘明集》。转引自汤用彤：《汉魏两晋南北朝佛教史》，上册，323 页，北京，中华书局，1983。

⑧ 参见《法苑珠林》卷一百；《释迦方志》卷下。

⑨ 参见《金石萃编》卷三八，《诏立僧尼二寺记》。

⑩ 参见《法苑珠林》卷一百。

⑪ 《旧唐书·高祖纪》，《资治通鉴》卷一九一。

位太宗而未真正实施。太宗即位初，曾严禁私度，又下令检括隋末私度出家者，违者斩。[1]玄宗开元二年（714年），依姚崇建议，下令检括天下僧尼，"以伪滥还俗者三万余人"[2]。德宗大历十四年（779年），诏令"自今更不得奏置寺观及度人"。肃宗时，因"安史之乱"后，国家财政危机，公然下令"纳钱度道士僧尼"。这是历史上首次官卖度牒的记录。[3]敬宗时，李德裕上书揭露徐州地方滥度僧尼之弊："（徐州节度使）王智兴于所属泗州置僧尼戒坛，自去冬于江淮已南，所在县榜招置。江淮自元和二年后（本来）不敢私度，自闻泗州有坛，户有三丁必令一丁落发，意在规避王役，影庇资产。臣今于蒜山渡点其过者，一日一百余人，勘问唯十四人是旧日沙弥，余是苏常百姓，亦无本州文凭，寻已勒还本贯。访闻泗州置坛次第，凡僧徒到者，人纳二缗，给牒即回，别无法事。若不特行禁止，比到诞节，计江淮已南，失却六十万丁壮。"敬宗闻奏大惊，下令徐州立即罢除此坛。[4]

唐武宗会昌年间，又实行了一次大规模的灭佛，人称"会昌法难"，是为中国历史上的第三次灭佛运动。会昌二年（842年），武宗敕令天下所有僧尼，凡"解烧炼、咒术、禁气、背军身上杖痕鸟文、杂工巧、曾犯淫、养妻、不修戒行者，并勒还俗。若僧尼有钱谷田地，应收纳入官。如惜钱财，情愿还俗，并勒还俗。充入两税徭役"。是年大批僧尼被迫还俗，其中仅两街功德使所奏因"爱惜资财"而还俗者即达四千五百余人。次年，令搜索藏匿京城寺中僧人，各州府亦大索之，甚至有"打杀至三百余人"之事。会昌四年（844年），下令毁拆天下山房、兰若、招提[5]等不入寺额（即未经官许而私造之）寺庙，甚至京城亦毁佛堂三百余所。十月又令拆毁天下小寺，经佛移入大寺，钟送道观。其被毁寺之僧尼，不依戒行者，无论老少，均令还俗归本贯，年老而有戒行者移于大寺。会昌五年（845年）三月，令天下诸寺僧年四十以下尽勒还俗归本贯，随即又改为五十以下令还俗。至五月，长安僧尼尽散。又传令于诸寺：如有僧尼不服还俗令者，科以违敕罪，当时决杀。七月，"敕上都东都两街各留二寺，每寺留僧三十人；天下节度、观察使治所及同、华、商、汝州各留一寺，分为三等：上等留僧二十人，中等留十人，下等五人；（其）余僧尼及并大秦穆护、祆（教）僧皆敕还俗。寺非应留者，立期令所在毁撤，仍遣御史分道督之，财货田产并没官"。八月，武宗制书谓"天下所拆寺四千六百余所，还俗僧尼二十六万余人，收充两税户，拆招提、兰若四万余所，收膏腴上田数千万顷，收奴婢为两税户十五万人。隶僧尼属主客（司），显明外国之教；勒大秦穆护、祆（僧）三千余人还俗，不杂中华之风"。这是武宗为自己灭佛行动开列的一份战果报告单。从这份自炫战果看，其灭佛的主要动机是"驱游惰不业之徒"，打击佛教与国家争夺税户役丁。[6]

会昌六年（846年），武宗死，宣宗立，大中元年（847年），立即下诏恢复佛寺："会

① 参见《续高僧传》卷二十四、二十五，《法冲传》、《法向传》。转引自汤用彤：《隋唐佛教史稿》，13页，北京，中华书局，1982。
② 《旧唐书·玄宗纪》，《唐会要》卷四十七。
③ 参见《旧唐书·德宗纪》，《新唐书·食货志一》。
④ 参见《旧唐书·李德裕传》。
⑤ 《通鉴考异》引《唐会要》曰："盖官赐额者为寺，私造者为招提、兰若。杜牧所谓'山台野邑'是也。"《资治通鉴》卷二四八，会昌五年，标点本，8017页，北京，中华书局，1956。
⑥ 本段中的引文，除特别注明外，均出自《唐会要》卷四七，《资治通鉴》卷二四八。

昌五年四月所废寺宇，有宿旧名僧，复能修创，一任住持，所司不得禁止。"大中二年（848 年），令上都除原有寺外，"每街更各添置寺五所，东都共添五所，僧寺三所，尼寺二所，仍每寺度五十人"，益、荆、扬、润等八道，"除元置五寺所外，更添置僧寺一所，尼寺一所；诸道节度使（所在）州，除元置寺外，更添置寺一所。其所置寺僧合度三十人"。其他置寺度僧名额之规定甚为详细："敕天下每州造两寺，节度府造三所寺。每寺置五十僧，去年还俗僧年五十以上者，许依旧出家。"① 大中六年（852 年），有司奏请限制滥建寺院，宣宗因而下令：户口多并商旅辐辏之地，可以在原有定额寺院之外再增建寺院一所，"于州下抽三五人住持"。宣宗一朝，名义上仍有限制，实则增建许多寺院，还曾下诏允许在村邑建小型寺庙即若兰、佛堂、招提等等，使天下滥建寺庙之风愈甚。②

唐代法令一般规定了设寺限额及度僧限额。"凡天下寺皆有定数……诸州寺总五千三百五十八所，三千二百三十五所僧（寺），二千一百二十二所尼（寺）。"③ 官方正式登录僧道名籍，可能也始于唐代。开元十七年（729 年）始令天下僧尼三岁一造籍，其籍册一送祠部司、一送鸿胪寺、一留本州县。道教亦于此时开始登录注册。天宝八年（749 年）朝廷定制："道士籍每一载一度，永为定式。"④ 人们一般认为，唐代官定度僧限额，度僧须由祠部给牒许可，似亦始于武后、玄宗、武宗时期，具体时间，可能是武则天延载元年（694 年），可能是天宝六年（747 年），但也可能是会昌六年（864 年）。⑤ 但是，度僧出家须由官方认可或批准之制，早在此前即已开始。代宗广德元年（763 年），下制：伪度僧尼并敕正度。正度即官方批准，此即给私度出家的僧尼以大赦，赋予其合法性。宪宗元和中，诏天下勿私度僧尼。⑥ 文宗大和四年（830 年），令天下僧尼非正度者一律具免申省给牒（免除申报补批指标资格的手续），当时申报者竟多达 70 万人。⑦ 宣宗大中六年（852 年），令禁止私度。其私度僧尼，除依律敕科罚外，"仍（令）具乡贯、姓号，申祠部上文牒。其官度僧尼，数（定额）内有阙，即仰本州集律僧众同议，择拣聪明有道性，已经修炼，可以传习参学者度之……剃度讫，仍具乡贯姓号申祠部告牒。"⑧ 这就是规定，私度者除受处罚外，仍可以上报名单给祠部司，等候各地寺庙僧尼名额出缺时选择递补。

因为伪度或私度出家情形历来相当严重，唐朝遂设僧尼考试以杜其滥。中宗神龙元年（705 年），始令天下试经度人。⑨ 玄宗开元十二年（724 年），"敕有司试天下僧尼，年六十以下者限诵二百纸经，每一年限诵七十三纸。三年一试，落者还俗。不得以坐禅对策义试。诸寺三纲统，宜入大寺院（应试）"⑩。这是对已经出家的僧人定期考试重新认定资格（连长老主持也不免）的制度。后来，更出现了出家资格考试制度。代宗大历八年（773 年），敕

---

① ［日］圆仁：《入唐求法巡礼记》。转引自汤用彤：《隋唐佛教史稿》，50～51 页，北京，中华书局，1982。

② 参见《唐会要》卷四十八，《议释教下》。

③ 《旧唐书·职官志》二。《唐六典》卷四记作 3 245 所僧寺、1 113 所尼寺。

④ 《唐会要》卷五十，《尊崇道教》。

⑤ 参见汤用彤：《隋唐佛教史稿》，57 页注 1，北京，中华书局，1982。

⑥ 参见《旧唐书·李德裕传》。

⑦ 《僧史略》中"僧籍弛张"条。转引自汤用彤：《隋唐佛教史稿》，57 页，北京，中华书局，1982。

⑧ 《唐会要》卷四十八，《议释教下》。

⑨ 参见《佛祖统纪》卷四十。

⑩ 《唐会要》卷四十九，《僧籍》。

天下童行策试经、律、论三科，给牒放度。敬宗宝历元年（825 年），敕京师两街建"方等戒坛"，令左右街功德使择戒行者为大德，试童子能背诵经百五十纸、女童诵百纸者，许与剃度为僧尼。① 文宗大和年间，又令"试经僧尼"，"并须读得五百纸，文字通流，免有舛误，兼数内念得三百纸，则为及格……如不及格，便勒还俗"，但五十以上年老力衰者及公认"戒律清高风尘不杂"者均免试。②

为打击私度出家或诈伪入道以逃避赋役的行为，《唐律·户婚》专条规定："诸私入道及度之者，杖一百……已除贯者，徒一年。本贯主司及观寺三纲知情者，与同罪。若犯法合出观寺，经断不还俗者，从私度法。即监临之官，私辄度人者，一人杖一百，二人加一等。罪止流三千里。"最后，唐代法令规定，剃度僧尼之仪式，须有风宪官监督："两京度僧尼，御史一人涖之。"③

五代时期，对寺观和僧尼的限制或控制亦相当严密。

后唐天成元年（926 年），明宗即下诏禁止增建寺院，禁止"衷私剃度"，只允"官坛受戒"。天成三年（928 年），下令合并以减缩天下僧寺，大寺及有敕给名额（名称及门匾额）者保留，其他小寺一律废除，寺宇听公私收买。其撤废寺庙的僧尼，令长吏"配于大寺安止"，并限敕到后十日内"腾并了绝"；违限者，僧人处徒二年，尼姑杖七十，并勒还俗。此前，后唐明宗还曾于天成二年（927 年）专立"僧尼之制"六条，其中特别规定"此后有志愿出家"者，"准旧例，经官陈状"申请，"比试所念经文，则容剃削"。重申"不经官坛，（则）不得私受戒法，如违，所犯僧及本师各徒二年"。后唐末帝清泰二年（935 年），又"量立条式"规定，今后凡应给僧道人士赐紫衣、师号者，均须考试；其体制比照科举考试。对于佛教，僧尼欲晋升者，须"试讲论科、讲经、表白各三科，文章应制十三科，持念一科，禅科、声赞科，并于本技能中条贯"。道士欲晋升者，亦须分科考试："经法科试义十道，讲论科试经论，文章应制科试诗，表白科试声喉，声赞科试步虚之启，焚修科试斋醮。"这是我们见到的历史上首次由官方主持的僧尼"职称晋升"考试。

后晋天福二年（937 年），祠部奏请取消官坛剃度，仅令欲出家者在皇帝诞辰之日"在本住处州府陈状，便比试学业，勘详事行不虚，则容剃度"。同时，欲剃度出家者须"取本乡里五人已上耆宿保明文状，具言已前实是良善。兼须结罪：如为僧之后，别行恶易，即罪甘连坐。如是外来百姓，不得辄有容许。候剃讫，仍具乡贯姓号，申祠部请告牒者。"并规定，必须向官府禀明"出家因依（原因）、本居乡里、俗姓、法名、年几"。凡私行剃度或"不遵条理（不合法定条件）"剃度者，本人、师主、担保人、官吏，均予处罚。

后周显德二年（955 年）五月六日，周世宗柴荣颁"条流僧尼敕"。此为迄今我们能看到的最为详细的佛教寺观及僧尼之管理法令。此敕令共 13 条，主要内容有：

（1）"无敕额"（即未经朝廷制敕许可而建造的）寺观一律停废，其僧尼及功德神像"腾并"于其他应保留的寺观内。（2）禁止新建寺庙。新建寺庙者，主事人处徒刑三年，其僧尼勒令还俗；所在州府先的录事参军、判官、县令佐等连坐，"并除名配流"。（3）出家

①　参见《佛祖统纪》卷四十一、四十二。
②　参见《唐大诏令集》卷一一三，《条流僧尼敕》。
③　《唐会要》卷四十九，《僧籍》。

者必须经父母、祖父母同意，孤儿出家应取得同居伯叔或兄同意。"其师主须得本人家长听许文字，方得容受"；"僧尼今后不得私受戒"。私剃头者，重罚本师、寺院三纲、知事僧尼等。又规定，祖父母、父母在，"别无儿息侍养者，不得出家，违者罚师主"。就是说，为防止父祖赡养落空，独子独孙不得出家。（4）出家及受戒者，均须经官方考试。"男年十五以上，念得经文一百纸或读得经文五百纸；女年十三以上，念得经文七十纸或读得经文三百纸者，方得经本州陈状，乞剃头。委录事参军、本判官试验经文，合敕条者，只仰闻奏。"由官方考试合格、朝廷批准，方可出家。受戒时亦不得私受，在两京须经祠部差官主持的考试，在各州要经本州判官、录事参军主持的考试，"引试前项所习经业"，及格者然后闻奏朝廷批准。未经考试批准而私剃头及受戒者均问罪处罚之；考试不严或作弊者，主考官亦连坐其罪。每年应剃头受戒者必须在天清节①前一月"具姓名、乡贯、寺院、年几及所习经业申奏，候敕下，委祠部给付凭由，方得剃头受戒，不得非时施行（剃戒等）"。（5）犯罪在逃之人，背弃父祖双亲逃亡者，奴婢、奸人、细作、恶逆徒党、山林亡命等等，任何寺院均不得接受其出家，违者重罚师主并当地官吏。（6）僧道中有人自愿还俗者，"一切听许，所在（官司、寺主）不得搅扰"，禁止任何人干扰或阻止僧尼还俗。（7）僧道中有愿出仕或从军者，听到官府自申，量才录用。②

此外，后周法令还规定，每年造僧账两本，其一本奏闻，一本申祠部，"逐年四月十五日后，勒诸县取索管界寺院僧尼数目申州，州司攒帐，至五月终已前文帐到京"。凡帐籍内无名者一律还俗。是年，诸道报上僧尼账籍汇总，"所存寺院凡二千六百九十四，所废寺院凡三万三百三十六，僧尼系籍者六万一千二百人③。

宋代关于道教的管理制度，弥补了此前的许多空缺。第一是出现了道士出家资格考试制度。太祖开宝五年（972年），"太祖诏功德使与左街道录刘若拙，集京师道士，试验其学业，未至而不修者，皆斥之"，令还俗。④ 第二是禁止私度道士，禁止道士成家："末俗窃服冠裳，号为寄褐，虽居宫观者，一切禁断。道士不得畜养妻孥，已有家者遣出外居止。今后不许私度，须本师知观同诣长吏陈牒给公凭，违者捕系抵罪。"⑤ 这里首次规定道士出家要申请官方给公凭即许可证。第三，北宋时期屡有禁止新建道观之诏令，盖因北宋诸帝多崇道教而导致天下滥建道观风气盛行也。如仁宗一朝屡屡下诏禁止新造道观。⑥ 第四，出现了道阶制度。政和四年（1114年），宋徽宗令"置道阶，凡二十六等，先生、处士、八字、六字、四字、二字，视中大夫至将士郎级"。这是道教的职称暨教内官级，故又有书记作"置道官二十六等，道职八等"⑦。道官与道职有何不同？道官（道阶）也许就像后世的"技

---

① 据明人李濂《汴京遗迹志》记载："周世宗显德二年中（在汴京）创建天清寺，为后周国寺。世宗初度之日曰'天清节'。"有人谓"天清寺"落成之日正好是世宗柴荣的寿辰，故以世宗诞辰为天清节。

② 以上引文，除特别注明者外，均见《五代会要》卷十二，《条流僧尼敕》。

③ 《旧五代史》卷一百一十五，《周书》第六。

④ 参见《历世真仙体道通鉴》卷四十七。转引自王友三主编：《中国宗教史》，上册，456～457页，济南，齐鲁书社，1991。

⑤ 《燕翼诒谋录》。转引自《道教史资料》，218页，上海，上海古籍出版社，1991。

⑥ 参见《宋史·仁宗纪》。

⑦ 《宋史》卷二十一，《徽宗纪》；《历代佛祖通载》卷十九。转引自《道教史资料》，252页，上海，上海古籍出版社，1991。

术职称"，道职也许就是道教内部的管理职务。第五，道教教育与科举制度形成。"元士、高士、上士、良士、方士、居士、隐士、逸士、志士，每岁试经拨放。州县学道之士，初入学为道徒，试中升贡，同称贡士。到京，入辟雍，试中上舍，并依贡士法，三岁大比，许……就殿试，当别降策问，庶得有道之士以称招延。"① 后又令德士（僧人）并许入道学，依道士法，应科举试。② 宣和二年（1120 年），罢道学。

关于佛教寺庙和僧尼管控，宋代形成了正式的度牒捐买制度，并继续严厉控制寺观数量和僧道名额。官吏私卖度人出家之公凭或文牒，唐代即已有之，但为非法行为，屡遭禁革。到北宋时，度牒公然官卖，并有法定价格，出售度牒成为朝廷重要收入之一。度牒有时甚至直接成为货币。神宗以后，朝廷甚至有卖"空名度牒"者：买得者不必真的出家，仅形式上有出家者之名而有免役特权。③ 熙宁二年（1069 年），王安石主政，令卖祠部度牒收入作为救济灾荒所设常平仓之经营本钱，"今度牒所得，可置粟四十五万石"④。南宋时，甚至有寺院私自出卖亡故僧人度牒为利而不申报祠部之事，故咸淳二年（1266 年），侍御史程元岳建议"请罢给僧道度牒"。宋代严格控僧尼度取弟子，以及控制出家名额。至和年间（1054—1056 年），仁宗以王禹偁建议，令天下州军"凡僧五十人得岁度弟子一人"；嘉祐四年（1059 年），改为百僧度一人，名额更少。后因僧众反对，又复五十度一之旧制。起初，凡度僧"皆（须）取乡贯保任方听收纳"，以防其"招纳亡赖游民为弟子"，后因僧尼大以为患、群起反对而废止，"京师僧寺弟子不复更取保任"⑤⑥。与此相关，宋代亦多次普查寺观及僧道人口以加强控制、阻止扩张。如太宗太平兴国六年（978 年）"尽括僧道隶西京寺观"⑦，仁宗景祐元年（1034 年）"毁天下无额寺院"⑧。《庆元条法事类·道释门》中关于僧道"试经拨度"的"敕令格式"极为详密，其中对于"违法剃度"、违法受戒行为的惩罚甚为严厉。特别是关于奖赏告发私剃私度行为的"赏格"令人注意。如告发私剃度者，如被告剃度已成，赏告者钱二百贯；如被告剃度未成，赏告者钱五十贯。

金代亦有度僧道出家之考试之制和出家名额限制制度。章宗时，"僧道三年一试，八十取一"，说明名额控制极严，录取率极低。⑨ 承安元年（1196 年），章宗敕定："自今长老、大师、大德不限年甲，长老、大师许度弟子三人，大德（许度）二人，戒僧年四十以上者度一人。其大定十五年附籍沙弥年六十以上并令受戒，仍不许度弟子。"⑩《金史·百官志一》谓金制"凡试僧、尼、道、女冠，三年一次，限度八十人。差京府幕职或节镇防御佐贰官二员、僧官二人、道官一人（主持考试，并配备）司吏一名、从人各一人、厨子二人、把门官一名、杂役三人（供役使）。僧童能读法华、心地观、金光明、报恩、华严等经共五

---

① 《续资治通鉴》卷九十三，《宋纪·徽宗》。
② 参见《宋史》卷二十二，《徽宗纪》。
③ 参见王友三主编：《中国宗教史》，上册，578 页，济南，齐鲁书社，1991。
④ 《续资治通鉴》卷六十七，《宋纪·神宗》。
⑤ 《续资治通鉴》卷五十七，《宋纪·仁宗》。
⑥ 《续资治通鉴》卷一百七十八，《宋纪·度宗》。
⑦ 《宋史·太宗纪》。
⑧ 《宋史·仁宗纪》。
⑨ 参见《续资治通鉴》卷一五四，《宋纪·宁宗》；《金史·张韦传》。
⑩ 《金史·章宗纪》。

部，计八帙……尼童试经半部，与僧童同。道士、女冠、童行念道德、救苦、玉京山……皆以诵成句依音释为通。中选者试官给据，以名报有司，凡僧尼官见（现）管人及八十、道士女冠（现管人）及三十人者放度一名。死者，令监坛以度牒申部毁之"。这就是规定，百姓出家当僧尼或道士女冠，均需通过国家组织的考试，并且有国家规定的录取名额限制（现有僧尼每八十人可当年新增一名，现有道士女冠每三十人可当年新增一人）。金代亦仿宋人卖牒之制，"及卖僧道尼女冠度牒、紫褐衣师号、寺观名额"，以筹军费。①

元代崇佛登峰造极，僧尼地位极高。元世祖时，寺院多达 42 318 所、僧尼 213 148 人。各寺院还役使许多佃户，仅江南寺院"有佃户五十余万"②。元代亦有僧道出家考试录取制度，"僧人通五大经者为中选，以有德业者为州郡僧录、判正、副都纲等官"③。元末，有令僧道纳粟买师号之事，又"拜给僧道度牒一万道"，可能是卖牒。元顺帝时公然规定"僧道入钱五十贯，给度牒，听出家"④。元代对出家入道有明确限制："诸愿弃俗出家为僧道，若本户丁多，差役不阙，及有兄弟足以侍养父母者，于本籍有司陈请，保勘甲路，给据簪剃。违者断罪归俗。"《元律》明令禁止私度俗道，特别禁止妇女背着丈夫或舅姑私自出家为尼。⑤

至明代，佛、道二教地位均大贬，相关限制更严。洪武二十四年（1391 年），"清理释道二教，限僧三年一度给牒。凡各府州县寺观，但存宽大者一所并居之，（余皆废遣）。凡僧道，府不得过四十人，州三十人，县二十人。民年非四十以上，女年非五十以上者不得出家"。洪武二十八年（1395 年），又令天下僧道"赴京考试给牒，不通经典者黜之"⑥。明孝宗时，又大批淘汰或精简僧道官。其中汰减"法王"至"禅师"437 人，喇嘛诸僧 789人，华人为禅师及善世、觉义等僧官者 120 人；又淘汰道士自"真人"至"高士"及"正一演法"诸道官 123 人。对上述人等，均落职为僧或降级、夺诰敕印章等；外国人则遣归。⑦ 为了严格管理僧人，明太祖时曾颁发《申明佛教榜册》，约束僧人。洪武二十五年（1392 年），又敕僧录司造僧籍册，刊布各寺，使互相周知，名为《周知板册》。⑧ 《大明律·户律》有禁止"私创庵院及私度僧道"专条，法惩极严，如规定私建寺观者"杖一百，还俗，僧道发边远充军，尼僧、女冠入官为奴"，又规定："僧道不给度牒私自簪剃者，杖八十"，并罪及家长和寺观住持、受业师等。该条律文后附"拟罪条例"还特别规定："凡僧道擅收徒弟不给度牒；及民间子弟户内不及三丁，或在年十六以上而出家者，俱枷号一个月，并坐罪所由，僧道官及住持知而不举者各罢职还俗。"⑨

《大清律》关于寺观创建及僧道度授问题的规定与《大明律》基本相同，但在长期宗教管理中，亦创造了一些有效的条例或惯例。关于新建寺观，《大清律》附例规定："民间凡

① 参见《金史·食货志》五。
② 《元史·世祖纪》十三，《成宗纪》三。
③ 《元史·世祖纪》三。
④ 《元史·文宗纪》及《顺帝纪》。
⑤ 参见《元史·刑法志》二所载《元律》。
⑥ 《明史·职官志》三。
⑦ 参见《明史》卷三百七，《列传》一九五。
⑧ 参见王友三主编：《中国宗教史》，下册，743 页，济南，齐鲁书社，1991。
⑨ 《大明律·户律·户役》附拟罪条例。

有愿创造寺观神祠者，呈明该督抚具题，奉旨方许营建。"否则论以违制之罪。关于出家申请及度牒颁发，条例规定：度牒由礼部颁发给在京及各省僧纲司，再由僧纲司发给自愿出家人；未获度牒者不得剃度。此外，凡僧道因故（如犯罪还俗、病故等）出缺，其"原领牒照追出汇缴，毋许改名更替"；僧道年逾四十方准招授生徒一人，所招生徒注籍贯、年貌、簪剃年月于其师父的"原发牒照"之内，不另行发照；待师身故之日，此牒照即变为徒弟之牒照。凡违反上述规定者，均有重罚，僧道官、师父、住持都连坐其罪。各省巡抚"随五年审丁之期"（即每五年普查一次役丁之时），另具僧道籍册报礼部。① 清代规定的出家条件亦是"通晓经义、恪守清规"，也有相应的出家考试。自清初即开始的保甲牌法也扩及寺观：凡寺观均发给"户口牌"，悬于门前，"以稽僧道之出入"。其僧纲、道纪等僧道官必须按季度向地方大吏造册汇报僧道增减出入情况。②

第三节
督责僧道敬君敬父之相关制度与实践

佛教传入中国之初，固持原有教义，坚持众生平等，主张超越俗世政治和道德，超越君臣父子夫妇关系，因此主张不拜君长、不拜父母，被中国士人斥为"无父无君"之教。因此，关于沙门是否必须拜王者、敬父母的问题，在东晋时期即成为争论最激烈的问题之一，僧人不拜君父或"无父无君"、败坏纲常也就成为人们主张灭佛废僧的最重要理由之一。

早在东晋成帝时，辅政庾冰代皇帝作诏，令沙门跪拜王者，因遭另一辅政何充坚决反对而作罢。安帝时，桓玄主政，又申此令，但都因僧人反对未能实行。南朝宋文帝时，又有人议沙门应致敬王者。高僧释慧琳为文帝所重，常引坐帝榻，光禄勋颜延之常斥之曰："此三台之坐，岂可使刑余（之人）居之。"把剃发的僧人贬称为"刑余之人"，反映了当时士大夫对佛教的一般看法。孝武帝时，正式定制：沙门见人主须尽礼敬之容③，亦即确定僧人见王者时必须行臣下之礼。齐武帝时，又令沙门在皇帝面前只许称名，不得自称"贫道"之类。④

在北朝亦很早提出这一问题。北魏宣武帝承平元年（508年），因沙门统惠深之建议，乃下诏："出家舍著，本无凶仪，不应废道从俗。其父母三师，远闻凶问，听哭三日；若在见前，限（哭）以七日。"这里提出了僧尼为父母服丧的问题，允许僧尼简化丧仪（缩短丧期为几天）。孝明帝初，李瑒上书灵太后，请求下诏禁止绝户为沙门，其理由之一是僧尼"一身亲老，弃家绝养，既非人理，尤乖礼情，埋灭大伦，且阙王贯"。这就是主张国家应

---

① 参见《大清律·户律·户役》附条例。
② 参见《清史稿·食货志》一，《清史稿·职官志》三。
③ 参见（清）朱盘铭：《南朝宋会要》卷二十，《文学·佛教》；《高僧传·僧远传》，《宋书·孝武帝纪》；汤用彤：《汉魏两晋南北朝佛教史》，上册，130、250页，北京，中华书局，1983。
④ 参见《高僧传·法献传》。

禁止逃避赡养父母义务者为僧尼。① 北齐时，章仇子陁奏清禁抑僧尼，理由是佛教"背君叛父，不妻不夫"，应当禁绝。② 不过，北朝历代君主禁抑佛教（尤其是北魏太武帝灭佛）似乎并未基于此理由。

隋唐时期，此一问题再度提出。隋炀帝大业三年（607 年）曾下令沙门致敬王者，但因高僧明瞻抗议而未实行。③ 唐高祖时，傅奕怒斥佛教"故使不忠不孝，削发而揖君亲"④，促使高祖于武德九年（626 年）下诏减汰僧道。贞观五年（631 年），唐太宗下诏令僧道致拜父母⑤，这是首次以正式法令解决僧道应否致敬父母的问题。高宗显庆二年（657 年）又诏："自今僧尼不得受父母及尊者礼拜，所司明有法制禁断。"⑥ 这是禁止僧尼以出家为名反要求受父母或其他尊者礼拜之待遇。玄宗开元二年（714 年），下敕再申其制，敕曰："闻道士女冠僧尼不拜二亲，是为子而忘其生。自今以后，并令拜父母。其有丧纪轻重及尊属礼数，一准常仪。"开元二十一年（733 年），玄宗再次下敕强调此制。⑦ 这是正式确定僧尼对父母的丧服之礼应该与常人完全相同。会昌年间，武宗灭佛，其理由之一就是佛教"遗君亲于师资之际"，故要禁止。⑧ 大约在唐代，僧道致敬王者的问题已经不成问题，故只需反复强调僧道致拜父母的问题。

五代后唐时，除致拜君王父母外，朝廷又进一步强迫僧道致敬作为皇帝代表的所有官吏："此后应是僧尼，不计高低，于街衢逢见呵（何）殿官寮，并须迴避。如有故意违犯者，便可收送法司"；即使有"章服师号"在身，也"当行剥夺"⑨。这是明确出家人的地位低于所有父母官的普通子民。

宋徽宗尊崇道教，道士的地位大大提高。政和七年（1117 年）令"天下道士，与免阶墀迎接衙府、宫观科配借索骚扰；郡官、监司相见，依长老法"。这是将道士视同百姓中的长老，可免除对官员的大礼。宣和元年（1119 年）又诏"天下知宫观道士，与监司、郡县官以客礼相见"。这几乎承认道士可以与地方大吏抗礼。所谓"依长老法"即依历代对高年老人的礼敬（如见官不拜、持杖入朝等）之法。宣和元年，登州知州宗泽因于神霄宫（道教宫观）不敬，被处以"除名编管"之刑罚⑩；地方长吏仅因对宗教人士亏礼而罢官，这似乎是第一例，这说明宋代道教地位之高。南宋光宗时，再申僧道须拜父母之令，令依唐代典故而行。⑪ 宁宗朝编定的《庆元条法事类》中收有南宋《道释令》之规定："诸僧道不得受缌麻以上尊长拜及收为童行（收为徒弟之类）。"⑫

① 参见《魏书》卷五十三，《李玚传》；《魏书·释老志》。
② 参见《广弘明集·滞惑解》。
③ 参见汤用彤：《隋唐佛教史稿》，6 页，北京，中华书局，1982。
④ 《旧唐书·傅奕传》。
⑤ 参见《资治能鉴》卷一九三，《唐纪》九；《佛祖统纪》卷三十九。
⑥ 《资治通鉴》卷二百，《唐纪》十六；《唐大诏令集》卷一一三；《唐会要》卷四十七。
⑦ 参见《旧唐书·玄宗纪》，《唐大诏令集》卷一一三。
⑧ 参见《唐会要》卷四十七。
⑨ 《五代会要》卷十二。
⑩ 参见《续资治通鉴》卷九十二、九十三，《宋纪·徽宗》。
⑪ 参见《续资治通鉴》卷一五二，《宋纪·光宗》。
⑫ 《庆元条法事类》卷五十，《道释门·违法剃度》。

明代法律亦特别强调此一禁令。《大明律》规定："凡僧民道士女冠并令拜父母、祭祀祖先，丧服等第，皆与常人同。违者，杖一百，还俗。"[1]《大清律》关于此事的规定，与明律同。[2]

第四节
对僧道乱戒、妖术、危害治安的监控

政府明令禁止宗教人士或信众从事有害伦常、有损人道、乖戾迷信、有害治安的活动，早自魏晋南北朝时期即开始了。

后汉明帝时，楚王刘英"喜黄老学，为浮屠斋戒祭祀"，被人弹劾，曾遣国相至京请罪，明帝宽容，免其处罚。后来，刘英又因"造作图谶，有谋逆事"，废徙丹阳，在道自杀。[3] 其"谋逆"可能利用了道佛二教，故引起朝廷格外关注。

北魏王朝很早即注意查处僧人乱行。北魏太武帝太平真君五年（444 年），长安寺僧人在寺中酿酒饮酒，私藏弓矢矛盾等兵器，为州郡官及富人寄藏赃财，"又为屈（窟）室与贵室女行淫乱"等事发，太武帝震怒，乃下诏严惩，诏曰："愚民无识，信惑妖邪，私养师巫，挟藏谶记、阴阳、图纬、方技之书；又沙门之徒……孜生妖孽"，遂下诏诛长安沙门，并令四方"一依长安行事"。此一诏令引起了次年的大规模灭佛运动。孝文帝延兴二年（472 年），下诏："比丘不在寺舍，游涉村落，交通奸猾，经年历岁，令民间五五相保，不得容止。无籍之僧，精加隐括，有者送付州镇；其在畿郡，送付本曹。若为三宝[4]巡民教化者，在外赍州镇维那文移，在台者赍都维那等印牒，然后听行。违者加罪。"这份诏令主要是禁止僧人四方巡游化缘行乞行为，亦防止其游荡为匪危害治安；对于个别特别化缘情形，规定由官方发给通行许可证，无证巡乞者加罪。宣武帝永平二年（509 年），因沙门统惠深之建议，下诏："或有不守寺舍，游止民间，乱道生过"者，"说服还俗"[5]。北魏一朝，对僧人违法行为之监控，主要关注其谋乱反叛行为。仅孝文帝朝，先后有慧隐、沙秀、司马惠卿等僧人因谋反或"妄说符瑞"被诛；宣武帝朝又有刘惠汪、刘先秀、刘僧绍、法庆等僧人因谋反或"为妖幻"被诛。[6] 北齐时，刘昼曾上书极诋僧尼犯戒通奸、"损胎杀子"之劣迹；章仇子陁曾揭露当时"妃主昼入僧房，子弟夜宿尼室"之丑行，主张灭佛。这些也的确成为北朝主张灭佛者的主要理由。北周建德三年（574 年），武帝命灭佛，"并禁诸淫

---

① 《大明律·礼律·仪制》。

② 参见《大明律》、《大清律》之《礼律·仪制》。

③ 参见《后汉书·楚王英传》。

④ 佛教"三宝"，是指佛宝、法宝、僧宝。佛宝，是指已经成就圆满佛道的一切诸佛。法宝，即诸佛的教法。僧宝，即依诸佛教法如实修行的出家沙门。

⑤ 本段以上引文，除特别注明者外，均出自《魏书·释老志》。

⑥ 参见汤用彤：《汉魏两晋南北朝佛教史》，下册，374 页，北京，中华书局，1983。

祀"①。所谓淫祀，主要指佛道僧侣的迷信巫祝之类活动。

东晋孝武帝时，也曾下诏明令禁令"老庄图谶之学"②，犯者弃市。这表面看与佛、道二教无关，实际是指借二教搞左道祝诅符瑞图谶之类，阴谋危害皇帝的行为。南朝陈时，太建十四年（582 年），后主曾下诏："僧尼道士挟邪左道、不依经律，民间淫祀袄书诸珍怪事，详为条列，并皆禁绝。"③

唐初，高祖曾于武德九年（626 年）下诏限佛，其诏文列数佛教僧尼罪恶："进违戒律之文，退无礼典之训，至乃亲行劫掠，躬自穿窬，造作妖讹、交通豪猾。"这是其厌恶佛教而加重打击、限制的原因之一。④ 同年，高祖又下令："民间不得妄在妖祠。自非卜筮正术，其余杂占，悉从禁绝。"⑤ 太宗贞观十七年（643 年），道士秦英、韦灵等人"符挟左道，得幸太子"，太宗闻之大怒，收杀之。⑥ 高宗永徽年间，曾有"格"规定："道士（僧尼）等有历门教（叫）化者，百日苦使。"这是打击僧道沿门乞讨化缘之行为，规定处以"白日苦使（役）"⑦。玄宗开元二年（714 年）敕："如闻百官家，多以僧尼道士等为门徒往还，妻子等无所避忌，或诡托禅观，祸福妄陈，事涉左道……自今以后，百官家不得辄容僧尼等至家。缘吉凶要须设斋者，皆于州县陈牒寺观，然后依数听去。"⑧ 玄宗开元三年（715 年），下诏"禁断妖讹"。所谓"妖讹"，就是"比有白衣长发，假托弥勒下生，因为妖讹，广集徒侣，称解禅观，妄说灾祥"等等行为。开元十九年（731 年），玄宗又下敕禁止僧尼"出入州县，假托威权；巡历乡村，恣行教化；因其聚会，便有宿宵，左道不常，异端斯起"等恶行，明令"自今以后，僧尼除讲律之外，一切禁断；六时礼忏，须依律仪；午夜不行，宜守俗制；如有犯者，先断还僧，仍依法科罪。所在州县，不能捉溺，并官吏辄与往还，各量事科贬"⑨。肃宗宝应元年（762 年），又下敕禁止僧道之间不正常聚会往来，"其僧尼道士，非本师教主及斋会礼谒，不得妄托事故辄有往来"⑩。代宗大历二年（767 年），下诏禁止僧道"左道乱政"、"辄陈休咎、假造符命、私习星历"等危害国家行为。⑪ 宣宗大中六年（852 年），曾就僧人游访名师名刹作出规定："其僧中有志行坚精，愿寻师访道，但有本州公验，即任远近游行。所在关防，切宜觉察，不致真伪相杂，藏庇奸人。"⑫ 即规定僧人游访必须经官府发通行证。

五代时期，对僧道违戒及非法行为的监控更严。后唐天成二年（927 年），明宗下诏"条流三京诸道州府县镇寺院僧尼事"，为六条禁令，主要内容有：（1）僧尼不得往来。除

---

① 《北史·周武帝纪》，《广弘明集·滞惑解》。

② 《资治通鉴》卷一○三，《晋纪》二十五。

③ 《陈书·后主纪》。

④ 参见《旧唐书·高祖纪》。

⑤ 《资治通鉴》卷一九二，《唐纪》八。

⑥ 参见《资治通鉴》卷一九六，《唐纪》十二。

⑦ 《唐律疏议·名例》三引唐格。

⑧ 《唐会要》卷四十九，《杂录》。

⑨ 《全唐文》卷三十，《元（玄）宗禁僧徒敛财诏》。

⑩ 《唐大诏会集》卷一一三。

⑪ 参见《旧唐书·代宗纪》。

⑫ 《唐会要》卷四十八。

"官中斋会行香"及"大段斋供"之外，僧尼辄有往来者，"仰逐处坊界所由及巡司节级，昼时擒捉，并准奸非例处断"，也就是把僧尼往来视为奸淫之罪。特别禁止僧人到尼寺讲经、募捐，禁止尼姑请僧人于他寺开讲化缘等，违者法师兼功德主僧徒三年，尼并逐出城。(2) 俗家士女不得与僧人随便往来："其坊界及诸营士女，不因三场斋月开讲，亦不得过僧舍。如公然通同（通奸），许捉获所犯人，并加极法（处死刑）。今后僧不因道场及斋会，不得公然于俗舍安下住止。"违者罪之。(3) 禁止僧尼及僧俗间淫乱聚会。"州城之内，村落之中，或有多慕邪宗，妄称圣教；或僧尼不辨，或男女混居，合党连群，夜聚明散，托宣传于法会，潜纵恣于淫风……有此色人，便仰收捉勘寻，关连徒党，并决重杖处死。"(4) 禁止僧人游荡，"或书经于都肆，或卖药于街衢，悉是乖讹，须行断绝"①。

宋元两代，亦有类似禁令。宋徽宗政和二年（112年），诏禁佛道二教神位相参："释道修设水陆祈禳道场，辄特道教神位相参者，僧尼以违制论。主者知而不举，与同罪，著为令。"② 南宋时，《庆元条法事类·释道门》规定，僧道行游须请公凭，无公凭即官颁许可证而行游者，杖一百，还俗；僧道与尼女冠不得往来；不得设水陆道场聚集男女夜宿；僧道娶妻妾以奸罪论。孝宗时，朱熹知漳州，"（漳洲）土俗崇信释氏，男女聚僧庐为传经会，女不嫁者为庵舍以居，熹悉禁之。"③ 元代，虽崇佛教，但也屡申禁令。如泰定帝泰定三年（1326年）曾"籍僧、道有妻者为民"；文帝天历元年（1328）又敕"天下僧道有妻者皆令为民"④。《元史·刑法志二》载《元律》明确规定：诸僧道悖教娶妻者，杖六十七，离之；僧道还俗为民，聘财没官。《元典章·礼部·释道门》中亦重申了此一规定。此外，《元典章·刑部·诸禁门》中有专门禁止僧道聚众作会之规定，特别明令禁止"聚僧俗修设资戒大会"、"男女混淆、启恶召奸、伤风败俗"之类行径。关于僧道危害治安行为之禁令，元代还有禁止僧道"辄入民家强行抄化"、"伪造经文犯上惑众"、"非理迎赛神祈祷惑众乱民"、"释老家私撰经文以邪说左道诬民惑众"等律文⑤，极为严厉、苛密。

明初，洪武五年（1372年），太祖诏"僧道斋醮杂男女、恣饮食，有司严治之"⑥。此外，《大明律·户律》有禁止"僧道娶妻"专条："凡僧道娶妻妾者杖八十，还俗，女家同罪，离异；寺观住持知情与同罪。"其《礼律》有禁止"亵渎神明"专条，其所禁止者是"私家告天拜斗、焚烧夜香、燃点天灯七灯"、"僧道修斋设醮而拜奏青词表文及祈禳火灾"及"官及军民之家纵令妻女于寺观神庙烧香"等行为，刑至杖八十。《礼律》还有"禁止师巫邪术"条，规定："凡师巫假降邪神、书符咒水、扶鸾祷圣，自号端公、太保、师婆及妄称弥勒佛、白莲社、明尊教、白云宗等会，一应左道乱政之术，或隐藏图像、烧香聚众，夜聚晓散，佯修善事，煽惑人心，为首者绞，为从者杖一百流三千里。若军民装扮神像，鸣锣击鼓，迎神赛会者，杖一百，罪坐为首之人。里长知而不首者，多笞四十。"⑦

---

① 本段中的引文均出自：《五代会要》卷十二。
② 《续资治通鉴》卷九十一，《宋纪·徽宗》。
③ 《宋史·道学传·朱熹》。
④ 《元史》卷三十、三十二，《泰定帝纪》、《文宗纪》。
⑤ 均见《元史·刑法志》四。
⑥ 《明史·太祖纪》。
⑦ 《大明律·礼律·祭礼》。

清代关于禁止非法宗教活动之规定，从《大清律》看，条文几与明律完全相同，但正律所附与此有关的"条例"比明代更加丰富。如在"亵渎神明"条下，有专惩治"僧道军民人等于各寺观神庙刁奸妇女"的条例；在"禁止师巫邪术"条下，有禁惩僧道官吏军民人等挟"左道异端邪术"出入官家、擅入皇城求官的条例；有专惩"习天文之人妄言祸福煽惑人民"的条例，有专惩烧香聚徒夜聚晓散求讨布施及容留者的条例。在这些条例中，除惩罚犯法之僧道吏民外，还特别惩罚本属地方官、里正等，甚至连坐保甲、邻里。①

第五节
对奢侈、乖戾之礼佛行为的国家控制

佛教传入中国后，经常有人以走火入魔的方式礼佛。在建造寺观、办法会、写印经卷、造佛像神像等方面，有人竞相奢侈、竞相自残，以表示对佛教的格外虔诚和礼敬。土产的道教也渐渐沾染此奢靡、乖戾之风。对于这种伤损国力民力，违反人道及善良风俗的行为，国家不能不进行适当监控和制止。这也是国家宗教行政管理的一个重要方面。

禁阻佛道之奢华靡费，始于东晋时。晋安帝时，桓玄主政，曾下教令汰减沙门，其理由之一即是佛僧及寺庙的奢靡浪费："京师竞其奢淫，荣观纷于朝市，天府以之倾匮"，认为这种行径大违"佛所贵无为"之宗旨，必须禁止。②南朝时，佛教奢靡日甚，故禁奢呼声日高。宋明帝时，造湘宫寺，"备极奢丽"，明帝自诩"此是我大功德"。新安太守巢尚之谏曰："此皆百姓卖儿贴妇钱所为，罪高浮图，何功德之有！"③宋文帝时，因民间滥造"塔寺精舍"及滥铸铜像，浪费甚巨，应丹阳尹萧摹之建请，文帝乃下诏"加以限制"，令造像者须"诣台自闻"，即向中央申请；造塔寺精舍者"皆先诣所在二千石通辞"，即向各州长官申请，然后报中央批准。④南朝宋时，"东阳太守张淹逼郡吏烧臂照佛；百姓有罪，使礼佛赎刑，动至数千拜"，被人举告，"免官禁锢。"⑤此为当时禁惩自残、乖戾礼佛行为之第一例。梁武帝大崇佛教，数度舍身于佛寺，"群臣以钱一万亿奉赎皇帝"回宫。其时奢建寺院之风盛极一时，皆因梁武帝上行而群下效仿之故。又有人"刺血书经，穿心燃灯，坐禅不食"，自残礼佛之举风行，朝廷不加制止。⑥其时大臣郭祖深、荀济曾多次上书极言其弊。

在北朝，北魏太武帝和北周武帝两度大规模灭佛，都有怒其奢靡浪费之因。《魏书·释老志》载：孝文帝延兴二年（472 年），下诏禁止奢侈礼佛："无知之徒，各相高尚，贫富相竞，费竭财产，务存高广，杀伤昆虫含生之类，欲建为福之因，未知伤生之业。朕为民父母，慈养是务，自今一切断之。"这种禁令实际上并未起多大作用。事实上北朝造佛寺佛像

① 参见《大清律·礼律》。
② 参见汤用彤：《汉魏两晋南北朝佛教史》，上册，250 页，北京，中华书局，1983。
③ 《南史·虞愿传》。
④ 参见《宋书·天竺传》。
⑤ 《宋书·张劭传》。
⑥ 参见《南史·梁武帝纪》。

之多，空前绝后，至今遗留之佛教石窟石刻多为北魏时期所为。"愚夫愚妇，相率造像，以冀佛佑。"建造寺庙亦不胜列数，时人杨玄之《洛阳伽蓝记》曾描述当时奢靡之况："王侯贵臣，弃象马如脱屣；庶士豪家，舍资财若遗迹。于是招提（小寺）栉比，宝塔骈罗。争写天上之姿，竞模山中之影。金刹与灵台比高，广殿共阿房等壮，岂直木衣绨绣，土被朱紫而已哉！"① 北朝各代，除灭佛之"二武"（北魏太武帝、北周武帝）外，其余各帝大多崇佛，虽有任城王拓跋澄、大臣阳固、裴延隽、普惠、李场、杨玄之、刘昼、章仇子陁、樊逊等有识之士极言直谏劝阻"佞佛奢靡"行径，但诸帝一般不予理睬。

唐高祖虽礼遇佛教，但曾两次下诏限建佛寺，不欲其浪费。武后时，狄仁杰曾指斥"今之伽蓝，制过宫阙；穷奢极侈，画缋尽工"②，因而建议严加限禁，武后稍纳其言。唐宪宗元和十三年（818年），为迎佛骨，举国沸腾，军民不事生业，倾城礼佛。"农人多废东业，奔走京城"，甚至有"百姓废业竭产、烧顶灼臂而云供养者"，"焚顶烧指，百千为群，解衣散钱，自朝至暮，转相仿效……老年奔波，弃其业次"③。唐懿宗时，为迎佛骨，"长安豪家竞饰车马，驾肩弥路"，"悉珊瑚马瑙真珠瑟瑟缀为幡幢，计用珍宝，不啻百解。其剪彩为幡为伞，约以万队"，甚至有"军卒断左臂于佛前，以手执之一步一礼，血流洒地。至于肘行膝步，啮指截发，不可胜数。又有僧以艾覆顶，谓之炼顶。火发痛作，即掉首呼叫，坊市少年擒之，不令动摇，而痛不可忍，乃号卧于道上，头顶焦烂，举止窘迫，凡见者无不大哂焉……又坊市豪家相为无遮斋大会，通衢间结彩为楼阁台殿，或水银以为池，金玉以为树，竞聚僧徒，广设佛缘，吹螺击钹，灯烛相继"④。这些极尽奢侈浪费、残戕不仁的礼佛行径，大大败坏了社会风俗和秩序。唐武宗会昌年间进行的那次最大规模的灭佛运动，可能正是由此激发。

唐武宗灭佛之诏，明确表述了其决心灭佛之原因："洎乎九州山原，两京城阙，僧徒日广，佛寺日崇，劳人力于土木之功，夺人力为金宝之饰……寺宇招提，莫知纪极，皆云构藻饰，僭拟宫殿……风俗浇诈，莫不由是而致也。"⑤ 此次灭佛，除拆除寺庙、驱逐僧尼之外，特别"焚烧经像僧服"、"剥佛身上金"、"打碎天下铜铁佛称斤两收检"、"收纳寺家钱物庄园家人奴婢"⑥，显然主旨在于打击佛教奢侈浪费以免危害国家财政和民生。

五代时期，曾有禁止奢侈和自残礼佛之法令。后唐天成二年（927年）"条流僧尼"敕令曾明令禁止"矫伪之徒，依凭佛教，诳诱人情，或伤割形体，或负担钳索"之乖张礼佛行为，明令"此后如有此色之人，并委所在街坊巡司纠察"，依法决配。后周显德二年（955年）"条流僧尼"敕令亦明令禁绝"僧尼、俗士"所为"捨身烧臂炼指、钉截手足、带铃燃灯（等）诸般毁坏肢体、戏弄道具符箓、左道妖惑之类"乖戾、反常之自残礼佛行为，"如有此色之人，仰所在严断，递配边远，仍勒归俗"⑦。

---

① （北魏）杨玄之：《洛阳伽蓝记·序》。
② 《旧唐书》卷八九，《狄仁杰传》。
③ 《唐会要》卷四十七。
④ （唐）苏鹗：《杜阳杂编》卷三。
⑤ 《唐会要》卷四十七。
⑥ ［日］圆仁：《入唐求法巡礼记》。转引自汤用彤：《隋唐佛教史稿》，49页，北京，中华书局，1982。
⑦ 《五代会要》卷十二。

北宋王朝亦禁止奢侈和乖戾的礼佛行为。北宋初曾著令："有创造寺观百间以上者，听人陈告，科违制之罪，仍即时毁撤。"① 南宋时，《宋元条法事类》规定："诸僧道教诱人舍身者徒二年，伤重者以故杀论罪，至死者减一等，配千里。即建造舍身之具者，徒一年；以故致折损支体加二等，致杀人者又加二等。"这是打击僧道教唆他人以自残方式礼佛的行为。又规定，制作鎏金道释像塔器用而奢费者，并徒三年，工匠与同罪，许人告；以银制造者徒一年，寺观主首各减一等论罪。② 这一规定旨在打击奢侈礼佛行为。

元代虽崇佛教，但也多次明令禁止奢侈、乖戾的礼佛拜神行径。如世祖至元二十一年（1284年）曾下诏禁止"祈神赛社、扶鸾祷圣、夜聚晓散，并自伤肌肤，掛勾子，打脊硬物抄化"之类扰乱治安且乖戾、残忍的行为。又如元成宗元贞元年（1295年），曾下诏禁止愚民"废弃生理，敛聚钱物金银器皿，鞍马衣服疋缎，不以远近，四方辐凑百万余人，连日纷闹"拜神还愿于泰山的行为，特别禁止"将三岁痴儿投醮纸火池，以致伤残骨肉灭绝天理"的行为。③

明清时代情形略似，亦有相关禁令。

第六节
关于僧道营财限制及赋役问题

僧道既曰"出家"，则依教义、教理，应视财产为不净之物④。但事实上许多僧道并未能守住此戒，反而酷爱钱财，搜敛于信众。此种行径既有害于宗教形象，亦有害于国家。同时，僧道出家，必致减少国家税户、役丁，也有害于国家利益。基于此种认识，历代王朝均以法令限制或禁止僧道拥有田土奴婢、经营营利事业，并就僧道的赋役义务问题作出了相关规定。

关于僧道财产之禁限问题，最早以法令加以正式规定的，大概是北魏王朝。北魏宣武帝永平二年（509年），因沙门统惠深之建议，下诏禁止僧人私蓄财产："依（戒）律，车牛净人（奴仆），不净之物，不得为己私蓄，唯有老病年六十以上，限听（私有牛车）一乘。"又下诏斥责"比来僧尼，或因三宝，出贷私财缘州外"的行为，要求禁断。永平四年（511年），又下诏严令禁止各寺庙以"僧祇粟"放贷营利行为："僧祇之粟，本期济施。俭年出贷，丰则收入。山村僧尼，随以给施；民有窘弊，亦即赈之。但主司冒利，规取赢息；及其征贷，不责水旱。或偿利过本，或翻改券契，侵盡贫下，莫知纪极……自今以后……尚书检诸有僧祇谷之处，州别列其元数、出入赢息、赈给多少，并贷偿岁月，见在未收，上台记录。若收利过本，及翻改初券，依律免之，勿复征责。或有私债，转施偿僧，即以丐

---

① 《续资治通鉴》卷六十，《宋纪·仁宗》。
② 参见《庆元条法事类·释道门·杂犯》。
③ 参见《元典章》五十七，《刑部·杂禁》。
④ 如佛律所谓"八不净物"，均为世俗所竞求之财产：一田园、二种植、三谷帛、四畜人仆、五养禽兽、六钱宝、七褥釜、八象金饰床及诸重物。

民，不听收检。后有出货，先尽贫穷；征债之科，一准旧格。富有之家，不听辄贷。脱仍冒滥，依法治罪。"① 僧祇粟，本来是朝廷为解决寺庙僧尼的生活困难以及寺庙赈施贫民之需要而设定或筹集的，始自孝文帝承明元年（476 年），因沙门统昙曜建议而立此制。其筹集方式是：将征战俘获的一些民户定为"僧祇户"，令其向僧官衙门献给谷粟，"立课积粟，拟济饥年，不限道俗，皆以拯施。每一僧祇户只属一寺"，"不得别属一寺"。但至宣武帝时，此政弊端重重，如都维那僧暹、僧频等人因横征暴敛"任情奏求逼召"僧祇户赵苟子等二百余户，使其不堪生存，"弃子伤生，自缢溺死五十余人……至乃白羽贯耳，列讼宫阙"。此种寺院及僧官，实已蜕变为地主豪强，宣武帝不得不下诏检束之。②

北周武帝灭佛，可能亦肇因于僧人广积私财，故其诏书严令"三宝福财，散给臣下"③。据《太平广记》载，"后周武帝时，敷州义阳寺僧昙欢有羊数百口，恒遣沙弥及奴放牧于山谷。少时灭法教，资财并送官府"④。这是典型的对僧人私财大抄没的行动。

唐高祖武德九年（626 年）下诏限佛，正是缘"四京师寺观不甚清静"而起。其诏书特别谴责"猥贱之侣，规自尊高；浮惰之人，苟避徭役，妄为剃度，托号出家，嗜欲无厌，营求不息，出入闾里，周旋阛阓，驱策田产，聚积货物，耕织为生，估贩成业……或有接延廛邸，邻近屠酤，尘埃满室，膻腥盈道"等等求财营利之行为。⑤ 唐玄宗开元二年（714 年）下敕，禁止写经铸佛像营利："如闻坊巷之内，开铺写经，公然铸佛。自今以后，村坊街市等不得辄更铸佛、写经为业。需瞻仰尊容者，听就寺礼拜；须经典诵读者，勒于寺赎取。如经本少，僧为写供。诸州寺观，亦宜准此。"⑥ 这一敕令可能实质上是禁止僧道及其家人以写经铸像在市上出售营利。

北宋时，曾明令禁止寺观买卖地。"初，禁寺观毋得市田。"但这一禁令到仁宗时开始松弛：因荆门玉泉山景德院用真宗遗赐的白银三千两买田"为先帝植福"开了一个恶例，"由是寺观稍益市田矣"⑦。

明朝建文帝时，曾从虞谦之请，"限僧道田，人无过十亩"，"余以均给贫民"。明成祖永乐年间，此制遂废，"僧道限田制竟罢"⑧。

关于寺观僧道的赋役问题，大约是在唐代才正式被人提到立法制令的日程上。在此之前，僧道一经出家，本人税、役全免。虽然历代经常限制或削减僧道人数，以防逃税避役队伍过大，但似未见有人提出对僧道人员征税、征役的主张。最早主张对僧道征税、征役的是唐代宗大历年间（766—779 年）的大臣彭偃。大历二年（767 年），彭偃建议："僧道未满五十岁者，每年输绢四匹；尼及女道士未满五十者，输织二匹。其杂色役与百姓同……但令就役输课，为僧何伤？"他主张以此增加税收，且逼迫僧道还俗。代宗"深嘉

① 《魏书·释老志》。

② 参见上书。

③ 《广弘明集》。转引自王仲荦点校：《北周六典》，上册，228 页，北京，中华书局，1979。

④ 《太平广记》卷一三〇引《广古今五行记》。

⑤ 参见《旧唐书·高祖纪》。

⑥ 《唐会要》卷四十九。

⑦ 《续资治通鉴》卷三十六，《宋纪·仁宗》。

⑧ 《明史·虞谦传》。

之"①，但不知是否实行。

最早对寺观僧道正式普遍征税征役的，是北宋王安石变法时所创行的"免役法"。熙宁二年（1069年），王安石立"免役法"，令天下当役人户按户等出钱代役，名"免役钱"。"其坊郭等第户及未成丁、单丁、女户、寺观、品官之家，旧无色役而出钱者，名助役钱。"对于寺观，因其本来无服役义务，现在征钱，只能叫"助役钱"，以赞助他人服役。这实际上既是向僧道征税，又是征役，二者合一。这是无条件地向僧道普遍性地征收税钱之开始。至于有条件地向僧道征税，似乎在王安石变法以前已经有了。元祐元年（1086年）司马光的奏议中称"乞如旧法，于官户、寺观、单丁、女户有屋产，月收僦（租）直可及十五千，庄田中熟所收及百石以上者，并随贫富以差出助役钱"②，据此可知熙宁以前即有对拥有房产出租取值或拥有田地收取租谷的寺观或僧道个人进行征税（财产税、土地税）之法。司马光建议征收助役钱，只针对这种寺观或僧道，不对无房产、田产的一般寺观僧道。元祐元年（1086年），因司马光、苏轼等人反对免役法，"遂罢官户、寺观、单丁、女户出助役（钱）法"。未几，又诏"单丁、女户、官户、寺观第三等以上，旧输免役钱者并减五分"③。从这一诏令看，当时的寺观似乎也与一般民户一样按贫富分为五等，征助役钱也有级差。

南宋时期也对寺观僧道征税。高宗建炎元年（1127年），"籍天下神霄宫（道观）钱谷充经费"④。这是直接向道观摊派科索或籍没财产，也可以视为一种特殊征税。绍兴十五年（1145年），"初命僧道纳免丁钱"。这种"免丁钱"与王安石时的"助役钱"不完全相同。因为当时"言者论今官尹皆纳役钱，而僧道坐享安闲，显为侥幸"，于是高宗下诏："律僧岁输五千，禅僧、道士各二千，其住持、长老、法师、紫衣、知事皆递增之，至十五千，凡九等。"⑤征收这种"免丁钱"的原意，是认为僧道也有徭役义务，故以缴纳金钱代之。因此，其征收数额当然就不能像"助役钱"那么低了（王安石所定"助役钱"仅为一般民户免役钱的一半）。可能因为征收额太高使僧道们不堪负担，故绍兴二十九年（1159年），高宗下诏"减僧道免丁钱"⑥。后来可能干脆废除了。是故孝宗乾道七年（1171年），"诏寺观毋免役役"⑦，看来又恢复征收了。度宗咸淳十年（1274年），又诏曰："边费浩繁，吾民重困，贵戚释道，田连阡陌，安居暇食，有司核其租税收之。"⑧这似乎表明，南宋时一度不征收寺观田税，现在因军费太缺才不得不重新征收之。

金王朝亦对僧道征税，但似乎不是一般普遍性地征收。天兴三年（1234年），因大疫之后，"僧道、医师、鬻棺者擅厚利"，金哀宗乃"命有司倍征之，以助其用"。这实际上是对寺观僧道征收的营业税。⑨

元代征收僧道之田税、商税甚早。世祖事统六年（1262年），令"也里可温（基督教）、

① 《唐会要》卷四十七，《议释道上》。
② 《宋史·食货志》上五。
③ 《宋史·食货志》上五、上六。
④ 《宋史》卷二十四，《高宗纪》。
⑤ 《续资治通鉴》卷一二七，《宋纪·高宗》。
⑥ 《宋史》卷二十一，《高宗纪》。
⑦ 《宋史》卷三十四，《孝宗纪》。
⑧ 《宋史》卷四十七，《度宗纪》。
⑨ 参见《金史·哀宗纪上》。

答夫蛮（回教）、僧、道种田入租，贸易输税"。至元三年（1266 年），又"申严两夏中兴等路僧尼道士商税酒醋之禁"①。此次所申严的禁令，大约是严格实行对僧尼道士经商者征税，特别是对其经营酒醋者要严格征税。后来不久，僧道之税可能又免除了，以至于元文宗天历二年（1329 年）再度下诏征之："僧、道、也里可温、术忽、答夫蛮为商者，仍旧制纳税"，"征京师僧道商税"②。这说明在元代关于对僧尼征税问题是时反时复的。

明清时代僧尼道士征税问题，大约承袭元代的做法。对于一般僧尼不征税，但对于拥有土地房产者、经营商业者，则征收一定的财产税或营业税。

第七节
关于僧道犯罪及其审判权问题

僧道犯罪由谁来审判？在对僧道犯罪的法律适用上应否与俗众有所不同？这一问题，也是国家对僧道进行管理亦即宗教行政的重要问题之一。

最早提出这一问题是在南北朝时期。

北魏宣武帝永平元年（508 年），曾专门就此一问题颁发诏令："缁素既殊，法律亦异。故道教彰于互显，禁劝各有所宜。自今已后，众僧犯杀人以上罪者，仍依俗断；余犯，悉付昭玄（统），以内律僧制治之。"③ 依此规定，僧尼犯罪，除杀人罪以外，其他一切犯罪，均归昭玄统（以前叫沙门统）衙门审理，适用"内律僧制"亦即佛教内部的教规教律来处罚。"内律僧制"关于每一种犯罪的处罚可能都有相应的规定。

永平二年（309 年），沙门统惠深上言："僧尼浩旷，清浊混流，不遵禁典，精粗莫别。（我）辄与经律法师群议立制：诸州、镇、郡维那、上座、寺主，各令戒律自修，咸依内禁；若不解律者，退其本次"；对一般贪营财利或滥造寺舍行为，以勒令还俗或逐出外州为"僧制"之处罚；"僧尼之法，不得为俗人所使，若有犯者，还配本属"；"其外国僧尼来归化者"，如德行不佳，应遣还本国，如不愿离去，则"依此僧制治罪"。这一建言，宣武帝"诏从之"④，完全接受。从这一记载我们可以看到：当时佛教系统有"经律法师"之僧官设置，他们也许既是立法官，又是执法官，必须精通教律。"内律僧制"即教律完全可以由国家最高僧官及其立法咨询团共同订立，但需报皇帝审批。寺观"三纲"（上座、寺主、维那）等僧官不受普通司法审理；"若不解律者，退其本次"，可能是说若不能守僧律则以退位、罢职为处罚，或许是说其违法行为由沙门统衙门审理。至于其他僧尼犯法，可能还是依永平元年宣武帝诏令处理。这里特别强调"僧尼之法不得为俗人所使"，大概是说俗人犯罪，不得借口与佛事有关而要求依僧律轻处；或者是说僧人凡破戒犯罪，则是"俗人"，不得引据僧律为自己减轻应有处罚，国家不得任其逍遥法外。

---

①　《元史·世祖纪》一、二。
②　《元史·文宗纪》。
③④　《魏书·释老志》。

永平四年（511年），都维那僧暹、僧频等人因逼勒僧祇户赵苟子等二百余户交租粟太甚，致五十余人自杀，尚书令高肇奏请将僧暹等"付昭玄（统），依僧律推处"，但宣武帝特原宥而不问。① 这说明当时对僧官犯罪相当宽纵。

唐代法律基本取消了僧俗审判管辖及适用法律之区别。永徽年间所成的《唐律疏议》关于僧道犯罪，没有任何特别审判管辖（如由僧官衙门管辖）的规定，也没有在某些情况下只适用"内律僧制"之类的规定。《唐律疏议》中只有关于僧道犯罪当如何认定性质、轻重和加减处罚的几条特别规定：

（1）关于僧道内部相互侵害之犯罪的性质与程度认定。唐律规定：道士女冠僧尼侵犯其师，与凡人侵害伯叔父母同罪；师（"三纲"被视为全寺弟子之师）侵害弟子，与凡人侵害兄弟之子同罪。与此相关，唐律还规定：观寺部曲奴婢于"三纲"，与主之期亲同。这就是说，寺观附属人口（仆役、隶户）侵犯本寺观"三纲"（道观上座、观主、监斋；佛寺上座、寺主、都维那），与一般部曲奴婢侵害主人的期亲者同罪；反之，"三纲"侵害本寺观部曲奴婢，与俗间主人及主人的期亲侵害部曲奴婢之行为同罪。又规定，其寺观部曲奴婢与其他道士、女冠、僧尼的关系，等同于一般部曲奴婢与主人缌麻以上亲属的关系，其相侵害，则依相关法条。即是说：寺观部曲奴婢侵害本寺观道士、女冠、僧尼，相当于一般部曲奴婢侵害主人的缌麻亲属；而一般僧尼、道士侵害本寺观部曲、奴婢，相当于一般人侵害缌麻以上亲属的部曲、奴婢。但是，这两条关于三纲僧道与本寺观部曲奴婢间相犯的原则，不适用于奸、盗二罪（详见后文）。即是说，僧道"三纲"奸、盗部曲奴婢，与他们奸、盗凡人情形一样论罪。②

（2）关于僧道犯奸罪，从唐律规定可推知，"三纲"僧道奸俗凡人等，或者无尊卑关系的僧道之间相奸，其罪"加凡奸二等"，亦即比凡人之间相奸加重二等处罚。如凡人之间的"和奸"（通奸）徒一年半，僧道相奸或僧道奸凡人则徒二年半。如有男子与女冠或尼姑奸（和奸），女冠和尼姑要处徒二年半，而该男子仅处徒一年半。至于有尊卑关系的僧尼道士女冠之间相奸，则要比同伯叔父母与侄子侄女之间相奸案来处理了。唐律规定奸伯叔母、姑、兄弟之女者，绞；则"三纲"师主奸一般僧尼、道士、女冠，或相反者，都处绞刑。这时当然不存在再按"僧道犯奸加凡人罪二等"的原则来加重的问题了。

（3）关于僧道犯盗罪。唐律规定，师主盗弟子或弟子盗师主，都"同凡盗之法"，盗部曲奴婢亦然。一般僧道盗凡人物，也同凡盗法。但若是在同财的师徒之间，弟子私取用财物者，则依凡人"同居卑幼私辄用财"之律处理，远比凡盗处罚轻。但是，对于僧道人员"盗毁佛像、天尊像、真人像、菩萨（像）者"，又比常人盗毁神像（徒三年）罪加重处罚，处以加役流。因为这不仅是盗罪，还是渎神罪。但道士女冠盗毁佛教的神像和僧尼盗毁道教的神像，则同凡盗法，因为那不是他们的神祇。

（4）关于发现僧道还俗前的犯罪之处理，唐律规定："诸道士女官时犯奸，还俗后事发，亦依犯时加罪，仍同白丁配徒，不得以告牒当之。"告牒，盖即还俗文凭。此即规定不得持此文凭要求减轻奸罪处罚（即不得要求按常人之间的奸罪减轻处罚）。这里提到的"仍

---

① 参见《魏书·释老志》。
② 部曲奴婢奸、盗本寺观三纲僧道，是否与凡人之间相奸、相盗同罪？不清楚。

同白丁配徒"，即是说，虽然量刑上要视其为僧道，加重二等处罚，但在具体决配徒刑场所时完全视为凡俗人等决配（如遣至官府或军中为徒役，遣至盐场矿山为徒役或修工程等）。这可能表明，对未还俗的真正"现职"僧道的"配徒"即徒刑执行方式可能不同于常人，可能是发给寺院为徒役，或用别的方式代役。

（5）关于僧道犯罪的连坐问题，唐律规定："道士（僧尼同）及妇人，若部曲奴婢犯反逆者，止坐其身"，不连坐亲属。① 此即规定僧道人员既然视为出家，则其犯谋反、谋叛、谋大逆之罪（依常法应株连其亲属）者，不得像常人一样株连亲属。

从以上规定我们可以看到，唐代对僧道犯罪的处理，除了奸罪加重处罚、盗毁神像罪加重处罚、师主与弟子间相侵犯视同叔侄相害等规定之外，其他并没有什么特殊之处，都适用统一的国法，其实并没有两套法制或两套审判系统。如此之类"僧俗一律"的规定，在执行中可能有些不便或障碍。因此，在玄宗朝就有人主张僧俗应有些区别。开元二十九年（741 年），河南采访使齐澣奏言："伏以至道冲虚，生人宗仰，未免鞭挞，孰瞻仪型。其道士僧尼女冠等有犯，望道道格处分②，所由州县官不得擅行决罚。"③ 玄宗纳其言，"敕旨：依宜"④。这是规定州县官不得在公堂对僧道决罚鞭杖，以免有损出家人形象、尊仪、体统。这是不是规定所有笞杖之罪都由僧官（司）衙门或其本寺观师主按僧道内律来处罚？如果是这样，则是对《唐律》的重大修改，因为《唐律》中根本就没有笞杖之罪依"内律"由僧司处理之规定。与此相似，代宗时曾诏天下官吏不得箠曳僧尼。⑤ 盖以僧道既是出家通神之人，是传播圣道的专业人员，应有特别的体面尊严，不得任官吏笞之而使露丑于俗众，否则影响宗教本身的严肃形象。

五代时期，僧道犯罪之禁或许大为放松，其一般犯罪可能均依"内律僧制"由僧司自行处理。是故后周显德二年（955 年），世宗柴荣特别下敕重申："今后僧尼中有犯盗窃、奸私、赌钱物、醉及蠹害、欺诈等罪，并依法科刑，仍勒还俗。罪至死者，准法处分。"⑥ 这或许是把对僧道犯罪的审判权基本上全部收归国家司法机关；盖在此前法律规定的"僧俗一律"虽未改变，但实际处理时僧人往往不受国家司法审判，所以世宗要特别下诏以矫正其积弊。

北宋时期，关于僧道犯罪及其审判权之规定完全同于唐律。南宋时期，《庆元条法事类》关于僧道犯罪的规定有些改变，特别是关于审判和处理程序规定得相当详细。第一，规定寺观内有僧道内部轻微诉讼之审判权："诸僧道争讼寺观内事者，许诣主首。主首不可理者申送官司。"就是说，寺观主首可理者，就由其自行调处、仲裁或审判。第二，明确规定师主弟子之间相犯"不入十恶"。第三，规定僧道犯杖刑以下私罪，及僧道录等僧官犯徒刑以下公罪，都可以收赎；僧道犯盗、诈、吓恐财物、赌博、放殴伤人、避罪逃亡，及犯

---

① 以上五条系据《唐律疏议·名例六》"称道士女官"条，《杂律上》"监主于监守内奸"条，《赋盗三》"盗毁天专佛像"条，《贼盗一》"缘坐非同居"律条文及疏议整理综述引申。

② 《佛祖统纪》卷四十作"僧道格律"。

③ 《佛祖统纪》作"决罪"。

④ 《唐会要》卷五十，《尊崇道教》。

⑤ 参见《旧唐书·王缙传》。

⑥ 《宋刑流》卷二十六，《杂律》引。

应处徒刑以下私罪或应处流行以下公罪，"并编管"（即编于边镇军籍而服徒役）。第四，僧道娶妻者，"各以奸论加一等"。这也可能是在《唐律》及《宋刑流》关于僧道犯奸加凡奸二等论罪的基础上再加罪一等。第五，关于僧道犯盗，补充规定：诸僧道及童行盗本师财物而逃亡者，以凡盗论。不再以"同居卑幼辄私用财"之律而减轻其罪。①

元代法律亦有限地承认寺观对轻微案件的仲裁审判权。《元典章》规定："除刑名词讼违法事理有司自有定例外，据僧道不守戒律、违别教法、干犯院门，凡行亵渎，听从住持师长照依教门清规自相戒谕，所在官司不得非理妄生事端勾扰不安。违者，听赴上司陈告。"还规定，僧人犯罪，若系奸盗诈伪、致伤人命罪案，由管民官司审问；其余僧道内部相犯，"其余和尚自其间不拣甚么相争告的勾当有呵，本寺里住持的和尚头目结绝者"。就是允许寺观的主持等自行仲裁解决。至于僧俗相争，如系田土争讼，"管民官与各寺里住持的和尚头目一处问者"，此即地方官与僧官会审（约会词讼），其会审地点是在"有司的衙门"。若僧官（住持头目）约好后不到庭，则管民官单独判处。《元典章》还就儒、僧、道三教人员之间争讼的审理作出规定：若有三教人士中间"有争差的言语"，应组织一种"三教头目会审"："和尚每（们）为头儿的、先生（道士）每（们）为头儿的、秀才每（们）为头儿的，一同问者。"② 这种"三教长老会审"倒是元代的一大创造。此外，元代对僧道犯奸、娶妻的处罚大大减轻。如规定僧道娶妻杖六十七，离之，勒还俗；这比凡人"和奸"杖七十七还轻。甚至规定河西（甘肃地区）僧人娶妻为合法。③ 这些特殊规定也与元代过分尊崇佛教（含喇嘛教）、宠纵僧人有关。

明代关于僧道相犯之类犯罪的性质认定，仍坚持师弟子相犯等同伯叔父母与侄子女相犯，但取消了寺观部曲奴婢与"三纲"相犯特殊处罚之规定。《明律》仍坚持"僧尼道士女冠犯奸者，各加凡奸罪二等"，其"拟罪条例"特别规定了僧道犯奸不问"有无度牒"即不管是否合法出家，均依加二等之律问罪，并"于本寺观门首枷号一个月"之后发落徒役。还特别规定：僧道官、僧道人士有犯"挟妓饮酒者，俱问（奸罪并）发原籍为民"④。

清律关于僧道犯罪规定承袭明律，连相关"问刑条例"也直接沿用。除此之外，清律"问刑条例"更补充规定，"僧道尼僧女冠有犯和奸者，于本寺观庵院门外枷号两个月，杖一百。其僧道奸有夫之妇及刁奸者，照律加二等，分别杖徒治罪，仍于本寺观庵院门首各加枷号两个月"⑤。

---

① 以上均参见《庆元条法事类·道释门》之"总法"、"杂犯"两部分。

② 以上分别出自《元典章》三十三，《礼部·释道》；五十三，《问事》、《约会》。又参见《元史·刑法志》一。

③ 参见《元史·刑法志》二、三。

④ 以上分别出自《大明律·名例》及《刑律·犯奸》。

⑤ 《大清律·刑律·犯奸》。

第二十三章

蕃政归化：传统中国的边疆民族行政制度

本章主要讨论中国古代的边疆和民族事务行政制度。从官民关系的角度看中国传统政治下的边疆和民族事务行政，以下几类问题应该纳入讨论：一是中央政府对边疆地区暨少数民族人民的统治或管理模式，二是中央政府对边疆地区或少数民族人民户籍、身份的管理及归化政策，三是中央政府为边疆地区和少数民族特设的赋役制度，四是少数民族人民民刑案件的管辖及法律适用问题。关于这四大问题的法律制度，应是传统中国关于边疆和少数民族事务的行政法律制度的主要部分。至于与边疆或少数民族行政相关的其他问题，如和亲问题、会盟问题、质子问题、朝觐问题、册封问题等等，均不是中央与少数民族地区人民之间的直接关系问题，而只是中央与四夷属国官方"准外交"性质的事务，不应纳入本章的讨论中。

第一节
中央政权对边疆和蛮夷部族的管治模式

在传统中国的政治哲学中，关于国内的"蕃政"和国际"外交"，并无明确的区分意识。在古人看来，中国的中央政权是世界万国的中央或宗主，四方的异族政权都应是中国的属国。只有中央"怀柔远人"和四夷"朝觐贡献"，没有平等"外交"可言。对于较近"中国"的异族大小政权及人民，中央或特设管理机构进行管理，但制度则尽可能因其民族旧制；或委任其原有酋长代中央治理。对于距"中国"稍远一些的少数民族，中央或设区域警察或宪兵性质的"都护府"以维护各蕃国之间互处秩序，以威力督促其"和顺"和朝贡，以维护中央或全国利益。对于更远的异族政权，中央无力进行上述管理，则只要求其象征性地不定期贡献方物，中央并以赏赐的名义回赠以珠玉珍宝。中央所求者仅为名义上对中国执礼恭敬、不寇犯而已。这些关系，都是在中央与地方政权关系模式下的关系，因而同时也是对四夷人民的管治模式。

相传早在夏代即已形成了管治四夷地区的"五服"模式。"四海会同……中邦锡土姓。"以王畿为中心，向四边扩展，每五百里为一种关系等级，"五百里甸服"、"五百里侯服"、"五百里绥服"、"五百里要服"、"五百里荒服"。"服"就是"供王事"，亦即为中央服务之意：甸服，即为中央"治田出谷"；"侯服"即候王命随时出差役；"绥服"即为中央行安抚之事；"要服"即"要束以文教"即与中央定约而守法无叛；"荒服"即"因其故俗而治之"并谓为天子守远方。① "五服"中真正代表中央与四夷关系的，可能只是"要服"、"荒服"。而"绥服"以内是"诸夏"地区，是华夏族的诸侯国，基本上为中央"封建"行政之区域。

夏朝是否有如此准确的"五百里一服"之分野，值得怀疑，但《禹贡》的这一记载应反映了当时中央政权对四夷地区管理的基本模式或构思，即根据远近距离不同或民族进化程度不同，实行不同的管治制度，尽量"因俗而治"，不将中央区域的制度文化一概强加给少数民族地区。这种"五服"之制，表面上看，只是少数民族地区政权和人民对中央尽义务的等级模式，但实际上正反映了中央对这些地区人民的管理模式：离王畿越近，中央直接管理、干预、使令越多，反之越少。也就是说，离王畿越远，民族区域自主权越大。

商周时代可能仍坚持"五服"制度。《国语·周语》谓"先王之制，邦内甸服，邦外侯服，侯卫宾服，蛮夷要服，戎狄荒服"，其意大约与夏制同。"要服者贡，荒服者王"，即"要服"应向中央贡献方物，"荒服"则只需承认中央的宗主地位就够了。"戎者，来者勿拒，去者勿追"②，即有随时加盟或退盟的自由。这些民族邦国如果违反义务，则如何？"有不贡则修名，有不王则修德"，就是对不尽义务的民族邦国加以警告、劝教，此即"让不贡，告不王"，"有威让之令，有文告之辞"③。"修其教而不易其俗，齐其政而不易其宜"④，即尽可能维持一种既有服从中央之名并有地方自主之实的管治关系，这就是《春秋公羊传》所谓"王者不治夷狄"⑤。这至少是当时"中国"的政治精英们所憧憬的对"要服"、"荒服"地区关系的理想模式。

秦汉时代对边疆少数民族地区采取兼并开拓政策。对于匈奴地区，在以武力驱逐不肯臣服的匈奴部落后，设边郡管治愿意归附的匈奴人民，并迁内地人民到边地新建郡县以"实边"开垦。如秦击匈奴得林胡、楼烦之地置九原郡，汉在匈奴故地设朔方郡、酒泉郡、武威郡、张掖郡、敦煌郡等等。对于内地山区的蛮夷部族，也采取盟誓结信的策略。⑥ 有时对匈奴采取"和亲政策"，接受匈奴王的名义上的臣服，承认其对匈奴人民的统治权。在西域地区，汉朝廷多次派军队西征，击败匈奴及亲匈奴的势力，解除匈奴对西域地区各民族的奴役，使西域三十六国臣服于汉朝。汉中央在西域设立西域都护府，实为中央派驻该地

① 参见《尚书·禹贡》；周秉钧：《尚书易解》，79 页，长沙，岳麓书社，1984。

② 《春秋公羊传·隐公二年》。

③ 《国语·国语上》。

④ 《礼记·王制》。

⑤ 《春秋公羊传·隐公二年》。

⑥ 《通典·边防典》三，《南蛮》："秦昭襄王时有一白虎，于蜀、巴、汉之境，伤害千余人，昭王乃募有能杀虎者，赏邑万家。时有巴郡阆中夷（今阆中郡县）廖仲等射杀白虎。昭王以其夷人，不欲加封，乃刻石盟要，复夷人顷田不租，十妻不算（一户免其一顷田之租税，虽有十妻，不输口算之钱），伤人者论，杀人得以赎钱赎死。盟曰：'秦犯夷，输黄龙二双，夷犯秦，输清酒一锺。'夷人安之。"此后不久的秦王朝对于内地蛮夷部族的策略大抵如此。

区的"维和机构"或警察机构，防止匈奴侵犯并防止各小国间互相攻杀，并作为西域各国与中央联络的桥梁。汉政府还在西北羌氏部族故地设护羌校尉，在东北乌桓部族地区设立乌桓校尉，用意与此类似。但"西域都护"主要是维护西域各国之间的"国际"秩序，而护羌校尉、乌桓校尉则主要维护两地各部族人民间的互处秩序。[①] 此外，对于征灭的南方少数民族小国，常存其国号，属之汉朝中央，称为"属国"，设"属国都尉"管治之。

汉代中央对少数民族地区的管治模式，最值得注意的一大特色是土流双重管理制度。对于实际上直接归属了中央版图的少数民族地区人民而言，其统治是双重的：中央除了直接任命汉人为太守、长史、校尉、都尉、属国都尉（此皆谓"流官"）驻其地进行统治以外，又封少数民族首领为当地王、侯、邑长等继续治其民。此即所谓"以流官治其土，以土官治其民"。如西汉时平西南夷置牂牁郡，而夜郎君入朝，朝廷遂封其为夜郎王；置益州郡时，"滇离西夷举国降，请置吏，入朝，于是……赐滇王王印，复长其民"[②]。在西域地区，在西域都护府之外，"诸国官皆用其国人为之，而佩汉印绶"，"自译长、城长君、监、吏、大禄、百长、千长、都尉、且渠、当户、将、相至侯、王皆佩汉印绶，凡三百七十六人"[③]。东汉初，在复设乌桓校尉的同时，朝廷封来朝贡附汉的乌桓大人（贵族）为侯王君长者81人。这类"土流双治"模式为后世树立了良好的典范。在这种模式下，中央派驻的"流官"一般不直接管理少数民族人民，主要是监督君长、催促贡赋、维护部族间秩序。当然，有时也可能对这些君长的滥杀部民、滥征超额贡赋、阻止部民对中央尽义务等行为进行干预或处罚。

魏晋南北朝时期的番政管理模式比较杂乱，但大多因袭前代。首先是"校尉"制度，如西晋和南朝曾置西戎校尉、平越中郎将、南夷校尉、南蛮校尉、宁蛮校尉、安蛮校尉、平蛮校尉等等，地位等于或高于州刺史，负责管治各地方少数民族事务。与此相类似，晋在西域设"戊已校尉"和"西域长史"，负责军事、屯田和监护西域诸国。其次是左郡左县"以夷治夷"制度。左郡左县一般设于边疆少数民族地区或内地"蛮民"集居的山区附近，以"豪酋"、"酋帅"为刺史、郡守、县令，治理其民。如南朝刘宋时"以蛮户立宋安、光城二郡，以（田）义之为宋安太守，（田）光兴为龙骧将军、光城太守"[④]。田义之、田光兴二人为西阳蛮首领。南齐时，郢州蛮首领田驷骆、田驴五、田何代等被任命为当地左郡太守。这种左郡左县一般不改变其原有社会组织，朝廷一般也不干涉其内部事务，仅"存名以训殊俗"，只冠以郡县之名以示羁縻。[⑤] 对有些地区，甚至郡县之名也不必用，仅由中央授以蛮夷渠帅一定的封号承认其地位，如蜀汉曾给五溪蛮夷渠帅授印号，拜其为"侯"或"王"；诸葛亮平南中，"皆即其渠帅而用之"[⑥]。晋曾封鄯善王、焉耆王、龟兹王等为"晋守侍中"、"大都尉"、"奉晋大侯"等名号。除此之外，魏晋南北朝时期还经常强制或半强制

① 参见张有隽等：《中国民族政策通论》，28～30页，南宁，广西教育出版社，1992。

② 《史记·西南夷传》。

③ 《汉书·西域传》及《补注》。

④ 《宋书·蛮夷传》。

⑤ 参见吴永章：《中国土司制度渊源与发展史》，58～62页，成都，四川民族出版社，1988。

⑥ 《三国志·蜀志·诸葛亮传》裴松之注引《汉晋春秋》："亮至南中，所在战捷……遂至滇池。南中平，皆即其渠帅而用之。"

迁徙少数民族人民，编入汉族州郡县为编户齐民，如曹操分匈奴归附的三万余落为五部，初"立为五部，各立其贵人为帅，选汉人为司马以监督之"，后来干脆分别编入并州兹氏县、祁县、蒲子县、新兴县、太陵县等等。这种管理，基本上等同于汉民百姓之管理。①

隋唐两代对少数民族地区人民的管理模式，以羁縻政策为代表。所谓羁縻，就是维持联系。隋时为吐谷浑、高昌、东突厥、西突厥立王或认封其王，承认其对本族的统治地位，旨在"以夷治夷"。朝廷"置诸道总管，以遥管之"，但实际上不干预各族政权的事务，只是维持一种中央与地方的名分联系。唐代在630年平定东突厥之后，在其旧地设置府州，曰羁縻府州。"自太宗平突厥，西北诸蕃及蛮夷稍稍内属，即其部落列置州县，其大者为都督府，以其首领为都督、刺史，皆得世袭。"② 这并不改变少数民族原有组织形态，只是换个名义承认其首领的统治地位。朝廷利用其传统的权力统治管理少数民族人民。从在突厥故地设羁縻州府开始，到开元年间设置黑水都督府为止，百余年间，唐王朝先后在东北、北方、西南、南方共设置了856个羁縻府州，是开元时期内地府州（328个）的2.6倍。③ 这些羁縻府州，按地区位置分别由关内、河北、陇右、剑南、江南、岭南诸道管辖。这些羁縻府州的首领常常既是朝廷的"都督"，又是本族政权的国王或可汗。但其王位或汗位必须得到朝廷的册封或认可，新王或可汗继位须经中央册授方为合法。其原有的政治机构不变、制度不变，大小官吏一律由本族人充任。中央在一定的羁縻府州之上设都护府或都督府，"中国置长史就其部监领之"④。即是说，除都护府、都督府的最高长官由少数民族酋长兼任以外，中央派汉族官吏为副手进行监视、辅助。当然，在有些地区并不委当地酋长为都督、都护，而是直接派汉官为都督、都护，甚至其羁縻州府的统治机构由汉官和当地豪酋共同组成，"擢酋豪有功者为都督、刺史，令与华官参治"⑤。这似乎是以华官为主进行统治。这类不同的管治方式大概依各地各民族的汉化程度不同而选择，汉化程度最浅者或根本未汉化者自治程度越高。

宋代对唐代的羁縻政策有所改进。首先，宋代所设羁縻州县小而多，大大削弱了少数民族豪酋的势力。宋的疆域不及唐代之半，但竟也设有263个羁縻州，且仅在南方和西南地区："成都府路所设羁縻州：黎州五十四，雅州四十四，茂州十，威州二。潼州府路所设的羁縻州，叙州三十，泸州十八；夔州路所设的羁縻州：绍庆府四十九，重庆府一；广南西路所设的羁縻州：邕州四十四，融州一，庆远府十。"⑥ 在一个州或府的地域内竟为少数民族设置多达五十多个"羁縻州"，其规模之小可想而知了。除极个别羁縻州有千户之众外，大多不满百户，最小者甚至只"管部落五十户"⑦。宋代对这类羁縻州县按大小特征确定了等级和专名：大者为州，小者为县，又小者为洞（或峒）。有的称"归明州"，有的称"溪洞州"。从行政层级而言，羁縻州一般不统县，故羁縻州、县、洞应为同级民族政权。

---

① 参见《晋书·北狄·匈奴传》；《资治通鉴》卷六十七，《汉纪》五十九。
② 《新唐书》卷四十三，《地理志》七下。
③ 参见《旧唐书·地理志》。据《中国民族政策通论》（65页）之统计。
④ 《唐会要》卷九十六。
⑤ 《新唐书·东夷传》。
⑥ 《宋史·地理志》。
⑦ （宋）范成大：《桂海虞衡志》。

如邕州都督府下羁縻州四十四、县五、峒十一。三者显然只有大小之分，没有层级之异。在这些羁縻州、县、洞，宋王朝均采"推其雄长者为首领"之策①，设土官进行统治，有时又委派寨官、提举等汉官，派驻汉军，进行监督和控制。其次，为了控制土官，宋制常将土官调离本土任内地官职。又明令禁止土官在其原辖地自署职名，一切人事任用权均统之中央。再次，宋朝形成了比较明确的"土官承袭法"，如"州将承袭，都誓主（土司盟主）率领酋合议，子孙若第侄亲党之当立者，具州名移辰州为保证，申钤辖司以闻，乃赐敕告、印符，受命者隔江北望拜谢"②。这样一来，土官的承袭与汉官的任命，除人选特殊外，具体委任程序几乎没有区别，这显然使得中央对少数民族地区和人民的直接管治大大加强。宋代在羁縻州县直接对人民"计口授田"，以国家名义授土地给"山瑶峒丁"等少数民族人民，又令其"输纳租税"，或"岁输税米于官……以诸峒财力养官军"③，这似乎也是唐代所没有的。此外，与唐代的羁縻州县不同，宋代对羁縻州县人民进行相当严格的户籍管理，"籍其民为壮丁"，经常清查"隐丁"，"使为良民"，把人民编为"土丁"、"峒丁"、"撞丁"，或调内地从征，或"杂官军戍边"④。这使少数民族地区人民作为土司豪酋奴隶或农奴的身份大大减弱，而其作为国家臣民的身份大大加强。

自元代开始，土司制度开始确立。土司不同于唐宋的羁縻土官。土官是割据一方的少数民族首领归附王朝后，中央依其势力大小及地域狭阔而划定州县并认可其首领的地位。土官与中央王朝仅是朝贡关系。土司则不然，完全由国家在少数民族豪酋中任命，其所辖区域民户均直属国家，"额以赋役"。土司的职责是"听我（中央）驱调"，"奔走惟命"，为中央政权催征赋税、维护治安，与内地官员职责无异，所不同者仅在袭替尚世袭这一点上，但"袭替必奉朝命"⑤。这表明土司已完全纳入封建国家正式官僚体系。元朝的土司，主要在西南地区民族区域设置，按等级分为宣慰司、宣抚司、招讨司、长官司等，其级别大约分别相当于路、府、州、县。除此之外，在有些少数民族地区直接设路、府、州、县，使用少数民族首领为官（刺史、县令等），亦称"土官"，故"土官"亦属"土司"范畴，二者在元时杂称，并无根本不同。土司土官管辖地区的人口、田地，须造册登记上报朝廷，民户"皆赋役之，比于内地"。这表明土司土官的国家公役身份与流官基本无异。在地域广阔的吐蕃地区，元朝并未实行土司制度，而是在中央设宣政院（初称总制院）"管领释教僧徒及吐蕃之境"，实行政教合一的管治体制，丝毫不改变西藏地区原有组织及体制。宣政院以吐蕃宗教领袖为"总领院事"，并尊为"帝师"，授以印衔。对历代吐蕃帝师，"朝廷所以敬礼而尊信之者，无所不用其至"，以至于"帝师之命"也"与（皇帝）诏旨并行于西上"⑥。由于"帝师"或"萨迦法王"及宣政院都在京师，实为中央对吐蕃的管理机构或最高长官，无法直接处理吐蕃地方政务，于是元朝政府委任萨迦家族的贵族代表出任"萨迦本钦"一职，具体管理吐蕃地方政务。他是吐蕃地方的实际行政首脑，代表中央和帝师进

---

①　参见（宋）范成大：《桂海虞衡志》。

②　《宋史·蛮夷列传》。

③④　（宋）范成大：《桂海虞衡志·志蛮》。

⑤　《明史·土司传》。

⑥　《元史·百官志》一。

行管理。①

明代土司土官制度承袭元代，亦有宣慰司、招讨司、宣抚司、安抚司、长官司等土司之名，亦有土府、土州、土县及土巡检、土驿丞等土官设置。土官、流官各自成体系，界限十分清楚。土司对中央有更大的自主性；土官则几乎接近汉官，介乎土司与流官之间。土司必须由朝廷直接任命，"袭替必奉朝命，虽远万里，必赴阙受职"②。土司子弟世袭其职仅为朝廷特恩，不认为当然权利或惯例："其官虽世及，而子请袭之时，必以并无请袭之文上请，所奉进止以必以姑准任事仍不世袭为词，欲示以驾驭之权。"③ 关于土司的朝觐及赋贡定额，明代有明确的规定，但一般比内地远为低而轻。土司依定额在其属地征收赋税，并每三年进京朝觐纳贡一次。土司之兵，平时只许用于境内治安；其他征调，须听命中央，不得擅自出境用兵。清代的土司制度大致同于明代。

明清两代的"改土归流"运动，是中国传统政治中对少数民族区域管理政策的一次重大变革。"改土归流"的主要内容是：改土司为府、州、县，由中央派官治理；或废除府、州、县中的土官，全部任用流官；同时丈量土地、额定赋税、设兵防守等等。

明代的"改土归流"一般是在下述情况下进行的：（1）平定土司叛乱后改设流官。如永乐时平定思州、恩南宣慰司叛乱后，设思州、思南、镇远、铜仁、石阡、乌罗、新化、黎平等八府，上设贵州布政司统治。（2）土司因争夺承袭权发生内讧，经平定后改设流官。（3）土官彼此互相仇杀，经平定后改设流官。（4）因土司绝嗣而改设流官。（5）因当地人民要求废除土官而改设流官。此外，土官流官化，即选派土官到中央或外地任流官，也是"改土归流"的方式之一。④

清代的"改土归流"，自雍正四年（1726 年）进入高潮。是年春，清廷任命鄂尔泰为云、贵、广西三省总督，大力推动西南地区"改土归流"运动。在鄂尔泰主持下，土司土官凡"为乱者"改，"不法者"改，"互争不息者"改，"土民请愿者"改，"自请纳土者"改，"土司绝嗣者"改。但凡有可乘之机，即行"改流"。"改流"后于其地派驻流官，增营设汛，编立保甲，审定户口，稽查人丁，丈量土地，报亩升科，广开儒学，与内地一体对待。对于尚未"改土归流"的土司土官，清政府也明确规定土司土官应受流官管辖节制，使其土司名存实亡。此外，还实行土司分裂法，将某一土司原辖之地分裂为若干块，令其支庶子侄等分治之，借以削弱其权。经这样较彻底的改土归流之后，土司土官即使在少数地区名义上存在，但已与流官无异，甚至已降为内地里甲之类职务。朝廷定明：其职责，"惟贡、惟赋、惟兵"。贡献，不必派人送到京师，而是就地就近交纳于流官。朝廷不再给予"回赐"，使其贡献成为纯粹的义务。征赋，即为国家催征赋税，按国家规定的额度在所辖部民中征收。土兵，仅用于维持当地治安及听从流官调遣。对土官亦实行三年一大计（即考核），决定升降奖惩。⑤ 土司土官从地方民族区域全自治、半自治性质的官员演变为纯粹的中央政府走卒，成为代表国家治理当地百姓的官吏，这一变革是巨大的，也是有积极

---

① 参见翁独健主编：《中国民族关系史纲要》，554 页，北京，中国社会科学出版社，1990。

② 《明史·土司传》。

③ 《四库全书总目提要·土司底簿》。

④ 参见翁独健主编：《中国民族关系史纲要》，643 页，北京，中国社会科学出版社，1990。

⑤ 参见张有隽等：《中国民族政策通论》，107~112 页，南宁，广西教育出版社，1992。

意义的。从此，国家对绝大多数地区少数民族人民的管治成为直接管治，与汉族地区一样的官民关系真正确立。

在广大的西藏地区，因情况特殊，清廷并未实行流官治理，而是承认达赖、班禅对该地区政教合一的统治，中央派驻藏大臣对其政务进行监督指导。这仍有土司土官统治性质。但自乾隆五十七年（1792年）订定西藏"善后章程"以后，达赖权力受到限制，驻藏大臣权力和地位大大加强，"一切事权，俱归驻藏大臣管理"①。西藏地方政府的官员，要由驻藏大臣和达赖拣选人员奏请中央任命，官员的升迁赏罚也由驻藏大臣处理。西藏对外事务也由驻藏大臣处理，邻国入藏朝佛，达赖、班禅与邻国书信往来，必须由驻藏大臣处理，或与达赖班禅商议酌情回信。其他西藏官员，一律不许与邻国私自通信往来。凡边界重大事件必须按驻藏大臣的意见办理。西藏财政，也归驻藏大臣统一审核，全面安排。"善后章程"还对西藏的官吏编制，官吏职责、升补等问题作了详细规定，又对西藏的铸钱、征赋、制造火药、司法、外事、贸易等等作了具体规定。更为有意义的是，通过"金瓶掣签"制度，对达赖、班禅职务的继任人选取得了控制权，使这两个"法王"职务实际上成为中央任命的官员。为了控制达赖、班禅家族势力"土司化"，善后章程还规定两家族的成员不得担任西藏地方政府的任何官职。这样一来，西藏与改土归流后的西南民族地区已无多少差别。藏区人民，皆成为中央直接统属的"子民"。清人魏源云："自唐以来，未有以郡县治卫藏如今日者。"② 即是说，中央对西藏的行政统治也与内地郡县的行政统治差别已经不大了。

第二节
对边疆和蛮夷部族的抚教、同化和归化制度

对边疆少数民族地区及人民进行抚教、同化，促成其归化，是中国古代边疆民族政策的一个重要方面。据说，早在夏代，即有教化四夷的模式。《尚书》载，大禹时代，中国的"声教讫于四海"③。但具体是如何"传声教"或"揆文教"的，则无从得知。在周代，国家对"要服"、"荒服"之地人民有"修名"、"修德"之制，具体如何进行也不详。《礼记》载，周时对边疆和少数民族的教化政策，有"修其教不易其俗，齐其政不易其宜"的原则，亦即既要促使其与华夏文化接近，但又要尊重其生活习惯："中国戎夷，五方之民皆有性也，不可推移。东方曰夷，被发文身，有不火食者矣；南方曰蛮，雕题交趾，有不火食者矣；西方曰戎，被发衣皮，有不粒食者矣；北方曰狄，衣羽毛穴居，有不粒食者矣。中国夷蛮戎狄，皆有安居、和味、宜服、利用、备器。五方之民，言语不通，嗜欲不同。达其志，通其欲"④。这就是说，在对少数民族人民推行汉族文明教化时，有所变，有所不变：

---

① 《清高宗实录》卷一四一九。
② （清）魏源：《圣武记》卷五。
③ 《尚书·禹贡》。
④ 《礼记·王制》。

要尊重他们与"德教"并无太大矛盾的生活习性或习惯、风俗，但是也要"达其志，通其欲"，就是加强不同民族之间的文化交流与沟通。关于身份管理，周代尚未见有对少数民族人民进行户籍登记及身份管理之记载。

秦汉时代开始有了较为明确的夷民教化和管理制度。

秦时，对巴中地区蛮夷，有按户出"嫁布"、"鸡羽"为特殊赋税的制度；对巴郡夷人有功绩者，有按户"复夷人顷田不租，十妻不算"①之赋税减免制度。据此可知，秦代显然通过某种形式对这些地区的蛮夷户口进行过一定的普查登记，至少应有当地酋长向朝廷报告户口总数并由中央适当查核的相关制度。为了进行民族同化，秦汉时代还常大规模迁徙少数民族人民入内地与汉族人民杂居，如秦时曾对越国后裔进行大迁徙。

汉代，基本承袭秦代的边疆民族政策。首先是对曾经叛乱的蛮夷部族强制迁徙并同化。如汉初曾将东瓯人"举国徙中国，乃悉与众处江淮之间"②，旨在促使民族同化。东汉光武帝，平定巴郡蛮反叛后，"徙其党与数百家于南郡长沙而还"；在平定南郡蛮叛乱后，"徙其种人七千余口置江夏界中"③。这些举措，虽大大加快了民族同化的进程，但对少数民族无尊重可言。这种强制迁徙同化的政策，当然只是在非常时期、非常情形下，特别是在少数民族"反叛"、"入寇"的时候。平常时期是不会如此的，在平常时期，朝廷更鼓励地方官用汉文化推广的方式进行民族同化。如西汉平帝时，锡光为交趾太守，"教导民夷，渐以礼义"，使"岭南华风"渐成。东汉光武帝时，任延为九真太守，"九真俗以射猎为业，不知牛耕……（任）延乃令铸作田器，教之垦辟……又骆越之民无嫁娶礼法，各因淫好，无识对匹，不识父子之性、夫妇之道，（任）延乃移书属县，各使男年二十五至五十，女年十五至四十，皆以年齿相配……其产子者，始知种姓"④。为了促进汉化，汉王朝甚至采取将汉族罪徒移居少数民族人民中间以传播汉文明的特殊方式："凡交趾所统，虽置郡县，而言语重译乃通。人如禽兽，长幼无别，项髻徒跣，以布贯头而著之。后颇徙中国罪人使杂居其间，乃稍知言语，渐见礼化。"⑤在少数民族聚居地办学校，也是实行教化、同化的更重要途径，汉时颇重此点。东汉光武帝时，宋均为武陵郡辰阳县令，因武陵蛮"俗少学者，而信巫鬼"，乃"为立学校，禁绝淫祀，人皆安之"⑥。桓帝时，应奉为武陵太守，"兴学校，举仄陋，政称变俗"⑦。这些教化措施，当然不止是官吏的个人行为，应是朝廷相应民族同化政策的实施或实践。

魏晋南北朝时代仍坚持迁徙同化政策。曹魏时曾将归附的匈奴五部三万余落人民并入汉族州县，为"编户齐民"⑧，"服事供职，同于编户"⑨；又将辽东、辽西、右北平三郡乌

---

①《后汉书·南蛮传》。顷田不租，大约是讲田百亩以内不交土地税；十妻不算，大约指蛮夷酋长多妻妾者，十人以下不交人头税。

②《汉书·两粤传》。

③《资治通鉴》卷四十三，《汉纪》三十五。

④《后汉书》卷七十六，《循吏传》。

⑤《通志》卷一九八，《四夷南蛮传》。

⑥《后汉书·宋均传》。

⑦《后汉书·应奉传》。

⑧《晋书·北狄·匈奴传》。

⑨《三国志·魏书·梁习传》。

桓人分别编入汉人郡县，初不纳租，后遂租税同于编户。① 蜀汉时，诸葛亮虽对西南少数民族 "因俗而治"，但也巧借其俗以灌输汉族文明。如昆明、叟族等部族素有 "征巫鬼，好诅咒" 之俗，诸葛亮乃作图谱，"先画天地日月君长城府；次画神龙，龙生夷及牛马羊；后画部主吏乘马幡盖巡行、安恤；又画夷牵牛负酒，赍金宝诣之之象，以赐夷。夷甚重之"②。这显然是通过这种图画方式向少数民族人民灌输汉文化的政治和道德伦理观念。两晋南朝时，在各蛮夷地区设 "校尉" 进行统治。这些 "校尉" 作为少数民族地区镇抚长官，一般均尽力避免使用武力进行镇压，而是尽量采取撤关卡、省烦苛、布恩惠、减赋税等方法，感化少数民族人民，推行同化政策。如南朝刘宋时，刘道产为雍州刺史、宁蛮校尉时，"善抚诸蛮，前后不附官者，莫不顺服，皆引出平土"③。南朝梁时，张缵为湘州刺史，善行教化，使 "历政不宾服" 的零陵、衡阳等郡蛮族 "因此同化"④。在北朝，其归化制度以北魏为代表：北魏孝文帝迁都洛阳后，曾设四馆四里，以供四方民族和外国人居住。南朝来者，处之金陵馆，三年后赐宅归正里；北方民族来归者，处之燕然馆，三年后赐宅归德里；东方民族来归者，处之扶桑馆，三年后赐宅慕化里；西方民族来归者，处之崦嵫馆，三年后赐宅慕义里。这种特设少数民族归化住宅区的制度比较有特色，所谓 "归正"、"归德"、"慕化"、"慕义" 都是典型的以汉文化同化蛮夷的概念。自己刚被汉化的拓跋氏，马上又自居汉文化的代言人去同化其他民族。这一政策效果极佳，以 "西夷" 来附为例，"自葱岭以西，至于大秦，百国千城，莫不欢附。商胡贩客，日奔塞下"，"因而宅者，不可胜数。是以附化之民，万有余家。门巷修整，阊阖填列，青槐荫柏，绿树垂庭。天下难得之货，咸悉在焉"⑤。可见这种 "归化移民特区"，实为吸引少数民族或外国商人来京师贸易的商业区兼住宅区。"馆" 大约为临时商住区，"里" 则为较固定的住宅区。拓跋氏虽为胡族入主中原，但其所行归化政策显然承袭了汉族政权之制度及观念，已经自视为 "汉" 或 "华夏" 了。

唐代的民族同化政策，相当注意尊重少数民族地区风俗习惯及原有组织制度，特别注意 "因俗而治"。如 630 年太宗平东突厥之乱后，如何处理十余万东突厥降众，朝议纷纭，多数朝臣主张 "分其种落，俘之河南兖豫之地，散居州县，各使耕织，百万胡虏可得化为百姓"，即实行强制迁徙、汉化。但太宗未从此议，而是接受了温彦博的建议，"请准汉武时（故事），置降匈奴于五原塞下，全其部落，得为捍蔽；又不离其本俗，因而抚之。一则实空虚之地，二则示无猜忌之心。若遣向江南，则乖物性，故非含育之道也。" 这种因其本俗而抚治之，不乖其 "物性" 的方针，正是尊重其民族传统和习惯。唐统治集团知道："今遽欲改其常性，同此华风，于事为难，理必不可，当因其习俗而抚驭之。"⑥ 但是，这种 "因俗而治" 并非完全消极，唐朝廷也常采取其他措施传播汉族先进文化。除在 "蛮夷" 集中的地区通过地方长吏督导百姓移风易俗之外，唐朝廷还通过向夷蕃之国颁赠经史、招夷

---

① 参见《三国志·魏书·牵招传》。
② 《华阳国志》卷四，《南中志》。
③ 《宋书·蛮夷·荆雍州蛮传》。
④ 《梁书·张缵传》。
⑤ （北魏）杨衒之：《洛阳伽蓝记》卷三，《城南》。
⑥ 《唐会要》卷七十三。

蕃子弟进京附学读书或参加科举等形式，促进汉文化传播。唐史籍常载有朝廷向蕃夷如吐蕃、新罗、渤海等国颁赠《礼记》、《毛诗》、《左传》、《文选》、《春秋》、《三国志》、《晋书》等经史之事，亦常有鼓励蕃国君长及贵族子弟附国子学、太学读书习业参加科举，朝廷供以"时服粮料"之记载。这一政策的宗旨，如唐初大臣裴光庭所言，乃在于"庶使渐陶声教，混一车书，文轨大同"①。这种教化、同化政策产生了相当的成果。以南诏为例，自贞元十七年（801年）南诏与唐军联手大败吐蕃后，南诏派遣大批贵族子弟到成都学习，"业就辄去，复以他继，如此垂五十年，不绝其来，则其为受于蜀者不啻千百"。这大大加强了汉文化在南诏的传播。当时南诏诗人辈出，当为此种传播的结果。《全唐诗》、《全唐文》均收录有南诏文士的诗文。②

宋代的教化、同化政策大约仿袭唐代，但其对少数民族人民的身份管理制度似较唐代有明显进步。唐代的羁縻州县是否进行"计口授田"及"民户丁口登记"，不太清楚。宋代则明确地在西南少数民族羁縻州县地区进行户籍人丁登记调查，清查隐户"使为良民"，丈量土地，"籍其民为壮丁"，登入"役丁"之册，供国家调遣徭役。又"计口授田"，把原名义上一切归于酋长所有的土地授给"山瑶峒丁"等少数民族贫民，许其耕种纳税，不许其买卖。人民获田地后，且耕且守，为国家服役，不再是土司土官的奴隶，至少名义上摆脱了奴隶身份。③

宋以后直至明清时代，朝廷对少数民族地区的教化、同化政策基本思路未变：对于蕃国或附属邦国，采取"和亲"、赐经史、派驻都督、吸引留学生等方式传播汉族文明，不对其人民土地进行直接登记管理。对于已臣属归化的西南地区少数民族，设置羁縻州县或土司土官，登记民户人口，清丈土地，派汉官参与治理或"改土为流"，直接动用国家行政体制力量促使其汉化。这一思路均见诸政策制度及实践，均取得了相当的成效。

第三节
对边疆和蛮夷部族人民的赋役政策

传统中国的中央政权对少数民族人民的赋役问题，素有特殊政策和制度，与华夏族地区大不一样。

夏商周三代，居"要服"和"荒服"的"蛮夷戎狄"人民对中央政权并无真正的赋役义务，他们只对各自的土君、番长、酋帅纳税服役。他们对中央政权的义务，顶多通过其君长向中央纳贡的方式间接实现。这种"贡献"，与"绥服"以内的诸侯国的"贡献"大不一样。在夏代，他们的贡献似乎仅仅是一种道德义务，"其慕义而贡献，则接之以礼让，羁縻不绝"，"夷狄流移，或贡或不"④。到了周代，"贡献"似乎成了强制义务："岁贡，终

---

① 《唐会要》卷三十六。
② 参见翁独健主编：《中国民族关系史纲要》，366页，北京，中国社会科学出版社，1990。
③ 参见上书，492～493页。
④ 汉人司马相如、郑玄语。转引自周秉钧：《尚书易解》，78～79页，长沙，岳麓书社，1984。

王"，就是每年一贡，继位夷君须朝觐天子获得合法性。违反此一义务，中央就要"让不贡，告不王"，亦即进行夷斥、警告，甚至"序成而有不至则修刑"①，亦即进行"大刑用甲兵"的讨伐。这种"岁贡"，表面上是土君酋长对中央（天子）的纲贡，实际上也未尝不可以视为少数民族人民对中央间接纳税的形式之一。除此之外，对于脱离原来夷番君长而归附于华夏地区政权直接领导的少数民族人民，亦有特殊的赋役政策，如周代曾有"凡新甿之治皆听之，使无征役，以地之微恶为之等"的制度②，这大概是在归化后授予田地并在一段时间内以免税免役作为优惠安抚的政策。

秦自惠王时即有对蛮夷的特殊赋税之制。"惠王并巴中，其君长岁出赋二千一十六钱，三岁一出义赋千八百钱，其民户出幏布八丈二尺，鸡羽三十鍭。"③ 与夏商周"要服"、"荒服"的"贡献"制度不同，这是在中国史籍中首次见到蛮夷地区人民除了通过君长向中央"贡献"之外，还直接按户对中央承担赋税义务的记载。这当然只是对正式纳入中央治理版图的少数民族地区和人民的赋税优待政策。秦昭襄王时，巴郡阆中夷人廖仲等射杀白虎，为民除害，昭王乃"刻石为盟要，复夷人顷田不租，十妻不算"，作为对其功劳之奖赏。此即奖其所在部落人民每户免一顷田之租税，且"虽有十妻，（亦）不输口算之钱"，即免除人头税。④ 这种优惠蛮夷人民的赋税政策，可视为当时中央对少数民族人民赋税政策的代表。关于徭役义务，秦对少数民族也有优待："秦惠王并巴中，以巴氏为蛮夷君长，世尚秦女；其民爵比不更，有罪得以爵除。"⑤ 不更，乃秦二十等军功爵中的第四级。汉人应劭《汉旧仪》："不更，四爵。赐爵四级，为不更。不更主一车四马。"汉人刘劭《爵制》："四爵说不更。不更者为车右，不复与凡更卒同也。"颜师古注《汉书·食货志》："言不预更卒之事也。"不更，意为不与凡人一样服"更卒"之役。更卒，即轮流（更，更换，轮流）戍边之徭役。边疆人民，其徭役可能仅仅是"更卒"役，故"不更"，也许实际上免除了所有徭役。

汉代对边疆部族地区的赋税优惠政策大约承袭秦制。"汉连出兵三岁，诛羌、灭两粤，番禺以西至蜀西者置初郡（即边郡）十七，且以其故俗治，无赋税。"⑥ 这就是说，新设置的民族边郡一般不征税。当然并不是全部不征税，有的地区不过是赋税负担比汉族地区人民稍轻而已。如西汉初十五税一，口赋一百二十钱，但"板楯蛮"每人每年只需交纳四十钱。⑦ 有些地区是先减免赋税，后来再增至与汉族地区一致，如东汉顺帝永和元年（136年），武陵太守上书："蛮夷率服，可比汉人，增其租赋。"⑧

两晋南朝时亦有对蛮夷人民减轻税租之制。晋时，汉人户输绢三匹、绵三斤，而"夷人输賨布，户一匹；远者或一丈。不课田者，输义米三斛，远者五升。极远者，输算钱，

---

①　《国语·周语》。
②　参见《周礼·地官司徒下》。
③　《后汉书·南蛮传》。
④　参见《通典·边防典》三，《南蛮》。
⑤　《后汉书·南蛮传》。
⑥　《汉书·食货志》。
⑦　参见木芹：《两汉民族关系史》，269～282页，成都，四川民族出版社，1988。
⑧　《后汉书·南蛮传》。

人八十二文。"① 这里可以看出夷人的赋税明显轻于汉族一般编户齐民。南朝时显然仍坚持此一政策。一般说来，夷户除交纳谷米外无杂调及徭役："蛮民归顺者，一户输谷数斛，其余无杂调，而（南朝）宋民赋役严苦，贫者不复堪命，多逃亡入蛮。蛮无徭役，强者又不供官税。"② 汉人向蛮夷人民集居地区逃亡以求避税，甚至是去冒充夷民，可见当时蛮夷民对国家的赋税远比汉民轻。

唐代对少数民族地区人民的赋税优惠政策尤其丰富。依唐制，新入籍或归化的少数民族人民能在一定时期内获免税免役优待："夷狄新招慰，附户贯者，复三年"，"外番人投化者复十年"③。也就是免税免役三年至十年。在这种免税或免役优惠外，唐制还规定"蕃胡内附"者比汉族编户齐民减税："若夷獠之户，皆从半输，诸蕃胡内附者，亦定为九等，四等以上为上户，七等以上为次户，八等以下为下户。上户丁税钱十文，次户五文，下户免之。附经二年者，上户丁输羊二口，次户一口，下三户共一口。"这比起汉族人民"每丁岁入租粟二石"、"上户（税米）一石二斗，次户八斗，下户六斗"之负担，显然大为减轻。④寄居诸州的少数民族或附属国人民也可以获此优待："诸州高丽、百济（人）应差征镇者，并令免课役。"⑤尽管有了上述具体减免税役规定，朝廷还不放心，担心地方官吏不能适当地对少数民族人民施行怀柔优待政策，故进一步规定了"诸边远诸州有夷獠杂类之所，应输课役者，随事斟量，不必同之华夏"的原则⑥，鼓励地方官吏因地制宜，恤养少数民族人民。依据此一原则，在边远州县与夷獠杂居的汉民也可能连带享受一些赋役优惠。

对少数民族的这种赋役优待制度，自唐以后，变化不大，我们仅以清代为例。清代《户部则例》关于不同程度地区应纳田赋丁银的不同比额，有详尽的规定。不但有每省税额的规定，甚至在各省内对某些特殊的州县甚至特定的村亦有特定税额规定。在这些规定中，多寓有优待少数民族之意。如在湖南省，汉民"赋田每亩科粮二勺九抄肆撮至一斗四升六合九勺有奇不等"，但"苗疆地每亩科银一厘五毫至六分六厘七毫九丝不等"，显然低于汉民田赋额。又如在云南省，汉民及比较汉化的少数民族人民"人丁每口征银三分至五钱五分有差"，但"威远、三圈、蛮令等村丁税银（总共）三十二两"，这亦应是对特别落后的少数民族村落的照顾。关于"阿克苏回子"、叶尔羌等少数民族人民的税额，亦有明确、具体的特别规定。⑦ 其详尽程度为前代所无。

---

① 《晋书·食货志》引户调令。

② 《宋书·夷蛮传》。

③ ［日］仁井田陞：《唐令拾遗·赋役令》。

④ 参见《旧唐书·食货志》。

⑤ ［日］仁井田陞：《唐令拾遗·赋役令》。

⑥ 参见上书。

⑦ 参见《户部则例》卷六，《田赋》一。

第四节
关于边疆和蛮夷部族案件管辖与法律适用问题

对边疆和少数民族地区应当适用不同的法律制度，这一主张，似乎早在西周时期就有人提出。据《左传》载，周初分封，在华夏族地区"启以商政，疆以周索"，即袭行商朝留下的法律或适用周人所创法律；但在少数民族较多的大原（太原）等地区，"启以夏政，疆以戎索"①，"戎索"就是戎人的法律。晋人杜预《左传》云："亦因夏风俗，并用其政；大原近戎而寒，不与中国同，故自以戎法。"② 这种照顾边疆地域及少数民族习惯的法律适用主张，在当时是非常难得的。

自周代以后，中央王朝对各地少数民族政权的法律制度基本不加干预。在其民族区域内发生的一切案件，中央都默许酋长们依据"本俗法"处理。但少数民族人民在汉族政权区域犯罪及汉族人民在少数民族区域犯罪，则一般依中央法律处理。

秦早在其统一中国之前，即对边疆和蛮夷部族实行特别的法制。秦昭襄王时对于巴郡的板楯蛮，曾与其刻石盟要："复夷人顷田不租，十妻不算，伤人者论，杀人得以赎钱赎死。"③ 云梦秦简所载秦法律规定，少数民族酋领在"中国"犯罪，一般都可以"纳赎"："真臣邦君公有罪，致耐罪以上，令赎。"这里特别赋予少数民族人士更多的赎罪特权。不过，秦律特别讲究，这种优待只能对"真"的臣邦人民："可（何）谓'真'？臣邦父母产子及产它邦而是谓'真'。"如果是臣邦中的"夏子"，就享受不到这种待遇。"可（何）谓'夏子'？臣邦父、秦母谓也。"就是说，如果母亲为"中国"人，则不能视为"臣邦"人士而享受优待。具体说来，"臣邦真戎君长，爵当上造以上，有罪当赎者，其为群盗，令赎鬼薪鋈足；其有府（腐）罪，赎宫。其它罪比群盗者亦如此"④。这主要是对于臣邦酋长们的待遇，对其一般百姓不知是否有此待遇。另外，"秦惠王并巴中，以巴氏为蛮夷君长，世尚秦女；其民爵比不更，有罪得以爵除"⑤。巴中地区的蛮夷，其普通百姓竟然因为其酋长与秦国联姻而获得了"爵比不更"、"以爵除罪"的优待。这也是当时在法律适用上对少数民族人民的特殊待遇：一是免除"更卒"即戍边之役，也可能是免除所有徭役；二是可以用"不更"这个爵位来抵除其所犯一般罪行。

在唐代，少数民族人民的法律适用优待原则和惯例，上升为比较明确而严格的法律规定。《唐律》规定："诸化外人，同类自相犯者，各依本俗法；异类相犯者，以法律论。"⑥疏议曰："化外人，谓蕃夷之国，别立君长者，各有风俗，制法不同。其有同类自相犯者，

---

① 《左传·定公四年》。
② 《左传·定公四年》杜预注。
③ 《通典·边防典》三，《南蛮》。何承天注曰："赎，蛮夷赎罪货也。赎，徒滥反。"
④ 《睡虎地秦墓竹简》，227、200 页，北京，文物出版社，1978。
⑤ 《后汉书·南蛮传》。
⑥ 《唐律疏议·名例》六。

须问本国之制，依其俗法断之。异类相犯者，若高丽之与百济相犯之类，皆以国家法律，论定刑名。"这一规定，在中央帝国与附属番邦的关系框架下，体现了对少数民族风俗习惯和法律制度的极大尊重（包括在最严重的刑事案件面前尊重其各自民族的刑事法制），同时也坚持了中央的司法主权，体现了二者兼顾或结合。这绝对不是后世所谓国际公法、国际私法、国际刑法的概念或理念所能比拟的。这一规定为后世同类立法确立了基本范本。

《宋刑统》直接抄袭了《唐律》的上述规定。宋王朝统治者知道，对少数民族"不可尽以中国教法"①。1009 年，宋真宗下诏："朕常戒边臣无得侵扰（外番）。外夷若自相杀伤，有本土之法。苟以国法绳之，则必致生事。羁縻之道正在于此。"② 即使对内地羁縻州县的蛮夷山民，也常比照外夷情形对待。1167 年，"泸南安抚司言：泸州江安县南北夷人有犯，断罪不一。自今江安县南岸一带夷人，有犯罪及杀伤人罪至死者，悉依法治，余仍旧法施行。刑部契勘，续降绍兴三十一年十月敕旨，夔州路所部州军，自今熟夷同类自相杀伤罪至死者，于死罪上减等。泸州夷人与夔州夷人一同，欲依绍兴三十一年十月夔州路已得旨于死罪上减等从流不至死，并依本俗专治，余沿边溪峒有熟夷人亦乞仿此施行。从之"③。这就是说，对于"熟夷"即归化已久的少数民族人民，也比照"生夷"待遇予以法律适用（尽量适用"本俗法"）的优待。广西"宜州管下亦有羁縻州县十余所，其法制尤疏，几似化外"④。对内地羁縻州县的少数民族人民犯罪案件，实际上亦多不强求一律适用中央刑法，多依其民族习惯法处理。

在元代，《元典章》亦有类似的规定。元政府在新疆地区设有专门司法机构。凡畏吾儿（今维吾尔）人民之间的案件，由其头人处理：或调解，或裁决。但畏吾儿人民与他族人民间的争讼，由畏吾儿头人与元政府官员等共同处理，联合会审，此即"畏吾儿等词讼约会"。对河西人、"蛮子"们、回回人、哈迷里等人民也如此办理。⑤ 此外，对于西南地区土司土官，其法律适用上也似有特殊性："诸内郡官仕云南者，有罪依常律；土官有罪、罚而不废。诸左右两江所部土官辄兴兵相仇杀者，坐以叛逆之罪。"⑥ 对土官的优待是"有罪罚而不废"，即赎罪并保持职务。对土官如此，对当地土民肯定亦有一般案件许其依本俗法处理之制。

《明律》关于"化外人"犯罪的规定与唐律大为不同："凡化外人犯罪者，并依律拟断。"⑦ 这一规定，取消了唐律关于"本类自相犯者依本俗法"的制度，亦即在内地审判中取消了夷蕃法律即少数民族地区"本俗法"适用之可能性。这当然仅指"化外人"在内地犯罪而言，不包括"夷蕃"人民在其本居之"国"内的犯罪，也不应包括少数民族人民在西南土司土官区域内的犯罪。对于后两种犯罪情形，国家一般仍不得不允许其"依本俗法"处理。不过，在内地，对所有蛮夷之人的犯罪一律适用中央法，这种做法倒很接近现代刑

---

① （宋）范成大：《桂海虞衡志·志蛮》。
② 《宋会要辑稿·番夷》五之四三。
③ 《宋会要辑稿·番夷》五之九六。
④ （宋）范成大：《桂海虞衡志·志蛮》。
⑤ 参见《元典章》五十三，《刑部》十五。
⑥ 《元史·刑法志·职制》。
⑦ 《大明律·名例律》。

法关于外国人在内国犯罪一律按内国刑法处理的原则。以上仅是明律关于"夷蕃"国人民在内地的刑事法律适用及审判问题的规定，至于"夷蕃"人民在内地的民事问题当如何适用法律，明律无规定。以婚姻为例，《大明律》规定："凡蒙古色目人，听与中国人为婚姻，不许本类自相嫁娶①，违者杖八十，男女入官为奴。其中国人不愿与回回钦察为婚姻者，听从本类自相嫁娶，不在禁限。"② 这一规定，基本上排除了少数民族人民本俗婚姻之法在内地的适用。但在听从"回回钦察"本类自相嫁娶的场合，是否允许适用其本俗婚姻之法？特别是当其因婚姻发生纠纷而提起诉讼时，是否可以依其"本俗法"而断？明律无明文规定，从理论上讲应是可以适用其"本俗法"的。

清代关于"化外人"犯罪的规定更发生了变化。《大清律·名例律》规定："凡化外来降人犯罪者，并依律拟断。隶理藩院者，仍照原定蒙古例。"把"化外人"仅仅限制为"来降人"，不再像唐代一样考虑在华读书、经商、传教的外国人的情形，不再考虑尊重和参考少数民族或外国的"本俗法"问题。这说明清代的立法心态更加趋向封闭、保守。

清代对少数民族地区的特殊法律制度十分丰富。对蒙古地区，早在天聪七年（1633年）就颁布了《盛京定例》，这是专用于科尔沁、土谢图、济农等蒙古地区的特别法。1643年，清廷又颁布《蒙古律书》，乾隆年间又编订《蒙古律例》。1811年，嘉庆帝又命理藩院对有关蒙古的律例、成案进行全面清理，开馆修例，历三年编成《理藩院则例》713条。该则例除一部分为《西藏通制》附编于后外，其余皆系中央为蒙古地区制定的特别法。这些对蒙古地区的特殊法条，有些系整理蒙古习惯法而成，但绝大多数是中央对蒙古贵族和人民的特殊要求或特殊禁令。《大清律例·名例律》规定："隶理藩院者，仍照原定蒙古例。"从《蒙古律例》到《理藩院则例》，均是专门适用于蒙古地区和蒙古族人民的特别刑事法。关于法律适用，则例规定："凡办理蒙古案件，如蒙古例所未备者，准照刑例办理。"③ "蒙古地方抢劫案件，如俱系蒙古人，专用蒙古例；俱系民人（汉满等族人），专用刑律。"④ 前者是关于蒙古人犯罪之规定，可能也包括蒙古人在内地犯罪适用《理藩院则例》之情形。后者是关于在蒙古地区犯罪的规定，并不全按"属地法"原则处理。有人说这些规定是"一部比较完整的具有'自治条例'性质的法律"⑤，这显然是误解。这一则例中关于蒙古人民犯罪的处罚规定，与汉族地区人民大不一样。如《大清律》规定汉人和奸之罪杖八十或杖九十，而《理藩院则例》则规定蒙古"平人和奸者，奸夫奸妇枷号一个月，鞭一百"⑥。这似乎重于《大清律》。又如该则例规定："蒙古地方抢劫案件……如蒙古与民人伙同抢劫，核其罪名，蒙古例重于刑律者，蒙古与民人俱照蒙古例问拟；刑律重于蒙古例者，蒙古与民人俱照刑律问拟。"⑦ 这显然是关于在蒙古地方犯劫罪从重处罚的规定。但是，更多的情形是处罚更轻，一般都允许赎罪。

---

① 这种不许"本类自相嫁娶"、强迫异族通婚的法制，当然只能仅仅就已经入籍内地的少数民族人民而言。对于在蒙古和西域地区的少数民族本土，当然无法如此强制，因为那里汉人本来就少或没有。

② 《大明律·户律·婚姻》。

③④ 《钦定理藩院则例》卷四十三，《审断》。

⑤ 张有隽等：《中国民族政策通论》，107页，南宁，广西教育出版社，1992。

⑥ 《钦定理藩院则例》卷四十，《犯奸》。

⑦ 《钦定理藩院则例》卷三十六，《强劫》。

对于西藏地区，雍正初年即派有驻藏大臣，乾隆初年确立了达赖喇嘛政教合一的政权体制。颁布了《钦定西藏章程》，不久又修订为《西藏通制》。此外还有关于西藏的《禁约十二事》。《西藏通制》后来附编于《理藩院则例》之中。该通制的规定与关于蒙古的规定大为不同，主要是关于西藏地方官吏编制、职责、考核、驻军事务及经费，达赖和班禅职务及经费等等的规定，但也有关于"番民争讼分别罚赎不得私议抄没"之类的诉讼程序规定。

对于新疆地区，嘉庆年间制定了《回疆则例》作为管理回疆地区的特别法规。该则例主要是关于回疆地区官吏职制及行政办事制度方面的规定，但也有关于"禁止私探硝磺"，禁止内地汉人擅娶回族妇女，禁止重利盘剥，"禁止兵丁强占回子园地"，禁止兵丁私入回庄，禁止回妇私入满城，禁止回民入关等等民刑事禁令。这同样是中央为该地区行政及人民事务设定的特殊制度，不是任何自治法例。但在有些规定中，显然参考了民族习惯法，体现了对民族特性的尊重。

青海地区在清代为蒙古族、藏族聚居地区，雍正初置西宁办事大臣，后"从蒙古例内摘选番民易犯条款"，编成《番例》，又称《西宁青海番夷成例》或《西宁番子治罪条例》，亦称《番例条款》。该例完全脱胎于《蒙古例》，一直沿用到民国初年。

对西南地区，清廷也颁布了一系列"苗疆禁例"，对土司土官进行约束，并对苗疆人民规定了一些特别的约束或禁令，对汉民与西南民族人民交往亦严加限制。如1686年规定：土司土民不准擅自出境，也不许汉人擅自进入土司之地。① 1735年规定：民人无故擅入苗地，及苗人无故入民地，均照越渡沿边关寨律治罪，失察各官议处。民人有往苗地贸易者，令开明所置货物，并运往某司某寨贸易、行户姓名，自限何日回籍，取具行户邻佑保结，报官给照，令塘汛验放。逾期不出，报明文武官弁严查究拟。②

清王朝关于边疆民族地区人民的民刑案件管辖和法律适用的有关法律规定和原则，综合考察，大致有如下几个特征：

第一，因族制宜，因俗立法，缘俗为治，尊重和保护民族地方特色。一方面，对不同的民族有不同的立法。如对蒙古族有《理藩院则例》，对藏族有《西藏通制》，对回族有《回疆则例》，对青海的藏族为主的少数民族有《番夷成例》（《番例条款》），对西南民族有"苗例"。这些法例，实际上都是对各地方各民族的民族习惯法的总结、整理，是符合各民族历史传统及风俗习惯的法律制度。正因如此，所以才相当有效。在具体的法定处罚手段的选择上，这些法例都很注意少数民族的特性。比如《理藩院则例》中对蒙古地方规定的处罚手段，无论是民事的、行政的还是刑事的处罚，都以罚缴牲畜为主。这显然是考虑到在蒙古地区，马牛羊驼等牲口是其赖以生存的最重要财富，处以囚禁远不如罚牲畜有效。在诉讼程序及证据制度方面，也充分考虑地方民族习惯，如蒙古及青海宁夏甘肃地区少数民族重视"设誓"，因此《理藩院则例》规定，对于一些证据不足而难决的疑案，允许当事人在所属佐领或管旗章京处"设誓具结"作为判决依据，允许诉讼中保持神明裁判色彩。③

---

① 参见《大清会典事例·兵部》。

② 参见《户部则例·户口》。

③ 参见《理藩院则例》卷四十五，《入誓》。

为了巩固这些地方的地方自治秩序，《理藩院则例》还规定汉人及其他民族人民在蒙古地方犯罪，必须受蒙古律例制裁："如蒙古人在内地犯事者，照（大清）刑律办理；如民人在蒙古地犯事者，即照蒙古例办理"，"蒙古地方抢劫案件如俱系蒙古人，专用蒙古例；俱系民人，专用（大清）刑律"。这些规定，旨在保障少数民族自治权，防止内地人民扰害少数民族地区的秩序。

第二，在司法管辖审判方面，注意尊重少数民族地区首领对发生在本族本地区内的案件的审判管辖权，同时又通过中央派遣的官员对重大案件进行上诉审或再审、复审，以进行一定的监督。如在蒙古地区，所有案件先由扎萨克（头领）听断；难决或不服者再报盟长审理；仍难决则报中央的理藩院审理定案。理藩院有时还派出官员会同扎萨克一起审理案件。没有扎萨克的地方，蒙古人、汉人犯案均由驻防将军、都统、办事大臣就近审理，重案须报理藩院核查。蒙汉人之间的纠纷，由扎萨克与附近地方官会审或扎萨克与理藩院派出的官员会审。在回疆地区，一般案件由阿奇木伯克（头领）审理，但"如遇有刑讯重案，阿奇木伯克不得滥设夹棍杠子，擅自受理，随时禀明本管大臣，听候委员会同审办"①。即是说，重大案件要由民族头领和驻扎大臣派来的官员会审。最后还要将案件报伊犁将军或其他驻扎大臣复核具奏皇帝并咨呈理藩院。在西藏地区，审判事务一般均由当地僧、俗官员自己办理，西藏地方民族政权表面上享有终审权，因为没有见到关于人民不服判决时或案件重大时须上诉到驻藏大臣或上诉到理藩院的规定。但是，中央对藏区司法活动的监督还是存在的。如"番民争讼"，"如有应议罪名，总须禀明驻藏大臣核拟办理"②。这种"请示汇报"虽非正式再审程序，但毕竟是对西藏地方司法的一种监督途径。

第三，在制定和运用法律时，注意中央法律和关于民族地方的特别法律之间的协调和渗透，逐渐增进内地与边疆少数民族之间的联系和共性。例如在《蒙古律例》中就引进了大清律例的许多内容，在"盟长扎萨克出缺报院限期"条中规定："内外各盟盟长扎萨克汗王、贝勒、贝子、公台吉塔布囊及闲散王公等，遇有因病出缺者，各按距京途径远近，除去往返日期，限二十日报院。逾限不报者，照内地'迟误公事例'议处。"③ 在"戏杀过失杀伤人"条中规定，"凡蒙古戏杀过失杀伤人，俱查照'刑例'分别定拟"。又，在"斗杀"条文中，也引进了大清律中的"保辜"制度："凡斗殴伤重，五十日内身死，殴之者绞监候。"④ 这些规定，都旨在强调中央统一法律与关于民族地方的特殊法律（或民族传统律例）之间的关系。

---

① 《回疆则例》卷六。
② 《理藩院则例》卷六十一，《西藏通例》。
③ 《理藩院则例》"擢授"门。
④ 《理藩院则例》"人命"门。

第二十四章

军征武备：传统中国的军事行政制度

本章要讨论的是军征武备中的官民关系，这是传统中国行政制度的又一个重要的方面。

在古代中国，从广义上的军事行政过程来看，其所体现的官民关系，最主要者不外乎国家征用人民的物资、人力以备军用时政府与人民之间的相互关系。一般说来，这一关系包括军赋征收、兵役征用两大方面。在军赋征收方面言，由于魏晋以后几乎没有常设专项军赋征收（只有临时的军费摊征），赋（军事性征收人民钱财）税（一般性国家税收）合一，所以情形相对简单些。在兵役征用方面，有两种情形：一是适用于所有成年男丁的戍边性徭役征发，这与兵役本来就合为一体，就是兵役形式之一。但由于我们在"征徭兴役"章已经讨论，故在本章没有必要重复。二是除此之外的兵役，特别是带有专业性质的或职业性质的兵士（骑兵、弓兵、水军等等）的征选，不能视为一般徭役，故须专为讨论。这是本章讨论的重点。此外我们还需要讨论一些与兵役有关的问题，如军功奖赏制度，逃避兵役的惩罚制度，军械置备制度，军士待遇制度等等。就兵役的征发制度而言，我们当然要重点讨论从全民皆兵的什伍制向募兵制、府兵制、征兵制变化的过程中的国家与百姓的关系等等。

第一节
军赋征收及军需置备制度

"赋"，从"贝"，从"武"，起初本指在国有武事时向百姓征收钱财以供军事，无战事则不征。它与"租"、"税"等按土地面积或按户口数量征收的经常性项目不同。随着时代的发展，军事征派渐渐也变成计户、计丁、计亩而征收的经常性税收项目，遂与"租"、"税"混淆，故后来逐渐以"赋"指代国家所有正常钱物征收项目。

大体说来，春秋中期以前，赋、税二者的区分是比较清楚的。据《周礼》所载，西周时期可能即有军赋征收制度。当时的军赋，可能以两种方式征收。一是按户征收："五人为伍，五五为两……以作田役，以比追胥，以令贡赋”，即按每户出兵士一人之方式组织军队，附带交纳一定物资作为军装备。二是以“经土地而井牧其田野”的方式征收：“九夫（一夫为田百亩）为井，四井为邑……以任地事而令贡赋。”① 这是按“井”（实为按土地、户数）征收军赋。这二者之间，也许并无明显区别。两者归根结底可以概括为《汉书·刑法志》所谓“固井田而制军赋”一语。具体方式是：先立井田，授地于民，然后令民出军赋：“丘，十六井也，有戎马一匹，牛三头。四丘为甸，甸六十四井也，有戎马四匹，兵车一乘，牛十二头，甲士三人，卒七十二人。干戈备具，是谓乘马之法。”② 在当时，“赋”与“税”是有一定区别的：“有赋有税。税谓公田什一及工商衡虞之（收）入也；赋共（供）车马甲兵士徒之役，充实府库赐予之用”，“税以足食，赋以足兵”③。

　　春秋时期有征收军赋之正式记载。如在鲁国，公元前 590 年“作丘甲”，亦即按“丘”（一丘为井田制之十六井）征敛民财以供军用，或直接征敛马牛车甲供军用，或亦包括按“丘”来征召甲士。当时是把征赋与军备紧紧联系在一起的，如《左传》记公元前 590 年鲁国“修赋缮完（城池），具守备”④。但至此为止，征赋仍是因战事而为，并且是对部分地区和人民而征。公元前 483 年，鲁国又“用田赋”⑤，大概是直接按田亩数向全国所有百姓经常性地征收定额钱财为军费。这样一来，“赋”与“税”就不好分了。在楚国，公元前 579 年征服了陈蔡等地后，即置陈、蔡、不羹三县，“赋皆千乘”⑥，也就是令此三个新征服地人民向国家各交千乘兵车之赋。公元前 548 年蔿掩为楚国司马，国相子木授权他征收军赋，“子木使庀（pǐ，具备）赋，数甲兵。甲午蔿掩书土田、度山林、鸠薮泽、辨京陵、表淳卤、数疆潦、规偃猪、町原防、牧隰皋、井衍沃，量入修赋，赋车籍马，赋兵徒兵甲楯之数。既成以授子木”⑦。蔿掩此次办征赋，先对土田、山林、湖泽、盐场、牧场、牲口等进行全面清查登记，按各自的收入比例定军赋征纳额，向百姓征收车马甲盾等等，还按此比例征役兵士。春秋时期征收军赋的具体比额，在“初税亩”和“用田赋”之前，大概仍是按“井田”的有关编制而征。这当然不一定都是要人民直接交纳车马牛甲等实物，大概也可以交纳相当于其价值的谷帛等。⑧

　　春秋时期的军赋征收制度，大概应以管仲相齐时期所实行的“乘马”之法为代表。这个“乘马”之不同于前引《汉书·刑法志》所述周代“乘马之法”，是另一种战车战马征敛办法。其具体的办法，《管子》有记载：“方六里，为一乘地也。一乘者，四马也。一马，其甲七，其蔽五。四乘，其甲二十有八，其蔽二十。白徒三十人，奉车两，器制也。方六里，一乘之地也。方一里，九夫之田也。黄金一镒，万乘一宿之尽也。无金则用其绢。”⑨ 这似乎是讲，每 6 里（约三百户）共纳“一乘”即 1 战车 4 马之军赋，并出甲士 28 人、蔽

----

① 《周礼·地官司徒·小司徒》。
② 《汉书·刑法志》。
③ 《汉书·食货志》。
④ 《左传·成公元年》。
⑤ 《左传·哀公二十年》。
⑥ 《左传·襄公二十五年》。
⑦ 《左传·昭公二十年》。
⑧ 参见《春秋公羊传·成公元年》，晋人杜预注。
⑨ 《管子·乘马》。

士 20 人、白徒 30 人，参加国家的军事行动。管仲还主张以允许罪人纳甲兵赎罪的方式扩充军费军备："制重罪赎以犀甲一戟，轻罪赎以鞼盾一戟，小罪谪以金分。"①

战国时代的军赋征收制度以秦国为代表。秦国于孝公十四年（前 348 年）"初为赋"②。这说明秦在此前并未单独征收军赋（仅在一般租税中解决军需），至此扩大征赋范围，单独征收军费了。这种军赋征收大概是按户而征，商鞅令"民有二男以不分异者倍其赋"可证明此点。户数多，赋源即广，故要强令百家拆户分家。按户征收犹不足，后来更计口征收，"头会箕敛，参供军费"③，此即所谓"口赋"，据说其苛重"二十倍于古"，民不堪负。此外，商鞅相秦时还曾强令商贾为军队供给甲兵军需："令军市无有女子，而命其商，令人给甲兵，使视军兴。"④

秦汉时代专征军赋事例仍多，但同样与一般税收无法区分。秦始皇时，因为"兼并天下"、"外攘夷狄"，需费浩繁，乃"收泰半之赋"，"田赋口赋，二十倍于古"⑤。

汉时，军赋大概主要是计口而征，曰算赋、口赋，与常税还是有些区分的。如惠帝时曾令吏六百石以上及故吏将军都尉以上之家"唯给军赋，他无有所与"⑥。就是说，这些官僚之家只交军赋，免除其他一切赋税。算赋是 15 岁至 56 岁的人民必须交纳的军赋，每人120 钱，"为治库兵车马"⑦。武帝时，因为"征伐四夷，（乃）重赋于民，产子三岁则出口钱"⑧，征口钱是为了"补车骑马"⑨。汉代除征收军赋外，还另辟了两条新的军需军备征敛渠道，此即"入粟助边拜爵"及"入粟除罪"。此始自文帝时晁错之建议，晁错主张"使天下人人粟于边，以受爵免罪"⑩，大概是悬赏百姓"入粟塞下"，或以爵位相偿，或以免罪减刑相偿，以鼓励人民重农兴农、发展生产，富国强兵。文帝采纳了此一建议。后来更令"入粟郡县"。武帝时，贵戚近臣多奢僭，常被举劾，"皆见上叩头求哀，愿得入钱赎罪。上许之，令各以秩次官爵（等级）输钱北军"，乃免其刑。⑪此外，汉代亦为战事经常向吏民征敛马匹，如武帝元鼎四年（前 113 年）著令："令封君以下至吏三百石以上差出牝马（于）天下亭，亭有蓄字（母）马，岁课息。"太初三年（前 103 年），武帝又令"籍吏民马，补车骑马"。又有"马复令"，为鼓励百姓养马，"令民有车骑马（者），复卒三人"⑫，意即家里养马多的可以免除三丁的戍边之役，以此鼓励百姓养马以备军需。

屯田是汉代以后除常税解决军需之外最重要的军需筹备方式。汉文帝时，晁错即建议

① 《国语·齐语》。
② 《史记·秦本纪》及《六国表》。
③ 《史记·张耳陈余列传》。
④ 《商君书·垦令》。
⑤ 《汉书·食货志上》。
⑥ 《汉书·惠帝纪》。
⑦ 《汉书·高帝纪》及汉人如淳注。
⑧ 《汉书·贡禹传》。
⑨ 《汉书·昭帝纪》如淳注引《汉仪注》。
⑩ 《汉书·食货志上》。
⑪ 参见《汉书·江充传》。
⑫ 《汉书·武帝纪》。

募民到边塞地区"家室田作，且以备之"①。武帝时，将军赵充国率军屯田西域，积谷甚多，为破羌兵立了大功。②

三国两晋南北朝时期，屯田戍边、屯田积谷以备军需，成为最重要的取"军赋"之道。曹操屯田许昌，"得谷百万斛"③，为战胜之资；孙权屯田东吴，刘备亦屯田川中。南北朝各国均有屯垦屯戍之举，盖因当时人民非死即流亡，征赋无由，只有以兵卒为垦夫，自给自足。南朝时亦有"马复"之政，如南朝宋孝武帝时，曾令"家有一马匹者，蠲复一丁"④，即以免除民人的丁役来鼓励养马。此外，还有令人民临时"捐献"军费的征敛方式，如南朝梁武帝时，因"军粮乏绝"，有"涪令李膺率（本县）富民上军资米，俄得三万斛"⑤。又"以北伐兴师费用"之需，令"王公以下各上国租及田谷以助军费"⑥。

北朝时期著名的民歌《木兰辞》，也许反映了当时北朝国家的军需制备制度的一个侧面：花木兰代父出征，就是自行制备战马和相关配置："愿为市鞍马，从此替爷征。东市买骏马，西市买鞍鞯，南市买辔头，北市买长鞭。"⑦

唐代实行租庸调制及两税制，一般而言，军需均由统一的税收解决。除奔赴戍守地的路途粮食由兵士自己解决以外，其他均由国家发给，包括军器、军衣、军粮。但有些兵役也令兵士自备衣粮乃至兵器。⑧ 为解决军需供应，《唐令》特别规定了屯垦制度："诸防人在防，守固之外，各量防人多少，于当处侧近给空闲地，逐水陆所宜，斟酌营种，并杂疏菜，以充粮贮及充防人之食。"⑨ 边防军将副皆有"以督耕战"、"劝课农桑"之责任。⑩

明清时代的军费、军需筹措，理论上讲是以普通赋税收入解决。但事实上，当军需浩繁，正常赋税不足时，朝廷也常常单独征收军需性质的捐税。在明代，比较著名的是所谓"三饷"，即辽饷、剿饷和练饷。"三饷"虽各有名目，各有特别需要，但其实都是为军需而征。所谓"辽饷"就是为防备辽东后金（清）军队的寇犯而征收的，"剿饷"是为镇压流民起事（李自成、张献忠起义）而征收的，"练饷"是以练兵费用名义征收的。其实三者都是为了解决军费。为了解决正常赋税收入不敷军费之需的问题，明王朝采取了正常赋税之外额外直接以单项军事行动之需名义"加派"的方式。

清王朝也曾采取加派或加捐的方式解决军需或军费的不足，但更主要的是用鼓励捐纳的方式。顺治六年（1649年），以军旅屡兴，军费开支太大，乃开监生、吏典的捐纳以弥补军费的不足。康熙十三年（1674年），为平定三藩之乱，乃开功名和官衔捐纳以补军费之不足。雍正时，因对西北用兵，也大开捐纳以补军费。除道府以上官不得捐纳外，其余各官均可捐纳，甚至可以捐纳武职。为规范或鼓励军事费用或军需的捐纳，清王朝曾颁布《海

---

① 《汉书·晁错传》。
② 参见《汉书·赵充国传》。
③ 《晋书·食货志》。
④ 《宋书·孝武帝纪》。
⑤ 《梁书·元起传》。
⑥ 《梁书·武帝纪》。
⑦ （宋）郭茂倩编：《乐府诗集·木兰辞》。
⑧ 参见《新唐书·兵志》。
⑨ 《唐律疏议·擅兴律》"镇戍遗番代"条引《军防令》。
⑩ 参见《新唐书·兵志》。

防捐例》，专门规定为海防的需要而捐纳的范围、对象和程序。到清末，清王朝主要用"厘金"和"漕粮附加捐"等方式解决军费、军需问题，其中"厘金"是清朝统治者为镇压农民起义而抽征的关税和工商附加捐费。

屯垦也是清代解决军需的另一途径。如清《兵部处分则例》专门就军卫屯田积谷以备军需的主要事宜作了相当详细的规定。

第二节
兵士征集及军伍构成之制度

中国兵役及军伍构成制度，最能反映民众在军事武备方面与国家的关系。

最早的兵役暨军队构成制度是什伍兵役制度。这实际上是一种兵民合一、军农合一的兵役制。《周礼》载周时兵役制，"令万民之卒伍而用之：五人为伍，五五为两，四两为卒，五卒为旅，五旅为师，五师为军，以起军旅，以作田役"。每家每户出一人为兵士（役丁）共同组成国家军队。尽管一户农家可以服兵役者有二至三人[1]，但每次只能有征役一人："凡起徒役，毋过家一人。以其余为羡。""羡"大约相当于"预备役"。这些额外预备兵员也有可能征用："凡国之大事，致民（家一人）；大故（特别紧急危险战事时），致余子（羡卒）。"[2] 又按《汉书》所引周代的"乘马之法"，按井田制征兵。九家共为一井，"四井为邑，四邑为丘"，每丘即 16 井；4 丘为甸，即 64 井。一甸出兵 75 人，"甲士三人，卒七十二人"[3]。干戈甲盾车马均由同甸之户共备。这些"兵民"皆于农隙以讲武事。一旦战事发生，其长官（地方行政官吏兼军官）就率领他们奔赴战场。比如"县师"就有责任"若将有军旅会同田役之戎，则受法于司马，以作其有众庶及马牛车辇，会其车人之卒伍，使皆备旗鼓兵器，以帅而至"[4]。

春秋时代，管仲创造的兵制很有代表性。管仲相齐，"作内政而军令"，最得周制之精神。按照这一体制，"乡有行伍卒长"以率百姓，进行"田猎"即军训，"则百姓通于军事矣"；以军伍编制编管百姓，"五家为轨，十轨为里，四里为连，十连为乡，五乡一师"，分别设轨长、里有司、连长、乡良人、师（军）帅率领。这各级长官都是国君选择任命的："择其贤民使为里君。"[5] 这些军伍编民，平时种田，战时共出军士若干人出征，共备车马甲盾刀戈："方六里（约三百户）为一乘之地"，共出兵员 78 人："其甲（士）二十有八，其蔽（士）二十，白徒三十人。"[6] 这种根据居民军事编制组织起来的军队，有更大的优越性：

---

① 《周礼·地官司徒上》："上地家七人，可任也者家三人；中地家六人，可任也者二家五人；下地家五人，可任也者家二人。凡起徒役，毋过家一人，以其余为羡。"

② 《周礼·地官司徒·小司徒》。

③ 《汉书·刑法志》。

④ 《周礼·地官司徒·县师》。

⑤ 《管子·小匡》。

⑥ 《管子·乘马》。

"故卒伍之人，人与人相保，家与家相爱，少相居，长相游……夜战则其声相闻，足以无乱，昼战其目相见，足以相识。欢足以相死。是故以守则困，以战则胜。"① 不但如此，还要"伍之人祭祀同福、死丧同恤、祸灾共之"②，即违反军法时连坐刑杀之罪。

战国时代兵役之法以秦国为代表。秦国之法，仍是什伍编民，全民皆兵。"令民为什伍"，"行间之治连以伍"③。在一般战事时，每户出一丁为兵。在特殊战事时，老弱妇幼也上阵。"方土百里"要"出战卒万人"④，在古时人口淡少的情况下将是一种什么样的情形！《商君书·兵守》记载了秦时的所谓"三军之制"："三军：壮男为一军，壮女为一军，男女之老弱者为一军。此谓之三军也。壮男之军，使盛食厉兵，陈而待敌。壮女之军，使盛食负垒，陈而待令。客至，而作土以为险阻及耕格阱，发梁撤屋，给徙徙之，不洽而燆（rán，借为燃）之，使客无得以助攻备。老弱之军，使牧牛马羊彘；草木之可食者，收而食之，以获其壮男壮女之食。"可见，"三军"在部队里有明确分工：壮男军以作战为主；壮女军以修工事、挖战壕、破坏桥梁道路以阻敌军为主；老弱军负责采集野食，放牧马牛猪羊以供军食。这是最典型的全民皆兵制度！商鞅还特别规定，三军不得互相来往，甚至不能相见，"慎使三军无相过"。因为，如果"壮男过壮女军，则男贵女，而奸民从谋而国亡"。男兵爱上女兵，喜欢交往，就不愿打仗。如果"壮男壮女过老弱之军，则老使壮悲，弱使强怜，悲怜在心，则使勇民更虑，而怯民不战"⑤。除此之外，商鞅设计的还有"小子军"："长平之役，国中男子年十五者尽行，号有小子军"⑥，此乃后世所谓"童子军"之先河。秦征兵役法之残苛，于此可见一斑。老弱妇幼皆被抓上战场，里闾空虚。

秦汉时代，管仲、商鞅式的"作内政而寄军令"的兵民合一编制似乎已不复存在。

在秦代，兵士、戍卒均系"征徭役"、"谪遗戍"、"赦罪人为兵"并加上部分招募（如待遇较高的兵种，如禁卫兵，即"材官"）而来。从史书看，秦代最大的兵源是罪徒（所谓"七科谪"）和征戍役（如"先发闾右，后发闾左"）。⑦

汉代的兵役，来源有几类。最大兵源是"戍"即征发戍边之徭役。这在"征徭兴役"章已经介绍过。另一较大的兵源是罪徒和贱籍之民。如高祖时为击英布而"赦天下死罪，令从军"⑧；武帝时，"募天下死罪击朝鲜"，"赦京师亡命令从军"，"发天下谪民西征大宛"，"发郡国恶少万人期至贰师城取善（立功赎罪）"⑨。尤其是所谓"七科谪"，即发七种人出戍朔方。七种人中，罪人仅有"吏有罪"、"亡命"二者，其余"赘婿、贾人、故有市籍者、父母有市籍、大父母有市籍者"五种实际上均无罪，只是身在贱籍而已。⑩ 还有一种征兵方

---

① 《管子·小匡》。
② 《国语·齐语》。
③ 《商君书·画策》。
④ 《商君书·算地》。
⑤ 《商君书·兵守》。
⑥ （明）董说：《七国考》卷十一，《秦兵制》引刘向《别录》。
⑦ 参见《汉书·晁错传》关于秦"七科谪"之记述。
⑧ 《汉书·高帝纪》。
⑨ 《汉书·武帝纪》。
⑩ 参见《汉书·武帝纪》汉四年如淳注。

式是选募。如汉初"选六郡良家子"充期门军、羽林军，均"以材力为官"①，就是考选其武艺而征用。武帝时又"取从军死事之子孙养羽林，官教以五兵，号羽林孤儿"②，这相当于后世"烈士子女"编成的"童子军"。其他如卫士、中尉兵、城门兵、伙飞射士、骑士等均为选募。尤其是"材官"，秦即有之，"汉兴，踵秦而置材官于郡国"。"材官"相当于后世地方武装警察特种部队。"高祖命天下选能引阙蹶张、材力武猛者，以为轻车（兵）、骑士、材官、楼船（水军），常以秋后讲肄，各有员数。"③有时还有直接招募"勇敢士"赴边疆征战。如武帝时曾诏征"勇敢士"出朔方④；元帝时"发募士万人击西羌"⑤。这种招募的军士的待遇肯定要高些，如免税、免他役等等。一般兵役是无免税及免除其他徭役之优待的。

东汉末年及三国时代，兵役征用多为世兵制和募兵制并用。世兵制，即由国家中一部分居民（即兵户）世代服兵役，父子相继为业，不得改迁。兵籍即是随其全家在内的军户户籍。家属随营而居，或屯田，或从事军事后勤；其户籍隶属于军府或州郡。曹魏时，甚至以将士家属随军作为人质，是控制士兵、督促作战的方式手段之一。募兵制，即用一定待遇招募男子从军。凡良民应募入伍，或降民、逃户、流民被迫从军者，本人及其家属均隶军籍。凡本人逃亡者，家属均没官为奴。军户地位甚为低下，形同奴隶。⑥与此同时，三国时代各国也实行过按户丁强制征兵制，但不占主要地位。

西晋时期兵役制与曹魏时期大致相同。如马隆受命募兵士，"不问所从来"，乃一律"立标简试"，"限腰引弩三十六钧，弓四钧，立标简试。自旦至中，得三千五百人"⑦。然后至武库选仗装备之。这实际上是招兵考试。这种招考，当时皆著有法令。如招三部司马"皆限力举千二百斤以上"⑧。兵士在服役期间，婚姻受到特别保障："士为候，其妻不复配嫁。"兵士还可以请假奔丧："士卒遭父母丧者，非在疆场，皆得奔赴。"⑨

东晋南朝时期的兵役制主要是募兵制。所谓募兵，实际上是国家以人民交纳的代役钱来雇役兵士。如东晋孝武帝时，谢玄自北方流民中"多募劲勇"，组成"北府兵"。南朝宋文帝时，"募天下弩手，不问所从，若有马步众艺武力之士应科者，皆加厚赏"⑩。南齐高帝建文元年（479年）曾诏："设募取将，悬赏购士"，派将领四出募兵。⑪南朝梁太清二年（548年），"宁州判史徐文盛闻国难，乃召募得数万人来赴"⑫。除招募外，南朝亦经常实行征兵。如宋文帝嘉二十七年（450年），"军旅大起……又以兵力不足，尚书左仆射何尚之参

---

① 《汉书·地理志》。
② 《汉书·百官公卿表》。
③ 《汉书·刑法志》注引《汉官仪》。
④ 参见《汉书·武帝纪》。
⑤ 《汉书·元帝纪》。
⑥ 参见《三国志》卷一、十七、三十二。
⑦ 《晋书》卷九十五，《马隆传》。
⑧ 《太平御览》卷三八六引《晋令》。
⑨ 张鹏一：《晋令辑存·丧葬令》。
⑩ 《宋书》卷九十五。
⑪ 参见《南史·齐高帝纪》。
⑫ 《梁书·徐文盛传》。

议，发南兖州三五民丁"。除官贵子弟不征发之外，"其余悉倩暂行征。符到十日装束，缘江五郡集广陵有，缘淮三郡集盱眙"①。朝廷依其议而征之。这份征兵令相当详细，他指出抽征方式是"三五民丁"，即"三丁抽一、五丁抽二"之类②，指明了免征役的官员子弟的具体范围（"父祖伯叔兄弟仕州居职'从事'以上"），指出了具体报到地点（广陵、盱眙），规定了报到期限（"十日"内），还特别规定军器军衣粮等自备（"符到十日装束"），大概是从征兵令符到达（转达）之日起十天内完成一切装束准备。

北朝至隋代主要实行府兵制。府兵制始于西魏大统年间，北周亦行此制，始受魏晋以军府领兵之启示，又仿鲜卑族原有部落兵制。籍民之有材力者为府兵，共 24 开府（即 24 军），由 24 位"开府将军"分领之；上有大将军、柱国统领。府兵自立兵籍，与民分治，称为军户，不隶州县户贯；免除其赋税及其他徭役，仅服兵役；有时还进行屯垦。其出差上岗即为征防或宿卫，称为"番上"，意为轮番出勤。平时半月上番，半月讲武练兵。战时则随时应调至任何战场。魏制，起初是在六个中等以上家有三丁的民户中"选有材力者一人为府兵"，免其身租庸；农闲时由郡守教试阅兵，兵仗、器械、衣粮皆六家共备。③ 北周时，除府兵外，亦实行与均田制相伴的征兵制，男子 18 岁起即有服兵役义务，60 岁而免，轮番戍边；先是 8 人轮戍一年（每丁 45 天），后来改为 12 人轮戍一年（每人 1 个月）。④ 后又同时实行募兵。此后，府兵性质开始变化，仅为皇帝禁卫军。至隋文帝时，实行改革，"凡军人，可悉属州县，垦田籍帐，一同编户"。虽然户口籍册统一于州县，但军人之名籍仍在军府管理中。军士与百姓一样授田，但仍免纳租庸调。军人子弟不再世袭为兵，军人在军为兵，在乡为农，兵农合一。其户籍实为双重，军事上有军籍，军府管之；平时居家有民籍，州县管之。⑤

府兵制在唐代变化更大，遂至弛废。唐制，府兵分为番上府兵和征战府兵。番上府兵取六品以下官子孙及白丁无职役者充任，主要任务是京师警卫及有关军事重镇的戍守。征战府兵由诸军府所在州县从均田受田户之 20 岁至 60 岁役龄男子中征集，每三年"拣点"一次，补充缺员。每保五户，以每户二丁计，十丁征二。凡被拣上充当府兵者，为终身役，平时居家务农，农闲从事军事技艺训练，征发时自备军器、军粮。战争结束后，兵散于府，将归于朝。唐中期以后，均田制破坏，府兵无力自备军粮及军器，是以大量逃散。玄宗开元以后又同时以招募制取卫士、官健（戍边兵士），府兵制遂废。⑥

唐代兵役征发之制度，在《唐令》中多有体现。如军人上番分远近："上番者，五百里内五番，五百里外七番，一千里外八番。"地点越近，番值戍守时间越长。关于征遣一家中兵丁，唐制规定"父子兄弟不并遣"，"若祖父母父母老疾，家无兼丁，免征行及番上"⑦。关于军粮、军器置备，《新唐书·兵制》载："凡府兵……人具弓一，矢三十，胡禄、横刀、

---

① 《宋书·索虏传》。
② 如《陈书·世祖纪》有"扬徐二州人丁，三人取两"之语。
③ 参见《周书》卷二、六，《隋书》卷二十八。
④ 参见《隋书·食货志》。
⑤ 参见《隋书》卷二、二十八。
⑥ 参见《新唐书·兵志》。
⑦ ［日］仁井田陞：《唐令拾遗·军防令》。

砺石、大觿、毡帽、毡装、行滕皆一，麦饭九斗，米二斗，皆自备。并其介胄戎具藏于库，有所征行，则视其入而出给之。其番上宿卫者，惟给弓矢、横刀而已。"这是说，一般兵器装备由兵士自备；平时由军营仓库统一保管，战时领出使用。但这肯定仅仅指轻军器而言。至于大宗装备，私人制备不起，当然由官府配备："当予马者，官予其直市之。每匹予钱有二万五千。"① 即官府发给购买马匹的价金，由应征兵士自己采买马匹。

府兵制在唐朝中后期渐渐弛废，募兵制又重新占主导地位。在太宗时，除府兵外，朝廷就经常因特殊需要招募军队，称为"兵募"，不属卫府管辖。玄宗以后，因府兵逃亡甚多，战斗力下降，乃以招募方式选取"长从宿卫"（后改为彍骑）、健儿（官健），代替府兵。前者（彍骑）主要用于京师及内地各重镇宿卫，后者（健儿）主要用于征战戍边。二者待遇均远高于府兵，一般都有服役期限。开元二十五年（237 年），玄宗诏令诸军镇招募"长征健儿"，允其携家口同往，各给以土地、房屋，终身免课役，其资粮全部由自备改为官给，至此，戍兵实已变成招募而来的长期职业兵。② 唐中后期府兵制瓦解以后，另一重大变化是"方镇兵"的兴起。方镇刺史军帅在当地组织地方军，拥兵自重，终致唐王朝灭亡。方镇兵中有曰"团结兵"者，又有所谓土团、子弟军、义营乡团等，一般为刺史自管区内民户中点取民丁组成，不入正式军籍（全国统一军籍），不长期脱离生产，仅免除本人赋役。平时在家耕种并习武，每年定期考试；其征发、训练、作战指挥，均由刺史负责。"差点土人，春夏归农，秋冬追集，给身粮酱菜者，谓之团结。"③ 后来，节度使、刺史们还于常规编训的团结兵之外，临时征集应紧急战事的团结兵，地主豪强亦常自行组织土团军。

宋代军伍构成，大约分为正军与非正军两类，其征役人民的方式有所不同。正军包括禁军、厢军等。禁军又分为在京禁军、（屯驻外地的）就粮禁军等；厢军就是驻各州镇的正军，但分给各州镇役使，一般为中央军中老弱者，职司修筑城池、守卫牢城等。凡正军均属中央军编制。非正军又称为乡兵或民兵，有土丁、义勇、砦（寨）兵、枪仗手、强壮等各类。正军一般系朝廷在全国招募，终身服役。乡兵大多系地方按户籍保甲征派，或三丁拣一，或五丁拣一，多不脱离生产；其教阅或从征时亦发给钱粮，也有按禁军待遇发给廪禄者。有些乡兵亦系招募雇役。乡兵皆由州县长官管理，其主要任务是维护地方治安，防盗匪，巡防私盐、私茶，有时亦为中央正军做辅助性军事工作（如破坏敌方道路、营垒，运输粮草，侦察，助攻城，修工事等等）。④

明初军队实行卫所制，即以"卫"或"所"管理军队。全国有内外卫 329 个、千户所 65 个，还有百户所等。"卫"之上设都司指挥。其军皆世籍，不许改业。与卫所军制相应，人民户籍中设定一定比例的军户。以三户为一垛，三户中以一户为正军户，承应军差，另两户为贴户，帮贴正户。正户从军者逃亡，则贴户出丁替代之。后改为三户轮充正军。正军户丁赴役者，须带妻子同行；已订婚者须完娶而后往，无婚者听其在卫所娶妻。其所生子，仍隶军户籍，将继其父辈为军。明初，以军隶卫，以屯养军。军士大部分屯田耕种，为屯军；少部分驻守操练，称旗军。二者定期轮换。军饷主要由军屯提供。

---

① 《新唐书·兵志》。

② 参见《旧唐书》卷四十三。

③ 《旧唐书》卷四十五。

④ 参见《宋史》卷一八七、一八八、一九○。

明中叶后，军士避役逃亡严重，屯卫渐废，募兵逐渐代之成为最主要的兵员征集方式。募兵除器械、衣装由官给外，还有安家银和行粮，按月发饷。凡应募为军者，户籍仍在民籍，不入军户籍，服役终身而止，退役复为民。卫所制弛废后，军户应募者似也享此待遇。明代兵役还有一个重要来源，即因犯罪而谪发为军。明初卫所军中谪发为军者甚多，称为"恩军"，多系减死一等罪囚发配充军者。凡系死罪减等而充军者，全家随往，即为军户，子孙世代服役，不得改业，人称为"长生军"；其余杂犯被谪为军者，只服役终身，不及子孙。① 这就是所谓·"充军"，本来是刑法减等"恩赦从军"之优待，后来本身就蜕变为单独一种刑罚：前者为"永远充军"，后者为"终身充军"。清代亦坚持此制。

除正规军外，明代亦有乡兵、民壮等地方武装或民兵。乡兵有隶军籍和不隶军籍之分；民壮系正统十四年（1449年）以后在全国统一组建的地方武装。所有应募民壮，由本地官府负责操练，遇警调用，事毕复为民。弘治七年（1494年），朝廷颁布"金（征集）民壮法"：州县七八百里以上者，每里选二人；五百里者，每里选三人；三百里者，每里选四人；百里以上，每里选五人。春夏秋三季，每日操练二次，冬季三次。遇警征调时，则官给行粮、鞍马、器械，并免其户税粮五石、徭役二丁。富民不愿服役者，可以纳钱代役，官以此钱募人。在州县应役的民壮称为"机兵"，在巡检司应役者称为"弓兵"。后又分民壮为上下两班，一班劳务，一班操练，两班轮换。后又改行按户丁金派民壮之法：除单丁老弱外，三丁取一，分正兵、奇兵登记入册。②

清代的兵役征集制大约为三个阶段。第一阶段是八旗军、绿营军，第二阶段是湘军、淮军、楚军等等，第三阶段是新军（包括新式陆军和海军）。八旗、绿营兵制时代，基本上是世兵制。八旗分为满洲八旗、蒙古八旗、汉军八旗。旗兵家口合称旗户（旗人、旗下人），为职业军户。男丁平时生产，战时披甲为兵，兵民合一，耕战结合。16岁以上男子全为正式旗兵，16岁以下幼丁组成"养育兵"，世代相继为兵。旗兵初为旗主私有，旗主世袭；入关后统一改为国家管辖之中央军，其中满洲上三旗为天子禁兵。绿营兵为清入关后仿明朝兵制组成，军旗皆绿色，以营为编制，兵员主要为明降兵及新招募的汉兵。一旦列入绿营兵籍，终身不改，成为不退伍的职业兵，家口子孙亦列军户，几乎世袭为军。③ 后来，汉军八旗及绿营均放允其改隶民籍，与编户一体待遇。④ 湘、淮、楚军系为镇压太平天国起义而由曾国藩、李鸿章、左宗棠等人招募乡勇而成，其基本单位为营，将由帅选，兵由将募，多为招募同乡、宗族而成，"兵为将有"，封建隶属关系极强，以宗谊、乡谊、师生、同年等关系为联系、团结官兵之纽带。各营均以将领名字命名，如开字营、铭字营、庆字营、盛字营、勋字营，等等。⑤ 这几支军队成为清朝中后期军队主力，也成为最先大规模采用西式枪炮的军队。同治、光绪间，北洋海军和新式陆军形成，旧式征募兵役制度彻底终结。

① 参见《明史》卷九十一。
② 参见《明史》卷七十六、八十九、九十二。
③ 参见《清史稿》卷一三二、一三一，《兵志》。
④ 参见《清史稿·食货志》一，《户口》。
⑤ 参见《清史稿》卷一三二。

第三节
奖恤勇烈、惩罚怯民之有关制度

为劝奖人民为国家英勇作战，历代王朝均设计了许多奖惩制度。早在夏朝，夏启征有扈氏，曾发布誓告即军法："用命，赏于祖；弗用命，戮于社，予则孥戮汝。"① 意即以在祖庙论功行赏为对勇士的奖赏，以在社坛用刑作为对违命者的处罚。商汤出兵讨伐夏桀，也曾颁布军法："尔尚辅予一人，致天之罚，予其大赉汝。"② 即承诺对将士们进行重重的奖赏，以鼓励士气。春秋时，晋国执政赵鞅也颁布过奖励军功的法令："克敌者，上大夫受县，下大夫受郡，士田十万，庶人工商遂，人臣隶圉免。"③ 也就是将参战的各等人员的奖赏事先都列举出来：上大夫封一县，下大夫封一郡，士赏田十万亩，庶人工商可以上升为士（获得任官资格），奴隶可以免除奴籍为自由民。

古代中国关于这一方面的法律制度，早期较为完备的，以"商君之法"为代表。

商鞅相秦，令"有军功者各以率受上爵"，"有功者显荣，无功者虽富无所芬华"。商鞅主张，使"上利出于一空（孔）"，即要使国家的一切爵禄显荣只能缘农战而得，断绝其他一切获得利禄的途径（如游说、德行、商贾、技艺等等）："故圣人之为国也，入令民以属农，出令民以计战"，"主操名利之柄"，使名利皆出于农战，"富贵之门必出于兵"，则百姓就会尽力致死。"赏莫如厚而信，使民利之"，最好要达到"民之见战也，如饿狼之见肉"的效果，要使人民"闻战则相贺也，起居饮食所歌谣者战也"，要使人民好战，使其"死者不悔，生者务劝"。只有达到这样的效果，才可以说"民可用"。同时，商鞅主张，对于畏惧战斗、不为君国致死尽力的人，要严厉惩罚，绝不能心慈手软。要实行什伍连坐法，一人怯战，家属及同什同伍之人连坐重罪："强国之民，父遗其子，兄遗其弟，妻遗其夫，皆曰：'不得（敌人首级）无返'。又曰：'失法离令，若死我死！'""五人束簿为伍，一人羽（应为'逃'）而轻（应为'刭'）其四人。（该四人）能人得一首则免（株连）。"大意是：亲属为入伍者送行，以杀敌斩首相劝，以全家连坐相戒，甚至警告"没有立功就不要回来！"违反军法，全家连坐，同伍连坐，都是死罪。这就是商君设计的奖民、逼民勇战之法。

为奖励军功，秦曾定军功爵二十级：一曰公士，二曰上造，三曰簪袅，四曰不更，五曰大夫，六曰官大夫，七曰公大夫，八曰公乘，九曰五大夫，十曰左庶长，十一曰右庶长，十二曰左更，十三曰中更，十四曰右更，十五曰上造，十六曰大上造，十七曰驷车庶长，十八曰大庶长，十九曰关内侯，二十曰彻侯。④ 士兵在战场"能得甲首一者，赏爵一级，益

---

① 《尚书·甘誓》。
② 《尚书·汤誓》。
③ 《左传·哀公二年》。
④ 参见《汉书·百官公卿表》。

田一顷，益宅九亩；除庶子一人，乃得入兵官为吏"①。意即赏以爵位，赏以田宅，还可以荫庇子弟为官吏。如为罪徒从军，可以以斩敌首受赏的爵位抵减（免）刑罚："爵自二级以上，有刑罪则贬；爵自一级以下，有刑罪则已。"② 这实除上是另一种形式的军功奖赏。奖赏还包括免税免役、赐食邑等等。但是，未能斩获敌首者要受罚："其战，百将、屯长不得（故首），斩首。"③ 甚至具体计首赏功程序，商鞅也有设计："以战故，暴首三（日）乃校。三日，将军以不疑致士大夫劳爵。夫劳爵，其县过三日有不致士大夫劳爵，罢其县四尉。"④这就是规定，将斩获的敌首陈列三天校核，查核无争议后再行奖赏。过期不奖赏，则处罚有关官吏。商鞅所立此种奖励军功之法，可能直至秦亡时仍在适用。此种残酷的法律，被人们称为"上（尚）首功"。故"秦人每战胜，老弱妇人皆死，计功赏至万数，天下谓之'上首功之国'，皆以恶之也"⑤。

汉代的军功奖赏制度，似乎有军功爵、武功爵并行。在武帝元朔六年（前123年）之前，汉沿用秦二十等军功爵制，奖赏民之勇战立功者，同时又赏以厚金。如高祖五年（前202年）克项羽，令军吏卒无爵（亦无罪谪）及爵不满大夫者，"皆赐爵为大夫；故大夫以上赐爵各一级；其七大夫以上，皆令食邑；非七大夫以下，皆复其身及户勿事"⑥。这里用以奖赏军功的有赐爵位、赐食邑、免徭役。这里提到了大夫、七大夫两个爵级，可能分别指沿用秦制的第五级和第七级爵位（见前）。武帝时，又设"武功爵"制，这似乎与二十等爵制是两回事，叫作"赏官"，好像是赏以闲散官职（名誉官职）。《汉书·食货志》谓"级十七"，但后人考释只得十一级之名：一曰造士，二曰闲与卫，三曰良士，四曰元戎士，五曰官首，六曰秉铎，七曰千夫，八曰乐卿，九曰执戎，十曰政戾庶长，十一曰军卫。⑦ 与这些爵位相关的是巨金赏赐。如卫青所率军士获赏"黄金二十万斤"，又谓"（首）级十七万，凡直三十余万金"⑧，即十七万敌人首级，值三十万奖金。还规定，达到一定等级爵位者可任用为官，"军功多用超等，大者封侯、卿大夫，小者郎"⑨。仅李广利率军伐大宛一役得胜归来，"军官吏为九卿者三人，诸侯相、郡守、二千石百余人，千石以下千余人。每行者（赏）官过其望，以滴（谪）过行者（指罪人从军）皆黜其劳。士卒赐直四万钱"⑩。有爵者亦可以用爵位"赎禁锢免减罪"，"其有罪又减二等"⑪。但是，对于违反军法的处罚，汉代也极严厉，汉律有"乏军兴"、"弃军逃亡"、"畏懦后期"、"争功"、"冒功"等罪名，罪皆至死。

东汉及曹魏时期，特重"士亡法"。其法："军征士亡（兵士逃亡），考竟其妻子，母妻子皆没官为奴"，甚至有诛杀逃亡者全家者。魏初，在高柔军中，有兵士逃亡，其妻白氏被捕系，有司奏依军令白氏当弃市。后经高柔以白氏嫁入大家才数口，未与大相见，不当诛

---

① 《商君书·境内》。但《荀子·议兵》谓秦法"（斩）五甲首而隶五家"，不仅是"除庶子一人"。

②③④ 《商君书·境内》。

⑤ 《史记·鲁仲连列传》集解引谯周语。

⑥ 《史记·高祖本纪》。

⑦ 参见《汉书·食货志》晋人臣瓒注。

⑧ 《史记·平准书》。

⑨ 《汉书·食货志》四下。

⑩ 《汉书·李广制传》。

⑪ 《汉书·食货志》四下。

连为由谏阻之而得免一死。这说明当时有夫从军逃亡妻子连坐死罪之法。① 晋时亦编军为什伍，实行逃亡连坐制。"卒逃归，斩之。一日家人弗捕报及不言于吏，尽与同罪"；"以官役逃亡者，其家及同伍课捕"。在战场上，"伍中有不进者，伍长杀之；伍长不进，什长杀之；什长不进，都伯杀之"；"临战，兵弩不可离阵。离阵，伍长、什长不举发，与同罪"。"士将战，皆不得取马牛衣物，犯令者斩。"② 这些军法都体现了人民在军事上对国家负有的绝对义务。

南朝历代的奖励军功制度，除勋级奖赏外，还有一些特殊的惯例。如南朝宋文帝时，北魏南侵，朝廷乃悬赏募勇民击杀敌军，令能杀魏军将吏及其子弟者，赏官爵、布帛各有差。③ 太守刘道锡募吏民守城，请免应募吏民"租布"二十年，朝廷许之。④ 孝武帝时，竟陵王刘诞反叛，朝廷兴兵平之，"悉诛（竟陵）城内男子，以女口为军赏"⑤，即男人杀光，女人作为战利品奖赏给有功兵士。宋武帝时，立"战亡追赠及除复之科"，就是关于追授阵亡烈士爵位及免除其家属赋役的特别法令。宋文帝还多次下诏赐阵亡将士家属钱布为"赡恤"⑥。南齐高帝时曾下诏："建元以来战亡，赏蠲（免）租布二十年，（免）杂役十年；其不得收尸（者），主军押保，亦同此例。"⑦ 这是以免税免役来恤赏烈士家属。这里特别提到了恤赏战场失踪者家属的一种程序或惯例，即未能收尸而能确认死亡的战场失踪者，只要由军队主官担保证明，也可以获得与烈士一样的恤赏。南陈时亦多次"重立赏格"，奖劝军功。南朝时期对怯战逃阵者处罚之法亦甚严，如宋明帝时，"将吏一人亡叛，同籍符伍充代者十余人"⑧。一人逃役，其家口均"补兵"即发到军中为奴；违期不至及从征逃亡者往往处死。⑨

唐代的军功奖赏、慰恤制度所涉面甚广。

第一是勋级十二等以赏战功之制，这与秦汉军功爵制有所不同。这是因功勋而授以荣誉官职之制度。十二勋级是：一曰武骑尉，二曰云骑尉，三曰飞骑尉，四曰骁骑尉，五曰骑都尉，六曰上骑都尉，七曰轻车都骑，八曰上轻车都尉，九曰护军，十曰上护军，十一曰柱国，十二曰上柱国。⑩ 这些勋位的待遇，分别比同从九品到正二品官，实即以各等级的官俸官禄奖赏有功将士，包括赐田地、仆役等等。

第二是军功赏赐程序。唐令规定："诸大将出征既捷，及军未散，皆会众，而书其劳（功劳）与其费用、执俘折馘之数，皆露书以闻，及告太庙。"⑪ 这是对一场战争的全部战功、损耗情况进行总结，写出公开报告，向朝廷汇报；同时可能也要在军内公布以使众人

---

① 参见《三国志》卷二十二、二十四。
② 张鹏一：《晋令辑存·军战令》。
③ 参见《宋书·索虏传》。
④ 参见《宋书·刘道锡传》。
⑤ 《宋书·孝武帝纪》。
⑥ 《南史·宋武帝纪》及《文帝纪》。
⑦ 《南齐书·高帝纪》。
⑧ 《宋书》卷七十四，《沈悠之传》。
⑨ 参见《南朝宋会要·兵》。
⑩ 参见《唐六典》卷二，"司勋郎中员外郎"条。
⑪ ［日］仁井田陞：《唐令拾遗·军防令》。

共鉴，接受众人质疑。在这一计功工作完成后才能遣兵归各府。

第三是在役军人及家属慰问制度。唐令规定："凡军旅之出，则受命慰劳而遣之。既行，则每月存问将士之家，以视其疾苦。凯还则郊迎之，皆复命。"这是指高级官吏受命慰问军士及家属，事毕后向皇帝或其他派遣者"复命"。

第四是阵亡死难者的归葬赏恤。唐令规定："诸征行卫士以上身死行军（中），具录随身资财及尸，付本府人将还。无本府人者，付随近州县递送。"①"从行（军）身死，折冲赙（恤赐）物三十段，果毅二十段，别将十段，并造灵轝，递送还府。队副以上，各给绢两匹，卫士给绢一匹，充殓衣，仍并给棺，令递送还家。"② 对这些阵亡的军人，依令追授勋位："诸征镇，勋未授（而）身亡者，其勋依例加授。其余泛勋，未授（而）身亡者，不在叙限。"③

关于兵役违法之处罚，唐律令中有相当丰富严密的规定。这些罚则可以分为两方面：一是对从征兵士及其家人的处罚，其中主要包括《擅兴律》中对"征人冒名相代"、"大集校阅而违期不到"、"乏军兴"、"征人稽留"、"临军征讨巧诈避征役"、"遣番代违限"等行为的处罚，《诈伪律》中对"诈自复除"（诈取免役权）、"诈疾病及故伤残"等逃役行为的处罚等。还包括《捕亡律》中对"征名已定及从军征讨而（逃）亡"、"防、镇人向防（赴防途中）逃亡及在防未满而逃亡"、"宿卫人在直而亡"等行为的处罚。二是对官吏违法的处罚。包括《擅兴律》中对"拣点卫士征人不（公）平"、"镇所私放征人还（乡）"、"镇戍官司役使防人不以理致令逃亡"、"有冒名相代不觉察"、"乏军兴"、"私（役）使兵防（人员）"等违法行为的处罚，《杂律》中对"防人在防有病主司不为医疗"、"征人身死不依令送还乡"等行为的处罚，还包括《捕亡律》中对"主司故纵征人逃亡"等行为的处罚。

宋代关于兵役之奖惩法条基本上同于唐代。

明代的军功奖赏制度，太祖时即定有"赏格"，但不预为令以颁告。成祖时定升赏例，功分奇功、首功、次功三等，"亦不豫为令"。又立"功赏勘合"，以"神威精勇猛"等四十字"编号用宝"（印），分等分类赏之。英宗时，造"赏功牌"，分功为奇功、头功、齐力三等。宪宗成化年间定赏功例："一人斩一（首）级者，进一秩，至三秩止。二人共斩者，为首进秩同。壮男与实授，幼弱妇女与署职。为从及四（首）级以上，俱给赏。"明时功赏例，依征伐北边、东北边、"西番及苗蛮"、"内地反贼"不同分为四类：征北边（长城以北）功赏最重；征东北边次之，三首级当北边一首级；征"番苗"又次之；征"内地反贼"功赏最轻。如武宗正德年间定"流贼例"，专为镇压"内地反贼"而立："（捕斩）名贼一名，授一秩，世袭，为从者给赏。（捕斩）次贼一（首）级，署一秩。"不愿升秩者均给银为赏。又有"以割耳多寡论功"之制："其俘获人畜、器械，成化例：俱给所获者。"这种计功方式，弊端重重："两军格斗，手眼瞬息，不得差池，何暇割（首）级？其获级者或杀已降，或杀良民，或偶得单行之贼，被掠逃出之人，非真功也。"④ 关于烈士忧恤，《明律》专有"优恤军属"之条。关于违反兵役之罚则，《明律·兵律》的"军政门"中有对"从征

①　［日］仁井田陞：《唐令拾遗·军防令》。

②　《唐律疏议·杂律》引《兵部式》。

③　［日］仁井田陞：《唐令拾遗·军防令》。

④　《明史》卷九十二，《兵志》四。

违期"、"军人替役"、"纵放军人歇役"、"从征守御逃亡"、"公侯私役官军"等等行为的处罚。关于逃军的处罚及告捕奖赏，明宣宗宣德三年（1428 年）曾专订有"勾军条例"11条，后扩充为 24 条。条例规定甚繁，主要内容有：捕获逃军一名，赏钞三十锭，隐藏者出首，赏二十锭。隐藏及转移逃兵者，全家充军。逃军在"勾军榜文"到日起三日内自首免罪回军复役，否则连邻里及窝藏人等一并问罪，村正、里正等亦追究罪责，等等。明时还常有军士逃亡"勾取其家丁（家中成丁）补充"之例。①

清代的《兵部处分则例》专设"议功"之章，规定奖励军功之制甚详。如攻克府、州、县、卫所城池者，分别依城池之大小重轻分为五等、四等、三等、二等、一等，以此论功勋、奖赏之高低轻重。如攻克一等府城，将最先登城五人授职，其第一名授参将职衔，第二名授游击职衔，等等。又立五等军功制，如一等军功，军官"给予功加一等，记录二次，兵丁赏银五两"；二等军功，军官"给予功加一等，记录一次，兵丁赏银三两"，等等。② 关于违反兵役法之处罚，清代基本仿袭明制。

---

① 参见《明史》卷九十二，《兵志》四。
② 参见《兵部处分则例》卷二十三，《议功》。

第二十五章

兴学养士：传统中国的教育行政制度

　　本章主要讨论中国传统政治中的教育行政制度。关于教育，从正规的知识教育而言，古人一般喜欢理解为"兴学养士"，即通过官办学堂培养后备官吏的过程。兴学养士的过程，实际上就是中国古代的教育行政实施过程。但是，广义上讲，古代中国的教育还应包括道德伦理的灌输，就是培养"君子"或"贤良"的教育。前一种意义的教育，起初主要对王公贵族子弟而言，科举制度兴起后也包括对平民子弟的教育。后一种意义的教育，则系对国中所有官民士庶子弟而言。本书既立意从官民关系的角度探讨中国古代行政法律制度，则关注的就不是古代教育的全部，而只是其中的一部分。从官民关系角度而言，我们最应关心的是中国传统教育制度中关于各级学校招生方式、入学资格和学生的毕业安置等问题。在本章里，我们谨对这一类问题作出初步的探讨。中国的教育制度与官吏选拔制度即察举科举制度密不可分，有时甚至是一物两面。但是，为了讨论更加条理化，我还是把二者分开。凡涉及学成后选拔入仕做官方面的具体程序方式，我们将在"察举科举"一章里探讨，在这里尽量不加讨论。

第一节
先秦的教育行政制度

　　讨论中国古代的教育制度，主要应该从历代学校教育制度入手。

　　周代的学校制度，《周礼》略有记述："大司乐，掌成均之法，以治建国之学政，而合国之子弟焉。凡有道者，有德者，使教焉，死则以为乐祖，祭于瞽宗……乐师，掌国学之政，以教国子小舞。"① 据此一记述，我们可以猜测：中国最早的官方教育始自音乐专业教育，大司乐就是最早的国立大学校长。"成均"、"瞽宗"，有人注《周礼》认为是周代大学

――――――――――

　　① 《周礼·春官宗伯·大司乐》。

名称。乐师，就是国立音乐大学的教员，受其教育的学生，只有"国子"，也就是王公大人的子孙。大司乐和乐师们以"乐德"、"乐语"教国子。一般以为，周代国立大学有五：中为辟雍，南为成均，北为上庠，东为东序，西为瞽宗。辟雍为王者所居，国子分入东、西、南、北四学，四学中又以"成均"最尊。《礼记·王制》谓"天子命之教，然后为学。小学在宫南之左，大学在郊，天子曰辟雍，诸侯曰泮宫。"这与《周礼》的记载略有不同。这里首次出现了"大学"和"小学"的划分。

关于国学招生和学习内容，《礼记·王制》记载："王太子、王子、群后之太子、卿大夫元士之嫡子，国之俊选，皆造焉。凡入学以齿。"学生中除了王公贵族子孙外，其他"国之俊选"到底指哪些人、怎么选拔出来，并不清楚。关于毕业考核，周代似乎也有制度："将出学，小胥大胥小乐正简不帅教者，以告于大乐正，大乐正以告于王，王命三公九卿大夫元士皆入学（教训之）；（若）不变，（则）王亲（自）视学；（若再）不变，王三日不举（乐），屏之远方。"① 这一记载不知是否为当时的实际制度。《礼记·学记》的记载更大不相同："古之教者，家有塾，党有庠，术（州）有序，国有学。比年（每岁）入学，中年（每隔一年）考校；一年视离经辨志，三年视敬业乐群，五年视博习亲师，七年视论学取友，谓之小成。九年知类通达，强立而不返，谓之大成。"② 这里不但提到了国学、州学、党学、家学四个等级的学校，而且提到了"国学"的一年、三年、五年、七年、九年等几个阶段的教学内容暨考核目标。这些目标，基本上是以道德伦理教育为主。

《汉书·食货志上》谓周时"里有序而乡有庠。序以明教，庠则行礼而视化"。"序"和"庠"两个层级的学校，教学内容、目的和使命均不同。学校不仅是学校，还是"行礼视化"即公共典礼仪式场所。"八岁入小学，学六甲五方书计之事，始知室家长幼之节。十五岁入大学，学先圣礼乐，而知朝廷君臣之礼。其有秀异者，移乡学于庠序；庠序之异者，移国学于少学。诸侯岁贡少学之异者于天子，学于大学，命曰造士。行同能偶，则别之以射，然后爵命焉。"③ 汉人班固这些关于具体入学年龄、教学内容、升学次序、毕业授官的记载，不知据何而述。唐人杜佑所撰《通典》更有关于"有虞氏大学为上庠，小学为下庠；夏后氏大学为东序，小学为西序；殷制大学为右学，小学为左学，又曰瞽宗；周制大学为东胶，小学为虞庠"④ 之说，更不知从何而来。不过这些或许都能反映先秦时代教育制度的某一方面情形。

春秋时"子产不毁乡校"的传说，也从某一侧面反映了周代学校制度的一大特征。"郑人游于乡校，以论执政"⑤，说明当时乡校不仅是传播知识之所和典礼之所，还是国人发表对政治的意见，褒贬官场人物的场所。

宋人朱熹对夏商周三代的教育制度作了独到的陈述和解释："三代之隆，其法寝备，然后王宫国都以及闾巷，莫不有学。人生八岁，自王公下至于庶人子弟，皆入小学，而教之以洒扫、应对、进退之节，礼乐射御书数之文；及其十有五年，则自天子之元子众子以至

---

① 《礼记·王制》。

② 《礼记·学记》。

③ 《汉书·食货志上》。

④ 《通典》卷五十二，《礼》十三。

⑤ 《左传·襄公三十一年》。

公卿大夫元士之嫡子，与凡民之俊秀，皆入大学，有而教之以穷理、正心、修己、治人之道。"① 大学与小学两个等级的教育在教学内容上如此明确他划分，在古代大概没有真正实施过。

第二节
汉代教育行政制度

秦代教育制度，无可考据。秦自商鞅变法以后，摒弃儒说，反对道德伦理教化之言，主张"以吏为师"，则往昔以传授礼义儒术为主要特征的各级学校也受到摧残。

汉代的学校制度，史料也不多。汉初因军事不断，"未遑庠序之事"。到武帝时，学校才陆续恢复。武帝时，因董仲舒建议，令立太学，置博士弟子，其制"因旧官（旧有博士官）兴焉"："为博士官，置弟子五十人，复其身。太常择民年十八以上仪状端正者，补博士弟子……郡国县官有好文学、敬长上、肃政教、顺乡里，出入不悖所闻，令相长丞上所居二千石；二千石谨察可者，常与计偕偕太常，得受业如弟子。"关于学绩考核和任用，"一岁皆辄课，能通一艺以上，补文学掌故阙；其高弟可以为郎中，太常籍奏；即有秀才异等，辄以名闻"。学习成绩不好的，要随时淘汰："其不事学若下材，及不能通一艺，辄罢之。"② 昭帝时，举贤良文学，增博士弟子员至百人。宣帝末又倍增之。文帝时初增设博士弟子员至千人，成帝时以"孔子布衣（尚）养徒三千人"为由，增博士弟子至三千人③，差不多有近世大学之规模。但后又时罢时复。成帝时，刘向请兴辟雍庠序，未果。王莽当政时，为收民心，始立辟雍。并令元士之子有得受业如博士弟子，不受员额限制。④

汉代的郡国学可能在文景时即已部分恢复，至武帝时，"乃令天下郡国皆立学校官"。武帝此一决定，乃是受蜀郡太守文翁在蜀兴学重教之启发。文翁牧蜀，"见蜀地辟陋，有蛮夷风，文翁欲诱进之，乃选郡县小吏开敏有材者张叔等十余人，亲自饬厉，遣诣京师，受业博士，或学律令……数岁，蜀生皆成就还归，文翁以为右职，用次察举，官有至郡守刺史者"⑤。这是太守自任教师，开办一个"在职干部文化进修班"，达到一定程度后送京师太学深造，学成回来任用（主要是供察举选官）。不久，文翁发现这样还远远不够，于是"又修起学官于成都市中，招下县弟子以为学官弟子，为除更徭，高者以补郡县吏，次为孝弟力田"。这就是郡学。学生免除徭役，毕业时成绩好的直接任命为吏，次者举为"孝弟力田"以供日后朝廷优奖任用。文翁还经常让郡学学生跟他他实习："常选学官僮子，使在便坐受事。每出行县，益从学官诸生明经饬行者与俱，使传教令，出入闺阁。"⑥ 据说，蜀地学校由此发达，几乎可与齐鲁媲美。汉平帝时，郡国学官制基本完备："郡国曰学，县道邑

① （宋）朱熹：《四书集注·大学章句序》。
② 《汉书·儒林传序》。
③ 参见《汉书·儒林传》。
④ 参见《通典》卷五十三，《礼》十三。
⑤⑥ 《汉书》卷八十九，《循吏传·文翁》。

侯国曰校。校学置经师一人。乡曰庠，聚曰序，序庠置孝经师一人。"① 郡国学生在读期间除定期考核外，可能还经常受到中央出巡官员的考核。如平帝时，何武为刺史，"行部必先即学官见诸生，试其确论，问以得失"②。

东汉时国学规模进一步扩大。质帝时，令大将军以下至吏六百石皆"遣子弟就（太）学"，"于是游学者增至三万余生"③。献帝时，又令"公卿二千石（至）六百石子弟在家，及将校子弟见为即舍人（者），皆可听诣博士受业。其高才秀达学通一艺（者），太常作为品式"，也就是明令太常寺制定按成绩优劣决定任用待遇的人事规范。此外，曹操当政时，于建安末在邺城南作泮宫。这是魏国的国学，是后汉时期关于诸侯国学的唯一记载。④

第三节
魏晋南北朝时期教育行政制度

曹魏的太学始于魏文帝黄初五年（224 年）。是年，文帝令立太学于洛阳，命慕学者自诣太学为门人。进太学二年后考试决定正式生员资格，"通一经者称（博士）弟子"，否则罢遣归家；再过两年又考试，"通二经者补文学掌故；不通经者听须后辈试"，在下次复试（与下届一起考）中通过者"亦得补掌故"；再过两年又考，"通三经者高第，为太子舍人"；又过两年更考，"通四经者高第，为郎中"⑤。二者未通过之人均可随下一届复试。魏时太学管理，颇有规章："太学堂上，官为置鼓"，"凡受业者，当其须十五以上公卿大夫子弟，在学者以年齿长幼相次，不得以父兄位也。学者不恭肃、慢师、酗酒、好讼，罚饮水三升"⑥。

吴主孙休永安元年（258 年）始立学制："置学官，立五经博士。令见吏之中及将吏子弟有志好者，各令就（学）业；一岁课试，差其品弟，加以位赏。"⑦ 其具体考试任用情形大约与汉魏相似。

晋武帝时即立国子学，"与天子宫对"，置国子祭酒、博士祭酒执教。⑧ 又立太学，太学中有明堂、辟雍、灵台之设。太学隶属太常，有博士十九人执教。每个博士均主讲一经，或主讲某经的一家注解，犹今日大学教授各开设一门课。博士各有助教。惠帝元康三举（293 年）"制立学官"，令"官品第五以上得入国学"⑨。看来"国学"是高官显贵之子弟的学堂及中级以上官吏的进修学校，是"国子"们的学校；而"太学"大概是庶人子弟也可

① 《汉书·平帝纪》。
② 《汉书·何武传》。
③ 《后汉书·儒林传》。
④ 参见《通典》卷五十三，《礼》十三。
⑤ 同上书。
⑥ 《艺文类聚》卷三十八，《礼部上》。
⑦ 《通典》卷五十三，《礼》十三。
⑧ 参见《晋书·职官志》。
⑨ 《南齐书·礼志上》引曹思文奏语。

以进入的国立大学。国子学和太学之分，其旨大约是"殊其士庶，异其贵贱"①。晋初"有太学生三千人"（又有谓七千人），"大臣子弟堪受教者令入学"，年 15 岁以上方能入学。太学弟子有掌故、文学、弟子、门人、散生、礼生、寄学等名类。晋武帝时曾进行过一次淘汰考试："已试经，才（堪）任四品（者）听留，余（皆）遣还郡国。"② 回郡国，可能是入郡国学校或任用为吏。东晋初并无国子学、太学之设。成帝咸宁（康）初年（约 335—337年），采纳前国子祭酒袁环之建议，在江左复兴国子学；但到孝武帝时又废。史载孝武帝太元初年（376 年）前后，"于中堂立行太学"（又有史书记载谓"自穆帝至孝武帝，并以中堂为太学"），"置太学生六十人"。其间亦曾招收过"国子生六十人"，均系"权铨大臣子孙"，但旋即罢遣，"于时无复国子生"，只有太学生。太元九年（384 年）尚书谢石奏"请兴复国（子）学以训胄子"，孝武帝纳其言，次年"选公卿二千石子弟生，增造庙房屋百五十间"③。这是再次恢复国子学，规模还有所扩大。关于晋时太学或国子学，史书记载互相舛误较多。不过，其内部的管理制度倒是比较完善，这从《晋令辑存》所引"晋辟雍碑"碑文之诸多名目可见一斑。关于地方学校，晋初有地方长官"使民二百家共立一学"的试验，《太平御览》引《晋令》有"诸县率千余户置一小学，不满千户亦立"之文。晋室南迁，郡县学校大约复兴于孝武帝在位时期（373—395 年），时豫章太守谢石奏请"班下州郡"，普遍修建乡校，孝武帝纳其言。又有征西将军庾亮在武昌开置学官；西凉都督李暠"立泮宫，增高门学生五百人"，等等，多少反映其时州郡县乡学之设置盛况。④

南朝时期学校发达，国子学和太学似乎已合而为一，名称上两者互用。宋武帝初即诏立国子学，未就而逝。文帝元嘉二十年（443 年）正式复立国子学，同时又下诏各郡国"修复学舍，采召生徒"；二十七年（450 年）又罢国子学，至孝武帝时方复立。孝武帝时，录事参军周朗奏请"二十五家选一（学）长，百家置一师，男子十三至十七皆令学经；十八至二十，尽使修武"，主张建立一种全民皆学、文武兼修的新教育模式，主张把什伍编民与学校制结合起来。其建议可惜未被采纳。自南朝宋时起，开始产生了一种新的教育形式，就是缘依有名望的大儒而建立的学馆。如武帝、文帝时在京师为名儒周续之（雁门人）立学馆，帝及王公、高官均亲往听讲礼经。文帝元嘉十五年（438 年）又立学馆于京师北郊鸡笼山，命名儒雷次宗居而讲授，聚徒百余人；又命丹阳尹何尚之于京南立玄学（学馆），"聚生徒"讲学，"谓之南学"。孝武帝时，又"立左学，召生徒"。明帝时又"立总明观，征学士以充之"，聚徒讲学。这种学馆，有时有专业分别。如文帝元嘉十六年（439 年）命何尚之立"玄素学"，命何承天立"史学"，命谢元"立文学"，"各聚门徒"⑤。这大概是世界上最早的单科性质的文学院、史学院、哲学院。南齐时，高帝建元四年（482 年）立国学，"置学生百五十人，其有位乐入者百十人。生年十五以上，二十以还"，学制五年。国学主要招收王公大臣之子孙，后时兴时废。南齐时期，学馆进一步发达。除京师外，各州郡亦兴学馆。这种学馆盖与从前州郡学大致相类，但有三个方面的新特征：一是不以考试经业的方式选拔子弟入学，二是名师聚徒讲学，三是没有从前那样正式的结业考试直接授

---

① 《南齐书·礼志上》引曹思文奏语。
②③ 《通典》卷五十三，《礼》十三。
④ 以上系据《通典》卷五十三，《礼》十三晋制部分，及《晋令辑存·学令》综述。
⑤ （清）朱铭盘：《南朝宋会要·文学》。

职。如豫章王萧嶷"于南蛮园东南开馆立学"，取官宦子弟"年二十五以下十五以上补之"，"置生四十人"；司州刺史刘悛"于州治下立学校"；名儒刘瓛在会稽聚徒为馆，名儒楼惠明在金华立馆，名儒吴苞在蒋山主馆。这些学馆，既像州郡学，又像私人学馆，常是达官显贵出资赞助而立。在此一时期，典型的私人学馆也开始出现。如齐明帝时，伏曼容常以自宅为馆，"施高坐于厅事，有宾客辄升高坐为讲说，生徒常数十百人"①。南梁时，国学兴盛，国学亦变成学馆模式，命五经博士各立一学馆，称五馆，聚生徒千余人。《隋书·百官志上》载："旧国子学生，限以贵贱，（梁武）帝欲招来后进，五馆生皆引寒门俊才，不限人数。"梁时亦重州郡学，武帝天监四年（505年）"分遣博士祭酒，到州郡立学"。州郡学招生，大抵士庶无别，地方大吏常在州郡学自任教授，讲经义。② 南朝时期乡学也相当发达，江南立乡学成风，常有名士或退休官员在乡间设学授徒。③

北朝时期的学校以北魏、北周为盛。北魏道武帝初定中原时，即在首都平城立太学，置五经博士，"生员千余人"。天兴二年（399年）又"增国子大（太）学生员三千余人"；次年，又"别起大（太）学于城东"，令各州郡举才学俊秀以入。献文帝时，又令立乡学（郡学），每郡置博士二人、助教四人、学生六十人。后又令依郡之大小而增博士、助教、学生员不等。魏之郡县学自此始。孝文帝时，曾在国（子）学之外专设"皇子之学"。迁都洛阳后，又在洛阳立国子大（太）学、四门小学。其国子大（太）学盖只招高官显贵之子孙，而四门小学主要招收一般士庶子弟。④ 北齐时，设国子寺为中央教育主管机构兼国学，下设国子祭酒、国子博士等，领国子生七十二人；又有太学博士，领太学生二百人；又有四门学博士，领学生三百人。⑤ 北周时，仍分设太学与小学，设太学博士、助教各六人，设小学博士、助教二十余人。天和元年（568年），周武帝诏"诸胄子入学，但束脩于师，不劳释奠；释奠者，学成之祭，自今即为恒式"⑥。此即下令王公大人子弟入国子学、太学时，免行拜奠孔圣之礼，仅学成时行此礼。关于四门小学，其招生资格及体制不知，但知其学生分有专业，有"算法生"、"书生"、"医生"等名目，这可以视为在国立大学分立"数学系"、"书法系"、"医学系"之始。⑦ 北周时亦有地方学校，可能分为两级：上有"总管学"，即地方总管府辖区内最高学府；下有"县学"之设。其时文献常记有"总管学生"、"县学生"之名称。在县学里，还设有"县博士"，应为专职教授兼学官。⑧

---

① （清）朱铭盘：《南朝宋会要·文学》。
②③ 参见上书。
④ 参见《通典》卷五十三，《礼》十三。
⑤ 参见《隋书·百官志中》。
⑥ 《周书·武帝纪》。
⑦ 参见《北周六典·春官府》之"太学博士"、"小学博士"条。
⑧ 参见《北周六典·县令》。

第四节
隋唐五代时期的教育制度

隋文帝时最大的教育体制改革之一，是使国子寺脱离太常寺而独立，成为独立的中央教育主管机关；并使教育主管机构与国立最高学府分离。隋初国子寺以祭酒为主管，相当于后世的教育部部长。祭酒下统国子学、太学、四门学、书学、算学共五所中央直属学校。每校各置博士助教五人（但书学、算学仅各置二人）。至于学生数亦有定额："国子一百四十人，太学、四门各三百六十人，书四十人，算八十人。"炀帝时，国子寺改为国子监，仍置祭酒，加置司业一人。学生无常员。①

唐代学校制度大盛，国学发达，乡学兴旺；还形成了相当规模的外国留学生教育及少数民族学生教育。

唐代的国立中央学校，一般而言有六学，在继承隋代中央五学之外，增设了"律学"。这是中国历史上首次出现的国家官办中央法律专门学校。律学设博士、助教各一人，学生五十人，"以律令为专业，格式法例亦兼习之"②。至此，中央有六所正式国立学校。这种正式国立学校，还应包括在东都洛阳所立的同名学校。龙朔二年（662年），唐高宗命于东都洛阳置国子监、丞、主簿、录事各一员，掌东都国（子）学；又立东都四门学，设四门博士、助教，招四门生300员、俊士200员。东都洛阳的国子学、四门学，大约相当于长安的国子学、四门学的分校。此外，唐代还有一些中央特别直属学校。如武德元年（918年），高祖令在秘书省外"别立小学"，专以教授"皇族子孙及功臣子弟"③。这所叫作"小学"的国立大学，实际上是第七所国立学校，是皇族子弟学校。此外，为特殊目的而设的广文馆、弘文馆、崇文馆亦可视为中央直属学校。广文馆为玄宗天宝九年（750年）为应进士科举者而设立的补习进修学校，肃宗时废。弘文馆、崇文馆则为皇亲国戚高官（三品以上）子孙之专门学校。唐朝还特别注重军人或军营教育，曾派博士到军队里开设学业班："其屯营飞骑，亦给博士，授以经业。"④ 这主要是教习军户子弟，大概还包括军中将吏进修。

关于国立学校的生源及所习专业，唐代有相当完善的体制。关于生员资格及员额，唐制规定：国子学招三品以上文武官及国公子孙（二品以上官爵则及于曾孙）；四门学招七品以上文武官及侯伯子男爵之子，并招"庶人子为俊士者"。并规定官宦子弟名额600人，庶人子弟名额800人；律学、书学、算学招八品以下文武官及庶人子弟为生员。州县学生可以通过考试进入中央学（尤其四门学）。关于专业，唐制规定：国子学生徒300人，分习五经，每一经60人；太学生徒500人，习五经，每一经100人；四门学生徒1 300人，亦分习五经；律学50人，书学30人，算学30人，各习其业，共计2 210名。关于国立学校的

---

① 参见《隋书·百官志下》。

② 《新唐书·百官志》三。

③ 《旧唐书·儒学传序》。

④ 《旧唐书·儒学传》。

招生或生员人选确定，大概由尚书省负责："国子监所管学业生，尚书省补；州县学生，长官补。"唐太宗特别重视国学，曾"数幸国学"，并使国学"增筑学舍千二百间"，令国学、太学、四门学亦增加生员至 3 260 人。① 其校舍建筑规模及学生人数规模，均可与后世大学媲美。

唐时中央直属学校也是留学生教育的主要承担者。唐时外国及边疆番邦酋长子弟来长安求学者甚多。太宗时即有高丽、百济、新罗、高昌、吐蕃诸国酋长派遣子弟到长安入国学，曾使国学生员一度达到八千余人。其中，仅新罗国"差入朝宿卫王子，并准旧例，割留习业学生，及先住学生等，共二百十六人"，渤海国于文宗开成二年（837 年）一次送"入朝学生共一十六人"②。日本留学生尤多，据说其中一次随遣唐使来长安者就多达五百余人。③ 外国留学生在中国学习，"衣粮准例支给"，即由唐朝政府发给口粮，甚至发给衣服。《唐会要》中时有外国学生"请时服（大约按季节发不同服装）粮料"、"（请）时服马畜粮料"、"所供粮料"等记载，并有这方面的"旧例"④。这可以视为当时的中国政府给外国留学生颁发的国家奖学金。

唐代的地方学校，大约有州府学、县学、乡里学三级，另有私人办学。各州（府）设州府学，设经学博士 1 人、助教 1 至 2 人，学生员额按府州大小等级，分别为 40 人至 80 人不等。各州府又各设医学博士 1 人、助教 1 人，学生员额亦按府州等第为 10 人至 20 人不等。就是说，唐朝的州府学亦即省级学校，主要有两者：一个经学，一个医学。经学博士的主要职责是"掌五经教授诸生"，可能同时还是一府一州的最高教育主管。医学博士的主要职责是"以百药救民疾病"⑤，大概不专门讲授课业，还要带领医学生徒实际开业问诊；他可能亦是当地最高医政官员。在县级地方，各设县学、乡学。县学均设博士、助教各一人，又按县之上、中、下等第规定学生员额为 20 人至 50 人不等。州县学的学生人选，均由州县长官负责选拔。武德元年（618 年），高祖即下令"天下州县及乡，并令置学"⑥。开元二十一年（733 年），玄宗下诏"许百姓任立私学，其欲寄州县学受业者亦听"。这是唐代允许私立乡里之学。开元二十六年（787 年），玄宗下诏，令"天下州县，每乡之内，各里置一学，仍择师资，令其教授"⑦。这是官设乡里之学。贞元三年（787 年），右补阙宇文炫奏请"京畿诸县乡村废寺，并为乡学"，即要把乡村的寺庙都废除，改为乡校。德宗未允。州县学的学生，一般可以通过考试升入中央的四门学学习。开元二十一年（733 年），玄宗敕"诸州县学生，年二十五以下，八品九品子若庶人，生年二十一以下，通一经以上，及未通经（但）精神通悟，有文词史学者，每年铨量举选，所司简试，听入四门学，充俊士"⑧。

唐代官学学生，有定期考试考核。《通典》载："每岁仲冬，郡、县、馆、监课试其

---

① 参见《唐会要》卷三十五，《学校》。

② 《唐会要》卷三十六，《附学读书》

③ 参见《日本遣唐使墓志证实日本国号与中国渊源》，载《新京报》，2005 - 08 - 29，4 版。

④ 《唐会要》卷三十六，《附学读书》。

⑤ 《旧唐书·职官志》三。

⑥ 《旧唐书·礼仪志》四。

⑦⑧ 《唐会要》卷三十五，《学校》。

成。"① 神龙二年（706 年），中宗诏令："每年国子监所管学生，国子监试；州县学生，当州试。并选艺业优长者为试官，仍长官监试。其试者通计一年所受之业，口问大义十条，得八以上为上，得六以上为中，得五以上为下。及其学九年（律生则六年）不贡举者，并解追（遣归）。其从县（学）向州（学投考）者，年数下第，并须通计。服阕重仕者不在限。不得改业。"② 这表明：为应付科举考试而在中央官学进修的总年限（学制），最高为九年，包括从县州向中央官学升学考试所用时间；但最短年限则不确定；并且规定学生不得改换所攻专业或应试科别。

关于公立学校的学费，唐代亦有定制。神龙二年（706 年），高宗敕定束脩制度："初入学，皆行束脩之礼于师。国子、太学各绢三疋，四门学绢三疋，俊士及律、书、算学，州县（学），各绢一疋。皆有酒酺。其束脩三分入博士，二分（入）助教。"③ 这实际上是规定，所有公立学校，除国家负责一切办学费用、学生免费学习之外，还应由学生向老师交纳"束脩"作为"谢师费"。这份"谢师礼"收入，各级学校的博士即主教官得五分之三，助教即副教官得五分之二。

关于学校教育与科举的衔接，唐制一般规定，参加科举者，须先经中央学校或州县官学进修，然后才可应科考。开元二十一年（733 年），唐玄宗敕"诸州人省试不第，情愿入（四门）学者，听"。大和七年（833 年），唐文宗敕："应公卿士族子弟，取来年正月以后，不先入国学习业者，不在应明经、进士之限。"会昌五年（845 年），唐武宗制："公卿百官子弟及京内士人寄客，修明经、进士业者，并宜隶于太学。外州县寄学及士人，并宜隶各所在官学。"④ 这就是规定，参加明经、进士科考试的生员，必须先正式入籍作为太学生、州县官学生。这一规定的本意，可能是为太学、州县学保障生源。也许当时不经官学而直接应科举者成为常事。又据《通典》记载，唐玄宗时曾下诏："诸州郡乡贡见讫，令就国子监谒先师，学官为之开讲。"⑤ 这就是强令州郡乡贡考试过关的人（举人），在参加京师会试之前，必须入籍成为国子监的学生。

五代时期的学制与唐制略同。后唐时，国子监生员可能由各州县按分配名额举送。既可从道州府官学学生中解送，亦可直接从乡里文士中选送："如有乡党备诸文行可举者，录其事实申监司（国子监），方与解送。"每年正常招国子监学生的时间是十月三十日前，"满数为定"。但若数额未满，"每年于二百人数内，不系时节，有投名者，先令学官考试，校其学业深浅，方议收补姓名"。即是说，不经州县官方选送程序，平民子弟也可以进入国子监学习。其学费惯例，一般是入学时交"束脩钱二千"，这是入学费。学成授职后，"及第后（交）光学钱一千"⑥。所谓"光学钱"之"光"，应解为"光大"、"光耀"之意，实际上是谢师钱。

① 《通典》卷十五，《选举》三。
② 《唐会要》卷三十五，《学校》。
③ 《旧唐书·职官志》三、四；《通典》卷五十三，《礼》十三。
④ 《唐会要》卷三十五《学校》。
⑤ 《通典》卷十五，《选举》三。
⑥ 《五代会要》卷十六，《国子监》。

第五节
宋元教育制度

宋初亦置国子监，为教育机构暨最高学府。在四京（上京即汴京，西京、南京、北京）均设国子监，分辖各大区域教育事宜。国子学不再招生，国子监于是专为教育管理机构。宋仁宗时，先设四门学；旋又设太学，废四门学。南宋初又复太学、国子监（学），于"行在"（杭州）招收太学生、国子学生。

宋代真正有规模和定制的国立大学是太学。太学始于北宋仁宗庆历四年（1044 年），招收八品以下官员及平民子弟为生徒。南宋高宗绍兴十三年（1143 年）在杭州复兴太学。除此之外，宋代中央还设有律学、书学、画学、医学、武学等专门学院（有的是在国子监中设专门系科），又设有广文馆和宗学。广文馆是招收来京应试之游士的进修学校，补中广文馆学生者可投牒就试国子监（参加升入国子监之考试，或与监中学生一起参加季度考核叙任）。宗学是宗室贵族子弟学校，内分大学、小学，隶宗正寺。徽宗崇宁年间还建有辟雍，"以处贡士"。宋代州县学制，几同唐制。

宋代自神宗朝起，广行"三舍"升等考试法，其制可视为在中央、地方官办学校里首次考试区分年级暨优差等级。神宗熙宁四年（1071 年）始立"太学三舍法"，该法将太学分为上舍、内舍、外舍三等。始入学为外舍生，初不限员，后定额为七百，又定为三千员。春秋各考试一次，优者升为内舍生①，额二百员（又谓三百员）。过两年再考试一次，取优者一百人升为上舍生。在上舍内，又通过考试分上、中、下三等。这些考试，均为公试。所谓公试，即"学官不预考校"，即本校主管、任课老师回避，由其他长官、教师来校考试。

"三舍法"很快被推行到地方官学。哲宗元符二年（1099 年），"初令诸州行三舍法，考选、升补，悉如太学"。州学生上舍者直接转入太学外舍，不需考试（部分州学内舍绩优生也可免试升入太学外舍）；试中者则直接升入太学内舍。州学生入太学外舍后，三年未考升入内舍者，则遣还回原州。徽宗崇宁元年（1102 年）定制：县学生选考升州学，州学生三年一考"贡太学"。被贡进入太学者须经太学复试或入学试，考上等者直接入太学上舍，考中等者进入"下等上舍"，考下等者入太学内舍，未考过者均入太学外舍。其后，又令在京城南门外建"外学"曰辟雍，天下贡士先入外学（辟雍），太学外舍生亦并入外学，太学仅保留上舍、内舍。至此，宋朝之升学等级制完备：县学选考入州学，州学选贡入外学（辟雍），外学升考入太学（内舍、上舍）。太学生绩优者可直接任官："入上舍而（绩）中上等者，得不经礼部试，特命以官"。崇宁五年（1106 年）一度罢科举，一切考选任官均由学校三舍升等而来。②

---

① 宋哲宗元丰年间《学令》规定："月一私试，岁一公试，补内舍生。"
② 参见《宋史·选举志》三。

元代的国子学，按民族划分，有蒙古国子学、回回国子学、国子学（一般性）三者。至元六年（1269）正式设（一般）国子学，以许衡为祭酒，先隶属集贤院，国子监成立后隶属国子监。国子学主要招收官宦子弟，但三品以上官员可举荐一些平民子弟入学为陪堂生（伴读生）。国子生员中蒙古、色目、汉人各占一定比例。蒙古国子学设于至元八年（1271 年），招生情形同国子学，主要以蒙古语文教学。回回国子学设于至元二十九年（1292 年），官宦子弟及富民子弟均可入学，主要学习"亦思替非文学"（即波斯文），学成后充任译史。蒙、回两个国子学均单独设有国子监领导。

与宋代的三舍升等法相似，元代设有六斋升等法。国子学分为六斋，下两斋为"游艺"、"依仁"，中两斋为"据德"、"志道"，上两斋曰"时习"、"日新"。下斋为诵书讲说，修习小学；中斋讲授"四书"，诗词格律；上斋讲授《春秋》等经文。这相当于后世大学的不同年级开设不同难度的课程。国子生入学，依各自程度基础进入相应的"斋"学习，每季考试其所习课业，合格且无违犯校规行为者，升入高一等"斋"学习。

元代地方学校有三类。第一是一般性官办学校，即路学、县学，包括至元二十八年（1291 年）江南诸路及各县学内增设的小学，此为官办学校。第二是专业学校，有医学、蒙古字学、阴阳学等，均仅在各路设置，州府一般不设。医学属太医院，生徒学成入太医院为医官。蒙古字学与蒙古国子学教授内容及方式略同，生徒学成充任译史、学官。阴阳学是天文学校，先设于各路，后又规定在府州亦设，隶属太史院，生徒学绩优异者选入京师司天台。第三是书院。南宋时代即有许多书院，但仅为民间讲学场所，到元代大致变成了官学之一种。书院广设于历代名贤大儒授业传教之地，设山长（总领院务并主讲）、教谕（讲授）、学录（负责考勤试业）、直学（掌钱谷）等学官，一般均系官府派遣或任命。书院自由讲学，无固定课业，但主要讲授程朱理学，生徒学成后经守令举荐、台宪考核，可任教官或吏员。[①] 此外还有社学。元朝制度，每 50 户为一社，每社共立一学，令农家子弟农闲时入学，选通晓经书者为师教授《孝经》、《四书》等。此为元代之民办官助学校。

第六节
明清教育制度

明、清两代的教育及科举制度与元代及以前各代相比变化相当大。

明代国子学和国子监复行合一，改称国子监，既是教育行政机构，又是最高学府。全国的各级学校首次纳入国子监统一管理。国子监有南、北两监，分设于北京、南京，又称南、北两雍。国子监学生又称为太学生，有民生和官生之分。民生即平民子弟，官生即恩荫入学的品官子弟及蕃地土司子弟和外国留学生。民生的来源，有贡监和举监两类。贡监是各府州县学举荐进来的（又分为岁贡、选贡即优贡、副贡、恩贡、纳贡即例贡等名类），

---

① 参见《元史·选举志》一。

举监是举人于京师会试落第者中择优送国子监（由地方官保送）的学生。官生的来源，是皇帝颁给指标名额，以恩旨或荫庇选拔进入国子监学习者。官生分为荫监（三品官以上荫子弟一人入监）、恩监（功臣、烈士子弟一人特恩入监，或七品官以上子弟"勤敏好学"者特别恩准入监）两类。此外还有不分官民的例监（捐资入监，有时仅为买得一种资格）、优监（府州县官学生中的附生拔优选送入监）等名目。

明代的国子监分为六堂，与元代六斋相似，但也有相当变化。凡初入学，虽通四书而未通经者，居正义、崇志、广业三堂，实为初级班；修业一年半以上，经考试升入修道、诚心二堂，实为中级班；再修一年，考试经史兼通、文理俱优者升入率性堂，实为高级班。升中级、高级班（堂），除考试课业取优外，还要看"坐监"即在校学习时间是否届满。明制规定：只有坐监七百天以上（并考试优等）者，才可升入高一级的堂（班）。在率性堂（高级班）阶段，采取"积分"制：每季考试三次，每月一次；考试科目不同（或经义，或论，或诏诰表内科，或经史策），每次考试文理俱优者积一分；一年内积八分者给予出身（任官资格）并送吏部历事（见习为官员）。

明代的地方学校统称儒学，有一般府、州、县之儒学，有边防卫所之儒学，有都司、转运司之儒学，有宣慰司、安抚司等土官衙司的儒学。儒学学生均有规定名额，由地方提学官主持招生考试招入，中试者称生员或诸生，又称秀才。也有不经考试而直接由社学递升补进者。经考试入府州县学、在法定名额之内且享受政府粮食供应的正式学生，称"廪膳生"，即秀才。在原法定名额外，又给予一定名额增录或补录一些优秀者入学，是半正式学生，称"增广生"，不受廪膳供应。没有名额、不经入学考试，或由社学升补者为"附学生"，更无国家供应。增广生和附学生可通过考试升入廪膳生（但附学生先须考试补为增广生）。

明代的社学是乡镇市之低级儒学，是启蒙学校，一般为民办公助，教师公派。社学主要教授《百家姓》、《千字文》等蒙书及《御制大诰》、朝廷律令等，继而教授经史历算，还讲习冠婚丧祭之礼。学生绩优者升入府州县学。有时直接为廪膳生，有时为增广生、附学生。①

清代的教育制度基本上抄袭明制。雍正三年（1725 年），设管理监事大臣一人，位在国子监祭酒之上，总管国子监及全国学校。光绪三十一年（1909 年），设学部，撤国子监，中国传统的国子学至此终结，新式大学取而代之。清代国子监亦设六堂，同于明代，亦有升等法。又有内、外班之分，六堂为内班，常住监内；外班则在监外，按期赴监听课，犹后世之走读。内班高于外班（主要是待遇有异），外班可以考升内班。除国子监外，又设八旗官学、八旗义学、景山官学、咸安宫官学、圆明园官学、宗学、觉罗学等，皆仅招收八旗子弟、皇族宗室子弟入学。

清代地方官学即府州县儒学招生情形与明制同，但事实上大多仅有师生名目，而无聚生授课之实，主要目标为应付岁试（每年一试学业）、科试（选拔生员进入乡试）之事。岁试旨在决定生员升降奖惩，科试决定生员是否有资格参加乡试。清代地方儒学的考试考核升降奖惩办法，特别值得一提。通过岁试，考列二等者，增广生补为廪膳生，附学生、青

---

① 参见《明史·选举志》一及《职官志》三。

衣、升社生则补为增广生。考列三等者，廪膳生停其廪，复为候廪；增广生复为增生。考列四等者，廪膳生免扑责、停廪，不除名额，限半年补考；增生、附生、青衣、升社生则要扑责，即鞭笞。考列五等者，廪膳生停除名额，原停廪者降为增广生，增广生降为附学生，附学生降为青衣，青衣则发社（发还社学），发社者降为民。考列六等者，发社、降为民或充吏役。这种升降制后来多成具文，岁考只有四等以上，发落极为罕见。①

---

① 　参见《清史稿·选举志》一。

第二十六章

察举科举：传统中国的举选行政制度

　　人民（即使是平民百姓）可以通过法定公开的途径选拔为国家官吏，参与国家政治管理。这是中国传统文化中最具中国特色的最优秀的制度之一。但在本章里，我们并不想全面探讨这一制度，仅探讨其中一个方面。从官民关系的角度来看，本章所应关注的，仅是"官"如何组织实施对"民"之优异者的选拔、考试和任用，以及"民"如何报名参加选拔，实现自己从政愿望的。也就是说，要研究在国家选举取士的过程中官和民的互动关系。至于不体现此种关系的具体制度规定，如现职官吏的考核与升等选试制度，如科举考试中的具体考试内容、答卷要求、阅卷规则（糊名誊录）之类，似不应在本章讨论范围之内。我们要讨论的是官与民在人才选拔过程中的互动关系，当然不是要讨论关系本身，而是要讨论体现和保障这种关系的法律制度或惯例。简单地说，就是讨论关于官方组织执行察科举及人民参加此种"选举"的法定惯例性程序或方式。至于与人才选拔有关的人才培养制度和惯例，我们在本书的第二十五章（兴学养士）中已经作过介绍，这里不再涉及。

第一节
先秦的乡举里选制度

　　中国历史上最早的政治人才选拔制度，就是乡举里选制度。所谓乡举里选，就是由国家的基层政权和民间长老共同考察、选拔民间德才兼备的人，推举给国家人事主管部门，作为候补官吏以待任用。

　　乡举里选制度可能始于西周时代。《周礼》载，基层官吏"乡老"、"乡大夫"的职责之一就是考察、选拔人才："三年则大比，考其德行道艺而兴贤者能者，乡老及乡大夫帅其吏与其众寡，以礼礼宾之。厥明，乡老及乡大夫群吏，献贤能之书于王，王再拜受之……此谓使民兴贤，出使长之；使民兴能，入使治之。"① 这似乎是规定，"乡老"、"乡大夫"等基层官吏应经常从百姓中考察发现那些"德行道艺"优秀的人才，造册登记，每三年向中央上报一次。中央对其进行面试后正式委任以官职。这可能就是乡举里选制的起源。

关于这种举选的具体程序，《礼记》谓有四个阶段："乡老论士之秀者升诸司徒，曰选士；司徒论选士之秀者而升诸学，曰俊士；既升而不征者曰造士……大乐正论造士之秀者而升诸司马，曰进士。司马辩论官材，论进士之贤者，以告于王，然后因材而用之。"② 这种从秀士到选士、俊士、造士，直到进士的选举升等程序，周时未必全有其事，也许是依据当时乡举里选程序加以理想化一种设计。"士之秀者"是怎么选拔出来的？根据什么标准？可能就是根据《周礼》所谓"德行"、"道艺"两方面的标准。那时的举选，是仅仅在"士"阶级的人们中选拔候补官吏，还是也包括选拔农工商人子弟？应该是后者，即在全体国人（士、农、工、商四民）中选拔。"士"在任官之前也是"民"。秀士、选士、俊士、造士阶段，实际上都是任官前的学习培训阶段，或叫官学生阶段。到了进士阶段，方成为候补官吏。在官学生阶段，他们要学习什么课程呢？大约就是"六德六行六艺"三类课程："一曰六德，知、仁、圣、义、忠、和；二曰六行，孝、友、睦、姻、任、恤；三曰六艺，礼、乐、射、御、书、数。"③ 这里既有思想品德范围的课程，也有知识技艺方面的课程。

春秋时代，管仲在齐国实行的人才选拔制度也许代表了当时诸侯各国的一般情形。"正月之朝，乡长复事，公亲问，曰：于子之乡，有居处为义好学，聪明质仁，慈孝于父母，长弟闻一乡里者，有则以告。有而不以告，谓之蔽贤，其罪五。有司已于事而竣。公又问焉，曰：于子之乡，有拳勇股肱之力，筋骨秀出于众者，有则以告。有而不告，谓之蔽才。其罪五。"④ 这一记载，可能反映了当时的"乡长举贤"制度的一个侧面，即：国君每年要召见乡官，考察其"举贤才"之职责履行情况；或者说就是每年正月对乡官"举贤才"方面的工作业绩进行一次检查考核。若知贤才不举，就要追究其"蔽贤"、"蔽才"之罪责。从这段记载可以看出，当时对文、武两方面的人才选举同样重视。管仲还主张，凡为朝廷之官，应经常深入乡里访贤求才："问……子弟以孝闻于乡里有几何人？……处士修行，是以教人，可使帅众莅百姓者几何人？士之急难可使者几何人？"⑤ 这也许正是当时诸侯列国竞争、人才奇缺之际各诸侯国选拔贤才的实际惯例。

第二节
两汉时代的察举征辟制度

汉代的官吏选拔制度，后世称之为察举制，其实正是由先秦乡举里选制演变而来。所

---

① 《周礼·地官司徒》。
② 《礼记·王制》。
③ 《周礼·地官司徒》。
④ 《国语·齐语》，《管子·小匡》。
⑤ 《管子·问》。

谓察举，就是由地方长吏按照一定的科目（分类）在民间考察发现和选拔各类贤才，举送给中央任用。与乡举里选略有不同的是：乡举里选主要强调乡官长老推举，察举制则强调地方大吏的主动考察发现；乡举里选制一般无具体科目，而察举制则有具体科目，按一定科目发现各类专才。

汉代的察举制度，可能始于汉高祖刘邦于公元前 196 年颁行的《求贤诏》，该诏称："贤士大夫有肯从我游者，吾能尊显之。布告天下，使明知朕意……有而弗言，觉，免。年老癃病，勿遣。"① 该诏书实为关于选拔国家急需人才的一个临时法令。按照该法令的规定，地方大吏必须为朝廷考察、发现人才；发现后必须举荐，不举荐者有罪，应免官。这应视为汉代察举制的开端，只不过尚未明定察举科目而已。

一、两汉察举征召的主要科目

按预定的科目或项目进行的察举征召，大约正式开始于汉惠帝及吕后当政时期。这里所谓科目，就是对被选拔人才主要具备哪些方面的品德、才干进行分类，设定一些项目。汉惠帝四年（前 191 年）春正月，令各"郡国举孝弟力田者复其身"②。高后元年（前 168 年）二月，令各郡国"以户口率置三老、孝弟力田常员，令各率其意以导民焉"③。宣帝地节四年（前 66 年）令"郡国举孝弟有行义闻于乡里者各一人"④。这大概是汉代最早形成的正式察举科目。这一科目所要求举荐的贤才，就是有"孝"、"悌"德行且努力耕作的人。这一科目举荐出来的人担任什么职务？可能只是乡官，其职责是劝农。但也可能是送中央任用。⑤ 除"孝弟力田"科目外，两汉先后以下列科目察举贤才。

1. 贤良方正，直言极谏。汉文帝二年（前 178 年），下诏"举贤良方正能直言极谏者，以匡朕之不逮"⑥。武帝建元元年（前 140 年），诏丞相、御史、列侯、中二千石、诸侯相"举贤良方正直言极谏之士"⑦。宣帝本始四年（前 70 年），"因郡国四十九地震，或山崩水出"，乃下诏令"三辅太常内郡国举贤良方正各一人"⑧。被举荐出来的人，须经皇帝亲自策问，听其关于国家大事的对策，然后方予任用。对策者一般只能述儒家大义，不得述法家之言。武帝时曾有将被举"贤良"中"治申商韩非苏秦张仪之言"者遣返归家的事例。⑨

2. 贤良文学。"武帝即位，举贤良之学之士前后数百，而仲舒以贤良对策焉。"⑩ 昭帝

---

① 《汉书·高帝纪》。

② 《汉书·惠帝纪》。

③ 《汉书·高后纪》。

④ 《汉书·宣帝纪》。

⑤ 参见李铁：《中国文官制度》，47、155 页，北京，中国政法大学出版社，1989。高后元年（前 187 年）"置孝弟力田二千石者各一人"，是指每个郡国长吏（二千石）各举一名孝弟力田者，还是直接任用孝弟力田者为二千石高官？汉制，王国相，郡太守，州牧等秩二千石。我们以为应该是前者。

⑥ 《汉书·文帝纪》。

⑦ 《汉书·武帝纪》。

⑧ 《汉书·宣帝纪》。

⑨ 参见《汉书·武帝纪》。

⑩ 《汉书·董仲舒传》。

始元五年（前82年）令三辅、太常举贤良各二人，郡、国举文学各一人。① 宣帝本始元年（前73年），诏"内郡国举文学高第各一人"。元康元年（前65年），宣帝又诏郡国"博举吏民厥身修正、通文学、明于先王之术宣究其意者，各二人"②。新莽时，曾"令公卿大夫诸侯二千石，举吏民有德行、通政事、能言语、明文学者各一人，诣王路四门"③。王莽的这四科之举，实为"贤良文学"二科（即有德行、明文学）之外，加上通政事、能言语两科。汉时举贤良文学，到底是贤良文学为同一科，还是举贤良、举文学各为一科？学界看法不一。从前引昭帝诏令看是两科，另从桓宽《盐铁论》的记载看，"贤良"、"文学"也并非一科，而为两科。在《盐铁论》中，桓宽记载贤良文学话语，均特别注明"贤良曰"或"文学曰"，而不混称"贤良文学曰"。这可以视为二者为两科之有力例证。

3. 明经。明经科，旨在选拔通晓经义的人才。此科之人才察举，大约始于武帝时。武帝时，龚遂"以明经为官，至昌邑郎中令"④，睦弘"以明经为议郎，至符节令"⑤，盖宽饶以明经为郡文学。⑥ 东汉章帝元和二年（85年）诏令"郡国上明经者，人口十万以上五人，不满十万三人"⑦。这是首次按人口比例确定选拔明经科人才的名额。明经科选择的人才，有的并不直接任用为官，而是送入太学进修以待任用。如东汉质帝本初元年（146年），"令郡国举明经，年五十以上，七十以下，诣太学"⑧。被举为明经者，朝廷还要进行考试，分出名次等第来。东汉顺帝永建六年（131年），"以太学新成，试明经下弟者补弟子"，也就是将明经科考试落选的人通过考试录为太学生。桓帝建和元年（147年），令"诸（太）学生年十六以上，比郡国明经试次第上名：高第十五人，上第十六人为郎中，中第十七名为太子舍人，下第十七人为王家郎"⑨。这说明，汉代明经科考试成绩分为高、上、中、下四等，以等第高低授职大小不一；太学生毕业试比同明经科考试待遇，毕业即分等级任用。

4. 孝廉。孝廉科察举也始于汉武帝时，这是一个每岁常行的察举科目。武帝即位初，董仲舒在举贤良对策中即提出"择其吏民之贤者，（每郡国）岁贡各二人以给宿卫"的建议。⑩ 元光元年（前134年），武帝接受其建议，"令郡国举孝廉各一人"。元朔元年（前128年），武帝因各郡国举孝廉不尽责，故意蔽抑人才，特下诏"议不举者罪"，规定"不举孝，不奉诏，当以不敬论；不察廉，不胜任也，当免"⑪。东汉和帝时，为解决因人口增长不一而造成的各郡国举孝廉指标分配不均的问题，朝廷进行了改革："自今郡国率二十万人口岁举孝廉一人，四十万二人，六十万三人，八十万四人，百二十万六人。不满二十万岁

① 参见《汉书·昭帝纪》。
② 《汉书·宣帝纪》。
③ 《汉书·王莽传》。
④ 《汉书·龚遂传》。
⑤ 《汉书·睦弘传》。
⑥ 参见《汉书·盖宽饶传》。
⑦ 《后汉书·章帝纪》。
⑧ 《后汉书·质帝纪》。
⑨ 《册府元龟》卷六三九，《贡举部》。
⑩ 参见《汉书·董仲舒传》。
⑪ 《汉书·武帝纪》。

一人，不满十万三岁一人。"① "其令缘边郡口十万以上岁举孝廉一人，不满十万二岁举一人，五万以下三岁举一人。"② 孝廉科，实为孝、廉二科。"孝"者主要举平民学生，"廉"者主要举廉洁吏员。西汉时，举送到中央的孝廉似乎不进行正式考试（可能仅面谈考察一下）即直接任用，于是出现了许多舞弊之事。到东汉中期，尚书令左雄提出了改革方案："自今孝廉年不满四十，不得察举。皆先诣公府。诸生试家法，文吏课笺奏。副之端门，练其虚实，以观异能，以美风俗。"这一方案为顺帝所接受，"班下郡国"。为什么要把年龄限制在四十岁以上？左雄的理由是，"孔子曰四十而不惑"，四十以下尚有惑，就难称真孝真廉。但他又建议："若有茂才异行，但可不拘年龄。"这一建议亦为皇帝接受。③

5. 茂才（秀才）。"秀才异等"④ 一科，旨在发现、选拔才能非常、能堪大用之士。其始亦在汉武帝时代。武帝元封五年（前 106 年），因"名臣文武欲尽"，人才奇缺，乃下诏："其令州郡察吏民有茂材异等可为将相及使绝国者。"⑤ 从此有了"茂才异等"一科。但终西汉之世，"茂才"似不为常设岁举科目，仍有不定期临时选拔特殊人才的性质。《宋书·百官志》谓武帝元封四年（前 107 年）"令诸州岁各举秀才一人"，不知何所据。东汉时，此一科成为岁举科目。光武帝建武十二年（36 年）八月诏"三公举茂才各一人，廉吏各二人；光禄岁举茂才四行各一人，察廉吏三人……监察御史、司隶、州牧岁举茂才各一人"⑥。这里特别提到"岁举"，就是每年都要推举。说明在东汉时"茂才"一科与"孝廉"一科察举同时举行，是两个并行的常设"岁举"科目。

6. 明法。"明法"一科之察举始于何时，难以确知，一般认为大约始于西汉中后期。西汉时，郑崇之父郑宾以明法令选为御史，薛宣以明习文法补御史中丞。⑦ 东汉时，陈宠以谙熟律令晋升为尚书，陈忠以明习法律而补官，郭躬之族为法律世家，其家族成员以法科官至廷尉者七人。⑧ 但是，至今没有见到汉代的哪个皇帝发布过关于举"明法"人才的诏令，因此"明法"是否为一个正式察举科目就难以确认。退一步讲，"明法"即使是正式察举科目，也绝不是常行的"岁举"（每年一届或定期一届），它主要是察举懂法律的现职官吏到更高级的司法岗位。除了将陈宠、郭躬这类法律世家子弟选拔到法司任职的情形而外，"明法"一科大概不会从一般百姓中察选人才，因为一般百姓没有明习法律的条件。

7. 明阴阳灾异。此科大致始设于汉元帝时。汉元帝初元三年（前 46 年）诏："盖闻安民之道，本由阴阳。间者阴阳错缪，风雨不时……丞相御史举天下明阴阳灾异者各三人。"⑨这一科也不是经常举行的，只能视为当时在自然灾害频发之际国家为寻找"天人感应"或"天人沟通"之方术而举行的"特科"。

8. 敦厚（敦朴）。"敦厚有行"或"敦朴"科的察举始于西汉成帝时。河平四年（前 25

---

① 《后汉书·丁鸿传》。
② 《后汉书·和帝纪》。
③ 参见《后汉书·左雄传》。
④ 茂才原称秀才，东汉初年因避光武帝刘秀名讳改为茂才。
⑤ 《汉书·武帝纪》。
⑥ 《后汉书·百官志》一，注引《汉官目录》。
⑦ 参见《汉书》郑崇传、薛宣传。
⑧ 参见《后汉书》陈宠传、郭躬传。
⑨ 《汉书·元帝纪》。

年），汉成帝诏令"举惇（敦）厚有行能直言之士"；鸿嘉二年（前 19 年），汉成帝又诏令："其举敦厚有行义能直言者，冀闻切言嘉谋，以匡联之不逮。"永始三年（前 14 年），成帝又诏郡国，"举敦朴逊让有行义者各一人"①。平帝时亦有此举。②东汉安帝、顺帝时都曾诏举"敦厚质直者"或"敦朴之士"③。敦厚（或敦朴）一科也非岁设常科，而是在日蚀、地震、山崩等灾变之后，皇帝为罪己求贤而专设的"特科"。

9. 勇猛知兵法。这大概是汉代察举中唯一的武科。此科察举大约始于汉高祖，"高祖使天下郡国选能引关蹶张、材力武猛者，以为轻车、骑士、材官、楼船"④。此后几成每岁常科。元延元年（前 12 年），汉成帝诏令"北边二十二郡举勇猛知兵法者各一人"⑤。此后常以此科察举人才，只不过名称略异。哀帝建平四年（前 3 年），下诏举"明兵法有大虑者"⑥，平帝元始二年（2 年），诏举"勇武有节明兵法者"⑦。东汉时亦常有此举，安帝永初五年（111 年），"举列将子孙明晓战阵（堪）任将帅者"，建光元年（121 年）又诏举"武猛堪将帅者"，顺帝永和三年（138 年）诏举"刚毅武猛有谋任将帅者"，汉安元年（142 年），诏选"武猛试用有效验任为将校者"；桓帝延熹九年（166 年），诏举"武猛士"；灵帝中平元年（184 年），诏选"明习战阵之略者"⑧。此科的察举，几乎用文科察举同样的方式程序，有推荐和考试。如汉高祖选军官，"常以立秋后讲肄课试"，比试武艺以定任用。⑨这显然是后世科举之武举的起源。

10. 有道之士。此科始于东汉安帝时。永初元年（107 年）安帝"诏公卿内外众官、郡国守相，举贤良方正、有道术之士，明政术、达古今、能直言极谏者各一人。"建光元年（121 年），又诏举"有道术之士"⑩。桓帝延熹元年（158 年），赵咨因"至孝有道"被大司农陈奇举为博士。⑪东汉时许多名士系"有道科"出身，如陈忠曾"拜有道高第士"⑫，徐稚、邴原曾被举为"有道"。"有道"一科，在东汉时可能与孝廉科用意大致相同，或为对孝廉科的补充，且不受时间限制。

11. 明政术（通政事）。此科是否为单独一科，也不太清楚，但至少在汉代曾与其他科目一起举行过。汉武帝元光五年（前 130 年），曾诏"征吏民有明当世之务，习先圣之术者"⑬。哀帝建平元年（前 6 年），诏大司马、列侯、将军、中二千石，州牧守相"举孝弟惇厚能直言、通政事，延于侧陋可亲民者各一人"⑭。王莽时，曾设"四科之举"，除贤良、文

---

① 《汉书·成帝纪》。
② 参见《汉书·平帝纪》。
③ 《后汉书》安帝纪、马融传、李固传。
④ 据《后汉书·光武帝纪》注引《汉官仪》：轻车、骑士、材官、楼船，皆西汉时军官职名。
⑤ 《汉书·成帝纪》。
⑥ 《后汉书·哀帝纪》。
⑦ 《后汉书·平帝纪》。
⑧ 以上均见《后汉书》各帝本纪。
⑨ 参见《后汉书·光武帝纪》注引《汉官仪》。
⑩ 《后汉书·安帝纪》。
⑪ 参见《后汉书·赵咨传》。
⑫ 《后汉书·陈忠传》。
⑬ 《汉书·武帝纪》。
⑭ 《汉书·哀帝纪》。

学两科外，其中有"通政事"、"能言语（辩才）"两科。① 东汉安帝时，曾诏举"明政术，达古今"之士。② 这些诏书均特别突出"明政术"或"通政事"，说明当时是作为专门科目察举国家特别需要的专才的。

12. "尤异"或"能治剧"。这两科可能主要是用以举荐升迁现任官吏，但也不排除举荐平民的可能性。两汉时代，赵广汉、张奂、刘佑、童恢等以政绩"尤异"而迁升，何并、尹赏、陈遵、卫飒、袁安等人以"能治剧"（即能治理难治之郡县）而迁升。③ 但"尤异"本谓奇才，可否直接于平民中发现为政才干"尤异"者而任用之？这一般应不可能。不过，"能治剧"有时是朝廷悬赏或"招标"的项目，应可能任用自告奋勇敢"治剧"的平民或小吏。

13. 通经学堪为博士教授。汉成帝阳朔二年（前23年），诏丞相御史、中二千石、二千石等"杂举可充博士位者"④。平帝元始五年（5年），诏"征天下通知逸经、古记、天文、历算、钟律、小学、史篇、方术、本草及以五经、论语、孝经、尔雅教授者"⑤。如贡禹"以明经洁行着闻，征为博士"⑥。这一科与"明经"科不同。明经科是察举稍懂经义的人为行政官吏，而"举博士"则是举经学专家学者出任博士官（教职、顾问官）。

14. 隐逸独行。汉武帝元狩六年（前117年），诏"遣博士分循行天下，举独行之君子，征诣行在所……详问隐处亡位者举奏"⑦。东汉和帝时，曾命郡国守相"昭岩穴，披幽隐"，举逸士，"遣偕公车"⑧。冲帝时，曾诏三公、特进、侯、卿等"举幽逸修道之士各一人"⑨。这是一个临时性察举科目，专征隐逸独行之士。

除上述十四种常设或临时性察举科目以外，在汉代还有关于所谓"四科取士"问题，有必要加以澄清。

大约自汉元帝时起，有所谓"四科取士"之制，这似乎是将所有察举项目简化为四种。元帝永光三年（前41年），"诏丞相、御史举质朴敦厚逊让有行者"，唐人颜师古注曰："始令丞相御史举此四科以擢用之"⑩。颜师古不知依据什么史实将这份察举诏令认定为举"质朴"、"敦厚"、"逊让"、"有行"四科。王莽当政时，曾令以"有清行"、"通政事"、"能言语"、"明文学"为四科。《后汉书·范滂传》注引《汉官仪》又有另一种四科："光禄举敦厚、质朴、逊让、节俭，此为四行。"《后汉书·百官志一》注引汉光武帝诏曰："方今选举，贤佞朱紫错用。丞相故事，四科取士：一曰德行高妙，志节清白；二曰学通行修，经中博士；三曰明达法令，足以决疑，能案章覆问，文中御史；四曰刚毅多略，遭事不惑，明足以决，才任三辅令。皆有孝悌廉公之行。自今以后，审四科辟召。"这里的四科，与前

---

① 参见《汉书·王翥传》。
② 参见《后汉书·安帝纪》。
③ 参见《汉书》赵广汉、尹赏、陈遵传，《后汉书》张奂、刘佑、童恢、袁安、卫飒传。
④ 《汉书·成帝纪》。
⑤ 《汉书·平帝纪》。
⑥ 《汉书·贡禹传》。
⑦ 《汉书·武帝纪》。
⑧ 《后汉书·和帝纪》。
⑨ 《后汉书·安帝纪》。
⑩ 《汉书·元帝纪》及颜师古注。

几说大不同，但其内容不过是指前面列举过的"贤良（孝廉）"、"明经（文学）"、"明法"、"通政事（治剧）"等科而已。东汉章帝时，曾"诏复用汉丞相考试事，以四科辟士"①。综上各说，可以推侧四科是自汉元帝时起改革（简化）察举制的尝试，是想将所有定期或不定期、常设或临时特行的察举科目统统并入四种之中。事实上，在这四科之外仍难免使用特别临时科目单独举选特殊人才。

从前的政制史著述常把汉代的察举、征召、考试三者分别视为不同的选拔人才途径②，其实这种划分并不合理。察举一般是责令每个郡国或二千石以上官长按照既定科目类别要求考察举荐人才；征召一般是皇帝对已相当知名的个别名士单独下诏征聘，或预定科目一般性地征召符合某一要求的人士，与察举并无根本不同。在前文列举的十四个科目中，第十三、十四两项显然既可视为察举，又可视为征召。考试则是被征举的人才必须经过的面试程序，不应单独视为一种人才选拔途径。汉代的其他人才选拔方式，如辟除、荐举（未预定科目的荐举）等，虽非遵皇帝诏命而特行之，但也肯定应符合察举征召科目之一才有可能被举辟，所以不应该视为单独的人才选拔方式。

二、汉代的察举征召程序及覆试审查

关于汉代的察举征召程序，历史记载不多。从现有史料看，可以大致了解当时关于被举征者的交通食宿待遇、面试、实习、授职等等具体程序方面的规定。

汉高祖十一年（前 146 年）颁布《求贤诏》，诏令各诸侯国相、诸侯王、郡守们在发现"贤士大夫"后，"必身劝，为之驾，遣诣相国府，署行义年"③。这即是要求诸侯王、郡国守相们要亲顾贤士之宅劝其出仕，为其备好马车，接到相国府或郡府中，将其年龄、仪状、德行、履历等整理材料上报朝廷。

被举征者要解决的最大待遇是交通食宿问题，汉时在此方面特定有例。对年长的名士，尤其礼遇。武帝即位，枚乘年老，武帝令以"安车蒲轮"征召之。建元元年（前 140 年），武帝又"遣使者束帛加璧，安车以蒲裹轮，驷驷迎鲁申公，弟子二人乘轺传从"④。东汉时，桓帝曾令"以安车玄纁备礼征"徐稺⑤，这是当时最高待遇。"以蒲裹轮"，即用蒲苇裹住车轮以减少震动、颠簸。这是古代的"卧车"，一般人是享受不到此待遇的。"玄纁备礼"大概就是"束帛加璧"之类，就是以珍贵之财物（布帛、玉石或货币），作为聘礼。一般被征举者，有的用一般的"公车征诣"，有的则不得不自备或自雇车辆赶路进京。如哀帝元寿元年（前 2 年）令将军、中二千石各举"明习兵法有大虑者各一人，诣公车"⑥；平帝元始五年（5 年），令"征天下通知经学"者，"在所为驾一封轺传，遣诣京师"⑦。"轺"是皇帝使者的轻车，"为驾轺传"大约是命应征者随钦差的轺车至京师。西汉末，贡禹被征为博士至

① 《文献通考》卷三十六，《选举》九。
② 如王汉昌主编：《中国古代人事制度》，38～49 页，北京，劳动人事出版社，1986。
③ 《汉书·高帝纪》。
④ 《汉书·儒林传》，《汉书·枚乘传》。
⑤ 参见《后汉书·徐稺传》。
⑥ 《汉书·息夫躬传》。
⑦ 《汉书·平帝纪》。

京，对皇帝说："陛下过意征臣，臣卖田百亩，以供车马。"① 哀帝时，龚胜被征为谏大夫，曾对皇帝说："窃见国家征医巫，常为驾，征贤者宜驾。"皇帝乃问："大夫乘私车来邪？"胜曰："唯唯。"② 皇帝乃下诏，令此后征召贤者亦须官备车驾。从此两条资料得知，当时被征召的一般贤士，均自备车马进京，只有征召名医名巫（术士）才供给车驾。关于在路途的食宿，应征者一般大约能享受官方驿站（"传舍"）招待，或受到沿途官府的免费食宿优待。武帝元光五年（前130年），诏征"吏民有明当世之务，习先圣之术者"，"县次续食，令与计偕"③；昭帝时，涿郡人韩福以德行被征，皇帝令给予"行道舍传舍，县次具酒肉，食从者及马"的待遇。④"县次续食"是指沿途郡县依次接续供给饮食；"令与计偕"，是指与郡国的"上计吏"（向朝廷上报统计数字的官吏）一起乘官车到京师；"食从者及马"就是为应征者所使用的马匹及随从仆人都提供饮食安排。

被察举征召的人士到达京师或郡国公府后，一般要进行面试或书面考试，合格者方授以官职。有时还要先在指定官府见习，合格者然后授职。考试大约分为"射策"、"策问"、"公府覆试"、"口试"四种情形。

1. 所谓"射策"，就是以抽签方式抽出一定考题，作出答卷或当场口答。射策一般由太常卿主持。"射策者，谓为难问疑义，书之于策。量其大小，署为甲乙之科。列而置之，不使彰显。有欲射者，随其所取得而释之，以知优劣。射之言投射也。"⑤ 这种考试，类似于今天的随机抽题笔试。射策多用于考试博士弟子以授官职，也可用于考试被荐举的"明经"、"文学"之士。

2. "对策"，或曰"策问"。"对策者，显问以经义，令各对之而观其文辞定高下也。"⑥ 这一过程，自主持者而言叫"策问"，自应试者而言叫"对策"。主持策问者一般是皇帝，被策问者主要是皇帝特诏察举征召的人士。"元光五年（前130年），复征贤良。菑川国复推上（公孙）弘。弘至太常对策，时对策者百余人，太常奏弘策居下。策奏，天子擢弘对第一。"⑦ 董仲舒被举贤良而对策时，武帝"异焉而览其对"，遂连策问三次。⑧ 这种策问的题目一般由皇帝提出或以皇帝名义提出，应策者作出书面答文。根据对策的水平，太常寺先初定成绩等次，奏报皇帝决定。皇帝在复读对策文章后裁定等第，决定任用。这种策问，可能也包括在殿前由皇帝亲自口头提问，应试者口头作答。如东汉和帝时诏举贤良方正，"帝乃亲临策问"；安帝时令举贤良"遣诣公车，朕将亲览焉"⑨。

3. 公府考试。西汉时代，举贤良文学等，一般均经考试而后任用；但举孝廉一般不经考试。东汉顺帝时，尚书令左雄倡议改革，举孝廉也必须考试："皆先诣公府，诸生试家法，文吏课笺奏，副之端门，练其虚实，以观异能，以美风俗。"⑩ 被举廉者一般是两种人：

---

① 《汉书·贡禹传》。
② 《汉书·两龚传》。
③ 《汉书·武帝纪》。
④ 参见《汉书·两龚传》。
⑤⑥ 《汉书·萧望之传》颜师古注。
⑦ 《汉书·公孙弘传》。
⑧ 参见《汉书·董仲舒传》。
⑨ 《文献通考》卷三十三，《选举》六。
⑩ 《后汉书·左雄传》。

要么是诸生（无官职的学生），要么是现任小吏。在公府考试中，前者考试家法（即诸经"章句"①），后者考试公文书。所谓"公府"，是指中央高级官府，如丞相府、太尉府、御史大夫府等。至于"副之端门，练其虚实，以观异能"，可以解释为由"端门"（公府）来评定成绩等第，也可以释为先到公府中见习或试用一定时间。

4. 面谈口试。除皇帝的面试（包括在"策问"中）外，还有公卿高官对被举召者的面谈口试。这可能主要是对孝廉科而言，因为孝廉取其德行而非才学，故无法考试对策、射策之类，故只好以口试面谈以定当否。东汉顺帝时，"广陵郡所举孝廉徐淑年未四十，台郎诘之，对曰：'诏书曰有如颜回、子奇，不拘年齿，是故本郡以臣充选郎。'左雄诘之曰：'昔颜回闻一知十，孝廉问一知几邪？'淑无以对，乃罢却之"②。这似乎是一种面试。又如东汉末陈蕃主持察考廉，有个叫赵宣的人被人举荐，以其"葬亲不闭埏隧，因居其中，行服二十余年，乡邑称孝"。陈蕃"与之相见，问及妻子，而（知）宣五子皆服中生……遂致其罪"③。这种"相见"问家事，似乎也是面试。

三、汉代的其他考察选拔制度

除察举外，汉代还有以下特殊途径选拔官吏。

1. 辟除。就是官府自辟僚属，分为公府辟和州郡辟除两种。前者指中央高官如丞相府、太尉府、御史大夫府辟除属员；后者指州郡国长官府辟除属员。被辟除作掾属者，在公府任幕职时间一般不长，很快会被荐任为中央官员或地方长官。

2. 任子，即高官荫任子弟为官。汉代曾有《任子令》。

3. 博士弟子课试授官，即博士弟子毕业考试，成绩合格者授官。

4. 纳赀授官，即捐资财买官。

5. 上书拜官。又称"自鬻"，直接通过上书皇帝获赏识而得官。

6. 方伎举官。这主要是指以医术、巫术、乐舞之类技艺拜官。

7. 荐举任官。这是指奉诏察举科目以外的个别荐举。

第三节
魏晋南北朝的九品中正制

一、九品中正制的起源及主要内容

九品中正制，起源于魏初陈群所创"九品官人法"。魏文帝时，"吏部尚书陈群以天朝选用，不尽人才，乃立九品官人之法：州郡皆置中正，以定其选；（中正官）择州郡之贯有

---

① 《后汉书·顺帝纪》谓左雄之意为"诸生通章句，文吏能笺奏，乃得应选"，可见"试家法"即试本师所传诸经章句之学。

② 《文献通考》卷三十四，《选举》七。

③ 《后汉书·陈蕃传》。

鉴识者为之，区别人物，第其高下"①。

《文献通考》记载"九品中正制"大致内容为："州郡县俱置大小中正，各取本处人在诸府公卿及台省郎吏有德充才盛者为之，区别所管人物，定为九等。其有言行修着，则升进之；或以五升四，以六升五。倘或道义亏缺，则降下之；或自五退六，自六退七。是以吏部不能评定天下人才士庶。故委中正铨第等级，凭之授受，谓免乖失及法弊也。"②

《二十二史札记》谓："郡县设小中正，州设大中正。由小中正品第人才，以上大中正；大中正核实以上司徒，司徒再核然后付尚书选用。"③

根据以上述记载，参考其他史料，我们大致可知九品中正制主要包括以下内容：

1. 设"中正"官，专掌人才品评之事。郡设小中正，州设大中正。各州大中正多以出身该州、现任职中央的高官兼任，或由退休高官任之。大、小中正官均由司徒（丞相）任命，但不是正式职官序列的职位。中正官下设"访问"、"清定"等官，均非正式职官序列。大小中正官的业务均由司徒节制指导。司徒将品评结果以付尚书（吏部尚书）作为任用参考。

2. 以九品评定士人德才高低。郡中正主持士人品等的第一审，这叫作"郡评"。先由"访问官"探访郡中人士的品状与行状，以作为决定士人品级的依据。这大概就像今天的调查访问、听取群众意见。访问所得材料交与"清定官"，据以初步拟定人士品第（等级）。"清定官"再将初步拟定的品级呈交郡中正官，由他按九品的级差确定每个人士的具体品级来。九品等第具体为上上、上中、上下，中上、中中、中下，下上、下中、下下。分别称为上三等、中三等、下三等。郡中正将初评结果报州大中正，大中正进行覆审。覆审主要是根据"郡清议"进行复核，其实大多是根据该郡在州或中央任职的人士对被评人士的了解进行复核。州中正根据这种调查了解最后审定人士品第（等级），上报中央（司徒）。通过上述程序确定的这种品级，称为"乡品"，并不是官吏任用的品级，仅作为选拔任用官吏的参考依据。此种"乡品"，又叫"伐阅"。各郡人士评定品级之册簿，由各州上报司徒后，司徒最后审定。司徒审定后转吏部尚书。

3. 根据"乡品"授以官品。"乡品"由司徒转交尚书吏部后，"尚书据状，量人授职"④，官职亦为九品。但是"乡品"九等，与吏部授官九品并不等同，常有差距；"乡品"仅仅是授予官品的资格依据。一般而言，"乡品"高的人士，所授予官职品级自然会高一些。

4. 三年清定法。"乡品"评定后并非终身不变，"魏始建九品之制，三年一清定之"⑤。两晋南北朝亦多实行"三年清定法"。此即每三年重新审查一次，复位所有人士的"乡品"等第；当升者升，当降者降。

5. 人才品评标准。"乡品"的评定，一般依"世"、"状"、"品"三个格准进行。"世"

① 《通典》卷十四，《选举》二。

② 《文献通考》卷二十八，《选举》一。

③ （清）赵翼：《二十二札记》卷八，《九品中正》。

④ 《魏书·崔亮传》。

⑤ 《晋书·石季龙载记上》。

即门第、家世。中正官铨定品第，必须"征其人居，及父祖官名"①，也就是调查了解其家庭背景、门第高下、门风口碑等。"状"即个人才能。"名状当以才为清"②，就是对人士的才能进行评议，考察认定各人的才能大小高低。"品"即各人品行，以及在此基础上的"乡品"评价。晋武帝时，更明定六条品评标准："一曰忠恪匪躬，二曰孝敬尽礼，三曰友于兄弟，四曰洁身劳谦，五曰信义可复，六曰学以为己。"③

6. "乡论清议"与"乡品"的形成。"乡品"九等（品）的评定，特别是品第高低的升降，常取决于"乡论清议"。"魏氏承颠覆之运，起丧乱之后，人士流移，考评无地，故立九品之制。权且为一时选用之本耳。其始造也，乡邑清议，不拘爵位：褒贬所加，足以劝励，犹有乡论余风。中间渐染，逐计资定品，使天下观望，唯以居品为贵。"④ 晋时，阎缵被继母诬"盗父时全宝，讼于有司，遂被清议十余年"。直到"母后意解，更移中正，乃得复品"⑤。从此例可知，一旦因品德问题为乡论所贬，则可能排除于品册之外或降列于低品。正因为"乡论清议"对九品中正审定如此重要，所以南北朝各代每逢改朝换代之时，新王朝都要宣布把上一朝的"乡论清议"皆"荡涤洗除"，"与之更始"。这实际上是对被"乡论清议"禁锢、不得出仕者进行一次全国大赦。⑥

二、九品中正制与察举入仕途径

在魏晋南北朝时期，九品中正制并不是直接入仕的选拔途径，它只是一种入仕资格评定。当时并无一例由中正评定的品第而直接获得相应品级的官位之事。"乡品"九级的评定结果，仅仅作为尚书吏部授官的参考依据。中正官负责品评人物优劣等级，但无权决定任官大小、高低，更无权直接授官；吏部尚书有权拟定人士任职方案（最后由皇帝批准），但不能评品人物优劣，只能按司徒及中正官品定的品级来任用。"乡品"高者一般不得任用为低品官，"乡品"低者一般也不得任用为高品官。这种将人事权两分为评品权、任用权二者，并使二者互相牵制的做法，略有防止用人舞弊之意。经"乡品"品评定等级后的人士，不管是在野人士还是已任一定官职的人士，其出仕或晋升仍是从察举（孝廉、秀才）、征辟、诸生课试、任子或承袭、荐举、曹掾积功升迁等途径，与两汉时代没有什么不同。

魏晋南北朝时期官职授受，主要的程序仍然是察举。其科目，基本上只有秀才、孝廉、贤良三科，汉代开创的其他临时"特科"基本上不再举行。魏黄初二年（221年）"初令郡国口满十万者，岁举孝廉一人；其有秀异无拘户口"⑦。南朝宋时，举秀才、孝廉，每郡岁各一人，丹阳、吴郡、会稽、吴兴四郡各二人，"凡州秀才、郡孝廉至皆策试"⑧。北周时，曾定制"州举高才博学者为秀才，郡举经明行修者为孝廉。上州上郡岁一人，下州下郡三

---

① 《文献通考》卷三十六，《选举》九；《晋书·刘毅传》。
② 《晋书·刘毅传》。
③ 《晋书·武帝纪》。
④ 《晋书·卫瓘传》。
⑤ 《晋书·阎缵传》。
⑥ 参见《宋书》卷二，《南齐书》卷二，《梁书》卷二，《陈书》卷二。
⑦ 《三国志·魏志》卷二。
⑧ 《文献通考》卷二十八，《选举》一。

岁一人"①。除秀才、孝廉这两个"岁举常科"外，当时还有举贤良一科。如魏明帝青龙元年（233 年）"诏公卿举贤良笃行之士各一人"②。泰始四年（268 年），晋武帝亦诏令王公卿尹及郡国守相"举贤良方正直言之士"③。南朝梁武帝时、北魏太武帝时，均曾下诏令公卿百僚和郡国举贤良方正直言之士。④ 但当时的"贤良"一科不一定是岁举常科，一般也不按州郡人口分配名额。

这里有一些问题我们不太清楚，即：当时的秀才、孝廉、贤良等科的察举，是否参照"乡品"九品的评议，以及如何参照"乡品"评议？秀才、孝廉、贤良等，可否在乡品九品人士之外察举？可否在上三品人士以外察举？也就是说，"乡品"九品认定以什么方式和途径影响或决定着察举？

我们认为，"乡品"九品显然是察举的最重要依据，但绝对不是唯一依据。"乡品"九品的评定既然首重"世"即门第，则无"父祖官名"的平民子弟就很难入选了，即基本上只有官宦世家或贵族子弟才有机会入上品。但若仅仅以"乡品"九品为察举秀才、孝廉、贤良之依据，则平民子弟根本无缘察举入仕，这显然又不是察举制的本意，历朝皇帝的察举诏令也绝不会如此要求。"上品无寒门，下品无世族"，是"九品中正制"蜕变或异化的情形，也是当时人们诟病的情形，不是国家追求的结果。这样一来，未入"乡品"九品册籍或未入上三品名单的寒门子弟如何经察举途径入仕？我们认为，寒门子弟仍然可以以"乡品"九品的评定为基础，通过察举途径入仕。"世"、"状"、"品"三个条件，从理论上讲，寒门子弟也有获得优评的可能性。所谓"世"，当时的法律规定绝对不仅仅指"父祖官名"，肯定主要是强调家世清白、父祖数代没有污名劣迹而已，只不过由于后来过重"家世"，且由在职高官主持评品，自然而然就蜕变为首先问"父祖官名"了。因为在朝的那些高官们一般只知道官宦世家的情形，对平民家庭的情形一般不知道。该制度对于平民子弟的不公就从此处开始。

我们还应注意，"乡品"九品的评定不仅仅是对无官者进行品定，也包括对现任官吏进行人才品级评定。对白身者而言，"乡品"九品的评定是对其入仕资格的审查认定；对现任官吏而言，它实际上是一种政绩考核或考绩评等，是其获晋升转任或降级的依据。

第四节
隋唐以后的科举制度

"九品中正制"的人才选拔体制，大约自南北朝末期就开始衰败、瓦解了，代之而兴的是"科举"制度，亦即按照一定科目考试取士的制度。隋唐以后，科举取士一直成为官吏任用的最主要途径。科举制度，直到清末变法后才正式废除（1905 年正式取消科举），影响

---

① 《周书·宣帝纪》。
② 《三国志·魏志·明帝纪》。
③ 《晋书·武帝纪》。
④ 参见《梁书·武帝纪》，《魏书·世祖纪》。

中国政治和社会近一千五百年之久。

一、科举制的萌芽：秀才孝廉之策试

西汉时代，察举秀才、孝廉、贤良一般虽不进行书面考试，但大多进行面试。到了东汉末期，察举程序中开始有了"试家法"、"课笺奏"的书面考试，但不是非常严格、系统的科目考试制度。魏晋时并未继续此制。南朝宋、齐、梁、陈时开始对秀才、孝廉进行比较正式的"试策"，这是正式的书面考试；北朝也开始实行举选与考试结合，皇帝常常坐朝亲自考问秀才、孝廉。这应视为科举制的萌芽。

科举制的真正开端应是隋文帝开皇七年（587 年）。是年，隋文帝下诏，令诸州每岁贡举三人，进行考试，得高第者为秀才。大业年间，炀帝又开进士科，均考试"策论"；后来又实行"十科举人"或"四科举人"，均由地方选举人士到京师，定期考试。这是比较成形的科举考试。至唐代，科举制全面确立，制度日趋完备。

二、科举制的科目：考选人才的类别

科举制下的科目，有两个层次：一是举选科目，一是考试分科。

隋朝的科举，虽曾设"十科"（孝悌有闻、德行敦厚、节义可称、操履清洁、强毅正直、执宪不挠、学业优敏、文才美秀、才堪将略、膂力骁壮）、"四科"（学业该通、才艺优洽；膂力骁壮、超绝等伦；在官勤奋、堪理政事；立性正直、不避强御），但这是地方考察举选贡送人士之分类科目，符合这些科目要求的人才均应贡送。这与汉代的察举科目没有多大区别。这些被贡举者，到京师后应参加考试。其考试再分类别，这是考试分科。隋代考试分科，主要有四科：文科分为明经、进士、秀才三科，再加上武科，一共四科。秀才科最难，主要试取"文才杰出、对策高第"之人。[①] 明经科试取通经学者，进士科重在试策论。

唐代的科举，其科目有常科和制举之分，各自科目不一。常科就是经常性的、定期举行的科举，主要有秀才科、进士科、明经科、明法科、明书科、明算科、开元礼科、春秋三传科、史科、童子科、道举科、医举科、武举科共十三科，一般都有法定或习惯的周期。制举是皇帝临时下诏特别举行的科举，不定期，其科目也乱。自唐高宗时起，制举科名称历年不同，有"志烈秋霜"、"幽素"、"词殚文律"、"岳牧"、"词标文苑"、"文艺优长"、"武足安边"、"绝伦"、"拔萃"、"疾恶"、"抱器怀能，茂才异等"、"文以经国"、"直言极谏"、"博学通识"、"文词雅丽"、"王霸"、"乐道安贫"、"讽谏主文"、"贤良方正"……多达一百二十余科名。这些科目，应是地方举贡初步选取候试人（候选人）的科目，不会是到京师进行考试的分科。制举候试（选）人到京师后，其考试分不分明经、进士、明法等科？理论上讲，既然是招徕特别方面的人才，就不应分科考试。但事实上，科举考试体制已经形成，要对制举选拔的人才的文章诗赋和策论进行测试，只有进行书面考试比较简单方便。不过，有些制举可能就是上承汉代察举征召之绪，只为选拔特别人才，只进行面试或策问，不进行书面考试。

---

① 参见《文献通考》卷二十八，《选举》一。

宋代对唐制进行了改革，特别是在考选科目上比唐代有所减少。关于常科，熙宁变法时，在王安石主持下，"罢诸科，独存进士"；关于制举，至"熙宁变法"前共有十科，在王安石废之，以太学的"三舍升试法"代替进士科以外的诸科取士。[①] 元祐更化以后，常科又恢复了进士科以外的九经、五经、三礼、三传、三史、开元礼、明法、学究等科（有些系新创）。在制举方面，"元祐更化"后又复为十科，这十科制举分别是："行义纯固可为师表"科（有官无官皆可举）、"节操方正可备献纳"科（举有官者）、"智勇过人可备将帅"科（举文武有官者）、"公正聪明可备监司"科（举知州以上）、"经术精通可备讲读"科（有官无官皆可举）、"学问该博可备顾问"科、"文章典丽可备著述"科（均可举有官无官者）、"善听狱讼尽公得实"科、"善治材赋公私俱便"科、"练习法令能断请献"科（均举有官者）。徽宗时，蔡京当政，又定"德行八行科"。从上述制举各科看，其所欲招徕的对象仍不外秀才、进士、明经、明法等等，不过名称稍异。

明、清两代，科举基本上再无科目之分，文科只有进士一科，明经、明法、明书、明算之类科目皆废。另有武科。文科考试一并归为"进士"，取才唯重诗赋经义，这反映了封建社会末期取士用人标准的片面化或僵化趋势。不过，明、清的进士一科实已包括宋以前"明经"等科的大多内容。关于制举，明、清两代很少举行，但亦有"博学鸿词"（或"博学鸿儒"）、"孝廉方正"、"经济特科"等科目分类[②]，相对简单。

三、科举的等级与相关程序

唐代的科举考试初分为三级。第一级是解试，即为确定解送或贡举资格而进行的考试，又称乡贡。乡贡及第可入京应试者，称为举人。解试在各州县举行。第二级是省试。由尚书礼部主持，在京师对各州贡送而来的举人进行考试，习称"举进士"，有时又称为"举秀才"、"举明经"等。省试合格者，为"进士及第"或"明经及第"、"秀才及第"等等。第三级是殿试，自武则天时代开始，由皇帝亲自主持在朝堂上进行。但在唐时殿试尚非法定必经考级，到宋时才确定为一个考级。

宋代科举正式确定为三级。第一级是州府考试，称为"漕试"、"发解"等。各州判官（州、府副长官）主持进士科解试，录事参军（各州府参谋官）主持其他诸科的解试。第二级是礼部考试，叫"省试"，也就是殿试前的资格试。第三级是殿试，皇帝主持，一般只通考策论，然后决定名次；后来亦试诗赋，这亦有对礼部的考试结果进行复核的性质。

明清时期，国家举行的科考分为三级：乡试、会试、殿试。第一级称乡试，三年一次，是为"正科"。若逢皇帝、太后万寿或登基、大婚等，又增开"恩科"，不限年份。乡试在省城举行，中央派考官主持。及格者均称"举人"（第一名称解元）。第二级为会试，乡试第二年在京师举行，由礼部主持，及格者称"进士"（第一名称会元）。第三级为殿试，在会试发榜后十天进行，由皇帝亲自主持。通过殿试，皇帝根据礼部初拟的方案，"圣裁"确定所有进士的等第名次，共分为三等，曰三甲；每一等中再排出名次。第一甲即前三名为"赐进士及第"（俗称"状元"、"榜眼"、"探花"）。第二甲约一百名为"赐进士出身"（其

① 参见《宋史·王安石传》。
② 参见《清史稿·选举志》四。

中，第一名曰"传胪"），第三甲约二百余名为"赐同进士出身"。

参加乡试者须先取得资格，这一资格俗称"秀才"。"秀才"资格经各府州县官主持的"童试"和各省学政主持的"院试"取得，大约每年一次。大约是州县试、府试两级考试合格者才可以正式成为"生员"或"童生"，经过省学政主持的"院试"合格者方可称为"秀才"。

四、科举参试资格及报名制度

唐代的科举，最重要者"省试"，其应试者主要来自两途：一是中央六学（国子学、太学、四门学、律学、书学、算学）、二馆（鸿门馆、崇文馆）的生徒（学生）。这些学生基本上是皇族、国戚、官僚、将帅子弟，当然也有极少量的平民子弟。他们每年通过各自所在学（馆）考试，成绩优秀者才可以解送参加礼部的"省试"。其学（馆）考试相当于地方的州县"解试"。二是各州县的"乡贡"即通过州县"解试"选拔推举而来。他们中有官宦子弟，也有平民子弟。上述两类考生，均要受到严格的资格、品行审查。其中"乡贡"的资格审查更严。唐宪宗时规定："自今以后，州府所送进士，如迹涉疏狂，兼亏礼教，或曾为官司科罚，或曾任州府小吏有一事不合入清流者，虽薄有词艺，并不得申送入。"① 即曾经有道德污名劣迹的人、曾经受过刑事处罚的人，不准参加考试。不过，唐代法制特别强调考试公平选拔人才，任何人"皆怀牒自列于州县"② 或"怀（投）牒自进"，即不一定要经本地长官的推荐准许程序，任何人都可以携带履历、家世、文牒，自由申请参加"解试"或列名"乡贡"，有的甚至可以直接参加"省试"即礼部考试。地方长官只可审查其有无法定禁考情事（如出身贱籍者不得考试，居父母丧者不得考试，曾有污名劣迹者不得考试，曾受刑罚者不得考试等等），不得阻止身份合格者参试。任何应试者均须先经资格审定，看看有无禁止考试的情节，然后给予准考文牒，方许应考。《唐律》中有"冒哀求仕"③ 之罪，主要惩治于父母丧期报名参试或出任官职者。

宋代的情形与唐代大致相同。太学毕业者，一般可以直接进入科举之中央考试阶段。太学毕业考试成绩优秀者，可免礼部试（省试）直接进入殿试；太学毕业考试成绩一般者，可免解试（州府试）直接进入省试。在地方，府州县解试资格亦严。考生可以在外乡"附试"：如报考人因事未归乡里，则由所在地转运司负责对他进行相当于"解试"的考试，称为"附试"。不过这种"附试"控制较严，不准随便举行。此外，《宋刑统》亦有"冒哀求仕"之罪，惩治于"父母之丧……未满二十七月，而预选求仕"④ 之行为。

明清时代，参加乡试（即各省考试）者主要也来自两途：一是由府州县官或省学政主持的"童试"和"院试"及格者，即"秀才"。凡州县学生均有资格参加"童试"和"院试"，取得参加乡试的资格即"秀才"身份。私塾生、自学者也可以象征性地列入州县学生名册（廪生、增生、附生）并参加童试、院试以取得乡试资格。二是"监生"和"贡生"，就是国子监的学生，或各地选拔贡送入监者，有资格直接参加乡试。所有参加乡试者，均

---

① 《全唐文》卷六十一。
② 《新唐书·选举志》。
③ 《唐律疏议·职制》二"府号官称犯父祖名"条。
④ 《宋刑统·职制》二。

须具结保证没有禁考情形，弄虚作假者要承担法律责任。如任学校训导者不得参加科举，罢闲官吏不得参加科举，娼优皂隶商贾之家的子弟不得参加科举，居父母丧期间不得参加科举，等等。

五、应试者待遇或尊崇礼仪

在唐代，对于州县"解试"及格者（举人），州县长官要亲自设"乡饮酒"礼宴，隆重招待之，曰"鹿鸣宴"（取《诗经》"鹿鸣"之义）。这是为"举人"送行之宴礼。① 解送举人进京，起初可能均以公车载送，故后世举人进京应试者，常自称"公车"。在京师参加省试、殿试"进士"及第后，必以"泥金贴"或"金花贴子"（相当于录取通知书）并附家书一封送报家乡，叫"报喜"或"传喜信"。同时有一系列庆贺活动。首先是题名于慈恩塔，此即进士题名碑的起源。其次是朝廷赐宴，叫"闻喜宴"。开元年间，更于曲江亭边举行"曲江会"，新科进士们冠冕游集，皇帝率嫔妃，大臣率妻妾，士人携名优，一齐观看曲江盛会。届时，新科进士们策马盛服，风光百倍，即戏曲所谓"打马长安街"。此时也正是王公贵族选择"东床快婿"的良机。唐诗人孟郊有"春风得意马蹄疾，一日看遍长安花"诗句，反映了新科进士们当时的得意情形。

在宋代，殿试结束后，一律举行登科典礼，皇帝亲自宣布进士名次，并赐宴于琼林苑，故称"琼林宴"。南宋时，中状元者均赐紫襄、金带、靴笏，命在其家乡立"状元碑"，州县官均设宴庆贺，其荣耀胜过凯旋将帅。

明清时代，亦有于国子监立石题名之制，曰进士题名碑。其他典礼，赐宴、报喜等均与前代大致相同，但更繁缛铺张。关于考生赴京考试的路费，明清时代有详细法令规定。如清代《钦定礼部则例》规定："各省举人水脚银两，于起送会试前该州县全数发给……其留京举人取结会试者，水脚银两仍不准给领。""驻防会试举人，仿照各省民籍举人之例，各照本省例给之数，给□□费银两。"②

六、科举功名与实际授官任职

科举及第者并不当然获得官职，只是取得了参加选授官职考试或铨核的资格。只有经过吏部（武科在兵部）的考试，才被正式授予职务。

在唐代，吏部对进士进行任用考试，称为"释褐试"或"铨试"。这种考试，主要从四个方面考察人才优劣等第："凡选授之制，以四事择其良：一曰身，二曰言，三曰书，四曰判。"又"以三类观其异：一曰德行，二曰材用，三曰劳效。德均以才，才均以劳"③。经吏部（武科在兵部）考试合格者，即正式拟定授予某官职（报皇帝批准）；不同科目出身者，所授起始官品不同。凡授官者即发给"告身"，即授官文凭，犹后世之公职身份证书。唐代的吏部考试相当严格，有数次中进士但累年不得授官者，如进士韩愈三试吏部未中，七年犹布衣。凡吏部试未取，或省试未中者，只能投奔地方大吏或军府充任幕职，以冀日后被

---

① 参见《新唐书》卷四十四，《选举上》。
② 《钦定礼部则例》卷九十二，《乡会试发榜》。
③ 《唐六典》卷二。

他人推荐任官。在唐代，中央官学学生有不经科举而直接授官者。高祖武德元年（618 年）诏令："（学生）有明一经以上者，有司试策，加阶叙。"① 《旧唐书·职官志三》谓："每岁，（国子）生有能通两经以上求出仕者，则上于监（向国子监上报）。"

在明代，殿试后即直接依名次等第授官，似乎没有唐宋那样的正式吏部任官考试。

在清代，殿试后须经"朝考"一场。最后以"朝考"与会试、殿试成绩总和来决定具体授官。"朝考"类似于唐代的吏部试。进士一甲（状元、榜眼、探花）不需经"朝考"而直接授官，一般直接授翰林院修撰和编修。二、三甲者在殿试后三日参加朝考。

朝考结果出来后，由军机处将会、殿、朝三考成绩总和列出名次，拟出应任官职，由皇帝依次点名授官。凡二、三甲考中"庶吉士"者，例授"翰林"之职；未中"庶吉士"者，则授给事中、御史、主事、中书、行人、评事、太常、国子博士等职；再次者授府推官、知州、知县等。清代惯例：凡进士授职后，都要到六部或都察院、通政司、大理寺各衙门，观政三个月，称"进士观政制"，这有些像后世的实习。

七、明清的"贡生"、"监生"与科举

明清时代的"贡生"、"监生"，名目繁多，极易混淆。二者与科举的关系，也极其复杂，不易弄清楚。这里有必要进行一些澄清。

所谓"贡生"，就是地方"贡献"给天子的生员。这一般是从府州县学的正式生员中选拔，也有的直接纳银捐买。"贡生"有所谓"正途五贡"，即岁贡、优贡、恩贡、拔贡、副贡。所谓"岁贡"，就是各省每年从下属府州县学的学生中按年资举贡人才（如清代，府学每岁一人，州学三岁二人，县学二岁一人）。所谓"恩贡"，就是遇国家庆典或皇帝登极之时，按照岁贡名额增额一倍推举的"贡士"。所谓"拔贡"，就是在府州县学生员中定期通过考试或考察选拔贡生（在清代，十二年选拔一次，顺天府六人，各省府学二人，州县学各一人，雍正、乾隆年间曾改为六年一拔）。所谓"优贡"，就是由省学政会同督抚通过考试从府州县学中选拔贡生，三年一选（清代，大省五六名，中省三四名，小省一二名，任缺勿滥）。所谓"副贡"，就是经各省乡试以副榜增额录取为贡生。在清代，各省乡试可以有副榜，每五名举人加一名副榜，作为贡生。正途"五贡"之外，还有通常被人们视为"异途"或"杂途"的"例贡"，就是直接纳银捐买"贡生"资格。

贡生的出路，大约有三条。第一条是直接任官，如清代"拔贡"者经考察合格后，可直接被任命一定的地方低级职务，《清史稿》说"恩、拔、副贡以教谕选用，岁贡以训导选用。康熙中，捐纳岁贡，并用训导。雍正初，捐纳贡生，教谕改县丞，训导改主簿。既仍许廪生捐岁贡者，用训导；恩、拔、副贡年力富强者，得就职直隶州州判"②。教谕、训导，都是州县的教官；县丞、主簿，都是州县的佐贰官；直隶州州判相当于省辖地级市的二等佐贰官。理论上讲，"五贡"都有可能直接任用为官，被视为除科举（"科目"）之外的"正途"出身。第二条是参加乡试，考试取得举人资格后再参加京师会试。第三条是入国子监就学，或仅仅名义上进入国子监（挂名入学），等待日后参加科举，或经由国子监的学业考

---

① 《通典》卷五十三，《礼》十三。
② 《清史稿·选举志》一。

试直接选拔进入仕途。理论上讲，"五贡"的所有贡生，都可以入国子监（或当然列名国子监），被称为"贡监"，是监生的最正道的来源，都可以被视为贡入国子监进修的学生。

所谓"监生"，就是国子监的学生。国子监的学生，从名义上讲，有几种出身来源。第一是"举监"，就是通过各省乡试取得举人头衔者，若未中进士，则可以入国子监读书，再从国子监谋求入仕机会。明代有"举监"之名，清代似乎没有此名，但举人未中进士者仍应有入监读书资格。第二是"贡监"，就是各省选拔的五类正途的"贡生"，他们也当然有入国子监读书的资格。第三是"恩监"，就是皇帝加恩而获得监生资格者，或者是由皇帝特许入国子监者，主要是八旗子弟、圣贤后裔、奉祀生，还有所谓武生、俊秀等。第四是"荫监"，其中分为"恩荫"（品官子弟不经考选，皇帝恩赐入国子监者）和"难荫"（死难功臣烈士子孙恩荫入监者）。第五是"优监"，就是从府州县学的优秀"附生"（附读学生）中选拔个别优异者入监读书。第六是"例监"，就是庶民通过捐纳资财入监者，也称为"捐监"。凡欲捐纳入官者必须经过"捐监"程序，取得出身。以上六种监生，国家制度要求他们真正进入国子监读书，有所谓"坐监期"的规定，就是要求他们"在校时间"不得少于若干个月。如"贡监"坐监期不得少于6个月，"例监"的坐监时间不得少于36个月。但实际上，这是很难兑现的。

监生的出路，一般来讲，也有几种。一是通过国子监的学业考试考核直接获得官职（"例监"大概除外），不过清代以后监生直接授官的机会大大减少了。二是参加科举考试。监生可直接参加乡试，有时甚至可以直接参加会试，取得举人或进士头衔后再出仕。三是"捐监"者直接通过捐资"买缺"的方式获得官职或买得官职轮候资格（"候补"）。

第二十七章

教民正俗：传统中国的教化行政制度

本章主要讨论中国古代的教化行政制度，亦即国家对人民进行道德教化和风俗引导的行政制度。这一方面的制度，也充分体现着国家或君王"为民父母行政"的属性。这里所探讨的教化，主要指国家进行的道德伦理教育和善良风俗引导等建设性活动。这一方面的行政制度，实即中国古代的精神文明建设行政活动。加强精神文明建设，历来也是中国传统行政的重要使命之一。对于精神文明建设，中国历代王朝在其和平发展时期均相当重视，在过去数千年里，形成了极为丰富的以强化精神文明为宗旨的行政法律制度或行政惯例。这些惯例或制度所体现的价值和理性，并不因为它们曾为"封建剥削阶级"所利用便完全失去意义。在古代中国，广义上的道德教化行政，似乎也应包括宣传、普及法制以儆吓百姓。法律宣传、教育也是道德伦理教育的表现方式之一，古代中国没有独立的法律宣传、教育。不过，本章仅仅从狭义上探讨中国古代的道德教化行政制度和惯例。至于法律宣传教育普及方面，我们在本书的第二十一章（"制民防奸"章）第二节中已经有专门的讨论，本章不再涉及。

第一节
中国古代道德教化之法制和惯例

一、基层社会之乡官教化

《周礼》的记载可能是我国最早的乡老乡师教化制度：乡老，"二乡则公一人"，其职责是"考其（民众）德行道艺而与贤者能者"；州长，"考其德行道艺而劝之，以纠其过恶而戒 之"，"以礼会民而射于州序"；党正，"以礼属民而饮酒于序，以正齿位"，"书其德行道艺，以岁时莅校比"①。这些官吏，都是官方任命的乡官，虽不是专职教化官员，但其职责主要是教化。《礼记》谓周制乡有"耆老"："命乡简不帅教者以告耆老，皆朝于庠"，进行教化。若不改，最后"屏之远方，终身不齿"②。这里的"耆老"似乎就是专职教化之乡官。

春秋战国至秦代，有"三老掌教化"之制。《管子·度地篇》载管子治齐设有"三老"等乡官，"故吏者，所以教顺也；三老、里有司、伍长者，所以为率也"。"吏"指三老、里有司、伍长等，其职责是"教"百姓"顺"，是作"率"（表率）。秦时，"乡有三老……三老掌教化"③。这时才有了专职教化的乡官。

汉承秦制"十里一亭，十亭一乡"，"乡有三老"，"掌教化"。高祖二年（前205年）即设"三老"："举民年五十以上，有修行，能率众为善（者），置以为三老，乡一人。择乡三老一人为县三老，与县令丞尉以事相教，复勿徭戍。以十月赐酒肉。"④《汉书》的这一记载使我们明确了解了"三老"的职责和选任条件："三老"须德高望重，为年长者，免其徭役；有"乡三老"和"县三老"两级三老之设。"三老"虽无国家俸禄，但可以由皇帝经常普遍赐酒肉的方式获得一定报酬。文帝十二年（前168年），令"以户口率置三老常员"⑤，这时也许不只是乡设一人，而可能是在人口多的乡设两三个"三老"。武帝时，"遣博士循行天下，谕三老，孝弟以为民师"⑥；巴蜀反乱，遣司马相如晓谕巴蜀，责"三老"以不教诲之过。⑦这说明"三老"的工作还经常受到朝廷的检查。"三老"在汉时还有某种民意代表的身份，可以直接上书皇帝，表达民意。如元帝时，王尊为京兆尹，因事免官，地方"三老"上书"讼（王）尊治京兆尹功效日著"，为王尊抱不平，促使朝廷重新起用王尊为徐州刺史。⑧在汉代，除每年十月以赐"三老"酒肉的方式给予报酬外，皇帝还因即位、改元、大赦、祥瑞等大事而赏赐"三老"。如文帝十二年（前168年），遣谒者劳赐"三老"帛，人五匹；武帝元狩元年（前122年），遣谒者劳赐县"三老"帛，人五匹；赐乡"三老"帛，人三匹。⑨这当然不仅是给三老这种乡官发报酬、奖金，还有尊老敬老导劝风俗之意。东汉时，亦设"三老掌教化"，其职责就是考察和表彰道德出色的行为，"凡有孝子顺孙贞女义妇让财救患及学士为民式者，皆扁表其门以兴善行"⑩。

南北朝时亦有"三老"之设。《通典》载南朝宋时"乡有三老有秩啬夫游徼各一人，所职与秦汉同"⑪。南朝梁时，有"村司三老"之设⑫，其"三老"可能亦为专司教化之乡间长老。北周时仿周官之制，设"党正"，主掌教化治民。⑬但未见"三老"之名。

---

① 《周礼·地官司徒》。
② 《礼记·王制》。
③ 《史记·公卿百官表序》。
④ 《汉书·高祖纪》。
⑤ 《汉书·文帝纪》。
⑥ 《汉书·武帝纪》。
⑦ 参见《汉书·司马相如传》。
⑧ 参见《汉书·王尊传》。
⑨ 参见《汉书·文帝纪》，《汉书·武帝纪》。
⑩⑪ 《通典》卷三十三，《职官》十三，《乡官》。
⑫ 参见《梁书·武帝纪》天监十七年。
⑬ 参见《北周六典·地官·党正》。

　　唐时，五里一乡，乡设"耆老"一人，以耆年平谨者，县补之，亦曰"父老"①。这个"父老"可能以教化为主要职责，但非专职教化之乡官。其里正、村正、坊正的情形亦然。

　　宋时，里正、户长、耆长等仅为为县衙州、衙办事之义役，兼有乡里教化之责。

　　元代乡里教化主要靠"立社"之制。五十户为一社，"令社众推举年高通晓农事"者为社长。除劝农、教农职责外，社长还有教训、化导不良子弟之责："若有不务本业，游手好闲，不遵父母兄长教令，凶徒恶党之人，先从社长叮咛教训。如是不改，籍记其姓名，候提点官到日对社长审问是实，于门首大字粉壁，书写'不务正业，游惰凶恶'等。如称本人知耻改过，从 社长保明申官，毁去粉壁。"②

　　明代，"里设老人，选年高为众所服者，导民善，平乡里争讼"③。明代的"里老"或"耆老"是为专职教化事务的乡官。

二、尊礼高年、助养高年

　　尊礼高年老人，尊养年高德劭者，是导正风俗，教民敬老孝顺、安分守己的重要途径之一，因而成为中国传统政治中相当重要的行政活动。

　　《礼记·王制》的下列记载似乎反映了上古的养老敬老制度大致情形："凡养老，有虞氏以燕礼，夏后氏以飨礼，殷人以食礼，因人修而兼用之。五十养于乡，六十养于国，七十养于学，达于诸侯，八十拜君命，一坐再至，瞽亦如之。九十使人受……五十杖于家，六十杖于乡，七十杖于国，八十杖于朝；九十者，天子有问焉，则就其室，以珍（礼品点心）从……有虞氏养国老于上庠，养庶老于下庠；夏后氏养国老于东序，养庶老于西序；殷人养国老于右学，养庶老于左学；周人养国老于东胶，养庶老于虞庠。"这都是尊养国老（大臣致仕者）、庶老（庶人高年有爵有德名者）之礼仪或行政规则。就连衣服的衣料、色彩上也要体现尊老敬老："有虞氏皇而祭，深衣而养老；夏后氏收而祭，燕衣而养老；殷人冔而祭，缟衣而养老；周人冕而祭，玄衣而养老。"④ 这些衣服，均是由各朝尊而贵之的色料做成，让高年老者服与大臣一样的衣料、颜色，以示尊崇。还有"大夫七十而致事（仕）。若不得谢，则必赐之几杖，行役以妇人，适四方，乘安车"⑤ 之制。这约为后世配备女服务员和专车的制度的起源。对平民百姓中的长老者怎么礼敬？"凡三王养老皆引年"⑥，即按户调查登记老者姓名，然后普遍赏赐一些酒肉布帛之类，还可以免役其子孙一人或数人的力役以便其赡养。

　　为弘扬敬老尊老之风，夏商周时代可能已经有了尊礼"三老五更"之制："三老五更，昔三代之所尊也。天子父事三老，兄事五更，亲袒割牲执酱而馈，执爵而酳。三公设几，九卿正履，祝鲠在前，祝饐在后。使者安车软轮，送迎至家，天子独拜于屏。其明日，三

_____

① 《通典》卷三十三，《职官》十五，《乡官》。
② 《元典章》卷二十三，《户部》九。
③ 《明史·食货志》一。
④ 《礼记·王制》。
⑤ 《礼记·曲礼上》。
⑥ 《礼记·王制》。

老诣阙谢，以其礼遇太尊故也。"① 天子这样以极隆重之礼敬老的目的，"所以教诸侯之悌也"，就是让诸侯更敬重作为王族大宗代表的天子，如敬兄长。不仅如此，还为了以自身表率教化万民，"遂发咏焉，退修之以孝养也；反登歌清庙，既歌而语以成之也，言父子君臣长幼之道"②。也就是把养老敬老之义编成诗歌，向全国人民宣传。

三代以衣服、几杖、珍食养老于乡、国、学校，当然不止是一般意义上的养老（福利救济性的养老），并且特别体现了敬老教化之意。此即《礼记·王制》所谓"养耆老以致孝"。前述养老之礼，都是"教民正俗"之行政的法定程序而已。学校是教化的枢机，学校是知识的圣地，在学校行尊重作为父辈和知识象征的长老者之礼，当然是为了敦礼教厚风俗。所谓养于学校（庠、序、学、胶等），当然只是在此行仪式而已，不可能是真的把学校同时办成养老院。

春秋战国时亦有尊名贤为国老之事。春秋时"楚庄王赐虞丘子采地三百，号曰国老"③。战国时，赵武灵王曾立"三老"："国三老年八十，月致其礼。"④ 但其时未见示范宣传式的尊老养老礼仪之记载。《晋书·礼志下》谓："礼有三王养老胶庠之文，乡射饮酒之制，周末沦废"，可能是事实。

西汉时可能已复行养尊"三老"之礼："天子之尊，养三老于太学，亲执酱而馈，执爵而酳，祝饐在前，祝鲠在后，公卿奉杖，大夫进履。"⑤ 贾山此语也许是对当时制度礼典的描述。但一般认为直到东汉明帝永平二年（59年）才正式复行此礼。是年春以李躬为三老，以桓荣为五更，帅群臣躬养于辟雍。和帝、安帝、灵帝亦然，曾于国学养三老，赐王杖。⑥

汉代当然不止在中央搞这种仪式，而且经常通过普遍尊礼或赏赐天下高年、"三老"的方式教民敬老。高祖时定县乡立"三老"掌教化之制，这种"三老"与国家"三老"、"五更"不同，是乡官，有职责，但实际上也被视为乡间德高望重长老的代表或象征。高祖定每年十月赐三老酒肉，亦有在乡间进行"养三老五更"之仪式以弘教化的意义。自高祖以后，汉历代皇帝多有"劳赐三老"或"加赐三老"钱帛之事，如武帝元狩元年（前122年）"遣谒者赐县三老帛，人五匹，乡三老人三匹"⑦。汉代特别注重在天下尊养高年老人。汉文帝元年（前179年），诏曰："老者非帛不暖，非肉不饱。今岁首，不时使人存问长老，又无布帛酒肉之赐，将何以佐天下子孙孝养其亲？今闻吏禀当受鬻者，或以陈粟，岂称养老之意哉？具为令。"有司奏请令县道："年八十以上，赐米人月一石，肉二十斤，酒五斗。其九十以上，又赐人帛二匹，絮三斤。赐物及当禀鬻米者，长吏阅视，丞若尉致。不满九十，啬夫令史致。"文帝从之。⑧ 文帝的诏令明白地告诉我们，朝廷作这些敬老养老的姿态是为了劝诱"天下子孙孝养其亲"，是为了鼓励人民养成孝顺父母、尊敬老人的好风俗。让

---

① 《通典》卷二十，《职官》二，《三老五更》。"三老五更"，注家多谓通天、地、人者为"三老"，知五行者为五更。但《七国考》卷六，《楚礼》引蔡邕《月令章句》谓"三老，国老也；五更，庶老也"。

② 《通典》卷六十七，《礼》二十七，《养老》。

③ （汉）刘向：《说苑·至公》。

④ （明）董说：《七国考·赵群礼》。

⑤ 《汉书·贾山传》。

⑥ 参见《后汉书·礼仪志上》；《通典》卷六十七，《礼》二十七，《养老》；《晋书·礼志下》。

⑦ 《汉书·高帝记》，《汉书·武帝记》。

⑧ 参见《汉书·文帝纪》。

县丞、县尉啬夫、令史等官吏亲自把慰问品送到老人家中，长吏（第一把手）亲自登门，或亲自核查名册和慰问物资，更能表达一种敬重姿态。这些仪式的含义是不言自明的。汉武帝时，"民年九十以上，有受鬻法"，可能有固定的国家肉食供应。武帝元狩元年（前122年），"遣谒者赐年九十以上帛，人二匹，絮三斤；八十以上米，人三石"。元封元年（前110年），武帝又"加年七十以上帛，人二匹"①。此后，宣帝、元帝、成帝、平帝均多有此举。汉时还经常遣使巡行天下观风俗，问民疾苦，其中特别强调其"存问耆老"之责任。后汉亦然。东汉时，每年八月户口普查，同时行敬老之政，"（民）年始七十者，授之以王杖，餔之糜粥。八十九十，礼有加赐。王杖长九尺，端以鸠鸟为饰。鸠者，不噎之鸟也。欲老人之不噎"②。汉代的"王杖"制度是典型的国家敬老制度。

曹魏时，亦曾演养老之礼。高贵乡公甘露二年（257年），行养老之礼于太学，命王祥为"三老"，郑小同为"五更"，"（王）祥南面几杖，以师道自居，天子北面乞言，（王）祥陈（言）明王圣帝君臣政化之要以训之，闻者莫不砥砺"③。

北朝自北魏孝文帝时即行养老之礼，仪式略同。"三老"、"五更"在仪式中讲"五孝六顺"之道，又令"三老"食上公之禄、"五更"食九卿之俸，似均为独创。北齐除此之外，又于京师养老仪礼同时普遍慰赏全国老人："都下及外州人年七十以上赐鸠杖黄帽。"北周武帝时亦行此制。④

南朝未见"养三老五更于国学"的礼仪记载，但礼养高年之事亦常有之。宋时，文帝曾"飨父老旧勋于行官，加赐衣裳各有差"，又曾"会旧京故老万余人，往还飨劳"。孝武帝大明元年（457年）春正月"赐高年粟帛各有差"，又诏"巡幸所经（之处），先见百年（老）者，及孤寡老疾，并赐粟帛"⑤。齐、梁、陈时均有类似政举。

唐代，养老太学之礼更为完善、复杂。以"三师"、"三公"致仕者二人为"三老"、"五更"，五品以上致仕为国老，六品以下致仕为庶老。太学生全部参加仪式，有"敦史执笔录善言善行"，即史官作仪式现场记录。其他仪式与前代同。⑥ 除这些礼仪外，太宗贞观三年（629年），诏赐高年，"八十以上，赐粟二石；九十以上三石，百岁加绢二匹"。唐初还曾赐九十以上老人几杖，赐八十以上老人鸠杖。各州县为赐杖仪式设酒宴，"妇人则送几杖于其家"⑦。太极元年（712年），睿宗"初令老人年九十以上，板授下州刺史，朱衣执象笏，八十以上板授上州司马，绿衣执木笏"。天宝七年（748年），玄宗又令"父老六十板授本县丞，七十以上授县令"⑧。这是对所有乡间高年老人的待遇，还是仅给耆老（父老）这种乡官（掌教化）的待遇？应是后者。但赐给这么多县级官号头衔、官服（无俸禄），显然是为了教化百姓敬老。

---

① 《汉书·武帝纪》。

② 《后汉书·礼仪志中》。

③ 《通志》卷六十七，《礼》二十七；《晋书·礼志下》。

④ 参见《通典》卷六十七，《礼》二十七；《周书·于谨传》；《隋书·礼仪》四。

⑤ 《宋书·礼志》二，《宋·孝武帝纪》。

⑥ 参见《新唐书·礼乐志》九。

⑦ 《唐大诏令集》卷八十，《养老》。

⑧ 《通典》卷三十三，《职官》十五。

唐代以后，养"三老"、"五更"于国学之礼再未见举行，仅元代有将"贫寒老病之士，必为众所尊敬者"申报本路审查后，"下本学养赡"之制。[①] 这主要是福利性养老。但尊礼高年之制，代代如之。明初亦曾"行养老之政，民年八十以上赐爵"。清代似无此制，但清代有"旌表寿民寿妇"之制度。凡民寿至百岁者，皇帝特旌表之，有"寿民坊"，有时皇帝亲赐"升平人瑞"、"贞寿之门"大匾。[②] "敬老，所以使民兴孝也"。其意皆在教化，不必赘述。

三、尊奖孝弟力田节烈

向朝廷推举孝悌、勤耕、有德行者，由朝廷予以奖赏或任用，这种制度可能始自《周礼》。《周礼·地官司徒》谓周制"三年则大比，考其德行道艺而兴贤者能者"，即每三年于人口普查中举贤能一次；又谓"族师"每年要"书其孝弟睦姻有学者"向上报告。当然会有相应的奖赏任用。

汉代开始使尊奖孝弟力田者成为经常制度，并使这种制度成为中国传统行政中用以教民正俗的一项重要制度。汉惠帝四年（前191年），始令"举民孝弟力田者，复其身"。这是最早以免赋役来奖励人民孝弟、勤耕。文帝十二年（前168年），"遣谒者劳赐孝者帛，人五匹；悌者、力田（者），人二匹"。这是专派特使巡行慰劳、奖赏孝顺父母、悌敬兄长、勤耕勤织的模范百姓。孝弟力田者评选出来，不仅仅是给一种荣誉称号，甚至是在选举一种有劝导农桑责任的乡官。高后元年（前187年），"初置孝弟力田二千石者一人"。每郡国以孝弟力田为条件选拔一人为劝农官，秩二千石，与太守相等，可谓尊崇至极。文帝十二年（前168年）又令曰："力田，为生之本也，其以户口率置孝弟、力田常员，令各率其意以道（导）民焉。"武帝元狩六年（前117年）曾遣博士官循行天下，"谕三老，孝弟以为民师"。这时的孝弟、力田是按户口比例设置的"常员"，有"导民"、"教民"之责。正因为既是荣誉称号，又是乡官，所以朝廷才要经常赏赐孝弟力田。自文帝到哀帝，直至东汉时期，均有以钱、帛、爵赏赐孝弟力田者之记录。如文帝十二年（前168年）、文帝后七年（前157年）、武帝元狩元年（前122年）、宣帝元康元年（前65年）、元帝初元元年（前48年）、成帝建始元年（前32年）、哀帝即位（前2年）均有"赐"或"加赐"、"劳赐"孝弟、力田者之记录。[③] 宣帝神爵四年（前58年）、成帝建始三年（前30年）、河平四年（前25年），有赐孝弟力田者爵位之记录，有时"赐爵二级"，有时"以差赐爵"[④]。此外还有多次赏赐之记载，相当频繁，有时一帝在位四五年间竟赏赐达两三次之多。这种经常性赏赐，显然一是作为对模范良民的奖赏，二是作为对这种劝农教民乡官的工作报酬。其作用当然主要在前者。这种全国性大规模的颁奖活动，一年一次或两三年一次，其对民间风俗的影响是可想而知的。此外，汉代还直接举孝弟力田者任用为官吏，如宣帝地节四年（前66年），诏"郡国举孝弟有行义闻于乡里者各一人"，听候任用。[⑤] 以做官为奖励、劝勉，其导

---

① 参见《元史·刑法志》二；《元典章》卷三，《圣政》二，《赐老者》。
② 参见《明史·食货志》一；（清）《礼部则例》卷四十八，《旌表寿民寿妇》。
③ 以上分别参见《史记》、《汉书》各帝纪。
④ 《汉书·黄霸传》，《汉书》宣、成帝纪。
⑤ 参见《汉书·宣帝纪》。

民风俗的作用更不待言。汉代也开始奖赏贞妇，如平帝时复贞妇（免其役），乡一人。但此举在当时不多见。

南北朝时期亦相当重视奖尊孝弟力田、孝义贞节者。北周孝闵帝元年（557年），遣使巡行四方，观风省俗，其中一项即是检查"孝弟贞节，不为有司所申"之情形。宣帝宣政元年（577年），遣大使巡察诸州，诏制九条，宣下州郡，其中特别责令使者对"孝子顺孙，义夫节妇，表其门闾，才堪任用者，宜即申荐"①。南朝宋时，有在乡里评选"望计"、"望孝"之制，大约是评选民间笃行孝道而有名声者尊崇之。② 宋时开始有了旌表孝义之制。文帝元嘉年间，会稽人贾恩夫妇在"邻火所逼"时为奔救停于家中的母亲灵柩，均被大火烧死，"有司奏改其里为孝义里，蠲租布三世，追赠（贾）恩（为）天水郡显亲县左尉"③。南豫州人董阳三世同居，合族亲睦，"外无异门，内无异烟"，文帝特诏榜其门曰"笃行董氏之闾"，并免一门租布。④ 庐江人何子平，"居丧毁甚"，被旌赏。⑤ 宋时还经常以免赋役来表彰、鼓励人民孝义，如山阳人严世期"好施慕善"，文帝令表其门"义行严氏之闾"，复其身徭役，蠲租税十年。⑥ 盱眙人王彭兄弟卖身葬父，旌表其里并"蠲租布三世"⑦。晋陵人余齐民，父死，"号叫殡所，须臾便绝"，活活哭死，有司奏改其里为"孝义里"，蠲租布，赐其母谷百斛。⑧ 宋时还以任用孝义力田者为官吏来劝导风俗。文帝元嘉八年（431年），诏郡县宰"若有力田殊众，岁竟条名列上"。孝武帝大明四年（460年），令举"力田之民，随才叙用"。明帝泰豫元年（472年），永兴人郭原平（世道？）孝义有名，太守奏表朝廷曰"宜举拔显选，以劝风俗"，遂举为太常博士。⑨ 对已故的有德行者也可以赠官号褒奖，如前引文帝时追赐贾恩为县尉，又如可赠以"孝廉"名号（既为荣号，亦为预备官或勋官资格）。文帝时，安成人王孚"有学业，志行见称州里"，不幸病故。国相（相当于郡守）沈劭赠其"孝廉"名号，并作"板教"（大概是宣传牌板）宣布乡里："前文学主簿王孚，行洁业淳，弃华息竞，志学修道，老而弥笃。方授右职（可能指刚刚授主簿职），不幸暴亡，可假孝廉檄，荐以特牲。"⑩ 以官方宣传牌板将地方长官对孝义异行者的表彰传播于百姓，用以教育百姓。这可以视为实实在在的行政活动。南朝齐时，亦有选拔孝弟力田任官或授爵之举⑪，亦常免孝义节贞者税役。齐时开始有经常性旌奖节妇之举，会稽单氏、晋陵赵氏、义兴黄氏均因"夫亡不嫁"而"诏蠲租赋"⑫。旌奖累世同居的孝义家族之事亦大大增多。齐高帝时，义兴陈玄子"四世一百七十口同居"，武陵郡荣兴、文献叔八世同居，

① 《周书》之孝闵帝纪、宣帝纪。
② 参见《宋书·郭世道传》。
③ 《宋书·贾恩传》。
④ 参见《南史·董阳传》。
⑤ 参见《宋书·何子平传》。
⑥ 参见《宋书·严世期传》。
⑦ 《宋书·王彭传》。
⑧ 参见《宋书·余齐民传》。
⑨ 参见《宋书·文帝纪》及《孝武帝纪》、《郭世道传》。
⑩ 《宋书·自序》。
⑪ 参见《南齐书·武帝纪》。
⑫ 《南齐书·韩灵敏传》。

均"诏表门闾,蠲租税"①。梁、陈二代情形略同,而奖尊自毁身躯践行孝义节烈者尤甚。②

隋唐时代,奖孝节制度更加完备。隋时,"孝子顺孙义夫节妇,并免课役。"唐制亦有此种免役规定。唐时"孝弟旌表门闾者,行乡饮酒礼",刺史为主人,设宴仪,以被旌表者或其子弟为首宾,极尽奖崇之仪。其用意显然在劝导百姓以其为榜样。③ 据《旧唐书·食货志上》载:为了鼓励孝义之家,玄宗天宝元年(742年),曾敕令"户高丁多"之家,以五丁免一丁、十丁免二丁的比例免赋役。代宗广德元年(762年),又诏"一户之中,三丁赦(免)一丁,"即每三丁免一丁之课役。这样做乃是 为了"令同居共籍,以敦风教"。《唐大诏令集》卷八十载:太宗贞观三年(629年)曾下诏"其孝义之家,赐粟五石"。唐时虽科举取士,但仍保留"举孝廉"之制,太宗时即举孝廉,经太宗亲自面试授职。宝应二年(763年),代宗令依"乡举里选"旧制"察秀才孝廉","每州岁举孝廉,取在乡间有孝弟廉耻之行(者)荐焉,要有司以礼待之,试其所通之学……量行业授官";并一度废明经进士科举。④

宋以后历代褒奖孝义节友之制大同小异。宋仁宗时,河中府民姚栖云十世同居,孝友闻名,仁宗诏加优赐,旌表门闾,其乡曰"孝悌",其社曰"节义",其里曰"敬爱",免其家徭役。神宗时,资阳人支渐孝亲极甚,居丧哭哀过制,自残自毁以示哀痛,神宗闻之,诏赐粟帛,付之史官立传,后又旌表门闾,任为学官。⑤ 元成宗大德年间(1297—1307年),数度诏"孝子顺孙曾旌表有材堪从政者,保结申明,量材任用","义夫节妇孝子顺孙,具实以闻,别加恩赐"⑥。清代,各府州县均建有"忠义孝弟祠"和"节孝祠",祠外建大坊,应旌表者列名坊石,死老列位祠中,春秋致祭。朝廷颁银三十两,曰"建坊银",听其本家为其建坊。事迹格外突出者,皇帝亲"赐诗章匾额缎匹"⑦。此外,清代的府州县乡设"名宦祠"或"乡贤祠",崇祀"品行端方学问纯粹"、"政绩彰著"的宦人名士。其旨亦在教化乡里之俗,使民由崇贤而敬长行孝。⑧

中国古代在进行此种教民正俗行政时,有时也注意适当把握孝义之度,禁限人民以反人道的方式行孝。五代后梁时,"诸道多奏军人百姓割股,青齐河朔(等州)尤多",以此矜夸行孝,亦为逃役。梁太祖认为:"此若因(真)心,亦足为孝。但苟免徭役,自残肌肤,欲以庇身,何能疗疾,并宜止绝。"⑨ 于是下诏禁止割股行孝。这里禁止自残行孝,完全是从国家赋役需要的角度出发。但到游牧民族入主中原的元代,就可能主要是从人道的角度禁止自残行孝了。如元代法律明确规定:"诸为子行孝,辄以割肝、刲股、埋儿之属为孝者,禁止之。"⑩ 这相当可贵,但这也可能仍有担心国家会减少役丁税民的考虑。

---

① 《南齐书·封延伯传》。
② 参见《南史》荀匠传、张昭传、张景仁传、崇儳传,《梁书·韩怀明传》。
③ 参见《隋书·食货志》、《新唐书·礼乐志》九。
④ 参见《唐会要》卷七十六,《贡举中》。
⑤ 参见(宋)江少虞:《宋朝事实类苑》卷五十三,《忠孝节义》。
⑥ 《元典章》卷二,《圣政》一。
⑦ 《礼部则例》卷四十八,《旌表孝义贞节》。
⑧ 参见《礼部则例》卷四十七,《祀名宦乡贤》。
⑨ 《旧五代史》卷三,《后梁太祖纪》三。
⑩ 《元史·刑法志》四。《元典章》卷三十三,《礼部》六,《孝弟》中有详细规定。

第二节
"乡饮酒之礼"和"乡约制度"

一、"乡饮酒"礼与褒善贬恶

为了劝导尊老敬贤、忠孝悌顺之风尚，中国历代还相当重视"乡饮酒之礼"，这也可以看作教民正俗之行政的一个重要方式。

乡饮酒之礼，是乡间宴饮之礼。其具体含义何指，古人说法不一。《仪礼》有《乡饮酒礼》专篇，其所指实是乡学学生毕业典礼时的宴饮之礼：以诸侯之乡大夫为主人，主人与先生（古之"先生"一般是公卿大夫致仕归隐乡间居乡学任教授者）商定选"处士之贤者"为"宾"（首宾）、"介"（次宾）、"众宾"，然后请他们来乡学宴饮，主人、先生带领学生对乡老、乡贤们按长幼尊卑行相应的"揖让"（入席前的谦让礼，如"三揖而后至阶"，三让而后升）、"洁"（席前奉汤洗盥）、"拜"（拜迎接、拜奉酒、拜受酒）等礼仪，目的是教导学生尊老敬长，让他们见识或见习"君子交接之道"，使他们将来能学得此道后为乡里之表率。这是乡饮酒礼的第一种情形或第一种解释。汉人郑玄注《周礼·地官司徒》之"以三物教万民而宾兴之"一语时，谓"诸侯之乡大夫正月吉日受法于司徒，退而颁于乡吏；及三年大比，而兴（荐举）其贤能者，以宾礼礼之，献于三庭，曰乡饮酒。"这即认为乡饮酒礼是三年一度人口普查后为将查得的乡里贤能者上举于朝廷而行的敬贤礼。这是第二种解释。《周礼·地官司徒》有"党正"，其职有"以礼属民而饮酒于序，以正齿位"；《礼记·王制》有"命乡简不帅教者以告耆老，皆朝于庠。元日，习射上功，习乡上齿……不变，（则）屏之远方，终身不齿"的制度。汉人郑玄在注《乡饮酒礼》篇时又记载了汉代的"乡饮酒礼"："今郡国十月行乡饮酒礼，党正每岁邦索鬼神而祭祀，则以礼属民而饮酒于序，以正齿位之礼。凡乡党饮酒，必于民聚之时，欲其见化知尚贤尊长也。"这是乡饮酒礼的第三种情形。在这种情形中，不仅仅是论长幼尊卑而宴饮，还要对乡中不守规矩的人进行教化。"六十者坐，五十者立侍以听政（征）役。六十者三豆，七十者四豆，八十者五豆，九十者六豆。"此外，周制，州长春秋习射于序，先于序行宴饮乡老之礼，亦谓之乡饮酒之礼。这是第四种情形。[①]

乡饮酒礼不管是具体指哪一种情形，但用意基本上是一致的："饮酒之义，君子可以相接，尊让洁敬之道行焉，是贵贱明、隆杀辨，和乐而不流、弟（悌）长而无遗、安燕而不乱。此五者，足以正身安国矣。"[②] "乡饮酒之礼废，则长幼之序失，而争斗之狱繁矣。"[③]就是说，这种礼仪，是为了教导敬老尊老、礼敬贤能的风尚，防止卑幼者及小民百姓犯上

---

① 参见《后汉书·礼仪志上》；《通典》卷七十三，《礼》三十三。

② 《通典》卷七十三，《礼》三十三。

③ 《礼记·经解》。

僭上。

东汉明帝永平二年（59 年）春三月，令郡、县、道"行乡饮酒（礼）于学校，皆祀圣师周公孔子，牲以犬"①。其具体礼仪到底是作为乡学生毕业敬老典礼还是作为乡间敬贤礼，还是百姓交接礼，史料无证。但从祀周公孔子看，应是按《仪礼》而行的乡学生学成时的敬老典礼。

晋武帝泰始六年（270 年）十二月行乡饮酒礼于辟雍。惠帝时复行其礼。武帝诏曰："礼仪之废久矣，乃今复讲肄旧典。""讲肄旧典"就是在国学率国子生、太学生行敬老序齿饮酒之礼，故同时赐太学生牛酒。②

唐代相当重视乡饮酒礼。太宗贞观六年（632 年），令"录《乡饮酒礼》一卷，颁行天下"。每年令州县长官，亲率长幼，齿别有序，递相劝勉，依礼行之，"庶乎时识廉耻，人知敬让"。少帝唐隆元年（710 年），又令诸州"每年遵行乡饮酒礼"。玄宗开元六年（718 年），再颁《乡饮酒礼》于天下，"令牧宰每年至十二月行之"。据宣州刺史裴耀卿言，他率各县行乡饮酒礼，"一一与父老百姓，劝遵行礼，奏乐至《白华》、《华黍》、《南陔》、《由庚》等章，言孝子养亲及群物遂性之义，或有泣者"③。

自唐代起，乡饮酒之礼主要成为向朝廷贡士参与科举的一种送行礼，是一种尊礼贤能之礼。《新唐书·礼乐志九》谓"州贡明经、秀才、进士、身孝悌旌表门闾者，行乡饮酒之礼"。玄宗开元二十五年（737 年）敕："应诸州贡人，上州岁贡三人，中州二人，下州一人，必有才行，不限其数。其所贡之人，将申送一日，行乡饮酒礼。"④ 其礼，皆州"刺史为主人、贤者（被贡举者或被旌表者）为宾，其次为介，又其次为众宾，与之行礼，而宾举之"。宾、介、众宾，都是典礼要尊礼的对象，"宾"、"介"是众宾接受尊礼的正、副代表。唐志所记程序、仪节极为复杂，然其用意无不在突出地方长官对贤者的尊礼，以劝民众，以厚风俗。此外，唐代每年十二月的"正齿位"之礼亦是乡饮酒礼之一种，此礼中，"县令为主人，乡之老人年六十以上有德者一人为宾，次一人为介，又其次为三宾，又其次为众宾。年六十者三豆，七十者四豆，八十者五豆，九十及主人皆六豆。宾主燕饮，则司正……乃扬觯而戒之以忠孝之本"⑤。这些地方长官亲自主持的尊礼贤才、尊礼长老的礼仪，正应视为当时教化行政的重要组成部分。

五代后唐时亦有"举人常年荐送，先令行乡饮酒之礼"之制。当时曾"令太常草定仪注，班下诸州预前肄习"⑥。也就是让太常寺将乡饮酒礼的具体程序、仪式编定成文，发给天下习用。这实为颁发一种特殊的行政程序法规。

明太祖洪武十六年（1383 年）令颁《乡饮酒礼图式》于天下，规定"每岁正月十五日、十月初一日，于儒学行之（乡饮礼）"，民间里社亦行此礼。明代此礼仪，似不是为贡士举贤而用，亦不主要是为"正齿位"序乡民长幼尊卑而用，而主要是为宣传忠孝之道而行的一种讲道仪式，明制特别强调仪式中"司正"（司仪官）举觯（杯）致辞，其辞文都是朝廷

---

① 《后汉书·礼仪志上》。

② 参见《晋书·礼志下》。

③④ 《唐会要》卷二十六，《乡饮酒》。

⑤ 《新唐书·礼乐志》九。

⑥ 《五代会要》卷四，《乡饮》。

统一制定的："恭惟朝廷，率由旧章，敦崇礼教，举行乡饮，非为饮食。凡我长幼，各相劝勉，为臣竭忠，为子尽孝，长幼有序，兄友弟恭。内睦宗族，外和乡里，无或废坠，以忝所生。"这表明乡饮酒礼所要实现的是综合教化的目标，不仅仅是序尊卑、别长幼、劝人敬老。乡饮酒礼成为直接的教士教民的说教仪式。从前历代的那种尊老敬贤的示范或垂范表率意义反而退居其次。明制还特别规定："有过之人俱赴正席立听"，以接受教育。洪武二十二年（1389 年）又命"凡有过犯之人列入外坐，同类者成席，不许杂于善良之中，著为令"①。这种使有过错者到乡饮酒席间受教育，是从前没有的。这是明制的特点。为了保障这种特殊的礼仪式的教化行政能有效施行，《大明律·礼律》专门规定了罚则："凡乡、党叙齿及乡饮酒礼，已有定式，违者笞五十。"

　　清代的乡饮酒礼，与明制同，主要是直接教化仪式。除"司正"要作一通劝人忠孝信义的致词外，还特别强调"读律令"的程序。仪式中专设读律官，生员任之。至读律时，众生员均北面"起立旋揖"，恭听律令。这里的律令，当然不是真的律令条文，而是朝廷统一订定的专用于此仪式的戒条："律令：凡乡饮酒，序长幼，论贤良，别奸顽。年高德劭者上列，纯谨者肩随。差以齿。悖法偭规者毋俾参席，否（则）以违制论。敢有喧哗失仪，扬觯者（司正）纠之。"②在清代，由于这种仪礼变成了一种经常性的教化行政程序或活动，故将乡饮酒礼中的"宾"、"介"、"众宾"定为常设职务，成为专职或兼职乡官，总名"乡饮耆宾"，其选定后姓名、籍贯均造册报礼部。若有过犯，则报部褫革其职，并处罚原举之官。③为保障这种行政的严肃性、权威性，《大清律·礼律》亦作了如明律之规定，并专为乡饮酒订定了两条"拟罪条例"，特别规定："乡党序齿，士农工商人等平居相见，及岁见宴会揖用之礼，幼者先施。坐次之列，长者居上。如佃户见田主，不论齿叙，并行以少事长之礼……乡饮坐叙，高年有德者居于上……以次序齿而列。其有曾违条犯法之人列于外坐，不许紊越正席，违者照违制论。主席若不分别……依律科罪。"

二、"乡约"之自治与德教功能

　　乡约，学界一般认为最早出现于北宋熙宁时代。宋神宗熙宁三年（1070 年）王安石推行保甲新法，熙宁九年（1076 年）儒士吕大钧兄弟在其家乡蓝田推行一种新地方自治制度，史称"吕氏乡约"或"蓝田乡约"。吕氏乡约在关中推行没有多久，北宋王朝就为金人所灭，昙花一现的乡约也随之被人遗忘。到了南宋，朱熹重新发现了"吕氏乡约"的价值，并编写了《增损吕氏乡约》，使"吕氏乡约"在一百年后重又声名远播。但在宋元时代，乡约并未大范围、大规模地推行。

　　乡约在明清时代逐渐大规模地推行。

　　在明代，王阳明巡抚南赣、汀漳期间，公布了《南赣乡约》。《南赣乡约》虽是以地方官"为民作主"的立场来制定（"故今特为乡约，以协和尔民"④），但毕竟保留了基层群众道德自治的某些形式。嘉靖以后，明王朝开始在全国推广乡约："嘉靖间，部檄天下，举行

①　《明史·礼志》十。

②　《清史稿·礼志》八。

③　参见《清会典事例》四六，《礼部·乡饮酒礼》。

④　《王阳明全集》，第 4 册，1593 页，北京，红旗出版社，1996。

乡约，大抵增损王文成公之教。"①

到清代，乡约受到了朝廷更大的重视。顺治十六年（1659），正式宣布全国实行乡约制度，每乡约设约正、约副，由乡人公举六十岁以上行履无过、德业素著的生员担任；若无生员，即以素有德望、年龄相当的平民担任。各地于是掀起"讲乡约"运动。如康熙年间，广东巡抚李士桢在广东省大力推行"讲乡约"，并谕令广府、南、番三学教官选择德行兼优、学问渊博的生员，每学选派六名，专司讲解乡约；李光地在安溪制定《同里公约》、《丁酉还朝临行公约》。

乡约起初是一种近乎地方自治的乡村民众组织模式，本是"约众"自愿结合的一种民间契约组织，是乡邻互相劝勉、相助协济、解纷止争的民间自治组织。其"约法"是民间规约形式，它用通俗的语言规定了处理乡党邻里之间关系的基本准则，规定乡民修身、立业、齐家、交游所应遵循的行为规范以及过往送迎、婚丧嫁娶等社会活动的礼仪俗规。立约的主体是乡民，约法内容也基本建立在合意的基础之上，反映了他们的自治、自教、自保安全的意愿和利益。

我们以《吕氏乡约》为例看早期乡约的自治属性。

《吕氏乡约》的主要条款有"德业相劝"、"过失相规"、"礼俗相交"、"患难相恤"、"罚式"、"聚会"、"主事"②，共七大部分。其乡约组织有以下特点：（1）有成文"约法"。它具有一般乡规民约的基本特征，它用通俗的语言规定了处理乡党邻里之间关系的基本准则，规定了乡民修身、立业、齐家、交游所应遵循的行为规范，过往送迎、婚丧嫁娶等社会活动的礼仪俗规，以及罚则。（2）有一套自治组织机构。按照规约，约中需推举正直不阿者一二人为约正，负责决是非、定赏罚。每月再以长少为序，选一人为"直月"，料理约中杂事。"约正一人或二人，众推正直不阿者为之。专主平决赏罚当否。直月一人，同约中不以高下、依长少轮次为之，一月一更，主约中杂事。"（3）以和睦乡邻为活动宗旨。以聚会、解决纠纷、赏善罚恶等形式，使乡人相亲，淳厚风俗。如规定"每月一聚，具食；每季一聚，具酒食"。（4）有一定强制措施且赏罚公开。"遇聚会，则书其善恶，行其赏罚"。有善恶行为者，聚会时当众赏罚，并用记录在案督促众人，用开除惩罚不可救药的。（5）群众自治。约法由人民公约（而不是官府命令），乡民自愿加入（"其来者亦不拒，去者亦不追"），领导由约众民主推选，议事民主（"若约有不便之事，共议更易"）。③

这种由地方绅士发起和领导、人民自愿加入，企图教育与组织农民的乡村自治组织，有着重要的开创意义。"（吕氏乡约）由人民主动主持，人民起草法则，在中国历史上，吕氏乡约实在是破天荒第一遭。"④

但是，国家大规模利用乡约制度之后，特别是乡约制度与保甲制度结合起来以后，乡约更多地成为国家强化治安、思想控制和道德教化的组织，是官方行政的辅助工具。如明人吕坤制定的《乡甲约》就是乡约与保甲结合的代表：保甲制中，十家为一甲，"一人有过，四邻劝化不从，则告于甲长，转告于（乡）约正，书之记恶簿。一人有善，四邻查访

---

① （明）叶春及：《惠安政书》，328 页，福州，福建人民出版社，1987。
② 陈俊民辑校：《蓝田吕氏遗著辑校》，570 页，北京，中华书局，1993。
③ 上引《吕氏乡约》，均参见陈俊民辑校：《蓝田吕氏遗著辑校》，563～567 页，北京，中华书局，1993。
④ 杨开道：《中国乡约制度》，103～107 页，济南，山东省乡村建设研究院，1937。

的实，则告于甲长，转告于约正，书之记善簿。其轻事小事，许本约和处，以息讼端。大善大恶，仍季终闻官，以惩奖戒。如恶有显迹，四邻知而不报者，甲长举之，罪坐四邻；四邻举之，而甲长不报者，罪坐甲长；甲长举之，而约正副不书，掌印官别有见闻者，罪坐约正副"①。

　　清代在全国地方基层普遍立"乡约所"，有的地区还联合设立"乡约局"或"乡约总局"。乡约所是乡民百姓每月朔、望两日（初一、十五）聚集讲诵圣谕及律令之处。各乡约中，设约正、约副主其事。乡约所设"善恶簿"，记载并奖惩乡人善恶。还设有"约讲"，即负责讲解圣谕、律令并记录成员善恶的干部，"约讲与在事人及首领绅衿长老，各举某人行某孝、行某节、做某善事、拯救某人患难、赒恤某人贫苦，或妇人女子某为节、某为烈，俱要实际公同开载（于）劝善簿内。小善则约讲者亲诣其家而奖励之，大善则四季月终具呈，仍开造事实结册，投报州县。如某人行某忤逆不孝，其人行某悖乱不悌、做某恶事、欺凌某人、强占某人财物，及奸宄不法事，俱要实俱公同开载纠恶簿内。小过则约讲等传其父兄至所而戒饬之，大恶则于四季月终具呈，仍开造事实结册，投报州县"。然后，州县长官选择一个"讲读期（日）"，传集四乡约讲、村长、族尊，大会一处，对所举报之恶者，"于开报之时，立行差拘究惩，务于本处示众，或在讲毕后对众惩处发落"，"使观者知警"，"仍书其所为榜于其门，俟有改过自新实迹（则）去之"。对于其所举报的善者，于讲毕后当众奖励，"花红酒果，鼓乐导送，或给匾旌表其门"②。

第三节
其他道德教化制度或惯例

一、"观风俗使"监督教化

　　《礼记·王制》有"天子五年一巡守"和"命太师陈诗，以观民风；命市纳贾，以观民之所好恶"之制。至于小司徒"徇以木铎"戒群吏，乡师"以木铎徇于市朝，以岁时巡国及野"，可能都是巡回道德教化宣传警戒之形式。后世遣使者观省风俗、传扬教化之制可能源于周礼"木铎循行"之制。

　　春秋时，管仲相齐，亦主张君主经常派使者到民间观风俗、问疾苦，派大臣问事四方，除了问孤寡贫苦外，还要问"子弟以孝闻于乡里者几何人"、"余子父母存，不养而出离者几何人"、"乡子弟力田为人率者几何人"、"国子弟之无上事、衣食不节、率子弟不田弋猎者，几何人"、"男女不整齐，乱乡子弟者，有乎"、"人之所害于乡里者，何物也"等问题。《管子·问》篇的这些记载，虽不一定是当时的真正制度，但其所开列的风俗察问项

　　① 杨一凡等编：《古代乡约及乡治法律文献十种》，第1册，170～171页，哈尔滨，黑龙江人民出版社，2005。
　　② 《福惠全书》卷二十五，《置善恶簿》。

目,可能大大影响了后世观风俗使的职责范围的确定。

汉代有经常派遣使者"循行天下,观览风俗,举贤察冤"之制。如宣帝本始元年(前73年),遣使者持节督郡国二千石"谨牧养民而风德化"。五凤四年(前54年),又"遣丞相御史掾二十四人循行天下,举冤狱"。元帝初元元年(前48年),"遣大夫十二人存问孤寡、延登贤俊","因览风俗之化"①。这种巡察,一方面是了解各地长官教化治民之绩效,了解风俗民情,另一方面也直接向百姓宣扬教化,以图直接影响民风。

南北朝时期亦常遣使观风俗。北魏高宗太安初年,遣使二十余人循行天下,观风俗,视民所疾苦,督察守令。②南齐高帝建元元年(481年),遣使十二人巡行诸州郡,观省风俗。齐海陵王延兴元年(494年),诏遣大使巡行风俗。③梁武帝天监元年(502年),遣内侍"周省四方,观政听谣(从民谣、童谣知民心民俗),访贤举滞"④。北周孝闵帝元年(557年),遣使巡行四方,"省视风俗,以求民瘼"。孝闵帝的诏书明确规定了使者们的调查了解范围或责任:"五教何者不宣?时政有何不便?得无修身洁己、才堪佐世之人而不为上所知?幽辱于下之徒,而不为上所理?孝义贞节、不为有司所申?……"⑤周武帝建德六年(577年),遣使者"观风省俗,宣扬治道"。周宣帝宣政元年(578年),遣使巡诸州,以诏制九条察民事,其中有旌表任用孝子顺孙义夫节妇及访贤举滞等。⑥

唐代亦屡派观风俗使巡行天下。贞观八年(634年),太宗遣萧瑀、李靖等十三人分巡各道,"延问疾苦,观风俗之得失,察政刑之苛弊"。武则天时曾常命遣左右(御史)台"分巡天下,察吏人善否,观风俗得失"。玄宗时,形成了"每三年,朕当自择使臣,观察风俗"之制。⑦唐制还规定:"诸州刺史每岁一巡行属县,观风俗,问百姓……谕五教。"⑧

后各王朝也常常以派遣"观风俗使"的名义派大臣巡行地方,考察地方隐情、督察地方官员、接受百姓非常申告。检查监督道德教化效果始终是其主要功能之一。

二、各级地方长官的道德宣教

除基层乡官负有道德宣教的职责之外,中国传统政治体制还特别强调各级地方长吏的道德宣教职责或责任。

《周礼·地官司徒》还有"正月之吉,悬教象之法与邦国都鄙……使万民观教象"的制度,有地方官长"施教法于邦国都鄙"的制度,具体情形不详,但大致可以肯定为道德教化之制度。前者是将"教象之法"亦即关于道德教化的宣传图画悬挂在"邦国都鄙",由地方官吏于每年"正月之吉"这个日子率领所属百姓来观看德教宣传画。后者是关于地方官长定期到邦国都鄙人口集中之地宣传"教法"亦即宣传道德伦理或礼法的制度。地官司徒

---

① 《汉书》之宣帝纪、元帝纪。
② 参见《魏书·食货志》。
③ 参见《南史》之齐高帝纪、齐海陵王纪。
④ 《梁书·武帝纪》。
⑤ 《周书·孝闵帝纪》。
⑥ 参见《周书》之武帝纪、宣帝纪。
⑦ 参见《唐会要》卷七十七,《诸使》上、中。
⑧ 《唐六典》卷三十。

下属两个专职干部——"司谏"、"司救"，显然是道德教化（兼惩恶）的专官。如"司谏"，"掌纠万民之德而劝朋友（劝其实行孝友之道），正其行而强之道艺，巡问而观察之"，就是以劝导人民和谐相处、强迫人民学习谋生技艺为专门职责。"司救"有"以礼防禁而救之（民）"，进行"三让（责骂）"之职责，也就是专门负责以礼乐对人民进行犯罪预防式的教化，有权对违犯者进行三次训诫。

后世各王朝亦特别强调地方长吏教化民众之职责。

如北朝西魏时，苏绰为文帝草《六条诏书》，作为地方长官工作职责，其中第二条是"敦教化"，特别强调"牧守令长"们"上承朝旨，下宣政教"的使命。《诏书》具体要求地方长官们对百姓"教之以孝悌，使民慈爱；教之以仁顺，使民和睦；教之以礼义，使民敬让"①。

明清时代，地方长官定期进行道德宣教，主要以"讲读圣谕"、"讲读大诰"、"讲读律令"的方式进行。皇帝颁《大诰》或《圣谕》对道德教化事宜的规定极为细致，地方长官必须定期集会百姓进行宣讲，并强迫百姓恭读、记诵这种特殊的教化法令。这是当时风俗教化制度的一大特色。如明太祖制《六谕》、《大诰》，不厌其烦地向臣民劝诫"父子有亲，君臣有义，夫妇有别，长幼有序，朋友有信"、"事君以忠"、"莅官以敬"、"不犯国法"的道理。为了广泛宣传《大诰》，太祖"令天下府州县民每里置塾，塾置师，聚生徒，教诵《御制大诰》"，并令"民间子弟于农隙时讲读之"②。在清朝，自顺治帝起即仿照明太祖的《六谕》颁布了《圣谕六条》，康熙时增扩为《圣谕十六条》，其内容是："敦孝悌以重人伦，笃亲族以昭雍睦，和乡党以息争讼，明礼让以厚风俗，重农桑以足衣食，尚节俭以息财用，务本业以定民志，隆学校以端士习，黜异端以崇正学，讲法律以警顽愚，训子弟以禁非为，息诬告以全良善，诫窝逃以免株连，完钱粮以省催科，联保甲以弭盗贼，解仇怨以重身命。"雍正帝亲自为其作注解，称为"圣谕广训"。为了传诵"圣谕"及"广训"，清代专立宣讲圣谕之制："每遇朔望两期，（州县长吏）务须率同教官佐贰杂职各员，亲至公所，齐集兵民，敬将圣谕广训逐条讲解，浅譬曲喻，使之通晓。"③《大清律》关于"讲读律令"的规定，实际上就是关于地方长官进行道德教化的一种宣教制度。

三、制止淫侈，培养良好风尚

中国古代还特别注意制止奢侈逾制或淫侈之风，视此为道德教化之行政的一个重要方面，或者视为道德教化的重要保障。

为了制止淫侈之风，《礼记·王制》特别规定："执禁以齐众，不赦过。圭璧金璋，不粥（鬻）于市；命服命车，不粥于市；宗庙之器，不粥于市……锦文珠玉，不粥于市，衣服饮食不粥于市。"这些关于市场上不得出售的物品的禁令，反映了道德教化的强烈倾向：一方面是要保障尊卑贵贱的等级秩序，一方面是为了培养节俭、质朴的良好社会风尚。为了保障这种风俗行政的效力，《礼记》甚至主张"作淫声异服，奇技奇器以疑众（者），

---

① 《周书·苏绰传》。
② 《明太祖实录》卷二一四、一八二。
③ 《钦颁州县事宜·宣讲圣谕律条》。

杀"。周时不知是否真有此制。

后世亦注重这样一种风俗引导式的行政。在秦代，法律禁止人民衣着奢侈。云梦秦简载秦代有禁止"履锦履"的规定："毋敢履锦履。履锦履之状可（何）？律所谓者，以丝杂织履，履有文，乃为锦履。以锦缦履不为，然而行事比焉。"[①] 这就是禁止人民在脚穿的鞋上以丝线织锦文图案，认为这是奢侈的象征。不但如此，鞋带上有任何丝织纹都视为奢侈，都要禁止。在汉代，亦注重禁止人民奢侈逾制、破坏风俗。如高祖时令商贾不得衣丝乘车，不得乘骑马。成帝时，下诏禁止"车服嫁娶丧葬过制"[②]。皇帝自己亦经常减乐减膳以劝导人民节俭。南北朝时，亦曾以禁奢侈为教化风俗行政的一重要内容。如南齐武帝时曾屡诏禁止婚丧之礼奢侈浪费，下令禁止"膳羞方丈，有过王侯"、"吉凶奢靡，动违矩则"的恶风，申令"如有违者，绳之以法"，"可明为条制，严勒所在，悉使划一。如复违犯，依事纠奏"[③]。北周时，"禁天下妇人皆不得施粉黛之饰"，唯宫人可以加粉黛；又常令军民"以时嫁娶，务从节俭，勿为财币稽留"[④]。直到明清时代，国家仍以禁止人民奢侈、倡导节俭为道德教化或风俗建设之行政的一个重要方面。

四、德教的程序、手段和利益保障

《周礼》所设计的国家"天地春夏秋冬"六官中，"地官司徒"就是以教化人民（并管理户口、土地、赋税）为专门职责的国家机构，其重要程度仅次于"天官冢宰"。关于司徒的教化职责，主要是"以十二教教万民"。这也许是中国古代关于道德教化行政的最早、最完善的制度设计或实践。所谓十二教，"一曰以祀礼教敬，则民不苟；二曰以阳礼教让，则民不争；三曰以阴礼教亲，则民不怨；四曰以乐礼教和，则民不乖；五曰以仪辨等，则民不越；六曰以俗教安，则民不偷；七曰以刑教中，则民不虣；八曰以誓教恤，则民不怠；九曰以度教节，则民知足；十曰以世事教能，则民不失职；十有一曰以贤制爵，则民慎德；十有二曰以庸制禄，则民兴功"[⑤]。在这一设计中，我们可以看出，所谓"祀礼"、"阳礼"、"阴礼"、"乐礼"[⑥]，就是关于道德教化行政的行政程序或行政手续；所谓"仪"（仪节）、"俗"（风俗）、"刑"（刑罚）、"誓"（誓告）、"度"（礼度），就是用以实施教化行政的具体手段；至于"世事教能"、"以贤制爵"、"以庸制禄"，则是辅佐道德教化的利益刺激机制。《周礼》的这一设计，既注意到了道德教化的工具或手段（主张仪、俗、刑、誓、度多种手段相结合，全方位使用仪式、风俗和法律手段），又注意到了道德教化行政的具体程序或手续（主张通过祭祀之礼、乡饮乡射之礼、男女之礼、音乐舞蹈之礼来向人民灌输道德伦理），还特别注意到道德教化必须有物质手段（"爵"、"禄"）为刺激或保障，必须以提高人民的生产、生活能力（"能"）作保障，最后要达到的效果或目标是人民"敬"、"让"、"亲"、"不争"、"不怠"、"不偷"等等。

---

①　《睡虎地秦墓竹简》，220 页，北京，文物出版社，1978。

②　《汉书·食货志》，《汉书·成帝纪》。

③　《南齐书·武帝纪》。

④　《资治通鉴·陈纪》太建十一年，《周书》之武帝纪、宣帝纪。

⑤　《周礼·地官司徒·大司徒》。

⑥　郑玄注《周礼》云："阳礼谓乡射饮酒之礼也，阴礼谓男女之礼也。"

《礼记·王制》所记载或设计的"地官司徒"的教化职责或任务更加具体化："司徒修六礼以节民性，明七教以兴民德，齐八政以防淫，一道德以同俗，养耆老以致孝，恤孤独以逮不足，上贤以崇德，简不肖以绌恶。"所谓"六礼"，就是冠礼、昏礼、丧礼、祭礼、乡饮乡射礼、相见礼。所谓"七教"，就是父子、兄弟、夫妇、君臣、长幼、朋友、宾客之教。所谓"八政"，就是饮食、衣服、事为、异别、度、量、数、制。在这里，"七教"是道德教化的具体内容科目或价值目标，就是要使人民做到父慈子孝、兄友弟恭、夫和妻顺、君礼臣忠、长惠幼顺、朋友有信、宾客有礼。"八政"就是借以实施道德教化的八个方面的工具或手段，就是要通过衣服有制、宫室有度、车马有制、人徒有数之类，体现出尊卑贵贱的差别来，也就是要借这些物质形式体现君子小人、道德高低与生活待遇成正比，以利诱人民进入道德的高境界。"六礼"就是具体用以贯彻道德、实施教化的具体程序或手续、方式。《礼记》的这一设计，与《周礼》的设计非常形似。

第四节
伦理的法律强化及其借鉴意义

任何时代、任何风格形式的文明秩序均有其伦理，伦理是这一秩序的灵魂。任何国家、民族的法律制度，实际上是为保障这种伦理贯彻于社会生活方方面面而存在，为保障这种伦理不受践踏、蔑弃而存在。中国传统社会的法律正是这一规律的典型代表：一方面，以"礼法不分"、"引礼入法"、"礼法合一"的方式将伦理的原则转化为法律条规；另一方面，以"出礼入刑"、"礼去刑取"、"德主刑辅"的方式即用法律保障"礼"的威信效力。这两个途径对于强化作为一种文明秩序的精神支柱的伦理而言，特别是对于强化小农经济的宗法政治秩序的"亲亲尊尊"伦理而言，是相当成功的。

一、礼治之本教育（"仁教"）与法治之本教育

前述制度和惯例，泰半与敬老教育有关。乡官乡师例由年高德劭者充任，旨在树立年长者的权威以约束、率导年少者。礼养高年，正欲导民以孝养父老为大事。乡饮酒之制旨在序尊卑别贤愚，导民敬老、事老。奖孝弟、孝义，正是奖励孝顺父祖的良民。这种敬老、养老、事老的教育，根本目的何在？在于"仁教"。"仁"是儒家伦理的灵魂。《论语》曰："孝弟也者，其为仁之本也！"《中庸》曰："仁者人也，亲亲为大"；《孟子》曰："亲亲仁也"；《国语》："爱亲之谓仁"。既然敬爱父祖是"仁"的核心或根本，那么敬亲爱亲教育当然是"仁教"的根本。导使人民从敬爱父亲进而敬爱一切可以视如父亲的人，正是"仁爱教育"的宗旨所在。"仁者爱人"，儒家以"仁爱"为社会生活中人际联系的最根本纽带。"不仁爱则不能群"[1]，即没有"仁爱"就不可能有人类社会生活。为了强化这种纽带，就要特别强调以"孝亲"、"敬长"、"尊老"为核心的"仁爱"伦理。这种"仁爱"教育，是中

---

① 班固：《汉书·刑法志序》。

国传统社会那种特有文明的"文明之本"教育。这种"仁爱教育"强调"爱有差等"及过分强调卑幼对尊长敬养孝事的片面的"爱"的义务①，用今天的标准来看，当然大可非议，但对于当时的"礼治秩序"需要而言，却是正好吻合的，是成功的。简单地说，"仁教"是"尊卑有别"、"贵贱有等"、"长幼有差"、"亲疏有序"、"贫富轻重皆有称"的"礼治秩序"之本的教育，本强则礼治强，本固则礼治固。

二、礼仪潜移默化之功与法治社会之"法仪"

本章所述中国传统政治中的道德教化法制及惯例，基本上都是由"礼仪"构成的。我们可别小瞧了这些繁文缛节的"礼仪"。礼仪对一种秩序的作用，我们常常并未足够重视。实际上，在社会现实生活中，我们所说的道德伦理常常是看不见、摸不着的，我们看得见的只是礼仪。民风民俗是社会道德伦理的最主要载体，而风俗正表现为种种礼仪。礼仪在繁文缛节中潜移默化着人民，把道德伦理灌输给人民而人民自己还不知道。没有这些礼仪，道德伦常便无法维持："故婚姻之礼废，则夫妇之道苦，而淫辟之罪多矣。乡饮酒之礼废，则长幼之序失，而争斗之狱繁矣。丧祭之礼废，则臣子之恩薄，而倍（背）生忘死者众矣。聘觐之礼废，则君臣之位失，诸侯之行恶，而倍（背）畔（叛）侵陵之败起矣。故礼之教化也微，其正邪也于未形。使人日徙善远罪而不自知也。"② 对于这一规律，中国先贤先哲们极为清楚，讲得最多。不但如此，西方法学家们也注意到了。孟德斯鸠就注意到了礼仪对于中国传统政治的重大作用："中国的立法者们把法律、风俗和礼仪混淆在一起……因此，他们制定了最广泛的'礼'的规则……'礼'防止我们把邪恶暴露出来"，"中国人把整个青年时代用在学习这种礼教上，并把整个一生用在实践这种礼教上"，"礼教构成了国家的一般精神"。这些"礼仪"的每一个小小环节都关系着国家秩序的根本或灵魂："表面上似乎是最无关紧要的东西却可能和中国的基本政制有关……如果你削减亲权，甚至只是删除对亲权表示尊重的礼仪的话，那么就等于削减人们对于视同父母的官吏的尊敬了……只要削减这些习惯中的一种，你便动摇了国家。一个儿媳妇是否每天早晨为婆婆尽这个或那个义务，这事本身是无关紧要的。但是如果我们想到，这些日常习惯（礼仪——引者注）不断地唤起一种必须铭刻在人们心中的感情，而且正是因为人人都具有这种感情才构成这一帝国的统治精神，那么我们便将了解，这一个或那一个特殊的义务（礼仪——引者注）是有履行的必要的"③。孟氏对中国礼治的认识是相当深刻的。人称中国为"礼义之邦"，实际上，你能看到的只是"礼仪之邦"，"礼仪"贯彻着体现着"礼义"。

法治社会在这一方面实际上也有着与礼治社会一样的需要。在礼治社会，要人们从内心深处根本上理解和接受"礼义"是困难的，但要人们模仿、学习一定的礼仪则不难，三岁孩童也 有可能。只要会仿行礼仪，并不一定强求人们都必须心领神会于伦常之本义。懂不懂先这么练着，于是乎久而久之，伦常要求变成了人们的习惯，口不能言，而身能行，终生不改。在法治社会，要求人民都心领神会于法治学说或自由、平等、博爱之义是困难

---

① 《孝经》："不爱其亲而爱他人者，谓之悖德；不敬其亲而敬他人者，谓之悖礼。"《孟子·尽心上》："君子之于物也，爱之而不仁；于民也，仁之而弗亲。亲亲而仁民，仁民而爱物。"

② 《礼记·哀公问》。

③ ［法］孟德斯鸠：《论法的精神》，上册，312～317 页，北京，商务印书馆，1982。

的。但是，我们可以借鉴古人的经验，用一套"法仪"来体现和贯彻"法治之义"。"法仪"是墨子的用语，在这里用此词指法治秩序所必须依赖的种种仪式。事实上，自"法治"这种秩序开始萌芽以来，"法仪"老早就开始有了，或者说，"法治"开始于一定的"法治之仪"的试行。比如在古希腊罗马时代的"公民大会"、"贝壳放逐"、"陪审制"、"保民官制"、"广场表决"等等都可以说是"法治之仪"。近现代以来的种种制度，礼仪外观更加明显，如总统就职宣誓忠于国民和宪法，比如法庭上必须将宣判前的被告假设为"无罪的人"而生出一切称谓、仪式，比如权力分立制衡理论下的国会对行政官、司法官行使同意权，比如国家最大事宜的"全民公决"，比如立法过程之"三读"，比如人民在法庭上宣誓作证，比如选举国会议员或人民代表的种种象征"人民作主"的程序……总而言之，看上去都是仪式、程式，像古代的礼仪（这些重大典礼仪式更像古代中国的封禅、祭天、祭孔等大典或大礼仪）。正是因为有了这些"法仪"，我们的"法治之义"才得以承载、贯彻。设若无此类法仪，法治在哪里寄托、安顿？国家对于人民的法治教育，正应从礼仪训导出发。不管你懂不懂"法治之义"，先让你练习、仿行"法治之仪"。先这么练着，久而久之，"法治之义"就像古时伦理纲常一样不知不觉地深入人们的血脉骨髓，口不能言，而身能行。

　　在这一点上，我们既没有创造性地继承、发扬中国"礼仪化育"的传统，我们在讲"法治"、讲"依法治国"时，过分地强调人们知法守法，懂法的内容和精神，自觉实践法的实质或内容要求，也很少鼓励人民注重"法仪"即法治必需的仪式、程序，常常有意无意地在反对"形式主义"的旗号下贬低程序、仪式的作用和意义。这不仅废弃了传统的精华，甚至也违背了西方传来的"法治"之本旨。西人讲法治特别注重仪式、程序，跟我们古人讲礼仪一样，西人常讲"通过程序实现正义"、"无正当程序即无正义"，我们却不曾真的理会。美国法学家威廉·道格拉斯说："正是程序决定了法治与恣意人治之间的基本区别"。美国另一法学家 F. 福兰克弗特说："自由的历史基本上是奉行程序保障的历史。"[1] 我们几时能真的心领神会于这些箴言？这些法治的"正当程序"就是此所谓"法仪"，无法仪难有法治。这是通过对中国古代道德教化法制与惯例省思后的第二点认识。

三、礼治的"朴教"与法治所需的"朴教"

　　传统的道德教化法制及惯例给我们的另一深刻的印象是：它所进行或保障的是一种"返朴归真"教育，我们可以称之为"朴教"。乡官教导也好，"三老"教化也好，乡饮酒中的褒贬也好，礼高年也好，崇忠义、力用、节烈也好，其宗旨，统而言之，都是教人老老实实、淳淳朴朴、规规矩矩，而不是教人民变得更加聪明机智、油滑善变。这种教育，是一种培养"礼治良民"的教育。这种教育培养出来的人，其实也正是法家主张的"法教"培养出来的"寡闻从令"的"全法之民"、"力作而食"的"生计之民"、"嘉厚纯粹"的"整悫之民"、"重命畏事"的"尊上之民"和"挫贼遏奸"的"明上之民"[2]。儒家实际上正是要培养这样的傻乎乎的"刚毅木讷"的"礼呆子"式的良民。培养这样的"良民"是否合乎正义，我们暂且不论。但是，我们发现，要建成一种政治秩序，非得培养作为这一秩

---

① 转引自季卫东：《法治秩序的建构》，4、8、9页，北京，中国政法大学出版社，1999。

② 《韩非子·六反》。

序的主要身体力行者的"良民"不可。"礼治秩序"要求有一大批"礼治良民"为中坚,为土壤,为实践主力。"法治秩序"则需要一大批"法治良民"为土壤或骨干、中坚。如果人们都是精明的"乡愿之民",都是"巧言令色"、不相信这种秩序背后的伦理之辈,一种政治秩序就无法真正形成。没有千千万万老老实实信奉礼教的良民,中国古代的礼治如何实现。若都是些"满口仁义道德,一肚子男盗女娼"之辈,哪有什么礼治秩序?同理,在现代社会,不造就千千万万真的相信法治秩序背后的"平等"、"自由"、"权利"、"博爱"、"法律至上"之伦理的"良民",法治秩序就不可能建成。若人民都是虽口谈法律但背后都以违法为能事、以获取法外特权或利益为本事的"精明人",哪里有"法治秩序"?所以,我们的法治理想同样要求我们在国家政治和社会生活中推行一种与昔时礼教相类似的"朴教",要培养千千万万笃信法律、虔诚守法的"法呆子"。中国古代常有 为捍卫"礼"之"义"敢于跟皇帝较真的书呆子(礼呆子),西方法治国常有为捍卫"法"之"义"而与元首、总理、部长较真的法呆子,结果常常是"呆子"们赢了,元首、大臣、部长们输了。国家让这样的"法呆子"多赢几次,就能让法治的"朴教"真正推行起来,国家的法治就初现端倪。这是我们反省中国传统道德教化法制后获得的第三点认识。

第二十八章

惠弱济贫：传统中国的福利行政制度

古代中国有着非常丰富、发达的社会福利制度和惯例，这些制度和惯例构成中国传统法律文化的一个重要方面。在我看来，中国古代国家管理或政府行政的主要特征之一，就是"为民父母行政"①。在社会福利方面所体现的国家与百姓的关系或官民关系，最为典型地体现了"为民父母行政"的特征。因此，我们有必要特别探讨中国古代社会福利制度和惯例，以期进一步揭示中国传统政治哲学的本质和精神，以展示中国传统行政法律制度的基本特征。

中国古代社会的福利行政制度及惯例，一般说来，主要包括两个方面：一方面是在天灾人祸之后对百姓进行物质救济，即今日所说的救灾减害方面的行政制度与行政惯例；另一方面是平常时期对人民中鳏寡孤独、老病残疾等等进行福利救助，包括开办养济院收养老人、收养和救助孤儿、开办药局助民疗疾、设广惠仓储粮济贫、遣使发放救济物品、慰问贫弱孤寡等等。关于前一个方面即在非常时期"备荒赈灾"方面的行政制度和行政惯例，我们已经在本书的第十六章已经专门讨论过，本章不再涉及。在本章里我们只探讨后一方面的行政制度、行政惯例及相关行政活动。

第一节
先秦时代的福利制度

《周礼·地官司徒》中的"保息"政策，可能是中国最早的社会福利政策："以保息六养万民：一曰慈幼，二曰养老，三曰振穷，四曰恤贫，五曰宽疾，六曰安富。"这六条政策中，前两条是关于国家扶助人民养老长幼，第三条是关于国家救济鳏寡孤独（此四者谓之"穷"），第四条是关于国家扶贫济困，第五条是关于国家宽惠残疾人（免减力役），第六条

---

① 《孟子·梁惠王上》。

是关于国家对富民不苛求（不专取其力其财）。这六条，除最后一条外，全部是平常时期经常性的社会福利事务，是国家福利行政的主要方面，至今犹然。另外，《周礼》还有"乡里之委积，以恤民之囏阨（困乏不给者），门关之委积，以养老孤"的制度，设"遗人"一官专掌这种社会福利储蓄的保管及发放事宜。①

《礼记》的记载也可能间接反映了周代福利行政之制度或惯例。关于社会福利型养老之制，周代似乎非常周密。在生活方面，"五十异粮，六十宿肉，七十贰膳，八十常珍，九十饮食不离寝，膳饮从于游"，"六十非肉不饱，七十非帛不暖，八十非人不暖"。在力役和侍养方面，"五十不从力政（征），六十不与服戎……八十者，一子不从政；九十者，其家不从政"②。这就是说，政府颁给粮、肉、布帛以助人养老，免征其子孙力役以便侍养老人。关于孤寡废疾者的济养，周代也有规定，《礼记》谓"废疾非人不养者，一人不从征"，"少而无父者谓之孤，老而无子者谓之独，老而无妻者谓之矜（鳏），老而无夫者谓之寡，此四者，天民之穷而无告者也，皆有常饩（经济救济）。瘖、聋、跛、躃、断者，侏儒，各以其器食之"③，就是政府帮助残疾人各凭其器官尚有之余能谋生。《汉书·食货志》谓周代有"七十以上，上所养也，十岁以下，上所长也"的制度，可能正是从《礼记》的上述记载中总结而来的。这些记载，有的也许是周时的实际制度，有的也许仅仅是汉人的理想，但都实实在在地影响了此后历代的社会福利制度。

春秋战国时期的福利行政，史料极少。《管子·入国》所记也许反映了管仲相齐时所实行的社会福利行政制度。管仲实行过所谓"九惠之教"："一曰老老，二曰慈幼，三曰恤孤，四曰养疾，五曰合独，六曰问疾，七曰通穷，八曰振困，九曰接绝。"④ 凡国都皆设有"掌老"、"掌幼"、"掌孤"、"掌养疾"、"掌媒"、"掌病"、"通穷"等专官，具体负责救济事宜。其具体做法是：（1）对于老者，"年七十以上，一子无征；三月有馈肉。八十以上，二子无征，月有馈肉。九十以上，尽家无征，日有酒肉，死，上共（与）棺"。掌老官要经常"劝子弟精膳食，问（老人）所欲，求所嗜"。所谓无征，就是不征徭役，留家里赡养老人。老人越长寿，家里免除徭役的指标越多。（2）对于幼者，助民养之，使民不以养子为累："三幼者，无妇征；四幼者，尽家无征；五幼，（官）又予之葆（保姆），受二人之食，能事而后止"。即幼儿越多，家里免除徭役的指标越多；再多时，国家给配保姆。对于孤幼无父母者，"属之其乡党、知识、故人。养一孤者，一子无征；养二孤者，二子无征；养三孤者，尽家无征。掌孤（官必须）数行问之，必知其食饮饥寒，身之膌胜而哀怜之"，即孤儿由国家安排领养，领养人家也有免除徭役的指标。（3）对于疾者，包括聋盲、喑哑、躃跛、偏枯等等，"上收而养之（于）疾官，而衣食之，殊身而后止"。就是要有国家来养严重的残疾人，一直养到身故为止。（4）对于鳏夫寡妇，由掌媒官"取鳏寡而合和之，予田宅而家室之，三年然后事之（征役）"。这是由官府做媒帮助鳏寡之人结婚组家，还颁给土地、房屋。（5）对于病者，"人有病，掌病以上令（奉君令）问之。九十以上（每）日一问，八十以上二日一问，七十以上三日一问"。但一般百姓病者则待遇稍低："众庶（病者），五日一

---

① 参见《周礼·地官司徒·遗人》。
② 《礼记·王制》。"八十非人不暖"，可能是指老人需有子孙在身边才感温暖。
③ 同上书。
④ 《管子·入国》。

问."若特别严重的疾病，"疾甚者以告（上报君主）"。掌病官的职责是经常"行于国中，以问病为事"。此外，对于"穷夫妇无居处"、"穷宾客绝粮食"者，责令所在乡党报告官府，"以闻者有赏，不以闻者有罚"。这些做法，如果当时真的成为制度，实在可以说是世界上最早、最完备的福利救济制度。但即使不是这样，它对后世的影响也是不可低估的。①

第二节
汉代的福利行政

汉代福利行政制度比较完备，后世的国家福利制度多源自汉代。

首先是经养性地尊养高年老人，赏赐粟帛钱酒等等。这种活动既有道德教化示范性质，也有对老年人的福利救济性质。这一点，我们在第二十七章（"教民正俗"）里已有讨论。

其次是关于老人免税免役和侍养问题。"文帝礼高年，九十者一子不事，八十者二算不事。"② 武帝建元元年（前140年），令民"年八十（者）复二算，九十复甲卒"③。文武二帝所定"复二算"或"二算不事"，就是指免除八十以上老人之家二口之算赋（人头税）；复甲卒，大概是免除九十以上老人之家的戍卒之役。武帝建元四年（前137年），又诏："民年九十以上，已有受鬻法。（今）为复子若孙，令得身帅妻妾遂其供养之事。"④ 这就是规定，家有九十以上老人者，除了依法定期赏赐财物（"受鬻法"）以助赡养外，还要免除子孙的戍役及一切杂役，以便其率领妻妾侍养老人。

再次是关于救济鳏寡孤独。两汉时期历代皇帝很重视救济鳏寡孤独，几乎每二三年便举行一次全国性的赏赐衣食财物的大型活动，几成惯例。仅《汉书》记载从文帝到成帝之间就共有三十余次普遍性赏赐救济活动，皆为全国性。如文帝十三年（前167年），赐天下孤寡布帛絮，又"出帛十万匹以赈贫民"⑤。武帝元狩元年（前122年），诏曰："哀夫老眊孤寡鳏独或匮于衣食，甚怜愍焉。其遣谒者巡行天下，存问致赐。"此次赐鳏寡孤独者每人帛二匹、絮三斤，并令"县乡即赐，勿赘聚"⑥。宣帝地节三年（前67年），又诏普赐天下"鳏寡孤独高年贫困之民"⑦；成帝建始元年（前32年），"赐鳏寡孤独钱帛各有差"⑧。

最后是汉代首创常平仓制度。这是中国福利救济事业史上的一大创举，对后世影响甚大。这在本书第十六章（"赈灾备荒"）里专门讨论过。

---

① 管仲还主张建立经常性的"访贫问苦"式的调查制度：问烈士孤儿有无田宅，问烈士之寡妻"饩廪如何"，"问独夫寡妇孤寡疾病者几何人"，"问国之弃人，何族之子"，"问乡之良家，所收养者几何人"，"问邑之贫人，债而食者几何家"，"问乡之贫人，何族之别也"，"问宗子之收养昆弟者，以贫从昆弟者，几何家"（《管子·问》）。

② 《汉书·贾谊传》。

③④ 《汉书·武帝纪》

⑤ 《汉书》之文帝纪、贾山传。

⑥ 《汉书·武帝纪》。

⑦ 《汉书·宣帝纪》。

⑧ 《汉书·成帝纪》。

第三节
南北朝时期的福利制度

北朝时期的养贫济弱制度，北魏、北周可为代表。北魏文成帝和平四年（463 年），"诏赐京师之民，年七十以上太官厨食，以终其身"。这大概是规定七十以上老人终身享受"太官厨"的肉食赏赐。宫廷的厨房为京师所有七十以上老人做饭，说明当时大乱之后，高年老人极少。太和十年（486 年），孝文帝下令立"三长制"（邻长、里长、党长），"三长"除了管理邻、里、党等基层单位秩序外，还要负责福利工作："孤独癃老笃疾贫穷不能自存者，三长内迭养食之。"迭养，大概是说轮流负责供应衣食，也可能是"三长"轮流将孤寡老人接到家中赡养。为了便于子孙侍养老人，北魏法律规定："民年八十以上，听一子不从役。"① 北周时，仿行《周礼》，亦规定："其人有年八十者，一子不从役；百年者，家不从役；废疾非人不养者，一人不从役。"② 北周时还经常遣使周行全国，赈赐或慰问孤寡老疾。孝闵帝元年（557 年），遣大使察风俗，钦定其调查察访的内容之一是"鳏寡孤独，不为有司所恤，暨黎庶衣食丰约，赋役繁省，灾厉所兴，水旱之处"，"并宜具闻"。又令使者随时救济："若有民年八十以上，所在就加礼饩"③。武帝建德五年（576 年），又遣使"问民疾隐"，并进行福利救济："其鳏寡孤独，实可哀矜，亦宜赈给，务使周赡。"④

南朝时期，国家赈恤高年、鳏寡、幼孤、六疾不能自存者，成为常例。每逢即位、改元、立储、灾害，均有此举。宋武帝永初元年（420 年），"诏赐鳏寡孤独不能自存者，人谷五斛"⑤。文帝元嘉四年（427 年），京师疾疫，"遣使存问，给医药；死者若无家属，赐以棺器。"⑥ 孝武帝大明元年（457 年），改元大赦，"赐高年孤疾粟帛各有差"。又以京师雨水，赐穷民樵米；又以京邑疫疾，赐给医药。⑦ 齐武帝永明十年（492 年），诏"孤老六疾，人谷五斛"⑧；和帝中兴元年（501 年），赐鳏寡孤独不能自存者谷，人五斛。⑨ 梁时，除了这类普遍救济以外，梁武帝还始创"孤独园"于京师。普通二年（521 年），梁武帝诏："凡民有单老孤稚不能自存（者），主者郡县咸加收养，赡给衣食，每令周足，以终其身。又于京师置孤独园，孤幼有归，华发不匮，若终年命，厚加料理。"⑩ 这是中国历史上最早的官办福利院，其所收养者可能仅是单老无子女者及孤儿。梁武帝此举，可能是其笃信佛教而

---

① 《魏书·食货志》。
② 《隋书·食货志》。
③ 《周书·孝闵帝纪》。
④ 《周书·武帝纪》。
⑤ 《宋书·武帝纪》。
⑥ 《宋书·文帝纪》。
⑦ 参见《宋书·孝武帝纪》。
⑧ 《南齐书·武帝纪》。
⑨ 参见《南齐书·和帝纪》。
⑩ 《梁书·武帝纪》。

行善事之故。

第四节
唐代的福利制度

唐代的福利事业比较发达，但其福利行政制度的具体史料传世的并不多。唐代的福利行政，除沿用前代已有的各种具体做法外，尚有四点值得注意，这四点都颇有创意。

一是孤寡老疾的经常性济养。唐令规定："诸鳏寡孤独贫穷老疾不能自存者，令近亲收养。若无近亲，付乡里安恤。"

二是关于出门旅行人在途疾病的救助。唐令规定："如在路有疾患不能自胜致者，当界官司收付村坊安养，仍加医疗，并勘问所由，具注贯属，患损之日，移送前所。"① 这一规定为前代所无。客旅者患病或受伤之地，该地官司即有救助、治疗责任，并要在问清身份、病伤之因后，将病旅者移送给下一地段官司。

三是侍丁养老之制，唐代进一步完善："男子七十五以上，妇人七十以上，中男一人为侍。八十以上令式从事"，"诸年八十及笃疾，给侍一人；九十，二人；百岁，五人"。中男，就是十八至二十二岁的半成丁。家有七十以上的老人，就可以有一个半成丁免除徭役；家有百岁老人，则可以免除五人的徭役。若子孙人数不够，"听取近亲"，"无近亲，外取白丁"②。以非亲属之白丁，免役以养孤老，这时已不是一般意义上的"侍丁"，而是国家雇请的养老服务员了，他们实际上是以为国家照料孤老为服徭役的形式。

四是悲田养病坊的设置。佛教为救济贫病之人，恒设病坊于寺，曰养病坊。自武则天长安年间以后，"置使专知"此事，大约就是国家设官进行管理。开元五年（717 年），宰相宋璟认为悲田养病是佛教内事务，国家不应设官干预，奏请罢专使，玄宗不允。开元二十二年（734 年），玄宗更令"京城乞儿，悉令病坊收养，官以本钱收利给之"，于是养病坊主要成为官办孤儿院，虽仍由僧寺操理，但经费由国家官本放贷之利息提供。会昌年间，武宗下令灭佛以后，因僧尼"尽已还俗"，而致"悲田坊无人主领"（操办），使贫病无告者之救济大成问题。宰相李德裕于会昌五年（845 年）底奏请在两京及诸州"各于录事耆寿（年高者）中，拣一人有名行谨信为乡里所称者，专令勾当（主持）"，并奏请改其名为"养病坊"，去掉佛教"悲田坊"原名。为了让养病坊有稳定资金、粮食来源，李德裕又奏请每坊给田五至十顷，均委观察使量（当地）贫病者多少而定，田产收入以充被收济者之粥食。武宗从其议，下敕行之。③ 这时的养病坊，已与佛寺没有任何关系，完全成为官办福利机构或孤老院了。

此外，唐代为向民众普及卫生知识，改善大众卫生状态，曾常向民众颁布救病医方。

---

① 《宋刑统》卷十二，《户婚》引唐户令。

② 《新唐书·食货志》一，《唐令拾遗·户令》，《唐会要》卷八十五。

③ 参见《唐会要》卷四十九，《病坊》。

玄宗天宝初，曾亲撰《广济方》颁行天下，并令郡县长官"就广济方中逐要者，于大板上件录，当村坊要路榜示"。德宗贞元年间，又令编成《贞元集要广利方》五卷，颁下州府，并令"阎闾之内，咸使闻知"①。唐代各州县设有医学博士及医学生，亦经常免费为贫民治病，这大概是中国最早的医疗福利制度。

第五节
宋代的福利制度

中国传统福利行政制度发展至宋代，基本完备。在宋代，作为社会福利救济之经常性制度的，主要有以下几个方面。

第一，广惠仓制度。宋代于常平仓、义仓（社仓）之外专设广惠仓，以为社会福利救济事业的基本储备。仁宗嘉祐二年（1057年），采纳枢密使韩琦建议，将原先例由官府出售的绝户（无子孙者）田产改为募人耕种，收租谷量置仓储存，以救济州县郭（城）内老幼贫疾不能自存者，曰广惠仓，由提点刑狱官主管之。具体规定：州县户不满万者，留租千石之田为广惠仓田；万户以上倍之，户二万留三千石田，三万留四千石田，每增一万户增留一千石田，至十万户留万石田。其余田亩，仍旧由官府出售。嘉祐四年（1059年），令广惠仓改隶司农寺，"州选官二人主出纳，每岁十月遣官验视"。关于发放救济，规定"应受米者，书名于籍；自十一月始，三日一给，（每）人米一升，幼者半之，次年二月止"。这说明广惠仓无偿发放救济粮只在冬季，春、夏、秋三季不救济。神宗熙宁二年（1069年），广惠仓储粮发放制度有所改变：除少量仍无偿颁给老疾贫穷者外，其余粮储与常平仓一样平粜，即"遇贵量减市价粜（卖出），遇贱量增市价籴（买入）"。为此，各路设提举常平广惠事务专官，一并管二仓出纳之事。未几，王安石又力主将常平、广惠两种仓储一并为"青苗"本钱出贷于民，收什二之利息，"而常平、广惠仓之法遂变而为青苗（法矣）"②。不久，又令天下卖广惠仓田。哲宗时一度复广惠仓，又以章惇用事，复罢之，卖田如旧法。至此，广惠仓结束。

第二，福田院及居养院的设置。宋初，京师即置东、西两个福田院，以救济"老疾孤穷丐者"，初仅接济几十人。到英宗时，增置南、北两个福田院，东、西两院亦扩大屋舍面积，至此有四个福田院，每院可以同时接济三百人。其办院经费，起初是以内藏钱五百万给之，后又用"泗州施利钱"（大概是泗州商港码头官设货栈即僦舍的租金或存储中转费）给之，增至八百万。也可能是从全国各地的"僦舍钱"即官设商舍货栈收入中拨划一部分作为福田院经营经费，所以宋英宗曾诏"州县长吏遇大雨雪，蠲僦舍钱三日，岁毋过九日，著为令"。这大概是因为福田院经费充足时，适当减少"僦费"征收，以作为对商贾的优惠。神宗熙宁二年（1069年），京师雪寒，诏："老幼贫疾无依（而）丐者，听于四福田院

---

① 《唐大诏令集》卷一一四，《医方》。

② 《宋史·食货志》上四、上六。

额外给钱收养，至春稍暖则止。"这表明各个福田院救济对象有名额限制，或有名册，并非随人发放。

第三，关于居养院、安济坊的设置。徽宗崇宁初，蔡京当政，始令全国各州县置"居养院"、"安济坊"，后又令"诸城、砦、镇、市户及千以上有知监者"，依各州县之例，增置居养院、安济坊。居养院收容残疾、无家可归者及孤儿，"道路遇寒僵仆之人及无衣丐者，许送近便居养院，以钱米救济。孤贫小儿可教者，令入小学就读"。免学费，官为制衣（用常平仓利息钱）。凡弃婴，雇人乳养；听寺观收养孤儿为童行（预备当和尚的养童）。安济坊大约是依寺庙而立的医院兼疗养院，"募僧主之"，为贫病无力求医者治病并收住养疗。为鼓励僧医，规定"三年医愈千人，赐紫衣、祠部（度）牒各一道"。为了对僧医考绩，"（就）医者人给手历，以书所治痊失，岁终考其数为殿最"。这是中国最早的病历制度。居养院、安济坊的钱粮经费，来自常平仓利息钱米，"厚至（从前福田院赈济粮额的）数倍"。又"差官卒充使令，置火头（炊事）具饮膳，给以衲衣絮被。州县奉行过当，或具帷帐，雇乳母、女使，糜费无艺，不免率敛，贫者乐而富者扰矣"。官配炊事员、保姆、乳母、男勤杂工、女服务员，又设食堂，发放衣被，设床帐，办这么高标准的养老院或孤儿院，难怪经费不足要率敛于民了。《宋书·食货志》对这种优遇甚感惊讶，则说明从前京师福田院待遇远远没有这么高。徽宗宣和二年（1120年），诏"居养（院）、安济（坊）、漏泽（园）可参考元丰旧法，裁立中制，应居养人日给粳米或粟米一升，钱十文省，十一月至正月加柴炭，（日每人）五文省，小儿减半。安济坊钱米依居养（院）法，医药如旧制。"这大概是有鉴于各地办居养院、安济坊标准太高、花费太过，而下令裁减救济钱米标准。"参考元丰旧法，裁立中制"，说明是按元丰年间所定的较低救济标准，制定一个新的中等标准（低于现标准）。这似乎是说仁宗元丰年间即有了居养院、安济坊之设置。南宋时期，仍行居养、安济之制："若丐者育之于居养院；其病也，疗之于安济坊；其死也，葬之于漏泽园。岁以为常。"[①]

第四，一般济贫施舍制度。不管广惠仓存或废，宋代的一般救济制度一直存在。"凡鳏寡孤独癃老疾废贫乏不能自存应居养者，以户绝屋居之；无（户绝屋），则居以官室，以户绝财产充其费，不限月，依乞丐法给米豆。不足，则给以常平（仓）息钱。"这是在全国各地普遍实行的一般济贫救弱之办法。所谓"乞丐法"，大概是对老孤贫乞者发救济的专门法规。无论是以绝户的房屋还是以官屋把贫丐者集中到一起居住并救济，有固定官费供给，又不限一年居住救济几个月（可能常年救济）。这是典型的官办福利院，或许这就是各地方的居养院、安济坊？至于施舍乞丐之法（"乞丐法"），大约是"诸老疾自十一月一日（起），州给米豆，至次年三月终"（熙宁九年即1076年，从韩绛议，改为次年二月终止）。前述广惠仓施舍即采此法。撤广惠仓后施舍乞丐可能仍是依此法。

第五，漏泽园与丧葬救济制度。真宗天禧年间（1017—1021年），即"于京城近郊佛寺买地，以瘗（埋葬）死之无主者"。官府拨给棺材钱："一棺给钱六百，幼者半之。"后不复给，"死者暴露于道"。仁宗嘉祐末（1062年前后），复下诏给拨此款。神宗时，又诏："开封府界僧寺旅寄棺柩，贫不能葬，令畿县各度官（有）不毛（之）地三五顷，听人安厝，

---

① 《宋史·食货志》上六。

命僧主之。葬及三千人以上，（许主其事之寺院）度僧一人，（连办）三年与紫衣（官颁紫衣给寺主为奖赏）；有紫衣（者），与师号（官命僧人法师之类荣号为奖赏），更使领事（葬事）三年，愿复领者听之。"徽宗崇宁三年（1104 年），蔡京建议在全国推广此制，曰漏泽园，各州县均设，后又命城、砦、镇、市满千户以上并设有知监（主官）者均按州县之例设置漏泽园，各"置籍"即设登记簿册。又令"瘗人并深三尺毋令暴露，监司巡历检察"。可能是设置了管理居养、安济、漏泽事务的专官监察，也可能是由漕司、仓司、宪司进行监察。南宋时，仍行以漏泽园葬死而无主者之例，"岁以为常"。

第六，医疗卫生救济制度。除"安济坊"这种医疗福利救济形式之外，宋代还有其他医疗救济形式。仁宗时，因知云安军王端奏请由官府拨钱买药救济贫病无钱医治者，仁宗遂命颁《庆历善救方》于天下，其内容大约是关于救病医方及官府施药费办法。京师大疫时，仁宗曾命太医出宫内药品和药方救民，又令太医官到各县为病民诊治授药。[1]

第六节
元代的福利救济制度

元代的福利制度，有以下几个方面值得注意。

第一是济众院和养济院等福利机构的设置。世祖至元八年（1271 年），始令各路设济众院，于居贫孤疾病无告者，给药、粮、薪。至元十年（1273 年），为防止官吏贪污救济粮钱，世祖特令"凡粮薪并敕公厅给散"，以便众目监督。[2] 至元十九年（1282 年），世祖又令各路"每年创立养济院一所。有官房者就用官房，无者官为起盖。专一收养上项穷民（上项提及鳏寡孤独老弱残疾不能自养者）。仍委本处正官一员主管。应收养而不收养，不应收养而收养，仰御史台按察司计点究治。"[3] 元律规定，凡无有服亲属侍养者，听入养济院。若有服内亲属不养老孤，听任其入养济院，则罚该等亲属，"重议其罪"，但"亲族亦贫不能自给者，许养济院收录"[4]。

第二是农村村社的助耕济弱制度。元代定制，五十户立一村社，"本社内遇有病患凶丧之家不能种莳者，仰令社众各（自）备粮饭器具，并力耕种助治收刈，依时办集，无致荒废。其养蚕者亦如之"[5]。这是一种极特殊的济弱福利之制，即强令社员合力共帮穷困之家，开后世所谓"变工队"、"互助组"之先河。

第三是"惠民药局"。太宗九年（1237 年），即于燕京等十路置惠民药局，以太医等为主管，给官银为本钱。"凡局皆以各路正官提调，所设良医，上路二名，下路州府各一名。"其钞本"验（各路）民户多寡以为等差"。药局大概以官本放贷，"月营子钱（利息），以备

---

① 以上宋制均据《宋史·食货志》上六、上四整理综述。

② 参见《元史·食货志》四，《赈恤》。

③ 《元典章》卷三，《圣政》二；《元史·刑法志》。

④ 《元史·刑法志》。

⑤ 《元典章》卷二十三，《户部》九，《立社》。

药物……以疗贫民"①。这是官方经营的药店兼医院，以官本放贷的利息为本钱，专门用以对穷人进行医疗救助。

第四是其他福利行政。元代各帝常常发布"鳏寡孤独老弱残疾不能自存者"由所在官司"养恤"的诏令，这些诏令所规定的"养恤"即救济内容，大致是"于官仓内优加赈恤"、"支粮养济"、"给中统钞"、"时加存问、毋致失所"、"病者给医药"等等诏令。② 至元二十年（1283年），世祖又"令给京师南城孤老衣粮房舍"；二十八年（1291年），诏令"给寡妇冬夏衣"；二十九年（1292年），诏令"给贫子柴薪，日五斤"。成宗大德三年（1299年），诏凡遇皇帝生辰，则孤寡者"人给中统钞二贯，永为定例"。大德六年（1302年）又令给孤寡而死者棺木钱以助收葬。③

第七节
明清的福利救济制度

明初仿宋制，设"养济院"收养孤苦无靠者，按月发口粮。《明律·户律·户役》规定：凡鳏寡孤独及笃废之人，贫穷无亲属依倚，不能自存，所在官司应收养而不收养者，杖六十。这是国家正律中首次纳入社会救济保障条款。后来又有"建官舍以处流民，给粮以收弃婴"之举，又规定"养济院穷民各注籍"，无籍者收养于佛寺。又设漏泽园葬贫民，天下府州县亦设义冢。④ 其具体实施办法，明志无记载，估计与宋元之制大致相同。明代各帝亦常下诏普遍施济天下鳏寡孤独老疾残病之人，亦有惯例。

清代的福利制度，主要见于《户部则例》和《大清律例》。除灾荒救济、八旗绿营老弱兵丁救济外，值得注意者还有四点。

一是国家对高龄和孤寡老人的养赡。清制规定，"耆民年至九十以上，地方官不时存问。其或鳏寡无子及子孙贫不能养赡者，督抚以至州县公同设法恤养。或奏闻（皇帝）动用钱粮，令沾实惠。"

二是设栖流所以收养流浪贫民。"京师五城每城各设栖流所收养贫民，凡外来无依及贫卧街坊者，该坊总甲报官收入，该司坊官按名登记循环簿。每名日给小米壹仓升，煤炭油菜制钱壹拾伍文。隆冬无棉衣者，给粗布棉袄一件。每所各募本城诚实民人一名月给工食钱五钱，责令看管房屋，照料所在流民。若流民患病，报官拨医调治。有在所（中）病故及沿途卧毙者，通令报官掩埋，官给棺木，每口银价八钱。"《大清律》关于地方官吏"收养孤老"责任督察之律文与《明律》完全相同，但增加了规定得更详细的"例"数条。

三是孝子、节妇、贫苦者救济。清制规定："直省地方孝子节妇有实系贫苦，不能自存者，地方官核实，取具邻族甘结，加具印结，详报该上司，于存公项下按月酌给口粮银两，

---

① 《元史·食货志》。
② 参见《元典章》卷三，《圣政》二，《惠鳏寡》。
③ 参见《元史·食货志》四，《赈恤》。
④ 参见《明史·食货志》二、一。

按年报部核销。"

四是贫穷读书人的救济。清制规定:"直省在学生员有寒苦不能自赡者,责成该教官确查造册,册内分极贫、次贫,于学政按临日投递。该学政据册核实,动支学租银两,于三日内逐名面赈,毋令遗(漏)滥(发)。"①

后两种救济制度极其具有清代的时代特色:科举制走进荒谬境地,白首童生比比皆是,贫病不堪者甚多;旌奖孝悌节烈之制也走向绝境,虽有旌表而贫苦无靠者也比比皆是。朝廷格外奖劝人民走的两条路,常让人民陷入困绝之境。因此朝廷不得不专为此种科举"难民"或道德"难民"特设救济办法。

第八节
中国传统福利救济制度的特征和精神

中国传统的福利救济制度及其惯例,把它放到中国文化传统的大背景中加以考察,并与近代以来的社会福利制度相比较,有三大特色,这三大特色又共同体现了我们民族文化三大精神。

从前述考察,我们可以看到,中国传统的福利救济制度有以下三大特色:

第一,从福利救济的内容来看,中国古代的福利救济是全方位的,几乎是无所不包的。我们看到,古代的福利救济,既有天灾人祸后非常时期的救济,也有平常时期的福利和救济。仅在平常时期的福利或救济中,就有着丰富的内容,包括生、老、病、死、苦各种情况下的福利或救济。关于"生",以西周时代的"取鳏寡而和合之"的撮合婚姻制度及管仲相齐时实行的通过免劳役、给保姆等奖助方式鼓励人民生养子女的制度为代表。关于"老",以西周和汉代通过经常性的减免赋税、进行物质赏赐(或固定供应)以保证高龄老人衣食无忧,以及通过免除子孙劳役以保证老人有所侍养的制度或惯例为代表。关于"病",从周代的"以问病为事"的"掌病"官开始,到唐代的地方官司收救"在路有疾患者"的制度,以及养病坊的设置,直到宋元时代及以后的安济坊、惠民药局,都是官办的医疗性救济事业。关于"死",以宋代的漏泽园式的丧葬救济制度为代表。关于"苦",即对于前面的四种情形以外的场合的穷困的救济,历代的制度和惯例更是丰富多彩。如周代对鳏、寡、孤、独四种"天民之穷而无告者"的"常饩"或经常救济,如南朝梁的孤独园到明清时代的养济院、栖流所,都是对人民生活穷困者的救济。除此五者之外,甚至还包括助学救济,如宋代"收孤贫小儿可教者,令入小学就读"并给衣食的制度,以及清代的赈济"在学贫苦生员"的制度。总而言之,这些救济包括了人生的各个方面、各种情况,全面而周到。

第二,从福利救济的方式来看,中国古代实行的福利或救济的方式途径是多样化的。直接用于福利和救济的手段包括:赏赐或发放生活必需品,提供栖身之所,提供生产工具

---

① 《户部则例》卷八十七,《蠲恤》五、八;《大清律例·户律·户役》"收养孤老"条及例文。

或资料，给残疾人提供工作机会，提供劳动力帮助耕作，提供侍丁或保姆服务，减免赋税，减免徭役，售卖平价或低价粮食，发放药品和医疗指导书籍，提供免费医疗，提供丧葬费或服务，免除学费，提供旅行帮助，撮合鳏寡成婚等等。这几乎包括了我们现在所能想到的所有福利或救济方式。

第三，从福利或救济所需资源的来源看，中国古代社会福利救济奉行通过单项或特项收入来解决福利经费的原则。用今天的话说，多数是特收特支。从西周到明清，没有看到政府在全国性年度赋税计划中专列常规性用于救济的赋税项目，也没有真正的长期稳定的这类税种被执行，没有看到政府在这一目的上有真正的常规性开支预算。用于福利救济的钱物，要么来自临时动用皇室经费或国库一般库存（如北魏以太官厨食养七十以上老人，如宋代动用 内藏钱供给福田院），要么开列专项税收（如西周的"乡里门关之委积"），要么特设官办产业或放贷或流通服务（如历代的常平仓、广惠仓进行的流通调控，如唐代以"官本收利"供给养病坊），要么挪用政府的专项收费（如宋代以"泗洲僦舍钱"供给福田院），要么直接取自富民（如北魏以"三长内选养食""孤独癃老笃疾贫不能自存"之人），要么接收使用无主财产（如宋代以绝户者田产充广惠仓救济）。这些特收特支的做法，与小农经济的特征紧密联系在一起。既有临时性"损有余补不足"的小农"均平"原则的体现，又有"以民养民"、不减君国利益的考虑在内。

从上述三大特色，我们稍加分析，还可以发现，中国古代的福利救济制度和惯例有以下三大精神。

第一，家长制精神。中国古代的福利救济制度，充满家长"父慈母爱"般的养育和保护卑幼的精神。这主要体现在福利和救济的全面、丰富性上。生育、婚姻、衣食、居处、就学、生产、医疗、丧葬、旅行……百姓生活的每个方面，只要确有困难，均可由国家父亲般地提供救助。衣食住行、生老病死，国家或君主都要"为民父母行政"地考虑到。在资助方式上，从提供衣食住所，到提供医药药方，到提供侍丁、保姆，到减免税役，提供丧葬帮助，几乎是所有手段都用上了。国家之所以如此全面、细致地为百姓提供这些救助，常常并非出自真正的社会整体利益和人道主义考虑，更多地出于要证明自己的政治合法性。只有能如此保养百姓的君主和政权，才可以说是"有道"，才是王道仁政，才能"得人心者得天下"，否则就是孟子所说的"率兽而食人"[①]，就不配为民父母，就丧失了道义上的合法性。《汉书·食货志》说周代的福利原则是"七十以上，上所长也；十岁以下，上所养也"，这多少贯穿了中国传统社会。这一原则实际上是说：赡养高年老人，抚养幼弱儿童，是国家或君主作为家或家长的责任，是"以天下为一家，以中国为一人"[②] 的政治哲学所要求的。

第二，以福利救济贯彻或体现道德教化。我们看到，中国古代的福利救济有浓厚的形式主义性质，似乎主要是作出来给人看的。这样做就是为了道德教化的宣传。这主要体现在两个方面。一是只注意对社会上显而易见的鳏寡孤独残疾等典型的弱势成员的象征性救助，而不注意平常对社会上潜在的人数众多的一般贫困百姓的救助和辅导。国家的重点放

---

① 《孟子·梁惠王上》。

② 《礼记·礼运》。

在"装腔作势"上，放在表演上，如孤独园、养病坊等就是此种"形象工程"，宋代的"奉行过当"、铺张浪费的雇乳母、女使，设帷帐的居养院更是其典型代表。这样做的目的就是要给老百姓一种非常好的有周到保障的错觉，要通过这种华而不实的反差感召人民感激皇帝和国家。二是通过对老人的定期或不定期赏赐、供给，表现国家或君主"敬老爱老"、"敬耆德"、"礼高年"的道德政治形象。在福利救济中，对老人的供给占了非常大的成分，几乎一直是重头戏。其实，偶尔或定期赏赐布帛、酒肉，并不能真的解决老人的经常生活来源问题，主要起了一种精神安慰作用和政治宣传作用。特别是，通过给老人的子孙免劳役的形式解决老人赡养问题，甚至由国家选派侍丁来养老，这明显把养老事宜当成了国家政治或官方公务了。但事实上，在特重孝道且家长有绝对权威的古代中国，老人的赡养其实并没有成为社会问题，从来就没有真正形成疏弃老人的急迫社会问题。真正构成社会问题的是绝大多数社会成员的贫困化问题，国家对此不很关心。

第三，福利和救济事务过分国家化、政治化，排斥社会。中国古代的福利和救济事业，我没有将其称为社会福利和社会救济，这主要是因为它有着过于强烈的国家行政属性。一方面，国家并没有把弱势群体的福利和救济问题当作社会问题来解决，并没有认识到这些问题作为社会问题时的特有属性和规律，只是当成一个"为民父母行政"格局下的"安抚子民"、"哺育百姓"的行政问题，或当成一种放大了的"家政"问题。国家或君主不用社会观念去分析和观察弱势群体与贫困化问题，他们心目中是有家族无社会、有国家无社会。在解决扶贫助困问题时，也没有采取整体解决社会问题的构思，没有从社会的共同生存机制、公平机制和自我完善机制、收入再分配机制的建立和健全的角度去考虑救济问题。另一方面，没有社会力量参与，也不鼓励社会力量参与。如唐代起初为佛教寺庙主持的"悲田养病坊"，后被国家"置使专知"，设官管理并提供经费，变成官办的"养病坊"，使宗教力量退出。宋代起初本由寺僧主持的帮助赤贫者安葬的事业，官府插手后变成"漏泽园"，置专官，将宗教排除在外。这种不注意培养或完善社会的自我救济机制，却以插手社会已经开始的救济事业并取而代之为能事的态度，就是典型的家长式的国家万能观念的体现。这种态度施行于国家生活，结果就是使本来就不发达的软弱的社会更加软骨化，使得人民更加不得不一切都指望国家、依赖国家，把一切都寄托于国家的施舍。

第四编
传统中国的行政救济法制

本编主要讨论中国古代的行政救济法律制度和惯例。

关于传统中国有没有行政救济制度的问题，可能很有争议。很多人仅仅从概念逻辑出发，认为中国古代既无"依法行政"意义上的行政法，当然也就没有所谓行政救济法制。其实，这种看法是有问题的。在家长制君主专制中央集权的古代中国，人民虽然没有西方"市民"、"公民"意义上的救济权利，但他们实实在在有着家长制君主制下的部分救济权利。当百姓认为国家官吏的行为侵害了自己的正当权益时，法律和惯例允许百姓通过状告贪官污吏、寻求"青天"庇护的方式进行救济。因此，人民在古代中国的救济权是实际存在的，只不过在法律上缺乏后世那样周密、系统的规定而已。同时，我们也应该注意到，古代中国人民的权益本来就不分行政和司法，国家设置的救济程序因而也是不区分行政和司法的，因而我们不能够强行作司法救济和行政救济的区分，二者是一回事。古代中国的司法和行政本来就没有界限。所以我们这里把法律关于人民为救济自己的正当权益时所"得为"、"可为"、"应为"的手续程序及相关规定，统称为"行政救济制度"（这里的"行政"是古代中国意义上的，非权力分立意义上的），应该是没有问题的。我们必须承认，即使在非民主的时代，同样也有行政救济，也同样有实际上的救济权利存在。

本编从以下几个方面来讨论：

第二十九章讨论传统中国的政府给人民提供的权益救济途径问题。我们专门讨论，在人民认为自己的正当权益受到损害（特别是受到官员个人损害和官方行政的损害）之时，国家到底给了人民多少种可能的途径（至少是宣称的途径）以便救济。

第三十章讨论古代中国人民权益救济的主要方式或手段。在这里，我们特别探讨古代中国国家法制或政治生活习惯所允许的人民救济权益的具体方式、手段，以便我们更为具体、真切地了解当时人民进行权益救济实际上是如何操作的。

第三十一章讨论古代中国人民权益救济与国家廉政监督目标之间的关系问题。我们特别注意到，在古代中国的政治体制下，一直有着借助人民监督官吏的制度与惯例。这些旨在监督官吏、强化吏治以贯彻国策的制度和惯例，其实同时也是人民权益救济的重要途径。这虽然不是从人民角度出发而设置的行政救济制度（其实主要是从国家利益出发的施政救济制度或廉政监督制度），但因与人民行政救济密切相关，所以应在此专章讨论，以便我们全面认识古代中国的行政救济制度。

第二十九章

传统中国政府给人民提供的权益救济途径

在古代中国，朝廷虽然不一定通过系统的立法具体、详细地规定和保障人民的行政救济权利，但她设计了一系列可供人民使用的救济途径或渠道是无可置疑的。国家行政既以"为民父母行政"相标榜，那么"为民做主"就是题中应有之义。为人民提供"鸣冤叫屈"、"哭诉"、"陈情"、"请愿"的场所、途径、方式，并至少表面上要让人民能够实际使用这些途径或方式，是"为民做主"的最典型体现。这一点，即使是中央集权封建君主专制的王朝，也是不能不考虑的。

在古代中国，一般说来，百姓如果认为官府的行政举措违反国家制度或社会风俗礼制、侵害百姓自身正当利益，是可以采取一定的方式或通过一定的途径加以挽救、救济或争取纠正的。这种救济方式或途径，虽然不一定有明确的法定程序，但却实实在在地成为一定的制度或惯例；它们虽不一定明确宣称以保障人民的行政救济权利为目的而产生，但其供人民使用以防止官吏舞弊、保护百姓的正当利益的目标是明显的。事实上，防止官吏舞弊、加强廉政监督的方式、途径、程序、手段等等，只要允许人民参加或利用，客观上就会起到在国家行政过程中救济人民权益的作用。

古代中国的政治体制为人民大众提供了哪些救济渠道或途径呢？从历史上看，归根结底不过是一种渠道或途径，就是"上告"，即向上司申告，请求上司为自己作"青天"（庇护者、裁判者、救助者），请求官员"为我作主"。不管是向基层长官申告，还是向高级或中级地方长官申告，或是向中央各衙门申告，甚至是直接向君主本人申告（告御状），无非都是向在上位的人——上司提出控诉（指控官吏违法犯罪）或请求（请求制止不合理举措并重新作出合理举措）。这些控诉或请求，如果一定要用今天的刑事诉讼、民事诉讼、行政诉讼划分的观念来看，也许很少有今天行政救济（行政复议、行政诉讼）的属性，也很少有可以叫作行政救济制度的制度。但我们不能不说，通过这样的过程或途径，实际上也能实现相当于今天"行政救济"的效果，或者达到相当于今天行政救济的结果。

可以达到这样结果的救济途径，大致有以下几类：第一是按照国家行政层级逐级申控的救济途径，第二是通过国家设定的遍及全国各地的巡回监察机构的救济途径，第三是直接上达皇帝或者向皇帝告御状的救济途径。

第一节
按照国家行政层级逐级申控的救济途径

在古代中国，人民自认为有冤抑或正当权益受损害时，一般说来只能循着国家的行政层级逐级向上申控，以寻求救济。这种逐级申控的制度或惯例，也许是自有国家政权以来就有的。

古代中国政治体制提供给人民的救济渠道，一般就是从本管衙门或长官开始直至中央的寻求保护或救济途径。

《周礼》似乎就记载了周代的逐级申控途径。在周代，在各诸侯国和中央直属区（王畿），其地方行政管理，大约有乡（遂）、州（县）、党（鄙）、族（酂）、闾（里）、比（邻）① 六级。乡（遂）、州（县）两级，大约就是后世的地方省、县两级政权；党（鄙）、族（酂）、闾（里）、比（邻）四级，大约就是后世的乡村各级地方或宗族管理层级。在州（县）一级，长官州长"掌其戒令与其赏罚"，县正"掌其治讼，而赏罚之"②；有方士"掌都家，听其狱讼之辞"，县士"各掌其县之民数，纠其戒令而听其狱讼"③，这当然包括接受人民申控以便救济权益。在乡（遂）一级，长官乡大夫"各掌其乡之政教禁令"，遂大夫"掌其政令戒禁，听其治讼"④；有"乡士"、"遂士"专门听讼，"各掌其乡（遂）民之数而纠戒之，听其狱讼"⑤，这当然包括接受人民申控以便救济权益。在这两级地方官府之上，人民权益的救济就必须到"国"、"朝"即诸侯国中央或王畿的中央了，如乡士、遂士所审案件"旬（或二旬）而职听于朝，司寇听之"，方士所审案件"三月而上狱讼于国，司寇听其成于朝"，县士所审案件"三旬而职听于朝，司寇听之"。最重大的案件，可以"王令三公会其期"来会审。⑥

真正比较严格意义上的逐级向上申控的制度，从今天确知的史实来看，大约是隋朝开始的。隋文帝曾诏令全国："有枉屈，县不理者，令以次经郡及州；至省仍不理，乃诣阙申诉。"⑦

唐代完善了逐级向上申控的救济体制。《唐六典》规定："凡有冤滞不伸，欲诉理者，先由本司本贯；或路远而踬碍者，随近官司断决之。即不伏，当请给不理状，至尚书省左右丞为申详之。又不伏，复给不理状，经三司陈诉。又不伏者，上表。"⑧ 这就是唐代关于

---

① 括号前为诸侯国的层级，括号内为王畿内的层级。
② 《周礼·地官司徒》。
③ 《周礼·秋官司寇》。方士，大约即"州"级专职司法官，与"县士"相对应，应为"州士"。
④ 《周礼·地官司徒》。
⑤ 《周礼·秋官司寇》。
⑥ 参见上书。
⑦ 《隋书·刑法志》。
⑧ 《唐六典》卷六，《刑部》。

人民寻求申诉冤屈、控诉贪腐、救济权利时的一般救济程序或途径。所谓本司、本贯，就是自己所属的地方（县）或其他县级单位，救济必须从这里开始；对县里的处理不服，然后就到州里申控。如果本司、本贯路远不便，可以就近申控于虽然不是本司、本贯但方便告状的官府。当然，如果一开始就是以县官或州官为申控对象，那就不限于向本司、本贯先申控了。唐中宗大历年间规定："亡官失职、婚田两竞、追理财物等，并合先本司；本司不理，然后省司；省司不理，然后三司；三司不理，然后合报投匦进状。"① 这里的本司，就是本州、本县；本州、县不理才可以到中央的尚书省六部各司；省司不理才可以到"三司"申控。这里的"三司"，不知是"三法司"（大理寺、尚书刑部、御史台），还是（对于特别重大的案件）由御史台、中书省、门下省长官组成特别最高法庭进行会审的那个"三司"，还是专门负责受理"上表"的三司？② 我们认为应该是最后这个"三司"。

宋代继承了唐代的制度，人民申诉冤抑、救济权益，同样必须逐级上告。宋代法制规定："人户诉讼，在法：先经所属，次本州，次转运司，次提点刑狱司，次尚书本部，次御史台，次尚书省。"③ 所谓"先经所属"，就是指所属的县或其他县级单位，然后到州（府、军、监）这一级，然后是在路（转运使、刑狱使）这一级，更后是中央（尚书各部、御史台、尚书省），最后是皇帝。

在各级地方一般行政管治衙门以外，其他军事、特务和治安性质的官府不得擅自受理人民申控。比如明代法律规定，军府、锦衣卫、巡检等非一般行政官府不得受理诉讼。明武宗正德十六年（1521 年）七月十四日圣旨："今后缉事官校，只着遵照原来敕书，于京城内外察访不轨妖言、人命强盗重事，其余军民词讼，及在外事情，俱不干预。"明世宗嘉靖七年（1528 年）刑部题："各处镇守、总兵、参将、守备等官，务要干理本等职业，一切钱粮等项词讼，不得侵预，以招物议。"违者，"听科道官通行究举，一体治罪"④。

此外，我们还可以把先秦时代国家派遣官员到民间采风访俗、访贫问苦的制度，也看成通过一般行政途径救济人民权益的变相形式之一。周代的"振铎访求民意"的制度就是如此。《左传·襄公十四年》引《夏书》："遒人以木铎徇于路，官师相规，工执艺事以谏。"这是讲周代曾设置"遒人"之官，其职责是敲打（振）木铎于乡间道路，听取人民的呼声，征求人民的意见。《汉书》说"行人振木铎徇于路，以采诗献之"⑤，《风俗通》说"周秦以岁八月遣遒轩使者（遒人）采异代方言"⑥，大概指的都是这一制度。到民间采访诗歌、民谣、民谚，其实也许正是给人民提供申控救济的机会。唐人颜师古注《汉书》曰："采诗，依古遒人徇路，采取百姓讴谣，以知政教得失也。"民歌民谣常常诉说人民的疾苦、控诉官吏贪腐，甚至就具体案件事件而作。春秋时代，管仲在齐国创造了官吏主动深入闾里即乡村"问事"的制度，这种制度实际上包含了直接听取民众申告之内容。如："问人之所害于

---

① 《唐会要》卷五十五，《省号下》。

② 《唐律疏议·斗讼》"越诉"条疏议："依令：'尚书省不得理者，听上表。'受表恒有中书舍人、给事中、御史三司监受。"

③ 《宋会要·刑法》三之三一。

④ 《明代律例汇编》卷二二，《刑律》五，《诉讼》。

⑤ 《汉书·食货志》。

⑥ （汉）应劭：《风俗通义·序》。

乡里者何物也?""（问）除人害者几何矣?"又"问刑论有常以行不可改也,今其事之久留也何若?"① 这实际上是在直接听取人民控诉、申告,以图为民除奸、除害、申冤屈。这当然可以成为人民权益救济的实际途径或渠道。

<h1 style="text-align:center">第二节
通过巡回监察机构接受申控的救济途径</h1>

在古代中国,除了正常的地方行政层级的救济途径之外,国家还经常派遣官吏在全国各地巡回监察,接受人民的申控。这也成为人民申控冤屈、救济权益的经常途径之一。

这种巡回监察官吏在巡回督察中接受人民控告的救济途径,应该是很早就有的。据说,早在黄帝时代,就曾"置左右大监,监于万国"②。"大监"就是后世巡回监察御史的起源,"万国"就是地方部落盟邦。这些"监于万国"的"大监",当然也可以接受人民的控告,成为人民救济权益的途径。

汉武帝时代最先建立"刺史"制度,"绣衣直指刺史"实际上是巡回监察御史的一种特别形式而已。"刺史掌奉诏察州⋯⋯以六条问事。一条,强宗豪右田宅逾制,以强凌弱,以众暴寡。二条,二千石不奉诏书遵承典制,倍公向私,旁诏守利,侵渔百姓,聚敛为奸。三条,二千石不恤疑狱,风厉杀人,怒则任刑,喜则淫赏,烦扰刻暴,剥截黎元,为百姓所疾,山崩石裂,祅祥讹言。四条,二千石选署不平,苟阿所爱,蔽贤宠顽。五条,二千石子弟恃怙荣势,请托所监。六条,二千石违公下比,阿附豪强,通行货赂,割损正令也。"③ 这六条,虽然是国家派出巡回监察官主要监察的六个方面,但同时也表明:人民可以就这六个方面的官吏贪赃枉法、损害人民权益的情形向刺史控告,寻求救济或保护。其中的第二条（郡国长官经济违法犯罪）、第三条（郡国长官刑事执法残暴）、第四条（郡国长官人事任用上违法）、第六条（郡国长官不执行国家法令）等,从今天的眼光看,都有涉及行政违法损害人民权益的情形,人民向刺史控告,实际上就是寻求权益救济。

在汉代,除"绣衣直指刺史"这类有特别使命和固定辖区的监察官外,还经常派遣临时"使者"即巡回督察官员到各地,直接以考察地方治绩、发现冤假错案为使命。如汉武帝元狩元年（前122年）派遣博士褚大等六人"分循行天下,存问鳏寡废疾无以自振业者⋯⋯详问隐处亡位及以冤失职,奸猾为害,野荒治苛者,举奏"④。汉宣帝时亦曾派遣丞相御史之掾属二十四人分巡天下"举冤狱,察擅为苛禁,深刻不改者"⑤。"奸猾为害"、"野荒治苛"、"擅为苛禁"、"深刻不改",都是指官吏违法犯罪、滥用权力、侵损百姓权益而言。这些钦差或使者要察访这类情况,非得广泛号召人民积极举告、申控不可。客观地说,

---

① 《管子·问》。
② 《史记·五帝本纪》。
③ 《汉书·公卿百官表》颜师古注引。
④ 《汉书·武帝纪》。
⑤ 《汉书·宣帝纪》。

这就是人民的权益救济程序。

在魏晋南北朝时代，这样的巡回督察使者也是经常派遣。如三国吴景帝永安四年（261年）遣光禄大夫周奕、石伟等多人"巡行风俗，察得吏清浊、民所疾苦，为黜陟之诏"①。北魏宣武帝正始二年（505年）"分遣大使，省方巡检……观风辨俗，采访功过，褒赏贤者，纠罪淫慝，理穷恤弊"②。梁武帝天监元年（502年）曾"分遣内侍，周省四方，观政听谣，访贤举滞。其有田野不辟，狱讼无章，忘公徇私，侵渔是务者，悉随事以闻"③。"大使"们巡察各地方考察官吏的善恶，当然也必须接受人民的申控、举告才有可能，人民的权益救济目的也就在其中间接实现了。

在唐代，继承汉代的"六察"制度，有监察御史"出使推劾诸色监，当经历六察，纠绳官司"的制度，其监察御史"时人呼为六指"、"六察御史"、"六察官"④，大约是仿汉代"六条问事"而来。宪宗元和七年（812年）敕："前后累降制敕，应诸道违法征科，及刑政冤滥，皆委出使郎官御史访察闻奏。虽有此文，未尝举职。外地生人之劳，朝廷莫得尽知。今后应出使郎官御史，所历州县，其长吏政俗，闾阎疾苦，水旱灾伤，并一一条录奏闻。"⑤郎官御史的巡回访察，当然包括接受人民的控告。其"违法征科"、"刑政冤滥"当然包括官吏违法行政、滥用权利损害人民正当权益的情形，人民向这些巡回督察官员进行举报控告，当然就是权益救济的途径之一。

在宋代，全国地方被分划成若干"路"。"路"起初只是"监司"的监察区域，后来似乎成了地方最高级政权层级。在各路，设有"监司"——经略安抚使（帅司）、转运使（漕司）、提点刑狱使（宪司）、提举常平使（仓司）。这些"监司"可以受理各种控诉，成为人民权益救济的途径。宋代法制规定："人户诉讼，在法先经所属，次本州，次转运司，次提点刑狱司，次尚书本部，次御史台。"⑥这里的"转运司"、"提点刑狱司"就是巡回监察官，他们可以直接受理人民申控，以发现和纠正冤抑、制止官吏不法。绍兴二十二年（1152年）高宗诏："自来应人户陈诉，经县结绝不当，然后经州，然后经监司。"⑦这里的"陈诉"，当然包括对官吏违法行政行为损害人民权益的控诉。宋代法制特别规定，人民可以直接到"监司"控诉本州长官，"若诣监司诉本州者，送邻州委官（审理）"⑧。

在元代，划分全国为二十二道监察区，每监察区设提刑按察使（后改为肃政廉访司）进行监察，凡辖区内民政、财政、百官奸邪等，皆纠察之。肃政廉访司官员在巡按地方时，有权"接受词状"，受理"随路京府州军司狱"⑨。这里的"接受词状"，当然包括接受人民关于官吏违法滥权损害人民权益的控诉。肃政廉访司的职责就是"使一道镇静……民无冤

---

① 《三国会要》卷十九。
② 《魏书·世宗纪》。
③ 《南朝梁会要·民政·遣大使》，《南史·梁武帝纪》。
④ 《唐会要》卷六十，《御史台》、《监察御史》。
⑤ 《唐会要》卷六十二，《出使》。
⑥ 《宋会要·刑法》三之三一。
⑦ 《宋会要·刑法》三之二八。
⑧ 《宋会要·刑法》三之二六。
⑨ 《元典章》卷六，《台纲》二，《改立廉访司》。

滞"①，"按治有法，使官吏畏谨"②，"能使官吏廉勤，不敢犯法；凡事办集，不敢扰民"③，这包括对地方官吏的行政行为及是否违法滥权造成人民损害进行纠察；其接受词状并依法作出处理，就是为人民提供权益救济途径。

在明代，法律对巡回监察官员受理申控的事宜作出了更加明确的规定。明律规定，"各部监察御史、按察司及分司巡历去处，应有词讼，未经本管官司陈告，及本宗公事未绝者，并听置簿立限，发当该官司追问。"④ 这就是说，所有到巡回监察官员处申控的案件，必须先经过"本管官司"审理，只有不服"本管官司"处理或"本管官司"不理者才可以申控于巡回监察御史处。这仅仅是就司法案件而言，就是说巡回监察官员只可作为上诉审，不可作为初审。如洪武二十六年（1393年）的规定就是对明律这一制度的一个注释。它规定巡按监察御史及按察司分巡官在巡历地方时，"凡受理军民词讼，审系户婚、田宅、斗殴等事，必须发与所在有司追问明白"⑤。就是说，巡回监察官员不能直接受理户婚、田宅、斗殴等民事、刑事案件的初审，这些案件必须由"本管官司"初审。但是，若是在这些种类的案件之外，是控告官吏违法滥权、贪赃枉法、刻薄百姓等情事，那就直接属于巡回监察官吏的监督、纠劾、处理范围，就可以直接受理了。但是，巡回监察官员接受了百姓对于官吏的控告后，也不一定亲自审理，可以移送或指定一定的衙门或官员审理："若告本县官吏，则发该府；若告本府官吏，则发布政司；若告布政司官吏，则发按察司。"⑥ 就是说，巡回监察官员在接到对于地方违法官员的控告后，可以交给其直接上级衙门审问，或移交其同级监察衙门审问。除巡回监察官员外，其他带有派出或巡回监督性质的官员或衙司不得擅自受理词状或控告，如一般差遣官员使臣不得受理词讼事。明律规定："凡差使人员，不许接受词状、审理罪囚。违者，以不应（得为）论罪。"⑦

第三节
"告御状"与通过君王直接干预的救济途径

古代中国的人民权益救济途径，最为极端和特殊而使用极为困难而稀少者，大约就是向最高统治者君王或皇帝控告，这就是后世所谓"告御状"。这样的权益救济途径，历朝历代的情形相当不一样。但是，关于这一途径的基本惯例，历代是一样的。比如，第一，历代都把告御状规定为权益救济的最后途径，一般禁止未经过地方到中央各级衙门处理的案件告御状；第二，一般都要经过一定的接待官员或衙门的审查甄别程序才能有选择地"上达天听"，一般并非人民直接向皇帝陈诉或递交状子；第三，一般也并非皇帝亲自坐堂问理

---

① 《元典章》卷六，《察司体察等例》。
② 《元典章》卷六，《察司合察事理》。
③ 《元典章》卷六，《禁治察司等例》。
④ 《明代律例汇编》卷二二，《刑律》五，《诉讼》。
⑤⑥ 《明会典》卷二一〇，《都察院》。
⑦ 《明会典》卷一七七，《刑部》十九，《问拟刑名》。

或书面审理，而是由受理机关的臣僚们先行审理并提出处理意见后交皇帝斟酌决定。

一、谏鼓、路鼓、谤木、善旌、肺石与先秦人民权益救济

上古中国的人民欲向最高统治者提出权益救济申控，有许多渠道。

据说早在黄帝时代就有"明堂"（或"明台"）的设置："黄帝立明堂之议，上观于贤也。"① "明堂"大约是黄帝时代于王都中心位置建造的国家议事、招贤、纳谏的会议厅。

尧舜时代，就有能够供人民申控的谏鼓、谤木之设置："尧有欲谏之鼓，舜有诽谤之木"②，"帝尧陶唐氏……置敢谏之鼓"③，"尧舜之世，谏鼓谤木，立之于朝"④。所谓"谏鼓"，大约是悬于朝廷的一面大鼓；所谓"谤木"，大约是立于朝门之外的一根大木。其基本用途主要是君王招纳谏言、建言。"立诽谤之木，使天下得攻其过；置敢谏之鼓，使天下得尽其言"⑤。欲向君王进谏言者，就敲击此鼓；欲向君王批评者，可以写在此木上（或曰敲击此木）："欲谏者击其鼓也，书其过以表木也"⑥。这种用以为君王招纳建言、谏言的设施，其实更多大概用于人民控告官吏贪赃枉法、滥用权力以救济自己的正当权益。这种控告其实也兼有对君王或国家进行批评、谏议的因素在内。在那交通极为不便的古代，在人民的政治参与意识极其微弱的时代，有多少士民会不因自己的切身利害，纯粹为了君主或国家的公益而冒大风险去向统治者进谏呢？

另外据说在尧舜时代还有"衢室"、"善旌"的设置："尧有衢室之问，下听于民也；舜有告善之旌，而主不蔽。"⑦ 所谓"衢室"，大约就是建于通衢的接待厅，专门用以纳谏的，这大约就是《后汉书·申屠刚传》所言"辟四门之路"的象征之房屋，也可能就是"明堂"，即招纳谏言、建议的公共官舍。所谓"告善之旌"，又称"进善之旌"，"古之治天下者，朝有进善之旌、诽谤之木，所以通治道而来谏者"⑧。也是鼓励士民向国家或君王进善言或建议的一种标志，就是在国家王城的通衢竖立一面旗帜，欲进谏言的人可以到旗帜下等待接见。我们必须看到，"衢室"实际上可能就是人民来访接待室，当然能接受人民对官吏的申控或救济权益的请求；"进善之旌"之下站立的人民，与站在"诽谤之木"下的人民一样，同样不会仅仅是为了批评，主要是为了控告官吏违法、救济自己的权益。

在大禹时代，据说还有"谏幡"、"建鼓"的设置。《淮南子·泛论训》曰："禹县（悬）钟鼓磬铎，置鞀，以待四方之士。为幡曰：教道寡人以道者击鼓，喻以义者击钟，告以事者振铎，语以忧者击磬，有狱讼者摇鞀。"这大概就是《路史》所说的大禹"立谏幡"、"陈建鼓"。通过在王城里设"钟"、"鼓"、"磬"、"铎"、"鞀"⑨ 五种打击乐器，并在显著位置立幡，大禹的目的除了招纳谏议、建言（教以道、喻以义）以外，更重要的显然是要给人

---

① 《管子·桓公问》。
② 《吕氏春秋·自知》。
③ （晋）皇甫谧：《帝王世纪》。
④ 《后汉书·杨震传》。
⑤ （清）吴乘权：《纲鉴易知录》卷一。谤木，诽谤之木。诽谤，原意是言人之非，是从旁边指出过错。
⑥ 《吕氏春秋·自知》。
⑦ 《艺文类聚》卷十一引《管子》。
⑧ 《汉书·文帝纪》。
⑨ 鞀，音 tao，又作鞉、鞉，即拨浪鼓。

民提供控告违法、救济权益的途径——"告以事"、"语以忧"、"有狱讼"者，就可以到王城"振铎"、"击磬"、"摇鼗"，就会有政府的官员接待立案并设法转告君王，加以解决。上述五者中的"鼓"、"鼗"，大概就是所谓"建鼓"："禹立建鼓于朝，而备诉讼也。"①

在夏商周时代，关于人民权利的救济途径，也有一些传说："汤有总街之廷，观民非也；武王有灵台之宫，贤者进也。"② 这些"观民非（诽）"、"进贤者"的国家公务场所，显然也可以成为人民控告违法、制止侵害、救济权益的途径。

关于夏商周三代人民权益救济的可能途径，《国语·周语》载："故天子听政，使公卿至于列士献诗，瞽献曲，史献书，师箴，瞍赋，蒙诵，百工谏，庶人传语，近臣尽规，亲戚补察，瞽史教诲，耆艾修之，而后王斟酌焉。"这里说的虽然是王者的招谏方式，但实际上也可以作为人民申控的间接方式。《左传》曰："史为书，瞽为诗，工诵箴谏，大夫规诲，士传言，庶人谤，商旅于市，百工献艺。"③ 说的是同一个招贤纳谏体系，其中最能够成为人民申控救济途径的是"士传言"、"庶人谤"、"商旅（议）"："士传言谏过，庶人谤于道，商旅议于市，然后君得闻其过失也。"④ "士农工商"是为四民，四民"传言"、"谤议"，当然不会仅仅是以"不干己事"向国家进言，他们一旦以"干己事"进言，则显然是申控和救济了。

夏商周时代还设置了一些特别可以用于人民申控、救济的方式和程序。

第一是"立肺石陈诉"制度。《周礼》："以肺石达穷民。凡远近茕独老幼之欲有复于上而其长弗达者，立于肺石三日，士听其辞，以告于上而罪其长。"⑤ 这是最为典型的人民权益救济制度设计：社会上的弱势群体如果受到官吏的欺侮、权益受损而求告无门，最后的途径就是到王城门外的肺石（红色石头）上站立三天，以表示要申控官吏违法、请求救济。一旦有此种"信访"，专职法司"士"就要接待立案并初步询问（"士听其辞"），然后向君王汇报（"以告于上"），并对阻隔人民上访的地方官吏进行制裁（"罪其长"。）但这种申控、救济程序，并不给人留什么体面："右肺石，达穷民焉，（朝士）帅其属而以鞭呼趋。"⑥ 百姓想申控、救济，立于肺石前等候官吏"接待群众来访"时，要受到"朝士"及其吏卒用鞭子驱趋呼传的待遇。

第二是"摇鼗申控"制度。《吕氏春秋·自知》："武王有戒慎之鼗。"按照古人的注释："欲戒者，摇其鼗。"鼗就是一种有柄的小鼓，亦即拨浪鼓。周武王设置此鼓，大约也有方便士民申控和进谏之意。

第三是"击路鼓申控"制度。《周礼·夏官·太仆》："建路鼓于大寝之门外，而掌其政。以待达穷者与遽令。闻鼓声，则速逆御仆与御庶子。"《周礼·夏官·御仆》："御仆掌

---

① 《管子·桓公问》。
② 《管子·桓公问》："黄帝立明台之议者，上观于兵也；尧有衢室之问者，下听于民也；舜有告善之旌，而主不蔽也；禹立建鼓于朝，而备诉讼也；汤有总街之廷，以观民非也；武王有灵台之囿，而贤者进也：此古圣帝明王所以有而勿失，得而勿忘也。"
③ 《左传·襄公十四年》。
④ 《汉书》卷五十一，《贾山传》。
⑤ 《周礼·秋官司寇》。
⑥ 《周礼·秋官司寇·朝士》。

群吏之逆，及庶民之复……以序守路鼓。""逆"是指群臣的进言，"复"是指百姓之批评。《礼记大传》说："尧设敢谏之鼓，禹设箴规之鼗。乃周建路鼓之意。"《文献通考》说："盖穷者达其情于外朝之肺石，朝士又达穷者之情于内朝之路鼓。"① 就是说，周时悬鼓于王宫的"路门"之外，称"路鼓"，由太仆主管、御仆守护，百姓有击鼓申冤或批评建言者，御仆须迅速报告太仆，太仆再报告周王，不得延误。这"路鼓"后来发展为"登闻鼓"。

二、汉魏两晋南北朝的"告御状"与人民权益的非常救济

关于人民"告御状"之类的非常上诉救济途径，汉代以后基本上按照先秦时代的基本思路，在制度上有所发展，特别是设置了职权明确的接受告御状的具体机构，规定了接受告御状的操作程序等等。

秦朝废除了周代以来的谤木、肺石之类制度。西汉时代，似乎也没有登闻鼓。王莽篡汉，为标榜恢复周代良制，"令于王路四门复设进善之旌、诽谤之木、敢谏之鼓，令谏大夫四人坐王路门受言事者。"② 王莽所恢复的是善旌、谤木、谏鼓这三个"标志性建筑"，设四个专职官员在那里受理人民的"言事"。这显然主要是接受人民告状、申控，给予救济权益的最后渠道。王莽灭亡后，谤木、谏鼓遂废，东汉时代又恢复了谤木、谏鼓制度。东汉经学家郑玄注《周礼·夏官司马·太仆》的"路鼓"制度时说"若今时上变事击鼓矣"，说明其时有登闻鼓制度。

在汉代，人民告御状还有"守阙诉讼"的非常控告模式。如东汉质帝时曾下诏谴责地方长吏"恩阿所私，罚枉仇隙，至令（百姓）守阙诉讼，前后不绝"③。说明当时人民"守阙诉讼"已经成为一种常见之事。这里的百姓"守阙诉讼"，就是"集体上访"直接到王宫的大门前，控告地方长官贪赃枉法。阙，即门观，西汉时指未央宫北阙，东汉是指鸿都门，是王宫之正门，均为重要的政治活动场所。④ 汉代对于诣阙上书的人有公车司马负责接待。"公车司马令一人，六百石。本注曰：掌宫南阙门，凡吏民上章、四方贡献，及征诣公车者。"⑤

汉代人民向皇帝提出非常控告或上诉，还可以利用一种特别上书的方式。在当时，向皇帝上告重大紧急事件的特别上书，称"上言变事"、"上变事"，简称"变事"、"急变"（如果系匿名而为，则称为"飞变"、"飞章"、"斐变"、"悬书"）。如汉成帝时，九江人梅福"数因县道上言变事，求假（借）轺传诣行在所，条对急政"⑥。如果有关于官吏重大贪赃枉法、残刻民众的事件，百姓假借官车直接到"行在"（皇帝出巡临时驻跸之所）控告，不也是权益救济的方式之一吗？

汉代的百姓还可以直接上书皇帝以救济权益，如《汉书·刑法志》所载少女缇萦上书汉文帝、主动请求入官为奴以赎其父肉刑之罪一事，应该看成一次典型的个人非常上诉救

① 《文献通考》卷一百六，《王礼考》一。
② 《汉书·王莽传》。
③ 《后汉书·质帝纪》。
④ 参见张晋藩：《中国法制通史》，第 2 卷，580、581 页，北京，法律出版社，1999。
⑤ 《续汉书·百官志》。
⑥ 《汉书·梅福传》。

济权益的案例。

魏晋时代亦有登闻鼓之设置。正式以"登闻鼓"名告御状之鼓，大约始于晋。晋武帝时，于宫门外悬鼓，吏民有冤抑者，击鼓诉之于朝廷。"西平人麹路伐登闻鼓，言多祅谤，有司奏弃市。帝曰：朕之过也。舍而不问。"① 麹路击登闻鼓要申诉的，肯定是与自己的权益相关的事情，可是被当时的官员认为是"言多祅谤"，用今天的话说就是当成"上访油子"，并且要处死刑。幸而晋武帝开明，没有追究。在当时，人民到京师非常上诉鸣冤的方式是"执黄幡，挝登闻鼓"②，好多人就是以此引起皇帝关注而申控成功的。如惠帝时太保主簿刘繇等人执黄幡、击登闻鼓为他人之讼冤；怀帝时小吏邵广盗官幔三张论刑弃市，其幼子执黄幡、挝登闻鼓乞恩。③ 所谓"执黄幡"，大约类似于后世写鸣冤标语高举起来，引人关注。这些都是特别上诉、申诉方式，实际上一直为后世沿用。

少数民族入主中原的北朝也模仿汉制设登闻鼓。北魏时，"阙左悬登闻鼓。人有穷冤，则挝鼓，公车上奏其表。"北魏法律规定，案件虽已经审结，"以情状未尽，或邀驾、挝鼓，或门下立疑"，以状告于皇帝。④ "人有穷冤"，就是案件经过了所有审判层级环节，还不能申冤。此时向皇帝告御状的办法有三：邀车驾，击登闻鼓，门下立疑。邀车驾，大约是指直接于皇帝车驾经过之处拦轿喊冤。"门下立疑"是一种什么样的方式，不太清楚。是不是"立于肺石之下"的另一种说法，因为肺石一般就是设置于王宫的某个门下的。

在南朝也设有这类特殊救济方式。南朝梁武帝时曾设谏鼓、谤木、肺石。梁武帝天监元年（502 年）下诏于公车府谤木、肺石旁各置一函："若肉食莫言，山阿欲有横议，投谤木函；若从我江汉，功在可策，犀兕徒弊，龙蛇方县（悬），次身高才妙，摈压莫通，怀傅吕之术，抱屈贾之叹，理有礤然，受困包匦；夫大政侵小，豪门陵贱，四民已穷，九重莫达。若欲自申，并可投肺石函。"⑤ 天监三年（504 年），梁武帝出题策试秀才，曾曰："朕立谏鼓，设谤木，于兹三年矣。"⑥ 注曰："立鼓于朝，有欲谏君者击之；设谤木于阙，有诽谤，使人击之，武帝立之已三年矣。"说明当时曾仿行古制，在朝廷门外设置过谏鼓、谤木、肺石。"山阿欲有横议"，包括士民百姓申控官吏违法滥权、救济自己权益的情形；所谓"大政侵小"、"豪门凌贱"，主要就是官僚贵族滥用权势欺压百姓、侵损其权益的情形。考虑到"四民已穷，九重莫达"的困境，才给人民提供一个将申控状子"投肺石函"的机会或途径，以为非常救济。

在南朝时代，历朝皇帝还经常发布诏书征求人民建言或鼓励人民非常控诉。如梁武帝时曾发布诏书："四方士民，若有欲陈言刑政，益国利民，沦碍幽远，不能自通者，可各诠条布怀于刺史二千石，有可采申，大小以闻。"⑦ 这是规定人民可以通过省级地方长官向皇帝申控。"陈言刑政"，包括就重大案件申控官吏、救济权益。"诠条布怀"，就是写成条理

---

① 《晋书·武帝纪》。

② 《晋书·惠帝纪》。

③ 参见《晋书》卷三十六、七十五。

④ 参见《魏书·刑罚志》。

⑤ 《梁书·武帝纪》。

⑥ 《昭明文选》卷三六，任昉《天监三年策秀才文》。

⑦ 《南朝梁会要·求谠言》。

清楚的文书表达自己的建言或申控。在当时，负责接待士民应征来京及转递谏书的公车府，似乎变成了专门接待士民来访、申控的接待处。如齐东昏侯时，士人崔偃"诣公车门上书申冤"，使其父崔慧景冤案得以昭雪。①

三、隋唐至明清时代的"告御状"与人民权益非常救济

人民通过告御状之类的方式实行非常救济，在隋唐以后制度途径大大发达和完善。

隋朝的非常上诉制度，首次特别明确强调了必须层层逐级上诉，只有用尽一切正常途径仍无效时才能告御状的原则："有枉屈，县不理者，令以次经郡及州，至省仍不理，乃诣阙申诉；有所未惬，听挝登闻鼓，有司录状奏之。"② 这里的"诣阙申诉"，其实就是直接到宫门外喊冤，也许就是"立于肺石"或"门下立疑"。"挝登闻鼓"是"诣阙申诉"以外的一种程序。

唐代的非常申控制度，相当完善。唐王朝一开始似乎就在长安、洛阳二京设登闻鼓。唐《公式令》规定："诸辞诉者皆从下始。先由本司本贯；或路远而踬碍者，随近官司断决之。即不伏（服）当请给不理状，至尚书省，左右丞为申详之。又不伏，复给不理状，经三司陈诉。又不伏者，上表。受表者又不达，听挝登闻鼓。若惸独老幼不能自申者，乃立肺石之下。若（告诉人）身在禁系者。亲识代立焉。立于石者，左监门卫奏闻；挝于鼓者，右监门卫奏闻。"③ 国家正式律典中有关于非常上诉的规定，《唐律》规定："邀车驾及挝登闻鼓，若上表诉，而主司不即受者，加（越诉）罪一等。""诸邀车驾及挝登闻鼓，若上表，以身事自理诉，而不实者，杖八十。"④《唐律》规定了三种非常上诉方式："邀车驾"、"挝登闻鼓"、"上表"。按照此规定，只要所诉属实，人民就可以有"告御状"的权利。不实者，也不过杖八十，是轻刑。法律也没有规定部分"不实者"坚决不受理。

关于这三种告状方式，《唐律》中并没有格外强调前置程序——要先用尽各级处理程序后才能告御状，但《唐六典》强调了这一点："凡有冤滞不伸欲诉理者，先由本司本贯……经三司陈诉又不伏者，上表；受表者又不达，听挝登闻鼓。若茕独老幼不能自申者，乃立肺石之下。"⑤ 此外《唐六典》还对三种"告御状"的方式作了非常明确的使用顺序规定：先向皇帝上表，不达者再击鼓；二者都不能自为的弱者就立肺石。

武则天当政时期，为了"大收人望"，又搞了一些新名堂："垂拱初年，令熔铜为匦，四面置门，各依方色，共为一室。东面名曰延恩匦，上赋颂及许求官爵者封表投之。南面曰招谏匦，有言时政得失及直言谏诤者投之。西面曰申冤匦，有得罪冤滥者投之。北面曰通玄匦，有玄象灾变及军谋秘策者投之。每日置之于朝堂，以收天下表疏。"⑥ 在这四个"意见箱"中，与人民的非常上诉或申控、救济权益有关的是"申冤匦"，专门满足"得罪冤滥"、"怀冤受屈"、"无辜受刑"的人民的救济需要。"招谏匦"也与此有一定关系："言

---

① 参见《南齐书·崔慧景传》。

② 《隋书·刑法志》。

③ 《唐六典》卷六，《尚书刑部》；《唐令拾遗·公式令》。

④ 《唐律疏议·斗讼》。

⑤ 《唐六典》卷六，《尚书刑部》。

⑥ 《旧唐书·刑法志》。

时政得失"、"直言谏净"、"匡政补过"等等其实也包括申控官吏违法滥权、救济正当权益。为了管理四匦，设置了匦院，"置匦使一人，判官一人。谏议大夫或拾遗补阙充其使，专知受状"①。这种设专职受理非常上诉的机关的方式，直接为宋代的相关制度开启了先河。

宋代继承唐制，除保持了这几种途径之外，还设置了更加发达的专职机构。

宋朝似乎一开始就为登闻鼓设置了专门的机构——"鼓司"，又沿袭唐代的"理匦使"设置"理检使"，并为之设置了"登闻院"。首次形成了两个并列机构略有分工、互相牵制地受理人民"非常上诉"的体制。孝宗至道二年（996年）七月诏："诸州吏民诣鼓司、登闻院诉事者，须经本属州县、转运司；不为理者乃得受。"② 这是在此强调必须先经过所有的地方前置申控程序才能受理。真宗景德四年（1007年），改鼓司为登闻鼓院，改登闻院为登闻检院③，逐渐形成了以登闻鼓院收受人民关于"婚田公事"即民事纠纷、登闻检院收受人民其他申冤控诉事宜即刑事诉讼、行政诉讼的格局。④ 仁宗天圣八年（1030年）八月诏："登闻检院，今后诸色人投进实封文状，仰先重责结罪状。如委实别有冤枉沉屈事件，不系婚田公事，即与收接投进。如拆开却夹带婚田公事在内，其进状人必当勘罪，依法断遣。所有争论婚田公事，今后并仰诣登闻鼓院投进。"⑤ "如未经鼓院进状，检院不得接收；未经检院，不得邀驾进状。如违，亦依法科罪。"⑥ "凡臣民上疏均先诣登闻鼓院；如鼓院不受，则诣检院。"⑦ 也就是说，当时的制度是：所有告御状，先须到登闻鼓院，过滤下民事案件；刑事和行政的案件再到登闻检院申诉；登闻检院不受理的，才可以直接邀车驾向皇帝告诉。

为了加强对高级官吏的监督，宋真宗时定制："或论长吏及转运使、在京臣僚，并言机密事，并许诣鼓司、登闻院进状。"⑧ 就是说，申控于鼓司、登闻院的特别控告途径，这时主要被用作人民监督和控告中央地方高级官吏的途径。

像唐代一样，宋代也特别强调告御状必须是最后程序。《宋刑统》规定准用后周之制，规定："诸色词讼及诉灾沴，并须先经本县，次诣本州本府。仍是逐处不与申理及断遣不平，方得次第陈状，及诣台省，经匦进状。其有蓦越词讼者，所由司不得理，本犯人准律文科罪。应所论讼人须事实干己，证据分明。如或不干己事及所论矫妄，并加罪。"⑨

在辽王朝，也设有受理非常申控的"钟院"，相当于宋朝的"鼓院"。辽穆宗时曾废除"钟院"，致使"穷民有冤者无所诉"。景宗保宁三年（971年）下诏恢复"钟院"⑩。重熙八年（1039年），辽兴宗诏"有北院处事失平，击钟及邀驾告者，悉以奏闻"⑪。在金王朝也设有登闻检院、登闻鼓院，正大元年（1224年）"诏刑部、登闻检鼓院毋锁闭防护，听有冤

---

① （唐）封演：《封氏闻见录·匦使》。
② 《宋会要·职官》三之六三。
③ 参见《宋会要·职官》三之六二、六四。
④ 参见张晋藩：《中国民事诉讼制度史》，57页，成都，巴蜀书社，1999。
⑤ 《宋会要·刑法》三之一七。
⑥ 《宋会要·刑法》三之一四。
⑦ （清）黄本骥：《历代职官表》，144页，上海，上海古籍出版社，2005。
⑧ 《宋会要·刑法》三之一二。
⑨ 《宋刑统》卷二十四，《斗讼》四。
⑩ 《辽史·刑法志》。
⑪ 《辽史·兴宗本纪》。

者陈诉"①。

蒙古民族入主中原的元朝政权也继承了前代的一些非常申控制度，不过似乎简化了一些。元世祖至元十二年（1275 年）令中书省议立登闻鼓，规定"父母兄弟夫妇为人所杀，冤无所诉"者，听击鼓鸣冤；"其或以细事唐突者，论如法"。至元二十年（1283 年），世祖又下敕规定："诸事赴省、台诉之；（省、台）理决不平者，许诣登闻鼓院击鼓以闻。"② 同样，元代也特别强调须用尽前置程序："诸陈诉有理，路府州县不行，诉之省部台院。省部台院不行，经乘舆诉之；未诉省部台院，辄径诉乘舆者，罪之。"③ "经乘舆诉之"大概包括"邀车驾"、"挝登闻鼓"两种情形。

明代的非常申控、救济制度，由通政司、登闻鼓司二者共同构成。明代的登闻鼓是太祖时设置的。洪武元年（1368 年）太祖令设登闻鼓于京师午门外，每日由监察御史一人负责值班，"其户婚、田土、斗殴、相争、军役等项，具状赴通政司，并当该衙门告理，不许径自击鼓，守鼓官不许受状"④。就是说，民事案件和一般刑事案件，只能通过通政司提出非常申控；特别重大的刑事案件（命盗反逆重案、官吏贪腐或滥用权力残害人民之案件）才可以击登闻鼓向皇帝告御状；许击登闻鼓，监察御史随即引奏。"凡登闻鼓楼，每日各科轮官一员。如有申诉冤枉，并陈告机密重情者，受状具题本封进。其诉状人先自残伤者，参奏。如决囚之日有诉冤者，受状后，批校尉手传令停决，候旨。"⑤《明史·刑法志》说："民间狱讼，非通政司转达于部，刑部不得听理。"

洪武二十六年（1393 年），明太祖还下诏具体规定了通政司受理非常上诉的程序："凡有四方陈情建言，申诉冤枉、民间疾苦善恶等事，知必随即奏闻。及告不公不法等事，事重者，于底簿内誊写所告缘由，赍状奏闻，仍将所奉旨意于上批写，送该科给事中，转令该衙门抄行；常事者，另置底簿，将文状编号，使用关防，明立前件，连人状送当该衙门整理，月终奏缴底簿，送该科督并承行该衙门回销。"⑥

明代对告御状还有一个特殊的称谓。士民百姓直接控诉于皇帝，也被叫作"叩阍"。阍，即宫门，叩阍者可以击打登闻鼓。官吏百姓或者犯人家属，有冤情须直接向皇帝上诉者，则立于宫门喊冤曰叩阍。⑦ 也就是说，"叩阍"实际上是立于宫门外喊冤、邀车驾和击登闻鼓等几者的笼统说法。

清代仿明制，顺治初年即设登闻鼓于都察院。吏民如有冤抑之情，可以击鼓申诉。顺治十三年（1656 年）改设于右长安门外，每日科道官员一人轮值。后将登闻鼓移于通政司，并设鼓厅。如审知确系冤屈，由通政司奏请昭雪⑧，否则以越诉处理。当时似乎有规定，只有案涉军国重务、大贪大恶、奇冤异惨者，才能击鼓。⑨ 对于告御状中的过激或违法行为，

①《金史·哀宗本纪》。

②《元史》卷八、十二。

③《元史·刑法志》。

④《大明会典》卷一七八。

⑤《大明会典》卷二一三，《六科》。

⑥《明代律例汇编》卷二二，《刑律》五，《诉讼》。

⑦ 参见《明史·刑法志》。

⑧ 参见《清史稿·刑法志》。

⑨ 参见陈光中、沈国锋：《中国古代司法制度》，157～158 页，北京，群众出版社，1994。

《大清律》所附"条例"作了特别规定，如对"擅入午门、长安门叫诉冤屈"、"赴京控而原讼衙门尚未审结"、"假以建言为由挟制官府"、"邀车驾及抬登闻鼓申诉"、"故令老幼残疾妇女代己申诉"等情形作出了既要受理案件又要处罚有关刁民的规定。清代还特别就"刁徒身背黄袱、头插黄旗、口称奏诉直入衙门"、"因小事纠集多人越墙进院突入（登闻）鼓厅妄行击鼓谎告"等情形作出了处理规定。①

第四节
越诉特许与人民权益救济

在古代中国，人民在受到官吏的贪赃枉法、滥用权力的危害时，其依法申控寻求救济只能从基层开始，逐级向上。国家一般会禁止越级申告控诉，也就是禁止越过本司本管官员进行控诉。越诉是古代中国法律一般要加以打击的行为。不过，为了打击某些特别的犯罪，或者制止贪官污吏对人民权益的特别侵害，法律也常常特许人民越诉。

一、历代关于越诉的一般禁令

唐代之前已经有强调逐级上诉、禁止越诉的制度，可惜已经找不到相关法律条文了。最早的法律条文，见于唐代。《唐律疏议·斗讼》："诸越诉及受者，各笞四十。"《疏议》曰："凡诸辞诉，皆从下始。自下至上，令有明文。谓应经县而越向州府省之类。"这是迄今所见最早的越诉禁令。

宋代也注意打击越诉。太祖乾德二年（964年）正月诏："今身应有论诉人等，所在晓谕，不得蓦越陈状，违者先科越诉之罪，却送本属州县依理区分。"②《宋刑统》规定："其有蓦越词讼者，所由司不得与理，本犯人准律文科罪。"③宋真宗时曾明令"其越诉状，官司不得与理"④。即使依法可以到鼓司、登闻院告状的案件，其中也不能夹带应该由地方逐级管辖的案件："若类带合经州、县、转运论诉事件，不得收接。若进状内称已经官司断遣不平者，即别取事状与所进状一处进内。"⑤"诸路禁民不得越诉。杖罪以下，县长吏决遣；有冤枉者，即许诉于州。"⑥

在元代，法律也禁止越诉。元律规定，"诸告人罪者，自下而上，不得越诉"，越诉者笞五十七。诸陈诉有理，路府州县不行，诉之省部台院；省部台院不行，经乘舆诉之。未诉省部台院，辄径乘舆诉者，也以越诉论罪。⑦

明代亦禁止越诉。《大明律》规定："凡军民词讼，皆须自下而上陈告。若越本管官司，

---

① 参见《大清律·刑律·诉讼》。
② 《宋会要·刑法》三之一〇。
③ 《宋刑统》卷二四，《斗讼律》之"越诉"门。
④⑤ 《宋会要·刑法》三之一二。
⑥ 《宋会要·刑法》三之一一。
⑦ 参见《元史·刑法志》。

辄赴上司称诉者，笞五十。"① 明代的越诉之禁，比以前各代都严格，越诉者曾要处以"发口外充军"的刑罚，甚至规定民间案件未经"里老人"处理而告官者为越诉。万历年间定《越诉条例》十六条，对各种案件的奏告、申诉程序都作了严格的规定。② 法律规定，凡属于州县自理案件，省级长官不得受理初审："凡布政司官不许受词自问刑名；抚按官亦不许批行问理。"③

清代法律的越诉禁令更严。《大清律》"越诉"条规定与明律同，但增加了一些条例。比如雍正三年（1725 年）的条例规定："凡在外州县有事干碍本官不便控告，或有冤抑审断不公，须于状内将控过衙门、审过情节开载明白，上司官方许受理。若未告州县及已告州县不候审断越诉者，治罪。上司官违例受者，亦议处。"乾隆六年（1741 年）条例规定："词讼未经该管衙门控告，辄赴院、司、道、府，如院、司、道、府滥行准理，照例议处。"④

二、不视为越诉的一些特殊情形

在禁止越诉的原则下，为了保护人民的正当权益，为了防止基层官吏滥用权力、堵塞讼路，古代中国历代王朝曾作出了许多有益的补充规定。这些规定，用今天的眼光看，相当有行政救济法制的味道。正式允许越诉之法，大概始于宋代。不过，有些制度实际上也许自唐代就开始了。

唐宋以后特许越诉的情形，大概有以下几类。

第一种情形是，如果本管或该管官司不受理案件，可以越诉。这种情形，严格地说已经不视为越诉。《唐律疏议·斗讼》："凡诸词讼，皆自下始……若有司不受，即（越）诉亦无罪。"《宋刑统·斗讼》中附有宋时延用的北周敕令："起今后诸色诉讼并诉灾沴，并须先经本县，次诣本州本府，仍是逐处不与申理及断遣不平，方得次第陈状。"在元代，"本属官司有过，及有冤抑屡告不理，或理断偏屈，并应合回避者，许赴上司陈之"⑤。

第二种情形是，不得将人民告申的案件交"所讼官司"审理，也就是交给被控告的衙门或官员受理；如有违反，听人民越诉。北宋真宗咸平六年（1003 年）规定："若论县，许经州；论州经转运使，或论长吏及转运使、在京臣僚，并言机密事，并许诣鼓司、登闻院进状。"⑥ 南宋高宗绍兴六年（1136 年）"令诸州，诉县理断事不当者，州委官定夺。若诣监司诉本州者，送邻州委官；诸受诉讼应取会与夺而辄送所讼官司者，听越诉。受诉之司取见诣实，具事因及官吏职位姓名、虚妄者具诉人，申尚书省"⑦。绍兴十二年（1142 年）五月六日诏，"率臣诸司州郡，自今受理词诉，辄委送所讼官司，许人户越诉，违法官吏并

---

① 《明代律例汇编》卷二二，《刑律》五，《诉讼》。
② 参见《明史·刑法志》。
③ 《明会典》卷一七七，《刑部》十九，《问拟刑名》。
④ 马建石等主编：《大清律例通考校注》，873 页，北京，中国政法大学出版社，1992。
⑤ 《元史·刑法志·诉讼》。
⑥ 《宋会要·刑法》三之一二。
⑦ 《宋会要·刑法》三之二六。

取旨重行黜责，在内令御史台弹纠，外路监司互察以闻。仍月具奉行，有无违戾，申尚书省。"① 在元代，"本属官司有过……许赴上司陈诉之"②。在明代，人民可以向巡回监察官员控告本管官吏，"若告本县官吏，则发该府；若告本府官吏，则发布政司；若告布政司官吏，则发按察司"③。最后实际上由上一级衙门或官员审理，这不视为越诉。清代雍正年间的条例规定，"凡在外州县有事款干碍本官不便控告……上司官方许受理"④。

第三种情形是，本管官司应回避而不回避，许人民越诉。在元代，"本属官司……应合回避（而不回避）者，许赴上司陈之"⑤。这种情形，在宋、明、清的法律中虽未找到有关规定，但应该也有类似做法。

第四种情形是，向监司宪司控诉官吏受贿不法，可以越级告诉，不以越诉论。元代法律规定："诸诉官吏受赂不法，径赴宪司者，不以越诉论。"⑥

三、宋代"越诉法"开创的一些特许越诉

两宋时代，为了打击贪官污吏欺侮小民，特别以各种法令"广开越诉之门"。其规定的一些特别允许越诉的情形，非常典型地体现了给予人民申控官吏违法滥权、保护人民正当权益、实行行政损害救济的目的。

这些特许越诉大概有以下几种情形。

第一种情形与司法中防止官吏舞弊有关。北宋政和三年（1113年）十二月，宋徽宗令"官吏辄紊常宪法，置杖不如法，决罚多过数，伤肌肤，害钦恤政"者，"许赴尚书省越诉"⑦。宣和三年（1121年），徽宗又下诏对"诸路州军公吏人，违条顾觅私身发放文字及勾追百姓"，"擅置绳缚，以威力取乞钱物"，"而监司守令坐视漫不省察"者，"许民户诣监司越诉"⑧。宣和四年（1122年）徽宗再次下诏："应在禁罪人，官吏避免检察官点检，辄私他所者，以违制论。许被禁之家越诉。"⑨ 宋高宗绍兴二十七年（1157年）规定："民间词诉……苟情理大有屈抑，官司敢为容隐，乃设越诉之法。"⑩《庆元条法事类》规定："诸奉行手诏及宽恤事件违戾者，许人越诉。"⑪ 在司法审判中，如果依法"有不应禁（之人）而（遭）收禁者……许不应禁人或家属经提刑司越诉。如提刑司不为受理，许经刑部、御史台越诉"⑫。还有对于官吏审理案件故意拖延时日（"往往经涉岁月不与断理"）者，"许人

---

① 《宋会要·刑法》三之二六。
② 《元史·刑法志·诉讼》。
③ 《明会典》卷二一〇，《都察院》。
④ 马建石等：《大清律例通考校注》，872页，北京，中国政法大学出版社，1992。
⑤ 《元史·刑法志·诉讼》。
⑥ 《元史·刑法志》。
⑦ 《宋大诏令集》卷二〇二。
⑧ 《宋会要·刑法》二之八二。
⑨ 《宋会要·刑法》六之六一。
⑩ 《宋会要·刑法》三之二九。
⑪ 《庆元条法事类》卷十六。
⑫ 《宋会要·刑法》六之七三。

户越诉"①。

第二种情形与宋代特别注意打击"冒役"有关。有宋一代，差役之累，百姓苦之，于是"冒役"即土豪与官吏勾结在差役科派上弄虚作假，躲避差役，或将差役负担转嫁给贫民，"朝廷虑猾吏之为害，故开冒役越诉之门"②。高宗建炎二年（1128 年）诏："逃田税役，辄勒邻保代输，许人户越诉。"③

第三种情形与宋代的"断由"制度有关。宋代法制规定，任何司法案件的判决，不仅仅要作出判决本身，还应该在判词上写明判决理由（定夺因依）。如果原管官司不给出断决理由，可以越诉。"如元官司不肯出给断由，许令人户径诣上司陈理。其上司不得以无断由不为受理，仍就状案追索原处断由。如原官不肯缴纳，即是显有情弊，自合追上承行人吏，重行断决。"④

第四种情形与防止贪官污吏勾结奸民霸占百姓田产、房产等物业有关。如高宗绍兴三年（1133 年）诏："人户因兵火逃亡，抛弃田产……十年内听理认归业。官司占田不还，许越诉。"⑤ 孝宗隆兴元年（1163 年）诏："应婚田之诉，尤下户为豪强侵夺者，不得以务限（受理民事诉讼期限）为拘，如违，许人户越诉。"⑥

第五种情形与防止官吏不法科敛百姓、征收赋税违法有关。高宗绍兴五年（1135 年）敕："民间合纳夏税秋苗……州县不遵三尺（法）……往往大折价钱，至令人户难于输纳，并将畸零物帛高估价值却往他处贱价收买，以图剩利，显属违戾。可令监司觉察，仍许人户越诉。"⑦ 孝宗乾道元年（1165）诏："江浙州军每岁人户合纳二税物帛等……州县于数外妄有科折……以加耗为名，大秤斤两，如有违戾，许民越诉。"⑧

第六种情形与防止官吏侵害商人、勒索商贾有关。如宁宗庆元元年（1195 年）诏："现任官员收买饮食服用之物，并随市值，各用现钱。不得于市价之外更立官价，违者，许人户越诉。"⑨

第七种情形与防止官吏"滥收费"、"滥罚款"有关。高宗绍兴九年（1138 年）规定："契勘人户典卖田宅，合纳牙税契纸本钱，勘合朱墨头子钱。州县巧立名目，又有朱墨钱、用印钱、得产人钱……禁契税正钱外收取民钱，许人户越诉。"⑩ 孝宗淳熙二年（1175 年）诏："累降指挥约束州县，不得因公事辄科罚百姓钱物。（违者）许人越诉。"⑪

---

① 《宋会要·刑法》三之三七。
② 《宋会要·刑法》三之三三。
③ 《宋会要·食货》六九之四六。
④ 《宋会要·刑法》三之三七。
⑤ 《宋会要·食货》六九之五二。
⑥ 《宋会要·刑法》三之四八。
⑦ 《宋会要·食货》七〇之八五。
⑧ 《宋会要·食货》七〇之五六。
⑨ 《宋会要·刑法》二之一二六。
⑩ 《宋会要·食货》七〇之一五一。
⑪ 《宋会要·刑法》二之一一九。

四、明代的"许民捉拿污吏"之制度

明太祖朱元璋为了打击贪赃枉法、滥用权力、鱼肉百姓的贪官污吏，也为了保障人民的正当权益，给了人民一项非常特殊的救济程序——"耆民率丁壮捉拿害吏送惩"的制度。这是有明一代人民权益救济法制中最为特殊的一项设计。

为了制止官吏贪渎之风蔓延，明太祖朱元璋认为仅仅靠体制的力量已经不行了，于是他选择在国家正常监督体制之外借助老百姓的力量。他明确授权人民捉拿贪官污吏送惩："朕设夫州县官，从古至今，本为牧民。曩者所任之官，皆是不才无籍之徒。一到任后，即与吏员、皂隶、不才耆宿及一切顽恶泼皮赛缘作弊，害吾良民多矣。似此无籍之徒，其贪何厌，其恶何已！若不禁止，民何以堪！此诰一出，尔高年有德耆民及年壮豪杰者，助朕安尔良民。若靠有司辨民曲直，十九年来未见其人。今后所在有司官吏，若将刑名以是为非、以非为是，被冤枉者告及四邻，旁入公门，将刑房该吏拿赴京来；若赋役不均，差贫卖富，将户房该吏拿来；若保举人材扰害于民，将吏房该吏拿来；若勾补逃军力士，卖放正身，拿解同姓名者，邻里众证明白，助被害之家将兵房该吏拿来；若造作科敛，若起解轮班人匠卖放，将工房该吏拿来。若民从朕命，着实为之，不一年之间，贪官污吏尽化为贤矣！为何？以其良民自辨是非，奸邪难以横出，由是逼成有司以为好官。其正官、首领官及一切人等敢有阻挡者，其家族诛。"①

这是授权人民捉拿州县为恶的六房书吏。对人民的这种"捉拿"授权，还包括捉拿作恶的"在闲之吏"及"老奸巨猾"："今后布政司、府州县在役之吏，在闲之吏，城市乡村老奸巨滑顽民专一起灭词讼，教唆陷人，通同官吏害及州里之间者，许城市乡村贤民方正豪杰之士有能为民除患者，合议城市乡村，将老奸巨滑及在役之吏、在闲之吏绑缚赴京，罪除民患，以安良民，敢有邀截阻挡者枭令。赴京之时，关津渡口毋得阻挡。"②

在这些诰令中，朱元璋授权民间的"高年有德耆民及年壮豪杰者"、"贤民方正豪杰之士"协助朝廷反腐败，授权百姓捉拿的对象仅仅是州县基层政权的吏、户、礼、兵、刑、工六房书吏（包括在闲者）；其所授予的权力只是协助官府捉拿或者扭送赴京师，送交中央衙门审理。为保证此一人民监督顺利完成，朱元璋规定，任何渡口、关津必须配合，"虽无文引"也必须放行，不得阻拦，阻拦者甚至要"族诛"。这实际上是一种特殊的允许越诉制度，就是为了防止"正印官、首领官"等庇护或阻拦对这些污吏的查处，授予人民协助国家捉拿，实即借助人民通过越诉的模式制裁这些污吏。

对百姓的这种授权，是否也包括捉拿为恶的官员？朱元璋曾下诏："所在有司所掌事务，本为民便，往往不行仁政，于差拨及一切词讼，卖富差贫，刑名有理做无理。诏书到日，今后有司官吏敢有如此，许群民或百十擒拿赴京。"③

按照这一诏书规定，"许群民百姓或百十捉拿赴京"的包括"有司官吏"，应该包括府州县官员，就不再仅仅限于"书吏"了。但是，这样的理解也许不一定正确。因为《明大

---

① 《御制大诰》三编，《民拿害民该吏》。

② 《明大诰·乡民除患》第四九。

③ （明）朱元璋：《优恤高年并穷民诏》，载刘海年、杨一凡编：《中国珍稀法律典籍集成》，乙编第3册，64页，北京，科学出版社，1994。

诰》中又有规定："自布政司至于府州县吏，若非朝廷号令，私下巧立名目，害民取财，许境内诸耆宿人等遍处乡村市井，连名赴京状奏，备陈有司不才，明指实迹，以凭议罪，更育贤民。"①

这里仅仅授权百姓以"连名赴京奏状"的方式控诉贪腐的官员（"有司"），为随后的弹劾惩处提供依据（"明指实迹，以凭议罪"），却没有直接授权百姓集体捕拿之。

正是根据这一授权，洪武十八年（1385 年），常熟县民陈寿六等三人曾把贪残害民的吏员顾英绑缚至京面奏，朝廷严惩了顾英并重奖了陈寿六等三人。②洪武十九年（1386 年）三月，嘉定县县民郭玄二等两人，手执《明大诰》赴京控告本县首领弓兵杨凤春等害民，在经过淳化镇时遇到巡检何添观等刁难，其手下弓兵马德旺乘机索要钞贯。此事被告到朱元璋那里，其结果是郭玄二受到奖赏，马德旺被枭首，何添观被砍脚，戴重枷服刑。③

明成祖（太宗）曾重申太祖创制的这一法制："自今官吏，敢有不遵旧制，指以催办为由，辄自下乡科敛害民者，许里老具实赴京面奏，处以重罪。"④

透过这些诰令，透过其所规定的方式或程序，我们可以看到，这实际上正是人民权益救济的特殊模式或途径。冤屈无处申告，就可以捕拿刑房书吏；被滥苛赋役，就可以捕拿户房书吏；人事保举如有不公，可以捕拿吏房书吏；军役征选若有不公，可以捕拿兵房书吏；工程劳役若有苛征，可以捕拿工房书吏；遇到有教唆、好包揽词讼、好诬陷之书吏和奸猾，也可以捕拿；不行仁政、枉法裁判、害民取财的官吏都可以捕拿送京师惩处或举控到京师……这不正是授予人民一种非常的权益救济途径吗？

---

① 《明大诰·民陈有司贤否》第三六。
② 参见《大诰续编·民拿下乡官吏》第十八。
③ 参见《大诰续编·阻挡耆民赴京》第十九。
④ 刘海年、杨一凡编：《中国珍稀法律典籍集成》，乙编第 3 册，176 页，北京，科学出版社，1994。

第三十章

古代中国人民权益救济的主要方式或手段

在古代中国，人民权益的救济渠道，不管是法律的途径还是习惯的途径，都是客观存在的。虽然法律上不一定把这些渠道或途径明文规定下来，或者即使规定下来也不是明确以人民权益救济为目标，但它们可以作为人民权益救济的途径或渠道，客观上可以满足人民权益救济的部分需要，是没有疑问的。在前一章里，我们已经讨论了这些途径或渠道，在本章里，我们想进一步讨论，古代中国的人民，在日常生活的实际事件中，在自己的正当权益受到损害的情形下，是如何利用这些法定的或习惯的、合法的或半合法的途径或渠道，控告或申诉违法或犯罪行为、制止不法侵害、挽救自己受损害的利益的。

古代中国的人民权益救济方式，以今日的眼光看，大致可以分为个人权益救济、集体权益救济两种方式，相应地，救济手段也大概有两大类情形。在个人权益救济中，士民百姓个人以一己的名义提出救济、采取一切救济举措的情形是常见的；但是也有个人借助宗族、乡党、江湖、行会、寺院等社会力量实行权益救济的情形。在集体权益救济中，亦有多种方式，主要是以宗族、乡党、行会等集体组织的方式提出"集体诉讼"，而诉讼请求又的确是集体或地方的共同利益的情形。

第一节
个人权益救济方式或手段

中国古代个人权益的救济方式或手段，我们主要想通过古代历史记载的法律规定和具体权益救济事件中的做法来说明。因为古代中国法律事件记载甚少，我们只能取历史上的零星记录，挂一漏万地大致展示历史上的个人权益救济所使用的方式或手段的情形而已。

一、个人申告救济方式

在古代中国，士民百姓认为自己的正当权益受到侵害，可以进行申控，启动救济程序。

这种救济程序，最早留下记载的，不是通过地方政权的救济，而是通过中央或者王权的救济。尧舜禹时代的谏鼓、谤木、善旌，《周礼·夏官·太仆》中的"路鼓"制度，《周礼·秋官·大司寇》中的"肺石"制度，后世的个人诣阙申诉、个人上书上表制度，等等，都是这种通过中央或者王权的个人权益救济模式。

这里的个人申告救济方式，以《周礼》的"立于肺石"申诉制度为典型代表。"以肺石达穷民。凡远近茕独老幼之欲有复于上而其长弗达者，立于肺石三日，士听其辞，以告于上而罪其长。"① 这是说，个人有权益受损、冤抑难申之事，最后的救济方式就是到京师"立于肺石"。在宫门外的这块红色石头旁站立三天，就表明自己有奇冤大屈，要上诉于天子。朝廷的专职法官"士"就会出来接待这种"信访"，询问其详情，向天子报告。

西汉初年的一个民事或行政救济案件很有意思：汉景帝时，田叔为鲁国相，"初到，民自言相，讼王取其财物百余人"。就是说，田叔一上任为鲁国相，就有上百个百姓状告鲁王巧取豪夺百姓财物。作为国家派来的诸侯国傅相和实际上的行政长官，田叔受理了这些民事诉讼兼行政诉讼，但是他不能直接传唤被告，因为被告是名义上的鲁国最高行政长官。"田叔取其（讼民）渠率二十人，各笞五十，余（众）各搏二十"，也就是对状告鲁王的百姓施加刑笞，并假意训斥百姓："王非若主邪？何自敢言若主！"（鲁王不是你们的主子吗？你们怎么竟敢状告主人？）"鲁王闻之大惭"，于是同意偿还那些债务。②

这个案子很有意思。鲁王作为名义上的行政长官，其巧取豪夺人民财物，人民追讨之，其诉讼可以说是行政诉讼。但诉讼的审理者，又是名义上辅佐诸侯王的傅相，是级别低一点的官员。人民直接找他告状，就说明当时傅相在封国内有最高司法权。田叔没有直接传唤被告并审理宣判，而是用巧妙的方式劝谕鲁王还清债务。

东汉人王充《论衡·验符》记载了一个真实的行政诉讼或人民权益救济案例：

东汉明帝永平十一年（68年），庐江郡下属的皖侯国小男孩陈爵等在一湖边钓鱼，发现湖水中有金币，回家告诉父亲陈国（字君贤），陈国率邻居们共到湖边搜寻，共拾得金币十余斤。陈国等将此事报告给了侯国相，侯国相随即向庐江郡太守报告。太守于是派人到村里收走了全部金币，上呈朝廷，并向皇帝报告了获得金币的过程，但没有给予陈国等人任何报酬或奖赏。次年，因未得奖赏，陈国等人遂向皇帝上书讨个说法："贤等得金湖水中，郡牧献，讫今不得直。"他们要求依法得到拾金不昧、捡到宝物归公的适当报酬（直）。皇帝接到上书，下诏责问庐江太守为何不给陈国等报酬或奖赏。郡太守回答说：因为君贤等人"所采金自官湖水，非贤等私渎，故不与直"。皇帝对这种看法很不满意，乃令太守："视时金价，畀贤等金直。"就是下令按照当时的黄金价格，给陈国等人发钱作为报酬。③

这个案例很能反映当时的相关法制和行政诉讼救济程序。太守依职权派人收走了人民拾得的无主财物（金币）并上交朝廷，这是一个行政处分行为。百姓陈国等人认为自己系主动向官府上交拾得物，拾金不昧，依法或依惯例应该得到报酬或奖赏；认为郡里不给报酬的行政行为（行政不作为）是错误的，损害了自己的正当权益。于是他们实行了"民告

---

① 《周礼·秋官司寇》。

② 参见《史记·田叔列传》。

③ 这件事，正史亦有记载。《后汉书·明帝纪》永平十一年："是岁，濑湖出黄金，庐江太守以献。"这一案例乃海南大学王祖志老师最先发现并转告笔者，谨此致谢。

官"的行动,他们提出这项行政救济请求(行政复议申请),肯定是先向侯国的长官(国相)、郡的长官(太守)提出,郡、县(侯国)两级都不支持其请求,于是最后只好上书皇帝,亦即上诉至中央政府。最后,皇帝作出最高行政复议决定或判决——撤销郡的错误决定、发给适当报酬。①

三国曹魏时期的一桩案件,大致反映了当时个人权益救济方式:"护军营士窦礼近出不还。营以为亡,表言逐捕,没其妻盈及男女为官奴婢。"按照当时的法律,军士逃亡,则没收其妻子为奴。"盈连至州府,称冤自讼,莫有省者,乃辞诣廷尉"。廷尉高柔审明真相,纠正了"将失踪军人窦礼妻子及子女没收为官奴"的错误决定。② 在这里,当事人窦妻盈作为军属,先诉讼至州府,最后诉讼至中央廷尉,采取了逐级向上鸣冤的救济程序。

西晋时期的一件讼案也反映了当时的个人权益救济方式:西晋武帝时,大臣高悝"以纳妾致讼被黜",亦即因纳妾惹了官司被罢官,不久亡故。其子高崧"乃自系廷尉讼冤,遂停丧五年不葬,表疏数十上"。皇帝哀怜之,乃下诏曰:"(高)悝备位大臣,违宪被黜,事已久判。其子崧求直无已。今特听传侯爵。"③ 这个案件,也可以说是一个行政诉讼案件。这个案件中提起行政诉讼的原告,并不是受行政处分的当事人本人,而是他的儿子。既然被罢官者已经亡故,其子提起救济申请,当然不是要恢复官爵,而是要洗雪冤屈、恢复名誉("求直"),就是要朝廷撤销原来那个罢官免爵的行政决定。其所采取的救济方式比较特殊:"自系"就是把自己当成犯人捆绑起来到官府告状;"停丧五年不葬"是表示父亲被冤,死不瞑目,不讨个说法就是不孝。最后结果是,皇帝没有正式作出平反昭雪的决定,只是允许高崧袭传其父的侯爵作为补偿。

明朝嘉靖年间"四铁御史"冯恩的母、子为其讼冤一事,典型地体现了当时的非常申控和救济方式或手段:嘉靖时,大臣冯恩以上疏得罪皇帝,论为死罪。为了讼冤,其十三岁的长子冯行可"伏阙讼冤,日夜匍匐长安街,见冠盖者过,辄攀舆号呼乞救",没有人理睬他,没有人敢为之说话,"终无敢言者"。冯恩的母亲吴氏亦"击登闻鼓讼冤",又无人理睬。次年,冯行可"上书请代父死,不许"。到冬天,临近冬至行刑季节,"事益迫,行可乃刺臂血书疏,自缚阙下",再次请求代父一死。其上书痛陈:"臣父幼而失怙。祖母吴氏守节教育,底于成立,得为御史。举家受禄,图报无地,私忧过计,陷于大辟。祖母吴年已八十余,忧伤之深,仅余气息。若臣父今日死,祖母吴亦必以今日死。臣父死,臣祖母复死,臣茕然一孤,必不独生。冀陛下哀怜,置臣辟,而赦臣父,苟延母子二人之命。陛

---

① 这里有一个特别的法律问题值得注意。庐江郡太守原来不决定发给陈国等人报酬或奖赏的理由,理由是:这金币是从公家的湖水中捡到的,不是从私人的湖水中捡到的。按照这一理由,我们可以推测,汉代已经形成了一些关于拾得物、遗失物、埋藏物、漂流物物权归属的民事法律原则。就是说,从公家的土地或水域里得到的埋藏物,原则上应推定所有权归国家;只有在私人土地或水域里得到的才可以认为物权归私人。太守的这一理由,与迄今我们所知的汉律的规定相一致。汉人郑玄注《周礼·秋官·朝士》曰:"得遗亡物及放失六畜,持诣乡亭、县廷。大者公之,大物没入公家也;小者私之,小者自畀也。"但是,汉明帝的最后决定是:即使是将在官家的土地或水域里发现的埋藏财物上交国家,也应该给予当事人价钱相当的报酬或奖赏。这恰与后来《唐令》的规定大致一致:"诸官地内得宿藏物者听收。他人地内得者,与地主中分之。即古器形制异者,悉送官酬其值。"([日]仁井田陞:《唐令拾遗·杂令》)

② 参见《三国志·魏志·高柔传》。高柔审清窦礼系同营士兵所杀。

③ 《晋书·高崧传》。

下戮臣，不伤臣心。臣被戮，不伤陛下法。谨延颈以俟白刃。"这次上书经通政使陈经转奏皇帝，"帝览之恻然，令法司再议"，终于赦免了冯恩的死罪，改处流放。[1] 嘉靖帝死后，冯恩获平反，冯行可被旌表为孝子。

冯恩的母亲和儿子所采取的非常上诉救济模式是很有特色的，这种特色就是跪哭长安街、自缚阙下请求代刑、血书申诉、以死要挟。"日夜匍匐长安街"、"刺臂血书疏"，是要造成一种极为凄惨的观感；"上书请代父死"，更表现了孝子的大义，唤起人们的伦理同情。这种非常极端的救济模式，无非是要唤起舆论的同情，要唤起皇帝的恻隐。

这种个人权益救济方式，其实很早就十分盛行。早在《唐律》中就为此作出了专门的规定："诸邀车驾及挝登闻鼓，若上表，以身事自理诉而不实……自毁伤者，杖一百；虽得实而自毁伤者，笞五十。"就是明确禁止以"自毁伤"唤起舆论同情的方式进行非常上诉。《大明律》对此有规定，《大明律》有条例："在外刁徒身背黄袱、头插黄旗、口称奏诉，直入衙门挟制官吏者，所在官司就拿送问。"[2]《大清律》所附的条例也作出了相应的禁令。康熙十九年（1680 年）条例："凡跪午门、长安等门及打长安门内石狮鸣冤者，俱照擅入禁门诉冤例治罪。若打正阳门外石狮者，照损坏御桥律治罪。"[3]

二、个人挟社会力量的救济方式

古代中国的士民百姓个人通过正常或非常申控救济自己的正当权益，如果特别想获得成功，特别想扩大影响，则必须充分利用一定的社会力量或社会有组织的力量的影响。在古代中国，这种有组织的力量，主要是指宗族、寺院、乡党（邻伍）、士绅、行会、江湖等等。不管其组织性强或者弱，只要有一定的组织性，那么就可以在士民百姓争取个人权益救济时借助为一种群体压力，这种压力往往有利于贪官污吏最后被制裁，有利于案件的最后公正解决，有利于受损权益的挽救或恢复。

东汉桓帝永兴年间，冀州刺史朱穆因惩治境内的宦官及其家属横行逾制，得罪宦官集团。宦官们哭诉于皇帝，"帝闻大怒，征穆诣廷尉，输作左校"，就是判处有期徒刑。这一次清流官员被迫害事件，引起一次大规模的太学生抗议救援行动。"太学书生刘陶等数千人诣阙上书"，为朱穆讼冤。其集体申告状说："伏见施刑徒朱穆，处公忧国，拜州之日，志清奸恶。诚以常侍贵宠，父兄子弟布在州郡，竞为虎狼，噬食小人，故穆张理天网，补缀漏目，罗取残祸，以塞天意。由是内官咸共患疾，谤讟烦兴，谗隙仍作，极其刑谪，输作左校。天下有识，皆以穆同勤禹、稷而被共、鲧之戾，若死者有知，则唐帝怒于崇山，重华忿于苍墓矣。当今中官近习，窃持国柄，手握王爵，口含天宪，运赏则使饿隶富于季孙，呼嚧则令伊、颜化为桀、跖。而（朱）穆独亢然不顾身害。非恶荣而好辱，恶生而好死也，徒感王纲之不摄，惧天网之久失，故竭心怀忧，为上深计。臣愿黥首系趾，代穆校作。"这一份集体申诉状写得非常感人，皇帝被感动了，"帝览其奏，乃赦之"[4]。

国立大学的学生数千人联名上书为一个地方官员申诉、声援一个受刑人，这在当时应

① 参见《明史·冯恩传》。
② 《大明律·刑律·诉讼》附例。
③ 马建石等主编：《大清律例通考校注》，872 页，北京，中国政法大学出版社，1992。
④ 《后汉书·朱穆传》。

该是非常特殊的事件，是影响非常大的事件。数千人竟然声称愿意"黥首系趾，代穆校作"，就是愿意代朱穆受刑，这是何等感人的场面。这一次救济行动成功了，这可以看成是一次朱穆或其家属利用太学生群体巨大影响力实现救济目标的行动。

唐武则天时期的一个权益救济案件很能反映当时个人挟社会力救济权益的情形。

案件的起因是著名酷吏、司农少卿来俊臣看上了一个西蕃酋长家里的女奴："时西蕃酋长阿史那斛瑟罗家有细婢，善歌舞；俊臣因令其党罗告斛瑟罗反，将图其婢"。为了得到这个女奴，来俊臣竟然唆使其党徒诬告该酋长谋反，欲使其罹灭族之刑，然后没收该女奴供自己享用。为了申冤，为了避祸，阿史那斛瑟罗酋长乃动员了其同类酋长数十人，形成一个集体鸣冤团，"诸蕃长诣阙割耳剺面讼冤者数十人，乃得不族"①。结果使该酋长免除了族刑。

这是一个特殊的"鸣冤团"——少数民族酋长鸣冤团，这涉及唐代的少数民族政策以及与周边夷蕃部落的关系，不由得朝廷不重视。这个鸣冤团采取了非常惨烈的上诉方式——"割耳剺面"，大概是割掉耳朵，并用刀划破脸部，到皇宫门前集体哭诉。这种救济方式部分获得了成功，酋长免除了族刑。

明朝的一个案件也能反映这种个人利用社会力救济的情形。

明朝嘉靖三十年（1581年），右副都御史商大节统兵守京城，被大将军仇鸾诬以"怀奸避难"而下诏狱，"法司希旨，当大节斩"，即秉承皇帝旨意判商大节死刑，关押死牢中。次年，其仇人死，商大节的乡亲们集体讼冤于京师："故部曲石镗、孙九思等数百人伏阙讼冤，章再上。"这一集体控诉行动感动了一些大臣，兵部侍郎张时彻等为之上书皇帝："（商）大节为逆鸾制肘，以抵于法，乞顺群情赦之。"②皇帝没有理睬，商大节终于瘐死狱中。

这虽然是一个不成功的非常救济案例，但其当事人所使用的挟社会力救济的手段，是很有特色的。明朝时已经没有"部曲"，这里记载的"故部曲数百人"，大约是以商家的老佃户们为主体的乡亲们。能号召到数百人之多，显然有商大节的子弟叔侄等在其中主导、指使，不会完全是佃户们的自发行动。数百佃户乡亲一起到京城上访鸣冤，可以表明商大节及其家人在乡间道德声誉好，这也是向皇帝施压的一种理由。

明朝万历年间，将军李材镇抚滇缅边境地区有功，被人诬告系狱。李材家人为讼冤，托边疆孟养部落土司乘入贡之机向皇帝进言："具言缅人侵轶，天朝救援，破敌有状，闻典兵者在狱，众皆流涕。"同时，又组织边民百姓为之讼冤："楚雄士民阎世祥等亦相率诣阙讼冤。"终使朝廷免除其罪，重新启用。③这是一个利用边民群众、土司的社会力量实现权益救济、纠正错案的范例。

明崇祯年间，督师抗清的将军刘宇亮弹劾保定知府陈弘绪不开城门纳官军避敌锋芒，皇帝下诏逮捕弘绪问罪。"州民诣阙讼冤，愿以身代者千计"，竟然有上千人到京师为知府鸣冤叫屈，这显然是陈弘绪的亲属组织的一次挟社会力量救济的行动。这次行动的结果是

---

① 《旧唐书·来俊臣传》。
② 《明史·商大节传》。
③ 参见《明史·李材传》。

"弘绪得镌（降）级调用"①，总算没有处以刑罚。

明天启年间，常州知府曾樱被诬"以行贿谋擢官，命械赴京"，其下属和家人组织了一次很好的救济行动：先是"士民以樱贫，为醵金办装"，就是部下、百姓凑钱送给知府为远行的衣服和盘缠，然后"耆老数千人随至阙下，击登闻鼓讼冤"。这一行动也感动了皇帝，"帝命毋入狱，俟命京邸"，随后"令樱以故官巡视海道"②。

明永乐年间，东平知州李湘被人诬告"苛敛民财"，"讦于布政司"。官司一开始，就有大批民众参加了申冤行动，"县民千三百人走诉巡按御史暨布、按二司，力白其冤。耆老七十人复奔伏阙下，发奸人诬陷状"。到布政司逮系李湘入京时，"又有耆老九十人随湘讼冤"。这样大规模地利用社会力量实施救济的行动，取得了相当的效果："通政司以闻，下刑曹阅实，乃复湘官，而抵奸人于法。"③

三、个人权益救济的许可与限制

在古代中国，这种个人权益救济行动，法律一般是许可的，但也是有许多限制的。

除相当于今天公诉案件的比较重大的刑事案件鼓励百姓告发以外，其他所有案件，一般被视为我们今天的自诉案件，即所谓不告不理的案件，或者亲告乃论的案件，只有利害关系者本人才能告诉。所有个人告诉，必须是事关自己，必须是"以身事自理诉"，也就是说案件必须事关自己的切身利害，所谓"干己事情"就是此意。《唐律疏议》规定，当事人有困难不能亲自告诉的，近亲属可以告诉，"即亲属相为诉者，与自诉同"。所谓亲属，唐律限制为"缌麻以上及大功以上婚姻之家"④。这个范围内的亲属可以代为申控鸣冤，其他人参与就是"事不干己"了。

北宋真宗景德二年（1005年）诏："诸色人自今讼不干事，即决杖枷项令众十日。"⑤南宋时，朱熹知潭州，曾发布《约束榜》，规定："如告论不干己事，写状书铺与民户一等科罪。"⑥南宋末年，江西抚州知州黄震曾宣布："不经书铺不受，状无保识不受，状过二百字不受，一状诉两事不受，事不干己不受，告讦不受，经县未及月不受，年月姓名不的实不受，披纸枷布枷、自毁咆哮、故为张皇不受，非单独、无子孙孤孀，辄以妇女出名不受。"⑦这些个人权益救济的程序限制，虽然主要是就民刑诉讼而言，但适用于当时一切个人权益救济情形。这一系列不受理诉状的情形，基本能够反映宋代国家法制关于人民权益救济的限制制度。

明代也有类似的规定。明律规定各处军民词讼"并一应干己事情，俱要自下而上陈告；若有蓦越，俱问罪"⑧。如果"并不干己事及审出添捏等项虚情"，则"立案不行"⑨。这样

---

① 《明史·刘宇亮传》。

② 《明史·曾樱传》。

③ 《明史·循吏传·李湘》。

④ 《唐律疏议·斗讼》。

⑤ 《宋会要·刑法》三之一二。

⑥ 《朱文公文集》卷一百，《约束榜》。

⑦ 《黄氏日抄》卷七八，《词诉约束》。

⑧ 《明代律例汇编》卷二二，《刑律》五，《诉讼》。

⑨ 《明会典》卷二一二，《通政使司·开拆实封》。

规定其实是为了阻止刁讼之徒从中挑拨诉讼、斡旋图利，也为了防止涉讼之人范围太广。

大清律例也规定，"凡实系切己之事，方许陈告"①，就是说任何人告状必须是事情关涉自己的切身利害。就"干己事情"进行告诉时，一般也必须亲自出面控告，不能叫别人代替，"军民人等干己词讼，若无故不行亲赍，并隐下壮丁，故令老幼、残疾、妇女、家人抱赍奏诉者，俱各立案不行，仍提本身或壮丁问罪"②。就是说，若"事情干己"，即使系越诉或用狂悖的方式"奏诉"，案子还是要受理和审判的，只是要追究告状方式不当的责任罢了。这是防止上诉之人故意让老弱病残妇幼等弱势人员前往衙门申控鸣冤以唤起社会同情。也就是说任何案件要申控、鸣冤，如果家中有成年男丁，必须由男丁出面。此外对那种故意用非常怪异、激烈、惨兮兮的行动来上访告状的人，也要格外防范和制止："在外刁徒身背黄袄、头插黄旗、口称奏诉，直入衙门挟制官吏者，所在官司就拿送问。若系干己事情及有冤枉者，照例审判，仍治以不应重律。其不系干己事情，别无冤枉，并追究主使之人一体问罪……俱发近边充军。"③"其有曾经法司督抚等衙门问断明白，意图翻异，辄于登闻鼓下及长安左右门等处自刎、自缢、撒泼、喧呼者，拿送法司，追究教唆、主使之人。俱杖一百，徒三年。"④

第二节
集体权益救济方式或手段

一、合法的群体救济方式

人民权益的救济方式，除了个人的救济方式外，古代中国还有许多集体救济方式。这些集体救济方式，大约有两大特征：第一是救济目标不仅仅是个别人或家庭的利益，而是地方或群体的共同利益，用我们今天的话说，好像是"集团诉讼"、"公益诉讼"。第二是救济活动是以集体方式进行的，这个集体可能是宗族、乡党、士绅群体、江湖、行会等等。其具体做法，有些像我们今天说的"群体上访"、"聚众抗争"。

这样的集体救济行动，法律上是给予了一定程度的许可的。

在明代，明太祖朱元璋以《大诰》授权乡村耆老率领丁壮捉拿贪赃枉法的书吏送京师惩治，"许群民或百十擒拿赴京"，实际上就是允许人民以集体抗争方式制止官吏在赋税徭役的征派中不法行为，维护或救济自己的权益。⑤ 此外，他还曾通过《大诰》规定：

> 今后所在布政司、府州县，若有廉能官吏，切切为民造福者，所在人民必深知其详。若被不才官吏、同僚人等捏词排陷，一时不能明其公心，远在数千里，情不能上

---

① 马建石等主编：《大清律例通考校注》，888 页，北京，中国政法大学出版社，1992。
②③ 同上书，872 页。
④ 同上书，870 页。
⑤ 参见本书第二十九章第四节之四。

达，许本处城市乡村耆宿赴京面奏，以凭保全。自今以后，若欲尽除民间祸患，无若乡里年高有德人等，或百人，或五六十人，或三五百人，或千余人，岁终议赴京师面奏：本境为民患者几人，造民福者几人。朕必凭其奏，善者旌之，恶者移之，甚者罪之。呜呼！所在城市乡村耆民人等，肯依朕言，必举此行，即岁天下太平矣。民间若不亲发露其奸顽，明彰有德，朕一时难知，所以嘱民助我为此也。若城市乡村有等起灭词讼，把持官府，或拨置官吏害民者，若有此等，许四邻及阖郡人民指实赴京面奏，以凭袪除，以安吾民。呜呼！君子目朕之言，勿坐视纵容奸恶患民。故嘱。①

皇帝颁布特别法令，许可甚至鼓励老百姓"或三五百人，或千余人"一起进京"集体上访"或"集体控告"、"集体维权"，其动机或目的是特别值得注意的。

在清代，法律规定，当官府在征收赋税时有贪污不法、科敛勒索情形时，允许百姓集体控告。《大清律例》规定："将弁尅饷，务须营伍管队等头目率领兵丁共同陈告；州县征派，务须里长率领众民公同陈告，方准受理。"② 对于州县征派中的违法科敛，以及军队中的军官克扣粮饷，这一条例规定，允许下层士官率领众兵卒、里长率领民众集体控告，亦即对军官和地方官吏进行集体控告，实行集体维权行动，维护或救济自己的合法权益。

这样的集体维权救济活动，中国历史上一直比较频繁。早在汉代，汉宣帝时，淮阳地方民众集体控告酷吏田云中就是一个例子。酷吏田广明之兄田云中为淮阳太守，"亦敢诛杀"，就是在地方上杀人立威，残害百姓过甚。"吏民守阙告之，竟坐弃市。"③ 淮阳地方的吏民百姓，集体上访到京师，守在皇宫门前控告酷吏的暴行，最后迫令朝廷不得不查办，将酷吏田云中处死刑。这就是人民集体救济或维权的行动，在当时是合法的，并且取得了成功，制裁了残害人民的官员，也就是制止了国家机关的严重行政侵害。

汉成帝时，京兆尹王尊被人劾以"暴虐不改"、"倨嫚姗上"，被免官，"吏民多称惜之"。随之，当地的地方人士发起了集体申冤程序："湖三老公乘兴等上书讼尊治京兆功效日著……书奏，天子复以尊为徐州刺史，迁东郡太守。"④ "三老"是地方乡官，地方乡官率领地方绅士群体为自己的长官讼冤，请求朝廷撤销错误的处分，这种救济当然可以视为人民集体权益的救济。

东汉末年，将军皇甫规也成功地利用了太学生群体的"集体力量"实施个人权益的救济。皇甫规率师出征，"其年冬，征还拜议郎，论功当封。而中常侍徐璜、左悺欲从求货，数遣宾客就问功状，规终不答。璜等忿怒，陷以前事，下之于吏。官属欲赋敛请谢，规誓而不听，遂以余寇不绝，坐系廷尉，论输左校。诸公及太学生张凤等三百余人诣阙讼之。会赦，归家"⑤。大意是：皇甫将军打仗有功，应当封赏，宦官想在为之报功求赏时借机揩点油，但皇甫将军不理睬。于是宦官以"余寇不绝"的罪名陷害他，将军因而被廷尉衙门逮系审判，判处"输作"即徒刑。此时，两个群体为将军求情鸣冤，一个是"诸公"即朝

① 《明大诰·耆纪奏有司善恶》第四十五。

② 马建石等主编：《大清律例通考校注》，888页，北京，中国政法大学出版社，1992。

③ 《汉书·酷吏传》。

④ 《汉书·王尊传》。

⑤ 《后汉书·皇甫张段列传》。

廷的高官们，另一个是国立大学的学生群体，后者的作用可能更显示了威力，因为这在当时是严重的"群体事件"，影响很大。结果，皇甫将军免除了刑罚。

大约与此同时的另一个案件也反映了东汉时期的个人维权救济行动中携群体力量的情形。"四年冬，上郡沈氏、陇西牢姐、乌吾诸种羌共寇并凉二州，（段）颎将湟中义从讨之。凉州刺史郭闳贪共其功，稽固颎军，使不得进。义从役久，亦恋旧，皆悉反叛。郭闳归罪于颎，颎坐征下狱，输作左校。羌遂陆梁，覆没营坞，转相招结，唐突诸郡，于是吏人守阙讼颎以千数。朝廷知颎为郭闳所诬，诏问其状。颎但谢罪，不敢言枉，京师称为长者。起于徒中，复拜议郎，迁并州刺史。"① 大意是：负责率师征讨叛羌部落的将军段颎，因被凉州刺史郭闳陷害，被判处徒刑。为此，受羌人叛乱骚扰的地区的吏役百姓群体上访，为其讼冤："吏人守阙讼颎以千数"，即上千人为段将军上访申冤，使得皇帝终于纠正了错案，并将其派到羌人反叛活跃的并州当刺史。

西晋时代类似的案件不少。晋人王蕴为吴兴太守，"甚有德政。属郡荒人饥，辄开仓赡恤。主簿执谏，请先列表上待报，（王）蕴曰：'今百姓嗷然，路有饥馑，若表上须报，何以救将死之命乎！专辄之愆，罪在太守，且行仁义而败，无所恨也。'"于是开仓"大振贷之，赖蕴全者十七八焉"。这一擅自开仓放粮的违法行为被人举劾，"朝廷以违科免蕴官"，即作出了免除职务的行政处分，但当地人民不答应，"士庶诣阙讼之"，即当地士民百姓到京师集体上访，皇帝被打动，"诏特左降晋陵太守"②。

前秦王苻坚时期，王猛为始平县令，"猛下车，明法峻刑，澄察善恶，禁勒强豪。鞭杀一吏，百姓上书讼之，有司劾奏，槛车征下廷尉诏狱"。苻坚亲自审问之，王猛发表了一通法家严刑峻法的主张，深得苻坚欢心，"于是赦之"③。"百姓上书讼之"，即地方人民集体上书控告官吏酷苛，要求罢免之。这当然是一种集体权益救济行动。不过行动没有达到应有的结果。

这样的集体权益救济行动，在明代屡见不鲜。

明宪宗成化年间，国子监祭酒邢让因被人诬告下狱，国学生杨守阯等人"率六馆生伏阙讼冤"④，最后促使冤案昭雪。国子监中学生分为六馆授业，相当于三个年级又各分高低班。六馆生，也就是国学里的全部学生。这是明代的一次学生集体上访或游行示威以保护校长、救济权益的活动。

明英宗天顺年间，雄县知县秦纮因制止宦官暴捕天鹅，为宦官所陷，"坐下诏狱"。县民为救援县官，采取了大规模的集体抗议行动。"民五千诣阙讼"，即五千百姓到京师告状，最后实现了部分目标，秦纮没有被判罪，仅仅"调知府谷"，也就是到陕西府谷当知县。⑤

明朝的很多著名循吏经历过当地百姓的集体上访挽留以及权益救济行动。

明永乐年间，宁阳知县孔公朝，"坐与同僚饮酒忿争，并遣戍"，即被判处流刑。当地百姓采取了救援行动，"部民屡叩阍乞还"，即多次到京师上访，要求归还"好干部"，但朝

---

① 《后汉书·皇甫张段列传》。
② 《晋书·王蕴传》。
③ 《晋书·王猛传》。
④ 《明史·杨守阯传》。
⑤ 参见《明史·秦纮传》。

廷不接受，"皆不许"。宣宗宣德二年（1427 年）下诏求贤，又有人推荐孔公朝出仕，"宁阳人闻之，又相率叩阍乞公朝"，皇帝感慨："公朝去宁阳已二十余载，民奏乞不已，此非良吏耶？可即与之。"人民的救济行动成功了，孔公朝二十年后再次被委任为宁阳知县。

这样的人民以集体上访方式挽留"好干部"以维护地方利益的救济行动，在《明史·循吏传》中比比皆是。"郭完知会宁，为奸人所讦被逮。里老伏阙讼冤乞还，帝亦许之。""徐士宗知贵溪，宣德六年三考俱最。民诣阙乞留，诏增二秩还任。""郭南知常熟，正统十二年以老致仕。父老乞还任，英宗许之。""张璟知平山，秩满，士民乞留，英宗命进秩复任。景泰初，母忧去。复从士民请，夺情视事。""徐荣知槁城，亲丧去官。服阕，部民乞罢新令而还荣，英宗如其请。景泰初，秩满。复徇民请，留之。""何澄知安福，被劾。民诣阙乞留，英宗命还任。"[1]

二、边缘或半合法的群体救济方式

在古代中国，人民权益救济有时还会以合法与非法之间的边缘方式，或者说半合法、半非法的方式进行，有时甚至以完全非法的方式进行。在半合法的救济方式中，最为典型的就是百姓在某些地方势力的领导下，群起以合法名义或理由进行抗争。

中国历史上都发生过很多人民群起救济合法权益、反对官吏贪污、残暴的群体事件，这些事件一般都是在体制内最大限度容忍的范围内进行的，就是以较为合法的名义或理由提出诉求，只不过方式激烈一点、参加人数多一些，就引起当局的恐慌，结果常常被打成"反叛"、"造反"而遭受镇压。这些行动，其实质仍不过是边缘的或半合法的救济行动。历史上很多次农民起义或农民战争，至少在其前期采取的就是这种半合法的救济方式，只不过在这种半合法的救济方式无效或者被官方镇压之后，才被迫采取大规模的"反叛"即起义行动。

清顺治年间发生的以著名文人金圣叹为首的苏州"哭庙案"，是一桩典型的边缘或半合法的集体维权或集体抗争行动，只不过官府将其打成"谋反大逆"行动而已。

顺治十七年（1661 年）十二月，苏州吴县知县任维初在征收赋税、追逼钱粮时，任意拷笞百姓，且盗取公粮三千余石到市场出售，激起百姓公愤，"虽三尺童子，皆怀不平"。次年二月初四，苏州秀才百余人群起为民请命，先由秀才薛尔张将知县任维初的罪行写成"揭帖"，在秀才倪用宾的率领下到苏州知府大堂举报，秀才们率领的举报队伍及沿路跟进的群众一时达千余人。适逢江苏巡抚朱国治率领府、道、县官员们齐集苏州府堂设帐公祭刚刚驾崩的顺治皇帝。参与盗卖公粮案的朱国治十分害怕此事被揭露，遂以"震惊先帝之灵"的罪名逮捕了倪用宾等 5 人（一说 11 人）。翌日全城读书人愤愤不平，群情汹汹，秀才金圣叹倡议大家到孔庙孔夫子灵前哭诉以示抗议，并亲撰《哭庙文》。一呼百应，随行群众亦号呼而至，在孔庙前击鼓鸣钟，并涌入大成殿，号声痛哭，场面十分悲壮。朱国治又下令追查索捕参与其事的秀才，最后逮捕了倪用宾、金圣叹、沈琅、顾伟业、张韩、来献琪、丁观生、朱时若、朱章培、周江、徐玠、叶琪、薛尔张、姚刚、丁子伟、王仲儒、唐尧治、冯郅共十八人，均诬陷以"谋反大逆"之罪，至七月十三日立秋，"不问首从，立决

---

[1] 《明史·循吏传》。

处斩"，处死于南京中华门外三山街市。此即清初著名的"哭庙案"①。

这一案件中，秀才和百姓们的行动，其实都是不犯法的，用今天的话说不过就是群体事件而已。他们揭露官吏贪污行为、维护百姓权益，目的是正当的。其动作，先是向府衙控告，又向巡抚控告；受到逮捕、镇压时，被迫采取到孔庙集体哭庙的方式鸣冤叫屈。其《哭庙文》既要控告贪官，又要说明秀才参与抗议的正当理由（以免被官方视为"不干己事"而镇压），于是就以"哀哭我辈读书人中出了如此败类"为由，号哭于儒祖孔子灵前的巧妙方式控诉贪官。其《哭庙文》云："顺治十八年二月初四，江南生员为吴令任维初胆大包天、欺世灭祖，公然破千百年来之规矩，置圣朝仁政于不顾，潜赴常平仓，伙同部曹吴之行，鼠窝狗盗，偷卖公粮。罪行发指，民情沸腾。读书之人，食国家之廪饩，当以四维八德为仪范。不料竟出衣冠禽兽，如任维初之辈。生员愧色，宗师无光，遂往文庙以哭之……"这个《哭庙文》，实际上不过是一个特别的控诉状而已。哭于孔庙，其实是想引起府、省乃至朝廷关注并查处。这种方式，无非是想在体制内解决问题，不愿被朝廷视为非法而加以镇压。②

清朝道光时期发生在湖北崇阳县的"钟九闹漕案"，也能反映古代中国人民采取边缘或半合法的救济方式维护权益的一般情形。该案中的集体维权行动，显然比苏州的"哭庙案"要严重或激烈许多。

道光十六年（1836年）冬，崇阳地方士绅金太和、钟人杰等代表四十八堡的广大花户（纳税人）具状控告县衙的书差们乘征收漕粮之机刁难百姓、百般勒索。状子递到县衙，县衙不受理；上告到武昌府，府又拖着不办，遂一直上告到总督衙门。其间，书差们也反过来状告金太和、钟人杰等人挟持花户、包揽词讼等。后来，钟人杰等不断联络花户，收取讼费，继续控告，并组织一批人到武昌总督府集体上访。总督周天爵直接审理了此案，"将（被控告的）书差责革，禁免票钱、差票垫费"，但同时也斥责金、钟等人挑唆"不切己"之讼。此后，钟人杰等人率领广大花户继续抗拒漕粮征收中的各种勒索或浮收，阻拒书差下乡征收漕粮，甚至自制银柜送到县衙，"置柜十一张③，分注里名，抬送县堂；刊刷传单，派定（缴纳）日期"，让花户"依期投纳，自封投柜"，不让书差经手，以防以金、钟等人为首的士绅群体的矛盾遂进一步加剧。道光二十年（1840年）冬，漕粮开征，钟人杰等正式率众闹漕。"不容官打样盘，每石明加二斗二升；书差、样盘、斗级余米全行革除"，但书差们继续刁难花户。于是次年元宵节之时，钟人杰等率众开始了更加剧烈的抗争行动："手执红旗，大书官逼民反"，以送灯为名，"暗藏器械，统众入城"。进城后，他们仅仅以书差为攻击对象，拆除书差办公的房屋——粮房，抢掠书差们的衣物资财，使书差们的房产衣财"拆掳无遗"。占领县城后，起事队伍把持了崇阳对外的一切通道，不允许官府文书往来。钟人杰等商议制定禁革钱漕积弊以及允许每石加收二斗二升（火耗，耗羡）的章程，钟人杰等亲自书写章程告示，勒令知县折锦元加盖县印，刻成石碑，在城乡各处竖立。此后，花户按照此一章程缴纳漕粮，书差和官府的陋规利益严重受损。于是，他们继续设法

---

① 小成：《金圣叹与哭庙案》，载《江苏地方志》，2000（6）。
② 参见周志斌：《论清初苏州的"哭庙案"》，载《学海》，2001（6）。
③ 崇阳县有十一里，每里一张专柜，以收税银。

追究金太和、钟人杰等人把持钱粮、打砸粮房的责任，终于迫使钟人杰等于道光二十一年（1841 年）十二月仓促起事。起事之时，他们起先并不把矛头指向官府，而是指向代书差群体写状反告金、钟等人的讼师蔡绍勋，将蔡家"满门绑缚"，"我想邀人拿住蔡绍勋，便可挟制他和息了案"。因发现蔡绍勋本人逃遁，怀疑其躲到县城被官府庇护起来，遂再度聚众进攻县城，要搜查蔡绍勋。知县师长治下令闭城坚守，但县城很快被攻破。钟人杰的队伍进城后四处搜杀书差，并杀死了蔡绍勋。随后，逼迫知县师长治写"详文"向上级请求快速了结"金太和案"并释放金太和，师长治不从，起事者随即杀死师长治等一些官吏。至此，这一闹漕事件，正式恶化为杀戮朝廷命官的"反叛"。后来，金太和、钟人杰等近百人作为反叛罪犯被处死。①

在这里，我们不厌其烦地叙述了清末的一个民众集体抗争维权事件之始末。在这一事件中，我们看到自始至终有一条主线贯穿其中，就是百姓在士绅的率领下尽力采取合法或半合法的方式抗争。他们始终把矛头对准盘剥百姓、民愤最大的书差群体，包括为他们服务的讼师，从来就不曾把矛头直接指向县官。这就是说，在维权救济的同时，一直用为官府"除恶"的名义，一直寻求体制内的改良，只不过手段激烈一点而已。第一次攻入县城，烧的仅仅是书差们的居住、办公之房，抢掠的是他们的财物，并且借助知县的权威确立新的纳税章程，刻碑公布于众。在这次达成的新章程中，甚至对官府的"陋规"即"火耗"加收正式承认（即每石加收二斗二升）。第二次攻入县城，也是为了搜捕为书差服务的讼师，希望通过逼迫蔡绍勋撤回诉状，了结此前闹事罪责。杀了书差们和蔡绍勋之后，也不想事态扩大，只是逼迫知县师长治向上级写详文，开释闹漕的领袖金太和。只因知县坚决不从，失控的暴民才杀死了他，这是钟人杰等领袖始料未及的。即使在杀死了知县、坐实了"反叛"之罪后，起事队伍仍然"殓死抚生"，将师长治等人的三口棺木"移囷（县）署西山麓，砌屋浮厝"，幻想不被视为反叛。按照知县师长治的门丁殷其铭在《崇阳冤狱始末记》中的说法，钟人杰等"原欲挟制县官（写）详（文）释（金）太和而已，本无远图；不意弄假成真，噬脐不及"②。本案中的集体救济行动，除了最后攻破县城，杀死书差、讼师直至朝廷命官以外，其他一切行为总起来看是在边缘或半合法状态，即利用了当时政治体制的最大限度许可并略微超出，但又尚未正式"反了"。比如打砸书差的办公和住所、胁迫知县认可有利于百姓的新纳税章程、逼迫蔡绍勋撤回诉状、胁迫知县写报告开释金太和，等等，大致都可以说是为正常体制所否定的，但又是大家视为"被逼无奈"时虽稍激烈但毕竟不构成"反叛"的举措。

最后我们应该注意，本节讨论的群体救济方式，不管是合法的群体救济方式，还是边缘的半合法的群体救济方式，其实在古代并没有法定的边界。法律并未明文规定群体救济行为怎样为合法、怎样为非法。因此，合法与非法的界限，就只好由处理事件的官员认定了。即使是法律明文规定许可的"里长率领众民公同陈告"官吏违法科敛的情形，如果参加的群众人数太多，或者有什么敏感的人物参与其中，或者"陈告"的方式激烈一点，官

---

① 案件的梗概，系据张小也书中的叙述整理。参见张小也：《官、民与法：明清国家与基层社会》，190～209 页，北京，中华书局，2007。

② 转引自上书，209 页。

府要把他们视为"别有用心"、"借题发挥"、"冲击官府"、"抗粮抗税"乃至"谋反大逆"，也是很可能的。

三、集体呈请立碑确认权益、宣示禁令的救济方式

古代中国人民的权益的集体救济模式，至少自宋代开始就有了一种特殊方式，那就是"呈请立碑示禁"的模式。正当权益受到严重损害的地方百姓（主要是乡村农人、城市工商业者和市民、寺庙僧人、士人或生员等）集体申控到州县官府，控告欺凌百姓的贪官污吏、衙门差役、歇家讼棍、流氓地痞、奸牙奸商、土匪军棍、妖道恶僧等等，要求制裁不法之徒，保护正当权益。在案件得到大致解决、恶人受惩以后，地方百姓一般会集资立碑以图巩固"斗争成果"：呈请州县地方长官发布一个"宪示"或"禁令"，确认正当权益，禁止破坏行为，宣布日后有犯者将严惩不贷。这一禁令被作为"护权法宝"铭刻于石头上以垂久远。①

在古代中国，涉及法律问题的古代各类碑刻甚多，有学者已经进行了相当深入的整理和研究。② 这些碑刻，就我目前看到的，大约可以分为官立、民立、官民共立三类。纯粹的民间自立碑刻，一般系为宣示或确认基层民间社会一些习惯性秩序规则而立，如宗规族法、森林和水源保护、水利设施利用、土地疆界保护、市场交易规则、地方治安防盗等。这些一般与本节所言人民权益救济没有直接关系，因为其形成一般不需人民向官府的申请或交涉，其纠纷一般在基层民间社会内部就解决了。纯粹的官府自立的碑刻，一般系官府为宣示、指导百姓日常行动，课以百姓特定义务的谕示或禁令而立，如关于禁止窝藏盗匪、禁止逃税逃役、禁止淫祠淫祀、禁止宗族械斗、禁止毁坏公共设施等等。这些一般不是因为特定的纠纷案件呈控暨受害人民集体呈请而为，一般也与本节所讨论的人民权益救济方式没有直接关系。本节所要探讨的仅仅是官民共立涉及法律事宜的石碑的情形。这种法律碑刻，与我们要探讨的人民权益救济渠道、方式都有直接关系。虽然作为这些碑刻肇因的纠纷案件，不一定是以官员的贪赃枉法或官府的处分（行政行为）为申控对象，但是毕竟是人民通过官府或借助国家现有诉讼体制救济受损权益的正常途径，我们不能不单独加以讨论。进一步讲，在这些请求救济的案件中的损害因素，好多与来自官府的不法因素有关，比如污吏、奸胥、刁役、官牙等对人民权益的损害，广义上讲这也是一种来自官方的损害。这些损害，虽然大多来自这些不法势力的个人贪渎因素，但也包括我们今天所说的违法行政行为的情形，所以我们把它作为一种特殊的人民权益救济方式来讨论是有必要的。

我们在这里仅以几个典型的案例来说明这一救济模式或救济方式的性质和使用情形。

今仅存其文于方志的《千仓渠水利奏立科条碑》③ 记载了唐宋时代一则集体权益救济的结果。唐大和七年（833），河阳节度使温造"壅济水以溉民田，谓之千仓渠"；宋熙宁初年，员外郎陈知俭"经管水利"，"募民兴复渠堰"。后来，由于百姓用水没有限约，"民之所用不得其半"，经常发生水利纠纷，人民遂讼于官府。为了解决纠纷、保护权益，陈知俭

---

① 这种"刻石确权"的情形，大概是夏商周时代"铸鼎确权"（以钟鼎铭文确认一场诉讼后形成的权益格局）之模式的孑遗。参见胡留园、冯卓慧：《夏商西周法制史》，444~445 页，北京，商务印书馆，2007。

② 参见李雪梅：《碑刻法律史料考》，北京，社会科学文献出版社，2009。本节所引用各地法律碑刻资料，感谢李雪梅博士慷慨提供。

③ 碑立于宋熙宁三年（1070 年），已佚。碑文存《济源县志》。

及济源知县"亲诣地头，询访利害"，拟定"科条"即禁约，具状上奏获准。该"科条"实即官府为当地制定的水利特别法规，共11项，详列千仓渠水利管理、使用等规范，责令共守。碑文规定："沿渠人户分作上流、中流、下流三等。每等各置甲头一人，以逐等内地土、物力，最关百姓，充管地分内都丈顷亩、用水时辰，开闭闸堰、供报文字。如敢作弊，敛掠人户钱物，并行严断。""已上所立条约，如州县官吏故有违犯，争夺水势，乞科违制之罪；仍许人户经转运提刑司陈诉。如稻田人户自相侵犯，不守条约，乞从违制失定断。"①

这是一个因水利纠纷告官审断后形成的判决例。这一判决不仅旨在解决眼下的纠纷，还要为杜绝未来的纠纷确立规矩章法。这是当时人民集体权益救济的一个典型案例。在该案中，百姓因为水源或水利设施利用发生了纠纷，纠纷中或许有某些人利用官府的势力霸占欺凌，甚至水渠附近相邻州县的官员为维护各自本地利益也参加了进来，当地人民不得已而申控到官府。官府进行现场勘验调查并与当地百姓协商以后，拟定了碑文中所示的"科条"十一条。这一科条，经皇帝批准，规定了此后这一设施的使用章法，也就是未来解决此处水利设施后续纠纷的依据。这一科条，为当地百姓未来继续就此类水利权益救济提供了法定渠道或途径，明确规定了人民对敢于违犯这一禁令、"争夺水势"的"州县官吏"向国家监察机关——转运使控告，由监察机关弹劾科罚；对于违反禁令的百姓，则分别直接依法制裁。

另一则宋代禁令碑刻也反映了宋代地方百姓向官府申控以救济权益的过程和结果。

南宋绍熙五年（1195年）十二月，兴元府（今汉中）褒城县民众呈请在该县贾村坝（此地今属勉县金泉乡贾家村）汉水南岸石梯坡山崖上刻石立禁，以杜绝贪官污吏、奸胥刁役在此地擅自设立"盐榷"（查验盐引、防止私盐、征收盐税的关卡）之弊端。②该碑文虽然以"兴元府提举茶马司张（某）"的名义刻立，但肯定是当地人民呈请消弊除害的结果。碑文规定："一应盐榷不得从过从③此出；如有违戾，许地抓人④，把捉赴所属送衙根勘断罪，追赏伍拾贯给告人。"这一禁令，是禁止任何人此后再在此地非法设卡敲诈勒索商民百姓。这是前一次纠纷解决的结果，也为未来同一纠纷的解决即人民权益救济提供了途径：如有再非法设卡者，"许（就）地抓人"，亦即授权地保、地方百姓捉拿设卡勒索之人，扭送至官府"根勘断罪"。

明朝末期江苏松江府（今上海）的一则告示碑所记事实及禁令，与人民集体反对贪官污吏侵害、救济合法权益更有明显的关系。

松江府为禁借巡缉为名骚扰官盐告示碑⑤

松江府为恳□阻挠之禁以安商业事：蒙钦差巡盐御史冯批据商人方升、胡嘉泰、汪□□等呈□：华亭□额行引六千张，止派四门□镇，而首赖金泽一镇，僻在巨浸中

---

① 范天平等编著：《豫西水碑钩沉》，288～290页，西安，陕西人民出版社，2001。

② 《禁运盐榷摩崖刻石》、《汉中府志》和《褒城县志》均有著录，但都讹为绍兴五年（1135年）刻。参见陈显远编著：《汉中碑石》，23页，西安，三秦出版社，1996。

③ 原文如此。"从过"二字疑为衍文。

④ 原文如此。"许"字后疑漏"就"字。

⑤ 碑原在上海青浦县金泽镇。参见上海博物馆图书资料室编：《上海碑刻资料选辑》，81页，上海，上海人民出版社，1980。

央，非舟不行，向遭隔属。盐枭大伙，与□□沿乡□□，反将官盐肆抢，甚而罄尽舟中所有，复为越解隔属，以饱恶溪。乞敕廉府檄属本镇方□四十里，毋许借巡为名，实肆抢诈。凡遇民买官盐，验有照票放行。如敢仍前阻挠，定依律重处，请乞立石该镇遵守等蒙批仰松江府严行示禁，缴蒙此为照私盐之禁，不啻至再。今蒙批发前词，合再示禁。为此示仰该镇捴□地方居民、□铺人等知悉：今后凡有大伙盐徒及巡司捕役，在于地方四十里内，假称巡缉，骚扰官盐，及沿□抴卖，阻挠官引，许即协力擒拿解府，以凭究遣拿解本院重处。俱毋迟错，特示。

崇祯十四年八月二十六日给

这是贩运官盐的商人群体呈请打击奸吏刁役欺压勒索、保护合法经营的案例。该案中，合法贩运官盐的商人们经常受到"大伙盐徒及巡司捕役""假称巡缉"进行的骚扰欺凌、勒索抢夺。为保护权益，方升、胡嘉泰、汪□□等许多商人集体呈请巡盐御史冯某，惩处刁徒，保护良民。冯御史乃批示确立禁令，制止了继续侵害，并为商民、百姓今后类似的权益救济提供了途径："许（百姓）即协力擒拿解府，以凭究遣拿解本院重处。"商民刻立石碑公示了这一禁令，挟以自重自保。

清代苏州府长洲县的一则碑文，清楚地体现了当时江南地方人民因贪官污吏、奸胥刁役扰害百姓不堪忍受而呈请官府救济权益的一般情形。

清康熙年间，苏州地方奸吏刁役经常假借侦办盗匪案件，唆使被捕的盗匪诬陷良善人家为共犯或窝藏赃物人家，借以敲诈勒索良善殷实人家。百姓不堪忍受，康熙六十一年（1722 年）正月十九日，长洲县生监、里民叶梦龙、邹元成、高朗、李士超等 38 人（碑文所列呈请人名单太多，从略——引者注）上呈长洲知县，要求县官为民做主，制止奸胥刁役的恶行，保护良善百姓，以安民生。碑文认可了当地绅民自治拟定的"十家结保"以防盗匪暨防止攀诬之办法，规定："除开明府属各州县一体遵照立碑署前外，合行勒石永禁。为此碑谕阖邑士民人等知悉：嗣后如有□□供出窝寄，或伙犯潜匿□□□，□督（抚）宪批司府议详缘由，许令十家邻甲将被保之家查明，据实具覆。如平素果属匪类，以凭拘唤。如实系清白良民，即公同具为保免，仍将诬报之本盗与嘱供之捕胥从重惩究。但□邻甲亦不得阿私受贿，扶同捏结，致令积盗巨窝因而幸脱，察出一并治罪。其各凛遵。"①

这是一个地方绅民集体维权事件的完整记录。原碑文长达三千多字，罕见冗长，但记录事件过程（即百姓反复申控、呈请和各级长官反复批示查究的经过）格外详细。该碑文的开头题款就明确说明了事件的"集体救济"和"官民共立碑"的性质："江苏苏州府长洲县为民害无底公叩通详勒石以安民业事"。所谓"民害无底"是指本案的纠纷事由；"公叩通详"是指人民集体联名申控，请求救济；"勒石以安民业"是指官府立碑公布禁令的目的。在碑文中，还特别提到了叶梦龙等人"自愿捐赀勒石永禁"即自愿捐资刻石立碑公示官府禁令的情节。这一碑文为今后同类情形下人民权益救济提供了一定的法律保障：如有被捕盗匪指认某人家为同犯及窝主，允许相互结保的十户人家自行相互查明具报官府；如发现确系奸胥刁役唆使盗匪诬陷，则"（十家）公同具为保免"即共同担保其清白而官府不

---

① 《长洲县谕禁捕盗诈民大害碑》，载王国平等主编：《明清以来苏州社会史碑刻集》，567～571 页，苏州，苏州大学出版社，1998。

再问究；如确有此事则自行告官以待拘唤，不允许奸胥刁役插手查勘并借机勒索；还要将奸胥刁役告发或扭送至官府惩究。

第三节
古代中国人民权益救济方式的主要特征

古代中国人民权益救济方式，包括国家法律正式许可的方式和政治秩序惯例默认的方式，都可以视为古代中国行政救济法制的构成内容。考察中国古代人民权益救济方式，考察国家在这一方面的制度和惯例，我们会发现许多有意思的特征。这些特征，实际上也是中国古代行政救济法制在实际社会生活中的作用即效果的特征。关于这些特征，简单总结为以下五点。

一、"民告官"一般是"告官员"而不是"告官府"

在古代中国，现代行政诉讼意义上的"民告官"严格地说是不存在的。因为古代中国的政治秩序是家长制的专制秩序，民和官是不平等的。国家行政是官府在行使教养人民的权力或履行责任，人民是受其哺乳而已。这种情形下，当然不存在法律上"民告官"的理论基础。在君主专制政治体制之下，一切官吏都是皇帝或朝廷的代表，其权威来自皇帝授予（而不是人民授予）。因此，如果民告官府，以整个官府（某级地方政府）为被告，控告其行政行为不当，要求纠正其行政行为或决定，就天然带有一种"犯上"的嫌疑。所以中国古代数千年的政治史中，就很少看到这种控告的记载。

在中国古代经常有所谓"民告官"的控告行动，但一般而言是对官员个人的控告，而非对官府或地方政府的控告。控诉所指向的行为，一般是官员个人的违法或犯罪行为，而不是官员代表官府所为的行政行为或作出的行政决定。有时即使是后者，也会以前者的名义提出控告。所谓官员的违法或犯罪行为，多指官员的贪污、侵占、受贿、勒索、苛敛、暴虐、奸淫、怠责、乖张、不孝、不忠、擅离职守、出界、通匪乃至谋反等等。古代官府的行政举措或决定，一般是以官员个人职务名义作出，而不是以官府整体名义作出。因此即使遇到官员作出的错误行政行为或错误行政决定，需要请求撤销或纠正时，人民也可以用控告该官员个人违法或犯罪的名义提出。"民告官员"和"民告官府"是大大不同的：前者以官员个人行为道德败坏、违反政纪或法律为由，后者是以官员或官府的行政行为或决定违反法律为由。

在中国古代，直接以官府或官员的行政决定不当或违法而提出救济申请的案件很少见，但是控告官员谋反、贪污、渎职的情形则比比皆是。国家设置供人民使用的救济途径，其主要宗旨并不一定是供人民救济权益，而是让人民即时告发贪官污吏，从而为国家整肃纲纪、反腐倡廉服务。如汉武帝时始派绣衣直指刺史巡回各地"以六条问事"，旨在督查官吏六个方面的违法犯罪，当然也旨在告诉百姓，接受人们告发或控告官史们这六个方面的犯罪行为。汉代鼓励人民"上言变事"实际就是鼓励人民告密，防止官僚贵族和豪杰谋反。

唐代武则天时期曾设"四匦",最后实质上都主要成了"告密匦",成了奖励告奸、罗织官吏罪名,对官员贵族进行非常控告的途径。宋真宗时定制:"若论县,许经州,论州经转运使,或论长吏及转运使、在京臣僚,并言机密事,并许诣鼓司、登闻院进状。"① 这里的"论县"、"论州"等,都是指以州县长官、路转运使、在京臣僚等官员个人为控告对象,控告其违法或犯罪行为。不过其中包含人民救济权益的诉求,或以这种方式提出权益救济诉求而已。事实上,对官员个人违法犯罪控告成功,人民的权益救济目的一般也会在一定程度上实现。

在前文考察的所有古代中国历史记载的控诉官吏维护权益的案件中,很少发现以官府的行政行为或行政决定违法或不当作为对象的。本章第一节引用王充《论衡》中记载的那个湖中拾金交公未受酬赏而向朝廷提出酬赏诉请的案件,是一个少见的例外。在该案中,当事人陈国(君贤)等人仅仅认为县、州两级不给酬赏的决定不当,要求纠正这一决定;他们并没有诉称县令太守有个人贪渎违法行为。但即使如此,那时的当事人仍是在控诉官吏个人处理不公,并不是在以官府或政府为被告。可以说,在那时,尚未产生政府是一个"国家机关法人"的概念,更没有要机关或集体为行政决定违法负责的概念。

二、私权救济性"民告官"常被视为"犯上"

在家长制君主专制的古代中国,人民控告官吏,天然处于劣势。如果没有特别显著的原因,容易被视为"犯上"或不当。如果系为国家"告奸"即举报官吏谋反、贪赃枉法、道德败坏、为政残暴,因为兼有推动国家公益或廉政的作用,国家是许可的,有时甚至是鼓励的。但是,如果仅仅系为维护自己的私人权益而控告官吏,就天然有"犯上"或"刁民"、"逆子"之嫌。如果举报失实,或者有诬告嫌疑,那么就会受严厉制裁,以儆效尤。

汉景帝时田叔相鲁国处理的那个案件很能说明问题。田叔接到百姓对鲁王巧取豪夺的控告后,虽然也愿意为民作主追讨,但也认为"王非若主邪?何自敢言若主!"训斥老百姓不该犯上控告官长,并对为首告状的人"各笞五十","余(众)各搏二十"②。这种拷打告状人的做法,虽然有审判策略(向鲁王施加道德压力)的考虑,但也有维护官民间"礼之大体"的考虑。告官的民众,天然被视为不良之民,认为该打屁股。

东晋时丹阳尹刘恢对"民告官"的处理态度也说明了这一基本认识。"时百姓颇有讼官长者,诸郡往往有相举正,恢叹曰:'夫居下讪上,此弊道也。古之善政,司契而已,岂不以其敦本正源,镇静流末乎!君虽不君,下安可以失礼。若此风不革,百姓将往而不反。'遂寝而不问。"③ 在刘恢看来,民告官是"弊道",是风俗败坏的结果;官府不要太重视人民的诉讼,要贱讼息讼,要像古代的圣贤执债券左契而不追讨于民(任民自愿决定是否偿

---

① 《宋会要·刑法》三之一二。
② 《史记·田叔列传》。
③ 《晋书·刘恢传》。"司契",语出《老子》第七十九章:"和大怨,必有余怨。安可以为善?是以圣人执左契,而不责于人。有德司契,无德司彻。天道无亲,常与善人。"意思是:即使执法公允,和解了大仇怨,也会百密一疏,留下小的怨恨。那么,怎样做才是化解怨恨的根本办法呢?所以,圣人即使手握债券,也不会追讨于人。道德高尚的人,会像圣人放债那样以德报怨;道德低劣的人,会像税官催赋那样锱铢必较。苍天不会厚此薄彼,总是帮助那些善良的人。

还），不要通过理清案件中的是非权益而鼓励人民锱铢必较。在他看来，即使官吏贪渎，百姓也不可以轻易状告（"君虽不君，下安可以失礼"）。维护这样一种官民之间的尊卑差别之"体"或礼制秩序，才是"敦本正源"之道。所以，他对那些告官的诉讼一般都不受理。

唐武宗时，韦温为宣歙观察使，"池州人讼郡守，温按之无状，杖杀之"①。作为巡回监察官，接到人民对池州刺史的控告后，经过审理，发现没有证据证明被告有罪，于是竟"杖杀"原告人。这是非常奇特的处理。按照唐代的法律，只有诬告他人死罪，才可能反坐死刑，但这一记载中并未说告的是死罪。如果告的是流刑以下罪，那么韦温"杖杀"的行为就严重违法、草菅人命了。即使告郡守死罪而失实，也不一定就反坐死刑。就是应该反坐死刑，也应该是经过正常的审判程序，逐级上报（直至皇帝）审批，也不应该如此一时过怒而"杖杀"。可见，这里体现了韦温对胆敢状告官长的百姓的深恶痛绝，也正是中国传统法律观念对民告官行为的深层否定所致。

南朝宋时，蔡兴宗为廷尉，"有讼民严道恩等二十二人，事未洗正，敕以当讯，权系尚方。兴宗以讼民本在求理，故不加械"②。"讼民"严道恩等22人，大约像我们今天常见到的自认为有冤案而上访京师的群众；案子还没有查清，就被"权系尚方"，亦即临时拘系于尚方监的牢房里。作为最高专职法官的蔡兴宗，对民众颇为仁慈，就没有对这些上访之人上枷锁等械具，因为他认为这些民众"本在求理"（本来就是为了讨公道），不是犯罪嫌疑人。这些"讼民"所讼的是自己的官长，应是状告地方各级官长对案件处理不公。仅仅因为此，就被加以"械系"，这是典型的以民告官为不当的潜意识的表现。蔡兴宗作为一个好法官，也仅仅是对其"不加械"而已，仍然要"系"即囚禁之，说明当时的一般观念就认为拘系告状人特别是告官人是正当的。

三、群体救济或抗争更受重视，但风险更大

在前两节里我们讨论了很多集体抗争或集体维权行动，不管是个人挟集体力量而为的抗争，还是民众奋起为除公害、保公益而群体抗争，只要出场的人多，都会引起官方的格外重视。这种重视，要么是往正面重视，为了平民愤或慰民望，基本满足讼者（个人或集体）的要求，纠正此前的错误判决或决定，惩处有罪过的官吏豪强；要么是往反面重视，认为这是煽惑民众、挟众人之威挟制官府、扰乱治安，重者视为"聚众造反"。

历史上，成功的集体救济行动不少，比如本章第一节所引的东汉时期太学生数千人为朱穆"集体鸣冤"之事。数千人"诣阙上书"，在古代是很大规模的集体行动，而且这数千人又是不寻常的人，是国立最高学府的学生，是预备官员，是清流或士林的代表。当皇帝或实际掌握权柄的权臣宽容时，这样的事情不过是为受冤屈的人鸣冤叫屈，所以这次太学生集体鸣冤行动获得了成功，皇帝不再追究朱穆，也不追究数千人闹事的责任。但是后来，同样是这些太学生声援朝廷的清流大臣陈蕃、李膺、杜密等，又被宦官操纵的朝廷打成"乱党"（"党人"），实行"党锢"，甚至大规模诛杀。如灵帝熹平元年（172年），党人和太学生又有一千余人被捕下狱，凡党人父子、兄弟、门生、故吏及五服以内亲族都免官禁锢。

---

①　《旧唐书·韦温传》。

②　《宋书·蔡兴宗传》。

这样的"党锢之祸"在东汉时代发生多次。

在本章前两节所引用的案例中，我们发现许多成功的群体救济成功案例。如西汉宣帝时淮阳地方民众集体控告酷吏田云中议案，就是一个成功的案例。"吏民守阙讼之"亦即在皇宫门外示威请愿，控告酷吏，结果迫使朝廷为平民愤而处死了暴虐的田云中。但是，这样一个案件，对于当时参与"守阙"的吏民而言，风险是极大的。因为状告现任太守，很容易被打成"犯跸"、"阑入宫禁"、"聚众骚乱"，乃至"叛乱"或"谋反"。又如汉成帝时地方百姓为京兆尹王尊鸣冤议案，地方绅士率领人民群众为被罢官的领导干部鸣冤叫屈，集体上书皇帝，虽然成功地保住了官员的乌纱，但其实也是一个风险极大的群众行动。这种行动，实际上也很可能被朝廷看成是受处分的官员授意或暗中操纵的，可能更加重其罪责，也可能导致参与鸣冤的吏民作为"死党"被镇压。

所以我们可以说，在古代人民权益救济的方式途径中，群体行动或集体抗争一般更为有效，更能引起当局者的重视，更能迫使官方纠正错误决定。但是，我们也不能不注意到，正因为它格外引起朝廷或地方官府的关注或重视，也就当然容易被猜忌或误解，容易被歪曲和丑化，容易"上纲上线"，被扣上"图谋不轨"、"居心叵测"、"聚众造反"的帽子，更容易遭到镇压。我们在前面讲过的清朝顺治时期的苏州"哭庙案"就是一个典型。在此案中，以倪用宾、金圣叹为首的秀才们和上千群众的行动，完全是一个目的正当、手段也不违法的行动。到上级官府控告县官污官、到孔庙痛哭控诉贪官兼抗议官府滥捕无辜，这无论是从法律上讲还是从当时的政治秩序来讲，都应该是被容忍的。但是，因为纠聚的秀才和百姓太多，因为有"军师"在其中"煽风点火"，因为采取了"围堵官府"的形式，因为冲犯了"国丧"，又因为联想书生"哭庙"可能是与郑成功的"反清复明"军事行动遥相呼应，于是将此一简单的集体维权救济行动打成"谋反大逆"就是意料之中了。① 同样，在湖北崇阳"钟九闹漕案"中，事件的前半部分，亦即在第一次集体进城送统一制作的税柜、制止书差经手收税和第二次集体进城打击书差、胁迫官府接受新章程这一阶段，应该说总体上讲是合法的，也是成功的。但是，成功背后孕育着巨大的危机，金太和、钟人杰等人随时都有被打成"聚众谋乱"的"贼首"的危险。书差方面反过来状告他们，正是从这样的主题入手的。如蔡绍勋为书差们起草的诉状中指控金太和、钟人杰等人："单告（金）太和是光棍，田无升合饷无分，假称花户告衙门"、"钟九结盟伙一党，毁街灭市难抵挡，欺凌官长霸崇阳"②。"光棍"在清朝可不是今天这般简单的含义，简直就是"奸贼"、"刁民之尤"的代名词，清代专门有打击"光棍"的条例曰"光棍例"③；不是"花户"（税户）而参与漕粮诉讼，就是"教唆词讼"、"扛帮作证"④，就是利用诉讼"倡乱"；"结盟伙一党"就

---

① 清人梁章钜《归田琐记·金圣叹》中揭露了金圣叹惨案的实质："当是时海寇入犯，江南衣冠陷贼者，坐反叛，兴大狱。廷议论遣大臣即讯，并治诸生。及狱具，（金）圣叹与十七人俱傅会逆案坐斩。"

② 转引自张小也：《官、民与法：明清国家与基层社会》，205～206 页，北京，中华书局，2007。

③ 清人编《俗语考原·光棍》释曰："俗谓无赖匪徒以敲诈为事者为光棍。"清代《六部成语注解·刑部成语》也说，"光棍"就是"诈骗之匪也"。"光棍例"即《大清律例》刑律"恐吓取财"条所附康熙年间条例："凡凶恶光棍好斗之徒，生事行凶无故扰害良人者，发往宁古塔、乌喇地方分别当差为奴。"

④ 《大清律例·刑律》"教唆词讼"条。又见其"诬告"条所附乾隆三十六年条例："生员代人扛帮作证，审属虚诬……照教唆词讼本罪上各加一等治罪。"

是"乱党"。这些都是要命的"上纲上线"的政治罪名，所以即使后面没有打杀书差直至杀死县官的出格行动，金太和、钟人杰等人作为"乱党"、"反逆"被镇压也只是迟早的事情。

其实，在古代中国，这类控告贪官污吏的行动，如果仅仅是少数几个人而为，应该说不会被打成谋反大逆。但是一旦演变成许多人的群众示威抗议行动，官方首先就习惯于视为有预谋、有野心的反叛。这就是所谓"边缘"或"半合法"的群体抗争或集体维权方式的巨大风险所在：当朝廷或办案官员开明一些时，此类群体事件就会被当成"只不过手段有点过激"的抗议行动，给予一定宽容，并适当查处贪官或弊端，恢复百姓权益，这就可以视为抗争的成功；但是当朝廷黑暗或办案官员参与舞弊之时，马上就可以"上纲上线"、小事化大，打成"反叛"之类的政治性大案，大加镇压，甚至血流成河。

古代中国的法制是很恐惧这种群体维权救济行动的。如《大清律例》规定，"凡假以建言为名挟制官府"者，"其因小事纠集多人越墙进院突入鼓厅，妄行击鼓谎告者"及"将已经法司督抚衙门断明事件意图翻异，聚众击鼓者"，都要追究教令、主使之人，严加制裁。[①]又规定："直省刁民假地方公事强行出头，逼勒平民约会，抗粮聚众，联谋敛钱构讼及借事罢考罢市，或果有冤抑，不于上司控告，擅自聚众至四五十人，尚无哄堂塞署，并未殴官者，照光棍例为首斩立决，为从拟绞监候；如哄堂塞署，逼凶殴官，为首斩决枭示，其同谋聚众转相纠约下手殴官者，拟斩立决；其余从犯俱拟绞监候，被胁同行者各杖一百……"[②]

四、救济行动合法与否没有法定标准

在本章里，我们在讨论个人救济行动和群体救济行动时，都考虑所谓"合法"问题，即讨论哪些救济行为为合法、哪些为半合法或边缘状态、哪些为非法。在文中，我们更多的是以结果来判断的：如果结果系基本满足诉请者的要求，或者至少没有对其救济行动本身加以镇压，没有因为救济行动而加重制裁，我们就说这个救济行动是合法的；相反，如果结果是不但没有满足当事人诉求，反而受到镇压，那么就可以说这个救济行动被视为非法的。其实，这种考虑，是我们今人从研究方便出发的，并不一定是古人的标准。在古代中国，也许根本就没有严格而明确的判断人民权益救济行动是否合法的固定标准。但是，说完全没有标准也是不对的，因为还是有一定的习惯或原则标准。这个标准，一旦说出来，一般社会舆论是会承认的，至少不否认其应作为合法与否的判断标准的，至少不会认为这个标准根本就违反礼法和政体。至于这个标准是否适用于眼前的特定事件或案件，大家看法不一定一致，但对标准本身的正当性认同是相对客观的。这样一来，就会造成一种悖反情形：一个救济行为，从其最后结果来看，我们简直可以说没有合法与否的判断标准；但是从其是否适用一个礼法或政体包含的特定的是非标准来看，我们又可以说他是有标准的。但这个标准不是法定的，只是习惯的、原则的、笼统的。

这里的情形，我们可以举一个也许并不很恰当的例子来作说明。春秋时，卫国大夫弥子瑕是国君卫灵公的宠臣：弥子名瑕，卫之嬖大夫也。昔者弥子瑕有宠于卫君。卫国之法，

---

① 参见马建石等主编：《大清律例通考校注》，870页，北京，中国政法大学出版社，1992。
② 《大清律》卷十九，《兵律·军政》"激变良民"条附嘉庆十五年条例。

"窃驾君车者刖"。弥子瑕母病，人间往夜告弥子，弥子矫驾君车以出。君闻而贤之，曰："孝哉！为母之故，亡其刖罪。"异日，与君游于果围，食桃而甘，不尽，以其半啖君。君曰："爱我哉！亡其口味以啖寡人。"及弥子色衰爱弛，得罪于君，君曰："是固尝矫驾吾车，又尝啖我以馀桃。"①

弥子瑕的行为不是一般意义上的权益救济行为，但其同一行为受到的前后决然不同的评价，是很符合我们在这里要讨论的话题的。"窃驾君车"行为，在法律上是犯罪，应该处以"刖刑"。卫灵公不但没有追究他，反而表扬说这是孝子之行——为紧急探望病母竟不惜冒犯罪受刖刑的危险。但是后来，弥子瑕"色衰爱弛"，失宠了，国君又把这件事看成是"窃驾君车"的严重犯罪了。这里，弥子瑕的行为是否正当或合法，简直没有客观标准，完全只看评价者的主观好恶的变化了。

古代中国的人民权益救济行为，在朝廷或各级官府看来，大约也如此之类也。

东汉时代的一个案件颇能说明问题。东汉顺帝时，有宁阳县主簿"诣阙诉其县令之枉"，就是控告本县县令。但朝廷一直不予理睬，"积六七岁不省"。于是，这位主簿在上书皇帝时说了几句非常"大逆不道"的话："臣为陛下子，陛下为臣父。臣章百上，终不见省，臣岂可北诣单于以告怨乎？"顺帝大怒，要尚书台查处，"尚书遂劾以大逆"，就是认定为"大逆不道"，要判处死刑。时任尚书仆射的虞诩反对这一判决："主簿所讼，乃君父之怨；百上不达，是有司之过。愚蠢之人，不足多诛。"顺帝采纳了虞诩的意见，仅仅对该主簿处以笞刑而已。虞诩还批评诸尚书说："小人有怨，不远千里，断发刻肌，诣阙告诉，而不为理，岂臣下之义？君与浊长吏何亲，而与怨人何仇乎？"闻者皆惭。② 在这个案件中，对于同样一个权益救济行为（控告长吏），可以用不同的标准作出完全不同的评价或判断。用尚书台诸尚书们所持的标准看，宁阳主簿的行为的确可以"上纲上线"地视为"大逆不道"——因为他竟然口称要去向北方的敌国匈奴的君主单于去诉怨，这简直是公然声称要叛国投敌，简直是在讽刺、贬低或侮辱本朝皇帝。但是，在宽仁的虞诩看来，这只是个很小的过犯，可以谅解——不就是为控告自己的顶头上司，长期不远千里"断发刻肌"到京师上访申诉，一直没人理睬而心生怨恨，说了几句激愤难听的话吗？其对县令的控诉，其对皇帝的激愤言语，都不过是"君父之怨"即对君父的埋怨而已，没有什么大不了的，人家的动机本身并不坏；何况官府长期不理睬申诉人，本身就有过错呢。事实上，像宁阳主簿的这类行为，如果没有碰到虞诩这样的法官，如果碰到一个更加残酷而刚愎自用的皇帝，被打成"大逆不道"而处以极刑也是不意外的。历史上很多这类"讪君犯上"的案件最后被判成"大逆不道"之罪而处以极刑。

在前面引用的清初苏州"哭庙案"中也是如此。倪用宾、金圣叹等人率领秀才和百姓所为的一系列行动，包括到府衙控告知县贪污，包括到孔庙集体痛哭，包括撰写和发表"揭帖"及"哭文"，如果以当时的政治体制来看，以儒家的礼法或伦常来看，以社会公认的常理来看，都应该说是正当、合法的行为，至少不算什么明显违反伦理和体制的行为。但是，正是这样一个行为，却因为清初的民族矛盾较为剧烈的背景（汉族人民仍然在各地

① 《韩非子·说难》。
② 参见《后汉书·虞傅盖臧传》。

以不同形式反抗清朝统治，郑成功从沿海攻入内地实行"反清复明"的北伐），又正好碰上顺治皇帝"驾崩"、举国"哀悼"这么一个敏感时期，于是马上就将此一案件打成"谋反大逆"。因为没有"罪刑法定"原则，因为遵守成文法和法律逻辑的意识淡薄，所以就没有对同一事件明显可用的明确判断标准，因此合法还是非法就完全系于执法官的主观好恶，完全系于当时的政治背景或大环境了。

五、赔偿责任个人化，官府一般不负赔偿责任

在古代中国，关于人民权益救济有一个基本假定，即：人民权益受损的事实中，在百姓个人之间相互侵害所致案件之外，其他案件都是由官吏个人怠忽职守或贪赃枉法所致，而不是国家法令或制度机制所致，也不是国家机关的行政不当所致。因此，这些责任，当然应该只由相关官吏个人负责，而不应该由国家机关负责。国家机关不但没有作为机关法人的行政违法或违法行政责任，甚至也不必为用人不当、代理人或受托人失职或越权负担责任。

在我们看到的无数古代平反冤、假、错案的实例中，我们基本上看不到由官府向受害人赔偿损失的记录，就是说基本上不存在我们今天所说的冤狱赔偿问题。

在古代中国的法律规定中，由于国家公职人员失职、渎职、滥权、枉法之类行径造成人民生命、健康、自由、财产损害者，有着丰富的追究责任规定。这些规定，主要是追究官员的个人责任。比如官员在征收赋税时超额征收造成人民损害，在科派徭役或征发兵役时违反相关规定造成人民损害，在执行军事、捕亡、修造、运输等公事时造成人民损害，在司法审判时出入人罪造成人民损害等等，国家都会追究官员个人的责任。这种责任主要是制裁违法失职造成人民损害的官员个人，其制裁形式有贬官、革职、夺俸、夺爵至笞、杖、徒、流，直至死刑，基本上就没有关于向因官吏违法失职行为而受害的百姓个人或集体赔偿或补偿的规定。

如关于官吏在征收赋税、科差徭役中的违法失职致人民受损害的情形，《大明律》规定："凡有司科征税粮及杂泛差役……若放富差贫，挪移作弊者，许被害贫民赴拘该上司，自下而上陈告。该当官吏各杖一百。"① "仓官斗级……多收税粮斛面者，杖六十。"② 只处罚官吏个人，就没有规定受害的人民当如何受到赔偿或补偿。

如关于官司出入人罪致人民受损害的情形，《唐律》规定，"诸官司入人罪者，若入全罪，以全罪论。从轻入重，以所剩论……其出罪者，亦如之。"就是要以无辜被告被判处（入罪）或有罪被告被放纵（出罪）的罪刑来制裁办案官员；故意增减犯人之罪刑，就以实际增减被告多少刑罚来处罚该办案官员，"死罪亦以全罪论"，就是要反过来对官员处以死罪之刑。③ 这里就没有规定因被官司"入罪"而受害的人应该受到什么样的损害赔偿，似乎历代法律都找不到这样的规定。即使找到了赔偿受害人的规定，那也不是叫国家官府以公费赔偿，而是令违法失职加害于民的官员自己赔偿。如在元代，"诸捕盗官搜捕逆贼，辄将

---

① 《大明律·户律·户役》。
② 《大明律·户律·仓库》。
③ 参见《唐律疏议·断狱》。

平人审问踪迹，乘怒殴之，邂逅致死者，杖六十七，解职别叙，记过。征烧埋银给苦主"。司法官员受贿"故纵正贼、诬执非罪、非法拷讯致死者，正官杖一百七，除名；佐官八十七，降二等杂职叙。仍均征烧埋银（给苦主）"①。都没有关于官府向受害人赔偿的规定。即使有官府出钱补偿的规定，也不是针对官吏违法造成人民损害的情形。②

如关于官员在国家的工程中违法失职损害人民利益时，《大清律》规定，官司人役"若有所造作及有所毁坏（如拆屋坏墙之类），被虑不谨而误杀人者，以过失杀人论（若误伤，不坐）"。按常理，这里显然应该规定如何赔偿或补偿受害人及其家属的问题，但都没有规定。如官吏"失时不修堤防"，"若毁害人家，漂失财物者，杖六十。因而致伤人命者杖八十。因而淹没田禾者，笞五十"③。仍然找不到关于对受害人民进行适当赔偿或补偿的规定，哪怕是责令官员个人赔偿的规定也没有。

在中国历史上真正能被视为与今日国家赔偿（行政赔偿、冤狱赔偿）或补偿相近似的例子，我目前只找到一条。《宋史·刑法志》记载，宋高宗"绍兴十六年诏：诸鞫狱追到干证人，无罪遣还者，每程给米一升半，钱十五文。"这实际上是对无辜的涉案人和证人进行赔偿或补偿的规定，尽管仅仅只是补偿路费或盘缠。这里所需支付的米和钱，当然都是官府从办公费用中开支。

---

① 《元史·刑法志》二。
② 《元史·刑法志》四："诸斗殴杀人，应征烧埋银，而犯人贫窭，不能出备，并其余亲属无应征之人，官与支给。"
③ 《大清律·工律·河防》。

第三十一章

古代中国人民权益救济与国家廉政监督目标

　　古代中国的人民权益救济途径和方式，历代法律上均有一些规定，习惯上也有一定的规矩。人民在使用这些途径和方式的时候，一般都是理直气壮的。这种理直气壮的感觉，就是所谓"合法性"、"正当性"。这些途径或方式，其设置本意，也许主要不是为了保护人民的权益，而是为了方便国家廉政监督。所以，我们在理解中国古代的人民权益救济制度和惯例时，应该特别注意从这一角度去理解和认识，千万不要想当然地从西方式的"权利救济"角度去认识。不过我们也要特别注意到：那些供人民用来提出告诉、申控、鸣冤、叫屈、请愿、告密、建言的方式或途径，即使主要是用作防止官吏贪污、渎职、枉法的手段，也包含部分保护人民正当利益的意图，使用起来客观上也能够部分起到保护人民正当权益或实行维权救济的作用。所以，在本章里，我们特别要从这样的认识角度出发，探讨一下古代中国人民权益救济渠道与国家廉政监督目标之间的关系，也就是探讨国家如何利用人民的权益救济诉求和行动来实现廉政监督的，亦即国家如何借助人民的控诉、检举（即借助百姓的监视）来发现官吏贪赃枉法行径并加以制裁的。

　　在古代中国，一般说来，虽无司法和行政之分，但大致类似于后世司法案件与非司法案件、司法程序与非司法程序的区分还是有的。官吏依法或受命处理各类事件，一般说来大致有问、案、推三种情形。"'若别制下问'，谓不缘曹司，特奉制敕，遣使就问。注云'无罪名谓之问'，谓问百姓疾苦、丰俭、水旱之类。案者，谓风闻官人有罪，未有告言之状，而奉制案问。推者，谓事发，遣推已有告言之者。"[①] "推"，一般是指对已经告发的较为严格的刑事或民事案件的处理而言；"案"，一般是指对于未经正式告发、只是风闻有弊的事件调查处理而言；"问"则是指对一般政治优劣情形主动巡视考察而言。因此，"问"和"案"所涉及的事情处理，与本章所要讨论的国家廉政监督设计下的人民权益救济渠道有关，而"推"所涉及的情形大致与今日司法相当，我们会在本丛书的诉讼法制卷中另行讨论。

---

① 《唐律疏议·诈伪》。

第一节
监察机关接受人民对官吏的控告以行廉政监督

在古代中国，国家监察机构可以接受人民的控诉，包括就攸关自身权益的案件向监察机关控诉，以及就官吏犯罪、违法或失职问题向监察机关控诉。不过，实践中，这两种控诉往往是联系在一起的，是分不开的。但是，我们特别要注意到，监察机关接受人民的控诉，与一般官府接受人民的控诉是有一些明显的区别的。监察机关只能在两种情形下接受人民的控诉：第一，在一般民刑案件之外，直接对官吏违法或犯罪行径提出控诉，亦即不是就一般百姓间的户婚、田土、钱债、课程、继承、斗殴、贼盗之类的案件而控诉，而是就官吏的违法或犯罪案件或不当行政处分进行控诉。第二，虽然是就百姓间民刑案件提起的控诉，但只是在当受理的官府不为受理，或虽受理而久拖不决，或虽审结而判决不公时，允许百姓向监察机关进行申诉或控告，此时监察机关实际上是在进行司法监督——再审或复审。本节里我们仅仅介绍第一种情形，第二种情形在下一节里讨论。

一、监察官巡行，通过访问百姓纠查官吏违法

古代中国的监察机关，不管他在派出的时候是不是以"监察御史"之名义，其主要职责之一就是监察官吏，纠举其违法。因此，从体制上讲，监察机关的主要职责是"管官"而不是"管民"，所以他们是不能受理一般民刑案件的，否则本末倒置了。

在汉代，如武帝时，曾于元狩六年（前117年）派遣博士六人为监察官"分行天下"，其主要任务之一就是要纠察"奸猾为害，野荒治苛者"并向朝廷举奏。① 汉宣帝五凤四年（前54年）曾派遣丞相、御史掾属24人"循行天下"，"察擅为苛禁、深刻不改者"②。汉成帝永始四年（前13年）因日食派遣近臣"巡行天下，存问耆老民所疾苦"③。这里派出的人员，都是临时奉命充任监察地方官吏的监察官，其任务不是直接去代替地方官员办理积压的民刑案件，而是要发现和举奏地方官吏的违法、犯罪行径，包括鱼肉乡民、为害地方，不积极劝农、放任田野荒芜，治理手段残酷、苛刻，擅自滥立禁令等违法或犯罪行为。这些行为，正是"民所疾苦"的行为，正是经常侵害百姓正当权益或利益、人民迫切需要申控、救济之所在。

汉代监察官员巡行地方督察官吏，具体监察或纠举哪些行为？当时有着比较明确的监察内容范围规定。汉惠帝时，大概有所谓"巡察九条"："惠帝三年，相国奏御史监三辅郡，察以九条：察有讼者、盗贼者、伪铸钱者、恣为奸诈论狱不直者、擅兴徭役不平者、吏不廉者、吏以苛刻故劾无罪者、敢为逾侈及弩十石以上者、非所当服者，凡九条。"④ 这九条

---

① 参见《汉书·武帝纪》。
② 《汉书·宣帝纪》。
③ 《汉书·成帝纪》。
④ 《西汉年纪》卷一引《汉仪》；邱永明：《中国监察制度史》，121页，上海，华东师范大学出版社，1992。

中，除"有讼"、"盗贼"、"伪铸钱"三者以外，其余都是直接针对官吏的违法犯罪行为而言。汉武帝时派遣绣衣直指刺史分部巡察地方，以"六条问事"，就是考察、举劾六个方面的违法行为，其中五条是针对郡国守相之类的高级官吏的违法犯罪而言的："二千石不奉诏书遵承典制，倍公向私，旁诏守利，侵渔百姓，聚敛为奸"，"二千石不恤疑狱，风厉杀人，怒则任刑，喜则淫赏，烦扰刻暴，剥截黎元，为百姓所疾，山崩石裂，祅祥讹言"，"二千石选署不平，苟阿所爱，蔽贤宠顽"，"二千石子弟恃怙荣势，请托所监"，"二千石违公下比，阿附豪强，通行货赂，割损正令也"。这五条任务都是直接针对"二千石"级别的"高干"，以及"高干子弟"。只有第一条"强宗豪右田宅逾制，以强凌弱，以众暴寡"① 似乎与监督"高干"无关，但其实也有关系，因为"强宗豪右"背后一般都是高级官僚。在这样的巡察中，监察官员当然要接受人民的举报或控诉，甚至要主动到民间访问，通过人民的控诉发现线索。这样做，客观上为人民受损的权益的救济提供了便利或创造了条件。比如，西汉成帝时，朱博为冀州刺史（监察官），外出巡察时，有"吏民数百人遮道自言"，控告地方不法官吏。朱博令僚属对大家宣布："欲言县丞尉者，刺史不察黄绶②，各自诣郡；欲言二千石墨绶长吏者，使者行部还，诣治所。"③ 意即数百人民群众集体拦在道路上状告官吏，朱博承诺在巡察结束后回到治所（驻地）再详细听取百姓对二千石高官的控告，并嘱百姓回到各自郡县就所欲告的佐贰官员提出控告。

西晋时期亦经常遣使巡察地方。泰始四年（268 年）晋武帝遣使巡行地方，"录囚徒，理冤枉，详察政刑得失，知百姓所患苦"④。这当然包括接受人民关于官吏贪赃枉法的控诉。

南北朝时也很注意派监察官员巡回纠察地方。南朝宋武帝永初元年（420 年）下诏："可遣大使分行四方……其有狱讼亏滥，政刑乖怨，伤化扰治，未允民听者，皆当具以事闻。"⑤ 朝廷派出的"大使"要纠察地方官员们的这类违法犯罪行为，当然要深入访问吏民、了解民间舆论；纠察这些行径，本身就是在间接实现人民的权益救济。北魏道武帝天兴三年（400 年），"分命诸官循行州郡……察举不法"，次年又"分命使者循行州郡，听察辞讼，纠劾不法"⑥。所谓"听察词讼"，主要指受理民刑诉讼的上诉或申诉；"纠劾不法"主要指纠察、举劾官吏们在司法审判以外的一般违法犯罪行为。

隋唐时代继承了汉代以来的监察官"六条问事"体制。

隋朝的"六条"是："一察品官以上理政能不，二察官人贪残害政，三察豪强奸猾侵害下人及田宅逾制、官司不能禁止者，四察水旱虫灾不以实言、枉征赋役及无灾妄蠲免者，五察郡内盗贼不能穷逐、隐而不申者，六察德行孝悌、茂才异行隐不贡者。"⑦ 这六条，全部是针对官员违法或渎职行为而言的。其中的"贪残害政"、"枉征赋役"、"申报灾害不

① 《汉书·百官公卿表》及《武帝纪》颜师古注引《汉官典职仪》。
② 唐人颜师古注："丞尉卑职皆黄绶。"郡县的佐贰官丞、尉等不是刺史的监察对象，刺史只负责监察二千石高官即郡守、国相等。
③ 《汉书·朱博传》。
④ 《晋书·武帝纪》。
⑤ 《宋书·武帝纪下》。
⑥ 《魏书·太祖纪》。
⑦ 《隋书·百官志下》。

实"、"不能禁止豪强行恶"等几条，是通常最为典型的侵害人民权益的情形，是人民权益亟待救济的典型情形，通常"民告官"就是集中在这些方面。

唐代监察御史巡察州郡，责任更加明确。"元和七年闰七月敕令，前后累降制敕，应诸道违法征科及刑政冤滥者，皆委出使郎官御史访察闻奏。"① 巡行地方的监察官主要职责就是监察地方官"违法征科"及"刑政冤滥"，其具体监察范围，有"巡察六条"，系承袭隋朝的规定而有变化："其一察官人善恶；其二察户口流散，籍帐隐没，赋役不均；其三察农桑不勤，仓库减耗；其四察妖猾盗贼，不事生业，为私蠹害；其五察德行孝悌，茂才异等，藏器晦迹，应时用者；其六察黠吏豪宗兼并纵暴，贫弱冤苦不能自申者。"② 唐代的规定，直接针对官员的违法失职的属性反而比隋朝更轻一些了，但"赋役不均"、"黠吏豪宗兼并纵暴"仍是人民需要维权救济的主要情形。

在宋代，凡监司官员，其职责就是"凡吏蠹民瘼，悉条上达；及专举刺官吏之事"③，到任即须"遍诣所部，税赋之足否，财用之多寡，民情之休戚，官吏之勤惰，悉加访问"④。此外还有定期巡察地方、访问吏民、纠察官吏违法的责任："诸监司每岁分定下半年巡按州县，具平反冤讼，搜访利害及荐举循吏，按劾奸赃以闻……诸察访所至，采访在任官能否。"⑤ 这里特别指明了监司"搜访利害"、"平反冤狱"、"按劾奸赃"的责任，这都实际上是人民权益救济的间接途径，这一救济途径是以国家廉政监督的方式提供给人民的。南宋嘉定三年（1210年），宋宁宗令监司巡按州县要"访求民瘼，具实以闻。虽穷荒僻左之地，尤当博采情伪。"⑥ "访求民瘼"不许错过穷乡僻壤，这当然包括通过访问人民发现官吏违法情事，当然也可以用作人民权益救济的间接途径。

在明清时代亦然。明洪武十年（1377年）七月，"遣监察御史巡按州县，俾询民间疾苦，廉察风俗，申明教化。所按藩服大臣，府州县官，诸考察举劾尤专，大事奏裁，小事立断。按临所至，必先审录重囚，吊刷文卷，有故出入者理辨之"⑦。明代法制规定监察御史巡回监察的职责是纠察"凡在外有司扰害良善、贪赃枉法，致令田里荒芜，民人受害"者，要"体访得实，具奏提问"⑧。清代派遣监察官到地方巡察，主要任务亦是纠察官吏的违法犯罪，接受人民对官吏的控告，这客观上为人民的权益救济提供了渠道。

二、监察机关直接接受人民对官吏违法、犯罪的控告

人民直接向监察机关控告官吏违法、犯罪行为，在古代中国主要是指人民以官员为被告，指控其在个人生活或执行职务中有违法失职或犯罪行为。主要包括以下几种情形：第一是直接以官员为一般民刑案件的被告，控告其在个人生活领域的违法或犯罪行为（私

---

① 《唐会要》卷六十二，《御史台下》。
② 《新唐书·百官志》三。
③ 《宋史·职官志》七。
④ 《宋会要·职官》四五之二一。
⑤ 《庆元条法事类》卷七，《职制敕》。
⑥ 《宋会要·职官》七九之二七。
⑦ 《明会要》卷三十四，《职官》六。
⑧ 《皇明制书》卷六，《诸司职掌·都察院职掌》。

罪）；第二是以官员为被告，控告其在执行一般公务中擅为苛禁、赋役不均、渎职失职、弄权徇私、残苛酷暴造成的各类冤狱或不公（公罪），亦即侵害百姓权益的情形；第三是官员在执行司法公务中审断不公、枉法裁判造成的人民权益损害情形（既有公罪，也有私罪）。在本节里，主要讨论前两种情形。至于第三种情形，放到下一节讨论。

中国最早方便人民控告官吏以便实施救济并廉政监督的制度，大概是尧舜时代的"诽谤之木"。"谤木"的作用实际在于方便人民"攻其过"、"书其过"①，当然有方便人民告发官吏违法犯罪行为以救济正当权益的作用。大禹时代的"语……以忧者击磬，有狱讼者摇鼗"②的制度，大约也是如此。所谓百姓"语以忧"、"有狱讼"者，其实都包含控告官吏违法犯罪，救济自己权益的情形；国家正是通过人民的控告来发现官吏违法，实施廉政监督。

在汉代，监察机关受理大案疑狱，主要途径是接受人民对官吏的控告。其宗旨主要在于纠察官吏"擅为苛禁"造成的冤狱，在于调查、纠举、处置官吏违法行为，实施廉政监督；不一定在于分清是非、断决狱讼、维护百姓权益本身。一般民间争讼案件，如果不涉及官吏违法、违制而制造的冤狱，监察机关一般不予受理。如果牵连官吏，其罪当弹劾的，则由御史受理之③，御史发现确有当弹劾之情形，随即向皇帝奏报。

在南北朝时期也有类似的监察模式。北魏明元帝神瑞元年（414 年）曾下诏鼓励人民告发官吏犯罪："守宰不如法者，听百姓诣阙告之。"④ 北魏太武帝亦曾下诏："其令天下吏民，得举告守令不如法者。"⑤ 这种告发，一般均由监察机关负责受理和调查审讯。其动机，当然有方便人民救济受损害的正当权益的成分。

唐朝方便人民告发官吏违法犯罪、救济自身权益的监察体制，以武则天时代设置的"四匦"为代表。其时在京师设"匦院"，设置四个巨大的"匦"，以谏官或监察官"知匦事"，实际上也有方便人民控告官吏违法、犯罪的意图。在这四个"意见箱"中，与人民控诉官吏违法、救济自己权益有关的是"申冤匦"，专门满足"得罪冤滥"、"怀冤受屈"、"无辜受刑"的吏民救济权益的需要。"招谏匦"也与此有一定关系："言时政得失"、"直言谏诤"、"匡政补过"⑥ 等等其实也包括方便吏民申控官吏违法滥权、救济正当权益的含义。唐代也经常派遣监察官员到地方接受人民控告官吏违法、救济自身权益的诉状："委使人量差判官，分道巡察……百姓有不稳便事，委按察使与本州长官商度，随事处分奏闻。"⑦

宋代法制在特殊情形下允许人民越诉的制度，其实是最为典型的以为人民权益救济提供特殊渠道的方式方便国家廉政监督的制度。郭东旭先生统计，宋代特许越诉主要适用于下列七种情形："非法侵人物业，许人户越诉"，"典卖田产不即割税，听人户越诉"，"官吏受纳税租不依法，许人户越诉"，"籴买官物，非理科配，听人户越诉"，"私置税场，邀阻

① 第二十九章第三节。
② 《淮南子·氾论训》。
③ 参见《汉书·宣帝纪》；彭勃、龚飞主编：《中国监察制度史》，54 页，北京，中国政法大学出版社，1989。
④ 《北史·魏纪·明元帝纪》。
⑤ 《魏书·太武帝纪》。
⑥ 《旧唐书·刑法志》。
⑦ 《唐大诏令集》卷一百四。

贩运，许客商越诉"，"官吏私自科敛百姓，许人户越诉"，"官吏受理词讼违法，许人越诉"。郭先生认为宋王朝开放越诉的用意是"试图通过细民的越诉，加强对不法官吏的监督，到宽恤民力，恢复生产，稳定统治"①。其实，郭先生所列七种情形，都是官吏违法、犯罪的表现。开放人民对这七者的"越诉"，无非是鼓励人民控告官吏违法犯罪，借助百姓的耳目、眼光、口评来监督官吏，加强廉政建设。在上述七者之外，后来还增加了"诸奉行手诏及宽恤事件违戾者，许人越诉"②的规定，这同样是对官吏违法犯罪行为而言的。

其实，宋代的越诉许可绝不仅仅只有以上 8 种情形。其开放或许可越诉的诏令或"指挥"很多，仅南宋高宗时的御史周方崇奏疏就称"比年以来，一时越诉指挥，亡虑百余件"③，就是说他当时看到的就有一百多个诏令，许可对一百多种违法犯罪行为的越诉。这些许可中当然多数是为防止官吏阻隔民情、压制百姓告状而设的："民间词诉必有次第……苟情理大有屈抑，官司敢为容隐，乃设为越诉之法。"④ 宋代的越诉，其受理单位，多为监察机关，而不只是上一级官府。如高宗绍兴年间的特许越诉诏令规定，对于官吏"赃贪颇众"、"命官犯入己赃"、"州县之吏多收贿"、"造簿之弊"、"令民以苗米折钱"、"私吞远州百姓缴纳土布"等情形，都指定由"监司"受理越诉。⑤

此外，宋代还设有奖励吏民百姓告发官吏违法、犯罪行为的制度。如宋太祖曾下诏："诸行贿获荐者，许告讦。奴婢、邻、亲能告者赏。"⑥ 这一诏令突破了奴婢不得告主、亲属相为容隐的原则限制，其目的无非是鼓励人民告发官吏"花钱买官"的行径，加强廉政监督。神宗熙宁三年（1070 年）规定："给纳常平钱谷官司公人受赃……许人告。杖罪赏钱五十千，徒罪百千。"⑦ 这是鼓励人民告发官吏在赋税（向常平仓缴纳钱谷，可以视为当时一个特殊的税种）征收中的贪污侵占行为，借助人民的力量加强廉政监督。受理告发的机关，一般都是"监司"包括巡回监察官员。这一制度实际上方便人民权益救济。

在元代，国家仍鼓励人民控告官吏违法、犯罪："本属官司有过，及有冤抑屡告不理，或断理偏屈，并应合回避者，许赴上司陈诉之。"这就是鼓励人民控告违法的官长，包括以下几种情形：一是官员本身有刑事犯罪或一般违法行为，二是对人民的控告拒不受理的行为，三是审断不公、枉法裁判的行为，四是听讼应回避而不回避的行为。这实际上是允许一种特殊的越诉，其宗旨是在保护人民正当权益的同时加强廉政监督。此外，即使是监察官员本身有此类违法犯罪行为，国家也设计了人民的控告监督途径："诸军民风宪官有罪，各从其所属上司诉之。"⑧ 这些控诉渠道，对吏民百姓而言，当然是权益救济的渠道。

在明清时代，国家鼓励吏民百姓控告违法、犯罪的官吏，其制度设计更加发达。以明朝为例，明太祖朱元璋设计的"耆老率丁壮捉拿害吏送惩"⑨ 的制度，是最为典型的鼓励人

---

①　郭东旭：《宋代法制史》，596～609 页，石家庄，河北大学出版社，2000。

②　《庆元条法事类》，卷十六，《文书门》一，《诏敕条例·辞讼令》。

③④　《宋会要·刑法》三之二九。

⑤　参见刘馨珺：《明镜高悬：南宋县衙的狱讼》，58 页，台北，五南图书公司，2005。

⑥　《宋史·太祖纪》。

⑦　《续资治通鉴长编》卷二百十七，熙宁三年十一月。

⑧　《元史·刑法志》"诉讼"门。

⑨　第三十章第四节之四。

民告发官吏违法犯罪的制度。明代法律规定：“凡监察御史、按察司官分巡去处，如有陈告官吏取受不公，须要亲行追问，不许转委。违者杖一百。”① 明神宗时重申，“各处军民词讼，除叛逆机密等项重事许其赴京奏告”②，其余词讼一律逐级上告，不得越诉。鼓励人民控告叛逆、机密等重事，也有鼓励人民告发官吏违法犯罪、加强对官吏的监督的用意。明代接受人民对官吏违法、犯罪行为控告的机关，仍主要是监察机关。受理人民控告以后，一般是派遣监察御史出巡进行专案调查：“凡在外军民人等赴京，或击登闻鼓，或通政司投状，陈告一应不公、冤枉等事，钦差监察御史出巡追问。”③ 调查结果必须尽快向皇帝奏报，如确有官吏违法、犯罪情事，则当即提出弹劾。明成祖曾诏令：“诸司官吏及差使人员贪赃害法，故将平民苦虐者，许所在按察司及监察御史就便擒拿赴京，连家小发边远充军。”④ 明仁宗即位诏书即直接授权民众检举和告发贪官污吏，然后由监察官吏纠劾：“凡军民利病，许诸人直言无隐。凡有贪官污吏，蠹政坏法，作弊害民，诏书到后，不即悔改，仍前贪虐者，许巡按监察御史、按察司，即便拿问解京。自今官吏敢有指以催办为由，辄自下乡科敛害民者，许诸人首告，所司即便拿问解京。”⑤

三、监察机关旁借人民词讼发现线索，纠劾官吏违法犯罪

古代中国的监察机关，很早开始就有“风闻奏事”或“风闻言事”、“风闻弹事”的权力。所谓“风闻奏事”，就是朝廷授予监察官们一种仅仅根据传闻提供的线索（不一定要真凭实据或真实可靠的涉案人、时、事之信息）即可调查、弹劾相关的官员的特权，以便加强廉政监督。宋人王安石说：“许风闻言事者，不问其言所从来，又不责言之必实。若他人言不实，即得诬告及上书诈不实之罪；谏官、御史则虽失实，亦不加罪，此是许风闻言事。”⑥《文献通考》云：“故御史为风霜之任，弹纠不法，百僚震恐；官之雄峻，莫之比焉。旧制，但闻风弹事，提纲而已。”⑦ 这就是说，对风闻传说中的官吏违法行为，在真相未明或没有确凿证据的情况下，也可以上奏弹劾。弹者不必署名，即使弹劾有误，也不负任何责任。这种弹劾中的所谓信息来源，即所谓“风闻”，主要是街谈巷议、舆论、民谣、谣言、话本、戏曲、匿名文书之类。除此之外，有一个重要的来源，就是从人民的诉状中发现线索。也就是说，在接到人民诉状后，虽然要依法将诉状转给应当受理的衙门，但可以将其中所反映的官吏贪污、渎职的事实记录下来，作为“风闻访知”的事实，向朝廷举劾。

这种“风闻奏事”制度据说很早就已经开始形成了：“旧例，御史台不受诉讼。有通词状者，立于台门候御史，御史竟往门外收采。如可弹者，略其姓名，皆云风闻访知。”⑧ 这一制度，有人列了汉代的监察制度中⑨，但宋人洪迈认为：“御史许风闻论事，相承有此言，

---

① 《大明会典》卷二百十，《都察院·出巡事宜》。

② 《万历问刑条例·刑律·诉讼》。

③ 《大明会典》卷二百十，《都察院·追问公事》。

④ 刘海年、杨一凡编：《中国珍稀法律典籍集成》，乙编第 3 册，175 页，北京，科学出版社，1994；《明太宗实录》卷二〇七。

⑤ 同上书，193 页。

⑥ 《续资治通鉴长编》卷二一〇，熙宁三年四月壬午。

⑦ 《文献通考》卷五十三，《职官考》七，《御史台》。

⑧ 《通典》卷二十四，《职官》六。

⑨ 参见彭勃、龚飞主编：《中国监察制度史》，54 页，北京，中国政法大学出版社，1989。

而不究所以来。以予考之，盖自晋宋以下。"① 梁武帝天监元年（502 年）诏："今端右（即御史）可以风闻奏事，依（晋）元熙旧制。"② 据此可知至少在东晋末年即有这种"风闻奏事"的监察制度，南朝梁时继承了东晋的这种制度。在北朝亦有此制，北魏孝明帝时宗室元澄曾言："御史之体，风闻是司。"③ 北魏孝庄帝时御史高道穆曾言："窃见御史出使，悉受风闻。"④ 这说明北朝时期亦有这样的制度。按照这一制度，御史台虽不得受理一般诉讼词状，但是可以接收词状后转给相关衙门审理。在转出的同时，如果发现"有可采者"即有官吏贪污、残暴、渎职的情节，就可以略去原告状人姓名（亦即不标明消息来源），只称是"风闻访知"的消息，向朝廷奏劾。

这一制度，唐代以后时兴时废。在唐代，"御史台无受词讼之例。有词状在门，御史采有可弹者，即略其姓名，皆云'风闻访知'……至开元十四年，始定受事御史人知一日劾状，遂题告事人名"⑤。这就是说，按照唐代的制度，刚开始也是御史采取"有可弹（劾）者"进行弹劾，像汉代一样略去原告事者的姓名。但后来开始确定每个御史值班一天，以接受词状、旁采诉状中值得弹劾的事实，并注明原告事人的姓名。虽然仍然叫作"风闻访知"，但强调消息来源。这是一个变化，被认为实际上废除了"风闻奏事"。这主要是因为武则天时期这一制度被过分滥用，致使人人自危："武后以法制群下，谏官、御史得以风闻言事，自御史大夫至监察得互相弹奏，率以险诐相倾覆"⑥。

"风闻奏事"在唐代开元后、明代和清代的大部分时间是基本禁止的。在这些朝代，法律一般规定御史纠劾必须标明年月，指陈实迹，不许虚文泛言。清顺治帝甚至对科道官明确提出了"知无不言，言无不实"的八字原则。但是这并不妨碍监察机关旁借人民的诉状的线索，通过转达人民诉状发现官吏违法犯罪的事实，然后注明消息来源，直接向朝廷举劾相关的官吏。这一制度的实施结果，实际上使监察官员更早介入人民权益救济事件的过程，客观上帮助了人民权益救济目标的实现。

第二节
监察机关复审普通民刑案件与廉政监督

按照古代中国的一般体制，监察机关一般是不能直接受理诉讼的。在特定情况下，监察机关可以受理一般民刑诉讼的上诉或申诉。这种情形，理论上讲，主要是指受理地方官府当受理而不受理，或者虽受理而久拖不决，或者虽判决而当事人不服的案件。

从古代中国的监察机关参与司法的职权行使方式而言，大致是以三种方式，通过对司

---

① 《容斋随笔》卷十一，《四笔·御史风闻》。

② 《梁书·武帝纪中》。

③ 《魏书·元澄传》。

④ 《魏书·高道穆传》。

⑤ 《唐会要》卷六十，《御史台上》。

⑥ 《资治通鉴》卷二一一，《唐纪》二十七。

法的监督而实现对官吏的廉政监督。第一种方式是"录囚"，即对在押犯人全面重新问讯、审录以发现和纠正冤、假、错案，发现和纠劾官吏枉法裁判行为。第二种方式是直接接受人民关于一般民刑案件的上诉或申诉，这种情形相当于以监察机关为上诉审或再审机关或审判监督机关。第三种方式是监察机关直接派员参与其他衙门对重大案件的审判。

在本章里，我们只讨论前两种形式，因为它们同时也是人民权益救济的途径。至于第三种形式，在本章里不予讨论，因为那不是它直接受理诉讼词状，只是参加别的衙门主持的审判而已。那是司法制度的问题，应该在本丛书的诉讼法制卷中讨论。

一、监察机关"录囚"式廉政监督与人民权益救济

"录囚"是古代中国的司法监督形式之一。录囚，也称虑囚，就是对在押囚犯进行录问、复查、检视，以期发现和纠正冤假错案，纠正对囚犯的不人道待遇，纠查司法官员的贪赃枉法之行径，实现司法公正。这种活动，是国家标榜"仁政"的重要标志性活动，也是国家进行司法监督或整个廉政监督的重要方面之一，对被囚禁的人们而言这也正是他们维权救济的重要途径之一。

古代中国的"录囚"或"虑囚"，可以由国家各方面的官员执行，包括朝廷大员、监察御史、各类上司、各类监司，甚至包括军事官员，还包括皇帝、太后、皇后、太子等，他们都可以执行司法监督的职责。或者说古时并没有我们今天这样的司法监督概念，人们不过把"录囚"看成"仁政"活动而已。既然是"仁政"活动，那么各类"上级"都有权对下级监狱中的囚犯进行考察后适当"施恩"。在本节里仅仅讨论由监察机关进行的"录囚"，因为这与人民权益救济及国家廉政监督二者的关系最为密切。

自汉代开始，朝廷常派遣监察官员巡行地方，其巡察职责中就有"举冤狱"的内容。这里的"举冤狱"主要就是指监察官员到地方录问在押罪囚，以期发现冤假错案、纠劾官吏的枉法裁判行为，实际上就是"虑囚"。如汉成帝时曾派丞相御史掾属24人"循行天下举冤狱"，又派近臣出使"录冤狱"[①]。《汉书·百官志》说汉代"诸州常以八月巡行所部郡国录囚徒"，这主要是指作为州部巡回监察官的刺史的工作。何武为扬州刺史，每"行部录囚徒"[②]。地方二千石长官也要到下属县狱录囚，"隽不疑为京兆尹，每行县录囚徒还，其母辄问'有所平反，活几何人？'"[③] 这样的"录问"或"虑问"过程，真正要发现冤假错案、发现官吏枉法裁判黑幕，使囚犯们受损害的正当权益得到救济的，实际上主要是靠自认为有冤枉的囚犯们主动申诉即喊冤或呼告。因此，这是人民权益救济的方式之一。

南北朝时期定期派遣监察官巡回"录囚"更成定制。如南陈时，每年三月，由"令史、御史中丞、侍御史、兰台令史亲行京师诸狱及冶署，理察囚徒冤枉"[④]。除御史官员外，令史在派遣外出时实际上也是监察官员。"理察囚徒冤枉"，实际上主要就是到监狱中接受在押囚犯的申诉，这当然是发现官吏枉法裁判、残虐囚犯行为的最好途径。

在唐代，监察机关的主要任务之一即是"录囚"。《唐六典》说："监察御史掌分察百

---

① 《汉书·成帝纪》。
② 《汉书·何武传》。
③ 《汉书·隽不疑传》。
④ 《隋书·刑法志》。

僚，巡按郡县，纠视刑狱，肃整朝仪。"① 这里的"纠视刑狱"，主要是指到监狱中"审录囚徒"，也包括接受人民就某些案件的申诉。唐德宗时，"建中初，敕京城诸使及府县系囚，每季终委御史巡按，有冤滥者以闻"②。按照这一记载，中后唐时期监察御史每年要巡回"录囚"四次，其目的都在于发现"冤滥"案件即时奏报并弹劾相关官员。唐文宗大和元年（827 年）下诏规定："自今以后，有囚犯称冤者，监察御史奏闻；敕下后，便配四推。"③ 这是一种特殊的"录囚"，大约是专门对死囚喊冤的规定。所谓"四推"大约是可以复审或复查四次。

宋代的派驻各路的"监司"，包括提刑使以外的转运使、常平使，都有"录囚"的权力和责任。在宋代，诸监司对诸州州院、司理院关押的刑徒进行审查，"若情涉嫌疑，或罪人声冤，或官司挟情徇私，得具文上奏"。"诸监司，每岁被旨分诣所部，点检催促结绝见（现）禁罪人者，各随置司州地里远近，限五月下旬起发，至七月十五日前巡遍。"④ 就是说，监司每年要在五月至七月三个月时间里遍巡所辖府州县，其主要任务就是"点检催促结绝见（现）禁罪人"即"录囚"，就是早日了解在押囚犯的罪案，发现冤假错案及时纠正，及时审结释放轻罪犯人。对囚犯而言，这都是权益救济的最好机会。

元代的巡回监察机关是各路肃政廉访司，其主要任务之一也是"录囚"。大德八年（1304 年）元成宗诏曰："诸处罪囚，仰肃政廉访司分别审录；轻者决之，滞者纠正；有禁系累年，疑而不能决者，另具始末及具疑状，申御史台。"⑤ 廉访司作为"录囚"机关，作为司法监督主体，可以即时审决没有疑难的在押囚犯的案件，这包括作为初审机关对尚未初审判决的案件作出判决的情形；只有"疑难"案件才需要上奏朝廷。所以说，监察机关"录囚"，用今天的眼光看，不仅仅是上诉审或再审。这一途径，当然也是人民权益救济和实施廉政监督的好机会。

在明清时代，监察机关经常出巡审录罪囚，作为对地方官员的廉政监督方式。明英宗正统三年（1438 年）按察使夏时上奏说："今守令多刻刑无辜，伤和干纪；乞令御史、按察司官遍阅罪囚，释冤滞，逮按枉法官吏。"英宗采纳其言⑥，即同意由监察官员出巡录囚，解决积累的冤滞案件，为囚人洗雪冤屈，并纠察、弹劾制造冤案、枉法裁判的地方官员。这一途径当然包括接受在押囚犯的申冤呼告。关于监察官吏巡回"录囚"，明嘉靖二十年（1541 年）刑科给事中龙遂上疏："乞敕所司移文所遣官，凡一应重囚，务虚心研审，必得情真……若果有冤枉而初为审办官所辨出者，原勘、原问官暂置不论。如所办官明知冤抑，故不与辨，或忌原问而诬入，后为他官辨析出，原问经审官皆宜追论。若本无冤枉而徇私纵放者，亦宜重遣。"这一建议得到皇帝的采纳，"诏从之"⑦。这是关于监察官"录囚"责任的规定：如果经办"录囚"的监察官发现并指出案件中的冤枉，就不再追究原勘原审官

---

① 《唐六典》卷十三，《御史台》。
② 《资治通鉴》卷二三六，《唐德宗贞元十九年》。
③ 《唐会要》卷六十，《御史台上》。
④ 《庆元条法事类》卷六，《职制门·权摄差委》。
⑤ 《元典章》卷三，《圣政》二，《理冤滞》。
⑥ 参见《明史》卷一六一，《夏时传》。
⑦ 《明会要》卷六十五，《刑》二。

员的责任；如果他们发现了冤枉但故意不指出或纠正，或者想袒护原审官员而故意隐瞒，这种情形一旦被后来复查的官员发现，那么原审官员、"录囚"官员一并治罪。若冤案审判本无不公，"录囚"官员故意徇私枉法，借口其中有冤枉而纵放罪犯，也要受到严厉制裁。

二、监察机关直接接受人民诉讼案件的上诉或申诉

监察机关直接接受人民的一般民刑诉讼，在古代中国的体制下，一般说来是不许可的，但是，两种情形下可以接受：第一是在"录囚"或"虑囚"的情形下，监察机关直接接受在押囚犯的声请呼告，使尚未初审判决的案件得以解决。这不是一般意义上的"录囚"，而是一种特殊的"录囚"。第二是直接接受人民对其他官司一审或二审、三审判决不服而申诉来的案件。这种诉讼，往往既是对初审或二审判决的申诉，同时也是对原审官吏执法不公的控告。在本节里，我们主要讨论第二种情形。

在传统中国的司法体制下，监察机关一般不能受理普通民刑诉讼案件的初审。这一原则，也许自汉代开始就确立了，所谓"旧例，御史台不受诉讼"①，有人认为是汉代的制度。② 但现今我们知悉有这一方面比较明确规定的，最早大约是唐代，"御史台无受词讼之例"③。其实这都是仅就普通民刑诉讼而言，并不是说御史台什么案件都不受理或什么时候都不受理案件。那么，御史台受理词讼，一般应该说是什么情形呢？

唐玄宗开元十年（722年）颁敕："自今以后，诉事人等，先经县及府州，并尚书省披理；所由延滞，不为断决，委御史采访奏闻。长官以下，节级量贬。"④ 这就是说，御史等监察官接受词状，只有在"所由延滞，不为断理"的情形下，亦即在原审官员有违法、渎职嫌疑的情况下。也就是说，监察官受理词状，主要目的不在于就诉讼案件本身的事实和是非作出新的公正判决，而是要考察发现并纠劾原审官员的违法或渎职。下面这一段记录，也许更能说明在唐代监察机关受理民刑诉讼的特定原则：

> 大中元年四月御史台奏："伏以御史台监制百司，纠绳不法。若事简则风宪自肃，事烦则纲纪转轻。至于婚田两竞、息利交关，凡所陈论，皆合先附州县；如属诸军诸使，亦合于本司披论。今日多便诣台论诉，烦亵既甚，为弊颇深。自今以后，伏请应有论理公私债负及婚田两竞，且令于本司本州府论理，不得既诣台论诉。如有先进状，及接宰相下状，送到台司勘当审知。先未经本司论理者，亦且请送本司。如已经本司论理不平，即任经台司论诉，台司推勘冤屈不虚，其本司本州元推官典，并请追赴台推勘，量事情轻重科断。本推官若罪轻，即罚直书下考；稍重，即停任题降，以此惩夷，庶免旷官。"敕旨依奏。⑤

唐德宗批准了关于御史台接受人民诉状之规则的申请报告。这一报告说的是四层意思。第一层意思是，御史台接受人民的控告，只应该是那些对官吏不法行为的控告，而不应该

---

① 《通典》卷二十四，《职官》六。
② 参见彭勃、龚飞主编：《中国监察制度史》，54页，北京，中国政法大学出版社，1989。
③ 《唐会要》卷六十，《御史台上》。
④ 《唐大诏令集》卷八十二，《政事·刑法》。
⑤ 《唐会要》卷六十，《御史台上》。

是关于"婚田两竞、息利交关"、"公私债负"之类的案件（亦即吏民百姓之间的普通诉讼案件）。第二层意思是，所有一般民刑诉讼案件，都应该先诉于"本司"即本州府县，不得直接诉至御史台；已经诉至御史台的也应当发回本司审理。第三层意思是，一般民刑案件，只有在已经诉至"本司"并且是"论理不平"即当事人认为"本司"审断不公时，才可以诉至御史台。也就是说，御史台是对申诉进行再审或复审监督。第四层意思是，御史台在复审中如发现案中确实有冤屈（即原审确有不公），应当追究原审官员责任时，应当量情节轻重分别给予弹劾或处罚。

综合后两层意思，实际上就是说，御史台（或所有监察机构）受理人民的上诉或申诉进行复审或再审，与一般上级衙门接受上诉或申诉进行再审是不同的：御史台的再审，主要宗旨在于从案件中发现官吏贪渎枉法或失职等罪嫌，对官员进行纠察弹劾；一般上级机关的再审，主要宗旨在于作出一个更加合法而公正的裁判。但是，中唐以后，基本形成了以监察机构为固定上诉审级的惯例，凡百姓诉讼"先诉于县；县如不治，即诉于州；州治不平，诉于观察使；观察使断遣不当，即诣台省申诉"①。观察使是"道"（巡回监察区）的监察官，"台省"是指御史台和尚书省。按照这一规定，观察使、御史台成了两个简单的上诉审级了。当然，监察机关无论是以纠察官员不法为受理申诉的主要任务，还是以对案件本身作出更加公正的裁决为主要任务，都可以成为人民的权益救济的渠道。

在唐代受理人民特别申冤之诉讼的，还有一个特别的机关——"三司"："凡天下之人，有称冤而无告者，与三司讯之。"②《唐六典》注谓："三司，御史大夫、中书、门下。大事奏裁，小事专达。""三司"长官共同询问案件即所谓"三司理事"，实际上常见的是"三司受事"，即侍御史、中书舍人、给事中三者共同值事于朝堂接受人民不服尚书省判决的上表，并转奏于皇帝。它起初只是受转诉讼奏章的机关，后来经常直接受命审判大案，成为尚书省和皇帝之间的一个诉讼审级。③

监察机构作为简单上诉或申诉审级的这种情形，在宋代得到了加强。宋代的御史台，像唐代一样作为受理非常上诉、越级上诉的中央机构："诉讼不得理，应赴省诉者，先诣本曹；在京者，先诣所属寺监，次尚书省曹，次御史台。"④ 这就是说，到京师作越级上诉或非常上诉，先到尚书省各部曹，或各寺监；当它们不理或者断理不公时，再到御史台申控。"人户诉讼，在法先经所属，次本州，次转运司，次提点刑狱司，次尚书本部，次御史台。"⑤ 御史台成为法定的上诉机关。到南宋时，御史台司法职能有所增加，按当时御史台的奏章称："本司系掌行纠弹百官稽违，点检推勘刑狱，定夺疑难刑名、婚田钱谷并诸色人词讼等，事务繁重。"⑥ 这里所说的"点检"、"推勘"、"定夺"等，可能既包括御史台参加重大案件的会审和复核，又包括直接受理上诉或申诉案件，还包括派员出巡"录囚"等三种情形。在地方，各路的"监司"似乎也成了简单的上诉审级。如南宋时代，"自今词诉，

---

① 《五代会要》卷十七，《御史台》。

② 《唐六典》卷十三，《御史台》；《旧唐书》卷四十四，《职官志》三，《御史台》。

③ 参见张晋藩：《中国司法制度史》，144～145页，北京，人民法院出版社，2004。

④ 《宋会要·刑法》三之一九。

⑤ 《宋会要·刑法》三之三一。

⑥ 《宋会要·职官》五之二三。

在州县半年以上不为结绝者，悉许监司受理"①。"自来应人户陈诉，经县结绝不当，然后经州，然后经监司"②。监察机构作为法定的一般上诉或申诉审级，兼有人民权益救济渠道和国家廉政监督方式双重使命。

元代似乎在以监察机关为上诉或申诉审级的同时，也比较强调监察机关受理民刑诉讼的廉政监督属性。元代各道肃政廉访使在巡按期间，可以直接接受词状，受理"随路京府州军司狱"，也就是作为"路"级以上的上诉审级。③ 又规定，"陈诉有理，路府州县不行，诉之省部台院。"④ 台，就是御史台，是直接作为上诉审级，没有特别强调其发现冤假错案、弹劾不法官吏的廉政监督功能。这是一个方面。另一方面，元代也很强调监察机构受理人民对不法官吏的控告这种特殊上诉审或申诉审的属性。元翰林学士王磐曾说："各路州郡，去京师遥远，贪官污吏，侵害小民，无所控告，惟赖按察司为之申理。"⑤ 按察司是派驻各行省的巡回监察长官，其受理的主要是官吏侵凌百姓，受害人在当地告状无门的案件。元代法律规定："诸诉官吏受贿不法，径赴宪司者，不以越诉论。"⑥ 意即只要是以官吏不法行为为控告对象，直接到监察官员处控诉，即使没有经过路府州县，也不算越诉。这里特别强调人民权益救济渠道暨廉政监督方式的属性："诸诉讼人先以本管官司自下而上依理陈告。如有冤抑，经行中书省理断不当者，抑（移）行御史台纠察。"行御史台的官员"按验得实，开坐事因，行移元问官司，即行归结改正。若元问官司有违，即行纠察"。其"审听不明及拟断不当，释其有罪、刑及无辜，或官吏受财故有出入，一切违枉者，纠察。"⑦ "诸衙门有见施行枉被囚禁及不合拷讯之人，并从初不应受理之事，委监察从实体究，如实有冤枉，即开坐事因，行移元问官司，即早改结归正。若元问官司有违，即许纠察。"⑧ 这里特别开列了行御史台等监察机关纠察原审官员办案中违法行为的主要几个方面："审听不明"即事实不清、"拟断不当"即判决不当、纵出有罪之人、刑及无辜、受财枉法（故纵、故入）、不当拷讯而拷讯、不当囚禁而囚禁、不应受理而受理。就是说，监察机关作为上诉或申诉审级，其主要职责是考察原审官员有无这类违法、犯罪行为，并加以纠察（如系过失则责令原审官司立即改正，如系故意则直接弹劾）。

明代法制亦强调监察机构及官吏一般不得受理普通民刑案件的原始起诉，只可受理上诉或申诉："凡有告争户婚田土钱粮斗讼等事，须于本管衙门自下而上陈告归问。如断理不公，或冤抑不理者，直隶赴巡按监察御史，各省赴按察司或分巡及巡按监察御史处陈告，即与受理推问。如果得实，将原问官吏依律究治。其应请旨者，具实奏闻。"⑨ 监察机关受理民刑案件的上诉或申诉，可以推问即审理，但其主要宗旨是追究原审官员的"断理不公"或"冤抑不理"的责任，直接就该案作出公正判决也许只是一个附加的方面而已。此即

---

① 《宋会要·刑法》三之三二。
② 《宋会要·刑法》三之二八。
③ 参见《元典章》卷六，《台纲》二，《设立肃政廉访司》。
④ 《元史·刑法志》四。
⑤ 《元史》卷一六〇，《王磐传》。
⑥ 《元史·刑法志》四。
⑦⑧ 《元典章》卷六，《台纲》一，《行台体察等例》。
⑨ 《明会典》卷二百十一，《都察院》三，《追问公事》。

《明史·刑法志》所言"凡府州县轻重狱囚，（各本管官司）依律决断；违枉者，御史、按察司纠劾"①。

关于监察机关受理申诉案件的具体处理办法，明代法律规定："各部监察御史、按察司及分司巡历去处，应有词讼，未经本管官司陈告，及本宗公事未绝者，并听立限置簿，发当该官司追问，取具归结缘由勾销……其已经本管官司陈告，不为受理，及本宗公事已绝，理断不当，称诉冤枉者，各衙门即便勾问。若推故不受理，及转委有司，或仍发元问官司收问者，依告状不受理律论罪"②。

这是关于监察机关受理民刑案件上诉或申诉的一般处理规定。按照这一规定，监察御史、按察使、按察分司（即监察道）在出巡时，如果接到各类诉讼，应该审查甄别：凡未经"本管官司"陈诉，或诉至"本管官司"而尚未结案者，应当转发应当受理的官司，并立登记簿限期其结案；凡已经本管官司陈告而拒不受理者，或已经审理而断理不当者，各监察衙门可以直接"勾问"即进行实质审理并判决。如果监察机关找借口不受理，或推诿给别的衙门，或发回原审官司，都要加以制裁——依"告状不受理"罪名加以处罚。③

洪武二十六年（1393 年）明太祖朱元璋的一道诏敕更明确规定了巡按监察御史受理诉讼的一般原则："凡受军民词讼，审系户婚、田宅、斗殴等事，必须置立文簿，抄写告词，编成字号，用印关防，立限发与所在有司追问明白，就便发落，具由回报。若告本县官吏，则发该府；若告本府官吏，则发布政司；若告布政司官吏，则发按察司；若告按察司官吏，及伸诉各司官吏枉问刑名等项，不许转委，必须亲问。干碍军职官员，随即奏闻请旨。"④即使"不系分巡时月，及巡历已过，所按地面却有陈告官吏不公不法者"，也可以"随即受理追问"⑤。按照这一规定，御史巡按中受理诉讼有四种处理：第一，一般民刑诉讼（户婚、田土、斗殴等事），巡按御史无权直接审理，只能造册登记存留副本加盖印章后转给"所在有司"并限期结案并以说明判决理由的方式回报。第二，以官吏为控告对象的案件，则发给上级或同级平行机关审理。第三，以监察官员为控告对象或控诉各司官吏审判不公者，则由巡按御史直接审判，不许转委他司。第四，案件涉及军官者，则上奏皇帝。此外，在巡按期间以外，只要是原奉命巡按地方的吏民控告官吏不法不公，随时都可以受理审问。

清代的监察法制大致承袭明代。清顺治十八年（1661 年）都察院题准："官民有冤枉，许赴（都察）院辩明，除大事奏裁外，小事立予裁断；或令行该督抚，复审昭雪。"⑥都察院成为中央法司中受理特别申诉的机关，并有权直接审理判决，仅重大案件要奏报皇帝圣裁。"凡在外州县，有事款干碍本官不便控告，或有冤抑审断不公，（欲申诉者），须于状内将控过衙门审过情节开载明白，上司方许受理。"⑦这里的"上司"，主要是指巡回监察机

① 《明史》卷九十四，《刑法志》二。

② 《明代律例汇编》卷二十二，《刑律》五，《诉讼》。

③ 《大明律·刑律·诉讼》"告状不受理"条规定："凡告谋反叛逆，官司不即受理、掩捕者，杖一百，徒三年。以致聚众作乱，或攻陷城池及劫掠人民者，斩。若告恶逆不受理者，杖一百。告杀人及强盗不受理者，杖八十。斗殴、婚姻、田宅等事不受理者，各减犯人罪二等，罪且止杖八十。受财者，计赃以枉法从重论。"

④ 《明会典》卷二百十，《都察院》二，《出巡事宜》。

⑤ 《明会典》卷二百十一，《都察院》三，《问拟刑名》。

⑥ 《钦定台规》卷十一。

⑦ 《大清律例·刑律》"越诉"条附条例。

关，也包括一般上级衙门。人民控告本管官吏、控诉原审断不公，按照明清两代的体制，主要是向监察御史、巡按、按察使及分司提出，这是当时人民权益救济的最主要方式或途径之一。

第三节
古代中国借助人民申控进行廉政监督的主要特征

古代中国国家政权是宗法家长制的家国一体的政权。在这一政权理念和体制下，人民权益救济途径只是从其实质作用意义上而言的，不是从理念和体制的宗旨而言的。这种体制下的人民权益救济，与人民主权理念和体制下的人民权益救济是有着本质区别的。这类虽无救济程序之名但实质上可以直接或间接用作人民权益救济途径的程序，往往与人民控告官吏不法的途径联系在一起或者重叠，而这恰恰又是国家实现廉政监督的重要途径。因此，在古代中国的政治体制中，人民向官府申控，或人民控告官员，一个动作兼有如此三重含义。这大概是古代中国政治的重要特征之一。

本编三章所言人民权益救济途径、方式，其实质都不过是君父国家设置的辅佐廉政监督的方式而已。国家的这种借助人民申控救济实施部分廉政监督的体制，是非常有中国特色的体制。这种体制，我们考察发现有如下主要特征。

1. 国家并未正式授予人民相当于近现代行政救济性质的权利，仅仅是授予相当于现代民刑诉讼救济性质的权利

考察中国法制的历史，我们会发现，在古代中国，所谓人民权益救济途径或方式，从法律上或习惯上都是有的，但是这些途径和方式，主要是属于民刑诉讼性质的救济，而不是行政复议或行政诉讼性质的救济。所谓民刑诉讼性质的救济，就是说以百姓控告民事违法或刑事犯罪的方式救济自己的权益，以请求国家制止民事侵害行为和刑事犯罪行为的方式救济自己的权益，以请求官府惩处违法犯罪人的方式维护自己的正当权益。这种救济，自民事而言，就是所谓户婚、田土、钱债、嗣继等方面的纠纷，就是请求官府制止对自己这几方面的权益的侵害；就刑事而言，就是所谓贼盗、人命、斗殴、诈伪、奸非等方面的纠纷，就是请求官府制止对自己生命、健康、名誉、财产等权益的侵害。在这两者之外，以官府为控告对象，请求纠正官府的违法行政行为，救济自己的行政法制上的权益的情形，在中国古代很少直接见到正式法律规定的途径或保障。即使是受到政府的违法行政行为的侵害，一般也是以官员的贪赃枉法行为为控告对象，主要是以控告贪墨不法官吏的方式进行。即使是涉及国家官府行政事务的方面的纠纷，如课程（赋税徭役）、关津、河防、营造、禁榷、仓库事务等等，即使侵害了人民的权益，一般也是以人民控告官吏个人贪赃舞弊的方式进行，不是以控告官府（政府）并以纠正具体行政行为为目的的方式进行。古代中国的政治体制，并不认为官员的违法行政行为侵害了国家行政管理秩序和百姓的行政法权益，只认为官员个人贪渎行径侵害了百姓的财产和人身而已。因此，不存在国家官府作为一个法人机构为自己代理人或受托人代表自己所为的行政行为之违法及损害后果负责任

的问题，只有官员个人为自己的贪赃枉法（私罪）或滥权渎职（公罪）负责任的问题。从这个意义上讲，在古代中国一般不存在国家赔偿问题，要赔偿也是官员个人的责任。现代行政救济性质的权利，如提起行政复议、请求纠正错误的行政行为，或提起行政诉讼、提起国家损害赔偿之诉讼之类的权利，并没有在古代中国国家的法律中正式规定或提供。中国古代的国家律典，一般都有捕亡、断狱方面的诉讼程序规定，但都是以制裁此类程序适用过程中的有关犯罪为出发点或宗旨的，而不是直接授予人民以诉讼权益的。关于诉讼程序的正面规定，一般体现在《狱官令》、《捕亡令》、《断狱令》之类的单行行政法典性质的"令"中，其中有少数条文包含了当事人诉讼权利的内容，但基本没有关于诉讼权利的专条正面规定。既然民刑诉讼权利都不是以国家法条正面规定的方式出现的，我们自然就不能期待关于行政救济权利的规定能够于古代中国的律例条文中正面出现了——除了允许人民控告官吏个人违法渎职的规定（这些规定可以视为人民行政救济的间接途径）之外。即使是民刑诉讼权利性质的救济渠道或途径，在古代中国也不一定有"民刑有分"的理念指导，也不会区分哪些是民事诉讼权利，哪些是刑事诉讼权利。在家长制的国家理念下，我们称之为"救济权利"的某些设计，其实质也许并不是今天所言的"救济权利"，只不过是"子孙向家长哭诉，请求家长为子孙作主"之类的最低限度许可而已。在这种情形下，"家长"就是国家官府，在任何情形下都不可能被设想为与"子孙"地位平等的主体。既然不可能地位平等，那么就不可能设想有以官府为被告的可能，就不可能设想官府要对人民进行赔偿。即使人民可以控告官员个人，人民与官员个人在法律地位上似乎有时平等，但那种"平等"是相对于共同的家长或父亲——皇帝而言的：官和民在皇帝面前都具有"子"的身份。所以，中国古代的行政性质的权益救济渠道，归根结底不过是国家赋予了吏民百姓向皇帝或其代理人指控"不肖子孙"（贪官污吏），寻求上头"为我作主、为我申冤"的资格或机会而已。在这里，哪里可能有什么民事诉讼救济权利、刑事诉讼救济权利、行政诉讼救济权利之类的区分呢？

2. 人民权益救济途径或方式，主要不是以法律列举人民权利保障途径的形式出现，而是以列举国家机关职责及工作规程的形式间接出现

在古代中国的法制中，人民有一定的权益维护或救济的方式或途径，这种方式或途径有时是法律规定的，有时是习惯赋予的；有的是直接的，有的是间接的。但从人民的行政救济权益的角度而言，主要是习惯赋予的，主要是间接的。我们考察这些救济途径或方式，发现有一个很典型的特征，就是即使是正式通过法律法令赋予人民以实质上的救济权利或机会，也是间接的。这些规定不是以直接列举并保障人民的救济权利的方式出现的，而是以列举并强调国家机关特别是监察机关的职责、权力及工作规程的方式出现的。比如我们在本章引用的许多与人民权益救济有关的告状、申诉规定，都是列举在关于国家监察官吏出巡察访的职责之中的。从汉武帝时代的"六条问事"开始就是如此，那六条虽然都可能给人民状告官吏、救济自己正当权益的机会，但却是以"绣衣直指刺史"的职责和办事规程的形态出现的。隋唐时代的"巡察六条"更是如此。说具体些，如前引明代的"凡监察御史、按察司官分巡去处，如有陈告官吏取受不公，须要亲行追问，不许转委。违者杖一百"这一与人民告状、救济有关的规定，就是列举在《大明会典》中的关于"都察院"职责的《出巡事宜》部分的。又如明代的"凡在外军民人等赴京，或击登闻鼓，或通政司投状，陈告一应不公、冤枉等事，钦差监察御史出巡追问"这一与人民告状、救济有关的规定，是列举在《大明会典》关于"都察院"的职责权限中的《追问公事》一节的。在清代，与人民救济渠道最有关系的规范大约是《钦定台规》，这是关于监察机关职责、权限的最完整规定。如关于登闻鼓受理告状的规定，是列举在《大清会典》关于通政使司下属的登闻鼓厅的工作规程里面的。我们很难看到有直接设计或设置人民权益救济渠道或途径性质的救济规定。即使是宋代的那些"许民越诉"的授权规定，明代的"许民捉拿害吏赴京"的授权规定，其立足点也是借助人民监督官吏、整肃纲纪，其主旨不是提供救济渠道以保障百姓权益的。

3. 国家一般不直接正面授予人民监督官吏的权利，人民只有在"事情干己"时才有告官的权利

在古代中国，国家让人民监督官吏，并不是从类似于民主的角度上来规定人民监督公仆的权利，而是朝廷需要借助人民的耳目和力量。让千百万人民来监督官吏，皇帝坐收"明察秋毫"之效，这是皇家家业兴旺的重要保证。所以，国家一般会规定，就人民对官吏而言，除谋反、大逆等国事重案鼓励人民告发之外，其他必须是事情"干己"才可以控告，"事不干己"者不得插手。一般来说，如果告状因为户婚、田土、钱债，则一定要是当事人才能告诉；如果告状因为赋税、徭役，则一定要是因官员擅增赋敛、科差不公而实际受害的人；如果是关于人命、盗贼、水火之事状告官吏，一定要是"苦主"即受害人及其近亲属。一旦超出了这种情形，一旦有"无关之人"涉足其中，就被习惯地推定为"居心不良"、"图谋不轨"、"挑唆词讼"、"扛帮诉讼"，那是绝对不能纵容的。就是说，在古代中国，除了谋反、大逆等重罪鼓励举报以外，通过监督官吏、制止官吏违法失职来保护国家大利和社会公益的事情，只能由国家监察官代表国家来进行，不能由人民擅自进行，人民是没有这样的权利的，用今天的话说，没有相当于提起"公益诉讼"之权利性质的人民监督权。所以，在明代的金圣叹等人"抗粮"、"哭庙"案中[1]，官府之所以后来重惩了倪用宾、金圣叹等人，主要原因之一即是金圣叹等人并不是当时县官贪渎擅赋敛案件的直接受害人（因为秀才们似乎是免除了赋税和差役的）。在清代的"钟九闹漕"案中[2]，金太和、钟人杰等人实际上是率领并代表广大花户（税户）抗拒书差税收舞弊监督官府行政，是代表公益，犹今日所谓提起"公益诉讼"。但由于他们是秀才，不是纳税人，便被视为挟持花户、挑唆"不切己"之讼，起初受到总督批示的斥责，最后被视为谋反处以死刑。公益公利，只能由特定官府或官员来代表或维护，不能由任何百姓个人来代表或维护，这倒是中国传统政治体制或秩序的一个典型特征。清嘉庆五年（1800年）曾发布上谕特别责令各级官员严防包揽词讼之徒："乃近日来京呈诉之案殆无虚日，其中多有以闾阎细故琐屑上控，甚或携嫌图诈任意株连，并有不肖之徒以不干己事挺身包揽纠敛钱文作资斧，既遂贪心，复称仗义。此等莠民平日赋税则任催不纳，词讼则抗断不遵；地方官决狱催科，小施刑罚，辄即捏词上控，希图报复。似此逞刁滋讼，若不稍示限制，于人心风俗殊有关系。"[3] 嘉庆皇帝的态度代表了古代中国历代王朝官方的一般立场。

---

① ②　参见第三十章第二节之二。

③　《钦定台规》卷十四，《辨诉下》。

4. 人民通过国家机关进行的权益救济，主要依靠的是"青天机制"而不是"权力制衡机制"，因此无限寻找"青天"庇护就成为救济途径的主要特征

这是从两个方面来讲的。一方面，没有以人民权力制约政府权力的设计。另一方面，没有官府之间权力制衡的设计（除了御史等代表皇帝督察百官外）。因此，人民受损害的权益的救济，如果进行的话，靠的就是不畏权势的"铁面御史"主导的"青天体制"来为民作主，而不是像近现代法治下主要靠人民监督政府的权力行使及国家机构之间体制性的权力分立、监督与制衡的力量来实现人民维权救济。所以，中国古代人民权益的救济途径或渠道的要害，不是体制设计的"不得不然"的牵制力量在起作用，而是事在人为地寻找真正的"青天"。所以，无论是哪一类案件，都实际上有无限向上向外寻求"青天"庇护的权利。自向上寻找而言，其象征就是古代的人民特别喜欢越诉和告御状，甚至很小的民事案件都可以最后上诉到皇帝那里去，寻求最大的"青天"保护。① 古代中国关于"告御状"或"京控"的规定层出不穷，就是由于百姓纷纷进京寻求最大、最后的"青天"保护之风气太盛所致。例如在宋代，曾有个老寡妇仅仅以"无儿息，身且病，一旦死，家业无所付"为由"击登闻鼓"，非常上诉于皇帝②，实际上是想请求皇帝干预实现自己为亡夫立嗣（继）、使财产有所托付的愿望而已。更曾有京畿平民牟晖因家奴丢失小猪而击登闻鼓诉于皇帝，实际上是要自己的家奴赔偿丢猪的损失。宋太宗虽然批示"似此细事悉听于朕，亦为听决，大可笑也"，但他仍积极主动要当这个微小民事案件里的百姓"青天"："然推此心以临天下，可以无冤民矣。"最后，下诏赐千钱（代家奴）赔偿了牟晖的损失。③ 如此小事都可以到金銮殿上寻求"青天"保护，其他案件就不用说了。所以，在古代中国，关于告状必须逐级上告的法令及其重申，无以数计、层出不穷，就是因为百姓太倾向于越级上诉了。如清嘉庆十七年（1812 年）曾发上谕制止人民越级救济："民间词讼，先赴州县衙门控告。州县官听断不公，则由府道司院以次申诉。如实有冤抑重情，准于刑部、都察院等衙门呈诉奏明，代为申理……朕广开言路……原以在官而言，防壅蔽而达民隐，非谓民间寻常诉讼及无稽浮言皆可直达朕听也。"④ 自向外或横向而言，就是只要同是国家官员，只要此前没有参与过"本案"处理的，都可以假定为潜在的"青天老爷"而可能为自己申冤、理屈。所以，古代中国的官吏到基层视察工作，最容易碰到的就是百姓"拦轿告状"的场面。因为百姓总相信，在自己身边的官吏全部贪污腐败之后，上面或外面还有清官可以充当"青天"来保护自己、救济自己，为自己申冤雪耻。即使所有的官员都烂透了，他们还宁愿相信（或至少是期盼）皇帝还是"青天"。所以《水浒传》里的农民起义领袖们"只反贪官，不反皇帝"大约就是基于这样的信念和愿望的。所以关于中国古代的各类案件，法律其实并没有硬性规定几审终审制，而是规定自下而上"逐级审转"呈报审批制。这除了因为朝廷不放心下面的官吏（担心其一手遮天作弊，鱼肉人民）以外，也有满足人民不断向更上级寻求"青天"庇护的愿望的用意。此外，古代中国允许各类官吏各类衙门直接或间接受

---

① 关于皇帝受理民事案件的"非常上诉"，参见张晋藩：《中国民事诉讼制度史》，87、88 页，成都，巴蜀书社，1999。

② 参见《宋史》卷一九九，《刑法志》。

③ 参见《续资治通鉴长编》卷三四，"淳化四年十月丁丑"。

④ 《钦定台规》卷十四，《辨诉下》。

理民刑案件甚至行政案件或告官案件，也有类似的用意：人们先后或轮流在府州县正印官、巡回监察官、观察风俗官以及漕运、河道、水利、盐茶、仓储、屯垦、军事等各方面的专差专责官员中逐类逐个拦轿控告，总可以使找到"青天"的几率即权益被救济的几率更高一些。这既是国家广泛授权各类衙门、官员受理告状的用意，也是百姓请求"青天"庇护时的真切愿望。

本卷后记

　　作为吾师曾宪义先生主持的重大课题的分课题之一，本卷作为一个学术工程实际上是从1996年开始的。起初设想的工程规模比较小，于是仅由我一人执笔进行了。当时我认为，关于古代中国的行政法制，已经有多本著作问世了，但那些著作大多仅仅讨论古代中国国家机关的组织构成、权力关系及官吏职责待遇等等（这相当于今天行政法学界所讲的行政主体法制问题），而基本没有涉及古代中国的行政行为法制（即国家机关的办事手续、程序、章法及百姓在国家行政中实际享有的权利和承担的义务等问题），因此，我没有必要重复前人的东西，我应该对古代中国的行政行为法制作一个梳理、总结，以弥补过去研究的不足。本此想法，在1999年左右，我就完成了本书的第三遍初稿（总计15章，约三十万字）。后来，2005年左右，曾师对本课题计划进行了重大调整，我也随之对本卷的写作思路进行了重大调整。这一调整的要害是增加了本书的第一编、第二编、第四编，亦即增加了关于中国传统国家和行政之特质与理念、传统中国行政主体法制、传统中国行政救济法制等重大内容，以保证这一课题内容的完整性，使读者对中国古代行政法制有一个更加完整的印象。经曾师同意确定新的写作纲要后，我邀请武乾、王祖志、叶英萍、陈会林、张国安、易江波、黄东海等同仁加入此一工程，主要执笔撰写第二编。我也执笔新撰了第一编、第四编，并对第三编进行了重大补充。在他们的襄助之下，我们于2008年年底完成了全部各编的初稿。

　　此后，作为分卷主编，我对其他作者执笔的10章（近四十四万字）全部文字一一审读，进行适当的增补或修改。有些章节增加或改动的文字也许超过20％，如果因此造成一些错误，当然主要应由我来负责了。其中有些章节系不同作者完成，我根据总体构思作了一些移花接木的工作，也许会造成风格不一致，这当然也应该由我来负责。在出版社排出清样、逐字审读并批注修改意见发还我们之后，我先将清样一一交原作者审改。我自己执笔的51万字文稿，则由我自己逐字逐句对照编辑意见审改。这样审改完成后，我又委托我的研究生周建朋、张福坤、朱晓庆、丁英、吴欢等，就我们审改中对编辑的修改意见接受与否、引用古文中的生僻汉字（包括电脑字库中无此字或无相应简化字）是否作出准确处理等情形，进行逐一核对。核对完毕后，我又一一审查了所有未接受编辑修改意见之处，并标注出不能改动的理由，以及在清样上以钢笔一一注明所有生僻汉字；并就全书的注释作了一些必要订正和格式划一处理。感谢武乾、陈会林、张国安、王祖志、易江波、黄东海、叶英萍等同仁的参与，感谢他们的艰辛劳动；也感谢周建朋、张福坤、朱晓庆、丁英、吴欢等同学的校对劳动；还要感谢研究生孟中原同学就本书第二十九章所作的认真审读及所提出的宝贵修改意见。这是一个宏大的集体学术工程——十四年的心血，十几人的汗水，凝聚成这样一个不完善的成果，我们一直忐忑不安。期待学界同行批评指正，我们在后续的修订再版中必将尽可能吸收同仁的意见，竭力使本书日臻完善。

本卷具体写作分工是（按章节顺序）：

范忠信（中南财经政法大学教授、博士生导师）：导论、第一编全部、第三编全部、第四编全部，共21章；

易江波（湖北警官学院副教授、法学博士）：第四章、第六章；

黄东海（南昌大学教师、法学博士）：第五章、第八章；

陈会林（中南财经政法大学副教授、法学博士）：第七章、第十章；

武　乾（中南财经政法大学副教授）：第九章；

张国安（华侨大学副教授）：第十一章（第一节除外）、第十二章；

王祖志（海南大学教师）：第十三章、第十一章第一节；

叶英萍（海南大学副教授）：第三十一章部分。

范忠信

2010 年 7 月 13 日星期二

图书在版编目（CIP）数据

官与民：中国传统行政法制文化研究/范忠信主编 . —北京：中国人民大学出版社，2011.12
（中国传统法律文化研究）
ISBN 978-7-300-15009-3

Ⅰ.①官… Ⅱ.①范… Ⅲ.①行政法-法制史-研究-中国-古代 Ⅳ.①D922.102

中国版本图书馆 CIP 数据核字（2011）第 272917 号

"十一五"国家重点图书出版规划
教育部哲学社会科学研究重大课题攻关项目资助
中国传统法律文化研究
总主编 曾宪义
官与民：中国传统行政法制文化研究
主 编 范忠信
Guanyumin：Zhongguo Chuantong Xingzheng Fazhi Wenhua Yanjiu

出版发行	中国人民大学出版社			
社 址	北京中关村大街 31 号		**邮政编码**	100080
电 话	010-62511242（总编室）		010-62511398（质管部）	
	010-82501766（邮购部）		010-62514148（门市部）	
	010-62515195（发行公司）		010-62515275（盗版举报）	
网 址	http://www.crup.com.cn			
	http://www.ttrnet.com（人大教研网）			
经 销	新华书店			
印 刷	涿州星河印刷有限公司			
规 格	185 mm×240 mm 16 开本		**版 次**	2012 年 1 月第 1 版
印 张	51 插页 1		**印 次**	2012 年 1 月第 1 次印刷
字 数	1 020 000		**定 价**	138.00 元